चलो टुक मीर को सुनने

चलो टुक मीर को सुनने

सम्पादक

विपिन गर्ग

पुनरावलोकन

प्रो. अर्जुमन्द आरा   प्रो. अब्दुर्रशीद

राजकमल पेपरबैक्स

राजकमल पेपरबैक्स में
पहला संस्करण : 2024

राजकमल पेपरबैक्स : उत्कृष्ट साहित्य के जनसुलभ संस्करण

राजकमल प्रकाशन प्रा.लि.
1-बी, नेताजी सुभाष मार्ग, दरियागंज
नई दिल्ली-110 002
द्वारा प्रकाशित

शाखाएँ : अशोक राजपथ, साइंस कॉलेज के सामने, पटना-800 006
पहली मंजिल, दरबारी बिल्डिंग, महात्मा गांधी मार्ग, प्रयागराज-211 001
1, अनमोल सोराबजी सन्तुक लेन, धोबी तलाव, मरीन लाइंस, मुम्बई-400 002

वेबसाइट : www.rajkamalprakashan.com
ई-मेल : info@rajkamalprakashan.com

विकास कंप्यूटर एंड प्रिंटर्स
ट्रॉनिका सिटी-201 102
द्वारा मुद्रित

मूल्य : ₹999

CHALO TUK MIR KO SUNNE
Ghazals edited by Vipin Garg

ISBN : 978-93-6086-491-0

मेरे चचेरे भाई
प्रो. अजय कुमार मांगलिक
(1952-2023)
रसायन विभाग, मेरठ कॉलेज, मेरठ
की याद में

मीर तक़ी मीर

(1723-1810)

मत सहल हमें जानो फिरता है फ़लक बरसों
तब ख़ाक के पर्दे से इन्सान निकलते हैं

मीर तक़ी मीर उर्दू भाषा के ही नहीं बल्कि यूँ कहिये कि अगर दुनिया की सभी भाषाओं के सर्वश्रेष्ठ कवियों की एक फ़ेहरिस्त बनाई जाए तो मीर तक़ी मीर का नाम उस में ऊपरी पायदान पर ही शामिल होगा। शे'र-गोई में मीर की शायराना उस्तादी के कारण ही मीर को 'ख़ुदा-ए-सुख़न' कहा जाता है। आप मीर साहब को कोई भी उपाधि दीजिए उस से उनकी शायरी और उनके मर्तबे पर कोई फ़र्क़ इसलिए नहीं पड़ता क्यूँकि मीर की शायरी इश्क़-ओ-मोहब्बत, ज्ञान, फ़लसफ़ा, आध्यात्म आदि का एक ऐसा समुन्दर है कि इस में आप जितनी बार भी ग़ोते लगाएँगे, उतनी ही बार एक नया मोती आप के हाथ आता चलेगा। बक़ौल मीर :

न रक्खो कान नज़्म-ए-शाइरान-ए-हाल पर इतने
चलो टुक 'मीर' को सुनने कि मोती से पिरोता है

— —

न देखो कभी मोतियों की लड़ी
जो देखो मिरी गुफ़्तगू की तरफ़

मीर के ज़माने से लेकर आज तक जितने भी शायर हुए मसलन—सौदा, मुसहफ़ी, ज़ौक़, ग़ालिब, दाग़ और आधुनिक युग में हसरत मोहानी, फ़िराक़ गोरखपुरी, नासिर काज़मी, आदि सभी ने अपने-अपने तरीक़े से मीर की उस्तादी का लोहा माना है।

सौदा (1713-1780), जो मीर के ज़माने में ही एक बड़े शायर थे और मीर से उम्र में लगभग दस साल बड़े थे, कहते हैं :

'सौदा' तू इस ग़ज़ल को ग़ज़ल दर ग़ज़ल ही लिख
होना है तुझ को 'मीर' से उस्ताद की तरफ़

मुसहफ़ी (1750-1824), ने मीर के बारे कुछ इस तरह कहा :

ऐ 'मुसहफ़ी' तू और कहाँ शे'र का दावा
फबता है ये अन्दाज़-ए-सुख़न 'मीर' के मुँह पर

नासिख़ (1772-1838) ने, जो लखनऊ के एक प्रतिष्ठित शायर थे, कहा :

शुबह 'नासिख़' नहीं कुछ 'मीर' की उस्तादी में
आप बे-बहरा है, जो मोतक़िद-ए-'मीर' नहीं

नासिख़ की बात को ग़ालिब (1797-1869) ने यूँ आगे बढ़ाया :

'ग़ालिब' अपना ये अक़ीदा है बक़ौल-ए-'नासिख़'
आप बे बहरा है, जो मोतक़िद-ए-'मीर' नहीं

ग़ालिब ने मीर की उस्तादी के सामने अपना सर झुकाते हुए आगे कहा :

रेख़्ते के तुम्ही उस्ताद नहीं हो 'ग़ालिब'
कहते हैं अगले ज़माने में कोई 'मीर' भी था

— —

'मीर' के शे'र का एहवाल कहूँ क्या 'ग़ालिब'
जिस का दीवान कम अज़ गुलशन-ए-कश्मीर नहीं

आख़िरी मुग़ल बादशाह बहादुर शाह ज़फ़र के उस्ताद ज़ौक़ (1789-1854) ने भी मीर की तारीफ़ यूँ की :

न हुआ पर न हुआ 'मीर' का अंदाज़ नसीब
'ज़ौक़' यारों ने बहुत ज़ोर ग़ज़ल में मारा

अकबर इलाहाबादी (1846-1921) कहते हैं :

मैं हूँ क्या चीज़ जो उस तर्ज़ पे जाऊँ अकबर
'नासिख़'-ओ-'ज़ौक़' भी जब चल न सके 'मीर' के साथ

आधुनिक ग़ज़ल के दौर के शायर हसरत मोहानी (1875-1951) फ़रमाते हैं :

शे'र मेरे भी हैं पुर-दर्द वलेकिन 'हसरत'
'मीर' का शेवा-ए-गुफ़्तार कहाँ से लाऊँ

और पिछली सदी के बड़े शायरों में शामिल फ़िराक़ गोरखपुरी (1896-1982) मीर की ग़ज़लों से अपना ग़म यूँ ग़लत (कम) करते हैं :

याद-ए-अय्याम की पुरवाइयो धीमे-धीमे
'मीर' की कोई ग़ज़ल गाओ कि कुछ रात कटे

नासिर काज़मी (1921-1972) ने तो साफ़ स्वीकार ही कर लिया :

शे'र होते हैं 'मीर' के, 'नासिर'
लफ्ज़ बस दाएँ बाएँ करता है

ऐसा नहीं कि मीर को दूसरे शायरों ने ही श्रेष्ठ समझा बल्कि मीर को ख़ुद भी अपनी उस्तादी का पूरा एहसास था :

रेख़्ता रुत्बे को पहुँचाया हुआ उस का है
मो'तक़िद कौन नहीं 'मीर' की उस्तादी का

— —

सारे आलम में हूँ मैं छाया हुआ
मुस्तनद है मेरा फ़रमाया हुआ

— —

सर-सब्ज़ मुल्क-ए-हिन्द में ऐसा हुआ कि 'मीर'
ये रेख़्ता लिखा हुआ तेरा दकन गया

— —

मिरी ख़ल्क़ महव-ए-कलाम सब, मुझे छोड़ते हैं ख़मोश कब
मिरा हर्फ़ रश्क-ए-किताब है, मिरी बात लिखने का बाब है

— —

पढ़ते फिरेंगे गलियों में इन रेख़्तों को लोग
मुद्दत रहेंगी याद ये बातें हमारियाँ

अपने अंदाज़ के सामने मीर ने अपने ज़माने के किसी शायर को बड़ा नहीं समझा :

बुलबुल ग़ज़ल सराई, आगे हमारे मत कर
सब हम से सीखते हैं, अंदाज़ गुफ़्तगू का

— —

इस फ़न में कोई बे-तह क्या हो मेरा मुआरिज़
अव्वल तो मैं सनद हूँ, फिर ये मिरी ज़बाँ है

— —

है नज़्म का सलीक़ा हरचन्द सब को लेकिन
जब जानें कोई लावे, यूँ मोती से पिरोकर

— —

बैत बहसी समझ के कर बुलबुल
धूम है मेरी ख़ुश-ज़बानी की

मीर की शायरी सिर्फ़ इश्क़-ओ-मोहब्बत, दुख-दर्द ही नहीं बल्कि जीवन के दर्शन, इसके उतार-चढ़ाव, सामाजिक चेतना, जीवन में धर्म का स्थान, बादशाहों का बनना-बिगड़ना, मानव मूल्य और उनके आपसी सम्बन्ध, आदि अनेक ऐसे पहलू अपने अन्दर समेटे हुए है। जब हम मीर के शे'र पढ़ते हैं तो हर शे'र में कोई नसीहत, कोई दर्शन, कोई सन्देश, कोई अनुभव छुपा रहता है। लेकिन मीर की शायरी की अस्ल बुनियाद इश्क़ है। इश्क़ का सबक़ बचपन ही में उनको अपने पिता से मिलना शुरू हो गया था। मीर के पिता सूफ़ी थे और हर समय इबादत में डूबे रहते थे। बाप को देखकर मीर भी बचपन ही से उनके विचारों और उनके रहन-सहन से जाने-अनजाने में प्रभावित होने लगे। पिता ने मीर को बचपन से ही इश्क़ का पाठ पढ़ाया। बाप की इश्क़ की शिक्षा का मीर पर गहरा असर पड़ा। मीर ने अपनी आप बीती 'ज़िक्र-ए-मीर' में अपने पिता से मिली शिक्षा का वर्णन यूँ किया है :

...मुझसे कहते, बेटे ! इश्क़ कर क्योंकि यह संसार प्रेम ही के आधार पर टिका है। यदि इश्क़ न होता तो यह संसार न होता। बिना इश्क़ के जीवन नीरस जान पड़ता है। दिल को इश्क़ का मतवाला बना देना ही उचित है। इश्क़ बनाता भी है और जलाता भी है। इस संसार में जो कुछ है वह इश्क़ का ज़हूर है। आग इश्क़ की जलन है। पानी इश्क़ की रफ़्तार है। मिट्टी ख़ाक का ठहराव है और हवा इश्क़ की बेचैनी है, मौत इश्क़ की मस्ती है और ज़िन्दगी इश्क़ की होशियारी है। रात इश्क़ की नींद है और दिन इश्क़ का नींद से जागना। मुसलमान इश्क़ की सुन्दरता है और काफ़िर इश्क़ का नतीजा। भलाई इश्क़ से क़रीब होना है और गुनाह इश्क़ से दूर होना है। जन्नत इश्क़ की चाह है और दोज़ख़ उसका रस। भक्ति ख़ुदा को पहचानना है, इश्क़ सच का ख़ुलूस है, ख़ुदा को पाने की लगन है। इश्क़ वास्तविकता की चाह में स्वयं को भुला देना और ख़ुदा से फिर एक लगाव अनुभव करना है। इन सब से इश्क़ का दर्जा ऊँचा है। यहाँ तक कि कुछ लोगों के नज़दीक आकाश का चक्कर भी इसलिए है कि वह अपने महबूब को न पा सका !

('ज़िक्र-ए-मीर', अनुवादक अजमल अजमली, हिन्दी अकादमी, दिल्ली, संस्करण, 1992, पृष्ठ संख्या, 42)

"बग़ैर इश्क़ न हम और न ज़िन्दगी होती"

पिता के अलावा मीर के एक मुँह बोले चचा अमानतुल्लाह का भी, जो उनके पिता के शिष्य ही थे, मीर पर बहुत असर पड़ा। मीर अक्सर अपने चचा की सोहबत में रहते और उनके साथ घूमते-फिरते। चचा के साथ सूफ़ियों की दरगाहों पर आना-जाना अक्सर लगा रहता था। चचा ने कम उम्र में ही मीर की प्रतिभा को पहचान लिया था और हमेशा उनसे कहा करते कि बेटा अपने आप को ख़ाक समझो। बाप की इश्क़ की शिक्षा तथा चचा का पढ़ाया पाठ आगे चलकर मीर की शायरी की बुनियाद बने। इसी इश्क़-ओ-मुहब्बत के बहतरीन नमूने मीर की मसनवी 'शोला-ए-इश्क़' में हमें मिलते है :

मुहब्बत बिन इस जा न आया कोई
मुहब्बत से ख़ाली न पाया कोई

मुहब्बत ही इस कारख़ाने में है
मुहब्बत से सब कुछ ज़माने में है

मुहब्बत की हैं कार-परदाज़ियाँ
कि आशिक़ से होती हैं जाँ-बाज़ियाँ

मुहब्बत ही से दिल को रो बैठिये
मुहब्बत में जी मुफ़्त खो बैठिये

मुहब्बत से है इंतज़ाम-ए-जहाँ
मुहब्बत से गर्दिश में है आसमाँ

मुहब्बत से रोते गए यार ख़ूँ
मुहब्बत से हो-हो गया है जुनूँ

मुहब्बत से आता है जो कुछ कहो
मुहब्बत से हो जो वो हरगिज़ न हो

मुहब्बत से यारों के हैं रंग ज़र्द
दिलों में मुहब्बत से उठते हैं दर्द

एक दूसरी मसनवी 'मुआमलात-ए-इश्क़' में मीर फ़रमाते हैं :

कुछ हक़ीक़त न पूछो क्या है इश्क़
हक़ अगर समझो तो ख़ुदा है इश्क़

इश्क़ ही इश्क़ है नहीं है कुछ
इश्क़ बिन तुम कहो कहीं है कुछ

इश्क़ में एक जी को खो बैठे
एक आँखों को रोके रो बैठे

ख़स्ता-ए-इश्क़ कुछ न 'मीर' हुए
बादशाह इश्क़ में फ़क़ीर हुए

'मीर' ने अपनी एक ग़ज़ल में इश्क़ की बात को यूँ आगे बढ़ाया :

क्या हक़ीक़त कहूँ कि क्या है इश्क़
हक़ शनासों के हाँ ख़ुदा है इश्क़

दिल लगा हो तो जी जहाँ से उठा
मौत का नाम प्यार का है इश्क़

क्या डुबाया मुहीत में ग़म के
हमने जाना था आश्ना है इश्क़

इश्क़ से जा नहीं कोई ख़ाली
दिल से ले अर्श तक भरा है इश्क़

इश्क़ है इश्क़ करने वालों को
कैसा-कैसा बहम किया है इश्क़

कौन मक़सद को इश्क़ बिन पहुँचा
आरज़ू इश्क़, मुद्दआ है इश्क़

'मीर' 1723 में आगरे में पैदा हुए। मीर का ख़ानदान मूल रूप से हिजाज़ (अरब) से आया। सब से पहले उनके बुज़ुर्ग दक्षिण भारत में आकर बसे। उसके बाद परिवार अहमदाबाद, गुजरात आया और जैसा कि मीर ने अपनी आप-बीती 'ज़िक्र-ए-मीर' में लिखा है "उनमें से कुछ वहीं के (अहमदाबाद) हो रहे और कुछ ने आगे बढ़ने और अपनी खोज जारी रखने का साहस किया और अकबराबाद (आगरा) को अपना घर बना लिया"। मीर के दादा आगरे की फ़ौजदारी में नौकर थे। दादा के दो बेटे थे। बड़े बेटे के दिमाग़ में कुछ विकार, दीवानगी थी और वो जवानी में ही इस दुनिया से चल बसा। छोटे बेटे मीर के पिता थे।

'मीर' के पिता का नाम अली मुत्तक़ी था। उन्होंने दो शादियाँ की। पहली पत्नी से मीर के पिता का एक लड़का मुहम्मद हसन था। दूसरी पत्नी से दो लड़के मुहम्मद तक़ी और मुहम्मद रज़ी पैदा हुए। मीर के पिता एक सूफ़ी दरवेश थे और हर समय इबादत में डूबे रहते थे। मीर लगभग 10 वर्ष के थे कि उनके चचा तथा पिता का देहांत हो गया। चचा मार्च, 1733 में और पिता दिसंबर, 1733 में इस दुनिया से चल बसे। 10 साल के बच्चे को इन हादसों ने पूरी तरह झकझोर दिया। मीर के पिता अपने पीछे विरासत के तौर पर 300 के क़रीब किताबें

छोड़कर गए। इसके अलावा उन पर आगरे के ताजिरों का 300/ रुपये क़र्ज़ था। सौतेले भाई ने किताबें अपने हिस्से में कीं और मीर के हिस्से में क़र्ज़ आया।

पिता की मृत्यु के बाद मीर ने अपने हालात यूँ अपनी आपबीती में लिखे हैं :

> बाप की मौत के बाद मुझ पर क्या-क्या न बीती, आसमान की बे-मुरव्वती देखी, ज़माने के दुख झेले, नहीं-नहीं आसमान और ज़माने का क्या दोष मेरी ही क़िस्मत का फेर था कि ऐसे सूरज का साया मेरे सर से उठ गया। जो कुछ किया मेरी क़िस्मत ने किया। कोई ऐसा न रहा जो मेरे सर पर साया रखता। मगर मैंने ग़ैरत को हाथ से न जाने दिया। किसी के दरवाज़े पर हाथ नहीं फैलाया, किसी से भीख नहीं माँगी किसी चीज़ का लालच नहीं किया। न मैंने किसी का सहारा ढूँढा और न किसी ने मुझे सहारा दिया। ख़ुदा का करम था कि न मैंने किसी और का एहसान उठाया और न मुझे भाई के आगे हाथ फैलाना पड़ा। रात-दिन फ़क़ीर का मातम करता और सब कुछ ख़ुदा पर छोड़, भाई को अपनी जगह बिठा, रोज़ी की खोज में गली-गली की ठोकर खाता। लेकिन कोई सहारा न पाया। जब वतन में कोई सहारा न मिला तो परदेस जाने का इरादा करके निकल खड़ा हुआ। रास्ते के हरज-मरज खींचे, सफ़र के दुख-सुख झेले और आख़िर शाहजहानी दिल्ली पहुँच गया। यहाँ भी बहुत हाथ-पैर मारे लेकिन कोई ऐसा न पाया जो उस बुरे वक़्त मेरे काम आता!
>
> ('ज़िक्र-ए-मीर', अनुवादक अजमल अजमली, हिन्दी अकादमी, दिल्ली, संस्करण, 1992, पृष्ठ संख्या, 72-73)

मीर दिल्ली कब आए इस बारे में कोई साफ़ सुबूत नहीं मिलता लेकिन प्रोफ़ेसर निसार अहमद फ़ारूक़ी का ख़याल है कि मीर 1734-1735 ईस्वी में दिल्ली आए। यहाँ उनकी मुलाक़ात एक सूफ़ी ख़्वाजा मोहम्मद बासित से हुई जो उन्हें दिल्ली के एक अमीर नवाब सम्सामुद्दौला के पास ले गए। सम्सामुद्दौला मीर के पिता को जानते थे इस वजह से जब उन्हें यह पता चला कि मीर के पिता इस दुनिया में नहीं रहे तो उन्होंने मीर का एक रुपया रोज़ वज़ीफ़ा बाँध दिया। ये सिलसिला ज़्यादा दिन तक नहीं चला और 1739 में नादिर शाह के हमले में नवाब मारे गए।

जब दिल्ली में गुज़र-बसर मुश्किल हो गयी तो मीर वापस आगरा चले गए लेकिन आगरे में लोगों ने उन के साथ बहुत बुरा सुलूक किया। जो लोग उन के पिता के जीते जी पैरों के तले की मिट्टी सुरमे की तरह आँखों में लगाते थे अब वो उन से आँखें चुराने लगे थे। इस तरह मीर ज़्यादा दिन आगरे में न रह सके और लाचार होकर फिर दिल्ली पहुँचे और यहाँ अपने सौतेले मामू ख़ान-ए-आरज़ू, सिराजुद्दीन अली (1689-1756) के यहाँ शरण ली। ख़ान-ए-आरज़ू अपने ज़माने के फ़ारसी के बहुत बड़े विद्वान, नामी शायर तथा मशहूर उस्ताद थे। उनके यहाँ रहने से मीर को ख़ान-ए-आरज़ू की सोहबत ही नहीं बल्कि ख़ान-ए-आरज़ू के यहाँ आने वाले

दिल्ली के सभी उस्ताद शायर आदि से रूबरू होने का मौक़ा मिला। शुरू में तो ख़ान-ए-आरज़ू का बर्ताव उनके साथ ठीक-ठाक रहा लेकिन बाद में उन्होंने दुश्मनी का सा सुलूक शुरू कर दिया। मीर के सौतेले भाई ने अपने मामू ख़ान-ए-आरज़ू को ख़त लिखा कि "मीर मुहम्मद तक़ी फ़ित्ना-ए-रोज़गार है उसकी तरबियत हरगिज़ न करनी चाहिये बल्कि दोस्ती के पर्दे में काम तमाम कर देना चाहिए"। ख़ान-ए-आरज़ू अपने भांजे के बहकावे में आ गए और मीर से दुश्मनी का सा बर्ताव शुरू कर दिया जिसके बारे में मीर ने अपनी आपबीती में यूँ लिखा है :

> ज़रा-ज़रा सी बात पर डाँटते-फटकारते और हर समय कड़ी निगरानी रखते थे। जो कुछ बीती, बीत गई, हर समय सबर से काम लेता लेकिन वह अपने किये से हाथ नहीं उठाते। हज़ार ज़रूरत पड़ती मगर उनसे एक कौड़ी का रवादार न होता फिर भी वो दुश्मनी न छोड़ते। उनके सितम का अगर खुलकर बयान करूँ तो एक दफ़्तर जमा हो जाए। मेरा दुखी दिल और ज़ख़्मी हो गया।

ख़ान-ए-आरज़ू के व्यवहार में इस बदलाव के कारण मीर का उनके यहाँ रहना मुश्किल हो गया और मीर को ख़ान-ए-आरज़ू का घर छोड़ना पड़ा। इन तमाम परेशानियों के बावजूद मीर को ख़ान-ए-आरज़ू के यहाँ रहने का बहुत फ़ायदा हुआ। यहीं रह कर मीर ने फ़ारसी ज़बान और उस के मुहावरे वग़ैरह पर महारत हासिल कर ली। ज़िक्र-ए-मीर में फ़ारसी के जो मुहावरे मिलते हैं वो ख़ान-ए-आरज़ू के फ़ारसी शब्दकोष 'चिराग़-ए-हिदायत' से मीर को पहुँचा फ़ायदा है।

इसी दौरान मीर को अपनी किसी रिश्तेदार से इश्क़ हो गया था जिसकी उम्र लगभग 18 वर्ष थी, लेकिन ये इश्क़ नाकाम ही रहा। इश्क़-ओ-मुहब्बत का दाग़, बे-रोज़गारी, परेशान हाली, दुख-दर्द ने मीर को इतना तोड़ डाला कि उनका दिल-ओ-दिमाग़ पर क़ाबू न रहा और वो पागल हो गए। उनको चाँद में एक सूरत नज़र आने लगी। इन सब बातों को मीर ने अपनी आपबीती में यूँ लिखा है :

> यहाँ तक दुख उठाए कि दिमाग़ क़ाबू में न रहा और पागलपन हो गया। मेरा परेशान दिल और परेशान हो गया। दीवानापन पैदा हुआ। जो कोठरी मेरे रहने की जगह थी उसका दरवाज़ा बंद कर लिया और ग़म के बोझ में अकेले बैठ रहा। जब चाँद निकलता तो मेरे सर पर आफ़त टूट पड़ती। जब चाँदनी फैलती तो एक हसीन जिस्म अपनी सारी सुंदरता के साथ मेरी ओर आता और मुझे बेहोश कर देता। जिस ओर मैं देखता उसी पर नज़र पड़ती जिधर भी आँख पड़ती मुझे वही दिखाई देता। मेरे घर के दर-ओ-दीवार और आंगन गोया तस्वीर का वरक़ हो गए थे कि जिधर देखिए वही होश उड़ा देने वाला चेहरा नज़र आता। कभी चौदहवीं के चाँद जैसा सामने और कभी दिल के बाग़ में टहलता हुआ अगर फूल जैसे चाँद पर नज़र पड़ जाती तो जी और बहकने लगता। हर रात उस परी जैसे बदन से मुलाक़ात होती और हर सुबह उसके चले जाने से पागलपन बढ़ता। जब सुबह की

सफ़ेदी फैलने लगती, दिल से ठंडी आह निकलती यानी दिल मचलता और चाँद की ओर लपकता। दिन भर यही जुनून रहता और उसकी याद में मेरा दिल ख़ून होता। मैं दीवाने की तरह ख़ून में लिथड़ा, हाथ में पत्थर लिये लड़खड़ाता फिरता, लोग मेरी सूरत देखकर भागते। चार महीनों तक रात को वो जगमगाने वाला फूल नई-नई छवि दिखाता रहा और अपनी चाल-ढाल से क़यामत उठाता रहा। नागाह बहार के दिन आए और जुनून के दाग़ और भी हरे हो गए। ऐसा लगने लगा कि जैसे मुझ पर परी का साया हो, इतना बेहोश हुआ कि किसी कामकाज का न रहा। उसकी मोहिनी सूरत हर समय नज़र के सामने रहती और उसके बालों का ख़याल सर में समाया रहता। लोग मुझसे भागने लगे और आख़िर मुझे कोठरी में बंद कर दिया गया और पैरों में ज़ंजीर डाल दी गई।

('ज़िक्र-ए-मीर', अनुवादक अजमल अजमली, हिन्दी अकादमी, दिल्ली, संस्करण, 1992, पृष्ठ संख्या, 75/76)।

इसी दीवानगी की कैफ़ियत की मीर ने अपनी मशहूर मसनवी 'ख़्वाब-ओ-ख़याल' में यूँ तस्वीर खींची हैं :

चला अकबराबाद से जिस घड़ी
दर-ओ-बाम पर चश्म-ए-हसरत पड़ी

पस अज़ क़तअ-ए-रह लाए दिल्ली में बख़्त
बहुत खींचे याँ मैंने आज़ार सख़्त

जिगर जौर-ए-गर्दूं से ख़ूँ हो गया
मुझे रुकते रुकते जुनूँ हो गया

हुआ ख़ब्त से मुझको रब्त-ए-तमाम
लगी रहने वहशत मुझे सुब्ह-ओ-शाम

ये वहम ग़लत-कार याँ तक खिंचा
कि कार-ए-जुनूँ आसमाँ तक खिंचा

नज़र रात को चाँद पर गर पड़े
तो गोया कि बिजली सी दिल पर पड़े

मह-ए-चार-दह कार-ए-आतिश करे
डरूँ याँ तलक मैं कि जी ग़श करे

नज़र आई इक शक्ल महताब में
कमी आई जिस से ख़ुर-ओ-ख़्वाब में

दीवानगी से ठीक होने के बारे में मीर ने अपनी आपबीती में यूँ लिखा है :

फ़ख़रुद्दीन ख़ाँ की घरवाली ने, जो मेरे वालिद की मुरीद और क़रीबी रिश्तेदार थीं, ने मेरे इलाज पर बहुत पैसा बहाया। झाड़-फूँक करने वालों ने झाड़-फूँक की और हकीमों ने ख़ून निकाला और ये सारी कोशिशें कामयाब हुईं। जब मौसम बदला, बहार का ज़माना बीता तो मेरा जुनून भी कम हुआ। वो सूरत जो मेरे सामने, मेरे ख़याल में समा गई थी, मिट गई और जुनून ने जो सबक़ मुझे पढ़ाया था मैं भूल गया। अब ज़बान बंद रहने लगी और वाही-तबाही बकना ख़त्म हो गया। दिमाग़ की ठंडक के लिए दवाएँ खिलाईं तो नींद आने लगी और अब मैं अपने आप में आया। वो सूरज जैसा चेहरा भी निगाहों से ओझल हो गया। एक मुद्दत के बाद मैं पूरी तरह होश में आ गया और पढ़ना लिखना भी शुरू कर दिया।

('ज़िक्र-ए-मीर', अनुवादक अजमल अजमली, हिन्दी अकादमी, दिल्ली, संस्करण, 1992, पृष्ठ संख्या, 76)।

मसनवी 'ख़्वाब-ओ-ख़याल' ही में मीर ने अपने होश में वापस आने का हाल कुछ यूँ लिखा है :

किसे था मिरी ज़िंदगानी का ध्यान
वलेकिन निहायत था मैं सख़्त जान

लगी जान सी आने आज़ा के बीच
कोई रोज़ रहना था दुनिया के बीच

ग़लतकारी-ए-वहम कुछ कम हुई
वो सोहबत जो रहती थी बरहम हुई

वो सूरत का वहम और दीवानगी
लगी करने दर-पर्दा बेगानगी

ख़ान-ए-आरज़ू का घर छोड़ने के बाद दिल्ली में मीर दर-दर की ठोकरें खाते रहे और इसी परेशान हाली में उन की गुज़र-बसर हुई। ये ज़माना वो था जब उर्दू ज़बान अपना शायराना मक़ाम हासिल करने की तरफ़ बढ़ रही थी। मुग़ल सल्तनत के कमज़ोर होने के कारण फ़ारसी की क़द्र धीरे-धीरे कम हो रही थी और दिल्ली के शायर रेख़्ते में शे'र कहने लगे जिस से कि उनको आम लोगों में मक़बूल होने का मौक़ा मिले। वली दकनी (1667/68-1707) का दीवान दिल्ली आ चुका था जिसकी सारे शहर में धूम मची हुई थी। मीर इस वक़्त तक फ़ारसी में शे'र कहते थे और बहुत अच्छा स्तर नहीं रखते थे। इसी दौरान उनकी मुलाक़ात अमरोहे के एक उस्ताद सय्यद मीर सआदत से हुई जिन्होंने मीर को रेख़्ते में शे'र कहने की सलाह दी। मीर ने इस पर अमल किया और रेख़्ते में शे'र कहने लगे। मीर ने अपनी आप-बीती में लिखा है कि मैंने बहुत जतन किया और लिखते-लिखते इस मर्तबे

पर पहुँच गया कि शहर के शायरों में सनद माना जाने लगा और मेरे शे'र सारे शहर में फैल गए और हर छोटा-बड़ा मेरे शे'र सुनने लगा। मीर के रेख़्ते ने दिल्ली और दिल्ली वालों पर ऐसा असर किया कि उनकी शायरी की चारों तरफ़ धूम मच गई और दिल्ली के बूढ़े हों या जवान, अमीर हों या ग़रीब, सब की ज़बान पर मीर के शे'र चढ़ गए।

दिल किस तरह न खींचे, अश'आर रेख़्ते के
बेहतर किया है मैंने, इस ऐब को हुनर से

— —

तब'इय्यत से जो फ़ारसी की, मैंने हिंदी शे'र कहे
सारे तुर्क-बचे ज़ालिम अब, पढ़ते हैं ईरान के बीच

— —

जिस राह से वो दिल-ज़दा दिल्ली में निकलता
साथ उसके क़यामत का सा हंगामा रवाँ था

मीर, जैसा कि उन्होंने ने स्वयं कहा है, दीवानगी से ठीक तो हो गए लेकिन इस दीवानगी, इस जुनून का साया जीवन भर उनके साथ रहा और उनकी शायरी में किसी न किसी रूप में झलकता रहा। इसी दीवानगी की एक मिसाल मीर के पहले दीवान का ये शे'र है :

ज़िंदाँ में भी शोरिश न गई अपने जुनूँ की
अब संग मुदावा है इस आशुफ़्ता-सरी का

सरदार जाफ़री ने लिखा है कि "चंद महीनों में मीर इस बीमारी से अच्छे तो हो गए लेकिन दीवानगी एक ख़ूबसूरत परछाई की तरह उनकी शायरी पर मंडलाती रही। अब जो भी गाली मीर की ज़बान से निकलती वो मिसरा बन जाती। जब दिल-दिमाग़ ठीक हुए तो शे'रों का मज़ा बाक़ी रह गया। मीर की कुछ मशहूर ग़ज़लें इसी काल की रचना बताई जाती हैं, जिन्होंने समकालीन उस्तादों पर इस नौजवान शायर का सिक्का जमा दिया"।

इसी दौर के बारे में कहा जाता है कि जब किताबें नहीं छपती थीं और लोग जब अपने दोस्तों, रिश्तेदारों से मिलते थे तो काग़ज़ पर लिखी मीर की ग़ज़लें एक दूसरे को तोहफ़े के तौर पर देते थे। मीर कहते हैं:

क्या जानूँ दिल को खींचे हैं क्यूँ शे'र 'मीर' के
कुछ तर्ज़ ऐसी भी नहीं, ईहाम भी नहीं

— —

पढ़ते फिरेंगे गलियों में इन रेख़्तों को लोग
मुद्दत रहेंगी याद ये बातें हमारियाँ

— —

दिल और अर्श दोनों पे गोया है उन की सैर
करते हैं बातें 'मीर जी' किस-किस मक़ाम से

मीर की शायरी का कमाल ये भी है की उन्होंने आम लोगों की ज़बान में शे'र कहने का ढंग इतना बुलंद कर दिया कि उनके ज़माने से लेकर आज तक अमूमन सभी शायरों ने मीर के जैसे शे'र कहने की कोशिश की है। उन्होंने मीर की भाषा, उसकी मिठास, उसकी शैली, धीमापन, मुहावरे, अलंकार आदि हर अंदाज़ को अपनाने की कोशिश की है। मीर की ज़बान सादा, बयान सीधा जिस में कोई लाग-लपेट नहीं, शायरी में मुहब्बत, दर्द-ओ-ग़म, सोज़-ओ-गुदाज़ की ऐसी घुलावट है कि सुनने-पढ़ने वालों के दिल-ओ-दिमाग़ पर शे'र सीधा असर करता है :

काशके दिल दो तो होते इश्क़ में
एक रहता, एक खोते इश्क़ में

— —

नाज़ुकी उसके लब की क्या कहिए
पंखुड़ी इक गुलाब की सी है

— —

पहले दीवाने हुए, फिर 'मीर' आख़िर हो गए
हम न कहते थे कि साहिब, आशिक़ी तुम मत करो

— —

आग थे इब्तिदा-ए-इश्क़ में हम
अब जो हैं ख़ाक, इन्तिहा है ये

— —

सदा हम तो खोए गए से रहे
कभू आप में तुमने पाया हमें

— —

मिला देती है ख़ाक में आदमी को
मुहब्बत है कोई बला आसमानी

— —

पाँव में पड़ गए हैं फफोले मिरे तमाम
गोया हर एक गाम पे जैसे दबी हो आग

— —

ऐसे तो हाल के कहने से भली ख़ामोशी
कहिए उस से जो कोई अपना कहा रखता हो

गुल हो, महताब हो, आईना हो, ख़ुर्शीद हो 'मीर'
अपना महबूब वही है जो अदा रखता हो

— —

शाम से कुछ बुझा सा रहता हूँ
दिल हुआ है चराग़ मुफ़्लिस का

— —

अफ़्सुर्दगी-ए-सोख़्ता-जानाँ है क़हर 'मीर'
दामन को टुक हिला कि दिलों की बुझी है आग

जैसा कि प्रसिद्ध शायर अली सरदार जाफ़री ने अपने मीर के दीवान के संकलन की भूमिका में लिखा है कि "उनका स्थान शायरी में ही नहीं बल्कि भाषा के इतिहास में भी बहुत महत्व रखता है। खड़ी बोली जिस पर वर्तमान उर्दू और हिन्दी भाषा की बुनियाद है, इतने निखरे हुए रूप में मीर के यहाँ दिखाई देती है कि उसके बाद का हर रूप मीर की देन मालूम होता है"। मीर का ख़ास कमाल ये भी है कि उन्होंने अपने ज़माने में, जब दरबारी ज़बान फ़ारसी थी और रेख़्ते में शे'र कहना कमतर माना जाता था, उस वक़्त फ़ारसी, अरबी तरकीबों को रेख़्ते या हिंदी के साथ मिला कर एक ऐसा अंदाज़ पेश किया जो आज भी हमारी भाषा का आधार है। मीर का ये योगदान भाषा से बढ़ कर उसके व्याकरण, मुहावरे, अलंकार आदि सब में समाया हुआ है। 'मीर' फ़रमाते हैं :

हैरत में सक्ते से भी मेरा हाल है परे
आईना रख के सामने देखा तो दम नहीं

— —

वो जो रश्क-ए-मह कभी, इस राह से निकला न 'मीर'
हम न रखते थे सितारा, यानी बद-अख़तर हैं हम

— —

बहुत की जुस्तजू उसकी, न पाया
हमें दरपेश है अब जी का खोना

— —

क्या लुत्फ़ है वगरना जिस दम वो तेग़ खींचे
सीना सिपर करें हम क़त्अ-ए-नज़र करो तुम

— —

सावन हरे न भादो में हम सूखे अहल-ए-दर्द
सब्ज़ा हमारी पलकों का, सैराब था सो था

इन सभी शे'रों में 'आईना सामने रख कर दम देखना' 'सितारा न रखना' 'जी खोना' 'सीना सिपर करना' 'सावन हरे न भादो सूखे' मुहावरों का ऐसा इस्तेमाल है जिस ने मीर को आम लोगों में बहुत मक़बूल किया। शायरी में मुहावरे का इस्तेमाल एक ऐसी कला है जो हर शायर के बस की बात नहीं है। ये काम मीर जैसे उस्ताद शायर ही का है जिन की कुल्लियात में हज़ारों मुहावरे भरे पड़े हैं जिससे शे'र का लुत्फ़ और रुतबा दोगुना हो जाता है। एक ग़ज़ल में तो एक ही लफ़्ज़ से बनने वाले विभिन्न मुहावरों को बांधकर मीर ने बेहद दिलचस्प बना दिया है :

होती है गरचे कहने से यारो पराई बात
पर हम से तो थमे न कभू मुँह पर आई बात

जाने न तुझको जो, ये तसन्नो तू उस से कर
तिस पर भी तो छुपी नहीं रहती बनाई बात

कहते थे उस से मिलिये तो क्या-क्या न कहिये लेक
वो आ गया तो सामने उसके न आई बात

अब तो हुए हैं हम भी तिरे ढब से आशना
वाँ तूने कुछ कहा कि इधर हमने पाई बात

बुलबुल के बोलने में सब अंदाज़ हैं मिरे
पोशीदा कब रहे है किसू की उड़ाई बात

भड़का था रात देख के वो शोला-ख़ू मुझे
कुछ रू-सियह रक़ीब ने शायद लगाई बात

आलम सियाह-ख़ाना है किसका कि रोज़-ओ-शब
ये शोर है कि देती नहीं कुछ सुनाई बात

इक दिन कहा था ये कि ख़मोशी में है वक़ार
सो मुझसे ही सुख़न नहीं, मैं जो बताई बात

अब मुझ ज़ईफ़-ओ-ज़ार को मत कुछ कहा करो
जाती नहीं है मुझसे किसू की उठाई बात

ख़त लिखते-लिखते 'मीर' ने दफ़्तर किये रवाँ
इफ़्रात-ए-इश्तियाक़ ने आख़िर बढ़ाई बात

उपरोक्त ग़ज़ल में 'बात बनाना', 'बात पाना', 'बात उड़ाना', 'बात लगाना', 'बात सुनाना', 'बात उठाना', 'बात बढ़ाना' यानी हर शे'र में मुहावरा है। यही मीर की शायरी का कमाल है।

मीर ने अपनी शायरी में संस्कृत, ब्रज और खड़ी बोली के शब्दों को इस तरह घुला मिला दिया कि फ़ारसी और अरबी तरकीबों के साथ मिल कर एक नया अंदाज़ पैदा हो गया। 'कभी' की जगह 'कभू' किसी की जगह 'किसू' और हिन्दी के शब्द चितवन, पवन, नगर, प्राण, मुखड़ा, माटी, खड़ी बोली के शब्द "आवे है, जावे है, खोवेगा, बोवेगा" आदि का ऐसा इस्तेमाल किया कि इन शब्दों के प्रयोग ने उस ज़माने में जब फ़ारसी अंदाज़ में शे'र कहने को अहमियत हासिल थी, उनकी शायरी को आम लोगों में बहुत मक़बूल कर दिया और आम लोगों की ज़बान को शायरी की ज़बान बना दिया, मिसाल के तौर पर :

सदा हम तो खोए गए से रहे
कभू आप में तुमने पाया हमें

— —

सुना जाता है ऐ घतिये तिरे मजलिस-नशीनों से
कि तू दारू पिये है साथ में मिल कर कमीनों से

— —

पिए दारू पड़े फिरते थे कल तक 'मीर' कूचों में
उन्हीं को मस्जिद-ए-जामा की देखी आज इमामत है

— —

न शिकवा-शिकायत, न हर्फ़-ओ-हिकायत
कहो 'मीर जी' आज क्यूँ हो ख़फ़ा से

— —

हम हुए, तुम हुए, कि 'मीर' हुए
उसकी ज़ुल्फ़ों के सब असीर हुए

— —

सितम हैं, क़हर हैं, लौंडे शराब-ख़ाने के
उतार लेते हैं अम्मामा हर नमाज़ी का

— —

आग सी इक दिल में सुलगे है कभू भड़की तो 'मीर'
देगी मेरी हड्डियों का ढेर जूँ ईंधन जला

इस आख़िरी शे'र में कोई भी शब्द ऐसा नहीं है जो आम बोलचाल में इस्तेमाल न होता हो। जितने भी शब्द जैसे आग, दिल, सुलगे, भड़की, हड्डियों का ढेर, ईंधन इसमें आए हैं बहुत सादा और आम बोलचाल में प्रयोग होने वाले हैं, लेकिन 'मीर' ने इन्हीं आम बोलचाल के शब्दों को एक माला में ऐसा पिरोया है की शे'र के पढ़ते ही एक तस्वीर सी आँखों के सामने उतर आती है। इस तस्वीर में आग भी है, दिल भी है, हड्डियों का ढेर भी है जो चूल्हे में धूँ-धूँ करके जल रहा है। मामूली, सादा अल्फ़ाज़ के साथ इस मर्तबे की मंज़र-कशी शायद और किसी शायर के बस की बात नहीं है।

क्या जानूँ दिल को खींचें हैं क्यूँ शे'र 'मीर' के
कुछ तर्ज़ ऐसी भी नहीं, ईहाम भी नहीं

— —

तरफ़ें रखे है एक सुख़न चार-चार 'मीर'
क्या-क्या कहा करे हैं ज़बान-ए-क़लम से हम

— —

जहाँ से देखिए एक शे'र-ए-शोर-अंगेज़ निकले है
क़यामत का सा हंगामा है हर जा मेरे दीवाँ में

— —

इस फ़न में कोई बे-तह क्या हो मिरा मुआरिज़
अव्वल तो मैं सनद हूँ, फिर ये मिरी ज़बाँ है

— —

लब-ओ-लहजा ग़ज़ल-ख़्वानी का किस को आजकल ऐसा
घड़ी-भर को हुए मुर्ग़-ए-चमन हम-दास्ताँ मेरे

मीर के पसंदीदा सम्बोधन जैसे प्यारे, मियाँ, साहिब, अरे, रे, मीर जी, मीर साहिब, आदि हैं, जिन के इस्तेमाल से उन की शायरी में बातचीत का अंदाज़ पैदा हो जाता है, मसलन :

गुफ़्तगू रेख़्ते में हम से न कर
ये हमारी ज़बान है प्यारे

छोड़ जाते हैं दिल को तेरे पास
ये हमारा निशान है प्यारे

'मीर' अमदन भी कोई मरता है
जान है तो जहान है प्यारे

— —

'मीर साहिब' ज़माना नाज़ुक है
दोनों हाथों से थामिए दस्तार

— —

शहरों मुल्कों में जो ये 'मीर' कहाता है मियाँ
दीदनी है प: बहुत कम नज़र आता है मियाँ

— —

न शिकवा शिकायत, न हर्फ़-ओ-हिकायत
कहो 'मीर जी' आज क्यूँ हो ख़फ़ा से

मीर की शायरी में शब्दों का सही इस्तेमाल, उनकी विभिन्न तरकीबें और शब्दों को सही जगह बैठाने की कला का ऐसा प्रयोग है जिससे शे'र या ग़ज़ल में ख़ुद-ब-ख़ुद एक रवानी, एक मूसीक़ी का सा आलम पैदा हो जाता है :

बहुत आरज़ू थी गली की तिरी
सो याँ से लहू में नहा कर चले

दिखाई दिए यूँ कि बेख़ुद किया
हमें आप से भी जुदा कर चले

जबीं सज्दा करते ही करते गई
हक़-ए-बंदगी हम अदा कर चले

परस्तिश की याँ तक, कि ऐ बुत तुझे
नज़र में सभों की ख़ुदा कर चले

कहें क्या जो पूछे कोई हम से 'मीर'
जहाँ में तुम आए थे, क्या कर चले

— —

हम हैं मजरूह माजरा है ये
वो नमक छिड़के हैं, मज़ा है ये

शुक्र उसकी जफ़ा का हो न सका
दिल से अपने हमें गिला है ये

आग थे इब्तिदा-ए-इश्क़ में हम
अब जो हैं ख़ाक इन्तिहा है ये

— —

सुना है हाल तिरे कुश्तगाँ बिचारों का
हुआ न गोर गढ़ा उन सितम के मारों का

— —

यारो मुझे मुआफ़ रखो, मैं नशे में हूँ
अब दो तो जाम ख़ाली ही दो, मैं नशे में हूँ

या हाथों हाथ लो मुझे मानिंद-ए-जाम-ए-मय
या थोड़ी दूर साथ चलो, मैं नशे में हूँ

मा'ज़ूर हूँ जो पाँव मिरा बे-तरह पड़े
तुम सरगिराँ तो मुझ से न हो, मैं नशे में हूँ

नाज़ुक-मिज़ाज आप क़यामत हैं 'मीर जी'
जूँ शीशा मेरे मुँह न लगो, मैं नशे में हूँ

— —

अश्क आँखों में कब नहीं आता
लोहू आता है जब नहीं आता

— —

'मीर' दरिया है सुने शे'र ज़बानी उस की
अल्लाह-अल्लाह रे तबीअत की रवानी उस की

मीर की शायरी में 'दिल' और 'जी' का बार-बार ज़िक्र आता है। मीर के यहाँ दिल में आदमी की सारी दुनिया, उसकी हस्ती समाई हुई है तो 'जी' में दिल सहित उसकी जान, रूह, ज़िंदगी, तबीयत, ख़्वाहिश, आदमी ख़ुद और उसकी तमाम हस्ती समाई हुई है। कुल मिलाकर मीर के यहाँ 'जी' आदमी की पूरी हस्ती और दिल उसका धड़कता हुआ एक हिस्सा, एक शोला, एक आग, इच्छाओं का घर, आदमी के रहने की जगह और न जाने क्या-क्या है।

दाग़-ए-दिल-ए-ख़राब शबों को जले है 'मीर'
इश्क़ इस ख़राबे में भी चराग़ इक जला गया

— —

आरज़ूएँ हज़ार रखते हैं
तो भी हम दिल को मार रखते हैं

— —

जी ढहा जाए है सहर से आह
रात गुज़रेगी किस ख़राबी से

— —

कैसा चमन कि हम से असीरों को मना है
चाक-ए-क़फ़स से, बाग़ की दीवार देखना

— —

आँखों में अपनी रात को ख़ूँनाब था सो था
जी दिल के इज़्तिराब से, बेताब था सो था

— —

जी में था अर्श पे जा बाँधिए तकिया लेकिन
बिस्तरा ख़ाक ही में अब तो बिछाया हम ने

— —

आया कमाल नक़्स मिरे दिल की ताब में
जाता है जी चला ही मिरा इज़्तिराब में

— —

हर सुब्ह तो ख़ुर्शीद तेरे मुँह पे चढ़े है
ऐसा न हो ये सादा कहीं जी से उतर जाए

— —

तिरी ही राह में मारे गए सभी आख़िर
सफ़र तो हमको है दरपेश जी से जाने का

— —

हमारे आगे तिरा जब किसू ने नाम लिया
दिल-ए-सितम-ज़दा को हम ने थाम-थाम लिया

— —

दिल मुझे उस गली में ले जाकर
और भी ख़ाक में मिला लाया

— —

रखा कर हाथ दिल पर आह करते
नहीं रहता चराग़ ऐसी पवन में

— —

दैर-ओ-हरम से गुज़रे अब दिल है घर हमारा
है ख़त्म इस आबले पर सैर-ओ-सफ़र हमारा

— —

दिल वो नगर नहीं कि फिर आबाद हो सके
पछताओगे, सुनो हो, ये बस्ती उजाड़ के

— —

ख़राबी दिल की इस हद है कि ये समझा नहीं जाता
कि आबादी भी याँ थी, या कि वीराना था मुद्दत का

— —

शहर-ए-दिल एक मुद्दत, उजड़ा, बसा ग़मों में
आख़िर उजाड़ देना, उसका क़रार पाया

— —

मसाइब और थे पर दिल का जाना
अजब इक सानिहा सा हो गया है

— —

मत रंजा कर किसी को, अपने तो एतिक़ाद
दिल ढाए कर जो का'बा बनाया, तो क्या हुआ

मीर के यहाँ ख़ुदा की इबादत के लिए मज़हब के बिचौलियों की कोई जगह नहीं है और न ही एक धर्म से दूसरे धर्म में कोई भेद है। ख़ुदा या ईश्वर, आदमी चाहे जिसकी इबादत करे, मंज़िल उसकी एक ही है :

शिरकत-ए-शैख़-ओ-ब्रहमन से 'मीर'
का'बे और दैर से भी जाइयेगा
अपनी डेढ़ ईंट की जुदी मस्जिद
किसी वीराने में बनाइयेगा

— —

उसके फ़रोग़-ए-हुस्न से झमके है सब में नूर
शम्अ-ए-हरम हो या कि दिया सोमनात का

इसी तरह धार्मिक आडंबर, मुल्ला-मौलवियों की पेचीदा बातें मीर को प्रभावित नहीं करतीं :

मुझ मस्त को क्या निस्बत ऐ 'मीर' मसाइल से
मुँह शैख़ का मस्जिद में मैं रख के मसल डाला

— —

पिए दारू पड़े फिरते थे कल तक 'मीर' कूचों में
उन्हीं को मस्जिद-ए-जामा की देखी आज इमामत है

— —

वाइज़-ए-नाकस की बातों पर कोई जाता है 'मीर'
आओ मयख़ाने चलो तुम किस के कहने पर गए

और ये शे'र तो मज़हब के ठेकेदारों को पूरी तरह बे-नक़ाब कर देता है:

'मीर' के दीन-ओ-मज़हब को अब पूछते क्या हो उन ने तो
क़श्क़ा खींचा, दैर में बैठा, कब का तर्क इस्लाम किया

जब मीर आगरे से दिल्ली आये तो दिल्ली एक संपन्न, ख़ुशहाल और आबाद शहर था मगर हिंदुस्तान पर नादिर शाह के हमले (सन्,1739) और उस दौरान हुई लूटपाट और क़त्ल-ओ-ग़ारत ने दिल्ली को लगभग बर्बाद कर दिया। रही सही कसर अहमद शाह अब्दाली के हमलों ने पूरी कर दी जो कि सन्,1748 से शुरू हुए और कई साल तक जारी रहे और आख़िर में इन्हीं हमलों से दिल्ली पूरी तरह तबाह-ओ-बर्बाद हो गई। मीर जब दिल्ली आए थे तब उन्होंने दिल्ली शहर की ख़ूबसूरती पर कहा :

दिल्ली के न थे कूचे औराक़-ए-मुसव्वर थे
जो शक्ल नज़र आई तस्वीर नज़र आई

— —

हफ़्त-इक़्लीम हर गली है, कहीं
दिल्ली से भी दयार होते हैं

इस के बाद जब दिल्ली लगातार हुए हमलों के कारण उजड़ गयी तो मीर ने अपने दिल

की हालत कुछ इस तरह बयान की :

दीदा-ए-गिरयाँ हमारा नहर है
दिल ख़राबा जैसे दिल्ली शहर है

— —

दिल्ली में आज भीक भी मिलती नहीं उन्हें
था कल तलक दिमाग़ जिन्हें ताज-ओ-तख़्त का

— —

दिल्ली में अब के आकर उन यारों को न देखा
कुछ वे गए शिताबी कुछ हम भी देर आए

— —

दिल-ओ-दिल्ली दोनों अगर हैं ख़राब
पः कुछ लुत्फ़ इस उजड़े घर में भी है

— —

शहाँ कि कुहल-ए-जवाहर थी ख़ाक-ए-पा जिनकी
उन्हीं की आँखों में फिरते सलाइयाँ देखीं

— —

हमारे देखते ज़ेर-ए-नगीं था मुल्क सब जिनके
कोई अब नाम भी लेता नहीं उन मुल्क-गीरों का

— —

अब सब के रोज़गार की सूरत बिगड़ गई
लाखों में एक दो का कहीं कुछ बनाओ है

मीर ने अपनी आप बीती 'ज़िक्र-ए-मीर' में दिल्ली के उजड़ने का हाल कुछ इस तरह बयान किया है :

> एक दिन टहलता हुआ शहर के वीरानों में जा निकला। हर क़दम पर रोता ज्यों-ज्यों आगे बढ़ा हैरत बढ़ती गई। मकानों को पहचान न पाया। न आबादी का पता था न इमारतों के निशान और न वहाँ रहने वालों की ख़बर।
>
> घर के घर मिसमार थे, दीवारें उजड़ी हुई, ख़ानक़ाह सूफ़ियों से ख़ाली, शराब-ख़ाने पीने वालों से उजाड़। यहाँ से वहाँ तक एक वीराना था, सुनसान, उजाड़। कभी कोई ऐसा मानूस चेहरा नज़र न आया जिससे दो बातें कर लेता। कोई ऐसा न मिला जिसके पास जा बैठता। इस उजाड़ गली से निकलकर वीरान रास्ते पर आ खड़ा हुआ और हैरत

से तबाही के छोड़े हुए निशानात देखता रहा। बहुत दुख उठाया और यह तय किया कि अब इधर न आऊँगा और जब तक रहूँगा शहर का मुँह न देखूँगा।

('ज़िक्र-ए-मीर', अनुवादक अजमल अजमली, हिन्दी अकादमी, दिल्ली, संस्करण, 1992, पृष्ठ संख्या, 96/97)

इन उजड़ी बस्तियों में दीवार-ओ-दर हैं क्या क्या
आसार जिन के हैं ये, उनका नहीं असर कुछ

दिल्ली के उजड़ने के बाद लोगों की दिल्ली में गुज़र बसर मुश्किल हो गई। मीर भी इस से अप्रभावित न रहे। उन दिनों लखनऊ में नवाब आसिफ़ुद्दौला का राज था और हर तरफ़ हँसी-ख़ुशी का माहौल था। दिल्ली के बड़े अदीब और शायर लखनऊ का रुख़ कर रहे थे। ख़ान-ए-आरज़ू, सौदा और मुसहफ़ी लखनऊ पहुँच चुके थे। मीर दिल्ली में परेशान-हाली में अपने घर में अलग-थलग बैठे थे। उनका इरादा भी दिल्ली छोड़ने का था लेकिन सफ़र के सामान की कमी और हाथ ख़ाली होने की वजह से घर से निकलना मुश्किल था। इसी बीच लखनऊ के नवाब आसिफ़ुद्दौला ने रास्ते का ख़र्च आदि भेज कर मीर को लखनऊ बुलवा लिया। मीर जब लखनऊ पहुँचे तो वहाँ लोगों ने उन को हाथों-हाथ लिया और उन की बड़ी आवभगत हुई। नवाब आसिफ़ुद्दौला ने उन्हें अपने मुलाज़िमों में शामिल कर उन पर अपनी मेहरबानियों का दरवाज़ा खोल दिया। मीर की नवाब आसिफ़ुद्दौला से पहली मुलाक़ात की भी बड़ी दिलचस्प दास्तान है। जब मीर नवाब साहब से मिलने पहुँचे तो वो मुर्ग़े लड़ा रहे थे, देखते ही लिपट गए और मीर को अपने शे'र सुनाने लगे। मीर ने शे'र सुनकर कहा 'क्या कहना बादशाह की शायरी, शायरी की बादशाह होती है'। इस के बाद मीर का वक़्त लखनऊ में ऐश-ओ-आराम में गुज़रा। लखनऊ में मिले ऐश-ओ-आराम के बावजूद मीर का दिल दिल्ली में ही रहा :

लखनऊ, दिल्ली से आया, याँ भी रहता है उदास
'मीर' को सर-गश्तगी ने, बे-दिल-ओ-हैराँ किया

— —

आई अगर बहार तो अब हमको क्या सबा
हम से तो आशियाँ भी गया और चमन गया

— —

ख़राबा दिल्ली का दह-चंद बेहतर लखनऊ से था
वहीं मैं काश मर जाता, सरासीमा न आता याँ

— —

किस किस अदा से रेख़्ते मैंने कहे वले
समझा न कोई मेरी ज़बाँ इस दयार में

— —

बरसों से लखनऊ में इक़ामत है मुझ को लेक
याँ के चलन से रखता हूँ अज़्म-ए-सफ़र हनोज़

मीर ही क्या जितने अदीब और शायर दिल्ली छोड़ कर लखनऊ आए सब का यही हाल था। मुसहफ़ी कहते हैं:

ऐ 'मुसहफ़ी' मत पूछ कि दिल्ली से निकल कर
क्या कहिये कि हम कितने पशेमान हुए हैं

मीर के दूसरे शिकार-नामे में लखनऊ के बारे में लिखी गई उनके दिल की बात पर भी ग़ौर करते चलिए :

जवाहर तो क्या क्या दिखाया गया
ख़रीदार लेकिन न पाया गया

मता'-ए-हुनर फेर कर ले चलो
बहुत लखनऊ में रहे घर चलो

मीर की शायरी पढ़ते वक़्त एक और बात जो महसूस होती है वो ये है की उनके शे'र उनके ज़माने की तस्वीर तो हैं ही और आजकल जो दुनिया और इसके लोगों का हाल है वो भी एक तस्वीर के रूप में हमारी आँखों के सामने आ जाता है:

ग़लत है इश्क़ में ऐ बुल-हवस अंदेशा राहत का
रिवाज इस मुल्क में है दर्द-ओ-दाग़-ओ-रंज-ओ-कुल्फ़त का

ज़मीं इक सफ़्हा-ए-तस्वीर-ए-बेहोशाँ से माना है
ये मजलिस जब से है अच्छा नहीं कुछ रंग सोहबत का

मीर की शायरी आदमी का, इंसान का अपने तक पहुँचने का एक ज़रिया बन जाती है। आदमी ज़िंदगी भर न जाने किस-किस जुस्तजू में जीता है, न जाने उसे किसकी तलाश है। उसका मक़सद धन-दौलत, शौहरत, वैभव न जाने क्या है। यानी जब आदमी को इस बात का इल्म नहीं होता कि उसका रास्ता कौन सा है, उसकी मंज़िल कहाँ है तो उसे मीर की शायरी रास्ता दिखाती है :

हम आप ही को अपना मक़्सूद जानते हैं
अपने सिवाए किसको मौजूद जानते हैं

इज्ज़-ओ-नियाज़ अपना अपनी तरफ़ है सारा
इस मुश्त-ए-ख़ाक को हम मस्जूद जानते हैं

— —

था वो तो रश्क-ए-हूर-ए-बहिश्ती हमीं में 'मीर'
समझे न हम तो फ़हम का अपनी क़ुसूर था

पहुँचा जो आपको तो मैं पहुँचा ख़ुदा के तईं
मालूम अब हुआ कि बहुत मैं भी दूर था

— —

जो सोचे टुक तो वो मतलूब हम ही निकले 'मीर'
ख़राब फिरते थे जिसकी तलब में मुद्दत से

मीर ने शायरी की सभी विधाओं में अपनी बात कही मसलन ग़ज़ल, मस्नवी, नज़्म, रुबाई, मर्सिया, क़सीदा, आदि लेकिन उनका असल मैदान ग़ज़ल है। ग़ज़ल में उनकी उस्तादी की वजह से ही उन्हें 'ख़ुदा-ए-सुख़न' कहा जाता है। मीर की ग़ज़लें उनकी ज़िंदगी और उनके ज़माने की मुरक़्क़ा (तस्वीरों की किताब) है। अपनी ग़ज़लों में मीर ने अपनी ज़िंदगी और अपने ज़माने के तमाम दर्द-ओ-ग़म उतार दिए:

मुझको शाइर न कहो 'मीर', कि साहब मैंने
दर्द-ओ-ग़म कितने किये जम्अ, तो दीवान किया

लेकिन मीर के दर्द-ओ-ग़म अपने व्यक्तिगत दर्द-ओ-ग़म न रहकर उनके ज़माने के दर्द-ओ-ग़म दिखाई देते हैं और उनके दौर की लुटती, पिटती और तबाह दिल्ली के भी। इसी वजह से कई आलोचकों ने मीर की शायरी को दिल और दिल्ली के मर्सिये कहा है :

मर्सिये दिल के कई कह के दिए लोगों को
शहर-ए-दिल्ली में है सब पास निशानी उस की

—विपिन गर्ग

अपनी बात

उर्दू शायरी से मेरी दिलचस्पी यूँ समझ लीजिए बचपन ही से रही क्योंकि हमारे मोहल्ले डालमपाड़ा, मेरठ में कई बुज़ुर्ग चलते-फिरते एक दूसरे को शे'र सुनाते थे। सुनने वालों के मुँह से वाह-वाह की आवाज़ सुनकर मेरे मन में एक अजीब तरह की लहर दौड़ जाती थी क्योंकि बात की गहराई तो उस 7-8 साल की उम्र में समझ में नहीं आती थी मगर शब्दों की मिठास का कुछ अंदाज़ा ज़रूर हो जाता था और दिल में कहीं न कहीं शायरी में कहे ये शब्द समा जाते थे। मुझे पुरानी बातें तो बहुत ज़्यादा याद नहीं है लेकिन इतना ज़रूर याद है कि हमारे मोहल्ले के पड़ोस में एक बुज़ुर्ग जो कि वैश्य अग्रवाल थे और जिन का तख़ल्लुस 'शौक़' था, जब भी हमारी गली से गुज़रते तो चबूतरे पर दूसरे लोगों को बैठा देखकर शे'र ज़रूर सुनाते थे। उन लोगों की गुफ़्तगू कई मर्तबा घंटों तक चलती थी। यहीं से शायद मेरे मन में शे'र-ओ-शायरी के प्रति दिलचस्पी की शुरुआत जाने-अनजाने में हो गई।

डालमपाड़े में हमारे घर के सामने एक मंदिर रामनवमी के मंदिर के नाम से आज भी मशहूर है। इसी मंदिर के मुख्य द्वार पर एक पान की दुकान थी, ये आज भी है लेकिन अक्सर बंद रहती है। इसी दुकान पर दिन छिपे मोहल्ले के लोगों का जमघट लगता था और राजनीति, शे'र-ओ-शायरी, हॉकी, क्रिकेट, आदि सभी विषयों पर बातें हुआ करती थीं। शाम को इस पान की दुकान पर जाकर सभी को नमस्ते कर मैं चुपचाप खड़ा हो जाता था और उनकी बातें सुनता रहता था। यह सिलसिला 10 साल की उम्र से लेकर तक़रीबन 20 साल की उम्र तक चलता रहा। इसी पान की दुकान के मालिक चचा महेश जब मूड में होते थे तो उर्दू की रामायण और आल्हा-ऊदल, जो कि उन्हें ज़बानी याद थीं, अपनी बुलंद, मीठी और सुरीली आवाज़ में सुनाते थे। उनकी इस अदायगी का जादू आज तक भी मेरे दिल-ओ-दिमाग़ पर छाया हुआ है।

शे'र-ओ-शायरी से मेरी दिलचस्पी को और आगे बढ़ाने में बंबईया फ़िल्मों के गानों और ग़ज़लों ने भी अहम भूमिका अदा की। 1982 में बी.आर. चोपड़ा की फ़िल्म 'निकाह' में ग़ुलाम अली की गाई हसरत मोहानी की ग़ज़ल 'चुपके चुपके रात दिन आँसू बहाना याद है' ने भी मुझ पर जादुई असर किया। इस समय तक हमारे घर एक टेप रिकॉर्डर आ चुका था और बाज़ार से मैं ग़ज़लों की दो-तीन कैसेट्स ले आया जिनमें मेहदी हसन, ग़ुलाम अली की गाई ग़ज़लों की दो कैसेट्स भी थीं। अब मैं टेप रिकॉर्डर में कैसेट्स डालकर बार-बार

रिवाइंड कर सारी-सारी शाम छत पर खाट पर लेट कर सुनता रहता था। उन दिनों गर्मियों में हम शाम के वक़्त छत पर छिड़काव कर के खाट पर लेटकर पढ़ाई करते या म्यूज़िक सुनते थे। जाड़ों में ये सिलसिला धूप आने के समय जारी रहता था।

मेहदी हसन की गाई मीर की ग़ज़ल 'देख तो दिल कि जाँ से उठता है' अहमद फ़राज़ की 'रंजिश ही सही', फ़ैज़ की 'गुलों में रंग भरे', ने मुझ पर ऐसा असर किया कि इन ग़ज़लों के कई अल्फ़ाज़ मेरी समझ में न आने के बावजूद, इनकी मिठास, संगीत और मेहदी हसन की आवाज़ की वजह से इन्हें बार-बार सुनने का मन करता था।

इसी शौक़ के चलते उर्दू शे'र-ओ-शायरी के प्रति मेरा आकर्षण बढ़ता चला गया और एक दिन सिपट (सुभाष) बाज़ार, मेरठ से मैं विश्वनाथ द्वारा संपादित ग़ालिब के दीवान का एक पॉकेट एडिशन, जो कि विश्व विजय प्राइवेट लिमिटेड, नई दिल्ली ने छापा था, ले आया जिसमें ग़ालिब की हर ग़ज़ल के शे'र का संक्षिप्त स्पष्टीकरण भी था। इस दीवान को मैं अक्सर पढ़ता था और वो आज भी मेरे पास मौजूद है। ग़ालिब की ज़बान उन दिनों बहुत मुश्किल लगती थी और ज़्यादा समझ में भी नहीं आती थी लेकिन धीरे-धीरे अपनी उर्दू की दिलचस्पी के कारण बहुत सारे अल्फाज़ मैंने समझने शुरू कर दिए। मीर का दीवान हिन्दी में मुझे बहुत ढूँढने पर भी मेरठ में नहीं मिला।

इसी दौरान मेरा ग़ज़ल सुनने का चस्का बढ़ता चला गया और मुझे जब भी पढ़ाई से फ़ुर्सत मिलती, मैं कोई किताब पढ़ लिया करता या टेप रिकॉर्डर पर ग़ज़लें सुन लिया करता था। मेरठ की ज़बान यानी मेरठ के आम लोगों की ज़बान उर्दू के ज़्यादा क़रीब है या यूँ कहिए कि उर्दू ही है। किताबी हिन्दी मेरठ में नहीं बोली जाती। इसके बावजूद अभी तक उर्दू लिपि से मेरी वाक़िफ़यत नहीं थी और यह बात मुझे सालती रहती थी।

1980 में मैंने 12वीं पास करके बी.कॉम. में मेरठ कॉलेज में दाख़िला लिया। बी.कॉम. के बाद मैंने इसी कॉलेज में एल-एल.बी. में अपनी पढ़ाई जारी रखी। यहाँ जाने-माने शायर बशीर बद्र भी उर्दू विभाग में पढ़ाते थे और कॉलेज में अक्सर उनकी रहनुमाई में मुशायरे होते रहते थे जिनमें जाने की कोशिश मैं हमेशा करता था।

एक मर्तबा, शायद 1985-86 की बात है, कि कॉलेज के ओपन ऑडिटोरियम में एक मुशायरा हो रहा था जिसमें हिंदुस्तान के सभी बड़े शायर स्टेज पर तशरीफ़ फ़रमा थे। लेकिन बशीर बद्र साहब शायद उस वक़्त तक नहीं आए थे क्योंकि वह मेरठ से बाहर थे और रास्ते में थे। मंच पर मौजूद शायरों में वसीम बरेलवी भी मौजूद थे। 500-700 बच्चे ऑडिटोरियम की सीढ़ियों पर बैठे थे। मंच पर मौजूद सभी शायर बारी-बारी से अपना कलाम सुना रहे थे लेकिन सुनने वाले छात्रों की समझ में उनकी बात/शायरी नहीं आ रही थी। इसलिए छात्रों ने सिलसिलेवार सभी शायरों को बहुत हूट किया और जिनकी हूटिंग हुई उनमें वसीम बरेलवी भी शामिल थे। इस मुशायरे के संचालक राजीव 'शादाब' ने अपनी तरफ़ से पूरी कोशिश की कि मुशायरा ठीक तरह से चलता रहे लेकिन उनकी यह कोशिश नाकाम ही रही। जब बच्चों ने हंगामा जारी रखा तो स्टेज पर मौजूद शायर भड़क गए और उनमें से एक ने तो यहाँ

तक कह दिया कि इन लड़कों को तो शे'र सुनने का सलीक़ा ही नहीं है। यह बात सुनकर सुनने वाले और भड़क गए और शोर मचाने लगे। इतनी ही देर में जबकि छात्रों का शोर जारी था, बशीर बद्र साहब मंच पर आ गए और माहौल को देखते हुए उन्होंने अपना कलाम पढ़ना शुरू किया। उनके कलाम का सभी सुनने वालों पर ऐसा असर हुआ की महफ़िल का शोर-ओ-ग़ुल, वाह-वाह में तब्दील हो गया और हर तरफ़ से मुकर्रर-मुकर्रर के अलावा कोई आवाज़ सुनाई नहीं दी। बशीर बद्र साहब क़रीब आधे-पौन घंटे तक अपना कलाम पढ़ते रहे और फिर जब उन्होंने इजाज़त माँगी तो छात्रों ने उनसे और कलाम सुनाने की गुज़ारिश की। छात्रों की गुज़ारिश पर बशीर बद्र साहब काफ़ी देर तक अपना कलाम सुनाते रहे और बच्चे उसका लुत्फ़ उठाते रहे। इस तरह बशीर बद्र साहब ने वो मुशायरा लूट लिया।

इसके बाद शायद वसीम बरेलवी ने सब शायरों की तरफ़ से बच्चों से माफ़ी मांगी और कहा कि ग़लती हमारी ही रही कि हम तुम्हारा मिज़ाज नहीं समझ सके और ऐसा कलाम सुनाते रहे जो कि शायद हमें नहीं सुनाना चाहिए था।

1988 में मैं अपनी नौकरी के सिलसिले में मेरठ से दिल्ली आ गया और काम में बहुत व्यस्त रहने लगा लेकिन शायरी पढ़ने और मुशायरों में जाने का शौक़ यहाँ भी बरक़रार रहा। उर्दू अकादमी, दिल्ली के एक मुशायरे में, शायद यह 1989-90 की बात है जब अकादमी का दफ़्तर घटा मस्जिद रोड, दरियागंज पर हुआ करता था तो उसी के आंगन में एक मुशायरा आयोजित हुआ जिसमें कैफ़ी आज़मी, मजरूह सुल्तानपुरी, सरदार जाफ़री वग़ैरह का कलाम सुना और बहुत मज़ा लिया।

अब मेरी उर्दू स्क्रिप्ट सीखने की ख़्वाहिश लगातार बढ़ती जा रही थी लेकिन दफ़्तर तथा घर के कामों में व्यस्त रहने के कारण कभी समय नहीं मिला। इसी बीच 2001 में मेरी बिटिया जो कि क्वीन मैरीज़ स्कूल, तीस हज़ारी में पढ़ती थी, छठी क्लास में आ गई और उसने ऑप्शनल विषय के तौर पर उर्दू विषय ले लिया। अब मुश्किल ये हुई कि स्कूल की पढ़ाई बिटिया के लिए काफ़ी नहीं रही इसलिए उसके लिए उर्दू पढ़ाने वाले एक मास्टर जी का इंतिज़ाम किया गया जो उसे घर पर आकर हफ़्ते में तीन बार उर्दू पढ़ाते थे।

इन्हीं दिनों मैंने भी 2001 में ही उर्दू अकादमी के सर्टिफ़िकेट कोर्स में दाख़िला ले लिया जहाँ क्लास शाम को दफ़्तर के बाद 6:00 से 8:00 बजे तक होती थी। यहाँ हमारे उस्ताद ताहिर उल हसन साहब थे जिन्होंने बहुत दिलचस्पी से सभी स्टूडेंट्स को उर्दू सिखाने की शुरुआत की और उनकी मेहनत के कारण मुझे भी उर्दू स्क्रिप्ट लिखनी-पढ़नी आ गई। 2002 में जब मैंने सर्टिफ़िकेट कोर्स पास कर लिया तो डिप्लोमा कोर्स में दिल्ली विश्वविद्यालय में दाख़िला ले लिया जो मेरे घर राजपुर रोड, दिल्ली से बहुत क़रीब था।

दिल्ली यूनिवर्सिटी में डिप्लोमा कोर्स की क्लास सुबह 8:00 से 9:30 बजे तक होती थी और 30-40 विद्यार्थी उस वक़्त हमारी क्लास में थे। यहाँ पढ़ाने वालों में प्रोफ़ेसर शाहिना तबस्सुम, प्रोफ़ेसर अर्जुमंद आरा, प्रोफ़ेसर नजमा रहमानी, आदि थे। इन सभी ने छात्रों को बहुत दिलचस्पी से पढ़ाया।

हमारे सिलेबस में शायरी तथा नस्र (गद्य) दोनों विषय थे लेकिन मेरी दिलचस्पी क्यूँकि हमेशा शायरी में रहे इसलिए मेरा ध्यान प्रोज़ की तरफ़ बस इतना ही था के पास होने लायक़ नंबर आ जाएँ। शायरी में मेरी इतनी दिलचस्पी थी कि कोर्स में जितने भी शायर थे मसलन नज़ीर अकबराबादी, फ़ैज़ अहमद फ़ैज़, दाग़, ज़ौक़, हसरत मोहानी, आदि मैं सभी के दीवान/कुल्लियात धीरे-धीरे ले आया और उनको पढ़ने लगा।

ग़ालिब का दीवान तो मेरे पास पहले ही से था लेकिन यहाँ एक बात यह हुई कि जब मैंने मीर के कलाम की किताबें ढूंढनी शुरू कीं तो मुझे मेरे दफ़्तर के एक साथी सिन्हा साहब से सरदार जाफ़री द्वारा संपादित मीर का एक संक्षिप्त दीवान मिल गया जिसमें हिंदी-उर्दू, दोनों भाषाओं में मीर के क़रीब 1500 शे'र थे। अब मैंने मीर को पढ़ना शुरू कर दिया। मीर की ग़ज़लों ने मुझ पर ऐसा असर किया कि मैंने सरदार जाफ़री वाला पूरा इंतिख़ाब पढ़ा और बार-बार पढ़ा। क्योंकि इस इंतिख़ाब में मुश्किल शब्दों के अर्थ भी लिखे थे, इस वजह से मीर को समझने में आसानी हुई। इसी बीच मैं मौलवी अब्दुल हक़ द्वारा संपादित मीर का उर्दू में लिखा एक इंतिख़ाब ले आया और इसे भी मैंने बहुत दिलचस्पी से कई मर्तबा पढ़ा।

सन 2004 तक एडवांस्ड डिप्लोमा पास करते वक़्त तक मैंने जिगर मुरादाबादी, फ़िराक़ गोरखपुरी, दाग़ देहलवी, फ़ैज़ अहमद फ़ैज़, मजरूह सुल्तानपुरी, परवीन शाकिर, अहमद फ़राज़, बशीर बद्र आदि सभी के दीवान/कुल्लियात आदि जो भी मुझे मिले मैंने पढ़ डाले। इन सब को पढ़ने के बाद मैं इस नतीजे पर पहुँचा कि जो सोच की बुलंदी मीर के कलाम में है वो किसी और शायर के यहाँ मौजूद नहीं। पढ़ाई का सिलसिला 2007 तक ऐसे ही चलता रहा जिसके बाद मैं दफ़्तर के कामों में बहुत ज़्यादा व्यस्त हो गया। शायरी पढ़ने का सिलसिला कम हो जाने के बावजूद मैं दिल्ली के मुशायरों और उर्दू की महफ़िलों में जाता रहा।

2016 के आसपास मैंने ग़ालिब की ग़ज़लें अपनी डायरी में देवनागरी लिपि में लिख कर, मुश्किल शब्दों के अर्थ ग़ज़ल के नीचे लिखकर और उनकी फ़ोटो मोबाइल से खींचकर अपने दोस्तों को व्हाट्सएप पर भेजनी शुरू कर दीं। इन दोस्तों में श्वेताभ, संदीप रस्तोगी, अमित यादव, मेरे दोस्त श्वेताभ की बड़ी बहन ममता गुप्ता (जो कि बीबीसी की हिन्दी सेवा से कुछ वर्ष पहले रिटायर हुई हैं) तथा मेरे दफ़्तर के एक-दो साथी शामिल थे। ग़ालिब के साथ मैं मीर की ग़ज़लें भी इसी तरह अपने दोस्तों को भेजने लगा। धीरे-धीरे ग़ालिब बीच में से हट गए और अब मैं मीर के शे'र या कोई ग़ज़ल अमूमन रोज़ अपने दोस्तों को व्हाट्सएप पर भेजने लगा।

मीर की ग़ज़लें दोस्तों को भेजने का सिलसिला जारी था कि एक दिन श्वेताभ ने मुझसे कहा कि विपिन तुम फ़ोटो खींचकर ग़ज़ल मत भेजा करो बल्कि उन्हें टाइप करके भेजा करो जिससे कि पढ़ने में आसानी रहे। इसके बाद मैंने मोबाइल में मीर की ग़ज़लों को हिंदी में टाइप करना शुरू किया और मुश्किल शब्दों के अर्थ लिखकर अपने दोस्तों को फ़ोटो की जगह भेजना शुरू कर दिया। इस तरह एक-दो साल के अर्से में मेरे पास मीर की तक़रीबन 500-600 ग़ज़लें जमा हो गईं। साथ-साथ मैं इन ग़ज़लों को अपनी डायरी में भी लिख रहा था।

धीरे-धीरे मुझे इस बात का एहसास होने लगा कि मीर को हिंदी के पढ़ने वालों तक किसी

ने भी अच्छी तरह से पहुँचाया नहीं है। सरदार जाफ़री का इंतिख़ाब जिसमें मीर के क़रीब 1500 शे'र हैं, मीर की शायरी की ठीक तरह नुमाइंदगी नहीं करता क्यूँकि मीर की ग़ज़लों के शे'र ही 14000 के क़रीब हैं और इस तरह वो उनकी ग़ज़लों का सिर्फ़ 10 फ़ीसदी हिस्सा है। इसी कारण मेरे दिमाग़ में आया कि मीर के कलाम को, जो कि मेरे पास ग़ज़लों के रूप में टाइप होकर एक अच्छी तादाद में हो गया था, क्यूँ न मैं एक किताब की शक्ल में छपवा दूँ।

यही बात सोच कर मैंने अपने दफ़्तर के एक साथी हेमंत सिंह को अपनी डायरी टाइपिंग के लिए दे दी और गुज़ारिश की कि जब भी वक़्त मिले तुम इन ग़ज़लों को, जिनके नीचे मुश्किल शब्दों के हिंदी में अर्थ भी लिखे थे, टाइप कर दो। इस तरह हेमंत ने वो 500-600 ग़ज़लें तक़रीबन तीन-चार महीने में टाइप कर दीं। इसके बाद मैंने इन ग़ज़लों का एक प्रिंटआउट लेकर प्रोफ़ेसर अर्जुमंद आरा को इस गुज़ारिश के साथ दे दिया कि आप इन्हें एक बार देख लें।

इस दौरान मीर की ग़ज़लों को बढ़ाने का काम जारी था और धीरे-धीरे ग़ज़लों की तादाद 1000 के आसपास तक पहुँच गई। इसी दौरान मार्च, 2020 के बाद करोना की बीमारी के कारण टाइपिंग तथा करेक्शंस का काम कुछ हद तक रुक गया।

करोना के दौरान जब हम घर में क़ैद हो गए तो मीर का काम थोड़ा पीछे हो गया और इसी अर्से में मैंने सौ-डेढ़ सौ ग़ज़लें अपनी कह दीं। जब कभी करोना में ढील होती तो दफ़्तर जाना होता लेकिन social distancing की वजह से मीर का काम आगे नहीं बढ़ पा रहा था। कोरोना काल में ही एक दिन प्रोफ़ेसर अर्जुमन्द आरा से बातचीत के दौरान मालूग हुआ कि उनके एक दोस्त अजमल कमाल जो कराची, पाकिस्तान में रहते हैं और 30-40 साल से पत्रिका 'आज' का संपादन कर रहे हैं और आजकल सार्क यूनिवर्सिटी, दिल्ली से पी-एच. डी. कर रहे हैं, कराची रो हिंदुस्तान आने वाले हैं।

जब अजमल हिंदुस्तान आने की तैयारी कर रहे थे तो मैंने उनसे गुज़ारिश की कि आप मेरे लिए मीर की कोई अच्छी सी कुल्लियात और एक उर्दू की डिक्शनरी, अपनी पसंद से, पाकिस्तान से ले आएँ। अजमल डिक्शनरी तो नहीं ला पाए लेकिन कल्ब-ए-अली ख़ाँ 'फ़ाइक़' रामपुरी द्वारा सम्पादित मीर की एक कुल्लियात का तीसरा एडिशन जो कि 'मजलिस-ए-तरक़्क़ी-ए-अदब', लाहौर ने 2011 में छापा, ले आए। इसके अलावा अजमल ने मुझे 1811 में फ़ोर्ट विलियम कॉलेज, कलकत्ते से छपी मीर की कुल्लियात की एक पीडीएफ भी ईमेल पर भेज दी।

मीर की एक कुल्लियात जो नवल किशोर प्रेस, लखनऊ से 1941 में छपी थी, मेरठ में रहने वाले मेरे दोस्त शाहिद हसन सिद्दीक़ी ने, जो कि 20वीं सदी के एक मशहूर शायर रविश सिद्दीक़ी के बेटे हैं, मुझे दे दी। मुश्किल शब्दों के अर्थ लिखते समय इस कुल्लियात के आख़िर में दी गई फ़रहंग से भी फ़ायदा हुआ।

राष्ट्रीय उर्दू भाषा विकास परिषद द्वारा छापी गई 'कुल्लियात-ए-मीर' जो कि प्रोफ़ेसर अहमद महफ़ूज़, विभागाध्यक्ष, उर्दू, जामिया मिल्लिया इस्लामिया द्वारा सम्पादित है, से भी

इस काम में बहुत फ़ायदा हुआ। इस संकलन में मीर की ग़ज़लों के कुछ ऐसे शे'र भी जोड़े गए हैं जो 'नुस्ख़ा-ए-महमूदाबाद' से लिए गए हैं और मीर की किसी और कुल्लियात, मसलन फ़ोर्ट विलियम, नवल किशोर आदि में नहीं मिलते। प्रोफ़ेसर अहमद महफ़ूज़ से इस काम के सिलसिले में मेरी कई मर्तबा फ़ोन पर बात हुई और एक दफ़ा उनसे मेरी मुलाक़ात जामिया में उनके विभाग में हुई और उनसे कई महत्वपूर्ण सुझाव मिले जिनका समावेश प्रस्तुत संकलन में किया गया है। इसके अलावा कई और डिक्शनरीज़ जिनमें नूर-उल-लुग़ात, फ़रहंग-ए-आसिफ़िया, फ़रहंग-ए-आमरा आदि से भी इस काम में मदद ली गई।

अजमल के हिंदुस्तान आ जाने के बाद उनसे मुलाक़ातों का सिलसिला चल निकला और हम अक्सर मिलने लगे। इन्हीं मुलाक़ातों के सिलसिले के दौरान अजमल ने एक दिन मेरी मुलाक़ात प्रोफ़ेसर अब्दुर्रशीद साहब से कराई। रशीद साहब जामिया मिल्लिया यूनिवर्सिटी, दिल्ली से कुछ साल पहले ही रिटायार हुए और उर्दू-हिन्दी-फ़ारसी की कई डिक्शनरियों के ऊपर उनका ज़बरदस्त काम है। मीर की कुल्लियात में जो फ़ारसी तरकीबें ख़ान-ए-आरज़ू की 'चिराग़-ए-हिदायत' से ली गईं हैं उस पर भी रशीद साहब काम कर चुके थे और इस काम को एक डिक्शनरी के रूप में छपवा चुके थे।

इसी दौरान मैंने रदीफ़ के हिसाब से मीर की ग़ज़लें अपने Ipad की गूगल ड्राइव पर ख़ुद टाइप करनी शुरू कर दीं और धीरे-धीरे सितंबर, 2022 तक मीर के 6 के 6 दीवान पूरे हो गए। इसी बीच जब मीर के इंतिख़ाब का काम तेज़ रफ़्तार से चल रहा था मेरी मुलाक़ात दिल्ली यूनिवर्सिटी में गेस्ट लेक्चरर के तौर पर काम कर रहे, अमरोहा के रहने वाले, डॉ. शाह फ़हद नसीम से हुई। शाह फ़हद ने अब तक हुए मेरे काम को अपने लैपटॉप पर सिलसिलेवार रदीफ़ के हिसाब से ठीक करने के काम को अंजाम दिया। क्योंकि शाह फ़हद को अरबी, फ़ारसी भी अच्छी तरह आती है, इसी कारण उन्होंने मीर की कई फ़ारसी तर कीबों को, जिनके अर्थ मुझे उर्दू की डिक्शनरियों में नहीं मिले, सही रूप तथा अर्थ में लिखने में मदद की।

जैसे-जैसे मीर के एक-एक दीवान को मैं पूरा करता जा रहा था, प्रोफ़ेसर अर्जुमंद उसे देखकर अपने सुझाव दे रही थीं। अब मैंने दुरुस्त किए गए कलाम का एक प्रिंटआउट लेकर प्रोफ़ेसर रशीद से गुज़ारिश की कि वो भी इसको एक बार देख लें। रशीद साहब ने बड़ी बारीकी से एक-एक शब्द और अर्थ की जाँच की और पहले दीवान को जब उन्होंने मुकम्मल कर लिया तो मुझे उसे वापस ले जाने के लिए उनका फ़ोन आया और कहा कि आप यह दीवान ले जाइए और अगला दीवान करेक्शंस के लिए मुझे दे जाइए। जब मैं गली ख़ाने ख़ाना, जामा मस्जिद, दिल्ली उनके घर गया तो मैंने पाया कि रशीद साहब ने पहले दीवान के ड्राफ़्ट को दुरुस्त करते वक़्त शे'रों में आए बहुत से मुहावरों के अर्थ अपने हाथ से जगह-जगह दर्ज कर दिए हैं। इसके अलावा उन्होंने उर्दू-फ़ारसी के कुछ ऐसे शब्दों के अर्थ मसलन चेहरई (हल्का गुलाबी), मुर्ग़-दोस्त (एक पक्षी का नाम जो तोते की तरह बोलता है और 'या दोस्त' कहता मालूम होता है), शरबती (रसीला, मीठा), चश्म नुमाई (झिड़की),

बेगाना-ख़ू (अक्खड़), दाग़-ए-हिर्मा (टीस) आदि-आदि, जिनके सटीक मतलब मुझे उर्दू की किसी डिक्शनरी में नहीं मिले, भी लिख दिए थे। इसी मुलाक़ात में मीर की ज़बान और उनके मुहावरों के बारे में रशीद साहब से एक लम्बी गुफ़्तगू हुई।

अब तक मैंने मीर की ग़ज़लों में आए मुहावरों पर कोई विशेष ध्यान इसलिए नहीं दिया था क्योंकि हिन्दी, उर्दू के ज़्यादातर मुहावरे एक से हैं और सोचा था कि ये तो हमारी रोज़मर्रा की बोलचाल का हिस्सा हैं। रशीद साहब का मकान जामा मस्जिद के उर्दू बाज़ार के बिल्कुल पीछे है और जामा मस्जिद की सीढ़ियाँ उनके मकान से तक़रीबन 100 मीटर के फ़ासले पर हैं। जामा मस्जिद की सीढ़ियों और उर्दू मुहावरे के हवाले से मोहम्मद हुसैन आज़ाद की मशहूर किताब 'आब-ए-हयात' में 'मीर' के हवाले से दिया गया क़िस्सा भी यहाँ पढ़ना मुनासिब होगा :

"लखनऊ के चंद प्रतिष्ठित लोग जमा होकर एक दिन आए कि मीर साहब से मुलाक़ात करें और शे'र सुनें। दरवाज़े पर आकर आवाज़ दी। उन्हें घर में बिठाया गया। मीर साहब अंदर से तशरीफ़ लाए। मिज़ाज वग़ैरह पूछने के बाद उन्होंने शे'रों की फ़रमाइश की। मीर साहब ने पहले तो टाला फिर साफ़ जवाब दे दिया कि साहब क़िबला, मेरे शे'र आपकी समझ में नहीं आने के। उन लोगों ने फिर मीर साहब से फ़रमाइश की। मीर साहब ने फिर इंकार किया। आख़िर उन लोगों ने बुरा मानकर कहा कि हज़रत अनवरी और ख़ाक़ानी (फ़ारसी के दो बड़े शायर जिनका कलाम ख़ासा मुश्किल समझा जाता है) का कलाम समझते हैं, आपका इरशाद क्यों न समझेंगे। मीर साहब ने कहा कि ये ठीक है मगर उनकी शब्दावलियाँ, आदि मौजूद हैं और मेरे कलाम के लिए फ़क़त मुहावरा-ए-अहल-ए-उर्दू है या जामा मस्जिद की सीढ़ियाँ और इससे आप महरूम"।

यूँ तो रशीद साहब ने पहले दीवान के काफ़ी मुहावरे लिख दिए थे लेकिन फिर भी जब मैं उनके द्वारा किए गए करेक्शंस अपनी गूगल ड्राइव पर दर्ज कर रहा था तो मैंने उनकी देखा-देखी बहुत सारे मुहावरे ख़ुद भी डिक्शनरियों में से ढूँढ-ढूँढ कर लिख डाले और इस तरह मीर की ग़ज़लों में जितने भी मुहावरे मेरी समझ में आए, इस संकलन में लिख दिए गए हैं। इस तरह रशीद साहब ने 6 के 6 दीवान देख कर दुरुस्त कर दिए। रशीद साहब के करेक्शंस के बाद इस काम की सूरत ही बदल गई। इसलिए प्रस्तुत संकलन में लिखे गए शब्दों के सही और सटीक अर्थ तथा मुहावरों का श्रेय एक हद तक रशीद साहब को जाता है।

यहाँ मैं अपने सभी दोस्तों संदीप रस्तोगी, ममता गुप्ता (जिन्होंने प्रस्तुत भूमिका को जाँचने का काम भी किया), श्वेताभ दुबलिश, दीपक कुमार, निधी गोयल, अजमल कमाल, शाहिद हसन सिद्दीक़ी, मेहर आलम ख़ान, मेरे दफ़्तर के सहयोगी हेमंत और अमित कुमार का भी शुक्रिया अदा करता हूँ जिन्होंने समय-समय पर पिछले छह-सात साल में इस किताब के काम में मेरी मदद तथा हौसला अफ़ज़ाई की। मैं ख़ासतौर पर संदीप रस्तोगी जी का भी ज़िक्र करना चाहूँगा जिनसे पिछले 6-7 साल से मीर की ग़ज़लें डिस्कस करता रहा हूँ और जब भी किसी शे'र की तह तक मैं नहीं पहुँच पाया तो उन्होंने इसमें मेरी मदद की।

मैं अपने दोस्त अमित यादव का भी आभारी हूँ जिन्होंने मुझे पिछले 25-30 वर्षों में मीर की कई किताबें, जिनमें सी.एम. नईम की ऑक्सफ़ोर्ड द्वारा छापी गई 'ज़िक्र-ए-मीर', के. सी. कांडा की 'मीर तक़ी मीर, सैलैक्टिड पोएट्री' स्टरलिंग पब्लिकेशंस प्राइवेट लिमिटेड, नई दिल्ली भी शामिल हैं, ला कर दीं। अमित से मेरी गुफ़्तगू का सिलसिला शनिवार, इतवार को तक़रीबन हर हफ़्ते पिछले 25-30 साल से, अलावा इसके कि जब हम में से किसी एक को दिल्ली से बाहर जाना पड़ा हो, बदस्तूर जारी है और अमूमन हर मुलाक़ात में मैंने उन्हें मीर के शे'र सुनाए और बदले में चिड़ियों, तितलियों और फूलों के क़िस्से सुने।

यहाँ ये भी बताना मुनासिब होगा कि के.सी. कांडा की किताब जिसमें मीर की तक़रीबन 125-150 ग़ज़लों से शे'र छाँटकर उनका अंग्रेज़ी में तर्जुमा किया गया है, से बेहतर मीर की ग़ज़लों का अंग्रेज़ी तर्जुमा मेरी नज़रों से कोई दूसरा नहीं गुज़रा है।

ख़ासतौर पर मैं प्रोफ़ेसर अब्दुर्रशीद, प्रोफ़ेसर अर्जुमंद आरा, शाद फ़हद नसीम का तहे-दिल से शुक्रिया अदा करता हूँ जिनकी मदद के बिना इस किताब का काम इस सूरत में पूरा होना मुमकिन नहीं था।

जब मैंने मार्च, 2023 में राजकमल प्रकाशन के प्रबंध निदेशक अशोक महेश्वरी जी से इस किताब को छपवाने के लिए संपर्क किया तो उनकी पहली प्रतिक्रिया यही थी कि हमने तो सरदार जाफ़री द्वारा सम्पादित 'दीवान-ए-मीर' छाप रखा है। इस बात पर मैंने उन्हें बताया कि सरदार जाफ़री के दीवान में मीर की ग़ज़लों के तक़रीबन 14-15 हज़ार शे'रों में से सिर्फ़ 1500 शे'र हैं, जबकि प्रस्तावित संकलन में ग़ज़ल ही के लगभग 8000 शे'रों के अलावा परिशिष्ट के रूप में 15-20 ग़ज़लें जो कि उनकी मस्नवियों, शिकारनामों आदि से ली गई हैं तथा कुछ रुबाईयाँ भी दी गई हैं और इतना बड़ा काम मीर के हवाले से हिन्दी में आज तक नहीं हुआ है। इस बातचीत के एक हफ़्ते बाद जब मैं दरियागंज, दिल्ली स्थित उनके दफ़्तर गया तो उनसे इस काम के बारे में विस्तार से बातचीत हुई और काम को देखने के बाद वो पहली मुलाक़ात में ही इसे छापने पर राज़ी हो गए। इस हवाले से मैं अशोक जी और राजकमल प्रकाशन की पूरी टीम, ख़ासतौर पर गणेश चन्द जी का जिन्होंने इस किताब की सेटिंग जैसा मुश्किल काम अंजाम दिया और इस काम के सिलसिले में कई दफ़ा मेरे अशोक विहार स्थित घर पर आने की तकलीफ़ की, का शुक्रिया अदा करता हूँ कि उन्होंने इस काम को शुरू करने के लगभग आठ-नौ महीने बाद ही पढ़ने वालों के हाथों में पहुँचा दिया है।

आख़िर में मेरी इस किताब के पढ़ने वालों से गुज़ारिश है कि अगर जाने-अनजाने में कोई ग़लती इस काम में रह गई हो और वो उनकी नज़र से गुज़रे तो मुझे नीचे लिखे मेरे ईमेल पते पर लिखने का कष्ट करें जिसके लिए मैं उनका आभारी रहूँगा।

दिल्ली
दिसम्बर, 2023

—विपिन गर्ग

क्रम

पहला दीवान

1

था मुस्तआर हुस्न से उसके जो नूर था   ख़ुर्शीद में भी उस ही का ज़र्रा ज़ुहूर था
पहुँचा जो आपको तो मैं पहुँचा ख़ुदा के तईं   मालूम अब हुआ कि बहुत मैं भी दूर था
मजलिस में रात एक तिरे परतवे बग़ैर   क्या शम्अ, क्या पतंग, हर इक बे-हुज़ूर था
मुनइम के पास क़ाक़ुम-ओ-संजाब था तो क्या   उस रिंद की भी रात गुज़र गई जो ऊर था
हम ख़ाक में मिले तो मिले लेकिन ऐ सिपहर   उस शोख़ को भी राह पे लाना ज़रूर था

क़त्आ

कल पाँव एक कासा-ए-सर पर जो आ गया   यकसर वो उस्तुख़्वान शिकस्तों से चूर था
कहने लगा कि देख के चल राह बे-ख़बर   मैं भी कभू किसू का सर-ए-पुर-ग़ुरूर था

था वो तो रश्क-ए-हूर-ए-बहिश्ती हमीं में 'मीर'
समझे न हम तो फ़हम का अपनी क़ुसूर था

2

किस रात नज़र की है सू-ए-चश्मक-ए-अंजुम   आँखों के तले अपने तो वो माह-जबीं था
जाना नहीं कुछ जुज़ ग़ज़ल आकर के जहाँ में   कल मेरे तसर्रुफ़ में यही क़त्आ ज़मीं था
नाम आज कोई याँ नहीं लेता है उन्हों का   जिन लोगों के, कल मुल्क ये सब ज़ेर-ए-नगीं था

मस्जिद में इमाम आज हुआ आके वहाँ से
कल तक तो यही 'मीर' ख़राबात-नशीं था

---

1. मुस्तआर–उधार लिया हुआ। नूर–रौशनी, चमक। ख़ुर्शीद–सूरज। ज़र्रा–कण। ज़ुहूर–ज़ाहिर होना, सामने आना। आप को पहुँचना–अपनी हक़ीक़त समझना। तईं–तक, पास। मजलिस–सभा, महफ़िल। परतव/परतवा–साया, परछाईं। पतंग–पतंगा, परवाना। बे-हुज़ूर होना–उदास होना,बीमार होना। मुनइम–धनवान, अमीर। क़ाक़ुम–एक क़िस्म के नेवले का नाम जिसकी बालों वाली खाल बहुत बारीक और मुलायम होती है, अमीर लोग इसके गर्म कपड़े बनवाकर पहनते हैं और इससे बहुत गर्म रहते हैं। संजाब–चूहे से बड़े घूस जैसे एक जानवर का नाम जिसकी मुलायम बालों वाली खाल के गर्म कपड़े बनाते हैं। रिन्द–आवारा, शराबी। ऊर–नंगा। सिपहर–आसमान। शोख़–चंचल, महबूब। क़त्आ या क़त्आ बन्द–ग़ज़ल के दो या दो से ज़्यादा ऐसे शे'र जिनमें कोई ख़ास बात कही गई हो। कासा-ए-सर–प्याले जैसा सिर, खोपड़ी। यकसर–पूरी तरह से। उस्तुख़्वान–हड्डियाँ, ढाँचा। शिकस्त–टूटन, हार। सर-ए-पुर-ग़ुरूर–घमण्ड से भरा हुआ सर। रश्क-ए-हूर-ए-बहिश्ती–जिससे स्वर्ग की अप्सराएँ भी ईर्ष्या करें। फ़हम–समझ।
2. सू-ए-चश्मक-ए-अंजुम–तारों के झिलमिलाने की ओर। माह-जबीं–चाँद जैसे माथे वाला, ख़ूबसूरत, माशूक़। जुज़–सिवाय, अलावा। तसर्रुफ़ में होना–अधिकार में होना। क़त्आ–टुकड़ा, ग़ज़ल के दो या दो से अधिक शे'र जिनमें एक ही अर्थ बयान किया गया हो। ज़मीं–ज़मीन, ग़ज़ल के वज़्न, रदीफ़ और क़ाफ़िया। ज़ेर-ए-नगीं–अधीन। ख़राबात-नशीं–शराब ख़ाने में बैठने वाला।

3

दरहमी हाल की है सारे मिरे दीवाँ में — सैर कर तू भी ये मजमूआ परेशानी का
खेल लड़कों का समझते थे मुहब्बत के तईं — है बड़ा हैफ़ हमें अपनी भी नादानी का
उसका मुँह देख रहा हूँ सो वही देखूँ हूँ — नक़्श का सा है समाँ मेरी भी हैरानी का
बुत-परस्ती को तो इस्लाम नहीं कहते हैं
मोतक़िद कौन है 'मीर' ऐसी मुसलमानी का

4

इस अहद में इलाही मुहब्बत को क्या हुआ — छोड़ा वफ़ा को उन ने, मुरव्वत को क्या हुआ
उम्मीदवार-ए-वादा-ए-दीदार मर चले — आते ही आते यारो, क़यामत को क्या हुआ
उसके गए पर ऐसे गए दिल से हमनशीं — मालूम भी हुआ न कि ताक़त को क्या हुआ
जाता है यार तेग़-ब-कफ़ ग़ैर की तरफ़
ऐ कुश्ता-ए-सितम तिरी ग़ैरत को क्या हुआ

5

कहा मैं ने कितना है गुल का सबात — कली ने ये सुन कर तबस्सुम किया
जिगर ही में यक क़तरा ख़ूँ है सरिश्क — पलक तक गया तो तलातुम किया
किसू वक़्त पाते नहीं घर उसे
बहुत 'मीर' ने आप को गुम किया

6

उलटी हो गईं सब तदबीरें कुछ न दवा ने काम किया
देखा इस बीमारी-ए-दिल ने आख़िर काम तमाम किया

---

3. दरहमी–परेशानी, बिखराव। दीवाँ–दीवान, ग़ज़ल संग्रह। मजमूआ–जमा किया गया, यहाँ 'मीर' ने अपने ग़ज़ल-संग्रह के लिए इस्तेमाल किया है। हैफ़–अफ़सोस। नक़्श–तस्वीर, जिस पर नक़्क़ाशी की गई हो। समाँ–मंज़र, दृश्य, रंग। बुत-परस्ती–मूर्ति पूजा। मोतक़िद–ईमान रखने वाला, श्रद्धालु।
4. अहद–ज़माना, समय। इलाही–ईश्वर, ख़ुदा। मुरव्वत–दूसरों के लिए दिल में जगह होना, शराफ़त, इंसानियत। उम्मीदवार-ए-वादा-ए-दीदार–दर्शन देने के वादे के पूरा होने की उम्मीद रखने वाला। क़यामत–प्रलय। हमनशीं–साथी, दोस्त। तेग़-ब-कफ़–हाथ में तलवार लिये हुए। कुश्ता-ए-सितम–सितम का मारा हुआ। ग़ैरत–आत्म-सम्मान, शर्म।
5. सबात–स्थिरता, दृढ़ता। तबस्सुम करना–मुस्कुराना। यक क़तरा ख़ूँ–एक बूँद ख़ून। सरिश्क–आँसू। तलातुम–पानी के थपेड़े, तूफ़ान। आप को गुम करना–अचेत होना, अपने होश-ओ-हवास खोना।
6. तदबीर–इलाज, उपाय। काम तमाम करना–मार डालना।

अहद-ए-जवानी रो-रो काटा पीरी में लीं आँखें मूँद
या'नी रात बहुत थे जागे सुब्ह हुई आराम किया

नाहक़ हम मजबूरों पर ये तोहमत है मुख़्तारी की
चाहते हैं सो आप करें हैं हम को अबस बदनाम किया

सारे रिंद औबाश जहाँ के तुझ से सुजूद में रहते हैं
बाँके, टेढ़े, तिरछे, तीखे सब का तुझ को इमाम किया

सरज़द हम से बे-अदबी तो वहशत में भी कम ही हुई
कोसों उसकी ओर गए पर सज्दा हर-हर गाम किया

किस का का'बा कैसा क़िब्ला कौन हरम है क्या एहराम
कूचे के उसके बाशिंदों ने सब को यहीं से सलाम किया

शैख़ जो है मस्जिद में नंगा रात को था मय-ख़ाने में
जुब्बा ख़िर्क़ा कुर्ता टोपी मस्ती में इनआम किया

याँ के सपेद-ओ-सियह में हम को दख़्ल जो है सो इतना है
रात को रो-रो सुब्ह किया या दिन को जूँ-तूँ शाम किया

'मीर' के दीन-ओ-मज़हब को अब पूछते क्या हो उन ने तो
क़श्क़ा खींचा दैर में बैठा कब का तर्क इस्लाम किया

7

चमन में गुल ने जो कल दावा-ए-जमाल किया
जमाल-ए-यार ने मुँह उसका ख़ूब लाल किया

मिरी अब आँखें नहीं खुलती ज़ोफ़ से हमदम
न कह कि नींद में है तू ये क्या ख़याल किया

जवाब नामा-सियाही का अपनी है वो ज़ुल्फ़
किसू ने हश्र को हम से अगर सवाल किया

लगा न दिल को कहीं क्या सुना नहीं तूने
जो कुछ कि 'मीर' का इस आशिक़ी ने हाल किया

अहद-ए-जवानी–जवानी का ज़माना। पीरी–बुढ़ापा। नाहक़–बिना वजह। मुख़्तारी–इख़्तियार, अधिकार। अबस–फ़ुज़ूल, बे-वजह। रिंद–आवारा, शराबी। औबाश–बदमाश। सुजूद–सज्दा का बहुवचन, सर झुका कर प्रणाम करना। इमाम–मुस्लिम उपासकों का नेतृत्व करने वाला। सरज़द होना–घटित होना। वहशत–पागलपन। गाम–क़दम। क़िब्ला–वह दिशा जिधर मुँह करके नमाज़ अदा करते हैं, मक्का, का'बा। हरम–का'बा और उसके आस-पास का क्षेत्र। एहराम–एक सफ़ेद कपड़ा जो हज के मौक़े पर हाजी पहनते हैं। बाशिंदा–बसने वाला। शैख़–इस्लाम धर्म का ज्ञानी, क़ाज़ी, मुल्ला। जुब्बा–लम्बा अंगरखा, चोग़ा। ख़िर्क़ा–गुदड़ी, पैवंद लगा हुआ कपड़ा। इनआम–इनाम, उपहार। सपेद-ओ-सियह–सफ़ेद और काला, दुख-सुख। दीन-ओ-मज़हब–दीन-धर्म, आस्था और जीवन शैली। क़श्क़ा–तिलक। दैर–मंदिर। तर्क करना–छोड़ना, त्यागना।

7. दावा-ए-जमाल–सुन्दरता का दावा। जमाल-ए-यार–महबूब का सौंदर्य। ज़ोफ़–कमज़ोरी। नामा-सियाही–बुरे काम, पाप। हश्र–प्रलय, क़यामत।

8

मुनइम ने बिना ज़ुल्म की रख घर तो बनाया   पर आप कोई रात ही मेहमान रहेगा
जाने का नहीं शोर सुख़न का मिरे हरगिज़
ता-हश्र जहाँ में मिरा दीवान रहेगा

9

ता गोर के ऊपर वो गुल-अंदाम न आया   हम ख़ाक के आसूदों को आराम न आया
बेहोश-ए-मय-ए-इश्क़ हूँ क्या मेरा भरोसा   आया जो बख़ुद सुब्ह तो मैं शाम न आया
किस दिल से तिरा तीर-ए-निगह पार न गुज़रा   किस जान को ये मर्ग का पैग़ाम न आया
देखा न उसे दूर से भी मुंतज़िरों ने   वो रश्क-ए-मह-ए-ईद लब-ए-बाम न आया
अब के जो तिरे कूचे से जाऊँगा तो सुनियो   फिर जीते जी इस राह वो बदनाम न आया
नै ख़ून हो आँखों से बहा टुक, न हुआ दाग़
अपना तो ये दिल 'मीर' किसू काम न आया

10

जिस सर को ग़ुरूर आज है याँ ताज-वरी का   कल उस पे यहीं शोर है फिर नौहागरी का
शर्मिंदा तिरे रुख़ से है रुख़्सार परी का   चलता नहीं कुछ आगे तिरे कब्क-ए-दरी का
आफ़ाक़ की मंज़िल से गया कौन सलामत   असबाब लुटा राह में याँ हर सफ़री का
ज़िन्दाँ में भी शोरिश न गई अपने जुनूँ की   अब संग मुदावा है इस आशुफ़्ता-सरी का
हर ज़ख़्म-ए-जिगर दावर-ए-महशर से हमारा   इन्साफ़-तलब है तिरी बेदाद-गरी का
अपनी तो जहाँ आँख लड़ी फिर वुहीं देखो   आईने को लपका है परेशाँ-नज़री का
सद-मौसम-ए-गुल हम को तह-ए-बाल ही गुज़रे   मक़्दूर न देखा कभू बे-बाल-ओ-परी का

---

8. मुनइम–धनवान, अमीर। बिना–नींव, बुनियाद। सुखन–शायरी। ता-हश्र–क़यामत के दिन तक।

9. ता-गोर–क़ब्र तक। गुल-अंदाम–फूल से जिस्म वाला, माशूक़। आसूदा–आराम करने वाला, मृत, मिट्टी में गड़ा हुआ। बेहोश-ए-मय-ए-इश्क़–प्रेम रूपी मदिरा का बेसुध। बख़ुद आना–होश में आना। मर्ग–मौत। मुंतज़िर–इन्तिज़ार करने वाला। रश्क-ए-मह-ए-ईद–जिससे ईद का चाँद भी ईर्ष्या करे, बहुत सुन्दर माशूक़। लब-ए-बाम–छत पर, छत की मुँडेर।

10. ताज-वरी–सर पर ताज होना यानी बादशाहत। नौहागरी–मातम करना। रुख़्सार–गाल। कब्क-ए-दरी–पहाड़ी चकोर जिसकी चाल बहुत अच्छी होती है। आफ़ाक़–दुनिया। असबाब–सामान। सफ़री–मुसाफ़िर। ज़िन्दाँ–क़ैदख़ाना, जेल। शोरिश–हंगामा, फ़साद। संग-पत्थर। मुदावा–इलाज। आशुफ़्ता-सरी–बदहवासी, सर फिरा होना। दावर-ए-महशर–क़यामत के दिन न्याय करने वाला अर्थात् ख़ुदा। इन्साफ़-तलब–जो न्याय चाहता हो। बेदाद-गरी–अन्याय, जुल्म। वुहीं देखो–वहीं देखते रहेंगे। लपका–बेहद शौक़, लत, चस्का। परेशाँ-नज़री–ताक-झाँक। सद-मौसम-ए-गुल–बहार के सैंकड़ों मौसम। तह-ए-बाल–बाज़ुओं में सर छुपाए हुए, परों को समेटे हुए, उड़ान भरे बिना। मक़्दूर–क़ाबू, सामर्थ्य। बे-बाल-ओ-परी–पक्षी के पंख न होना, मजबूरी, बेकसी।

ले साँस भी आहिस्ता कि नाज़ुक है बहुत काम आफ़ाक़ की इस कारगह-ए-शीशागरी का
टुक 'मीर'-ए-जिगर-सोख़्ता की जल्द ख़बर ले
क्या यार भरोसा है चराग़-ए-सहरी का

11

मुँह तका ही करे है जिस तिस का हैरती है ये आईना किस का
शाम से कुछ बुझा सा रहता हूँ दिल हुआ है चराग़ मुफ़्लिस का
दाग़ आँखों से खुल रहे हैं सब हाथ दस्ता हुआ है नर्गिस का

क़त्आ

बहर कम ज़र्फ़ है बसान-ए-हबाब कासा-लेस अब हुआ है तू जिस का
फ़ैज़, ऐ अब्र, चश्म-ए-तर से उठा आज दामन वसी' है इसका
ताब किस को जो हाल-ए-'मीर' सुने
हाल ही और कुछ है मजलिस का

12

वो इक रविश से खोले हुए बाल हो गया सुम्बुल चमन का मुफ़्त में पामाल हो गया
उलझाव पड़ गया जो हमें उसके इश्क़ में दिल सा अज़ीज़ जान का जंजाल हो गया
क्या इम्तदाद-ए-मुद्दत-ए-हिज्राँ बयाँ करूँ साअत हुई क़यामत ओ मह साल हो गया
दावा किया था गुल ने तिरे रुख़ से बाग़ में सैली लगी सबा की सो मुँह लाल हो गया
क़ामत ख़मीदा, रंग-शिकस्ता, बदन नज़ार
तेरा तो 'मीर' ग़म में अजब हाल हो गया

आफ़ाक़–दुनिया। कारगह-ए-शीशागरी–शीशे या काँच की चीजें बनाने का कारख़ाना। टुक–ज़रा कुछ, ज़रा सी देर। 'मीर'-ए-जिगर-सोख़्ता–दिल जला 'मीर'। चराग़-ए-सहरी–सुबह का दिया जो बुझने के क़रीब होता है।

11. हैरती–हैरानी, भौंचक्का, आश्चर्य-चकित। मुफ़्लिस–ग़रीब, निर्धन। मुफ़्लिस का चराग़–किसी ग़रीब का दिया जो जल्द बुझ जाता है। दाग़–इश्क़ की दीवानगी कम करने के लिए शरीर के किसी अंग या हाथ को दाग़ना/जलाना, ज़ख़्म। आँखों से–आँखों की तरह। दस्ता–गुलदस्ता। नर्गिस–एक प्रकार का फूल जिसकी आकृति आँख से मिलती-जुलती है और जिससे कवि आँख की उपमा देते हैं। बहर–समुंदर। कम ज़र्फ़–ओछा, कम हौसला। बसान-ए-हबाब–बुलबुले की तरह। कासा-लेस–भिखारी, ख़ुशामदी। फ़ैज़–फ़ायदा। अब्र–बादल। चश्म-ए-तर–आँसू भरी आँख। वसी'–फैला हुआ, चौड़ा। ताब–शक्ति, बल, सामर्थ्य। मजलिस–महफ़िल।

12. रविश–अन्दाज़, तरीक़ा। सुम्बुल–एक क़िस्म की ख़ुशबूदार घास जिसकी तुलना बालों से की जाती है। पामाल होना–रौंदा जाना, पाँव के नीचे मसला जाना। उलझाव–दिक़्क़त। अज़ीज़–प्यारा। इम्तदाद-ए-मुद्दत-ए-हिज्राँ–जुदाई की लम्बी अवधि। साअत–घड़ी, लम्हा, पल। मह–महीना। रुख़–चेहरा, मुखड़ा। सैली–थप्पड़। सबा–हवा। क़ामत ख़मीदा–झुकी हुई पीठ। रंग-शिकस्ता–उड़ा हुआ रंग। नज़ार–कमज़ोर।

13

बेताब जी को देखा, दिल को कबाब देखा
जीते रहे थे क्यूँ हम, जो ये अज़ाब देखा

पौदा सितम का जिसने इस बाग़ में लगाया
अपने किए का उन ने समरा शिताब देखा

दिल का नहीं ठिकाना, बाबत जिगर की गुम है
तेरे बलाकशों का, हम ने हिसाब देखा

आबाद जिस में तुझ को, देखा था एक मुद्दत
उस दिल की मम्लिकत को, अब हम ख़राब देखा

लेते ही नाम उसका, सोते से चौंक उठे हो
है ख़ैर, 'मीर साहिब', कुछ तुमने ख़्वाब देखा

14

दिल बहम पहुँचा बदन में, तब से सारा तन जला
आ पड़ी ये ऐसी चिंगारी कि पैराहन जला

कब तलक धूनी लगाए जोगियों की सी रहूँ
बैठे-बैठे दर पे तेरे तो मिरा आसन जला

सूखते ही आँसूओं के, नूर आँखों का गया
बुझ ही जाते हैं दिये, जिस वक़्त सब रौग़न जला

शोला-अफ़्शानी नहीं ये कुछ नई इस आह से
दौं लगी है ऐसी-ऐसी भी कि सारा बन जला

सरकशी ही है जो दिखलाती है इस मजलिस में दाग़
हो सके तो शम्अ साँ, दीजे रग-ए-गर्दन जला

आग सी इक दिल में सुलगे है कभू भड़की तो 'मीर'
देगी मेरी हड्डियों का ढेर जूँ ईंधन जला

---

13. कबाब–जला-भुना। अज़ाब–परेशानी, दुख। पौदा–पौधा। समरा–फल, परिणाम। शिताब–जल्दी। बाबत–कारण, सम्बन्ध। बलाकश–दुख झेलने वाला, दुखियारा। मम्लिकत–सल्तनत, बादशाही, मुल्क। ख़राब–तबाह, बर्बाद।

14. बहम पहुँचना–हासिल होना। पैराहन–लिबास। धूनी लगाना–दुनिया त्याग कर साधु बन जाना, साधुओं का आग के सामने तपस्या करना। नूर–चमक, रौशनी। रौग़न–घी, तेल। शोला-अफ़्शानी–आग बरसाना। दौं लगना–इश्क़ के जोश में जलना। सरकशी–उद्दंडता, घमण्ड। मजलिस–महफ़िल, दुनिया। दाग़ दिखाना–दुख देना, सदमा देना। शम्अ साँ–चराग़ की तरह। रग-ए-गर्दन–गर्दन की सबसे बड़ी नस जिसके कटने से जान चली जाती है।

15

जब जुनूँ से हमें तवस्सुल था   अपनी ज़ंजीर-ए-पा ही का ग़ुल था
शहर में जो नज़र पड़ा, उसका   कुश्ता-ए-नाज़ या तग़ाफ़ुल था
अब तो दिल को न ताब है न क़रार   याद-ए-अय्याम जब तहम्मुल था
यूँ गई, क़द के ख़म हुए जैसे   उम्र इक रहरव-ए-सर-ए-पुल था
ख़ूब दरयाफ़्त जो किया हमने
वक़्त-ए-ख़ुश 'मीर' नकहत-ए-गुल था

16

क़िस्मत तो देख शैख़ को जब लहर आई तब   दरवाज़ा शीरा-ख़ाने का मा'मूर हो गया
शायद किसू के दिल को लगी उस गली में चोट
मेरी बग़ल में शीशा-ए-दिल चूर हो गया

17

छाती से एक बार लगाता जो वो तो 'मीर'
बरसों ये ज़ख़्म सीने का हमको न सालता

18

गुल शर्म से बह जाएगा गुलशन में होकर आब-सा
बुर्क़े से गर निकला कहीं चेहरा तिरा महताब-सा

सन्नाहटे में जान के होश-ओ-हवास-ओ-दम न था
असबाब सारा ले गया आया था इक सैलाब-सा

हम सरकशी से मुद्दतों मस्जिद से बच-बच कर चले
अब सज्दे ही में गुज़रे है, क़द जो हुआ मेहराब-सा

---

15. तवस्सुल–वास्ता, सम्बन्ध। ज़ंजीर-ए-पा–पाँव की ज़ंजीर। ग़ुल–शोर। कुश्ता-ए-नाज़–अदाओं का मारा हुआ। तग़ाफ़ुल–बेपरवाई, नज़रअंदाज़ करना। ताब–ताक़त, हिम्मत। याद-ए-अय्याम–बीते दिनों की याद। तहम्मुल–बर्दाश्त, सब्र। क़द ख़म होना–पीठ झुक जाना। रहरव-ए-सर-ए-पुल–पुल पर से गुज़रने वाला मुसाफ़िर। दरयाफ़्त करना–मा'लूम करना, पता करना। नकहत-ए-गुल–फूल की ख़ुशबू।
16. शैख़–इस्लाम धर्म का ज्ञानी, मुल्ला, क़ाज़ी। लहर आना–ख़याल आना। शीरा-ख़ाना–शराब-ख़ाना। मा'मूर हो जाना–बंद हो जाना।
17. सालना–तकलीफ़ देना।
18. आब–पानी। महताब–चाँद। असबाब–सामान। सैलाब–बाढ़। सरकशी–घमण्ड। मेहराब सा–कमान की तरह झुका हुआ, यहाँ कमज़ोर या झुकी हुई पीठ के लिए प्रयुक्त हुआ है।

थी इश्क़ की वो इब्तिदा जो मौज सी उट्ठी कभू
अब दीदा-ए-तर को जो तुम देखो तो है गिर्दाब-सा

बहके जो हम मस्त आ गए, सौ बार मस्जिद से उठा
वाइज़ को मारे ख़ौफ़ के कल लग गया जुल्लाब-सा

रख हाथ दिल पर 'मीर' के दरयाफ़्त कर क्या हाल है
रहता है अक्सर ये जवाँ कुछ इन दिनों बेताब-सा

19

मानिन्द-ए-शम्अ-ए-मजलिस शब अश्क-बार पाया
अलक़िस्सा 'मीर' को हम, बे-इख़्तियार पाया

अहवाल ख़ुश उन्हों का, हम-बज़्म हैं जो तेरे
अफ़सोस है कि हमने, वाँ का न बार पाया

शहर-ए-दिल एक मुद्दत, उजड़ा, बसा ग़मों में
आख़िर उजाड़ देना, उसका क़रार पाया

इतना न तुझ से मिलते, नै दिल को खो के रोते
जैसा किया था हमने, वैसा ही यार पाया

क्या ऐतबार याँ का, फिर उसको ख़्वार देखा
जिसने जहाँ में आकर, कुछ ऐतबार पाया

आहों के शोले जिस जा उठते थे 'मीर' से शब
वाँ जा के सुब्ह देखा, मुश्त-ए-गुबार पाया

20

इस दिल ने हम को आख़िर यूँ ख़ाक में मिलाया
मारा, ज़मी में गाड़ा, तब उसको सब्र आया

अब किस तरह इताअत इनकी करूँ ख़ुदाया
पूजे से और पत्थर होते हैं ये सनम तो

इब्तिदा–प्रारम्भ। मौज–लहर। दीदा-ए-तर–आँसू भरी आँखें। गिर्दाब–भँवर, पानी का चक्कर। वाइज़–उपदेशक। जुल्लाब लगना–दस्त लगना, पेट चलना। दरयाफ़्त करना–पता लगाना, मालूम करना।

19. मानिन्द-ए-शम्अ-ए-मजलिस–महफ़िल की शम्अ की तरह। शब–रात। अश्क-बार–आँसू बहाना। अलक़िस्सा–संक्षेप में, यानी। बे-इख़्तियार–बेक़ाबू, बेबस। अहवाल–हाल का बहुवचन, हाल। हम-बज़्म–महफ़िल के साथी। वाँ–वहाँ। बार पाना–प्रवेश पाना। नै–न। याँ–यहाँ। ख़्वार–ज़लील, परेशान, अपमानित। शोला–आग की लपट। जिस जा–जिस जगह। शब–रात। मुश्त-ए-गुबार–मुट्ठी भर राख।

20. इताअत–बन्दगी।

ता-चर्ख़ नाला पहुँचा लेकिन असर न देखा   करने से अब दुआ के, मैं हाथ ही उठाया
तेरा ही मुँह तके है क्या जानिए कि नौ-ख़त   क्या बाग़-ए-सब्ज़ तूने आईने को दिखाया
आख़िर को मर गए हैं उसकी ही जुस्तजू में   जी के तईं भी खोया लेकिन उसे न पाया
लगती नहीं है दारू हैं सब तबीब हैराँ   इक रोग मैं बिसाहा, जी को कहाँ लगाया
थी ये कहाँ की यारी आईना-रू कि तूने
देखा जो 'मीर' को तो, बे-हेच मुँह बनाया

21

शिकवा करूँ मैं कब तक उस अपने मेहरबाँ का
अल-क़िस्सा रफ़्ता-रफ़्ता दुश्मन हुआ है जाँ का

गिरये पे रंग आया, क़ैद-ए-क़फ़स से शायद
ख़ूँ हो गया जिगर में अब दाग़ गुल्सिताँ का

दी आग रंग-ए-गुल ने वाँ ऐ सबा चमन को
याँ हम जले क़फ़स में, सुन हाल आशियाँ का

हर सुब्ह मेरे सर पर इक हादिसा नया है
पैवंद हो ज़मीं का, शेवा इस आसमाँ का

कम-फ़ुर्सती जहाँ के मजमे की कुछ न पूछो
अहवाल क्या कहूँ मैं इस मजलिस-ए-रवाँ का

सज्दा करें हैं सुन कर औबाश सारे उसको
सय्यद पिसर वो प्यारा हैगा इमाम बाँका

हैं दश्त अब ये जीते, बसते थे शहर सारे
वीराना-ए-कुहन है, मामूरा इस जहाँ का

ता-चर्ख़–आसमान तक। नाला–रोने की आवाज़। नौ-ख़त–नौजवान/माशूक़ जिसके चेहरे पर नया-नया रुआँ उगा है। बाग़-ए-सब्ज़ दिखाना–(मुहावरा) धोखा देना, झूठी उम्मीद दिलाना। दारू–दवा। दारू/दवा न लगना–दवा का असर न होना। तबीब–हकीम, वैद्य। बिसाहना–जान-बूझकर अपने पीछे लगाना, मोल लेना। आईना-रू–आईने की तरह चमकदार चेहरा रखने वाला, बहुत सुन्दर। बे-हेच–बिना वजह, बिना कारण।

21. अल-क़िस्सा–मतलब, यानी। गिरया–रोना। क़ैद-ए-क़फ़स–पिंजरे की क़ैद। वाँ–वहाँ। सबा–हवा। याँ–यहाँ। क़फ़स–पिंजरा। शेवा–आदत, तरीक़ा। आशियाँ–घोंसला, घर। कम-फ़ुर्सती–व्यस्तता, संलग्नता। जहाँ–जहान, दुनिया। मजमा–भीड़, सभा। अहवाल–हालत, हाल। मजलिस-ए-रवाँ–चलती-फिरती सभा, दुनिया। सज्दा करना–शीश झुकाना। औबाश–बदमाश, आवारा। सय्यद पिसर–सय्यद (मुसलमानों की उच्चतम जाति) का लड़का। दश्त–जंगल। वीराना-ए-कुहन–पुराना खंडहर। मामूरा–बस्ती, आबादी।

नाहक़ ये ज़ुल्म करना, इंसाफ़ कर प्यारे
है कौन सी जगह का, किस शहर का, कहाँ का

सौदाई हो तो रक्खे बाज़ार-ए-इश्क़ में पा
सर मुफ़्त बेचते हैं, ये कुछ चलन है वाँ का

या रोए या रुलाया, अपनी तो यूँ ही गुज़री
क्या ज़िक्र हम-सफ़ीराँ, यारान-ए-शादमाँ का

पूछो तो 'मीर' से क्या कोई नज़र पड़ा है
चेहरा उतर रहा है कुछ आज उस जवाँ का

22

हमारे आगे तिरा जब किसू ने नाम लिया
दिल-ए-सितम-ज़दा को हम ने थाम-थाम लिया

ख़राब रहते थे मस्जिद के आगे मयख़ाने
निगाह-ए-मस्त ने साक़ी की इन्तिक़ाम लिया

मज़ा दिखावेंगे बेरहमी का तिरी सय्याद
गर इज़्तिराब-ए-असीरी ने ज़ेर-ए-दाम लिया

मिरे सलीक़े से मेरी निभी मुहब्बत में
तमाम उम्र मैं नाकामियों से काम लिया

अगरचे गोशा-गुज़ीं हूँ मैं शाइरों में 'मीर'
पः मेरे शोर ने रू-ए-ज़मीं तमाम लिया

23

बू-ए-ख़ूँ से जी रुका जाता है ऐ बाद-ए-बहार
हो गया है चाक दिल शायद किसू दिल-गीर का

क्यूँके नक़्क़ाश-ए-अज़ल ने नक़्श अब्रू का किया
काम है इक तेरे मुँह पर खींचना शमशीर का

रहगुज़र सैल-ए-हवादिस का है बे-बुनियाद दहर
इस ख़राबे में न करना क़स्द तुम तामीर का

नाहक़–अकारण, बेवजह। सौदाई–दीवाना। पा–पाँव। हम-सफ़ीराँ–दोस्त, साथी। यारान-ए-शादमाँ–ख़ुश और तृप्त दोस्त।

22. दिल-ए-सितम-ज़दा–सितम का मारा हुआ दिल। इन्तिक़ाम लेना–बदला लेना। सय्याद–शिकारी। इज़्तिराब-ए-असीरी–क़ैद की बेचैनी। ज़ेर-ए-दाम–जाल, फन्दे में फँसा हुआ। पः–परन्तु। गोशा-गुज़ीं–तन्हाई में रहने वाला, एकांतवासी। रू-ए-ज़मीं–ज़मीन की सतह यानी दुनिया।

23. बू-ए-ख़ूँ–ख़ून की गंध। जी रुकना–दिल घबराना, दुखी हो जाना। बाद-ए-बहार–बहार के मौसम की हवा। चाक होना–फटना। दिल-गीर–उदास, दुखी। नक़्क़ाश-ए-अज़ल–दुनिया बनाने वाला, ख़ुदा। नक़्श करना–चित्र उकेरना, बेल-बूटे बनाना। अब्रू–भौं। शमशीर-तलवार। रहगुज़र–रास्ता। सैल-ए-हवादिस–हादसों का तूफ़ान, हादसों की लहर। बे-बुनियाद–बिना नींव वाला, जिसका कोई वजूद नहीं। दहर–दुनिया। ख़राबा–खंडहर, वीराना। क़स्द–इरादा। तामीर–निर्माण।

बस तबीब उठ जा मिरी बालीं से मत दे दर्द-ए-सर
काम याँ आख़िर हुआ, अब फ़ायदा तदबीर का

नाला-कश हैं अहद-ए-पीरी में भी तेरे दर पे हम
क़द्द-ए-ख़म-गश्ता हमारा हल्क़ा है ज़ंजीर का

जो तिरे कूचे में आया फिर वहीं गाड़ा उसे
तिश्ना-ए-ख़ूँ मैं तो हूँ इस ख़ाक-ए-दामन-गीर का

गोर-ए-मजनूँ से न जावेंगे कहीं हम बे-नवा
ऐब है हम में जो छोड़ें ढेर अपने पीर का

किस तरह से मानिये यारो कि ये आशिक़ नहीं
रंग उड़ा जाता है टुक चेहरा तो देखो 'मीर' का

24

शब दर्द-ओ-ग़म से अर्सा मिरे जी पे तंग था
आया शब-ए-फ़िराक़ थी या रोज़-ए-जंग था

कसरत में दर्द-ओ-ग़म की न निकली कोई तपिश
कूचा जिगर के ज़ख़्म का शायद कि तंग था

लाया मिरे मज़ार पे उसको ये जज़्ब-ए-इश्क़
जिस बेवफ़ा को नाम से भी मेरे नंग था

दिल से मिरे लगा न तिरा दिल हज़ार हैफ़
ये शीशा एक उम्र से मुश्ताक़-ए-संग था

मत कर अजब जो 'मीर' तिरे ग़म में मर गया
जीने का इस मरीज़ के कोई भी ढंग था

25

मौजें करे है बहर-ए-जहाँ में अभी तो तू
जानेगा बाद-ए-मर्ग कि आलम हबाब था

टुक देख आँखें खोल के उस दम की हसरतें
जिस दम ये सूझेगी कि ये आलम भी ख़्वाब था

तबीब–हकीम, वैद्य। बालीं–सिरहाना। काम आख़िर होना–अंत होना, मौत आ जाना। तदबीर–उपाय, इलाज। नाला-कश होना–आह-आह करना, रोना-पीटना। अहद-ए-पीरी–बुढ़ापा। क़द्द-ए-ख़म-गश्ता–झुकी हुई पीठ। हल्क़ा–घेरा, लोहे या लकड़ी का कुंडा। तिश्ना-ए-ख़ूँ–ख़ून का प्यासा। ख़ाक-ए-दामन-गीर–दामन से लिपटी हुई मिट्टी। गोर-ए-मजनूँ–मजनूँ की क़ब्र। बे-नवा–बेबस, लाचार। पीर–बुज़ुर्ग।

24. अर्सा तंग होना–समय, वक़्त कम होना, मुसीबतों से घिरा होना। आया–क्या, शायद, अफ़सोस। शब-ए-फ़िराक़–जुदाई की रात। रोज़-ए-जंग–लड़ाई का दिन। कसरत–अधिकता, बहुतायत। तंग–सिकुड़ा हुआ, कम चौड़ा। जज़्ब-ए-इश्क़–इश्क़ का जज़्बा, आकर्षण। नंग होना–शर्मिंदा होना। हज़ार हैफ़–बहुत अफ़सोस। शीशा–यहाँ दिल की तरफ़ इशारा है। मुश्ताक़-ए-संग–पत्थर की मार की चाहत रखने वाला। अजब करना–हैरान होना, आश्चर्य-चकित होना।

25. बहर-ए-जहाँ–दुनिया रूपी समुद्र। बाद-ए-मर्ग–मौत के बाद। आलम–दुनिया, संसार। हबाब–पानी का बुलबुला।

26

गुल को महबूब हम क़ियास किया फ़र्क़ निकला बहुत, जो बास किया
दिल ने हमको मिसाल-ए-आईना एक आलम का रू-शनास किया
कुछ नहीं सूझता हमें उस बिन शौक़ ने हम को बे-हवास किया
इश्क़ में हम हुए न दीवाने क़ैस की आबरू का पास किया
सुब्ह तक शम्अ सर को धुनती रही क्या पतंगे ने इल्तिमास किया
देखा ढहता है जिन ने ख़ाना बना ज़ेर-ए-अफ़लाक सुस्त असास किया
ऐसे वहशी कहाँ हैं ऐ ख़ूबाँ
'मीर' को तुम अबस उदास किया

27

मुफ़्त आबरू-ए-ज़ाहिद-ए-अल्लामा ले गया
इक मुग़बचा उतार के अम्मामा ले गया

दाग़-ए-फ़िराक़-ओ-हसरत-ए-वस्ल, आरज़ू-ए-शौक़
मैं साथ ज़ेर-ए-ख़ाक भी हंगामा ले गया

पहुँचा न पहुँचा आह गया सो गया ग़रीब
वो मुर्ग़-ए-नामाबर जो मिरा नामा ले गया

उस राहज़न के ढंगों से देवे ख़ुदा पनाह
इक मर्तबा जो 'मीर जी' का जामा ले गया

28

ऐ तू कि याँ से आक़िबत-ए-कार जाएगा ग़ाफ़िल न रह कि क़ाफ़िला इक बार जाएगा
मौक़ूफ़ हश्र पर है सो आते भी वे नहीं कब दरमियाँ से वादा-ए-दीदार जाएगा

---

26. क़ियास करना–मानना, ख़याल करना। बास करना–सूंघना। मिसाल-ए-आईना–आईने की तरह। एक आलम–सारी दुनिया। रू-शनास–परिचित। शौक़–इच्छा, अभिलाषा। बे-हवास–दीवाना, पागल। क़ैस–मजनूँ। पास करना–लिहाज़ करना, लाज रखना। इल्तिमास–गुज़ारिश, प्रार्थना। ख़ाना–मकान, इमारत। ज़ेर-ए-अफ़लाक–आसमानों के नीचे (अफ़लाक–फ़लक का बहुवचन)। सुस्त-असास–कमज़ोर नींव वाला। ख़ूबाँ–ख़ूबसूरत, माशूक़। अबस–अकारण, बेवजह, बेकार।
27. आबरू-ए-ज़ाहिद-ए-अल्लामा–धर्म परायण और बहुत ज्ञानी व्यक्ति की इज़्ज़त। मुग़बचा–शराब परोसने वाला लड़का। अम्मामा–पगड़ी। दाग़-ए-फ़िराक़–जुदाई के दुख-दर्द। हसरत-ए-वस्ल–मिलन की इच्छा। ज़ेर-ए-ख़ाक–ख़ाक के नीचे, क़ब्र में। मुर्ग़-ए-नामाबर–पत्र ले जाने वाला पक्षी। नामा–पत्र। राहज़न–लुटेरा। जामा–कपड़ा, लिबास।
28. आक़िबत-ए-कार–आख़िर कार। ग़ाफ़िल–बेसुध, अनजान। मौक़ूफ़–निर्भर। हश्र–क़यामत का दिन।

देगी न चैन लज़्ज़त-ए-ज़ख़्म उस शिकार को
जो खा के तेरे हाथ की तलवार जाएगा
आवेगी इक बला तिरे सर सुन ले ऐ सबा
ज़ुल्फ़-ए-सियह का उसकी अगर तार जाएगा
तदबीर मेरे इश्क़ की क्या फ़ायदा तबीब
अब जान ही के साथ ये आज़ार जाएगा
आए बिन उसके हाल हुआ जाए है तग़ीर
क्या हाल होगा पास से जब यार जाएगा
कूचे के उसके रहने से बाज़ आ वगरना 'मीर'
इक दिन तुझे भी जान से वो मार जाएगा

29

क्या कहूँ कैसा सितम ग़फ़लत से मुझ पर हो गया
क़ाफ़िला जाता रहा मैं सुब्ह होते सो गया
बेकसी मुद्दत तलक बरसा की अपनी गोर पर
जो हमारी ख़ाक पर से हो के गुज़रा रो गया
कुछ ख़तरनाकी तरीक़-ए-इश्क़ में पिन्हाँ नहीं
खप गया वो राहरौ, इस राह होकर जो गया
मुद्दआ जो है सो वो पाया नहीं जाता कहीं
एक आलम जुस्तजू में जी को अपने खो गया
'मीर' हर यक मौज में है ज़ुल्फ़ ही का सा दिमाग़
जब से वो दरिया पर आकर बाल अपने धो गया

30

गर कोई पीर-ए-मुग़ाँ मुझको करे, तो देखे फिर
मय-कदा सारे का सारा सिर्फ़ है अल्लाह का

काश तेरे ग़म-रसीदों को बुलावें हश्र में
ज़ुल्म है इक ख़ल्क़ पर आशोब उनकी आह का

जो सुना हुशियार इस मय-ख़ाने में था बेख़बर
शौक़ ही बाक़ी रहा हम को दिल-ए-आगाह का

लज़्ज़त-ए-ज़ख़्म–घाव का मज़ा। सबा–हवा। ज़ुल्फ़-ए-सियह–काली ज़ुल्फ़। तदबीर–इलाज, उपाय। तबीब–हकीम, वैद्य। आज़ार–बीमारी, रोग। तग़ीर–बदला हुआ।

29. ग़फ़लत–लापरवाई। गोर–क़ब्र। तरीक़-ए-इश्क़–इश्क़ का रास्ता। पिन्हाँ–छुपा हुआ, दबा हुआ। राहरौ–राह चलने वाला, मुसाफ़िर। मुद्दआ–मक़सद, उद्देश्य। आलम–ज़माना, दुनिया। जुस्तजू–इच्छा, तलाश। हर यक–हर एक। मौज–लहर। दिमाग़–नाज़-ओ-अदा, घमण्ड।

30. पीर-ए-मुग़ाँ–शराब ख़ाने का मालिक। ग़म-रसीदा–दुख उठाने वाला। हश्र–क़यामत। ख़ल्क़–दुनिया के लोग। आशोब–हलचल, हंगामा। दिल-ए-आगाह–वाक़िफ़ रहने वाला दिल, चौकस रहने वाला दिल।

31

आज़ार न दे अपने कानों के तईं ऐ गुल आग़ाज़ मिरे ग़म का अंजाम नहीं रखता
नाकामी-ए-सद-हसरत ख़ुश लगती नहीं वर्ना अब जी से गुज़र जाना कुछ काम नहीं रखता
बिन उस की हम-आग़ोशी बेताब नहीं अब है मुद्दत से बग़ल में दिल आराम नहीं रखता
मैं दाढ़ी तिरी वाइज़ मस्जिद ही में मुँडवाता पर क्या करूँ साथ अपने हज्जाम नहीं रखता
यूँ तो रह-ओ-रस्म उस को इस शहर में सब से है
इक 'मीर' ही से ख़त्त-ओ-पैग़ाम नहीं रखता

32

ख़ूबी का उस की बस-कि तलबगार हो गया
गुल बाग़ में गले का मिरे हार हो गया

किस को नहीं है शौक़ तिरा पर न इस क़दर
मैं तो इसी ख़याल में बीमार हो गया

मैं नौ-दमीदा-बाल चमन-ज़ाद-ए-तैर था
पर घर से उठ चला सो गिरफ़्तार हो गया

ठहरा गया न हो के हरीफ़ उस की चश्म का
सीने को तोड़ तीर-ए-निगह पार हो गया

है उस के हर्फ़-ए-ज़ेर-ए-लबी का सभों में ज़िक्र
क्या बात थी कि जिस का ये बिस्तार हो गया

तू वो मताअ' है कि पड़ी जिस की तुझ पे आँख
वो जी को बेच कर भी ख़रीदार हो गया

क्या कहिए आह-ए-इश्क़ में ख़ूबी नसीब की
दिलदार अपना था सो दिल-आज़ार हो गया

---

31. आज़ार–दुख, तकलीफ़। आग़ाज़–प्रारम्भ। नाकामी-ए-सद-हसरत–सैंकड़ों इच्छाओं का पूरा न होना। काम रखना–महत्व रखना। ख़ुश लगना–पसंद आना, अच्छा लगना। जी से गुज़र जाना–जान से गुज़र जाना, मर जाना। काम रखना–महत्व रखना। हम-आग़ोशी–एक दूसरे के गले लगना। वाइज़–उपदेशक। हज्जाम–बाल मूँडने वाला, नाई। रह-ओ-रस्म–मेल-जोल, मेल-मिलाप।

32. तलबगार–चाहने वाला। गले का हार होना–पीछे पड़ना, चिपटना। नौ-दमीदा-बाल–जिस पक्षी के नए-नए पर निकले हों। चमन-ज़ाद-ए-तैर–बाग़ में रहने वाला पक्षी। हरीफ़–जब दो लोग आमने-सामने होकर लड़ें तो एक दूसरे के हरीफ़ कहलाते हैं, दुश्मन, हम पेशा। चश्म–आँख। हर्फ़-ए-ज़ेर-ए-लबी–धीरे से बात कहना। मताअ'–पूँजी। जी बेचना–जान ख़तरे में डालना, मुसीबत भुगतना। दिल-आज़ार–दिल को सताने वाला, दुखदाई, ज़ालिम।

आठों पहर लगा ही फिरे है तुम्हारे साथ
कुछ इन दिनों में ग़ैर बहुत यार हो गया

कब रू है उस से बात के करने का मुझको 'मीर'
ना-कर्दा जुर्म में तू गुनहगार हो गया

33

तीर जो उस कमान से निकला जिगर-ए-मुर्ग़ जान से निकला
निकली थी तेग़-ए-बे-दरेग़ उसकी मैं ही इक इम्तिहान से निकला
गो कटे सर, कि सोज़-ए-दिल जूँ शम्अ अब तो मेरी ज़बान से निकला
मर गया जो असीर-ए-क़ैद-ए-हयात तंगनाए-जहान से निकला
दिल से मत जा कि हैफ़ उस का वक़्त जो कोई इस मकान से निकला
उस की शीरीं-लबी की हसरत में शहद पानी हो शान से निकला
ना-मुरादी की रस्म 'मीर' से है
तौर ये उस जवान से निकला

34

गर्मी से मैं तो आतिश-ए-ग़म की पिघल गया
रातों को रोते रोते ही जूँ शम्अ गल गया

हम ख़स्ता-दिल हैं तुझसे भी नाज़ुक-मिज़ाज-तर
त्यौरी चढ़ाई तू ने कि याँ जी निकल गया

गर्मी-ए-इश्क़ माने-ए-नश्व-ओ-नुमा हुई
मैं वो निहाल था कि उगा और जल गया

मस्ती में छोड़ दैर को का'बे चला था मैं
लग़्ज़िश बड़ी हुई थी वलेकिन संभल गया

रू होना–हिम्मत होना, हौसला होना। ना-कर्दा जुर्म–वो जुर्म जो किया ही नहीं, बे-गुनाह।

33. जिगर-ए-मुर्ग़–पक्षी का दिल। तेग़-ए-बे-दरेग़–बिना सोचे-समझे चलाई जाने वाली तलवार। सोज़-ए-दिल–दिल की जलन, दिल का दर्द। जूँ शम्अ–चराग़ की तरह। असीर-ए-क़ैद-ए-हयात–ज़िन्दगी रूपी क़ैद का बंदी। तंगनाए-जहान–दुनिया जो बहुत संकीर्ण या छोटी है। हैफ़–अफ़सोस। शीरीं-लबी–मीठे बोल। हसरत–हवस, आरज़ू। शान–शहद की मक्खियों का छत्ता। ना-मुरादी–नाकामी, बद-नसीबी।

34. आतिश-ए-ग़म–दुख की ज्वाला। जूँ–जैसे। गलना–पिघलना। त्यौरी चढ़ाना–माथे की सिलवटें या बल जो ग़ुस्से या चिड़चिड़ेपन से पड़ जाते हैं। माने–रोकने वाला, मना करने वाला। माने-ए-नश्व-ओ-नुमा–फलने-फूलने में बाधक। निहाल–पौधा। दैर–मन्दिर। लग़्ज़िश–फिसलन, ख़ता। वलेकिन–लेकिन

साक़ी नशे में तुझ से लुंढा शीशा-ए-शराब
चल अब कि दुख़्त-ए-ताक का जोबन तो ढल गया

हर ज़र्रा ख़ाक तेरी गली की है बे-क़रार
याँ कौन सा सितम-ज़दा माटी में रल गया

35

सुना है हाल तिरे कुश्तगाँ बिचारों का
हुआ न गोर गढ़ा उन सितम के मारों का

हज़ार रंग खिले गुल चमन के हैं शाहिद
कि रोज़गार के सर ख़ून है हज़ारों का

मिला है ख़ाक में किस-किस तरह का आलम याँ
निकल के शहर से टुक सैर कर मज़ारों का

इलाज करते हैं सौदा-ए-इश्क़ का मेरे
ख़लल-पज़ीर हुआ है दिमाग़ यारों का

तिरी ही ज़ुल्फ़ को महशर में हम दिखा देंगे
जो कोई मांगेगा नामा सियाहकारों का

ख़राश-ए-सीना-ए-आशिक़ भी दिल को लग जाए
अजब तरह का है फ़िर्क़ा ये दिल-फ़िगारों का

निगाह-ए-मस्त के मारे तिरी ख़राब हैं शोख़
न ठौर है न ठिकाना है होशियारों का

करें हैं दावा-ए-ख़ुश-चश्मी, आहुवान-ए-दश्त
टुक एक देखने चल मुल्क उन गँवारों का

तड़प के मरने से दिल के, कि मग़्फ़िरत हो उसे
जहाँ में कुछ तो रहा नाम बे-क़रारों का

तड़प के ख़िर्मन-ए-गुल पर कभी गिर ऐ बिजली
जलाना क्या है मिरे आशियाँ के ख़ारों का

तुम्हें तो ज़ोहद-ओ-वरा पर बहुत है अपने ग़ुरूर
ख़ुदा है शैख़-जी हम भी गुनाहगारों का

36

सद ख़ानुमाँ ख़राब हैं, हर-हर क़दम पे दफ़्न
कुश्ता हूँ यार मैं तो तिरे घर की राह का

तलवार मारना तो तुम्हें खेल है वले
जाता रहे न जान किसू बे-गुनाह का

ज़ालिम ज़मीं से लोटता दामन उठा के चल
होगा कमीं में हाथ किसू दाद-ख़्वाह का

दुख़्त-ए-ताक–अंगूर की बेटी, शराब। सितम-ज़दा–सितम का मारा, दुखों का मारा। रलना–मिलना।

35. कुश्तगाँ–कुश्ता का बहुवचन, मारे हुए, जिनका क़त्ल हुआ हो। गोर गढ़ा–क़ब्र का गड्ढा। शाहिद–गवाह, महबूब। रोज़गार–ज़माना, दुनिया। आलम-दुनिया, लोग। सौदा-ए-इश्क़–प्यार का दीवानापन। ख़लल-पज़ीर–दीवाना, विक्षिप्त। महशर–क़यामत के दिन इकट्ठा होने की जगह, क़यामत। नामा–हिसाब। सियाहकार–काले काम करने वाला, गुनाहगार, पापी। ख़राश-ए-सीना-ए-आशिक़–चाहने वालों के सीने के ज़ख़्म। फ़िर्क़ा–समुदाय, वर्ग। दिल-फ़िगार–ज़ख़्मी दिल वाला, आशिक़। शोख़–चंचल,माशूक़। दावा-ए-ख़ुश-चश्मी–नेत्र-सौंदर्य का दावा। आहुवान-ए-दश्त–जंगल के हिरन। मग़्फ़िरत होना–माफ़ी मिलना, मोक्ष प्राप्त होना। ख़िर्मन-ए-गुल–फूलों का ढेर। ख़ार–काँटे। ज़ोहद-ओ-वरा–सदाचार। शैख़–इस्लाम धर्म का ज्ञानी, क़ाज़ी, मुल्ला।

36. सद ख़ानुमाँ ख़राब–सैकड़ों बर्बाद लोग। कुश्ता–मारा हुआ। वले–लेकिन। कमीं–घात, दुश्मन के शिकार के लिए छुपकर बैठना। दाद-ख़्वाह–इंसाफ़ चाहने वाला, फ़रियादी।

37

दिल से शौक़-ए-रुख़-ए-निकू न गया   झाँकना-ताकना कभू न गया
हर क़दम पर थी उसकी मंज़िल लेक   सर से सौदा-ए-जुस्तजू न गया
सब गए होश-ओ-सब्र-ओ-ताब-ओ-तवाँ   लेकिन ऐ दाग़ दिल से तू न गया
दिल में कितने मुसव्वदे थे वले   एक पेश उसके रू-ब-रू न गया
सुब्हा-गर्दां ही 'मीर' हम तो रहे
दस्त-ए-कोताह ता-सुबू न गया

38

गुल-ओ-बुलबुल बहार में देखा   एक तुझ को हज़ार में देखा
जल गया दिल सफ़ेद हैं आँखें   ये तो कुछ इन्तिज़ार में देखा
जैसा मुज़्तर था ज़िन्दगी में दिल   वूहीं मैंने क़रार में देखा
आबले का भी होना दामन-गीर   तेरे कूचे के ख़ार में देखा
तीरा-आलम हुआ ये रोज़-ए-सियाह   अपने दिल के ग़ुबार में देखा
जिन बलाओं को 'मीर' सुनते थे
उन को इस रोज़गार में देखा

39

कई दिन सुलूक विदाअ का मिरे दरपए दिल-ए-ज़ार था
कभू दर्द था, कभू दाग़ था, कभू ज़ख़्म था, कभू वार था

दम-ए-सुब्ह बज़्म-ए-ख़ुश-ए-जहाँ, शब-ए-ग़म से कम न थी मेहरबाँ
कि चराग़ था सो तो दूद था, जो पतंग था सो ग़ुबार था

दिल-ए-ख़स्ता लोहू जो हो गया, तो भला हुआ कि कहाँ तलक
कभू सोज़-ए-सीना से दाग़ था, कभू दर्द-ओ-ग़म से फ़िगार था

---

37. शौक़-ए-रुख़-ए-निकू–ख़ूबसूरत चेहरों का इश्क़। लेक–लेकिन। सौदा-ए-जुस्तजू–जिज्ञासा की दीवानगी। ताब-ओ-तवाँ–ज़ोर, ताक़त। दाग़–ज़ख़्म, विरह का दुख। मुसव्वदा–मंसूबा, इरादा, मुद्दआ, बात। वले–लेकिन। पेश–सामने। सुब्हा-गर्दां–माला का जाप करने वाला। दस्त-ए-कोताह–(छोटा हाथ) यानी सुस्त, कम हिम्मत। ता-सुबू–जाम तक।

38. आँखें सफ़ेद होना–किसी की प्रतीक्षा में आँखों की रौशनी जाती रहना। मुज़्तर–बेताब, व्याकुल। क़रार–ठहराव (मौत के अर्थ में)। आबला–छाला, फफोला। दामन-गीर–दामन को पकड़ने वाला। तीरा-आलम–बुरा हाल, अँधेरी दुनिया। रोज़-ए-सियाह–मुसीबत का दिन। रोज़गार–ज़माना, दुनिया।

39. सुलूक–रवैय्या, मुहब्बत। विदाअ–विदा। दरपए होना–पीछे पड़ना, घात में होना। दम-ए-सुब्ह–सुबह के समय। बज़्म-ए-ख़ुश-ए-जहाँ–दुनिया के अच्छे लोगों की महफ़िल। शब-ए-ग़म–दुख भरी रात। दूद–धुआँ। पतंग–पतंगा, कीट। दिल-ए-ख़स्ता–कमज़ोर, बदहाल दिल। लहू होना–ज़ख़्मी होना, लहूलुहान होना। सोज़-ए-सीना–सीने की जलन। फ़िगार–ज़ख़्मी, घायल।

दिल-ए-मुज़्तरिब से गुज़र गई, शब-ए-वस्ल अपनी ही फ़िक्र में
न दिमाग़ था, न फ़राग़ था, न शिकेब था, न क़रार था

जो निगाह की भी पलक उठा, तो हमारे दिल से लहू बहा
कि वहीं वो नावक-ए-बे-ख़ता, किसू के कलेजे के पार था

ये तुम्हारी इन दिनों दोस्ताँ, मिज़ा जिसके ग़म में है ख़ूँ-चकाँ
वही आफ़त-ए-दिल-ए-आशिक़ाँ, किसू वक़्त हम से भी यार था

नहीं ताज़ा दिल की शिकस्तगी, यही दर्द था यही ख़स्तगी
उसे जब से ज़ौक़-ए-शिकार था, इसे ज़ख़्म से सरोकार था

कभू जाएगी जो उधर सबा, तो ये कहियो उस से कि बेवफ़ा
मगर एक 'मीर'-ए-शिकस्ता-पा, तिरे बाग़-ए-ताज़ा में ख़ार था

40

मेहर की तुझ से तवक़्क़ो थी, सितमगर निकला
मोम समझे थे तिरे दिल को सो पत्थर निकला

दाग़ हूँ रश्क-ए-मुहब्बत से कि इतना बेताब
किस की तस्कीं के लिए घर से तू बाहर निकला

जीते जी आह तिरे कूचे से कोई न फिरा
जो सितम-दीदा रहा जाके, सो मर कर निकला

दिल की आबादी की इस हद है ख़राबी कि न पूछ
जाना जाता है कि इस राह से लश्कर निकला

अश्क-ए-तर, क़तरा-ए-ख़ूँ, लख़्त-ए-जिगर, पारा-ए-दिल
एक से एक अदद आँख से बह कर निकला

मुज़्तरिब–बेचैन, बेक़रार। फ़राग़–आराम, ख़ुशी, चैन। शिकेब–सब्र, बर्दाश्त। क़रार–आराम। नावक-ए-बे-ख़ता–अचूक तीर। मिज़ा–पलक। ख़ूँ-चकाँ–ख़ून टपकाने वाली, ख़ून भरी। आफ़त-ए-दिल-ए-आशिक़ाँ–आशिक़ों के दिल की आफ़त। ताज़ा–नई। शिकस्तगी–निराशा, थकान। ख़स्तगी–ख़स्ता हालत, बुरा हाल। ज़ौक़-ए-शिकार–शिकार करने का शौक़। सबा–हवा। शिकस्ता-पा–थका हुआ, असहाय। बाग़-ए-ताज़ा–हरा-भरा बाग़। ख़ार–काँटा।

40. मेहर–मेहरबानी, प्यार। तवक़्क़ो–उम्मीद, आशा। दाग़ होना–दुखी होना, ईर्ष्या होना। रश्क-ए-मुहब्बत–मुहब्बत की जलन, मुहब्बत में ईर्ष्या की भावना। तस्कीं–सुकून। सितम-दीदा–जिस ने सितम देखे हों, मुसीबत का मारा। लश्कर–फ़ौज, सेना। अश्क-ए-तर–आँसू की बूंद। क़तरा-ए-ख़ूँ–ख़ून की बूंद। लख़्त-ए-जिगर–जिगर का टुकड़ा। पारा-ए-दिल–दिल का टुकड़ा। अदद–संख्या, चीज़।

हम ने जाना था लिखेगा तू कोई हर्फ़ ऐ 'मीर'
पर तिरा नामा तो इक शौक़ का दफ़्तर निकला

41

रहे ख़याल तनिक हम भी रू-सियाहों का लगे हो ख़ून बहुत करने बे-गुनाहों का
नहीं सितारे ये, सूराख़ पड़ गए हैं तमाम फ़लक हरीफ़ हुआ था हमारी आहों का
तमाम उम्र रहें ख़ाक-ए-ज़ेर-ए-पा उसकी जो ज़ोर कुछ चले हम इज्ज़-ए-दस्त-गाहों का
हिसाब काहे का रोज़-ए-शुमार में मुझ से
शुमार ही नहीं है कुछ मिरे गुनाहों का

42

उसका ख़िराम देख के जाया न जाएगा ऐ कब्क फिर बहाल भी आया न जाएगा
हम कुश्तगान-ए-इश्क़ हैं, अब्रू-ओ-चश्म-ए-यार सर से हमारे तेग़ का साया न जाएगा
हम रहरवान-ए-राह-ए-फ़ना हैं ब-रंग-ए-उम्र जावेंगे ऐसे, खोज भी पाया न जाएगा
फोड़ा सा सारी रात जो पकता रहेगा दिल तो सुब्ह तक तो हाथ लगाया न जाएगा
अपने शहीद-ए-नाज़ से बस हाथ उठा कि फिर दीवान-ए-हश्र में उसे लाया न जाएगा
अब देख ले कि सीना भी ताज़ा हुआ है चाक फिर हम से अपना हाल दिखाया न जाएगा
हम बे-ख़ुदान-ए-महफ़िल-ए-तस्वीर अब गए आइंदा हम से आप में आया न जाएगा
हम तो गए थे शैख़ को इंसान बूझ कर पर अब से ख़ानक़ाह में जाया न जाएगा
याद उसकी इतनी ख़ूब नहीं 'मीर' बाज़ आ
नादान फिर वो जी से भुलाया न जाएगा

हर्फ़–शब्द, बात। नामा–चिट्ठी, पत्र। शौक़–इच्छा, अभिलाषा। दफ़्तर–लम्बा पत्र, पोथी।

41. रू-सियाह–काले मुँह वाला, पापी। फ़लक–आसमान। हरीफ़–दुश्मन। ख़ाक-ए-ज़ेर-ए-पा–पैरों के नीचे की धूल। इज्ज़-ए-दस्त-गाह–पहुँच रखने वाले लोगों की कमज़ोरी/बेबसी/विवशता। रोज़-ए-शुमार–जिस दिन अच्छाई और बुराई का हिसाब होगा यानी क़यामत का दिन। शुमार न होना–अनगिनत होना।

42. ख़िराम–माशूक़ की अदाओं भरी चाल। कब्क–चकोर (चिड़िया) जिसकी चाल बहुत सुन्दर होती है। बहाल आना–होश में आना। कुश्तगान-ए-इश्क़–इश्क़ में मारे हुए। अब्रू–भवें। चश्म-ए-यार–महबूब की आँखें। तेग़–तलवार। रहरवान-ए-राह-ए-फ़ना–मौत के रास्ते पर चलने वाले। बरंग-ए-उम्र–उम्र की तरह। शहीद-ए-नाज़–अदाओं का मारा हुआ यानी आशिक़। हाथ उठाना–छोड़ देना, त्यागना। दीवान-ए-हश्र–क़यामत के दिन इंसाफ़ का दरबार। चाक होना–फटना। बे-ख़ुदान-ए-महफ़िल-ए-तस्वीर–महफ़िल में लगी तस्वीर की तरह बेसुध। आप में आना–होश में आना। शैख़–इस्लाम धर्म का ज्ञानी, मुल्ला, क़ाज़ी। ख़ानक़ाह–सूफ़ियों के रहने की जगह। ख़ूब–अच्छी, अच्छा। बाज़ आना–छोड़ देना, तौबा करना।

43

ऐसा तिरा रहगुज़र न होगा हर गाम पे जिस में सर न होगा
क्या उन ने नशे में मुझको मारा इतना भी तो बे-ख़बर न होगा
फिर नौहा-गरी कहाँ, जहाँ में
मातम-ज़दा 'मीर' अगर न होगा

44

ग़म उसको सारी रात सुनाया तो क्या हुआ या रोज़ उठ के सर को फिराया तो क्या हुआ
उन ने तो मुझको झूटे भी पूछा न एक बार मैंने उसे हज़ार जताया, तो क्या हुआ
मत रंजा कर किसी को, कि अपने तो एतिक़ाद दिल ढाए कर जो का'बा बनाया, तो क्या हुआ
क्या-क्या दुआएँ माँगी हैं, ख़लवत में शैख़ यूँ ज़ाहिर जहाँ से हाथ, उठाया तो क्या हुआ
वो फ़िक्र कर कि चाक-ए-जिगर पावे इल्तियाम नासेह जो तूने जामा, सिलाया तो क्या हुआ
जीते तो 'मीर' उन ने मुझे दाग़ ही रखा
फिर गोर पर चराग़ जलाया तो क्या हुआ

45

गरचे सरदार मज़ों का है अमीरी का मज़ा
छोड़ लज़्ज़त के तईं, ले तू फ़क़ीरी का मज़ा

46

दिल जो था इक आबला फूटा गया रात को सीना बहुत कूटा गया
ताइर-ए-रंग-ए-हिना की सी तरह दिल न उसके हाथ से छूटा गया
मैं न कहता था कि मुँह कर दिल की ओर अब कहाँ वो आईना, टूटा गया
दिल की वीरानी का क्या मज़कूर है ये नगर सौ मर्तबा लूटा गया
'मीर' किसको अब दिमाग़-ए-गुफ़्तगू
उम्र गुज़री रेख़्ता छूटा गया

---

43. रहगुज़र–रास्ता। गाम–क़दम। नौहा-गरी–रोना-पीटना, मातम करना, शोक। मातम-ज़दा–मातम करने वाला, दुखियारा।

44. रंजा करना–दुख पहुँचाना। एतिक़ाद–यक़ीन, आस्था। ख़लवत–एकांत, तन्हाई। शैख़–इस्लाम धर्म का ज्ञानी, मुल्ला, क़ाज़ी। चाक-ए-जिगर–कटा-फटा ज़ख़्मी जिगर। इल्तियाम–ज़ख़्म भरना, तन्दुरुस्त होना। नासेह–उपदेशक। जामा–लिबास। दाग़–दुखी, पीड़ित। गोर–क़ब्र।

45. गरचे–यद्यपि, हालाँकि।

46. आबला–फफोला, छाला। ताइर-ए-रंग-ए-हिना–मेहंदी का रंग जो पक्षी की तरह उड़ जाता है। मज़कूर–जिक्र। दिमाग़-ए-गुफ़्तगू–बातचीत करने की सकत, यहाँ शायरी की तरफ़ इशारा है। रेख़्ता–ग़ज़ल कहना, ग़ज़ल गोई।

46(1)

ख़्वाह मुझ से लड़ गया, अब ख़्वाह मुझ से मिल गया
क्या कहूँ ऐ हमनशीं मैं तुझ से हासिल, दिल गया

अपने ही दिल को न हो वाशुद तो क्या हासिल नसीम
गो चमन में गुंचा-ए-पज़मुर्दा तुझ से खिल गया

दिल से आँखों में लहू आता है शायद रात को
कशमकश में बे-क़रारी की ये फोड़ा छिल गया

क़ैस का क्या क्या गया ऊधर दिल-ओ-दीं होश-ओ-सब्र
जिस तरफ़ सहरा से लैला का चला महमिल गया

रश्क की जागह है मर्ग उस कुश्ता-ए-हसरत की 'मीर'
ना'श के हमराह जिस की गोर तक क़ातिल गया

46(2)

दुख अब फ़िराक़ का हम से सहा नहीं जाता
फिर उस पे ज़ुल्म ये है कुछ कहा नहीं जाता

हुई है इतनी तिरे अक्स-ए-ज़ुल्फ़ की हैराँ
कि मौज-ए-बहर से मुतलक़ बहा नहीं जाता

नहीं गुज़रती घड़ी कोई मुझ ख़राब पर आह
कि जिस में ग़म से तिरे जी ढहा नहीं जाता

सितम कुछ आज गली में तिरी नहीं मुझ पर
कब आ के ख़ून में मैं याँ नहा नहीं जाता

ख़राब मुझ को किया इज़्तिराब-ए-दिल ने 'मीर'
कि टुक भी इस कने उस बिन रहा नहीं जाता

---

46 (1) ख़्वाह–चाहे, जब चाहा। हमनशीं–साथी, दोस्त। वाशुद होना–खिलना, ख़ुशी होना। गो–हालाँकि। चमन–बाग़। गुंचा-ए-पज़मुर्दा–मुरझाई कली। क़ैस–मजनूँ। दीं–दीन, धर्म। सहरा–रेगिस्तान। महमिल–ऊँट पर बंधी डोली। रश्क–जलन, ईर्ष्या। जागह–जगह। मर्ग–मौत। कुश्ता-ए-हसरत–हसरत का मारा, आशिक़। ना'श–लाश, अर्थी। गोर–क़ब्र।

46 (2) फ़िराक़–जुदाई। अक्स-ए-ज़ुल्फ़–ज़ुल्फ़ का प्रतिबिम्ब। हैराँ–हैरान। मौज-ए-बहर–नदी की लहर। मुतलक़–क़तई, बिल्कुल। इज़्तिराब-ए-दिल–दिल की बेचैनी। टुक–ज़रा। कने–से, द्वारा, तरफ़, पास।

47

याद-ए-अय्याम कि याँ तर्क-ए-शिकेबाई था हर गली शहर की याँ कूचा-ए-रुस्वाई था
इतनी गुज़री जो तिरे हिज्र में सो उसके सबब सब्र-ए-मरहूम अजब मूनिस-ए-तन्हाई था
तेरे जल्वे का मगर रू था सहर गुलशन में नर्गिस इक दीदा-ए-हैरान-ए-तमाशाई था
यही ज़ुल्फ़ों की तिरी बात थी या काकुल की
'मीर' को ख़ूब किया सैर तो सौदाई था

48

ऐ दोस्त कोई मुझ-सा रुस्वा न हुआ होगा दुश्मन के भी दुश्मन पर ऐसा न हुआ होगा
टुक गोर-ए-ग़रीबाँ की कर सैर कि दुनिया में इन ज़ुल्म-रसीदों पर क्या-क्या न हुआ होगा
बे-नाला-ओ-बेज़ारी, बे-ख़स्तगी-ओ-ख़्वारी इमरोज़ कभी अपना फ़र्दा न हुआ होगा
है क़ाएदा-ए-कुल्ली ये कू-ए-मुहब्बत में दिल गुम जो हुआ होगा, पैदा न हुआ होगा
इस कुहना-ख़राबे में आबादी न कर मुनइम यक शहर नहीं याँ जो सहरा न हुआ होगा
आँखों से तिरी हम को है चश्म कि अब होवे जो फ़ित्ना कि दुनिया में बरपा न हुआ होगा
जुज़, मर्तबा-ए-कुल को हासिल करे है आख़िर यक क़तरा न देखा जो दरिया न हुआ होगा
सद निश्तर-ए-मिज़्गाँ के लगने से न निकला ख़ूँ
आगे तुझे 'मीर' ऐसा, सौदा न हुआ होगा

49

आलम में कोई दिल का तलबगार न पाया इस जिंस का याँ हम ने ख़रीदार न पाया
हक़ ढूँढने का आप को आता नहीं वरना आलम है सभी यार कहाँ यार न पाया

---

47. याद-ए-अय्याम–पुराने वक़्त की यादें। याँ–यहाँ। तर्क-ए-शिकेबाई–सब्र छोड़ना, बेचैन हो जाना। कूचा-ए-रुस्वाई–अपमानित होने का स्थान। हिज्र–जुदाई। मरहूम–दिवंगत, जो चला गया हो। सब्र-ए-मरहूम–धैर्य जो दिवंगत हो चुका है। मूनिस-ए-तन्हाई–तन्हाई का साथी। रू–दर्शन। सहर–सुबह। गुलशन–बाग़। नर्गिस–एक फूल जो आकार में आँख जैसा होता है। दीदा-ए-हैरान-ए-तमाशाई–तमाशा देखने वाले की हैरान आँखें। काकुल–लम्बी लटें, ज़ुल्फ़। सैर करना–हालत देखना। सौदाई–जुनूनी, पागल।

48. गोर-ए-ग़रीबाँ–परदेसियों और अनजान लोगों का क़ब्रिस्तान, आम लोगों का क़ब्रिस्तान। ज़ुल्म-रसीदा–जिस पर ज़ुल्म हुआ हो। बे-नाला-ओ-बेज़ारी–रोए-धोए बिना। बे-ख़स्तगी-ओ-ख़्वारी–दिल टूटे और अपमानित हुए बग़ैर। इमरोज़–आज का दिन। फ़र्दा–आने वाला कल। क़ाएदा-ए-कुल्ली–आम रिवाज। कू–कूचा, गली। पैदा–ज़ाहिर। कुहना-ख़राबा–पुराना वीराना, दुनिया। मुनइम–धनवान, अमीर आदमी। सहरा–उजाड़, वीराना। चश्म–उम्मीद, आस। फ़ित्ना–उपद्रव, हंगामा। बरपा होना–उठना, पैदा होना। जुज़–एक हिस्सा, सिवा। मर्तबा-ए-कुल–सम्पूर्ण होने का दर्जा। यक–एक। क़तरा–बूँद। सद–सैंकड़ों। निश्तर-ए-मिज़्गाँ–माशूक़ की पलक रूपी बारीक छुरी। ख़ूँ–ख़ून। आगे–पहले, अब से पहले। सौदा–दीवानगी, पागलपन।

49. आलम–दुनिया। तलबगार–चाहने वाला, तलब रखने वाला। जिंस–वह सामान जिसे बेचा और ख़रीदा जा सके। हक़–तरीक़ा, रास्ता। आलम–दुनिया।

ग़ैरों ही के हाथों में रहे दस्त-ए-निगारीं कब हम ने तिरे हाथ से आज़ार न पाया
तस्वीर के मानिंद लगे दर ही से गुज़री मजलिस में तिरी हम ने कभू बार न पाया
सूराख़ है सीने में हर इक शख़्स के तुझ से किस दिल के तिरा तीर-ए-निगह पार न पाया
मरबूत हैं तुझ से भी यही नाक़िस-ओ-ना-अहल इस बाग़ में हम ने गुल-ए-बे-ख़ार न पाया
दम बाद-ए-जुनूँ मुझ में न महसूस था या'नी जामे में मिरे यारों ने इक तार न पाया
आईना भी हैरत से मुहब्बत की हुए हम पुर सैर हो उस शख़्स का दीदार न पाया

वो खींच के शमशीर-ए-सितम रह गया जो 'मीर'
ख़ूँ-रेज़ी का याँ कोई सज़ा-वार न पाया

50

ले गया सुब्ह के नज़दीक मुझे ख़्वाब ऐ वाए
आँख उस वक़्त खुली क़ाफ़िला जब दूर गया

चश्म-ए-ख़ूँ-बस्ता से कल रात लहू फिर टपका
हम ने जाना था कि बस अब तो ये नासूर गया

नातवाँ हम हैं, कि हैं ख़ाक गली की उसकी
अब तो बे-ताक़ती से दिल का भी मक़्दूर गया

ले कहीं मुँह पे नक़ाब अपने कि ऐ ग़ैरत-ए-सुब्ह
शम्अ के चेहरा-ए-रख़्शाँ से तो अब नूर गया

नाला-ए-'मीर' नहीं रात से सुनते हम लोग
क्या तिरे कूचे से ऐ शोख़ वो रंजूर गया

51

दुश्मनी हम से की ज़माने ने कि जफ़ा-कार तुझ सा यार किया
ये तवह्हुम का कारख़ाना है याँ वही है जो एतिबार किया

दस्त-ए-निगारीं–महबूब के सजे हुए या मेहंदी रचे हाथ। मानिंद–तरह। मजलिस–महफ़िल। आज़ार–दुख, परेशानी। बार पाना–प्रवेश पाना, पहुँच रखना। मरबूत–सम्बन्धित। नाक़िस-ओ-ना-अहल–अयोग्य। गुल-ए-बे-ख़ार–बिना काँटे का फूल। दम–जान। बाद-ए-जुनूँ–जुनून के बाद। जामा–लिबास (यहाँ शरीर के अर्थ में)। तार–धागा, साँस की डोर। आईना होना–किसी बात का ज़ाहिर होना, रौशन होना। पुर सैर होना–पूरी तरह से परेशान होकर। शमशीर-ए-सितम–अत्याचार रूपी तलवार। ख़ूँ-रेज़ी–ख़ून बहाना। सज़ा-वार–लायक़, हक़दार।

50. ख़्वाब–नींद। वाए–अफ़सोस। चश्म-ए-ख़ूँ-बस्ता–वो आँख जिसमें ख़ून जम गया हो। नासूर–ऐसा ज़ख़्म जो कभी नहीं भरता। नातवाँ–कमज़ोर। मक़्दूर–ताक़त, बस, क़ाबू। ग़ैरत-ए-सुब्ह–जिससे सुबह की रौशनी भी शरमा जाए, रौशन चेहरे वाला। चेहरा-ए-रख़्शाँ–चमकने वाला चेहरा। नूर–चमक, रौनक़। नाला–रोना-धोना। शोख़–चंचल, माशूक़। रंजूर–ग़मगीन, दुखी।

51. जफ़ा-कार–जफ़ा करने वाला, अत्याचारी। तवह्हुम–वहम, भ्रम।

सद-रग-ए-जाँ को, ताब दे बाहम तेरी ज़ुल्फ़ों का एक तार किया
हम फ़क़ीरों से बे-अदाई क्या आन बैठे जो तुमने प्यार किया
सख़्त काफ़िर था जिन ने पहले 'मीर'
मज़हब-ए-इश्क़ इख़्तियार किया

52

फूटा किए प्याले लुँढता फिरा क़राबा मस्ती में मेरी था याँ इक शोर और शराबा
हिकमत है कुछ तो गर्दूं यक्साँ फिरा करे है चलता नहीं वगरना शाम-ओ-सहर अराबा
बाहम हुआ करे हैं दिन-रात नीचे ऊपर ये नर्म-शाने लौंडे हैं मख़मल-ए-दो-ख़्वाबा
इन सोहबतों में आख़िर जानें ही जातियाँ हैं नै इश्क़ को है सर्फ़ा, नै हुस्न को मुहाबा
हरचंद नातवाँ हैं पर आ गया जो जी में देंगे मिला ज़मीं से तेरा फ़लक क़लाबा
वे दिन गए कि आँखें दरिया सी बहतियाँ थीं सूखा पड़ा है अब तो मुद्दत से ये दो-आबा
मुँह धोते वक़्त उसके अक्सर दिखाई दे है ख़ुर्शीद ले रहा है इक रोज़ आफ़ताबा
अब शहर हर तरफ़ से मैदान हो गया है फैला था इस तरह का काहे को याँ ख़राबा
दिल तफ़्तगी की अपनी हिज्राँ में शरह क्या दूँ
छाती तो 'मीर' मेरी जल कर हुई है ताबा

53

समझे थे 'मीर' हम कि ये नासूर कम हुआ फिर इन दिनों में दीदा-ए-ख़ूँबार नम हुआ
आए ब-रंग-ए-अब्र-ए-अरक़-नाक तुम इधर हैरान हूँ कि आज किधर को करम हुआ
काफ़िर हमारे दिल की न पूछ अपने इश्क़ में बैत-उल-हराम था सो वो बैतुस-सनम हुआ

सद–सैंकड़ों। रग-ए-जाँ–ख़ून की सबसे बड़ी नस जो दिल तक जाती है। ताब देना–बल देना। बाहम–साथ-साथ। बे-अदाई–बेरुख़ी।

52. क़राबा–मटका, सुराही। हिकमत–अक़्ल, समझदारी। गर्दूं–आसमान (यहाँ आशिक़ की जान मुराद है)। यक्साँ–बराबर, लगातार। शाम-ओ-सहर–सुबह-शाम। अराबा–गाड़ी, छकड़ा। बाहम–आपस में, एक दूसरे के साथ। नर्म-शाना–जो जल्द कहने में आ जाए। दो-ख़्वाबा–वो मख़मल जिसके दोनों तरफ़ रुएँ हों। नै–न। सर्फ़ा–चुक जाना, ख़र्च हो जाना। मुहाबा–तकल्लुफ़, रोक-टोक। हरचंद–कितना ही। नातवाँ–कमज़ोर। फ़लक–आसमान। क़लाबा–अकड़। दो-आबा–ऐसा इलाक़ा जहाँ दो नदियाँ बहती हों जैसे गंगा-जमुना का मैदान दोआबा कहलाता है, यहाँ दोनों आँखों के लिए इस्तेमाल हुआ है। ख़ुर्शीद–सूरज। आफ़ताबा लेना–मुँह धुलाने के लिए लोटा लेकर खड़े होना। मैदान होना–बर्बाद होना, ध्वस्त होना। ख़राबा–वीराना, खंडहर। तफ़्तगी–गर्माहट, तपिश। हिज्राँ–हिज्र, जुदाई। शरह देना–विस्तार से बताना, स्पष्ट करना। ताबा–तवा।

53. नासूर–ज़ख़्म जो कभी नहीं भरता। दीदा-ए-ख़ूँबार–आँखें जिनसे ख़ून के आँसू टपकते हों। ब-रंग-ए-अब्र-ए-अरक़-नाक–बरसते बादल की तरह। करम–मेहरबानी, कृपा। बैत-उल-हराम–का'बा, मस्जिद। बैतुस-सनम–बुतों का घर यानी मंदिर।

क़त्आ

ख़ाना-ख़राब किस का किया तेरी चश्म ने   था कौन यूँ जिसे तू नसीब एक दम हुआ
तलवार किस के ख़ून में सर डूब है तिरी   ये किस अजल-रसीदा के घर पर सितम हुआ
अहल-ए-जहाँ हैं सारे तिरे जीते-जी तलक   पूछेंगे भी न बात जहाँ तू अदम हुआ

क्या-क्या अज़ीज़ दोस्त मिले 'मीर' ख़ाक में
नादान याँ किसू का किसू को भी ग़म हुआ

54

दिल-ओ-दिमाग़ है अब किस को ज़िन्दगानी का   जो कोई दम है तो अफ़सोस है जवानी का
अगरचे उम्र के दस दिन ये लब रहे ख़ामोश   सुख़न रहेगा सदा मेरी कम-ज़बानी का
फिरे है खींचे ही तलवार मुझ पे हर-दम तू   कि सैद हूँ मैं तिरी दुश्मनी-ए-जानी का

नुमूद कर के वहीं बहर-ए-ग़म में बैठ गया
कहे तो 'मीर' भी इक बुलबुला था पानी का

55

मुआ मैं सज्दे में पर नक़्श मेरा बार रहा
उस आस्ताँ पे मिरी ख़ाक से ग़ुबार रहा

जुनूँ में अब के मुझे अपने दिल का ग़म है, प: हैफ़
ख़बर ली जब कि न जामे में एक तार रहा

कभू न आँखों में आया वो शोख़ ख़्वाब की तरह
तमाम-उम्र हमें उसका इन्तिज़ार रहा

शराब-ए-ऐश मुयस्सर हुई जिसे इक शब
फिर उसको रोज़-ए-क़यामत तलक ख़ुमार रहा

क़त्आ

बुताँ के इश्क़ ने बे-इख़्तियार कर डाला
वो दिल कि जिसका ख़ुदाई में इख़्तियार रहा

चश्म–आँख। सर डूब–लथपथ, सना हुआ। अजल-रसीदा–जिसकी मौत आई हो। अहल-ए-जहाँ–दुनिया के लोग। अदम–जो मौजूद न हो, अस्तित्व-हीन। अज़ीज़–प्रिय।

54. अगरचे–हालाँकि, भले ही। सुख़न–शायरी, चर्चा, बात। सैद–शिकार। नुमूद करना–ज़ाहिर होना, बाहर आना। बहर-ए-ग़म–दुख का सागर।

55. मुआ–मरा। सज्दा–सर झुकाना, माथा टेकना। नक़्श–निशान। बार रहना–देर तक रहना। आस्ताँ–चौखट। ख़ाक–मिट्टी, मरने वाले के फूल की राख़। जुनूँ–जुनून, पागलपन। प: हैफ़–लेकिन अफ़सोस। जामा–लिबास, कपड़ा। शोख़–चंचल, महबूब। मुयस्सर–उपलब्ध। रोज़-ए-क़यामत–क़यामत का दिन।

वो दिल कि शाम-ओ-सहर जैसे पक्का फोड़ा था
वो दिल कि जिस से हमेशा जिगर फ़िगार रहा
तमाम-उम्र गई उस पे हाथ रखते हमें
वो दर्दनाक अलर्रग़म बे-क़रार रहा
सितम में ग़म में सर-अंजाम उसका क्या कहिए
हज़ारों हसरतें थीं तिस पे जी को मार रहा
बहा तो ख़ून हो आँखों की राह बह निकला
रहा जो सीना-ए-सोज़ाँ में दाग़दार रहा
सो उसको हम से फ़रामोश-कार यूँ ले गए
कि उस से क़तरा-ए-ख़ूँ भी न यादगार रहा
गली में उसकी गया, सो गया, न बोला फिर
मैं 'मीर' 'मीर' कर उसको बहुत पुकार रहा

56

जीते-जी कूचा-ए-दिलदार से जाया न गया
उसकी दीवार का सर से मिरे साया न गया
वो तो कल देर तलक देखता ईधर को रहा
हम से ही हाल-ए-तबाह अपना दिखाया न गया
ख़ाक तक कूचा-ए-दिलदार की छानी हमने
जुस्तुजू की, प: दिल-ए-गुमशुदा पाया न गया
आतिश-ए-तेज़-ए-जुदाई में यकायक उस बिन
दिल जला यूँ कि तनिक जी भी जलाया न गया
मह ने आ सामने शब याद दिलाया था उसे
फिर वो ता सुब्ह मिरे जी से भुलाया न गया
ज़ेर-ए-शमशीर-ए-सितम 'मीर' तड़पना कैसा
सर भी तस्लीम-ए-मुहब्बत में हिलाया न गया
जी में आता है कि कुछ और भी मौज़ूँ कीजे
दर्द-ए-दिल एक ग़ज़ल में तो सुनाया न गया

57

दिल के तईं आतिश-ए-हिज्राँ से बचाया न गया
घर जला सामने पर हमसे बुझाया न गया
दिल में रह दिल में, कि मेमार-ए-क़ज़ा से अब तक
ऐसा मतबू' मकाँ कोई बनाया न गया

सहर–सुबह। जिगर फ़िगार रहना–कलेजा ज़ख़्मी रहना, जान पर आफ़त रहना। अलर्रग़म–इसके बावजूद। सीना-ए-सोज़ाँ–जला हुआ सीना। सर-अंजाम–अंत, नतीजा। फ़रामोश-कार–भुला देने वाला, माशूक़। क़तरा-ए-ख़ूँ–ख़ून की बूँद।

56. आतिश-ए-तेज़-ए-जुदाई–जुदाई की तेज़ आग। मह–चाँद। ज़ेर-ए-शमशीर-ए-सितम–सितम की तलवार के नीचे। तस्लीम-ए-मुहब्बत–प्यार की स्वीकृति। मौज़ूँ करना–शे'र वज़न में लाना, शे'र कहना।

57. तईं–को। आतिश-ए-हिज्राँ–जुदाई की आग। मेमार-ए-क़ज़ा–क़िस्मत बनाने वाला। मतबू'–पसंदीदा, ख़ूबसूरत।

क्या तुनक हौसला थे दीदा-ओ-दिल अपने आह
एक दम राज़ मुहब्बत का छुपाया न गया

दिल जो दीदार का क़ातिल के बहुत भूका था
उस सितम-कुश्ता से, इक ज़ख़्म भी खाया न गया

शहर-ए-दिल आह, अजब जाए थी, पर उसके गए
ऐसा उजड़ा कि किसी तरह बसाया न गया

आज रुकती नहीं ख़ामे की ज़बाँ, रखिए मुआफ़
हर्फ़ का तूल भी जो मुझसे घटाया न गया

58

गुल में उसकी सी जो बू आई तो आया न गया
हम को बिन दोश-ए-हवा बाग़ से लाया न गया

गुल ने हरचंद कहा, बाग़ में रह, पर उस बिन
जी जो उचटा, तो किसू तरह लगाया न गया

सरनशीन-ए-रह-मयख़ाना हूँ, मैं क्या जानूँ
रस्म-ए-मस्जिद के तईं शैख़ कि आया न गया

'मीर' मत उज़्र गिरेबाँ के फटे रहने का कर
ज़ख़्म-ए-दिल चाक-ए-जिगर था कि सिलाया न गया

59

इधर आकर शिकार-अफ़गन हमारा मुशब्बक कर गया है तन हमारा
गिरेबाँ से रहा कोतह तो फिर है हमारे हाथ में दामन हमारा
गए जूँ शम्अ उस मजलिस में जलने सभों पर हाल है रौशन हमारा
बला जिस चश्म को कहते हैं मर्दुम वो है ऐन-ए-बला मस्कन हमारा
हुआ रोने से राज़-ए-दोस्ती फ़ाश हमारा गिरया था दुश्मन हमारा

तुनक–कमजोर, कम, नाजुक। दीदा–आँख। सितम-कुश्ता–सितम का मारा हुआ। जाए–जगह। ख़ामा–क़लम। हर्फ़ का तूल–शब्दों की लम्बाई, बात की लम्बाई।

58. दोश-ए-हवा–हवा का कन्धा, हवा के कन्धों का सहारा लेकर। हरचंद–बहुत। सरनशीन-ए-रह-मयख़ाना–शराब ख़ाने के रास्ते में बैठा हुआ। तईं–वास्ते, लिए। शैख़–इस्लाम धर्म का ज्ञानी, क़ाज़ी, मुल्ला। उज़्र–बहाना। चाक-ए-जिगर–जिगर का फटा हिस्सा।

59. शिकार-अफ़गन–शिकार करने वाला, माशूक़। मुशब्बक–जालीदार चीज़, छलनी। कोतह–कोताह, दूर, छोटा। मर्दुम–लोग, आदमी, इंसान, आँख की पुतली। ऐन-ए-बला–बला वाली आँख, मुसीबत लाने वाली आँख। मस्कन–घर। राज़ फ़ाश होना–भेद खुलना। गिरया–रोना।

चमन में हम भी ज़ंजीरी रहे हैं सुना होगा कभी शेवन हमारा
किया था रेख़्ता पर्दा सुख़न का सो ठहरा है यही अब फ़न हमारा
न बहके मयकदे में 'मीर' क्यूँकर
गिरव सौ जा है, पैराहन हमारा

60

गलियों में अब तलक तो, मज़्कूर है हमारा अफ़साना-ए-मुहब्बत, मशहूर है हमारा
मक़्सूद को तो देखें कब तक पहुँचते हैं हम बिल-फ़ेल अब इरादा ता-गोर है हमारा
क्या आरज़ू थी जिससे सब ज़ख़्म हो गए हैं हर ज़ख़्म सौ जगह से नासूर है हमारा
बे-ताक़ती करें तो तुम भी मुआफ़ रखियो क्या कीजिए कि दिल भी मजबूर है हमारा
हैं मुश्त-ए-ख़ाक लेकिन, जो कुछ हैं 'मीर' हम हैं
मक़दूर से ज़ियादा मक़दूर है हमारा

61

सहर-गह ईद में, दौर-ए-सुबू था पर अपने जाम में, तुझ बिन लहू था
ग़लत था आप से ग़ाफ़िल गुज़रना न समझे हम कि इस क़ालिब में तू था
चमन की वज़अ ने, हम को किया दाग़ कि हर ग़ुंचा दिल-ए-पुर-आरज़ू था
गुल-ओ-आईना क्या, ख़ुर्शीद-ओ-मह क्या जिधर देखा, तिधर तेरा ही रू था
जहाँ पुर है फ़साने से हमारे दिमाग़-ए-इश्क़ हम को भी कभू था
मगर दीवाना था गुल भी किसू का कि पैराहन में सौ जागह रफ़ू था
कहीं क्या बाल तेरे खुल गए थे कि झोंका बाओ का कुछ मुश्क-बू था
न देखा 'मीर'-ए-आवारा को लेकिन
ग़ुबार इक नातवाँ-सा कू-ब-कू था

चमन–बाग़। शेवन–मातम, रोना। रेख़्ता-उर्दू शायरी, फ़ारसी ग़ज़ल से अलग पहचानने के लिए उर्दू ग़ज़ल को मीर के दौर में रेख़्ता कहा जाता था। सुख़न–शायरी। गिरव–गिरवी। सौ जा–सौ जगह। पैराहन–लिबास, बदन का कपड़ा।

60. मज़्कूर–ज़िक्र, चर्चा। मक़्सूद–मक़सद, उद्देश्य। बिल-फ़ेल–इस वक़्त, फ़िलहाल। ता-गोर–क़ब्र तक, मरने तक। नासूर–वो ज़ख़्म जो भरा न जा सकता हो। मुश्त-ए-ख़ाक–मुट्ठी भर मिट्टी यानी आदमी। मक़दूर–ताक़त, बस, क़ाबू।

61. सहर-गह–सुबह के समय। ईद में–ख़ुशी में। दौर-ए-सुबू–शराब का दौर। ग़ाफ़िल–जिसे कुछ अता-पता न हो, लापरवा। क़ालिब–देह, ढांचा। वज़अ–रंग-ढंग, तौर-तरीक़ा। ग़ुंचा–कली। दिल-ए-पुर-आरज़ू–अरमान भरा दिल। गुल-ओ-आईना–फूल और आईना। ख़ुर्शीद-ओ-मह–सूरज और चाँद। रू–चेहरा। पुर–भरा हुआ। पैराहन–कपड़े, लिबास। बाओ–हवा। मुश्क-बू–कस्तूरी की ख़ुशबू से भरा हुआ। ग़ुबार–धूल भरी हवा, रंज, मलाल। ग़ुबार होना–हवा में गर्द होना, आपस में रंजीदगी होना। नातवाँ–कमज़ोर। कू-ब-कू–गली-गली, हर जगह।

62

राह-ए-दूर-ए-इश्क़ में रोता है क्या आगे-आगे देखिए होता है क्या
क़ाफ़िले में सुब्ह के इक शोर है या'नी ग़ाफ़िल हम चले, सोता है क्या
सब्ज़ होती ही नहीं ये सरज़मीं तुख़्म-ए-ख़्वाहिश दिल में तू बोता है क्या
ये निशान-ए-इश्क़ हैं जाते नहीं दाग़ छाती के अबस धोता है क्या
ग़ैरत-ए-यूसुफ़ है ये वक़्त-ए-अज़ीज़
'मीर' इस को रायगाँ खोता है क्या

63

पहलू में इक गिरह सी तह-ए-ख़ाक साथ है शायद कि मर गए पे भी, ख़ातिर में कुछ रहा
आँखों ने राज़दारी मुहब्बत की ख़ूब की आँसू जो आते-आते रहे तो लहू बहा
आए थे इक उमीद पे तेरी गली में हम सो आह इस तरह चले लोहू में हम नहा
किस-किस तरह से 'मीर' ने काटा है उम्र को
अब आख़िर-आख़िर आन के ये रेख़्ता कहा

64

बेकसाना जी गिरफ़्तारी से शेवन में रहा
इक दिल-ए-ग़म-ख़्वार रखते थे सो गुलशन में रहा

पंजा-ए-गुल की तरह, दीवानगी में हाथ को
गर निकाला मैं गिरेबाँ से, तो दामन में रहा

शम्अ साँ जलते रहे लेकिन न तोड़ा यार से
रिश्ता-ए-उल्फ़त तमामी उम्र गर्दन में रहा

हम न कहते थे, कि मत दैर-ओ-हरम की राह चल
अब ये दावा, हश्र तक शैख़-ओ-बरहमन में रहा

---

62. मतले का शे'र इस तरह भी मशहूर है–इब्तदा-ए-इश्क़ है रोता है क्या, आगे-आगे देखिए होता है क्या ('कुल्लियात-ए-मीर', मुंशी नवल किशोर, लखनऊ, 1941)। राह-ए-दूर-ए-इश्क़–इश्क़ का लम्बा रास्ता। ग़ाफ़िल–बेख़बर, बेपरवाह। सब्ज़–हरी, फलना-फूलना। तुख़्म-ए-ख़्वाहिश–इच्छा रूपी बीज। अबस–बे-फ़ायदा, बेकार। यूसुफ़–एक पैग़म्बर जो बहुत ख़ूबसूरत थे। ग़ैरत-ए-यूसुफ़–जिस से यूसुफ़ को भी ईर्ष्या होने लगे। वक़्त-ए-अज़ीज़–क़ीमती वक़्त/समय। रायगाँ–बेकार, बरबाद, व्यर्थ।

63. गिरह–गाँठ, बंधन। तह-ए-ख़ाक–मिट्टी के नीचे यानी क़ब्र में। ख़ातिर–मिज़ाज, तबीयत। राज़दारी–भेद छुपाना। रेख़्ता–उर्दू ग़ज़ल।

64. बेकसाना–बेबसी से। शेवन–मातम, रोने-पीटने की आवाज़। दिल-ए-ग़म-ख़्वार–दुख-दर्द का साथी दिल। पंजा-ए-गुल–फूल का हाथ। रिश्ता-ए-उल्फ़त–प्यार का रिश्ता। दैर-ओ-हरम–मंदिर-मस्जिद। हश्र–क़यामत। शैख़-ओ-बरहमन–मुल्ला और पंडित।

आह किस अन्दाज़ से गुज़रा बियाबाँ से, कि 'मीर'
जी हर इक नख़चीर का, उस सैद-अफ़्गन में रहा

65

ग़म्ज़े ने उसके चोरी में दिल की हुनर किया
उस ख़ानुमाँ-ख़राब ने आँखों में घर किया

रंग उड़ चला चमन में गुलों का तो क्या नसीम
हम को तो रोज़गार ने बे-बाल-ओ-पर किया

क्या जानूँ बज़्म-ए-ऐश कि साक़ी की चश्म देख
मैं सोहबत-ए-शराब से आगे सफ़र किया

है कौन आप में जो मिले तुझसे मस्त-ए-नाज़
ज़ौक़-ए-ख़बर ही ने तो हमें बे-ख़बर किया

कुछ कम नहीं हैं शोबदा-बाज़ों से मय-गुसार
दारू पिला के शैख़ को आदम से ख़र किया

हैं चारों तर्फ़ ख़ेमे खड़े गर्दबाद के
क्या जानिए जुनूँ ने इरादा किधर किया

लुक्नत तिरी ज़बान की है सिह्र जिससे शैख़
यक हर्फ़-ए-नीम-गुफ़्ता ने दिल पर असर किया

बेशर्म-ए-महज़ है वो गुनहगार जिन ने 'मीर'
अब्र-ए-करम के सामने दामान तर किया

66

नाकसी से पास मेरे यार का आना गया
बस गया मैं जान से अब उससे ये जाना गया

नख़चीर–शिकार। सैद-अफ़्गन–शिकारी।

65. ग़म्ज़ा–माशूक़ की अदा। ख़ानुमाँ-ख़राब–मारा-मारा फिरने वाला। नसीम–हल्की ठंडी हवा। रोज़गार–ज़माना। बे-बाल-ओ-पर–जिस पक्षी के पंख न हों, कमज़ोर, बेबस। बज़्म-ए-ऐश–भोग-विलास की महफ़िल। ज़ौक़-ए-ख़बर–ख़बर मिलने का शौक़। शोबदा-बाज़–बाज़ीगर, तमाशा दिखाने वाला। मय-गुसार–शराब पीने वाला। शैख़–इस्लाम धर्म का ज्ञानी, क़ाज़ी, मुल्ला। ख़र–गधा। गर्दबाद–आँधी। लुक्नत–हकलाहट। सिह्र–जादू। हर्फ़-ए-नीम-गुफ़्ता–आधी कही हुई बात। बेशर्म-ए-महज़–नितांत निर्लज्ज, बहुत बेशर्म। अब्र-ए-करम–मेहरबानी का बादल, बरसने वाला बादल।

66. नाकसी–नालायक़ी।

कुछ न देखा फिर बजुज़ यक शोला-ए-पुर-पेच-ओ-ताब
शम्अ तक तो हम ने देखा था कि परवाना गया

एक ही चश्मक थी फ़ुर्सत सोहबत-ए-अहबाब की
दीदा-ए-तर साथ ले मजलिस से पैमाना गया

गुल खिले सद-रंग तो क्या बे-परी से ऐ नसीम
मुद्दतें गुज़रीं कि वो गुलज़ार का जाना गया

दूर तुझ से 'मीर' ने ऐसा तअब खींचा कि शोख़
कल जो मैं देखा उसे मुतलक़ न पहचाना गया

67

हाथ से तेरे अगर, मैं नातवाँ मारा गया
सब कहेंगे ये कि क्या इक नीम-जाँ मारा गया

वस्ल-ओ-हिज्राँ, ये जो दो मंज़िल हैं राह-ए-इश्क़ की
दिल ग़रीब इन में ख़ुदा जाने कहाँ मारा गया

दिल ने सर खींचा दयार-ए-इश्क़ में, ऐ बुल-हवस
वो सरापा आरज़ू, आख़िर जवाँ मारा गया

कब नियाज़-ए-इश्क़, नाज़-ए-हुस्न से खींचे है हाथ
आख़िर-आख़िर 'मीर' सर-बर-आस्ताँ मारा गया

68

मुहब्बत का जब ज़ोर बाज़ार होगा बिकेंगे सर और कम ख़रीदार होगा
अजब शैख़ जी की है शक्ल-ओ-शमाइल मिलेगा तो सूरत से बेज़ार होगा
न रो इश्क़ में दश्त-गर्दी को मजनूँ अभी क्या हुआ है बहुत ख़्वार होगा

बजुज़–सिवाए, अलावा। शोला-ए-पुर-पेच-ओ-ताब–लपकता, बल खाता हुआ शोला/लपट। परवाना–पतंगा। चश्मक–आँख की झपक, एक पल। सोहबत-ए-अहबाब–यार-दोस्तों की संगत। दीदा-ए-तर–आँसू भरी आँख। मजलिस–महफ़िल। पैमाना–शराब पीने का प्याला। सद-रंग–सैकड़ों रंग के। बे-परी–पर न होना। नसीम–हवा। गुलज़ार–खिला हुआ बाग़। तअब–रंज, दुख, तकलीफ़। शोख़–चंचल, माशूक़। मुतलक़–बिल्कुल, क़तई।

67. नातवाँ–कमज़ोर। नीम-जाँ–अधमरा। वस्ल-ओ-हिज्राँ–मिलन और विरह। बुल-हवस–कामुक, लोभी। सरापा–सर से पाँव तक। नियाज़-ए-इश्क़–मुहब्बत की तमन्ना, आरज़ू। सर-बर-आस्ताँ–चौखट पर सर रखे हुए।

68. शैख़–इस्लाम धर्म का ज्ञानी, क़ाज़ी, मुल्ला। शक्ल-ओ-शमाइल–सूरत और आदतें। बेज़ार–नाख़ुश, परेशान। दश्त-गर्दी–जंगल में भटकना। ख़्वार होना–अपमानित होना।

खिंचे अहद-ए-ख़त में भी दिल तेरी जानिब कभू तू क़यामत तरहदार होगा
ज़मीं-गीर हो इज्ज़ से तू कि इक दिन ये दीवार का साया दीवार होगा
न मर कर भी छूटेगा इतना रुकेगा तिरे दाम में जो गिरफ़्तार होगा
न पूछ अपनी मजलिस में है 'मीर' भी याँ
जो होगा तो जैसे गुनहगार होगा

69

अश्क आँखों में कब नहीं आता लोहू आता है जब नहीं आता
होश जाता नहीं रहा लेकिन जब वो आता है तब नहीं आता
सब्र था एक मूनिस-ए-हिज्राँ सो वो मुद्दत से अब नहीं आता
दिल से रुख़्सत हुई कोई ख़्वाहिश गिरया कुछ बे-सबब नहीं आता
इश्क़ को हौसला है शर्त अर्ना बात का किस को ढब नहीं आता
जी में क्या-क्या है अपने ऐ हमदम पर सुख़न ता-ब-लब नहीं आता
दूर बैठा ग़ुबार-ए-'मीर' उस से
इश्क़ बिन ये अदब नहीं आता

70

कब तक तू इम्तिहाँ में मुझ से जुदा रहेगा
जीता हूँ तो तुझी में ये दिल लगा रहेगा

याँ हिज्र और हम में बिगड़ी है कब की सोहबत
ज़ख़्म-ए-दिल-ओ-नमक में कब तक मज़ा रहेगा

तू बरसों में मिले है, याँ फ़िक्र ये रहे है
जी जाएगा हमारा इक दम को या रहेगा

ग़ाफ़िल न रहियो हरगिज़ नादान दाग़-ए-दिल से
भड़केगा जब ये शो'ला तब घर जला रहेगा

मरने पे अपने मत जा सालिक तलब में उसकी
गो सर को खो रहेगा पर उसको पा रहेगा

अहद-ए-ख़त–चेहरे पर रुआँ उगने के बाद का समय। तरहदार–ख़ूबसूरत, ख़ुश-अंदाज़। ज़मीं-गीर–ज़मीन पर गिर जाना, ज़मीन को पकड़ लेना। इज्ज़–कमज़ोरी। दाम–जाल, फंदा। मजलिस–महफ़िल।

69. अश्क–आँसू। मूनिस-ए-हिज्राँ–तन्हाई का साथी। गिरया–रोना। अर्ना–वर्ना। सुख़न–बात, मुद्दआ। ता-ब-लब–होठों तक।

70. हिज्र–जुदाई। ग़ाफ़िल–जिसे कुछ अता-पता न हो, लापरवाह। सालिक–राह चलने वाला, सूफ़ी दर्शन का एक चरण। गो–यद्यपि, हालाँकि।

उम्र-ए-अज़ीज़ सारी दिल ही के ग़म में गुज़री
बीमार-ए-आशिक़ी ये किस दिन भला रहेगा

दीदार का तो वादा महशर में देख कर के
बीमार-ए-ग़म में तेरे तब तक तो क्या रहेगा

क्या है जो उठ गया है पर बस्ता-ए-वफ़ा है
क़ैद-ए-हयात में है तो 'मीर' आ रहेगा

71

जो ये दिल है तो क्या सर-अंजाम होगा तह-ए-ख़ाक भी ख़ाक आराम होगा
मिरा जी तो आँखों में आया, ये सुनते कि दीदार भी एक दिन आम होगा
न निकला कर इतना भी बे-पर्दा घर से बहुत इस में ज़ालिम तू बदनाम होगा
हज़ारों की याँ लग गईं छत से आँखें तू ऐ माह किस शब लब-ए-बाम होगा
वो कुछ जानता होगा ज़ुल्फ़ों में फँसना जो कोई असीर-ए-तह-ए-दाम होगा
जिगर चाकी, नाकामी, दुनिया है आख़िर
नहीं आए जो 'मीर' कुछ काम होगा

72

ख़्वाब में तो नज़र जगाल पड़ा पर मिरे जी ही के ख़याल पड़ा
मैंने तो सर दिया पर ऐ जल्लाद किस की गर्दन पे ये वबाल पड़ा
शैख़ क़ल्लाश है, जुए में न लाओ याँ हमारा रहे है माल पड़ा
ख़ूब-रू अब नहीं हैं गन्दुम-गूँ
'मीर' हिन्दोस्ताँ में काल पड़ा

73

रह-ए-तलब में गिरे होते सर के भल हम भी
शिकस्ता-पाई ने अपनी हमें सम्भाल लिया

उम्र-ए-अज़ीज़–जीवन जिसे हम बहुत चाहते हैं। महशर–क़यामत के दिन इकट्ठा होने का मैदान। बस्ता-ए-वफ़ा–वफ़ा से बँधा हुआ। क़ैद-ए-हयात–ज़िन्दगी रूपी क़ैद।

71. सर-अंजाम–इंतिज़ाम, बंदोबस्त। तह-ए-ख़ाक–मिट्टी के नीचे, क़ब्र में। छत से आँखें लगना–बहुत इंतिज़ार करना, मरने के क़रीब होना। माह–चाँद। शब–रात। लब-ए-बाम–कोठे या छत का किनारा। असीर–क़ैदी। असीर-ए-तह-ए-दाम–फंदे में फँसा क़ैदी। जिगर चाकी–जिगर के टुकड़े होना।

72. जमाल–हुस्न और ख़ूबी, ख़ूबसूरती। सर देना–जान देना, जान पर खेलना। गर्दन पे वबाल पड़ना–आरोप लगना। शैख़–इस्लाम धर्म का ज्ञानी, क़ाज़ी, मुल्ला। क़ल्लाश–कंगाल। ख़ूब-रू–सुन्दर चेहरे वाला। गन्दुम-गूँ–गेहुएँ रंग का। काल–अकाल।

73. रह-ए-तलब–जीवन रूपी मार्ग, ख़्वाहिशों का रास्ता। शिकस्ता-पाई–लाचारी, बेबसी।

74

नक़्क़ाश देख तो मैं क्या नक़्श-ए-यार खींचा
उस शोख़-ए-कम-नुमा का नित इन्तिज़ार खींचा

था बद-शराब साक़ी कितना कि रात मय से
मैंने जो हाथ खींचा, उन ने कटार खींचा

मस्ती में शक्ल सारी नक़्क़ाश से खिंची पर
आँखों को देख उसकी आख़िर ख़ुमार खींचा

फिरता है 'मीर' तू जो फाड़े हुए गिरेबाँ
किस-किस सितम-ज़दे ने, दामान-ए-यार खींचा

75

ये हसरत है मरूँ इस में लिये लबरेज़ पैमाना
महकता हो निपट जो फूल सी दारू से मयख़ाना

न वे ज़ंजीर के ग़ुल हैं न वे जरगे ग़ज़ालों के
मिरे दीवानपन तक ही रहा मा'मूर वीराना

मिरा सर नज़्अ में ज़ानू पे रखकर यूँ लगा कहने
कि ऐ बीमार मेरे, तुझ पे जल्द आसाँ हो मर जाना

न हो क्यूँ रेख़्ता बे-शोरिश-ओ-कैफ़ीयत-ओ-मानी
गया हो 'मीर' दीवाना, रहा 'सौदा' सो मस्ताना

76

बारहा गोर-ए-दिल झँका लाया
अब के शर्त-ए-वफ़ा बजा लाया

क़द्र रखती न थी मता-ए-दिल
सारे आलम में मैं दिखा लाया

दिल, कि यक क़तरा ख़ूँ नहीं है बेश
एक आलम के सर बला लाया

सब पे जिस बार ने गिरानी की
उसको ये नातवाँ उठा लाया

दिल मुझे उस गली में ले जा कर
और भी ख़ाक में मिला लाया

---

74. नक़्क़ाश–चित्रकार। नक़्श-ए-यार–माशूक़ की तस्वीर। शोख़-ए-कम-नुमा–कम दिखने वाला महबूब। बद-शराब–वो शराबी जो शराब पीने के बाद बहुत ज़्यादा नशे में हो जाए और अपने क़ाबू में न रहे। साक़ी–शराब पिलाने वाला। ख़ुमार–नशा, मस्ती, नशीलापन। सितम ज़दा–सितम का मारा हुआ।

75. लबरेज़–लबालब, भरा हुआ। पैमाना–शराब का प्याला। निपट–बिल्कुल, तमाम। ग़ुल–शोर। जरगा–झुंड, क़बीला। ग़ज़ाल–हिरन। मा'मूर–आबाद। नज़्अ–दम टूटना। ज़ानू–घुटना। बे-शोरिश-ओ-कैफ़ीयत-ओ-मानी–ऐसी शायरी जिसमें कोई जोश, असर और मतलब न हो। 'सौदा'–'मीर' के समकालीन एक बड़े शायर।

76. बारहा–अक्सर, कई बार। गोर-ए-दिल–दिल रूपी क़ब्र, परेशान दिल। मता-ए-दिल–दिल की दौलत। आलम–दुनिया। ख़ूँ–ख़ून। बेश–ज़्यादा। बार–बोझ, वज़न। गिरानी–ज़्यादती, भारीपन। नातवाँ–कमज़ोर।

इब्तिदा ही में मर गए सब यार इश्क़ की कौन इंतिहा लाया
अब तो जाते हैं बुतकदे से 'मीर'
फिर मिलेंगे अगर ख़ुदा लाया

77

सब्ज़ान-ए-ताज़ा-रू की जहाँ जल्वा-गाह थी अब देखिए तो वाँ नहीं साया दरख़्त का
जूँ बर्गहा-ए-लाला परेशान हो गया मज़्कूर क्या है अब जिगर-ए-लख़्त-लख़्त का
दिल्ली में आज भीक भी मिलती नहीं उन्हें था कल तलक दिमाग़ जिन्हें ताज-ओ-तख़्त का
ख़ाक-ए-सियह से मैं जो बराबर हुआ हूँ 'मीर'
साया पड़ा है मुझ पे किसू तीरा-बख़्त का

78

हम इश्क़ में न जाना ग़म ही सदा रहेगा दस दिन जो है ये मोहलत सो याँ दहा रहेगा
इक वहम सी रही है अपनी नुमूद तन में आते हो अब तो आओ फिर हम में क्या रहेगा
मज़्कूर-ए-यार हमसे मत हमनशीं किया कर दिल जो बजा नहीं है फिर उसमें जा रहेगा
उस गुल बग़ैर जैसे अब्र-ए-बहार, आशिक़ नालाँ जुदा रहेगा, रोता जुदा रहेगा
दानिस्ता है तग़ाफ़ुल, ग़म कहना उससे हासिल
तुम दर्द-ए-दिल कहोगे, वो सर झुका रहेगा

79

भला होगा कुछ इक अहवाल इससे या बुरा होगा
मआल अपना तिरे ग़म में ख़ुदा जाने कि क्या होगा

मईशत हम फ़क़ीरों की सी इख़वान-ए-ज़माँ से कर
कोई गाली भी दे तो कह भला भाई, भला होगा

इब्तिदा–आरंभ, शुरुआत। इंतिहा लेना–थाह लेना। बुतकदा–मंदिर, माशूक़ की गली।

77. सब्ज़ान-ए-ताज़ा-रू–नए उगे हुए पौधे। जल्वा-गाह–दिखाई देने की जगह। बर्गहा-ए-लाला–लाला के फूल की पंखुड़ियाँ। परेशान होना–तितर-बितर होना, बिखर जाना। मज़्कूर–ज़िक्र, वर्णन। लख़्त-लख़्त–टुकड़े-टुकड़े। दिमाग़–घमंड। ख़ाक-ए-सियह–काली राख। तीरा-बख़्त–बद-क़िस्मत, बदनसीब।

78. दहा–मुहर्रम के महीने के दस दिन, मातम के दिन। वहम–भ्रम। नुमूद–हस्ती। मज़्कूर-ए-यार–महबूब का ज़िक्र। हमनशीं–साथ बैठने वाला, दोस्त। दिल बजा होना–दिल ठिकाने होना। अब्र-ए-बहार–बहार के मौसम का बादल। नालाँ–रोता-पीटता हुआ। दानिस्ता–जान-बूझकर। तग़ाफ़ुल–बेपरवाई।

79. अहवाल–हाल, हालत। मआल–अंजाम, नतीजा। मईशत–ज़िन्दगानी। इख़वान-ए-ज़माँ–दुनिया के लोग, इंसानी बिरादरी।

ख़याल उस बेवफ़ा का हम-नशीं इतना नहीं अच्छा
गुमाँ रखते थे हम भी ये कि हम से आश्ना होगा

क़यामत कर के अब ताबीर जिस को करती है ख़िल्क़त
वो उस कूचे में इक आशोब सा शायद हुआ होगा

न हो क्यूँ ग़ैरत-ए-गुलज़ार वो कूचा ख़ुदा जाने
लहू उस ख़ाक पर किन-किन अज़ीज़ों का गिरा होगा

बहुत हमसाए इस गुलशन के ज़ंजीरी रहा हूँ मैं
कभू तुम ने भी मेरा शोर नालों का सुना होगा

कहें हैं 'मीर' को मारा गया शब उसके कूचे में
कहीं वहशत में शायद बैठे-बैठे उठ गया होगा

80

याँ नाम-ए-यार किसका विर्द-ए-ज़बाँ न पाया पर मुतलक़न कहीं हम, उसका निशाँ न पाया
पाया न यूँ कि करिए उसकी तरफ़ इशारत यूँ तो जहाँ में हमने उसको कहाँ न पाया
महरूम-ए-सज्दा आख़िर जाना पड़ा जहाँ से जोश-ए-जिबाह से हम वो आस्ताँ न पाया
ऐसी है 'मीर' की भी मुद्दत से रोनी सूरत
चेहरे पे उसके किस दिन आँसू रवाँ न पाया

81

है हाल जाए-गिरया जान-ए-पुर-आरज़ू का
रोए न हम कभू टुक दामन पकड़ किसू का

जाती नहीं उठाई अपने पे ये ख़ुशूनत
अब रह गया है आना मेरा कभू-कभू का

अपने तड़पने की तो तदबीर पहले कर लूँ
तब फ़िक्र मैं करूँगा ज़ख़्मों के भी रफ़ू का

हमनशीं–साथी, दोस्त। गुमाँ रखना–ख़याल रखना, शुब्हा रखना। आश्ना–दोस्त, महबूब। ताबीर–बयान करना, अर्थ निकालना। ख़िल्क़त–लोग। आशोब–हलचल, फ़ितना, हंगामा। ग़ैरत-ए-गुलज़ार–जिससे खिला हुआ बाग़ भी ईर्ष्या करे, बहुत ख़ूबसूरत, माशूक़। अज़ीज़–प्यारा। हमसाए–पड़ोस में, साथ में। ज़ंजीरी–ज़ंजीरों से बँधा। नाला–रोना-पीटना।

80. विर्द-ए-ज़बाँ–ज़बान पर चढ़ना, याद होना। मुतलक़न–बिल्कुल, क़तई। इशारत–इशारा। महरूम-ए-सज्दा–सज्दे करने से वंचित, माथा टेकने से वंचित। जोश-ए-जिबाह–माथे या सिर में समाया हुआ जोश, सज्दा करने की दीवानगी। आस्ताँ–चौखट।

81. जाए-गिरया–रोने की जगह। जान-ए-पुर-आरज़ू–इच्छाओं से भरी जान। ख़ुशूनत–गुस्सा, सख़्ती। तदबीर–इलाज, उपाय।

ये ऐश-गह नहीं है याँ रंग और कुछ है
हर गुल है इस चमन में साग़र भरा लहू का

बुलबुल ग़ज़ल सराई, आगे हमारे मत कर
सब हम से सीखते हैं, अंदाज़ गुफ़्तुगू का

गलियाँ भरी पड़ी हैं ऐ बाद ज़ख़्मियों से
मत खोल पेच ज़ालिम उस ज़ुल्फ़-ए-मुश्क-बू का

वे पहली इल्तिफ़ातें सारी फ़रेब निकलीं
देना न था दिल उसको मैं 'मीर' आह चूका

82

तेरा कूचा है सितमगार वो काफ़िर जागह कि जहाँ मारे गए कितने मुसलमाँ यक जा
सर से बाँधा है कफ़न इश्क़ में तेरे या'नी जम्अ हमने भी किया है सर-ओ-सामाँ यक जा
बैठकर 'मीर' जहाँ ख़ूब न रोया होवे
ऐसी कूचे में नहीं है तिरे जानाँ यक जा

83

हमारे ज़ोफ़ की हालत से दिल क़वी रखियो कहीं ख़याल नहीं याँ बहाल आने का
तिरी ही राह में मारे गए सभी आख़िर सफ़र तो हमको है दरपेश जी से जाने का
बसान-ए-शम्अ जो मजलिस से हम गए तो गए सुराग़ कीजो न फिर तू निशान पाने का
सराहा उन ने तिरा हाथ जिन ने देखा ज़ख़्म शहीद हूँ मैं तिरी तेग़ के लगाने का
शरीफ़-ए-मक्का रहा है तमाम उम्र ऐ शैख़
ये 'मीर' अब जो गदा है शराब ख़ाने का

84

मंज़िल उस मह की रहा जो मुद्दतों ऐ हम-नशीं
अब वो दिल गोया कि इक मुद्दत का मातम-ख़ाना था

ऐश-गह–भोग विलास की जगह, दुनिया। साग़र–जाम, प्याला। ग़ज़ल-सराई करना–ग़ज़ल गाना। बाद–हवा। मुश्क-बू–एक हिरन से हासिल होने वाली ख़ुशबू जिसे मुश्क कहते हैं, महबूब के बालों की ख़ुशबू को मुश्क से उपमा देते हैं। इल्तिफ़ात–मेहरबानी, मुहब्बत।

82. जागह–जगह। यक जा–एक जगह। सर-ओ-सामाँ–ज़रूरी सामान।

83. ज़ोफ़–कमज़ोरी। क़वी रखना–हौसला रखना, दिल को मज़बूत रखना। दपरेश–सामने। बसान-ए-शम्अ–चराग़ की तरह। मजलिस–महफ़िल। तेग़–तलवार। शरीफ़-ए-मक्का–पवित्र मक्का का बुज़ुर्ग। शैख़–इस्लाम धर्म का ज्ञानी, क़ाज़ी, मुल्ला। गदा–भिखारी।

84. मंज़िल–मकान, घर। मह–चाँद। हम-नशीं–साथी, दोस्त। मातम-ख़ाना–दुखों का घर।

याद-ए-अय्यामे कि अपने रोज़-ओ-शब की जाए-बाश
या दर-ए-बाज़-ए-बियाबाँ या दर-ए-मयख़ाना था

बाद ख़ूँरेज़ी के मुद्दत बे-हिना रंगीं रहा
हाथ उसका जो मिरे लोहू में गुस्ताख़ाना था

रात उसकी चश्म-ए-मयगूँ ख़्वाब में देखी थी मैं
सुब्ह सोते से उठा तो सामने पैमाना था

रहम कुछ पैदा किया शायद कि उस बेरहम ने
गोश उसका शब इधर ता-आख़िर-ए-अफ़साना था

'मीर' भी क्या मस्त ताफ़ेह था शराब-ए-इश्क़ का
लब पे आशिक़ के हमेशा नारा-ए-मस्ताना था

85

पैग़ाम-ए-ग़म जिगर का गुलज़ार तक न पहुँचा
नाला मिरा चमन की दीवार तक न पहुँचा

जूँ नक़्श-ए-पा है गुर्बत हैरान-कार उसकी
आवारा हो वतन से जो यार तक न पहुँचा

लबरेज़-ए-शिकवा थे हम लेकिन हुज़ूर तेरे
कार-ए-शिकायत अपना गुफ़्तार तक न पहुँचा

ये बख़्त-ए-सब्ज़ देखो, बाग़-ए-ज़माना में से
पज़मुर्दा गुल भी अपनी दस्तार तक न पहुँचा

यूसुफ़ से ले के ता-गुल फिर गुल से ले के ता-शम्अ
ये हुस्न किसको ले कर बाज़ार तक न पहुँचा

अफ़सोस 'मीर' वे जो होने शहीद आए
फिर काम उनका उसकी तलवार तक न पहुँचा

याद-ए-अय्यामे–पुराने दिनों की याद। रोज़-ओ-शब–दिन-रात। जाए-बाश–रहने की जगह। दर-ए-बाज़-ए-बियाबाँ–जंगल का खुला दरवाज़ा। ख़ूँरेज़ी–ख़ून बहाना, रक्तपात। बे-हिना–बिना मेहंदी लगाए। लोहू में–ख़ून में रँगा हुआ। गुस्ताख़ाना–गुस्ताख़ी से, ढिठाई से। चश्म-ए-मय-गूँ–शराब के रंग की आँखें। गोश–कान। ता-आख़िर-ए-अफ़साना–कहानी के अंत तक। मस्त ताफ़ेह–नशे में चूर।

85. नाला–रोना-पीटना। नक़्श-ए-पा–पैरों के निशान। गुर्बत–वतन से दूर होना, बेवतनी। लबरेज़-ए-शिकवा–गिले-शिकवे से भरा। कार-ए-शिकायत–शिकायत का काम। गुफ़्तार–बात, कलाम, गुफ़्तगू। बख़्त-ए-सब्ज़–दुर्भाग्य। पज़मुर्दा गुल–मुरझाया हुआ फूल। दस्तार–पगड़ी। यूसुफ़–एक पैग़म्बर जिन्हें गुलाम बनाकर मिस्र के बाज़ार में बेचा गया। ता-गुल–फूल तक।

86

किन नींदों अब तू सोती है ऐ चश्म-ए-गिरया-नाक
मिज़्गाँ तो खोल शहर को सैलाब ले गया

नै दिल रहा बजा है न सब्र-ओ-हवास-ओ-होश
आया जो सैल-ए-इश्क़ सब असबाब ले गया

मुँह की झलक से यार की बेहोश हो गए
शब हमको 'मीर' परतव-ए-महताब ले गया

87

कब तलक ये सितम उठाइएगा   एक दिन यूँ ही जी से जाइएगा
शक्ल-ए-तस्वीर-ए-बेख़ुदी कब तक   किसू दिन आप में भी आइएगा
सब से मिल चल कि हादसे से फिर   कहीं ढूँढा भी तो न पाइएगा
कहिएगा उस से क़िस्सा-ए-मजनूँ   या'नी पर्दे में ग़म सुनाइएगा
उसके पाबोस की तवक़्क़ो पर   अपने तईं ख़ाक में मिलाइएगा
उसके पाँव को जा लगी है हिना   ख़ूब से हाथ उसे लगाइएगा

क़त्आ

शिरकत-ए-शैख़-ओ-ब्रहमन से 'मीर'   का'बे और दैर से भी जाइएगा
अपनी डेढ़ ईंट की जुदी मस्जिद
किसी वीराने में बनाइएगा

88

कुछ मैं नहीं इस दिल की परेशानी का बाइस   बरहम ही मिरे हाथ लगा था ये रिसाला
मा'मूर शराबों से कबाबों से है सब दैर   मस्जिद में है क्या शैख़ प्याला न निवाला
गुज़रे है लहू वाँ सर-ए-हर ख़ार से अब तक   जिस दश्त में फूटा है मिरे पाँव का छाला
देखे है मुझे दीदा-ए-पुर-ख़श्म से वो 'मीर'
मेरे ही नसीबों में था ये ज़हर का प्याला

---

86. चश्म-ए-गिरया-नाक–बहुत ज़्यादा रोने वाली आँख। मिज़्गाँ–पलकें। दिल बजा रहना–दिल ठिकाने रहना। सैल-ए-इश्क़–इश्क़ का सैलाब। असबाब–सामान। परतव-ए-महताब–चाँद की रौशनी, किरण, अक्स।

87. शक्ल-ए-तस्वीर-ए-बेख़ुदी–तस्वीर की तरह बेहोश शक्ल, निश्चल। आप में आना–होश में आना। पाबोस–पाँव चूमना। तवक़्क़ो–उम्मीद। हिना–मेहंदी। शिरकत–मिलना-जुलना, शामिल होना। शैख़-ओ-ब्रहमन–मौलवी और पंडित। दैर–मन्दिर। जुदी–अलग।

88. बाइस–वजह, कारण। बरहम–बिखरा हुआ, तितर-बितर, परेशान। रिसाला–फ़ौज का दस्ता, सेना की टुकड़ी, छोटी-सी किताब, मैगज़ीन। मा'मूर–आबाद। दैर–मूर्तियों का घर, मंदिर। सर-ए-हर ख़ार–हर काँटे की नोंक। दश्त–जंगल। दीदा-ए-पुर-ख़श्म–गुस्से से भरी आँखें।

89

पल में जहाँ को, देखते मेरे डुबो चुका
इक वक़्त में ये दीदा भी तूफ़ान रो चुका

अफ़सोस मेरे मुर्दे पर इतना न कर कि अब
पछताना यूँ ही सा है, जो होना था हो चुका

लगती नहीं पलक से पलक इंतिज़ार में
आँखें अगर यही हैं तो भर नींद सो चुका

यक चश्मक-ए-प्याला है साक़ी बहार-ए-उम्र
झपकी लगी कि दौर ये आख़िर ही हो चुका

मुमकिन नहीं कि गुल करे वैसी शगुफ़्तगी
इस सरज़मीं में तुख़्म-ए-मुहब्बत मैं बो चुका

पाया न दिल बहाया हुआ सैल-ए-अश्क का
मैं पंजा-ए-मिज़ा से समंदर बिलो चुका

हर सुब्ह हादसे से ये कहता है आसमाँ
दे जाम-ए-ख़ून 'मीर' को गर मुँह वो धो चुका

90

दैर-ओ-हरम से गुज़रे अब दिल है घर हमारा
है ख़त्म इस आबले पर सैर-ओ-सफ़र हमारा

दुनिया-ओ-दीं की जानिब मैलान हो तो कहिए
क्या जानिए कि उस बिन दिल है किधर हमारा

हैं तेरे आईने की तिम्साल हम न पूछो
इस दश्त में नहीं है पैदा असर हमारा

---

89. दीदा–आँख। तूफ़ान रोना–बहुत ज़्यादा रोना। पलक से पलक न लगना–नींद न आना, जागते रहना। चश्मक-ए-प्याला–एक झपकी में पिया जाने वाला जाम, पलक झपकते ही गुज़र जाना। बहार-ए-उम्र–उम्र रूपी बहार, जवानी। दौर आख़िर होना–एक कालखंड या समय चक्र का पूरा होना। गुल करना–ज़ाहिर करना। शगुफ़्तगी–फूल का खिलना। तुख़्म-ए-मुहब्बत–मुहब्बत का बीज। सैल-ए-अश्क–आँसुओं की बाढ़। पंजा-ए-मिज़ा–पलक रूपी पंजा। समंदर बिलोना–समंदर को छान मारना, बहुत तलाश करना।

90. दैर-ओ-हरम–मंदिर-मस्जिद। आबला–छाला, यहाँ दिल को आबला कहा है। दुनिया-ओ-दीं–संसार और धर्म, धरम-करम। मैलान होना–झुकाव होना, ख़्वाहिश होना। तिम्साल–तस्वीर, शक्ल, सूरत। दश्त–जंगल। पैदा–ज़ाहिर। असर–निशान।

जूँ सुब्ह अब कहाँ है तूल-ए-सुख़न की फ़ुर्सत
क़िस्सा ही कोई दम को है मुख़्तसर हमारा

कूचे में उसके जा कर बनता नहीं फिर आना
ख़ून एक दिन गिरेगा उस ख़ाक पर हमारा

सैलाब हर तरफ़ से आएँगे बादिये में
जूँ अब्र रोते होगा जिस दम गुज़र हमारा

नश्व-ओ-नुमा है अपनी जूँ गर्द-बाद अनोखी
बालीदा ख़ाक-ए-रह से, है ये शजर हमारा

यूँ दूर से खड़े हो क्या मोतबर है रोना
दामन से बाँध दामन ऐ अब्र-ए-तर हमारा

जब पास रात रहना आता है याद उसका
थमता नहीं है रोना दो-दो पहर हमारा

इस कारवाँ-सरा में क्या 'मीर' बार खोलें
याँ कूच लग रहा है शाम-ओ-सहर हमारा

91

ग़म रहा जब तक कि दम में दम रहा
दिल के जाने का निहायत ग़म रहा

हुस्न था तेरा बहुत आलम-फ़रेब
ख़त के आने पर भी इक आलम रहा

दिल न पहुँचा गोशा-ए-दामाँ तलक
क़तरा-ए-ख़ूँ था मिज़ा पर जम रहा

जामा-ए-एहराम-ए-ज़ाहिद पर न जा
था हरम में लेक ना-महरम रहा

ज़ुल्फ़ें खोलीं तो तू टुक आया नज़र
उम्र भर याँ काम-ए-दिल बरहम रहा

मेरे रोने की हक़ीक़त जिस में थी
एक मुद्दत तक वो काग़ज़ नम रहा

सुब्ह-ए-पीरी शाम होने आई 'मीर'
तू न चेता याँ बहुत दिन कम रहा

तूल-ए-सुख़न–बात का लम्बा करना। मुख़्तसर–छोटा, कम। बादिया–जंगल। अब्र–बादल। नश्व-ओ-नुमा–विकास। गर्द-बाद–बगूला, धूल भरी आँधी। बालीदा–बढ़ा हुआ। शजर–पेड़। मोतबर–भरोसे के क़ाबिल। अब्र-ए-तर–बरसने वाला बादल। कारवाँ-सरा–दुनिया, जो सराय की तरह है जहाँ एक-दो दिन रहने के बाद व्यक्ति/कारवाँ अपने अगले सफ़र के लिए निकल जाता है। बार–बोझ, सामान। शाम-ओ-सहर–सुबह और शाम।

91. आलम-फ़रेब–दुनिया को धोखा देने वाला। ख़त–नौजवानी के दिनों में चेहरे पर आए रोएँ, लकीर। आलम रहना–एक कैफ़ीयत या प्रभाव में रहना। गोशा-ए-दामाँ–दामन का किनारा। क़तरा-ए-ख़ूँ–ख़ून की बूँद। मिज़ा–पलक। जामा-ए-एहराम–हज के दौरान पहने जाने वाले बिना सिले कपड़े। ज़ाहिद–धर्म परायण, संयमी। हरम–का'बा। ना-महरम–अजनबी, जिससे पर्दा किया जाए। काम-ए-दिल–दिल की मुराद। बरहम–उलट-पुलट, बिखरा हुआ। सुब्ह-ए-पीरी–बुढ़ापे की सुबह, बुढ़ापे की शुरुआत।

92

चोरी में दिल की वो हुनर कर गया देखते ही आँखों में घर कर गया
दहर में मैं ख़ाक-ब-सर ही रहा उम्र को इस तौर बसर कर गया
किसको मिरे हाल से थी आगही नाला-ए-शब सबको ख़बर कर गया
गो न चला ता-मिज़ा तीर-ए-निगाह अपने जिगर से तो गुज़र कर गया
मजलिस-ए-आफ़ाक़ में परवाना साँ
'मीर' भी शाम अपनी सहर कर गया

93

वाँ वो तो घर से अपने पी कर शराब निकला
याँ शर्म से अरक़ में डूब आफ़ताब निकला

आया जो वाक़िए में दरपेश आलम-ए-मर्ग
ये जागना हमारा देखा तो ख़्वाब निकला

पर्दे ही में चला जा ख़ुर्शीद तो है बेहतर
इक हश्र है जो घर से वो बे-हिजाब निकला

हर हर्फ़-ए-ग़म ने मेरे मजलिस के तईं रुलाया
गोया ग़ुबार दिल का पढ़ता किताब निकला

शान-ए-तग़ाफ़ुल अपने नौ-ख़त की क्या लिखें हम
क़ासिद मुआ तब उसके मुँह से जवाब निकला

किस की निगह की गर्दिश थी 'मीर' रू-ब-मस्जिद
मेहराब में से ज़ाहिद मस्त-ओ-ख़राब निकला

---

92. आँखों में घर करना–किसी की आँखों में बसना, किसी के दिल में अपनी जगह या मान-सम्मान पैदा करना। दहर–दुनिया। ख़ाक-ब-सर–परेशान हाल। आगही–जानकारी। नाला-ए-शब–रात का रोना-पीटना। गो–यद्यपि, हालाँकि। ता-मिज़ा–पलक तक। मजलिस-ए-आफ़ाक़–दुनिया रूपी महफ़िल। परवाना साँ–पंतगे की तरह। सहर करना–मर जाना।

93. अरक़ में डूबना–पसीने-पसीने होना, शर्मिंदा होना। आफ़ताब–सूरज। वाकिए में आना–घटित होना। दरपेश–सामने। आलम-ए-मर्ग–मरने का समय, मौत की स्थिति। ख़ुर्शीद–सूरज। हश्र–क़यामत, आफ़त। हर्फ़-ए-ग़म–दुख की बात। मजलिस–महफ़िल, सभा। तईं–को। गोया–जैसे, मानो। शान-ए-तग़ाफ़ुल–दूसरों को नज़र-अंदाज़ करने की अदा। नौ-ख़त–वो नौजवान जिसके चेहरे पर अभी रुआँ आना शुरू हुआ है। क़ासिद–पत्रवाहक। मुआ–मरा। निगह–निगाह। गर्दिश–चक्कर। रू-ब-मस्जिद–मस्जिद की ओर। मेहराब–मस्जिद का चंद्राकार या कमान की शक्ल का दरवाज़ा। ज़ाहिद–संयमी, सन्यासी, सदाचारी।

94

उस चेहरे की ख़ूबी से अबस गुल को जताया ये कौन शगूफ़ा सा चमन-ज़ार में लाया
कुछ माह में उसमें न तफ़ावुत हुआ ज़ाहिर सौ बार निकाला इसे और उसको छुपाया
इक उम्र मुझे ख़ाक में मिलते हुए गुज़री कूचे में तिरे आन के लोहू में नहाया
मैं सैद-ए-रमीदा हूँ बियाबान-ए-जुनूँ का रहता है मिरा मूजिब-ए-वहशत, मिरा साया
या क़ाफ़िला-दर-क़ाफ़िला इन रस्तों में थे लोग या ऐसे गए याँ से कि फिर खोज न पाया
टाला नहीं कुछ मुझको पतंग आज उड़ाते बहुतों के तईं बाओ का रुख़ उन ने बताया
ऐसे बुत-ए-बेमहर से मिलता है कोई भी
दिल 'मीर' को भारी था जो पत्थर से लगाया

95

दिल जो ज़ेर-ए-ग़ुबार अक्सर था कुछ मिज़ाज इन दिनों मुकद्दर था
सरसरी तुम जहान से गुज़रे वर्ना हर जा जहान-ए-दीगर था
दिल की कुछ क़द्र करते रहियो तुम ये हमारा भी नाज़-परवर था
बाद-ए-यक-उम्र जो हुआ मालूम दिल उस आईना-रू का पत्थर था
अब ख़राबा हुआ जहानाबाद वर्ना हर इक क़दम पे याँ घर था

क़त्आ

बे-ज़री का न कर गिला ग़ाफ़िल रह तसल्ली कि यूँ मुक़द्दर था
इतने मुनइम जहान में गुज़रे वक़्त रेहलत के किस कने ज़र था
साहिब-ए-जाह-ओ-शौकत-ओ-इक़बाल इक अज़ाँ जुमला अब सिकंदर था
थी ये सब काएनात ज़ेर-ए-नगीं साथ मूर-ओ-मलख़ सा लश्कर था
लाल-ओ-याक़ूत, हम ज़र-ओ-गौहर चाहिए जिस क़दर, मुयस्सर था
आख़िर-ए-कार जब जहाँ से गया हाथ ख़ाली, कफ़न से बाहर था
ख़ुश रहा जब तलक रहा जीता
'मीर' मालूम है क़लंदर था

---

94. अबस–बेकार, व्यर्थ। शगूफ़ा–कली, अनोखा, अजीब बात। चमन-ज़ार–बाग़। माह–चाँद। तफ़ावुत–फ़र्क़। सैद-ए-रमीदा–भागा हुआ शिकार। बियाबान-ए-जुनूँ–दीवानगी रूपी जंगल। मूजिब-ए-वहशत–दीवानगी का कारण। बाओ का रुख़–हवा की दिशा। बुत-ए-बेमहर–निर्दयी, पत्थर दिल महबूब।

95. ज़ेर-ए-ग़ुबार–परेशानी से भरा, दुखी। मुकद्दर–रंजीदा, ग़मगीन। जहान-ए-दीगर–एक अलग ही तरह की दुनिया। नाज़-परवर–नाज़ का पला हुआ, लाड में पला हुआ। बाद-ए-यक-उम्र–एक समय के बाद। आईना-रू–ख़ूबसूरत माशूक़। जहानाबाद–शाहजहानाबाद, पुरानी दिल्ली। बे-ज़री–कंगाली। मुनइम–धनवान। रेहलत–कूच, मृत्यु। ज़र–धन, सम्पत्ति। साहिब-ए-जाह-ओ-शौकत-ओ-इक़बाल–इज़्ज़तदार, वैभवी और प्रतापी व्यक्ति। अज़ाँ जुमला–उन सब में से एक। काएनात–दुनिया। ज़ेर-ए-नगीं–मातहत, अधीन। मूर-ओ-मलख़ सा लश्कर–च्यूंटी और टिड्डी दल की तरह अपार सेना। लश्कर–सेना। लाल-ओ-याक़ूत–लाल रंग के क़ीमती पत्थर। ज़र-ओ-गौहर–सोना और मोती। मुयस्सर–उपलब्ध। क़लंदर–फ़क़ीर, सूफ़ी।

96

तेरा रुख़-ए-मुख़त्तत, क़ुरआन है हमारा
बोसा भी लें तो क्या है, ईमान है हमारा

गर है ये बेक़रारी तो रह चुका बग़ल में
दो रोज़ दिल हमारा, मेहमान है हमारा

हैं इस ख़राब दिल से मशहूर शहर-ए-ख़ूबाँ
इस सारी बस्ती में घर वीरान है हमारा

करते हैं बातें किस-किस हंगामे की ये ज़ाहिद
दीवान-ए-हश्र गोया, दीवान है हमारा

मुश्किल बहुत है हम सा फिर कोई हाथ आना
यूँ मारना तो प्यारे, आसान है हमारा

करता है काम वो दिल, जो अक़्ल में न आवे
घर का मुशीर कितना नादान है हमारा

बंजर ज़मीन दिल की है 'मीर' मिल्क अपनी
पुर-दाग़ सीना, मुहर-ए-फ़रमान है हमारा

97

क्या मुसीबत-ज़दा दिल माइल-ए-आज़ार न था
कौन से दर्द-ओ-सितम का ये तरफ़-दार न था

आदम-ए-ख़ाकी से आलम को जिला है वर्ना
आईना था ये वले क़ाबिल-ए-दीदार न था

धूप में जलती हैं गुर्बत-वतनों की लाशें
तेरे कूचे में मगर साया-ए-दीवार न था

हैफ़ समझा ही न वो क़ातिल-ए-नादाँ वर्ना
बे-गुनह मारने क़ाबिल ये गुनहगार न था

रात, हैरान हूँ कुछ चुप ही मुझे लग गई 'मीर'
दर्द पिन्हाँ थे बहुत पर लब-ए-इज़हार न था

---

96. रुख़-ए-मुख़त्तत–ख़त बनाया हुआ, हल्के रुएँ वाला चेहरा, मुख़त्तत का अर्थ 'जिस पर लकीरें खेंची गई हों' भी है, इसी वजह से क़ुरआन कहा है। शहर-ए-ख़ूबाँ–माशूक़ों का नगर, ख़ूबसूरत चेहरे वाला का शहर। ज़ाहिद–धर्म परायण, धार्मिक व्यक्ति। दीवान-ए-हश्र–क़यामत के दिन लगने वाला ख़ुदा का दरबार मानो मीर की शायरी का हंगामा उठाने वाला दीवान है। मुशीर–सलाहकार। मिल्क–मिल्कियत, सम्पत्ति। पुर-दाग़–दाग़ों से भरा हुआ। मुहर-ए-फ़रमान–फ़रमान, आदेश पर लगी हुई मुहर।

97. मुसीबत-ज़दा–मुसीबत का मारा। माइल-ए-आज़ार–दुखों से प्रेम करने वाला। आदम-ए-ख़ाकी–इंसान, आदमी। जिला–चमक। वले–लेकिन। गुर्बत-वतन–परदेसी। मगर–शायद। हैफ़–अफ़सोस। पिन्हाँ–छुपा हुआ, अंदरूनी। लब-ए-इज़हार–बयान करने की ताक़त।

98

जी अपना मैंने तेरे लिये ख़्वार हो दिया
आख़िर को जुस्तजू ने तिरी मुझको खो दिया

बे-ताक़ती सुकूँ नहीं रखती है हमनशीं
रोने ने हर घड़ी के मुझे तो डुबो दिया

ऐ अब्र इस चमन में न होगा गुल-ए-उमीद
याँ तुख़्म-ए-यास-ए-अश्क को मैं फिर के बो दिया

पूछा जो मैंने दर्द-ए-मुहब्बत से 'मीर' को
रख हाथ उनने दिल पे टुक इक अपने रो दिया

99

पाए-पुर-आब्ला से, मैं गुमशुदा गया हूँ
हर ख़ार बादिये का, मेरा निशान देगा

दाग़ और सीने में कुछ बिगड़ी है, इश्क़ देखें
दिल को, जिगर को, किसको, अब दरमियान देगा

नाला हमारा हर शब गुज़रे है आसमाँ से
फ़रियाद पर हमारी किस दिन तू कान देगा

घर चश्म का डुबो मत, दिल के गए पे रो-रो
क्या 'मीर' हाथ से तू, ये भी मकान देगा

100

होता है याँ जहाँ में हर रोज़-ओ-शब तमाशा
देखा जो ख़ूब तो है दुनिया अजब तमाशा

हरचंद शोर-ए-महशर अब भी है दर पे लेकिन
निकलेगा यार घर से होवेगा जब तमाशा

भड़के है आतिश-ए-ग़म मंज़ूर है जो तुझको
जलने का आशिक़ों के आ देख अब तमाशा

---

98. ख़्वार होना–अपमानित होना। हमनशीं–साथी, दोस्त। अब्र–बादल। गुल-ए-उमीद–उम्मीद रूपी फूल। तुख़्म-ए-यास-ए-अश्क–आँसू रूपी निराशा का बीज।

99. पाए-पुर-आब्ला–छालों से भरे पैर। ख़ार–काँटा। बादिया–वीराना, जंगल। नाला–फ़रियाद करना, रोना-धोना। कान देना–ध्यान देना, ख़याल करके सुनना। चश्म–आँख।

100. हरचंद–जितना कुछ, जिस क़दर। शोर-ए-महशर–क़यामत का शोर। आतिश-ए-ग़म–दुखों से भड़की आग।

101

कल चमन में गुल-ओ-समन देखा आज देखा तो बाग़ बन देखा
क्या है गुलशन में जो क़फ़स में नहीं आशिक़ों का जिला-वतन देखा
ज़ौक़-ए-पैकान-ए-तीर में तेरे मुद्दतों तक जिगर ने छन देखा
घर के घर जलते थे पड़े तेरे दाग़-ए-दिल देखे बस चमन देखा
शुक्र ज़ाहिद का, अपनी आँखों मैं मय इवज़ ख़िरक़ा मुरतहन देखा
हसरत उसकी जगह थी ख़्वाबीदा
'मीर' का खोल कर कफ़न देखा

102

जहाँ को फ़ित्ने से ख़ाली कभू नहीं पाया हमारे वक़्त में तू आफ़त-ए-ज़माना हुआ
ख़लिश नहीं किसू ख़्वाहिश की रात से शायद सरिश्क-ए-यास के पर्दे में दिल रवाना हुआ
हम अपने दिल की चले दिल ही में लिए याँ से हज़ार हैफ़, सर-ए-हर्फ़ इस से वा न हुआ
खुला नशे में जो पगड़ी का पेच उसकी 'मीर'
समंद-ए-नाज़ पे एक और ताज़ियाना हुआ

103

क़ासिद जो वाँ से आया तो शर्मिंदा मैं हुआ बेचारा गिरया-नाक गिरेबाँ-दरीदा था
इक वक़्त हम को था सर-ए-गिरया कि दश्त में जो ख़ार ख़ुश्क था सो वो तूफ़ाँ-रसीदा था
जिस सैद-गाह-ए-इश्क़ में यारों का जी गया मर्ग उस शिकार-गह का शिकार-ए-रमीदा था
हासिल न पूछ गुलशन-ए-मशहद का बुल-हवस
याँ फल हर इक दरख़्त का हल्क़-ए-बुरीदा था

---

101. चमन–बाग़। गुल-ओ-समन–गुलाब और चमेली के फूल। क़फ़स–पिंजरा। जिला-वतन–देश निकाला। ज़ौक़-ए-पैकान-ए-तीर–नुकीले तीर खाने का शौक़। दाग़-ए-दिल–दिल के ज़ख़्म। ज़ाहिद–धर्म परायण। मय इवज़–शराब के बदले में। ख़िरक़ा–पैवंद लगा कपड़ा, गुदड़ी। मुरतहन–गिरवी रखना। हसरत–अभिलाषा। ख़्वाबीदा–सोई हुई।

102. फ़ित्ना–फ़साद, हंगामा। ख़लिश–चुभन। सरिश्क-ए-यास–मायूसी के आँसू। हज़ार हैफ़–बहुत अफ़सोस। सर-ए-हर्फ़–बातचीत। वा होना–खुलना। सर-ए-हर्फ़ वा होना–बातचीत शुरू होना। समंद-ए-नाज़–अदा और चंचलता रूपी घोड़ा। ताज़ियाना होना–कोड़ा लगना, फटकार पड़ना। समंद-ए-नाज़ पे ताज़ियाना होना–शोख़ी और शरारत के लिए एक और बहाना हाथ आना।

103. क़ासिद–पत्रवाहक। गिरया-नाक–रोने वाला, रोता हुआ। गिरेबाँ दरीदा–गरेबान फटा हुआ। सर-ए-गिरया–बहुत रोना, रोने के वक़्त। दश्त–जंगल। ख़ार–काँटा। ख़ुश्क–सूखा हुआ। तूफ़ाँ-रसीदा–तूफ़ान में फँसा हुआ। सैद-गाह-ए-इश्क़–इश्क़ की शिकार-गाह। मर्ग–मौत। शिकार-ए-रमीदा–भागा हुआ शिकार। हासिल–नतीजा, परिणाम। गुलशन-ए-मशहद–क़त्ल गाह का बाग़, शहादत का बाग़। बुल-हवस–लोलुप, बहुत बड़ा लालची। दरख़्त–पेड़। हल्क़-ए-बुरीदा–कटी हुई गर्दन।

104

जी तो ऐसे कई सदक़े किए तुझ पर लेकिन　　हैफ़ ये है कि तनिक तू भी पशेमाँ न हुआ
दिल-ए-बे-रहम गया शैख़ लिये ज़ेर-ए-ज़मीं　　मर गया पर ये कुहन गब्र, मुसलमाँ न हुआ

कौन सी रात ज़माने में गई जिस में 'मीर'
सीना-ए-चाक से मैं दस्त-ओ-गिरेबाँ न हुआ

105

तेरे क़दम से जा लगी, जिस पे मिरा है सर लगा
गो कि मिरे ही ख़ून की दस्त-गिरफ़्ता हो हिना

किस की हवा कहाँ का गुल हम तो क़फ़स में हैं असीर
सैर चमन की रोज़-ओ-शब तुझ को मुबारक ऐ सबा

वो तो हमारी ख़ाक पर आ न फिरा कभी ग़रज़
उनने जफ़ा न तर्क की, अपनी सी हमने की वफ़ा

फ़स्ल-ए-ख़िज़ाँ तलक तो मैं इतना न था ख़राब-गर्द
मुझ को जुनून हो गया मौसम-ए-गुल में क्या बला

जान-ए-ब-लब-रसीदा से इतना ही कहने पाए हम
जावे अगर तू यार तक कहियो हगारी भी दुआ

मैं तो कहा था तेरे तईं आह समझ, न ज़ुल्म कर
आख़िर-ए-कार बेवफ़ा जी ही गया न 'मीर' का

106

मारा था किस लिबास में उरयानी ने मुझे　　जिस से तह-ए-ज़मीन भी मैं बे-कफ़न गया
आई अगर बहार तो अब हम को क्या सबा　　हम से तो आशियाँ भी गया और चमन गया

सर-सब्ज़ मुल्क-ए-हिन्द में ऐसा हुआ कि 'मीर'
ये रेख़्ता लिखा हुआ तेरा दकन गया

---

104. हैफ़–अफ़सोस। पशेमाँ–शर्मिंदा। ज़ेर-ए-ज़मीं–ज़मीन के नीचे यानी क़ब्र में। कुहन–पुराना। गब्र–आग की पूजा करने वाला, पारसी। सीना-ए-चाक–फटा हुआ सीना। दस्त-ओ-गिरेबाँ होना–लड़ना, संघर्ष करना।

105. गो–कहने को, भले ही। दस्त-गिरफ़्ता–हाथों में रची हुई। हिना–मेहंदी। क़फ़स–पिंजरा, क़ैद। असीर–क़ैदी, बंदी। सैर-ए-चमन–बाग़ की सैर। रोज़-ओ-शब–दिन और रात। सबा–ठंडी हवा, सुहानी हवा। ग़रज़–मतलब, यानी कि। जफ़ा–सितम, अत्याचार। तर्क करना–छोड़ना। फ़स्ल-ए-ख़िज़ाँ–पतझड़ का मौसम। ख़राब-गर्द–निकम्मा, आवारा। मौसम-ए-गुल–बहार का मौसम। जान-ए-ब-लब-रसीदा–जिसकी जान होंठो पर आ गई हो, दम तोड़ते हुए आदमी की जान।

106. उरयानी–नंगापन। तह-ए-ज़मीन–ज़मीन के नीचे यानी क़ब्र में। सबा–हवा। आशियाँ–घोंसला, घर। सर-सब्ज़–हरा-भरा, फलना-फूलना। मुल्क-ए-हिन्द–'मीर' के ज़माने में केवल उत्तर भारत को कहते थे। दकन–दक्षिण भारत, ख़ास तौर पर हैदराबाद और उसके आस-पास का इलाक़ा।

107

लख़्त-ए-जिगर तो अपने यक लख़्त रो चुका था
अश्क-ए-फ़क़त का झमका आँखों से लग रहा था

दामन में आज देखा फिर लख़्त मैं ले आया
टुकड़ा कोई जिगर का पलकों में रह गया था

इस क़ैद-ए-जैब से मैं, छूटा जुनूँ की दौलत
वर्ना गला ये मेरा जूँ तौक़ में फँसा था

मुश्त-ए-नमक की ख़ातिर इस वास्ते हूँ हैराँ
कल ज़ख़्म-ए-दिल निहायत, दिल को मिरे लगा था

ऐ गर्द-बाद मत दे हर आन अर्ज़-ए-वहशत
मैं भी किसू ज़माने इस काम में बला था

बिन कुछ कहे सुना है आलम से मैंने क्या-क्या
पर तूने यूँ न जाना ऐ बेवफ़ा कि क्या था

रोती है शम्अ इतना हर शब कि कुछ न पूछो
मैं सोज़-ए-दिल को अपने मजलिस में क्यूँ कहा था

क़त्आ

ये सर-गुज़श्त मेरी अफ़साना जो हुई है
मज़कूर उसका उसके कूचे में जा-बजा था

सुन कर किसी से वो भी कहने लगा था कुछ-कुछ
बे-दर्द कितने बोले हाँ उसको क्या हुआ था

कहने लगा कि जाने मेरी बला अज़ीज़ाँ
अहवाल था किसी का कुछ मैं भी सुन लिया था

आँखें मिरी खुलीं जब, जी 'मीर' का गया तब
देखे से उसको वर्ना मेरा भी जी जला था

---

107. लख़्त–टुकड़ा। लख़्त-ए-जिगर–जिगर के टुकड़े। यक लख़्त–एक-एक टुकड़ा, हर टुकड़ा। अश्क-ए-फ़क़त–ख़ालिस आँसू। झमका–तांता, भीड़, जमघट्टा, झुंड। लख़्त–टुकड़ा। क़ैद-ए-जैब–गिरेबान की क़ैद। दौलद–कारण, बदौलत। तौक़–हसली या कड़ा जो क़ैदियों के गले में डाला जाता है। मुश्त-ए-नमक–मुट्ठी भर नमक। गर्द-बाद–धूल भरी आँधी। अर्ज़-ए-वहशत–पागलपन का दौरा। आलम–दुनिया। सोज़-ए-दिल–दिल की जलन। मजलिस–महफ़िल। सर-गुज़श्त–आप बीती, कहानी। मज़कूर–ज़िक्र, बयान। जा-बजा–हर जगह, जगह-जगह। अज़ीज़ाँ–प्यारो। अहवाल–हाल का बहुवचन, हालत।

108

कहाँ आते मयस्सर तुझ से मुझको ख़ुदनुमा इतने
हुआ यूँ इत्तिफ़ाक़ आईना मेरे रूबरू टूटा

ख़तर कर तू न लग चल ऐ सबा उस ज़ुल्फ़ से इतना
बला आवेगी तेरे सर जो उसका एक मू टूटा

वो बेकस क्या करे कह तो रही दिल ही की दिल ही में
निपट बेजा तिरा दिल 'मीर' से ऐ आरज़ू टूटा

109

आँखों में जी मिरा है इधर यार देखना आशिक़ का अपने आख़िरी दीदार देखना
कैसा चमन कि हमसे असीरों को मना है चाक-ए-क़फ़स से, बाग़ की दीवार देखना
आँखें चुराइयो न टुक अब्र-ए-बहार से मेरी तरफ़ भी दीदा-ए-ख़ूँबार देखना
सय्याद, दिल है दाग़-ए-जुदाई से रश्क-ए-बाग़ तुझको भी हो नसीब ये गुलज़ार देखना
गर ज़मज़मा यही है कोई दिन तो हम-सफ़ीर इस फ़स्ल ही में हमको गिरफ़्तार देखना
शायद हमारी ख़ाक से कुछ हो भी ऐ नसीम ग़िरबाल करके कूचा-ए-दिलदार देखना

उस ख़ुश-निगह के इश्क़ से परहेज़ कीजो 'मीर'
जाता है लेके जी ही ये आज़ार देखना

110

ग़लत है इश्क़ में ऐ बुल-हवस अंदेशा राहत का
रिवाज इस मुल्क में है दर्द-ओ-दाग़-ओ-रंज-ओ-कुलफ़त का

ज़मीं इक सफ़्हा-ए-तस्वीर-ए-बेहोशाँ से माना है
ये मजलिस जब से है, अच्छा नहीं कुछ रंग सोहबत का

---

108. मयस्सर–मिलना, हासिल होना। ख़ुदनुमा–अपनी नुमाईश करने वाला, शेख़ी ख़ोरा। इत्तिफ़ाक़–अचानक। रूबरू–सामने। सबा–हवा। मू–बाल। बेकस–लाचार, जिसका कोई न हो, अकेला।

109. आँखों में जी आना–आँखों में जान अटकना, मरने के क़रीब होना। असीर–बंदी, क़ैदी। चाक-ए-क़फ़स–पिंजरे की झिरी। अब्र-ए-बहार–बहार के मौसम का बादल। दीदा-ए-ख़ूँबार–ख़ून बरसाने वाली आँखें। सय्याद–शिकारी। दाग़-ए-जुदाई–जुदाई का दुख। रश्क-ए-बाग़–जिसे देखकर बाग़ को भी जलन होने लगे। गुलज़ार–बाग़। ज़मज़मा–तराना, गीत। हम-सफ़ीर–साथ चहकने वाले परिंदे, दोस्त। फ़स्ल–मौसम। नसीम–ठंडी हवा। ग़िरबाल–छलनी। ग़िरबाल करना–छानना। ख़ुश-निगह–ख़ूबसूरत आँखों वाला, सुन्दर। आज़ार–बीमारी।

110. बुल-हवस–लालची। अंदेशा–ख़याल। दाग़–ज़ख़्म, चोट। कुलफ़त–दुख-दर्द। सफ़्हा-ए-तस्वीर-ए-बेहोशाँ–पन्नों/कैन्वस पर फैली बेजान तस्वीरों की तरह। माना–समान, बराबर। मजलिस–महफ़िल, दुनिया।

जहाँ जल्वे से उस महबूब के यकसर लबालब है
नज़र पैदा कर अव्वल फिर तमाशा देख क़ुदरत का

ख़राबी दिल की इस हद है कि ये समझा नहीं जाता
कि आबादी भी याँ थी, या कि वीराना था मुद्दत का

निगाह-ए-मस्त ने उसकी लुटाई ख़ानक़ह सारी
पड़ा है बरहम अब तक कारख़ाना ज़ोहद-ओ-ताअत का

क़दम टुक देख कर रख 'मीर' सर दिल से निकालेगा
पलक से शोख़-तर काँटा है सहरा-ए-मुहब्बत का

111

जो इस शोर से 'मीर' रोता रहेगा तो हमसाया काहे को सोता रहेगा
मैं वो रोने वाला जहाँ से चला हूँ जिसे अब्र हर साल रोता रहेगा
मुझे काम रोने से अक्सर है नासेह तू कब तक मिरे मुँह को धोता रहेगा
बस ऐ गिरया आँखें तिरी क्या नहीं हैं कहाँ तक जहाँ को डुबोता रहेगा
मिरे दिल ने वो नाला पैदा किया है जरस के भी जो होश खोता रहेगा
तू यूँ गालियाँ ग़ैर को शौक़ से दे हमें कुछ कहेगा तो होता रहेगा
बस ऐ 'मीर' मिज़्गाँ से पोंछ आँसूओं को
तू कब तक ये मोती पिरोता रहेगा

112

नई तर्ज़ों से मयख़ाने में रंग-ए-मय झलकता था
गुलाबी रोती थी वाँ जाम हँस-हँस कर छलकता था

गई तस्बीह उसकी नज़्अ में कब 'मीर' के दिल से
उसी के नाम की सुमरन थी जब मनका ढलकता था

जहाँ—दुनिया। यकसर—पूरी तरह से। अव्वल—पहले। ख़ानक़ह—सूफ़ियों के रहने की जगह। बरहम—अस्त-व्यस्त। ज़ोहद-ओ-ताअत—सदाचार और इबादत। शोख़-तर—बहुत ज़्यादा चंचल, नुकीला। सहरा—जंगल।

111. हमसाया—पड़ोसी। अब्र—बादल। नासेह—उपदेशक। गिरया—आँसू। नाला—रोने की आवाज़। जरस—घड़ियाल, क़ाफ़िले का घंटा। मिज़्गाँ—पलकें।

112. तर्ज़—ढंग, तरीक़ा। गुलाबी—शराब की बोतल, मीना। तस्बीह—मुसलमानों की जप माला। नज़्अ—अंतिम साँस। मनका ढलकना—माला का मोती जपना, मरते समय गर्दन का ढलक जाना।

113

तुझसे हर आन मिरे पास का आना ही गया   क्या गिला कीजे ग़रज़ अब वो ज़माना ही गया
हम असीरों को भला क्या जो बहार आई नसीम   उम्र गुज़री कि वो गुलज़ार का जाना ही गया
जी गया 'मीर' का उस लैत-ओ-लअल में लेकिन
न गया ज़ुल्म ही तेरा, न बहाना ही गया

114

मानिंद-ए-हर्फ़ सफ़्हा-ए-हस्ती से उठ गया   दिल भी मिरा जरीदा-ए-आलम में फ़र्द था
गुज़री मुदाम उसकी जवानान-ए-मस्त में   पीर-ए-मुग़ाँ भी तुर्फ़ा कोई पीर मर्द था
आशिक़ हैं हम तो 'मीर' के भी ज़ब्त-ए-इश्क़ के
दिल जल गया था और नफ़स लब पे सर्द था

115

गए क़ैदी हो हम-आवाज़ जब सय्याद आ टूटा
ये वीराँ आशियाने देखने को एक मैं छूटा
मिरा रंग उड़ गया जिस वक़्त संग-ए-मोहतसिब आगे
बग़ल से गिर पड़ा मीना-ओ-साग़र चूर हो फूटा
कफ़-ए-जानाँ से क्या इम्काँ रिहाई 'मीर' कोई हो
अचम्भा है जो उसके हाथ से रंग-ए-हिना छूटा

116

बुर्क़ा उठा था रुख़ से मिरे बदगुमान का   देखा तो और रंग है सारे जहान का
मत मानियो कि होगा ये बेदर्द अहल-ए-दीं   गर आवे शैख़ पहन के जामा क़ुरान का
ख़ूबी को उसके चेहरे की क्या पहुँचे आफ़ताब   है इसमें उसमें फ़र्क़ जमीन-आसगान का
तस्कीन उसकी तब हुई जब चुप मुझे लगी   मत पूछ कुछ सुलूक मिरे बद-ज़बान का

---

113. असीर–क़ैदी। नसीम–सुबह की ठंडी हवा। गुलज़ार–बाग़। लैत-ओ-लअल–टाल मटोल, बहाना।

114. मानिंद-ए-हर्फ़–शब्द/अक्षर की तरह। सफ़्हा-ए-हस्ती–जीवन रूपी पृष्ठ। जरीदा-ए-आलम–संसार, किताब रूपी दुनिया। फ़र्द–अकेला। मुदाम–हमेशा। पीर-ए-मुग़ाँ–शराब बनाने वाला बूढ़ा। तुर्फ़ा–अजीब, अनोखा। ज़ब्त-ए-इश्क़–मुहब्बत में दुख झेलने की ताक़त। नफ़स–साँस।

115. हम-आवाज़–आवाज़ में आवाज़ मिलाने वाले, साथी। सय्याद–शिकारी। संग–पत्थर। मोहतसिब–हिसाब लेने वाला, कोतवाल। मीना-ओ-साग़र–शराब की सुराही और प्याला। कफ़-ए-जानाँ–महबूब की हथेली। इम्काँ–इम्कान, सम्भावना, उम्मीद। रंग-ए-हिना–मेहंदी का रंग।

116. रुख़–चेहरा। बदगुमान–शक्की, बुरा ख़याल रखने वाला। अहल-ए-दीं–धर्म-परायण लोग। शैख़–इस्लाम धर्म का ज्ञानी, मुल्ला, क़ाज़ी। जामा–कपड़ा। आफ़ताब–सूरज। तस्कीन–सुकून, तसल्ली।

क़त्आ

यहाँ बुलबुल और गुल पे तू इबरत से आँख खोल — गुलगश्त सरसरी नहीं इस गुलसितान का
गुल यादगार-ए-चेहरा-ए-ख़ूबाँ है, बेख़बर — मुर्ग़-ए-चमन निशाँ है, किसू ख़ुश-ज़बान का

तू बरसों में कहे है मिलूँगा मैं 'मीर' से
याँ कुछ का कुछ है हाल अभी इस जवान का

117

मुग़ाँ मुझ मस्त बिन फिर ख़ंदा-ए-साग़र न होवेगा
मय-ए-गुलगूँ का शीशा हिचकियाँ ले-ले के रोवेगा

किया है ख़ूँ मिरा पामाल ये सुर्ख़ी न छूटेगी
अगर क़ातिल तू अपने हाथ सौ पानी से धोवेगा

कोई रहता है जीते जी तिरे कूचे के आने से
तभी आसूदा होगा 'मीर' सा, जब जी को खोवेगा

118

मुझे ज़िन्हार ख़ुश आता नहीं का'बे का हमसाया
सनम-ख़ाना ही याँ ऐ शैख़ तूने क्यूँ न बनवाया

भरी है आग तेरे दर्द-ए-दिल में 'मीर' ऐसी तो
कि कहते रूबरू उस शोख़ के, क़ासिद का मुँह आया

119

शैख़ क्या सूरतें रहती थीं भला जब था दैर
रू-ब-वीरानी हो इस का'बे की आबादी का

रेख़्ता रुत्बे को पहुँचाया हुआ उसका है
मो'तक़िद कौन नहीं 'मीर' की उस्तादी का

इबरत–सीख, नसीहत, किसी वाक़िये से सबक़ हासिल करना। गुलगश्त–बाग़ की सैर। सरसरी–जल्दी से, बिना सोचे-समझे। गुलसितान–बाग़। मुर्ग़-ए-चमन–बाग़ का पक्षी। ख़ुश-ज़बान–मीठा/अच्छा बोलने वाला।

117. मुग़ाँ–ऐ शराब बेचने वाले। ख़ंदा-ए-साग़र–साग़र की हँसी, वो आवाज़ जो सुराही से शराब उंडेलते समय निकलती है। मय-ए-गुलगूँ–लाल रंग की शराब। शीशा–बोतल। ख़ूँ–ख़ून। पामाल करना–रौंदना, बरबाद करना। आसूदा–तृप्त, ख़ुशहाल। जी खोना–जान देना।

118. ज़िन्हार–हरगिज़। ख़ुश आना–पसंद आना। हमसाया–पड़ौसी, पास का मकान। सनम-ख़ाना–बुतों का घर यानी मंदिर। शैख़–इस्लाम धर्म का ज्ञानी, मुल्ला, क़ाज़ी। शोख़–चंचल। क़ासिद–पत्रवाहक। मुँह आना–ज़बान और मुँह के अंदर छाले पड़ जाना।

119. शैख़–इस्लाम धर्म का ज्ञानी, मुल्ला, क़ाज़ी। दैर–मंदिर। रू-ब-वीरानी–वीरानी/उजड़ने की ओर उन्मुख। रेख़्ता–उर्दू ग़ज़ल। मोतक़िद–अक़ीदत रखने वाला, श्रद्धालु, मानने वाला।

120

क़त्आ

सई-ए-तौफ़-ए-हरम न की हरगिज़ आस्ताँ पर तिरे मक़ाम किया
तेरे कूचे के रहने वालों ने यहीं से का'बे को सलाम किया

क़त्आ

दिल्ली के कज कुलाह लड़कों ने काम उश्शाक़ का तमाम किया
कोई आशिक़ नज़र नहीं आता टोपी वालों ने क़त्ल-ए-आम किया
इश्क़-ए-ख़ूबाँ को 'मीर' मैं अपना
क़िब्ला-ओ-का'बा-ओ-इमाम किया

121

इत्र-आगीं है बाद-ए-सुब्ह, मगर खुल गया पेच, ज़ुल्फ़-ए-ख़ुशबू का
एक-दो हों, तो सिह्र-ए-चश्म कहूँ कारख़ाना है वाँ तो, जादू का

क़त्आ

'मीर' हरचंद मैंने चाहा लेक न छुपा इश्क़ तिफ़्ल-ए-बद-ख़ू का
नाम उसका लिया इधर-ऊधर
उड़ गया रंग ही मिरे रू का

122

आख़िर को ख़ाक होना दरपेश है सभों को टुक देख मुँह किधर है, क़ामत-ख़मीदगाँ का
तीर-ए-बला का हरदम अब 'मीर' है निशाना
पत्थर जिगर है उसके आफ़त-रसीदगाँ का

---

120. सई-ए-तौफ़-ए-हरम–का'बे के चारों तरफ़ परिक्रमा लगाने की कोशिश। आस्ताँ–चौखट। मक़ाम–ठिकाना। कज कुलाह–अकड़ कर टेढ़ी टोपी पहनने वाला, शैतान। उश्शाक़–आशिक़ का बहुवचन, इश्क़ करने वाले। इश्क़-ए-ख़ूबाँ–सुन्दर लोगों का इश्क़। टोपी वाले–टोपी पहनने वाले, शैतान नौजवान लड़के। क़िब्ला–वो दिशा जो का'बे की तरफ़ हो तथा जिधर मुँह करके मुसलमान नमाज़ पढ़ते हैं।

121. इत्र-आगीं–इत्र में बसी हुई। बाद-ए-सुब्ह–सुबह की ठंडी हवा। ज़ुल्फ़-ए-ख़ुशबू–ख़ुशबू भरे बाल। सिह्र-ए-चश्म–आँखों का जादू। हरचंद–कितना कुछ। तिफ़्ल-ए-बद-ख़ू–बद-मिज़ाज लड़का, अक्खड़ माशूक़। रंग उड़ना–शर्मिंदा होना, मुँह फ़क़ पड़ जाना। रू–चेहरा।

122. दरपेश होना–सामने होना। क़ामत-ख़मीदगाँ–जिन की पीठ झुक गई हो। आफ़त-रसीदगाँ–दुखियारे।

123

दैर-ओ-हरम में क्यूँके क़दम रख सकेगा 'मीर'
ईधर तो उस से बुत फिरे, ऊधर ख़ुदा फिरा

124

किस शाम से उठा था मिरे दिल में दर्द सा सो हो चला हूँ पेशतर-अज़-सुब्ह सर्द सा
बैठा हूँ जूँ ग़ुबार, ज़ईफ़ अब, वगरना मैं फिरता रहा हूँ गलियों में आवारा गर्द सा
क्या 'मीर' है यही जो तिरे दर पे था खड़ा
नमनाक चश्म-ओ-ख़ुश्क-लब-ओ-रंग ज़र्द सा

125

तिरे इश्क़ में आगे सौदा हुआ था पर इतना भी ज़ालिम न रुस्वा हुआ था
ख़िज़ाँ इल्तिफ़ात इस पे करती बजा थी ये ग़ुंचा चमन में अभी वा हुआ था
कहाँ था तू इस तौर आने से मेरे गली में तिरी कल तमाशा हुआ था
गिरेबाँ से तब हाथ उठाया था मैं ने मिरी ओर दामान-ए-सहरा हुआ था
ज़हे ता'ले ऐ 'मीर' उन ने ये पूछा
कहाँ था तू अब तक, तुझे क्या हुआ था

126

आह के तईं, दिल-ए-हैरान-ओ-ख़फ़ा को सौंपा मैंने ये ग़ुंचा-ए-तस्वीर, सबा को सौंपा
तेरे कूचे में, मिरी ख़ाक भी पामाल हुई था वो बेदर्द, मुझे जिनने वफ़ा को सौंपा
अब तो जाता ही है का'बे को तू बुतख़ाने से
जल्द फिर पहुँचियो ऐ 'मीर', ख़ुदा को सौंपा

---

123. दैर-ओ-हरम–मन्दिर और मस्जिद। ईधर–इधर। बुत–मूर्ति। ऊधर–उधर।

124. पेशतर-अज़-सुब्ह–सुबह से पहले। ज़ईफ़–कमज़ोर। नमनाक चश्म–नम आँखें। ख़ुश्क-लब–सूखे होंठ। ज़र्द–पीला।

125. आगे–पहले। सौदा–जुनून, दीवानगी। रुस्वा होना–अपमानित होना। ख़िज़ाँ–पतझड़ का मौसम। इल्तिफ़ात–महरबानी, कृपा। बजा–ठीक, उचित। ग़ुंचा–कली। चमन–बाग़। वा होना–खुलना, खिलना। दामान-ए-सहरा–जंगल का दामन, जंगल का बुलावा। ज़हे ता'ले–वाह क़िस्मत।

126. तईं–वास्ते, लिए। दिल-ए-हैरान-ओ-ख़फ़ा–नाराज़ और हैरान रहने वाला दिल। ग़ुंचा-ए-तस्वीर–चित्रकार द्वारा बनाई गई फूल की कली। सबा–हवा। पामाल होना–रौंदा जाना, बर्बाद होना। बुतख़ाना–मूर्तिगृह, मन्दिर।

127

गिला नहीं है हमें अपनी जाँ-गुदाज़ी का
जिगर पे ज़ख़्म है उसकी ज़बाँ-दराज़ी का

सितम हैं, क़हर हैं, लौंडे शराब-ख़ाने के
उतार लेते हैं अम्मामा हर नमाज़ी का

बताओ हम से कोई आन तुम से क्या बिगड़ी
नहीं है तुमको सलीक़ा, ज़माना-साज़ी का

ख़ुदा को काम तो सौंपे हैं मैंने सब लेकिन
रहे है ख़ौफ़ मुझे वाँ की बे-नियाज़ी का

किसू की बात ने आगे मिरे न पाया रंग
दिलों में नक़्श है मेरी सुख़न-तराज़ी का

बसान-ए-ख़ाक हो पामाल-ए-राह-ए-ख़ल्क़ ऐ 'मीर'
रखे है दिल में अगर क़स्द सरफ़राज़ी का

128

क्या कहिए कि ख़ूबाँ ने अब हम में है क्या रक्खा
उन चश्म-सियाहों ने बहुतों को सुला रक्खा

जल्वा है उसी का सब गुलशन में ज़माने के
गुल-फूल को है उन ने पर्दा सा बना रक्खा

जूँ बर्ग-ए-ख़िज़ाँ-दीदा, सब ज़र्द हुए हम तो
गर्मी ने हमें दिल की आख़िर को जला रक्खा

थी मस्लक-ए-उल्फ़त की मशहूर ख़तरनाकी
मैं दीदा-ओ-दानिस्ता किस राह में पा रक्खा

लगने के लिए दिल के छिड़का था नमक मैंने
सो छाती के ज़ख़्मों ने कल देर मज़ा रक्खा

129

सब गए होश-ओ-सब्र-ओ-ताब-ओ-तवाँ
दिल से इक दाग़ ही जुदा न हुआ

ज़ुल्म-ओ-जौर-ओ-जफ़ा सितम बेदाद
इश्क़ में तेरे हम पे क्या न हुआ

---

127. जाँ-गुदाज़ी–जान का घुलना। ज़बाँ-दराज़ी–गुस्ताख़ी, बद-ज़बानी। अम्मामा–पगड़ी। ज़माना-साज़ी–ख़ुशामद, बनावट। बे-नियाज़ी–बे-परवाई, जिसे किसी चीज़ की ज़रूरत न हो। नक़्श होना–लिखा जाना, अंकित होना। सुख़न-तराज़ी–बात कहने का कलात्मक ढंग। बसान-ए-ख़ाक–धूल-मिट्टी की तरह। पामाल–रौंदा हुआ, पाँव से मसला हुआ। ख़ल्क़–आम लोग। क़स्द–इरादा। सरफ़राज़ी–बुलंदी।

128. ख़ूबाँ–ख़ूब का बहुवचन, ख़ूबसूरत, बहुत से माशूक़। चश्म-सियाह–सियाह चश्म, बेवफ़ा, लिहाज़ न करने वाला। बर्ग-ए-ख़िज़ाँ-दीदा–पतझड़ का पत्ता। ज़र्द होना–पीला पड़ना। मस्लक-ए-उल्फ़त–मुहब्बत का रास्ता, इश्क़ की राह। दीदा-ओ-दानिस्ता–जान-बूझकर। पा–पाँव।

129. ताब-ओ-तवाँ–ताक़त और ज़ोर। बेदाद–नाइंसाफ़ी।

हम तो नाकाम ही जहाँ में रहे   याँ कभू अपना मुद्दआ न हुआ
'मीर' अफ़सोस वो कि जो कोई
उसके दरवाज़े का गदा न हुआ

130

यार अजब तरह निगह कर गया   देखना वो दिल में जगह कर गया
जाना है इस बज़्म से, आया तो क्या   कोई घड़ी गो कि तू रहकर गया
तंग-क़बाई का समाँ यार की
पैरहन-ए-ग़ुंचा को तह कर गया

131

आह-ए-सहर ने सोज़िश-ए-दिल को मिटा दिया
इस बाओ ने हमें तो दिया-सा बुझा दिया

पोशीदा राज़-ए-इश्क़ चला जाए था सो आज
बे-ताक़ती ने दिल की वो पर्दा उठा दिया

इस मौज-ख़ेज़-दहर में हम को क़ज़ा ने आह
पानी के बुलबुले की तरह से मिटा दिया

थी लाग उस की तेग़ को हमसे सो इश्क़ ने
दोनों को मा'रके में गले से लगा दिया

सब शोर-ए-मा-ओ-मन को लिये सर में मर गए
यारों को इस फ़साने ने आख़िर सुला दिया

आवारगान-ए-इश्क़ का पूछा जो मैं निशाँ
मुश्त-ए-ग़ुबार लेके सबा ने उड़ा दिया

मुद्दत रहेगी याद तिरे चेहरे की झलक
जल्वे को जिसने माह के जी से भुला दिया

मुद्दआ–अरमान, आरज़ू। गदा–भिखारी।

130. निगह–निगाह। बज़्म–महफ़िल, दुनिया। गो–यद्यपि, हालाँकि। तंग-क़बाई–कपड़ों की चुस्ती। समाँ–दृश्य, माहौल। पैरहन-ए-ग़ुंचा–कली यानी कम जगह में समाई बहुत सी पंखुड़ियाँ।

131. आह-ए-सहर–सुबह की आह। सोज़िश-ए-दिल–दिल की जलन। बाओ–हवा, हवा का झोंका। पोशीदा–छुपा हुआ। मौज-ख़ेज़-दहर–तूफ़ानी लहरें उठाने वाली दुनिया। क़ज़ा–मृत्यु। लाग–लगाव, दोस्ती, दुश्मनी। तेग़–तलवार। मा'रका–मुक़ाबला। शोर-ए-मा-ओ-मन–केवल अपने आप में लगे रहना। मुश्त-ए-ग़ुबार–मुट्ठी भर मिट्टी, धूल। सबा–हवा। माह–चाँद।

गोया मुहासिबा मुझे देना था इश्क़ का
इस तौर दिल सी चीज़ को मैंने लगा दिया

हमने तो सादगी से किया जी का भी ज़ियाँ
दिल जो दिया था सो तो दिया, सर जुदा दिया

तकलीफ़ दर्द-ए-दिल की अबस हम-नशीं ने की
दर्द-ए-सुख़न ने मेरे सभों को रुला दिया

उन ने तो तेग़ खींची थी पर जी चला के 'मीर'
हमने भी एक दम में तमाशा दिखा दिया

132

क्या बाद-ए-मर्ग याद करुँगा वफ़ा तुझे
सहता रहा जफ़ाएँ, मैं जब तक जिया किया

हो तार-तार, सीते ही सीते, जो उड़ गया
अब तक अबस मैं अपना गिरेबाँ सिया किया

सुन-सुन के तेरी बात को, क्या-क्या न कह सुना
क्या-क्या कहूँ मैं तुझसे कि क्या कुछ किया किया

अब वो जिगर तपिश से तड़पता है तिश्ना-लब
मुद्दत तलक जो 'मीर' का लोहू पिया किया

133

जो ऐसे शोर से रोता है दिन को 'मीर' तो शब को
न सोने देगा हमसायों को, नै ये आप सोएगा

134

वो जो पी कर शराब निकलेगा किस तरह आफ़ताब निकलेगा
मुहतसिब मयकदे से जाता नहीं याँ से होकर ख़राब निकलेगा
यही चुप है तो दर्द-ए-दिल कहिए मुँह से क्यूँकर जवाब निकलेगा

गोया–शायद। मुहासिबा–हिसाब। ज़ियाँ–नुक़सान। अबस–व्यर्थ। हम-नशीं–दोस्त, साथी। दर्द-ए-सुख़न–शायरी में समाया हुआ दर्द। तेग़–तलवार।

132. बाद-ए-मर्ग–मौत के बाद। अबस–बेकार, बे-वजह, व्यर्थ। तिश्ना-लब–प्यासा।

133. शब–रात। हमसाया–पड़ौसी। नै–न।

134. आफ़ताब–सूरज। मुहतसिब–क़ाज़ी, कोतवाल, हिसाब लेने वाला।

जब उठेगा जहान से ये निक़ाब   तब ही उसका हिजाब निकलेगा
दफ़्तर-ए-दाग़ है जिगर उस बिन   किसू दिन ये हिसाब निकलेगा
तज़किरे सब के फिर रहेंगे धरे   जब मिरा इंतख़ाब निकलेगा
'मीर' देखोगे रंग नर्गिस का
अब जो वो मस्त-ए-ख़्वाब निकलेगा

135

हो बुलबुल-ए-गुलगश्त कि इक दिन है ख़िज़ाँ का
उड़ता है अभी रंग गुल-ए-बाग़-ए-जहाँ का

सीने में मिरे आग लगी मेरे सुख़न से
जूँ शम्अ जलाया हुआ हूँ अपनी ज़बाँ का

आराम अदम में न था, हस्ती में नहीं चैन
मालूम नहीं मेरा इरादा है कहाँ का

136

यक पारा जैब का भी बजा मैं नहीं सिया   वहशत में जो सिया सो कहीं का कहीं सिया
महशर सिवाए क्या हो उसे इल्तियाम 'मीर'
ये ज़ख़्म-ए-सीना जाएगा मेरा वहीं सिया

137

खुली न बात कई हर्फ़ थे गिरह दिल में
अजल ने उससे मुझे कहने इक सुख़न न दिया

निक़ाब–नक़ाब, घूंघट, पर्दा। हिजाब–शर्म, पर्दा। दफ़्तर-ए-दाग़–ज़ख़्मों की बहुतायत। तज़किरा–ज़िक्र, पर्चा, बयान, यादगार, वो किताब जिसमें शायरों का हाल लिखा जाए और उनकी शायरी का नमूना भी दिया जाऐ। इंतख़ाब–चुनिंदा शायरी का संकलन। नर्गिस–नर्गिस का फूल जिससे आँखों को उपमा दो जाती है। मस्त-ए-ख़्वाब–नींद से बोझिल आँखों वाला।

135. बुलबुल-ए-गुलगश्त–बाग़ की सैर करने वाला बुलबुल। ख़िज़ाँ–पतझड़। रंग उड़ना–रौनक़ जाती रहना। गुल-ए-बाग़-ए-जहाँ–दुनिया रूपी बाग़ के फूल। सुख़न–बात। अदम–परलोक। हस्ती–जीवन।

136. यक–एक। पारा–टुकड़ा। जैब–गरेबान। बजा–ठीक जगह। वहशत–दीवानगी, घबराहट। महशर–क़यामत। इल्तियाम–ज़ख़्म भरना।

137. हर्फ़–शब्द, बात, मुद्दआ। गिरह–बंद। अजल–मौत। सुख़न–बात, मुद्दआ।

138

नज़र में आवेगा जब जी का खोना   मिलेगा नींद भर तब मुझको सोना
तमाशा देखते हँसता चला आ   करे है शीशा-बाज़ी मेरा रोना
मिरा ख़ूँ तुझ पे साबित ही करेगा   किनारे बैठकर हाथों को धोना
वसीयत 'मीर' ने मुझको यही की
कि सब कुछ होना तू आशिक़ न होना

139

बेताबियों के जौर से मैं जब कि मर गया   होकर फ़क़ीर, सब्र मिरी गोर पर गया
काकुल में नाहीं, ख़त में नहीं, ज़ुल्फ़ में नहीं   रोज़-ए-सियह के साथ मिरा दिल किधर गया
मुफ़्लिस सो मर गया न हुआ वस्ल यार का   हिज्राँ में उसके जी भी गया और ज़र गया
तेरी ही रहगुज़र में ये जी जा रहा है शोख़
सुनियो कि 'मीर' आज ही कल में गुज़र रहा

140

ख़याल छोड़ दे वाइज़ तू बेगुनाही का   रखे है शौक़ अगर रहमत-ए-इलाही का
सियाह बख़्त से मेरे मुझे किफ़ायत थी   लिया है दाग़ ने दामन अबस सियाही का
निगह तमाम तो उसकी ख़ुदा न दिखलावे   करे है क़त्ल असर जिसकी कम-निगाही का
किसू के हुस्न के शोले के आगे उड़ता है
सुलूक 'मीर' सुनो मेरे रंग-ए-काही का

141

दिल गया, रुसवा हुए, आख़िर को सौदा हो गया
इस दो रोज़ा ज़ीस्त में हम पर भी क्या-क्या हो गया

---

138. जी खोना–जान देना। शीशा-बाज़ी–नर्तकों की एक मंडली जो नाचते समय प्यालों में गुलाब का अरक़ भर कर अपने सर पर रखकर तमाशा करते हैं और नाचते वक़्त प्याले को सर से गिरने नहीं देते, कर्तब-बाज़ी। ख़ूँ–ख़ून, क़त्ल।

139. जौर–ज़ुल्म, ज़्यादती। गोर–क़ब्र। काकुल–लटें, ज़ुल्फ़ें। नाहीं–नहीं। ख़त–चेहरे का रुआँ। रोज़-ए-सियह–मुसीबत का समय। मुफ़्लिस–ग़रीब, निर्धन। वस्ल–मिलन। हिज्राँ–जुदाई। ज़र–सोना, पैसा। शोख़–चंचल, माशूक़।

140. वाइज़–उपदेशक। रहमत-ए-इलाही–ईश्वर कृपा। सियाह बख़्त–बुरा भाग्य, बद-नसीबी। किफ़ायत–काफ़ी होना। अबस–बेवजह, बेकार में। निगह–निगाह। कम-निगाही–कम देखना। रंग-ए-काही–हरा रंग।

141. रुसवा–ज़लील, अपमानित। सौदा–जुनून, पागलपन। ज़ीस्त–जीवन, ज़िन्दगी।

142

हर शब जहाँ में जलते गुज़रती है ऐ नसीम
गोया चराग़-ए-वक़्फ़ हूँ मैं इस दयार का

143

रखता है हम से वा'दा मिलने का यार हर शब
सो जाते हैं वलेकिन बख़्त-ए-कनार हर शब

मुद्दत हुई कि अब तो हम से जुदा रखे है
उस आफ़ताब-रू को ये रोज़गार हर शब

देखें हैं राह किस की या-रब कि अख़्तरों की
रहती हैं बाज़ आँखें चन्दीं हज़ार हर शब

धोके तिरे किसू दिन मैं जान दे रहूँगा
करता है माह मेरे घर से गुज़ार हर शब

दिल की कुदूरत अपनी यक शब बयाँ हुई थी
रहता है आसमाँ पर तब से ग़ुबार हर शब

किस के लगा है ताज़ा तीर-ए-निगाह उसका
इक आह मेरे दिल के होती है पार हर शब

मजलिस में मैंने अपना सोज़-ए-जिगर कहा था
रोती है शम्अ तब से बे-इख़्तियार हर शब

मायूस-ए-वस्ल उस के क्या सादा मर्दुमाँ हैं
गुज़रे है 'मीर' उन को उम्मीद-वार हर शब

144

अब वो नहीं कि आँखें थीं पुर-आब रोज़-ओ-शब
टपका करे है आँखों से ख़ूँ-नाब रोज़-ओ-शब

इक वक़्त रोने का था हमें भी ख़याल सा
आते थे आँखों से चले सैलाब रोज़-ओ-शब

उसके लिए न फिरते थे हम ख़ाक छानते
रहता था पास वो दुर-ए-नायाब रोज़-ओ-शब

सज्दा उस आस्ताँ का नहीं यूँ हुआ नसीब
रगड़ा है सर मियाना-ए-मेहराब रोज़-ओ-शब

---

142. शब–रात। नसीम–हवा। गोया–जैसे कि, यानी। चराग़-ए-वक़्फ़–ईश्वर के नाम पर या जन-कल्याण के लिए जलाया हुआ दिया। दयार–शहर, इलाक़ा, मुल्क।

143. शब–रात। वलेकिन–लेकिन, मगर। बख़्त सोना–अभागा होना। कनार–पहलू, बग़ल। आफ़ताब रू–सूरज जैसे चेहरे वाला, माशूक़। रोज़गार–ज़माना, समय। अख़्तर–तारा। आँखें बाज़ रहना–आँखें खुली रहना, नींद न आना। चन्दीं–इस क़दर, इतनी। माह–चाँद। कुदूरत-परेशानी, भड़ास। यक शब–एक रात। मजलिस–महफ़िल। सोज़-ए-जिगर–दिल की परेशानी, दिल का दुखड़ा। बे-इख़्तियार–अत्यधिक। मायूस-ए-वस्ल–दर्शन से वंचित, मिलने से वंचित। मर्दुमाँ–लोग, आदमी। उम्मीद-वार–आशा से, उम्मीद से।

144. पुर-आब–आँसू भरी। रोज़-ओ-शब–रात-दिन। ख़ूँ-नाब–ख़ून के आँसू। सैलाब–बाढ़। ख़ाक छानना–बहुत तलाश करना, आवारा फिरना। दुर-ए-नायाब–दुर्लभ मोती, माशूक़। आस्ताँ–चौखट। मियाना-ए-मेहराब–मेहराब के बीच।

अब रस्म-ए-रब्त उठ ही गई वर्ना पेश-अज़ीं
बैठे ही रहते थे बहम अहबाब रोज़-ओ-शब

दिल किस के रू-ओ-मू से लगाया है 'मीर' ने
पाते हैं उस जवान को बेताब रोज़-ओ-शब

145

रोया किए हैं ग़म से तिरे हम तमाम शब   पड़ती रही है ज़ोर से शबनम तमाम शब
रुकने से दिल के आज बचा हूँ तो अब जिया   छाती ही में रहा है मिरा दम तमाम शब
ये इत्तसाल अश्क-ए-जिगर-सोज़ का कहाँ   रोती है यूँ तो शम्अ भी कम-कम तमाम शब

क़त्आ

शिकवा अबस है 'मीर' कि कुढ़ते हैं सारे दिन   या दिल का हाल रहता है, दरहम तमाम शब
गुज़रा किसे जहाँ में ख़ुशी से तमाम रोज़
किस की गई ज़माने में, बे-ग़म तमाम शब

146

किस की मस्जिद कैसे मयख़ाने कहाँ के शैख़-ओ-शाब
एक गर्दिश में तिरी चश्म-ए-सियह के सब ख़राब

मूँद रखना चश्म का हस्ती में ऐन-ए-दीद है
कुछ नहीं आता नज़र, जब आँख खोले है हबाब

मत ढलक मिज़गाँ से अब तू ऐ सरिश्क-ए-आबदार
मुफ़्त में जाती रहेगी तेरी मोती की सी आब

कुछ नहीं बहर-ए-जहाँ की मौज, पर मत भूल 'मीर'
दूर से दरिया नज़र आता है, लेकिन है सराब

रस्म-ए-रब्त–प्यार-मुहब्बत का रिवाज। पेश-अज़ीं–अब से पहले। बहम–साथ-साथ। अहबाब–दोस्त। दिल लगाना–इश्क़ करना, मुहब्बत करना। रू-ओ-मू–चेहरा और ज़ुल्फ़।

145. शब–रात। शबनम–ओस। इत्तसाल–निरंतरता, झड़ी सी लगना। अश्क-ए-जिगर-सोज़–जिगर को जलाने वाले आँसू। अबस–बेकार, व्यर्थ। दरहम–तितर-बितर।

146. शैख़-ओ-शाब–बूढ़े और जवान। गर्दिश–चक्कर। चश्म-ए-सियह–काली आँख, बहुत सुन्दर आँख। ऐन-ए-दीद–वास्तविक दर्शन। हबाब–बुलबुला। मिज़गाँ–पलक। सिरिश्क-ए-आबदार–चमकते हुए आँसू। आब–पानी, आँसू, चमक। बहर-ए-जहाँ–दुनिया रूपी बड़ा दरिया, समंदर। मौज–लहर, तरंग। सराब–मृग-तृष्णा, धोखा, रेत पर चमकने वाला पानी का धोखा।

147

'मीर' शाइर भी ज़ोर कोई था
देखते हो न बात का उस्लूब

148

खा के दाना ये दाम बिछवाया
होए आदम को भी बहिश्त नसीब

149

वहशत है बहुत 'मीर' को मिल आइए चलकर
क्या जानिए फिर याँ से गए कब हो मुलाक़ात

150

तंग हो जावेगा अर्सा ख़ुफ़्तगान-ए-ख़ाक पर
गर हमें ज़ेर-ए-ज़मीं सौंपा दिल-ए-नालाँ समेत

बाग़ कर दिखलाएँगे दामान-ए-दश्त-ए-हश्र को
हम भी वाँ आए अगर मिज़्गाँन-ए-ख़ून-अफ़्शाँ समेत

उठ गया पर्दा नसीहत-गर के लग पड़ने से 'मीर'
फाड़ डाला मैं गिरेबाँ रात को दामाँ समेत

151

पलकों पे थे पारा-ए-जिगर रात   हम आँखों में ले गए बसर रात
इक दिन तो वफ़ा भी करते वादा   गुज़री है उमीदवार हर रात
मुखड़े से उठाईं उन ने जुल्फ़ें   जाना भी न हम, गई किधर रात
साक़ी के जो आने की ख़बर थी   गुज़री हमें सारी बे-ख़बर रात
खुलती है जब आँख शब को तुझ बिन
कटती नहीं आती फिर नज़र रात

---

147. ज़ोर–ग़ज़ब-नाक, असाधारण। उस्लूब–ढंग, तरीक़ा।

148. दाम–फंदा। बहिश्त–स्वर्ग।

149. वहशत–पागलपन, दीवानगी।

150. अर्सा तंग होना–मुसीबत में जान होना। ख़ुफ़्तगान-ए-ख़ाक–मिट्टी में सोए हुए, क़ब्र में दफ़्न मुर्दे। ज़ेर-ए-ज़मीं–ज़मीन के नीचे, क़ब्र में। दिल-ए-नालाँ–रोता हुआ दिल। दामान-ए-दश्त-ए-हश्र–क़यामत के जंगल का दामन/सहन। मिज़्गाँन-ए-ख़ून-अफ़्शाँ–ख़ून बहाती पलकें। नसीहत-गर–नसीहत करने वाला, उपदेशक। लग पड़ना–सर हो जाना, पीछे लग जाना।

151. पारा-ए-जिगर–जिगर के टुकड़े। बसर ले जाना–गुज़ारना। वादा वफ़ा करना–वादा निभाना। साक़ी–शराब पिलाने वाला। शब–रात।

152

छुटता ही नहीं हो जिसे आज़ार-ए-मुहब्बत
मायूस हूँ मैं भी कि हूँ बीमार-ए-मुहब्बत
इम्काँ नहीं जीते-जी हो इस क़ैद से आज़ाद
मर जाए तभी छूटे गिरफ़्तार-ए-मुहब्बत
तक़्सीर न ख़ूबाँ की न जल्लाद का कुछ जुर्म
था दुश्मन-ए-जानी मिरा इक़रार-ए-मुहब्बत
हर जिंस के ख़्वाहाँ मिले बाज़ार-ए-जहाँ में
लेकिन न मिला कोई ख़रीदार-ए-मुहब्बत
इस राज़ को रख जी ही में ता जी बचे तेरा
ज़िन्हार जो करता हो तू इज़हार-ए-मुहब्बत
हर नक़्श-ए-क़दम पर तिरे सर बेचे हैं आशिक़
टुक सैर तो कर आज तू बाज़ार-ए-मुहब्बत
कुछ मस्त हैं हम दीदा-ए-पुर-ख़ून-ए-जिगर से
आया यही है साग़र-ए-सरशार-ए-मुहब्बत
बेकार न रह इश्क़ में तू रोने से हरगिज़
ये गिरया ही है आब-ए-रुख़-ए-कार-ए-मुहब्बत
मुझ सा ही हो मजनूँ भी ये कब माने है आक़िल
हर सर नहीं ऐ 'मीर' सज़ा-वार-ए-मुहब्बत

153

जी में है याद-ए-रुख़-ओ-ज़ुल्फ़-ए-सियह-फ़ाम बहुत
रोना आता है मुझे हर सहर-ओ-शाम बहुत

दस्त-ए-सय्याद तलक भी न मैं पहुँचा जीता
बे-क़रारी ने लिया मुझ को तह-ए-दाम बहुत

एक दो चश्मक इधर गर्दिश-ए-साग़र कि मुदाम
सर चढ़ी रहती है ये गर्दिश-ए-अय्याम बहुत

दिल-ख़राशी-ओ-जिगर-चाकी-ओ-ख़ून-अफ़्शानी
हूँ तो नाकाम पः रहते हैं मुझे काम बहुत

फिर न आए जो हुए ख़ाक में जा आसूदा
ग़ालिबन ज़ेर-ए-ज़मीं 'मीर' है आराम बहुत

---

152. आज़ार-ए-मुहब्बत–प्यार का रोग। इम्काँ–उम्मीद। तक़्सीर–ग़लती। ख़ूबाँ–सुन्दर मुखड़े वाले। इक़रार-ए-मुहब्बत–प्यार की स्वीकृति। जिंस–वस्तु, चीज़। ख़्वाहाँ–ख़्वाहिश रखने वाले, इच्छुक। ज़िन्हार–हरगिज़। नक़्श-ए-क़दम–पदचिन्ह। दीदा-ए-पुर-ख़ून-ए-जिगर–दिल से निकले ख़ून से भरी आँख। साग़र-ए-सरशार-ए-मुहब्बत–प्यार से भरा प्याला। आब-ए-रुख़-ए-कार-ए-मुहब्बत–इश्क़ के कारण चेहरे पर चमकते आँसू। आक़िल–समझदार, अक़्लमंद। सज़ा-वार-ए-मुहब्बत–मुहब्बत के लायक़, प्यार के योग्य।

153. याद-ए-रुख़-ओ-ज़ुल्फ़-ए-सियह-फ़ाम–माशूक़ के चेहरे और काली ज़ुल्फ़ों की रंगत की याद। दस्त-ए-सय्याद–शिकारी के हाथ। तह-ए-दाम–जाल के नीचे। चश्मक–आँखों का इशारा। गर्दिश-ए-साग़र–शराब के प्याले का दौर। मुदाम–हमेशा, सदा। सर चढ़ना–मुँह लगना, घमंड करना। गर्दिश-ए-अय्याम–दिनों का फेर, बद-क़िस्मती। दिल-ख़राशी–दिल का छिलना, दिल की परेशानी। जिगर-चाकी–जिगर का फटना। ख़ून-अफ़्शानी–ख़ून के आँसू रोना। आसूदा–आराम पाया हुआ। ग़ालिबन–यक़ीन के साथ। ज़ेर-ए-ज़मीं–ज़मीन के नीचे, क़ब्र में।

154

क्या कहें अपनी उसकी शब की बात   कहिए होवे जो कुछ भी ढब की बात
अब तो चुप लग गई है हैरत से   फिर खुलेगी ज़बान जब की बात
नुक्ता-दानान-ए-रफ़्ता की न कहो   बात वो है जो होवे अब की बात
किस का रू-ए-सुख़न नहीं है इधर   है नज़र में हमारी सब की बात
ज़ुल्म है क़हर है क़यामत है   ग़ुस्से में उसके ज़ेर-ए-लब की बात
कहते हैं आगे था बुतों में रहम   है ख़ुदा जानिए ये कब की बात
गो कि आतिश-ज़बाँ थे आगे 'मीर'
अब की कहिए, गई वो तब की बात

155

क्या-क्या लिखा है मैंने वो 'मीर' क्या कहेगा
गुम होवे नामाबर से या-रब मेरी किताबत

156

आए हैं 'मीर' मुँह को बनाए ख़फ़ा से आज
शायद बिगड़ गई है उस बेवफ़ा से आज

वाशुद हुई न दिल को फ़क़ीरों के भी मिले
खुलती नहीं गिरह ये किसू की दुआ से आज

जीने में इख़्तियार नहीं वरना हमनशीं
हम चाहते हैं मौत तो अपनी ख़ुदा से आज

साक़ी टुक एक मौसम-ए-गुल की तरफ़ भी देख
टपका पड़े है रंग चमन में हवा से आज

था जी में उस से मिलिए तो क्या-क्या न कहिए 'मीर'
पर कुछ कहा गया न ग़म-ए-दिल हया से आज

---

154. शब-रात। नुक्ता-दानान-ए-रफ़्ता–काव्य-मर्मज्ञ, गुणग्राही जो अब नहीं रहे। रू-ए-सुख़न–सम्बोधन, इशारा। ज़ेर-ए-लब–होठों में दबी बात। बूत–मूर्ति, माशूक़। गो–यद्यपि, हालाँकि। आतिश-ज़बाँ–अपने शे'रों से लोगों में जोश भर देने वाला।

155. नामाबर–पत्रवाहक। किताबत–लिखा हुआ।

156. वाशुद होना–खुलना। गिरह–गाँठ। इख़्तियार–अधिकार, बस। हमनशीं–साथी, दोस्त। साक़ी–शराब पिलाने वाला, माशूक़। मौसम-ए-गुल–बहार का मौसम। चमन–बाग़। हया–शर्म।

157

काश उठें हम भी गुनहगारों के बीच हूँ जो रहमत के सज़ावारों के बीच
जी सदा उन अब्रुओं ही में रहा की बसर हम उम्र तलवारों के बीच
चश्म हो तो आईना-ख़ाना है दहर मुँह नज़र आता है दीवारों के बीच
हैं अनासिर की ये सूरत बाज़ियाँ शोबदे क्या-क्या हैं इन चारों के बीच
जब से ले निकला है तू ये जिंस-ए-हुस्न पड़ गई है धूम बाज़ारों के बीच
आशिक़ी - ओ - बेकसी - ओ - रफ़्तगी जी रहा कब ऐसे आज़ारों के बीच
यारो मत उसका फ़रेब-ए-मेहर खाओ
'मीर' भी थे उसके ही यारों के बीच

158

हाल गुलज़ार-ए-ज़माना का है जैसे कि शफ़क़ रंग कुछ और ही हो जाए है इक आन के बीच
कान रख-रख के बहुत दर्द-ए-दिल-ए-'मीर' को तुम
सुनते तो हो पः कहीं दर्द न हो कान के बीच

159

कर न ताख़ीर तू इक शब की मुलाक़ात के बीच
दिन न फिर जाएँगे उश्शाक़ के इक रात के बीच

हर्फ़ज़न मत हो किसी से तू कि ऐ आफ़त-ए-शहर
जाते रहते हैं हज़ारों के सर, इक बात के बीच

मेरी ताअत को क़ुबूल आह कहाँ तक होगा
सुब्हा इक हाथ में है, जाम है इक हात के बीच

बैठें हम उसके सग-ए-कू के बराबर क्यूँकर
करते हैं ऐसी मईशत तो मसावात के बीच

ताब-ओ-ताक़त को तो रुख़्सत हुए मुद्दत गुज़री
पंद-गो यूँ ही न कर अब ख़लल औक़ात के बीच

---

157. रहमत–मेहरबानी, कृपा। अब्रु–भौं। चश्म–नज़र, समझ। आईना-ख़ाना–चारों तरफ़ आईने लगा हुआ मकान। दहर–दुनिया। अनासिर–मूल तत्त्व यानी हवा, पानी, मिट्टी और अग्नि। सूरत बाज़ी–बहरूप, सूरत बनाना। शोबदा–धोखा, फ़रेब। जिंस–वस्तु। बेकसी–अकेलापन, लाचारी। रफ़्तगी–बेहोशी, बेख़ुदी। आज़ार–मुसीबत। फ़रेब-ए-मेहर–कृपा रूपी धोखा, प्यार का धोखा।

158. गुलज़ार-ए-ज़माना–दुनिया रूपी बाग़। शफ़क़–सुबह की लाली। आन–पल।

159. ताख़ीर–देर। शब–रात। उश्शाक़–आशिक़ का बहुवचन। हर्फ़ज़न–बातूनी। ताअत–पूजा, इबादत। सुब्हा–जप-माला। सग-ए-कू–गली का कुत्ता। मईशत–गुज़र-बसर। मसावात–बराबरी। पंद-गो–उपदेशक। ख़लल–विघ्न। औक़ात–वक़्त का बहुवचन।

जिन्दगी किस के भरोसे पे मुहब्बत में करूँ
इक दिल-ए-ग़म-ज़दा है सो भी है आफ़ात के बीच

बे मय-ओ-मुग़बचा इक दम न रहा था कि रहा
अब तलक 'मीर' का तकिया है ख़राबात के बीच

160

हम सियह-कारों का हँसना वो है मयख़ाने की ओर
आ गए हैं 'मीर' मस्जिद में चले मस्ती के बीच

161

होने लगा गुज़ार-ए-ग़म-ए-यार बे-तरह रहने लगा है दिल को अब आज़ार बे-तरह
अब कुछ तरह नहीं है कि हम ग़मज़दे हों शाद कहने लगा है मुँह से सितमगार बे-तरह
फ़ित्ना उठेगा वरना निकल घर से तू शिताब बैठे हैं आके तालिब-ए-दीदार बे-तरह
लोहू में शोर-बोर है दामान-ओ-जैब-ए-'मीर'
बिफरा है आज दीदा-ए-ख़ूँबार बे-तरह

162

मंज़ूर उसको पर्दे में हैं बे-हिजाबियाँ किससे हुआ दो चार वो अय्यार एक तरह
सब तरहें उसकी अपनी नज़र में थीं क्या कहें पर हम भी हो गए हैं गिरफ़्तार एक तरह
घर उसके जाके आते हैं पामाल होके हम करिए मकाँ ही अब सर-ए-बाज़ार एक तरह

क़त्आ

गह गुल है, गाह रंग, गहे बाग़ की है बू आता नहीं नज़र वो तरहदार एक तरह
नैरंग-ए-हुस्न-ए-दोस्त से कर आँखें आश्ना मुमकिन नहीं वगरना हो दीदार एक तरह
हर तरह तू ज़लील ही रखता है 'मीर' को
होता है आशिक़ी में कोई ख़्वार एक तरह

दिल-ए-ग़म-ज़दा–ग़म का मारा दिल, परेशान दिल। आफ़ात–मुसीबतें। मुग़बचा–शराब परोसने वाला लड़का। तकिया–ठिकाना, फ़क़ीर का ठिकाना। ख़राबात–शराब-ख़ाना, जुआ-घर।

160. सियह-कार–बुरे काम करने वाला, पापी।

161. गुज़ार-ए-ग़म-ए-यार–महबूब के ग़म में गुज़ारा। बे-तरह–बुरी तरह, बहुत अधिक। आज़ार–बीमारी, परेशानी। शाद–ख़ुश। फ़ित्ना–बखेड़ा। शिताब–जल्दी। तालिब-ए-दीदार–दर्शन चाहने वाला। शोर-बोर–तर-बतर। दामान-ओ-जैब-ए-'मीर'–'मीर' का दामन और गिरेबान। दीदा-ए-ख़ूँबार–ख़ून के आँसू रोने वाली आँख।

162. बे-हिजाबियाँ–बेबाकियाँ। दो-चार होना–सामना होना। अय्यार–चालाक। पामाल–पैरों तले कुचले जाना। सर-ए-बाज़ार–बाज़ार के बीचोबीच। गह/गाह/गहे–कभी। तरहदार–सुन्दर बनावट वाला, ख़ूबसूरत। नैरंग-ए-हुस्न-ए-दोस्त–माशूक़ के हुस्न के बदलाव, जादू, फ़रेब। आश्ना–परिचित। ख़्वार–बेइज़्ज़त।

163

है नहीं दुश्मन-ए-जहाँ वो शोख़
इन दिनों कुछ है मेहरबाँ वो शोख़

164

वज्ह-ए-दम-सर्दी नहीं मैं जानता रोने के बाद
मेंह बरसा है कहीं शायद हवा आती है सर्द
एक शब पहलू किया था गर्म उन ने तेरे साथ
रात को रहता है अक्सर 'मीर' के पहलू में दर्द

165

आवेगी मेरी क़ब्र से आवाज़ मेरे बाद
उभरेंगे इश्क़-ए-दिल से तिरे राज़ मेरे बाद
जीना मिरा तो तुझ को ग़नीमत है ना-समझ
खींचेगा कौन फिर ये तिरे नाज़ मेरे बाद
शम्अ-ए-मज़ार और ये सोज़-ए-जिगर मिरा
हर शब करेंगे ज़िन्दगी ना-साज़ मेरे बाद
हसरत है उसके देखने की दिल में बे-क़ियास
अग़्लब कि मेरी आँखें रहें बाज़ मेरे बाद
करता हूँ मैं जो नाले सर-अंजाम बाग़ में
मुँह देखो, फिर करेंगे हम-आवाज़ मेरे बाद
बिन गुल मुआ ही मैं तो प: तू जा के लौटियो
सेहन-ए-चमन में ऐ पर-ए-परवाज़ मेरे बाद
बैठा हूँ 'मीर' मरने को अपने में मुस्तइद
पैदा न होंगे मुझ से भी जाँबाज़ मेरे बाद

166

ना पढ़ा ख़त को या पढ़ा क़ासिद
आख़िर-ए-कार क्या कहा क़ासिद
कोई पहुँचा न ख़त मिरा उस तक
मेरे ताले' हैं ना-रसा क़ासिद
गिर पड़ा ख़त तो तुझ पे हर्फ़ नहीं
ये भी मेरा ही था लिखा क़ासिद
अब ग़रज़ ख़ामुशी ही बेहतर है
क्या कहूँ तुझसे माजरा क़ासिद
शब किताबत के वक़्त गिरये में
जो लिखा था सो बह गया क़ासिद

---

163. शोख़–चंचल, महबूब।

164. वज्ह-ए-दम-सर्दी–साँस के ठंडा होने का कारण। शब–रात। पहलू गर्म करना–बग़ल में बैठना।

165. राज़–भेद, मर्म। ग़नीमत–संतोष करने का कारण, बड़ी बात। नाज़ खींचना–नख़रे उठाना। शम्अ-ए-मज़ार–क़ब्र का चराग़/दिया। सोज़-ए-जिगर–दिल की जलन, दुख-दर्द। ना-साज़–प्रतिकूल, मुख़ालिफ़। हसरत–अभिलाषा, इच्छा। बे-क़ियास–बेइंतहा, बेशुमार। अग़्लब–यक़ीनी, ज़रूर। बाज़ रहना–खुली रहना। नाला–रोना-पीटना। सर-अंजाम–काम का नतीजा, कारणवश। हम-आवाज़–आवाज़ में आवाज़ मिलाने वाला, साथी। मुआ–मरा। सेहन-ए-चमन–बाग़ का आँगन। पर-ए-परवाज़–उड़ने वाला। मुस्तइद–तैयार। जाँबाज़–दिलेर।

166. क़ासिद–पत्रवाहक। ताले'–भाग्य, क़िस्मत। ना-रसा–न पहुँचने वाला, बे-असर। हर्फ़–इल्ज़ाम, आरोप। ग़रज़–बस, मतलब। माजरा–हाल, घटना। किताबत के वक़्त–लिखते समय। गिरया–आँसू।

है तिलिस्मात उसका कूचा तो   जो गया सो वहीं रहा क़ासिद
नामा-ए-'मीर' को उड़ाता है
काग़ज़-ए-बाद गिर गया क़ासिद

167

हूँ रहगुज़र में तेरे हर नक़्श-ए-पा है शाहिद   उड़ती है ख़ाक मेरी बाद-ए-सबा है शाहिद
तौफ़-ए-हरम में भी मैं भूला न तुझको ऐ बुत   आता है याद तू ही, मेरा ख़ुदा है शाहिद
शर्मिंदा-ए-असर कुछ बातिन मिरा नहीं है   वक़्त-ए-सहर है शाहिद, दस्त-ए-दुआ है शाहिद
ईज़ा है 'मीर' पर जो वो तो कहूँ ही गा मैं
बारे ये कह कि तेरी ख़ातिर में क्या है शाहिद

168

ऐ गुल-ए-नौ-दमीदा के मानिंद   है तू किस आफ़्रीदा के मानिंद
हम उम्मीद-ए-वफ़ा पे तेरी हुए   गुंचा-ए-देर-चीदा के मानिंद
सर उठाते ही हो गए पामाल   सब्ज़ा-ए-नौ-दमीदा के मानिंद
हम गिरफ़्तार-ए-हाल हैं अपने   ताइर-ए-पर-बुरीदा के मानिंद
'मीर साहिब' भी उसके हाँ थे लेक
बंदा-ए-ज़र-ख़रीदा के मानिंद

169

बहुत हैं हाथ ही तेरे न कर क़फ़स की फ़िक्र   मिरा तो काम इन्हीं में तमाम है सय्याद
यही गुलों को तनिक देखूँ इतनी मोहलत हो   चमन में और तो क्या मुझको काम है सय्याद
अभी कि वहशी है इस कशमकश के बीच है 'मीर'
ख़ुदा ही उसका है जो तेरा राम है सय्याद

तिलिस्मात–जादू। नामा-ए-'मीर'-'मीर' का पत्र। काग़ज़-ए-बाद–पतंग, गुड्डी।

167. नक़्श-ए-पा–पाँव के निशान। शाहिद–गवाह, महबूब। बाद-ए-सबा–सुबह की ठंडी हवा। तौफ़-ए-हरम–हज के समय का'बे की परिक्रमा। बुत–मूर्ति, महबूब। शर्मिंदा-ए-असर–नतीजे से पैदा लज्जा, शर्मसार। बातिन–अंतरात्मा, मन। वक़्त-ए-सहर–सुबह का समय। दस्त-ए-दुआ–दुआ के लिए उठा हाथ। ईज़ा–दुख, परेशानी। बारे–एक बार। ख़ातिर–दिल।

168. गुल-ए-नौ-दमीदा–ताज़ा खिला हुआ फूल। मानिंद–जैसे, बराबर। आफ़्रीदा–पैदा किया हुआ, लोग। गुंचा-ए-देर-चीदा–देर से चुनी हुई कली। सर उठाना–घमंड करना, धूम मचाना। पामाल–तबाह, बर्बाद। सब्ज़ा-ए-नौ-दमीदा–नई उगी हुई घास। गिरफ़्तार-ए-हाल–परिस्थिति के बंदी। ताइर-ए-पर-बुरीदा–पर कटा पक्षी। हाँ–यहाँ। लेक–लेकिन। बंदा-ए-ज़र-ख़रीदा–ख़रीदा हुआ, ग़ुलाम।

169. क़फ़स–पिंजरा। काम तमाम होना–मरना, जान से जाना। सय्याद–शिकारी। मोहलत–फ़ुर्सत, अवकाश। चमन–बाग़। वहशी–भड़कने वाला, एक हाल पर न रहने वाला। राम होना–आज्ञाकारी होना।

170

मेरे संग-ए-मज़ार पर फ़रहाद रख के तेशा कहे है या उस्ताद
हम से बिन मर्ग क्या जुदा हो मलाल जान के साथ है दिल-ए-नाशाद
मूँद आँखें सफ़र अदम का कर बस है देखा न आलम-ए-ईजाद
फ़िक्र-ए-तामीर में न रह मुनइम ज़िन्दगानी की कुछ भी है बुनियाद
ख़ाक भी सर पे डालने को नहीं किस ख़राबे में हम हुए आबाद
सुनते हो टुक सुनो कि फिर मुझ बाद न सुनोगे ये नाला-ओ-फ़रियाद
लगती है कुछ समूम सी तू नसीम ख़ाक किस दिल-जले की दी बर्बाद
भूला जा है ग़म-ए-बुताँ में जी ग़रज़ आता है फिर ख़ुदा ही याद
तेरे क़ैद-ए-क़फ़स का क्या शिकवा नाले अपने से, अपने से फ़रियाद
हर तरफ़ हैं असीर हम-आवाज़ बाग़ है घर तिरा तो, ऐ सय्याद
हम को मरना ये है कि कब हों कहीं अपनी क़ैद-ए-हयात से आज़ाद
नहीं सूरत-पज़ीर नक़्श उसका यूँही तस्दी' खींचे है बहज़ाद

क़त्आ

ख़ूब है ख़ाक से बुज़ुर्गों की चाहना तो मिरे तईं इमदाद
पर मुरव्वत कहाँ की है ऐ 'मीर' तू ही मुझ दिल-जले को कर इरशाद
ना-मुरादी हो जिस पे परवाना
वो जलाता फिरे चराग़-ए-मुराद

171

ऊधर तलक ही चर्ख़ के मुश्किल है टुक गुज़र
ऐ आह फिर असर तो है बरछी की चोट पर

धड़का था दिल तपीदन-ए-शब से सो आज सुब्ह
देखा वही कि आँसूओं में चू पड़ा जिगर

---

170. संग-ए-मज़ार–क़ब्र का पत्थर। फ़रहाद–शीरीं का प्रेमी। तेशा–कुदाल, बेलचा। मर्ग–मृत्यु। मलाल–दुख-दर्द। दिल-ए-नाशाद–दुखी मन। अदम–परलोक। फ़िक्र-ए-तामीर–निर्माण करने की चिन्ता। मुनइम–धनवान, दौलतमंद। नाला-ओ-फ़रियाद–रोना और गिड़गिड़ाना। समूम–लू, गर्म हवा। नसीम–ठंडी हवा। ग़म-ए-बुताँ–माशूक़ों का ग़म। क़ैद-ए-क़फ़स–पिंजरे की क़ैद। असीर–बंदी, क़ैदी। नाला–रोना। हम-आवाज़–साथी। सय्याद–शिकारी। क़ैद-ए-हयात–जीवन रूपी क़ैद। सूरत-पज़ीर–सूरत बनाना। तस्दी'–तकलीफ़, दुख। बहज़ाद–प्राचीन ईरान के एक चित्रकार का नाम। इमदाद–मदद। मुरव्वत–शिष्टाचार। इरशाद करना–कहना, आज्ञा देना। ना-मुरादी–नाकामी, बद-नसीबी। परवाना होना–आशिक़ होना, जान देना। चराग़-ए-मुराद-जलाना–मनोकामना पूरी होने के लिए उपासना स्थल या किसी पवित्र स्थान पर चराग़/दिया जलाना।

171. चर्ख़–आसमान। फिर असर तो है–यानी असर यक़ीनी है/पक्का है। तपीदन-ए-शब–रात की तड़प, रात की बेक़रारी। चू पड़ा–टपक पड़ा। चूना–टपकना।

हम तो असीर-ए-कुँज-ए-क़फ़स हो के मर चले
ऐ इश्तियाक़-ए-सैर-ए-चमन तेरी क्या ख़बर

मत ऐब कर जो ढूंडूँ मैं उस को कि मुद्दई
ये जी भी यूँ ही जाएगा रहता है तू किधर

आती ही बूझियो तू बला अपने सर सबा
वे मुश्क-फ़ाम ज़ुल्फ़ें परेशाँ हुईं अगर

जाती नहीं है दिल से तिरी याद-ए-ज़ुल्फ़-ओ-रू
रोते ही मुझ को गुज़रे है क्या शाम क्या सहर

ऐ सैल टुक सँभल के क़दम बादिये में रख
हर सम्त को है तिश्ना-लबी का मिरी ख़तर

करता है कौन मना' कि सज अपनी तू न देख
लेकिन कभी तो 'मीर' के कर हाल पर नज़र

172

ग़ैरो से वे इशारे हमसे छुपा-छुपा कर फिर देखना इधर को आँखें मिला-मिला कर
हर गाम सद्द-ए-रह थी बुतख़ाने की मुहब्बत का'बे तलक तो पहुँचे लेकिन ख़ुदा-ख़ुदा कर
जूँ शम्अ सुब्ह-गाही यकबार बुझ गए हम उस शोला-ख़ू ने हमको मारा जला-जला कर

मैं मना' 'मीर' तुझको करता न था हमेशा
खोई न जान तूने दिल को लगा-लगा कर

173

देखूँ मैं अपनी आँखों से आवे मुझे क़रार ऐ इंतज़ार तुझको किसी का हो इंतज़ार
साक़ी तू एक बार तो तौबा मिरी तुड़ा तौबा करुँ जो फिर तो है तौबा हज़ार बार
क्या ज़मज़मा करूँ हूँ ख़ुशी तुझसे हम-सफ़ीर आया जो मैं चमन में तो जाती रही बहार
किस ढब से राह-ए-इश्क़ चलूँ है ये डर मुझे फूटें कहीं न आबले टूटें कहीं न ख़ार

असीर-ए-कुँज-ए-क़फ़स–पिंजरे के कोने में क़ैद। इश्तियाक़-ए-सैर-ए-चमन–बाग़ की सैर करने की तमन्ना। मुश्क-फ़ाम–काला, काले रंग का। ज़ुल्फ़ परेशाँ होना–बालों का बिखर जाना। याद-ए-ज़ुल्फ़-ओ-रू–बाल और चेहरे की याद। सहर–सुबह। सैल–बाढ़। बादिया–जंगल, वीराना। सम्त–तरफ़। तिश्ना-लबी–प्यास। सज–ख़ूबसूरती, अन्दाज़, ढंग।

172. गाम–क़दम। सद्द-ए-राह–रास्ते की रुकावट। बुतख़ाना–मूर्तिगृह, मंदिर। सुब्ह-गाही–सुबह के वक़्त का। यकबार–एक बार। शोला-ख़ू–उग्र स्वभाव वाला।

173. ज़मज़मा–गीत, नग़मा। हम-सफ़ीर–एक आवाज़ में बोलने वाले, साथी। आबले–छाले। ख़ार–काँटा।

कूचे की उसके राह न बतलाई बाद-ए-मर्ग   दिल में सबा रखे थी मिरी ख़ाक से ग़ुबार

वुसअत जहाँ की छोड़ जो आराम चाहे 'मीर'
आसूदगी रखे है बहुत गोशा-ए-मज़ार

174

ये इश्क़-बे-अजल-कुश है बस ऐ दिल अब तवक्कुल कर
अगरचे जान जाती है चली लेकिन तग़ाफ़ुल कर

सफ़र हस्ती का मत कर सरसरी जूँ बाद ऐ रह-रौ
ये सब ख़ाक आदमी थे हर क़दम पर टुक तअम्मुल कर

न वादा तेरे आने का न कुछ उम्मीद तालेअ से
दिल-ए-बेताब को किस मुँह से कहिए टुक तहम्मुल कर

ये क्या जानूँ कि क्यूँ रोने लगा रोने से रहकर मैं
मगर ये जानता हूँ मेंह घिर आता है फिर खुल कर

तजल्ली जल्वा हैं कुछ बाम-ओ-दर ग़म-ख़ाने के मेरे
वो रश्क-ए-माह आया हम-नशीं बस अब दिया गुल कर

गुदाज़-ए-आशिक़ी का 'मीर' के शब ज़िक्र आया था
जो देखा शम्अ-ए-मजलिस को तो पानी हो गई घुल कर

175

कर रहम टुक, कब तक सितम मुझ पर जफ़ा-कार इस क़दर
यक सीना, ख़ंजर सैंकड़ों, यक जान-ओ-आज़ार इस क़दर

भागे मिरी सूरत से वो, आशिक़ मैं उसकी शक्ल पर
मैं उसका ख़्वाहाँ याँ तलक, वो मुझ से बेज़ार इस क़दर

बाद-ए-मर्ग–मौत के बाद। सबा–हवा। ग़ुबार रखना–द्वेष भाव रखना। वुसअत–चौड़ाई, फैलाव। आसूदगी–चैन, आराम। गोशा-ए-मज़ार–क़ब्र का कोना।

174. बे-अजल-कुश–बिन मौत मारने वाला। तवक्कुल करना–ख़ुदा पर भरोसा रखना। अगरचे–यद्यपि, हालाँकि। तग़ाफ़ुल–जान बूझकर ग़फ़लत करना, बे-परवाई। सरसरी–जल्दी से, बिना सोचे-समझे। जूँ बाद–हवा की तरह। रह-रौ–पथिक। तअम्मुल–सोच-विचार। तालेअ–क़िस्मत। तहम्मुल–धैर्य, सब्र। तजल्ली–रौशनी। बाम-ओ-दर–छत और दरवाज़ा। रश्क-ए-माह–जिसकी सुन्दरता से चाँद को भी जलन हो, माशूक़। हम-नशीं–साथी, दोस्त। दिया गुल करना–दिया बुझाना। गुदाज़-ए-आशिक़ी–आशिक़ी में पिघलना। शब–रात। शम्अ-ए-मजलिस–महफ़िल का चराग़, मोमबत्ती।

175. जफ़ा-कार–ज़ालिम। यक–एक। आज़ार–दुख। ख़्वाहाँ–चाहने वाला। बेज़ार–नाराज़, नाख़ुश।

मंज़िल पहुँचना यक तरफ़, नै सब्र है नै है सुकूँ
यकसर क़दम में आब्ले, फिर राह-ए-पुर-ख़ार इस क़दर

जुज़ कशमकश होवे तो क्या आलम से हमको फ़ायदा
ये बे-फ़ज़ा है इक क़फ़स हम हैं गिरफ़्तार इस क़दर

176

न देखा आख़िर उस आईना-रू को नज़र से भी निगाह-ए-वापसीं पर
हुआ है हाथ गुलदस्ता हमारा कि दाग़-ए-ख़ूँ बहुत है आस्तीं पर
ख़ुदा जाने कि क्या ख़्वाहिश है जी को नज़र अपनी नहीं है मेहर-ओ-कीं पर
पर-अफ़्शानी क़फ़स ही की बहुत है कि परवाज़-ए-चमन क़ाबिल नहीं पर

क़त्आ

जिगर में अपने बाक़ी रोते-रोते अगरचे कुछ नहीं ऐ हमनशीं पर
कभू जो आँख से चलते हैं आँसू तो भर जाता है पानी सब ज़मीं पर
क़दम दश्त-ए-मुहब्बत में न रख 'मीर'
कि सर जाता है गाम-ए-अव्वलीं पर

177

दिल, दिमाग़-ओ-जिगर, ये सब इक बार काम आए फ़िराक़ में ऐ यार
गुल-ए-पज़मुर्दा का नहीं ममनून हम असीरों का गोशा-ए-दस्तार
सैंकड़ों हर्फ़ हैं, गिरह दिल में पर कहाँ पाइए लब-ए-इज़हार
बहस-ए-नाला भी कीजियो बुलबुल पहले पैदा तो कर, लब-ए-गुफ़्तार
सहल सी ज़िन्दगी, पः काम के तईं अपने ऊपर न कीजिए दुश्वार
चार दिन का है मजहला ये सब सब से रखिए सुलूक ही नाचार
कोई ऐसा गुनाह और नहीं ये कि कीजे सितम किसी पर यार

नै–न। यकसर–बिल्कुल, तमाम, एक सिरे से दूसरे सिरे तक। आब्ला–फफोला, छाला। राह-ए-पुर-ख़ार–काँटों से भरा रास्ता। जुज़–सिवा, अलावा। आलम–दुनिया। बे-फ़ज़ा–उजाड़, बे-रौनक़। क़फ़स–पिंजरा।

176. आईना-रू–रौशन चेहरे वाला, महबूब। निगाह-ए-वापसीं–मरते समय की निगाह जो आख़री बार डाली जाए। दाग़-ए-ख़ूँ–ख़ून के धब्बे। आस्तीं–आस्तीन। मेहर-ओ-कीं–दोस्ती और दुश्मनी। पर-अफ़्शानी–बेताबी, पर फड़फड़ाना, पर फैलाना। क़फ़स–पिंजरा। परवाज़-ए-चमन–बाग़ के इर्द-गिर्द उड़ना। अगरचे–हालाँकि, यद्यपि। हमनशीं–साथी। दश्त–जंगल। गाम-ए-अव्वलीं–पहला क़दम।

177. फ़िराक़–विरह, जुदाई। गुल-ए-पज़मुर्दा–मुर्झाया हुआ फूल। ममनून–आभारी। असीर–क़ैदी। गोशा-ए-दस्तार–पगड़ी का कोना। हर्फ़–बात। गिरह–बंद, गाँठ। लब-ए-इज़हार–बयान करने की ताक़त, कहने की शक्ति। बहस-ए-नाला–रोने की बहस। लब-ए-गुफ़्तार–बातचीत करने की ताक़त। सहल–आसान। तईं–कारण। दुश्वार–मुश्किल। मजहला–बेकार का झमेला। सुलूक–बर्ताव, रिश्ता। नाचार–विवश, न चाहते हुए भी।

यही दरख़्वास्त पास-ए-दिल की है नहीं रोज़ा नमाज़ कुछ दर-कार
'मीर साहिब' ज़माना नाज़ुक है
दोनों हाथों से थामिए दस्तार

178

जहाँ 'मीर' रहने की जागह नहीं है
चला चाहिए याँ से असबाब कर बार

179

ग़ुस्से से उठ चले हो तो दामन को झाड़ कर
जाते रहेंगे हम भी गिरेबान फाड़ कर

दिल वो नगर नहीं कि फिर आबाद हो सके
पछताओगे सुनो हो ये बस्ती उजाड़ कर

या-रब रह-ए-तलब में कोई कब तलक फिरे
तस्कीन दे कि बैठ रहूँ पाँव गाड़ कर

मंज़ूर हो न पास हमारा तो हैफ़ है
आए हैं आज दूर से हम तुझ को ताड़ कर

ग़ालिब कि देवे क़ुव्वत-ए-दिल इस ज़ईफ़ को
तिनके को जो दिखा दे है पल में पहाड़ कर

निकलेंगे काम दिल के कुछ अब अहल-ए-रीश से
कुछ ढेर कर चुके हैं ये आगे उखाड़ कर

इस फ़न के पहलवानों से कुश्ती रही है 'मीर'
बहुतों को हमने ज़ेर किया है पछाड़ कर

दरख़्वास्त–प्रार्थना, विनती। पास-ए-दिल–दिल का ख़याल, तरफ़दारी। दर-कार–आवश्यक, ज़रूरी। दस्तार–पगड़ी।

178. असबाब कर बार–सामान को लाद कर।

179. रह-ए-तलब–अभीष्ट की लगन। तस्कीन–संतोष। पास–लिहाज़। हैफ़–अफ़सोस। ग़ालिब–अधिक संभावना है। क़ुव्वत-ए-दिल–दिल की ताक़त। ज़ईफ़–बूढ़ा। अहल-ए-रीश–दाढ़ी वाले लोग, मुल्ला। फ़न–कला। ज़ेर करना–(कुश्ती में) हराना, परास्त करना।

180

मरते हैं तेरी नर्गिस-ए-बीमार देखकर जाते हैं जी से किस क़दर आज़ार देखकर
अफ़सोस वे कि मुन्तज़िर, इक उम्र तक रहे फिर मर गए, तिरे तईं यक-बार देखकर
जाता है आसमाँ लिये, कूचे से यार के आता है जी भरा, दर-ओ-दीवार देखकर
तेरे ख़िराम-ए-नाज़ पे जाते हैं जी चले रख टुक क़दम ज़मीं पे, सितमगार देखकर
ताले' ने चश्म-पोशी की याँ तक कि हम-नशीं छुपता है मुझको दूर से, अब यार देखकर
जी में था उससे मिलिए तो, क्या-क्या न कहिए 'मीर'
पर जब मिले तो रह गए नाचार देखकर

181

देखो न चश्म-ए-कम से मा'मूरा-ए-जहाँ को बनता है एक घर याँ, सौ सूरतें बिगड़ कर
उस पुश्त-ए-लब के ऊपर, दाने अरक़ के यूँ हैं याक़ूत से रखें हैं, जूँ मोतियों को जड़ कर
ना-साज़गारी अपने ताले' की क्या कहें हम आया कभू न याँ टुक, ग़ैरों से यार लड़ कर
अपने मिज़ाज में भी है 'मीर' ज़िद निहायत
फिर मर ही के उठेंगे, बैठेंगे हम जो अड़ कर

182

कहता है कौन तुझ को याँ ये न कर तू वो कर
पर हो सके जो प्यारे, दिल में भी टुक जगह कर
ताअत कोई करे है, जब अब्र ज़ोर झूमे
गर हो सके तो ज़ाहिद, उस वक़्त में गुनह कर
हम अपनी आँखों कब तक, ये रंग-ए-इश्क़ देखें
आने लगा है लोहू, रुख़सार पर तो बह कर
क्या क़स्र-ए-दिल की तुम से, वीरानी नक़्ल करिए
हो-हो गए हैं टीले, सारे मकान ढह कर

---

180. नर्गिस–एक फूल जिससे महबूब की आँखों को उपमा दी जाती है। नर्गिस-ए-बीमार–महबूब की अधखुली नशीली आँखें। जी से जाना–मरना। आज़ार–दुख, बीमारी। मुन्तज़िर–इन्तज़ार करने वाला। ख़िराम-ए-नाज़–महबूब की नाज़ भरी चाल। ताले'–क़िस्मत, भाग्य। चश्म-पोशी करना–देख कर टाल जाना, नज़र बचाना। नाचार–लाचार, विवश।

181. चश्म-ए-कम–सरसरी निगाहों से, लापरवाही से। मा'मूरा-ए-जहाँ–दुनिया रूपी बस्ती। पुश्त-ए-लब–होंठों के ऊपर। अरक़–पसीना। याक़ूत–सुर्ख़ पत्थर। ना-साज़गारी–बद-नसीबी। ताले'–क़िस्मत, भाग्य। निहायत–बहुत ज़्यादा।

182. ताअत–पूजा, बन्दगी। अब्र–बादल। ज़ाहिद–धर्मनिष्ठ। रुख़सार–गाल। क़स्र-ए-दिल–दिल रूपी महल।

वो तंग-पोश इक दिन, दामन-कशाँ गया था
रक्खी हैं जा-नमाज़ें, अहल-ए-वरा' ने तह कर

क्यूँ तूने आख़िर-आख़िर इस वक़्त मुँह दिखाया
दी जान 'मीर' ने जो, हसरत से इक निगह कर

183

शेख़ी का अब कमाल है कुछ और हाल है और क़ाल है कुछ और
वादे बरसों के किन ने देखे हैं दम में आशिक़ का हाल है कुछ और
सहल मत बूझ ये तिलिस्म-ए-जहाँ हर जगह याँ ख़याल है कुछ और
तू रग-ए-जाँ समझती होगी नसीम उसके गेसू का बाल है कुछ और
न मिलें गो कि हिज्र में मर जाएँ आशिक़ों का विसाल है कुछ और

'मीर' तलवार चलती है तो चले
ख़ुश-ख़िरामों की चाल है कुछ और

184

ग़ैरों से मिल चले तुम, मस्त-ए-शराब हो कर ग़ैरत से रह गए हम, यक-सू कबाब हो कर
उस रू-ए-आतशीं से, बुर्क़ा सरक गया था गुल बह गया चमन में, ख़जलत से आब होकर
पर्दा रहेगा क्यूँकर, ख़ुर्शीद-ए-ख़ावरी का निकले है सुब्ह वो भी, अब बे-नक़ाब हो कर
आ बैठता था सूफ़ी, हर सुब्ह मयकदे में शुक्र-ए-ख़ुदा कि निकला, वाँ से ख़राब हो कर

शर्म-ओ-हया कहाँ तक, हैं 'मीर' कोई दिन के
अब तो मिला करो तुम, टुक बे-हिजाब हो कर

185

दिल जो अपना हुआ है ज़ख़्मी चूर ज़ब्त-ए-गिरया से पड़ गए नासूर

शिकवा-ए-आबला अभी से 'मीर'
है प्यारे हनोज़ दिल्ली दूर

तंग-पोश–चुस्त कपड़े पहनने वाला, ख़ूबसूरत। दामन-कशाँ–दामन समेट कर फ़ख़्र से चलते हुए, घमंड से चलते हुए। जा-नमाज़–वो कपड़ा जिस पर नमाज़ पढ़ी जाती है। अहल-ए-वरा'–सदाचारी, तपस्वी लोग।

183. हाल और क़ाल–करनी और कथनी। सहल–आसान। बूझना–समझना। तिलिस्म-ए-जहाँ–जादुई दुनिया। रग-ए-जाँ–बड़ी नस जिससे तमाम नसों में ख़ून पहुँचता है। नसीम–ठंडी हवा। विसाल–मिलन। ख़ुश-ख़िराम–ख़ुशनुमा चाल वाला, इठला कर चलने वाला।

184. यक-सू–एक तरफ़। रू-ए-आतशीं–आग के रंग जैसा दमकता चेहरा। ख़जलत–झेंप, शर्मिंदगी। आब होना–लज्जित होना। ख़ुर्शीद-ए-ख़ावरी–पूरब का सूरज।

185. ज़ब्त-ए-गिरया–आँसू पीना। शिकवा-ए-आबला–(पैर के) छालों से परेशानी। हनोज़ दिल्ली दूर–अभी दिल्ली दूर है (कहावत), अभी मंज़िल दूर है, मक़्सद पूरा होने में देर है।

186

जितनी हो ज़िल्लत ख़ल्क़ में उतनी है इज़्ज़त इश्क़ में
नामूस से आ दरगुज़र बे-नंग होकर नाम कर

मर रह कहीं भी 'मीर' जा सरगश्ता फिरना ता-कुजा
ज़ालिम किसू का सुन कहा कोई घड़ी आराम कर

187

रहने का पास नहीं एक भी तार आख़िर-कार
हाथ से जाएगा सररिश्ता-ए-कार आख़िर-कार

मुश्त-ए-ख़ाक अपनी जो पामाल है याँ उस पे न जा
सर को खींचेगा फ़लक तक ये ग़ुबार आख़िर-कार

सैर कर कसरत-ए-आलम की मिरी जान कि फिर
तन-ए-तन्हा है तू और कुँज-ए-मज़ार आख़िर-कार

चश्म वा देख के इस बाग़ में कीजो नर्गिस
आँखों से जाती रहेगी ये बहार आख़िर-कार

इब्तिदा ही में मुहब्बत की हुए हम तो तमाम
होता होगा यही कुछ इश्क़ में यार आख़िर-कार

अव्वल-ए-कार मुहब्बत तो बहुत सहल है 'मीर'
जी से जाता है वले सब्र-ओ-क़रार आख़िर-कार

188

ख़त में है क्या समाँ पसीने पर — मोती गोया जड़े हैं मीने पर
कोई होता है दिल तपिश से बुरा — एक दम के लहू न पीने पर
दिल से मेरे शिकस्तें उलझी हैं — संग-ए-बाराँ है आबगीने पर

---

186. ज़िल्लत–बेइज़्ज़ती। ख़ल्क–जनता, लोग, दुनिया। नामूस–शर्म, लाज। दरगुज़रना–बाज़ आना, माफ़ करना, छोड़ना। बे-नंग–बे-शर्म। सरगश्ता–हैरान, परेशान। ता-कुजा–कब तक, कहाँ तक।

187. आख़िर-कार–अंतत:। सररिश्ता-ए-कार–मक़्सद। मुश्त-ए-ख़ाक–मुट्ठी भर मिट्टी। पामाल करना–रौंदना। फ़लक–आसमान। कसरत-ए-आलम–भीड़-भाड़। तन-ए-तन्हा–बिल्कुल अकेला। कुँज-ए-मज़ार–क़ब्र का कोना। चश्म–आँख। वा करना–खोलना। नर्गिस–एक फूल का नाम जिससे आँखों को उपमा दी जाती है। इब्तिदा–शुरुआत। अव्वल-ए-कार–शुरुआत में। सहल–आसान। वले–लेकिन।

188. ख़त–सूरत। समाँ–हालात, रौनक़। गोया–जैसे। संग-ए-बाराँ–पत्थरों की बारिश, पत्थर बरसना। आबगीना–शीशा।

चाक सीने से खुल गए टाँके क्या रफ़ू कम हुआ है सीने पर
जौर-ए-दिलबर से क्या हों आज़ुर्दा
'मीर' इस चार दिन के जीने पर

189

हम भी फिरते हैं यक हशम लेकर दस्ता-ए-दाग़-ओ-फ़ौज-ए-ग़म लेकर
दस्त-कश नाला पेश-रौ गिरया आह चलती है याँ अलम लेकर
मर्ग इक माँदगी का वक़्फ़ा है या'नी आगे चलेंगे दम लेकर
उस के ऊपर कि दिल से था नज़दीक ग़म-ए-दूरी चले हैं हम लेकर
तेरी वज़'-ए-सितम से ऐ बे-दर्द एक आलम गया अलम लेकर
बारहा सैद-गह से उसकी गए दाग़-ए-यास आहु-ए-हरम लेकर
ज़ोफ़ याँ तक खिंचा कि सूरत-गर रह गए हाथ में क़लम लेकर
दिल पे कब इक्तिफ़ा करे है इश्क़ जाएगा, जान भी ये ग़म लेकर
शौक़ अगर है यही तो ऐ क़ासिद हम भी आते हैं अब रक़म लेकर
'मीर साहिब' ही चूके ऐ बद-अहद
वर्ना देना था दिल क़सम लेकर

190

डूबे उछले है आफ़ताब हनोज़ कहीं देखा था तुझको दरिया पर
गिरव-ए-मय हों आओ शैख़-ए-शहर अब्र झूमा ही जा है सहरा पर
याँ जहाँ में कि शहर-ए-कोराँ है सात पर्दे हैं चश्म-ए-बीना पर
फ़ुर्सत-ए-ऐश अपनी यूँ गुज़री कि मुसीबत पड़ी तमन्ना पर
तारिम-ए-ताक से लहू टपका संग बाराँ हुआ है मीना पर
'मीर' क्या बात उसके होंठों की
जीना दूभर हुआ मसीहा पर

चाक सीना–फटी हुई छाती, ज़ख़्मी सीना। जौर-ए-दिलबर–माशूक़ की ज़्यादती, सितम। आज़ुर्दा–परेशान, दुखी।

189. हशम–नौकर-चाकर, सिपाही और प्यादे। दस्ता-ए-दाग़–परेशानियों का ढेर। फ़ौज-ए-ग़म–ढेरों दुख, दुखों की भरमार। दस्त-कश–किसी काम से हाथ खींच लेने वाला। नाला–रोना-पीटना। पेश-रौ–आगे-आगे, आगे चलने वाला। गिरया–आँसू। अलम–झंडा। मर्ग–मौत। माँदगी–थकावट। वक़्फ़ा–अंतराल। वज़'-ए-सितम–सितम का तरीक़ा। अलम–दुख, परेशानी। बारहा–अक्सर। सैद-गह–शिकार खेलने की जगह। दाग़-ए-यास–निराशा का दुख। आहु-ए-हरम–का'बे का हिरन। ज़ोफ़–कमज़ोरी। सूरत-गर–चित्रकार। इक्तिफ़ा–किफ़ायत, बस करना। क़ासिद–पत्रवाहक। रक़म–ख़त, पत्र। बद-अहद–वादा न निभाने वाला

190. हनोज़–अभी तक, अब तक। गिरव-ए-मय–शराब के लिए गिरवी। शैख़-ए-शहर–शहर का क़ाज़ी। अब्र–बादल। शहर-ए-कोराँ–अंधों की नगरी। चश्म-ए-बीना–देखने वाली आँख, पारखी नज़र। तारिम-ए-ताक–अँगूर की बेल की आड़। संग बाराँ होना–पत्थरों की बारिश होना। मसीहा–ईसा मसीह।

191

झूटे भी पूछते नहीं टुक हाल आन कर
अनजान इतने क्यूँ हुए जाते हो जान कर

वे लोग तुमने एक ही शोख़ी में खो दिए
पैदा किए थे चर्ख़ ने जो ख़ाक छान कर

कहते न थे कि जान से जाते रहेंगे हम
अच्छा नहीं है, आ, न हमें इम्तिहान कर

कम-गो जो हम हुए तो सितम कुछ न हो गया
अच्छी नहीं ये बात मत इतनी ज़बान कर

हम वे हैं जिनके ख़ूँ से तिरी राह सब है गुल
मत कर ख़राब हमको तू औरों में सान कर

ता कुश्ता-ए-वफ़ा मुझे जाने तमाम ख़ल्क़
तुर्बत पे मेरी ख़ून से मेरे निशान कर

नाज़-ओ-इताब-ओ-ख़श्म कहाँ तक उठाइए
या-रब कभू तो हम पे उसे मेहरबान कर

अफ़साने मा-ओ-मन के सुनें 'मीर' कब तलक
चल अब कि सोवें मुँह पे दुपट्टे को तान कर

192

आज़ार देखे क्या-क्या इन पलकों से अटक कर
जी ले गए ये काँटे दिल में खटक-खटक कर

हासिल बजुज़ कुदूरत इस ख़ाकदाँ से क्या है
ख़ुश वो कि उठ गए हैं दामाँ झटक-झटक कर

ये मुश्त-ए-ख़ाक या'नी इंसान ही है रूकश
वर्ना उठाई किन ने इस आसमाँ की टक्कर

दिल काम चाहता है अब उसके गेसूओं से
वाँ मर गए हैं कितने बरसों अटक-अटक कर

धौला चुके थे मिलकर कल लौंडे मयकदे के
पर सर-गराँ हो वाइज़ जाता रहा सटक कर

मंजिल की 'मीर' उसकी कब राह तुझ से निकले
याँ ख़िज्र से हज़ारों मर-मर गए भटक कर

193

बस न लग चल नसीम मुझ से कि मैं
रह गया हूँ चराग़ सा बुझ कर

194

बुलबुल की ओर चश्म-ए-मुरव्वत से देख टुक
बे-दर्द यूँ चमन में किसू फूल को न तोड़

---

191. शोख़ी–चुलबुलापन, शरारत। चर्ख़–आसमान। कम गो–कम बोलने वाला। कुश्ता-ए-वफ़ा–मुहब्बत का मारा हुआ। तुर्बत–क़ब्र। इताब–गुस्सा। ख़श्म–नाराज़गी, गुस्सा। मा-ओ-मन–ऐरे-ग़ैरे।

192. आज़ार–दुख, परेशानी। बजुज़–सिवाए। कुदूरत–दुश्मनी, मलाल। ख़ाकदाँ–दुनिया। मुश्त-ए-ख़ाक़–मुट्ठी भर मिट्टी यानी आदमी। रूकश–प्रतिद्वन्द्वी, मुक़ाबिल। धौलाना–चपतियाना, तमाचे मारना। सर-गराँ–नाराज़। वाइज़–नसीहत करने वाला। ख़िज्र–एक बुज़ुर्ग का नाम जो भूले-भटकों को रास्ता दिखाते हैं।

193. नसीम–हवा, ठण्डी हवा।

194. चश्म-ए-मुरव्वत–मुहब्बत भरी नज़र। टुक–ज़रा।

195

होता नहीं है बाब इजाबत का वा हनोज़ बिस्मिल पड़ी है चर्ख़ पे मेरी दुआ हनोज़
दिन रात को खिंचा है क़यामत का और मैं फिरता हूँ मुँह पे ख़ाक मले जा-बजा हनोज़
ग़ुंचे चमन-चमन खिले इस बाग़-ए-दहर में दिल ही मिरा है जो नहीं होता है वा हनोज़
अहवाल नामाबर से मिरा सुन के कह उठा जीता है वो सितम-ज़दा महजूर क्या हनोज़
तोड़ा था किसका शीशा-ए-दिल तूने संग दिल है दिल-ख़राश कूचे में तेरे सदा हनोज़
बे-बाल-ओ-पर असीर हूँ कुँज-ए-क़फ़स में 'मीर'
जाती नहीं है सर से चमन की हवा हनोज़

196

आतिश-ए-दिल नहीं बुझी शायद क़तरा-ए-अश्क है शरारा हनोज़
अश्क झमका है जब न निकला था चर्ख़ पर सुब्ह का सितारा हनोज़
एक बार आके फिर नहीं आया उम्र की तरह वो दोबारा हनोज़
लब पे आई है जान कब की है उसकी मौक़ूफ़-ए-यक इशारा हनोज़
कब की तौबा की 'मीर' ने लेकिन है बतर-अज़-शराब-ख़्वारा हनोज़
उम्र गुज़री दवाएँ करते 'मीर'
दर्द-ए-दिल का हुआ न चारा हनोज़

197

मर गया मैं, प: मिरे बाक़ी हैं आसार हनोज़ तर हैं सब सर के लहू से दर-ओ-दीवार हनोज़
दिल भी पुर-दाग़-ए-चमन है, पर इसे क्या कीजे जी से जाती ही नहीं हसरत-ए-दीदार हनोज़
ना-उमीदी में तो मर गए, प: नहीं ये मालूम जीते हैं कौन सी उम्मीद पे नाचार हनोज़
कोई तो आब्ला-पा दश्त-ए-जुनूँ से गुज़रा डूबा ही जाए है लोहू में सर-ए-ख़ार हनोज़
मुन्तज़िर क़त्ल के वादे का हूँ अपने, या'नी जीता मरने को रहा है ये गुनहगार हनोज़

---

195. बाब–दरवाज़ा। इजाबत–दुआ का क़ुबूल होना। वा होना–खुलना। हनोज़–अभी तक। बिस्मिल–घायल, ज़ख़्मी। चर्ख़–आसमान। जा-बजा–जगह-जगह। बाग़-ए-दहर–दुनिया रूपी बाग़। अहवाल–हालत। नामाबर–पत्रवाहक। महजूर–जिसे छोड़ दिया जाए, जुदा। संग दिल–पत्थर दिल, बेरहम। दिल-ख़राश–दर्दनाक। सदा–आवाज़। असीर–क़ैदी, बंदी। कुँज-ए-क़फ़स–पिंजरे का कोना।

196. आतिश-ए-दिल–दिल की आग। अश्क–आँसू। शरारा–चिंगारी। हनोज़–अभी तक। चर्ख़–आसमान। मौक़ूफ़-ए-यक इशारा–एक इशारे पर रुकी हुई। बतर-अज़-शराब-ख़्वारा–उस शराब से भीगा हुआ जो पी जा चुकी है।

197. आसार–निशान, चिन्ह। हनोज़–अभी तक, अब तक, अभी। पुर-दाग़-ए-चमन–बाग़ की तरह का दिल जिसमें ज़ख़्म फूलों की तरह खिले हों। पुर–भरा हुआ। हसरत-ए-दीदार–दर्शन अभिलाषा। आब्ला-पा–छालों से भरे पाँव वाला। दश्त-ए-जुनूँ–उन्माद का जंगल। सर-ए-ख़ार–काँटों की नोक। मुन्तज़िर–इन्तिज़ार करने वाला।

उड़ गए ख़ाक हो कितने ही तिरे कूचे से बाज़ आते नहीं पर तेरे हवादार हनोज़

क़त्आ

एक भी ज़ख़्म की जा जिसके न हो तन पे कहीं कोई देता है सुना वैसे को आज़ार हनोज़
टुक तो इन्साफ़ कर ऐ दुश्मन-ए-जान-ए-आशिक़ म्यान से निकली पड़े है तिरी तलवार हनोज़

क़त्आ

'मीर' को ज़ोफ़ में, मैं देख कहा कुछ कहिए है तुझे कोई घड़ी क़ुव्वत-ए-गुफ़्तार हनोज़
अभी इक दम में ज़बाँ चलने से रह जाती है दर्द-ए-दिल क्यूँ नहीं करता है तू इज़हार हनोज़
आँसू फिर ला के बहुत हुज़्न से ये कहने लगा क्या कहूँ तुझको समझ इस पे नहीं यार हनोज़
आँखों में आन रहा जी जो निकलता ही नहीं
दिल में मेरे है गिरह हसरत-ए-दीदार हनोज़

198

बाद मरने के भी आराम नहीं 'मीर' मुझे
उसके कूचे में है पामाल मिरी ख़ाक हनोज़

199

ऐ अब्र-ए-तर तू और किसी सम्त को बरस इस मुल्क में हमारी है ये चश्म-ए-तर ही बस
हिरमाँ तो देख फूल बिखेरे थी कल सबा इक बर्ग-ए-गुल गिरा न जहाँ था मिरा क़फ़स
मिज़्गाँ भी बह गईं मिरे रोने से चश्म की सैलाब मौज मारे तो ठहरे है कोई ख़स
ऐ गिरया उसके दिल में असर ख़ूब ही किया रोता हूँ जब मैं सामने उसके तो दे है हँस
उसकी ज़बाँ के ओहदे से क्यूँकर निकल सकूँ कहता हूँ एक मैं तो सुनाता है मुझ को दस
हैराँ हूँ 'मीर' नज़्अ में अब क्या करूँ भला
अहवाल-ए-दिल बहुत है मुझे फ़ुर्सत इक नफ़स

हवादार–चाहने वाले, ख़्वाहिश-मंद। आज़ार–दुख। ज़ोफ़–कमज़ोरी। क़ुव्वत-ए-गुफ़्तार–बोलने की ताक़त। इज़हार करना–खोलना, ज़ाहिर करना। हुज़्न–दुख, ग़म। आँखों में जी आना–आँखों में जान अटकना, मरने के निकट होना। गिरह–बंधी हुई। गिरह होना–पास होना।

198. पामाल–रौंदी हुई। हनोज़–अभी तक, अब तक।

199. अब्र-ए-तर–पानी भरा बादल, बरसने वाला बादल। सम्त–तरफ़। हिरमाँ–बद-क़िस्मती। सबा–हवा। बर्ग-ए-गुल–फूल की पंखुड़ी, पत्ती। क़फ़स–पिंजरा। मिज़्गाँ–पलकें। ख़स–तिनका, घास-फूस। गिरया–रोना-पीटना। ओहदे से निकलना–वादा पूरा करना। नज़्अ–जान निकलना। नफ़स–साँस।

200

है परेशाँ दश्त में किसका ग़ुबार-ए-नातवाँ
गर्द कुछ गुस्ताख़ आती है चली महमिल के पास

गर्म होगा हश्र को हंगामा-ए-वादा बहुत
काशके मुझको न ले जावें मिरे क़ातिल के पास

दूर उससे जूँ हुआ दिल पुर बला है मुज़तरिब
इस तरह तड़पा नहीं जाता किसू बिस्मिल के पास

आह नाले मत किया कर इस क़दर बेताब हो
ऐ सितम-कश 'मीर' ज़ालिम है जिगर भी दिल के पास

201

मर गया मैं मिला न यार अफ़सोस — आह अफ़सोस सद हज़ार अफ़सोस
यूँ गँवाता है दिल कोई मुझको — यही आता है बार-बार अफ़सोस
क़त्ल कर तू हमें करेगा ख़ुशी — ये तवक़्क़ो थी तुझसे यार अफ़सोस
रुख़्सत-ए-सैर-ए-बाग़ तक न हुई — यूँ ही जाती रही बहार अफ़सोस
ख़ूब बद-अहद तू न मिल लेकिन — मेरे तेरे था ये क़रार अफ़सोस

ख़ाक पर 'मीर' तेरी होता वले
न हुआ इतना इक़्तिदार अफ़सोस

202

हर जज़्र-ओ-मद से दस्त-ओ-बग़ल उठते हैं ख़रोश
किस का है राज़ बहर में या-रब कि ये हैं जोश

अबरू-ए-कज है मौज कोई चश्म है हबाब
मोती किसी की बात है सीपी किसी का गोश

---

200. ग़ुबार-ए-नातवाँ–परेशान आदमी की ख़ाक। महमिल–ऊँट पर बंधी डोली। गर्म होना–उठान पर होना। हंगामा-ए-वादा–वायदा पूरा न होने पर झगड़ा। पुर बला–मुसीबतों से भरा हुआ। मुज़तरिब–बेचैन। बिस्मिल–घायल। नाला–रोना-पीटना। सितम-कश–सितम झेलनेवाला।

201. तवक़्क़ो–उम्मीद। रुख़्सत-ए-सैर-ए-बाग़–बाग़ में घूमने की फ़ुर्सत। बद-अहद–वादा न पूरा करने वाला। इक़्तिदार–ताक़त।

202. जज़्र-ओ-मद–ज्वार-भाटा। दस्त-ओ-बग़ल–साथ-साथ, बाहों में बाहें डालकर। ख़रोश–तूफ़ान, हाहाकार। अबरू-ए-कज–टेढ़ी भौं। हबाब–बुलबुला। गोश–कान।

इन मुग़बचों के कूचे ही से मैं किया सलाम
क्या मुझको तौफ़-ए-का'बा से, मैं रिंद-ए-दुर्द-नोश

हैरत से होवे परतव-ए-मह नूर-ए-आईना
तू चाँदनी में निकले अगर हो सफ़ेद-पोश

क़त्आ

कल हमने सैर-ए-बाग़ में दिल हाथ से दिया
इक सादा गुल-फ़रोश का आकर सबद ब-दोश

जाता रहा निगाह से जूँ मौसम-ए-बहार
आज उस बग़ैर दाग़-ए-जिगर हैं सियाह-पोश

क़त्आ

शब इस दिल-ए-गिरफ़्ता को वा कर ब-ज़ोर-ए-मय
बैठे थे शीरा-ख़ाने में हम कितने हर्ज़ा-कोश

आई सदा कि याद करो दौर-ए-रफ़्ता को
इब्रत भी है ज़रूर टुक ऐ जम्अ तेज़ होश

'मीर' इस ग़ज़ल को ख़ूब कहा था 'ज़मीर' ने
पर ऐ ज़बाँ-दराज़ बहुत हो चुकी, ख़मोश

203

साल में अब्र-ए-बहारी तुझसे इक बारी है फ़ैज़
चश्म-ए-नम-दीदा से आशिक़ की सदा जारी है फ़ैज़

204

शैख़ सच ख़ूब है बहिश्त का बाग़
जाएँगे गर वफ़ा करेगा दिमाग़

मुग़बचा–शराब परोसने वाला लड़का। तौफ़-ए-का'बा–का'बे की परिक्रमा। रिंद-ए-दुर्द-नोश–तलछट पीने वाला शराबी। परतव-ए-मह नूर-ए-आईना–रौशन चाँद का प्रतिबिम्ब। सादा गुल-फ़रोश–फूल बेचने वाले का सादा (भोला) लड़का। सबद ब-दोश–फूलों की टोकरी को कंधे पर उठाए। दिल-ए-गिरफ़्ता–परेशान दिल। वा करना–खोलना। ब-ज़ोर-ए-मय–शराब के नशे में। शीरा-ख़ाना–शराब-ख़ाना। हर्ज़ा-कोश–बेहूदा या बुरे काम करने वाला। दौर-ए-रफ़्ता–गुज़रा हुआ समय। इब्रत–शिक्षा, किसी की दशा से सीख लेना। तेज़ होश–बुद्धिमान, समझदार लोग। 'ज़मीर'–'ज़मीर' अकबराबादी 'मीर' के एक समकालीन शायर। ज़बाँ-दराज़–बहुत बोलने वाला।

203. अब्र-ए-बहारी–बहार का बादल। फ़ैज़–आराम, बड़ा फ़ायदा। चश्म-ए-नम-दीदा–भीगी हुई आँखें।

204. शैख़–इस्लाम धर्म का ज्ञानी, मुल्ला, क़ाज़ी। बहिश्त–स्वर्ग। वफ़ा करना–साथ देना।

205

ग़ालिब है तेरे अहद में बेदाद की तरफ़ हर ख़ूँ-गिरफ़्ता जाए है जल्लाद की तरफ़
किन ने लिया है तुझसे मुचलका कि दाद दो टुक कान ही रखा करो फ़रियाद की तरफ़
हर तार-ए-ज़ुल्फ़ क़ीमत-ए-फ़िरदौस है तिरा करता है कौन तुर्रा-ए-शमशाद की तरफ़
हमने तो पर-फ़िशानी न जानी कि एक बार परवाज़ की चमन से सो सय्याद की तरफ़
हैरान कार-ए-इश्क़ है शीरीं का नक़्श 'मीर'
कुछ यूँ ही देखता नहीं फ़रहाद की तरफ़

206

जो देखो मिरे शे'र-ए-तर की तरफ़ तो माइल न हो फिर गुहर की तरफ़
कोई दाद-ए-दिल आह किससे करे हर इक है सो उस फ़ित्ना-गर की तरफ़
मुहब्बत ने शायद कि दी दिल को आग धुआँ सा है कुछ इस नगर की तरफ़
लगी हैं हज़ारों ही आँखें उधर इक आशोब है उसके घर की तरफ़
बहुत रंग मिलता है देखो कभू हमारी तरफ़ से सहर की तरफ़
टपकता है पलकों से ख़ूँ मुत्तसिल नहीं देखते हम जिगर की तरफ़
न समझा, गया अब्र क्या देख कर
हुआ था मिरी चश्म-ए-तर की तरफ़

207

दर्द ही ख़ुद है ख़ुद दवा है इश्क़ शैख़ क्या जाने तू कि क्या है इश्क़
तू न होवे तो नज़्म-ए-कुल उठ जाए
सच्चे हैं शाइराँ ख़ुदा है इश्क़

---

205. ग़ालिब–यक़ीन है, गुमान है। अहद–ज़माना। बेदाद–ज़ुल्म, नाइंसाफ़ी। ख़ूँ-गिरफ़्ता–मौत का इच्छुक। मुचलका–शपथ-पत्र, जो किसी अपराधी की ज़मानत में दिया जाता है। दाद–न्याय, इंसाफ़। तार-ए-ज़ुल्फ़–बाल। क़ीमत-ए-फ़िरदौस–स्वर्ग की क़ीमत। तुर्रा–ज़ुल्फ़। शमशाद–एक सीधा लम्बा पेड़ जिसकी शाख़ें पेचदार और नाज़ुक होती हैं, इसकी तुलना महबूब के क़द से की जाती है। तुर्रा-ए-शमशाद–शमशाद का फूल, अनोखा-पन। पर-फ़िशानी–पर फड़फड़ाना, उड़ने की कोशिश करना। परवाज़–उड़ान। सय्याद–शिकारी। हैरान-ए-कार इश्क़–इश्क़ में हैरानी का कारण। नक़्श–चेहरा-मोहरा।

206. शे'र-ए-तर–शे'र/शायरी। माइल–आकर्षित। गुहर–मोती। दाद-ए-दिल–न्याय की उम्मीद। आशोब–हलचल। फ़ित्ना-गर–हंगामा, फ़साद करने वाला। सहर–सुबह। मुत्तसिल–लगातार। अब्र–बादल। चश्म-ए-तर–भीगी आँखें। तरफ़ होना–मुक़ाबिल होना, प्रतिद्वंद्वी होना।

207. शैख़–इस्लाम धर्म का ज्ञानी, मुल्ला, क़ाज़ी। नज़्म-ए-कुल–संसार का प्रबंध।

208

आसूदगी जो चाहे तो मरने पे दिल को रख
आशुफ़्तगी-ए-तब्अ बहुत कम है ज़ेर-ए-ख़ाक

क्या आसमाँ पे खींचे कोई 'मीर' आप को
जाना जहाँ से सबको मुसल्लम है ज़ेर-ए-ख़ाक

209

अब वो नहीं कि शोरिश रहती थी आसमाँ तक — आशोब-ए-नाला अब तो पहुँचा है ला-मकाँ तक
तस्वीर की सी शम्एँ, ख़ामोश जलते हैं हम — सोज़-ए-दरूँ हमारा, आता नहीं ज़बाँ तक
रोते फिरे हैं लोहू, यक उम्र इस गली में — बाग़-ओ-बहार ही है, जावे नज़र जहाँ तक
बे-लुत्फ़ तेरे क्यूँकर, तुझ तक पहुँच सकें हम — हैं संग-ए-राह अपनी, कितने यहाँ से वाँ तक
हम बे-नसीब सर को, पत्थर से क्यूँ न फोड़ें — पहुँचा कभू न जब्हा, उस संग-ए-आस्ताँ तक
मानिन्द-ए-तैर-ए-नौ-पर, उट्ठे, जहाँ गए हम — दुश्वार है हमारा, आना फिर आशियाँ तक

तन काम में हमारे, देता नहीं वही कुछ
हाज़िर हैं 'मीर' हम तो, अपनी तरफ़ से जाँ तक

210

हैं बाद मिरे मर्ग के आसार से अब तक — सूखा नहीं लोहू, दर-ओ-दीवार से अब तक
रंगीनी-ए-इश्क़ उसके मिले पर हुई मालूम — सोहबत न हुई थी किसी ख़ूँख़ार से अब तक
वादा भी क़यामत का भला कोई है वादा — पर दिल नहीं ख़ाली, ग़म-ए-दीदार से अब तक
मुद्दत हुई घुट-घुट के हमें, शहर में मरते — वाक़िफ़ न हुआ कोई इस असरार से अब तक
बरसों हुए दिल-सोख़्ता बुलबुल को मुए लेक — इक दूद सा उठता है चमन-ज़ार से अब तक
क्या जानिए होते हैं सुख़न लुत्फ़ के कैसे — पूछा नहीं उन ने तो हमें प्यार से अब तक

देखा था कहीं साया तिरे क़द का चमन में
हैं 'मीर जी' आवारा, परी-दार से अब तक

---

208. आसूदगी–आराम। आशुफ़्तगी-ए-तब्अ–मिज़ाज का बिखराव, बद-हवासी। ज़ेर-ए-ख़ाक–मिट्टी के नीचे, क़ब्र में। आसमान पर खींचना–इतराना, घमंड करना। मुसल्लम–निर्धारित, पूरा, साबुत।

209. शोरिश–उपद्रव, बलवा। आशोब-ए-नाला–रोने-पीटने का शोर/हलचल। ला-मकाँ–परलोक, बिना जगह वाला, देशकाल से परे। सोज़-ए-दरूँ–अन्दरुनी दुख, परेशानी, जलन। जब्हा–माथा। संग-ए-आस्ताँ–चौखट का पत्थर। तैर-ए-नौ-पर–चिड़िया का बच्चा जिसके नए पर निकले हों।

210. मर्ग–मौत। असरार–भेद। दिल-सोख़्ता–दिल जला। मुए–मरे। दूद–धुआँ। चमन-ज़ार–फुलवारी। सुख़न–बोल, बात। लुत्फ़–मेहरबानी, कृपा। परी-दार–जिस पर परी का साया हो।

211

शौक़ है तो है उसका घर नज़दीक दूरी-ए-रह है, राहबर नज़दीक
आह करने में दम को साधे रह कहते हैं दिल से है जिगर नज़दीक
दूर वालों को भी न पहुँचे हम यही न तुम से हैं मगर नज़दीक
डूबें दरिया-ओ-कोह-ओ-शहर-ओ-दश्त तुझ से सब कुछ है चश्म-ए-तर नज़दीक
हर्फ़-ए-दूरी है गरचे इंशा लेक दीजो ख़त जा के नामा-बर नज़दीक
दूर अब बैठते हैं मजलिस में हम जो तुम से थे बेशतर नज़दीक
ख़बर आती है सो भी दूर से याँ आओ यक-बार बे-ख़बर नज़दीक
तोशा-ए-आख़िरत का फ़िक्र रहे जी से जाने का है सफ़र नज़दीक
दूर फिरने का हम से वक़्त गया पूछ कुछ हाल बैठ कर नज़दीक
मर भी रह 'मीर' शब बहुत रोया
है मिरी जान अब सहर नज़दीक

212

कहीं पहुँचो भी मुझ बे-पा-ओ-सर तक कि पहुँचा शम्अ-साँ दाग़ अब जिगर तक
जिसे शब आग सा देखा सुलगते उसे फिर ख़ाक ही पाया सहर तक
तिरा मुँह चाँद सा देखा है शायद कि अंजुम रहते हैं हर शब इधर तक
जब आया आह तब अपने ही सर पर गया ये हाथ कब उसकी कमर तक
हम-आवाज़ों को सैर अब की मुबारक पर-ओ-बाल अपने भी ऐसे थे पर तक
खिंची क्या-क्या ख़राबी ज़ेर-ए-दीवार वले आया न वो टुक घर से दर तक
गली तक तेरी लाया था हमें शौक़ कहाँ ताक़त कि अब फिर जाएँ घर तक

क़त्आ

यही दर्द-ए-जुदाई है जो इस शब तो आता है जिगर मिज़्गान-ए-तर तक
दिखाई देंगे हम मय्यत के रंगों अगर रह जाएँगे जीते सहर तक
कहाँ फिर शोर-ए-शेवन जब गया 'मीर'
ये हंगामा है उस ही नौहागर तक

---

211. राहबर–रास्ता दिखाने वाला। कोह–पहाड़। दश्त–जंगल। चश्म-ए-तर–भीगी आँखें। गरचे–यद्यपि, हालाँकि। इंशा–लिखा हुआ, तहरीर। बेशतर–पहले। तोशा-ए-आख़िरत–दूसरी दुनिया के अंतिम सफ़र पर साथ जाने वाला सामान यानी कर्म। सहर–सुबह।

212. शम्अ-साँ–चराग़ (दिये) की तरह। शब–रात। अंजुम–तारे। हम-आवाज़–आवाज़ से आवाज़ मिलाने वाले, साथी। पर–पहले, पिछला साल। ज़ेर-ए-दीवार–दीवार के नीचे। मिज़्गान-ए-तर–भीगी पलकें। सहर–सुबह। शोर-ए-शेवन–मातम का शोर। नौहागर–रोने-पीटने वाला।

213

दस्त-ओ-पा मारे वक़्त-ए-बिस्मिल तक   हाथ पहुँचा न पा-ए-क़ातिल तक
का'बे पहुँचा तो क्या हुआ ऐ शैख़   सई कर टुक पहुँच किसी दिल तक
दरपए महमिल उसके जैसे जरस   मैं भी नालाँ हूँ साथ मंज़िल तक
बुझ गए हम चराग़ से बाहर   कहियो ऐ बाद, शम्अ-ए-महफ़िल तक
न गया 'मीर' अपनी कश्ती से
एक भी तख़्ता पारा साहिल तक

214

जाते हैं ले ख़राबी को सैल आसमाँ तलक   तूफ़ाँ हैं मेरे अश्क निदामत से याँ तलक
शायद कि देवे रुख़्सत-ए-गुलशन हो बे-क़रार   मेरे क़फ़स को ले तो चलो बाग़बाँ तलक
क़ैद-ए-क़फ़स से छूट के देखा जला हुआ   पहुँचे न होते काशके हम आशियाँ तलक
इतना हूँ नातवाँ कि दर-ए-दिल से अब गिला   आता है एक उम्र में मेरी ज़बाँ तलक
मैं तर्क-ए-इश्क़ करके हुआ गोशा-गीर 'मीर'
होता फिरूँ ख़राब जहाँ में कहाँ तलक

215

'मीर' बंदों से काम कब निकला
माँगना है जो कुछ ख़ुदा से माँग

216

मुश्किल है मिट गए हुए नक़्शों की फिर नुमूद
जो सूरतें बिगड़ गईं उनका न कर ख़याल

रुख़्सार पर हमारे ढलकने को अश्क के
देखे है जो कोई, सो करे है गुहर ख़याल

---

213. दस्त-ओ-पा मारना–हाथ-पाँव मारना, कोशिश करना। वक़्त-ए-बिस्मिल–अन्तिम समय तक। पा–पाँव। सई करना–कोशिश करना। दरपए–पीछे, घात में। महमिल–ऊँट पर बंधी डोली। जरस–घंटी जो ऊँट की गर्दन में लटकी होती है और सफ़र में चलते-चलते आवाज़ करती रहती है। नालाँ–रोता हुआ, फ़रियादी। बाद–हवा। पारा–टुकड़ा। साहिल–किनारा।

214. सैल–सैलाब, बाढ़। अश्क–आँसू। निदामत–शर्मिंदगी। रुख़्सत-ए-गुलशन–बाग़ में सैर करने की इज़ाज़त। क़फ़स–पिंजरा। बाग़बाँ–बाग़ का रखवाला। क़ैद-ए-क़फ़स–पिंजरे की क़ैद। आशियाँ–घोंसला। नातवाँ–कमज़ोर। गिला–शिकायत। तर्क-ए-इश्क़–इश्क़ करना छोड़ना। गोशा-गीर–तन्हाई में रहने वाला, सूफ़ी।

215. बंदा–बंदगी करने वाला।

216. नक़्श–तस्वीर। नुमूद–प्रकट होना, ज़ाहिर होना। रुख़्सार–गाल। अश्क–आँसू। गुहर–मोती।

किसको दिमाग़-ए-शे'र-ओ-सुख़न ज़ोफ़ में कि 'मीर'
अपना रहे है अब तो हमें बेशतर ख़याल

217

क्यूँ न देखूँ चमन को हसरत से आशियाँ था मिरा भी याँ पर साल
दीदा-ए-तर पे शब रखा था 'मीर'
लक्का-ए-अब्र है मिरा रूमाल

218

इक आन में बदलती है सूरत जहान की जल्द इस निगार-ख़ाने से कर इंतिक़ाल चल
दुनिया है 'मीर' हादिसा-गाह-ए-मुक़र्ररी
याँ से तू अपना पाँव शिताबी निकाल चल

219

मंदा है इख़्तिलात का बाज़ार आजकल लगता नहीं है दिल का ख़रीदार आज कल
इस मुहलत-ए-दो-रोज़ा में ख़तरे हज़ार हैं अच्छा है रह सको जो ख़बरदार आजकल
गुलज़ार हो रहे हैं मिरे दम से कू-ए-यार इक रंग पर है दीदा-ए-ख़ूँबार आजकल
ता-शाग अपना काम खिंचे क्यूँके देखिए पड़ती नहीं है जी को जफ़ा-कार आजकल
का'बे तलक तो सुनते है वीराना-ओ-ख़राब आबाद है सो ख़ाना-ए-ख़म्मार आजकल
ठोकर दिलों को लगने लगी है ख़िराम में लावेगी इक बला तिरी रफ़्तार आजकल
हैरान मैं ही हाल की तदबीर में नहीं हर इक को शहर में है ये आज़ार आजकल
अच्छा नहीं है 'मीर' का अहवाल इन दिनों
ग़ालिब कि हो चुकेगा ये बीमार आजकल

दिमाग़-ए-शे'र-ओ-सुख़न–शे'र और शायरी की तरफ़ रुझान। ज़ोफ़–कमज़ोरी, बुढ़ापा। बेशतर–बहुत ज़्यादा।

217. आशियाँ–घोंसला। पर साल–पिछला साल। दीदा-ए-तर–तर आँख, आँसुओं से भरी आँखें। शब–रात। लक्का-ए-अब्र–बादल का टुकड़ा।

218. निगार-ख़ाना–ख़ूबसूरत जगह, दुनिया। इंतिक़ाल करना–एक जगह से दूसरी जगह जाना। हादिसा-गाह-ए-मुक़र्ररी–वो जगह जहाँ रोज़ हादसे होते हैं। शिताबी–जल्दी।

219. बाज़ार मंदा होना–बाज़ार में माल का सस्ता होना, बेक़द्री होना। इख़्तिलात–मेल-जोल, प्यार। कू-ए-यार–यार की गली। दीदा-ए-ख़ूँबार–ख़ून के आँसू बरसाने वाली आँख। जफ़ा-कार–सितम करने वाला। ख़ाना-ए-ख़म्मार–शराब बनाने वाले का घर। ख़िराम–माशूक़ की मस्त चाल। तदबीर–फ़िक्र, इलाज। आज़ार–बीमारी, परेशानी। अहवाल–हाल का बहुवचन, हाल, हालत। ग़ालिब–अधिक संभावना है कि, अक्सर। हो चुकना–मर जाना।

220

रहता नहीं है कोई घड़ी अब तो यार दिल
आर्ज़ुदा दिल, सितम-ज़दा दिल, बेक़रार दिल

221

क्या बुलबुल-ए-असीर है बे-बाल-ओ-पर कि हम
गुल कब रखे है टुकड़े जिगर इस क़दर कि हम

ख़ुर्शीद सुब्ह निकले है इस नूर से कि तो
शबनम गिरह में रखती है ये चश्म-ए-तर कि हम

जीते हैं तो दिखा देंगे दावा-ए-अंदलीब
गुल बिन ख़िज़ाँ में अब के वो रहती है मर कि हम

ये तेग़ है, ये तश्त है, ये हम हैं कुश्तनी
खेले है कौन ऐसी तरह जान पर कि हम

इस जुस्तुजू में और ख़राबी तो क्या कहें
इतनी नहीं हुई है सबा दर-ब-दर कि हम

जब जा फँसा कहीं तो हमें याँ हुई ख़बर
रखता है कौन दिल तिरी इतनी ख़बर कि हम

जीते हैं और रोते हैं लख़्त-ए-जिगर ही 'मीर'
करते सुना है यूँ कोई क़ीमा जिगर कि हम

222

आए तो हो तबीबाँ तदबीर गर करो तुम
ऐसा न हो के मेरे जी का ज़रर करो तुम

रंग-ए-शिकस्ता मेरा बे-लुत्फ़ भी नहीं है
एक-आध रात को तो याँ भी सहर करो तुम

---

220. आर्ज़ुदा–परेशान। सितम-ज़दा–सितम का मारा हुआ।

221. बुलबुल-ए-असीर–पिंजरे में क़ैद बुलबुल। ख़ुर्शीद–सूरज। नूर–चमक, रौशनी। शबनम–ओस की बूँद, आँसू। दावा-ए-अंदलीब–बुलबुल का दावा। ख़िज़ाँ–पतझड़ का मौसम। तश्त–बड़ा चौड़ा चकला/तसला जिसमें पुराने समय में अपराधी को लटका कर सर उड़ाया करते थे। कुश्तनी–मार डालने लायक़। सबा–हवा। लख़्त-ए-जिगर–जिगर के टुकड़े। क़ीमा करना–गोश्त के टुकड़े टुकड़े करना।

222. तबीबाँ–तबीब (हकीम) का बहुवचन, इलाज करने वाले। तदबीर–इलाज। ज़रर–नुक़सान। रंग-ए-शिकस्ता–मुँह पर हवाईयाँ उड़ना, बहुत परेशान दिखाई देना।

इस बज़्म-ए-ख़ुश के महरम ना-आश्ना हैं सारे
किसको कहूँ कि वाँ तक मेरी ख़बर करो तुम

है पेचदार अज़-बस राह-ए-विसाल-ओ-हिज्राँ
इन दो ही मंज़िलों में बरसों सफ़र करो तुम

ये ज़ुल्म है तो हम भी इस ज़िन्दगी से गुज़रे
सौगंध है तुम्हें अब, जो दर-गुज़र करो तुम

रू-ए-सुख़न कहाँ तक ग़ैरों की ओर आख़िर
हम भी तो आदमी हैं टुक मुँह इधर करो तुम

क़त्आ

हो आशिक़ों में उसके तो आओ 'मीर साहिब'
गर्दन को अपनी मू से बारीक-तर करो तुम

क्या लुत्फ़ है वगरना जिस दम वो तेग़ खींचे
सीना सिपर करें हम क़त्अ-ए-नज़र करो तुम

223

जाना कि शग़्ल रखते हो तीर-ओ-कमाँ से तुम
पर मिल चला करो भी किसू ख़स्ता-जाँ से तुम

हम अपनी चाक-ए-जैब को सी रहते या नहीं
फाटे में पाँव देने को आए कहाँ से तुम

अब देखते हैं ख़ूब तो वो बात ही नहीं
क्या-क्या वगरना कहते थे अपनी ज़बाँ से तुम

तिनके भी तुम ठहरते कहीं देखे हैं तनिक
चश्म-ए-वफ़ा रखो न ख़सान-ए-जहाँ से तुम

जाओ न दिल से मंज़र-ए-तन में है जा यही
पछताओगे उठोगे अगर इस मकाँ से तुम

बज़्म-ए-ख़ुश–ख़ूबसूरत महफ़िल, दुनिया। महरम–राज़दार, वाक़िफ़, जान-पहचान वाला। ना-आश्ना–अपरिचित, अनजान। पेचदार–मुश्किल, उलझा हुआ। अज़-बस–बहुत ज़्यादा। विसाल-ओ-हिज्राँ–मिलन और विरह। दर-गुज़र करना–किसी काम को छोड़ देना, बाज़ आना। रू-ए-सुख़न–बात का रुख़। मू–बाल। तेग़–तलवार। सीना सिपर करना–बहादुरी से मुक़ाबला करना। क़त्अ-ए-नज़र करना–अनदेखी करना।

223. शग़्ल–काम। ख़स्ता-जाँ–अधमरा। चाक-ए-जैब–फटा गिरेबान। फाटे में पाँव देना–बिना कारण दख़्ल देना। चश्म-ए-वफ़ा–वफ़ा की उम्मीद। ख़सान-ए-जहाँ–दुनिया का कूड़ा-करकट, मामूली लोग। मंज़र-ए-तन–नज़र आने वाला बदन। जा–जगह।

क़िस्सा मिरा सुनोगे तो जाती रहेगी नींद
आराम-ए-चश्म मत रखो इस दास्ताँ से तुम

खुल जाएँगी फिर आँखें जो मर जाएगा कोई
आते नहीं हो बाज़ मिरे इम्तिहाँ से तुम

जितने थे कल तुम आज नहीं पाते उतना हम
हर-दम चले ही जाते हो आब-ए-रवाँ से तुम

रहते नहीं हो बिन गए 'मीर' उस गली में रात
कुछ राह भी निकालो सग-ओ-पासबाँ से तुम

224

करते नहीं हैं दूरी से अब उसकी बाक हम
नज़दीक अपने कब से हुए हैं हलाक हम

बैठे हम अपने तौर पे मस्तों में जब उठे
जूँ अब्र-ए-तर लिये उठे दामन को पाक हम

आहिस्ता ऐ नसीम कि अतराफ़ बाग़ के
मुश्ताक़-ए-पर-फ़िशानी हैं इक मुश्त-ए-ख़ाक हम

शम्अ-ओ-चराग़-ओ-शोला-ओ-आतिश, शरार-ओ-बर्क़
रखते हैं दिल जले ये बहम सब तपाक हम

मस्ती में हमको शौक़ नहीं नशअतैन का
गुलशन में ऐंडते हैं पड़े ज़ेर-ए-ताक हम

जूँ बर्क़ तेरे कूचे से हँसते नहीं गए
मानिंद-ए-अब्र जब उठे तब गिरया-नाक हम

मुद्दत हुई कि चाक-ए-क़फ़स ही से अब तो 'मीर'
दिखला रहे हैं गुल को दिल-ए-चाक-चाक हम

आराम-ए-चश्म–नींद। दास्ताँ–दास्तान, कहानी। आँख खुलना–नसीहत लेना, सबक़ हासिल करना। बाज़ आना–छोड़ देना। आब-ए-रवाँ–बहता हुआ पानी। राह निकालना–रास्ता निकालना, उपाय निकालना। सग–कुत्ता। पासबाँ–चौकीदार।

224. बाक–ख़ौफ़, डर, अंदेशा। हलाक–क़त्ल, ख़राब, बर्बाद। नज़दीक–क़रीब, राय में, समझ में। अब्र-ए-तर–पानी भरा बादल। नसीम–हवा। अतराफ़–तरफ़ का बहुवचन, चारों तरफ़, हर तरफ़। मुश्ताक़-ए-पर-फ़िशानी–उड़ने की चाहत रखने वाला। मुश्त-ए-ख़ाक–मुट्ठी भर मिट्टी, तुच्छ आदमी। आतिश–आग। शरार–चिंगारी। बर्क़–बिजली। बहम–आपस में। नशअतैन–लोक-परलोक। ज़ेर-ए-ताक–अंगूर की बेल के नीचे। मानिंद-ए-अब्र–बादल की तरह। गिरया-नाक–रोते हुए। चाक-ए-क़फ़स–पिंजरे की झिरी। चाक–कटा-फटा, ज़ख़्मी।

225

न फिर रक्खेंगे तेरी रह में पा हम	गए गुज़रे हैं आख़िर ऐसे क्या हम
बने क्या ख़ाल-ओ-ज़ुल्फ़-ओ-ख़त से देखें	हुए हैं कितने ये काफ़िर फ़राहम
मरज़ ही इश्क़ का बे-डौल है कुछ	बहुत करते हैं अपनी सी दवा हम
कहीं पैवंद हों या-रब ज़मीं के	फिरेंगे इस से यूँ कब तक जुदा हम
हवस थी इश्क़ करने में वलेकिन	बहुत नादिम हुए दिल को लगा हम
कब आगे कोई मरता था किसी पर	जहाँ में कर गए रस्म-ए-वफ़ा हम
तआरुफ़ क्या रहा अहल-ए-चमन से	हुए इक उम्र के पीछे रिहा हम
मुआ जिस के लिए उसको न देखा
न समझे 'मीर' का कुछ मुद्दआ हम

226

क़यामत ही याँ चश्म-ओ-दिल से रही	चले बस तो वाँ जाके करिए क़याम
न देखे जहाँ कोई आँखों की ओर	न लेवे कोई जिस जगह दिल का नाम
जहाँ 'मीर' ज़ेर-ओ-ज़बर हो गया
ख़िरामाँ हुआ था वो महशर-ख़िराम

227

गरचे आवारा जूँ सबा हैं हम	लेक लग चलने में बला हैं हम
काम क्या आते हैंगे मालूमात	ये तो समझे ही न कि क्या हैं हम
ऐ बुताँ इस क़दर जफ़ा हम पर	आक़िबत, बन्दा-ए-ख़ुदा हैं हम
तेरे कूचे में ता-ब-मर्ग रखा	कुश्ता-ए-मिन्नत-ए-वफ़ा हैं हम
आस्ताँ पर तिरे ही गुज़री उम्र	इसी दरवाज़े के गदा हैं हम
डरते हैं तेरी बे-दिमाग़ी से	क्यूँकि फिर यार जी बला हैं हम
कोई ख़्वाहाँ नहीं हमारा 'मीर'
गोइया जिंस-ए-नारवा हैं हम

---

225. पा रखना–क़दम रखना। ख़ाल-ओ-ज़ुल्फ़-ओ-ख़त–तिल, बाल और चेहरे के रोएँ। काफ़िर–काला, महबूब। फ़राहम–इकट्ठे। नादिम–शर्मिन्दा। तआरुफ़–परिचय। अहल-ए-चमन–बाग़ के लोग, दुनिया के लोग। मुआ–मरा। मुद्दआ–मक़्सद।

226. क़याम करना–ठहरना। ज़ेर-ओ-ज़बर होना–ऊपर-नीचे होना। ख़िरामाँ होना–मटक-मटक कर चलना, इठला कर चलना। महशर-ख़िराम–ग़ज़ब की चाल वाला।

227. जूँ–तरह। सबा–हवा। ऐ बुताँ–ऐ मूर्तियों, ऐ माशूक़ों। आक़िबत–आख़िरकार। ता-ब-मर्ग–मरने तक। कुश्ता–मारे हुए। आस्ताँ–चौखट। गदा–भिखारी। ख़्वाहाँ–चाहने वाला। गोइया–जैसे, कहने को, तू कहे। जिंस-ए-नारवा–नापसंद, बेजा।

228

गया जहान से ख़ुर्शीद साँ अगरचे 'मीर'
वलेक मजलिस-ए-दुनिया में उसकी जा है गर्म

229

करते हैं गुफ़्तुगू सहर उठकर सबा से हम — लड़ने लगे हैं हिज्र में उसके, हवा से हम
होता न दिल का ता ये सर-अंजाम इश्क़ में — लगते ही जी के मर गए होते बला से हम
छूटा न उसका देखना हमसे किसू तरह — पायान-ए-कार मारे गए इस अदा से हम
दाग़ों ही से भरी रही छाती तमाम उम्र — ये फूल-गुल चुना किए बाग़-ए-वफ़ा से हम
ग़ाफ़िल न अपनी दीदा-दराई से हमको जान
सब देखते हैं पर नहीं कहते हया से हम

230

बेकली, बेख़ुदी कुछ आज नहीं — एक मुद्दत से वो मिज़ाज नहीं
दर्द अगर ये है तो मुझे बस है — अब दवा की कुछ एहतियाज नहीं
हमने अपनी सी की बहुत लेकिन — मरज़-ए-इश्क़ का, इलाज नहीं
शहर-ए-ख़ूबी को ख़ूब देखा 'मीर'
जिंस-ए-दिल का कहीं रिवाज नहीं

231

सोज़िश-ए-दिल से मुफ़्त गलते हैं — दाग़ जैसे चराग़ जलते हैं
इस तरह दिल गया कि अब तक हम — बैठे रोते हैं हाथ मलते हैं
भरी आती हैं आज यूँ आँखें — जैसे दरिया कहीं उबलते हैं
दम-ए-आख़िर है बैठ जा मत जा — सब्र कर टुक कि हम भी चलते हैं
तेरे बे-ख़ुद जो हैं सो क्या चेतें — ऐसे डूबे कहीं उछलते हैं
फ़ित्ना-दर-सर, बुतान-ए-हश्र-ख़िराम — हाए रे किस ठसक से चलते हैं

---

228. ख़ुर्शीद साँ–सूरज की तरह। अगरचे–यद्यपि, हालाँकि। वलेक–वलेकिन, लेकिन। मजलिस-ए-दुनिया–दुनिया रूपी महफ़िल, संसार। जा–जगह। जा गर्म होना–याद या नाम-ओ-निशान बाक़ी रहना।

229. सहर–सुबह। सबा–हवा। हिज्र–जुदाई। हवा से लड़ना–बहुत लड़ाका होना। सर-अंजाम–नतीजा। पायान-ए-कार–आख़िरकार। बाग़-ए-वफ़ा–वफ़ा रूपी बाग़, दुनिया। ग़ाफ़िल–बे-ख़बर। दीदा-दराई–निर्लज्जता, बे-लिहाज़ी।

230. बेकली–बेचैनी। बेख़ुदी–बेसुध होना। एहतियाज–ज़रूरत। जिंस-ए-दिल–दिल रूपी वस्तु।

231. सोज़िश-ए-दिल–दिल की बेचैनी, जलन। दम-ए-आख़िर–आख़िरी साँस। बे-ख़ुद–बेसुध। फ़ित्ना-दर-सर–घमंडी। बुतान-ए-हश्र-ख़िराम–ग़ज़ब की चाल चलने वाले माशूक़।

नज़र उठती नहीं कि जब ख़ूबाँ सोते से उठ के आँख मलते हैं
उस सर-ए-ज़ुल्फ़ का ख़याल न छोड़ साँप के सर ही याँ कुचलते हैं
थे जो अग़यार संग सीने के अब तो कुछ हम को देख टलते हैं
शम्अ-रू मोम के बने हैं मगर गर्म टुक मिलिए तो पिघलते हैं
'मीर साहिब' को देखिए जो बने
अब बहुत घर से कम निकलते हैं

232

आया कमाल-ए-नक़्स मिरे दिल की ताब में जाता है जी चला ही मिरा इज़्तिराब में
जा कर दर-ए-तबीब पे भी मैं गिरा वले जुज़ आह उन ने कुछ न किया मेरे बाब में

क़त्आ

ऐश-ओ-ख़ुशी है शैब में, हो गो, प: वो कहाँ लज़्ज़त जो है जवानी के रंज-ओ-इताब में
दें उम्र-ए-खिज्र मौसम-ए-पीरी में तो न ले मरना ही इस से ख़ूब है अहद-ए-शबाब में
तू जान लेक, तुझ से भी आए जो कल थे याँ
हैं आज सर्फ़-ए-ख़ाक, जहान-ए-ख़राब में

233

बे-रूए-ओ-ज़ुल्फ़-ए-यार है रोने से काम याँ दागन है मुँह पे अब्र नमत सुब्ह-ओ-शाम याँ
आवाज़ा ही जहाँ में हमारा सुना करो अन्क़ा के तौर ज़ीस्त है अपनी बिनाम याँ
वस्फ़-ए-दहन से उसके न आगे क़लम चले या'नी किया है ख़ामे ने ख़त्म-ए-कलाम याँ
ग़ालिब ये है कि मौसम-ए-ख़त वाँ क़रीब है आने लगा है मुत्तसिल उस का पयाम याँ
मत खा फ़रेब-ए-इज्ज़ अज़ीज़ान-ए-हाल का पिन्हाँ किए हैं ख़ाक में यारों ने दाम याँ
कोई हुआ न दस्त-ब-सर शहर-ए-हुस्न में शायद नहीं है रस्म-ए-जवाब-ए-सलाम याँ
नाकाम रहने ही का तुम्हें ग़म है आज 'मीर'
बहुतों के काम हो गए हैं कल तमाम याँ

ख़ूबाँ–ख़ूबसूरत माशूक़। सर-ए-ज़ुल्फ़–ज़ुल्फ़, नाज़-ओ-अदा, हाव-भाव। अग़यार–दुश्मन, ग़ैर। संग–पत्थर। शम्अ-रू–रौशन चेहरे वाला, ख़ूबसूरत। गर्म मिलना–मुहब्बत से मिलना।

232. नक़्स–ख़राबी, खोट। इज़्तिराब–बेचैनी, परेशानी। तबीब–हकीम। वले–यद्यपि, हालाँकि। जुज़–सिवाए। बाब–बारे में। शैब–बुढ़ापा। गो–यद्यपि, हालाँकि। इताब–गुस्सा। उम्र-ए-खिज्र–हमेशा का जीवन, लम्बी उम्र। पीरी–बुढ़ापा। अहद-ए-शबाब–जवानी का समय। सर्फ़-ए-ख़ाक–मिट्टी में मिल जाना।

233. बे-रूए-ओ-ज़ुल्फ़-ए-यार–यार के चेहरे और ज़ुल्फ़ के बिना। अब्र नमत–बादल की तरह। आवाज़ा–शोर। अन्क़ा–एक काल्पनिक पक्षी, दुर्लभ, विलुप्त। ज़ीस्त–ज़िन्दगी, जीवन। बिनाम–बेनाम, विलुप्त। वस्फ़-ए-दहन–चेहरे की ख़ूबसूरती का बखान। ख़ामा–क़लम। ग़ालिब है–यक़ीन है, गुमान है। मुत्तसिल–लगातार। पयाम–पैग़ाम, सन्देश। फ़रेब-ए-इज्ज़–ख़ुशामद से धोखा खाना। अज़ीज़ान-ए-हाल–दोस्त, मित्रगण। पिन्हाँ–छुपा हुआ। दाम–जाल। दस्त-ब-सर होना–रुख़्सत का सलाम करना, सर पर हाथ रखकर सलाम करना।

234

न गया ख़याल-ए-ज़ुल्फ़-ए-सियह-ए-जफ़ा-शिआराँ
न हुआ कि सुब्ह होवे, शब-ए-तीरा-रोज़गाराँ

न कहा था ऐ रफ़ूगर, तिरे टाँके होंगे ढीले
न सिया गया ये आख़िर, दिल-ए-चाक-ए-बेक़राराँ

हुई ईद सब ने पहने, तरब-ओ-ख़ुशी के जामे
न हुआ कि हम भी बदलें, ये लिबास-ए-सोग-वाराँ

कहीं ख़ाक-ए-कू को उसकी, तू सबा न दीजो जुम्बिश
कि भरे हैं उस ज़मीं में, जिगर-ए-जिगर-फ़िगाराँ

रखे ताज-ए-ज़र को सर पर, चमन-ए-ज़माना में गुल
न शगुफ़्ता हो तू इतना, कि ख़िज़ाँ है ये बहाराँ

तू जहाँ से दिल उठा याँ नहीं रस्म-ए-दर्दमंदी
किसी ने भी यूँ न पूछा, हुए ख़ाक याँ हज़ाराँ

ये सुना था 'मीर' हमने, कि फ़साना ख़्वाब-ला है
तिरी सरगुज़श्त सुन कर, गए और ख़्वाब-ए-याराँ

235

उसके कूचे से जो उठ अहल-ए-वफ़ा जाते हैं
ता नज़र काम करे रू-ब-क़फ़ा जाते हैं

मुत्तसिल रोते ही रहिए तो बुझे आतिश-ए-दिल
एक दो आँसू तो और आग लगा जाते हैं

वक़्त-ए-ख़ुश उनका जो हम-बज़्म हैं तेरे हम तो
दर-ओ-दीवार को अहवाल सुना जाते हैं

जाएगी ताक़त-ए-पा आह तो करिएगा क्या
अब तो हम हाल कभू तुम को दिखा जाते हैं

---

234. ख़याल-ए-ज़ुल्फ़-ए-सियह-ए-जफ़ा-शिआराँ–ज़ालिम माशूक़ की काली ज़ुल्फ़ों का ख़याल। शब-ए-तीरा रोज़गाराँ–वे आशिक़ जिनका दुर्भाग्य काली रात की तरह फैला हुआ है। दिल-ए-चाक-ए-बेक़राराँ–परेशान आशिक़ों के फटे हुए दिल। तरब–आनन्द, हर्ष। जामा–कपड़ा, लिबास। सोग-वाराँ–शोक मनाने वाले, मातमी। ख़ाक-ए-कू–गली की धूल। सबा–हवा। जिगर-ए-जिगर-फ़िगाराँ–दुखी, सताए लोगों के जिगर। ताज-ए-ज़र–सोने का मुकुट। शगुफ़्ता–खिला हुआ। ख़िज़ाँ–पतझड़। ख़्वाब-ला–नींद लाने वाला। सरगुज़श्त–कहानी। ख़्वाब-ए-याराँ–दोस्तों की नींद।

235. अहल-ए-वफ़ा–इश्क़ करने वाले, आशिक़। ता–जहाँ तक। रू-ब-क़फ़ा–पीछे की तरफ़ मुँह मोड़े हुए। मुत्तसिल–लगातार। आतिश-ए-दिल–दिल की आग। अहवाल–हाल। ताक़त-ए-पा–पैरों की ताक़त।

एक बीमार-ए-जुदाई हूँ मैं आप्ही तिस पर
पूछने वाले जुदा जान को खा जाते हैं

ग़ैर की तेग़-ए-ज़बाँ से तिरी मजलिस में तो हम
आके रोज़ एक नया ज़ख़्म उठा जाते हैं

अर्ज़-ए-वहशत न दिया कर तू बगूले इतनी
अपनी वादी पे कभू यार भी आ जाते हैं

'मीर साहिब' भी तिरे कूचे में शब आते हैं लेक
जैसे दरयूज़ा-गरी करने गदा जाते हैं

236

कहियो क़ासिद जो वो पूछे हमें क्या करते हैं
जान-ओ-ईमान-ओ-मुहब्बत को दुआ करते हैं

इश्क़ आतिश भी जो देवे तो न दम मारें हम
शम्अ-ए-तस्वीर हैं ख़ामोश जला करते हैं

जाए ही न मरज़-ए-दिल तो नहीं इसका इलाज
अपने मक़दूर तलक हम तो दवा करते हैं

उसके कूचे में न कर शोर-ए-क़यामत का ज़िक्र
शैख़ याँ ऐसे तो हंगामे हुआ करते हैं

रुख़्सत-ए-जुम्बिश-ए-लब इश्क़ की हैरत से नहीं
मुद्दतें गुज़री कि हम चुप ही रहा करते हैं

तू परी शीशे से नाज़ुक है न कर दावा-ए-मेहर
दिल हैं पत्थर के उन्हों के जो वफ़ा करते हैं

फ़ुर्सत-ए-ख़्वाब नहीं ज़िक्र-ए-बुताँ में हमको
रात-दिन राम कहानी सी कहा करते हैं

ये ज़माना नहीं ऐसा कि कोई ज़ीस्त करे
चाहते हैं जो बुरा अपना, भला करते हैं

आप्ही–आप ही। तेग़-ए-ज़बाँ–ज़बान की तलवार, कष्टदायक बातें। मजलिस–महफ़िल। अर्ज़-ए-वहशत–पागलपन को बढ़ाना। बगूला–हवा का चक्कर, आँधी। दरयूज़ा-गरी–भीख माँगना। गदा–भिखारी।

236. क़ासिद–पत्रवाहक। आतिश–आग, दुख-दर्द। मक़दूर–हैसियत। शैख़–इस्लाम धर्म का ज्ञानी, मुल्ला, क़ाज़ी। रुख़्सत-ए-जुम्बिश-ए-लब–होठों का हिलना बंद होना यानि बात न करना। दावा-ए-मेहर–मेहरबानी का दावा। फ़ुर्सत-ए-ख़्वाब–सोने का अवकाश। ज़िक्र-ए-बुताँ–माशूक़ों का ज़िक्र। ज़ीस्त करना–जीवन गुज़ारना।

महज़ नाकारा भी मत जान हमें तू कि कहीं
ऐसे नाकाम भी बेकार फिरा करते हैं

तुझ बिन इस जान-ए-मुसीबत-ज़दा, ग़म-दीदा पे हम
कुछ नहीं करते तो अफ़सोस किया करते हैं

क्या कहें 'मीर जी' हम तुम से मुआश अपनी ग़रज़
ग़म को खाया करे हैं लोहू पिया करते हैं

237

आते हैं मुझे ख़ूब से दोनों हुनर-ए-इश्क़
रोने के तईं आँधी हूँ, कुढ़ने को बला हूँ

इस गुलशन-ए-दुनिया में शगुफ़्ता न हुआ मैं
हूँ गुंचा-ए-अफ़्सुर्दा कि मर्दूद-ए-सबा हूँ

हम-चश्म है हर आबला-ए-पा का मिरा अश्क
अज़-बस कि तिरी राह में आँखों से चला हूँ

आया कोई भी तरह मिरे चैन की होगी
आज़ुर्दा हूँ जीने से मैं मरने से ख़फ़ा हूँ

दामन न झटक हाथ से मेरे कि सितमगर
हूँ ख़ाक-ए-सर-ए-राह कोई दम में हवा हूँ

गो ताक़त-ओ-आराम-ओ-ख़ुर-ओ-ख़्वाब गए सब
बारे ये ग़नीमत है कि जीता तो रहा हूँ

इतना ही मुझे इल्म है कुछ मैं हूँ बहर-चीज़
मालूम नहीं ख़ूब मुझे भी कि मैं क्या हूँ

बेहतर है ग़रज़ ख़ामुशी ही कहने से याराँ
मत पूछो कुछ अहवाल कि मर मर के जिया हूँ

जान-ए-मुसीबत-ज़दा–मुसीबत का मारा। ग़म-दीदा–मुसीबत का मारा हुआ। मुआश–रोज़ी-रोटी।

237. बला–आफ़त। गुलशन-ए-दुनिया–बाग़ रूपी दुनिया। शगुफ़्ता–खिला हुआ, प्रसन्न। गुंचा-ए-अफ़्सुर्दा–मुरझाई हुई कली, उदासी। मर्दूद-ए-सबा–हवा का ठुकराया हुआ। हम-चश्म–दोस्त, बराबर का। आबला-ए-पा–पाँव का फफोला। अश्क–आँसू। अज़-बस–बहुत, अत्यधिक। आया–यह शब्द सवाल पूछने के लिए प्रयुक्त होता है, क्या। आज़ुर्दा–उदास, दुखी। ख़ाक-ए-सर-ए-राह–रास्ते में पड़ी धूल-मिट्टी। गो–यद्यपि, हालाँकि। ख़ुर-ओ-ख़्वाब–ख़ुराक और नींद। बारे–ख़ैर। बहर चीज़–हर तरह से, हर चीज़ में। अहवाल–हालत।

तब गर्म-ए-सुख़न कहने लगा हूँ मैं कि इक उम्र
जूँ शम्अ सर-ए-शाम से ता-सुब्ह जला हूँ

सीना तो किया फ़ज़्ल-ए-इलाही से सभी चाक
है वक़्त-ए-दुआ 'मीर' कि अब दिल को लगा हूँ

238

नामूस-ए-दोस्ती से गर्दन बंधी है अपनी जीते हैं जब तलक हम तब तक निबाहते हैं
सहल इस क़दर नहीं है मुश्किल पसंदी मेरी जो तुझको देखते हैं मुझको सराहते हैं
वे दिन गए कि रातें नालों से काटते थे
बे-डोल 'मीर साहिब' अब कुछ कराहते हैं

239

तुम्हें भी चाहिए है कुछ तो पास चाहत का हम अपनी ओर से यूँ कब तलक निबाह करें
अगरचे सहल हैं पर दीदनी हैं हम भी 'मीर'
इधर को यार तअम्मुल से गर निगाह करें

240

राज़ी हूँ गो कि बाद अज़ सद-साल-ओ-माह देखूँ
अक्सर नहीं तो तुझको मैं गाह-गाह देखूँ

जो इन्तिज़ार-कश है आँखों में रहगुज़र पर
आजा नज़र कि कब तक मैं तेरी राह देखूँ

आँखें जो खुल रही हैं मरने के बाद मेरी
हसरत ये थी कि उसको मैं इक निगाह देखूँ

ये दिल वो जा है जिसमें देखा था तुझको बसते
किन आँखों से अब उजड़ा इस घर को आह देखूँ

गर्म-ए-सुख़न होना–बातचीत करने में मशग़ूल होना। फ़ज़्ल-ए-इलाही–ईश्वर की कृपा। चाक करना–फाड़ना। दिल को लगना–दिल पर असर होना, दिल पर चोट होना।

238. नामूस–आबरू, इज़्ज़त। गर्दन बंधना–ज़िम्मेदारी होना। सहल–आसान। नाला–रोना-धोना।

239. पास–आदर, लिहाज़। अगरचे–यद्यपि, हालाँकि। सहल–आसान। दीदनी–देखने योग्य। तअम्मुल से–सोच-विचार करके, ठहर कर।

240. अज़ सद-साल-ओ-माह–सैकड़ों सालों और महीनों से। गाह-गाह–कभी-कभी। इन्तिज़ार-कश–इन्तिज़ार करने वाला। राह देखना–इन्तिज़ार करना, प्रतीक्षा करना।

देखूँ तो चाँद अब का गुज़रे है मुझको कैसा
दिल है कि तेरे मुँह पर बे-मेहर माह देखूँ

चश्म-ओ-दिल-ओ-जिगर ये सारे हुए परेशाँ
किस-किस की तेरे ग़म में हालत तबाह देखूँ

आँखें तो तूने दी हैं ऐ जुर्म-बख़्श-ए-आलम
क्या तेरी रहमत आगे अपने गुनाह देखूँ

तारीक हो चला है आँखों में मेरी आलम
होता है क्यूँके दिल-बुन मेरा तबाह देखूँ

देखूँ हूँ आँख उठा कर जिसको तो ये कहे है
होता है क़त्ल क्यूँकर ये बेगुनाह देखूँ

हूँ मैं निगाह-ए-बिस्मिल गो इक मिज़ा थी फ़ुर्सत
ता 'मीर' रू-ए-क़ातिल ता-क़त्ल-गाह देखूँ

241

मशहूर हैं दिनों की मिरे बे-क़रारियाँ
जाती हैं ला-मकाँ को दिल-ए-शब की ज़ारियाँ

चेहरे पे जैसे ज़ख़्म है नाख़ुन का हर ख़राश
अब दीदनी हुई हैं मिरी दस्तकारियाँ

सौ बार हमने गुल के गए पर चमन के बीच
भर दी हैं आब-ए-चश्म से रातों को क्यारियाँ

कुश्ते की उसके ख़ाक भरे जिस्म-ए-ज़ार पर
ख़ाली नहीं हैं लुत्फ़ से लोहू की धारियाँ

तुर्बत से आशिक़ों की न उट्ठा कभू ग़ुबार
जी से गए, वले न गईं राज़-दारियाँ

अब किस-किस अपनी ख़्वाहिश-ए-मुर्दा को रोइए
थीं हमको उससे सैंकड़ों उम्मीदवारियाँ

पढ़ते फिरेंगे गलियों में इन रेख़्तों को लोग
मुद्दत रहेंगी याद ये बातें हमारियाँ

क्या जानते थे ऐसे दिन आ जाएँगे शिताब
रोते गुज़रतियाँ हैं हमें रातें सारियाँ

गुल ने हज़ार रंग सुख़न सर किया वले
दिल से गईं न बातें तिरी प्यारी प्यारियाँ

जाओगे भूल अहद को, फ़रहाद-ओ-क़ैस के
गर पहुँचें हम शिकस्ता-दिलों की भी बारियाँ

बच जाता, एक रात जो कट जाती और 'मीर'
काटीं थीं कोहकन ने बहुत रातें भारियाँ

बे-मेहर–बे-रहम। माह–चाँद। जुर्म-बख़्श-ए-आलम–दुनिया के गुनाह माफ़ करने वाला। आँखों में आलम तारीक होना–आँखों के आगे अंधेरा छाना। दिल-बुन–दिल का बाग़। निगाह-ए-बिस्मिल–घायल आदमी की लाचार निगाह। गो–लेकिन। इक मिज़ा–एक बार पलक झपकना। रू-ए-क़ातिल–क़ातिल का चेहरा।

241. ला-मकाँ–वो मकान जिसमें मकान के गुण न हों, जहाँ ख़ुदा रहता है। दिल-ए-शब–आधी रात। ज़ारी–रोना। ख़राश–खरोंच, छीलन। दीदनी–देखने योग्य। दस्तकारी–हाथ की कारीगरी। आब-ए-चश्म–आँसू। कुश्ता–मारा हुआ। जिस्म-ए-ज़ार–दुबला, कमज़ोर शरीर। तुर्बत–क़ब्र। ग़ुबार–धूल। वले–लेकिन। राज़-दारी–भेद छुपाना। रेख़्ता–उर्दू ग़ज़ल। शिताब–जल्दी। सुख़न सर करना–बातचीत करना। अहद–काल, ज़माना। क़ैस–मजनूँ। शिकस्ता-दिल–मायूस। बारियाँ–बारी, क्रम। कोहकन–पहाड़ खोदने वाला यानी फ़रहाद।

242

रखता है सोज़-ए-इश्क़ से दोज़ख़ में रोज़-ओ-शब
ले जाएगा ये सोख़्ता-दिल क्या बहिश्त में

आसूदा क्यूँके हूँ मैं कि मानिंद-ए-गर्दबाद
आवारगी तमाम है मेरी सिरिश्त में

नामे को चाक कर के करे नामाबर को क़त्ल
क्या ये लिखा था 'मीर', मिरी सरनविश्त में

243

दर्द-ओ-अंदोह में ठहरा जो रहा, मैं ही हूँ
रंग-रू जिसके कभू मुँह न चढ़ा, मैं ही हूँ

जिस पे करते हो सदा जौर-ओ-जफ़ा, मैं ही हूँ
फिर भी जिसको है गुमाँ तुमसे वफ़ा, मैं ही हूँ

बद कहा मैंने रक़ीबों को तो तक़सीर हुई
क्यूँ है, बख़्शो भी भला, सब में बुरा मैं ही हूँ

अपने कूचे गें फ़ुग़ाँ जिसकी सुनो हो हर रात
वो जिगर-सोख़्ता-ओ-सीना-जला मैं ही हूँ

ख़ार को जिनने लड़ी मोती की कर दिखलाया
इस बियाबान में वो आबला-पा मैं ही हूँ

रुक के जी एक जहाँ दूसरे आलम को गया
तन-ए-तन्हा न तिरे ग़म में हुआ मैं ही हूँ

क़त्आ

इस अदा को तो टुक इक सैर कर इन्साफ़ करो
वो बुरा हैगा भला दोस्तो, या मैं ही हूँ

---

242. सोज़-ए-इश्क़–इश्क़ की जलन। दोज़ख़–नरक, जहन्नुम। सोख़्ता-दिल–जला हुआ दिल। बहिश्त–स्वर्ग। आसूदा–आराम पाया हुआ, तृप्त, ख़ुशहाल। मानिंद-ए-गर्दबाद–बगूले/बवंडर की तरह। सिरिश्त–स्वभाव, प्रकृति, मिज़ाज। नामा–पत्र। चाक करना–फाड़ना। नामाबर–पत्रवाहक। सरनविश्त–भाग्य का लिखा।

243. दर्द-ओ-अंदोह–दुख-दर्द। रंग-रू–चेहरे का रंग। बद–बुरा। रक़ीब–हमपेशा, एक माशूक़ के आशिक़ों में से कोई एक। तक़सीर–ग़लती। फ़ुग़ाँ–फ़रियाद, रोना पीटना। जिगर-सोख़्ता–दिल जला। ख़ार–काँटा। आबला-पा–जिसके पाँव में छाले पड़ गए हों। आलम–दुनिया, हाल। तन-ए-तन्हा–बिल्कुल अकेला।

मैं ये कहता था कि दिल जिन ने लिया कौन है वो
यक-ब-यक बोल उठा, इस तरफ़ आ, मैं ही हूँ

जब कहा मैंने कि तू ही है, तो फिर कहने लगा
क्या करेगा तू मिरा, देखूँ तो, जा, मैं ही हूँ

सुनते ही हँस के टुक इक सोचियो क्या तू ही था
जिन ने शब रोके सब अहवाल कहा, मैं ही हूँ

'मीर' आवारा-ए-आलम जो सुना है तूने
ख़ाक-आलूदा वो ऐ बाद-ए-सबा मैं ही हूँ

कासा-ए-सर को लिए माँगता दीदार फिरे
'मीर' वो जान से बेज़ार गदा मैं ही हूँ

244

निकले है जिंस-ए-हुस्न किसी कारवान में
ये वो नहीं मताअ कि हो हर दुकान में

जाता है इक हुजूम-ए-ग़म-ए-इश्क़ जी के साथ
हंगामा ले चले हैं हम उस भी जहान में

या-रब कोई तो वास्ता सर-गश्तगी का है
यक इश्क़ भर रहा है तमाम आसमान में

हम उस से आह सोज़-ए-दिल अपना न कह सके
थे आतिश-ए-दरूँ से फफोले ज़बान में

क़त्आ

ग़म खींचने को कुछ तो तवानाई चाहिए
सो याँ न दिल में ताब, न ताक़त है जान में

ग़ाफ़िल न रहियो हम से कि हम वे नहीं रहे
होता है अब तो हाल अजब एक आन में

यक-ब-यक–अचानक। अहवाल–हाल, हालत। आवारा-ए-आलम–दुनिया का आवारा, मारा-मारा फिरने वाला। ख़ाक-आलूदा–धूल मिट्टी में सना हुआ। बाद-ए-सबा–पुरवा हवा। कासा-ए-सर–प्याला रूपी सर, खोपड़ी। दीदार–दर्शन। बेज़ार–उकताया हुआ। गदा–माँगने वाला, भिखारी।

244. जिंस-ए-हुस्न–हुस्न रूपी चीज़, ख़ूबसूरती रूपी सामान। कारवान–तजुर्बाकार, हुनरमंद। मताअ–पूँजी, दौलत। सर-गश्तगी–हैरानी। सोज़-ए-दिल–दिल की जलन। आतिश-ए-दरूँ–अंदरूनी आग। तवानाई–ताक़त।

वे दिन गए कि आतिश-ए-ग़म दिल में थी निहाँ
सोज़िश रहे है अब तो हर इक उस्तुख़्वान में

दिल नज़्र-ओ-दीदा पेशकश, ऐ बाइस-ए-हयात
सच कह कि जी लगे है तिरा किस मकान में

खींचा न कर तू तेग़ कि इक दिन नहीं हैं हम
ज़ालिम क़बाहतें हैं बहुत इम्तिहान में

फाड़ा हज़ार जा से गरेबान-ए-सब्र 'मीर'
क्या कह गई नसीम-ए-सहर गुल के कान में

245

ज़बाँ रख ग़ुंचा साँ अपने दहन में बंधी मुट्ठी चला जा इस चमन में
न खोल ऐ यार मेरा गोर में मुँह कि हसरत है मिरी जागह कफ़न में
रखा कर हाथ दिल पर आह करते नहीं रहता चराग़ ऐसी पवन में
जले दिल की मुसीबत अपने सुनकर लगी है आग सारे तन-बदन में
न तुझ बिन होश में हम आए साक़ी मुसाफ़िर ही रहे अक्सर वतन में
ख़िरद-मंदी हुई ज़ंजीर वर्ना गुज़रती ख़ूब थी दीवानापन में
कहाँ के शम्अ-ओ-परवाने गए मर बहुत आतिश-बजाँ थे इस चमन में
गुदाज़-ए-इश्क़ में बह भी गया 'मीर'
यही धोका सा है अब पैरहन में

246

जिनके लिए अपने तो यूँ जान निकलते हैं इस राह में वे जैसे अंजान निकलते हैं
क्या तीर-ए-सितम उस के, सीने में भी टूटे थे जिस ज़ख़्म को चीरूँ हूँ, पैकान निकलते हैं
मत सहल हमें जानो फिरता है फ़लक बरसों तब ख़ाक के पर्दे से इन्सान निकलते हैं
किस का है क़िमाश ऐसा गूदड़ भरे हैं सारे देखो न जो लोगों के दीवान निकलते हैं

आतिश-ए-ग़म–ग़म की आग। निहाँ–छुपी हुई। सोज़िश–जलन। उस्तुख़्वान–हाड़, हड्डी। नज़्र–क़ुर्बान। बाइस-ए-हयात–ज़िन्दगी की वजह, यहाँ माशूक़ की तरफ़ इशारा है। तेग़–तलवार। क़बाहत–बुराई, ख़राबी। नसीम-ए-सहर–सुबह की ठंडी हवा।

245. ग़ुंचा–कली। दहन–मुँह। गोर–क़ब्र। हसरत–अभिलाषा, इच्छा। जागह–जगह। ख़िरद-मंदी–अक़्लमंदी, समझदारी। आतिश-बजाँ–जिनके दिलों में आग है। गुदाज़-ए-इश्क़–इश्क़ की पिघलाहट। पैरहन–लिबास।

246. पैकान–तीर। सहल–आसान। फ़लक–आसमान। क़िमाश–पूँजी, हुनर।

क़त्आ

गह लोहू टपकता है, गह लख़्त-ए-दिल आँखों से या टुकड़े जिगर ही के हर आन निकलते हैं
करिए तो गिला किस से जैसी थी हमें ख़्वाहिश अब वैसे ही ये अपने अरमान निकलते हैं

क़त्आ

जागह से भी जाते हो मुँह से भी ख़शिन हो कर वे हर्फ़ नहीं हैं जो शायान निकलते हैं
सो काहे को अपनी तो जोगी की सी फेरी है बरसों में कभू ईधर हम आन निकलते हैं

इन आईना-रूयों के क्या 'मीर' भी आशिक़ हैं
जब घर से निकलते हैं हैरान निकलते हैं

247

कोई नहीं जहाँ में जो अंदोहगीं नहीं इस ग़म-कदे में आह दिल-ए-ख़ुश कहीं नहीं
करता है अब्र दावा-ए-दरिया-दिली अबस दामन नहीं मिरा तो मिरी आस्तीं नहीं
ये दर्द उसके क्यूँके करूँ दिलनशीं कि आह कहता हूँ जिस तरह से, कहे है नहीं नहीं
माथा किया है सर्फ़-ए-सुजूद-ए-दर-ए-बुताँ मानिंद माह-ए-नौ के मिरी अब जबीं नहीं

फ़िक्र-ए-बुलन्द से मैं किया आसमाँ इसे
हर यक से 'मीर' ख़ूब हो ये वो ज़मीं नहीं

248

दावे को यार आगे मायूब कर चुके हैं
इस रेख़्ते को वर्ना हम ख़ूब कर चुके हैं

मरने से तुम हमारे ख़ातिर निचिंत रखियो
इस काम का भी हम कुछ उस्लूब कर चुके हैं

हुस्न-ए-कलाम खींचे क्यूँकर न दामन-ए-दिल
इस काम को हम आख़िर महबूब कर चुके हैं

गह–कभी। लख़्त-ए-दिल–दिल के टुकड़े। ख़शिन–रूखापन। शायान–उचित, मुनासिब। आईना-रू–आईने की तरह साफ़ चेहरा रखने वाला, हसीन, ख़ूबसूरत।

247. अंदोहगीं–दुखी, ग़मगीन। ग़मकदा–दुखों का घर यानी दुनिया। अब्र–बादल। अबस–बेकार में। दिलनशीं करना–दिल में बिठाना, दिल में जमाना। सर्फ़-ए-सुजूद-ए-दर-ए-बुताँ–बुतों, माशूक़ के दरवाज़े पर सज्दा करने से घिसा हुआ। मानिंद–जैसे। माह-ए-नौ–नया चाँद। जबीं–माथा। फ़िक्र-ए-बुलन्द–उच्च कल्पना शक्ति। यक–एक। ज़मीं–ग़ज़ल की ज़मीन यानी रदीफ़, क़ाफ़िया और बहर।

248. मायूब–बुरा, ख़राब। रेख़्ता–उर्दू ग़ज़ल। ख़ातिर–तबीयत, मिज़ाज। निचिंत–बे-फ़िक्र। उस्लूब–तर्ज़, तरीक़ा। हुस्न-ए-कलाम–कविता का सौंदर्य।

हंगामा-ए-क़यामत ताज़ा नहीं जो होगा
हम इस तरह के कितने आशोब कर चुके हैं

रंग-ए-परीदा क़ासिद, बाद-ए-सहर, कबूतर
किस-किस के हम हवाले मक्तूब कर चुके हैं

तिनका नहीं रहा है क्या अब निसार करिए
आगे ही हम तो घर को जारूब कर चुके हैं

हर लहज़ा है तज़ायुद रंज-ओ-ग़म-ओ-अलम का
ग़ालिब कि तब्अ-ए-दिल को मग़लूब कर चुके हैं

क्या जानिए कि क्या है ऐ 'मीर' वजह ज़िद की
सौ बार हम तो उस को महजूब कर चुके हैं

249

ख़ाल-ओ-ख़त ऐसे फ़ित्ने, निगाहें, ये आफ़तें
कुछ इक बला वो ज़ुल्फ़-ए-परेशान ही नहीं

देखी हो जिसने सूरत-ए-दिलकश वो एक आन
फिर सब्र उस से हो सके, इमकान ही नहीं

ख़ुर्शीद-ओ-माह-ओ-गुल सभी ऊधर रहे हैं देख
उस चेहरे का इक आईना हैरान ही नहीं

यक्साँ है तेरे आगे जो दिल और आरसी
क्या ख़ूब-ओ-ज़िश्त की तुझे पहचान ही नहीं

सज्दा उस आस्ताँ का न जिस के हुआ नसीब
वो अपने एतिक़ाद में इन्सान ही नहीं

क्या तुझको भी जुनूँ था कि जामे में तेरे 'मीर'
सब कुछ बचा है एक गिरेबान ही नहीं

250

हम आप ही को अपना मक़्सूद जानते हैं
अपने सिवाए किस को मौजूद जानते हैं

इज्ज़-ओ-नियाज़ अपना अपनी तरफ़ है सारा
इस मुश्त-ए-ख़ाक को हम मस्जूद जानते हैं

सूरत-पज़ीर हम बिन हरगिज़ नहीं वे मा'नी
अहल-ए-नज़र हमीं को माबूद जानते हैं

इश्क़ उनकी अक़्ल को है जो मा-सिवा हमारे
नाचीज़ जानते हैं, नाबूद जानते हैं

आशोब–हंगामा। रंग-ए-परीदा–उड़ा हुआ रंग। क़ासिद–पत्रवाहक। बाद-ए-सहर–सुबह की ठंडी हवा। मक्तूब–पत्र। जारूब करना–झाड़ू मारना। तज़ायुद–बढ़ोत्तरी, इज़ाफ़ा। तब्अ–स्वभाव। मग़लूब करना–हराना। महजूब–शर्मिन्दा, झेंपा हुआ।

249. ख़ाल-ओ-ख़त–चेहरे के तिल और रोएँ, नैन-नक़्श। इम्कान–सम्भव होना। ख़ुर्शीद–सूरज। माह–चाँद। यक्साँ–बराबर। आरसी–आईना। ख़ूब-ओ-ज़िश्त–अच्छा-बुरा। आस्ताँ–चौखट। एतिक़ाद–यक़ीन, भरोसा। जामा–कपड़ा।

250. मक़्सूद–लक्ष्य। इज्ज़-ओ-नियाज़–विनम्रता। मुश्त-ए-ख़ाक–मुट्ठी भर मिट्टी यहाँ अपने शरीर की ओर इशारा है। मस्जूद–जिसे सज्दा किया जाए। सूरत पज़ीर होना–रूप धारण करना। अहल-ए-नज़र–ज्ञानी लोग। माबूद–ख़ुदा, जिसकी पूजा की जाए। मा-सिवा–अलावा। नाबूद–अस्तित्व-हीन।

अपनी ही सैर करने हम जल्वा-गर हुए थे   इस रम्ज़ को वलेकिन मादूद जानते हैं
मर कर भी हाथ आवे तो 'मीर' मुफ़्त है वो
जी के ज़ियान को भी हम सूद जानते हैं

251

जी बिखरे, दिल ढहे है, सर भी गिरा पड़े है   ख़ाना-ख़राब तुझ बिन क्या-क्या ख़राबियाँ हैं
मेहमान 'मीर' मत हो ख़्वान-ए-फ़लक पे हरगिज़
ख़ाली ये मेहर-ओ-मह की दोनों रकाबियाँ हैं

252

सुन गोश-ए-दिल से अब तो समझ बे-ख़बर कहीं
मज़कूर हो चुका है मिरा हाल हर कहीं

आशिक़ तिरे हुए तो सितम कुछ न हो गया
मरना पड़ा है हम को, ख़ुदा से तो डर कहीं

क़त्आ

कुछ-कुछ कहूँगा, रोज़ ये कहता था दिल में मैं
आशुफ़्ता-तब्अ 'मीर' को पाया अगर कहीं

सो कल मिला मुझे वो बियाबाँ की सम्त को
जाता था इज़्तिराब-ज़दा सा उधर कहीं

लग चल के मैं ब-रंग-ए-सबा ये उसे कहा
काए ख़ानमाँ ख़राब तिरा भी है घर कहीं

आशुफ़्ता जाबजा जो फिरे है तू दश्त में
जागह नहीं है शहर में तुझको मगर कहीं

ताके ये दश्त-गर्दी ओ कब तक ये ख़स्तगी
इस ज़िन्दगी से कुछ तुझे हासिल भी मर कहीं

जल्वा-गर होना–ज़ाहिर होना, अस्तित्व में आना। रम्ज़–पहेली, रहस्य। मादूद–गिनती के लोग। ज़ियान–नुक़सान। सूद–फ़ायदा।

251. ख़ाना-ख़राब–तबाह, बर्बाद। ख़्वान-ए-फ़लक–आसमान की थाली अर्थात् दस्तर-ख़्वान, थाल, खाना लगाने का कपड़ा। मेहर-ओ-मह–सूरज और चाँद। रकाबियाँ–गहरी प्लेटें।

252. गोश–कान। मज़कूर–जिसका ज़िक्र हो। आशुफ़्ता-तब्अ–परेशान हाल। सम्त–तरफ़। इज़्तिराब-ज़दा–बेचैन। ब-रंग-ए-सबा–हवा की तरह। काए–कि ऐ। ख़ानमाँ ख़राब–तबाह, बर्बाद। आशुफ़्ता–परेशान। जाबजा–हर जगह, इधर-उधर। दश्त–जंगल। दश्त-गर्दी–जंगलों में फिरना। ख़स्तगी–बदहाली।

कहने लगा वो हो के पुर-आशुफ़्ता यक-बयक
मस्कन करे है दहर में मुझ सा बशर कहीं
कितने ही आए ले के सर-ए-पुर-ख़याल पर
ऐसे गए कि कुछ नहीं उनका असर कहीं

253

अब कुछ हमारे हाल पे तुम को नज़र नहीं   या'नी तुम्हारी हम से वे आँखें नहीं रहीं
उस बज़्म के चराग़ बुझे थे जो यार 'मीर'
उन के फ़रोग़-ए-बाग़ में गुल हैं कहीं-कहीं

254

पलकों से तेरे शाइक़ हम सर जो पटकते हैं   हर दम जिगरों में कुछ काँटे से खटकते हैं
मैं फाड़ गिरेबाँ को दरवेश हुआ आख़िर   वे हाथ से दामन को अब तक भी झटकते हैं
याद आवे है जब शब को वो चेहरा-ए-महताबी   आँसू मिरी पलकों से तारे से छिटकते हैं
की राहबरी मेरी सहरा-ए-मुहब्बत में   याँ हज़रत-ए-ख़िज़्र आप्ही मुद्दत से भटकते हैं
क्या तुमको अचम्भा है सख़्ती का मुहब्बत में   दुश्वार ही होता है दिल जिन के अटकते हैं
तू तुर्रा-ए-जानाँ से चाहे है अभी मक़्सद
बरसों से पड़े हम तो ऐ 'मीर' लटकते हैं

255

मानिंद-ए-शम्अ हमने हुज़ूर अपने यार के   कार-ए-वफ़ा तमाम किया एक आह में
मैं सैद जो हुआ तो नदामत उसे हुई   यक क़तरा ख़ून भी न गिरा सैद गाह में
पहुँचे नहीं कहीं कि नहीं वाँ से उठ चले   अल-क़िस्सा एक उम्र से हम हैंगे राह में
निकला था आस्तीन से कल मुग़बचे का हाथ   बहुतों के ख़िरक़े चाक हुए ख़ानक़ाह में
बख़्त-ए-सियह तो देख कि हम ख़ाक में मिले   सुरमे की जाए हो तिरी चश्म-ए-सियाह में
बैठे थे 'मीर' यार के दीदार को सो हम
अपना ये हाल कर के उठे यक निगाह में

पुर-आशुफ़्ता–बहुत परेशान मिज़ाज/तबीयत। यक-बयक–अचानक। मस्कन–ठिकाना। दहर–दुनिया। बशर–आदमी, इंसान। सर-ए-पुर-ख़याल–विचारों से भरा हुआ सिर।

253. फ़रोग़–रौशनी, चमक।

254. शाइक़–चाहने वाला। दरवेश–फ़क़ीर, साधु। चेहरा-ए-महताबी–चाँद जैसा मुखड़ा। राहबरी–रास्ता दिखाना। सहरा–बियाबान, वीराना। हज़रत-ए-ख़िज़्र–एक बुज़ुर्ग जो सही रास्ता दिखाते हैं। आप्ही–आप ही। तुर्रा-ए-जानाँ–महबूब की ज़ुल्फ़।

255. मानिंद-ए-शम्अ–चराग़ की तरह। हुज़ूर–सामने। कार-ए-वफ़ा–इश्क़ का काम-काज। सैद–शिकार। नदामत–शर्मिंदगी। सैद-गाह–शिकार करने की जगह। अल-क़िस्सा–यानी, सारांश। मुग़बचा–शराब परोसने वाला लड़का। ख़िरक़ा–गुदड़ी, दरवेश का लिबास। चाक होना–फटना। ख़ानक़ाह–दरवेशों के रहने की जगह। बख़्त-ए-सियह–दुर्भाग्य। जाए–जगह। चश्म-ए-सियाह–काली आँखें। दीदार–दर्शन। यक–एक।

256

किया जो अर्ज़ कि दिल सा शिकार लाया हूँ — कहा कि ऐसे तो मैं मुफ़्त मार लाया हूँ
न तंग कर उसे ऐ फ़िक्र-ए-रोज़गार कि मैं — दिल उस से दम के लिए मुस्तआर लाया हूँ
किसी से माँगा है मैं आज तक कि जी लेवे — ये एहतियाज तुझी तक ऐ यार लाया हूँ
फिर इख़्तियार है आगे तिरा, ये है मजबूर — कि दिल को तुझ तईं बे-इख़्तियार लाया हूँ
ये जी जो मेरे गले का है हार, तू ही ले — तिरे गले के लिए मैं ये हार लाया हूँ

चला न उठ के वहीं चुपके-चुपके फिर तू 'मीर'
अभी तो उसकी गली से पुकार लाया हूँ

257

जफ़ाएँ देख लियाँ बे-वफ़ाइयाँ देखीं — भला हुआ कि तिरी सब बुराइयाँ देखीं
तिरी गली से सदा ऐ कुशिन्दा-ए-आलम — हज़ारों आती हुई चारपाइयाँ देखीं
गया नज़र से जो वो गर्म तिफ़्ल-ए-आतिश-बाज़ — हम अपने चेहरे पे उड़ती हवाइयाँ देखीं
तिरे विसाल के हम शौक़ में हो आवारा — अज़ीज़ दोस्त सभों की जुदाइयाँ देखीं
हमेशा माइल-ए-आईना ही तुझे पाया — जो देखीं हमने यही ख़ुद-नुमाइयाँ देखीं
शहाँ कि कुह्ल-ए-जवाहर थी ख़ाक-ए-पा जिनकी — उन्हीं की आँखों में फिरते सलाइयाँ देखीं

बनी न अपनी तो उस जंगजू से हरगिज़ 'मीर'
लड़ाईं जब से हम आँखें लड़ाइयाँ देखीं

258

ख़ुश-क़दाँ जब सवार होते हैं — सर्व-ओ-क़ुमरी शिकार होते हैं
तेरे बालों के वस्फ़ में मेरे — शे'र सब पेचदार होते हैं
आओ याद-ए-बुताँ प: भूल न जाओ — ये तग़ाफ़ुल-शिआर होते हैं
देख लेवेंगे ग़ैर को तुझ पास — सोहबतों में भी यार होते हैं
सदक़े हो लेवें एक दम तेरे — फिर तो तुझ पर निसार होते हैं
तू करे है क़रार मिलने का — हम अभी बेक़रार होते हैं

---

256. मुस्तआर–माँगी हुई चीज़। एहतियाज–ज़रूरत। इख़्तियार–अधिकार।

257. कुशिन्दा-ए-आलम–दुनिया भर को क़त्ल करने वाला। चारपाई–यहाँ अर्थी, जनाज़ा। तिफ़्ल-ए-आतिश-बाज़–आतिश-बाज़ का लड़का। माइल-ए-आईना–आईने में ख़ुद को देखने की ओर आकर्षित। ख़ुद-नुमाई–शेख़ी, आपा दिखाने वाला। शहाँ–बादशाह। कोहल-ए-जवाहर–हीरे-मोती पीसकर बनाया सुरमा। ख़ाक-ए-पा–पाँव की मिट्टी। जंगजू–लड़ाका, यहाँ माशूक़ की तरफ़ इशारा है।

258. ख़ुश-क़दाँ–सुन्दर क़द वाले, ख़ूबसूरत। सर्व–सीधे तने का एक पेड़ जिससे माशूक़ के क़द को उपमा दी जाती है। क़ुमरी–फ़ाख़्ता जैसा एक पक्षी। वस्फ़–तारीफ़, ख़ूबी। तग़ाफ़ुल-शिआर–जिसका स्वभाव बेपरवाई हो। क़रार–वायदा, ठहराव।

हफ़्त-इक़लीम हर गली है, कहीं दिल्ली से भी दयार होते हैं
रफ़्ता-रफ़्ता ये तिफ़्ल-ए-ख़ुश-ज़ाहिर फ़ित्ना-ए-रोज़गार होते हैं
उसके नज़दीक कुछ नहीं इज़्ज़त
'मीर जी' यूँ हीं ख़्वार होते हैं

259

वे जो हुस्न-ओ-जमाल रखते हैं सारे तेरा ख़याल रखते हैं
शब्र जो वो मह कभू रहे है याँ मुद्दतों याद साल रखते हैं
उन लबों का जवाब-देह है लाल हम तुझी से सवाल रखते हैं
गुल तिरे रोज़गार-ए-ख़ूबी में मुँह तमाँचों से लाल रखते हैं
दहन-ए-तंग के तिरे मुश्ताक़ आरज़ू-ए-मुहाल रखते हैं
अहल-ए-दिल चश्म सब तिरी जानिब आईने की मिसाल रखते हैं
ख़ाक-ए-आदम ही है तमाम ज़मीं पाँव को हम सम्भाल रखते हैं
ये जो सर खींचे तो क़यामत है दिल को हम पाएमाल रखते हैं
गुफ़्तगू नाक़िसों से है वर्ना
'मीर जी' भी कमाल रखते हैं

260

फिरूँ 'मीर' उरयाँ, न दामन का ग़म हो
न बाक़ी रहे ख़ार-ख़ार-ए-गिरेबाँ

261

मैं कौन हूँ ऐ हम-नफ़साँ सोख़्ता-जाँ हूँ एक आग मिरे दिल में है जो शोला-फ़िशाँ हूँ
लाया है मिरा शौक़ मुझे पर्दे से बाहर मैं वर्ना वही ख़लवती-ए-राज़-ए-निहाँ हूँ

हफ़्त-इक़लीम–सातों महाद्वीप, यानी सारी दुनिया। तिफ़्ल-ए-ख़ुश-ज़ाहिर–ख़ूबसूरत नौजवान। फ़ित्ना-ए-रोज़गार–अपने ज़माने के हंगामा करने वाले, महबूब। ख़्वार–अपमानित।

259. हुस्न-ओ-जमाल–बहुत अधिक सुन्दरता। शब–रात। मह–चाँद। लाल–फूल। दहन-ए-तंग–बहुत छोटा मुँह या दहाना जिसको सुन्दरता का एक प्रतीक माना गया है, पतली कमर की तरह तंग दहाने को अतिश्योक्ति में 'न होने के बराबर' बताया जाता है, इसलिए 'दहन-ए-तंग' और 'आरज़ू-ए-मुहाल' (असंभव इच्छा) में एक अनस्तित्व और असम्भव का रिश्ता बनता है। मुश्ताक़–चाह रखने वाला, आशिक़। अहल-ए-दिल–प्रेम करने वाले। चश्म–आँख। ख़ाक-ए-आदम–आदमी की मिट्टी। सर खींचना–ऊँचा होना, भड़कना। पाएमाल–रौंदा, कुचला हुआ। नाक़िस–अधूरा, मंदबुद्धि।

260. उरयाँ–नंगा। ख़ार-ख़ार-ए-गिरेबाँ–छाती में समाई हुई इच्छाएँ।

261. ऐ हम-नफ़साँ–ऐ दोस्तो। सोख़्ता-जाँ–दिल जला। शोला-फ़िशाँ–आग बरसाने वाला। ख़लवती-ए-राज़-ए-निहाँ–दिल में छुपे हुए रहस्य जानने वाला, हमराज़।

जल्वा है मुझी से लब-ए-दरिया-ए-सुख़न पर   सद-रंग मिरी मौज है, मैं तब्अ-ए-रवाँ हूँ
देखा है मुझे जिन ने सो दीवाना है मेरा   मैं बाइस-ए-आशुफ़्तगी-ए-तब्अ-ए-जहाँ हूँ
रखती है मुझे ख़्वाहिश-ए-दिल बस-कि परेशाँ   दरपए न हो इस वक़्त ख़ुदा जाने कहाँ हूँ
इक वहम नहीं बेश मिरी हस्ती-ए-मौहूम   इस पर भी तिरी ख़ातिर-ए-नाज़ुक पे गिराँ हूँ
ख़ुश-बाशी-ओ-तन्ज़ीह-ओ-तक़द्दुस थे मुझे 'मीर'
असबाब पड़े यूँ कि कई रोज़ से याँ हूँ

262

अब आँखों में ख़ूँ दम-ब-दम देखते हैं   न पूछो जो कुछ रंग हम देखते हैं
जो बे-इख़्तियारी यही है तो क़ासिद   हमीं आ के उसके क़दम देखते हैं
गहे दाग़ रहता है दिल, गह जिगर ख़ूँ   इन आँखों से क्या-क्या सितम देखते हैं
अगर जान आँखों में उस बिन है तो हम   अभी और भी कोई दम देखते हैं
लिखें हाल क्या उसको हैरत से हम तो   गहे काग़ज़-ओ-गह क़लम देखते हैं
वफ़ा पेशगी क़ैस तक थी भी कुछ-कुछ   अब इस तौर के लोग कम देखते हैं
कहाँ तक भला रोओगे 'मीर साहिब'
अब आँखों के गिर्द इक वरम देखते हैं

263

आम हुक्म-ए-शराब करता हूँ   मुहतसिब को कबाब करता हूँ
टुक तो रह ऐ बिना-ए-हस्ती तू   तुझ को कैसा ख़राब करता हूँ
बहस करता हूँ हो के अबजद-ख़्वाँ   किस क़दर बे-हिसाब करता हूँ
कोई बुझती है ये भड़क, मैं अबस   तिश्नगी पर इताब करता हूँ
सर तलक आब-ए-तेग़ में हूँ ग़र्क़   अब तईं आब-आब करता हूँ
जी में फिरता है 'मीर' वो मेरे
जागता हूँ कि ख़्वाब करता हूँ

लब-ए-दरिया-ए-सुख़न–शायरी रूपी नदी का किनारा। सद रंग–सैंकड़ों रंग। मौज–लहर। तब्अ-ए-रवाँ–रचना शक्ति। बाइस-ए-आशुफ़्तगी-ए-तब्अ-ए-जहाँ–दुनिया के लिए परेशानी का कारण। दरपए होना–पीछे पड़ना। बेश–बहुत ज़्यादा। हस्ती-ए-मौहूम–ऐसा अस्तित्व जो की भ्रम से ज़्यादा कुछ नहीं। गिराँ–बोझ। ख़ुश-बाशी–ख़ुश रहना, बेफ़िक्री। तनज़ीह–शुद्ध करना, पवित्र करना। तक़द्दुस–पवित्रता। असबाब–सबब का बहुवचन, कारण।

262. दम-ब-दम–हर घड़ी, हर समय। क़ासिद–पत्रवाहक। गहे–कभी। गह–कभी। वफ़ा पेशगी–पूर्ण निष्ठा, हमेशा की वफ़ादारी। क़ैस–मजनूँ। गिर्द–आस-पास। वरम–सूजन।

263. मुहतसिब–जो लोगों के व्यवहार पर नज़र रखता हो, मुफ़्ती, क़ाज़ी। कबाब करना–जलाना, तकलीफ़ देना। बिना-ए-हस्ती–अस्तित्व या जीवन की नींव। अबजद-ख़्वाँ–नया नया सीखने वाला, नौसिखिया। अबस–व्यर्थ। तिश्नगी–प्यास। इताब–ग़ुस्सा। आब-ए-तेग़–तलवार की काट या चमक। ग़र्क़–डूबा हुआ। आब-आब करना–पानी-पानी करना, पानी माँगना। ख़्वाब करना–सोना।

264

बहुत ही अपने तईं हम तो ख़्वार पाते हैं वो कोई और हैं जो ऐतबार पाते हैं
तिरी गली में मैं रोया था दिल-जला यक शब हनोज़ वाँ से दिल-ए-दाग़दार पाते हैं
न होवें शेफ़्ता क्यूँ इज़्तिराब पर आशिक़ कि जी को खोके दिल-ए-बेक़रार पाते हैं
गिला अबस है तिरी आस्ताना-बोसी का मसीह-ओ-ख़िज़्र भी वाँ कम ही बार पाते हैं

क़त्आ

तड़प है क़ैस के दिल में तह-ए-ज़मीं इस से ग़ज़ाल-ए-दश्त, निशान-ए-मज़ार पाते हैं
वगरना ख़ाक हुए कितने ही मुहब्बत में किसी का भी कहीं मुश्त-ए-ग़ुबार पाते हैं

शिताबी आवे अजल 'मीर' जावे ये रोना
कि मेरे शोर से तसदी' यार पाते हैं

265

हम तो मुत्रिब-पिसर के जाते हैं गो रक़ीबाँ कुछ और गाते हैं
ख़ाक में लोटते थे कल तुझ बिन आज लोहू में हम नहाते हैं
ऐ अदम होने वालो तुम तो चलो हम भी अब कोई दम में आते हैं
एक कहता हूँ मैं तो मुँह पे रक़ीब तेरी पुश्ती से सौ सुनाते हैं

क़त्आ

दीदा-ओ-दिल का क्या किया था मैं रोज़ आफ़त जो मुझ पे लाते हैं
कोई रोवे है कोई तड़पे है क्या करूँ मेरे घर से आते हैं
वर्ना मैं 'मीर' हूँ मिरे आगे दश्त-ए-ग़म भी न टिकने पाते हैं
खोद गाड़ूँ ज़मीं में दोनों को गरचे ये आसमाँ पे जाते हैं

दीदा-ओ-दिल शिताब गुम हों 'मीर'
सर पे आफ़त हमेशा लाते हैं

---

264. ख़्वार–ज़लील, अपमानित। ऐतबार–भरोसा, सम्मान। हनोज़–अभी तक। शेफ़्ता–मदहोश। इज़्तिराब–बेचैनी। अबस–व्यर्थ, बिना वजह। आस्ताना-बोसी–चौखट का चुम्बन, चौखट पर पहुँच होना। मसीह–ईसा मसीह। ख़िज़्र–एक बुज़ुर्ग जो भूले-भटकों को रास्ता दिखाते हैं। बार पाना–पहुँच होना। क़ैस–मजनूँ। तह-ए-ज़मीं–ज़मीन के नीचे, क़ब्र में। ग़ज़ाल-ए-दश्त–जंगल के हिरन। मुश्त-ए-ग़ुबार–मुट्ठी भर ख़ाक। शिताबी–जल्दी। अजल–मौत। तसदी'–सर-दर्द, दुख।

265. मुत्रिब-पिसर–गवैये का बेटा। गो–यद्यपि, हालाँकि। रक़ीबाँ–दुश्मन, प्रतिद्वंद्वी। अदम होना–अस्तित्व की समाप्ति, मिटना, मृत्यु। पुश्ती–समर्थन, मदद। सौ (बातें) सुनाना–बुरा-भला कहना। शिताब–जल्दी।

266

आता है दिल में हाल-ए-बद अपना भला कहूँ फिर आप्ही आप सोच के कहता हूँ क्या कहूँ
परवाना फिर न शम्अ की ख़ातिर जला करे गर बज़्म में ये अपना तिरा माजरा कहूँ
दिल और दीदा बाइस-ए-ईज़ा-ओ-नूर-ए-ऐन किस के तईं बुरा कहूँ किस को भला कहूँ
आवे समूम जाए सबा बाग़ से सदा गर शम्मा अपने सोज़-ए-जिगर का मैं जा कहूँ
जाता हूँ 'मीर' दश्त-ए-जुनूँ को मैं अब ये कह
मजनूँ कहीं मिले तो तिरी भी दुआ कहूँ

267

मिरे आगे न शाइर नाम पावें क़यामत को मगर अर्से में आवें
परी समझे तुझे वहम-ओ-गुमाँ से कहाँ तक और हम अब दिल चलावें
तिरे आशिक़ तिरे रुस्वा कहाए तिरे हो कर कह अब किस के कहावें
मिज़ाज अपना ग़यूर अज़बस पड़ा है तिरे ग़म में किसे ख़ातिर में लावें
नज़र ऐ अब्र अब मत आ मबादा कहीं मेरी भी आँखें डबडबावें

क़त्आ

न आया वो तो क्या हम नीम-जाँ भी बग़ैर उसके मिले दुनिया से जावें
चली है तू तो ऐ जान-ए-अलमनाक टुक इक रह जा कि हम रुख़्सत हो आवें
चला मक़्दूर से ग़म 'मीर' आगे
ज़मीं फट जाए या-रब हम समावें

268

मिसाल-ए-साया मुहब्बत में जाल अपना हूँ तुम्हारे साथ गिरफ़्तार-ए-हाल अपना हूँ
मिरी नुमूद ने मुझको किया बराबर-ए-ख़ाक मैं नक़्श-ए-पा की तरह पाएमाल अपना हूँ
हुई है ज़िन्दगी दुश्वार मुश्किल आसाँ कर फिरूँ चलूँ तो हूँ पर मैं वबाल अपना हूँ
तिरा है वहम कि ये नातवाँ है जामे में वगरना मैं नहीं अब इक ख़याल अपना हूँ
बला हुई है मिरी गो कि तब्अ रौशन 'मीर'
हूँ आफ़ताब वलेकिन ज़वाल अपना हूँ

---

266. आप्ही–आप ही। बाइस-ए-ईज़ा–दुख का कारण। नूर-ए-ऐन–आँखों की रौशनी। जाए सबा–ठंडी हवा के स्थान पर। समूम–गर्म हवा, लू। शम्मा–तनिक भर। दश्त-ए-जुनूँ–दीवानगी रूपी वीराना, जंगल।

267. अर्से में आना–मैदान में आना, किसी के मुक़ाबले के लिए मैदान में उतरना। ग़यूर–स्वाभिमानी, बहुत ग़ैरत करने वाला। अज़बस–ऐसा न हो। अब्र–बादल। मबादा–ख़ुदा न करे कि यूँ हो, कहीं ऐसा न हो। नीम-जाँ–अधमरा। जान-ए-अलमनाक–दुखों की मारी ज़िन्दगी। मक़्दूर–ताक़त, बल।

268. मिसाल-ए-साया–साये की तरह। नुमूद–अस्तित्व, हस्ती। नक़्श-ए-पा–पदचिह्न। पाएमाल–रौंदा हुआ। नातवाँ–कमज़ोर। जामे में होना–होश में होना। वगरना–अन्यथा। गो कि–यद्यपि, हालाँकि। तब्अ रौशन–बुद्धि या मिज़ाज की कुशाग्रता। आफ़ताब–सूरज। वलेकिन–लेकिन। ज़वाल–उतार, पतन।

269

खोवें हैं नींद मेरी मुसीबत बयानियाँ तुम भी तो एक रात सुनो ये कहानियाँ
हम से तो कीने ही की अदाएँ चली गईं बे-लुत्फ़ियाँ यही, यही ना-मेहरबानियाँ
तलवार के तले ही गया अहद-ए-इंबिसात मर-मर के हमने काटी हैं अपनी जवानियाँ
गाली सिवाए मुझ से सुख़न मत किया करो अच्छी लगे हैं मुझको तिरी बद-ज़बानियाँ
मारा मुझे भी सान के ग़ैरों में उन ने 'मीर'
क्या ख़ाक में मिलाईं मिरी जाँ-फ़िशानियाँ

270

कैफ़ीयतें उठे हैं ये कब ख़ानक़ाह में बदनाम कर रखा है ख़राबात के तईं
डरिये ख़िराम-ए-नाज़ से ख़ूबाँ के हमनशीं ठोकर से ये उठाते हैं आफ़ात के तईं
हम जानते हैं या कि दिल-ए-आश्ना-ज़दा कहिए सो किस से इश्क़ के हालात के तईं
ख़ूबी को उसके साइद-ए-सीमीं की देखकर सूरत-गरों ने खींच रखा हात के तईं
आख़िर के ये सुलूक हम अब तेरे देखकर करते हैं याद पहली मुलाक़ात के तईं
आँखों ने 'मीर-साहिब-ओ-क़िब्ला' वरम किया
हज़रत बुका किया न करो रात के तईं

271

चाहते हैं ये बुताँ हम पे कि बेदाद करें किस के हों, किस से कहें, किस कने फ़रियाद करें
एक दम पर है बिना तेरी, सो आया कि नहीं यो कुछ इस ज़िन्दगी में कर कि तुझे याद करें
का'बा होता है दिवानों का, मिरी गोर से दश्त मुझ से दो और गड़ें याँ तो सब आबाद करें
हम तो राहिब, नहीं हैं वाक़िफ़-ए-रस्म-ए-सज्दा हैं किधर शैख़-ए-हरम कुछ हमें इरशाद करें
रेख़्ता ख़ूब ही कहता है जो इन्साफ़ करो
चाहिए अहल-ए-सुख़न 'मीर' को उस्ताद करें

---

269. कीना–बैर, द्वेष। अहद-ए-इंबिसात–ख़ुश रहने का ज़माना। सुख़न–बातचीत। जाँ-फ़िशानी–जान न्योछावर करना।

270. कैफ़ीयत–हालत, मस्ती। ख़ानक़ाह–सूफ़ियों के रहने की जगह। ख़राबात–शराब-ख़ाना। तईं–आप को, ख़ुद को, को, लिये, वास्ते। ख़िराम-ए-नाज़–नाज़-ओ-अदा से भरी चाल। ख़ूबाँ–ख़ूबसूरत लोग, माशूक़। हमनशीं–दोस्त। दिल-ए-आश्ना-ज़दा–मुहब्बत में मारा हुआ दिल। साइद-ए-सीमीं–चाँदी जैसी कलाई। सूरत-गर–चित्रकार। हात–हाथ। साहिब-ओ-क़िब्ला–सम्मानित व्यक्ति के लिए संबोधन के शब्द। बुका करना–रोना, विलाप करना।

271. बुताँ–बुत का बहुवचन, बहुत से माशूक़। बेदाद–ज़ुल्म। बिना–नींव, आधार। गोर–क़ब्र। राहिब–पादरी, परहेज़गार। इरशाद करना–बताना, समझाना। रेख़्ता–उर्दू ग़ज़ल। अहल-ए-सुख़न–शायर लोग।

272

हिज्राँ की कोफ़्त खींचे बेदम से हो चले हैं सर मार-मार या'नी अब हम भी सो चले हैं
जूएँ रहेंगी जारी गुलशन में एक मुद्दत साए में हर शजर के हम ज़ोर रो चले हैं
लबरेज़-ए-अश्क आँखें हर बात में रहा कीं रो-रो के काम अपने सब हम डुबो चले हैं
पछताइए न क्यूँकर, जी इस तरह से देकर ये गौहर-ए-गिरामी हम मुफ़्त खो चले हैं
क़त्अ-ए-तरीक़ मुश्किल, है इश्क़ का निहायत
वे 'मीर' जानते हैं, इस राह जो चले हैं

273

जब दर्द-ए-दिल का कहना मैं दिल में ठानता हूँ कहता है बिन सुने ही मैं ख़ूब जानता हूँ
शायद निकल भी आवे दिल गुम जो हो गया है उसकी गली में बैठा मैं ख़ाक छानता हूँ
इस दर्द-ए-दिल का लटका सर से लगा है मेरे
सौ सर का होवे संदल मैं 'मीर' मानता हूँ

274

मिलने लगे हो देर-देर, देखिए क्या है क्या नहीं
तुम तो करो हो साहिबी, बंदे में कुछ रहा नहीं

बू-ए-गुल और रंग-ए-गुल, दोनों हैं दिलकश ऐ नसीम
लेक ब-क़द्र-ए-यक निगाह देखिए तो वफ़ा नहीं

शिकवा करूँ हूँ बख़्त का, इतने ग़ज़ब न हो बुताँ
मुझको ख़ुदा-न-ख़्वास्ता तुमसे तो कुछ गिला नहीं

नाले किया न कर सुना नौहे मिरे पे अंदलीब
बात में बात ऐब है, मैंने तुझे कहा नहीं

---

272. हिज्राँ–वियोग, महबूब से दूरी का ज़माना। कोफ़्त–परेशानी। जूएँ–नहरें। शजर–पेड़। लबरेज़-ए-अश्क–आँसुओं से भरी। गौहर-ए-गिरामी–क़ीमती मोती यानी आँसू। क़त्अ-ए-तरीक़–रास्ता छोड़ना।

273. लटका–टोना, टोटका, जादू, फ़रेब, तौर-तरीक़ा। सर से लगना–ग़ुस्सा होना, नागवार गुज़रना। सौ सर का होवे, न मानूँ–अगर कोई सौ क़स्में भी खाए तो उसकी बात का यक़ीन न करना, झूठे आदमी की बात का विश्वास न करना। संदल–चन्दन, सर दर्द का इलाज।

274. साहिबी करना–घमंड करना, नज़र-अन्दाज़ करना। बू-ए-गुल–फूल की ख़ुशबू। नसीम–हवा। लेक–लेकिन। ब-क़द्र-ए-यक निगाह–एक निगाह के बराबर। बख़्त–भाग्य। ग़ज़ब होना–ग़ुस्सा होना, नाराज़ होना। ख़ुदा-न-ख़्वास्ता–ख़ुदा न करे। नाला करना–रोना-पीटना। नौहा–उर्दू शायरी की एक विधा जिसमें कर्बला के शहीदों पर शोक प्रकट किया जाता है, शोक-गीत। अंदलीब–बुलबुल। बात में ऐब होना–आपत्ति करना।

ख़्वाब-ए-ख़ुश-ए-सहर से शोख़ तुझको सबा जगा गई
मुझ पे अबस है बे-दिमाग़, मैंने तो कुछ कहा नहीं

एक फ़क़त है सादगी, तिस-पे बला-ए-जाँ है तू
इश्वा, करिश्मा कुछ नहीं, आन नहीं, अदा नहीं

आब-ओ-हवा-ए-मुल्क-ए-इश्क़ तजरबा की है मैं बहुत
कर के दवा-ए-दर्द-ए-दिल, कोई भी फिर जिया नहीं

होवे ज़माना कुछ से कुछ, छूटे है दिल लगा मिरा
शोख़ किसी ही आन में तुझ से तो मैं जुदा नहीं

नाज़-ए-बुताँ उठा चुका, दैर को 'मीर' तर्क कर
का'बे में जा के रह मियाँ, तेरे मगर ख़ुदा नहीं

275

ख़ूब-रू सब की जान होते हैं आरज़ू-ए-जहान होते हैं
गोश-ए-दीवार तक तो जा नाले इस में गुल को भी कान होते हैं
कभू आते हैं आप में तुझ बिन घर में हम मेहमान होते हैं
दश्त के फूटे मक़बरों पे न जा रौज़े सब गुलसितान होते हैं
हर्फ़-ए-तल्ख़ उनके, क्या कहूँ मैं ग़रज़ ख़ूब-रू, बद ज़बान होते हैं

क़त्आ

क्या रहा है गुशाएरे गें अब लोग कुछ जमा' आन होते हैं
'मीर'-ओ-मिर्ज़ा रफ़ी-ओ-ख़्वाजा मीर
कितने इक ये जवान होते हैं

ख़्वाब-ए-ख़ुश-ए-सहर–सुबह के समय की अच्छी नींद। सबा–हवा। अबस–व्यर्थ, बिना कारण। बेदिमाग़–नाराज़, ग़ुस्सा। फ़क़त–केवल। बला-ए-जाँ–जान की आफ़त। इश्वा–नाज़-नख़रे। आन–शान, नाज़-ओ-अदा। आब-ओ-हवा-ए-मुल्क-ए-इश्क़–आशिक़ी के देश का हवा-पानी, मुहब्बत के भेद समझना। शोख़–चंचल, महबूब। आन–पल। नाज़-ए-बुताँ–माशूक़ के नख़रे। दैर–मन्दिर। तर्क करना–छोड़ना।

275. ख़ूब-रू–सुन्दर मुखड़े वाले, ख़ूबसूरत चेहरे। आरज़ू-ए-जहान–दुनिया की तमन्ना। गोश-ए-दीवार–दीवार के कान। कान होना–सावधान या सतर्क होना, ख़बर पड़ना। आप में आना–होश में आना। दश्त–जंगल, बियाबान। नाला–फ़रियाद, रुदन। रौज़ा–मक़बरा, समाधि, मज़ार। हर्फ़-ए-तल्ख़–तीखे, कड़वे बोल। बद ज़बान–बद-तमीज़। मिर्ज़ा रफ़ी–'मीर' के समकालीन शायर मिर्ज़ा मोहम्मद रफ़ी 'सौदा'। ख़्वाजा 'मीर'–'मीर' के समकालीन शायर ख़्वाजा मीर 'दर्द'।

276

तुझ इश्क़ में तो मरने को तय्यार बहुत हैं   ये जुर्म है तो ऐसे गुनहगार बहुत हैं
इक ज़ख़्म को मैं रेज़ा-ए-अल्मास से चीरा
दिल पर अभी जर्राहत-ए-नौ-कार बहुत हैं

277

कोई तो ज़मज़मा करे मेरा सा दिल-ख़राश
यूँ तो क़फ़स में और गिरफ़्तार बहुत हैं

278

ऐसे महरूम गए हम तो गिरफ़्तार-ए-चमन
कि मुए क़ैद में दीवार-ब-दीवार-ए-चमन

सीने पर दाग़ का अहवाल मैं पूछूँ हूँ नसीम
ये भी तख़्ता कभू होवेगा सज़ावार-ए-चमन

बाग़बाँ बाग़ इजारे ही अगर देना था
थे ज़र-ए-दाग़ से हम भी तो ख़रीदार-ए-चमन

वे गुनहगार हमीं हैं कि जिन्हें कहते हैं
आशिक़-ए-ज़ार-ए-चमन   मुर्ग़-ए-गिरफ़्तार-ए-चमन

ख़ून टपके है पड़ा नोक से हर-यक की हनोज़
किस सितम-दीदा की मिज़्गाँ हैं तह-ए-ख़ार-ए-चमन

बाग़बाँ हमसे ख़ुशूनत से न पेश आया कर
आक़िबत नाला-कशाँ भी तो हैं दरकार-ए-चमन

कम नहीं है दिल-ए-पुर-दाग़ भी ऐ मुर्ग़-ए-असीर
गुल में क्या है जो हुआ है तू तलबगार-ए-चमन

---

276. रेज़ा-ए-अल्मास–हीरे का टुकड़ा। जर्राहत-ए-नौ-कार–नए, ताज़े ज़ख़्म।

277. ज़मज़मा करना–गीत गाना। दिल-ख़राश–दिल को छील देने वाला, तकलीफ़ देह। क़फ़स–पिंजरा।

278. महरूम–वंचित। मुए–मरे। दीवार-ब-दीवार–क़रीब, मिला हुआ। दाग़–ज़ख़्म। अहवाल–हालत। नसीम–हवा। तख़्ता–क्यारी, यहाँ ज़ख़्मी सीने की तरफ़ इशारा है। सज़ावार-ए-चमन–बाग़ का हक़दार। बाग़बाँ–माली, बाग़ का रखवाला। इजारे देना–ठेके पर देना, क़ब्ज़े में देना। ज़र-ए-दाग़–ज़ख़्म रूपी सोना। आशिक़-ए-ज़ार-ए-चमन–खिले हुए बाग़ के आशिक़। मुर्ग़-ए-गिरफ़्तार-ए-चमन–बाग़ में गिरफ़्तार परिंदा। यक–एक। हनोज़–अभी तक। सितम-दीदा–ज़ुल्म का मारा, मजबूर। मिज़्गाँ–पलकें। तह-ए-ख़ार-ए-चमन–बाग़ के काँटों के नीचे। ख़ुशूनत–गुस्सा। आक़िबत–आख़िरकार। नाला-कशाँ–रोने वाले। दरकार-ए-चमन–बाग़ की ज़रूरत। दिल-ए-पुर-दाग़–ज़ख़्मों से भरा दिल। मुर्ग़-ए-असीर–बंदी पक्षी।

गुल पर ऐसी तो पड़ी ओस ख़िज़ाँ में कि नसीम
सर्द ही हो गई वाँ गर्मी-ए-बाज़ार-ए-चमन

क्या जज़ा ठहरती है देखिए कल हश्र को 'मीर'
दाग़ हर एक मिरे दिल पे है ख़ूँ-दार-ए-चमन

279

बज़्म में जो तिरा ज़हूर नहीं शम्अ-ए-रौशन के मुँह पे नूर नहीं
कितनी बातें बना के लाऊँ लेक याद रहती तिरे हुज़ूर नहीं
ख़ूब पहचानता हूँ तेरे तईं इतना भी तो मैं बे-शऊर नहीं

क़त्आ

फ़िक्र मत कर हमारे जीने का तेरे नज़दीक कुछ ये दूर नहीं
फिर जिएँगे जो तुझ सा है जाँ-बख़्श ऐसा जीना हमें ज़रूर नहीं

आम है यार की तजल्ली 'मीर'
ख़ास मूसा-ओ-कोह-ए-तूर नहीं

280

दामन पे तेरे गर्द का क्यूँकर असर नहीं
हम दिल-जलों की ख़ाक जहाँ में किधर नहीं

इतना रक़ीब-ए-ख़ाना-बर-अंदाज़ से सुलूक
जब आ निकलते हैं तो सुने हैं कि घर नहीं

ख़ून-ए-जिगर तो कुछ न रहा तू ही सब हुआ
बस ऐ सिरिश्क, आँखें तिरी क्या मगर नहीं

दामान-ओ-जैब-ओ-दीदा-ओ-मिज़्गान-ओ-आस्तीं
अब कौन सा रहा है कि इनमें से तर नहीं

ख़िज़ाँ–पतझड़। सर्द होना–मंदा होना, मंदी होना। नसीम–ठण्डी हवा। वाँ–वहाँ। गर्मी-ए-बाज़ार–बाज़ार की रौनक़। असीर–बंदी, क़ैदी। जज़ा–बदला, बदल। हश्र–क़यामत। ख़ूँ-दार–ख़ून करने वाला।

279. बज़्म–महफ़िल, सभा। ज़हूर–प्रकाश, दर्शन, नुमाइश। नूर–चमक, रौशनी। लेक–लेकिन। हुज़ूर–सामने। बे-शऊर–ना-समझ। जाँ-बख़्श–जान की माफ़ी देने वाला, जान बख़्शने वाला। तजल्ली–ज्योति, रौशनी। मूसा–पैग़म्बर हज़रत मूसा। कोह-ए-तूर–तूर का पहाड़ जहाँ पर ख़ुदा ने हज़रत मूसा को दर्शन दिये थे।

280. रक़ीब–दुश्मन, प्रतिस्पर्धी। ख़ाना-बर-अंदाज़–घर-बार उजाड़ देने वाला, माशूक़। सिरिश्क–आँसू। दामान–दामन। जैब–गिरेबान। दीदा–आँख। मिज़्गान–पलकें।

हर नक़्श-ए-पा है शोख़ तिरा रश्क-ए-यासमन
कम गोशा-ए-चमन से तिरा रह-गुज़र नहीं

आता ही तेरे कूचे में होता जो 'मीर' याँ
क्या जानिए किधर को गया कुछ ख़बर नहीं

281

साक़ी की बाग़ पर जो कुछ कम-निगाहियाँ हैं
मानिंद-ए-जाम-ए-ख़ाली गुल सब जमाहियाँ हैं

मस्जिद से मयकदे पर काश अब्र रोज़ बरसे
वाँ रू-सफ़ेदियाँ हैं, याँ रू-सियाहियाँ हैं

जिस की नज़र पड़ी है उन ने मुझे भी देखा
जब से वो शोख़ आँखें मैंने सराहियाँ हैं

ग़ालिब तो ये है ज़ाहिद रहमत से दूर होवे
दरकार वाँ गुनह हैं, याँ बेगुनाहियाँ हैं

ये नाज़-ओ-सरगिरानी अल्लाह रे कि हर दम
नाज़ुक मिज़ाजियाँ हैं या कज-कुलाहियाँ हैं

शाहिद लूँ 'मीर' किस को अहल-ए-मुहल्ला से मैं
महज़र पे ख़ूँ के मेरे सबकी गवाहियाँ हैं

282

तुझे भी यार अपना यूँ तो हम हर बार कहते हैं
वले कम हैं बहुत वे लोग जिनको यार कहते हैं

जहाँ के मस्तबे में मस्त ताफ़ेह ही नज़र आए
न था इस दौर में आया जिसे हुशियार कहते हैं

नक़्श-ए-पा–पैरों के निशान, पदचिह्न। रश्क-ए-यासमन–जिस से चमेली का फूल भी ईर्ष्या करे। गोशा–कोना।

281. साक़ी–शराब पिलाने वाला। कम-निगाहियाँ–ध्यान न देना। जमाहियाँ–जमाही का बहुवचन। अब्र–बादल। रू-सफ़ेदियाँ–यश, कीर्ति। रू-सियाहियाँ–पाप, बुरे काम, अपयश। ग़ालिब होना–यक़ीन होना, गुमान होना। ज़ाहिद–परहेज़गार, दुनिया से वास्ता न रखने वाला। सरगिरनी–नाराज़गी। कज-कुलाहियाँ–अकड़, घमंड। शाहिद–गवाह। अहल-ए-मुहल्ला–मुहल्ले के लोग, आस-पड़ोस के रहने वाले। महज़र–याचिका, हाज़िरी का काग़ज़।

282. मस्तबा–शराब-ख़ाना। मस्त ताफ़ेह–नशे में चूर।

समझ कर ज़िक्र कर आसूदगी का मुझसे ऐ नासेह
वो मैं ही हूँ कि जिसको आफ़ियत-बेज़ार कहते हैं

तिरी आँखों को आऊँ देखने मैं तो अजब मत कर
कि बेहतर है इदायत और उन्हें बीमार कहते हैं

अजब होते हैं शाइर भी, मैं इस फ़िरक़े का आशिक़ हूँ
कि बे-धड़के भरी मजलिस में ये असरार कहते हैं

मज़े उनके उड़ा लेकिन न ये समझें तो बेहतर है
कि ख़ूबाँ भी बहुत अपने तईं अय्यार कहते हैं

283

दाद ले छोड़ूँ मैं सय्याद से अपनी लेकिन
ज़ोफ़ से मेरे तईं ताक़त-ए-फ़रियाद नहीं

क्या कहूँ 'मीर' फ़रामोश किया उन ने तुझे
मैं तो तक़रीब भी की पर तू उसे याद नहीं

284

आ जाएँ हम नज़र जो कोई दम बहुत है याँ
मोहलत हमें बसान-ए-शरर कम बहुत है याँ

यक लहज़ा सीना-कोबी से फ़ुर्सत हमें नहीं
या'नी कि दिल के जाने का मातम बहुत है याँ

हासिल है क्या सिवाए तराई के दहर में
उठ आसमाँ तले से कि शबनम बहुत है याँ

हम रहरवान-ए-राह-ए-फ़ना देर रह चुके
वक़्फ़ा बसान-ए-सुब्ह कोई दम बहुत है याँ

इस बुत-कदे में मा'नी का किस से करें सवाल
आदम नहीं है, सूरत-ए-आदम बहुत है याँ

आलम में लोग मिलने की गों अब नहीं रहे
हरचंद ऐसा-वैसा तो आलम बहुत है याँ

वैसा चमन से सादा निकलता नहीं कोई
रंगीनी एक और ख़म-ओ-चम बहुत है याँ

एजाज़-ए-ईसवी से नहीं बहस इश्क़ में
तेरी ही बात जान-ए-मुजस्सम बहुत है याँ

आसूदगी–ख़ुशहाली। नासेह–उपदेशक। आफ़ियत-बेज़ार–सुख-शांति से नाख़ुश। इदायत–बीमार के पास जाकर उसका हाल मालूम करना। फ़िरक़ा–क़ौम, संप्रदाय। मजलिस–महफ़िल। असरार–भेद, मर्म, रहस्य। ख़ूबाँ–हसीन, ख़ूबसूरत। अय्यार–चालाक।

283. सय्याद–शिकारी। ज़ोफ़–कमज़ोरी। फ़रामोश करना–भुलाना। तक़रीब करना–मुलाक़ात की सिफ़ारिश करना, किसी व्यक्ति को दूसरे की मुलाक़ात के लिए ज़िक्र करना।

284. बसान-ए-शरर–चिंगारी की तरह। यक लहज़ा–एक पल। सीना-कोबी–छाती कूटना। तराई–तरी, आद्रता, नमी। शबनम–ओस, रात की नमी। दहर–दुनिया। रहरवान-ए-राह-ए-फ़ना–मौत के रास्ते के मुसाफ़िर। वक़्फ़ा–समय। बसान-ए-सुब्ह–सुबह की तरह। बुत-कदा–मूर्तियों का घर, दुनिया। मा'नी–मतलब। सूरत-ए-आदम–आदमी की तरह दिखने वाले। गों–रंग, रंगत। ख़म-ओ-चम–नाज़ुक रफ़्तारी, इठलाती चाल। एजाज़-ए-ईसवी–ईसा मसीह का करिश्मा जिससे उनके फूंकने से बीमार अच्छे और मुर्दे ज़िन्दा हो जाते थे। जान-ए-मुजस्सम–सर से पाँव तक।

मेरे हलाक करने का ग़म है अबस तुम्हें तुम शाद ज़िन्दगानी करो ग़म बहुत है याँ
दिल मत लगा रुख़-ए-अरक़-आलूदा यार से आईने को उठा कि ज़मीं नम बहुत है याँ
शायद कि काम सुब्ह तक अपना खिंचे न 'मीर'
अहवाल आज शाम से दरहम बहुत है याँ

285

लेते हैं साँस यूँ हम जूँ तार खींचते हैं अब दिल-गिरफ़्तगी से आज़ार खींचते हैं
सीना-सिपर किया था जिनके लिए बला का वे बात-बात में अब तलवार खींचते हैं
मजलिस में तेरी हमको कब ग़ैर ख़ुश लगे है हम बीच अपने उस के दीवार खींचते हैं
बे-ताक़ती ने हमको चारों तरफ़ से खोया तसदी' घर में बैठे नाचार खींचते हैं
मंसूर की हक़ीक़त तुमने सुनी ही होगी हक़ जो कहे है उस को याँ दार खींचते हैं
शिकवा करूँ तो किस से, क्या शैख़ क्या ब्रहमन नाज़ उस बला-ए-जाँ के सब यार खींचते हैं
नावक से 'मीर' उसके दिल-बस्तगी थी मुझको
पैकाँ जिगर से मेरे दुश्वार खींचते हैं

286

समझा तनिक न अपने तो सूद-ओ-ज़ियाँ को मैं माना किया ख़ुदा की तरह उन बुताँ को मैं
लावें उसे भी बाद मिरे मेरी लाश पर ये कह रखा है अपने हर इक मेहरबाँ को मैं
गर्दिश फ़लक की क्या है जो दौर-ए-क़दह में है देता रहूँगा चर्ख़ मुदाम आसमाँ को मैं
जी जावे तो क़ुबूल, तिरा ग़म न जाइयो रखता निपट अज़ीज़ हूँ इस मेहमाँ को मैं
आशिक़ है या मरीज़ है पूछो तो 'मीर' से
पाता हूँ ज़र्द रोज़-बरोज़ इस जवाँ को मैं

287

कर नाला-कशी कब तईं औक़ात गुज़ारें फ़रियाद करें किस से, कहाँ जाके पुकारें
हर-दम का बिगड़ना तो कुछ अब छूटा है उन से शायद किसी नाकाम का भी काम सँवारें

शाद–ख़ुश। ज़िन्दगानी करना–ज़िन्दगी गुज़ारना। रुख़-ए-अरक़-आलूदा यार–माशूक़ का पसीने से भरा चेहरा। आईना–शीशा, दिल। अहवाल–हाल का बहुवचन, हालत। दरहम–बिखरा हुआ, परेशान।

285. दिल-गिरफ़्तगी–ग़म, रंज। आज़ार–दुख। सीना-सिपर करना–ख़तरे के मौक़े पर डटे रहना। मजलिस–सभा, महफ़िल। ख़ुश लगना–पसंद आना। तसदी'–दुख। नाचार–लाचार, मजबूर। मंसूर–एक सूफ़ी/वली जिन्हें सच कहने पर फाँसी दे दी गई थी। दार पर खींचना–सूली पर चढ़ाना। नावक–तीर। दिल-बस्तगी–दिल लगाना, जी बहलाना। पैकाँ–तीर।

286. सूद-ओ-ज़ियाँ–लाभ-हानि, फ़ायदा-नुक़सान। गर्दिश–चक्कर। फ़लक–आसमान। दौर-ए-क़दह–शराब के प्याले का दौर। चर्ख़ देना–घुमाना, चक्कर देना। मुदाम–निरंतर, हमेशा। अज़ीज़–प्यारा। ज़र्द–पीला।

287. नाला-कशी–फ़रियाद करना। कब तईं–कब तलक। औक़ात–वक़्त, समय।

दिल में जो कभू जोश-ए-ग़म उठता है तो ता-देर
आँखों से चली जाती हैं दरिया की सी धारें

क्या ज़ुल्म है उस ख़ूनी-ए-आलम की गली में
जब हम गए दो-चार नई देखीं मज़ारें

जिस जा कि ख़स-ओ-ख़ार के अब ढेर लगे हैं
याँ हमने इन्हीं आँखों से देखीं हैं बहारें

वे होंट कि है शोर मसीहाई का जिनकी
दम लेवें न, दो-चार को ता जी से न मारें

मंज़ूर है कब से सर-ए-शोरीदा का देना
चढ़ जाए नज़र कोई तो ये बोझ उतारें

इन लोगों के तू गिर्द न फिर, सब हैं लिबासी
सौ गज़ भी जो ये फाड़ें तो इक गज़ भी न वारें

नाचार हो रुख़्सत जो मँगा भेजी तो बोला
मैं क्या करूँ जो 'मीर जी' जाते हैं, सिधारें

288

यूँ ही हैरान-ओ-ख़फ़ा जूँ ग़ुंचा-ए-तस्वीर हूँ
उम्र गुज़री पर न जाना मैं कि क्यूँ दिल-गीर हूँ

इतनी बातें मत बना मुझ शेफ़्ते से नासेहा
पन्द के लायक़ नहीं मैं क़ाबिल-ए-ज़ंजीर हूँ

सुर्ख़ रहती हैं मिरी आँखें लहू रोने से शैख़
मय अगर साबित हो मुझ पर वाजिब-उत-ताज़ीर हूँ

नै फ़लक पर राह मुझको नै ज़मीं पर रू मुझे
ऐसे किस महरूम का मैं शोर-ए-बे-तासीर हूँ

खोलकर दीवान मेरा देख क़ुदरत मुद्दई
गरचे हूँ मैं नौजवाँ पर शाइरों का पीर हूँ

इस क़दर बे-नंग ख़ब्तों को नसीहत शैख़-जी
बाज़ आओ वर्ना अपने नाम का मैं 'मीर' हूँ

289

मैं तो पज़मुर्दा सब्ज़ा हूँ कि हो कर ख़ाक से सरज़द
यकायक आ गया इस आसमाँ की पाएमाली में

तू सच कह रंग-ए-पाँ है ये कि ख़ून-ए-इश्क़-बाज़ाँ है
सुख़न रखते हैं कितने शख़्स तेरे लब की लाली में

ता-देर–देर तक। ख़ूनी-ए-आलम–ज़माने भर का क़त्ल करने वाला, माशूक़। ख़स-ओ-ख़ार–घास-फूस, कूड़ा-करकट। सर-ए-शोरीदा–परेशान, पागल। गिर्द–चारों ओर। लिबासी–भेस धारण करे हुए, दिखावटी।

288. जूँ–जैसे। ग़ुंचा-ए-तस्वीर–तस्वीर में बनी मुँह बन्द कली (जो कभी नहीं खिलेगी)। दिल-गीर–उदास, परेशान। शेफ़्ता–मदहोश, आशिक़। नासेहा–ऐ नासेह, ऐ नसीहत करने वाले। पन्द–नसीहत। शैख़–इस्लाम धर्म का ज्ञानी, मुल्ला, क़ाज़ी। वाजिब-उत-ताज़ीर–सज़ा के लायक़। नै–न। फ़लक–आसमान। रू होना–हिम्मत होना। महरूम–वंचित। शोर-ए-बे-तासीर–जिस दुआ का कुछ असर न हो। दीवान–ग़ज़ल संग्रह। क़ुदरत–ताक़त, अधिकार। मुद्दई–ग़ैर, दुश्मन। गरचे–यद्यपि, हालाँकि। पीर–गुरु, उस्ताद। बे-नंग–बे-शर्म। ख़ब्त–दीवाना, पागल। अपने नाम का–हठीला, ज़िद्दी।

289. पज़मुर्दा सब्ज़ा–मुरझाई हुई हरियाली। सरज़द होना–घटित होना, अस्तित्व में आना। पाएमाली–पैरों के नीचे रौंदा जाना। रंग-ए-पाँ–पान का रंग। ख़ून-ए-इश्क़ बाज़ाँ–आशिक़ों का ख़ून। सुख़न–बातचीत।

बुरा कहना भी मेरा ख़ुश न आया उस को तो वर्ना
तसल्ली ये दिल-ए-नाशाद होता एक गाली में

ख़राबी इश्क़ से रहती है दिल पर और नहीं रहता
निहायत ऐब है ये इस दयार-ए-ग़म के वाली में

मिरे उस्ताद को फ़िरदौस-ए-आला में मिले जागह
पढ़ाया कुछ न ग़ैर-अज़ इश्क़ मुझको ख़ुर्द-साली में

निगाह-ए-चश्म-ए-पुर-ख़श्म-ए-बुताँ पर मत नज़र रखना
मिला है ज़हर ऐ दिल इस शराब-ए-पुर्तगाली में

शराब-ए-ख़ून बिन तड़फों से दिल लबरेज़ रहता है
भरे हैं संग-रेज़े मैंने इस मीना-ए-ख़ाली में

ख़िलाफ़ उन और ख़ूबाँ के सदा ये जी में रहता है
यही तो 'मीर' इक ख़ूबी है माशूक़-ए-ख़याली में

290

आह और अश्क ही सदा है याँ रोज़ बरसात की हवा है याँ
जिस जगह हो ज़मीन तफ़्ता समझ कि कोई दिल जला गड़ा है याँ
गो कुदूरत से वो न देवे रो आरसी की तरह सफ़ा है याँ
रिंद-ए-मुफ़्लिस-जिगर में आह नहीं जान-ए-महज़ूँ है और क्या है याँ

क़त्आ

कैसे-कैसे मकान हैं सुथरे इक अज़ाँ-जुमला कर्बला है याँ
इक सिसकता है, एक मरता है हर तरफ़ ज़ुल्म हो रहा है याँ
सद-तमन्ना शहीद हैं यक-जा सीना-कोबी है ताज़िया है याँ
दीदनी है ग़रज़ ये सोहबत-ए-शोख़ रोज़-ओ-शब तुरफ़ा माजरा है याँ
ख़ाना-ए-आशिक़ाँ है जाए ख़ूब जाए रोने की जा-ब-जा है याँ

दिल-ए-नाशाद–परेशान हाल, दुखी मन। दयार-ए-ग़म–दुखों का मुल्क/इलाक़ा। वाली–दोस्त, शासक। फ़िरदौस-ए-आला–स्वर्ग से भी बढ़कर जगह। ग़ैर-अज़ इश्क़–प्यार के अलावा। ख़ुर्द-साली–छोटी उम्र। निगाह-ए-चश्म-ए-पुर-ख़श्म-ए-बुताँ–माशूक़ की ग़ुस्से से भरी निगाह। शराब-ए-पुर्तगाली–पुर्तगाल देश की शराब, उम्दा शराब। लबरेज़–ऊपर तक भरा हुआ। संग-रेज़े–पत्थर के टुकड़े।

290. तफ़्ता–बहुत गर्म। कुदूरत–गदलापन, दिल का मैल। आरसी–आईना। रिंद–आवारा, शराबी। रिंद-ए-मुफ़्लिस-जिगर–ऐसा आवारा जिसके दिल में भी कुछ नहीं है। जान-ए-महज़ूँ–ग़म से भरी हुई जान। इक अज़ाँ जुमला–उन सब में से एक। सद-तमन्ना–सैंकड़ों इच्छाएँ। यक-जा–एक तरफ़। सीना-कोबी–छाती पीटना, मातम करना। ताज़िया–पुरसा, मुहर्रम में बनाए जाने वाले ताज़िये। दीदनी–देखने योग्य। तुरफ़ा माजरा–अनोखी बात। ख़ाना-ए-आशिक़ाँ–आशिक़ों का घर। जाए–जगह। जा-ब-जा–जगह-जगह।

क़त्आ

कोह-ओ-सहरा भी कर न जाए बाश   आज तक कोई भी रहा है याँ
है ख़बर शर्त 'मीर' सुनता है   तुझसे आगे ये कुछ हुआ है याँ
मौत मजनूँ को भी यहीं आई
कोहकन कल ही मर गया है याँ

291

जहाँ अब ख़ार-ज़ारें हो गई हैं   यहीं आगे बहारें हो गई हैं
जुनूँ में ख़ुश्क हो रग-हा-ए-गर्दन   गिरेबाँ की सी तारें हो गई हैं
सुना जाता है, शहर-ए-इश्क़ के गिर्द   मज़ारें ही मज़ारें हो गई हैं
उसी दरिया-ए-ख़ूबी का है ये शौक़   कि मौजें सब किनारें हो गई हैं
इन्हीं गलियों में जब रोते थे हम 'मीर'
कई दरिया की धारें हो गई हैं

292

ख़ुश न आई तुम्हारी चाल हमें   यूँ न करना था पाएमाल हमें
हाल क्या पूछ-पूछ जाते हो   कभू पाते भी हो बहाल हमें
वो दहाँ वो कमर ही है मक़्सूद   और कुछ अब नहीं ख़याल हमें
नज़र आते हैं होते जी के वबाल   हल्क़ा-हल्क़ा तुम्हारे बाल हमें
तंगी इस जा की नक़्ल क्या करिए   याँ से वाजिब है इंतिक़ाल हमें
कब तक इस तंगना में खींचिए रंज   याँ से या-रब तू ही निकाल हमें
वजह क्या है कि 'मीर' मुँह पे तिरे
नज़र आता है कुछ मलाल हमें

293

न क्यूँके शैख़ तवक्कुल को इख़्तियार करें   ज़माना होवे मुसाइद तो रोज़गार करें
तमाम सैद सर-ए-तीर जम्अ' हैं लेकिन   नसीब उसके कि जिसको तिरा शिकार करें

कोह-ओ-सहरा–पहाड़ और जंगल। जाए बाश–रहने की जगह। आगे–पहले। कोहकन–फ़रहाद।

291. ख़ार-ज़ारें–काँटों भरे बियाबान। आगे–पहले। रग-हा-ए-गर्दन–गर्दन की नसें। गिर्द–चारों तरफ़। मौज–लहर।

292. पाएमाल करना–रौंदना। दहाँ–मुँह। मक़्सूद–जिसको पाने की इच्छा हो, अभीष्ट। हल्क़ा-हल्क़ा बाल–छल्ले-छल्ले यानि घुंघराले बाल। इंतिक़ाल–एक जगह से दूसरी जगह चले जाना, स्थानान्तरण। तंगना–तंग जगह, दुनिया।

293. शैख़–इस्लाम धर्म का ज्ञानी, मुल्ला, क़ाज़ी। तवक्कुल–दुनिया छोड़कर ख़ुदा पर भरोसा करना। मुसाइद–अनुकूल, मददगार। सैद–शिकार। सर-ए-तीर–तीर की नोक/निशाने पर। जम्अ–जमा।

तसल्ली तो हो दिल-ए-बेक़रार ख़ूबाँ से   ये काश मिलने न मिलने का कुछ क़रार करें
रही सही भी गई उम्र तेरे पीछे यार   ये कह कि आह तिरा कब तक इन्तिज़ार करें
ये क़त्ल-ए-ग़ैर है क्या काम हम-नशीनाँ आज   जो दुश्मनी न करे वो तो उसको यार करें

हुआ हूँ ख़ाक-ए-रह इस वास्ते कि ख़ूबाँ 'मीर'
गुज़ार गोर पे मेरी भी एक बार करें

294

ये ग़लत कि मैं पिया हूँ क़दह्-ए-शराब तुझ बिन
न गले से मेरे उतरा कभू क़तरा आब तुझ बिन

यही बस्ती आशिक़ों की कभू सैर करने चल तू
कि मुहल्ले के मुहल्ले पड़े हैं ख़राब तुझ बिन

मैं लहू पियूँ हूँ ग़म में इवज़-ए-शराब साक़ी
शब-ए-मेग़ हो गई है शब-ए-माहताब तुझ बिन

गई उम्र मेरी सारी जैसे शम्अ बाओ के बीच
यही रोना, जलना, गलना, यही इज़्तिराब तुझ बिन

सभी आतिशीं हैं नाले, सभी ज़महरीरी आहें
मिरी जान पर रहा है ग़रज़ इक अज़ाब तुझ बिन

तिरे ग़म का शुक्र-ए-नेअमत, करूँ क्या ऐ मुग़बचे मैं
न हुआ कि मैं न खाया जिगर-ए-कबाब तुझ बिन

बुरे हाल हो के मरता जो दरंग 'मीर' करता
ये भला हुआ सितमगर कि मुआ शिताब तुझ बिन

295

हम तो हुए थे 'मीर' से उस दिन ही ना-उमीद
जिस दिन सुना कि उन ने दिया दिल बुताँ के तईं

हम-नशीनाँ–दोस्तो। ख़ाक-ए-रह–रास्ते की मिट्टी। ख़ूबाँ–ख़ूबसूरत, माशूक़। गोर–क़ब्र।

294. क़दह्-ए-शराब–शराब का प्याला। इवज़-ए-शराब–शराब के बदले। शब-ए-मेग़–काले बादलों से भरी रात। शब-ए-माहताब–चाँदनी रात। बाओ–हवा। इज़्तिराब–बेचैनी। आतिशीं–आग जैसे। नाला–रोने की आवाज़। ज़महरीरी आह–बहुत सर्द आह, निहायत ठण्डी आह। अज़ाब–दुख, मुसीबत। मुग़बचा–शराब परोसने वाला लड़का। दरंग–देर। मुआ–मरा। शिताब–जल्दी।

295. बुताँ–मूर्तियाँ, माशूक़। तईं–को।

296

मुए सहते-सहते जफ़ा-कारियाँ कोई हमसे सीखे वफ़ा-दारियाँ
हमारी तो गुज़री इसी तौर उम्र यही नाला करना यही ज़ारियाँ
फ़रिश्ता जहाँ काम करता न था मिरी आह ने बरछियाँ मारियाँ
गया जान से इक जहाँ लेक शोख़ न तुझसे गईं ये दिल-आज़ारियाँ
कहाँ तक ये तकलीफ़-ए-मा-ला-युताक़ हुईं मुद्दतों नाज़-बर्दारियाँ
ख़त-ओ-काकुल-ओ-ज़ुल्फ़-ओ-अंदाज़-ओ-नाज़ हुईं दाम-ए-रह सद-गिरफ़्तारियाँ
किया दर्द-ओ-ग़म ने मुझे नाउमीद कि मजनूँ को ये ही थीं बीमारियाँ
तिरी आश्नाई से ही हद हुई बहुत की थीं दुनिया में हम यारियाँ
न भाई हमारी तो क़ुदरत नहीं
खिंचीं 'मीर' तुझसे ही ये ख़्वारियाँ

297

दिन नहीं रात नहीं सुब्ह नहीं शाम नहीं
वक़्त मिलने का मगर दाख़िल-ए-अय्याम नहीं

बेक़रारी जो कोई देखे है सो कहता है
कुछ तो है 'मीर' कि इक दम तुझे आराम नहीं

298

क्या ज़ुल्म क्या तअद्दी क्या जौर क्या जफ़ाएँ इस चर्ख़ ने कियाँ हैं हम से बहुत अदाएँ
देखा कहाँ वो नुस्ख़ा इक रोग मैं बसाहा जी भर कभू न पनपा बहुतेरी कीं दवाएँ
इक रंग गुल ने रहना याँ यूँ नहीं किया है इस गुलशन-ए-जहाँ में हैं मुख़्तलिफ़ हवाएँ
शब नाला आसमाँ तक जी सख़्त करके पहुँचा थीं नीम-कुश्ता-ए-यास अक्सर मिरी दुआएँ
रू-कश तो हो तिरा पर आईने में कहाँ ये रा'नाइयाँ, अदाएँ, रंगीनियाँ, सफ़ाएँ

---

296. मुए–मरे। जफ़ा-कारियाँ–जफ़ाएँ, महबूब के सितम। नाला करना–रोना। ज़ारियाँ–रोने-धोने का काम। लेक–लेकिन। शोख़–चंचल, महबूब। दिल-आज़ारियाँ–ज़ुल्म और सितम। तकलीफ़-ए-मा-ला-युताक़–ऐसा दुख जिसको सहने की ताक़त न हो। ख़त–चेहरे का रुआँ। काकुल–ज़ुल्फ़। दाम-ए-रह–रास्ते में बिछा हुआ जाल। सद-गिरफ़्तारियाँ–सैंकड़ों बार गिरफ़्तार। आश्नाई–दोस्ती, मुहब्बत। क़ुदरत–क़ाबू, ज़ोर। ख़्वारियाँ–बे-इज़्ज़ती, अपमान।

297. दाख़िल-ए-अय्याम–दिनचर्या में शामिल।

298. तअद्दी–ज़्यादती। चर्ख़–आसमान। बसाहना–मोल लेना, ख़रीदना, लगाना। मुख़्तलिफ़–विभिन्न प्रकार की। नाला–चीख़-पुकार। नीम-कुश्ता-ए-यास–नाउमीदी के कारण अधमरा। रू-कश–मुक़ाबिल, प्रतिद्वंद्वी। रा'नाई–ख़ूबी। सफ़ा–पवित्रता।

है अम्र-ए-सहल चाहत लेकिन निबाह मुश्किल   पत्थर करे जिगर को, तब तू करे वफ़ाएँ
नाज़-ए-बुतान-ए-सादा है अल्लाह-अल्लाह ऐ 'मीर'
हम ख़त से मिट गए पर उनके नहीं है भाएँ

299

आरज़ूएं हज़ार रखते हैं   तो भी हम दिल को मार रखते हैं
बर्क़ कम-हौसला है हम भी तो   दिलक-ए-बेक़रार रखते हैं
ग़ैर ही मौरिद-ए-इनायत है   हम भी तो तुमसे प्यार रखते हैं
न निगह, नै पयाम, नै वादा   नाम को हम भी यार रखते हैं
हम से ख़ुश-ज़मज़मा कहाँ, यूँ तो   लब-ओ-लहजा हज़ार रखते हैं

क़त्आ

चोट्टे दिल के हैं बुताँ मशहूर   बस यही ऐतबार रखते हैं
फिर भी करते हैं 'मीर साहिब' इश्क़
हैं जवाँ, इख़्तियार रखते हैं

300

गुज़र जान से और डर कुछ नहीं   रह-ए-इश्क़ में फिर ख़तर कुछ नहीं
न कर अपने महवों का हरगिज़ सुराग़
गए गुज़रे बस अब ख़बर कुछ नहीं

301

बुत ब्रहमन कोई ना-महरम नहीं अल्लाह का
है हरम में शैख़ लेकिन 'मीर' वो महरम नहीं

302

न कुछ काग़ज़ में है तह, नै क़लम को दर्द नालों का
लिखूँ क्या इश्क़ के हालात ना-महरम हैं ये दोनों

अम्र-ए-सहल–आसान काम। नाज़-ए-बुतान-ए-सादा–सादा माशूक़ों के नख़रे। ख़त–लकीर, निशान।

299. बर्क़–बिजली, चमक। दिलक-ए-बेक़रार–बेक़रार मासूम दिल। मौरिद-ए-इनायत–जिस पर मेहरबानी की जाए। निगह–निगाह, दृष्टि। नै-न। पयाम–पैग़ाम, संदेश। ख़ुश-ज़मज़मा–अच्छा गाने वाला। लब-ओ-लहजा–बातचीत का तरीक़ा। बुताँ–माशूक़। इख़्तियार–अधिकार।

300. महव–किसी चीज़ की तलब में गुम हो जाना, यहाँ आशिक़ के मायने रखता है।

301. बुत–मूर्ति। ना-महरम–पराया, ग़ैर। हरम–मस्जिद। शैख़–इस्लाम धर्म का ज्ञानी, मुल्ला, क़ाज़ी। महरम–परिचित, दोस्त।

302. नै–न। नाला–रोने की आवाज़। ना-महरम–ग़ैर, अजनबी।

लहू आँखों से बहते वक़्त रख लेता हूँ हाथों को
जराहत हैं अगर वे दोनों तो मरहम हैं ये दोनों

किसू चश्मे पे दरिया के ओ या, ऊपर नज़र रखिए
हमारे दीदा-ए-नम-दीदा क्या कुछ कम हैं ये दोनों

कभू दिल रुकने लगता है, जिगर गाहे तड़पता है
ग़म-ए-हिज्राँ में छाती के हमारी जम हैं ये दोनों

ख़ुदा जाने कि दुनिया में मिलें उस से कि उक़्बा में
मकाँ तो 'मीर साहिब', शोहरा-ए-आलम हैं ये दोनों

303

लब तिरे लाल-ए-नाब हैं दोनों पर तमामी इताब हैं दोनों
रोना आँखों का रोइए कब तक फूटने ही के बाब हैं दोनों
है तकल्लुफ़ निक़ाब, वे रुख़्सार क्या छुपें, आफ़ताब हैं दोनों
तन के मामूरे में यही दिल-ओ-चश्म घर थे दो, सो ख़राब हैं दोनों
कुछ न पूछो कि आतिश-ए-ग़म से जिगर-ओ-दिल कबाब हैं दोनों
सौ जगह उसकी आँखें पड़ती हैं जैसे मस्त-ए-शराब हैं दोनों
पाँव गें वो नशा तलब का नहीं अब तो सरमस्त-ए-ख़्वाब हैं दोनों
एक सब आग, एक सब पानी दीदा-ओ-दिल अज़ाब हैं दोनों
बहस काहे को ला'ल-ओ-मरजाँ से उसके लब ही जवाब हैं दोनों
आगे दरिया थे दीदा-ए-तर 'मीर'
अब जो देखो, सराब हैं दोनों

304

मुझको मारा भला किया तूनें पर वफ़ा का बुरा किया तूनें
हसरतें उसकी सर पटकती हैं मर्ग-ए-फ़रहाद क्या किया तूनें

जराहत–घाव। चश्मा–पानी का सोता। दीदा–आँख। नम-दीदा–नम आँखें, आँसू भरी आँखें। ग़म-ए-हिज्राँ–जुदाई का दुख। छाती का जम–यमदूत जो बग़ैर जान लिए न निकले, हर समय छाती पर मौजूद रहने वाला, ढीठ। उक़्बा–परलोक। शोहरा-ए-आलम–दुनिया में मशहूर।

303. लब–होंठ। लाल-ए-नाब–लाल रंग का एक क़ीमती पत्थर। नाब–ख़ालिस, खरा। तमामी–पूरी तरह से। इताब–क़हर, प्रकोप, ग़ुस्सा। बाब–दरवाज़ा, लायक़। तकल्लुफ़–औपचारिकता। निक़ाब–पर्दा। रुख़्सार–गाल। आफ़ताब–सूरज। मामूरा–आबादी, बस्ती। दिल-ओ-चश्म–दिल और आँख। तलब–तलाश, आरज़ू, माँग। सरमस्त-ए-ख़्वाब–नींद में डूबे हुए। अज़ाब–दुख, मुसीबत। ला'ल–क़ीमती पत्थर, लाल, सुर्ख़। मरजाँ–छोटा मोती, मूँगा। आगे–अब से पहले। दीदा-ए-तर–तर आँखें। सराब–मृग-मरीचिका।

304. मर्ग-ए-फ़रहाद–फ़रहाद की मौत।

उसके जौर-ओ-जफ़ा की क्या तक़्सीर जो किया सो वफ़ा किया तूनें
कल ही पड़ती नहीं है तुझ बिन आज 'मीर' को क्या बला किया तूनें
वो जो कहता था तू ही करियो क़त्ल
'मीर' का सो कहा किया तूनें

305

इश्क़ करने को जिगर चाहिए आसान नहीं सब को दावा है वले एक में ये जान नहीं
ग़ारत-ए-दीं में निगह, ख़स्मी-ए-ईमाँ में अदा तुझको काफ़िर न कहे जो, वो मुसलमान नहीं
सरसरी मिलिए बुतों से जो न हो ताब-ए-जफ़ा इश्क़ का ज़ाइक़ा कुछ दाख़िल-ए-ईमान नहीं
एक बे-दर्द तुझे पास नहीं आशिक़ का वर्ना आलम में किसे ख़ातिर-ए-मेहमान नहीं
क्यूँके ग़म सर-ज़दा हर लहज़ा न आवे दिल में घर है दरवेश का, याँ दर नहीं दरबान नहीं
हमनशीं आह न तकलीफ़-ए-शिकेबाई कर इश्क़ में सब्र-ओ-तहम्मुल हो ये इम्कान नहीं
किस तरह मंज़िल-ए-मक़्सूद पे पहुँचेंगे 'मीर'
सफ़र-ए-दूर है और हम कने सामान नहीं

306

हमेशा दिल में कहता हूँ यहाँ जाऊँ वहाँ जाऊँ
तिरे ग़म को अकेला छोड़कर प्यारे कहाँ जाऊँ

लगी आती है वाँ तक तेरे दामन की हवा उड़ के
मैं ये मुश्त-ए-गुबार अपना छुपाने को जहाँ जाऊँ

उधर सहरा-ए-बेताबी इधर मशहद है ऐ क़ातिल
जो फ़रमावे तो वाँ जाऊँ जो फ़रमावे तो याँ जाऊँ

अगर जीता रहा ऐ ज़ुल्फ़ तो मैं 'मीर' हूँ सुनियो
बला-ए-नागहानी के सर ऊपर नागहाँ जाऊँ

जौर-ओ-जफ़ा–ज़ुल्म और सितम। तक़्सीर–क़ुसूर, ग़लती। वफ़ा करना–वादे का पूरा करना।

305. वले–लेकिन, मगर। ग़ारत-ए-दीं निगह–अधर्मी बना देने वाली (माशूक़ की) नज़र/निगाह। ख़स्मी-ए-ईमाँ–ईमान की दुश्मन। बुत–मूर्ति, महबूब, माशूक़। ताब-ए-जफ़ा–सितम उठाने की ताक़त। दाख़िल-ए-ईमान–ईमान रखने वाला। पास–लिहाज़। आलम–दुनिया। ग़म सर-ज़दा–ग़म जो दिल को लग चुका। हर लहज़ा–हर पल। सर-ज़दा आना–अचानक आना। दरवेश–फ़क़ीर। हमनशीं–साथी, दोस्त। तकलीफ़-ए-शिकेबाई–सब्र या बर्दाश्त का इरादा। सब्र-ओ-तहम्मुल–सब्र और बर्दाश्त। इम्कान–सम्भावना। मंज़िल-ए-मक़्सूद–जिस जगह पहुँचने का इरादा हो। हम कने–हमारे पास।

306. मुश्त-ए-गुबार–मुट्ठी भर ख़ाक, धूल। सहरा-ए-बेताबी–बेचैनी, बेताबी का रेगिस्तान/बियाबान। मशहद–शहीद होने की जगह। बला-ए-नागहानी–अचानक आने वाली मुसीबत। नागहाँ–अचानक।

307

तेरी ज़ुल्फ़-ए-सियह की याद में आँसू झमकते हैं
अँधेरी रात है, बरसात है, जुगनू चमकते हैं

308

कर सर्फ़-ए-दीद उम्र फिरे है तू याँ कहाँ
है सैर मुफ़्त 'मीर' तुझे फिर जहाँ कहाँ

309

फ़लक ने गर किया रुख़्सत मुझे सैर-ए-बियाबाँ को
निकाला सर से मेरे जा-ए-मू ख़ार-ए-मुग़ीलाँ को

वो ज़ालिम भी तो समझे, कह रखा है हमने याराँ को
कि गोरिस्तान से गाड़ें जुदा हम अहल-ए-हिज्राँ को

हुए थे जैसे मर जाते, पर अब तो सख़्त हसरत है
किया दुश्वार नादानी से हमने कार-ए-आसाँ को

किसी के वास्ते रुस्वा-ए-आलम हो, पः जी में रख
कि मारा जाए जो ज़ाहिर करे इस राज़-ए-पिन्हाँ को

गिरी पड़ती है बिजली ही तभी से ख़िरमन-ए-गुल पर
टुक इक हँस मेरे रोने पर कि देखे तेरे दंदाँ को

ग़म-ओ-अंदोह-ओ-बेताबी, अलम, बेताक़ती, हिरमाँ
कहूँ ऐ हमनशीं ता-चन्द ग़महा-ए-फ़रावाँ को

बहुत रोए जो हम ये आस्तीं रख मुँह पे ऐ बिजली
न चश्म-ए-कम से देख इस यादगार-ए-चश्म-ए-गिरयाँ को

मिज़ाज इस वक़्त है इक मतला-ए-ताज़ा पे कुछ माइल
कि बे-फ़िक्र-ए-सुख़न बनती नहीं हरगिज़ सुख़न-दाँ को

---

307. ज़ुल्फ़-ए-सियह–काली ज़ुल्फ़।

308. सर्फ़-ए-दीद–देखने में गँवाना।

309. फ़लक–आसमान। सैर-ए-बियाबाँ–जंगल की सैर। जा-ए-मू–बालों की जगह। ख़ार-ए-मुग़ीलाँ–बबूल के काँटे। गोरिस्तान–क़ब्रिस्तान। अहल-ए-हिज्राँ–वियोगी। हुए थे जैसे–जैसे ही पैदा हुए थे। कार-ए-आसाँ–आसान काम। रुस्वा-ए-आलम–दुनिया भर में अपमानित। राज़-ए-पिन्हाँ–छुपा रहस्य। ख़िरमन-ए-गुल–फूलों का ढेर। दंदाँ–दाँत। अंदोह–रंज, दुख। अलम–दुख। हिरमाँ–नाउम्मीदी। हमनशीं–दोस्त। ता-चन्द–कब तलक। ग़महा-ए-फ़रावाँ–बहुत ज़्यादा ग़म। आस्तीं–आस्तीन। चश्म-ए-कम–लापरवाई, बेपरवाई। चश्म-ए-गिरयाँ–रोती हुई आँख। मतला–ग़ज़ल का पहला शे'र। माइल होना–ध्यान होना, झुकाव होना। सुख़न-दाँ–शायर, शे'र कहने वाला।

310

कोई काँटा सर-ए-रह का हमारी ख़ाक पर बस है
गुल-ए-गुलज़ार क्या दरकार है गोर-ए-ग़रीबाँ को

ये क्या जानूँ हुआ सीने में क्या इस दिल को अब नासेह
सहर ख़ूँ-बस्ता तो देखा था मैंने अपनी मिज़्गाँ को

सदा-ए-आह जैसे तीर, जी के पार होती है
किसू बेदर्द ने खींचा किसू के दिल से पैकाँ को

किया सैर इस ख़राबे का बहुत अब चल के सो रहिए
किसू दीवार के साये में मुँह पर लेके दामाँ को

तिरी ही जुस्तजू में गुम हुआ है, कह कहाँ खोया
जिगर ख़ूँ-गश्ता दिल-आज़ुर्दा 'मीर' उस ख़ाना-वीराँ को

311

क़द खींचे है जिस वक़्त तो है तुर्फ़ा बला तू कहता है तिरा साया परी से कि है क्या तू
बे गुल नहीं बुलबुल तुझे भी चैन, प: देखें मर रहते हैं हम एक तरफ़ बाग़ में या तू
क्या जानिए ऐ गौहर-ए-मक़्सद तू कहाँ है हम ख़ाक में भी मिल गए लेकिन न मिला तू
इस जीने से अब दिल को उठा बैठेंगे हम भी है तुझको क़सम ज़ुल्म से मत हाथ उठा तू
मंज़र में बदन के भी ये इक तुर्फ़ा मकाँ था अफ़सोस कि टुक दिल में हमारे न रहा तू
बेहोशी सी आती है तुझे उसकी गली में
गर हो सके ऐ 'मीर' तो उस राह न जा तू

312

दिल लेके लौंडे दिल्ली के कब का पचा गए अब इन से खाई-पी हुई शय क्या वसूल हो
नाकाम इसलिए हो कि चाहो हो सब कुछ आज
तुम भी तो 'मीर साहिब-ओ-क़िब्ला' अजूल हो

---

310. सर-ए-रह का–रास्ते का। ख़ाक–क़ब्र। गुल-ए-गुलज़ार–बाग़ का फूल। दरकार–अपेक्षा, आवश्यकता। गोर-ए-ग़रीबाँ–अनजान व्यक्ति या परदेसी की क़ब्र। नासेह–उपदेशक, नसीहत करने वाला। सहर–सुबह। ख़ूँ-बस्ता–ख़ून जमा हुआ, सुर्ख़। मिज़्गाँ–पलकें। सदा-ए-आह–आह की आवाज़। पैकाँ–तीर। जुस्तजू–तलाश। ख़ूँ-गश्ता–ख़ून में डूबा हुआ। आज़ुर्दा–परेशान। ख़ाना-वीराँ–बेघर आदमी।

311. क़द खींचना–खड़े होना, उठना। तुर्फ़ा–अनोखा, अजीब। गौहर-ए-मक़्सद–उद्देश्य रूपी मोती। गौहर–हीरा, मोती। हाथ उठा लेना–कोई काम छोड़ना। मंज़र–नज़ारा, नज़र पड़ने की जगह।

312. शय–वस्तु, चीज़। साहिब-ओ-क़िब्ला–सम्मान सूचक शब्द। अजूल–जल्दबाज़।

313

आह किस ढब से रोइए कम-कम शौक़ हद से ज़ियाद है हमको
ना-मुरादाना ज़ीस्त करता था
'मीर' का तौर याद है हमको

314

मदद न इतनी भी की बख़्त-ए-ना-मुवाफ़िक़ ने कि मुद्दई से उसे एक दिन लड़ाई हो
लबों से तेरे था आगे ही ला'ल सुर्ख़-ओ-ज़र्द क़सम है मैंने अगर बात भी चलाई हो
ख़ुदा करे कि नसीब अपने हो न आज़ादी किधर के होजे जो बे-बाल-ओ-पर रिहाई हो
उस आफ़ताब से तो फ़ैज़ सबको पहुँचे है यक़ीन है कि कुछ अपनी ही ना-रसाई हो
कभू है छेड़, कभू गाली, है कभू चश्मक बयान करिए, जो एक उसकी बे-अदाई हो
दयार-ए-हुस्न में ग़ालिब कि ख़स्ता-जानों ने दवा के वास्ते भी मेहर टुक न पाई हो
हज़ार मर्तबा बेहतर है बादशाही से अगर नसीब तिरे कूचे की गदाई हो
जो कोई दम हो तो लोहू सा पी के रह जाऊँ ग़मों की दिल में भला कब तलक समाई हो
कहें तो हैं कि अबस 'मीर' ने दिया जी को
ख़ुदा ही जाने कि क्या जी में उसके आई हो

315

कब तक गिरह रहेगा सीने में दिल की मानिन्द ऐ अश्क-ए-शौक़ इक दम रुख़्सार पर रवाँ हो
ता-चन्द कूचा-गर्दी जैसे सबा ज़मीं पर ऐ आह-ए-सुब्ह-गाही आशोब-ए-आसमाँ हो
गर ज़ौक़-ए-सैर है तो आवारा इस चमन में मानिन्द-ए-अंदलीब-ए-गुम-कर्दा आशियाँ हो
क्या है हबाब साँ याँ, आ देख अपनी आँखों गर पैरहन में मेरे, मेरा तुझे गुमाँ हो
अज़-ख़ेश-रफ़्ता हर दम रहते हैं हम जो उस बिन कहते हैं लोग अक्सर इस वक़्त तुम कहाँ हो
पत्थर से तोड़ डालूँ आईने को अभी मैं
गर रू-ए-ख़ूबसूरत तेरा न दरमियाँ हो

---

313. ज़ियाद–ज़्यादा, अधिक। ना-मुरादाना–नाकामी से, असफल। ज़ीस्त करना–जीना, गुज़ारा करना।

314. बख़्त-ए-ना-मुवाफ़िक़–बुरा या प्रतिकूल नसीब। मुद्दई–दावा करने वाला, प्रतिस्पर्धी। ला'ल–सुर्ख़ रंग का क़ीमती पत्थर। सुर्ख़-ओ-ज़र्द–लाल-पीला, गुस्से में। आफ़ताब–सूरज। फ़ैज़–लाभ, फ़ायदा। ना-रसाई–पहुँच न होना। चश्मक–आँख का इशारा, रंजिश। बे-अदाई–गुस्ताख़ी। दयार-ए-हुस्न–हुस्न की दुनिया। ग़ालिब–अक्सर। मेहर–मुहब्बत, प्यार। गदाई–भीख माँगना। अबस–व्यर्थ, बे-फ़ायदा।

315. गिरह रहना–बंद रहना। दिल की मानिंद–दिल की तरह। अश्क-ए-शौक़–मुहब्बत की परेशानी से पैदा होने वाले आँसू। रुख़्सार–गाल। ता-चन्द–कब तक। कूचागर्दी–आवारागर्दी। सबा–हवा। आह-ए-सुब्ह-गाही–सुबह के वक़्त निकलने वाली आह। आशोब-ए-आसमाँ–बहुत ज़्यादा हलचल। ज़ौक़-ए-सैर–सैर करने का शौक़। मानिन्द-ए-अंदलीब–बुलबुल की तरह। गुम-कर्दा-आशियाँ–घर को भूला हुआ। हबाब–बुलबुला। पैरहन–लिबास, कपड़ा। अज़ ख़ेश-रफ़्ता–ख़ुद से दूर, बेख़ुद। रू-ए-ख़ूबसूरत–सुन्दर चेहरा।

316

गरचे कब देखते हो पर देखो — आरज़ू है कि तुम इधर देखो
इश्क़ क्या-क्या हमें दिखाता है — आह तुम भी तो इक नज़र देखो
यूँ अरक़ जल्वा-गर है उस मुँह पर — जिस तरह ओस फूल पर देखो
हर ख़राश-ए-जबीं जराहत है — नाख़ुन-ए-शौक़ का हुनर देखो
थी हमें आरज़ू लब-ए-ख़ंदाँ — सो इवज़ उसके चश्म तर देखो
रंग-ए-रफ़्ता भी दिल को खींचे है — एक शब और याँ सहर देखो
दिल हुआ है तरफ़ मुहब्बत का — ख़ून के क़तरे का जिगर देखो
पहुँचे हैं हम क़रीब मरने के — या'नी जाते हैं दूर अगर देखो

लुत्फ़ मुझमें भी हैं हज़ारों 'मीर'
दीदनी हूँ जो सोच कर देखो

317

आराम हो चुका मिरे जिस्म-ए-नज़ार को
रक्खे ख़ुदा जहाँ में दिल-ए-बेक़रार को

पानी पे जैसे ग़ुंचा-ए-लाला फिरे बहा
देखा मैं आँसूओं में दिल-ए-दाग़दार को

बरसा तो मेरे दीदा-ए-ख़ूँबार के हुज़ूर
पर अब तक इन्फ़िआल है अब्र-ए-बहार को

हँसता ही मैं फिरूँ जो मिरा कुछ हो इख़्तियार
पर क्या करूँ मैं दीदा-ए-बे-इख़्तियार को

आया जहाँ में दोस्त भी होते हैं यक-दिगर
मुझ से तो दुश्मनी ही रही मेरे यार को

सौ बार यूँ तो ग़ैरों से करते हो हँस के बात
कुछ मुँह बना रहो हो हमारी ही बार को

---

316. गरचे–हालाँकि। आरज़ू–इच्छा। अरक़–पसीना। जल्वा-गर होना–दिखाई देना। ख़राश-ए-जबीं–माथे की खरोंच। जराहत–ज़ख़्म,घाव। लब-ए-ख़ंदाँ–हँसता हुआ। इवज़–बदले। चश्म तर–भीगी हुई आँख, आँसू भरी आँख। रंग-ए-रफ़्ता–उड़ा हुआ रंग। शब–रात। सहर–सुबह। तरफ़–मुक़ाबिल। दीदनी–देखने योग्य।

317. जिस्म-ए-नज़ार–दुबला, कमज़ोर बदन। ग़ुंचा-ए-लाला–लाले के फूल की कली। दीदा-ए-ख़ूँ-बार के हुज़ूर–लहू बरसाने वाली आँखों के सामने। इन्फ़िआल–शर्मिंदगी। अब्र-ए-बहार–बहार के मौसम का बादल। इख़्तियार–अधिकार। दीदा-ए-बे-इख़्तियार–आँखें जिन पर बस न हो। आया–क्या। यक-दिगर–अलग-अलग।

किस-किस की ख़ाक अब के मिलानी है ख़ाक में
जाती है फिर नसीम उसी रहगुज़ार को

ऐ वो कोई जो आज पिये है शराब-ए-ऐश
ख़ातिर में रखियो कल के भी रंज-ओ-ख़ुमार को

ख़ूबाँ का क्या जिगर जो करें मुझको अपना सैद
पहचानता है सब कोई तेरे शिकार को

क़त्आ

जीते-जी फ़िक्र ख़ूब है वर्ना ये बद-बला
रक्खेगा हश्र तक तह-ओ-बाला मज़ार को

गर साथ ले गड़ा तू दिल-ए-मुज़्तरिब तो 'मीर'
आराम हो चुका तिरे मुश्त-ए-गुबार को

318

अच्छी लगे है तुझ बिन गुलगश्त-ए-बाग़ किसको
सोहबत रखे गुलों से, इतना दिमाग़ किसको

बे-सोज़ दाग़-ए-दिल पर गर जी जले बजा है
अच्छा लगे है अपना घर बे-चराग़ किसको

सद चश्म-ए-दाग़ वा हैं दिल पर मिरे मैं वो हूँ
दिखला रहा है लाला तू अपने दाग़ किसको

गुलचीन-ए-ऐश होते हम भी चमन में जा कर
आह-ओ-फ़ुग़ाँ से अपने लेकिन फ़राग़ किसको

कर शुक्र चश्म-ए-पुर-ख़ूँ ऐ मस्त-ए-दर्द-ए-उल्फ़त
देते हैं सुर्ख़ मय से भर कर अयाग़ किसको

उसकी बला से जो हम ऐ 'मीर' गुम भी होवें
हम से ग़रीब का हो फ़िक्र-ए-सुराग़ किसको

नसीम–ख़ुशगवार हवा। रहगुज़ार–रास्ता। रंज-ओ-ख़ुमार–दुख और मुसीबत। ख़ूबाँ–ख़ूबसूरत लोग, महबूब। सैद–शिकार। बद-बला–बुरी बला, डाइन। हश्र तक–क़यामत तक। तह-ओ-बाला–नीचे-ऊपर, अस्त-व्यस्त। दिल-ए-मुज़्तरिब–बेचैन दिल। मुश्त-ए-गुबार–मुट्ठी भर ख़ाक।

318. गुलगश्त-ए-बाग़–बाग़ की सैर। बे-सोज़–बिना जलन। दाग़-ए-दिल–दिल के ज़ख़्म। सद–सौ, सैंकड़ों। सद चश्म-ए-दाग़–आँख (के निशान) की तरह बने हुए सैकड़ों ज़ख़्म। वा होना–खुलना। लाला–फूल। गुलचीन–फूल तोड़ने वाला। आह-ओ-फ़ुग़ाँ–रोना-पीटना। फ़राग़–फ़ुर्सत। चश्म-ए-पुर-ख़ूँ–ख़ून से भरी आँख। मस्त-ए-दर्द-ए-उल्फ़त–इश्क़ की परेशानी में मस्त। अयाग़–प्याला, जाम।

319

दिन गुज़रता है मुझे फ़िक्र ही में, ता क्या हो
रात जाती है इसी ग़म में कि फ़र्दा क्या हो

सब हैं दीदार के मुश्ताक़ पर इस से ग़ाफ़िल
हश्र बरपा हो कि फ़ित्ना उठे, आया क्या हो

ख़ाक-ए-हसरत-ज़दगाँ पर तो गुज़र बे-वस्वास
इन सितम-कुश्तों से अब अर्ज़-ए-तमन्ना क्या हो

शौक़ जाता है हमें यार के कूचे को लिए
जाके मालूम हो क्या जानिए उस जा क्या हो

एक रोना ही नहीं आह-ओ-ग़म-ओ-नाला-ओ-दर्द
हिज्र में ज़िन्दगी करने के तईं क्या-क्या हो

ख़ाक में लोटूँ कि लोहू में नहाऊँ मैं 'मीर'
यार मुसतग़नी है उसको मिरी परवा क्या हो

320

वैसा कहाँ है हमसे जैसा कि आगे था तू — औरों से मिल के प्यारे कुछ और हो गया तू
जाते नहीं उठाए ये शोर हर सहर के — या अब चमन में बुलबुल हम ही रहेंगे या तू
आ अब्र एक-दो दम आपस में रक्खें सोहबत — कुढ़ने को हूँ मैं आंधी, रोने को है बला तू
तक़रीब पर भी तू तो पहलू तही करे है — दस बार ईद आई, कब-कब गले मिला तू
तेरे दहन से उसको निस्बत हो कुछ तो कहिए — गुल गो करे है दावा, ख़ातिर में कुछ न ला तू
मुँह करिए जिस तरफ़ को, सो ही तिरी तरफ़ है — पर कुछ नहीं है पैदा, कीधर है ऐ ख़ुदा तू
आती बख़ुद नहीं है बाद-ए-बहार अब तक — दो गाम था चमन में टुक नाज़ से चला तू
कम मेरी ओर आना, कम आँख का मिलाना — करने से ये अदाऐं है मुद्दआ कि जा तू
गुफ़्त-ओ-शनूद अक्सर मेरे तिरे रहे है — ज़ालिम मुआफ़ रखियो मेरा कहा-सुना तू

कह साँझ के मुए को ऐ 'मीर' रोएँ कब तक
जैसे चराग़-ए-मुफ़्लिस इक दम में जल-बुझा तू

---

319. फ़र्दा–आने वाला कल। मुश्ताक़–चाहने वाला, आशिक़। ग़ाफ़िल–बेख़बर। आया–देखिए (शक ज़ाहिर करने के लिए बोला जाता है)। हश्र बरपा होना–क़यामत का आ जाना। फ़ित्ना–हंगामा, उपद्रव। ख़ाक-ए-हसरत-ज़दगाँ–हसरत के मारों की ख़ाक, क़ब्र। बे-वस्वास–बिना किसी डर/ख़ौफ़ के। सितम-कुश्ता–सितम का मारा। नाला–रोना-धोना। हिज्र–जुदाई। मुसतग़नी–बे-परवाह।

320. सहर–सुबह। अब्र–बादल। सोहबत रखना–किसी के पास बैठना, मेल-जोल रखना। तक़रीब पर–मिलने पर, त्योहार पर। पहलू तही करना–बचना, कतराना। दहन–मुँह। निस्बत–रिश्ता, सम्बन्ध। गो–हालाँकि। बख़ुद आना–होश में आना। बाद-ए-बहार–सुहानी हवा, बहार के मौसम की हवा। दो गाम–दो क़दम। गुफ़्त-ओ-शनूद–बातचीत, बहस। मुए–मरे। चराग़-ए-मुफ़्लिस–ग़रीब का दिया जिसमें अक्सर तेल नहीं होता।

321

ख़ूबी यही नहीं है कि अंदाज़-ओ-नाज़ हो माशूक़ का है हुस्न अगर दिल-नवाज़ हो
यक-दम तो हम में तेग़ को तू बे-दरेग़ खींच ता इश्क़ में हवस में तनिक इम्तियाज़ हो
है फ़र्क़ ही में ख़ैर, न कर आरज़ू-ए-वस्ल मिल बैठिए जो उस से तो शिकवा दराज़ हो
जूँ तूँ के उसकी चाह का पर्दा किया है मैं ऐ चश्म-ए-गिरया-नाक, न इफ़्शा-ए-राज़ हो
हमसे तो ग़ैर-ए-इज्ज़ कभू कुछ बना न 'मीर'
ख़ुशहाल वो फ़क़ीर कि जो बे-नियाज़ हो

322

नाला मिरा अगर सबब-ए-शोर-ओ-शर न हो फिर मर भी जाइए तो किसू को ख़बर न हो

क़त्आ

खींचे है दिल को ज़ुल्फ़ से गाहे, निगह से गाह हैराँ न होवे कोई तो, इस तर्ज़ पर न हो
सौ दिल से भी न काम चले, उसके इश्क़ में इक दिल रखूँ हूँ मैं तो, किधर हो किधर न हो

क़त्आ

जिस राह हो के आज मैं पहुँचा हूँ तुझ तलक काफ़िर का भी गुज़ार, इलाही उधर न हो
यक जा न देखी आँखों से ऐसी तमाम राह जिसमें बजाए नक़्श-ए-क़दम, चश्म-ए-तर न हो
हर यक क़दम पे लोग, डराने लगे मुझे हाँ याँ किसू शहीद-ए-मुहब्बत का सर न हो
मुज़्तर हो इख़्तियार की वो शक्ल दिल में मैं उस राह हो के जाऊँ ये सूरत जिधर न हो
लेकिन अबस निगाह जहाँ करिए उस तरफ़ इम्कान क्या कि ख़ून मिरे ता-कमर न हो
हैराँ हूँ मैं कि ऐसी ये मशहद है कौन सी मुझ से ख़राब हाल को, जिसकी ख़बर न हो
आता है ये क़ियास में, अब तुझ को देखकर ज़ालिम जफ़ा-शिआर, तिरा रहगुज़र न हो
उठ जाए रस्म-ए-नाला-ओ-आह-ओ-फ़ुग़ान सब
इस तीरा-रोज़गार में, तू 'मीर' अगर न हो

---

321. दिल नवाज़–दिल को सुकून देने वाला। यक-दम–एक पल। तेग़–तलवार। बे-दरेग़–बे-हिचक। हवस–वासना, लालच। इम्तियाज़–फ़र्क़। दराज़–लम्बा। चश्म-ए-गिरया-नाक–रोती हुई आँख। इफ़्शा-ए-राज़–भेद खुलना। ग़ैर-ए-इज्ज़–बिना मिन्नत। बे-नियाज़–बे परवा, जिसे किसी चीज़ की चाहत न हो।

322. नाला–रोना-पीटना। शोर-ओ-शर–फ़ित्ना, फ़साद, हंगामा। गाहे/गाह–कभी। यक जा–एक जगह, एक भी जगह। बजाए–बदले। नक़्श-ए-क़दम–पदचिह्न। चश्म-ए-तर–आँसू भरी आँख। यक–एक। मुज़्तर–बेचैन। अबस–बे-फ़ायदा। इम्कान–सम्भावना। मशहद–क़त्ल की जगह। क़ियास–अटकल, गुमान। जफ़ा शिआर–जिस का चलन ज़ुल्म करना हो, माशूक़। रस्म-ए-नाला-ओ-आह-ओ-फ़ुग़ान–रोने-पीटने और आह करने की रस्म। तीरा-रोज़गार–बुरा वक़्त।

323

वही जाने जो हया-कुश्ता वफ़ा रखता हो — और रुस्वाई का अंदेशा जुदा रखता हो
इश्क़ को नफ़आ न बेताबी करे है न शिकेब — करिए तदबीर जो ये दर्द दवा रखता हो
मैंने आईना-सिफ़त दर न किया बन्द ग़रज़ — उसको मुश्किल है जो आँखों में हया रखता हो
हाए उस ज़ख़्मी-ए-शमशीर-ए-मुहब्बत का जिगर — दर्द को अपने जो नाचार छुपा रखता हो
आवे है पहले क़दम सर ही का जाना दरपेश — देखता हो जो रह-ए-इश्क़ में पा रखता हो
ऐसे तो हाल के कहने से भली ख़ामोशी — कहिए उससे जो कोई अपना कहा रखता हो
क्या करे वस्ल से मायूस दिल-ए-आज़ुर्दा जो — ज़ख़्म ही यार का छाती से लगा रखता हो

क़त्आ

कब तलक उसके असीरान-ए-बला ख़ाना-ख़राब — ज़ुल्म की ताज़ा जो हर रोज़ बिना रखता हो
एक दम खोल के ज़ुल्फ़ों की कमन्दों के तईं — मुद्दतों तक दिल-ए-आशिक़ को लगा रखता हो

गुल हो, महताब हो, आईना हो, ख़ुर्शीद हो 'मीर'
अपना महबूब वही है, जो अदा रखता हो

324

शैख़ जी आओ मुसल्ला गिरव-ए-जाम करो
जिंस-ए-तक़्वा के तईं सर्फ़-ए-मय-ख़ाम करो

फ़र्श-ए-मस्ताँ करो सज्जादा-ए-बे-तह के तईं
मय की ताज़ीम करो, शीशे का इकराम करो

दामन-ए-पाक को आलूदा रखो बादे से
आपको मुग़बचों के क़ाबिल-ए-दुशनाम करो

---

323. हया-कुश्ता–शर्म का मारा हुआ। नफ़आ–फ़ायदा। शिकेब–सब्र, बर्दाश्त। तदबीर–इलाज, चारा। आईना-सिफ़त–आईने जैसा। ज़ख़्मी-ए-शमशीर-ए-मुहब्बत–मुहब्बत रूपी तलवार का घायल। नाचार–बेबस, मजबूर। दरपेश–आगे, सामने। रह-ए-इश्क़–इश्क़ का रास्ता। पा–पाँव। वस्ल–मिलन, मुलाक़ात। दिल-ए-आज़ुर्दा–नाख़ुश, दुखी। असीरान–असीर का बहुवचन, क़ैदी, बन्दी। ख़ाना-ख़राब–तबाह, बर्बाद। बिना–बुनियाद, आधार। कमन्द–फंदा। महताब–चाँद। आईना–बहुत साफ़ चीज़। ख़ुर्शीद–सूरज।

324. शैख़–इस्लाम धर्म का ज्ञानी, मुल्ला, क़ाज़ी। शैख़ जी–क़ाज़ी या मुल्ला को व्यंग्य/कटाक्ष करने के लिए कहा/बोला है। मुसल्ला–वो कपड़ा जिसे बिछाकर नमाज़ पढ़ी जाती है। गिरव-ए-जाम–शराब के लिए गिरवी। जिंस-ए-तक़्वा–सदाचार की चीज़। तईं–वास्ते। सर्फ़-ए-मय-ख़ाम–कच्ची शराब के लिए ख़र्च। फ़र्श-ए-मस्ताँ करो–मस्तों यानि शराबियों के क़दमों में बिछाओ। सज्जादा-ए-बे-तह–खुली हुई जानमाज़। मय–शराब। ताज़ीम–आदर, इज़्ज़त। शीशा–बोतल, जाम। इकराम–आदर। आलूदा–सना हुआ। बादे से–शराब से। मुग़बचे–शराब परोसने वाले लड़के। क़ाबिल-ए-दुशनाम–गाली खाने के लायक़।

नेक-नामी-ओ-तफ़ावुत को दुआ जल्द कहो
दीन-ओ-दिल पेशकश-ए-सादा-ए-ख़ुदकाम करो

नंग-ओ-नामूस से अब गुज़रो जवानों की तरह
पर-फ़िशानी करो और साक़ी से इबराम करो

ख़ूब अगर जुरआ-ए-मय नोश नहीं कर सकते
ख़ातिर-ए-जम्अ मय आशाम से ये काम करो

उठ खड़े हो जो झुके गर्दन-ए-मीना-ए-शराब
ख़िदमत-ए-बादा-गुसाराँ ही सर-अंजाम करो

मुत्रिब आकर जो करे चंग-नवाज़ी तो तुम
पैरहन मस्तों की तक़लीद से इनआम करो

ख़ुनकी इतनी भी तो लाज़िम नहीं इस मौसम में
पास-ए-जोश-ए-गुल-ओ-दिल-गर्मी-ए-अय्याम करो

साया-ए-गुल में लब-ए-जू पे गुलाबी रक्खो
हाथ में जाम को लो, आपको बदनाम करो

आह ता-चन्द रहो ख़ानक़ह-ओ-मस्जिद में
एक तो सुब्ह गुलिस्तान में भी शाम करो

रात तो सारी गई सुनते परेशाँ-गोई
'मीर जी' कोई घड़ी तुम भी तो आराम करो

325

कौन कहता है न ग़ैरों पे तुम इमदाद करो हम फ़रामोश हुओं को भी कभू याद करो
ऐ असीरान-ए-तह-ए-दाम न तड़पो इतना ता न बदनाम कहीं चंगुल-ए-सय्याद करो

नेक-नामी-ओ-तफ़ावुत–भले-बुरे का अन्तर। दुआ कहना–छोड़ना। पेशकश-ए-सादा-ए-ख़ुदकाम–मतलबी माशूक़ के लिए तोहफ़ा। नंग-ओ-नामूस–इज़्ज़त, आबरू। पर-फ़िशानी–परों की झड़ाई। इबराम–आग्रह। जुरआ-ए-मय–शराब का घूँट। नोश करना–पीना। ख़ातिर-ए-जम्अ–दिल की तसल्ली। मय आशाम–शराब पीने वाला। गर्दन-ए-मीना-ए-शराब–शराब की सुराही की गर्दन। ख़िदमत-ए-बादा-गुसाराँ–शराबियों की ख़िदमत। सर-अंजाम करना–पूरा करना। मुत्रिब–संगीतकार। चंग नवाज़ी–साज़ बजाना। पैरहन–लिबास। तक़लीद–पैरवी, अनुकरण। ख़ुनकी–ठंडक। लाज़िम–ज़रूरी। पास-ए-जोश-ए-गुल-ओ-दिल-गर्मी-ए-अय्याम–फूलों के खिलने और दिलों के जोश का लिहाज़। साया-ए-गुल में लब-ए-जू–बाग़ में पानी के किनारे। गुलाबी–शराब की बोतल, मीना। ता-चन्द–कब तलक। ख़ानक़ह–सूफ़ियों के रहने का स्थान। परेशाँ-गोई–परेशानी की बातें।

325. इमदाद–मदद। फ़रामोश–भूला हुआ। असीरान-ए-तह-ए-दाम–फंदे में फँसा हुआ शिकार। चंगुल-ए-सय्याद–शिकारी का पंजा।

ज़ाहिदाँ देते निशाँ उन बुतों का डरता हूँ तोड़ कर का'बा कहीं दैर न आबाद करो
अव्वल-ए-इश्क़ ही में 'मीर जी' तुम रोने लगे
ख़ाक अभी मुँह को मलो, नाला-ओ-फ़रियाद करो

326

दिल साफ़ हो तो जल्वा-गह-ए-यार क्यूँ न हो आईना हो तो क़ाबिल-ए-दीदार क्यूँ न हो
आलम तमाम उस का गिरफ़्तार क्यूँ न हो वो नाज़-पेशा एक है, अय्यार क्यूँ न हो
रहमत ग़ज़ब में निस्बत-ए-बर्क़-ओ-सहाब है जिसको शऊर हो तो गुनहगार क्यूँ न हो
आयात-ए-हक़ हैं सारे ये ज़र्रात-ए-काएनात इंकार तुझको होवे सो इक़रार क्यूँ न हो
हर दम की ताज़ा मर्ग-ए-जुदाई से तंग हूँ होना जो कुछ है आह सो यक-बार क्यूँ न हो
नज़दीक अपने हमने तो सब कर रखा है सहल
फिर 'मीर' इस में मुर्दन-ए-दुश्वार क्यूँ न हो

327

कामिल हो इश्तियाक़ तो इतना नहीं है दूर हश्र-ए-दिगर पे वादा-ए-दीदार क्यूँ न हो
गुल-गश्त का भी लुत्फ़ दिल-ए-ख़ुश से है नसीम पेश-ए-नज़र वगरना चमन-ज़ार क्यूँ न हो
मक़्सूद दर्द-ए-दिल है, न इस्लाम है, न कुफ़्र फिर हर गले में सुब्हा-ओ-जुन्नार क्यूँ न हो
शायद कि आवे पुर्सिश-ए-अहवाल को कभू आशिक़ भला सा होवे तो बीमार क्यूँ न हो
तलवार के तले भी हैं आँखें तिरी उधर
तू इस सितम का 'मीर' सज़ा-वार क्यूँ न हो

328

खोया हमारे हाथ से आईने ने उसे ऐसा जो पावे आपको, मग़रूर क्यूँ न हो
गेसू-ए-मुश्क-बू को उसे ज़िद है खोलना फिर ज़ख़्म दिल-फ़िगारों का नासूर क्यूँ न हो

ज़ाहिद–सदाचारी। बुत-मूर्ति, माशूक़। दैर–मंदिर। अव्वल-ए-इश्क़–मुहब्बत की शुरुआत। नाला-ओ-फ़रियाद करना–रोना और मिन्नत करना।

326. नाज़-पेशा–नाज़ दिखाने वाला, माशूक़। अय्यार–फ़रेबी, चालाक। रहमत–मेहरबानी। ग़ज़ब–गुस्सा। निस्बत-ए-बर्क़-ओ-सहाब–बिजली और बादल जैसा रिश्ता। शऊर–सलीक़ा। आयात-ए-हक़–सच्चाई की निशानी। ज़र्रात–कण। काएनात–दुनिया, ब्रह्माण्ड। इक़रार करना–स्वीकार करना। मर्ग-ए-जुदाई–विरह रूपी मौत। यक-बार–एक बार। सहल–आसान। मुर्दन-ए-दुश्वार–मुश्किल से आने वाली मौत।

327. कामिल–पूरा। इश्तियाक़–शौक़। हश्र-ए-दिगर–दूसरी क़यामत यानी ना-मुमकिन काम क्यूँकि क़यामत दोबारा नहीं आएगी। गुल-गश्त–बाग़ की सैर। नसीम–ठण्डी हवा। पेश-ए-नज़र–आँखों के सामने। चमन-ज़ार–खिला हुआ बाग़। मक़्सूद–इरादा किया गया। कुफ़्र–इस्लाम विरोधी काम। सुब्हा–जपमाला। जुन्नार–जनेऊ। पुर्सिश-ए-अहवाल–बीमार का हाल जानना। सज़ावार–योग्य।

328. मग़रूर–घमंडी। गेसू-ए-मुश्क-बू–कस्तूरी की ख़ुशबू भरे बाल। दिल-फ़िगार–जिस का दिल घायल हो। नासूर–वो ज़ख़्म जो भरा न जा सकता हो।

सूरत तो तेरी सफ़्हा-ए-ख़ातिर पे नक़्श है ज़ाहिर में अब हज़ार तू मस्तूर क्यूँ न हो
मजनूँ जो दश्त-गर्द था हम शहर-गर्द हैं आवारगी हमारी भी मज़कूर क्यूँ न हो
तलवार खींचता है वो अक्सर नशे के बीच ज़ख़्मी जो उसके हाथ का हो, चूर क्यूँ न हो
ख़ाली नहीं बग़ल कोई दीवान से मिरे अफ़साना इश्क़ का है ये, मशहूर क्यूँ न हो
मुझको तो ये क़ुबूल हुआ इश्क़ में कि 'मीर'
पास उसके जब गया तो कहा, दूर क्यूँ न हो

329

हर दम वो शोख़ दस्त-ब-शमशीर क्यूँ न हो कुछ हमने की है ऐसी ही तक़सीर क्यूँ न हो
अब तो जिगर को हमने बला का हदफ़ किया अंदाज़ उस निगाह का फिर तीर क्यूँ न हो
हैराँ हैं इस क़दर कि अगर अब के जाइए फिर मुँह तिरा न देखिए तस्वीर क्यूँ न हो
तूने तो रफ़्ता-रफ़्ता किया हमको नंग-ए-ख़ल्क़ वहशत दिला कहाँ तईं ज़ंजीर क्यूँ न हो
जूँ गुल किसू शगुफ़्ता-तबीयत का है निशाँ गुंचा भी कोई ख़ातिर-ए-दिल-गीर क्यूँ न हो
होवे हज़ार वहशत उसे तो भी यार है
अग़्यार तेरे साथ जो हों 'मीर' क्यूँ न हो

330

देखता हूँ धूप में जलने ही के आसार को ले गई हैं दूर तड़पें साया-ए-दीवार को
बाब-ए-सेहत है वगरना कौन कहता है तबीब जल्द उठाओ मेरे दरवाज़े से इस बीमार को
हश्र पे मौक़ूफ़ था सो तू नज़र आया न याँ क्या बला दरपेश आई वादा-ए-दीदार को
वे जो मस्त-ए-बेख़ुदी हैं ऐश करते हैं मुदाम मयकदे में दहर के मुश्किल है टुक हुशियार को
किस क़दर उलझें हैं मेरे तार दामन के कि अब पाँव में गड़ कर नहीं चुभने की फ़ुर्सत ख़ार को
है ग़ुबार-ए-'मीर' उसके रह-गुज़र में यक तरफ़
क्या हुआ दामन-कशाँ आते भी याँ तक यार को

सफ़्हा-ए-ख़ातिर–मिज़ाज के पन्ने पर, दिल पर। नक़्श–खुदा हुआ। मस्तूर–छुपा हुआ। दश्त-गर्द–जंगल में फिरने वाला। मज़कूर–चर्चा का विषय।

329. दस्त-ब-शमशीर–हाथ में तलवार लिए। तक़सीर–क़ुसूर, ग़लती। हदफ़–निशाना। जूँ–जैसे। शगुफ़्ता-तबीयत–प्रसन्न-चित्त। गुंचा–कली। ख़ातिर-ए-दिल-गीर–ग़मगीन, दुखी। नंग-ए-ख़ल्क़–दुनिया में बदनाम। वहशत–पागलपन। अग़्यार–ग़ैर का बहुवचन, पराए लोग।

330. बाब-ए-सेहत–सेहत का मामला, सेहत की वजह। तबीब–हकीम। हश्र–क़यामत। मौक़ूफ़–निर्भर। दरपेश–सामने। वादा-ए-दीदार–दर्शन देने का वादा। मस्त-ए-बेख़ुदी–बेफ़िक्र, मस्त रहने वाला। मुदाम–हमेशा। दहर–दुनिया। ख़ार–काँटा। रह-गुज़र–रास्ता। यक तरफ़–एक तरफ़। दामन-कशाँ–घमंड से चलते हुए।

331

जो मैं न हूँ तो करो तर्क नाज़ करने को
कोई तो चाहिए जी भी नियाज़ करने को
जो बे-दिमाग़ी यही है तो बन चुकी अपनी
दिमाग़ चाहिए हर इक से साज़ करने को
जो आँसू आवें तो पी जा कि ता रहे पर्दा
बला है चश्म-ए-तर इफ़्शा-ए-राज़ करने को
ज़ियादा हद से थी ताबूत-ए-'मीर' पर कसरत
हुआ न वक़्त मुसाइद नमाज़ करने को

332

करते बयाँ जो होते ख़रीदार एक दो
देखा करें हैं साथ तिरे यार एक दो
क़ैद-ए-हयात क़ैद कोई सख़्त है कि रोज़
मर रहते हैंगे उसके गिरफ़्तार एक दो
क्या-क्या अज़ीज़ दोस्त मिले 'मीर' ख़ाक में
कुछ इस गली में हम ही नहीं ख़्वार एक दो

333

हाल-ए-दिल 'मीर' का ऐ अहल-ए-वफ़ा मत पूछो
इस सितम-कुश्ता पे जो गुज़री जफ़ा मत पूछो

सुब्ह से और भी पाता हूँ उसे शाम को तुंद
काम करती है जो कुछ मेरी दुआ मत पूछो

वक़्त-ए-क़त्ल आरज़ू-ए-दिल जो लगे पूछने लोग
मैं इशारत की उधर, उन ने कहा मत पूछो

ख़्वाह मारा उन्हीं ने 'मीर' को ख़्वाह आप मुआ
जाने दो यारो, जो होना था हुआ, मत पूछो

334

नाला-ए-शब ने किया है जो असर मत पूछो
टुकड़े-टुकड़े हुआ जाता है जिगर मत पूछो

---

331. तर्क करना–छोड़ना। नियाज़–आरज़ू, तमन्ना। बे-दिमाग़ी–चिड़चिड़ापन। साज़ करना–बना कर रखना। ता–ताकि। चश्म-ए-तर-भीगी हुई आँखें। इफ़्शा-ए-राज़–भेद खोलना। ज़ियादा–ज़्यादा। मुसाइद–अनुकूल, मददगार।

332. क़ैद-ए-हयात–ज़िन्दगी की क़ैद। ख़्वार--अपमानित, ज़लील।

333. अहल-ए-वफ़ा–वफ़ादार लोग, दोस्त। सितम-कुश्ता–सितम का मारा हुआ। तुंद–ग़ुस्से में, सख़्त, कड़वा। इशारत–इशारा। ख़्वाह–या, या तो, चाहे। मुआ–मरा।

334. नाला-ए-शब–रात का रोना-पीटना। जिगर टुकड़े-टुकड़े होना–बहुत ज़्यादा तकलीफ़ होना।

मरने में बंद ज़बाँ होना इशारत है नदीम
या'नी है दूर का दरपेश सफ़र मत पूछो

दिल-ख़राशी-ओ-जिगर-चाकी-ओ-सीना-कावी
अपने नाहक़ में हैं सब और हुनर मत पूछो

335

लब पे शेवन मिज़ा पर ख़ून ओ निगह में इक यास
दिन गया हिज्र का जिस ढंग से शब मत पूछो

336

फ़ुर्सत नहीं तनिक भी कहीं इज़्तिराब को — क्या आफ़त आ गई मिरे इस दिल की ताब को
मेरी ही चश्म-ए-तर की करामात है ये सब — फिरता था वर्ना अब्र तो मोहताज आब को
गुज़री है शब ख़याल में ख़ूबाँ के जागते — आँखें लगा के उन से मैं तरसूँ हूँ ख़्वाब को
ख़त आ गया पर उसका तग़ाफ़ुल न कम हुआ — क़ासिद मिरा ख़राब फिरे है जवाब को
तेवर मैं जब से देखे हैं साक़ी ख़ुमार के — पीता हूँ रख के आँखों पे जाम-ए-शराब को
अब तो निक़ाब मुँह पे ले ज़ालिम कि शब हुई — शर्मिंदा सारे दिन तो किया आफ़ताब को

कहने से 'मीर' और भी होता है मुज़्तरिब
समझाऊँ कब तक इस दिल-ए-ख़ाना-ख़राब को

337

क्या है, गर बदनामी-ओ-हालत तबाही भी न हो
इश्क़ कैसा, जिसमें इतनी रू-सियाही भी न हो

लुत्फ़ क्या आज़ुर्दा हो कर आपसे मिलने के बीच
टुक तिरी जानिब से जब तक उज़्र-ख़्वाही भी न हो

इशारत–इशारा, संकेत। नदीम–दोस्त। दरपेश–आगे, सामने। दिल-ख़राशी–दिल को छीलना। जिगर-चाकी–जिगर फाड़ लेना। सीना-कावी–बहुत ज़्यादा मशक़्क़त, कोशिश। नाहक़–बे-सबब।

335. शेवन–रूदन, फ़रियाद। मिज़ा–पलक। यास–निराशा। हिज्र–जुदाई। शब–रात।

336. इज़्तिराब–बेचैनी। ताब–ताक़त, शक्ति। चश्म-ए-तर–आँसू भरी आँखें। अब्र–बादल। आब–पानी। शब–रात। ख़ूबाँ–महबूब। ख़्वाब–नींद। तग़ाफ़ुल–बे-परवाई। क़ासिद–पत्रवाहक। साक़ी–शराब पिलाने वाला। ख़ुमार–नशा, शराब की मस्ती। निक़ाब–पर्दा। आफ़ताब–सूरज। मुज़्तरिब–बेचैन, परेशान।

337. रू-सियाही–रुसवाई, बदनामी। आज़ुर्दा–उदास, दुखी। उज़्र-ख़्वाही–बहाना बनाना।

चाहता है दिल कि हम तू एक जा तन्हा मिलें
नाज़-ए-बेजा भी न होवे कम-निगाही भी न हो

ये दुआ की थी तुझे किन ने कि बहर-ए-क़त्ल-ए-'मीर'
महज़र-ए-ख़ूनीं पे तेरी इक गवाही भी न हो

338

उजरत में नामे की हम देते हैं जाँ तलक तो
अब कार-ए-शौक़ अपना पहुँचा है याँ तलक तो

अफ़साना ग़म का लब तक आया है मुद्दतों में
सो जाइयो न प्यारे इस दास्ताँ तलक तो

आवारा ख़ाक मेरी हो किस क़दर इलाही
पहुँचूँ ग़ुबार हो कर मैं आसमाँ तलक तो

आँखों में अश्क-ए-हसरत और लब पे शेवन आया
ऐ हर्फ़-ए-शौक़ तू भी आया ज़बाँ तलक तो

ऐ काश ख़ाक ही हम रहते कि 'मीर' इस में
होती हमें रसाई उस आस्ताँ तलक तो

339

यक चश्म इस तरफ़ भी तो काफ़िर कि तू ही है
दीन-ए-निगाह-ए-हसरत-ओ-ईमान-ए-आरज़ू

आया तू और रंग-ए-रुख़-ए-यास चल बसा
जाने लगा तू चलने लगी जान-ए-आरज़ू

340

वही मुझ पे ग़ुस्सा वही याँ से जा तू
वही दूर हो तू वही फिर न आ तू

मिरे उसके वादा मुलाक़ात का है
कोई रोज़ ऐ उम्र कीजो वफ़ा तू

बहुत पूछियो दिल को मेरी तरफ़ से
अगर जाए उसकी गली में सबा तू

सफ़ीना मिरा वरता-ए-ग़म से निकले
जो टुक नाख़ुदाई करे ऐ ख़ुदा तू

सब असबाब हिज्राँ में मरने ही के थे
भला 'मीर' क्यूँकर-के जीता रहा तू

एक-जा–एक बार, एक जगह। नाज़-ए-बेजा–अनुचित नख़रे। कम-निगाही–उपेक्षा, रूखापन। बहर-ए-क़त्ल-ए-'मीर'-'मीर' का क़त्ल करने के लिए। महज़र-ए-ख़ूनी–क़त्ल-नामा।

338. उजरत–पारिश्रमिक, मज़दूरी। नामा–पत्र। कार-ए-शौक़–इश्क़ करने की चाहत। अश्क-ए-हसरत–अफ़सोस के आँसू। शेवन–फ़रियाद। हर्फ़-ए-शौक़–दिल की बात। रसाई–पहुँच। आस्ताँ–चौखट।

339. यक चश्म–एक निगाह। काफ़िर–ख़ुदा को न मानने वाला, ज़ालिम, माशूक़। दीन-ए-निगाह–निगाह का अंत, उद्देश्य। हसरत–तमन्ना, अरमान, अभिलाषा। आरज़ू–इच्छा, ख़्वाहिश। रंग-ए-रुख़-ए-यास–चेहरे पर छाया निराशा का रंग।

340. याँ–यहाँ। सबा–हवा। सफ़ीना–कश्ती, नाव। वरता-ए-ग़म–ग़म का भँवर। नाख़ुदाई–मल्लाह का काम। असबाब–सामान। हिज्राँ–जुदाई, विरह।

341

ग़म-ए-गुल में मरता हूँ ऐ हम सफ़ीरो चमन में जो जाओ मुझे याद कीजो
रिहाई मिरी मुद्दई ज़ोफ़ से है तू सय्याद मुझको न आज़ाद कीजो
मिरे रूबरू आईना लेके ज़ालिम दम-ए-वापसीं में तो तू शाद कीजो
जुदा तन से करते ही पामाल करना
ये एहसाँ मिरे सर पे जल्लाद कीजो

342

जैसे नसीम हर सहर तेरी करूँ हूँ जुस्तजू
ख़ाना-ब-ख़ाना, दर-ब-दर, शहर-ब-शहर, कू-ब-कू

343

सौ ज़ुल्म के रहते हैं सज़ावार हमेशा हम बे-गुनह उसके हैं गुनहगार हमेशा
है दामन-ए-गुलचीन-ए-चमन जैब हमारा दुनिया में रहे दीदा-ए-ख़ूँबार हमेशा
जीता है तो बे-ताक़ती-ओ-बेख़ुदी है 'मीर'
मुर्दा है ग़रज़ इश्क़ का बीमार हमेशा

344

चमन में दिल-ख़राश आवाज़ आती है चली, शायद
पस-ए-दीवार-ए-गुलशन नाला-कश है कोई पर-बस्ता

तिरे कूचे में यकसर आशिक़ों के ख़ार-ए-मिज़्गाँ हैं
जो तू घर से कभू निकले तो रखियो पाँव आहिस्ता

345

हम हैं मजरूह माजरा है ये वो नमक छिड़के है, मज़ा है ये
आग थे इब्तिदा-ए-इश्क़ में हम अब जो हैं ख़ाक, इन्तिहा है ये

---

341. ग़म-ए-गुल–फूल यानि महबूब के ग़म में। हम सफ़ीर–साथ चहकने वाले, साथी, दोस्त। मुद्दई–दुश्मन। ज़ोफ़–कमज़ोरी। सय्याद–शिकारी। दम-ए-वापसीं–मरते समय। शाद–ख़ुश। पामाल करना–रौंदना।

342. नसीम–सुबह की हवा। सहर–सुबह। ख़ाना-ब-ख़ाना–घर-घर। दर-ब-दर–दरवाज़े-दरवाज़े, मारे-मारे फिरना। कू-ब-कू–गली-गली।

343. दामन-ए-गुलचीन-ए-चमन–बाग़ के फूल तोड़ने वाले (माली) का दामन। जैब–गिरेबान। दीदा-ए-ख़ूँबार–ख़ून बरसाने वाली आँख। बे-ख़ुद–बेसुध, बेहोश।

344. दिल-ख़राश–दिल छीलने वाली। पस-ए-दीवार-ए-गुलशन–बाग़ की दीवार के पीछे। नाला-कश–रोता हुआ। पर-बस्ता–पर बँधा हुआ, बेबस। यकसर–एक सिरे से दूसरे सिरे तक। ख़ार-ए-मिज़्गाँ–पलक रूपी काँटे।

345. मजरूह–घायल। इब्तिदा-ए-इश्क़–इश्क़ की शुरुआत, प्रारम्भ। इन्तिहा–अंत, अति।

बूद-ए-आदम, नमूद-ए-शबनम है एक दो दम में फिर हवा है ये
शुक्र उस की जफ़ा का हो न सका दिल से अपने हमें गिला है ये
शोर से अपने हश्र है पर्दा यूँ नहीं जानता कि क्या है ये
देख बेदम मुझे, लगा कहने है तो मुर्दा सा, पर बला है ये
है रे बेगानगी कभू उनने न कहा ये कि आश्ना है ये
'मीर' को क्यूँ न मुग़तनम जाने
अगले लोगों में इक रहा है ये

346

दिल-ए-पुर-ख़ूँ है यहाँ तुझको गुमाँ है शीशा शैख़ क्यूँ मस्त हुआ है तू, कहाँ है शीशा
शीशा-बाज़ी तो तनिक देखने आ आँखों की हर पलक पर मिरे अश्कों से रवाँ है शीशा

क़त्आ

जा के पूछा जो मैं ये कारगह-ए-मीना में दिल की सूरत का भी ऐ शीशा-गराँ है शीशा
कहने लागे कि किधर फिरता है बहका ऐ मस्त हर तरह का जो तू देखे है कि याँ है शीशा
दिल ही सारे थे प: इक वक़्त में जो कर के गुदाज़ शक्ल शीशे की बनाए हैं कहाँ है शीशा
झुक गया देख के मैं 'मीर' उसे मजलिस में
चश्म-ए-बद-दूर, तरहदार-ए-जवाँ है शीशा

347

जी चाहे मिल किसू से या सबसे तू जुदा रह
पर हो सके तो प्यारे टुक दिल का आश्ना रह

कल बे-तकल्लुफ़ी में लुत्फ़ उस बदन का देखा
निकला न पड़ क़बा से, ऐ गुल बस अब ढपा रह

हर मुश्त-ए-ख़ाक याँ की चाहे है इक तअम्मुल
बिन सोचे राह मत चल, हर गाम पर खड़ा रह

बूद-ए-आदम–इंसान का होना, जीना, हस्ती। नमूद-ए-शबनम–ओस का अस्तित्व जो पल भर का है। बेगानगी–परायापन, ग़ैर समझना। आश्ना–परिचित, दोस्त। मुग़तनम–जिस का अस्तित्व ग़नीमत हो।

346. दिल-ए-पुर-ख़ूँ–ख़ून से भरा दिल। गुमाँ–वहम, शक। शीशा–शराब की बोतल। शैख़–इस्लाम धर्म का ज्ञानी, मुल्ला, क़ाज़ी। शीशा-बाज़ी–नर्तकों की एक मंडली जो नाचते समय प्यालों में गुलाब का अरक़ भर कर अपने सर पर रखकर तमाशा करते हैं और नाचते वक़्त प्याले को सर से गिरने नहीं देते, कर्तब-बाज़ी। अश्क–आँसू। कारगह-ए-मीना–शराब की सुराही बनाने का कारख़ाना। शीशा-गराँ–शीशे बनाने वाला कारीगर। गुदाज़ करना–पिघलाना, नर्म करना। मजलिस–महफ़िल। चश्म-ए-बद-दूर–नज़र न लगे। तरहदार-ए-जवाँ–ख़ूबसूरत, बाँका जवान।

347. क़बा–आगे से खुला हुआ कोट या अचकन। तअम्मुल–सोच-विचार। गाम–क़दम।

शायद कि सर-बुलंदी होवे नसीब तेरे
जूँ गर्द-ए-राह सब के पाँव से तू लगा रह

जैसे ख़याल-ए-मुफ़्लिस जाता है सौ जगह, तू
मुझ बे-नवा के भी घर एक आध रात आ रह

दौड़े बहुत वलेकिन मतलब को कौन पहुँचा
आइन्दा तू भी हम-सा हो कर शिकस्ता-पा रह

जब होश में तू आया ऊधर ही जाते पाया
इस से तो 'मीर' चन्दे उस कूचे ही में जा रह

348

मर जाओ कोई परवा नहीं है कितना है मग़रूर अल्लाह-अल्लाह
गुज़रे है देखें क्यूँकर हमारी उस बेवफ़ा से नै रस्म नै राह
है मासिवा क्या जो 'मीर' कहिए आगाह सारे उस से हैं आगाह
जल्वे हैं उसके, शानें हैं उसकी क्या रोज़ क्या ख़ुर, क्या रात क्या माह
ज़ाहिर कि बातिन अव्वल कि आख़िर
अल्लाह - अल्लाह, अल्लाह - अल्लाह

349

जुदा हो रुख़ से तिरी ज़ुल्फ़ में न क्यूँ दिल जाए पनाह लेते हैं साये की आफ़ताब-ज़दा
लगा न एक भी 'मीर' उसकी बैत-ए-अब्रू को
अगरचे शे'र थे सब मेरे इंतिख़ाब-ज़दा

350

दामान-ओ-जैब चाक, ख़राबी-ओ-ख़स्तगी इन से तिरे फ़िराक़ में हम ने किया निबाह
बेताबियों को सौंप न देना कहीं मुझे ऐ सब्र मैंने आन के ली है तिरी पनाह

गर्द-ए-राह–रास्ते की धूल, मिट्टी। ख़याल-ए-मुफ़्लिस–ग़रीब का ख़याल जो हर वक़्त ये ही सोचता है कि अगली रोटी का इंतज़ाम कैसे होगा। बे-नवा–फ़क़ीर। वलेकिन–मगर, लेकिन। शिकस्ता-पा–बेबस, चलने में असमर्थ। चन्दे–थोड़े दिन, कुछ दिन।

348. मग़रूर–घमंडी। रस्म-ओ-राह–मेल-जोल, ढंग। मासिवा–इसके अलावा, सिवाए। आगाह–होशियार, वाक़िफ़, जानने वाला। रोज़–दिन। ख़ुर–ख़ुर्शीद, सूरज। माह–चाँद। बातिन–छुपा हुआ, अंदरूनी हिस्सा। अव्वल–पहला, शुरुआत।

349. आफ़ताब-ज़दा–सूरज की गर्मी से परेशान। बैत–शे'र। बैत-ए-अब्रू–माशूक़ की दोनों भवें, जिन्हें शे'र की एक ही पंक्ति में आमने-सामने लिखे हुए दोनों मिस्रों से उपमा दी है। अगरचे–हालाँकि। इंतिख़ाब-ज़दा–चुना हुआ, चुनिंदा।

350. दामान-ओ-जैब चाक–फटा हुआ दामन और गिरेबान। फ़िराक़–जुदाई। ख़राबी-ओ-ख़स्तगी–ख़राब और ख़स्ता हालत।

ख़ूँ-बस्ता बारे रहने लगी अब तो ये मिज़ा आँसू की बूँद जिससे टपकती थी गाह-गाह
नाहक़ उलझ पड़ा है ये मुझ से तरीक़-ए-इश्क़
जाता था 'मीर' मैं तो चला अपनी राह-राह

351

हमसे कुछ आगे ज़माने में हुआ क्या-क्या कुछ
तो भी हम ग़ाफ़िलों ने आके किया क्या-क्या कुछ

दिल जिगर जान ये भसमन्त हुए सीने में
घर को आतिश दी मुहब्बत ने जला क्या-क्या कुछ

क्या कहूँ तुझसे कि क्या देखा है तुझ में मैंने
इश्वा-ओ-ग़म्ज़ा-ओ-अंदाज़-ओ-अदा क्या-क्या कुछ

दिल गया, होश गया, सब्र गया, जी भी गया
शग़्ल में ग़म के तिरे हमसे गया क्या-क्या कुछ

आह मत पूछ सितमगार कि तुझ से थी हमें
चश्म-ए-लुत्फ़-ओ-करम-ओ-महर-ओ-वफ़ा क्या-क्या कुछ

क़त्आ

नाम हैं ख़स्ता-ओ-आवारा-ओ-बदनाम मिरे
एक आलम ने ग़रज़ मुझ को कहा क्या-क्या कुछ

तुर्फ़ा सोहबत है कि सुनता नहीं तू एक मिरी
वास्ते तेरे सुना मैंने सुना क्या-क्या कुछ

हसरत-ए-वस्ल-ओ-ग़म-ए-हिज्र-ओ-ख़याल-ए-रुख़-ए-दोस्त
मर गया मैं, प: मिरे जी में रहा क्या-क्या कुछ

दर्द-ए-दिल, ज़ख़्म-ए-जिगर, कुल्फ़त-ए-ग़म, दाग़-ए-फ़िराक़
आह आलम से मिरे साथ चला क्या-क्या कुछ

ख़ूँ-बस्ता मिज़ा–ख़ून जमी हुई पलकें। बारे–आख़िरकार। गाह-गाह–कभी-कभी। नाहक़–अकारण, बेवजह। तरीक़-ए-इश्क़–मुहब्बत का रास्ता।

351. ग़ाफ़िल–बेख़बर। भसमन्त–जिसकी भस्म ही बाक़ी बचे, पूर्ण रूप से नष्ट। आतिश–आग। इश्वा–नाज़, नख़रा। ग़म्ज़ा–आँख का इशारा। शग़्ल–काम। एक आलम–सारी दुनिया। तुर्फ़ा सोहबत–अजीब रिश्ता। हसरत-ए-वस्ल–मिलने की इच्छा। ग़म-ए-हिज्र–जुदाई का ग़म। ख़याल-ए-रुख़-ए-दोस्त–महबूब के चेहरे का ख़याल। कुल्फ़त-ए-ग़म–ग़म की परेशानी। दाग़-ए-फ़िराक़–जुदाई का दुख। आलम–दुनिया।

चश्म-ए-नमनाक-ओ-दिल-ए-पुर, जिगर-ए-सद-पारा
दौलत-ए-इश्क़ से हम पास भी था क्या-क्या कुछ

तुझको क्या बनने बिगड़ने से ज़माने के कि याँ
ख़ाक किन-किन की हुई सर्फ़, बना क्या-क्या कुछ

क़त्आ

क़िब्ला-ओ-का'बा ख़ुदावंद-ओ-मलाज़-ओ-मुशफ़िक़
मुज़्तरिब हो के उसे मैंने लिखा क्या-क्या कुछ

पर कहूँ क्या रक़म-ए-शौक़ की अपने तासीर
हर सर-ए-हर्फ़ पे वो कहने लगा क्या-क्या कुछ

एक महरूम चले 'मीर' हमीं आलम से
वर्ना आलम को ज़माने ने दिया क्या-क्या कुछ

352

क्या मुवफ़िक़ हो दवा इश्क़ के बीमार के साथ
जी ही जाते नज़र आए हैं इस आज़ार के साथ

रात मजलिस में तिरी हम भी खड़े थे चुपके
जैसे तस्वीर लगा दे कोई दीवार के साथ

मर गए पर भी खुली रह गईं आँखें अपनी
कौन इस तरह मुआ हसरत-ए-दीदार के साथ

राह उस शोख़ की आशिक़ से नहीं रुक सकती
जान जाती है चली ख़ूबी-ए-रफ़्तार के साथ

वे दिन अब सालते हैं रातों को बरसों गुज़रे
जिन दिनों देर रहा करते थे हम यार के साथ

ज़िक्र-ए-गुल क्या है सबा अब कि ख़िज़ाँ में हमने
दिल को नाचार लगाया है ख़स-ओ-ख़ार के साथ

चश्म-ए-नमनाक–नम आँख। दिल-ए-पुर–भरा हुआ दिल। जिगर-ए-सद-पारा–सौ टुकड़े जिगर। सर्फ़ होना–ख़र्च होना, बर्बाद होना। क़िब्ला-ओ-का'बा–सम्मानित व्यक्ति के लिए पत्र के आरम्भ में लिखे जाने वाले संबोधन शब्द। ख़ुदावंद–मालिक। मलाज़–पनाह की जगह। मुशफ़िक़–मेहरबानी करने वाला। मुज़्तरिब–बेचैन, बेक़रार। रक़म-ए-शौक़–प्रेमपत्र। हर सर-ए-हर्फ़ पे–हर बात पर। महरूम–वंचित।

352. मुवाफ़िक़–अनुकूल, फ़ायदेमंद। आज़ार–बीमारी। मजलिस–महफ़िल। मुआ–मरा। हसरत-ए-दीदार–दर्शन अभिलाषा। शोख़–चंचल, महबूब। सबा–हवा। ख़िज़ाँ–पतझड़ का मौसम। ख़स-ओ-ख़ार–घास-फूस और काँटे।

किसको हर दम है लहू रोने का हिज्राँ में दिमाग़
दिल को इक रब्त सा है दीदा-ए-ख़ूँ-बार के साथ

मेरी उस शोख़ से सोहबत है बईनिही वैसी
जैसे बन जाए किसू सादे को अय्यार के साथ

देखिए किसको शहादत से सर-अफ़राज़ करें
लाग तो सबको है उस शोख़ की तलवार के साथ

353

दिल को तस्कीन नहीं अश्क-ए-दमादम से भी
इस ज़माने में गई है बरकत ग़म से भी

हम-नशीं क्या कहूँ उस रश्क-ए-मह-ए-ताबाँ बिन
सुब्ह-ए-ईद अपनी है, बदतर, शब-ए-मातम से भी

काश ऐ जान-ए-अलम-नाक निकल जावे तू
अब तो देखा नहीं जाता ये सितम हम से भी

आह हर ग़ैर से ता-चन्द कहूँ जी की बात
इश्क़ का राज़ तो कहते नहीं महरम से भी

दूरी-ए-कूचा में ऐ ग़ैरत-ए-फ़िर्दोस तिरी
काम गुज़रा है मिरा गिरया-ए-आदम से भी

हिम्मत अपनी ही थी ये 'मीर' कि जूँ मुर्ग़-ए-ख़याल
इक पर-अफ़्शानी में गुज़रे सर-ए-आलम से भी

354

छूटता कब है असीर-ए-ख़ुश-ज़बाँ जीते जी अपनी रिहाई हो चुकी
आगे हो मस्जिद के निकली उसकी राह शैख़ से अब पारसाई हो चुकी

हिज्राँ–विरह। रब्त होना–सम्बन्ध होना, आदत होना। दीदा-ए-ख़ूँ-बार–ख़ून बहाने वाली आँखें। बईनिही–हू-ब-हू, वही, हक़ीक़त में। अय्यार–चालाक, फ़रेबी। सर-अफ़राज़ करना–इज़्ज़त देना, सर ऊँचा करना।

353. तस्कीन–तसल्ली। अश्क-ए-दमादम–लगातार बहते हुए आँसू। बरकत होना–लाभ होना, फ़ायदा होना। हम-नशीं–दोस्त, साथी। रश्क-ए-मह-ए-ताबाँ–जिसकी सुन्दरता से दमकता हुआ चाँद भी ईर्ष्या करे। सुब्ह-ए-ईद–ख़ुशी की सुबह। शब-ए-मातम–मातम की रात, शोक की रात। जान-ए-अलम-नाक–दुखों से भरी जान। ता-चन्द–कब तक। महरम–दोस्त। ग़ैरत-ए-फ़िर्दोस–जिसके सामने स्वर्ग को भी शर्म महसूस हो, बहुत सुन्दर, माशूक़। गिरया-ए-आदम–स्वर्ग से निकाले जाने के बाद आदम का रोना-पछताना। मुर्ग़-ए-ख़याल–ख़याल का परिंदा। पर-अफ़्शानी–परेशानी, बेताबी। सर-ए-आलम–दुनिया।

354. असीर-ए-ख़ुश-ज़बाँ–मीठा बोलने वाला क़ैदी। शैख़–इस्लाम धर्म का ज्ञानी, मुल्ला, क़ाज़ी। पारसाई–सदाचार।

दरमियाँ ऐसा नहीं अब आईना मेरे उस के अब सफ़ाई हो चुकी
एक बोसा माँगते लड़ने लगे इतने ही में आश्नाई हो चुकी
बीच में हम ही न हों तो लुत्फ़ क्या रहम कर अब बे-वफ़ाई हो चुकी
आज फिर था बे-हमीय्यत 'मीर' वाँ
कल लड़ाई सी लड़ाई हो चुकी

355

आख़िर हमारी ख़ाक भी बर्बाद हो गई उसकी हवा में हम पे तो बेदाद हो गई
मुद्दत हुई न ख़त है, न पैग़ाम है, मगर इक रस्म थी वफ़ा की, पर उफ़्ताद हो गई
दिल किस क़दर शगुफ़्ता हुआ था, कि रात 'मीर'
आई जो बात लब पे, सो फ़रियाद हो गई

356

ये चश्म आईना-दार-ए-रू थी किसू की नज़र इस तरफ़ भी कभू थी किसू की
ये सरगश्ता जब तक रहा इस चमन में ब-रंग-ए-सबा जुस्तजू थी किसू की
जलाया शब इक शोला-ए-दिल ने हमको कि उस तुंद-सरकश में ख़ू थी किसू की
न ठहरी टुक इक जान-ए-बर-लब-रसीदा हमें मुद्दआ गुफ़्तगू थी किसू की
दम-ए-मर्ग दुश्वार दी जान उन ने
मगर 'मीर' को आरज़ू थी किसू की

357

है ग़ज़ल 'मीर' ये 'शिफ़ाई' की हमने भी तब्अ-आज़माई की
उसके ईफ़ा-ए-अहद तक न जिये उम्र ने हमसे बे-वफ़ाई की
वस्ल के दिन की आरज़ू ही रही शब न आख़िर हुई जुदाई की
इसी तक़रीब उस गली में रहे मिन्नतें हैं शिकस्ता-पाई की
दिल में उस शोख़ के न की तासीर आह ने आह ना-रसाई की

बोसा–चुम्बन। आश्नाई–जान-पहचान। लुत्फ़–मज़ा। बे-हमीय्यत–बेशर्म।

355. बेदाद–ज़ुल्म-ओ-सितम, बे-इंसाफ़ी। उफ़्ताद–मुसीबत, दुख। शगुफ़्ता–खिला हुआ, ख़ुश।

356. चश्म–आँख। आईना-दार-ए-रू–किसी के चेहरे के लिए आईना बन जाना। सरगश्ता–हैरान, आवारा। ब-रंग-ए-सबा–हवा की तरह जो जगह-जगह फिरती है। जुस्तजू–तलाश। शब–रात। शोला-ए-दिल–दिल की आग। तुंद–तेज़। सरकश–बाग़ी, जो किसी से न दबे। ख़ू–आदत। तुंद-ख़ू–चिड़चिड़ा, ग़ुस्सैल। जान-ए-बर-लब-रसीदा–होठों तक पहुँच चुकी जान, मौत का समय। मुद्दआ–मतलब, उद्देश्य। दम-ए-मर्ग–मौत का समय। दुश्वार–कठिन, मुश्किल। आरज़ू–इच्छा, चाहत।

357. तब्अ-आज़माई–काव्य-प्रतिभा आज़माना। ईफ़ा-ए-अहद–वादा पूरा होना। तक़रीब–वजह, सबब, बहाना। शिकस्ता-पाई–बेबसी, लाचारी। शोख़–चंचल, माशूक़। तासीर–प्रभाव, असर। ना-रसाई–पहुँच न होना।

कासा-ए-चश्म ले के जूँ नर्गिस हमने दीदार की गदाई की
ज़ोर-ओ-ज़र कुछ न था तो बारे 'मीर'
किस भरोसे पर आश्नाई की

358

आह मेरी ज़बान पर आई ये बला आसमान पर आई
हम भी हाज़िर हैं खींचिए शमशीर तब्अ गर इम्तिहान पर आई
तब ठिकाने लगी हमारी ख़ाक जब तिरे आस्तान पर आई
आतिश-ए-रंग-ए-गुल से क्या कहिए बर्क़ थी, आशियान पर आई
हो जहाँ 'मीर' और ग़म उस का
जिस से आलम की जान पर आई

359

का'बे सौ-बार वो गया तो क्या
जिसने याँ एक दिल में राह न की

360

क्या शहर में गुंजाइश मुझ बे-सर-ओ-पा को हो
अब बढ़ गए हैं मेरे असबाब-ए-कम-अस्बाबी

दिन-रात मिरी छाती जलती है मुहब्बत में
क्या और न थी जागह, ये आग जो याँ दाबी

सौ मुल्क फिरा लेकिन पाई न वफ़ा इक जा
जी खा गई है मेरा इस जिंस की नायाबी

थे माहवशाँ कल जो, इन कोठों पे जल्वे में
है ख़ाक से आज उनकी, हर सहन में महताबी

कल 'मीर' जो याँ आया तौर उस का बहुत भाया
वो ख़ुश्क-लबी तिस पर जामा गले में आबी

कासा-ए-चश्म–आँख रूपी प्याला। नर्गिस–एक फूल का नाम जो आँख की तरह का होता है। गदाई–भीख माँगना। ज़ोर-ओ-ज़र–ताक़त और पैसा। बारे–लेकिन, आख़िरकार। आश्नाई–जान-पहचान।

358. शमशीर–तलवार। तब्अ–तबीयत। आस्तान–चौखट। आतिश-ए-रंग-ए-गुल–गुलाबी रंग की आग। बर्क़–बिजली। आशियान–आशियाना, घोंसला, रहने की जगह। आलम–दुनिया।

359. का'बा–मक्का स्थित अल्लाह का घर।

360. बे-सर-ओ-पा–बे-सहारा। असबाब-ए-कम-अस्बाबी–सामान रहित रह जाने की वजहें। जिंस–वस्तु, चीज़। नायाबी–दुर्लभता। माहवशाँ–चाँद जैसी ख़ूबसूरत प्रेमिकाएँ। महताबी–चाँदनी। ख़ुश्क-लबी–सूखे होंठ। जामा–लिबास। आबी–पनीला, आसमानी या हल्का नीला रंग।

361

हमें आमद-ए-'मीर' कल भा गई तरह उसमें मजनूँ की सब पा गई
कहाँ का ग़ुबार आह दिल में ये था मिरी ख़ाक बदली सी सब छा गई
किया पास-ए-बुलबुल ख़िज़ाँ ने न कुछ गुल-ओ-बर्ग बे-दर्द फैला गई
हुई सामने यूँ तो एक-एक के हमीं से वो कुछ आँख शरमा गई
कोई रहने वाली है जान-ए-अज़ीज़ गई गर न इमरोज़, फ़र्दा गई
किए दस्त-ओ-पा गुम जो 'मीर' आ गया
वफ़ा-पेशा मजलिस उसे पा गई

362

आँसू तो तेरे दामन पोंछे है वक़्त-ए-गिरया
हमने न रक्खी मुँह पर ऐ अब्र आस्तीं भी

सीने से तीर उस का जी को तो लेता निकला
पर साथों-साथ उसके, निकली इक आफ़रीं भी

हर शब तिरी गली में आलम की जान जा है
आगे हुआ है अब तक ऐसा सितम कहीं भी

शोख़ी-ए-जल्वा उसकी तस्कीन क्यूँके बख़्शे
आईनों में दिलों के जो है भी फिर नहीं भी

तकलीफ़-ए-नाला मत कर ऐ दर्द ए दिल कि होंगे
रंजीदा राह चलते, आज़ुर्दा हमनशीं भी

किस-किस का दाग़ देखें या-रब ग़म-ए-बुताँ में
रुख़्सत-तलब है जाँ भी, ईमान और दीं भी

ज़ेर-ए-फ़लक जहाँ टुक आसूदा 'मीर' होते
ऐसा नज़र न आया इक क़त्आ-ए-ज़मीं भी

---

361. आमद-ए-'मीर'–'मीर' का आगमन। पास–लिहाज़। गुल-ओ-बर्ग–फूल और पत्ते। अज़ीज़–प्यारी। इमरोज़–आज। फ़र्दा–आने वाला कल। दस्त-ओ-पा गुम करना–होश न रहना। वफ़ा-पेशा–जिसका काम वफ़ा करना हो, आशिक़। मजलिस–महफ़िल। वफ़ा-पेशा मजलिस–आशिक़ों की महफ़िल।

362. वक़्त-ए-गिरया–रोते समय। आफ़रीं–शाबाश। आलम–दुनिया, सब लोग। तस्कीन–तसल्ली। तकलीफ़-ए-नाला–रोने का कष्ट। आज़ुर्दा–परेशान। हमनशीं–साथी। दाग़–ज़ख़्म, परेशानी। ग़म-ए-बुताँ–माशूक़ों का ग़म। रुख़्सत-तलब–छुटकारा चाहने वाला। दीं–दीन, धर्म। ज़ेर-ए-फ़लक–आसमान के नीचे। आसूदा–ख़ुशहाल। क़त्आ-ए-ज़मीं–ज़मीन का टुकड़ा, दुनिया में कोई जगह।

363

गई छाऊँ उस तेग़ की सर से जब की जले धूप में याँ तलक हम कि तब की
पड़ी ख़िरमन-ए-गुल पे बिजली सी आख़िर मिरे ख़ुश-निगह की निगाह इक ग़ज़ब की
कोई बात निकले है दुश्वार मुँह से टुक इक तू भी तो सुन किसी जाँ-ब-लब की
यकायक भी आ सर पे वामाँदगाँ के बहुत देखते हैं तिरी राह कब की
दिमाग़-ओ-जिगर दिल मुख़ालिफ़ हुए हैं हुई मुत्तफ़िक़ अब उधर राय सब की
तुझे क्यूँके ढूंढूँ कि सोते ही गुज़री तिरी राह में अपने पा-ए-तलब की
अजब कुछ है गर 'मीर' आवे मयस्सर
गुलाबी, शराब और ग़ज़ल अपने ढब की

364

कैसे क़दम से उसकी गली में सबा गई यूँ फूँक करके ख़ाक मिरी सब उड़ा गई
सौदा जो उसके सर से गया ज़ुल्फ़-ए-यार का
तो-तो बड़ी ही 'मीर' के सर से बला गई

365

ख़बर न थी तुझे क्या मेरे दिल की ताक़त की निगाह-ए-चश्म इधर तूने की क़यामत की
उन्हों में जो कि तिरे महव-ए-सज्दा रहते हैं नहीं है क़द्र हज़ारों बरस की ताअत की
रहे है कोई ख़राबात छोड़ मस्जिद में हवा मनाई अगर शैख़ ने, करामत की
सवाल मैंने जो अंजाम-ए-ज़िन्दगी से किया क़द-ए-ख़मीदा ने सू-ए-ज़मीं इशारत की
न मेरी क़द्र की उस संग-दिल ने 'मीर' कभू
हज़ार हैफ़ कि पत्थर से मैं मुहब्बत की

---

363. तेग़–तलवार। ख़िरमन-ए-गुल–फूलों का ढेर। ख़ुश-निगह–सुन्दर आँखों वाला, माशूक़। जाँ-ब-लब होना–मरने के क़रीब होना। वामाँदगाँ–थके हुए लोग, नाचार। मुख़ालिफ़–प्रतिद्वंदी, विरोधी। मुत्तफ़िक़–सहमत, एक राय। पा-ए-तलब–इच्छा रूपी पैर। मयस्सर होना–मिलना, प्राप्त होना। गुलाबी–मीना, शराब की बोतल।

364. सबा–हवा। सौदा–जुनून, पागलपन।

365. महव-ए-सज्दा–सज्दे में तल्लीन, प्रार्थना-रत। ताअत–बंदगी, इबादत। ख़राबात–शराब-ख़ाना। हवा मनाना–मज़े उड़ाना, मज़े लूटना। शैख़–इस्लाम धर्म का ज्ञानी, मुल्ला, क़ाज़ी। करामत–करिश्मा, ताज्जुब की बात, अनोखापन। अंजाम-ए-ज़िन्दगी–ज़िन्दगी का नतीजा। क़द-ए-ख़मीदा–झुका हुआ क़द, बुढ़ापे के कारण कमर का झुकना। सू-ए-ज़मीं–ज़मीन की तरफ़। इशारत–इशारा। संग-दिल–पत्थर दिल। हज़ार हैफ़–हज़ार बार अफ़सोस, बहुत अफ़सोस।

366

इश्क़ में तेरे गुज़रती नहीं बिन सर पटके
सूरत इक ये रही है उम्र बसर करने की

367

ख़राबी कुछ न पूछो मुल्कत-ए-दिल की इमारत की
ग़मों ने आजकल सुनियो वो आबादी ही ग़ारत की

तिरे कूचे के शौक़-ए-तौफ़ में जैसे बगूला था
बियाबाँ में ग़ुबार-ए-'मीर' की हमने ज़ियारत की

368

बुलबुल की बे-कली ने शब बे-दिमाग़ रक्खा
सोने दिया न हमको ज़ालिम न आप सोई

369

अलम से याँ तईं मैं मश्क़-ए-नातवानी की
कि मेरी जान ने तन पर मिरे गिरानी की

चमन का नाम सुना था वले न देखा हाए
जहाँ में हमने क़फ़स ही में ज़िन्दगानी की

चला है खींचने तस्वीर मेरे बुत की आज
ख़ुदा के वास्ते सूरत तो देखो 'मानी' की

तिरी गली के हर इक सग ने उस्तुख़्वाँ तोड़े
हमारी लाश की शब ख़ूब पासबानी की

रखे हैं 'मीर' तिरे मुँह से, बेवफ़ा, ख़ातिर
तिरी जफ़ा की, तग़ाफ़ुल की, बद-गुमानी की

370

ला-इलाजी से जो रहती है मुझे आवारगी
कीजिए क्या 'मीर साहिब' बंदगी बेचारगी

---

366. सूरत–हालत, तरीक़ा।

367. मुल्कत-ए-दिल–दिल की बादशाहत/साम्राज्य। ग़ारत करना–तबाह करना, बर्बाद करना। शौक़-ए-तौफ़–परिक्रमा का शौक़। बगूला–बवंडर। बियाबाँ–जंगल। ग़ुबार-ए-'मीर'–'मीर' की धूल-मिट्टी। ज़ियारत–दर्शन।

368. बे-कली–बेचैनी, बेक़रारी। बे-दिमाग़–नाज़ुक मिज़ाज, चिड़चिड़ा।

369. अलम–दुख। याँ तईं–यहाँ तलक। मश्क़-ए-नातवानी–बहुत ज़्यादा परेशानी उठाना और उस की आदत पड़ जाना। गिरानी करना–बोझ डालना। वले–लेकिन। क़फ़स–पिंजरा, क़ैद। बुत–मूर्ति, महबूब। 'मानी'–ईरान का एक मशहूर चित्रकार। सग–कुत्ता। उस्तुख़्वाँ–हाड़, हड्डियाँ। शब–रात। पासबानी–रखवाली। जफ़ा–सितम, ज़ुल्म। ख़ातिर रखना–लिहाज़ रखना। तग़ाफ़ुल–बे-परवाई। बद-गुमानी–बुरा ख़याल, शक रखना।

370. बंदगी बेचारगी–बे-बसी, मजबूरी।

कैसी-कैसी सोहबतें आँखों के आगे से गईं
देखते ही देखते क्या हो गया यक-बारगी

अश्क-ए-ख़ूनीं आँख में भर लाके पी जाता हूँ मैं
मोहतसिब रखता है मुझ पर तोहमत-ए-मय-ख़्वारगी

मत फ़रेब-ए-सादगी खा उन सियह चश्मों का 'मीर'
उनकी आँखों से टपकती है बड़ी अय्यारगी

371

गेसू से उसके मैंने क्यूँ आँख जा लगाई — जो अपने अच्छे जी को ऐसी बला लगाई
था सैद-ए-नातवाँ मैं, लेकिन लहू से मेरे — पाँव पे उन ने अपने भर कर हिना लगाई

जो आँसू पी गया मैं आख़िर को 'मीर' उन ने
छाती जला जिगर में इक आग जा लगाई

372

बाहम सुलूक था तो उठाते थे नर्म-गर्म
काहे को 'मीर' कोई दबे जब बिगड़ गई

373

कुछ मौज-ए-हवा पेचाँ ऐ 'मीर' नज़र आई — शायद कि बहार आई, ज़ंजीर नज़र आई
दिल्ली के न थे कूचे, औराक़-ए-मुसव्वर थे — जो शक्ल नज़र आई, तस्वीर नज़र आई
मग़रूर बहुत थे हम, आँसू की सरायत पर — सो सुब्ह के होने को तासीर नज़र आई
गुल-बार करे हैगा असबाब-ए-सफ़र शायद — गुंचे की तरह बुलबुल दिलगीर नज़र आई

उसकी तो दिल-आज़ारी बे-हेच ही थी यारो
कुछ तुमको हमारी भी तक़सीर नज़र आई

यक-बारगी–अचानक। अश्क-ए-ख़ूनी–ख़ून के आँसू। मोहतसिब–शराब पीने से मना करने वाला, उपदेशक। तोहमत-ए-मय-ख़्वारगी–शराब पीने का इल्ज़ाम। फ़रेब-ए-सादगी–सादगी का धोखा। सियह चश्म–काली आँखों वाले, माशूक़। अय्यारगी–चालाकी, फ़रेब।

371. गेसू–ज़ुल्फ़, बाल। सैद-ए-नातवाँ–बेदम शिकार। हिना–मेहंदी।

372. बाहम सुलूक–आपस में ताल्लुक़, मिलना-जुलना। नर्म-गर्म उठाना–बुरी-भली सहना।

373. मौज-ए-हवा–हवा की लहर। पेचाँ–पेंचदार, लहराती हुई। औराक़-ए-मुसव्वर–पन्ने जिन पर तस्वीरें बनी हों। मग़रूर–घमंडी। सरायत–असर करना, समा जाना। तासीर–नतीजा, असर। गुल–फूल। बार करना–सामान लादना। असबाब-ए-सफ़र–सफ़र का सामान। गुंचा–कली। दिलगीर–दुखी। दिल-आज़ारी–सताना, दिल दुखाना। बे-हेच–बे-वजह, बिना कारण। तक़सीर–ग़लती।

374

हो गई शहर-शहर रुस्वाई   ऐ मिरी मौत तू भली आई
यक-बियाबाँ बरंग-ए-सौत-ए-जरस   मुझ पे है बेकसी-ओ-तन्हाई
'मीर' जब से गया है दिल तब से
मैं तो कुछ हो गया हूँ सौदाई

375

आगे हमारे अहद से वहशत को जा न थी   दीवानगी किसू की भी ज़ंजीर-ए-पा न थी
बेगाना सा लगे है चमन अब ख़िज़ाँ में हाए   ऐसी गई बहार मगर आश्ना न थी
कब था ये शोर-ए-नौहा तिरा इश्क़ जब न था   दिल था हमारा आगे तो मातम सरा न थी
वो और कोई होगी सहर जब हुई क़ुबूल   शर्मिन्दा-ए-असर तो हमारी दुआ न थी
आगे भी तेरे इश्क़ से खींचे थे दर्द-ओ-रंज   लेकिन हमारी जान पर ऐसी बला न थी
देखे दयार-ए-हुस्न के मैं कारवाँ बहुत   लेकिन किसू के पास मता-ए-वफ़ा न थी
आई परी सी पर्दा-ए-मीना से जाम तक   आँखों में तेरी दुख़्तर-ए-रज़ क्या हया न थी
उस वक़्त से किया है मुझे तो चराग़-ए-वक़्फ़   मख़लूक़ जब जहाँ में नसीम-ओ-सबा न थी
पज़मुर्दा इस क़दर हैं कि है शुब्ह हम को 'मीर'
तन में हमारे जान कभू थी भी या न थी

376

क्या करूँ शरह ख़स्ता-जानी की   मैंने मर-मर के ज़िन्दगानी की
हाल-ए-बद गुफ़्तनी नहीं मेरा   तुमने पूछा तो मेहरबानी की
सब को जाना है यूँ तो पर ऐ सब्र   आती है इक तिरी जवानी की
तिश्ना-लब मर गए तिरे आशिक़   न मिली एक बूँद पानी की
बैत बहसी समझ के कर बुलबुल   धूम है मेरी ख़ुश-ज़बानी की
जिस से खोई थी नींद 'मीर' ने कल
इब्तिदा फिर वही कहानी की

---

374. रुस्वाई–बदनामी। यक-बियाबाँ–सारा वीराना। बरंग-ए-सौत-ए-जरस–रेगिस्तान में चलते क़ाफ़िले की घंटियों की आवाज़ की तरह। बेकसी-ओ-तन्हाई–लाचारी और अकेलापन। सौदाई–पागल, दीवाना।

375. आगे–पहले, अब से पहले। अहद–ज़माना। वहशत–पागलपन, जुनून। जा–जगह, ठिकाना। ज़ंजीर-ए-पा–पाँव की बेड़ियाँ। बेगाना–पराया, ग़ैर। ख़िज़ाँ–पतझड़ का मौसम। आश्ना–परिचित। शोर-ए-नौहा–मातम का शोर। सरा–सराय, घर, मकान। सहर–सुबह। दयार-ए-हुस्न–हुस्न का शहर/मुल्क। मता-ए-वफ़ा–वफ़ा की पूंजी, वफ़ादारी। दुख़्तर-ए-रज़–अंगूर की बेटी, शराब। हया–शर्म। चराग़-ए-वक़्फ़–ईश्वर के नाम पर या जन कल्याण के लिए जलाया हुआ दीया। मख़लूक़–दुनिया के लोग। नसीम-ओ-सबा–ठंडी और नर्म हवाएँ। पज़मुर्दा–मुरझाया हुआ, रंजीदा, दुखी। शुब्ह–वहम, शक।

376. शरह–व्याख्या, वर्णन। ख़स्ता-जानी–बुरी हालत। हाल-ए-बद–बुरा हाल। गुफ़्तनी–कहने लायक़। तिश्ना-लब–बहुत प्यासा। बैत बहसी–शे'र-ओ-शायरी का आपस में मुक़ाबला, शे'रों की अंताक्षरी। इब्तिदा–प्रारम्भ, शुरुआत।

377

मय-कदे से तो अभी आया है मस्जिद में 'मीर'
हो न लग़्ज़िश कहीं मजलिस है ये बेगानों की

378

मिला ग़ैर से जा जफ़ा क्या निकाली उकत लेके आख़िर अदा क्या निकाली
तबीबों ने तज्वीज़ की मर्ग-ए-आशिक़ मुनासिब मरज़ के दवा क्या निकाली
नहीं उस गुज़र-गह से आती इधर अब नई राह कोई सबा क्या निकाली
दिला उसके गेसू से क्यूँ लग चला तू ये इक अपने जी की बला क्या निकाली
लगे दर-बदर 'मीर' चिल्लाते फिरने
गदा तो हुए, पर सदा क्या निकाली

379

रही नगुफ़्ता मिरे दिल में दास्ताँ मेरी न इस दयार में समझा कोई ज़बाँ मेरी
बरंग-ए-सौत-ए-जरस तुझ से दूर हूँ तन्हा ख़बर नहीं है तुझे आह कारवाँ मेरी
तिरे न आज के आने में सुब्ह के मुझ पास हज़ार जाए गई तब्अ बद-गुमाँ मेरी
वो नक़्श-ए-पाए हूँ मैं, मिट गया हो जो रह में न कुछ ख़बर है, न सुध हैगी, रहरवाँ मेरी
शब उसके कूचे में जाता हूँ इस तवक़्क़ो पर कि एक दोस्त है वाँ ख़्वाब-ए-पासबाँ मेरी
उसी से दूर रहा अस्ल-ए-मुद्दआ जो था गई ये उम्र-ए-अज़ीज़ आह रायगाँ मेरी
तिरे फ़िराक़ में जैसे ख़याल मुफ़्लिस का गई है फ़िक्र-ए-परेशाँ कहाँ-कहाँ मेरी
रहा मैं दर पस-ए-दीवार-ए-बाग़ मुद्दत लेक गई गुलों के न कानों तलक फ़ुग़ाँ मेरी
हुआ हूँ गिरया-ए-ख़ूनीं का जब से दामन-गीर न आस्तीन हुई पाक, दोस्ताँ मेरी
दिया दिखाई मुझे तो उसी का जल्वा 'मीर'
पड़ी जहान में जाकर नज़र जहाँ मेरी

---

377. लग़्ज़िश–लड़खड़ाहट, ग़लती। मजलिस–महफ़िल। बेगाना–ग़ैर, अजनबी।

378. जफ़ा–सितम। उकत लेना–बे-मौक़ा (अनुचित) हरकत करना। तबीब–हकीम। तज्वीज़–इलाज। मर्ग-ए-आशिक़–आशिक़ की मौत। मुनासिब–लायक़, अनुसार। गुज़र-गह–रास्ता, आम रास्ता। सबा–हवा। दिला–ऐ दिल। गेसू–ज़ुल्फ़। गदा–भिखारी। सदा–आवाज़।

379. नगुफ़्ता–न कहने लायक़। दयार–नगर, जगह। बरंग-ए-सौत-ए-जरस–कारवाँ की घंटियों की आवाज़ की तरह। तब्अ बद-गुमाँ–बुरा सोचने वाला स्वभाव। नक़्श-ए-पाए–पदचिह्न, पैरों के निशान। रहरवाँ–मुसाफ़िर। शब–रात। तवक़्क़ो–उम्मीद, भरोसा। ख़्वाब-ए-पासबाँ–चौकीदार की नींद, ईरानी कहावत है 'ख़्वाब-ए-पासबाँ, चराग़-ए-दुज़्दा' चौकीदार की नींद चोर को चराग़ देने के समान है, चौकीदार की नींद आशिक़ को माशूक़ से मिलने में मदद करती है। अस्ल-ए-मुद्दआ–जीवन का आशय, जीवन का उद्देश्य। उम्र-ए-अज़ीज़–प्यारी ज़िन्दगी। रायगाँ–बेकार। मुफ़्लिस–ग़रीब। दर पस-ए-दीवार-ए-बाग़–बाग़ की दीवार के पीछे। फ़ुग़ाँ–फ़रियाद। गिरया-ए-ख़ूनीं–ख़ून के आँसू। दामन-गीर–दामन पकड़ने वाला

380

अब के भी सैर-ए-बाग़ की जी में हवस रही   अपनी जगह बहार में कुँज-ए-क़फ़स रही
मैं पा-शिकस्ता जा न सका क़ाफ़िले तलक   आती अगरचे देर, सदा-ए-जरस रही
दिन-रात मेरी आँखों से आँसू चले गए   बरसात अब के शहर में सारे बरस रही
जूँ सुब्ह इस चमन में न हम खुल के हँस सके
फ़ुर्सत रही जो 'मीर' भी, सो यक नफ़स रही

381

आजकल बेक़रार हैं हम भी   बैठ जा चलने हार हैं हम भी
आन में कुछ हैं, आन में कुछ हैं   तुहफ़ा-ए-रोज़गार हैं हम भी
मना' गिरया न कर तू ऐ नासेह   इसमें बे-इख़्तियार हैं हम भी
नाले करियो समझ के ऐ बुलबुल   बाग़ में यक कनार हैं हम भी
मुद्दई को शराब हम को ज़हर   आक़िबत, दोस्त-दार हैं हम भी
गर ज़-ख़ुद रफ़्ता हैं तिरे नज़दीक   अपने तो यादगार हैं हम भी
'मीर' नाम इक जवाँ सुना होगा
उसी आशिक़ के यार हैं हम भी

382

ग़फ़लत में गई आह मिरी सारी जवानी   ऐ उम्र-ए-गुज़श्ता मैं तिरी क़द्र न जानी
मुद्दत से हैं इक मुश्त-ए-पर आवारा चमन में   निकली है ये किसकी हवस-ए-बाल फ़िशानी
देखें तो सही कब तई निभती है ये सोहबत   हम जी से तिरे दोस्त हैं, तू दुश्मन-ए-जानी
क्या जानिए क्या-क्या मैं लिखूँ शौक़ में क़ासिद   पढ़ना न करे ख़त का कहीं उस पे गिरानी
तकलीफ़ न कर नामे के लिखने की तू मुझको   आ जाए जो कुछ जी में तिरे कहियो ज़बानी

क़त्आ

इक शख़्स मुझी सा था कि वो तुझ पे था आशिक़   वो उसकी वफ़ा-पेशगी वो उसकी जवानी
ये कह के जो रोया तो लगा कहने न कह 'मीर'
सुनता नहीं मैं ज़ुल्म-रसीदों की कहानी

---

380. कुँज-ए-क़फ़स–पिंजरे का कोना। पा-शिकस्ता–इतना थका हुआ कि और न चला जा सके। सदा-ए-जरस–कारवाँ की घंटियों की आवाज़। यक नफ़स–एक साँस, पल भर।

381. तुहफ़ा-ए-रोज़गार–दुनिया भर में श्रेष्ठ। मना' गिरया–रोने से मना। नासेह–उपदेश देने वाला। बे-इख़्तियार–आपे से बाहर। नाला–फ़रियाद, रोने की आवाज़। यक कनार–एक तरफ़। आक़िबत–आख़िर। दोस्त-दार–दोस्त रखने वाला। ज़-ख़ुद रफ़्ता–ख़ुद को भूले हुए।

382. ग़फ़लत–बेख़बरी, नींद, बेहोशी। उम्र-ए-गुज़श्ता–बीती हुई उम्र। मुश्त-ए-पर–मुट्ठी भर पर। हवस-ए-बाल फ़िशानी–पर फड़फड़ाने की हवस। क़ासिद–पत्रवाहक। गिरानी करना–नागवार लगना, बुरा लगना। नामा–पत्र, ख़त। वफ़ा-पेशगी–वफ़ादारी, मुहब्बत में वफ़ा करना। ज़ुल्म-रसीदा–ज़ुल्म सहने वाला।

383

कल बारे हमसे उससे मुलाक़ात हो गई
दो-दो बचन के होने में इक बात हो गई
किन-किन मुसीबतों से हुई सुब्ह-ए-शाम-ए-हिज्र
सो ज़ुल्फ़ें ही बनाते उसे रात हो गई
गर्दिश निगाह-ए-मस्त की मौक़ूफ़ साक़िया
मस्जिद तो शैख़-जी की ख़राबात हो गई
ख़ुर्शीद सा प्याला-ए-मय बे-तलब दिया
पीर-ए-मुग़ाँ से रात करामात हो गई
कितना ख़िलाफ़-ए-वादा हुआ होगा वो कि याँ
नौमीदी-ओ-उम्मीद मुसावात हो गई
टुक शहर से निकल के मिरा गिरया सैर कर
गोया कि कोह-ओ-दश्त पे बरसात हो गई
अपने तो होंठ भी न हिले उसके रू-ब-रू
रंजिश की वजह 'मीर' वो क्या बात हो गई

384

बग़ैर-ए-दिल, कि ये क़ीमत है सारे आलम की
किसू से काम नहीं रखती जिंस आदम की

कोई हो महरम-ए-शोख़ी तिरा तो मैं पूछूँ
कि बज़्म-ए-ऐश-ए-जहाँ क्या समझ के बरहम की

हमें तो बाग़ की तकलीफ़ से मुआफ़ रखो
कि सैर-ओ-गश्त नहीं रस्म अहल-ए-मातम की

तनिक तो लुत्फ़ से कुछ कह कि जाँ-ब-लब हूँ मैं
रही है बात मिरी जान अब कोई दम की

घिरे हैं दर्द-ओ-अलम में फ़िराक़ के ऐसे
कि सुब्ह-ए-ईद भी याँ शाम है मुहर्रम की

क़फ़स में 'मीर' नहीं जोश-ए-दाग़ सीने पर
हवस निकाली है हमने भी गुल के मौसम की

---

383. गर्दिश–चक्कर। मौक़ूफ़–रोका गया। शैख़–इस्लाम धर्म का ज्ञानी, मुल्ला, क़ाज़ी। शैख़ जी–क़ाज़ी या मुल्ला को व्यंग्य/कटाक्ष करने के लिए कहा/बोला है। ख़ुर्शीद सा प्याला-ए-मय–शराब का जाम, जिसकी तुलना सूरज से की जा सकती है यानी यहाँ बड़ा झिलमिलाता और जीवन दायक दोनों अर्थ निकाले जा सकते हैं। बे-तलब–बिना माँगे। पीर-ए-मुग़ाँ–शराब ख़ाने का बूढ़ा। नौमीदी–ना-उम्मीदी, निराशा। मुसावात–बराबरी। गिरया–रोना। गोया–जैसे, मानो। कोह-ओ-दश्त–पहाड़ और जंगल। रू-ब-रू–सामने।

384. बग़ैर-ए-दिल–दिल के बिना। आलम–दुनिया। जिंस–प्रजाति, चीज़। महरम-ए-शोख़ी–शोख़ी और चंचलता का संगी-साथी, राज़दार। बज़्म-ए-ऐश-ए-जहाँ–संसार की ऐश-ओ-आराम की महफ़िल। बरहम करना–बरबाद करना, तितर-बितर करना। सैर-ओ-गश्त–घूमना-फिरना। अहल-ए-मातम–मातम करने वाले लोग। जाँ-ब-लब–जिसकी जान निकलने वाली हो। दर्द-ओ-अलम–दुख-तकलीफ़। फ़िराक़–जुदाई, वियोग। क़फ़स–क़ैद, पिंजरा। जोश-ए-दाग़–बहुत ज़्यादा दाग़, ज़ख़्म।

385

ग़म से ये राह मैंने, निकाली नजात की सज्दा उस आस्ताँ का किया, फिर वफ़ात की
निस्बत तो देते हैं तिरे लब से पर एक दिन नामूस यूँ ही जाएगी आब-ए-हयात की
सद-हर्फ़ ज़ेर-ए-ख़ाक तह-ए-दिल चले गए मुहलत न दी अजल ने हमें एक बात की
हम तो ही इस ज़माने में हैरत से चुप नहीं अब बात जा चुकी है सभी काएनात की
अरसा है तंग चाल निकलती नहीं है और जो चाल पड़ती है सो वो बाज़ी की मात की
बुर्क़ा उठा था यार के मुँह का सो 'मीर' कल
सुनते हैं आफ़ताब ने जूँ तूँ के रात की

386

क्यूँकर बुझाऊँ आतिश-ए-सोज़ान-ए-इश्क़ को अब तो ये आग दिल से जिगर को भी जा लगी
ज़ुल्फ़-ए-सियाह-ए-यार की रहती है चित चढ़ी ये ताज़ा मेरे जी को कहाँ की बला लगी
कुश्ते का उसके ज़ख़्म न ज़ाहिर हुआ कि 'मीर'
किस जाए उस शहीद के तेग़-ए-जफ़ा लगी

387

रखना न था क़दम याँ जूँ बाद बे-तअम्मुल सैर इस जहाँ की रह-रौ पर तूने सरसरी की
गिरये से दाग़-ए-सीना ताज़ा हुए हैं सारे ये किश्त-ए-ख़ुश्क तूने ऐ चश्म फिर हरी की
ये दौर तो मुवाफ़िक़ होता नहीं मगर अब रखिए बिना-ए-ताज़ा इस चर्ख़-ए-चम्बरी की
ख़ूबाँ तुम्हारी ख़ूबी ता-चन्द नक़्ल करिए
हम रंजा ख़ातिरों की क्या ख़ूब दिलबरी की

388

देख तो दिल कि जाँ से उठता है ये धुआँ सा कहाँ से उठता है
गोर किस दिल-जले की है ये फ़लक शोला इक सुब्ह याँ से उठता है

---

385. नजात–छुटकारा। आस्ताँ–चौखट। वफ़ात–मौत। निस्बत–रिश्ता, सम्बन्ध। नामूस–इज़्ज़त। आब-ए-हयात–अमृत। सद-हर्फ़–सैकड़ों बातें, अरमान, शिकवे-शिकायतें। ज़ेर-ए-ख़ाक–मिट्टी की नीचे, क़ब्र में। तह-ए-दिल–दिल की गहराइयों में, दिल के अन्दर। अजल–मौत। काएनात–दुनिया, सरमाया, पूँजी। अरसा तंग होना–समय कम होना, मुसीबत में फँसना। आफ़ताब–सूरज।

386. आतिश-ए-सोज़ान-ए-इश्क़–इश्क़ में जलने वालों की आग। ज़ुल्फ़-ए-सियाह-ए-यार–महबूब की काली ज़ुल्फ़। कुश्ता–मारा हुआ। जाए–जगह। तेग़-ए-जफ़ा–सितम की तलवार।

387. जूँ बाद–हवा की तरह। बे-तअम्मुल–बिना सोच विचार के। रह-रौ–मुसाफ़िर। गिरया–आँसू, रोना। किश्त-ए-ख़ुश्क–सूखी खेती। चश्म–आँख। मुवाफ़िक़–लाभकारी, ठीक। बिना-ए-ताज़ा–नई बुनियाद। चर्ख़-ए-चम्बरी–आसमान जो निरंतर गर्दिश में है। ख़ूबाँ–हसीनो। ता-चन्द–कब तक, कहाँ तक। रंजा-ख़ातिर–दुखी लोग। दिलबरी करना–दिल रखना।

388. गोर–क़ब्र। फ़लक–आसमान। शोला–चमक, लपट।

ख़ाना-ए-दिल से ज़ीनहार न जा कोई ऐसे मकाँ से उठता है
नाला सर खींचता है जब मेरा शोर इक आसमाँ से उठता है
लड़ती है उसकी चश्म-ए-शोख़ जहाँ एक आशोब वाँ से उठता है
सुध ले घर की भी शोला-ए-आवाज़ दूद कुछ आशियाँ से उठता है
बैठने कौन दे है फिर उस को जो तिरे आस्ताँ से उठता है
यूँ उठे आह उस गली से हम जैसे कोई जहाँ से उठता है
इश्क़ इक 'मीर' भारी पत्थर है
कब ये तुझ नातवाँ से उठता है

389

गुल-गश्त की हवस थी सो तो बगीर आए
आए जो हम चमन में, हो कर असीर आए

फ़ुर्सत में यक-नफ़स की क्या दर्द-ए-दिल सुनोगे
आए तो तुम वलेकिन वक़्त-ए-अख़ीर आए

दिल्ली में अब के आकर उन यारों को न देखा
कुछ वे गए शिताबी कुछ हम भी देर आए

क्या ख़ूबी इस चमन की मौक़ूफ़ है किसू पर
गुल गर गए अदम को, मुखड़े नज़ीर आए

शिकवा नहीं जो उस को परवा न हो हमारी
दरवाज़े जिस के हम से कितने फ़क़ीर आए

बिन जी दिये नहीं है इम्कान याँ से जाना
बिस्मिल-गह-ए-जहाँ में अब हम तो 'मीर' आए

ख़ाना-ए-दिल–दिल जैसा मकान। ज़ीनहार–हरगिज़। नाला–रोने की आवाज़। सर खींचना–ऊँचा होना। चश्म-ए-शोख़–चंचल आँख। आशोब–हंगामा, शोर-गुल। शोला-ए-आवाज़–दर्द से भरी, दिलों में असर करने वाली आवाज़। दूद–धुआँ। आशियाँ–घोंसला, घर। आस्ताँ–चौखट। जहाँ से उठना–मरना, मर जाना। नातवाँ–कमज़ोर।

389. गुल-गश्त–बाग़ की सैर। बगीर–फंदे में, पकड़ में। असीर–क़ैदी, बंदी। यक-नफ़स–एक साँस। वलेकिन–लेकिन, मगर। शिताबी–जल्दी। मौक़ूफ़–निर्भर। अदम–परलोक। नज़ीर–मिसाल, मानिंद। जी देना–जान देना, मर जाना। इम्कान–मुमकिन होना। बिस्मिल-गह-ए-जहाँ–दुनिया रूपी क़त्ल-गाह।

390

कब से नज़र लगी थी दरवाज़ा-ए-हरम से　　पर्दा उठा तो लड़ियाँ आँखें हमारी हम से
सोज़िश गई न दिल की रोने से रोज़-ओ-शब के　　जलता हूँ और दरिया बहते हैं चश्म-ए-नम से
हस्ती में हमने आकर आसूदगी न देखी　　खुलतीं न काश आँखें ख़्वाब-ए-ख़ुश-ए-अदम से
पामाल कर के हमको पछताओगे बहुत तुम
कमयाब हैं जहाँ में सर देने वाले हम से

391

गए जी से छूटे बुतों की जफ़ा से　　यही बात हम चाहते थे ख़ुदा से
वो अपनी ही ख़ूबी पे रहता है नाज़ाँ　　मरो या जिओ कोई उसकी बला से
पशेमान तौबा से होगा अदम में　　कि ग़ाफ़िल चला शैख़ लुत्फ़-ए-हवा से
न रक्खी मिरी ख़ाक भी उस गली में　　कुदूरत मुझे है निहायत सबा से
जिगर सू-ए-मिज़्गाँ खिंचा जाए है कुछ　　मगर दीदा-ए-तर हैं लोहू के प्यासे
न शिकवा-शिकायत न हर्फ़-ओ-हिकायत
कहो 'मीर जी' आज क्यूँ हो ख़फ़ा से

392

तुझे निस्बत जो देते हैं शरार-ओ-बर्क़-ओ-शोले से
तसल्ली करते हैं नाचार शाइर इन मिसालों से

बला का शुक्र कर ऐ दिल कि अब मालूम होती है
हक़ीक़त आफ़ियत की उस गली के रहने वालों से

नहीं ऐ हम-नफ़स अब जी में ताक़त दूरी-ए-गुल की
जिगर टुकड़े हुआ जाता है आख़िर शब के नालों से

कहाँ ये क़ामत-ए-दिलकश कहाँ पाकीज़गी ऐसी
मिले हैं हम बहुत गुलज़ार के नाज़ुक निहालों से

---

390. हरम–का'बा और उसके आस-पास का इलाक़ा। सोज़िश–जलन। रोज़-ओ-शब–दिन-रात। चश्म-ए-नम–आँसू भरी आँखें। हस्ती–वजूद, जीवन। आसूदगी–तृप्ति, ख़ुशहाली। ख़्वाब-ए-ख़ुश-ए-अदम–पैदा होने से पहले की हालत जिसे शायर दुनिया की ज़िन्दगी से बेहतर मान रहा है। पामाल करना–पैरों से मसलना, रौंदना। कमयाब–दुर्लभ, कम मिलने वाली चीज़। सर देना–सर क़ुर्बान करना, जान पर खेलना।

391. बुत–मूर्ति,माशूक़। जफ़ा–ज़ुल्म, अत्याचार। ख़ूबी–ख़ासियत। नाज़ाँ–घमंडी। पशेमान–शर्मिंदा। अदम–परलोक, दूसरी दुनिया। ग़ाफ़िल–बेख़बर। शैख़–इस्लाम धर्म का ज्ञानी, मुल्ला, क़ाज़ी। कुदूरत–शिकायत। सू-ए-मिज़्गाँ–पलकों की तरफ़। दीदा-ए-तर–आँसू भरी आँखें। हर्फ़-ओ-हिकायत–बातचीत।

392. निस्बत–रिश्ता। शरार-ओ-बर्क़-ओ-शोले–चिंगारी, बिजली और आग। आफ़ियत–आराम। हम-नफ़स–हर दम का साथी, दोस्त। शब–रात। नाला–रोने की आवाज़। क़ामत-ए-दिलकश–मनमोहक क़द। पाकीज़गी–पवित्रता। निहाल–पौधा।

393

अंदोह-ए-वस्ल-ओ-हिज्र ने आलम खपा दिया
इन दो ही मंज़िलों में बहुत यार थक गए

उश्शाक़ पर जो वे सफ़-ए-मिज़्गाँ फिरीं तो 'मीर'
जूँ अश्क कितने चू गए कितने टपक गए

394

ज़िन्दगी होती है अपनी ग़म के मारे देखिए
मूँद लीं आँखें इधर से तुमने प्यारे देखिए

लख़्त-ए-दिल कब तक इलाही चश्म से टपका करें
ख़ाक में ता-चन्द ऐसे लाल-पारे देखिए

राह-ए-दूर-ए-इश्क़ में अब तो रखा हमने क़दम
रफ़्ता-रफ़्ता पेश क्या आता है बारे, देखिए

सीना-ए-मजरूह भी क़ाबिल हुआ है सैर के
एक दिन तो आन कर ये ज़ख़्म सारे देखिए

ख़ंजर-ए-बेदाद को क्या देखते हो दम-ब-दम
चश्म से इन्साफ़ की सीने हमारे देखिए

एक ख़ूँ हो बह गया, दो रोते ही रोते गए
दीदा-ओ-दिल हो गए हैं सब किनारे देखिए

रह गए सोते के सोते कारवाँ जाता रहा
हम तो 'मीर' उस रह के ख़्वाबीदा हैं हारे देखिए

395

किस तौर हमें कोई फ़रेबिंदा लुभा ले   आख़िर हैं तिरी आँखों के हम देखने वाले
सौ ज़ुल्म उठाए तो कभू दूर से देखा   हरगिज़ न हुआ ये कि हमें पास बुला ले

---

393. अंदोह-ए-वस्ल-ओ-हिज्र–जुदाई और मिलन के दुख-दर्द। आलम–दुनिया। खपा देना–काम तमाम करना, बर्बाद करना। उश्शाक़–आशिक़ का बहुवचन, बहुत से आशिक़। सफ़-ए-मिज़्गाँ फिरना–पलकों का लगातार पड़ना, लगातार देखना। अश्क–आँसू।

394. लख़्त-ए-दिल–दिल के टुकड़े। चश्म–आँख। ता-चन्द–कब तक। लाल-पारे–लाल, क़ीमती पत्थर से दिल के टुकड़ों को उपमा दी है, लाल रंग और उनके अमूल्य होने की वजह से। बारे–ख़ैर, अंततः। सीना-ए-मजरूह–ज़ख़्मी छाती। ख़ंजर-ए-बेदाद–ना-इंसाफ़ी का ख़ंजर। दम-ब-दम–हर घड़ी। दीदा-ओ-दिल–आँख और दिल। ख़्वाबीदा–सोया हुआ।

395. फ़रेबिंदा–धोखा देने वाला।

इश्क़ उन को है जो यार को अपने दम-ए-रफ़्तन करते नहीं ग़ैरत से ख़ुदा के भी हवाले
वे दिन गए जो ज़ब्त की ताक़त थी हमें भी अब दीदा-ए-ख़ूँ-बार नहीं जाते सम्भाले
अहवाल बहुत तंग है ऐ काश मुहब्बत अब दस्त-ए-तलत्तुफ़ को मिरे सर से उठा ले
दावा-ए-क़यामत का मिरे ख़ौफ़ उसे क्या इक लुत्फ़ में वो मुझसे तुनक-रू को मना ले
कहते हैं हिजाब-ए-रुख़-ए-दिलदार है हस्ती देखेंगे अगर यूँ है भला, जान भी जा ले

'मीर' उस से न मिल आह कि डरते हैं मबादा
बेबाक है वो शोख़ कहीं मार न डाले

396

ब-रंग-ए-बू-ए-गुल इस बाग़ के हम आश्ना होते
कि हमराह-ए-सबा टुक सैर करते, फिर हवा होते

सरापा आरज़ू होने ने बंदा कर दिया हम को
वगरना हम ख़ुदा थे गर दिल-ए-बे-मुद्दआ होते

फ़लक ऐ काश हमको ख़ाक ही रखता कि इस में हम
ग़ुबार-ए-राह होते या किसू की ख़ाक-ए-पा होते

इलाही कैसे होते हैं जिन्हें है बंदगी ख़्वाहिश
हमें तो शर्म दामन-गीर होती है ख़ुदा होते

तू है किस नाहिये से ऐ दयार-ए-इश्क़ क्या जानूँ
तिरे बाशिंदगाँ हम काश सारे बेवफ़ा होते

अब ऐसे हैं कि साने' के मिज़ाज ऊपर बहम पहुँचे
जो ख़ातिर-ख़्वाह अपने हम हुए होते तो क्या होते

कहें जो कुछ मलामत-गर बजा है 'मीर' क्या जानें
उन्हें मालूम तब होता कि वैसे से जुदा होते

दम-ए-रफ़्तन–जाते वक़्त, मरते समय। ग़ैरत–आत्म-सम्मान, शर्म। ज़ब्त–बर्दाश्त। दीदा-ए-ख़ूँ-बार–ख़ून बरसाती आँखें। अहवाल–हालत। दस्त-ए-तलत्तुफ़–मेहरबानी का हाथ। तुनक-रू–चिड़चिड़ा, नाज़ुक मिज़ाज। मबादा–ख़ुदा न करे कि ऐसा हो, कहीं ऐसा न हो।

396. ब-रंग-ए-बू-ए-गुल–फूल की ख़ुशबू की तरह। आश्ना–परिचित। हमराह-ए-सबा–हवा के साथ। सरापा–सर से पाँव तक। वगरना–नहीं तो। दिल-ए-बे-मुद्दआ–जिस दिल में कोई अरमान/इच्छा न हो। फ़लक–आसमान। ग़ुबार-ए-राह–रास्ते में उड़ने वाली धूल-मिट्टी। ख़ाक-ए-पा–पैर के नीचे की धूल/मिट्टी। बंदगी–ग़ुलामी। दामन-गीर–दामन पकड़ने वाली। नाहिया–इलाक़ा, तरफ़, दिशा। दयार-ए-इश्क़–इश्क़ का मुल्क/शहर। बाशिंदगाँ–बाशिंदे, रहने वाले लोग। साने'–बनाने वाला, ख़ुदा। बहम पहुँचना–मिलना, हासिल होना। ख़ातिर-ख़्वाह–इच्छानुसार। मलामत-गर–बुरा-भला कहने वाले। बजा–उचित, ठीक।

397

चमन यार तेरा हवा ख़्वाह है	गुल इक दिल है, जिसमें तिरी चाह है
सरापा में उसके नज़र करके तुम	जहाँ देखो, अल्लाह अल्लाह है
तिरी आह, किस से ख़बर पाइए	वही बेख़बर है, जो आगाह है
मिरे लब पे रख कान आवाज़ सुन	कि अब तक भी यक नातवाँ आह है
गुज़र सर से तब इश्क़ की राह चल	कि हर गाम याँ इक ख़तर-गाह है
जहाँ से तू रख़्त-ए-इक़ामत को बाँध	ये मंजिल नहीं बे-ख़बर, राह है

ये वो कारवाँ गाह-ए-दिलकश है 'मीर'
कि फिर याँ से हसरत ही हमराह है

398

इश्क़ में नै ख़ौफ़-ओ-ख़तर चाहिए	जान के देने को जिगर चाहिए
क़ाबिल-ए-आग़ोश-ए-सितम-दीदगाँ	अश्क सा पाकीज़ा गुहर चाहिए
हाल ये पहुँचा है कि अब ज़ोफ़ से	उठते पलक एक पहर चाहिए
सैंकड़ों मरते हैं सदा फिर भी याँ	वाक़िया इक शाम-ओ-सहर चाहिए
कम है शनासा-ए-ज़र-ए-दाग़-ए-दिल	उस के परखने को नज़र चाहिए
शर्त सलीक़ा है हर इक अम्र में	ऐब भी करने को हुनर चाहिए

ख़ौफ़ क़यामत का यही है कि 'मीर'
हमको जिया बार-ए-दिगर चाहिए

399

हस्ती अपनी हबाब की सी है	ये नुमाइश सराब की सी है
नाज़ुकी उसके लब की क्या कहिए	पंखुड़ी इक गुलाब की सी है
चश्म-ए-दिल खोल इस भी आलम पर	याँ की औक़ात ख़्वाब की सी है
बार-बार उसके दर पे जाता हूँ	हालत अब इज़्तिराब की सी है

---

397. हवा-ख़्वाह–भला चाहने वाला, दोस्त। सरापा–सर से पाँव तक। आगाह–सचेत, जानने वाला। लब–होंठ। यक–एक। नातवाँ–कमज़ोर, शक्तिहीन। सर से गुज़रना–जान से गुज़रना, तबाह हो जाना। हर गाम–हर क़दम। ख़तर-गाह–ख़तरे की जगह। रख़्त-ए-इक़ामत–वह सामान जो दुनिया में रहने के लिए आदमी के पास होता है। कारवाँ गाह-ए-दिलकश–दिल लुभाने वाली सराय, दुनिया। हसरत–ख़्वाहिश, अभिलाषा।

398. नै–न। क़ाबिल-ए-आग़ोश-ए-सितम-दीदगाँ–सितम सहने वालों की गोद के लायक़। अश्क–आँसू। पाकीज़ा–पवित्र। गुहर–मोती। ज़ोफ़–कमज़ोरी। सहर–सुबह। शनासा-ए-ज़र-ए-दाग़-ए-दिल–दिल के क़ीमती दाग़ों का हाल परखने वाला। अम्र–बात, काम। बार-ए-दिगर–दूसरी बार।

399. हस्ती–वजूद। हबाब–बुलबुला। सराब–मृग मरीचिका। चश्म-ए-दिल–दिल की आँखें। आलम–दुनिया। औक़ात–गुज़र-बसर। ख़्वाब–सपना। इज़्तिराब–बेचैनी।

मैं जो बोला, कहा कि ये आवाज़ उसी ख़ाना-ख़राब की सी है
आतिश-ए-ग़म में दिल भुना शायद देर से बू कबाब की सी है
देखिए अब्र की तरह अब के मेरी चश्म-ए-पुर-आब की सी है
'मीर' उन नीम-बाज़ आँखों में
सारी मस्ती शराब की सी है

400

शम्अ-सिफ़त जब कभी मर जाएँगे साथ लिये दाग़-ए-जिगर जाएँगे
तंग न हो हम तो मुए फिरते हैं क्या तिरी इन बातों से डर जाएँगे
खुल गए रुख़्सार अगर यार के शम्स-ओ-क़मर जी से उतर जाएँगे
ख़ाली न छोड़ेंगे हम अपनी जगह गर यही रोना है तो भर जाएँगे
राह दम-ए-तेग़ पे हो क्यूँ न 'मीर'
जी पे रखेंगे तो गुज़र जाएँगे

401

अब जो इक हसरत-ए-जवानी है उम्र-ए-रफ़्ता की ये निशानी है
गिरया हर वक़्त का नहीं बे-हेच दिल में कोई ग़म-ए-निहानी है
ख़ाक थी मौज-ज़न जहाँ में और हमको धोका ये था कि पानी है
हम क़फ़स-ज़ाद क़ैदी हैं वर्ना ता-चमन एक पर-फ़िशानी है
उसकी शमशीर-ए-तेज़ से हमदम मर रहेंगे जो ज़िन्दगानी है
ग़म-ओ-रंज-ओ-अलम निकोयाँ से सब तुम्हारी ही मेहरबानी है
याँ हुए 'मीर' तुम बराबर-ए-ख़ाक
वाँ वही नाज़-ओ-सरगिरानी है

402

नहीं उठता दिल-ए-महज़ूँ का मातम
ख़ुदा ही इस मुसीबत से निकाले

ख़ाना-ख़राब–बर्बाद और तबाह। आतिश-ए-ग़म–दुख की आग। अब्र–बादल। चश्म-ए-पुर-आब–आँसू भरी आँख। नीम-बाज़–अध-खुली।

400. शम्अ-सिफ़त–शम्अ की तरह। दाग़-ए-जिगर–दिल के ज़ख़्म, अंदरूनी दुख-दर्द। मुए–मरे। रुख़्सार–गाल। शम्स-ओ-क़मर–सूरज और चाँद। दम-ए-तेग़–तलवार की धार।

401. उम्र-ए-रफ़्ता–गुज़री हुई उम्र। गिरया–रोना। बे-हेच–बे-वजह। ग़म-ए-निहानी–छुपा हुआ दुख, ग़म। मौज-ज़न–मौजें मारने वाला। क़फ़स-ज़ाद–पिंजरे में पैदा। ता-चमन–बाग़ तक। पर-फ़िशानी–उड़ान। शमशीर-ए-तेज़–तेज़ धार तलवार। अलम–दुख। निकोयाँ–ख़ूब अच्छे। सरगिरानी–नाराज़गी।

402. दिल-ए-महज़ूँ–ग़मगीन दिल।

403

सरमाया-ए-सद-आफ़त, दीदार की ख़्वाहिश है
दिल की तो समझ लीजे गर चश्म कहा माने

बे-ताक़ती-ए-दिल ने साइल भी किया हमको
पर 'मीर' फ़क़ीरों की याँ कौन सदा माने

404

दिल के मामूरे की मत कर फ़िक्र फ़ुर्सत चाहिए
ऐसे वीराने के अब बसने को मुद्दत चाहिए

इश्क़-ओ-मय-ख़्वारी निभे है कोई दरवेशी के बीच
इस तरह के ख़र्च-ए-ला-हासिल को दौलत चाहिए

आक़िबत, फ़रहाद मर कर काम अपना कर गया
आदमी होवे किसी पेशे में जुरअत चाहिए

इश्क़ में वस्ल-ओ-जुदाई से नहीं कुछ गुफ़्तगू
क़ुर्ब-ओ-बोद इस जा बराबर है मुहब्बत चाहिए

नाज़ुकी को इश्क़ में क्या दख़्ल है ऐ बुल-हवस
याँ सऊबत खींचने को जी में ताक़त चाहिए

तंग मत हो इब्तिदा-ए-आशिक़ी में इस क़दर
ख़ैरियत है 'मीर साहिब' दिल सलामत चाहिए

405

बे-यार शहर दिल का वीरान हो रहा है दिखलाई दे जहाँ तक मैदान हो रहा है
इस मंज़िल-ए-जहाँ के बाशिंदे रफ़्तनी हैं हर इक के हाँ सफ़र का सामान हो रहा है
अच्छा लगा है शायद आँखों मे यार अपनी आईना देखकर कुछ हैरान हो रहा है
टुक ज़ेर-ए-ताक़-ए-नीली वस्वास से रहा कर मुद्दत से गिरने पर ये ऐवान हो रहा है

---

403. सरमाया-ए-सद-आफ़त–सौ आफ़त लाने की वजह। साइल–माँगने वाला, भिखारी। सदा–आवाज़।

404. मामूरा–बस्ती, शहर। मय-ख़्वारी–शराब पीना। दरवेशी–फ़क़ीरी। ख़र्च-ए-ला-हासिल–बे-फ़ायदा ख़र्च, फ़ुज़ूल ख़र्च। आक़िबत–आख़िरकार। जुरअत–दिलेरी, हौसला। क़ुर्ब-ओ-बोद–नज़दीक़ी और दूरी। बुल-हवस–लोभी, भोग-विलासी। सऊबत खींचना–तकलीफ़ सहना, मुसीबत झेलना। इब्तिदा-ए-आशिक़ी–इश्क़ की शुरुआत।

405. बाशिंदे–रहने वाले लोग, निवासी। रफ़्तनी–जाने को तैयार। टुक–ज़रा। ज़ेर-ए-ताक़-ए-नीली–नीले आसमान के नीचे। वस्वास–वहम, अंदेशा। ऐवान–महल, मकान।

गुल देखकर चमन में तुझ को खिला ही जा है   या'नी हज़ार जी से क़ुर्बान हो रहा है
ज़ालिम उधर की सुध ले जूँ शम्ए-सुब्ह-गाही   एक-आध दम का आशिक़ मेहमान हो रहा है
क़ुरबाँ-गह-ए-मुहब्बत वो जा है जिसमें हर-सू   दुश्वार जान देना आसान हो रहा है
हर शब गली में उसकी रोते तो रहते हो तुम
इक रोज़ 'मीर साहिब' तूफ़ान हो रहा है

406

आँखें लड़ा लड़ा कर कब तक लगा रखेंगे
इस पर्दे ही में ख़ूबाँ हमको सुला रखेंगे

मुश्त-ए-नमक को मैंने बेकार कम रखा है
छाती के ज़ख़्म मेरे मुद्दत मज़ा रखेंगे

सब्ज़ान-ए-शहर अक्सर दरपए हैं आबरू के
अब ज़हर पास अपने हम भी मँगा रखेंगे

आँखों में दिलबरों की मुतलक़ नहीं मुरव्वत
ये पास-ए-आश्नाई मंज़ूर क्या रखेंगे

जीते हैं जब तलक हम आँखें भी लड़तियाँ हैं
देखें तो जौर ख़ूबाँ कब तक रवा रखेंगे

अब चाँद भी लगा है तेरे से जल्वे करने
शबहा-ए-माह चन्दे तुझको छुपा रखेंगे

मिज़्गान-ओ-चश्म-ओ-अबरू सब हैं सितम के माइल
इन आफ़तों से दिल हम क्यूँकर बचा रखेंगे

दीवान-ए-'मीर साहिब' हर इक की है बग़ल में
दो-चार शे'र उनके हम भी लिखा रखेंगे

जूँ शम्ए-सुब्ह-गाही–सुबह के समय के दिये की तरह (जो बुझा-बुझा सा रहता है)। क़ुरबाँ-गह–क़ुर्बानी की जगह। हर-सू–हर तरफ़।

406. ख़ूबाँ–ख़ूबसूरत माशूक़। मुश्त-ए-नमक–मुट्ठी भर नमक। सब्ज़ान-ए-शहर–नौजवान लड़के जिनके चेहरे पर नया-नया रुआँ उगा है। दरपए होना–पीछे पड़ना। दिलबर–दिल उड़ा ले जाने वाला, माशूक़। मुतलक़–क़तई, बिल्कुल। मुरव्वत–नर्मी बरतना, दिल में दूसरों के लिए जगह होना। पास-ए-आश्नाई–दोस्ती का लिहाज़। जौर–सितम, अत्याचार। रवा रखना–जारी रखना, जायज़ ठहराना। शबहा-ए-माह–चाँदनी रातों में। चन्दे–कुछ देर, कुछ रोज़। मिज़्गान-ओ-चश्म-ओ-अबरू–पलकें, आँख और भवें। माइल–उन्मुख, रुझान रखना, आशिक़।

407

तेरी गली से जब हम अज़्म-ए-सफ़र करेंगे
हर-हर क़दम के ऊपर पत्थर जिगर करेंगे

आज़ुर्दा ख़ातिरों से क्या फ़ायदा सुख़न का
तुम हर्फ़ सर करोगे, हम गिरया सर करेंगे

अपनी ख़बर भी हमको अब देर पहुँचती है
क्या जाने यार उस को कब तक ख़बर करेंगे

गर दिल की ताब-ओ-ताक़त ये है तो हमनशीं हम
शाम-ए-ग़म-ए-जुदाई क्यूँकर सहर करेंगे

अपने भी जी है आख़िर इन्साफ़ कर कि कब तक
तू ये सितम करेगा, हम दर-गुज़र करेंगे

सन्ना-ए-तुर्फ़ा हैं हम आलम में रेख़्ते के
जो 'मीर जी' लगेगा तो सब हुनर करेंगे

408

तुझ से दुचार होगा, जो कोई राह जाते
फिर उम्र चाहिएगी, उसको बहाल आते

गर दिल की बेक़रारी होती यही जो अब है
तो हम सितम-रसीदा, काहे को जीने पाते

कब थी हमें तमन्ना, ऐ ज़ोफ़ ये कि तड़पें
पर ज़ेर-ए-तेग़ उसकी, हम टुक तो सर हिलाते

गर जानते कि यूँही बरबाद जाएँगे तो
काहे को ख़ाक में हम अपने तईं मिलाते

शायद कि ख़ून दिल का पहुँचा है वक़्त-ए-आख़िर
थम जाते हैं कुछ आँसू रातों को आते-आते

इस सम्त को पलटती तेरी निगह तो साक़ी
हाल-ए-ख़राब-ए-मजलिस हम शैख़ को दिखाते

शब कोतह और क़िस्सा उनका दराज़, वरना
अहवाल-ए-'मीर साहिब', हम तुझको सब सुनाते

---

407. अज़्म-ए-सफ़र–चलने का इरादा। आज़ुर्दा ख़ातिर–परेशान, दुखी। सुख़न–बातचीत, बात। हर्फ़ सर करना–मुँह से शब्द निकालना। गिरया सर करना–आँसू गिराना। हमनशीं–साथी, दोस्त। सहर–सुबह। दर गुज़र करना–माफ़ करना, नज़र-अंदाज़ करना। सन्ना-ए-तुर्फ़ा–बहुत बड़ा कारीगर, रचनाकार। आलम–दुनिया। रेख़्ता–उर्दू का पुराना नाम, उर्दू ग़ज़ल।

408. दुचार होना–दो-चार होना, सामना होना। बहाल आना–होश में आना। सितम रसीदा–ज़ुल्म, ज़्यादती सहने वाला। ज़ोफ़–कमज़ोरी। ज़ेर-ए-तेग़–तलवार के नीचे। सम्त–तरफ़। शैख़–इस्लाम धर्म का ज्ञानी, मुल्ला, क़ाज़ी। शब–रात। कोतह–छोटा, छोटी। दराज़–लम्बा। अहवाल–हाल का बहुवचन, हालत।

409

तिरे दिल जले को रखा जिस घड़ी धुआँ सा उठा कुछ लब-ए-गोर से
जो हो 'मीर' भी उस गली में सबा
बहुत पूछियो तू मिरी ओर से

410

था बला हंगामा-आरा 'मीर' भी
अब तलक गलियों में उसका शोर है

411

ग़ैर से अब यार हुआ चाहिए मुल्तजी नाचार हुआ चाहिए
जिस के तईं ढूंढूँ हूँ वो सब में हैं किस का तलबगार हुआ चाहिए
ताके वो टुक आन के पूछे कभू इसलिये बीमार हुआ चाहिए
ज़ुल्फ़ किसू की हो कि हो ख़ाल-ओ-ख़त दिल को गिरफ़्तार हुआ चाहिए
मोल है बाज़ार का हस्ती के ये दिल के ख़रीदार हुआ चाहिए
कुछ नहीं ख़ुर्शीद-सिफ़त सरकशी साया-ए-दीवार हुआ चाहिए
गो सफ़री अब नहीं ज़ाहिर में 'मीर'
आक़िबत-ए-कार हुआ चाहिए

412

पछताओगे बहुत जो गए हम जहान से आदम की क़द्र होती है ज़ाहिर जुदा हुए
सर दे के 'मीर' हमने फ़राग़त की इश्क़ में
ज़िम्मे हमारे बोझ था बारे अदा हुए

413

रंज खींचे थे दाग़ खाए थे दिल ने सदमे बड़े उठाए थे
पास-ए-नामूस-ए-इश्क़ था वरना कितने आँसू पलक तक आए थे

---

409. लब-ए-गोर–क़ब्र के किनारे। सबा–हवा।

410. हंगामा-आरा–हंगामा करने वाला।

411. मुल्तजी–इल्तजा, दरख़्वास्त करने वाला। नाचार–विवश, मजबूर। जिस के तँईं–जिस को, यानि भगवान/ख़ुदा को। ख़ाल-ओ-ख़त–तिल और चेहरे का रुआँ। ख़ुर्शीद-सिफ़त सरकशी–घमंडी जो हमेशा सूरज की तरह सर पर चढ़ा रहता है। सफ़री–जाने वाला, मुसाफ़िर। आक़िबत-ए-कार–आख़िरकार।

412. आदम–आदमी। सर देना–जान देना। फ़राग़त–छुटकारा, निजात। बारे–आख़िरकार।

413. पास-ए-नामूस-ए-इश्क़–मुहब्बत की आबरू का ख़याल।

वही समझा न वरना हमने तो ज़ख़्म छाती के सब दिखाए थे
अब जहाँ आफ़ताब में हम हैं याँ कभू सर्व-ओ-गुल के साए थे
कुछ न समझे कि तुझ से यारों ने किस तवक़्क़ो पे दिल लगाए थे
फ़ुर्सत-ए-ज़िन्दगी से मत पूछो साँस भी हम न लेने पाए थे
'मीर साहिब' रुला गए सब को
कल वे तशरीफ़ याँ भी लाए थे

414

गिरे बहर-ए-बला मिज़्गान पर से निगाहें उठ गईं तूफ़ान पर से
कहाँ हैं आदमी आलम में पैदा
ख़ुदाई सदक़े की इंसान पर से

415

ख़ूब है ऐ अब्र इक शब आओ, बाहम रोइए
पर न इतना भी कि डूबे शहर, कम-कम रोइए

वक़्त-ए-ख़ुश देखा न इक दम से ज़्यादा दहर में
ख़न्दा-ए-सुब्ह-ए-चमन पर मिस्ल-ए-शबनम रोइए

शादी-ओ-ग़म में जहाँ की एक से दस का है फ़र्क़
ईद के दिन हँसिए तो दस दिन मुहर्रम रोइए

देखा मातम-ख़ाना-ए-आलम को हम मानिन्द-ए-अब्र
हर जगह पर जी में यूँ आया दमादम रोइए

हो जुदा फ़िरदौस से, या'नी गली से यार की
मुद्दतों तक कीजिए ग़म, मिस्ल-ए-आदम रोइए

अब से यूँ करिए मुक़र्रर, उठिए जब कुहसार से
वादी-ए-मजनूँ पे भी, ऐ अब्र इक दम रोइए

इश्क़ में तक़रीब-ए-गिरया, गो नहीं दरकार 'मीर'
एक मुद्दत सब्र ही का रखिए मातम, रोइए

आफ़ताब–सूरज। सर्व-ओ-गुल–ख़ूबसूरत पेड़ और फूल। तवक़्क़ो–उम्मीद, भरोसा।

414. बहर-ए-बला–बला के समुंदर, बहुत ज़्यादा आँसू। मिज़्गान–पलकें। आलम–दुनिया, ज़माना। ख़ुदाई–दुनिया, दुनिया के लोग।

415. बाहम–एक साथ, साथ-साथ। दहर–दुनिया, ज़माना। ख़न्दा-ए-सुब्ह-चमन–सुबह के समय बाग़ में फूलों का खिलना। मिस्ल-ए-शबनम–ओस की बूंद की तरह। शादी–ख़ुशी, सुख। मातम-ख़ाना-ए-आलम–दुख भरी दुनिया। मानिन्द-ए-अब्र–बादल की तरह। फ़िरदौस–स्वर्ग। मिस्ल-ए-आदम–आदम की तरह, जो जन्नत से निकाले जाने के बाद आज तक रो रहा है। कुहसार–पहाड़। तक़रीब-ए-गिरया–रोने-धोने का मौक़ा।

416

नहीं वो क़ैद-ए-उल्फ़त में गिरफ़्तारी को क्या जाने
तकल्लुफ़ बर-तरफ़ बे-मेहर है, यारी को क्या जाने

गिला अपनी जफ़ा का सुन के मत आज़ुर्दा हो ज़ालिम
नहीं तोहमत है तुझ पर तू जफ़ा-कारी को क्या जाने

तिरा इबराम उसकी सादगी पर 'मीर' मैं माना
भला ऐसा जो नादाँ हो वो अय्यारी को क्या जाने

417

क्या छिपें शहर-ए-मुहब्बत में तिरे ख़ाना-ख़राब
घर के घर उनके हैं इस बस्ती में वीरान हुए

सब्ज़ा-ओ-लाला-ओ-गुल अब्र-ओ-हवा है, मय दे
साक़ी हम तौबा के करने से पशेमान हुए

देखते फिरते हैं मुँह सब का सहर आईने
जल्वागर हो कि ये तुझ बिन बहुत हैरान हुए

अपने जी ही ने न चाहा कि पिएँ आब-ए-हयात
यूँ तो हम 'मीर', उसी चश्मे पे बेजान हुए

418

या-रब कोई हो इश्क़ का बीमार न होवे मर जाए वले उसको ये आज़ार न होवे
ज़िन्दाँ में फँसे, तौक़ पड़े, क़ैद में मर जाए पर दाम-ए-मुहब्बत में गिरफ़्तार न होवे
माँगे है दुआ ख़ल्क़ तुझे देख के ज़ालिम या-रब किसू को इससे सरोकार न होवे
किस शक्ल से अहवाल कहूँ अब मैं इलाही सूरत से मिरी जिस में वो बेज़ार न होवे
सहरा-ए-मुहब्बत है क़दम देख के रख 'मीर'
ये सैर सर-ए-कूचा-ओ-बाज़ार न होवे

---

416. क़ैद-ए-उल्फ़त–मुहब्बत में गिरफ़्तार। तकल्लुफ़ बर-तरफ़–बिना किसी हिचक के, साफ़-साफ़। बे-मेहर–दयाहीन, ज़ालिम। जफ़ा–सितम, ज़ुल्म। आज़ुर्दा–ख़फ़ा, उदास। तोहमत–आरोप, इल्ज़ाम। जफ़ा-कारी–ज़ुल्म और सितम करना। इबराम–तंग करना। अय्यारी–चालाकी।

417. ख़ाना-ख़राब–बर्बाद। सब्ज़ा-ओ-लाला-ओ-गुल–हरियाली, लाला और गुलाब के फूल। अब्र-ओ-हवा–बादल और हवा। मय–शराब। पशेमान होना–पछताना। सहर–सुबह। जल्वागर–नाज़ और अदा की नुमाइश। आब-ए-हयात–अमृत, जिसके पीने से आदमी अमर हो जाता है। चश्मा–पानी का सोता।

418. वले–लेकिन। आज़ार–बीमारी। ज़िन्दाँ–जेल, क़ैद-ख़ाना। तौक़–क़ैदियों के गले में पहनाए जाने वाला लोहे का कड़ा। दाम–फन्दा। ख़ल्क़–आम लोग, जनता। अहवाल–हाल। बेज़ार–परेशान, विमुख। सहरा-ए-मुहब्बत–मुहब्बत का वीराना, रेगिस्तान। सर-ए-कूचा-ओ-बाज़ार–गली और बाज़ार के बीच।

419

मुमकिन नहीं आराम दे बेताबी जिगर की
जब तक न पलक पर कोई टुकड़ा नज़र आवे

420

जब नाम तिरा लीजिये तब चश्म भर आवे
इस ज़िन्दगी करने को कहाँ से जिगर आवे

मयख़ाना वो मंज़र है कि हर सुब्ह जहाँ शैख़
दीवार पे ख़ुर्शीद का मस्ती से सर आवे

क्या जानें वे मुर्ग़ान-ए-गिरफ़्तार, चमन को
जिन तक कि ब-सद-नाज़ नसीम-ए-सहर आवे

सन्ना' हैं सब ख़्वार, अज़ाँ जुम्ला हूँ मैं भी
है ऐब बड़ा उस में जिसे कुछ हुनर आवे

421

अपना शिआर पूछो तो मेहरबाँ वफ़ा है
पर उसके जी में हमसे क्या जानिए कि क्या है

मत पूछ मेरी उसकी शाम-ओ-सहर की सोहबत
उस तर्फ़ से है गाली इस तर्फ़ से दुआ है

बालीं पे मेरी आकर टुक देख शौक़-ए-दीदार
सारे बदन का जी अब आँखों में आ रहा है

बे-उसके रुक के मरते गर्मी-ए-इश्क़ में तो
करते हैं आह जब तक तब तक ही कुछ हवा है

शिकवा है रोने का ये बेगानगी से तेरी
मिज़्गान-ए-तर वगर्ना आँखों में आश्ना है

---

419. मुमकिन–सम्भव।

420. चश्म–आँख। शैख़–इस्लाम धर्म का ज्ञानी, मुल्ला, क़ाज़ी। ख़ुर्शीद–सूरज। मुर्ग़ान-ए-गिरफ़्तार–पिंजरे में क़ैद परिंदे। ब-सद-नाज़–सैकड़ों अदाओं के साथ। नसीम-ए-सहर–सुबह की ठंडी हवा। सन्ना'–कारीगर। ख़्वार–अपमानित। अज़ाँ जुम्ला–उनमें से एक।

421. शिआर–तरीक़ा, रस्म, आदत। तर्फ़–तरफ़, ओर। शाम-ओ-सहर–सुबह और शाम। बालीं–सिरहाना। शौक़-ए-दीदार–दर्शन अभिलाषा। आँखों में जी आना–मरने के क़रीब पहुँचना। बेगानगी–परायापन, ग़ैर समझना। मिज़्गान-ए-तर–भीगी हुई पलकें। वगर्ना–वर्ना, अपितु। आश्ना–परिचित, सामान्य बात।

मत कर ज़मीन-ए-दिल में तुख़्म-ए-उम्मीद ज़ाएअ'
बूटा जो याँ उगा है सो उगते ही जला है

शर्मिंदा होते हैंगे ख़ुर्शीद-ओ-माह दोनों
ख़ूबी ने तेरे मुँह की ज़ालिम क़िराँ किया है

ऐ शम्अ' बज़्म-ए-आशिक़ रौशन है ये कि तुझ बिन
आँखों में मेरी आलम तारीक हो गया है

जीते ही जी तलक हैं सारे इलाक़े सो तो
आशिक़ तिरा मुजर्रद फ़ारिग़ ही हो चुका है

सद-सिह्र-ओ-यक रक़ीमा, ख़त 'मीर जी' का देखा
क़ासिद नहीं चला है, जादू मगर चला है

422

न आवे सोज़-ए-जिगर मुँह पे शम्अ साँ ऐ काश
बयान करने से आगे ज़बान जल जावे

423

हरम को जाइए या दैर में बसर करिए
तिरी तलाश में इक दिल किधर-किधर करिए

कटे है देखिए यूँ उम्र कब तलक अपनी
कि सुनिये नाम तिरा और चश्म तर करिए

वो मस्त-ए-नाज़ तो मचला है क्या जताइए हाल
जो बे-ख़बर हो भला उसके तईं ख़बर करिए

हुआ है दिन तो जुदाई का सो तअब से शाम
शब-ए-फ़िराक़ किस उम्मीद पर सहर करिए

जहाँ का दीद बजुज़ मातम-ए-नज़ारा नहीं
कि दीदनी ही नहीं जिस पे याँ नज़र करिए

जियों से जाते हैं नाचार आह क्या-क्या लोग
कभू तो जानिब-ए-उश्शाक़ भी गुज़र करिए

सितम उठाने की ताक़त नहीं है अब उसको
जो दिल में आवे तो टुक रहम 'मीर' पर करिए

तुख़्म-ए-उम्मीद–उम्मीद रूपी बीज। ज़ाएअ'–बर्बाद, बेकार। ख़ुर्शीद-ओ-माह–सूरज और चाँद। क़िराँ–सूरज के अलावा कोई दो सितारों का एक साथ बुर्ज में जमा होना/दिखाई देना। शम्अ' बज़्म-ए-आशिक़–आशिक़ की महफ़िल का चराग़। रौशन होना–स्पष्ट होना। आलम–दुनिया। तारीक होना–अंधेरा होना/छाना। इलाक़ा–रिश्ता, नाता, लगाव। मुजर्रद–अकेला, तन्हा। फ़ारिग़ होना–छुटकारा मिलना। सद-सिह्र–सौ जादू। यक–एक। रक़ीमा–लिखा हुआ। क़ासिद–पत्रवाहक।

422. सोज़-ए-जिगर–दिल की जलन, दिल के दुख-दर्द।

423. हरम–मस्जिद। दैर–मंदिर। चश्म–आँख। तअब–दुख, तकलीफ़। शब-ए-फ़िराक़–जुदाई की रात। सहर–सुबह। दीद–दर्शन। बजुज़–सिवा, अलावा। मातम-ए-नज़ारा–मातम का नज़ारा, शोक की बहुतायत। दीदनी–दर्शन योग्य। जी से जाना–जान से जाना। उश्शाक़–आशिक़ का बहुवचन, चाहने वाले।

424

बिगड़ी है निपट 'मीर' तपिश और जिगर में
शायद कि मिरे जी ही पर अब आन बनी है

425

अब कर के फ़रामोश तो नाशाद करोगे   पर हम जो न होंगे तो बहुत याद करोगे
गर देखोगे तुम तर्ज़-ए-कलाम उसकी नज़र कर
ऐ अहल-ए-सुख़न 'मीर' को उस्ताद करोगे

426

ख़ुश-सर-अंजाम थे वे जल्द जो हुशियार हुए   हम तो ऐ हम-नफ़साँ देर ख़बरदार हुए
जिंस-ए-दिल दोनों जहाँ जिसकी बहा थी, उसका   यक निगह मोल हुआ, तुम न ख़रीदार हुए
सैर-ए-गुलज़ार मुबारक हो सबा को हम तो   एक परवाज़ न की थी कि गिरफ़्तार हुए
उस सितमगार के कूचे के हवादारों में   नाम फ़िरदौस का हम लेके गुनहगार हुए
वादा-ए-हश्र तो मौहूम न समझे हम आह   किस तवक़्क़ो पे तिरे तालिब-ए-दीदार हुए
'मीर साहिब' से ख़ुदा जाने हुई क्या तक़्सीर
जिससे इस ज़ुल्म-ए-नुमायाँ के सज़ावार हुए

427

अभी इक उम्र रोना है न खोओ अश्क आँखों तुम
करो कुछ सूझता अपना तो बेहतर है कि दुनिया है

किया ऐ साया-ए-दीवार तूने मुझसे रू पिन्हाँ
मिरे अब धूप में जलने ही का आसार पैदा है

भले को अपने सब दौड़े हैं ये अपना बुरा चाहे
चलन इस दिल का तुम देखो तो दुनिया से निराला है

रहो टुक दूर ही, फिरने दो कूचों में मुझे लड़को
करोगे तंग इसे तुम और तो नज़दीक सहरा है

---

424. निपट–बिल्कुल, पूरी तरह से।

425. फ़रामोश–भुलाना, भूल जाना। नाशाद–परेशान, दुखी। तर्ज़-ए-कलाम–शे'र कहने का तरीक़ा। अहल-ए-सुख़न–शायर।

426. ख़ुश-सर-अंजाम–जिन का अंत अच्छा हो। हम-नफ़साँ–दोस्तो। जिंस-ए-दिल–दिल जैसी चीज़। बहा–क़ीमत। यक निगह–एक निगाह। मोल होना–क़ीमत होना। सैर-ए-गुलज़ार–बाग़ की सैर। सबा–हवा। परवाज़–उड़ान। हवादार–शुभचिंतक। फ़िरदौस–जन्नत, स्वर्ग। वादा-ए-हश्र–क़यामत के दिन मिलने का वादा। मौहूम–भ्रामक, तनिक भी। तवक़्क़ो–उम्मीद, भरोसा। तालिब-ए-दीदार–दर्शन अभिलाषी, आशिक़। तक़्सीर–ग़लती। ज़ुल्म-ए-नुमायाँ–स्पष्ट अत्याचार।

427. अश्क–आँसू। रू–चेहरा। पिन्हाँ–छुपा हुआ। सहरा–रेगिस्तान।

428

गुज़ार-ए-अब्र अब भी जब कभू ईधर को होता है
हमारी बेबसी पर ज़ार-बाराँ देर रोता है

हुआ मज़कूर नाम उसका कि आँसू बह चले मुँह पर
हमारे काम सारे दीदा-ए-तर ही डुबोता है

न रक्खो कान नज़्म-ए-शाइरान-ए-हाल पर इतने
चलो टुक 'मीर' को सुनने कि मोती से पिरोता है

429

हम तो उसके ज़ुल्म से हमदम चले रह सके है तू तो रह याँ हम चले
टूटे जूँ लाला-सिताँ से एक फूल हम ले याँ से दाग़-ए-यक-आलम चले
जुम्बिश-ए-अबरू तो वाँ रहती नहीं कब तलक तलवार याँ हर-दम चले
नम जिगर के आया आख़िर हो गए अश्क-ए-ख़ूनीं कुछ मिज़ा पर जम चले
देखिए बख़्त-ए-ज़बूँ क्या-क्या दिखाए तुम तो ख़ूबाँ हम से हो बरहम चले
भागने पर बैठे थे गोया ग़ज़ाल तेरी आँखें देखते ही रम चले
मुझ से ना-शाइस्ता क्या देखा कि 'मीर'
आते आते कुछ जो आँसू थम चले

430

रोना यही है मुझ को तेरी जफ़ा से हर-दम
ये दिल-दिमाग़ दोनों कब तक वफ़ा करेंगे

है दीन सर का देना गर्दन पे अपनी ख़ूबाँ
जीते हैं तो तुम्हारा ये क़र्ज़ अदा करेंगे

दरवेश हैं हम आख़िर, दो इक निगह की रुख़्सत
गोशे में बैठे प्यारे तुमको दुआ करेंगे

---

428. गुज़ार-ए-अब्र–बादल का गुज़रना, आना। बेकसी–लाचारी। ज़ार-बाराँ रोना–फूट-फूट कर रोना। मज़कूर–ज़िक्र, चर्चा। दीदा-ए-तर–आँसू भरी आँख। कान रखना–ध्यान से सुनना। नज़्म-ए-शाइरान-ए-हाल–आजकल के शायरों की शायरी।

429. हमदम–यार, दोस्त। लाला-सिताँ–सुर्ख़ फूलों का बाग़। दाग़-ए-यक-आलम–दुनिया भर के ज़ख़्म, तमाम दुख-दर्द। जुम्बिश-ए-अबरू–भवों का हिलना। आया–शायद, शक ज़ाहिर करने या आश्चर्य प्रकट करने के लिए बोला जाता है। आख़िर होना–समाप्त होना। मिज़ा–पलक। बख़्त-ए-ज़बूँ–दुर्भाग्य। बरहम–गुस्सा, ख़फ़ा, नाराज़। ग़ज़ाल–हिरण। रम चलना/करना–भागना, वहशत करना। ना-शाइस्ता–जिसे तमीज़ न हो।

430. जफ़ा–ज़ुल्म, ज़्यादती। दीन–धर्म, नतीजा। ख़ूबाँ–ख़ूब का बहुवचन, सुन्दर माशूक़। दरवेश–सूफ़ी, फ़क़ीर। रुख़्सत–मोहलत, समय। गोशा–कोना, तन्हाई।

आख़िर तो रोज़े आए, दो-चार रोज़ हम भी
तरसा बचों में जा कर दारू पिया करेंगे

कुछ तो कहेगा हमको, ख़ामोश देखकर वो
इस बात के लिए अब चुप ही रहा करेंगे

आलम मरे है तुझ पर, आई अगर क़यामत
तेरी गली के हर-सू महशर हुआ करेंगे

दामान-ए-दश्त सूखा, अब्रों की बेतही से
जंगल में रोने को अब हम भी चला करेंगे

लाई तिरी गली तक, आवारगी हमारी
ज़िल्लत की अपनी अब हम, इज़्ज़त किया करेंगे

अहवाल-ए-'मीर' क्यूँकर, आख़िर हो एक शब में
इक उम्र हम ये क़िस्सा तुम से कहा करेंगे

431

हम हुए, तुम हुए, कि 'मीर' हुए — उसकी ज़ुल्फ़ों के सब असीर हुए
नहीं आते किसू की आँखों में — हो के आशिक़ बहुत हक़ीर हुए
आगे ये बे-अदाइयाँ कब थीं — इन दिनों तुम बहुत शरीर हुए
अपने रोते ही रोते सहरा के — गोशे-गोशे में आबगीर हुए

मत मिल अहल-ए-दवल के लड़कों से
'मीर जी' उनसे मिल फ़क़ीर हुए

432

दुरंगी दहर की पैदा है याँ से दिल उठा अपना
किसू के घर में शादी है कहीं हंगामा-ए-ग़म है

तरसा बचों–अग्नि-पूजक लड़के, शराब-ख़ाने के लड़के। आलम–दुनिया। हर-सू–हर तरफ़, चारों तरफ़। महशर–क़यामत के दिन इकट्ठा होने की जगह। दामान-ए-दश्त–जंगल का मैदान। अब्र–बादल। बेतही–ओछापन, अनुदारता, बे-हिम्मती। ज़िल्लत–बदनामी, अपमान। अहवाल-ए-'मीर'–'मीर' का हाल/कहानी। शब–रात।

431. असीर–क़ैदी, बंदी। हक़ीर–ओछा, तुच्छ। शरीर–शरारती। सहरा–रेगिस्तान। गोशे गोशे में–हर कोने में। आबगीर–तालाब। अहल-ए-दवल–दौलत-मंद, धनवान।

432. दहर–दुनिया। शादी–ख़ुशी।

433

जब कि पहलू से यार उठता है   दर्द बे-इख़्तियार उठता है
अब तलक भी मज़ार-ए-मजनूँ से   नातवाँ इक ग़ुबार उठता है

है बगूला ग़ुबार किसका 'मीर'
कि जो हो बेक़रार उठता है

434

क्या मिरे सर्व-ए-रवाँ का कोई माइल एक है
सैकड़ों हम ख़ूँ-गिरफ़्ता हैं वो क़ातिल एक है

राह सबको है ख़ुदा से जान अगर पहुँचा है तू
हों तरीक़े मुख़्तलिफ़ कितने ही मंज़िल एक है

एक से है ख़िरमन-ए-ग़म, दाना-ए-अश्क एक से
दीदा-ओ-दिल अल-ग़रज़ दोनों का हासिल एक है

चश्म-ओ-अब्रू, नाज़-ओ-ख़ूबी, ज़ुल्फ़-ओ-काकुल, ख़ाल-ओ-ख़त
देखिए क्या हो, बलाएँ इतनी हैं, दिल एक है

काम कुछ दुनिया की आसानी में हो तो 'मीर' कर
मुर्दन-ए-दुश्वार भी दरपेश मंज़िल एक है

435

मरता है क्यूँ तू नाहक़ यारी बिरादरी पर   दुनिया के सारे नाते हैं जीते-जी तलक के

कहते हैं गोर में भी हैं तीन रोज़ भारी
जावें किधर इलाही मारे हुए फ़लक के

---

433. नातवाँ–कमज़ोर, कम-कम। बगूला–बवंडर, चक्रवात।

434. सर्व-ए-रवाँ–एक ख़ूबसूरत पेड़ जिसकी ऊँचाई से माशूक़ के क़द को उपमा दी जाती है। माइल–झुका हुआ, आशिक़। ख़ूँ-गिरफ़्ता–मौत के चंगुल में, मरने को तैयार। राह होना–लगाव होना, सम्बन्ध होना। मुख़्तलिफ़–अलग-अलग, जुदा। ख़िरमन-ए-ग़म–दुख रूपी खलिहान, दुखों के अम्बार। दाना-ए-अश्क–आँसुओं की बूँदें। दीदा–आँख। अल-ग़रज़–आख़िरकार। चश्म-ओ-अब्रू–आँख और भौं। ज़ुल्फ़-ओ-काकुल–बाल और लटें। ख़ाल-ओ-ख़त–चेहरा-मोहरा, हुलिया। मुर्दन-ए-दुश्वार–मौत जो मुश्किल से आती है, दुर्लभ मौत। दरपेश होना–सामने होना।

435. नाहक़–बिना वजह, बेफ़ायदा। गोर–क़ब्र। फ़लक–आसमान। फ़लक का मारा–मुसीबत का मारा, बदनसीब।

436

ता-चन्द तिरे ग़म में, यूँ ज़ार रहा कीजे उम्मीद-ए-अयादत पर, बीमार रहा कीजे
नै अब है जिगर-कावी, नै सीना-ख़राशी है कुछ जी में ये आए है, बेकार रहा कीजे
कैफ़ीयत-ए-चश्माँ अब, मालूम हुई उसकी ये मस्त हैं वो ख़ूनी, हुशियार रहा कीजे
है ज़ीस्त कोई ये भी, जो 'मीर' करे है तू
हर आन में मरने को तय्यार रहा कीजे

437

ताक़त नहीं है जी में न अब जिगर रहा है फिर दिल सितम-रसीदा इक ज़ुल्म कर रहा है
मारा है किस को ज़ालिम इस बे-सलीक़गी से दामन तमाम तेरा लोहू में भर रहा है
आने कहा है मेरे ख़ुश-क़द ने रात गुज़रे हंगामा-ए-क़यामत अब सुब्ह पर रहा है
चल हमनशीं कि देखें आवारा 'मीर' को टुक
ख़ाना-ख़राब वो भी आज अपने घर रहा है

438

क़रार-ए-दिल का ये काहे को ढंग था आगे हमारे चेहरे के ऊपर भी रंग था आगे
उठाईं तेरे लिये बद-ज़बानियाँ उनकी जिन्हों की हमको ख़ुशामद से नंग था आगे
हमारी आहों से सीने पे हो गया बाज़ार हर एक ज़ख़्म का कूचा जो तंग था आगे
रहा था शम्अ से मजलिस में दोश कितना फ़र्क़ कि जल-बुझे थे ये हम पर पतंग था आगे
किया ख़राब तग़ाफ़ुल ने उसके वर्ना 'मीर'
हर एक बात पे दुश्नाम-ओ-संग था आगे

439

तुझ बिन ख़राब-ओ-ख़स्ता ज़बूँ ख़्वार हो गए क्या आरज़ू थी हमको कि बीमार हो गए
हमने भी सैर की थी चमन की पर ऐ नसीम उठते ही आशियाँ से गिरफ़्तार हो गए
कैसे हैं वे कि जीते हैं सद साल, हम तो 'मीर'
इस चार दिन की ज़ीस्त में बेज़ार हो गए

---

436. ता-चन्द–कब तक। ज़ार–बदहाल, परेशान। अयादत–बीमार की ख़बर पूछना। नै–न। जिगर-कावी–कलेजा खोदना यानी सख़्त उलझन। सीना-ख़राशी–सीना ज़ख़्मी करना, यानी मुहब्बत में तकलीफ़ें सहते रहना। कैफ़ीयत-ए-चश्माँ–आँखों का भाव, नशीलापन। ज़ीस्त–जीवन, ज़िन्दगी। आन–पल, घड़ी।

437. जिगर होना–हिम्मत होना। सितम-रसीदा–सितम झेलने वाला, दुख-तकलीफ़ उठाने वाला। बे-सलीक़गी–फूहड़पन। ख़ुश-क़द–अच्छे क़द वाला यानी माशूक़। हमनशीं–साथी, दोस्त।

438. क़रार-ए-दिल–दिल का चैन, आराम। बद-ज़बानियाँ–गालियाँ, बुरी-भली बातें। नंग–शर्म। मजलिस–महफ़िल। दोश–कल रात, गुज़री हुई रात। तग़ाफ़ुल–बे-परवाई। दुश्नाम-ओ-संग–गाली और पत्थर।

439. ज़बूँ–ख़राब, घटिया। ख़्वार–ज़लील। नसीम–ठंडी हवा। आशियाँ–घोंसला। सद–सौ। ज़ीस्त–ज़िन्दगी। बेज़ार होना–उकताना।

440

तंग आए हैं, दिल इस जी से उठा बैठेंगे
भूकों मरते हैं, कुछ अब यार भी खा बैठेंगे

अब के बिगड़ेगी अगर उनसे तो इस शहर से जा
किसू वीराने में तकिया ही बना बैठेंगे

होगा ऐसा भी कोई रोज़ कि मजलिस से कभू
हम तू एक आध घड़ी उठ के जुदा बैठेंगे

देखें वो ग़ैरत-ए-ख़ुर्शीद कहाँ जाता है
अब सर-ए-राह दम-ए-सुब्ह से आ बैठेंगे

कब तलक गलियों में सौदाई से फिरते रहिए
दिल को उस ज़ुल्फ़-ए-मुसलसल से लगा बैठेंगे

शोला-अफ़्शाँ अगर ऐसी ही रही आह तो 'मीर'
घर को हम अपने किसू रात जला बैठेंगे

441

नाला ता-आसमान जाता है
शोर से जैसे बान जाता है

दिल अजब जाए है वलेकिन मुफ़्त
हाथ से ये मकान जाता है

गाहे आता हूँ आप में सो भी
जैसे कोई मेहमान जाता है

क्या ख़राबी है मयकदे की सहल
मुहतसिब इक जहान जाता है

जब सर-ए-राह आवे है वो शोख़
एक आलम का जान जाता है

उस सुख़न-नाशुनो से क्या कहिए
ग़ैर की बात मान जाता है

इश्क़ के दाग़ का अबस है इलाज
कोई अब ये निशान जाता है

गो वो हरजाई आए अपनी ओर
सौ तरफ़ ही गुमान जाता है

'मीर' तो उम्र-ए-तबई को पहुँचा
इश्क़ में जूँ जवान जाता है

442

मर ही जावेंगे बहुत हिज्र में नाशाद रहे
भूल तो हम को गए हो ये तुम्हें याद रहे

हम से दीवाने रहें शहर में सुब्हान-अल्लाह
दश्त में क़ैस रहे, कोह में फ़रहाद रहे

---

440. तकिया–ठिकाना, ठिया। मजलिस–महफ़िल। ग़ैरत-ए-ख़ुर्शीद–जिसकी सुंदरता से सूरज भी शर्मिंदा हो जाए यानी माशूक़। सर-ए-राह–रास्ते में, रास्ते पर। दम-ए-सुब्ह–सुबह होते ही। सौदाई–पागल। ज़ुल्फ़-ए-मुसलसल–ख़ूबसूरत, सीधे लम्बे बाल। शोला अफ़्शाँ–आग बरसाती (आहें)।

441. नाला–रोने की आवाज़। ता-आसमान–आसमान तक। बान–पुराने ज़माने में युद्ध में प्रयोग होने वाला एक हथियार जिससे आग निकलती थी और इसे दुश्मन की तरफ़ छोड़ा करते थे। जाए–जगह। वलेकिन–लेकिन। गाहे–कभी। सहल–आसान। मुहतसिब–हिसाब लेने वाला, शराब बंदी दफ़्तर का अफ़सर। सर-ए-राह–रास्ते में। शोख़–चंचल, माशूक़। एक आलम–सारी दुनिया, तमाम लोग। सुख़न-नाशुनो–किसी की बात पर ध्यान न देने वाला, ज़िद्दी। अबस–बे-फ़ायदा, बेकार। गुमान–वहम, शक। उम्र-ए-तबई–पूरी उम्र।

442. हिज्र–जुदाई। नाशाद–जो ख़ुश न हो, दुखी। दश्त–जंगल। क़ैस–मजनूँ। कोह–पहाड़।

कुछ भी निस्बत न थी जब दैर से तब क्या था शैख़
हम हरम में भी रहे तो तिरे दामाद रहे

दूर इतनी तो नहीं शाम-ए-अजल दूरी में
ता-सहर ऐसी ही जो ज़ारी-ओ-फ़रियाद रहे

सर तो कटवा ही चुके 'मीर' तड़प से तो बचें
जो टुक इक पाँव रखे छाती पे जल्लाद रहे

443

जब रोने बैठता हूँ तब क्या कसर रहे है रूमाल दो-दो दिन तक जूँ अब्र तर रहे है
आगह तो रहिए उसकी तर्ज़-ए-रह-ओ-रविश से आने में उसके लेकिन किस को ख़बर रहे है
इन रोज़ों इतनी ग़फ़लत अच्छी नहीं उधर से अब इज़्तिराब हमको दो-दो पहर रहे है
दर से कभू जो आते देखा है मैंने उसको तब से उधर ही अक्सर मेरी नज़र रहे है
आख़िर कहाँ तलक हम इक रोज़ हो चुकेंगे बरसों से वादा-ए-शब हर सुब्ह पर रहे है
'मीर' अब बहार आई सहरा में चल जुनूँ कर
कोई भी फ़स्ल-ए-गुल में नादान घर रहे है

444

नाले का आज दिल से फिर लब तलक गुज़र है
टुक गोश रखियो ईधर साथ इस के कुछ ख़बर है

ऐ हुब्ब-ए-जाह वालो, जो आज ताजवर है
कल उसको देखियो तुम, नै ताज है न सर है

अब की हवा-ए-गुल में सैराबी है निहायत
जू-ए-चमन पे सब्ज़ा, मिज़्गान-ए-चश्म-ए-तर है

शम्अ-ए-अख़ीर-ए-शब हूँ, सुन सरगुज़श्त मेरी
फिर सुब्ह होते तक तो क़िस्सा ही मुख़्तसर है

निस्बत–सम्बन्ध, रिश्ता। दैर–मंदिर। शैख़–इस्लाम धर्म का ज्ञानी, मुल्ला, क़ाज़ी। हरम–मस्जिद। शाम-ए-अजल–मृत्यु की शाम, मौत की घड़ी। ता-सहर–सुबह तलक। ज़ारी-ओ-फ़रियाद–रोना-पीटना, रोना-धोना।

443. अब्र तर–बरसने वाला बादल। आगह–होशियार, चौकस। तर्ज-ए-रह-ओ-रविश–चाल-चलन का अन्दाज़। इज़्तिराब–बेचैनी। जुनूँ–जुनून, पागलपन। फ़स्ल-ए-गुल–बहार का मौसम।

444. नाला–रोना, विलाप। गोश रखना–सुनना। हुब्ब-ए-जाह–रुत्बे और पद की चाहत, सत्ता प्रेम। ताजवर–मुकुट/ताज पहनने वाला, बादशाह, राजा। हवा-ए-गुल–बहार के मौसम की हवा। सैराबी–नमी। जू-ए-चमन–बाग़ में बहने वाली छोटी नहर। सब्ज़ा–हरियाली। मिज़्गान-ए-चश्म-ए-तर–भीगी पलकें। शम्अ-ए-अख़ीर-ए-शब–रात के ख़त्म होने के समय का बुझा-बुझा सा चराग़। सरगुज़श्त–आपबीती। मुख़्तसर–छोटा।

अब रहम पर उसी के मौक़ूफ़ है कि याँ तो
नै अश्क में सरायत, नै आह में असर है

हम मस्त-ए-इश्क़ वाइज़, बे-हेच भी नहीं हैं
ग़ाफ़िल जो बे-ख़बर हैं, कुछ उनको भी ख़बर है

अब फिर हमारा उसका महशर में माजरा है
देखें तो उस जगह क्या इन्साफ़-ए-दादगर है

आफ़त-रसीदा हम क्या सर खींचें इस चमन में
जूँ नख़्ल-ए-ख़ुश्क हमको, नै साया नै समर है

कर 'मीर' इस ज़मीं में और इक ग़ज़ल तू मौज़ूँ
है हर्फ़-जन क़लम भी, अब तब्अ भी इधर है

445

ढूँडा न पाइए जो इस वक़्त में सो ज़र है — फिर चाह जिसकी मुतलक़ है ही नहीं, हुनर है
हर दम क़दम को अपने रख एहतियात से याँ — ये कारगाह सारी दुक्कान-ए-शीशागर है
ढाहा जिनों ने इसको, उन पर ख़राबी आई — जाना गया इसी से, दिल भी किसू का घर है
अहल-ए-ज़माना रहते एक तौर पर नहीं हैं — हर-आन मर्तबे से अपने इन्हें सफ़र है

वे दिन गए कि आँसू रोते थे 'मीर' अब तो
आँखों में लख़्त-ए-दिल है या पारा-ए-जिगर है

446

शब शम्अ पर पतंग के आने को इश्क़ है — इस दिल जले के ताब के लाने को इश्क़ है
सर मार-मार संग से मर्दाना जी दिया — फ़रहाद के जहान से जाने को इश्क़ है
उठियो समझ के जा से कि मानिन्द-ए-गर्दबाद — आवारगी से तेरी ज़माने को इश्क़ है

मौक़ूफ़–निर्भर। नै–न। अश्क–आँसू। वाइज़–धर्म उपदेशक। सरायत–असर, प्रभाव। बे-हेच–बिना वजह। महशर–क़यामत के दिन लोगों के इकट्ठा होने की जगह। माजरा–कहानी। इन्साफ़-ए-दादगर-इंसाफ़ करने वाले (ईश्वर)का इंसाफ़। आफ़त-रसीदा–मुसीबत का मारा। सर खींचना–सर उठाना। नख़्ल-ए-ख़ुश्क–सूखा पेड़। समर–फल। ज़मीं–ज़मीन, ग़ज़ल की रदीफ़, क़ाफ़िया और वज़न। ग़ज़ल मौज़ूँ करना–ग़ज़ल को शायरी के नियम के हिसाब से कहना। हर्फ़-ज़न–बातें करने वाला, बोलने वाला। तब्अ–तबीयत।

445. ज़र–पैसा, सोना। मुतलक़–बिलकुल, क़तई। कारगाह–कारख़ाना (यहाँ दुनिया की तरफ़ इशारा है)। शीशागर–शीशे का सामान बनाने वाला। अहल-ए-ज़माना–दुनिया के लोग। हर-आन–हर पल, हमेशा। मर्तबा–हैसियत, ओहदा। लख़्त-ए-दिल–दिल के टुकड़े। पारा-ए-जिगर–जिगर के टुकड़े।

446. शब–रात। पतंग–परवाना। ताब लाना–सहन करना, बर्दाश्त करना। संग–पत्थर। जा–जगह, ठिकाना। मानिंद–तरह, के जैसे। गर्दबाद–बगूला, अंधड़।

बैठी जो तेग़-ए-यार तो सब तुझको खा गई   ऐ सीने तेरे ज़ख़्म उठाने को इश्क़ है
इक दम में तूने फूँक दिया दो जहाँ के तईं   ऐ इश्क़ तेरे आग लगाने को इश्क़ है
सौदा हो तब हो 'मीर' को, तो करिए कुछ इलाज
इस तेरे देखने के दिवाने को इश्क़ है

447

समझे अन्दाज़-ए-शे'र को मेरे
'मीर' का सा अगर कमाल रखे

448

याँ जो वो नौ-निहाल आता है   जी में क्या-क्या ख़याल आता है
उसके चलने की आन का बेहाल   मुद्दतों में बहाल आता है
पर तो गुज़रा क़फ़स ही में देखें   अब के कैसा ये साल आता है
शैख़ की तू नमाज़ पर मत जा   बोझ सर का सा डाल आता है
आरसी के भी घर में शर्म से 'मीर'
कम ही वो बेमिसाल आता है

449

पीरी में क्या जवानी के मौसम को रोइए   अब सुब्ह होने आई है इक दम तो सोइए
इख़लास-ए-दिल से चाहिए सज्दा नमाज़ में   बेफ़ायदा है वरना जो यूँ वक़्त खोइए
किस तौर आँसुओं में नहाते हैं ग़म-कशाँ   इस आब-ए-गर्म में तो न उंगली डुबोइए
अब जान जिस्म-ए-ख़ाकी से तंग आ गई बहुत   कब तक इस एक टोकरी मिट्टी को ढोइए
आलूदा उस गली की जो हों ख़ाक से तो 'मीर'
आब-ए-हयात से भी न वे पाँव धोइए

तेग़–तलवार। तेग़-ए-यार–माशूक़ की तलवार। सौदा–पागलपन, जुनून।

447. अन्दाज़-ए-शे'र–शे'र कहने का तरीक़ा।

448. नौ-निहाल–नौजवान, माशूक़। बहाल आना–होश में आना। पर–पिछला (साल), गुज़रा हुआ। क़फ़स–पिंजरा। शैख़–इस्लाम धर्म का ज्ञानी, मुल्ला, क़ाज़ी। आरसी–आईना।

449. पीरी–बुढ़ापा। इख़लास–प्यार, मुहब्बत। ग़म-कशाँ–दुखियारे, ग़म ढोने वाले। आब-ए-गर्म–आँसू। जिस्म-ए-ख़ाकी–मिट्टी की काया। आलूदा–सना हुआ। आब-ए-हयात–अमृत, वो पानी जिसको पीकर आदमी अमर हो जाए।

450

प्यार करने का जो ख़ूबाँ हम पे रखते हैं गुनाह
उनसे भी तो पूछते, तुम इतने क्यूँ प्यारे हुए

451

करे क्या कि दिल भी तो मजबूर है ज़मीं सख़्त है आसमाँ दूर है
तमन्ना-ए-दिल के लिए जान दी सलीक़ा हमारा तो मशहूर है
न हो किस तरह फ़िक्र-ए-अन्जाम कार भरोसा है जिस पर सो मग़रूर है
दिल अपना निहायत है नाज़ुक मिज़ाज गिरा गर ये शीशा तो फिर चूर है
कहीं जो तसल्ली हुआ हो ये दिल वही बेक़रारी, ब-दस्तूर है
बहुत सई करिए तो मर रहिए 'मीर'
बस अपना तो इतना ही मक़्दूर है

452

अब 'मीर जी' तो अच्छे ज़िन्दीक़ ही बन बैठे
पेशानी पे दे क़श्क़ा, ज़ुन्नार पहन बैठे

आज़ुर्दा दिल-ए-उल्फ़त हम चुपके ही बेहतर हैं
सब रो उठेगी मजलिस, जो करके सुख़न बैठे

उरयान फिरें कब तक, ऐ काश कहीं आकर
तह गर्द-ए-बियाबाँ की, बाला-ए-बदन बैठे

जुज़ ख़त के ख़याल उसके, कुछ काम नहीं हम को
सब्ज़ी पिये हम अक्सर रहते हैं मगन बैठे

शमशीर-ए-सितम उसकी अब गो कि चले हरदम
शोरीदा-सर अपने से, हम बाँध कफ़न बैठे

---

450. ख़ूबाँ–सुन्दर माशूक़।

451. अन्जाम कार–आख़िरकार, नतीजतन। मग़रूर–घमंडी। सई–कोशिश। ब-दस्तूर–पहले जैसा। मक़्दूर–ताक़त, शक्ति, क़ाबू।

452. ज़िन्दीक़–नास्तिक, काफ़िर, देखने में मुसलमान लेकिन दिल में इस्लाम धर्म को नकारने वाला। पेशानी–माथा। क़श्क़ा–तिलक। ज़ुन्नार–जनेऊ। आज़ुर्दा-दिल-ए-उल्फ़त–इश्क़ के कारण दुखी दिल। सुख़न करना–बात बताना। उरयान–नंगा। गर्द-ए-बियाबाँ–वीराने/जंगल की धूल। बाला-ए-बदन–बदन के ऊपर। जुज़–सिवाए, अलावा। सब्ज़ी पीना–भांग पीना। शमशीर-ए-सितम–ज़ुल्म की तलवार। गो–यद्यपि, हालाँकि, बेशक। शोरीदा-सर–पागल, दीवाना।

बस हो तो इधर-ऊधर, यूँ फिरने न दें तुझको
नाचार तिरे हम ये देखें हैं चलन बैठे

453

हरम में 'मीर' जितना बुत-परस्ती पर है तू माइल
ख़ुदा ही हो तो इतना बुत-कदे में बरहमन निकले

454

क़स्द गर इम्तिहान है प्यारे अब तलक नीम जान है प्यारे
सज्दा करने में सर कटें हैं जहाँ सो तिरा आस्तान है प्यारे
गुफ़्तगू रेख़्ते में हम से न कर ये हमारी ज़बान है प्यारे
काम में क़त्ल के मिरे तन दे अब तलक मुझ में जान है प्यारे
छोड़ जाते हैं दिल को तेरे पास ये हमारा निशान है प्यारे
शक्लें क्या-क्या कियाँ हैं जिनने ख़ाक ये वही आसमान है प्यारे
'मीर' अम्दन भी कोई मरता है
जान है तो जहान है प्यारे

455

ज़ख़्मों पे ज़ख़्म झेले, दाग़ों पे दाग़ खाए
यक क़तरा ख़ून-ए-दिल ने क्या-क्या सितम उठाए

बढ़तीं नहीं पलक से, ता हम तलक भी पहुँचें
फिरती हैं वे निगाहें, पलकों के साए-साए

पर की बहार में जो महबूब जल्वागर थे
सो गर्दिश-ए-फ़लक ने, सब ख़ाक में मिलाए

हर क़त्आ-ए-चमन पर टुक गाड़ कर नज़र कर
बिगड़ीं हज़ार शक्लें, तब फूल ये बनाए

नाचार–मजबूर, विवश।

453. हरम–का'बा और उसके आस-पास का क्षेत्र। बुत-परस्ती–मूर्ति की पूजा। माइल–झुका हुआ, रुझान रखने वाला। बुत-कदा–मूर्तियों का घर, मंदिर। बरहमन–ब्राह्मण।

454. क़स्द–इरादा। नीम जान–आधी जान, अधमरा। आस्तान–चौखट। रेख़्ता–उर्दू का पुराना नाम। तन देना–मेहनत करना। अम्दन–जान बूझकर।

455. यक–एक। क़तरा–बूँद। ता–ताकि, जो। पर की–पिछले साल की। जल्वागार होना–दिखाई देना, प्रकट होना। गर्दिश-ए-फ़लक–आसमान का चक्कर, क़िस्मत। क़त्आ-ए-चमन–बाग़ का टुकड़ा/हिस्सा।

यक हर्फ़ की भी मोहलत, हमको न दी अजल ने
था जी में आह क्या-क्या, पर कुछ न कहने पाए

आगे भी तुझ से था याँ, तस्वीर का सा आलम
बेदर्दी-ए-फ़लक ने, वे नक़्श सब मिटाए

मुद्दत हुई थी बैठे, जोश-ओ-ख़रोश-ए-दिल को
ठोकर ने उस निगह की, आशोब फिर उठाए

क़त्आ

दिल-गर्मियाँ उन्हों की ग़ैरों से जब न तब थीं
मजलिस में जब गए हम, ग़ैरत ने जी जलाए

जीते तो 'मीर' हर शब इस तर्ज़ उम्र गुज़री
फिर गोर पर हमारी ले शम्अ गो कि आए

456

क़ब्र-ए-आशिक़ पर मुक़र्रर रोज़ आना कीजिए   जो गया हो जान से उसको भी जाना कीजिए
रफ़्ता-रफ़्ता क़ासिदों को रफ़्तगी उस से हुई   जी में है अब के मुक़र्रर अपना जाना कीजिए

आबशार आने लगे आँसू के पलकों से तो 'मीर'
कब तलक ये आब-ए-चादर मुँह पे ताना कीजिए

457

काम-ए-दिल का कुछ ठिकाना ही नहीं, क्यूँकर बने
आइए ता-चन्द ना-उम्मीद फिर कर जाइए

मुज़्तरिब उस आस्ताँ से उठ के कुछ पाया न रू
मुँह रहा है क्या जो फिर अब उसके दर पर जाइए

शौक़ था जो यार के कूचे हमें लाया था 'मीर'
पाँव में ताक़त कहाँ इतनी कि अब घर जाइए

यक हर्फ़–एक शब्द, एक बात। अजल–मौत। आगे भी–पहले भी। बेदर्दी-ए-फ़लक–आसमान की बेरहमी, दुनिया के सितम। नक़्श–चित्र, निशान। आशोब–हलचल, फ़ितना, फ़साद। दिल-गर्मी–शौक़, जोश, दोस्ती। मजलिस–महफ़िल। ग़ैरत–शर्मिंदगी। गोर–क़ब्र। गो कि–हालाँकि, यद्यपि।

456. मुक़र्रर–ज़रूर, अवश्य। क़ासिद–पत्रवाहक। रफ़्तगी–बेख़ुदी, बेहोशी। आबशार–झरना। आब-ए-चादर–पानी की चादर, आँसुओं से भरा चेहरा।

457. काम-ए-दिल–दिल की मुराद। ता-चन्द–कब तक। मुज़्तरिब–बेचैन। आस्ताँ–चौखट। रू न पाना–सम्मान न पाना। मुँह होना–ताक़त होना, हिम्मत होना।

458

ग़ालिब कि ये दिल-ख़स्ता शब-ए-हिज्र में मर जाए
ये रात नहीं वो जो कहानी में गुज़र जाए

नै बुतकदा है मंज़िल-ए-मक़्सूद न का'बा
जो कोई तलाशी हो तिरा आह किधर जाए

हर सुब्ह तो ख़ुर्शीद तिरे मुँह पे चढ़े है
ऐसा न हो ये सादा कहीं जी से उतर जाए

याक़ूत कोई उनको कहे है कोई गुलबर्ग
टुक होंठ हिला तू भी, कि इक बात ठहर जाए

हम ताज़ा शहीदों को न आ देखने नाज़ाँ
दामन की तिरी ज़ेह कहीं लोहू से न भर जाए

मत बैठ बहुत इश्क़ के आज़ुर्दा-दिलों में
नाला किसू मज़लूम का तासीर न कर जाए

इस वर्ते से तख़्ता जो कोई पहुँचे किनारे
तो 'मीर' वतन मेरे भी शायद ये ख़बर जाए

459

हमने जाना था सुख़न होंगे ज़बाँ पर कितने
पर क़लम हाथ जो आई लिखे दफ़्तर कितने

मैंने उस क़त्अ-ए-सन्नाअ से सर खींचा है
कि हर इक कूचे में जिसके थे हुनर-वर कितने

किश्वर-ए-इश्क़ को आबाद न देखा हमने
हर गली कूचे में ऊजड़ पड़े थे घर कितने

आह निकली है ये किस की हवस-ए-सैर-ए-बहार
आते हैं बाग़ में आवारा हुए पर कितने

उम्र गुज़री कि नहीं दूदा-ए-आदम से कोई
जिस तरफ़ देखिए अर्से में हैं अब ख़र कितने

तू है बेचारा गदा 'मीर' तिरा क्या मज़कूर
मिल गए ख़ाक में याँ साहिब-ए-अफ़सर कितने

460

आह जिस वक़्त सर उठाती है
अर्श पर बर्छियाँ चलाती है

ऐ शब-ए-हिज्र रास्त कह तुझको
बात कुछ सुब्ह की भी आती है

चश्म-ए-बद-दूर चश्म-ए-तर ऐ 'मीर'
आँखें तूफ़ान को दिखाती है

---

458. ग़ालिब–शायद, अक्सर। दिल-ख़स्ता–दुखों का मारा, मुसीबत का मारा। शब-ए-हिज्र–जुदाई की रात। नै–न। बुत-कदा–मूर्तियों का घर, मंदिर। मंज़िल-ए-मक़्सूद–वो जगह जहाँ पहुँचने का इरादा हो। ख़ुर्शीद–सूरज। याक़ूत–लाल रंग का क़ीमती पत्थर। गुलबर्ग–गुलाब की पंखुड़ियाँ, माशूक़ के होंठ। नाज़ाँ–घमण्डी महबूब। ज़ेह–सिरा, दामन का किनारा। आज़ुर्दा-दिल–परेशान हाल, दुखियारा। नाला–विलाप, रोना-धोना। मज़लूम–जिस पर ज़ुल्म हुआ हो। तासीर–असर। वर्ता–भँवर।

459. सुख़न–शे'र-ओ-शायरी, बातचीत। क़त्अ-ए-सन्नाअ–कारीगरों के रहने की जगह। हुनर-वर–कारीगर। किश्वर-ए-इश्क़–मुहब्बत का देश, मुल्क। ऊजड़–उजड़े हुए। हवस-ए-सैर-ए-बहार–बहार के मौसम में सैर करने की हवस। दूदा-ए-आदम–आदम की क़ौम या नस्ल, मनुष्य जाति। अर्सा–मैदान। ख़र–गधा। गदा–भिखारी, फ़क़ीर। मज़कूर–ज़िक्र।

460. अर्श–आसमान। शब-ए-हिज्र–जुदाई की रात। रास्त–सही, ठीक। चश्म-ए-बद-दूर–नज़र न लगे। चश्म-ए-तर–आँसू भरी आँखें।

461

ताक़त नहीं है दिल में, नै जी बजा रहा है क्या नाज़ कर रहे हो अब हम में क्या रहा है
जैब और आस्तीं से रोने का काम गुज़रा सारा निचोड़ अब तो दामन पर आ रहा है
काहे का पास अब तो रुस्वाई दूर पहुँची राज़-ए-मुहब्बत अपना किससे छुपा रहा है
वे लुत्फ़ की निगाहें पहले फ़रेब हैं सब किससे वो बे-मुरव्वत फिर आश्ना रहा है
रहते हैं दाग़ अक्सर, नान-ओ-नमक की ख़ातिर जीने का इस समैं में, अब क्या मज़ा रहा है
अब चाहता नहीं है बोसा जो तेरे लब से
जीने से 'मीर' शायद कुछ दिल उठा रहा है

462

तड़पना भी देखा न बिस्मिल का अपने मैं कुश्ता हूँ अंदाज़-ए-क़ातिल का अपने
न पूछो कि अहवाल ना-गुफ़्ता-बह है मुसीबत के मारे हुए दिल का अपने
दिल-ए-ज़ख़्म-ख़ुर्दा के और इक लगाई
मुदावा किया ख़ूब घाइल का अपने

463

जब तक कि तिरा गुज़र न होवे जल्वा मिरी गोर पर न होवे
घर दूद-ए-जिगर से भर गया आह कब तक मिरी चश्म तर न होवे
बीमार रहे हैं उसकी आँखें देखो किसू की नज़र न होवे
कर बेख़बर इक निगह से साक़ी लेकिन किसू को ख़बर न होवे
रख देख के राह-ए-इश्क़ में पाए
याँ 'मीर' किसू का सर न होवे

464

रात गुज़रे है मुझे नज़अ में रोते-रोते आँखें फिर जाएँगी अब सुब्ह के होते-होते
खोल कर आँख उड़ा दीद जहाँ का ग़ाफ़िल ख़्वाब हो जाएगा फिर जागना सोते-सोते

---

461. नै–न। बजा–ठीक, यथास्थान। जैब और आस्तीं–गिरेबान और आस्तीन। पास–लिहाज़। रुस्वाई–बदनामी। बे-मुरव्वत–बे-वफ़ा। आश्ना–परिचित, दोस्त। नान-ओ-नमक–रोज़ी-रोटी। समैं–समय। बोसा–चुम्बन।

462. बिस्मिल–घायल। कुश्ता–मारा हुआ। अहवाल–हाल। ना-गुफ़्ता-बह–न बताने लायक़। दिल-ए-ज़ख़्म-ख़ुर्दा–ज़ख़्मी दिल। मुदावा–इलाज। घाइल–घायल।

463. गोर–क़ब्र। दूद–धुआँ। चश्म–आँख। साक़ी–शराब पिलाने वाला, माशूक़। पाए रखना–पाँव रखना।

464. नज़अ–दम टूटना, मौत का समय। दीद–दीदार, नज़ारा। दीद उड़ाना–नज़ारा करना, देखना। ग़ाफ़िल–बेख़बर, लापरवाह।

दाग़ उठते रहे दिल में मिरी नौमीदी से   हारा मैं तुख़्म-ए-तमन्ना को भी बोते-बोते

जम गया ख़ूँ कफ़-ए-क़ातिल पे तिरा 'मीर' ज़बस
उन ने रो-रो दिया कल हाथ को धोते-धोते

465

जिन-जिन को था ये इश्क़ का आज़ार मर गए   अक्सर हमारे साथ के बीमार मर गए
होता नहीं है उस लब-ए-नौ-ख़त पे कोई सब्ज़   ईसा-ओ-ख़िज्र क्या सभी यक-बार मर गए
यूँ कानों-कान गुल ने न जाना चमन में आह   सर को पटक के हम पस-ए-दीवार मर गए
सद कारवाँ वफ़ा है कोई पूछता नहीं   गोया मता-ए-दिल के ख़रीदार मर गए
मजनूँ न दश्त में है न फ़रहाद कोह में   था जिन से लुत्फ़-ए-ज़िन्दगी वे यार मर गए
गर ज़िन्दगी यही है जो करते हैं हम असीर   तो वे ही जी गए जो गिरफ़्तार मर गए
अफ़सोस वे शहीद कि जो क़त्ल-गाह में   लगते ही उस के हाथ की तलवार मर गए
तुझ से दो चार होने की हसरत के मुब्तिला   जब जी हुए वबाल तो नाचार मर गए

घबरा न 'मीर' इश्क़ में इस सहल ज़ीस्त पर
जब बस चला न कुछ तो मिरे यार मर गए

466

क़त्आ

उड़े ख़ाक गाहे, रहे गाह वीराँ   ख़राब-ओ-परेशाँ, यहाँ की तरह है

तअल्लुक़ करो 'मीर', इस पर जो चाहो
मिरी जान ये कुछ जहाँ की तरह है

467

इश्क़-ए-बुताँ से नब्ज़ मिरी देख कर हकीम   कहने लगा ख़ुदा ही हो अब तो, तो ये जिये

सौत-ए-जरस की तर्ज़ बियाबाँ में हाए 'मीर'
तन्हा चला हूँ मैं दिल-ए-पुर-शोर को लिये

नौमीदी–निराशा। तुख़्म-ए-तमन्ना–उम्मीद रूपी बीज। कफ़-ए-क़ातिल–क़ातिल की हथेली। ज़बस–बहुत।

465. आज़ार–बीमारी। लब-ए-नौ-ख़त–उस नौजवान के होंठ जिस के चेहरे पर नया-नया रुआँ आया है, माशूक़ के होंठ। सब्ज़ होना–हरा-भरा होना, रौनक़ पकड़ना। ख़िज्र–एक पैग़म्बर जो अमर हैं। यक-बार–एक बार। पस-ए-दीवार–दीवार के पीछे। सद–सैंकड़ों। गोया–जैसे, मानो। मता-ए-दिल–दिल रूपी पूँजी। दश्त–जंगल, वीराना। कोह–पहाड़। लुत्फ़-ए-ज़िन्दगी–ज़िन्दगी का मज़ा। असीर–क़ैदी, बंदी। क़त्ल-गाह–वध-स्थल। दो चार होना–मुलाक़ात होना, सामना होना। मुब्तिला–गिरफ़्तार, घिरा हुआ। वबाल–परेशान, जान की मुसीबत। नाचार–मजबूर, बेचारा। सहल ज़ीस्त–आसान जीवन।

466. गाहे/गाह–कभी। वीराँ–वीरान। तरह–चलन, तरीक़ा। तअल्लुक़–रिश्ता।

467. इश्क़-ए-बुताँ–मूर्तियों का प्रेम, माशूक़ों का इश्क़। सौत-ए-जरस–क़ाफ़िले के घंटों की आवाज़। बियाबाँ–बियाबान, जंगल, रेगिस्तान। दिल-ए-पुर-शोर–शोर से भरा दिल, हंगामें से भरा दिल।

468

रुका जाता है जी अंदर ही अंदर आज गर्मी से
बला से चाक ही हो जावे सीना, टुक हवा आवे

ये रस्म-ए-आमद-ओ-रफ़्त-ए-दयार-ए-इश्क़ ताज़ा है
हँसी वो जाए मेरी और रोना यूँ चला आवे

उमीद-ए-रहम उन से सख़्त ना-फ़हमी है आशिक़ की
ये बुत संगीं-दिली अपनी न छोड़ें गर ख़ुदा आवे

हमारे दिल में आने से तकल्लुफ़ ग़म को बेजा है
ये दौलत-ख़ाना है उसका, वो जब चाहे चला आवे

बरंग-ए-बू-ए-गुंचा उम्र इक ही रंग में गुज़रे
मयस्सर 'मीर साहिब' गर दिल-ए-बे-मुद्दआ आवे

469

सय्याद अर्ज़-ए-हाल करूँ और तुझसे क्या
ज़ाहिर है इज़्तिराब मिरा ज़ेर-ए-दाम से

470

लपेटा है दिल-ए-सोज़ाँ को अपने 'मीर' ने ख़त में
इलाही नामाबर को इसके ले जाने की ताब आवे

471

मुए ही जाते हैं हम दर्द-ए-इश्क़ से यारो किसू के पास इस आज़ार की दवा भी है
ये कहिए क्यूँके कि ख़ूबाँ से कुछ नहीं मतलब लगे जो फिरते हैं हम कुछ तो मुद्दआ भी है
तिरा है वहम कि मैं अपने पैरहन में हूँ निगाह ग़ौर से कर मुझ में कुछ रहा भी है
जो खोलूँ सीना-ए-मजरूह तो नमक छिड़के जराहत उसको दिखाने का कुछ मज़ा भी है
कहाँ तलक शब-ओ-रोज़ आह दर्द-ए-दिल कहिए हर एक बात को आख़िर कुछ इंतिहा भी है
गुज़ार शहर-ए-वफ़ा में समझ के कर मजनूँ
कि इस दयार में 'मीर'-ए-शिकस्ता-पा भी है

---

468. चाक होना–फटना। रस्म-ए-आमद-ओ-रफ़्त-ए-दयार-ए-इश्क़–इश्क़ की गली/शहर में आने-जाने की रस्म। ना-फहमी–नासमझी। बुत–मूर्ति, यहाँ महबूब की तरफ़ इशारा है। संगीं-दिली–पत्थर दिली। बरंग-ए-बू-ए-गुंचा–कली की ख़ुशबू की तरह जो कि न के बराबर होती है। दिल-ए-बे-मुद्दआ–जिस दिल में कोई अरमान न हो।

469. सय्याद–शिकारी। इज़्तिराब–परेशानी, बेचैनी। ज़ेर-ए-दाम–शिकारी के जाल के नीचे।

470. दिल-ए-सोज़ाँ–सुलगता हुआ दिल। नामाबर–पत्रवाहक। ताब–ताक़त।

471. मुए–मरे। आज़ार–बीमारी। ख़ूबाँ–ख़ूबसूरत चेहरे वाले। पैरहन में होना–अपने होश में होना। सीना-ए-मजरूह–ज़ख़्मी सीना। जराहत–ज़ख़्म। दयार–इलाक़ा, जगह। शिकस्ता-पा–अपाहिज, मजबूर, लाचार।

472

वा उससे सर-ए-हर्फ़ तो हो गो कि ये सर जाए हम हल्क़-ए-बुरीदा ही से तक़रीर करेंगे
ग़ुस्से में तो होवेगी तवज्जो तिरी ईधर हर काम में हम जान के तक़सीर करेंगे
बाज़ीचा नहीं 'मीर' के अहवाल का लिखना
इस क़िस्से को हम करते ही तहरीर करेंगे

473

तक़रीब हम ने डाली है उस से जुए की अब जो बन पड़े है टुक तो हमारा ही दाओ है
टपका करे है आँख से लोहू ही रोज़-ओ-शब चेहरे पे मेरे चश्म है या कोई घाओ है
अब सब के रोज़गार की सूरत बिगड़ गई लाखों में एक दो का कहीं कुछ बनाओ है
छाती के मेरी सारे नमूदार हैं ये ज़ख़्म
पर्दा रहा है कौन सा अब क्या छुपाओ है

474

जहाँ मिले तहाँ काफ़िर ही होना पड़ता है ख़ुदा पनाह में रक्खे बुतों की सोहबत से
अमीर-ज़ादों से दिल्ली के मिल न ता-मक़दूर कि हम फ़क़ीर हुए हैं, उन्हीं की दौलत से
वो आँखें फेरे ही लेता है देखते क्या हो मुआमलत है हमें दिल की बे-मुरव्वत से
जो सोचे टुक तो वो मतलूब हम ही निकले 'मीर'
ख़राब फिरते थे जिसकी तलब में मुद्दत से

475

रमक़ एक जान-ए-वबाल है, कोई दम जो है तो अज़ाब है
दिल-ए-दाग़-गश्ता कबाब है, जिगर-ए-गुदाख़्ता आब है
मिरी ख़ल्क़ महव-ए-कलाम सब, मुझे छोड़ते हैं ख़मोश कब
मिरा हर्फ़ रश्क-ए-किताब है, मिरी बात लिखने का बाब है

---

473. वा होना–खुलना। सर-ए-हर्फ़–बातचीत शुरू होना। गो कि–चाहे, भले ही। सर जाना–गर्दन कटना। हल्क़-ए-बुरीदा–कटी हुई गर्दन। तक़रीर–बातचीत। तक़सीर–ग़लती। बाज़ीचा–खेल। अहवाल–हालत, हाल। तहरीर करना–लिखना।

473. तक़रीब डालना–मुलाक़ात का ज़रिया निकालना। रोज़-ओ-शब–दिन-रात, हर समय। नमूदार–ज़ाहिर।

474. सोहबत–संगत। ता-मक़दूर–जब तक बस में हो। दौलत से–कारण से, बदौलत। आँखें फेर लेना–लिहाज़ न करना, नाराज़ होना। मुआमलत–मुआमला, शिकायत, लेन-देन। बे-मुरव्वत–बेवफ़ा। मतलूब–चाहा हुआ, ख़्वाहिश, उद्देश्य। तलब–तलाश, जुस्तजू।

475. रमक़–आख़िरी साँस, थोड़ी सी जान। अज़ाब–तकलीफ़, गुनाह की सज़ा। दिल-ए-दाग़-गश्ता–दाग़ों से जला हुआ दिल। गुदाख़्ता–पिघला हुआ। आब–पानी। ख़ल्क़–लोग, तमाम दुनिया। महव-ए-कलाम–बातें करने में तल्लीन, डूबा हुआ। हर्फ़–शब्द, लिखा हुआ। रश्क-ए-किताब–जिससे किताब भी ईर्ष्या करें, यानी किताब से बेहतर। बाब होना–लायक़ होना।

जो वो लिखता कुछ भी तो नामा-बर, कोई रहती मुँह में तिरे निहाँ
तिरी ख़ामुशी से ये निकले है, कि जवाब-ए-ख़त का जवाब है

कहेंगे कहो तुम्हें लोग क्या, यही आरसी यही तुम सदा
न किसू की तुम को है टुक हया, न हमारे मुँह से हिजाब है

चलो मयकदे में बसर करें, कि रही है कुछ बरकत वहीं
लब-ए-नान वाँ का कबाब है, दम-ए-आब वाँ का शराब है

नहीं खुलतीं आँखें तुम्हारी टुक, कि मआल पर भी नज़र करो
ये जो वहम की सी नमूद है, इसे ख़ूब देखो तो ख़्वाब है

गए वक़्त आते हैं हाथ कब, हुए हैं गवाँ के ख़राब सब
तुझे करना होवे सो कर तू अब, कि ये उम्र बर्क़-ए-शिताब है

कभू लुत्फ़ से न सुख़न किया, कभू बात कह न लगा लिया
यही लहज़ा-लहज़ा ख़िताब है, वही लम्हा-लम्हा इताब है

तू जहाँ के बहर-ए-अमीक़ में, सर-ए-पुर-हवा न बुलन्द कर
कि ये पंज-रोज़ा जो बूद है, किसू मौज पर का हबाब है

रखो आरज़ू मय-ए-ख़ाम की, करो गुफ़्तगू ख़त-ए-जाम की
कि सियाह-कारों से हश्र में, न हिसाब है न किताब है

मिरा शोर सुन के जो लोगों ने, किया पूछना तू कहे है क्या
जिसे 'मीर' कहते हैं साहिबो, ये वही तो ख़ाना-ख़राब है

476

उससे आँखों को मिला जी में रहे क्यूँकर ताब   चश्म ईजाज़, मिज़ा सिहर, निगह अफ़्सूँ है
'मीर' की बात पे हर वक़्त ये झुँझलाया न कर
सिड़ी है, ख़ब्ती है, वो शेफ़्ता है, मजनूँ है

नामा-बर–पत्रवाहक। निहाँ–छुपा हुआ। आरसी–आईना। लब-ए-नान–रोटी का किनारा। दम-ए-आब–पानी का घूँट। मआल–अन्त, ख़ात्मा, अन्जाम। नमूद–निशान, ज़ाहिरा ख़ूबी। बर्क़-ए-शिताब–बिजली जो आसमान में चमक कर एक दम ख़त्म हो जाती है। लुत्फ़–प्यार। सुख़न करना–बात करना। लहज़ा-लहज़ा–हर घड़ी, हर दम। ख़िताब–बात-चीत, बुरा नाम रखना। इताब–सज़ा, प्रताड़ना। बहर-ए-अमीक़–गहरा समुन्दर। सर-ए-पुर हवा–इच्छाओं और लालच से भरा हुआ सिर। पंज-रोज़ा–पाँच दिन की, छोटी-सी। बूद–अस्तित्व। मौज–लहर। हबाब–बुलबुला। मय-ए-ख़ाम–कच्ची शराब। ख़त-ए-जाम–ईरान के एक प्रसिद्ध बादशाह जमशेद के प्याले पर बनी सात लकीरें, यहाँ शराब के प्याले पर बने बेल-बूटों की तरफ़ इशारा है। सियाह-कार–पापी, गुनहगार। ख़ाना-ख़राब–बर्बाद, तबाह।

476. ताब–ताकत। चश्म–आँख। ईजाज़–चमत्कार। मिज़ा–पलक। सिहर–जादू। निगह–निगाह। अफ़्सूँ–जादू। सिड़ी–पागल। शेफ़्ता–आशिक़, दीवाना।

477

इस दश्त में ऐ सैल सँभल ही के क़दम रख
हर-सम्त को याँ दफ़्न मिरी तिश्ना-लबी है

478

रौशन है जल के मरना परवाने का वलेकिन ऐ शम्अ कुछ तो कह तू तेरे भी तो ज़बाँ है
भड़के है आतिश-ए-गुल ऐ अब्र-ए-तर तरह्हुम
गोशे में गुलसिताँ के मेरा भी आशियाँ है

479

हमसाया-ए-चमन ये निपट ज़ार कौन है नालान-ओ-मुज़्तरिब, पस-ए-दीवार कौन है
मिज़्गाँ भी फिर गईं, तिरी बीमार चश्म देख दुख-दर्द में सिवाए ख़ुदा, यार कौन है
नाले जो आज सुनते हैं सो हैं जिगर-ख़राश क्या जानिए क़फ़स में गिरफ़्तार कौन है
आया न आशियाना-ए-बुलबुल में काम भी मुझ-सा तो ख़ार बाग़ में बेकार कौन है
क्या फ़िक्र मुल्क-गीरी में है, थे जो पेश अज़ीं उन में से तू ही देख, जहाँदार कौन है
बाज़ार-ए-दहर में है अबस 'मीर' अर्ज़-ए-मेहर
याँ ऐसी जिंस का तो ख़रीदार कौन है

480

मुझ सोज़-ए-बाद-ए-मर्ग से आगाह कौन है
शम्अ-ए-मज़ार-ए-'मीर' ब-जुज़ आह कौन है

बेकस हूँ, मुज़्तरिब हूँ, मुसाफ़िर हूँ बेवतन
दूरी-ए-राह बिन मिरे हमराह कौन है

---

477. दश्त–मैदान, जंगल। सैल–बाढ़, सैलाब। हर-सम्त–हर तरफ़। तिश्ना-लबी–प्यास।

478. रौशन–ज़ाहिर। वलेकिन–लेकिन। ज़बाँ–शम्अ की लौ को जीभ या ज़बान से उपमा दी जाती है। आतिश–आग। अब्र-ए-तर–बरसने वाला बादल। तरह्हुम–दया, रहम। गोशा–कोना।

479. हमसाया-ए-चमन–बाग़ के क़रीब बैठा हुआ। निपट ज़ार–पूरी तरह से परेशान। नालान-ओ-मुज़्तरिब–रोता हुआ और बेचैन। पस-ए-दीवार–दीवार के पीछे। मिज़्गाँ–पलकें। बीमार चश्म–माशूक़ की नशीली आँखें। नाला–रोना-धोना। जिगर-ख़राश–जिगर में छेद करने वाला यानी बहुत दुख पहुँचाने वाला। क़फ़स–पिंजरा। आशियाना–घोंसला। ख़ार–काँटा। मुल्क-गीरी–देश का शासन चलाना। पेश अज़ीं–अब से पहले। जहाँदार–बादशाह। बाज़ार-ए-दहर–दुनिया रूपी बाज़ार। अबस–बेकार, फ़ुज़ूल। अर्ज़-ए-मेहर–मुहब्बत पेश करना। जिंस–चीज़।

480. सोज़-ए-बाद-ए-मर्ग–मौत के बाद की चुभन, जलन। शम्अ-ए-मज़ार-ए-'मीर'-'मीर' की क़ब्र का दिया। ब-जुज़–अलावा, सिवाय। बेकस–अहसाय, कमज़ोर। मुज़्तरिब–बेचैन।

लबरेज़ जिसके हुस्न से मस्जिद है और दैर
ऐसा बुतों के बीच वो अल्लाह कौन है

रखियो क़दम सँभल के, कि तू जानता नहीं
मानिंद-ए-नक़्श-ए-पा, ये सर-ए-राह कौन है

ऐसा असीर-ए-ख़स्ता-जिगर, मैं सुना नहीं
हर आह 'मीर' जिसकी है जाँ-काह, कौन है

481

देखा करूँ तुझी को, मंजूर है तो ये है
आँखें न खोलूँ तुझ बिन, मक़दूर है तो ये है

नज़दीक तुझसे सब है, क्या क़त्ल, क्या जलाना
हम ग़मज़दों से मिलना, इक दूर है तो ये है

रोने में दिन कटें हैं, आह-ओ-फ़ुग़ाँ से रातें
गर शग़ल है तो ये है, मज़कूर है तो ये है

कहता है कोई आशिक़, कोई कहे है ख़ब्ती
दुनिया से भी निराला रंजूर है तो ये है

482

कोई हुआ न रूकश, टुक मेरी चश्म-ए-तर से
क्या क्या न अब्र आकर, याँ ज़ोर-ज़ोर बरसे

दीदार-ख़्वाह उसके, कम हों तो शोर कम हो
हर सुब्ह इक क़यामत उठती है उसके दर से

दाग़ एक हो जला भी, ख़ूँ एक हो बहा भी
अब बहस क्या है दिल से, क्या गुफ़्तगू जिगर से

दिल किस तरह न खींचे, अशआर रेख़्ते के
बेहतर किया है मैंने, इस ऐब को हुनर से

अन्जाम-ए-कार बुलबुल, देखा हम अपनी आँखों
आवारा थे चमन में दो-चार टूटे पर से

बेताक़ती ने दिल की, आख़िर को मार रक्खा
आफ़त हमारे जी की आई हमारे घर से

दिलकश ये मंज़िल आख़िर, देखा तो आह निकली
सब यार जा चुके थे, आए जो हम सफ़र से

आवारा 'मीर' शायद, वाँ ख़ाक हो गया है
यक गर्द उठ चले है, गाह उसकी रहगुज़र से

लबरेज़–भरा हुआ। दैर–मन्दिर। बुत–मूर्ति। मानिंद-ए-नक़्श-ए-पा–पैरों के निशान/पदचिह्न की तरह। असीर-ए-ख़स्ता जिगर–परेशान/उदास बंदी, क़ैदी। जाँ-काह–जिससे जान घुल जाए, जान घटाने वाली।

481. मक़दूर–ताक़त, ज़ोर। आह-ओ-फ़ुग़ाँ–आह और फ़रियाद। शग़ल–काम। मज़कूर–ज़िक्र। रंजूर–बीमार, दुखी।

482. रूकश–प्रतिद्वन्द्वी, मुक़ाबिल। अब्र–बादल। दीदार-ख़्वाह–देखने की इच्छा रखने वाला। अशआर–शे'र का बहुवचन। अन्जाम-ए-कार–अंजाम, नतीजा, अंत। दिलकश–दिल लुभाने वाली, पसन्दीदा। यक–एक। गाह–कभी।

483

वादा वईद प्यारे, कुछ तो क़रार होवे   दिल की मुआमलत है, क्या कोई ख़्वार होवे
फ़ित्राक से न बाँधे, देखे न तू तड़पना   किस आरज़ू पे कोई तेरा शिकार होवे
अज़-बस लहू पिया है मैं तेरे ग़म में गुल-रू   तुर्बत से मेरी शायद हश्र-ए-बहार होवे
मैं मस्त मर गया हूँ, करना अजब न साक़ी   गर संग-ए-शीशा मेरा संग-ए-मज़ार होवे
मरना भला है ज़ालिम इस ज़िन्दगी-ए-बद से   यूँ चाहिए कि कोई तुझ से न यार होवे
वाबस्ता आसमाँ का मिलता है ख़ाक ही में   इस बे-मदार ऊपर किस का मदार होवे
ऐ ग़ैर 'मीर' तुझको गर जूतियाँ न मारे
सय्यद न होवे फिर तू, कोई चमार होवे

484

रही न पुख़्तगी आलम में दौर-ए-ख़ामी है
हज़ार हैफ़ कमीनों का चर्ख़ हामी है

485

अन्जाम-ए-दिल-ए-ग़म-कश, कोई इश्क़ में क्या जाने
क्या जानिए क्या होगा, आख़िर को ख़ुदा जाने

नासेह को ख़बर क्या है, लज़्ज़त से ग़म-ए-दिल की
है हक़ ब-तरफ़ उसके, चक्खे तो मज़ा जाने

मैं ख़त्त-ए-जबीं अपना, यारो किसे दिखलाऊँ
क़िस्मत के लिखे के तईं, याँ कौन मिटा जाने

बे-ताक़ती-ए-दिल ने, हम को न किया रुस्वा
है इश्क़ सज़ा उसको, जो कोई छुपा जाने

---

483. वादा-वईद–टाल-मटोल। मुआमलत–मामला, कोई बात। ख़्वार होना–ज़लील होना, रुस्वा होना। फ़ित्राक–शिकारी की झोली जिसमें शिकार को मारकर लटकाया जाता है। अज़-बस–बहुत ज़्यादा। गुल-रू–फूल जैसे मुखड़े वाला, ख़ूबसूरत। तुर्बत–क़ब्र। हश्र–क़यामत। अजब–आश्चर्य, ताज्जुब। संग-ए-शीशा–एक पत्थर जिससे शीशा या शराब पीने का प्याला बनाया जाता है। संग-ए-मज़ार–क़ब्र के सिरहाने लगा पत्थर जिस पर मरने वाले का नाम और मरने की तिथि आदि ब्योरा लिखा होता है। वाबस्ता–सम्बन्धित, चाहने वाला। बे-मदार–बिना दायरे, ठिकाने का। मदार–ठहराव, टिकाव। सय्यद–मुसलमानों की सबसे उच्च जाति।

484. पुख़्तगी–मज़बूती। दौर-ए-ख़ामी–बुरा वक़्त। हज़ार हैफ़–बहुत अफ़सोस। चर्ख़–आसमान, ज़माना। हामी–समर्थक।

485. अंजाम-ए-दिल-ए-ग़म-कश–दुख झेलने वाला दिल का परिणाम/अंत। नासेह–नसीहत करने वाला, उपदेशक। हक़–सच्चाई। ब-तरफ़–उसकी तरफ़। ख़त्त-ए-जबीं–माथे की लकीरें, भाग्य। रुस्वा–बदनाम।

इस मर्तबा नासाज़ी, निभती है दिला कोई
कुछ ख़ुल्क़ भी पैदा कर, ता ख़ल्क़ भला जाने

ले जाइए 'मीर' उसके दरवाज़े की मिट्टी भी
इस दर्द-ए-मुहब्बत की, जो कोई दवा जाने

486

हँसते हो रोते देखकर ग़म से छेड़ रक्खी है तुमने क्या हम से
तुम जो दिलख़्वाह-ए-ख़ल्क़ हो, हम को दुश्मनी है तमाम आलम से
दरहमी आ गई मिज़ाजों में आख़िर उन गेसुवान-ए-दरहम से
सबने जाना कहीं ये आशिक़ है बह गए अश्क दीदा-ए-नम से
मुफ़्त यूँ हाथ से न खो हम को कहीं पैदा भी होते हैं हम से

क़त्आ

अक्सर आलात-ए-जौर उस से हुए आफ़तें आईं उसके मक़दम से
देख वे पलकें बर्छियाँ चलियाँ तेग़ निकली उस अब्रू-ए-ख़म से

क़त्आ

कोई बेगाना गर नहीं मौजूद मुँह छुपाना ये क्या है फिर हम से
वजह पर्दे की पूछिये बारे मिलिए उसके किसू जो महरम से
दरपए ख़ून-ए-'मीर' ही न रहो
हो भी जाता है जुर्म आदम से

487

रोना आता है दम-ब-दम शायद किसू हसरत की दिल से रुख़्सत है
न तुझे रहम, नै इसे टुक सब्र दिल पे मेरे, अजब मुसीबत है
तू तो नादान है निपट नासेह कब मयस्सर तिरी नसीहत है
रंज-ओ-मेहनत से बाज़ क्यूँके रहूँ वक़्त जाता रहे तो हसरत है

इस मर्तबा–इतनी अधिक। नासाज़ी–परेशानी, बीमारी। ख़ुल्क़–ख़ुश मिज़ाजी, शिष्टाचार। ख़ल्क़–लोग, आम लोग। दरवाज़े की मिट्टी ले जाना–बार-बार फेरे लगाना, दरवाज़े पर बार-बार आना।

486. दिलख़्वाह-ए-ख़ल्क़–दुनिया के पसंदीदा। आलम–दुनिया। दरहमी–परेशानी, बिखराव। गेसुवान-ए-दरहम–बिखरी हुई ज़ुल्फ़ें। अश्क–आँसू। दीदा-ए-नम–भीगी आँखें। आलात-ए-जौर–अत्याचार करने के औज़ार। मक़दम–क़दम रखने की जगह। तेग़–तलवार। अब्रू-ए-ख़म–टेढ़ी भवें। बेगाना–अनजान। बारे–किसी वक़्त, एक बार। महरम–दोस्त, राज़दार। दरपए ख़ून-ए-'मीर'–'मीर' को क़त्ल करने पर आमादा। आदम–आदमी।

487. नै–न। हसरत–(दिल में दबी) तमन्ना। नासेह–नसीहत करने वाला। मयस्सर–कारगर।

क़त्आ

तेरा शिकवा मुझे, न मेरा तुझे चाहिए यूँ जो फ़िल-हक़ीक़त है
तुझको मस्जिद है, मुझको मयख़ाना वाइज़ा अपनी-अपनी क़िस्मत है
ऐसे हँसमुख को शम्अ से तशबीह शम्अ-ए-मजलिस की रोनी सूरत है
अब्र-ए-तर के हुज़ूर फूट बहा दीदा-ए-तर को मेरे रहमत है
गाह नालाँ तपाँ, गहे बेदम दिल की मेरे अजब ही हालत है
क्या हुआ गर ग़ज़ल क़सीदा हुई आक़िबत क़िस्सा-ए-मुहब्बत है

क़त्आ

तुर्बत-ए-'मीर' पर हैं अहल-ए-सुख़न हर तरफ़ हर्फ़ है, हिकायत है
तू भी तक़रीब-ए-फ़ातिहा से चल
ब-ख़ुदा वाजिबुज़-ज़ियारत है

488

दो गाम के चलने में पामाल हुआ आलम कुछ सारी ख़ुदाई से वो चाल निराली है
क्या 'मीर' तू रोता है पामाली-ए-दिल ही को
इन लौंडों ने तो दिल्ली सब सर पे उठा ली है

489

नाज़-ए-चमन वही है बुलबुल से, गो ख़िज़ाँ है टहनी जो ज़र्द भी है, सो शाख़-ए-ज़ाफ़राँ है
पत्थर से तोड़ने के क़ाबिल है आरसी तो पर क्या करें कि प्यारे मुँह तेरा दरमियाँ है
हरचंद ज़ब्त करिए, छुपता है इश्क़ कोई गुज़रे है दिल पे जो कुछ, चेहरे ही से अयाँ है
इस फ़न में कोई बे-तह क्या हो मिरा मुआरिज़ अव्वल तो मैं सनद हूँ, फिर ये मिरी ज़बाँ है
चर्चा रहेगा इसका ता हश्र मय-कशाँ में ख़ूँ-रेज़ी की हमारी रंगीन दास्ताँ है
अज़-ख़ेश-रफ़्ता उस बिन रहता है 'मीर' अक्सर
करते हो बात किससे, वो आप में कहाँ है

फ़िल-हक़ीक़त–वास्तव में। वाइज़ा–ऐ नसीहत करने वाले, ऐ उपदेशक। तशबीह–उपमा। अब्र-ए-तर–बरसने वाला बादल। दीदा-ए-तर–आँसू भरी आँखें। रहमत–मेहरबानी, दया। गाह/गहे–कभी। नालाँ–रोता हुआ। तपाँ–बेक़रार, गर्म, जलता हुआ। क़सीदा–किसी व्यक्ति की तारीफ़ में लिखी कविता। आक़िबत–अंजाम, आख़िरकार। तुर्बत–क़ब्र। अहल-ए-सुख़न–शायर लोग। हर्फ़–बात। हिकायत–कहानी, क़िस्सा। तक़रीब-ए-फ़ातिहा–मरने वाले की क़ब्र पर पढ़ी जाने वाली दुआ। वाजिबुज़-ज़ियारत–देखने योग्य।

488. गाम–क़दम। पामाल–रौंदा हुआ। आलम–दुनिया। पामाली-ए-दिल–दिल की परेशानी।

489. नाज़-ए-चमन–बाग़ का घमण्ड। गो–परंतु, लेकिन। ख़िज़ाँ–पतझड़ का मौसम। ज़र्द–पीली। शाख़-ए-ज़ाफ़राँ–केसर के पौधे की डाल। आरसी–आईना। मुहँ दरमियाँ होना–लिहाज़ होना। हरचंद–कितना ही। अयाँ–ज़ाहिर। बे-तह–तुच्छ। मुआरिज़–बराबरी करने वाला, विरोधी। अव्वल–पहले। सनद–प्रमाण-पत्र। मय-कशाँ–शराब पीने वाले। ख़ूँ-रेज़ी–ख़ून बहाना। अज़-ख़ेश-रफ़्ता–जो अपने आपे से जा चुका, बेसुध।

490

गर दोपहर को उसको निकलने दे नाज़ुकी
हैरत से आफ़ताब की फिर दिन न ढल सके

किसको है आरज़ू-ए-इफ़ाक़त फ़िराक़ में
ऐसा तो हो कि कोई घड़ी जी सँभल सके

मत अब्र चश्म-ए-कम से मिरी चश्म-ए-तर को देख
चश्मा है ये वो जिससे कि दरिया उबल सके

कहता है वो तो एक की दस 'मीर'-ए-कम सुख़न
उसकी ज़बाँ के ओहदे से क्यूँकर निकल सके

491

ख़ुर्शीद तेरे चेहरे के आगो न आ सके
उसको जिगर भी शर्त है जो ताब ला सके

हम गर्म-रौ हैं राह-ए-फ़ना के शरर-सिफ़त
ऐसे न जाएंगे कि कोई खोज पा सके

ग़ाफ़िल न रहियो आह-ए-ज़ईफ़ों से सरकशाँ
ताक़त है उसको ये कि जहाँ को जला सके

मेरा जो बस चले तो मुनादी किया करूँ
ता अब से दिल न कोई किसू से लगा सके

तदबीर-ए-जैब-ए-पारा नहीं करती फ़ायदा
नासेह जिगर का चाक सिला जो सिला सके

क़त्आ

क्या दिल-फ़रेब जाए है आफ़ाक़ हमनशीं
दो दिन को याँ जो आए सो बरसों न जा सके

---

490. आफ़ताब–सूरज। आरज़ू-ए-इफ़ाक़त–बीमारी के ठीक होने की इच्छा। फ़िराक़–जुदाई। अब्र–बादल। चश्म-ए-तर–आँसू भरी आँखें। चश्म-ए-कम से देखना–हिक़ारत से देखना, घृणा से देखना, ज़लील समझना। कम सुख़न–कम बोलने वाला। ओहदे से निकलना–फ़र्ज़ अदा करना।

491. ख़ुर्शीद–सूरज। गर्म-रौ–बहुत तेज़ चलने वाला। राह-ए-फ़ना–मौत का रास्ता। शरर-सिफ़त–चिंगारी की तरह। ग़ाफ़िल–बेख़बर। आह-ए-ज़ईफ़–कमज़ोर आदमी की बद्दुआ। सरकशाँ–घमंडी। मुनादी–ऐलान। तदबीर-ए-जैब-ए-पारा–फटे गिरेबान का सिलाना। नासेह–उपदेशक, नसीहत करने वाला। चाक–फटा हिस्सा। दिल-फ़रेब–दिल को लुभाने वाली। जाए–जगह। आफ़ाक़–दुनिया। हमनशीं–साथी, दोस्त।

मुशइ'र है उस पे मुर्दन-ए-दुश्वार-ए-रफ़्तगाँ
या'नी जहाँ से दिल को न आसाँ उठा सके

बदलूँगा इस ग़ज़ल के भी मैं क़ाफ़िये को 'मीर'
फिर फ़िक्र-गो न ओहदे से इसके बर आ सके

492

हम सारी-सारी रात रहे गिरया-नाक लेक
मानिंद-ए-शम्अ दाग़ जिगर का न धो सके

रोना तो अब्र का सा नहीं यार जानते
इतना तो रोइए कि जहाँ को डुबो सके

बरसों ही मुंतज़िर सर-ए-रह पर हमीं हुए
इस क़िस्म का तो सब्र किसू से न हो सके

रहती है सारी रात मिरे दम से चहल 'मीर'
नाला रहे तो कोई मुहल्ले में सो सके

493

आतिश के शोले सर से हमारे गुज़र गए
बस, ऐ तप-ए-फ़िराक़, कि गर्मी में मर गए

मंज़िल न कर जहाँ को, कि हम ने सफ़र से आह
जिन का किया सुराग़, सुना वे गुज़र गए

मुश्त-ए-नमक से भी तो कभू याद कर हमें
अब दाग़ खाते-खाते, फ़लक जी तो भर गए

नासेह न रोवें क्यूँके मुहब्बत के जी को हम
ऐ ख़ानमा-ख़राब हमारे तो घर गए

तलवार आप खींचिए हाज़िर है याँ भी सर
बस आशिक़ी की हमने जो मरने से डर गए

कर देंगे आसमान-ओ-ज़मीं एक हश्र को
उस मा'रके में यार जी हम भी अगर गए

494

दिन को नहीं है चैन न है ख़्वाब-ए-शब मुझे
मरना पड़ा ज़रूर तिरे ग़म में अब मुझे

हंगामा मेरी ना'श पे तेरी गली में है
ले जाएँगे जनाज़ा-कशाँ याँ से कब मुझे

मुशइ'र–ख़बर देने वाला/वाली। मुर्दन-ए-दुश्वार-ए-रफ़्तगाँ–जाने वालों की मौत जो कि मुश्किल थी। रफ़्तगाँ–चला-चली, गुज़रे हुए लोग। क़ाफ़िया–वो एक जैसी आवाज़ के शब्द जो ग़ज़ल के अशआर के आख़िर में लाए जाते हैं। फ़िक्र-गो–सोच-समझ कर कहने वाला, शायर। ओहदे से बर आना–किसी ज़िम्मेदारी को अंजाम तक पहुँचाना, ज़िम्मेदारी पूरी करना।

492. गिरया-नाक–रोने वाला। मानिंद-ए-शम्अ–शम्अ की तरह। अब्र–बादल। मुंतज़िर-सर-ए-रह–रास्ते पर/में खड़े होकर इन्तिज़ार करने वाला। चहल–चहल-पहल। नाला–फ़रियाद, शोर, रोना-पीटना।

493. आतिश–आग। तप-ए-फ़िराक़–वियोग की आग, जलन। सुराग़–पता, निशान। मुश्त-ए-नमक–मुट्ठी भर नमक। फ़लक–आसमान। नासेह–उपदेशक। ख़ानमा-ख़राब–जिसके घर में सामान आदि न हो, बर्बाद। हश्र–क़यामत। मा'रका–लड़ाई का मैदान।

494. ख़्वाब-ए-शब–रात की नींद। ना'श–लाश। जनाज़ा-कशाँ–अर्थी उठाने वाले।

टुक दाद मेरी अहल-ए-मोहल्ला से चाहियो तुझ बिन ख़राब करते रहे हैं ये सब मुझे
तूफ़ाँ ब-जाए अश्क टपकते थे चश्म से ऐ अब्र-ए-तर दिमाग़ था रोने का जब मुझे
दो हर्फ़ उस के मुँह के तो लिख भेजियो शिताब क़ासिद चला है छोड़ के तू जाँ-ब-लब मुझे
कुछ है जवाब जो मैं करूँ हश्र को सवाल मारा था तू ने जान से कह किस सबब मुझे
ग़ैर-अज़ ख़मोश रहने कि होंटों के सूखने लेकिन नहीं है यार झगड़ने का ढब मुझे

पूछा था राह जाते कहीं उन ने 'मीर' को
आता है उस की बात का अब तक अजब मुझे

495

ग़ैरों का साथ मूजिब-ए-सद-वहम है बुताँ इस अम्र में ख़ुदा भी कहे तो न मानिए

शब ख़्वाब का लिबास है उरियाँ-तनी में ये
जब सोइए तो चादर-ए-महताब तानिए

496

मिरे इस रुक के मर जाने से वो ग़ाफ़िल है क्या जाने
गुज़रना जान से आसाँ बहुत मुश्किल है क्या जाने

कोई सर संग से मारो, किसी का वापसीं दम हो
वो आईने में अपने नाज़ पर माइल है क्या जाने

पढ़ाया उसको बोहतेरा कि मत ला राज़-ए-दिल मुँह पर
प: तिफ़्ल-ए-अश्क को देखा तो ना-क़ाबिल है क्या जाने

तरफ़ होना मिरा मुश्किल है 'मीर' इस शे'र के फ़न में
यूँही 'सौदा' कभू होता है, सो जाहिल है क्या जाने

अहल-ए-मोहल्ला–मोहल्ले के लोग। अश्क–आँसू। चश्म–आँख। अब्र-ए-तर–बरसने वाला बादल। शिताब–जल्दी। क़ासिद–पत्रवाहक। जाँ-ब-लब–मरणासन्न। हश्र–क़यामत का दिन। ग़ैर-अज़–अलावा, सिवाय। अजब–हैरत।

495. मूजिब-ए-सद-वहम–सैंकड़ों वहमों की वजह। बुताँ–ऐ बुतो, ऐ ख़ूबसूरत चेहरे वालो। अम्र–काम। शब–रात। ख़्वाब–नींद। उरियाँ तनी–नंगापन, जिस्म का नंगा होना। चादर-ए-महताब–चाँदनी की चादर।

496. ग़ाफ़िल–अनजान। संग–पत्थर। वापसीं दम–अंतिम साँस। माइल–मगन। प:–परन्तु, लेकिन। तिफ़्ल-ए-अश्क–नादान आँसू, नासमझ आँसू जो एकदम आँखों में आ जाता है। ना-क़ाबिल–अयोग्य, अपात्र। तरफ़ होना–बराबरी करना। फ़न–हुनर, कला। 'सौदा'–मिर्ज़ा मुहम्मद रफ़ी 'सौदा' 'मीर' के समकालीन उर्दू के एक बड़े शायर।

497

कब तलक जी रुके ख़फ़ा होवे / आह करिए कि टुक हवा होवे
जी ठहर जाए या हवा होवे / देखिए होते-होते क्या होवे
कर नमक सूद सीना-ए-मजरूह / जी में गर है कि कुछ मज़ा होवे
काहिश-ए-दिल की कीजिए तदबीर / जान में कुछ भी जो रहा होवे
चुप का बाइस है बे तमन्नाई / कहिए कुछ भी तो मुद्दआ होवे
बे-कली मारे डालती है नसीम / देखिए अब के साल क्या होवे
मर गए हम तो मर गए तो जी / दिल-गिरफ़्ता तिरी बला होवे
इश्क़ क्या है दुरुस्त ऐ नासेह / जाने वो जिसका दिल लगा होवे
फिर न शैताँ सुजूद-ए-आदम से / शायद इस पर्दे में ख़ुदा होवे

न सुना रात हमने इक नाला
ग़ालिबन 'मीर' मर रहा होवे

498

कुछ तो कह, वस्ल की फिर रात चली जाती है
दिन गुज़र जाएँ हैं, पर बात चली जाती है

रह गए गाह तबस्सुम पे, गहे बात ही पर
बारे, ऐ हमनशीं, औक़ात चली जाती है

टुक तो वक़्फ़ा भी कर, ऐ गर्दिश-ए-दौराँ कि ये जान
उम्र के हैफ़ ही क्या सात चली जाती है

याँ तो आती नहीं शतरंज-ए-ज़माना की चाल
और वाँ बाज़ी हुई मात चली जाती है

रोज़ आने पे नहीं निस्बत-ए-इश्क़ी मौक़ूफ़
उम्र भर एक मुलाक़ात चली जाती है

---

497. जी रुकना–दुखी होना, दिल घबराना। नमक सूद करना–नमक छिड़कना। सीना-ए-मजरूह–ज़ख़्मी छाती। काहिश-ए-दिल–दिल की परेशानी, नुक़सान। तदबीर–इलाज। बाइस–कारण, वजह। बे-कली–बेचैनी। नसीम–ख़ुशगवार हवा। दिल-गिरफ़्ता–ग़मगीन दिल, दुखों से भरा दिल। नासेह–उपदेशक, नसीहत करने वाला। फिर न शैताँ सुजूद-ए-आदम से–आदम को सज्दा करने से इंकार मत कर। नाला–रोने की आवाज़। ग़ालिबन–ज़्यादा संभावना है कि।

498. वस्ल–मिलन, मुलाक़ात। गाह/गहे–कभी। तबस्सुम–मुस्कुराहट। हमनशीं–साथी, दोस्त। औक़ात–समय, घड़ी, पल। वक़्फ़ा–अन्तराल। गर्दिश-ए-दौराँ–ज़माने का उलट-फेर। हैफ़–अफ़सोस। सात–साथ। शतरंज-ए-ज़माना–दुनिया रूपी शतरंज का खेल। निस्बत-ए-इश्क़ी–मुहब्बत का रिश्ता। मौक़ूफ़–निर्भर।

क़त्आ

ख़िरक़ा, मिंदील-ओ-रिदा मस्त लिये जाते हैं
शैख़ की सारी करामात चली जाती है
है मुअज़्ज़िन जो बड़ा मुर्ग़-ए-मुसल्ली उसकी
मस्तों से नोक ही की बात चली जाती है
पाँव रुकता नहीं मस्जिद से दम-ए-आख़िर भी
मरने पर आया है पर लात चली जाती है
हर सहर दरपए-आराम-ए-मय-आशामाँ है
मक्र-ओ-तामात की इक घात चली जाती है
एक हम ही से तफ़ावुत है सुलूकों में 'मीर'
यूँ तो औरों की मुदारात चली जाती है

499

मुंसिफ़ जो तू है कब तईं ये दुख उठाइए क्या कीजे मेरी जान अगर मर न जाइए
इज़्हार-ए-राज़-ए-इश्क़ किए बिन रहे न अश्क इस तिफ़्ल-ए-ना-समझ को कहाँ तक पढ़ाइए
तुमने जो अपने दिल से भुलाया हमें तो क्या अपने तईं तो दिल से हमारे भुलाइए
फ़िक्र-ए-म'आश, या'नी ग़म-ए-ज़ीस्त ता-ब-कै मर जाइए कहीं कि टुक आराम पाइए
पहुँचा तो होगा सम्अ-ए-मुबारक में हाल-ए-'मीर'
इस पर भी जी में आवे तो दिल को लगाइए

500

नहीं वसवास जी गँवाने के हाए-रे ज़ौक़ दिल लगाने के
मेरे तग़ईर-ए-हाल पर मत जा इत्तिफ़ाक़ात हैं ज़माने के
दम-ए-आख़िर ही क्या न आना था और भी वक़्त थे बहाने के
इस कुदूरत को हम समझते हैं ढब हैं ये ख़ाक में मिलाने के
बस हैं दो बर्ग-ए-गुल क़फ़स में सबा नहीं भूके हम आब-ओ-दाने के

ख़िरक़ा–गुदड़ी, पैवंद/जोड़ लगा हुआ कपड़ा। मिंदील–सुनहरी पगड़ी जिस पर ज़रदोज़ी का काम होता है। रिदा–चादर, ओढ़नी। शैख़–इस्लाम धर्म का ज्ञानी, मुल्ला, क़ाज़ी। मुअज़्ज़िन–अज़ान देने वाला। मुर्ग़-ए-मुसल्ली–वो आदमी जो ऊपर से नमाज़ी और सदाचारी लेकिन अन्दर से मक्कार हो। नोक-छेड़छाड़। सहर–सुबह। दरपए-आराम-ए-मय-आशामाँ–शराब पीने वालों के आराम के पीछे पड़ा हुआ है जो कि सुबह के वक़्त जाकर सोते हैं। मक्र-ओ-तामात–झूट और फ़रेब, धोखा। तफ़ावुत–दूरी, फ़र्क़। मुदारात–आव-भगत।

499. मुंसिफ़–न्याय करने वाला। इज़्हार-ए-राज़-ए-इश्क़–मुहब्बत का राज़ बताना। अश्क–आँसू। तिफ़्ल-ए-ना-समझ–ना-समझ, नादान बच्चा। फ़िक्र-ए-म'आश–रोज़ी-रोटी की चिंता। ग़म-ए-ज़ीस्त–जीवन के दुख-दर्द। ता-ब-कै–कब तलक। सम्अ-ए-मुबारक–मुबारक कानों में, सुनने में (व्यंग्य से कहा है)।

500. वसवास–अंदेशा, बुरा ख़याल, वहम। ज़ौक़–शौक़, दिलचस्पी। तग़ईर-ए-हाल–हालात की तब्दीली। इत्तिफ़ाक़ात–संयोग। कुदूरत–रंजिश, दिल का मैल। बस हैं–काफ़ी हैं। बर्ग-ए-गुल–फूल की पत्ती, पंखुड़ी। क़फ़स–पिंजरा। सबा–हवा। आब-ओ-दाना–दाना पानी।

अब गिरेबाँ कहाँ कि ऐ नासेह चढ़ गया हाथ इस दिवाने के
दिल-ओ-दीं, होश-ओ-सब्र, सब ही गए आगे आगे तुम्हारे आने के
कब तू सोता था घर मिरे आकर जागे ताले' ग़रीब-ख़ाने के

क़त्आ

मिज़ा, अब्रू, निगह से उसकी 'मीर' कुश्ता हैं अपने दिल लगाने के
तीर-ओ-तलवार-ओ-सैल यक-जा हैं
सारे असबाब मार जाने के

501

कम फ़ुर्सती-ए-गुल जो कहें, कोई न माने ऐसे गए अय्याम-ए-बहाराँ कि न जाने
थे शहर में ऐ रश्क-ए-परी जितने सियाने सब हो गए हैं शोर तिरा सुन के दिवाने
मरते ही सुने हम ने कसलमन्द-ए-मुहब्बत इस दर्द में किस-किस को किया नफ़आ दवा ने
है किस को मयस्सर तिरी ज़ुल्फ़ों की असीरी शाने के नसीबों में थे यूँ हाथ बँधाने
काहे को ये अंदाज़ था ऐराज़-ए-बुताँ का ज़ाहिर है कि मुँह फेर लिया हमसे ख़ुदा ने
इन ही चमनों में कि जिन्हों में नहीं अब छाँव किन-किन रविशों हमको फिराया है हवा ने
पाया है न हमने दिल-ए-गुम-गश्ता को अपने ख़ाक उसकी सर-ए-राह की कोई कब तईं छाने
कुछ तुमको हमारे जिगरों पर भी नज़र है आते जो हो हर शाम-ओ-सहर तीर लगाने
मजरूह बदन संग से तिफ़्लाँ के न होते कम जाते जो उस कूचे में, पर हम थे दिवाने
आने में तअल्लुल ही किया आक़िबत-ए-कार हम जी से गए पर न गए उसके बहाने
गलियों में बहुत हम तो परेशाँ से फिरे हैं
औबाश किसू रोज़ लगा देंगे ठिकाने

502

तन हिज्र में उस यार के रंजूर हुआ है बे-ताक़ती-ए-दिल को भी मक़्दूर हुआ है
पहुँचा नहीं क्या सम्अ-ए-मुबारक में मिरा हाल ये क़िस्सा तो इस शहर में मशहूर हुआ है
बे-ख़्वाबी तिरी आँखों पे देखूँ हूँ मगर रात अफ़्साना मिरे हाल का मज़कूर हुआ है

नासेह–नसीहत करने वाला। दिल-ओ-दीं–दिल और धर्म। ता'ला–भाग्य, क़िस्मत। मिज़ा–पलक। अब्रू–भौं। निगह–निगाह। कुश्ता–मारे हुए। सैल–बरछी। यक-जा–एक जगह (एकत्रित)। असबाब–सामान।

501. कम फ़ुर्सती-ए-गुल–फूल के खिलने की अल्प अवधि। अय्याम-ए-बहाराँ–बहार के मौसम के दिन। रश्क-ए-परी–जिसकी सुन्दरता से परी भी ईर्ष्या महसूस करे यानी महबूब। कसलमन्द-ए-मुहब्बत–मुहब्बत के बीमार। नफ़आ–फ़ायदा। असीरी–क़ैद में होना। शाना–कंघी, कंघा। ऐराज़-ए-बुताँ–माशूक़ का मुँह फेर लेना, बचना। रविश–तरह, ढंग, रास्ता। दिल-ए-गुम-गश्ता–खोया हुआ दिल। सर-ए-राह–रास्ता। मजरूह–ज़ख़्मी। संग–पत्थर। तिफ़्लाँ के–बच्चों के। तअल्लुल करना–बहाना करना। आक़िबत-ए-कार–आख़िरकार। औबाश–गुंडा, बदमाश।

502. हिज्र–जुदाई। रंजूर–दुखी, ग़मगीन। मक़्दूर–सामर्थ्य, क़ाबू। सम्अ-ए-मुबारक–मुबारक कान। बे-ख़्वाबी–अनिद्रा, नींद न आना। मज़कूर–ज़िक्र किया गया, चर्चा।

कल सुब्ह ही मस्ती में सर-ए-राह न आया यााँ आज मिरा शीशा-ए-दिल चूर हुआ है
तलवार लिए फिरना तो अब उसका सुना मैं नज़दीक मिरे कब का ये सर दूर हुआ है
ख़ुर्शीद की महशर में तपिश होगी कहाँ तक क्या साथ मिरे दाग़ों के महशूर हुआ है
ऐ रश्क-ए-सहर बज़्म में ले मुँह पे नक़ाब अब इक शम्अ का चेहरा है सो बे-नूर हुआ है

इस शौक़ को टुक देख कि चश्म-ए-निगराँ है
जो ज़ख़्म जिगर का मिरे नासूर हुआ है

503

चल क़लम, ग़म की रक़म कोई हिकायत कीजे
हर सर-ए-हर्फ़ पे फ़रियाद निहायत कीजे

गो कि सर ख़ाक-ए-क़दम पर तिरे लोटे, इस में
अपना शेवा ही नहीं ये कि शिकायत कीजे

हम जिगर-सोख़्तों के जी में जो आवे तो अभी
दूद-ए-दिल हो के फ़लक तुझ में सरायत कीजे

इश्क़ में आपके गुज़री न हमारी तो मगर
इवज़-ए-जौर-ओ-जफ़ा हम पे इनायत कीजे

मत चला इश्क़ की रह की कि कहे है यााँ ख़िज़्र
आप्ही गुमराह हैं हम किस को हिदायत कीजे

किसके कहने की है तासीर कि इक 'मीर' ही से
रम्ज़-ओ-ईमा-ओ-इशारात-ओ-किनायत कीजे

504

दिल जो पुर-बेक़रार रहता है आजकल मुझको मार रहता है
जब्र ये है कि तेरी ख़ातिर दिल रोज़ बे-इख़्तियार रहता है

सर-ए-राह–रास्ते में, रास्ते पर। ख़ुर्शीद–सूरज। महशर–क़यामत का मैदान। महशूर–क़यामत के मैदान में उठाया गया। रश्क-ए-सहर–जिसके चेहरे से सुबह भी ईर्ष्या महसूस करे यानी महबूब। बज़्म–महफ़िल। बेनूर–बे-रौनक़। चश्म-ए-निगराँ–नज़र रखने वाली, सतर्क आँख। नासूर–न भरने वाला ज़ख़्म।

503. रक़म करना–लिखना। हिकायत–क़िस्सा, कहानी। सर-ए-हर्फ़–अक्षर। गो कि–यद्यपि, हालाँकि। ख़ाक-ए-क़दम–पैरों के नीचे की धूल-मिट्टी। शेवा–तौर-तरीक़ा, चलन। जिगर-सोख़्ता–दिल-जला। दूद-ए-दिल–दिल से निकला आहों का धुआँ। फ़लक–आसमान। सरायत करना–समाना, रच-बस जाना। इवज़-ए-जौर-ओ-जफ़ा–सितम और बेवफ़ाई के बदले में। इनायत–मेहरबानी। ख़िज़्र–सही राह दिखाने वाले एक बुज़ुर्ग। आप्ही–आप ही। गुमराह–भटका हुआ। रम्ज़–इशारा। ईमा–इशारा, हुक्म। इशारात–बहुत से इशारे। किनायत–इशारा, छिपी हुई बात। रम्ज़-ओ-ईमा-ओ-इशारात-ओ-किनायत–तरह-तरह के इशारे करना और बिन बोले सताना।

504. पुर-बेक़रार–पूरी तरह से बेचैन/परेशान। जब्र–मजबूरी। बे-इख़्तियार–जिस पर कोई बस न चले।

दौर में चश्म-ए-मस्त के तेरी फ़ित्ना भी होशियार रहता है
हर घड़ी रंजिश ऐसी बातों में कोई इख़्लास-ओ-प्यार रहता है
तुझ बिन आए हैं तंग जीने से मरने का इन्तिज़ार रहता है
दिल को गो हाथ में रखो अब तुम
कोई ये बेक़रार रहता है

505

छोड़ मत नक़्द-ए-वक़्त निसया पर आज जो कुछ है सो कहाँ कल है
बंद हो तुझसे ये खुला न कभू
दिल है या ख़ाना-ए-मुक़फ़्फ़ल है

506

सब्र भी करिए बला पर 'मीर साहिब जी' कभू
जब न तब रोना ही कुढ़ना, ये भी कोई ढंग है

507

जिससे इसे लगाऊँ, रूखा ही हो मिले है
सीने में जल कर अज़-बस दिल ख़ाक हो गया है

क्या जानूँ लज़्ज़त-ए-दर्द उसकी जराहतों की
ये जानूँ हूँ कि सीना सब चाक हो गया है

शर्म-ओ-हया कहाँ की, हर बात पर है शमशीर
अब तो बहुत वो हमसे बे-बाक हो गया है

हर हर्फ़ बस-कि रोया है हाल पर हमारे
क़ासिद के हाथ में ख़त नमनाक हो गया है

ज़ेर-ए-फ़लक भला तू रोवे है आपको 'मीर'
किस-किस तरह का आलम याँ ख़ाक हो गया है

चश्म-ए-मस्त–मस्त आँखें, नशीली आँखें। फ़ित्ना–हंगामा, फ़साद। इख़्लास–सच्ची हमदर्दी, दोस्ती। गो–यद्यपि, हालाँकि।

505. नक़्द-ए-वक़्त–वक़्त की दौलत। निसया–उधार, क़र्ज़। ख़ाना-ए-मुक़फ़्फ़ल–ताला लगा हुआ मकान।

506. जब न तब–अक्सर।

507. अज़-बस–बहुत। जराहत–ज़ख़्म। चाक–फटा हुआ, ज़ख़्मी। शमशीर–तलवार। बे-बाक–निडर, ढीठ। क़ासिद–पत्रवाहक। नमनाक–गीला, भीगा, नमी से भरा हुआ। ज़ेर-ए-फ़लक–आसमान के नीचे, यानी दुनिया में। आलम–दुनिया। ख़ाक होना–बर्बाद होना, तबाह होना।

508

साक़ी घिर चारों ओर आया है दे भी मय, अब्र ज़ोर आया है
ज़ौक़ तेरे विसाल का मेरे नंगे सर ता-ब-गोर आया है
आज तेरी गली से ज़ालिम 'मीर'
लोहू में शोर-बोर आया है

509

फ़क़ीराना आए सदा कर चले मियाँ ख़ुश रहो हम दुआ कर चले
जो तुझ बिन न जीने को कहते थे हम सो उस अहद को अब वफ़ा कर चले
शिफ़ा अपनी तक़दीर ही में न थी कि मक़्दूर तक तो दवा कर चले
वो क्या चीज़ है आह जिसके लिए हर इक चीज़ से दिल उठा कर चले
कोई ना-उमीदाना करते निगाह सो तुम हम से मुँह भी छुपा कर चले
बहुत आरज़ू थी गली की तिरी सो याँ से लहू में नहा कर चले
दिखाई दिए यूँ कि बेख़ुद किया हमें आप से भी जुदा कर चले
जबीं सज्दा करते ही करते गई हक़्-ए-बन्दगी हम अदा कर चले
परस्तिश की याँ तक, कि ऐ बुत तुझे नज़र में सभों की ख़ुदा कर चले
गई उम्र दर-बन्द-ए-फ़िक्र-ए-ग़ज़ल सो इस फ़न को ऐसा बड़ा कर चले
कहें क्या जो पूछे कोई हम से 'मीर'
जहाँ में तुम आए थे, क्या कर चले

510

आलम मिरी तक़लीद से ख़्वाहिश तिरी करने लगा
मैं तो पशेमाँ हो चुका, लोगों को अब अरमान है

इस आरज़ू-ए-वस्ल ने मुश्किल किया जीना मिरा
वरना गुज़रना जान से इतना नहीं आसान है

बस बे-वक़ारी हो चुकी, गलियों में ख़्वारी हो चुकी
अब पास कर टुक 'मीर' का, दो-चार दिन मेहमान है

---

508. अब्र–बादल, घटा। ज़ौक़–रुचि, शौक़। ता-ब-गोर–क़ब्र तक। शोर-बोर–लथपथ, तर-ब-तर।

509. फ़क़ीराना–फ़क़ीरों की तरह। सदा करना–आवाज़ लगाना। अहद वफ़ा करना–वादा निभाना। शिफ़ा–सेहत, ठीक होना। मक़्दूर–ताक़त, सामर्थ्य। ना-उमीदाना–निराश होकर। बेख़ुद–जिसे सुध-बुध न हो। जबीं–माथा। सज्दा–माथा टेकना। हक़्-ए-बन्दगी–इबादत करने का कर्तव्य, आज्ञाकारिता का कर्तव्य। परस्तिश–पूजा। बुत–मूर्ति, महबूब। दर-बन्द-ए-फ़िक्र-ए-ग़ज़ल–ग़ज़ल की कला को निखारने में। जहाँ–दुनिया।

510. आलम–दुनिया। तक़लीद–अनुसरण, पैरवी। पशेमाँ होना–शर्मिंदा होना, पछताना। अरमान–कामना, इच्छा। आरज़ू-ए-वस्ल–(महबूब से) मिलन की इच्छा। बे-वक़ारी–बेइज़्ज़ती। ख़्वारी–बदनामी, अपमान। पास–लिहाज़, ख़याल।

511

ख़ूब थे वे दिन कि हम तेरे गिरफ़्तारों में थे
ग़म-ज़दों, अन्दोह-गीनों, ज़ुल्म के मारों में थे

दुश्मनी जानी है अब तो हम से ग़ैरों के लिए
इक समाँ सा हो गया वो भी कि हम यारों में थे

मत तबख़्तुर से गुज़र क़ुमरी हमारी ख़ाक पर
हम भी इक सर्व-ए-रवाँ के नाज़-बरदारों में थे

मर गए लेकिन न देखा तूने ऊधर आँख उठा
आह क्या-क्या लोग ज़ालिम तेरे बीमारों में थे

शैख़-जी मिंदील कुछ बिगड़ी सी है क्या आप भी
रिंदों, बाँकों, मय-कशों, आशुफ़्ता-दस्तारों में थे

गरचे जुर्म-ए-इश्क़ ग़ैरों पर भी साबित था वले
क़त्ल करना था हमें, हम ही गुनहगारों में थे

इक रहा मिज़्गाँ की सफ़ में, एक के टुकड़े हुए
दिल-जिगर जो 'मीर' दोनों अपने ग़म-ख़्वारों में थे

512

जिस जगह दौर-ए-जाम होता है वाँ ये आजिज़ मुदाम होता है
हम तो इक हर्फ़ के नहीं ममनून कैसा ख़त्त-ओ-पयाम होता है
पूछ मत आह आशिक़ों की मआश रोज़ उन का भी शाम होता है
ज़ख़्म बिन, ग़म बिन और ग़ुस्से बिन अपना खाना हराम होता है
शैख़ की सी ही शक्ल है शैतान जिस पे शब ऐहतिलाम होता है
क़त्ल को मैं कहा तो उठ बोला आज कल सुब्ह-ओ-शाम होता है
आख़िर आऊँगा ना'श पर अब आ कि ये आशिक़ तमाम होता है
'मीर साहिब' भी उसके हाँ थे वले
जैसे कोई ग़ुलाम होता है

---

511. ग़म-ज़दा–ग़म का मारा। अन्दोह-गीं–दुखी। समाँ–वक़्त, ज़माना, तमाशा। तबख़्तुर–इतराना, घमंड से चलना। क़ुमरी–फ़ाख़्ता की तरह का एक सफ़ेद पक्षी। सर्व-ए-रवाँ–चलने वाला सर्व यानी अच्छे क़द का महबूब। सर्व–एक ख़ूबसूरत पेड़ जिसके क़द से माशूक़ को उपमा दी जाती है। नाज़-बरदार–नख़रे उठाने वाला, आशिक़। शैख़–इस्लाम धर्म का ज्ञानी, मुल्ला, क़ाज़ी। मिंदील–सुनहरी पगड़ी। रिंद–शराबी। बाँका–टेढ़ा, छैला, रंगीला। मय-कश–शराबी। आशुफ़्ता-दस्तार–जिसकी पगड़ी ख़राब हो गई हो, अपमानित। गरचे–हालाँकि। वले–लेकिन। मिज़्गाँ की सफ़–पलकों की क़तार, पलकें। ग़म-ख़्वार–हमदर्द, दुख-दर्द का साथी।

512. दौर-ए-जाम–शराब के प्यालों का दौर। आजिज़–बेबस, मजबूर, ग़रीब। मुदाम–हमेशा। ममनून–ऐहसान-मन्द, शुक्र-गुज़ार। ख़त्त-ओ-पयाम–चिट्ठी-पत्री। मआश–गुज़र-बसर। रोज़–दिन। शैख़–इस्लाम धर्म का ज्ञानी, क़ाज़ी, मुल्ला। शब–रात। ऐहतिलाम–स्वप्न-दोष, नींद में अपवित्र होना। ना'श–लाश, अर्थी, जनाज़ा। तमाम होना–ख़त्म होना, मर जाना। हाँ–यहाँ। वले–लेकिन।

513

बेताबियों में तंग हम आए हैं जान से
वक़्त-ए-शिकेब ख़ुश कि गया दरमियान से

दाग़-ए-फ़िराक़-ओ-हसरत-ए-वस्ल, आरज़ू-ए-दीद
क्या-क्या लिये गए तिरे आशिक़ जहान से

हम ख़ामुशों का ज़िक्र था शब उसकी बज़्म में
निकला न हर्फ़-ए-ख़ैर किसू की ज़बान से

आब-ए-ख़िज़र से भी न गई सोज़िश-ए-जिगर
क्या जानिए ये आग है किस दूदमान से

आने का इस चमन में सबब बे-कली हुई
जूँ बर्क़ हम तड़प के गिरे आशियान से

दाग़ों से है चमन, जिगर-ए-'मीर' दहर में
उन ने भी गुल चुने बहुत इस गुलसितान से

514

चाक पर चाक हुआ जूँ-जूँ सिलाया हमने
इस गिरेबाँ ही से अब हाथ उठाया हमने

जी में था अर्श पे जा बांधिए तकिया लेकिन
बिस्तरा ख़ाक ही में अब तो बिछाया हमने

बाद यक उम्र कहीं तुमको जो तन्हा पाया
डरते-डरते ही कुछ अहवाल सुनाया हमने

याँ फ़क़त रेख़्ता ही कहने न आए थे हम
चार दिन ये भी तमाशा सा दिखाया हमने

ताज़गी दाग़ की हर शाम को बे-हेच नहीं
आह क्या जाने, दिया किसका बुझाया हमने

---

513. बेताबी–अधीरता। वक़्त-ए-शिकेब–बर्दाश्त करने का समय। दाग़-ए-फ़िराक़–विरह का ग़म। हसरत-ए-वस्ल–महबूब से मिलने की ख़्वाहिश। आरज़ू-ए-दीद–महबूब को देखने की इच्छा। बज़्म–महफ़िल। हर्फ़-ए-ख़ैर–अच्छा बोल। आब-ए-ख़िज़र (ख़िज़्र)–अमृत। सोज़िश-ए-जिगर–जिगर की जलन। दूदमान–वंश, जाति। बे-कली–बेचैनी। जूँ बर्क़–बिजली की तरह। आशियान–आशियाना, घोंसला। चमन–बाग़। दहर–दुनिया।

514. चाक–फटा हुआ। अर्श–आसमान। तकिया–ठिकाना। अहवाल–हाल का बहुवचन, हालत। फ़क़त–सिर्फ़, केवल। रेख़्ता–उर्दू ग़ज़ल। दाग़–ज़ख़्म। बे-हेच–बिना वजह।

बे-कली से दिल-ए-बेताब की मर गुज़रे थे
सो तह-ए-ख़ाक भी आराम न पाया हमने

ये सितम ताज़ा हुआ और कि पाईज़ में 'मीर'
दिल ख़स-ओ-ख़ार से नाचार लगाया हमने

515

सी चाक-ए-दिल कि चश्म से नासेह लहू थमे   होता है क्या हमारे गिरेबाँ सिये हुए

काफ़िर हुए बुतों की मुहब्बत में 'मीर' जी
मस्जिद में आज आए थे क़श्क़ा दिये हुए

516

करो तवक्कुल कि आशिक़ी में न यूँ करोगे तो क्या करोगे
अलम जो ये है तो दर्दमंदो, कहाँ तलक तुम दवा करोगे

जिगर में ताक़त कहाँ है इतनी कि दर्द-ए-हिज्राँ से मरते रहिए
हज़ारों वादे विसाल के थे, कोई भी जीते वफ़ा करोगे

अख़ीर-ए-उल्फ़त यही नहीं है कि जल के आख़िर हुए पतंगे
हवा जो याँ की ये है तो यारो, ग़ुबार हो कर उड़ा करोगे

अगरचे अब तो ख़फ़ा हो लेकिन मुए गए पर कभू हमारे
जो याद हमको करोगे प्यारे तो हाथ अपने मला करोगे

517

है जो अंधेर शहर में ख़ुर्शीद   दिन को लेकर चराग़ निकले है
हर सहर हादिसा मिरी ख़ातिर   भर के ख़ूँ का अयाग़ निकले है
उस गली की ज़मीन-ए-तफ़्ता से   दिल-जलों का सुराग़ निकले है

शायद उस ज़ुल्फ़ से लगी है 'मीर'
बाओ में इक दिमाग़ निकले है

बे-कली–बे-चैनी। तह-ए-ख़ाक–मिट्टी के नीचे यानी क़ब्र में। पाईज़–पतझड़। ख़स-ओ-ख़ार–घास-फूस और काँटे।

515. चाक-ए-दिल–दिल के ज़ख़्म। चश्म–आँख। नासेह–उपदेशक, नसीहत करने वाला। बुत–माशूक़, मूर्ति। क़श्क़ा–तिलक।

516. तवक्कुल–भरोसा। अलम–दुख। दर्द-ए-हिज्राँ–जुदाई का दर्द। विसाल–मिलन। वादा वफ़ा करना–वादा निभाना। अख़ीर-ए-उल्फ़त–मुहब्बत का अंत। अगरचे–हालाँकि। मुए–मरे। हाथ मलना–पछताना।

517. ख़ुर्शीद–सूरज। सहर–सुबह। अयाग़–प्याला। ज़मीन-ए-तफ़्ता–बहुत गर्म ज़मीन। सुराग़–संकेत, निशान। बाओ–हवा। दिमाग़–घमण्ड।

518

है ख़ाक जैसे रेग-ए-रवाँ, सब न आब है
दरिया-ए-मौज-ख़ेज़ जहाँ का सराब है

रोज़-ए-शुमार में भी मुहासिब है गर कोई
तू बे-हिसाब कुछ न कर, आख़िर हिसाब है

इस शहर-ए-दिल को तू भी जो देखे तो अब कहे
क्या जानिए कि बस्ती ये कब की ख़राब है

मुँह पर लिये नक़ाब तू ऐ माह क्या छुपे
आशोब-ए-शहर हुस्न तिरा आफ़ताब है

किस रश्क-ए-गुल की बाग़ में ज़ुल्फ़-ए-सियह खुली
मौज-ए-हवा में आज निपट पेच-ओ-ताब है

क्या दिल मुझे बहिश्त में ले जाएगा भला
जिसके सबब ये जान पे मेरी अज़ाब है

सुन कान खोल कर के तनिक जल्द आँख खोल
ग़ाफ़िल ये ज़िन्दगानी फ़साना है ख़्वाब है

रह आश्ना-ए-लुत्फ़, हक़ीक़त के बहर का
है रश्क-ए-ज़ुल्फ़-ओ-चश्म जो मौज-ए-हबाब है

आतिश है सोज़-ए-सीना हमारा मगर कि 'मीर'
नामे से आशिक़ों के कबूतर कबाब है

519

इधर से अब्र उठकर जो गया है   हमारी ख़ाक पर भी रो गया है
मसाइब और थे पर दिल का जाना   अजब इक सानिहा सा हो गया है

---

518. रेग-ए-रवाँ–चमकदार रेत जिसमें हवा लगने पर पानी की तरह लहरें उठती हुई जान पड़ती हैं। दरिया-ए-मौज-खेज़–जिस नदी में लहरें उठ रही हों। सराब–मृग-मरिचिका। रोज़-ए-शुमार–क़यामत का दिन। मुहासिब–हिसाब करने वाला यानी ख़ुदा। माह–चाँद। आशोब-ए-शहर–शहर में हलचल/हंगामा करने वाला यानी माशूक़। हुस्न–सुन्दरता। आफ़ताब–सूरज। रश्क-ए-गुल–जिस से फूल भी ईर्ष्या करें, बहुत सुन्दर, माशूक़। ज़ुल्फ़-ए-सियह–काली ज़ुल्फ़ें। मौज-ए-हवा–हवा का झोंका। निपट–पूरी तरह। पेच-ओ-ताब–बेचैनी, बेक़रारी। बहिश्त–जन्नत। अज़ाब–मुसीबत। ग़ाफ़िल–बेसुध, बे-ख़बर। आश्ना-ए-लुत्फ़–आनंद से परिचित। हक़ीक़त का बहर–यथार्थ रूपी समुन्दर। रश्क-ए-ज़ुल्फ़-ओ-चश्म–जिसे देख कर ज़ुल्फ़ और आँखों को ईर्ष्या हो। मौज-ए-हबाब–पानी के बुलबुलों की लहर। आतिश–आग। सोज़-ए-सीना–सीने की जलन। नामा–पत्र। कबाब–जला-भुना।

519. अब्र–बादल। मसाइब–मुसीबतें, परेशानी। सानिहा–हादिसा, दुर्घटना।

मुक़ामिर-ख़ाना-ए-आफ़ाक़ वो है कि जो आया है याँ कुछ खो गया है
कुछ आओ ज़ुल्फ़ के कूचे में दरपेश मिज़ाज अपना उधर अब तो गया है
सिरहाने 'मीर' के कोई न बोलो
अभी टुक रोते-रोते सो गया है

520

उम्र-भर हम रहे शराबी से दिल-ए-पुर ख़ूँ की इक गुलाबी से
जी ढहा जाए है सहर से आह रात गुज़रेगी किस ख़राबी से
खिलना कम-कम कली ने सीखा है उसकी आँखों की नीम-ख़्वाबी से
बुर्क़ा उठते ही चाँद-सा निकला दाग़ हूँ उसकी बे-हिजाबी से
काम थे इश्क़ में बहुत पर 'मीर'
हम ही फ़ारिग़ हुए शिताबी से

521

दिन दूरी-ए-चमन में जो हम शाम करेंगे ता-सुब्ह दुसद नाला सर-अंजाम करेंगे
होगा सितम-ओ-जौर से तेरे ही किनाया दो शख़्स जहाँ शिकवा-ए-अय्याम करेंगे
आमेज़िश-ए-बेजा है तुझे जिनसे हमेशा वे लोग ही आख़िर तुझे बदनाम करेंगे
नालों से मिरे रात के ग़ाफ़िल न रहा कर इक रोज़ यही दिल में तिरे काम करेंगे
गर दिल है यही मुज़्तरिब-उल-हाल तो ऐ 'मीर'
हम ज़ेर-ए-ज़मीं भी बहुत आराम करेंगे

522

रश्क-ए-गुलशन अगर तू नाज़ करे रंग-ए-रू को चमन नियाज़ करे
तेरी अब्रू जिधर को माइल हो
एक आलम उधर नमाज़ करे

मुक़ामिर-ख़ाना-ए-आफ़ाक़–दुनिया रूपी जुआघर। दरपेश–सामने।

520. दिल-ए-पुर ख़ूँ–ख़ून भरा दिल। गुलाबी–ख़ून का रंग जो कि गुलाबी सा होता है, शराब की बोतल, मीना। सहर–सुबह। नीम-ख़्वाबी–हल्की-हल्की नींद। आँखों की नीम-ख़्वाबी–नशीलापन। दाग़–ज़ख़्मी, परेशान। बे-हिजाबी–बिना पर्दे के, बेशर्मी। फ़ारिग़ होना–फ़ुरसत पाना, छूटना। शिताबी–जल्दी।

521. ता-सुब्ह–सुबह तक। दुसद नाला–दो सौ यानी सैंकड़ों बार रोना-पीटना। सर-अंजाम करना–पूरा करना। किनाया–इशारा, संकेत। शिकवा-ए-अय्याम–ज़माने की शिकायत। आमेज़िश-ए-बेजा–बेवजह घुलना मिलना। नाला–रोने की आवाज़। मुज़्तरिब-उल-हाल–परेशान हाल। ज़ेर-ए-ज़मीं–ज़मीन के नीचे यानी क़ब्र में।

522. रश्क-ए-गुलशन–जिसकी ख़ूबसूरती से बाग़ भी ईर्ष्या करे, माशूक़। रंग-ए-रू–मुखड़े का रंग। नियाज़–इच्छा, चाहत। अब्रू–भौं। माइल होना–किसी की तरफ़ खिंचना, आकर्षित होना। एक आलम–सारी दुनिया।

523

न रह दुनिया में दिल-जमई से, ऐ इंसाँ जो दाना है
सफ़र का भी रहे ख़तरा कि इस मंज़िल से जाना है

चले आते थे जो आनन-फ़-आनन देख हसरत को
वे आँसू भी लगे आँखें चुराने क्या ज़माना है

524

सुब्ह से बिन इलाज तो ख़ुश है तेरा बीमार आज तो ख़ुश है
'मीर' फिर कहियो सरगुज़श्त अपनी
बारे ये कह मिज़ाज तो ख़ुश है

525

सिवाए संग-दिली और कुछ हुनर भी है
बुताँ दिलों में तुम्हारे ख़ुदा का डर भी है

तिरे फ़िराक़ में कुछ खा के सो रहा हूँ मैं
तू किस ख़याल में है तुझको कुछ ख़बर भी है

526

सुन के सिफ़त हम से ख़राबात की अक़्ल गई, ज़ाहिद-ए-बद-ज़ात की
जी में हमारे भी था, पीवें शराब पीर-ए-मुग़ाँ, तूने करामात की
कोई रमक़ जान थी तन में मिरे सो भी तिरे ग़म की, मुदारात की
याद में तुझ ज़ुल्फ़ की गिरया से शोख़
रोज़ मिरा रात है बरसात की

527

हँस दे है देखते ही क्या ख़ूब आदमी है
माशूक़ भी हमारा महबूब आदमी है

---

523. दिलजमई–तसल्ली, बेफ़िक्री। दाना–समझदार। आनन-फ़-आनन–तुरन्त, पलभर में। हसरत–किसी चीज़ के न मिलने का अफ़सोस।

524. सरगुज़श्त–कहानी। बारे–एक बार, अब, इस वक़्त।

525. संग-दिल–पत्थर दिल। बुत–मूर्ति, माशूक़। फ़िराक़–जुदाई।

526. सिफ़त–ख़ूबी। ख़राबात–शराब-ख़ाना। ज़ाहिद–दुनिया से विरक्त, परहेज़गार आदमी। बद-ज़ात–दुष्ट, कमीना। पीर-ए-मुग़ाँ–शराब बेचने वाला बूढ़ा। रमक़–साँस, दम। मुदारात–ख़ातिरदारी, आव-भगत। गिरया–रोना। शोख़–चंचल, महबूब। रोज़–दिन।

527. महबूब–प्यारा, दोस्त।

528

तिरे ग़म में है ज़ीस्त और मौत यक्साँ
न मरने का मातम न जीने की शादी

529

राह आँसू की कब तलक तकिए ख़ून-ए-दिल ही का अब मज़ा चखिए
आतिश-ए-ग़म में जल रहे हैं हुमा चश्म मुझ उस्तुख़्वाँ पे मत रखिए
सो गया वो समझ के अफ़साना दर्द-ए-दिल अब कहाँ तलक बकिए
बेद सा काँपता था मरते वक़्त
'मीर' को रखियो मजनूँ के तकिए

530

चली जाती ही निकली जान है तदबीर क्या करिए
मुदावा से मरज़ गुज़रा, कहो अब 'मीर' क्या करिए

न रक्खा करके ज़ंजीरी, परेशाँ दिल हमारे को
हुई ये अब तो तेरी ज़ुल्फ़ से तक़सीर क्या करिए

नहीं आता है कोई ढब हमें आसूदा होने में
भला तू ही बता ऐ ख़ातिर-ए-दिल-गीर क्या करिए

531

उम्र गुज़री कि तिरे कूचे के आने से गए
दूर से एक नज़र देख के जाने से गए

532

हैरान उस भभूके पे सब दोश हो गए
शम्अ-ओ-चराग़ बज़्म में ख़ामोश हो गए

---

528. ज़ीस्त–ज़िन्दगी। यक्साँ–एक समान। शादी–ख़ुशी।

529. तकना–देखना। आतिश-ए-ग़म–दुख की आग। हुमा–एक काल्पनिक पक्षी जिसके बारे में कहा जाता है कि वो केवल हड्डी ही खाता है। उस्तुख़्वाँ–हड्डियाँ। चश्म रखना–उम्मीद रखना। अफ़साना–क़िस्सा, कहानी। बेद–एक पेड़ जिसकी शाख़ें बहुत लचकदार होती हैं। तकिया–ठिकाना, जगह।

530. तदबीर–उपाय। मुदावा–इलाज। ज़ंजीरी–बाँधकर। तक़सीर–ग़लती। आसूदा–ख़ुशहाल, तृप्त। ख़ातिर-ए-दिल-गीर–दुखी, परेशान दिल का मिज़ाज।

531. कूचा–गली।

532. भभूका–आग की लपट। दोश–गुज़री हुई रात। बज़्म–महफ़िल।

533

आने के वक़्त तुम तो कहीं के कहीं रहे
अब आए तुम तो फ़ायदा? हम ही नहीं रहे

534

नाचार हम तो तुझ बिन जी मार कर रहेंगे
पर इस रविश को तेरी ये लोग क्या कहेंगे

535

वादे हर रोज़ रहे और तुम आते ही रहे
हमको देखो कि लगे चलने तो जाते ही रहे

536

मुद्दत हुई कि ताब-ओ-तवाँ जी छुपा गए
बेताब करके ख़ाक में हमको मिला गए

वे दिन गए कि आठ पहर उसके पास थे
अब आ गए तो दूर से कुछ ग़म सुना गए

537

हम रो-रो के दर्द-ए-दिल-ए-दीवाना कहेंगे जी में है कभू हाल-ए-ग़रीबाना कहेंगे
मौक़ूफ ग़म-ए-'मीर' के शब हो गई हमदम
कल रात को फिर बाक़ी ये अफ़साना कहेंगे

538

देखता हूँ तो काम मेरा 'मीर'
अव्वल-ए-इश्क़ ही में आख़िर है

539

ग़ालिब है कोई दिन को ढूँडो तो फिर न पाओ
दिल रफ़्ता-रफ़्ता ग़म में आधा नहीं रहा है

---

533. वक़्त–समय, पल।

534. नाचार–मजबूर, मायूस। रविश–ढंग, तौर-तरीक़ा।

535. रोज़–दिन।

536. ताब-ओ-तवाँ–ताक़त, धैर्य, सब्र, बर्दाश्त। जी छुपाना–जी चुराना, बचना, बहाने करना। आठ पहर–हर समय, हर वक़्त, दिन-रात।

537. मौक़ूफ करना–स्थगित करना, कुछ समय के लिए रोकना। शब–रात।

538. अव्वल-ए-इश्क़–इश्क़ की शुरुआत।

539. ग़ालिब है–अधिक मुमकिन है।

दूसरा दीवान

540

हर जी-हयात का है सबब जो हयात का
निकले है जी ही उसके लिए, काएनात का

बिखरी है ज़ुल्फ़ उस रुख़-ए-आलम-फ़रोज़ पर
वरना बनाऊ होवे न दिन और रात का

अशजार होवें ख़ामा-ओ-आब-ए-सियह बिहार
लिखना न तो भी हो सके उसकी सिफ़ात का

उसके फ़रोग़-ए-हुस्न से झमके है सब में नूर
शम्अ-ए-हरम हो या कि दिया सोमनात का

हर सफ़्हे में है महव कलाम अपना दस जगह
मुसहफ़ को खोल देख टुक अन्दाज़ बात का

हम मुज़्निबों में सिर्फ़ करम से है गुफ़्तगू
मज़्कूर ज़िक्र याँ नहीं सोम-ओ-सलात का

क्या 'मीर' तुझको नामा सियाही का फ़िक्र है
ख़त्म-ए-रुसुल सा शख़्स है ज़ामिन नजात का

541

लज़्ज़त से नहीं ख़ाली जानों का खपा जाना
कब ख़िज़्र-ओ-मसीहा ने मरने का मज़ा जाना

ये भी है अदा कोई ख़ुर्शीद नमत प्यारे
मुँह सुब्ह दिखा जाना फिर शाम छुपा जाना

---

540. जी-हयात–प्राणी, जानदार। हयात–जीवन, जिन्दगी। काएनात–सृष्टि, दुनिया। रुख़-ए-आलम-फरोज़–दुनिया में रौशनी फैलाने वाला सुन्दर चेहरा। अशजार–शजर का बहुवचन, बहुत से पेड़। ख़ामा–क़लम, लेखनी। आब-ए-सियह–रौशनाई, सियाही। बिहार–बहर (दरिया/समुद्र) का बहुवचन, या'नी सारे समुद्रों का पानी काला पड़कर रौशनाई में बदल जाए। सिफ़ात–सिफ़त (गुण) का बहुवचन। फ़रोग़–रौशनी। शम्अ-ए-हरम–मस्जिद में जलने वाला दीया। सोमनात–सोमनाथ का मन्दिर। महव–छुपा हुआ। मुसहफ़–किताब। मुज़्निब–गुनाह करने वाला, पापी। मज़्कूर–ज़िक्र कियां हुआ, चर्चा। सोम-ओ-सलात–रोज़ा और नमाज़। नामा सियाही–पाप, कर्मों का लेखा-जोखा। ख़त्म-ए-रुसुल–पैग़म्बरों में अंतिम पैग़म्बर या'नी हज़रत मुहम्मद। नजात–छुटकारा, माफ़ी, मोक्ष। ज़ामिन–ज़मानत देने वाला।

541. ख़िज़्र–एक पैग़म्बर का नाम जो अमृत पीकर अमर हो गए। मसीहा–ईसा मसीह, जो अमर माने जाते हैं। ख़ुर्शीद–सूरज। नमत–समान, की तरह।

कब बन्दगी मेरी सी बन्दा करेगा कोई
जाने है ख़ुदा इसको, मैं तुझ को ख़ुदा जाना

था नाज़ बहुत हमको दानिस्त पर अपनी भी
आख़िर वो बुरा निकला हम जिसको भला जाना

इस गिरया-ए-ख़ूनीं का हो ज़ब्त तो बेहतर है
अच्छा नहीं चेहरे पर लोहू का बहा जाना

ऐ शोर-ए-क़यामत हम सोते ही न रह जावें
इस राह से निकले तो हम को भी जगा जाना

है मेरी तिरी निस्बत रूह और जसद की सी
कब आप से मैं तुझ को, ऐ जान जुदा जाना

जाती है गुज़र जी पर उस वक़्त क़यामत सी
याद आवे है जब तेरा यक बारगी आ जाना

कब 'मीर' बसर आए तुम वैसे फ़रेबी से
दिल को तो लगा बैठे लेकिन न लगा जाना

542

पाए ख़िताब क्या-क्या, देखे इताब क्या-क्या
दिल को लगा के हम ने खींचे अज़ाब क्या-क्या

काटे हैं ख़ाक उड़ा कर जूँ गर्दबाद बरसों
गलियों में हम हुए हैं उस बिन ख़राब क्या-क्या

कुछ गुल से हैं शगुफ़्ता, कुछ सर्व से हैं क़द-कश
उसके ख़याल में हम देखे हैं ख़्वाब क्या-क्या

अन्वा-ए-जुर्म मेरे फिर बे-शुमार-ओ-बेहद
रोज़-ए-हिसाब लेंगे मुझ से हिसाब क्या-क्या

दानिस्त–समझ। गिरया-ए-ख़ूनीं–ख़ून के आँसू। निस्बत–रिश्ता, सम्बन्ध। जसद–जिस्म, शरीर। बसर आना–कामयाब होना, क़ाबू पाना।

542. ख़िताब–उपाधि (व्यंग्य में बुरा नाम)। इताब–गुस्सा, नाराज़गी। अज़ाब खींचना–दुख झेलना, मुसीबत उठाना। गर्दबाद–धूल भरी आँधी, बवंडर। शगुफ़्ता–खिला हुआ। सर्व–एक सीधे तने का पेड़ जो बहुत नाज़ुक होता है और सदा हरा-भरा रहता है तथा माशूक़ के क़द को उससे उपमा दी जाती है। क़द-कश–सीधे व लम्बे क़द वाला। अन्वा-ए-जुर्म–तरह-तरह के अपराध।

इक आग लग रही है सीनों में कुछ न पूछो
जल-जल के हम हुए हैं उस बिन कबाब क्या-क्या

फिर-फिर गया है आ कर मुँह तक जिगर हमारे
गुज़रे हैं जान-ओ-दिल पर याँ इज़्तिराब क्या-क्या

आशुफ़्ता उसके गेसू जब से हुए हैं मुँह पर
तब से हमारे दिल को है पेच-ओ-ताब क्या-क्या

कुछ सूझता नहीं है मस्ती में 'मीर जी' को
करते हैं पोच-गोई पी कर शराब क्या-क्या

543

दामन वसीअ था तो काहे को चश्म तरसा रहमत ख़ुदा की तुझ को ऐ अब्र ज़ोर बरसा
तर्ज़-ए-निगाह उसकी दिल ले गई सभों के क्या मोमिन-ओ-बरहमन क्या गब्र और तरसा
तुम वाक़िफ़-ए-तरीक़-ए-बे-ताक़ती नहीं हो याँ राह-ए-दो-क़दम है अब दूर का सफ़र सा
अंदाज़ से है पैदा सब कुछ ख़बर है उसको
गो 'मीर'-ए-बे-सर-ओ-पा ज़ाहिर है बे-ख़बर सा

544

तेग़-ए-सितम से उसकी मिरा सर जुदा हुआ शुक्र-ए-ख़ुदा कि हक़्क़-ए-मुहब्बत अदा हुआ
क़ासिद को दे के ख़त नहीं कुछ भेजना ज़रूर जाता है अब तो जी ही हमारा चला हुआ
वो तो नहीं कि अश्क थमे ही न आँख से निकले है कोई लख़्त-ए-दिल अब सो जला हुआ
आलम की बे-फ़ज़ाई से तंग आ गए थे हम जागह से दिल गया जो हमारा, बजा हुआ
दरपए हमारे जी के हुआ ग़ैर के लिए अंजाम-ए-कार मुद्दई का मुद्दआ हुआ
उसके गए पे दिल की ख़राबी न पूछिए जैसे किसू का कोई नगर हो लुटा हुआ
बदतर है ज़ीस्त मर्ग से हिज्रान-ए-यार में बीमार-ए-दिल भला न हुआ तो भला हुआ
कहता था 'मीर' हाल तू जब तक तो था भला
कुछ ज़ब्त करते-करते तिरा हाल क्या हुआ

मुँह तक जिगर आना–बेहद सदमा होना, बहुत परेशान होना। इज़्तिराब–बेचैनी। आशुफ़्ता–बिखरे हुए (बाल)। पेच-ओ-ताब–बल, परेशानी, उलझन। पोच-गोई–बेकार की बातें।

543. वसीअ–विस्तृत, चौड़ा। अब्र–बादल। तर्ज़-ए-निगाह–आँखों की अदा। मोमिन–मुसलमान। गब्र और तरसा–अग्नि पूजक। 'मीर'-ए-बे-सर-ओ-पा–हैरान, परेशान 'मीर', बदनसीब 'मीर'।

544. तेग़-ए-सितम–सितम की तलवार। क़ासिद–पत्रवाहक। अश्क–आँसू। लख़्त-ए-दिल–दिल का टुकड़ा। आलम–दुनिया। बे-फ़ज़ाई–घुटन। बजा–दुरुस्त, ठीक। जी के दरपए होना–जान के पीछे पड़ जाना। अंजाम-ए-कार–आख़िर-कार, अंतत:। ज़ीस्त–ज़िन्दगी, जीवन। मर्ग–मृत्यु। हिज्रान-ए-यार–माशूक़ की जुदाई।

545

रफ़्तार-ओ-तौर-ओ-तर्ज़-ओ-रविश का ये ढब है क्या
पहले सुलूक ऐसे ही तेरे थे अब है क्या

इज़्ज़त भी बाद-ए-ज़िल्लत-ए-बिस्यार, छेड़ है
मजलिस में जब ख़फ़ीफ़ किया, फिर अदब है क्या

आँखें जो होवें तेरी तो तू ऐन कर रखे
आलम तमाम गर वो नहीं तो ये सब है क्या

उस आफ़ताब बिन नहीं कुछ सूझता हमें
गर ये ही अपने दिन हैं तो तारीक शब है क्या

तुम ने हमेशा जौर-ओ-सितम बे-सबब किए
अपना ही ज़र्फ़ था जो न पूछा सबब है क्या

क्यूँकर तुम्हारी बात करे कोई ऐतबार
ज़ाहिर में क्या कहो हो सुख़न ज़ेर-ए-लब है क्या

546

झमकी दिखा के तूर को जिन ने जला दिया
आई क़यामत उन ने जो पर्दा उठा दिया

उस फ़ित्ने को जगा के पशेमाँ हुई नसीम
क्या-क्या अज़ीज़ लोगों को उन ने सुला दिया

अब भी दिमाग़-ए-रफ़्ता हमारा है अर्श पर
गो आसमाँ ने ख़ाक में हमको मिला दिया

तक़्सीर जान देने में हम ने कभू न की
जब तेग़ वो बुलंद हुई सर झुका दिया

गर्मी चराग़ की सी नहीं वो मिज़ाज में
अब दिल फ़सुर्दगी से हूँ जैसे बुझा दिया

वो आग हो रहा है ख़ुदा जाने ग़ैर ने
मेरी तरफ़ से उस के तईं क्या लगा दिया

अब घटते-घटते जान में ताक़त नहीं रही
टुक लग चली सबा कि दिया सा बढ़ा दिया

की चश्म तू ने बाज़ कि खोला दर-ए-सितम
किस मुद्दई-ए-ख़ल्क़ ने तुझ को जगा दिया

क्या-क्या ज़ियान 'मीर' ने खींचे हैं इश्क़ में
दिल हाथ से दिया है जुदा, सर जुदा दिया

---

545. रविश–चलन, ढंग। बाद-ए-ज़िल्लत-ए-बिस्यार–बहुत ज़्यादा अपमान के बाद। ख़फ़ीफ़–रुस्वा, अपमानित। ऐन–हर चीज़ का अस्तित्व, सत्यता। आफ़ताब–सूरज। तारीक शब–अंधेरी रात। ज़र्फ़–हौसला, धैर्य। सुख़न–बात, मुद्दआ। ज़ेर-ए-लब–होंठों ही होंठों में।

546. झमकी–झलक। तूर–एक पहाड़ी जिस पर हज़रत मूसा ने ख़ुदा से दिव्य प्रकाश का निवेदन किया था और इस ज्योति से तूर का पहाड़ जलकर राख हो गया था। पशेमाँ–पशेमान, शर्मिंदा। नसीम–हवा। अर्श–आसमान। रफ़्ता–बेसुध। तक़्सीर–क़ुसूर, कोताही। तेग़–तलवार। दिल फ़सुर्दगी–दिल मुर्झाना। सबा–हवा। दिया बढ़ाना–दिया बुझाना। बाज़ करना–खोलना। मुद्दई-ए-ख़ल्क़–दुनिया का दुश्मन। ज़ियान–नुक़सान।

547

बहुतों को आगे था यही आज़ार इश्क़ का जीता रहा है कोई भी बीमार इश्क़ का
ज़िन्दानी सैंकड़ों मिरे आगे रिहा हुए छूटा न मैं ही, था जो गुनहगार इश्क़ का
मंसूर ने जो सर को कटाया तो क्या हुआ हर सर कहीं हुआ है सज़ावार इश्क़ का
फिर बाद मेरे आज तलक सर नहीं बिका इक उम्र से कसाद है बाज़ार इश्क़ का
छूटा जो मर के क़ैद-ए-इबारात में फँसा अलक़िस्सा, क्या रिहा हो गिरफ़्तार इश्क़ का
खोए रहा न जान को ना-आज़मूदाकार
होता न 'मीर' काश तलबगार इश्क़ का

548

सितम से गो कि तिरे कुश्ता-ए-वफ़ा न रहा रहे जहान में तू देर, मैं रहा न रहा
कब उसका नाम लिये ग़श न आ गया हमको दिल-ए-सितम-ज़दा किस वक़्त उस में जा न रहा
मिलाना आँख का हर दम फ़रेब था, देखा फिर एक दम में वो बे-दीद आश्ना न रहा
मुए तो हम पः दिल-ए-पुर को ख़ूब ख़ाली कर हज़ार शुक्र किसू से हमें गिला न रहा
इधर खुली मिरी छाती, उधर नमक छिड़का जराहत उसको दिखाने का अब मज़ा न रहा
हुआ हूँ तंग बहुत, कोई दिन में सुन लीजो कि जी से हाथ उठा कर वो उठ गया, न रहा
हमीयत इसके तईं कहते हैं जो 'मीर' में थी
गया जहाँ से पः तेरी गली में आ न रहा

549

करते ही नहीं तर्क बुताँ तौर जफ़ा का शायद हमें दिखलावेंगे दीदार ख़ुदा का
बहुतेरी गिरव जिंस कलालों के पड़ी है क्या ज़िक्र है वाइज़ के मुसल्ला-ओ-रिदा का
तदबीर थी तस्कीं के लिए लोगों की वरना मालूम था मुद्दत से हमें नफ़्आ दवा का
आँख उसकी नहीं आईने के सामने होती हैरत-ज़दा हूँ यार की मैं शर्म-ओ-हया का
तलवार के साए ही में काटे है तू ऐ 'मीर'
किस दिल-ज़दा को होए है ये ज़ौक़ फ़ना का

---

547. आगे–पहले। आज़ार–बीमारी। ज़िन्दानी–क़ैदी, बंदी। मंसूर–एक सूफ़ी जिन्हें इस कारण सूली पर चढ़ा दिया गया कि उन्होंने ग़फ़लत में यह कह दिया था कि मैं ही सत्य हूँ। सज़ावार–योग्य, लायक़। कसाद–सुस्त। क़ैद-ए-इबारात–कर्मों का लेखा-जोखा। अलक़िस्सा–आख़िरकार, अंततः। ना-आज़मूदाकार–अनाड़ी।

548. गो–यद्यपि, हालाँकि। कुश्ता-ए-वफ़ा–वफ़ा का मारा हुआ। ग़श आना–बेहोश होना। दिल-ए-सितम-ज़दा–सितम का मारा हुआ दिल। बे-दीद–बेशर्म, लिहाज़ न करने वाला। मुए–मरे। दिल-ए-पुर–भरा हुआ दिल। जराहत–ज़ख़्म। हमीयत–ग़ैरत, शर्म, आत्म-सम्मान।

549. तर्क करना–छोड़ना। बुताँ–मूर्तियाँ, बहुत से माशूक़। गिरव–गिरवी। जिंस–चीज़ें, सामान। कलाल–शराब बनाने वाला। वाइज़–धर्म-उपदेशक। मुसल्ला-ओ-रिदा–नमाज़ पढ़ने का कपड़ा और ओढ़नी। तदबीर–इलाज। तस्कीं–तसल्ली, सुकून। ज़ौक़–आनन्द। फ़ना–मृत्यु।

550

रहता है हड्डियों से मिरी जो हुमा लगा
कुछ दर्द-ए-आशिक़ी का उसे भी मज़ा लगा

ग़ाफ़िल न सोज़-ए-इश्क़ से रह फिर कबाब है
गर लाएहा उस आग का टुक दिल को जा लगा

देखा हमें जहाँ वो तहाँ आग हो गया
भड़का रखा है लोगों ने उस को लगा लगा

मोहलत तनिक भी हो तो सुख़न कुछ असर करे
मैं उठ गया कि ग़ैर तिरे कानों आ लगा

हरचंद उस की तेग़-ए-सितम थी बुलंद लेक
वो तौर-ए-बद हमें तो क़यामत भला लगा

मजलिस में उस की बार न मुझ को मिली कभू
दरवाज़े ही से गरचे बहुत मैं रहा लगा

बोसा लबों का माँगते ही मुँह बिगड़ गया
क्या इतनी मेरी बात का तुम को बुरा लगा

आलम की सैर 'मीर' की सोहबत में हो गई
तालेअ' से मेरे हाथ ये बे-दस्त-ओ-पा लगा

551

एक सा आलम नहीं रहता है इस आलम के बीच
अब जहाँ कोई नहीं, याँ एक आलम हो गया

वक़्त तब तक था तो सज्दा मस्जिदों में कुफ़्र था
फ़ायदा अब जब कि क़द मेहराब सा ख़म हो गया

जी खिंचे जाते हैं फ़र्त-ए-शौक़ से आँखों की ओर
जिन ने देखा एक दम उस को सो बे-दम हो गया

---

550. हुमा–एक प्रकार का कल्पित पक्षी जिसके बारे में कहा जाता है कि वह केवल हड्डी ही खाता है और जिसके ऊपर उसकी छाया पड़ जाए वह बादशाह हो जाता है। सोज़-ए-इश्क़–इश्क़ की जलन/तपन। लाएहा–लपट, शोला। सुख़न–बात। तेग़-ए-सितम–सितम की तलवार। बार मिलना–इजाज़त मिलना। तालेअ'–भाग्य। बोसा–चुम्बन। बे-दस्त-ओ-पा–बिन हाथ पाँव के, मजबूर।

551. आलम–दुनिया, हाल, स्थिति। कुफ़्र–ख़ुदा को न मानना। मेहराब–कमान की शक्ल का ताक़, यहाँ कमान की तरह झुकी पीठ के लिए आया है। क़द ख़म होना–पीठ झुक जाना। फ़र्त-ए-शौक़–इश्क़ की अधिकता।

क्या कहूँ क्या तरहें बदलीं चाह ने आख़िर को 'मीर'
था गिरह जो दर्द छाती में, सो अब ग़म हो गया

552

समझे थे हम तो 'मीर' को आशिक़ उसी घड़ी
जब सुन के तेरा नाम वो बेताब सा हुआ

553

देख आरसी को यार हुआ महव नाज़ का
ख़ाना-ख़राब होजियो, आईना-साज़ का
इस लुत्फ़ से न ग़ुंचा-ए-नर्गिस खुला कभू
खुलना तो देख उस मिज़ा-ए-नीम-बाज़ का
कोताह था फ़साना जो मर जाते हम शिताब
जी पर वबाल सब है ये उम्र-ए-दराज़ का
मारा न अपने हाथ से मुझको, हज़ार हैफ़
कुश्ता हूँ यार मैं तो, तिरे इम्तियाज़ का
हिलती है यूँ पलक कि गड़ी दिल में जाए है
अन्दाज़ दीदनी है मिरे दिल-नवाज़ का
फिर 'मीर' आज मस्जिद-ए-जामा के थे इमाम
दाग़-ए-शराब धोते थे कल जा-नमाज़ का

554

ग़म अभी क्या महशर-ए-मशहूर का
शोर सा है तो वलेकिन दूर का
हक़ तो सब कुछ ही है तू नाहक़ न बोल
बात कहते सर कटा मंसूर का
बीच से कब का गया अब ज़िक्र क्या
उस दिल-ए-मरहूम का, मग़फ़ूर का

क़त्आ

मर गए पर ख़ाक है सब किब्र-ओ-नाज़
मत झुको सर गो किसू मग़रूर का

गिरह–गाँठ, बन्द।

552. बेताब–बेचैन।

553. आरसी–आईना। महव होना–खो जाना। नाज़–घमंड। आईना-साज़–आईना बनाने वाला। ग़ुंचा-ए-नर्गिस–नर्गिस के फूल की कली। मिज़ा-ए-नीम बाज़–अध-खुली पलकें। कोताह–छोटा, कम, संक्षेप में। शिताब–जल्दी। उम्र-ए-दराज़–लम्बी उम्र। हज़ार हैफ़–हज़ार अफ़सोस, बहुत अफ़सोस। कुश्ता–मारा हुआ। इम्तियाज़–तमीज़, समझ। दीदनी–देखने योग्य। दिल-नवाज़–दिल ख़ुश करने वाला, दिल रखने वाला। जा-नमाज़–वह कपड़ा, चटाई, इत्यादि जिस पर नमाज़ पढ़ी जाती है।

554. महशर-ए-मशहूर–क़यामत का प्रसिद्ध दिन। वलेकिन–लेकिन। मंसूर–एक सूफ़ी जिन्हें इस कारण सूली पर चढ़ा दिया गया कि उन्होंने ग़फ़लत में यह कह दिया था कि मैं ही सत्य हूँ। दिल-ए-मरहूम–मर चुका दिल। मग़फ़ूर–जिसको बख़्श दिया गया हो, क्षमा किया गया (मरहूम और मग़फ़ूर मरने वाले के लिए दुआ के तौर पर भी बोले जाते हैं)। किब्र-ओ-नाज़–बड़ाई और घमण्ड। मग़रूर–घमण्डी।

ठीकरी को क़द्र है उसको नहीं टूटे जब कासा सर-ए-फ़ग़फूर का
चश्म बहने से कभू रहती नहीं
कुछ इलाज ऐ 'मीर' इस नासूर का

555

नज़र में तौर रख, उस कम-नुमा का भरोसा क्या है उम्र-ए-बेवफ़ा का
परस्तिश अब उसी बुत की है हर सू रहा होगा कोई बन्दा ख़ुदा का
गुलों के पैरहन हैं चाक सारे खुला था क्या कहीं बन्द उस क़बा का
बजा है उम्र से अब एक हसरत गया वो शोर सर का, ज़ोर पा का
लगा था रोग जब से, ये तभी से असर मा'लूम था हम को दवा का
मुरव्वत चश्म रखना सादगी है नहीं शेवा ये अपने आश्ना का
कहीं उस ज़ुल्फ़ से क्या लग चली है पड़े है पाँव बे-ढब कुछ सबा का

क़त्आ

न जानूँ 'मीर' क्यूँ ऐसा है चुपका नमूना है ये आशोब-ओ-बला का
करो दिन ही से रुख़्सत, वरना शब को
न सोने देगा शोर उस बे-नवा का

556

बला से आँख जो पड़ती है उसकी दस जागह हमारा हाल तो मद्द-ए-नज़र नहीं रखता
रहे न क्यूँके ये दिल-बाख़्ता सदा तन्हा कि कोई आवे कहाँ, मैं तो घर नहीं रखता
कहें हैं अब के बहुत रंग उड़ चला गुल का हज़ार हैफ़ कि मैं बाल-ओ-पर नहीं रखता
ख़ुदा की ओर से है सब ये ऐतबार अर्ना जो ख़ूब देखो तो मैं कुछ हुनर नहीं रखता
जुदा-जुदा फिरे है 'मीर' सब से किस ख़ातिर
ख़याल मिलने का उसके अगर नहीं रखता

ठीकरी–मिट्टी के बर्तन का टुकड़ा। कासा–प्याला (यहाँ खोपड़ी रूपी प्याला आशय है)। सर-ए-फ़ग़फूर–बादशाह का सर, फ़ग़फूर–प्राचीन चीन के शासकों की उपाधि। नासूर–ऐसा घाव जो हमेशा रिसता रहता है, न भरने वाला ज़ख़्म।

555. कम नुमा–कम दिखाई देने वाला, कम ज़ाहिर होने वाला। परस्तिश–पूजा, बंदगी। बंद खुलना–क़बा या अंगरखे की घुंडी या तनी खुलना। क़बा–एक क़िस्म का आगे से खुला कोट या अचकन। पा–पाँव। शेवा–तरीक़ा, अंदाज़। सबा–हवा। मुरव्व्त चश्म–जिन आँखों से लिहाज़ झलकता हो। आशोब-ओ-बला–फ़ित्ना और फ़साद। बे-नवा–जो बोल न सके, मजबूर, बेबस।

556. दिल-बाख़्ता–दिल हारा हुआ। हज़ार हैफ़–बहुत अफ़सोस। अर्ना–वरना।

557

गया मैं जान से, वो भी जो टुक आता तो क्या होता
क़दम दो साथ मेरी नाश के जाता तो क्या होता

फिरा था दूर उस से मुद्दतों मैं कोह-ओ-सहरा में
बुला कर पास अपने मुझको बिठलाता तो क्या होता

हुए आख़िर को सारे काम ज़ाया ना-शकेबी से
कोई दिन और ताब-ए-हिज्र दिल लाता तो क्या होता

दम-ए-बिस्मिल हमारे ज़ेर-ए-लब कुछ-कुछ कहा सब ने
जो वो बे-रहम भी कुछ मुँह से फ़रमाता तो क्या होता

कहे से ग़ैर के वो तोड़ बैठा वूहीं यारों से
किए जाता अगर टुक चाह का नाता तो क्या होता

गए ले 'मीर' को कल क़त्ल करने उसके दर पर से
जो वो भी घर से बाहर अपने टुक आता तो क्या होता

558

मैं ग़श किया जो ख़त ले उधर नामाबर चला या'नी कि फ़र्त-ए-शौक़ से जी भी उधर चला
सुध ले गई तिरी भी कोई ज़ुल्फ़-ए-मुश्क-बू गेसू-ए-पेचदार जो मुँह पर बिखर चला
ऐ माया-ए-हयात गया जिस कने से तू आफ़त-रसीदा फिर वो कोई दम में मर चला
तय्यारी आज रात कहीं रहने की सी है किस ख़ानमा-ख़राब के ऐ मह तू घर चला
बे-मय रहा बहार में सारी, हज़ार हैफ़ लुत्फ़-ए-हवा से शैख़ बहुत बेख़बर चला
हम से तकल्लुफ़ उसका चला जाए है वही कल राह में मिला था, सो मुँह ढाँप कर चला
ये छेड़ देख हँस के रुख़-ए-ज़र्द पर मिरे
कहता है 'मीर' रंग तो अब कुछ निखर चला

557. नाश–लाश। कोह–पहाड़। सहरा–जंगल। ज़ाया–व्यर्थ। ना-शकेबी–बेसब्री, अधीरता। ताब-ए-हिज्र–विरह को बर्दाश्त करना। दम-ए-बिस्मिल–तड़पते वक़्त, मरते समय। ज़ेर-ए-लब कहना–आहिस्ता कहना। वूहीं–फ़ौरन, उसी वक़्त।

558. ग़श–चक्कर, बेहोशी, दौरा। नामाबर–पत्रवाहक। फ़र्त-ए-शौक़–शौक़, इच्छा की अधिकता, ज़ोर। ज़ुल्फ़-ए-मुश्क-बू–कस्तूरी जैसी सुगंध रखने वाली ज़ुल्फ़। गेसू-ए-पेचदार–घुंघराले बाल। माया-ए-हयात–ज़िन्दगी की पूंजी, माशूक़। कने से–कब्ज़े से, पास से। आफ़त रसीदा–मुसीबत का मारा। ख़ानमा-ख़राब–तबाह, बर्बाद। मह–चांद। बे-मय–बिन शराब। हज़ार हैफ़–बहुत अफ़सोस। रुख़-ए-ज़र्द–पीला चेहरा।

559

किस वक़्त शरह-ए-हाल से फ़ुर्सत हमें हुई किस दिन नया न क़ासिद इधर से चला किया
हम तो गुमान-ए-दोस्ती रखते थे, पर ये दिल दुश्मन अजब तरह का बग़ल में पला किया

क्या लुत्फ़ है जिये जो बुरे हाल कोई 'मीर'
जीने से तूने हाथ उठाया, भला किया

560

इस मौज-ख़ेज़ दहर में तू है हबाब सा
आँखें खुलीं तिरी तो ये आलम है ख़्वाब सा

वो दिल कि तेरे होते रहे था भरा-भरा
अब उसको देखिए तो है इक घर ख़राब सा

इस उम्र में ये होश कि कहने को नर्म-गर्म
बिगड़ा रहे है साख़्ता मस्त-ए-शराब सा

है ये फ़रेब-ए-शौक़ कि जाते हैं ख़त चले
वाँ से वगरना कब का हुआ है जवाब सा

क्या सत्र-ए-मौज-ए-अश्क रवानी के साथ है
मुश्ताक़-ए-गिरया अब्र है चश्म-ए-पुर-आब सा

मुद्दत हुई कि दिल से क़रार-ओ-सुकूँ गए
रहता है अब तो आठ पहर इज़्तिराब सा

मव्वाज आब सा है वलेकिन उड़े है ख़ाक
है 'मीर' बहर-ए-बे-तह-ए-हस्ती सराब सा

561

असबाब मुहय्या थे सब मरने ही के लेकिन
अब तक न मुए हम जो अंदेशा कफ़न का था

---

559. शरह-ए-हाल–हालत का बयान, वृत्तान्त। क़ासिद–पत्रवाहक। गुमान-ए-दोस्ती–दोस्ती का वहम।

560. मौज ख़ेज़ दहर–तूफ़ान उठाने वाली दुनिया। हबाब–बुलबुला। आलम–दुनिया। साख़्ता–झूठा, बनावटी, नक़ली। फ़रेब-ए-शौक़–मुहब्बत का धोखा, ग़लतफ़हमी। वगरना–वरना। सत्र-ए-मौज-ए-अश्क–बहते आँसुओं की लड़ी। मुश्ताक़-ए-गिरया–रोने का शौक़ीन। अब्र–बादल। चश्म-ए-पुर-आब–आँसू भरी आँखें। इज़्तिराब–बेचैनी। मव्वाज–लहरें मारने वाला। आब सा–पानी की तरह। वलेकिन–लेकिन। बहर-ए-बे-तह-ए-हस्ती–जीवन रूपी अथाह समंदर। सराब–मृग-तृष्णा, मरीचिका।

561. असबाब–सामान। मुहय्या–उपलब्ध। मुए–मरे।

बुलबुल को मुआ पाया कल फूलों की दुक्काँ पर
इस मुर्ग़ के भी जी में क्या शौक़ चमन का था

मुर्ग़ान-ए-क़फ़स सारे तस्बीह में थे गुल की
हरचंद कि हर इक का ढलका हुआ मनका था

सब सत्ह है पानी का आईने का सा तख़्ता
दरिया में कहीं शायद अक्स उसके बदन का था

ख़ूगर नहीं हम यूँ ही कुछ रेख़्ता कहने से
माशूक़ जो अपना था, बाशिन्दा दकन का था

रह 'मीर' ग़रीबाना जाता था चला रोता
हर गाम गिला लब पर यारान-ए-वतन का था

562

ये रविश है दिलबरों की न किसू से साज़ करना
कोई ख़ाक से हो यक्साँ, वही उन को नाज़ करना

ये भी तुर्फ़ा माजरा है कि उसी को चाहता हूँ
मुझे चाहिए है जिस से बहुत एहतराज़ करना

यही 'मीर' खींचे क़श्क़ा, दर-ए-दैर पर थे साजिद
नहीं एतमाद क़ाबिल उन्हों का नमाज़ करना

563

एक आन इस ज़माने में ये दिल न वा हुआ
क्या जानिए कि 'मीर' ज़माने को क्या हुआ

सोज़िश वही थी छाती में मरने तलक मिरे
अच्छा हुआ न दाग़ जिगर का लगा हुआ

सर ही चढ़ा रहे है हर इक बादा-ख़्वार के
है शैख़-ए-शहर या कोई है जिन्न पढ़ा हुआ

यूँ फिर उठा न जाएगा ऐ अब्र दश्त से
गर कोई रोने बैठ गया दिल भरा हुआ

दुक्काँ–दुकान। मुआ–मरा। मुर्ग़–चिड़िया, परिंदा। मुर्ग़ान-ए-क़फ़स–पिंजरे में बंद पक्षी। तस्बीह में होना–माला जपते रहना, स्तुति करते रहना। हरचंद–हालाँकि। मनका ढलकना–मरते समय आदमी की गर्दन ढलक जाना। सत्ह–ऊपरी हिस्सा। अक्स–प्रतिबिम्ब। ख़ूगर–अभ्यस्त, आदी। दकन–दक्षिण भारत ख़ासतौर पर हैदराबाद और उसके आसपास का इलाक़ा। रह–रास्ता। ग़रीबाना–परदेसी की तरह। गाम–क़दम।

562. रविश–ढंग, चलन। साज़ करना–दोस्ती करना। ख़ाक से यक्साँ–मिट्टी के बराबर, धूल में मिला देना। तुर्फ़ा माजरा–अनोखी कहानी, वारदात। एहतराज़ करना–बचना, दूर रहना। क़श्क़ा–तिलक। दर-ए-दैर–मन्दिर का दरवाज़ा। साजिद–सज्दा करने वाला। ऐतमाद–भरोसा। नमाज़ करना–नमाज़ पढ़ना।

563. एक आन–एक पल। वा होना–खुलना। सोज़िश–जलन। बादा-ख़्वार–शराबी। पढ़ा हुआ जिन्न–जब कोई आमिल (तांत्रिक) अमल (मंत्र) पढ़कर जिन्न को क़ाबू में करके किसी व्यक्ति पर चढ़ा दे तो वह 'पढ़ा हुआ जिन्न' कहलाता है। शैख़–इस्लाम धर्म का ज्ञानी, मुल्ला, क़ाज़ी। अब्र–बादल। दश्त–जंगल।

लेकर जवाब ख़त का न क़ासिद फिरा कभू क्या जाने सर-नविश्त में है क्या लिखा हुआ
क्या जानिए मिलाप किसे कहते हैं ये लोग
बरसों हुए कि हमसे तो वो है लड़ा हुआ

564

इस काम-ए-जान-ओ-दिल से जो कोई जुदा हुआ
देखा फिर उसको ख़ाक में हमने मिला हुआ

कर तर्क गरचे बैठे हैं पर है वही तलाश
रहता नहीं है हाथ हमारा उठा हुआ

खींचा बग़ल में मैं जो उसे मस्त पा के रात
कहने लगा कि आपको भी अब नशा हुआ

नै सब्र है, न होश है, नै अक़्ल है, न दीन
आता है उसके पास से आशिक़ लुटा हुआ

जूँ बर्क़ मुझ को हँसते न देखा किसू ने आह
पाया जो अब्र सा कहीं रोता खड़ा हुआ

ख़त आए पर जो गर्म वो पुरकार मिल चला
मैं सादगी से जाना कि अब आश्ना हुआ

जिस शे'र पर सिमाअ था कल ख़ानक़ाह में
वो आज मैं सुना तो है मेरा कहा हुआ

पाया मुझे रक़ीब ने आ उसकी ज़ेर-ए-तेग़
दिल-ख़्वाह बारे मुद्दई का मुद्दआ हुआ

बीमार-ए-मर्ग सा तो नहीं रोज़ अब बतर
देखा था हमने 'मीर' को कुछ तो भला हुआ

क़ासिद–पत्रवाहक। सर-नविश्त–ख़त, क़िस्मत, भाग्य।

564. काम-ए-जान-ओ-दिल–दिल और जान का उद्देश्य, माशूक़। ख़ाक में मिलना–बर्बाद होना। तर्क करना–छोड़ना। हाथ उठना–अलग होना, जुदा होना। नै–न। जूँ बर्क़–बिजली की तरह। अब्र–बादल। पुरकार–होशियार। आश्ना–आशिक़, परिचित। सिमाअ–बेसुध होकर झूमना, मस्ती से झूमना, सूफ़ियों की महफ़िल का रक़्स या नृत्य। ख़ानक़ाह–सूफ़ियों के रहने की जगह या मठ। रक़ीब–किसी माशूक़ के आशिक़ों में से एक। ज़ेर-ए-तेग़–तलवार के नीचे, भौं रूपी तलवार के नीचे। दिल-ख़्वाह–मन चाहा। मुद्दई–दावेदार, दुश्मन। मुद्दआ होना–इच्छा पूरी होना। बीमार-ए-मर्ग–जिस बीमारी की वजह से मौत आ जाए। बतर–बदतर, ख़राब।

565

कल दिल-आज़ुर्दा गुलिस्ताँ से गुज़र हमने किया
गुल लगे कहने कहो, मुँह न उधर हमने किया

नीमचा हाथ में, मस्ती से लहू सी आँखें
सज तिरी देख के ऐ शोख़ हज़र हमने किया

पाँव के नीचे की मिट्टी भी न होगी हम सी
क्या कहें उम्र को इस तरह बसर हमने किया

काम उन होंठों से वो ले जो कोई हम सा हो
देखते-देखते ही आँखों में घर हमने किया

जैसे हसरत लिये जाता है जहाँ से कोई
आह यूँ कूचा-ए-दिलबर से सफ़र हम ने किया

उस रुख़-ओ-ज़ुल्फ़ की तस्बीह है याँ अक्सर 'मीर'
विर्द अपना यही अब शाम-ओ-सहर हमने किया

566

इस क़दर आँखें छुपाता है तू ऐ मग़रूर क्या
टुक नज़र ईधर नहीं, कह इस से है मंज़ूर क्या

वस्ल-ओ-हिज्राँ से नहीं है इश्क़ में कुछ गुफ़्तगू
लाग दिल की चाहिए है याँ क़रीब-ओ-दूर क्या

हो ख़राबी और आबादी की आक़िल को तमीज़
हम दिवाने हैं हमें वीरान क्या, मा'मूर क्या

उठ नहीं सकता तिरे दर से शिकायत क्या मिरी
हाल में अपने हूँ आजिज़ मैं, मुझे मक़दूर क्या

सब है यक्साँ जब फ़ना यक बारगी तारी हुई
ठीकरा इस मरतबे में क्या, सर-ए-फ़ग़फ़ूर क्या

---

565. दिल-आज़ुर्दा–मुर्झाए हुए दिल के साथ। नीमचा–छोटी तलवार, ख़ंजर। सज–अंदाज़, धज। शोख़–चंचल, महबूब। हज़र करना–परहेज़ करना, चौकन्ना होना। रुख़-ओ-ज़ुल्फ़–मुखड़ा और ज़ुल्फ़। तस्बीह–मुसलमानों की जप माला। विर्द करना–आदत डालना, रोज़ का काम, रूटीन का काम बनाना।

566. मग़रूर–घमंडी। वस्ल-ओ-हिज्राँ–मिलन और जुदाई। आक़िल–अक़्लमंद, समझदार। मा'मूर–आबाद। आजिज़–मजबूर। मक़दूर–बस, क़ाबू में। यक्साँ–एक से। फ़ना–मौत। यक बारगी–एक बार, एक दफ़ा। तारी–छा जाना। ठीकरा–मिट्टी के बर्तन का टुकड़ा। सर-ए-फ़ग़फ़ूर–बादशाह का सर।

लुत्फ़ के हर्फ़-ओ-सुख़न पहले जो थे बहर-ए-फ़रेब
मुद्दतें जाती हैं उन बातों का अब मज़कूर क्या

अब्र सा रोता जो मैं निकला तो बोला तंज़ से
आरसी जा देख घर, बरसे है मुँह पर नूर क्या

567

जूँ अब्र-ए-क़िब्ला दिल है निहायत ही भर रहा
रोना मिरा सुनोगे कि तूफ़ान कर रहा

शब मयकदे से वारिद-ए-मस्जिद हुआ था मैं
पर शुक्र है कि सुब्ह तईं बे-ख़बर रहा

तस्कीन-ए-दिल हो तब कि कभू आ गया भी हो
बरसों से उसका आना यही सुब्ह पर रहा

रहते थे तो मकाँ पे वले आप में न थे
उस बिन हमें हमेशा वतन में सफ़र रहा

अब छेड़ ये रखी है कि पूछे है बार-बार
कुछ वजह भी कि आपका मुँह है उतर रहा

काहे को मैंने 'मीर' को छेड़ा कि उन ने आज
ये दर्द-ए-दिल कहा कि मुझे दर्द-ए-सर रहा

568

बे-रौनक़ी-ए-बाग़ है जंगल से भी परे गुल सूख तेरे हिज्र में काँटा सा हो गया
जल्वा तिरा था जब तईं, बाग़-ओ-बहार था अब दिल को देखते हैं तो सहरा सा हो गया

कल तक तो हम वे हँसते चले आए थे यूँ ही
मरना भी 'मीर जी' का तमाशा सा हो गया

लुत्फ़–मेहरबानी। हर्फ़-ओ-सुख़न–बातचीत। बहर-ए-फ़रेब–धोखा देने के लिए। मज़कूर–ज़िक्र। अब्र–बादल। तंज़–व्यंग्य। आरसी–आईना। नूर–चमक यहाँ आँसू की बूँदें।

567. अब्र-ए-क़िब्ला–का'बे से, पश्चिम दिशा से उठने वाला बादल जो अमूमन बरसता है। वारिद-ए-मस्जिद होना–मस्जिद के अन्दर आना। तईं–तक, तलक। तस्कीन-ए-दिल–तसल्ली। वले–लेकिन।

568. परे–अधिक, ज़्यादा। हिज्र–जुदाई। तईं–तक, तलक। सहरा–जंगल, बियाबान।

569

फिरता है ज़िन्दगी के लिए आह ख़्वार क्या इस वहम की नुमूद का है ऐतबार क्या
क्या जानें हम असीर-ए-क़फ़स-ज़ाद, ऐ नसीम गुल कैसे, बाग़ कहते हैं किसको, बहार क्या
आँखें बरंग-ए-नक़्श-ए-क़दम हो गईं सफ़ैद फिर और कोई उसका करे इंतिज़ार क्या
सरकश किसू से ऐसी कदूरत रखे वो शोख़ हम उसकी ख़ाक-ए-राह हैं, हमसे ग़ुबार क्या
सोहबत रही बिगड़ती ही उस कीना-रू से आह हम जानते नहीं हैं कि होता है प्यार क्या
मारा हो एक-दो को तो हो मुद्दई कोई कुश्तों का उसके रोज़-ए-जज़ा में शुमार क्या
मुद्दत से जिरगा-जिरगा सर-ए-तीर हैं ग़ज़ाल कम हो गया है यारों का ज़ौक़-ए-शिकार क्या
पाते हैं अपने हाल में मजबूर सब को हम कहने को इख़्तियार है, पर इख़्तियार क्या
आख़िर ज़माना-साज़ी से खोया न वक्र 'मीर'
ये इख़्तियार तुमने किया रोज़गार क्या

570

मेरे मुर्दे से भी वो चौंके है अब तलक मुझमें जान है गोया
चाहिए जीते गुज़रे उसका नाम मुँह में जब तक ज़बान है गोया
सर बसर कीं है लेक वो पुरकार देखो तो मेहरबान है गोया
हैरत-ए-रू-ए-गुल से मुर्ग़-ए-चमन चुप है यूँ बे-ज़बान है गोया
मस्जिद ऐसी भरी-भरी कब है मयकदा इक जहान है गोया
बस कि हैं इस ग़ज़ल में शे'र बुलंद ये ज़मीन आसमान है गोया
वही शोर-ए-मिज़ाज शैब में है
'मीर' अब तक जवान है गोया

571

इन सख़्तियों में किस का मैलान ख़्वाब पर था बालीं की जाए हर शब याँ संग ज़ेर-ए-सर था
उन ख़ूबसूरतों का कुछ लुत्फ़ कम है मुझ पर यक-उम्र वरना इस जा परियों ही का गुज़र था

---

569. ख़्वार–अपमानित। नुमूद–जल्वा, प्रकट होना। असीर-ए-क़फ़स-ज़ाद–पैदाइशी बंदी। नसीम–हवा, ठंडी हवा। बरंग-ए-नक़्श-ए-क़दम–क़दमों के निशान की तरह। आँखें सफ़ैद होना–किसी के इंतज़ार में आँखों की रौशनी जाती रहना। सरकश–घमंडी। कदूरत–दिल का ग़ुबार। शोख़–चंचल, माशूक़। कीना-रू–कपटी। कुश्ता–क़त्ल किया हुआ। रोज़-ए-जज़ा–हिसाब-किताब यानी क़यामत का दिन। शुमार–गिनती। जिरगा-जिरगा–झुंड-झुंड, एक साथ इकट्ठे। सर-ए-तीर–तीर के निशाने पर। ग़ज़ाल–हिरन। ज़ौक़-ए-शिकार–शिकार करने का शौक़। ज़माना-साज़ी–बनावटी ख़ुशामद, मक्कारी। वक्र–इज़्ज़त, सम्मान। रोज़गार–चलन, काम।

570. गोया–जैसे, मानो। सर बसर कीं–पूरे तौर पर छुपा दुश्मन। पुरकार–चालाक, होशियार। हैरत-ए-रू-ए-गुल–फूल को खिला देख आश्चर्य-चकित, महबूब को देख कर हैरान। मुर्ग़-ए-चमन–बाग़ का पक्षी, आशिक़। ज़मीन–ग़ज़ल की रदीफ़, क़ाफ़िया और बहर। शोर-ए-मिज़ाज–तबीयत में हंगामा। शैब–बुढ़ापा।

571. मैलान–ध्यान, रुझान, झुकाव। ख़्वाब–नींद। बालीं–तकिया, सिरहाना। संग–पत्थर। ज़ेर-ए-सर–सिर के नीचे। लुत्फ़–मेहरबानी, कृपा। इस जा–इस तरफ़।

इस्मत को अपनी वाँ तो रोते मलक फिरें हैं लग़्ज़िश हुई जो मुझसे क्या ऐब, मैं बशर था
कल हम वो दोनों यकजा नागाह हो गए थे वो जैसे बर्क़-ए-ख़ातिफ़, मैं जैसे अब्र-ए-तर था
फिर आज ये कहानी कल शब पे रह गई है सोता न रहता टुक तो क़िस्सा ही मुख़्तसर था
रश्क़ उस शहीद का है ख़िज्र-ओ-मसीह को भी जो कुश्ता उसकी जानिब दो-गाम पेशतर था
हुशियारी उसकी देखो, कैफ़ी हो मुझको मारा ता सुनके सब कहें ये वो मस्त-ओ-बे-ख़बर था
सद-रंग है ख़राबी कुछ तो भी रह गया है क्या नक़्ल करिए यारो दिल कोई घर सा घर था
था वो भी इक ज़माना जब नाले आतिशीं थे चारों तरफ़ से जंगल जलता दहर-दहर था
जब नाला-कश हुआ वो, तब मजलिसें रुलाईं
था 'मीर' दिल-शिकस्ता या कोई नोहागर था

572

बेसुध पड़े हैं सारे सज्जादों पे इस्लामी दारू पिये वो काफ़िर काहे को इधर आया
क्या कहिए कि पत्थर से सर मारते हम गुज़रे यूँ अपना ज़माना तो बिन यार बसर आया
दर ही के तईं तकते पथरा गईं आँखें तो
वो ज़ालिम-ए-संगी दिल कब 'मीर' के घर आया

573

दूद-ए-दिल को हमारे टुक देखो ये भी पुर-पेच कुछ है काकुल सा
शौक़ वाँ उसके लम्बे बालों का याँ चला जाए है तसलसुल सा
इक निगह, एक चश्मक, एक सुख़न इस में भी तुम को है तअम्मुल सा
टूटी ज़ंजीर-ए-पा-ए-'मीर' मगर
रात सुनते रहे हैं हम ग़ुल सा

इस्मत–सतीत्व, सदाचारिता। मलक–फ़रिश्ता, फ़रिश्ते। लग़्ज़िश–ग़लती, फिसलन। बशर-आदमी। यकजा–एक जगह, इकट्ठे। नागाह–अचानक, यकायक। बर्क़-ए-ख़ातिफ़–चमकती हुई बिजली, आँखों को झपका देने वाली बिजली, चमक। अब्र-ए-तर–बरसने वाला बादल। मुख़्तसर–संक्षिप्त, थोड़ा। रश्क–जलन, ईर्ष्या। ख़िज्र–एक बुज़ुर्ग का नाम जिन्होंने आब-ए-हयात (अमृत) पिया और वो हमेशा ज़िन्दा रहेंगे। मसीह–ईसा मसीह। कुश्ता–क़त्ल किया हुआ। गाम–क़दम। पेशतर–पहले। कैफ़ी–नशे में चूर, मतवाला। नाला–रोने की आवाज़, चीख़-पुकार। आतिशीं–गर्म, आग जैसा। दहर-दहर जलना–आवाज़ के साथ जलना। नाला-कश–फ़रियाद करने वाला। मजलिस–महफ़िल। दिल-शिकस्ता–मायूस, दुखी, आशिक़। नोहागर–रोने वाला, मातम करने वाला।

572. सज्जादा–वो कपड़ा जिस पर नमाज़ पढ़ी जाती है। बसर आना–गुज़रना, बीतना। ज़ालिम-ए-संगी दिल–पत्थर दिल माशूक़।

573. दूद-ए-दिल–दिल से उठता हुआ धुआँ। पुर-पेच–बल खाता हुआ। काकुल–ज़ुल्फ़, लटें, लट। तसलसुल–सिलसिला। निगह–निगाह। चश्मक–आँख का इशारा। सुख़न–बात। तअम्मुल–सोच-विचार, झिझक। ज़ंजीर-ए-पा–पाँव की ज़ंजीर। ग़ुल–शोर।

574

एक दिल को हज़ार दाग़ लगा   अंदरूने में जैसे बाग़ लगा
उस से यूँ गुल ने रंग पकड़ा है   शम्अ से जैसे लें चराग़ लगा
पाँव दामन में खींच लेंगे हम   हाथ गर गोशा-ए-फ़राग़ लगा
'मीर' उस बे-निशाँ को पाया जान
कुछ हमारा अगर सुराग़ लगा

575

दाग़-ए-महजूबी हूँ उसका मैं कि मेरे रू-ब-रू   अक्स अपना आरसी में देख कर शरमा गया
जी कोई लगता है उसके उठ गए पर बाग़ में
गुल ने बहुतेरा कहा हमसे न टुक ठहरा गया

576

जी देते हैं मरने पर सब शहर-ए-मुहब्बत में   कुछ सारी ख़ुदाई से ये तौर नया देखा
कह दिल को गँवाया है या रंज उठाया है
ऐ 'मीर' तुझे हमने कुछ आज ख़फ़ा देखा

577

अपना भी क़स्द था सर-ए-दीवार बाग़ का   तोड़ा ही था क़फ़स को प: सय्याद आ गया
जौर-ओ-सितम उठाने ही उसके पड़ेंगे शैख़   मस्जिद में गर वो आशिक़-ए-बेदाद आ गया
देखेंगे आदमी की रविश 'मीर' हम तिरी
गर सामने से टुक वो परीज़ाद आ गया

578

ताइरान-ए-बाग़ को था बैत-बहसी का दिमाग़
पर हर इक दर्द-ए-सुख़न से 'मीर' के नालाँ हुआ

---

574. दाग़–चोट, ज़ख़्म। अंदरूना–अंदरूनी हिस्सा, दिल। दामन में पाँव खींचना–घर में बैठना, एकांत में बैठना। गोशा-ए-फ़राग़–आराम करने की जगह, क़ब्र।

575. दाग़-ए-महजूबी–ऐसा धब्बा जिसके कारण शर्म आए। अक्स–प्रतिबिम्ब। आरसी–आईना। टुक–ज़रा।

576. ख़ुदाई–दुनिया, जहान।

577. क़स्द–इरादा। क़फ़स–पिंजरा। प:–परन्तु। सय्याद–शिकारी। जौर-ओ-सितम–ज़ुल्म और सितम। आशिक़-ए-बेदाद–ज़ालिम आशिक़। रविश–तौर-तरीक़ा, ढंग। परीज़ाद–परी से जन्मा हुआ, ख़ूबसूरत, हसीन।

578. ताइरान-ए-बाग़–बाग़ के परिंदे। बैत-बहसी–शे'रों में मुक़ाबला करना, बैत-बाज़ी। दर्द-ए-सुख़न–दर्द भरी बात, दर्द भरे शे'र। नालाँ–रोता हुआ।

दिल की आबादी को पहुँचा अपने गोया चश्म-ए-ज़ख़्म
देखते ही देखते ये शहर सब वीराँ हुआ

उसके मेरे बीच में आईना आया था वले
सूरत-ए-अहवाल सारी देख कर हैराँ हुआ

तुम जो कल इस राह निकले बर्क़ से हँसते गए
अब्र को देखो कि जब आया इधर गिरयाँ हुआ

जी से जाना बन गया उस बिन हमें पल मारते
काम तो मुश्किल नज़र आता था पर आसाँ हुआ

579

आया है अब्र जब का क़िब्ले से तीरा तीरा
मस्ती के ज़ौक़ में हैं आँखें बहुत ही ख़ीरा
मजनूँ ने हौसले से दीवानगी नहीं की
जागह से अपनी जाना, अपना नहीं वतीरा
उस राहज़न से मिल कर दिल क्यूँके खो न बैठें
अन्दाज़-ओ-नाज़ उचक्के, ग़म्ज़ा उठाई-गीरा
आईने को भी देखो पर टुक इधर भी देखो
हैरान चश्म-ए-आशिक़ दमके है जैसे हीरा
निय्यत पे सब बिना है याँ मस्जिद इक बड़ी थी
पीर-ए-मुग़ाँ मुआ सो उसका बना हज़ीरा
हमराह ख़ूँ तलक हो, टुक पाँव के छुए से
ऐसा गुनाह मुझसे वो क्या हुआ कबीरा
ग़ैरत से 'मीर साहिब', सब जज़्ब हो गए थे
निकला न बूंद लोहू, सीना जो उन का चीरा

580

आँसू गिरा न राज़-ए-मुहब्बत का पास कर
मैं जैसे अब्र बरसों तईं दिल भरा फिरा
बंदा है फिर कहाँ का जो साहिब हो बे-दिमाग़
उससे ख़ुदाई फिरती है जिससे ख़ुदा फिरा
ख़ाना-ख़राब 'मीर' भी कितना ग़यूर था
मरते मुआ पर उसके कभू घर न जा फिरा

चश्म-ए-ज़ख़्म–बुरी नज़र से पहुँचने वाला नुक़सान। वले–लेकिन। सूरत-ए-अहवाल–शक्ल और सूरत, हालत। बर्क़–बिजली। अब्र–बादल। गिरयाँ–रोने वाला। जी से जाना–मरना, मर जाना। आसाँ–आसान।

579. जब का–पिछला। क़िब्ले का अब्र–पश्चिम दिशा से उठने वाला बादल जो अमूमन बरसता है। क़िब्ला–का'बा। तीरा तीरा–बहुत काला, घना। ख़ीरा–चंचल, रौशनी की चमक से आँखें चुंधियाना। वतीरा–तरीक़ा, ढंग। राहज़न–लुटेरा। ग़म्ज़ा–माशूक़ की आँख या भौं का इशारा। बिना–नीव, बुनियाद। पीर-ए-मुग़ाँ–शराब-ख़ाने का बूढ़ा। मुआ–मरा। हज़ीरा–क़ब्रिस्तान, मक़बरा। ख़ू–क़त्ल, ख़ून। गुनाह-ए-कबीरा–महापाप। जज़्ब होना–सूखना, ख़ुश्क होना।

580. पास करना–लिहाज़ करना, ख़याल करना। अब्र–बादल। तईं–तक, तलक। बे-दिमाग़–चिड़चिड़ा, घमण्डी। ख़ुदाई–दुनिया। ग़यूर–ग़ैरत-मंद, स्वाभिमानी। मुआ–मरा।

581

फिरिये कब तक शहर में अब सू-ए-सहरा रू किया
काम अपना इस जुनूँ में हमने भी यक-सू किया

इश्क़ ने क्या-क्या तसर्रुफ़ याँ किए हैं आजकल
चश्म को पानी किया सब, दिल को सब लोहू किया

काम में क़ुदरत के कुछ बोला नहीं जाता है हाए
ख़ूब-रू उसको किया लेकिन बहुत बद-ख़ू किया

जाना इस आराम-गह से है बईनिह बस यही
जैसे सोते-सोते ईधर से उधर पहलू किया

हाथ पर रख हाथ अब वो दो क़दम चलता नहीं
जिन ने बालिश ख़्वाब का बरसों मेरा बाज़ू किया

582

आशिक़ तिरे लाखों हुए मुझ सा न फिर पैदा हुआ
तुझ पर कोई ऐ काम-ए-जाँ देखा न यूँ मरता हुआ

कल सुब्ह सैर-ए-बाग़ में दिल और मेरा रुक गया
बुलबुल न बोला मुँह से कुछ, गुल टुक न मुझसे वा हुआ

वे दिन गए जो याँ कभू उठता था दिल से जोश सा
अब लग गए रोने जहाँ पल मारते दरिया हुआ

कितनों के दिल बेजाँ हुए कितने न जाना क्या हुए
चलने में उसके दो क़दम हंगामा इक बरपा हुआ

मस्ती में लग़ज़िश हो गई, मा'ज़ूर रक्खा चाहिए
ऐ अहल-ए-मस्जिद इस तरफ़ आया हूँ मैं बहका हुआ

जूँ हुस्न है इक फ़ित्ना-गर, तूँ इश्क़ भी है पर्दा-दर
वो शौहरा-ए-आलम हुआ, मैं ख़ल्क़ में रुस्वा हुआ

---

581. सू-ए-सहरा–जंगल की तरफ़। यक-सू–एक तरफ़। तसर्रुफ़–बदलाव। ख़ूब-रू–अच्छे चेहरे वाला, सुन्दर। बद-ख़ू–बुरी आदत वाला। आरामगह–आराम करने की जगह, दुनिया। बईनिह–अस्ल लफ़्ज़ बईनिही या'नी वही, अपनी हक़ीक़त के साथ, हुबहू। बालिश–तकिया, सिरहाना। ख़्वाब–नींद।

582. काम-ए-जाँ–दिल की मुराद, माशूक़। वा होना–खुलना। लग़ज़िश–ग़लती, भूल-चूक। मा'ज़ूर रखना–माफ़ रखना। फ़ित्ना-गर–हंगामा करने वाला। पर्दा-दर–ऐब ज़ाहिर करने वाला, भांडा फोड़ने वाला। शौहरा-ए-आलम–दुनिया में मशहूर। ख़ल्क़–दुनिया, लोग। रुस्वा–बदनाम।

फ़रहाद-ओ-मजनूँ वूँ गए हम और वामिक़ यूँ चले
इस आरिज़े से चाह के वो कौन सा अच्छा हुआ

या हर्फ़-ए-ख़त है दरमियाँ या गेसूओं का है बयाँ
क्या 'मीर साहिब' के तईं फिर इन दिनों सौदा हुआ

583

तमाम रोज़ जो कल मैं पिये शराब फिरा बसान-ए-जाम लिये दीदा-ए-पुर-आब फिरा
किसू से हर्फ़-ए-मुहब्बत का फ़ायदा न हुआ बग़ल में मैं तो लिये याँ बहुत किताब फिरा
लिखा तो देख कि क़ासिद फिरा जो मुद्दत में जवाब ख़त का मिरे साफ़ बे-जवाब फिरा
कहीं ठहरने की जा याँ न देखी मैंने 'मीर'
चमन में आलम-ए-इम्काँ के जैसे आब फिरा

584

ले रंग-ए-बे-सबाती ये गुलसिताँ बनाया बुलबुल ने क्या समझ कर याँ आशियाँ बनाया
उड़ती है ख़ाक या-रब शाम-ओ-सहर जहाँ में किस के ग़ुबार-ए-दिल से ये ख़ाक-दाँ बनाया

क़त्आ

दिल टुक उधर न आया ईधर से कुछ न पाया कहने को तर्क लेकर इक स्वांग याँ बनाया
दरयूज़ा करते गुज़री गलियों में उम्र अपनी दरवेश कब हुए हम तकिया कहाँ बनाया
वो तो मिटा गया था तुर्बत भी 'मीर जी' की
दो-चार ईंटें रखकर फिर मैं निशाँ बनाया

585

इस काम-ए-जान-ओ-दिल ने आलम का जान मारा
ज़ुल्फ़ों की दरहमी से बरहम जहान मारा

वामिक़–एक दास्तान में अज़रा के आशिक़ का नाम, आशिक़। आरिज़ा–बीमारी। हर्फ़-ए-ख़त–ख़त पर लिखी बातें, दाढ़ी की पतली लकीर को भी कहते हैं। गेसू–ज़ुल्फ़। सौदा–दीवानगी, पागलपन।

583. बसान-ए-जाम–शराब के प्याले कि तरह। दीदा-ए-पुर-आब–आँसू भरी आँख। हर्फ़-ए-मुहब्बत–प्यार भरे बोल। क़ासिद–पैग़ाम ले जाने वाला। आलम-ए-इम्काँ–जिस दुनिया में हर चीज़ सम्भव हो, संभावनाओं से भरी दुनिया। आब–पानी।

584. बे-सबाती–बोदा, न टिकने वाला, अस्थायी। आशियाँ–घोंसला, ठिकाना। सहर–सुबह। ख़ाक-दाँ–मिट्टी का घर, दुनिया। तर्क–त्याग। दरयूज़ा करना–भीख माँगना। दरवेश–फ़क़ीर, साधु। तकिया–सूफ़ी/संतों के रहने की जगह, ठिकाना। तुर्बत–क़ब्र।

585. काम-ए-जान-ओ-दिल–जान और दिल दोनों का मक़सद या'नी माशूक़। आलम–दुनिया। दरहमी–बिखराव। बरहम–अस्त-व्यस्त।

बुलबुल का आतिशीं दम दिल को लगा हमारे
ऐसा किन्होंने जैसे छाती में बान मारा
ख़ूँ कुछ न था हमारा मरकूज़-ए-ख़ातिर उसको
लिल्लाह इक हमें भी यूँ दरमियान मारा
सब्र-ओ-हवास-ओ-दानिश सब इश्क़ के ज़बूँ हैं
मैं काविश-ए-मिज़ा से आलम को छान मारा
हम आजिज़ों पर आकर यूँ कोह-ए-ग़म गिरा है
जैसे ज़मीं के ऊपर इक आसमान मारा
कब जी बचे है यारो ख़ुश-रू-ओ-मू बुताँ से
गर सुब्ह बच गया तो फिर शाम आन मारा
कहते न थे कि साहिब इतना कुढ़ा न करिए
इस ग़म ने 'मीर' तुमको जी से निदान मारा

586

ये 'मीर'-ए-सितम-कुश्ता किसू वक़्त जवाँ था
अंदाज़ सुख़न का सबब-ए-शोर-ओ-फ़ुग़ाँ था
जादू की पुड़ी पर्चा-ए-अब्यात था उसका
मुँह तकिए ग़ज़ल पढ़ते अजब सेहर-बयाँ था
जिस राह से वो दिल-ज़दा दिल्ली में निकलता
साथ उसके क़यामत का सा हंगामा रवाँ था
अफ़्सुर्दा न था ऐसा कि जूँ आब-ज़दा ख़ाक
आँधी थी, बला था, कोई आशोब-ए-जहाँ था
किस मर्तबा थी हसरत-ए-दीदार मिरे साथ
जो फूल मिरी ख़ाक से निकला, निगराँ था
मजनूँ को अबस दावा-ए-वहशत है मुझी से
जिस दिन कि जुनूँ मुझ को हुआ था वो कहाँ था
ग़ाफ़िल थे हम अहवाल-ए-दिल-ए-ख़स्ता से अपने
वो गंज इसी कुँज-ए-ख़राबी में निहाँ था
किस ज़ोर से फ़रहाद ने ख़ारा-शिकनी की
हरचंद कि वो बेकस-ओ-बे-ताब-ओ-तवाँ था
गो 'मीर' जहाँ में किन्हों ने तुझ को न जाना
मौजूद न था तू तो कहाँ नाम-ओ-निशाँ था

आतिशीं दम–जलती हुई साँस, आहें। बान–आग उगलने वाला एक हथियार जिसका प्रयोग पुराने ज़माने में किया जाता था। ख़ू-क़त्ल, ख़ून। मरकूज़-ए-ख़ातिर–मिज़ाज में बैठा हुआ, समाया हुआ। लिल्लाह–ख़ुदा के लिए। दानिश–अक़्ल। ज़बूँ–ख़राब, तबाह। काविश-ए-मिज़ा–पलकों से कुरेद कर। आजिज़–कमज़ोर, मजबूर। कोह-ए-ग़म–दुखों का पहाड़। ख़ुश-रू-ओ-मू बुताँ–सुन्दर मुखड़े और बाल वाले माशूक़। निदान–आख़िरकार।

586. सितम-कुश्ता–सितम का मारा। सुख़न का अंदाज़–शे'र कहने का अंदाज़, तरीक़ा। सबब-ए-शोर-ओ-फ़ुग़ाँ–रोने और विलाप करने का कारण। पर्चा-ए-अब्यात–वो कागज़ जिस पर शे'र लिखे हों। सेहर-बयाँ–जादू बयान, जिसके शे'रों में जादू हो। अफ़्सुर्दा–उदास, दुखी। आब-ज़दा ख़ाक–नम मिट्टी। आशोब–हलचल, फ़साद, परेशानी। किस मर्तबा–किस हद तक। निगराँ–देखने वाला। अबस–फ़िज़ूल, बेकार। ग़ाफ़िल–अनजान। अहवाल-ए-दिल-ए-ख़स्ता–ख़स्ता दिल का हाल, बदहाल दिल का हाल। ख़ारा-शिकनी–सख़्त पत्थर तोड़ना। बेकस–असहाय। बे-ताब-ओ-तवाँ–अधीर और अशक्त।

587

इश्क़ को बीच में या-रब तू न लाया होता
या तन-ए-आदमी में दिल न बनाया होता

दिल न था ऐसी जगह जिसकी न सुध लीजे कभू
उजड़ी इस बस्ती को फिर तूने बसाया होता

इज़्ज़त इस्लाम की कुछ रख ली ख़ुदा ने वरना
ज़ुल्फ़ ने तेरी तो ज़ुन्नार बँधाया होता

घर के आगे से तिरे नाश गई आशिक़ की
अपने दरवाज़े तलक तू भी तो आया होता

जो है सो बे-ख़ुद-ए-रफ़्तार है तेरा ऐ शोख़
इस रविश से न क़दम तूने उठाया होता

दिल से ख़ुश-तरह मकाँ फिर भी कहीं बनते हैं
इस इमारत को टुक इक देख के ढाया होता

कम-कम उठता वो नक़ाब आह, कि ताक़त रहती
काश यक बार हमें मुँह न दिखाया होता

'मीर' इज़हार-ए-मुहब्बत में गया जी न तिरा
हाए नादान बहुत तूने छुपाया होता

588

एक ढेरी राख की थी सुब्ह जाए 'मीर' पर
बरसों से जलता था शायद रात जल कर रह गया।

589

तरीक़ ख़ूब है आपस में आश्नाई का
न पेश आवे अगर मरहला जुदाई का
यहीं हैं दैर-ओ-हरम अब तो ये हक़ीक़त है
दिमाग़ किसको है हर दर की जब्हा-साई का
नहीं जहान में किस तर्फ़ गुफ़्तगू दिल से
ये एक क़तरा-ए-ख़ूँ है तरफ़ ख़ुदाई का

---

587. ज़ुन्नार–जनेऊ। नाश–लाश। बे-ख़ुद-ए-रफ़्तार–रफ़्तार से बेसुध, (माशूक़ की) नाज़-ओ-अदा से भरी चाल से बेसुध। शोख़–चंचल। रविश–तरह। ख़ुश-तरह–सुन्दर बनावट के। यक–एक।

588. जाए–जगह।

589. तरीक़–तरीक़ा, रास्ता। आश्नाई–इश्क़। मरहला–मुश्किल मंज़िल। दैर-ओ-हरम–मंदिर-मस्जिद। जब्हा-साई–माथा रगड़ना। तरफ़ होना–मुक़ाबिल होना, प्रतिस्पर्धी होना। क़तरा-ए-ख़ूँ–ख़ून की बूँद (यहाँ दिल)।

किसू पहाड़ में जूँ कोहकन सर अब मारें ख़याल हमको भी है बख़्त-आज़माई का
रखा है बाज़ हमें दर-बदर के फिरने से सरों पे अपने है एहसाँ शिकस्ता-पाई का
मिला कहीं तो दिखा देंगे इश्क़ का जंगल बहुत ही ख़िज़्र को ग़ुर्रा है रहनुमाई का
जहाँ से 'मीर' ही के साथ जाना था लेकिन
कोई शरीक नहीं है किसू की आई का

590

रखना निशान क़ब्र का मेरी न ख़ुश किया आया सो और ख़ाक में मुझको मिला गया
हरगिज़ बुझी न सर से लगी आह इश्क़ में मानिन्द-ए-शम्अ दाग़ ही सब हमको खा गया
क्यूँ मैं कहा कि हँस के नमक ज़ख़्म पर छिड़क बे-लुत्फ़ उसके होने में सारा मज़ा गया
आसूँ तो डर से पी गए लेकिन वो क़तरा आब इक आग तन बदन में हमारे लगा गया
वक़्त-ए-अख़ीर क्या ये अदा थी कि ग़श से मैं जब आँख खोली बालों में मुँह को छुपा गया
क्या पूछते हो दाग़ किया मर्ग-ए-'मीर' ने
मर कर वो सीना-सोख़्ता छाती जला गया

591

नाम उसका सुन के आँसू गिर ही पड़े पलक से
दिल का लगाओ यारो छुपता नहीं छुपाया

था लुत्फ़-ए-ज़ीस्त जिनसे वे अब नहीं मयस्सर
मुद्दत हुई कि हमने जीने से हाथ उठाया

रहती थी बे-दिमाग़ी इक शोर मा-ओ-मन में
आँखों के मुंद गए पर आराम सा तो पाया
गुल फूल से भी तू जो लेता है मुँह को फेरे
मुखड़े से किसके तूने ऐ 'मीर' दिल लगाया

कोहकन–फ़रहाद। बख़्त-आज़माई–क़िस्मत आज़माना। बाज़ रखना–रोकना, अटका कर रखना। शिकस्ता-पाई–बेबसी। ख़िज़्र–सही रास्ता बताने वाले एक बुज़ुर्ग। ग़ुर्रा–घमंड। रहनुमाई–रास्ता दिखाना। आई का–मौत का।

590. ख़ुश करना–पसंद करना। मानिन्द-ए-शम्अ–शम्अ की तरह। क़तरा–बूँद। आब–पानी। ग़श–बेहोशी। दाग़ करना–गर्म करना, जलाना। मर्ग-ए-'मीर'–'मीर' की मौत। सीना-सोख़्ता–सीना जला हुआ, दिल जला, दुखी।

591. लुत्फ़-ए-ज़ीस्त–ज़िन्दगी का मज़ा। बे-दिमाग़ी–चिडचिड़ापन। मा-ओ-मन–शाब्दिक अर्थ हम और मैं या'नी घमंड करना।

592

नुक्ता मुश्ताक़-ओ-यार है अपना   शाइरी तो शिआर है अपना
बेख़ुदी ले गई कहाँ हम को   देर से इंतिज़ार है अपना
रोते फिरते हैं सारी-सारी रात   अब यही रोज़गार है अपना
दे के दिल हम जो हो गए मजबूर   इस में क्या इख़्तियार है अपना
कुछ नहीं हम मिसाल-ए-अन्क़ा लेक   शहर-शहर इश्तिहार है अपना
जिसको तुम आसमान कहते हो   सो दिलों का ग़ुबार है अपना
सर्फ़ा आज़ार-ए-'मीर' में न करो
ख़स्ता अपना है, ज़ार है अपना

593

रू-कश हुआ जो शब वो बाला-ए-बाम निकला
माह-ए-तमाम यारो क्या ना-तमाम निकला

था जिनको आशिक़ी में दावा-ए-पुख़्ता-मग़्ज़ी
सौदा उन्हों का आख़िर देखा तो ख़ाम निकला

नौमीद क़ैस पाया, नाकाम कोहकन को
इस इश्क़-ए-फ़ित्ना-गर से वो किस का काम निकला

क्यूँकर न मर रहे जो बेताब 'मीर' सा हो
एक-आध दिन तो घर से दिल थाम-थाम निकला

594

क्या कहें कुछ कहा नहीं जाता   अब तो चुप भी रहा नहीं जाता
ताक़त-ए-दिल तलक तअब खींचे
अब सितम टुक सहा नहीं जाता

---

592. नुक्ता–बारीकी, समझने की बात। मुश्ताक़–चाहने वाला। शिआर–चलन, तरीक़ा, तौर। रोज़गार–काम। मिसाल-ए-अन्क़ा–उस ख़याली परिंदे की तरह जिसका कोई वजूद नहीं है। इश्तिहार–प्रसिद्धि, शोहरत। सर्फ़ा–कंजूसी। आज़ार-ए-'मीर'–'मीर' को सताने में, दुख-तकलीफ़ पहुँचाने में। ज़ार–कमज़ोर।

593. रू-कश होना–सम्मुख होना, सामने आना। बाला-ए-बाम–छत पर। माह-ए-तमाम–पूर्णिमा का चाँद, पूरा चाँद। ना-तमाम–अधूरा। दावा-ए-पुख़्ता-मग़्ज़ी–बुद्धिमता का दावा। ख़ाम–कमज़ोर, बोदा। नौमीद–निराश। क़ैस–मजनूँ। कोहकन–फ़रहाद। फ़ित्ना-गर–फ़साद करने वाला, बखेड़ा खड़ा करने वाला।

594. तअब खींचना–दुख सहना, तकलीफ़ झेलना। टुक–ज़रा।

595

कजी उसकी जो मैं जताने लगा मुझे सीधियाँ वो सुनाने लगा
तहम्मुल न था जिसको टुक सो वो मैं सितम कैसे-कैसे उठाने लगा
रुँधे इश्क़ में कोई यूँ कब तलक जिगर आह मुँह तक तो आने लगा
परेशाँ हैं इस वक़्त में नेक-ओ-बद मुआ जो कोई वो ठिकाने लगा
करूँ याद उसे हूँ जो मैं आप में सो याँ जी ही अब भूल जाने लगा
नहीं रहते आक़िल इलाक़े बग़ैर
कहीं 'मीर' दिल को दिवाने लगा

596

अल्लाह रे ग़ुरूर-ओ-नाज़ तेरा मुतलक़ नहीं हमसे साज़ तेरा
हम से कि तुझी को जानते हैं जाता नहीं एहतिराज़ तेरा
मिल जिन से शराब तू पिये है कह देते हैं वो ही राज़ तेरा
कुछ इश्क़-ओ-हवस में फ़र्क़ भी कर कीधर है वो इम्तियाज़ तेरा
कहते न थे 'मीर' मत कुढ़ा कर
दिल हो न गया गुदाज़ तेरा

597

आँसू मिरी आँखों में हरदम जो न आ जाता
तो काम मिरा अच्छा पर्दे में चला जाता

सद शुक्र कि दाग़-ए-दिल अफ़्सुर्दा हुआ वर्ना
ये शोला भड़कता तो घर-बार जला जाता

कहते तो हो यूँ कहते, यूँ कहते जो वो आता
ये कहने की बातें हैं, कुछ भी न कहा जाता

गर इश्क़ नहीं है तो, ये क्या है भला मुझको
जी ख़ुद-ब-ख़ुद ऐ हमदम, काहे को खपा जाता

---

595. कजी–टेढ़ापन। सीधियाँ सुनाना–बुरा-भला कहना, गालियाँ देना, खरी-खरी सुनाना। तहम्मुल–बर्दाश्त, सहन। जिगर मुँह को आना–बहुत ज़्यादा दुखी होना। मुआ–मरा। आक़िल–बुद्धिमान, होशियार। इलाक़ा–रिश्ता, दोस्ती।

596. मुतलक़–बिल्कुल। साज़–मेल। एहतिराज़–दूर रहना, बचना। इम्तियाज़–अंतर, फ़र्क़, समझ। गुदाज़ होना–पिघल जाना।

597. सद शुक्र–सैंकड़ों बार शुक्र। दाग़-ए-दिल–दिल का ज़ख़्म, दिल से उठने वाली लपट। अफ़्सुर्दा–बुझा हुआ।

तकलीफ़ न की हमने उस वहशी को मरने की
था 'मीर' तो ऐसा भी दिल जी से उठा जाता

598

जो कुछ नज़र पड़े है हक़ीक़त में कुछ नहीं आलम में ख़ूब देखो तो आलम है ख़्वाब का
बारे नक़ाब दिन को जो रखता है मुँह पे तू पर्दा सा रह गया है कुछ इक आफ़ताब का
ये होश देख आगे मिरे साथ ग़ैर के रखता है पाँव मस्त हो जैसे शराब का
रो फ़ुर्सत-ए-जवानी पे जूँ अब्र बे-ख़बर अन्दाज़ बर्क़ का सा है अहद-ए-शबाब का
वाँ से तो नामाबर को है कब का जवाब साफ़ मैं सादगी से लागो हूँ ख़त के जवाब का
लायक़ था रीझने ही के मिसरा-ए-क़द्द-ए-यार
मैं मो'तक़िद हूँ 'मीर' तिरे इंतिख़ाब का

599

क्या कोई ज़ेर-ए-फ़लक ऊँचा करे फ़र्क़-ए-ग़ुरूर
एक पत्थर हादसे का आ लगा, सर चिर गया

सख़्त हमको 'मीर' के मर जाने का अफ़सोस है
तुमने दिल पत्थर किया वो जान से आख़िर गया

600

ताक़त से मेरे दिल की ख़बर तुझको क्या न थी ज़ालिम निगाह-ए-ख़श्म इधर की ग़ज़ब किया
यक्साँ किया नहीं है हमें ख़ाक-ए-रह से आज ऐसा ही जब सुलूक किया उनने जब किया
उस रुख़ से दिल उठाया तो ज़ुल्फ़ों में जा फँसा अलक़िस्सा अपने रोज़ को हमने भी शब किया
बिछड़े तुम्हारे अपना अजब हाल हो गया जिसकी निगाह पड़ गई उसने अजब किया
बरसों से अपने दिल की है दिल में कि यार ने इक दिन जुदा न ग़ैर से हमको तलब किया
की ज़िन्दगी सो वो की, मुए अब सो इस तरह
जो काम 'मीर जी' ने किया सो कुढब किया

---

598. आलम–दुनिया, हाल। बारे–आख़िर कार। आफ़ताब–सूरज। फ़ुर्सत-ए-जवानी–जवानी का ज़माना। अब्र–बादल। बर्क़–आसमानी बिजली। अहद-ए-शबाब–जवानी का ज़माना। नामाबर–पत्रवाहक। लागो होना–चाहना, ख़्वाहिश रखना। मिसरा-ए-क़द्द-ए-यार–महबूब का मौज़ूँ क़द, नपा तुला क़द, शे'र का मिसरा भी क्यूँकि मौज़ूँ या'नी वज़्न में होता है इसलिए महबूब के क़द से उपमा दी है। मो'तक़िद–आस्था रखने वाला। इंतिख़ाब–चुनिंदा शायरी।

599. ज़ेर-ए-फ़लक–आसमान के नीचे। फ़र्क़-ए-ग़ुरूर–घमंडी सर।

600. निगाह-ए-ख़श्म–ग़ुस्से से भरी निगाह। यक्साँ–बराबर। ख़ाक-ए-रह–रास्ते की धूल-मिट्टी। अलक़िस्सा–मतलब, या'नी कि। रोज़–दिन। शब–रात। तलब करना–बुलवाना। मुए–मरे। कुढब–बेढब, बुरा।

601

अब छाती के जलने ने कुछ तौर बदल डाला
सब दर्द हो शिद्दत का, इस दिल ही को दल डाला

हम आजिज़ों का खोना मुश्किल नहीं है ऐसा
कुछ चूँटियों को लेकर पाँव तले मल डाला

तशवीश से अब ख़ाली किस दिन है मिज़ाज अपना
इस दिल की ख़लिश ने भी क्या आह ख़लल डाला

मुझ मस्त को क्या निस्बत ऐ 'मीर' मसाइल से
मुँह शैख़ का मस्जिद में मैं रख के मसल डाला

602

तूफ़ान मेरे रोने से आख़िर को हो रहा यूनाँ की तरह बस्ती ये सब मैं डुबो रहा
बहुतों ने चाहा कहिए पः कोई न कह सका अहवाल आशिक़ी का मिरी गोमगो रहा
आख़िर मुआ ही वाँ से निकलता सुना उसे कूचे में उसके जाके सितम-दीदा जो रहा
आँसू थमा न जब से गया वो निगाह से पायान-ए-कार आँखों को अपनी मैं रो रहा
क्या बे-शरीक ज़िन्दगी की शैख़-ए-शहर ने नब्बाश भी वही था वही मुर्दा-शो रहा

जब रात सर पटकने ने तासीर कुछ न की
नाचार 'मीर' मुंडकरी सी मार सो रहा

603

कोई फ़क़ीर ये ऐ काशके दुआ करता कि मुझको उसकी गली का ख़ुदा गदा करता
चमन में फूल गुल अब के हज़ार रंग खिले दिमाग़ काश कि अपना भी टुक वफ़ा करता
बदी नतीजा है नेकी का इस ज़माने में भला किसू से जो करता तो तू बुरा करता
तलातुम आँख के सद रंग रहते थे तुझ बिन कभू-कभू जो ये दरिया-ए-ख़ूँ चढ़ा करता
गली से यार की हम ले गए सर-ए-पुरशोर वगरना शाम से हंगामा ही रहा करता

---

601. शिद्दत–ज़ोर, सख़्ती, तक़लीफ़। दल डालना–बर्बाद करना। आजिज़–मजबूर, कमज़ोर, बेबस। तशवीश–बेचैनी, घबराहट। ख़लिश–चुभन। ख़लल–फ़ितूर, बिगाड़। निस्बत–रिश्ता, मतलब। मसाइल–मस्अला का बहुवचन, सवाल, धार्मिक नियम। शैख़–इस्लाम धर्म का ज्ञानी, मुल्ला, क़ाज़ी।

602. यूनाँ–यूनान, आधुनिक ग्रीस। अहवाल–हाल का बहुवचन, हाल। गोमगो–सही शब्द गूमगू, न कहने योग्य, जो कहा न जा सके। मुआ–मरा। सितम-दीदा–अत्याचार सहने वाला। पायान-ए-कार–आख़िरकार, अंततः। बे-शरीक ज़िन्दगी करना–अकेले जीवन गुज़ारना। नब्बाश–कफ़न चोर। मुर्दा-शो–सही शब्द मुर्दा-शू, मुर्दे को नहलाने वाला। तासीर करना–असर करना। मुंडकरी मार कर सोना–घुटनों में सिर रखकर सोना।

603. गदा–भिकारी। चमन–बाग़। वफ़ा करना–साथ देना। तलातुम–तूफ़ान। सद रंग–सैकड़ों रंग, तरह-तरह के। दरिया-ए-ख़ूँ–ख़ून की नदी। सर-ए-पुरशोर–हंगामे से भरा सिर।

गए पे तेरे न था हम-नफ़स कोई, ऐ गुल कभू नसीम से मैं दर्द-ए-दिल कहा करता
कहीं की ख़ाक कोई मुँह पे कब तलक मलता ख़राब-ओ-ख़्वार कहाँ तक भला फिरा करता
तिरे मिज़ाज में ताब-ए-तअब थी 'मीर' कहाँ
किसू से इश्क़ न करता तो तू भला करता

604

बँधा रात आँसू का कुछ तार सा हुआ अब्र-ए-रहमत गुनहगार सा
कोई सादा ही उसको सादा कहे लगे है हमें तो वो अय्यार सा
मुहब्बत है या कोई जी का है रोग सदा मैं तो रहता हूँ बीमार सा
जो ऐसा ही तुम हमको समझो हो सहल हमें भी ये जीना है दुश्वार सा
फ़लक ने बहुत खींचे आज़ार लेक न पहुँचा बहम उस दिल आज़ार सा
मगर आँख तेरी भी चिपकी कहीं टपकता है चितवन से कुछ प्यार सा
खड़े मुन्तज़िर ज़ोफ़ जो आ गया गिरा उसके दर पर मैं दीवार सा
दिखाऊँ मता-ए-वफ़ा कब उसे लगा वाँ तो रहता है बाज़ार सा
अजब क्या जो उस ज़ुल्फ़ का साया-दार फिरे रातों को भी परीदार सा
नहीं 'मीर' मस्ताना सोहबत का बाब
मुसाहिब करो कोई हुशियार सा

605

हैराँ है लहज़ा-लहज़ा तर्ज़-ए-अजब-अजब का
जो रफ़्ता-ए-मुहब्बत वाक़िफ़ है उसके ढब का
कहते हैं कोई सूरत बिन मा'नी याँ नहीं है
ये वजह है कि आरिफ़ मुँह देखता है सब का
निस्बत दुरुस्त जिसकी उस रू-ओ-मू से पाई
है दरहम और बरहम हाल उसके रोज़-ओ-शब का

हम-नफ़स–दोस्त। नसीम–हवा। ख़राब-ओ-ख़्वार–बर्बाद और अपमानित। ताब-ए-तअब–दुख सहन करने की शक्ति।

604. अब्र-ए-रहमत–रहमत का बादल, कृपालु बादल। अय्यार–फ़रेबी, चालाक। सहल–सीधा, आसान। फ़लक–आसमान। आज़ार–बीमारी। आज़ार खींचना–मुसीबत झेलना। बहम पहुँचना–हासिल होना। चितवन–निगाह। मुन्तज़िर–इंतिज़ार करने वाला। ज़ोफ़–कमज़ोरी। मता-ए-वफ़ा–वफ़ा रूपी पूंजी। साया-दार–जिसके नीचे छाँव हो। परीदार–जिस पर परी का साया हो। बाब–लायक़, क़ाबिल। मुसाहिब–साथी, ख़ास दोस्त।

605. लहज़ा-लहज़ा–हर पल। तर्ज़-ए-अजब-अजब–अजीब-ओ-ग़रीब अंदाज़। रफ़्ता-ए-मुहब्बत–मुहब्बत में खोया हुआ, गया हुआ। सूरत और मा'नी–(दर्शन) प्रकट और अव्यक्त। आरिफ़–जिसने ईश्वर को पहचान लिया हो, संत, वली, ऋषि, मुनी। निस्बत–लगाव, सम्बन्ध। रू-ओ-मू–चेहरा और ज़ुल्फ़। दरहम बरहम–तित्तर-बित्तर, बर्बाद। रोज़-ओ-शब–दिन-रात।

मुँह उसके मुँह के ऊपर शाम-ओ-सहर रखूँ हूँ
अब हाथ से दिया है सर-रिश्ता मैं अदब का

क्या आजकल से उसकी ये बे-तवज्जही है
मुँह उन ने इस तरफ़ से फेरा है 'मीर' कब का

606

सैंकड़ों बेकसों का जान गया पर ये तेरा न इम्तिहान गया
वाए अहवाल उस जफ़ा-कश का आशिक़ अपना जिसे वो जान गया
दाग़-ए-हिर्मा हैं ख़ाक में भी साथ जी गया पर न ये निशान गया
कल न आने में एक याँ तेरे आज सौ-सौ तरफ़ गुमान गया
दिल से मत जा कि फिर वो पछताया हाथ से जिसके ये मकान गया
अब जो ईसा फ़लक पे है वो भी शौक़ में बरसों ख़ाक छान गया

कौन जी से न जाएगा ऐ 'मीर'
हैफ़ ये है कि तू जवान गया

607

कल मैं कहा कि तूर का शो'ला कहाँ गिरा दिल ने जिगर की ओर इशारत की याँ गिरा
मंज़र ख़राब होने को है चश्म-ए-तर का हैफ़ फिर दीद की जगह नहीं जो ये मकाँ गिरा
शोर इक मिरी निहाद से तुझ बिन उठा था रात जिस से किया ख़याल कि ये आसमाँ गिरा
क्या कम था शोला शौक़ का, शोले से तूर के पत्थर भी वाँ के जल गए जाकर जहाँ गिरा

आते ही आते तेरे ये नाकाम हो चुका
वाँ काम ही रहा तुझे याँ काम हो चुका

608

या ख़त चले ही आते थे या हर्फ़ ही नहीं शायद कि सादगी का वो हंगाम हो चुका
मौसम गया वो तर्क-ए-मुहब्बत का नासेहा मैं अब तो ख़ास-ओ-आम में बदनाम हो चुका

सहर–सुबह। हाथ से देना–छोड़ना। सर-रिश्ता–धागा, डोर। बे-तवज्जही–ध्यान न देना, नज़र-अंदाज़ करना।

606. बेकस–असहाय, अकेला। अहवाल–हालत। जफ़ा-कश–सितम झेलने वाला। दाग़-ए-हिर्मा–ना-उम्मीदी के ज़ख़्म, टीस। गुमान–वहम, अंदेशा। हैफ़–अफ़सोस।

607. तूर का शो'ला–बहुत गर्म अंगारा, तूर एक पहाड़ी का नाम जिस पर हज़रत मूसा ने ख़ुदा से दिव्य प्रकाश का निवेदन किया था और इस ज्योति से तूर का पहाड़ जलकर राख हो गया था। इशारत–इशारा। मंज़र–नज़ारा, दरीचा, खिड़की। चश्म-ए-तर–आँसू भरी आँख। हैफ़–अफ़सोस। दीद–नज़ारा, निगाह, दीदार। निहाद–तबीयत। शोला–लपट। हो चुकना–ख़त्म हो जाना। काम हो चुकना–मर जाना, जान निकल जाना।

608. हंगाम–वक़्त, मौसम। तर्क-ए-मुहब्बत–मोहब्बत छोड़ना। नासेहा–ऐ नासेह, ऐ नसीहत करने वाले।

ना-आश्ना-ए-हर्फ़ था वो शोख़ जब तभी   हम से तो तर्क-ए-नामा-ओ-पैग़ाम हो चुका
तड़पे है जब कि सीने में उछले है दो-दो हाथ
गर दिल यही है 'मीर' तो आराम हो चुका

609

बुलबुल की और गुल की जो सोहबत की सैर 'मीर'
दिल अपना दिलबरों की तरफ़ से उचट गया

610

सीने में शौक़ 'मीर' के सब दर्द हो गया   दिल पर रखा था हाथ सो मुँह ज़र्द हो गया
निकला था आज सुब्ह बहुत गर्म हो वले   ख़ुर्शीद उसको देखते ही सर्द हो गया
बे-पर्दा उसकी शोख़ी क़यामत है देखियो   याँ ख़ाक सी उड़ा दी फ़लक गर्द हो गया
कश्ती हर इक फ़क़ीर की भर दी शराब से   इस दौर में कलाल अजब मर्द हो गया
दफ़्तर लिखे हैं 'मीर' ने दिल के अलम के ये
याँ अपने तौर-ओ-तर्ज़ में वो फ़र्द हो गया

611

क्या तू, नुमूद किसकी, कैसा कमाल तेरा   ऐ नक़्श-ए-वहम आया कीधर ख़याल तेरा
अब सुब्ह पास गुल के हो कर नहीं निकलती   देखा नसीम ने भी शायद जमाल तेरा
पहला क़दम है इंसाँ पामाल-ए-मर्ग होना   क्या जाने रफ़्ता-रफ़्ता क्या हो मआल तेरा
तफ़सील-ए-हाल मेरी थी बाइस-ए-कदूरत   सो जी को ख़ुश न आया हरगिज़ मलाल तेरा
कुछ ज़र्द-ज़र्द चेहरा, कुछ लाग़री बदन में
क्या इश्क़ में हुआ है ऐ 'मीर' हाल तेरा

ना-आश्ना-ए-हर्फ़–बातचीत से अनजान, बात न करने वाला। तर्क करना–छोड़ना। नामा-ओ-पैग़ाम–दुआ-सलाम, पत्र-व्यवहार।

609. दिलबर–माशूक़, महबूब, प्यारा।

610. ज़र्द होना–पीला पड़ना। वले–लेकिन, मगर। ख़ुर्शीद–सूरज। सर्द होना–ठंडा होना। शोख़ी–चंचलता। फ़लक–आसमान। कश्ती–कमंडल। कलाल–शराब बेचने वाला। दफ़्तर–ग्रंथ, पोथी। अलम–दुख। फ़र्द–अलग, अकेला आदमी।

611. नुमूद–निशान। नक़्श-ए-वहम–जो सच में कुछ न हो। नसीम–सुबह की ठंडी हवा। जमाल–ख़ूबसूरती। पामाल-ए-मर्ग–मौत के हाथों रौंदा जाना। मआल–अंजाम, नतीजा। तफ़सील-ए-हाल–हाल का विवरण। बाइस-ए-कदूरत–उदासी का कारण। ख़ुश न आना–अच्छा न लगना। मलाल–अफ़सोस। ज़र्द-ज़र्द–पीला-पीला, बुझा-बुझा सा। लाग़री–कमज़ोरी।

612

फ़रो आता नहीं सर नाज़ से अब के अमीरों का
अगरचे आसमाँ तक शोर जावे हम फ़क़ीरों का

हमारे देखते ज़ेर-ए-नगीं था मुल्क सब जिनके
कोई अब नाम भी लेता नहीं उन मुल्क-गीरों का

613

हुईं रुस्वाइयाँ जिस के लिए छूटा दयार अपना
हुआ वो बे-मुरव्वत, बेवफ़ा, हरगिज़ न यार अपना

ख़ुदा जाने हमें इस बेख़ुदी ने, किस तरफ़ फेंका
कि मुद्दत हो गई हम खींचते हैं, इंतिज़ार अपना

ज़लील उसकी गली में हूँ तो हूँ, आज़ुर्दगी कैसी
कि रंजिश उस जगह होवे, जहाँ हो ऐ'तबार अपना

अगरचे ख़ाक उड़ाई दीदा-ए-तर ने बियाबाँ की
वले, निकला न ख़ातिर-ख़्वाह, रोने से ग़ुबार अपना

अजब हम बे-बसीरत हैं, कहाँ खोला है बार आकर
जहाँ से लोग सब रख़्त-ए-सफ़र करते हैं बार अपना

न हो यूँ मयकदा मस्जिद सा, पर वाँ होश जाते हैं
हुआ है दोनों जागह एक-दो बारी गुज़ार अपना

सरापा आरज़ू हम लोग हैं, काहे को रिन्दों में
रहे हैं अब तलक जीते वले दिल मार-मार अपना

गया वो बोझ सब हल्के हुए हम 'मीर' आख़िर को
मुनासिब था न जाना उस गली में बार-बार अपना

---

612. फ़रो–नीचे। सर फ़रो आना/होना–सिर झुकना, सिर झुकाना। अगरचे–हालाँकि। ज़ेर-ए-नगीं–अधीन, हुकूमत में। मुल्क-गीर–शासक, राजा।

613. रुस्वाई–बदनामी। दयार–घर, ठिकाना। बे-मुरव्वत–लिहाज़ न करने वाला, ज़ालिम। आज़ुर्दगी–अफ़सोस, रंज। ऐ'तबार–भरोसा, इज़्ज़त। अगरचे–यद्यपि, हालाँकि। दीदा-ए-तर–आँसू भरी आँख। बियाबाँ–बयाबान, वीराना, जंगल। वले–लेकिन। ख़ातिर-ख़्वाह–इच्छा के अनुसार। बे-बसीरत–विवेकहीन, दूरदर्शिता से रहित। बार–सामान, बोझ। रख़्त-ए-सफ़र–सफ़र का सामान। सरापा–सर से पाँव तक। रिन्द–आज़ाद, बे-क़ैद, मतवाला।

614

रब्त-ए-दिल ज़ुल्फ़ से उसकी जो न चस्पाँ होता
इस क़दर हाल हमारा न परेशाँ होता

हाथ दामन में तिरे मारते झुंझला के न हम
अपने जामे में अगर आज गिरेबाँ होता

वस्ल के दिन से बदल क्यूँके शब-ए-हिज्राँ हो
शायद इस तौर में अय्याम का नुक़्साँ होता

तौर अपने पे जो हम रोते तो फिर आलम में
देखते तुम कि वहीं नूह का तूफ़ाँ होता

दिल में क्या-क्या था हमारे जो न हो जाती यास
ये नगर काहे को इस तरह से वीराँ होता

'मीर' भी दैर के लोगों ही की सी कहने लगा
कुछ ख़ुदा लगती भी कहता जो मुसलमाँ होता

615

जिस पे उस मौज सी शमशीर का इक वार किया
काम उस शौक़ के डूबे हुए का पार किया

ऐसे आज़ार उठाने का हमें कब था दिमाग़
कोफ़्त ने दिल की तो जीने से भी बेज़ार किया

जी ही जाते सुने हैं इश्क़ के मशहूर हुए
क्या किया हमने कि इस राज़ को इज़्हार किया

'मीर' ऐ काश ज़बाँ बंद रखा करते हम
सुब्ह के बोलने ने हमको गिरफ़्तार किया

---

614. रब्त-ए-दिल–दिल का लगाव, मुहब्बत। जामा–परिधान, लिबास। वस्ल–मिलन। शब-ए-हिज्राँ–जुदाई की रात। अय्याम–यौम (दिन) का बहुवचन, ज़माना। आलम–दुनिया। नूह का तूफ़ाँ–ज़बरदस्त तूफ़ान, तूफ़ान जो पैग़म्बर हज़रत नूह के ज़माने में आया था जिससे पूरी धरती पर प्रलय हो गई थी। यास–निराशा, ना-उम्मीदी। दैर–मंदिर। ख़ुदा लगती कहना–सच्ची बात कहना।

615. मौज–लहर। शमशीर–तलवार। आज़ार–दुख, तकलीफ़। दिमाग़ न होना–बर्दाश्त न होना। कोफ़्त–मलाल, ग़म, परेशानी। बेज़ार–उक्ताना, नाराज़, दुखी। इज़्हार करना–बताना, ज़ाहिर करना।

616

शिकस्ता-दिल-ए-इश्क़ की जान क्या नज़र फेरी तूने तो वो मर गया
हुए यार क्या-क्या ख़राब उस बग़ैर वो किस ख़ाना-आबाद के घर गया
बहुत रफ़्ता रहते हो तुम उसके अब
मिज़ाज आप का 'मीर' कीधर गया

617

बे-ताक़ती में तू तो ऐ 'मीर' मर रहेगा ऐसी तपिश से दिल की कोई जिगर रहेगा
क्या है जो राह दिल की तय करते मर गए हम जूँ नक़्श-ए-पा हमारा ता देर असर रहेगा
मत कर लड़कपन इतना ख़ूँ-रेज़ी में हमारी इस तौर लोहू में तू दामन को भर रहेगा
आगाह पाए हमने खोए गए से या'नी पहुँची ख़बर उधर की दिल बे-ख़बर रहेगा
फ़र्दा का सोच तुझको क्या आज ही पड़ा है कल की समझियो कल ही, कल तू अगर रहेगा
लोगों का पास हमको मारे रखे है वरना मातम में दिल के शेवन दो-दो पहर रहेगा
पायान-ए-कार देखें क्या होवे दिल की सूरत ऐसा ही जो वो चेहरा पेश-ए-नज़र रहेगा
हम कोई बैत जाकर उस ही के मुँह सुनेंगे
वहशत-ज़दा किसू दिन गर 'मीर' घर रहेगा

618

पन्द-गो मुशफ़िक़ अबस मेरा नसीहत गर हुआ
सख़्तियाँ जो मैं बहुत खींची सो दिल पत्थर हुआ

कब खुबा जाता था यूँ आँखों में जैसा सुब्ह था
फूल ख़ुश-रंग और उसके फ़र्श पर बिछ कर हुआ

क्या सुनी तुमने नहीं बदहाली-ए-फ़रहाद-ओ-क़ैस
कौन सा बीमार दिल का आज तक अच्छा हुआ

कौन करता है तरफ़ मुझ आशिक़-ए-बेताब की
सूरत-ए-ख़ुश जिनने देखी इसकी सो ऊधर हुआ

---

616. शिकस्ता-दिल-ए-इश्क़–जिसका दिल मुहब्बत में टूट गया हो, मुहब्बत का मारा, आशिक़। नज़र फेरना–अनदेखा करना, ध्यान न देना। ख़ाना-आबाद–जिस का घर आबाद हो। रफ़्ता–खोया हुआ, आशिक़।

617. नक़्श-ए-पा–पदचिह्न। ख़ूँ-रेज़ी–ख़ून बहाना। फ़र्दा–आने वाला कल। पास–लिहाज़। शेवन–रोना-पीटना, मातम। पायान-ए-कार–आख़िरकार। बैत–शे'र। वहशत-ज़दा–घबराया हुआ, दीवाना।

618. पन्द-गो–नसीहत करने वाला। मुशफ़िक़–मेहरबान, दोस्त। अबस–बेवजह, बिना कारण। खुबा जाना–बस जाना, पसंद आना, दिल को अच्छा लगना। बदहाली-ए-फ़रहाद-ओ-क़ैस–फ़रहाद और मजनूँ का बुरा हाल, बर्बादी। तरफ़ करना–बराबरी करना।

क्या कहूँ अब के जुनूँ में घर का भी रहना गया
काम जो मुझ से हुआ सो अक़्ल से बाहर हुआ

शब न करता शोर उस कूचे में गर मैं जानता
उसकी बे-ख़्वाबी से हंगामा मिरे सर पर हुआ

होवे या-रब उन सियह-रू आँखों का ख़ाना-ख़राब
यक नज़र करते ही मेरे दिल में उसका घर हुआ

619

टपकती पलकों से रूमाल जिस घड़ी सरका
तरफ़ हुआ न कभू अब्र दीदा-ए-तर का

कभू तो दैर में हूँ मैं, कभू हूँ का'बे में
कहाँ-कहाँ लिये फिरता है शौक़ उस दर का

ग़म-ए-फ़िराक़ से फिर सूख कर हुआ काँटा
बिछा जो फूल उठा कोई उसके बिस्तर का

बता के का'बे का रस्ता उसे भुलाऊँ राह
निशाँ जो पूछे कोई मुझसे यार के घर का

किसू से मिल चले टुक वो तो है बहुत वरना
सुलूक काहे को शेवा है उस सितमगर का

शिकस्ता-बाली-ओ-लब-बस्तगी पर अब की न जा
चमन में शोर मिरा अब तलक भी है पर का

फिरे है ख़ाक मले मुँह पे या नमद पहने
ये आईना है नज़र-कर्दा किस क़लन्दर का

न तर्क-ए-इश्क़ जो करता तो 'मीर' क्या करता
जफ़ा-कशी नहीं है काम नाज़-परवर का

बे-ख़्वाबी–नींद न आना। सियह-रू–बदनाम। यक–एक।

619. तरफ़ होना–सामने आना, मुक़ाबला करना। अब्र–बादल। दीदा-ए-तर–आँसू भरी आँखें, भीगी आँखें। दैर–मंदिर। ग़म-ए-फ़िराक़–जुदाई का दुख। शेवा–पेशा, आदत। शिकस्ता-बाली–टूटे हुए पर, नुचे हुए पर। लब-बस्तगी–होंठो का बंद होना, चुप्पी। नमद–भेड़-बकरी के बालों का बना हुआ ऊनी कपड़ा। नज़र-कर्दा–जिस को किसी सूफ़ी या संत की ख़ास तवज्जो या कृपा हासिल हो। क़लन्दर–फ़क़ीर। तर्क-ए-इश्क़–इश्क़ करना छोड़ना। जफ़ा-कशी–अत्याचार सहना। नाज़-परवर–नाज़ का पला हुआ, जिसकी परवरिश लाड-प्यार से हुई हो।

620

हल्क़ा हुई वो ज़ुल्फ़, कमाँ को छुपा रखा ताक़-ए-बुलंद पर इसे सब ने उठा रखा
टुक मैं लगा था उस नमकी शोख़ के गले छाती के मेरे ज़ख़्मों ने बरसों मज़ा रखा
काहे को आए चोट कोई दिल पे शैख़ के उस बुल-हवस ने अपने तईं तो बचा रखा
हम सर ही जाते इश्क़ में अक्सर सुना किए इस राह-ए-ख़ौफ़-नाक में क्यूँ तुमने पा रखा
आज़ार-ए-दिल नहीं है किसू दीन में दुरुस्त क्या जानूँ इन बुतों ने सितम क्यूँ रवा रखा
क्या ज़हर-ए-चश्म-ए-यार को कोई बयाँ करे जिस की तरफ़ निगाह की उसको सुला रखा

हरचंद शे'र-ए-'मीर' का दिल मोतक़िद न था
पर इस ग़ज़ल को हमने भी सुनकर लिखा रखा

621

मैं जवानी में मय परस्त रहा गर्दन-ए-शीशा ही में दस्त रहा
दर-ए-मयख़ाना में मिरे सर पर ज़िल्ल-ए-ममदूद-दार-बस्त रहा
सर पे पत्थर जुनूँ में कब न पड़े ये सुबू साबित-ए-शिकस्त रहा
हाथ खींचा सो पीर होकर जब तब गुनह करने का न दस्त रहा

'मीर' के होश के हैं हम आशिक़
फ़स्ल-ए-गुल जब तलक थी मस्त रहा

622

चमन भी तिरा आशिक़-ए-ज़ार था गुल-ए-सुर्ख़ इक ज़र्द रुख़्सार था
गई नींद शेवन से बुलबुल की रात कहीं दिल हमारा गिरफ़्तार था
क़द-ए-यार के आगे सर्व-ए-चमन खड़ा दूर, जैसे गुनह-गार था
बहुत रोए हम शबनम-ओ-गुल को देख कि चस्पाँ हमें भी कहीं प्यार था

गया 'मीर' याँ से करोगे जो याद
कहोगे कि मिस्कीं अजब यार था

---

620. हल्क़ा होना–फैल जाना, घेरा डालना। कमाँ–कमान, यहाँ भवें। ताक़ पर उठा रखना–भुला देना। नमकी–नमकीन। शैख़–इस्लाम धर्म का ज्ञानी, मुल्ला, क़ाज़ी। बुल-हवस–भोग-विलास में लिप्त। आज़ार-ए-दिल–दिल दुखाना, दिल को तकलीफ़ देना। हरचंद–कितना ही, कैसा ही। मोतक़िद–श्रद्धालु, मानने वाला।

621. मय परस्त–शराब को पसंद करने वाला। गर्दन-ए-शीशा–शराब की बोतल की गर्दन। दस्त–हाथ। ज़िल्ल-ए-ममदूद-दार-बस्त–फैला हुआ या लम्बा साया। सुबू–शराब का मटका, यहाँ सिर। साबित-ए-शिकस्त–टूटने से बचे रहना। पीर–बूढ़ा। फ़स्ल-ए-गुल–बहार का मौसम।

622. आशिक़-ए-ज़ार–परेशान आशिक़, रोता हुआ आशिक़। गुल-ए-सुर्ख़–गुलाब का फूल। ज़र्द रुख़्सार–पीले गाल वाला, मुरझाया हुआ। शेवन–ग़म, मातम, रोना। सर्व–एक सीधे सुन्दर पेड़ का नाम जिससे माशूक़ के क़द को उपमा दी जाती है। शबनम-ओ-गुल–ओस की बूँद और फूल। मिस्कीं–ग़रीब, बेचारा।

623

दिल गया मुफ़्त और दुख पाया होके आशिक़, बहुत मैं पछताया
मर गए पर भी संग-सार किया नख़्ल-ए-मातम मिरा ये फल लाया

जब से बेख़ुद हुआ हूँ उसको देख
आप में 'मीर' फिर नहीं आया

624

चाक कर सीना, दिल मैं फेंक दिया खींचे ईज़ा हमेशा किसकी बला
तुमको जीता रखे ख़ुदा ऐ बुताँ मर गए हम तो करते-करते वफ़ा

उठ गया 'मीर' वो जो बालीं से
फिर मिरी जान मुझ में कुछ न रहा

625

अंदोह-ओ-ग़म के जोश से दिल रुक के ख़ूँ हुआ
अब के मुझे बहार से आगे जुनूँ हुआ

जी में था ख़ूब जाके ख़राबे में रोइए
सैलाब आया, आके चला, क्या शुगूँ हुआ

मैं दूर हूँ अगरचे बराबर हूँ ख़ाक से
इस रह में नक़्श-ए-पा ही मिरा रह-नमूँ हुआ

'मीर' उन ने सरगुज़श्त सुनी सारी रात को
अफ़साना आशिक़ी का हमारी फ़ुसूँ हुआ

626

मुँह पर उस आफ़ताब के है ये नक़ाब क्या पर्दा रहा है कौन-सा, हम से हिजाब क्या
ऐ अब्र-ए-तर ये गिरया हमारा है दीदनी बरसे है आज सुब्ह से चश्म-ए-पुर-आब क्या

---

623. संग-सार करना–पत्थर मारकर काम तमाम करना। नख़्ल-ए-मातम–वो सजावट जो अर्थी पर करी जाती है, मुर्दे की अर्थी या ताबूत को सजाना। बेख़ुद होना–अपने आप से बेख़बर हो जाना, ख़ुद को भूलना। आप में न आना–होश में न आना।

624. चाक कर–फाड़ कर। ईज़ा खींचना–दुख उठाना। बुत–मूर्ति, माशूक़। बालीं–सिरहाना, तकिया।

625. अंदोह-ओ-ग़म–दुख-दर्द। जुनूँ–जुनून, दीवानगी। ख़राबा–वीराना। शुगूँ–शगुन, अच्छी बात। नक़्श-ए-पा–पदचिह्न, पाँव के निशान। रह-नमूँ–रह-नुमा, रास्ता दिखाने वाला। सरगुज़श्त–कहानी। फ़ुसूँ–जादू।

626. आफ़ताब–सूरज, यहाँ माशूक़ की तरफ़ इशारा है। अब्र-ए-तर–पानी भरा बादल, बरसने वाला बादल। गिरया–रोना, आँसू। दीदनी–देखने योग्य। चश्म-ए-पुर-आब–आँसू भरी आँख।

सौ बार उसके कूचे तलक जाते हैं चले दिल है अगर बजा तो ये है इज़्तिराब क्या
बस अब न मुँह खुलाओ हमारा, ढके रहो महशर को हम सवाल करें तो जवाब क्या
दोज़ख़ सो आशिक़ों को तो दोज़ख़ नहीं रहा अब वाँ गए पे ठहरे है देखें अज़ाब क्या
हम जल के एक राख की ढेरी भी हो गए है अब तकल्लुफ़ आगे जलेगा कबाब क्या
हस्ती है अपने तौर पे जूँ बहर जोश में गिर्दाब कैसा, मौज कहाँ, है हबाब क्या
देखा पलक उठा के तो पाया न कुछ असर ऐ उम्र-ए-बर्क़-जल्वा, गई तू शिताब क्या
हरचंद 'मीर' बस्ती के लोगों से है नुफ़ूर
पर हाए आदमी है वो ख़ाना-ख़राब क्या

627

ऐ नुकीले ये थी कहाँ की अदा खुब गई जी में तेरी बाँकी अदा
जादू करते हैं इक निगाह के बीच हाए रे चश्म-ए-दिलबराँ की अदा
बात कहने में गालियाँ दे है सुनते हो मेरे बद-ज़बाँ की अदा
दिल चले जाए हैं ख़िराम के साथ देखी चलने में इन बुताँ की अदा
ख़ाक में मिल के 'मीर' हम समझे
बे-अदाई थी आसमाँ की अदा

628

ईद-ए-आइंदा तक रहेगा गिला हो गई ईद, तू गले न मिला
डूबे लोहू में देखते सर-ए-ख़ार हैफ़ कोई भी आबला न छिला
अब्र जाता रहा, रहीं बूँदें अब तो साक़ी मुझे शराब पिला
'मीर' अफ़्सुर्दा-दिल चमन में फिरा
गुंचा-ए-दिल कहीं न उसका खिला

629

ये चोट खाई ऐसी दिल पर कि जी गँवाया या'नी जुदाई का हम सदमा बड़ा उठाया
उलझाओ पड़ गया सो सुलझी न अपनी उसकी झगड़े रहे बहुत से गुज़रे बहुत क़ज़ाया

इज़्तिराब–बेचैनी। महशर–क़यामत के दिन इकट्ठा होने की जगह। दोज़ख़–जहन्नुम, नरक। अज़ाब–गुनाह की सज़ा, दुख। हस्ती–जीवन, ज़िन्दगी। बहर–समुंदर। गिर्दाब–भँवर। मौज–लहर। हबाब–बुलबुला। बर्क़–आसमानी बिजली। उम्र-ए-बर्क़-जल्वा–आसमान में चमकने वाली बिजली की तरह पल भर की अवधि वाली उम्र/ज़िन्दगी। शिताब–जल्दी। नुफ़ूर–विमुख, भागने वाला।

627. खुब जाना–पसन्द आना, अन्दर समा जाना। चश्म-ए-दिलबराँ–माशूक़ों की आँखें। ख़िराम–धीमी चाल, नाज़-नख़रे से भरी चाल। बुत–मूर्ति, माशूक़।

628. ईद-ए-आइंदा–आने वाली ईद। सर-ए-ख़ार–काँटों की नोक। हैफ़–अफ़सोस। आबला–छाला। अब्र–बादल। साक़ी–शराब पिलाने वाला। अफ़्सुर्दा-दिल–उदास, बुझा हुआ। गुंचा-ए-दिल–दिल रूपी कली।

629. क़ज़ाया–क़ज़िया का बहुवचन या'नी झगड़ा, लड़ाई।

आईना-रू हमारा आया न नज़्अ में भी वक़्त-ए-अख़ीर उन ने क्या ख़ूब मुँह छुपाया
इस बे-मुरव्वती को क्या कहते हैं बताओ हम मारे भी गए पर वो नाश पर न आया
आँखें खुलीं तो देखा जो कुछ न देखना था ख़्वाब-ए-अदम से हमको काहे के तईं जगाया
किस दिन मुलाइमत की उस बुत ने 'मीर' हम से
सख़्ती खिंचे न क्यूँकर पत्थर से दिल लगाया

630

रखता था हाथ में सर-रिश्ता बहुत सीने का
रह गया देख रफ़ू चाक मिरे सीने का

इस में हैरान हूँ किस-किस का गिला तुझसे करूँ
बद-गुमानी का, तग़ाफ़ुल का, तिरे कीने का

'मीर' की नब्ज़ पे रख हाथ लगा कहने तबीब
आज की रात ये बीमार नहीं जीने का

631

इश्क़ से दिल पे ताज़ा दाग़ जला इस सियह-ख़ाने में चराग़ जला
मीर की गर्मी तुमसे अचरज है
किस से मिलता है ये दिमाग़-जला

632

अंदोह से हुई न रिहाई तमाम शब मुझ दिल-ज़दा को नींद न आई तमाम शब
चश्मक चली गई थी सितारों की सुब्ह तक की आसमाँ ने दीदा-दराई तमाम शब
बख़्त-ए-सियह ने देर में कल यावरी सी की थी दुश्मनों से उसको लड़ाई तमाम शब
बैठे ही गुज़री वादे की शब, वो न आ फिरा ईज़ा अजब तरह की उठाई तमाम शब
सन्नाहटे से दिल से गुज़र जाएँ सो कहाँ बुलबुल ने गो की नाला-सराई तमाम शब
तारे से मेरी पलकों पे क़तरे सरिश्क के
देते रहे हैं 'मीर' दिखाई तमाम शब

आईना-रू–आईने जैसे चेहरे वाला, बहुत ख़ूबसूरत। नज़्अ–दम टूटना, आख़री समय। वक़्त-ए-अख़ीर–आख़िरी वक़्त। बे-मुरव्वती–बेरहमी, निर्दयता। नाश–अर्थी। ख़्वाब-ए-अदम–मौत की नींद। सख़्ती खींचना–मुसीबत उठाना, जुल्म सहना।

630. सर-रिश्ता–धागा, डोरी। चाक–फटा हुआ, चीरा हुआ। बद-गुमानी–बुरा ख़याल, बुरा सोचना। तग़ाफ़ुल–ग़फ़लत, लापरवाही। कीना–द्वेष, कपट, छिपी दुश्मनी। तबीब–हकीम, वैद्य।

631. सियह-ख़ाना–जिस घर में अँधेरा हो।

632. अंदोह–दुख, दर्द। दिल-ज़दा–दिल का मारा हुआ, आशिक़। चश्मक–आँख का इशारा। दीदा-दराई–दिलेरी, बेबाकी। बख़्त-ए-सियह–बद-नसीबी। यावरी करना–मदद करना। ईज़ा–तकलीफ़। नाला-सराई करना–रोना, फ़रियाद करना। क़तरा–बूँद। सरिश्क–आँसू।

633

दाग़ हूँ जलता है दिल बे-तौर अब देखिए क्या गुल खिले है और अब
ज़ख़्म-ए-दिल ग़ाइर हो पहुँचा ता जिगर तुम लगे करने हमारी ग़ौर अब
शे'र पढ़ते फिरते हैं सब 'मीर' के
इस क़लम-रौ में है उनका दौर अब

634

वो जो कशिश थी उसकी तरफ़ से कहाँ है अब
तीर-ओ-कमाँ है हाथ में सीना निशाँ है अब

फूल इस चमन में देखते क्या-क्या झड़े हैं हाए
सैल-ए-बिहार आँखों से मेरी रवाँ है अब

जिन्न-ओ-मलक, ज़मीन-ओ-फ़लक सब निकल गए
बार-ए-गिरान-ए-इश्क़-ओ-दिल-ए-नातवाँ है अब

निकली थी उसकी तेग़, हुए ख़ुश-नसीब लोग
गर्दन झुकाई मैं तो सुना ये, अमाँ है अब

ज़र्दी-ए-रंग, है ग़म-ए-पोशीदा पर दलील
दिल में जो कुछ है, मुँह से, हमारे अयाँ है अब

नालाँ हुई कि याद हमें सबको दे गई
गुलशन में अंदलीब हमारी ज़बाँ है अब

बरसों हुए गए उसे पर भूलता नहीं
यादश बख़ैर 'मीर' रहे ख़ुश, जहाँ है अब

635

लो सुध शिताब फ़ाख़्ता-ए-गिरया-नाक की आया नहीं है देर से जू-ए-चमन में आब
सोज़िश बहुत हो दिल में तो आँसू को पी न जा करता है काम आग का ऐसी जलन में आब
था गोश-ज़द कि गोरों में लग-लग उठे है आग याँ दिल भरे हुए के सबब है कफ़न में आब

---

633. ग़ाइर–गहरा। क़लम-रौ–मुल्क, देश।

634. बिहार–बहर का बहुवचन या'नी बहुत से समुद्र या दरिया। सैल-ए-बिहार–दरियाओं का सैलाब, समुद्री तूफ़ान। जिन्न-ओ-मलक–जिन्न और फ़रिश्ते। बार-ए-गिरान-ए-इश्क़–इश्क़ का भारी बोझ। दिल-ए-नातवाँ–कमज़ोर दिल। तेग़–तलवार। ज़र्दी-ए-रंग–पीला रंग। ग़म-ए-पोशीदा–दिल में छुपा दर्द। अयाँ–ज़ाहिर। नालाँ–रोता हुआ, रोना। अंदलीब–बुलबुल। यादश बख़ैर–उसकी याद ख़ैर के साथ, उसकी याद सलामत रहे।

635. शिताब–जल्दी। फ़ाख़्ता-ए-गिरया-नाक–रोने वाली फ़ाख़्ता। जू-ए-चमन–बाग़ की नहर। सोज़िश–जलन आब–पानी। गोश-ज़द होना–सुनने में आना, सुना जाना। गोर–क़ब्र।

देखो तो किस रवानी से कहते हैं शे'र 'मीर'
दुर से हज़ार चन्द है उनके सुख़न में आब

636

जैसा मिज़ाज आगे था मेरा सो कब है अब
हर रोज़ दिल को सोज़ है हर शब तअब है अब

सुध कुछ सम्भालते ही वो मग़रूर हो गया
हर आन बे-दिमाग़ी-ओ-हर दम ग़ज़ब है अब

दूरी से उसकी आह अजब हाल में हैं लोग
कुछ भी जो पास वो न करे तो अजब है अब

दरिया चला है आज तो बोस-ओ-कनार का
गर जी चलावे कोई दिवाना तो ढब है अब

रंजिश की वजह आगे तो होती भी थी कोई
रू-पोश हमसे यार जो है, बे-सबब है अब

नै चाह वो उसे है, न मुझको है वो दिमाग़
जाना मिरा उधर को ब-शर्त-ए-तलब है अब

जाता हूँ दिन को मिलने तो कहता है दिन है 'मीर'
जो शब को जाइए तो कहे है कि शब है अब

637

यूँ सर फ़रो न लावे नादाँ कोई वगरना
रहना सुजूद में है जैसे नमाज़ वाजिब

638

ताबूत पर भी मेरे न आया वो बे-नक़ाब
मैं उठ गया वले न उठा बीच से हिजाब

उस आफ़ताब-ए-हुस्न के जल्वे की किस को ताब
आँखें उधर किए से भर आता है वूहीं आब

इस उम्र-ए-बर्क़-जल्वा की फ़ुर्सत बहुत है कम
जो काम पेश आवे तुझे उस में हो शिताब

दुर–मोती। हज़ार चन्द–हज़ार गुना। सुख़न–शे'र। आब–चमक।

636. सोज़–जलन। तअब–दुख, तकलीफ़। मग़रूर–घमंडी। बोस-ओ-कनार–चुम्बन और आलिंगन। रू-पोश होना–छुपना, चेहरा छुपाना। नै–न। ब-शर्त-ए-तलब–बुलावे की शर्त के साथ। शब–रात।

637. सर फ़रो लाना–सर झुकाना। सुजूद–सज्दा का बहुवचन, सर झुकाना, माथा टेकना। वाजिब–आवश्यक, ज़रूरी।

638. ताबूत–मुर्दे का संदूक़, अर्थी। आफ़ताब-ए-हुस्न–सूरज जैसा सुन्दर, चमकदार चेहरे वाला, माशूक़। ताब–ताक़त। आब–पानी। वूहीं–फ़ौरन, उसी वक़्त। उम्र-ए-बर्क़-जल्वा–आसमान में चमकने वाली बिजली की तरह पल भर की अवधि वाली उम्र/ज़िन्दगी। शिताब–जल्दी।

ग़फ़लत से है ग़ुरूर तुझे वरना है भी कुछ
याँ वो समाँ है जैसे कि देखे है कोई ख़्वाब

ये बस्तियाँ उजड़ के कहीं बसतियाँ भी हैं
दिल हो गया ख़राब जहाँ, फिर रहा ख़राब

बेताबियाँ भरी हैं मगर कूट-कूट कर
ख़िरक़े में जैसे बर्क़ हमारे है इज़्तिराब

मजनूँ ने रेग-ए-बादिया से दिल के ग़म गिने
हम क्या करें कि ग़म हैं हमारे तो बे-हिसाब

काश उसके रूबरू न करें मुझको हश्र में
कितने मेरे सवाल हैं जिन का नहीं जवाब

शायद कि हमको बोसा ब-पैग़ाम-ए-दस्त दे
फिरता है बीच में तो बहुत साग़र-ए-शराब

गुज़रे है 'मीर' लोटते दिन-रात आग में
है सोज़-ए-दिल से ज़िन्दगी अपनी हमें अज़ाब

639

जो कहो तुम, सो है बजा साहिब हम बुरे ही सही, भला साहिब
सादा ज़हनी में नुक्ता-चीं थे तुम अब तो हैं हर्फ़ आश्ना साहिब
न दिया रहम टुक बुतों के तईं क्या किया हाए ये ख़ुदा साहिब
बंदगी एक अपनी क्या कम है और कुछ तुम से कहिए क्या साहिब
मेहर-अफ़्ज़ा है मुँह तुम्हारा ही कुछ ग़ज़ब तो नहीं हुआ साहिब
ख़त के फटने का तुम से क्या शिकवा अपने तालेअ का ये लिखा साहिब
शौक़-ए-रुख़, याद-ए-लब, ग़म-ए-दीदार जी में क्या-क्या मिरे रहा साहिब
भूल जाना नहीं ग़ुलाम का ख़ूब याद-ए-ख़ातिर रहे मिरा साहिब
किन ने सुन शे'र-ए-'मीर' ये न कहा
कहियो फिर हाए क्या कहा साहिब

ग़फ़लत–लापरवाही, बेख़बरी। समाँ–नज़ारा, मौसम। ख़िरक़ा–गुदड़ी, पैवंद लगा कपड़ा। बर्क़–आसमानी बिजली। इज़्तिराब–बेचैनी। रेग-ए-बादिया–जंगल, रेगिस्तान का रेत। हश्र–क़यामत का दिन। बोसा–चुम्बन। ब-पैग़ाम-ए-दस्त–हाथ से पैग़ाम के साथ। साग़र-ए-शराब–शराब का प्याला। सोज़-ए-दिल–दिल की जलन। अज़ाब–मुसीबत।

639. सादा ज़हनी–सादगी, भोलापन। नुक्ता-चीं–ऐब तलाश करने वाला। हर्फ़ आश्ना–कम पढ़ा-लिखा। मेहर-अफ़्ज़ा–मुहब्बत बढ़ाने वाला। तालेअ–भाग्य, क़िस्मत। शौक़-ए-रुख़–महबूब का चेहरा देखने की इच्छा।

640

अजब सोहबत है क्यूँकर सुब्ह अपनी शाम करिए अब
जहाँ टुक आन बैठे हम, कहा आराम करिए अब

हज़ारों ख़्वाहिश-ए-मुर्दा ने सर दिल से निकाला है
क़यामत जी पे है दीदार को टुक आम करिए अब

बला आशोब था गो जान पर, आग़ाज़-ए-उल्फ़त में
हुआ सो तो हुआ, अंदेशा-ए-अंजाम करिए अब

बहुत की या सनम गोई, हुए मशहूर काफ़िर हम
वज़ीफ़ा कोई दिन अपना ख़ुदा का नाम करिए अब

ज़बाँ ख़ामा के हिलते ही हज़ारों अश्क गिरते हैं
हक़ीक़त अपने दिल की आह क्या इरक़ाम करिए अब

फ़साना शाख़-दर-शाख़ उस निहाल-ए-हुस्न के ग़म का
कहाँ ऐ 'मीर'-ए-बे-बर्ग-ओ-नवा इत्माम करिए अब

641

निकली हैं अब के कलियाँ इस रंग से चमन में
सर जोड़-जोड़ जैसे मिल बैठते हैं अहबाब

642

शिकवा ख़राब होने का क्या चाहने में 'मीर'
ऐसी तो ऐ अज़ीज़ हैं याँ ख़्वारियाँ बहुत

---

640. टुक–ज़रा। ख़्वाहिश-ए-मुर्दा–मरी हुई इच्छाएँ। बला आशोब–बहुत ज़्यादा परेशानी। आग़ाज़-ए-उल्फ़त–इश्क़ की शुरुआत। अंदेशा-ए-अंजाम–नतीजे की फ़िक्र। सनम गोई–सनम या'नी महबूब का नाम बार-बार लेना। वज़ीफ़ा करना–ख़ुदा के नाम का जाप करना। ख़ामा–क़लम। इरक़ाम–लिखना। फ़साना–क़िस्सा, कहानी। शाख़-दर-शाख़–बहुत लम्बा। निहाल-ए-हुस्न–हुस्न का पौधा। बे-बर्ग-ओ-नवा–बिना पत्तों और आवाज़ वाला, बेबस और मजबूर। इत्माम करना–पूरा करना, समाप्त करना।

641. अहबाब–हबीब का बहुवचन, दोस्त।

642. ऐ अज़ीज़–ऐ प्यारे। ख़्वारियाँ–अपमान।

643

याद-ए-अय्यामे कि हंगामा रहा करता था रात
शोर-ओ-शर से मेरे इक फ़ित्ना रहा करता था रात

काम क्या था जैब-ओ-दामन से मुझे पेश-अज़-जुनूँ
सीना-चाकी अपनी मैं बैठा किया करता था रात

जिन दिनों खींचा था सर उस बादशाह-ए-हुस्न ने
हर गली में इक फ़क़ीर उसको दुआ करता था रात

अब जहाँ कुछ बात छेड़ी सोच लाया पेश-अज़ीं
मैं कहा करता ग़म-ए-दिल वो सुना करता था रात

हिज्र में क्या-क्या समैं देखें हैं इन आँखों से मैं
ज़र्द रुख़ पर लाला-गूँ आँसू बहा करता था रात

क्या कहूँ फिर कैसे-कैसे दिन दिखाता सालहा
वो सुख़न-नशनो जो टुक मेरा कहा करता था रात

देखने वाले तिरे देखे मैं सब ऐ रश्क-ए-शम्अ
जूँ चराग़-ए-वक़्फ़ दिल सब का जला करता था रात

बाद मेरे इस ग़ज़ल पर भी बहुत रोवेंगे लोग
मैं भी हर हर बैत पर इसकी बुका करता था रात

देख ख़ाली जा कहेंगे बरसों अहल-ए-रोज़गार
'मीर' अक्सर दिल का क़िस्सा याँ कहा करता था रात

644

सर गुल ने फिर झुका कर उठाया न शर्म से
गुलज़ार में चली थी कहीं उसके रू की बात

---

643. याद-ए-अय्यामे–गुज़रे हुए दिन की याद। शोर-ओ-शर–हंगामा। जैब-ओ-दामन–गिरेबान और दामन। पेश-अज़-जुनूँ–जुनून या दीवानगी से पहले। सीना-चाकी–छाती चीरना। पेश-अज़ीं–पहले से, इससे पहले। हिज्र–जुदाई। समैं–समय। ज़र्द रुख़–चेहरा जो पीला पड़ गया है। लाला-गूँ–लाला, फूल जैसे रंग वाला। सालहा–बरसों। सुख़न-नशनो–बात न सुनने वाले। रश्क-ए-शम्अ–जिससे महफ़िल की शम्अ भी ईर्ष्या करे, माशूक़। चराग़-ए-वक़्फ़–ईश्वर के नाम पर या जन कल्याण के लिए जलाया हुआ दीया। बैत–शे'र। बुका–चीख़-पुकार, रोना और फ़रियाद। अहल-ए-रोज़गार–दुनिया के लोग।

644. गुलज़ार–बाग़, जहाँ बहुत से फूल खिले हों। रू–चेहरा।

645

सुनता नहीं अगरचे हमारा निगार बात पर मुँह पे आ ही जाती है बे-इख़्तियार बात
बुलबुल के बोलने से है क्यूँ बे-दिमाग़ गुल आपस में यूँ तो होती है यारो हज़ार बात
बोसा दे चुपके लब का कि तब कुछ मज़ा नहीं पावेगी सारे शहर में जब इश्तिहार बात
यूँ बार-ए-गुल से अब के झुके हैं निहाल-ए-बाग़ झुक-झुक के जैसे करते हैं दो-चार यार बात
मरजाँ कोई कहे है, कोई इन लबों को ला'ल कुछ रफ़्ता-रफ़्ता पा ही रहेगी क़रार बात
यूँ चुपके-चुपके 'मीर' तलफ़ होगा कब तलक
कुछ होवे बढ़ कर उस से भी कर एक बार बात

646

होती है गरचे कहने से यारो पराई बात
पर हम से तो थमे न कभू मुँह पर आई बात

जाने न तुझको जो, ये तसन्नो तू उस से कर
तिस पर भी तो छुपी नहीं रहती बनाई बात

कहते थे उस से मिलिए तो क्या-क्या न कहिए लेक
वो आ गया तो सामने उस के न आई बात

अब तो हुए हैं हम भी तिरे ढब से आश्ना
वाँ तूने कुछ कहा कि इधर हमने पाई बात

बुलबुल के बोलने में सब अंदाज़ हैं मिरे
पोशीदा कब रहे है किसू की उड़ाई बात

भड़का था रात देख के वो शोला-ख़ू मुझे
कुछ रू-सियह रक़ीब ने शायद लगाई बात

आलम सियाह-ख़ाना है किसका कि रोज़-ओ-शब
ये शोर है कि देती नहीं कुछ सुनाई बात

---

645. निगार–महबूब। बे-दिमाग़–चिड़चिड़ा। बोसा–चुम्बन। इश्तिहार पाना–मशहूर होना। बार-ए-गुल–फूलों का बोझ। निहाल-ए-बाग़–बाग़ के पौधे। मरजाँ–मूँगा, छोटा मोती। ला'ल–सुर्ख़ रंग का पत्थर। तलफ़–बर्बाद, ख़राब, तबाह।

646. गरचे–यद्यपि, हालाँकि। तसन्नो–दिखावा, बनावट। बात बनाना–बनावट से गुफ़्तगू करना। आश्ना–वाक़िफ़, परिचित। पोशीदा–छुपी हुई। बात उड़ाना–नक़ल उतारना। शोला-ख़ू–गर्म मिज़ाज वाला, ग़ुस्सैल। रू-सियह–गुनहगार, पापी। रक़ीब–दुश्मन। बात लगाना–पीठ पीछे कहना, चुग़ली करना। आलम–दुनिया। सियाह-ख़ाना–उजाड़ घर, क़ैद-ख़ाना। रोज़-ओ-शब–दिन-रात।

इक दिन कहा था ये कि ख़मोशी में है वक़ार
सो मुझसे ही सुख़न नहीं, मैं जो बताई बात

अब मुझ ज़ईफ़-ओ-ज़ार को मत कुछ कहा करो
जाती नहीं है मुझसे किसू की उठाई बात

ख़त लिखते-लिखते 'मीर' ने दफ़्तर किए रवाँ
इफ़्रात-ए-इश्तियाक़ ने आख़िर बढ़ाई बात

647

देखिए कब हो विसाल अब तो लगे है डर बहुत
कोफ़्त गुज़रे है फ़िराक़-ए-यार में जी पर बहुत

दिल की वैसी है ख़राबी कसरत-ए-अन्दोह से
जैसे रह पड़ता है दुश्मन का कहीं लश्कर बहुत

हम-नफ़स क्या मुझको तू रोया करे है रोज़-ओ-शब
रह गए हैं मुझ से कू-ए-यार में मर कर बहुत

कम मुझी से बोलना, कम आँख मुझ पर खोलना
अब इनायत यार की रहती है कुछ ईधर बहुत

क्या सबब है अब मकाँ पर जो कोई पाता नहीं
'मीर साहिब' आगे तो रहते थे अपने घर बहुत

648

मलामतगर न मुझको कर मलामत   जले को और तू इतना जला मत
तिरी ना-आश्नाई के हैं बंदे   न वो अब रब्त नै साहिब सलामत
बहुत रोने ने रुस्वा कर दिखाया   न चाहत की छुपी हमसे अलामत
कभू तलवार वो खींचे है ऐ 'मीर'
लड़ी क़िस्मत तो सर को टुक हिला मत

वक़ार–गरिमा, मान-मर्यादा। सुख़न–बात, बातचीत। ज़ईफ़-ओ-ज़ार–कमज़ोर और ख़स्ता। बात उठाना–बुरा-भला सहना। दफ़्तर–लम्बा ख़त, पोथी। रवाँ करना–भेजना। इफ़्रात-ए-इश्तियाक़–शौक़ की बहुतायत, अत्यधिक अभिलाषा। बात बढ़ाना–बात को तूल देना।

647. विसाल–दर्शन, मिलन। कोफ़्त–दुख, तकलीफ़। फ़िराक़-ए-यार–महबूब की जुदाई। कसरत-ए-अन्दोह–दुखों की बहुतायत। लश्कर–सेना, फ़ौज। हम-नफ़स–साथी, दोस्त। रोज़-ओ-शब–दिन और रात, हर समय। कू-ए-यार–यार की गली, महबूब की गली। आगे–पहले, अब से पहले।

648. मलामतगर–बुरा-भला कहने वाला। मलामत–बुरा-भला कहना, झिड़कना, डाँटना। ना-आश्नाई–जान पहचान न होना, अजनबियत। रब्त–लगाव। अलामत–निशान। क़िस्मत लड़ना–इच्छित काम होना, तक़दीर का पक्ष में होना।

649

हम न कहते थे कहीं ज़ुल्फ़, कहीं रुख़ न दिखा
इक ख़िलाफ़ आया न हिंदू-ओ-मुसलमान के बीच

जैसी इज़्ज़त मिरी, दीवाँ में अमीरों के हुई
वैसी ही उन की भी होगी मिरे दीवान के बीच

घर में आईने के कब तक तुम्हें नाज़ाँ देखूँ
कभू तो आओ मिरे दीदा-ए-हैरान के बीच

650

इश्क़ में ऐ तबीब हाँ टुक सोच पा-ए-जाँ दरमियाँ है याँ टुक सोच
सरसरी मत जहाँ से जा ग़ाफ़िल पाँव तेरा पड़े जहाँ टुक सोच
फैल इतना पड़ा है क्यूँ याँ तू यार अगले गए कहाँ टुक सोच
होंठ अपना हिला न समझे बिन या'नी जब खोले तू ज़बाँ टुक सोच
गुल-ओ-रंग-ओ-बहार पर्दे हैं हर अयाँ में है वो निहाँ टुक सोच

फ़ायदा सर झुके का शैब में 'मीर'
पीरी से आगे ऐ जवाँ टुक सोच

651

दिल खो गया हूँ मैं यहीं, दीवाना-पन के बीच
तुम भी तो देखो ज़ुल्फ़-ए-शिकन-दर-शिकन के बीच

सुन ऐ जुनूँ कि मुझ में नहीं कुछ सिवाए दम
तार एक रह गया है यही, पैरहन के बीच

सर-सब्ज़ हिन्द ही में नहीं कुछ ये रेख़्ता
है धूम मेरे शे'र की सारे दखन के बीच

---

649. रुख़–चेहरा। ख़िलाफ़ आना–असहमति हो जाना। दीवाँ–दीवान, बैठक, मकान, महल का वो लम्बा-चौड़ा हिस्सा जहाँ बादशाह दरबार लगाते हैं। दीवान–ग़ज़ल संग्रह। नाज़ाँ–नाज़, नख़रे करते हुए। दीदा-ए-हैरान–आश्चर्य से अपलक रह जानी वाली आँखें जिन्हें आईने से उपमा दी जाती है।

650. तबीब–वैद्य, हकीम। पा दरमियान होना–सम्बन्ध होना। अयाँ–ज़ाहिर। निहाँ–छुपा हुआ। शैब–बुढ़ापा। पीरी–बुढ़ापा।

651. ज़ुल्फ़-ए-शिकन-दर-शिकन–पेचदार बाल, बल खाए हुए बाल। पैरहन–लिबास। सर-सब्ज़–हरा-भरा, फलना-फूलना। हिन्द–हिन्दुस्तान, मीर के ज़माने में उत्तरी भारत को कहते थे। रेख़्ता–उर्दू ग़ज़ल। दखन–दक्षिण भारत, ख़ासतौर पर हैदराबाद और उसके आसपास का इलाक़ा।

सुथराई और नाज़ुकी गुलबर्ग की दुरुस्त
पर वैसी बू कहाँ कि जो है उस बदन के बीच

क़त्आ

बुलबुल ख़मोश ओ लाला-ओ-गुल दोनों सुर्ख़-ओ-ज़र्द
शमशाद महव-ए-बे-कली इक नसतरन के बीच

कल हम भी सैर-ए-बाग़ में थे साथ यार के
देखा तो और रंग है सारे चमन के बीच

फ़रहाद-ओ-क़ैस-ओ-'मीर' ये आवारगान-ए-इश्क़
यूँ ही गए हैं, सब की रही मन की मन के बीच

652

किस की ख़ूबी के तलबगार हैं, इज़्ज़त-तलबाँ ख़िर्क़ें बिकने को चले आते हैं, बाज़ार के बीच
ख़िज़्र-ओ-ईसा के तईं नाम को जीता सुन लो जान है वर्ना कब उसके किसू बीमार के बीच
दीदनी दश्त-ए-जुनूँ है कि फफोले पा के मैंने मोती से पिरो रक्खे हैं हर ख़ार के बीच
पर्दा उठता है तो फिर जान पर आ बनती है ख़ूबी आशिक़ की नहीं इश्क़ के इज़हार के बीच
इस ज़मीं में ग़ज़ल इक और भी मौज़ूँ कर 'मीर'
पाते हैं ज़ोर ही लज़्ज़त तिरी गुफ़्तार के बीच

653

आती है ख़ून की बू दोस्ती-ए-यार के बीच
जी लिये उन ने हज़ारों के यूँही प्यार के बीच

हैफ़ वो कुश्ता कि सौ रंज से आवे तुझ तक
और रह जाए तिरी एक ही तलवार के बीच

सुथराई–सफ़ाई, तबीयत की सफ़ाई। गुलबर्ग–गुलाब की पंखुड़ी। लाला–एक क़िस्म के सुर्ख़ फूल का नाम। गुल–फूल। सुर्ख़-ओ-ज़र्द–लाल-पीला। शमशाद–एक ख़ूबसूरत पेड़ जिससे माशूक़ के क़द को उपमा देते हैं। महव-ए-बे-कली–बेचैनी में डूबा हुआ। नसतरन–सेवती, एक क़िस्म का ख़ुशबूदार सफ़ेद गुलाब। क़ैस–मजनूँ। आवारगान–आवारा का बहुवचन। आवारगान-ए-इश्क़–इश्क़ के आवारा, इश्क़ के कारण आवारा।

652. इज़्ज़त-तलबाँ–इज़्ज़त चाहने वाले। ख़िर्क़ें–पुराना कपड़ा, गुदड़ी, दरवेशों का लिबास। ख़िज़्र–सही रास्ता दिखाने वाले एक बुज़ुर्ग जो अमर हैं। ईसा–ईसा मसीह। दीदनी–देखने लायक़। दश्त-ए-जुनूँ–जुनून का जंगल। पा–पाँव। ख़ार–काँटा। ज़मीं–ज़मीन, ग़ज़ल की रदीफ़, क़ाफ़िया और वज़्न। मौज़ूँ करना–लिखना, वज़्न में शे'र कहना। लज़्ज़त–मज़ा, लुत्फ़, आनन्द। गुफ़्तार–बातचीत, शायरी।

653. जी लेना–मोहित कर लेना, प्रेमी बना लेना। हैफ़–अफ़सोस। कुश्ता–क़त्ल किया गया।

नाला शब आवे क़फ़स से तो गुल अब उस पे न जा
यही हुंकार सी है मुर्ग़-ए-गिरफ़्तार के बीच

चाल क्या कब्क की इक बात चली जाती है
लुत्फ़ निकले हैं हज़ारों तिरी रफ़्तार के बीच

तू जो जाता है चमन में तो तमाशे के लिए
मौसम-ए-रफ़्ता भी फिर आवे है गुलज़ार के बीच

दाग़-ए-चेचक न इस इफ़रात से थे मुखड़े पर
किन ने गाड़ी हैं निगाहें तिरे रुख़्सार के बीच

तौबा सद बार, कि मस्ती में पिरो डाले हैं
दाने तस्बीह के मैं रिश्ता-ए-ज़ुन्नार के बीच

हल्क़ा-ए-गेसू-ए-ख़ूबाँ पे न कर चश्न को वा
'मीर' अमृत नहीं होता है दहन-ए-यार के बीच

654

आने की अपने क्या कहें इस गुलसिताँ की तरह
हर गाम पर तलफ़ हुए आब-ए-रवाँ की तरह

क्या मैं ही छेड़-छेड़ के खाता हूँ गालियाँ
अच्छी लगे है सब को मिरे बद-ज़बाँ की तरह

ये शोर-ए-दिल-ख़राश कब उठता था बाग़ में
सीखे है अन्दलीब भी हम से फ़ुग़ाँ की तरह

नक़्शा इलाही दिल का मिरे कौन ले गया
कहते हैं सारी अर्श में है इस मकाँ की तरह

मुर्ग़-ए-चमन ने ज़ोर रुलाया सभों के तईं
मेरी ग़ज़ल पढ़ी थी शब इक रोज़ा-ख़्वाँ की तरह

ये बातें रंग-रंग हमारी हैं वर्ना 'मीर'
आ जाती है कली में कभू इस दहाँ की तरह

655

दूर गर्दूं से हुई कुछ और मयख़ाने की तरह
भर न आवें क्यूँके आँखें मेरी पैमाने की तरह

नाला–रोने की आवाज़। शब–रात। क़फ़स–पिंजरा। मुर्ग़-ए-गिरफ़्तार–पिंजरे में बंद पक्षी। कब्क–चकोर, जिसकी चाल से महबूब की चाल की तुलना की जाती है। मौसम-ए-रफ़्ता–बीता हुआ मौसम। इफ़रात–बहुतायत। रुख़्सार–गाल। सद बार–सैंकड़ों बार। तस्बीह–मुसलमानों की जप माला। रिश्ता-ए-ज़ुन्नार–जनेऊ का धागा। हल्क़ा-ए-गेसू-ए-ख़ूबाँ–माशूक़ की ज़ुल्फ़ों की तरफ़। वा करना–खोलना। दहन–मुँह।

654. गुलसिताँ–बाग़। तरह–तरीक़ा, रास्ता, समान, अंदाज़, तौर आदि। गाम–क़दम। तलफ़–ख़राब, बर्बाद। आब-ए-रवाँ–बहता पानी। शोर-ए-दिल-ख़राश–दिल छील देने वाला शोर, बहुत तकलीफ़ पहुँचाने वाला शोर। अन्दलीब–बुलबुल। फ़ुग़ाँ–शोर, रोना, फ़रियाद। अर्श–आसमान, दुनिया। मुर्ग़-ए-चमन–बाग़ का पक्षी। तईं–को। शब–रात। रोज़ा-ख़्वाँ–मर्सिया पढ़ने वाला। दहाँ–मुँह।

655. गर्दूं–आसमान। पैमाना–शराब का प्याला।

आ निकलता है कभू हँसता तो है बाग़-ओ-बहार
उसकी आमद में है सारी फ़स्ल-ए-गुल आने की तरह

चश्मक-ए-अंजुम में इतनी दिल-कशी आगे न थी
सीख ली तारों ने उसकी आँख झमकाने की तरह

हम गिरफ़्तारों से वहशत ही करे है वो ग़ज़ाल
कोई तो बतलाओ उसके दाम में लाने की तरह

एक दिन देखा जो उन ने बैद को तो कह उठा
इस शजर में कितनी है उस मेरे दीवाने की तरह

आज कुछ शहर-ए-वफ़ा की क्या ख़राबी है नई
इश्क़ ने मुद्दत से याँ डाली है वीराने की तरह

किस तरह जी से गुज़र जाते हैं आँखें मूँद कर
दीदनी है दर्द-मंदों के भी मर जाने की तरह

है अगर ज़ौक़-ए-विसाल उसका तो जी खो बैठिए
ढूँड कर इक काढ़िये अब उसके भी पाने की तरह

यूँ ही सर चढ़ता है ऐ नासेह कोई मुझसे कि हाए
ऐसे दीवाने को समझाते हैं समझाने की तरह

जान का सर्फ़ा नहीं है कुछ तुझे कुढ़ने में 'मीर'
ग़म कोई खाता है मेरी जान ग़म खाने की तरह

656

तुझ बिन ऐ नौ-बहार के मानिंद चाक है दिल अनार के मानिंद
पहुँची शायद जिगर तक आतिश-ए-इश्क़ अश्क हैं सब शरार के मानिंद
कोई निकले कली तो लाले की इस दिल-ए-दाग़दार के मानिंद
हार कर शब गले पड़े उसके हम भी फूलों के हार के मानिंद
बर्क़ तड़पी बहुत, वले न हुई इस दिल-ए-बे-क़रार के मानिंद

फ़स्ल-ए-गुल–बहार का मौसम। चश्मक-ए-अंजुम–तारों का टिमटिमाना, तारों का आँख मारना। दिल-कशी–दिल खींचना, अच्छा लगना। ग़ज़ाल–हिरन। दाम में लाना–जाल में फँसाना। बैद–एक बहुत लचकदार पेड़। बैद की तरह काँपना–थर्राना, डर के मारे बहुत ज़्यादा काँपना। शजर–पेड़। तरह डालना–बुनियाद डालना, नींव रखना। दीदनी–देखने योग्य। ज़ौक़-ए-विसाल–दर्शन इच्छा। नासेह–नसीहत करने वाला। सर्फ़ा–फ़ायदा, ख़र्चा, व्यय, नुक़सान। ग़म खाना–दुख-दर्द बर्दाश्त करना।

656. नौ-बहार–नई बहार। मानिंद–तरह। चाक होना–फटा होना। आतिश-ए-इश्क़–इश्क़ की आग। अश्क–आँसू। शरार–शरर का बहुवचन, चिंगारी। लाला–फूल। दिल-ए-दाग़दार–ज़ख़्मी दिल। शब–रात। बर्क़–बिजली। वले–लेकिन। दिल-ए-बे-क़रार–बेक़रार दिल, बेचैन दिल।

क़त्आ

ज़ख़्म खा बैठियो जिगर पर मत तू भी मुझ दिल-फ़िगार के मानिंद
उसकी सर-तेज़ हर पलक है 'मीर'
ख़ंजर-ए-आबदार के मानिंद

657

आवाज़ हमारी से न रुक हम हैं दुआ याद आवेगी बहुत हम भी फ़क़ीरों की सदा याद
क्या सोहबतें अगली गईं ख़ातिर से हमारी अपनी भी वफ़ा याद है, उसकी भी जफ़ा याद
कैफ़ियतें अत्तार के लौंडे में बहुत थीं उस नुस्ख़े की कोई न रही हैफ़ दवा याद
क्या जाए कही बोस-ए-लब-ए-यार की लज़्ज़त जब तक जिएँगे हमको रहेगा वो मज़ा याद
का'बे तो गए भूल के हम दैर का रस्ता आता था वले राह में हर गाम ख़ुदा याद
इक लुत्फ़ के शर्मिंदा नहीं 'मीर' हम उस से
गो याँ से गए उनने बहुत हमको किया याद

658

असीर कर के न ली तूने तो ख़बर सय्याद
उड़ा किए मिरे परकाला-ए-जिगर सय्याद

शिकस्ता-बाली को चाहे तो हमसे ज़ामिन ले
शिकार मौसम-ए-गुल में हमें न कर सय्याद

सुना है भड़की है अब की बहुत ही आतिश-ए-गुल
चमन में अपने भी हैं ख़ार-ओ-ख़स के घर सय्याद

रहेगी ऐसी ही गर बेकली हमें इस साल
तो देखियो कि रहे हम क़फ़स में मर सय्याद

असीर 'मीर' न होते अगर ज़बाँ रहती
हुई हमारी ये ख़ुश-ख़्वानी-ए-सहर सय्याद

दिल-फ़िगार–फटा हुआ दिल। सर-तेज़–तीर की नोक, काँटा। ख़ंजर-ए-आबदार–बहुत पैना, धार-दार ख़ंजर।

657. सदा–आवाज़, हमेशा। जफ़ा–अत्याचार, सितम। कैफ़ियत–मज़ा, लुत्फ़। अत्तार–दवाएँ बेचने वाला, सुगंधकार, इत्र बनाने और बेचने वाला। हैफ़–अफ़सोस। बोस-ए-लब-ए-यार–माशूक़ के होटों का चुम्बन। दैर–मन्दिर। गाम–क़दम। गो–यद्यपि, हालाँकि।

658. असीर–क़ैदी, बंदी। सय्याद–शिकारी। परकाला-ए-जिगर–जिगर के टुकड़े। शिकस्ता बाली–पर टूटा होना, लाचार होना। ज़ामिन लेना–ज़मानती बनाना। आतिश-ए-गुल–फूलों की आग। ख़ार-ओ-ख़स–घास-फूस और काँटे। बेकली–बेचैनी। क़फ़स–पिंजरा। असीर–क़ैदी। ख़ुश-ख़्वानी-ए-सहर–सुबह के समय अच्छी आवाज़ में गाना, पढ़ना।

659

लड़ के फिर आए डर गए शायद   बिगड़े थे कुछ सँवर गए शायद
सब परेशाँ दिली में शब गुज़री   बाल उसके बिखर गए शायद
कुछ ख़बर होती तो न होती ख़बर   सूफ़ियाँ बे-ख़बर गए शायद
हैं मकान-ओ-सरा-ओ-जा ख़ाली   यार सब कूच कर गए शायद
आँख आईना-रू छुपाते हैं   दिल को लेकर मुकर गए शायद
लोहू आँखों में अब नहीं आता   ज़ख़्म अब दिल के भर गए शायद
अब कहीं जंगलों में मिलते नहीं   हज़रत-ए-ख़िज्र मर गए शायद
बेकली भी क़फ़स में है दुश्वार   काम से बाल-ओ-पर गए शायद
शोर बाज़ार से नहीं उठता
रात को 'मीर' घर गए शायद

660

बनी थी कुछ इक उस से मुद्दत के बाद   सो फिर बिगड़ी पहली ही सोहबत के बाद
जुदाई के हालात मैं क्या कहूँ   क़यामत थी एक एक साअत के बाद
लगा आग, पानी को दौड़े है तू   ये गर्मी तिरी इस शरारत के बाद
कहे को हमारे कब उन ने सुना   कोई बात मानी, सो मिन्नत के बाद
सुख़न की न तकलीफ़ हमसे करो   लहू टपके है अब शिकायत के बाद
नज़र 'मीर' ने कैसी हसरत से की
बहुत रोए हम उसकी रुख़्सत के बाद

661

रफ़्तार में ये शोख़ी, रहम ऐ जवाँ ज़मीं पर   लाता है ताज़ा आफ़त तू हर ज़माँ ज़मीं पर
आँखें लगी रहेंगी बरसों वहीं सभों की   होगा क़दम का तेरे जिस जा निशाँ ज़मीं पर
मैं मुश्त-ए-ख़ाक या-रब बार-ए-गिरान-ए-ग़म था   क्या कहिए आ पड़ा है इक आसमाँ ज़मीं पर
चश्मे कहीं हैं जोशाँ, जूऐं कहीं हैं जारी   जूँ अब्र हम न रोए उस बिन कहाँ ज़मीं पर
आता न था फ़रो सर जिनका कल आसमाँ से   हैं ठोकरों में उनके आज उस्तुख़्वाँ ज़मीं पर
जो कोई याँ से गुज़रा क्या आपसे न गुज़रा   पानी रहा कब इतना हो कर रवाँ ज़मीं पर

---

659. सूफ़ियाँ–सूफ़ी का बहुवचन, सूफ़ी लोग। सरा–सराय। जा–जगह। कूच करना–रवाना होना, चलना, सिधारना। आईना-रू–रौशन चेहरे वाला, माशूक़। हज़रत-ए-ख़िज्र–रास्ता दिखाने वाले एक बुज़ुर्ग। बेकली–बेचैनी। क़फ़स–पिंजरा, क़ैद।

660. साअत–घड़ी, पल, लम्हा। सुख़न–बात, बातचीत।

661. ज़माँ–वक़्त। मुश्त-ए-ख़ाक–मुट्ठी भर ख़ाक। बार-ए-गिरान-ए-ग़म–दुखों का भारी बोझ। चश्मा–झरना। जोशाँ–जोश में। जूऐं–जू, नहर का बहुवचन। अब्र–बादल। फ़रो–नीचे। उस्तुख़्वाँ–हड्डियाँ, हाड़, खोपड़ी।

फिर भी उठा ली सर पर तुमने ज़मीं सब आकर — क्या-क्या हुआ था तुमसे कुछ आगे याँ ज़मीं पर
कुछ भी मुनासिबत है, याँ इज्ज़ वाँ तकब्बुर — वे आसमान पर हैं, मैं नातवाँ ज़मीं पर
पस्त-ओ-बुलंद याँ का है और ही तरफ़ से — अपनी नज़र नहीं है कुछ आसमाँ ज़मीं पर
क़स्र-ए-जिनाँ तो हमने देखा नहीं जो कहिए — शायद न होवे दिल सा कोई मकाँ ज़मीं पर
याँ ख़ाक से उन्हों की लोगों ने घर बनाए — आसार हैं जिन्हों के अब तक अयाँ ज़मीं पर

क्या सर झुका रहे हो 'मीर' इस ग़ज़ल को सुनकर
बारे नज़र करो टुक ऐ मेहरबाँ ज़मीं पर

662

क्या-क्या न हमने खींचे आज़ार तेरी ख़ातिर — अब हो गए हैं आख़िर बीमार तेरी ख़ातिर
इक बार तूने आकर ख़ातिर न रक्खी मेरी — मैं जी से अपने गुज़रा सौ बार तेरी ख़ातिर

मैं क्या कि आह काफ़िर दीं के अकाबिरों ने
क़श्क़े लगाए, पहने ज़ुन्नार तेरी ख़ातिर

663

ऐ सबा गर शहर के लोगों में हो तेरा गुज़ार
कहियो हम सहरा-नवर्दों का तमामी हाल-ए-ज़ार

खाक़-ए-देहली से जुदा हम को किया यक बारगी
आसमाँ को थी कुदूरत, सो निकाला यूँ ग़ुबार

शहर के क्या एक दो कूचों में थी शोहरत रही
शहरों-शहरों मुल्कों-मुल्कों है उन्हों का इश्तिहार

ख़ुश-नवाई का जिन्हें दावा था रह जाते ख़मोश
जिन को मैं करता मुख़ातिब उनको होता इफ़्तिख़ार

रफ़्ता-रफ़्ता हो गईं आँखें मिरी दोनों सफ़ेद
बस-कि नामे का किया यारों के मैंने इंतिज़ार

ख़त किताबत से ये कहते थे न भूलेंगे तुझे
आवेंगे घर-बार की तेरे ख़बर को बार-बार

मुनासिबत–रिश्ता। इज्ज़–विनय भाव। तकब्बुर–घमंड। नातवाँ–कमज़ोर। पस्त-ओ-बुलंद–नीचाई और ऊँचाई, छोटा-बड़ा। क़स्र-ए-जिनाँ–जन्नत का महल। अयाँ–ज़ाहिर। बारे–आख़िर कार, ज़रा। ज़मीं–ज़मीन, ग़ज़ल की रदीफ़, क़ाफ़िया और बहर।

662. आज़ार–दुख, बीमारी। दीं–दीन, धर्म। अकाबिर–बड़े लोग। क़श्क़ा–तिलक। ज़ुन्नार–जनेऊ।

663. सबा–हवा। सहरा-नवर्द–जंगलों में फिरने वाला। हाल-ए-ज़ार–ख़स्ता हाल, बुरा हाल। कुदूरत–रंजिश। इश्तिहार–प्रसिद्धि, शोहरत। ख़ुश-नवाई–मीठी बात करना, अच्छी आवाज़ होना। इफ़्तिख़ार–फ़ख़्र। आँखें सफ़ेद होना–किसी की प्रतीक्षा में आँखों की रौशनी जाती रहना। नामा–चिट्ठी। ख़त किताबत–चिट्ठी-पत्री।

664

आग़श्ता ख़ून-ए-दिल से सुख़न थे ज़बान पर　　रक्खे न तुमने कान टुक इस दास्तान पर
कुछ हो रहेगा इश्क़-ओ-हवस में भी इम्तियाज़　　आया है अब मिज़ाज तिरा इम्तिहान पर
पहुँचा न उसकी दाद को मजलिस में कोई रात　　मारा बहुत पतंग ने सर शम्अ-दान पर
बज़्ज़ाज़ के को देख के ख़िर्क़े बहुत फटे　　बैठा वो इस क़िमाश से आकर दुकान पर
मौज़ूँ करो कुछ और भी शायद कि 'मीर जी'
रह जाए कोई बात किसू की ज़बान पर

665

थोड़े में दूर खींचे है क्या आदम आपको　　इस मुश्त-ए-ख़ाक का है दिमाग़ आसमान पर
चर्चा सा कर दिया है मिरे शोर-ए-इश्क़ ने　　मज़कूर अब भी है ये हर इक की ज़बान पर
पी-पी के अपना लोहू रहें गो कि हम ज़ईफ़　　जूँ रेंगती नहीं है उन्हों के तो कान पर
दामन में आज 'मीर' के दाग़-ए-शराब है
था ऐतमाद हमको बहुत इस जवान पर

666

आईने की मशहूर परेशाँ नज़री है　　तू सादा है ऐसों को न दीदार दिया कर
कुछ ख़ूब नहीं इतना सताना भी किसू का
है 'मीर' फ़क़ीर उसको न आज़ार दिया कर

667

ताक़त नहीं है जान में कुढ़ना तअब है और　　बे-लुत्फ़ियाँ करो हो ये तिस पर ग़ज़ब है और
हरचंद चुप हूँ लेक मिरा हाल है अजब　　अहवाल-पुर्सी तू न करे तो अजब है और
आँख उसकी इस तरह से नहीं पड़ती टुक इधर　　अब ख़ूब देखते हैं तो चितवन का ढब है और
क्या कहिए हाल दिल का जुदाई की रात में　　गुज़रे है कब कहानी कहे से ये शब है और
दिल ले चुके दिखा के रुख़-ए-ख़ूब को तभी　　अब मुँह छुपा जो बैठे ये हुस्न-ए-तलब है और

---

664. आग़श्ता–लिथड़ा/सना हुआ। सुख़न–बात, मुद्दा। कान रखना–ध्यान से सुनना, ख़बर रखना। इम्तियाज़–फ़र्क़, अन्तर, पहचान। मजलिस–महफ़िल। पतंग–पतंगा, परवाना। बज़्ज़ाज़–कपड़े का कारोबार करने वाला। ख़िर्क़ा–कपड़ा, चीथड़ा। क़िमाश–हुनर। मौज़ूँ करना–वज़न में शे'र कहना, पंक्तियाँ छंद-बद्ध करना।

665. आदम–आदमी। मुश्त-ए-ख़ाक–मुट्ठी भर मिट्टी। मज़कूर–ज़िक्र, चर्चा। ज़ईफ़–बूढ़ा, कमज़ोर। ऐतमाद–भरोसा।

666. परेशाँ नज़री–नज़र का एक जगह न टिकना। आज़ार–दुख, तकलीफ़।

667. तअब–तकलीफ़। अहवाल-पुर्सी करना–बीमार का हाल मालूम करना। टुक–ज़रा। चितवन–निगाह। हरचंद–कितना भी। रुख़-ए-ख़ूब–सुन्दर चेहरा। हुस्न-ए-तलब–किसी चीज़ को इशारे से माँगना।

इस दिल-लगे के रोग को निस्बत मरज़ से क्या अपना ये जलते रहना है कुछ और तब है और
तौर अगले तेरे मिलते नहीं इस तरह से टुक वो और कुछ था हमसे तो प्यारे ये अब है और
क्या बात तेरी ऐ हमा अय्यारी-ओ-फ़रेब आँखें कहीं हैं और सुख़न ज़ेर-ए-लब है और
असबाब मर्ग के तो मुहय्या हैं सारे 'मीर'
शायद कि ज़िन्दगानी का अपनी सबब है और

668

आ हमनशीं किसू के मत इश्क़ की हवस कर
जाती हैं यूँ ही नादाँ जानें तरस-तरस कर

फ़ुर्सत से इस चमन की, कल रो के मैं जो पूछा
चश्मक की एक गुल ने मेरी तरफ़ को हँस कर

जी रुक गया कहीं तो फिर होएगा अंधेरा
मत छेड़ अब्र मुझको यूँ ही बरस-बरस कर

इस क़ाफ़िले में कोई दिल आश्ना नहीं है
टुकड़े गले के अपने नाहक़ न ऐ जरस कर

सय्याद अगर इजाज़त गुलगश्त की नहीं टुक
दीवार-ए-बाग़ को तो बारे दर-ए-क़फ़स कर

बेबस है 'मीर' तुझ बिन रहता नहीं दिल उसका
टुक तू भी ऐ सितम-जू, जौर-ओ-सितम को बस कर

669

आई है उसके कूचे से होकर सबा कुछ और
क्या सर में ख़ाक डालती है, अब हवा कुछ और

तदबीर दोस्तों की मुझे नफ़अ क्या करे
बीमारी और कुछ है, करें हैं दवा कुछ और

निस्बत–सम्बन्ध, अभिप्राय। तब–तप, बुख़ार, हरारत। हमा–सारा, सब, कुल। अय्यारी–चालाकी। हमा अय्यारी-ओ-फ़रेब–पूरी तरह से चालाक और धोखेबाज़। सुख़न–बात, मुद्दआ। ज़ेर-ए-लब–होंठों ही होंठों में। असबाब–सामान। मर्ग–मौत।

668. हमनशीं–साथी, दोस्त। फ़ुर्सत–मोहलत, अवधि। चश्मक–आँख का इशारा। अब्र–बादल। आश्ना–परिचित, दोस्त। जरस–क़ाफ़िले का घंटा। सय्याद–शिकारी। गुलगश्त–बाग़ की सैर। दर-ए-क़फ़स–पिंजरे का दरवाज़ा। सितम-जू–सितम करने वाला, माशूक़।

669. सबा–हवा। सर पर ख़ाक डालना–मातम करना, अफ़सोस करना। तदबीर–इलाज, उपाय। नफ़अ–फ़ायदा।

मस्तान-ए-इश्क़-ओ-अहल-ए-ख़राबात में है फ़र्क़
मय-ख़्वारगी कुछ और है, ये नश्शा था कुछ और

क्या निस्बत उसकी क़ामत-ए-दिलकश से सर्व को
अन्दाज़ उसका और कुछ, इस की अदा कुछ और

इस तौर से तुम्हारे तो मरते नहीं हैं हम
अब वास्ते हमारे निकालो जफ़ा कुछ और

सूरत-परस्त होते नहीं मा'नी आश्ना
है इश्क़ से बुतों के मिरा मुद्दआ कुछ और

मरने पे जान देते हैं वारफ़्तगान-ए-इश्क़
है 'मीर' राह-ओ-रस्म-ए-दयार-ए-वफ़ा कुछ और

670

चमकी है जब से बर्क़-ए-सहर गुलसिताँ की ओर
जी लग रहा है ख़ार-ओ-ख़स-ए-आशियाँ की ओर

क्या बे-ख़बर है रफ़्तन-ए-रंगीन-ए-उम्र से
जू-ए-चमन में देख टुक आब-ए-रवाँ की ओर

या-रब है क्या मज़ा सुख़न-ए-तल्ख़-ए-यार में
रहते हैं कान सब के उसी बद-ज़ुबाँ की ओर

या दिल वो दीदनी थी जगह या कि तुझ बग़ैर
अब देखता नहीं है कोई इस मकाँ की ओर

क्या हाल हो गया है तिरे ग़म में 'मीर' का
देखा गया न हमसे तो टुक उस जवाँ की ओर

मस्तान-ए-इश्क़–इश्क़ में मस्त। अहल-ए-ख़राबात–शराब ख़ाने के लोग, शराबी। मय-ख़्वारगी–शराब पीना। निस्बत–रिश्ता। क़ामत-ए-दिलकश–ख़ूबसूरत क़द। सर्व–एक सीधे सुन्दर पेड़ का नाम जिससे माशूक़ के क़द को उपमा दी जाती है। सूरत-परस्त–सूरत पर मरने वाला। मा'नी आश्ना–बात का मतलब समझने वाला। वारफ़्तगान–बेसुध, बेख़ुद। राह-ओ-रस्म-ए-दयार-ए-वफ़ा–वफ़ा के मुल्क का रिवाज, इश्क़ के नगर का तौर-तरीक़ा।

670. बर्क़–आसमानी बिजली। बर्क़-ए-सहर–वो बिजली जो सुबह के समय आसमान में दिखाई दे। ख़ार-ओ-ख़स-ए-आशियाँ–घोंसले के काँटे और तिनके। रफ़्तन-ए-रंगीन-ए-उम्र–विलास भोग में तेज़ी से गुज़रती उम्र। जू-ए-चमन–बाग़ की नहर। टुक–ज़रा। आब-ए-रवाँ–बहता हुआ पानी। सुख़न-ए-तल्ख़-ए-यार–महबूब की जली कटी बातें। दीदनी–देखने के क़ाबिल, तमाशा।

671

नए तौर सीखे निकाले ढब और मगर और थे तब, हुए हो अब और
अदा कुछ है, अन्दाज़ कुछ, नाज़ कुछ तह-ए-दिल है कुछ और ज़ेर-ए-लब और
न गर्मी, न जोशिश, न अब वो तपाक तकल्लुफ़ नहीं इस में, थे तुम तब और
जुदा इत्तिफ़ाक़न रहा एक 'मीर'
वगरना मिले यूँ तो उस से सब और

672

आख़िर दिखाई इश्क़ ने छाती फ़िगार कर तसदी' खींची हमने ये काम इख़्तियार कर
उस बाइस-ए-हयात से क्या-क्या हैं ख़्वाहिशें पर दम-ब-ख़ुद ही रहते हैं हम जी को मार कर
टुक सामने हुआ कि न ईमाँ न दीन-ओ-दिल काफ़िर को भी न उस से इलाही दुचार कर
जा शौक़ पर, न जा तन-ए-ज़ार-ओ-नज़ार पर ऐ तुर्क-ए-सैद-पेशा हमें भी शिकार कर
वो सख़्त-बाज़ दाव में आता नहीं है हाए किस तौर जी को हम न लगा बैठें हार कर
किन आँखों देखें रंग ख़िज़ाँ के कि बाग़ से गुल सब चले हैं रख़्त-ए-सफ़र अपना बार कर
जल-थल भरें न जब तईं, दम तब तईं न लें हम और अब्र आज उठे हैं क़रार कर
इक सुब्ह मेरी छाती के दाग़ों को देख तो ये फूल-गुल भी ज़ोर रहे हैं बहार कर
मरते हैं 'मीर' सब प: न इस बेकसी के साथ
मातम में तेरे कोई न रोया पुकार कर

673

जुनूँ में अब के काम आई न कुछ तदबीर भी आख़िर
गई कल टूट मेरे पाँव की ज़ंजीर भी आख़िर

अगर साकित हैं हम हैरत से पर हैं देखने क़ाबिल
कि इक आलम रखे है आलम-ए-तस्वीर भी आख़िर

यकायक यूँ नहीं होते हैं प्यारे जान के लागो
कभू आदम ही से हो जाती है तक़सीर भी आख़िर

---

671. तह-ए-दिल–दिल में, मन में। ज़ेर-ए-लब–होंठों-होंठों में। जोशिश–जोश। इत्तिफ़ाक़न–संयोगवश। वगरना–वरना।

672. फ़िगार–ज़ख़्मी, घायल। तसदी'–दुख, तकलीफ़। बाइस-ए-हयात–ज़िन्दगी का सबब, माशूक़। दम-ब-ख़ुद–साँस रोके हुए, चुपचाप। दुचार–आमने-सामने। तन-ए-ज़ार-ओ-नज़ार–कमज़ोर शरीर, दुबला-पतला। तुर्क-ए-सैद-पेशा–तुर्क शिकारी लड़का या'नी महबूब। ख़िज़ाँ–पतझड़ का मौसम। रख़्त-ए-सफ़र–सफ़र का सामान। बार-करना–लादना। अब्र–बादल। बेकसी–लाचारी।

673. तदबीर–उपाय। साकित–निश्चल, दीवार की तरह। आलम-ए-तस्वीर–चित्र जैसी निश्चल हालत। जान का लागो होना–जान के पीछे पड़ना। तक़सीर–ग़लती।

न देखी एक वाशुद अपने दिल की इस गुलिस्ताँ में
खिले पाए हज़ारों गुंचा-ए-दिलगीर भी आख़िर

सरोकार आह कब तक ख़ामा-ओ-काग़ज़ से यूँ रखिए
रखे हैं इन्तिहा अहवाल की तहरीर भी आख़िर

फिरे है बावला सा पीछे इन शहरी ग़ज़ालों के
बियाबाँ मर्ग होगा इस चलन से 'मीर' भी आख़िर

674

रह जाऊँ चुप न क्यूँके बुरा जी में मान कर
आओ भला कभू तो सो जाओ ज़बान कर

कहते हैं चलते वक़्त मुलाक़ात है ज़रूर
जाते है हम भी जान से टुक देखो आन कर

क्या लुत्फ़ था कि मयकदे की पुश्त-ए-बाम पर
सोते थे मस्त चादर-ए-महताब तान कर

रंगीन गोर करनी शहीदों की रस्म है
तू भी हमारी ख़ाक पे ख़ूँ के निशान कर

रखना था वक़्त-ए-क़त्ल मिरा इम्तियाज़ हाए
सो ख़ाक में मिलाया मुझे सब में सान कर

वे दिन गए कि ताक़त-ए-दिल का था ऐ'तमाद
अब यूँ खड़े-खड़े न मिरा इम्तिहान कर

उस गौहर-ए-मुराद को पाया न हम ने 'मीर'
पायान-ए-कार मर गए यूँ ख़ाक छानकर

675

मुझको क़फ़स में सुम्बुल-ओ-रेहाँ की क्या ख़बर
कह ऐ नसीम-ए-सुब्ह, गुलिस्ताँ की क्या ख़बर

रहता है एक नश्शा उन्हें जिनको है शिनाख़्त
है ज़ाहिदों को मस्ती-ओ-इरफ़ाँ की क्या ख़बर

टुक पूछते, जो आन निकलता कोई इधर
अब बाद-ए-मर्ग-ए-क़ैस बियाबाँ की क्या ख़बर

आया है एक शहर-ए-ग़रीबाँ से ताज़ा तो
'मीर' उस जवान-ए-हाल परेशाँ की क्या ख़बर

वाशुद–खिलावट। गुंचा-ए-दिलगीर–उदास कली। ख़ामा–क़लम। अहवाल–हाल का बहुवचन, हाल। तहरीर करना–लिखना। ग़ज़ाल–हिरन, माशूक़। बियाबाँ मर्ग–जंगल में जाकर मरने वाला।

674. ज़बान करना–बद-ज़बानी करना। टुक–ज़रा। पुश्त-ए-बाम–छत के ऊपर। चादर-ए-महताब–चाँदनी रूपी चादर। गोर–क़ब्र। इम्तियाज़–फ़र्क़। ऐ'तमाद–भरोसा। गौहर-ए-मुराद–ऐसा मोती जिसे पाने की इच्छा हो, दिल की मुराद, महबूब। पायान-ए-कार–आख़िरकार।

675. क़फ़स–पिंजरा। सुम्बुल–एक ख़ुशबूदार घास। नसीम-ए-सुब्ह–सुबह की ठंडी हवा। रेहाँ–रेहान, फूल। ज़ाहिद–परहेज़गार। इरफ़ाँ–इरफ़ान, पहचान, ख़ुदा को पहचानना। टुक–ज़रा। बाद-ए-मर्ग-ए-क़ैस–मजनूँ की मौत के बाद। शहर-ए-ग़रीबाँ–परदेस।

676

अब तंग हूँ बहुत मैं, मत और दुश्मनी कर लागो हो मेरे जी का इतनी ही दोस्ती कर
जब तक शिगाफ़ थे कुछ इतना न जी रुके था पछताए हम निहायत सीने के चाक सी कर
कुछ आज अश्क-ए-ख़ूनीं मैंने नहीं छुपाए रो-रो गया हूँ बरसों लोहू को अपने पी कर
रहती है सो निकोई, रहता नहीं है कोई तू भी जो याँ रहे तो ज़िन्हार मत बदी कर
थी जब तलक जवानी रंज-ओ-तअब उठाए
अब क्या है 'मीर जी' में तर्क-ए-सितमगरी कर

677

आशिक़ के उसको गिरया-ए-ख़ूनी का दर्द क्या आँसू नहीं है आँख से जिसकी गिरा हनोज़
क्या जाने वो कि गुज़रे है यारो के जी पे क्या मुतलक़ किसू से उसका नहीं दिल लगा हनोज़
बरसों में नामाबर से मिरा नाम जो सुना कहने लगा कि ज़िन्दा है वो नंग क्या हनोज़
सौ बार एक दम में गया डूब-डूब जी पर बहर-ए-ग़म की पाई न कुछ इंतिहा हनोज़
ख़त से है बे-वफ़ाई-ए-हुस्न उसकी आईना हम सादगी से रखते हैं चश्म-ए-वफ़ा हनोज़
याँ 'मीर' हम तो पहुँच गए मर्ग के क़रीब
वाँ दिलबरों को है वही क़स्द-ए-जफ़ा हनोज़

678

कब तक खिंचेगी सुब्ह क़यामत की शाम को अर्से में मैं खड़ा हूँ गुनहगार सा हनोज़
मुद्दत हुई कि ख़ून जिगर में नहीं वले जाता है आँसुओं का चला तार सा हनोज़
साया सा आ गया था नज़र उसका एक दिन मबहूत मैं फिरूँ हूँ परीदार सा हनोज़
बरसों से गुल चमन में निकलते हैं रंग-रंग निकला नहीं है एक रुख़-ए-यार सा हनोज़
देखा था ख़ाना-बाग़ में फिरते उसे कहीं गुल हैरती है, सूरत-ए-दीवार सा हनोज़
मुद्दत से तर्क-ए-इश्क़ किया 'मीर' ने वले
ज़ार-ओ-ज़बून-ओ-ज़र्द है बीमार सा हनोज़

---

676. जी का लागो होना–जान लेने की चाह रखना। शिगाफ़–चीरा, झिरी। चाक–फटा हिस्सा। अश्क-ए-ख़ूनी–ख़ून के आँसू। निकोई–नेकी। ज़िन्हार–हरगिज़। रंज-ओ-तअब–दुख और तकलीफ़। तर्क-ए-सितमगरी–सितम/ज़्यादती छोड़ना।

677. गिरया–आँसू। मुतलक़–बिलकुल, क़तई। हनोज़–अभी तक। नामाबर–पत्रवाहक। बहर-ए-ग़म–दुख का समुंदर। ख़त–रुआँ जो नौजवानों के होंठों के ऊपर से शुरू होकर गालों के आस-पास नज़र आता है। आईना–स्पष्ट। चश्म-ए-वफ़ा–वफ़ा की उम्मीद। मर्ग–मौत। क़स्द-ए-जफ़ा–सितम का इरादा।

678. अर्सा–क़यामत के दिन इकट्ठा होने की जगह, मैदान। हनोज–अभी तक। वले–लेकिन। मबहूत–हैरान। परीदार–जिस पर परी का साया हो। रुख़-ए-यार–महबूब का चेहरा। ख़ाना-बाग़–वो बाग़ जो घर की चारदीवारी के अंदर हो। सूरत-ए-दीवार–दीवार की तरह, हैरान। तर्क-ए-इश्क़–इश्क़ छोड़ देना। वले–लेकिन। ज़ार-ओ-ज़बून-ओ-ज़र्द–कमज़ोर, बदहाल और पीला पड़ा हुआ।

679

कब तक भला बताओगे यूँ सुब्ह-ओ-शाम रोज़ आओ कहीं कि रहते हैं रफ़्ता तमाम रोज़
वो सरकशी से गो मुतवज्जे न हो इधर हम आजिज़ाना करते हैं उसको सलाम रोज़
गह रंज खींचने को कहे गह हलाक को पहुँचे है हमको उस से नया इक पयाम रोज़
मंज़ूर बंदगी नहीं मेरी तो क्या करूँ हाज़िर है अपनी ओर से यूँ तो ग़ुलाम रोज़

बरसों हुए कि रात को टुक बैठते नहीं
रहते हैं तुमको 'मीर जी' क्या ऐसे काम रोज़

680

जब बिठावें मुझे जल्लाद-ए-जफ़ाकार के पास
तू भी टुक आन खड़ा होजो गुनहगार के पास

दर्दमंदों से तुम्हीं दूर फिरा करते हो कुछ
पूछने वर्ना सभी आते हैं बीमार के पास

दाग़ होना नज़र आता है दिलों का आख़िर
ये जो इक ख़ाल पड़ा है तेरे रुख़्सार के पास

ख़त नमूदार हुए और भी दिल टूट गए
ये बला निकली नई ज़ुल्फ़-ए-शिकनदार के पास

दर-ए-गुलज़ार पे जाने के नसीब अपने कहाँ
यूँ ही मरिएगा क़फ़स की कभू दीवार के पास

क्या रखा करते हो आईने से सोहबत हर-दम
टुक कभू बैठो किसी तालिब-ए-दीदार के पास

दिल को यूँ लेते हो खटका नहीं होने पाता
तर्बियत पाई है तुमने किसू अय्यार के पास

जिस तरह कुफ़्र बँधा है गले, इस्लाम कहाँ
यूँ तो तस्बीह भी हम रखते हैं ज़ुन्नार के पास

---

679. रफ़्ता–बेख़बर, खोया हुआ, बेख़ुद। सरकशी–घमंड। गो–यद्यपि, हालाँकि। मुतवज्जे न होना–ध्यान न देना। आजिज़ाना–विनम्रतापूर्वक, परेशान होकर। गह–कभी। हलाक–मारना, क़त्ल करना। पयाम–संदेश।

680. जफ़ाकार–ज़ालिम। होजो–हो जाना। दाग़ होना–जलकर ज़ख़्मी होना, सदमा होना। ख़ाल–तिल। रुख़्सार–गाल। ख़त–रुआँ जो नौजवानों के होंठों के ऊपर से शुरू होकर गालों के आस-पास नज़र आता है। नमूदार होना–दिखाई देना, ज़ाहिर होना। ज़ुल्फ़-ए-शिकनदार–घुंघराले बाल। दर-ए-गुलज़ार–बाग़ का दरवाज़ा। क़फ़स–क़ैद, पिंजरा। तालिब-ए-दीदार–दर्शन चाहने वाला, आशिक़। तर्बियत–प्रशिक्षण। अय्यार–चालाक। तस्बीह–जपमाला। ज़ुन्नार–जनेऊ।

ना-रसाई भी नविश्ते की मिरे दूर खिंची
इतनी मुद्दत में न पहुँचा कोई ख़त यार के पास

इख़्तिलात एक तुम्हें 'मीर' ही ग़मकश से नहीं
जब न तब यूँ तो नज़र आते हो दो-चार के पास

681

इज़्ज़त नहीं है दिल की कुछ उस दिलरुबा के पास
रहती है आरसी ही धरी ख़ुदनुमा के पास

राह-ओ-रविश रखें हैं जुदा दर्द-मंद-ए-इश्क़
ज़िन्हार ये खड़े नहीं होते दवा के पास

जो दैर से हरम को गए सो वहीं मुए
आता नहीं है जाके कोई फिर ख़ुदा के पास

क्या जानिए कि कहते हैं किस को यगानगी
बेगाने ही से हम रहे उस आश्ना के पास

682

क्या कहिए क्या रखें हैं हम तुझ से यार ख़्वाहिश
यक-जान-ओ-सद-तमन्ना, यक-दिल हज़ार ख़्वाहिश

ले हाथ में क़फ़स टुक सय्याद चल चमन तक
मुद्दत से है हमें भी सैर-ए-बहार ख़्वाहिश

नै कुछ गुनह है दिल का, नै जुर्म-ए-चश्म इस में
रखती है हमको इतना बे-इख़्तियार ख़्वाहिश

हालाँकि उम्र सारी मायूस गुज़री तिस पर
क्या-क्या रखें हैं उसके उम्मीदवार ख़्वाहिश

ना-रसाई–पहुँच न होना। नविश्ता–भाग्य, नसीब, लिखा हुआ, पत्र। इख़्तिलात–मेल-जोल। ग़मकश–दुख उठाने वाला।

681. दिलरुबा–दिल लुभाने वाला। आरसी–आईना। ख़ुदनुमा–ख़ुद को ही देखने वाला, घमंडी। राह-ओ-रविश–चाल-चलन। ज़िन्हार–हरगिज़। दैर–मन्दिर। हरम–मस्जिद। मुए–मरे। यगानगी–मेल-मिलाप। बेगाना–पराया, अजनबी। आश्ना–दोस्त।

682. यक–एक। सद–सौ। क़फ़स–पिंजरा। सय्याद–शिकारी। नै–न। जुर्म-ए-चश्म–आँखों का क़ुसूर। बे-इख़्तियार–बे क़ाबू।

हम मेहर-वर्ज़ क्यूँकर ख़ाली हों आरज़ू से
शेवा यही तमन्ना फ़न्न-ओ-शिआर ख़्वाहिश

उठती है मौज हर-यक, आग़ोश ही की सूरत
दरिया को है ये किस का बोस-ओ-कनार ख़्वाहिश

यक-बार बर न आई उस से उम्मीद दिल की
इज़हार करते कब तक यूँ बार-बार ख़्वाहिश

करते हैं सब तमन्ना पर 'मीर जी' न इतनी
रक्खेगी मार तुमको पायान-ए-कार ख़्वाहिश

683

मुतलक़ नहीं है ईधर उस दिलरुबा की ख़्वाहिश
क्या जानिए कि क्या है यारो ख़ुदा की ख़्वाहिश

देखें तो तेग़ उसकी अब किस के सर चढ़े है
रखते हैं यार जी में उस की जफ़ा की ख़्वाहिश

ला'ल-ए-ख़मोश अपने देखो हो आरसी में
फिर पूछते हो हँस कर मुझ बे-नवा की ख़्वाहिश

इक़्लीम-ए-हुस्न से हम दिल फेर ले चले हैं
क्या करिए याँ नहीं है जिंस-ए-वफ़ा की ख़्वाहिश

ख़ून-ए-जिगर ही खाना आग़ाज़-ए-इश्क़ में है
रहती है इस मरज़ में फिर कब ग़िज़ा की ख़्वाहिश

वो शोख़ दुश्मन-ए-जाँ, ऐ दिल तू उसका ख़्वाहाँ
करता है कोई ज़ालिम ऐसी बला की ख़्वाहिश

मेरे भी हक़ में कर टुक हाथों को 'मीर' ऊँचा
रखता है अहल-ए-दिल से हर इक दुआ की ख़्वाहिश

मेहर-वर्ज़–मुहब्बत क़ुबूल करने वाला, आशिक़। शेवा–तौर-तरीक़ा। फ़न्न-ओ-शिआर–हुनर और तरीक़ा। मौज–लहर। आग़ोश–गोद, बग़ल। बोस-ओ-कनार–चुम्बन और आलिंगन। उम्मीद बर आना–इच्छा पूरी होना। पायान-ए-कार–आख़िरकार।

683. मुतलक़–क़तई, बिलकुल। तेग़–तलवार। सर चढ़ना–मुक़ाबला करना, गुस्ताख़ होना। ला'ल-ए-ख़मोश–बंद होंठ। आरसी–आईना। बे-नवा–असहाय, फ़क़ीर। इक़्लीम-ए-हुस्न–हुस्न की दुनिया। जिंस-ए-वफ़ा–वफ़ादारी जैसी चीज़/वस्तु। ग़िज़ा–ख़ुराक, खाना। शोख़–चंचल, माशूक़। दुश्मन-ए-जाँ–जान का दुश्मन। ख़्वाहाँ–चाहने वाला। टुक–ज़रा। अहल-ए-दिल–हमदर्द, दिल वाले।

684

वाक़िफ़ नहीं हूँ 'मीर' से तो, पर तमाम शब
करता है शोर आन के इक बे-नवा हमेश

685

इश्क़ की रह न चल ख़बर है शर्त अव्वल-ए-गाम तर्क-ए-सर है शर्त
दावा-ए-इश्क़ यूँ नहीं सादिक़ ज़र्दी-ए-रंग-ओ-चश्म-ए-तर है शर्त
ख़ामी जाती है कोई घर बैठे पुख़्ता-कारी के तईं सफ़र है शर्त
क़स्द-ए-हज है तो शैख़ को ले चल का'बे जाने को ये भी ख़र है शर्त
हक़ के देने को चाहिए है क्या याँ न असबाब नै हुनर है शर्त
दिल का देना है सहल क्या ऐ 'मीर'
आशिक़ी करने को जिगर है शर्त

686

उसके होते बज़्म में फ़ानूस में आती है शम्अ
या'नी उस आतिश के परकाले से शर्माती है शम्अ

हर ज़माँ जाती है घटती सामने तेरे खड़ी
जोश-ए-ग़म से आप ही अपने तईं खाती है शम्अ

बैठे उस मह के किसू को देखता है कब कोई
रंग-ए-रू को बज़्म में हरचंद झमकाती है शम्अ

बाद से जुम्बिश में कुछ रहती नहीं है मुत्तसिल
इस भभूके से जो घटती है सो झुँझलाती है शम्अ

छोड़ती है लुत्फ़ क्या अफ़्सुर्दगी ख़ातिर की 'मीर'
आगे उसके चेहरा-ए-रौशन के बुझ जाती है शम्अ

---

684. बे-नवा–असहाय, फ़क़ीर। हमेश–हमेशा।

685. रह–रास्ता। अव्वल-ए-गाम–पहला क़दम। तर्क-ए-सर–सर कटवाना। सादिक़–सच्चा। ज़र्दी-ए-रंग-ओ-चश्म-ए-तर–रंग का पीला पड़ना और आँख का तर होना। ख़ामी–कमी। पुख़्ता-कारी–मज़बूती। क़स्द-ए-हज–हज (मक्का यात्रा का धार्मिक कृत्य) पर जाने का इरादा। शैख़–इस्लाम धर्म का ज्ञानी, मुल्ला, क़ाज़ी। ख़र–गधा। हक़–सच, बदला, ईनाम, मुआवज़ा। असबाब–सामान। नै–न। सहल–आसान।

686. बज़्म–महफ़िल, सभा। फ़ानूस–क़न्दील, लालटेन। शम्अ–बत्ती, चराग़। आतिश का परकाला–आग का टुकड़ा, क़यामत ढाने वाला, माशूक़। ज़माँ–समय, पल। मह–चाँद। रंग-ए-रू–चेहरे का रंग। बाद–हवा। जुम्बिश–हरकत, हिलना-डुलना। मुत्तसिल–लगातार। भभूका–शोला। अफ़्सुर्दगी–उदासी। ख़ातिर–तबीयत, स्वभाव।

687

कब तलक इन बुतों से चश्म रहे   हो रहेगा बस अब ख़ुदा से नफ़ा'
अब फ़क़ीरों से कह हक़ीक़त-ए-दिल
'मीर' शायद कि हो दुआ से नफ़ा'

688

अब उसके ग़म से जो कोई चाहे सो खाए दाग़
बाक़ी नहीं है छाती में अपनी तो जाए दाग़

चश्म-ओ-दिल-ओ-दिमाग़-ओ-जिगर सब को रो रहे
इस इश्क़-ए-ख़ाना-सोज़ ने क्या-क्या दिखाए दाग़

जी जल गया तक़र्रुब-ए-अग़यार देख कर
हम उस गली में जब गए तब वाँ से लाए दाग़

क्या लाला एक दाग़ पे फूले है बाग़ में
बहुतेरे ऐसे छाती पे हमने जलाए दाग़

क्या शैख़ के वरअ में तरद्दुद है हमने आप
सौ बार उसके कुर्ते से मय के धुलाए दाग़

दिल की गिरह में गुंचा-ए-लाला के रंग 'मीर'
सोज़-ए-दरूँ से कुछ नहीं है अब सिवाए दाग़

689

मैलान-ए-दिल है ज़ुल्फ़-ए-सियह फ़ाम की तरफ़
जाता है सैद आप से उस दाम की तरफ़

यक शब नज़र पड़ा था कहीं तू सो अब मुदाम
रहती है चश्म-ए-माह तिरे बाम की तरफ़

आँखें जिन्हों की ज़ुल्फ़-ओ-रुख़-ए-यार से लगीं
वे देखते नहीं सहर-ओ-शाम की तरफ़

---

687. बुत–मूर्ति, माशूक़। चश्म–उम्मीद। नफ़ा'–फ़ायदा, लाभ।

688. दाग़–ज़ख़्म, चोट। जाए दाग़–दाग़ों के स्थान पर। इश्क़-ए-ख़ाना-सोज़–घर को जला देने वाला इश्क़। तक़र्रुब-ए-अग़यार–ग़ैरों से नज़दीकी, पराए लोगों से मेल-जोल। लाला–एक सुर्ख़ फूल। वरअ–सदाचार, परहेज़गारी। तरद्दुद–फ़िक्र, अंदेशा, शक। गुंचा-ए-लाला–लाले के फूल की कली। सोज़-ए-दरूँ–अंदरूनी जलन।

689. मैलान-ए-दिल–दिल का रुझान, दिल की ख़्वाहिश। ज़ुल्फ़-ए-सियह फ़ाम–काले रंग के बाल। सैद–शिकार। दाम–जाल। मुदाम–हमेशा। यक शब–एक रात। बाम–छत। चश्म-ए-माह–चाँद की निगाह। रुख़–मुखड़ा। सहर–सुबह।

जूँ चश्म-ए-यार बज़्म में उगला पड़े है आज
टुक देख शैख़ मय के भरे जाम की तरफ़

देखी है जब से उस बुत-ए-काफ़िर की शक्ल 'मीर'
जाता नहीं है जी तनिक इस्लाम की तरफ़

690

ऐ रश्क-ए-बर्क़ तुझ से मुश्किल है कार-ए-आशिक़
इक झमके में कहाँ फिर सब्र-ओ-क़रार-ए-आशिक़

ख़ाक-ए-सियह से यक्साँ तेरे लिये हुआ हूँ
तू भी तो एक शब हो शम्अ-ए-मज़ार-ए-आशिक़

ऐ बहर-ए-हुस्न होवे ये आग सर्द टुक, तब
जूँ मौज हो लबालब तुझसे कनार-ए-आशिक़

दिल-ख़्वाह कोई दिलबर मिलता तो दिल को देते
गर चाहने में होता कुछ इख़्तियार-ए-आशिक़

पलकों की उसकी काविश हर-दम जब ऐसी होवे
मुश्किल कि जी से जावे फिर ख़ार ख़ार-ए-आशिक़

क्या जाने महव जो हो अपने ही रू-ओ-मू का
गुज़रे है किस तरह से लैल-ओ-नहार-ए-आशिक़

ख़्वारी का मूजिब अपनी है इज़्तिराब हर-दम
दिल समझे तो रहे भी कुछ ऐतबार-ए-आशिक़

आँखों तले से सरके वो चश्म-ए-मस्त टुक तो
जाता दिखाई देवे रंज-ओ-ख़ुमार-ए-आशिक़

क्या बोझ भारी से मैं नाकाम काटता हूँ
दुनिया से है निराला कुछ कारोबार-ए-आशिक़

इस पर्दे में ग़म-ए-दिल कहता है 'मीर' अपना
क्या शे'र-ओ-शाइरी है यारो शिआर-ए-आशिक़

चश्म-ए-यार–महबूब की आँखें। बज़्म-महफ़िल। शैख़–इस्लाम धर्म का ज्ञानी, मुल्ला, क़ाज़ी।

690. रश्क-ए-बर्क़–जिस से आसमान की बिजली भी ईर्ष्या करे, माशूक़। ख़ाक-ए-सियह–काली मिट्टी, राख। यक्साँ–एक जैसा, बराबर। बहर-ए-हुस्न–हुस्न का समुंदर। कनार-ए-आशिक़–आशिक़ की बाहें। दिल-ख़्वाह–मन चाहा। इख़्तियार–बस, क़ाबू। काविश–चुभन। पलकों की काविश–पलकों का झपकना। ख़ार-ख़ार-ए-आशिक़–आशिक़ की बेचैनी। महव–खोया हुआ, लीन। रू-ओ-मू–चेहरा और बाल। लैल-ओ-नहार-ए-आशिक़–आशिक़ के रात-दिन। ख़्वारी–रुस्वाई, अपमान। मूजिब–वजह, कारण। इज़्तिराब–बेचैनी। ख़ुमार–नशा। शिआर-ए-आशिक़–आशिक़ का तौर-तरीक़ा।

691

क्या कहूँ तुमसे मैं कि क्या है इश्क़ जान का रोग है, बला है इश्क़
इश्क़ ही इश्क़ है जहाँ देखो सारे आलम में भर रहा है इश्क़
इश्क़ माशूक़, इश्क़ आशिक़ है या'नी अपना ही मुब्तला है इश्क़
इश्क़ है तर्ज़-ओ-तौर इश्क़ के तईं कहीं बंदा, कहीं ख़ुदा है इश्क़
गर परस्तिश ख़ुदा की साबित की किसू सूरत में हो, भला है इश्क़
दिलकश ऐसा कहाँ है दुश्मन-ए-जाँ मुद्दई है प: मुद्दआ है इश्क़
है हमारे भी तौर का आशिक़ जिस किसी को कहीं हुआ है इश्क़
कोई ख़्वाहाँ नहीं मुहब्बत का तू कहे, जिंस-ए-नारवा है इश्क़
'मीर जी' ज़र्द होते जाते हो
क्या कहीं तुमने भी किया है इश्क़

692

हाल मेरा शहर में कहते रहेंगे लोग देर इस फ़साने के तईं होने तो दो मशहूर टुक
फिर कहीं क्या दिल लगाया 'मीर' जो है ज़र्द-रू
मुँह पर आया था तिरे दो चार दिन से नूर टुक

693

हालाँकि काम पहुँच गया कब का जाँ तलक
आती नहीं है तो भी शिकायत ज़बाँ तलक

उस रश्क-ए-मह के दिल में न मुतलक़ किया असर
हरचंद पहुँची मेरी दुआ आसमाँ तलक

जो आरज़ू की उससे सो दिल में ही ख़ूँ हुई
नौमीद यूँ बसर करे कोई कहाँ तलक

खींचा किए वो दूर बहुत आपको सदा
हमसाए हम मुआ किए, आए न याँ तलक

---

691. आलम–दुनिया। मुब्तला–फँसा हुआ, किसी बला या आफ़त में पड़ा हुआ। दिलकश–मनमोहक। मुद्दई–ग़ैर, दुश्मन। ख़्वाहाँ–चाहने वाला, ख़्वाहिश-मंद। जिंस-ए-नारवा–अनुचित, चीज़ जो जाइज़ न हो। ज़र्द हो जाना–किसी बीमारी या इश्क़ से पीला पड़ जाना।

692. तईं–को। टुक–ज़रा। ज़र्द-रू–पीला पड़ा हुआ चेहरा। नूर–रौशनी, चमक।

693. रश्क-ए-मह–जिससे चाँद भी ईर्ष्या करे, माशूक़। मुतलक़–क़तई, बिल्कुल। हरचंद–जितना कुछ, जिस क़दर। नौमीद–मायूस, निराश। दूर खींचना–घमंड करना। हमसाए–पड़ौस में, पास ही। मुआ–मरा।

बुलबुल क़फ़स में इस लब-ओ-लहजे पे ये फ़ुग़ाँ
आवाज़ एक हो रही है गुलसिताँ तलक

पछताए उठ के घर से कि जूँ नौ-दमीदा-पर
जाना बना न आप को फिर आशियाँ तलक

हम सोहबती-ए-यार को है ऐतबार शर्त
अपनी पहुँच तो 'मीर' नहीं पासबाँ तलक

694

हम बेकसों का कौन है हिज्राँ में ग़म शरीक   तन्हाई एक है सो है उसके सितम शरीक
दम रुक के वूहीं कहियो अगर मर न जाए वो   हो मेरे हाल का जो कोई एक दम शरीक
ख़ूँ होते-होते हो चुके आख़िर कहाँ तलक   अब दिल जिगर कहीं नहीं हैं तेरे हम शरीक
दिल तंग होजिये तो न मिलिए किसू के साथ   होते हैं ऐसे वक़्त में ये लोग कम शरीक

शायद कि सर-नविश्त में मरना है घुट के 'मीर'
काग़ज़ न महरम-ए-ग़म-ए-दिल, नै क़लम शरीक

695

चले है बाग़ की सबा क्या ख़ाक   दिल जला कोई हो गया क्या ख़ाक
हम गिरे उसके दर ही पर मर कर   और कोई करे वफ़ा क्या ख़ाक
ख़ाक ही में मिलाए रखते हो   हो कोई तुमसे आश्ना क्या ख़ाक
सब मुए इब्तिदा-ए-इश्क़ ही में   होवे मालूम इंतिहा क्या ख़ाक

तुर्बत-ए-'मीर' पर चले तुम देर
इतनी मुद्दत में वाँ रहा क्या ख़ाक

696

अब्र-ए-बहार ने शब दिल को बहुत जलाया
था बर्क़ का चमकना ख़ाशाक-ए-आशियाँ तक

क़फ़स–पिंजरा। लब-ओ-लहजा–बोलने का अंदाज़, बातचीत का तरीक़ा। फ़ुग़ाँ–रोना-पीटना। नौ-दमीदा-पर–जिस पक्षी के नए-नए पर निकले हों। आशियाँ–घोंसला। हम-सोहबत–साथ उठने-बैठने वाला, दोस्त। पासबाँ–चौकीदार।

694. बेकस–लाचार। हिज्राँ–तन्हाई। शरीक–शामिल, मददगार। ग़म शरीक–दुख-दर्द बाँटने वाला। सर-नविश्त–भाग्य, क़िस्मत का लिखा। महरम-ए-ग़म-ए-दिल–दिल के दुखों को बाँटने वाला दोस्त। शरीक–शामिल।

695. सबा–हवा। ख़ाक–राख, अफ़सोस। आश्ना–दोस्त, परिचित। मुए–मरे। तुर्बत-ए-'मीर'–'मीर' की क़ब्र।

696. अब्र-ए-बहार–बहार के मौसम का बादल। शब–रात। बर्क़–बिजली। ख़ाशाक-ए-आशियाँ–घोंसले के तिनके, घास-फूस।

उस मह के गोश तक तो हरगिज़ नहीं पहुँचती
गो आह-ए-बे-सरायत जाती है आसमाँ तक

होना जहाँ का अपनी आँखों में है न होना
आता नज़र नहीं कुछ जावे नज़र जहाँ तक

जाती हैं ख़त के पीछे जूँ मेहर आँखें मेरी
अब कार-ए-शौक़ मेरा पहुँचा है 'मीर' याँ तक

697

मुझे नींद कैसी कि मानिंद-ए-अंजुम खुली रहती हैं मेरी आँखें सहर तक
उठा पास बे-इख़्तियारी से सब का बुका बैठे करते हैं दो-दो पहर तक
दिमाग़ और दिल हैं सरासीमा दोनों सर-ए-ज़ख़्म शायद कि पहुँचा जिगर तक
बला शोर-ओ-हंगामा है दिलज़दों का क़यामत किए जाए है उसके घर तक
न दे मारें चौखट से सर को तो कहियो रसाई हुआ चाहिए उस के दर तक
मुहब्बत में जी से गए 'मीर' आख़िर
ख़बर गुफ़्तनी है ये हर बे-ख़बर तक

698

ग़ाफ़िल हैं ऐसे, सोते हैं गोया जहाँ के लोग हालाँकि रफ़्तनी हैं सब इस कारवाँ के लोग
क्यूँकर कहें कि शहर-ए-वफ़ा में जुनूँ नहीं इस ख़स्म-ए-जाँ के सारे दिवाने हैं याँ के लोग
रौनक़ थी दिल में जब तईं बसते थे दिलबराँ अब क्या रहा है, उठ गए सब इस मकाँ के लोग
तू हम में और आप में मत दे किसू को दख़्ल होते हैं फ़ित्ना-साज़ यही दरमियाँ के लोग
बुत चीज़ क्या कि जिस को ख़ुदा मानते हैं सब ख़ुश-ऐतक़ाद कितने हैं हिन्दोस्ताँ के लोग
फ़िरदौस को भी आँख उठा देखते नहीं किस दर्जा सैर-चश्म हैं, कू-ए-बुताँ के लोग
क्या सहल जी से हाथ उठा बैठते हैं हाए ये इश्क़-पेशगाँ हैं इलाही कहाँ के लोग
मुँह तकते ही रहे हैं सदा मजलिसों के बीच
गोया कि 'मीर' महव हैं मेरी ज़बाँ के लोग

मह–चाँद। गोश–कान। आह-ए-बे-सरायत–जिस आह का कोई असर न हो। मेहर–सूरज। कार-ए-शौक़–आशिक़ी का काम।

697. मानिंद-ए-अंजुम–तारों की तरह। सहर–सुबह। पास–लिहाज़। बुका करना–रोना। सरासीमा–हैरान, परेशान। सर-ए-ज़ख़्म–ज़ख़्म का सिरा। दिलज़दा–दिल का मारा हुआ। रसाई होना–पहुँच होना। जी से जाना–मरना, जान से जाना। गुफ़्तनी–कहने के लायक़।

698. ग़ाफ़िल–असावधान, बे-ख़बर। रफ़्तनी–जाने वाला। ख़स्म-ए-जाँ–जान का दुश्मन। फ़ित्ना-साज़–हंगामा उठाने वाला। ख़ुश-ऐतक़ाद–भले पर यक़ीन रखने वाला। फ़िरदौस–जन्नत, स्वर्ग। सैर-चश्म–जिसकी आँखें तृप्त हों। कू-ए-बुताँ–माशूक़ की गली। इश्क़-पेशगाँ–आशिक़ मिज़ाज। गोया–जैसे। महव–खोए हुए।

699

क्या इश्क़-ए-ख़ाना सोज़ के दिल में छुपी है आग
इक सारे तन-बदन में मिरे फुक रही है आग

पाँव में पड़ गए हैं फफोले मिरे तमाम
हर गाम राह-ए-इश्क़ में गोया दबी है आग

जल-जल के सब इमारत-ए-दिल ख़ाक हो गई
कैसे नगर को आह मुहब्बत ने दी है आग

अब गर्म-ओ-सर्द-ए-दहर से यक्साँ नहीं है हाल
पानी है दिल हमारा कभी, तो कभी है आग

रोज़-ए-अज़ल से आते हैं होते जिगर कबाब
क्या आजकल से इश्क़ की यारो जली है आग

अंगारे से न गिरते थे आगे जिगर के लख़्त
जब-तब हमारी गोद में अब तो भरी है आग

या-रब हमेशा जलती ही रहती हैं छातियाँ
ये कैसी आशिक़ों के दिलों में रखी है आग

अफ़्सुर्दगी-ए-सोख़्ता-जानाँ है क़हर 'मीर'
दामन को टुक हिला कि दिलों की बुझी है आग

700

है आग का सा नाला-ए-काहिश-फ़ज़ा का रंग
कुछ और सुब्ह-दम से हुआ है हवा का रंग

देखे इधर तो मुझसे न यूँ आँख वो छुपाए
ज़ाहिर है मेरे मुँह से मिरे मुद्दआ का रंग

किस बे-गुनह के ख़ूँ में तिरा पड़ गया है पाँव
होता नहीं है सुर्ख़ तो ऐसा हिना का रंग

रहता था इब्तिदा-ए-मुहब्बत में मुँह सफ़ैद
अब ज़र्द सब हुआ हूँ, ये है इंतिहा का रंग

पूछें हैं वजह-ए-गिरया-ए-ख़ूनीं जो मुझ से लोग
क्या देखते नहीं हैं सब उस बेवफ़ा का रंग

मक़दूर तक न गुज़रे मिरे ख़ूँ से यार 'मीर'
ग़ैरों से क्या गिला है, ये है आश्ना का रंग

---

699. इश्क़-ए-ख़ाना सोज़–घर को जला देने वाला इश्क़। गाम–क़दम। यक्साँ–एक सा। गर्म-ओ-सर्द-ए-दहर–दुनिया का ठंडा-गर्म, अच्छा-बुरा। रोज़-ए-अज़ल–दुनिया के बनने का पहला दिन, अनादिकाल। लख़्त–टुकड़े। अफ़्सुर्दगी-ए-सोख़्ता जानाँ–दिलजलों की उदासी, बुझा होना, ठंडा पड़ना।

700. नाला-ए-काहिश फ़ज़ा–वो आह जिससे शरीर का दम निकलने लगे। सुब्ह-दम–भोर, प्रभात। मुद्दआ–आरज़ू, ख़्वाहिश। हिना–मेहंदी। ज़र्द–पीला। वजह-ए-गिरया-ए-ख़ूनीं–ख़ून के रंग के आँसुओं की वजह। मक़दूर–ताक़त, शक्ति। आश्ना–महबूब, दोस्त।

701

रह-ए-मर्ग से क्यूँ डराते हैं लोग   बहुत उस तरफ़ को तो जाते हैं लोग
मज़ाहिर सब उसके हैं, ज़ाहिर है वो   तकल्लुफ़ है याँ जो छुपाते हैं लोग
रहे हम तो खोए गए से सदा   कभू, आप में हम को पाते हैं लोग
उस अब्रू कमाँ पर, जो क़ुर्बां हैं हम   हमीं को निशाना बनाते हैं लोग
न सोया कोई, शोर-ए-शब से मिरे   क़यामत अज़ीयत उठाते हैं लोग
उन आँखों के बीमार हैं 'मीर' हम
बजा देखने हम को आते हैं लोग

702

गर रंग है चला है वर बू है तो हवा है
कह 'मीर' इस चमन में किस से लगाइए दिल

703

मुद्दत तो वा हुआ ही न ये ग़ुंचा-वार दिल   अब जो खिला तो जैसे गुल-ए-बे-बहार दिल
है ग़म में याद किसको फ़रामोश-कार दिल   अब आ बनी है जी पे, रहा दर-किनार दिल
वो कौन सी उमीद बर आई है इश्क़ में   रहता है किस उमीद पे उम्मीदवार दिल
ज़ालिम बहुत ज़रूर है उन बेकसों का पास   नाचार अपने रहते हैं जो मार-मार दिल
माइल उधर के होने में मजबूर हैं सभी   खिंचता है उसकी ओर को बे-इख़्तियार दिल
हम से जो इश्क़-कुश्ता जिएँ तो अजब है 'मीर'
छाती है दाग़, टुकड़े जिगर के, फ़िगार दिल

704

कुछ न पूछो बहक रहे हैं हम   इश्क़ की मय से छक रहे हैं हम
सूख ग़म से हुए हैं काँटा से   पर दिलों में खटक रहे हैं हम
वक़्फ़ा-ए-मर्ग अब ज़रूरी है   उम्र तय करते थक रहे हैं हम

---

701. रह-ए-मर्ग–मौत का रास्ता। मज़ाहिर–ज़ाहिर होने की जगह, मंज़र, दृश्य। अब्रू कमाँ–कमान जैसी भवों वाला, माशूक़। अज़ीयत–दुख, तकलीफ़।

702. वर–और, अगर, और जो। बू–ख़ुशबू, गंध। चमन–बाग़, दुनिया।

703. वा होना–खुलना। ग़ुंचा-वार–कली जैसा। गुल-ए-बे-बहार–वो फूल जो बाहर के अलावा किसी और मौसम में खिले। फ़रामोश-कार–जिसे भूल जाने की आदत हो। उमीद (उम्मीद) बर आना–इच्छा पूरी होना। पास–ख़याल, लिहाज़। माइल–ध्यान देना, तवज्जो करना। इश्क़-कुश्ता–इश्क़ के मारे हुए। फ़िगार–ज़ख़्मी, घायल।

704. वक़्फ़ा-ए-मर्ग–मृत्यु का अंतराल।

कौन पहुँचे है बात की तह को   एक मुद्दत से बक रहे हैं हम
उन ने देने कहा था बोसा-ए-लब   इस सुख़न पर अटक रहे हैं हम
नक़्श-ए-पा सी रही हैं खुल आँखें   किस की यूँ राह तक रहे हैं हम
दस्त देगी कब उस की पा-बोसी   देर से सर पटक रहे हैं हम
'मीर' शायद लें उसकी ज़ुल्फ़ से काम
बरसों से तो लटक रहे हैं हम

705

है तह-ए-दिल बुतों का क्या मालूम   निकले पर्दे से क्या ख़ुदा मालूम
यही जाना कि कुछ न जाना हाए   सो भी इक उम्र में हुआ मालूम
इल्म सब को है ये कि सब तू है   फिर है अल्लाह कैसा ना-मालूम
गरचे तू ही है सब जगह लेकिन   हम को तेरी नहीं है जा मालूम
इश्क़ जाना था मार रक्खेगा   इब्तिदा में थी इन्तिहा मालूम
इश्क़ है ऐ तबीब जी का रोग
लुत्फ़ कर, है जो कुछ दवा मालूम

706

मुझे तो दर्द से इक उन्स है वफ़ा की क़सम   यही सबब है जो खाई है मैं दवा की क़सम
सरों पे हाथ कभू, तेग़ पर कभू उसका   कुछ एक क़िस्म नहीं मेरे आश्ना की क़सम
जिदाल दैर के रुहबान से कहाँ तक 'मीर'
उठो हरम को चलो अब तुम्हें ख़ुदा की क़सम

707

अब सूखी ही जाती है सब किश्त-ए-हवस ज़ालिम
ऐ अब्र-ए-तर आकर टुक ईधर भी बरस ज़ालिम

किस तौर कोई तुझ से मक़सूद करे हासिल
नै रहम तिरे जी में, नै दिल में तरस ज़ालिम

बोसा-ए-लब–होंठों का चुम्बन। सुख़न–वादा, बात। नक़्श-ए-पा–पैरों के निशान। दस्त देना–मौक़ा देना। पा-बोसी–पाँव चूमना।

705. तह-ए-दिल–दिलों के अन्दर। गरचे–हालाँकि। जा–जगह। तबीब–हकीम, वैद्य। लुत्फ़–मेहरबानी, कृपा।

706. उन्स–प्यार, मुहब्बत। तेग़–तलवार। आश्ना–दोस्त, माशूक़। जिदाल–झगड़ा, लड़ाई, जंग। दैर–मंदिर। रुहबान–राहिब का बहुवचन, पादरी, पुजारी, धर्म गुरु। हरम–का'बा और उसके आस-पास का क्षेत्र।

707. किश्त-ए-हवस–हवस की खेती, इच्छाएँ। अब्र-ए-तर–बरसने वाला बादल। मक़सूद–मक़सद, उद्देश्य।

जूँ अब्र मैं रोता था, जूँ बर्क़ तू हँसता था
सोहबत न रही यूँ ही एक-आध बरस ज़ालिम

सर-रिश्ता-ए-हस्ती को हम दे चुके हाथों से
कुछ टूटे ही जाते हैं अब तार-ए-नफ़स ज़ालिम

ता-चन्द रहेगा तू यूँ दाग़-ए-ग़म उस मह का
छाती तो गई तेरी ऐ 'मीर' भुलस ज़ालिम

708

महरम से किसू रूबरू हों काशके अब हम — बे-वजह ग़ज़ब रहने का पूछें जो सबब हम
यक सिलसिला है क़ैस का फ़रहाद का अपना — जूँ हल्क़ा-ए-ज़ंजीर गिरफ़्तार हैं सब हम
मजमे में क़यामत के इक आशोब सा होगा — आ निकले अगर अर्से में यूँ नाला-बलब हम
गह नोच लिया मुँह को, गहे कूट ली छाती — दिल तंगी-ए-हिज्राँ से हैं मग़लूब-ए-ग़ज़ब हम
आग़ाज़-ए-मुहब्बत में तमामी हुई अपनी — ऐ वाए हुए ख़ाक-ब-सर राह-ए-तलब हम

तुर्बत से हमारी न उठी गर्द भी ऐ 'मीर'
जी से गए लेकिन न किया तर्क-ए-अदब हम

709

मुश्ताक़ उन लबों के हैं सब मर्द-ओ-ज़न तमाम — दफ़्तर लिखे गए न हुआ पर सुख़न तमाम
अब छेड़िये जहाँ वहीं गोया है दर्द सब — फोड़ा सा हो गया है तिरे ग़म में तन तमाम
आवारा गर्दबाद से थे हम, प: शहर में — क्या ख़ाक में मिला है ये दीवाना-पन तमाम
क्या लुत्फ़-ए-तन छुपा है मिरे तंग-पोश का — उगला पड़े है जामे से उसका बदन तमाम
इक गुल-ज़मीं न वक़्फ़े के क़ाबिल नज़र पड़ी — देखा बरंग-ए-आब-ए-रवाँ ये चमन तमाम
निकले हैं गुल के रंग गुलिस्ताँ में ख़ाक से — ये वे हैं, उसके इश्क़ के ख़ूनीं कफ़न तमाम
तह साहिबों की आई निकल मयकदे गए — गिरवी थे अहल-ए-सौमआ के पैरहन तमाम

जूँ–जैसे, तरह। अब्र–बादल। बर्क़–बिजली। सर-रिश्ता-ए-हस्ती–जीवन की डोर। तार-ए-नफ़स–साँस का लगातार आना-जाना, साँस लेने का सिलसिला। ता-चन्द–कब तक। दाग़-ए-ग़म–दुखों के निशान, जले का निशान। मह–चाँद। भुलसना–झुलसना, जल जाना।

708. महरम–राज़दार। ग़ज़ब रहना–ग़ुस्से में रहना। यक–एक। सिलसिला–लड़ी, नस्ल। क़ैस–मजनूँ। हल्क़ा-ए-ज़ंजीर–ज़ंजीर की कड़ी। मजमा–भीड़। आशोब–हंगामा। अर्सा–मैदान। नाला-बलब–होंठों पर फ़रियाद लिए। गह/गहे–कभी। मग़लूब-ए-ग़ज़ब–वो आदमी जो जल्द ग़ुस्सा हो जाए, ग़ुस्सैल। आग़ाज़-ए-मुहब्बत–इश्क़ की शुरुआत। तमामी होना–अंत होना, मर जाना। ख़ाक-ब-सर–परेशान हाल। तुर्बत–क़ब्र। तर्क-ए-अदब–आदर का त्याग, गुस्ताख़ी।

709. मुश्ताक़–चाहने वाला। मर्द-ओ-ज़न–मर्द और औरत। दफ़्तर–लम्बा पत्र, पोथी। गर्दबाद–धूल भरी आँधी, झक्कड़। तंग-पोश–चुस्त कपड़े पहनने वाला। उगलना या उगल पड़ना–बाहर आना। जामा–लिबास, परिधान। गुल-ज़मीं–फूलों की क्यारी। वक़्फ़ा–अंतराल, ठहरना। बरंग-ए-आब-ए-रवाँ–बहते हुए पानी की तरह। अहल-ए-सौमआ–इबादत घर के लोग, मौलवी, पंडित, पादरी। पैरहन–लिबास।

मैं ख़ाक में मिला न करूँ किस तरह सफ़र   मुझ से ग़ुबार रखते हैं अहल-ए-वतन तमाम
कुछ हिंद ही में 'मीर' नहीं लोग जैब चाक
है मेरे रेख़्तों का दिवाना दकन तमाम

710

क्यूँकर न इस चमन में हों इतने निढाल हम   याँ फूल सूंघ-सूंघ रहे माह-ओ-साल हम
वो तू ही है कि मरते हैं सब तेरे तौर पर   हूर-ओ-परी को जान के कब हैं दिवाल हम
ज़ाहिर हुए तुम्हें भी हमारे दम और होश   आए न फिर तुम्हारे गए टुक बहाल हम
नुक़सान होगा उस में न ज़ाहिर कहाँ तलक   होवेंगे जिस ज़माने के साहिब कमाल हम
था कब गुमाँ मिलेगा वो दामन सवार 'मीर'
कल राह जाते मुफ़्त हुए पाएमाल हम

711

कौन कहता है मुँह को खोलो तुम   काशके पर्दे ही में बोलो तुम
हुक्म-ए-आब-ए-रवाँ रखे है हुस्न   बहते दरिया में हाथ धो लो तुम
जाना आया है अब जहाँ से हमें   थोड़ी तो दूर साथ हो लो तुम
जब मयस्सर हो बोसा उस लब का   चुपके ही हो रहो, न बोलो तुम
आते हैं मुत्तसिल चले आँसू   आह कब तक ये मोती रोलो तुम
रात गुज़री है सब तड़पते 'मीर'
आँख लग जाए टुक तो सो लो तुम

712

मुए जाते थे फ़र्त-ए-उल्फ़त से हम   जिये हैं ख़ुदा ही की क़ुदरत से हम
नहीं देखते सुब्ह अब आरसी   ख़फ़ा रहते हैं अपनी सूरत से हम
न टुक ला सका ताब जलवे की दिल   गिला रखते हैं सब्र-ओ-ताक़त से हम
ख़ुदा से भी शब को दुआ माँगते   न उसका लिया नाम ग़ैरत से हम
रखा जिस को आँखों में इक उम्र अब   उसे देख रहते हैं हसरत से हम

ख़ाक में मिलना–बर्बाद होना। सफ़र–बचना, दूर रहना। ग़ुबार रखना–दुश्मनी रखना। हिंद–'मीर' के ज़माने में हिंद उत्तर भारत के लिए प्रयोग में था। जैब चाक होना–गिरेबान फटा होना। दकन–दक्षिण भारत।

710. माह-ओ-साल–महीनों और वर्षों अर्थात् निरंतर। दिवाल–देने वाला। साहिब कमाल–माहिर, उस्ताद, गुणी। गुमाँ–गुमान, अनुमान, शक-ओ-शुब्हा। दामन सवार–शोख़ महबूब। पाएमाल–रौंदा हुआ।

711. मुँह खोलना–मुँह दिखाना, बद-ज़बानी करना। हुक्म-ए-आब-ए-रवाँ–बहते पानी का दर्जा। बोसा–चुम्बन। मुत्तसिल–लगातार। रोलना–इकट्ठा करना। टुक–ज़रा।

712. मुए जाना–मरे जाना। फ़र्त-ए-उल्फ़त–प्यार की अधिकता। आरसी–आईना। ताब लाना–बर्दाश्त करना।

भरी आँखें लोहू से रहने लगीं ये रंग अपना देखा मुरव्वत से हम
न मिल 'मीर' अब के अमीरों से तू
हुए हैं फ़क़ीर उन की दौलत से हम

713

कब तक रहेंगे पहलू लगाए ज़मीं से हम ये दर्द अब कहेंगे किसू शाना-बीं से हम
होता है शौक़ वस्ल का, इन्कार से ज़ियाद कब तुझ से दिल उठाते हैं, तेरी नहीं से हम
उड़ती है ख़ाक शहर की गलियों में अब जहाँ सोना लिया है गोदों में भर कर वहीं से हम
तकलीफ़ दर्द-ए-दिल की न कर तंग होंगे लोग ये बात रोज़ कहते रहे हमनशीं से हम
आवारा-गर्दी अपनी खिंची, 'मीर' तूल को
अब चाहेंगे दुआ किसू उज़लत नशीं से हम

714

मुद्दई मुझको खड़े साफ़ बुरा कहते हैं चुपके तुम सुनते हो बैठे, इसे क्या कहते हैं
देखे ख़ूबाँ के, बजा दिल नहीं रहता हरगिज़ लोग जो कुछ उन्हें कहते हैं बजा कहते हैं
इश्क़ के शहर की भी रस्म के हैं कुश्ते हम दर्द-ए-जाँकाह जो हो उसको दवा कहते हैं
हुस्न तो है ही, करो लुत्फ़-ए-ज़बाँ भी पैदा
'मीर' को देखो कि सब लोग भला कहते हैं

715

क्या-क्या जहाँ असर था, सो अब वाँ अयाँ नहीं जिन के निशाँ थे फ़ीलों पर, उनका निशाँ नहीं
दफ़्तर बने, कहानी बनी, मसनवी हुई क्या शरह-ए-सोज़-ए-इश्क़ करूँ मैं, ज़बाँ नहीं
अपना ही हाथ सर पे रहा अपने याँ सदा मुशफ़िक़ कोई नहीं है, कोई मेहरबाँ नहीं
जी ही निकल गया जो गया यार पास से जिस्म-ए-ज़ईफ़-ओ-ज़ार में अब मेरे जाँ नहीं
है इश्क़ ही से चार तरफ़ बहस-ओ-गुफ़्तगू शोर इस बला-ए-जाँ का जहाँ में कहाँ नहीं
इस अहद को न जानिए, अगला सा अहद 'मीर'
वो दौर अब नहीं, वो ज़मी आसमाँ नहीं

मुरव्वत–लिहाज़।

713. शाना-बीं–शुभ-अशुभ बताने वाला, शगुन बताने वाला। वस्ल–मिलन। ज़ियाद–ज़्यादा। हमनशीं–साथी, दोस्त। तूल खिंचना–देर लगना, बहुत समय लगना। उज़लत नशीं–एकांत-वासी, तपस्वी, सन्यासी।

714. मुद्दई–प्रतिद्वन्द्वी, विरोधी। ख़ूबाँ–ख़ूबसूरत लोग, बहुत से माशूक़। बजा–ठीक। कुश्ता–मारा हुआ। दर्द-ए-जाँकाह–जान लेवा दर्द। लुत्फ़-ए-ज़बाँ–बात करने का अच्छा अन्दाज़, बात का मज़ा।

715. अयाँ–स्पष्ट, ज़ाहिर। फ़ील–हाथी। मसनवी–एक प्रकार की कविता जिस में कोई घटना या क़िस्सा बयान किया जाए। शरह-ए-सोज़-ए-इश्क़–मुहब्बत की जलन की व्याख्या। मुशफ़िक़–मेहरबान, कृपालु। जिस्म-ए-ज़ईफ़-ओ-ज़ार–कमज़ोर और ख़स्ता शरीर। अहद–ज़माना, समय। अगला–पुराना, पहले का।

716

न निकला दूसरा वैसा जहाँ में वही इक जिंस है इस कारवाँ में
किया मुँह बंद सबका बात कहते बला कुछ सिहर है उसकी ज़बाँ में
अगर वो बुत न जाने तो न जाने हमें सब जाने हैं हिंदोस्ताँ में
जबीं पर चीन रहती है हमेशा बला कीना है अपने मेहरबाँ में
नया है क्या शिगूफ़ा ये कि अक्सर रहा है फूल पड़ता गुलसिताँ में
कोई बिजली का टुकड़ा अब तलक भी पड़ा होगा हमारे आशियाँ में
फिरे है छानता ही ख़ाक ऐ 'मीर'
हवस क्या है मिज़ाज-ए-आसमाँ में

717

ग़रीबाना कोई शब रोज़ कर याँ हमेशा कौन रहता है सरा में
उठाते हाथ क्यूँ नौमीद हो कर अगर पाते असर कुछ हम दुआ में
कहे है हर कोई अल्लाह मेरा अजब निस्बत है बंदे में ख़ुदा में
बला तहदार बहर-ए-इश्क़ निकला न हमने इंतिहा ली इब्तिदा में
मिले बरसों वही बेगाना है वो हुनर है ये हमारे आश्ना में
अगरचे ख़ुश्क हैं जैसे पर-ए-काह
उड़े हैं 'मीर जी' लेकिन हवा में

718

गुल फूल से कब उस बिन लगती हैं अपनी आँखें
लाई बहार हमको ज़ोर-आवरी चमन में

दैर-ओ-हरम से तू तो टुक गर्म-ए-नाज़ निकला
हंगामा हो रहा है अब शैख़-ओ-बरहमन में

---

716. जिंस–वस्तु, चीज़। सिहर–जादू। बुत–मूर्ति, ख़ूबसूरत माशूक़। जबीं पर चीन रहना–माथे पर बल रहना, ख़फ़ा रहना। कीना–द्वेष, दिल में छिपी दुश्मनी। नया शिगूफ़ा–अनोखी बात। फूल पड़ना–आग लगना, जलना। आशियाँ–घोंसला।

717. ग़रीबाना–मुसाफ़िर या परदेसी की तरह। शब–रात। रोज़–दिन। सरा–सराय, दुनिया। नौमीद होना–निराश होना। निस्बत–रिश्ता। बला तहदार–बहुत गहरा। बहर-ए-इश्क़–इश्क़ का समन्दर। इंतिहा–अंजाम, अंत। इब्तिदा–प्रारम्भ। बेगाना–अजनबी। आश्ना–दोस्त, महबूब। अगरचे–यद्यपि, हालाँकि। ख़ुश्क–सूखा हुआ। पर-ए-काह–घास का तिनका, घास की पत्ती।

718. ज़ोर-आवरी–ज़बरदस्ती। दैर-ओ-हरम–मंदिर और मस्जिद। टुक–ज़रा। गर्म-ए-नाज़–नाज़-नख़रे दिखाने वाला। शैख़–इस्लाम धर्म का ज्ञानी, मुल्ला, क़ाज़ी। बरहमन–पंडित।

आ जाते शहर में तो जैसे कि आँधी आई
क्या वहशतें किया हैं हम ने दिवान-पन में

हैं घाओ दिल पर अपने तेग़-ए-ज़बाँ से सब की
तब दर्द है हमारे ऐ 'मीर' हर सुख़न में

719

जब जले छाती बहुत तब अश्क-अफ़्शाँ हो न 'मीर'
क्या जो छिड़का उस दहकती आग पर पानी के तईं

720

जाना इधर से 'मीर' है वैसा उधर के तईं
बीमारियों में जैसे बदलते हैं घर के तईं

तुम दिल से जो गए सो ख़राबी बहुत रही
फिर भी बसाओ आके इस उजड़े नगर के तईं

अल्लाह रे नाज़ुकी नहीं आती ख़याल में
किस-किस तरह से बाँधते हैं उस कमर के तईं

मुद्दत हुई कि अपनी ख़बर कुछ हमें नहीं
क्या जानिए कि 'मीर' गए हम किधर के तईं

721

क्या कहूँ अव्वल बख़ुद तो देर में आता हूँ मैं
फिर जो याद आता है वो, चुपका सा रह जाता हूँ मैं

एक जागह कब ठहरने दे है मुझको रोज़गार
क्यूँ तुम उकताते हो इतना, आज कल जाता हूँ मैं

है कमाल-ए-इश्क़ पर बे-ताक़ती दिल की दलील
जल्वा-ए-दीदार की अब ताब कब लाता हूँ मैं

आसमाँ मा'लूम होता है वरे कुछ आ गया
दूर इस से आह कैसा-कैसा घबराता हूँ मैं

बस चले तो राह ऊधर की न जाऊँ लेक 'मीर'
दिल मिरा रहता नहीं हरचंद समझाता हूँ मैं

तेग़-ए-ज़बाँ–व्यंग्य, कटाक्ष। सुख़न–बात, शे'र।

719. अश्क-अफ़्शाँ होना–आँसू बहाना। तईं–को।

720. तईं–को।

721. अव्वल–पहले। बख़ुद आना–होश में आना। रोज़गार–ज़माना। जल्वा-ए-दीदार–जलवा देखना। ताब न लाना–झेल न सकना। वरे–नज़दीक, निकट। हरचंद–जितना कुछ, जिस क़दर।

722

मुद्दत हुई कि बीच में पैग़ाम भी नहीं नामे का उस की मेहर से अब नाम भी नहीं
अय्याम-ए-हिज्र करिए बसर किस उमीद पर मिलना उन्हों का सुब्ह नहीं, शाम भी नहीं
रोवें इस इज़्तिराब-ए-दिली को कहाँ तलक दिन रात हमको एक दम आराम भी नहीं
क्या जानूँ दिल को खींचे हैं क्यूँ शे'र 'मीर' के
कुछ तर्ज़ ऐसी भी नहीं, ईहाम भी नहीं

723

दम-ब-दम इस ढब से रोना देर कर आया हमें क्या लहू अपना पिया, तब ये हुनर आया हमें
गरचे आलम जल्वा-गाह-ए-यार यूँ भी था वले आँखें जूँ मूँदीं अजब आलम नज़र आया हमें
हम तभी समझे थे अब इस सादगी पर हर्फ़ है ख़त निकलने से जो नामा, बेशतर आया हमें
तुझ तक इस बे-ताक़ती में, क्या पहुँचना सहल था ग़श तिरे कूचे में, हर-हर गाम पर आया हमें
कर चला बेख़ुद ग़म-ए-ज़ुल्फ़-ए-दराज़-ए-दिलबराँ
दूर का ऐ 'मीर' दरपेश अब सफ़र आया हमें

724

अश्क के जोश से हूँ शाम-ओ-सहर पानी में जैसे माही है मुझे सैर-ओ-सफ़र पानी में
आतिश-ए-इश्क़ ने रावन को जला कर मारा गरचे लंका सा था उस देव का घर पानी में
महव कर आप को यूँ हस्ती में उसकी जैसे बूँद पानी की नहीं आती नज़र पानी में
वो गुहर आँख से जावे तो थमे आँसू 'मीर'
इतना रोया हूँ कि हूँ ता-ब-कमर पानी में

725

जोशिश-ए-अश्क से हूँ आठ पहर पानी में गरचे होते हैं बहुत ख़ौफ़-ओ-ख़तर पानी में
ज़ब्त-ए-गिरया ने जलाया है दरूना सारा दिल अचम्भा है कि है सोख़्ता तर पानी में
फ़र्त-ए-गिरया से हुआ 'मीर' तबाह अपना जहाज़
तख़्ता पारे गए क्या जानूँ किधर पानी में

---

722. नामा–ख़त, चिट्ठी। मेहर–मेहरबानी। अय्याम-ए-हिज्र–जुदाई के दिन। इज़्तिराब-ए-दिली–दिल की बेचैनी। ईहाम–ऐसा शब्द जिसके दो अर्थ हों, एक अलंकार जिसमें दो मतलब रखने वाला शब्द शे'र में लाया जाता है।

723. दम-ब-दम–घड़ी-घड़ी, हर वक़्त। आलम–दुनिया, हाल, नज़ारा। जल्वा-गाह-ए-यार–वो स्थान जहाँ महबूब नज़र आए। हर्फ़–तन्ज़, व्यंग्य, किसी का मज़ाक उड़ाना। नामा–पत्र। बेशतर–अक्सर। सहल–आसान। ग़श–चक्कर। गाम–क़दम। बेख़ुद–बेसुध। ग़म-ए-ज़ुल्फ़-ए-दराज़-ए-दिलबराँ–महबूब के लंबे बालों का इश्क़। दरपेश–सामने, आगे।

724. अश्क–आँसू। सहर–सुबह। माही–मछली। आतिश-ए-इश्क़–इश्क़ की आग। महव करना–खो देना। गुहर–मोती। ता-ब-कमर–कमर तक।

725. जोशिश-ए-अश्क–आँसूओं का जोश, बहुत ज़्यादा रोना। ज़ब्त-ए-गिरया–आँसुओं को पी जाना। दरूना–अंदरूनी हिस्सा। सोख़्ता-तर–जला हुआ। फ़र्त-ए-गिरया–आँसुओं की अधिकता। तख़्ता पारे–लकड़ी के टुकड़े।

726

सम्भाले सुध कहाँ सर ही फ़रो लाता नहीं हरगिज़
वगरना मान जाता था कहाँ थोड़ी सी मिन्नत में

गए दिन मुत्तसिल जाने के उसकी ओर उठ-उठ कर
तफ़ावुत हो गया अब तो बहुत, पाँव की ताक़त में

तहम्मुल हो सका जब तक बदन में ताब-ओ-ताक़त थी
क़यामत अब गुज़र जाती है जी पर, एक साअत में

अजब क्या है जो यारान-ए-चमन को हम न पहचानें
रिहाई इत्तिफ़ाक़ अपनी पड़ी है, एक मुद्दत में

कोई अम्मामा ले भागा, किन्होंने पैरहन फाड़ा
बहुत गुस्ताख़ियाँ यारों ने कीं वाइज़ की ख़िदमत में

क़दम पर रख क़दम उसके, बहुत मुश्किल है मर जाना
सर आमद हो गया है 'मीर', फ़न्न-ए-मेहर-ओ-उल्फ़त में

727

किस कने जाऊँ इलाही, क्या दवा पैदा करूँ
दिल तो कुछ धंसका ही जाता है करूँ सो क्या करूँ

चाल अपनी छोड़ता हरगिज़ नहीं वो ख़ुश-ख़िराम
शोर से कब तक क़यामत एक मैं बरपा करूँ

का'बे जाने से नहीं कुछ शैख़ मुझको इतना शौक़
चाल वो बतला कि मैं दिल में किसू के जा करूँ

728

क्या कोफ़्तें उठाईं हिज्राँ के दर्द-ओ-ग़म में
तड़पा हज़ार नौबत दिल एक-एक दम में

---

726. सर फ़रो लाना–सर झुकाना। मुत्तसिल–क़रीब, पास, लगातार। तफ़ावुत–फ़ासला, दूरी, फ़र्क़। तहम्मुल–बर्दाश्त, सब्र। साअत–घड़ी, लम्हा, पल। अम्मामा–पगड़ी। पैरहन–लिबास। वाइज़–धर्म-उपदेशक। सर आमद–सरदार, हाकिम। फ़न्न-ए-मेहर-ओ-उल्फ़त–प्यार, मुहब्बत का हुनर।

727. कने–पास, नज़दीक। ख़ुश-ख़िराम–अच्छी चाल वाला, माशूक़। बरपा करना–उठाना, खड़ा करना। शैख़–इस्लाम धर्म का ज्ञानी, मुल्ला, क़ाज़ी। जा करना–जगह बनाना।

728. कोफ़्त–तकलीफ़, दुख। हिज्राँ–हिज्र, जुदाई। नौबत–बार।

गो क़ैस मुँह को नोचे, फ़रहाद सर को चीरे
ये क्या अजब है ऐसे होते हैं लोग हम में

अहल-ए-नज़र किसू को होती है महरमिय्यत
आँखों के अंधे हम तो मुद्दत रहे हरम में

कुल्फ़त में गुज़री सारी मुद्दत तो ज़िन्दगी की
आसूदगी का मुँह अब देखेंगे हम अदम में

करते हैं 'मीर' मिल कर वाइज़ से हब्स दम का
क्या ये भी आ गए हैं उस पोच-गो के दम में

729

इश्क़ में जी को सब्र-ओ-ताब कहाँ उस से आँखें लगीं तो ख़्वाब कहाँ
हस्ती अपनी है बीच में पर्दा हम न होवें तो फिर हिजाब कहाँ
गिरया-ए-शब् से सुर्ख़ हैं आँखें मुझ बला-नोश को शराब कहाँ
इश्क़ है आशिक़ों के जलने को ये जहन्नम में है अज़ाब कहाँ
दाग़ रहना दिल-ओ-जिगर का देख जलते हैं इस तरह कबाब कहाँ
इश्क़ का घर है 'मीर' से आबाद
ऐसे फिर ख़ानमाँ-ख़राब कहाँ

730

यारो मुझे मुआफ़ रखो, मैं नशे में हूँ अब दो तो जाम ख़ाली ही दो, मैं नशे में हूँ
एक-एक क़ुर्त दौर में यूँ ही मुझे भी दो जाम-ए-शराब पुर न करो, मैं नशे में हूँ
मस्ती से दरहमी है मिरी गुफ़्तगू के बीच जो चाहो तुम भी मुझ को कहो, मैं नशे में हूँ
या हाथों-हाथ लो मुझे मानिन्द-ए-जाम-ए-मय या थोड़ी दूर साथ चलो, मैं नशे में हूँ
मा'ज़ूर हूँ जो पाँव मिरा बे-तरह पड़े तुम सरगिराँ तो मुझ से न हो, मैं नशे में हूँ
भागी नमाज़-ए-जुम्अ तो जाती नहीं है कुछ चलता हूँ मैं भी टुक तो रहो, मैं नशे में हूँ
नाज़ुक मिज़ाज आप क़यामत हैं 'मीर' जी
जूँ शीशा मेरे मुँह न लगो, मैं नशे में हूँ

क़ैस–मजनूँ। अहल-ए-नज़र–गुण-ग्राही, परखने वाले। महरमिय्यत–राज़दारी, विश्वास-पात्र होना। हरम–का'बा और उसके चारों तरफ़ का इलाक़ा। कुल्फ़त–दुख, तकलीफ़। आसूदगी–चैन, आराम। अदम–परलोक। वाइज़–नसीहत करने वाला। हब्स दम करना–साँस रोकना, फ़क़ीरों का साँस रोकने का अभ्यास। पोच-गो–बेकार की बातें करने वाला।

729. सब्र-ओ-ताब–ताक़त। ख़्वाब–नींद। हिजाब–पर्दा। गिरया-ए-शब–रात का रोना। बला-नोश–बहुत पीनेवाला। अज़ाब–दुख। दाग़ रहना–जलना। ख़ानमाँ-ख़राब–जिसका घर उजड़ गया हो, बर्बाद।

730. क़ुर्त–एक घूँट, थोड़ी सी। पुर करना–भरना। दरहमी–बिखराव, गड़बड़। हाथों-हाथ लेना–ज़मीन पर गिरने न देना, आवभगत करना। मानिन्द-ए-जाम-ए-मय–शराब के प्याले की तरह। मा'ज़ूर–मजबूर, लाचार। सरगिराँ–नाराज़। टुक–ज़रा। जूँ शीशा–शराब के प्याले की तरह।

731

काशके दिल दो तो होते इश्क़ में एक रहता, एक खोते इश्क़ में
पास ज़ाहिर टुक न करते शब तो हम भर रहे थे, ख़ूब रोते इश्क़ में
ख़्वाब में देखा उसी को एक रात बरसों काटे हमने सोते इश्क़ में
काश पी जाया ही करते अश्क को दाग़ दिल पर के तो धोते इश्क़ में
देखे हैं क्या-क्या ढलकते अश्क 'मीर'
बैठे मोती से पिरोते इश्क़ में

732

करते हैं जो कि जी में ठाने हैं ख़ूब-रू किस की बात माने हैं
मैं तो ख़ूबाँ को जानता ही हूँ पर मुझे ये भी ख़ूब जाने हैं
जा हमें उस गली में गिर रहना ज़ोफ़-ओ-बे-ताक़ती बहाने हैं
अब तो अफ़्सुर्दगी ही है हर-आन वे न हम हैं, न वे ज़माने हैं
क़ैस-ओ-फ़रहाद के वो इश्क़ के शोर अब मिरे अहद में फ़साने हैं
दिल परेशाँ हूँ मैं तो ख़ुश वे लोग इश्क़ में जिनके जी ठिकाने हैं
इश्क़ करते हैं उस परी-रू से
'मीर साहिब' भी क्या दिवाने हैं

733

आप उस जिंस के हैं हम भी ख़रीदारों में पगड़ी जामे बिके जिस के लिए बाज़ारों में
बाग़-ए-फ़िरदौस का है रश्क वो कूचा लेकिन आदमी एक नहीं उसके हवादारों में
एक के भी वो बुरे हाल में आया न कभू लोग अच्छे थे बहुत यार के बीमारों में
कैसी-कैसी है अनासिर में भी सूरत बाज़ी शो'ब्दे लाखों तरह के हैं इन्हीं चारों में
मुशफ़िक़ो हाथ मिरे बाँधो कि अब के हर दम जा उलझते हैं गिरेबान के दो तारों में
इज़्तिराब-ओ-क़लक़-ओ-ज़ोफ़ हैं गर 'मीर' यही
ज़िन्दगी हो चुकी अपनी तो इन आज़ारों में

---

731. पास–लिहाज़, ख़याल। टुक–अगर, ज़रा। ख़्वाब–नींद। अश्क–आँसू।

732. ख़ूब-रू–ख़ूबसूरत, माशूक़। ख़ूबाँ–ख़ूबसूरत लोग। ज़ोफ़–कमज़ोरी। अफ़्सुर्दगी–उदासी, परेशानी। क़ैस–मजनूँ। अहद–समय, दौर। परी-रू–परी जैसे चेहरे वाला, बहुत ख़ूबसूरत।

733. जिंस–वस्तु, चीज़। जामा–लिबास, परिधान। बाग़-ए-फ़िरदौस–जन्नत का बाग़। रश्क–जलन, ईर्ष्या। हवादार–दोस्त, हमदर्द। अनासिर–पंचतत्त्व यानी हवा, पानी, अग्नि, मिट्टी और आकाश, उर्दू शायरी में चार ही अनासिर का ज़िक्र आता है जिनमें 'आकाश' शामिल नहीं है। सूरत बाज़ी–बहरूप। शो'ब्दा–धोका, फ़रेब, जादू। मुशफ़िक़–दोस्त। इज़्तिराब-ओ-क़लक़-ओ-ज़ोफ़–बेचैनी, घबराहट और कमज़ोरी। आज़ार–बीमारी।

734

उमीद-ए-दिल-दही थी जिन से वे आज़ार करते हैं
बहुत परहेज़ कर हम से हमें बीमार करते हैं

कोई हम सा भी अपनी जान का दुश्मन कहीं होगा
भरी मजलिस में बैठे इश्क़ के इक़रार करते हैं

निशाँ दें हैं जहाँ उसका वो हरजाई नहीं मिलता
मुहल्ले के हमें अब लोग यूँही ख़्वार करते हैं

अनोखा तू कि याँ फ़िक्र-ए-इक़ामत तुझको है वर्ना
सब इस दिलकश जगह से रख़्त अपना बार करते हैं

बला आफ़त है कुछ दिल पर कि ऐसा रंग है उनका
किसू बे-महर के तईं 'मीर' शायद प्यार करते हैं

735

करता नहीं क़ुसूर, हमारे हलाक में — या-रब ये आसमान भी मिल जाए ख़ाक में
गर्मी नहीं है हम से वो, ऐ रश्क-ए-आफ़ताब — अब आ गया है फ़र्क़, बहुत उस तपाक में
अब के जुनूँ में फ़ासला शायद न कुछ रहे — दामन के चाक और गिरेबाँ के चाक में

कहिए लताफ़त उस तन-ए-नाज़ुक की 'मीर' क्या
शायद ये लुत्फ़ होगा किसू जान-ए-पाक में

736

सुन शोर कल क़फ़स में दिल दाग़ सब हुआ है — क्या फूल गुल खिले हैं अब के बहार में याँ
हम मर गए वलेकिन सोज़-ए-दरूँ वही है — एक आग लग उठी है कुँज-ए-मज़ार में याँ

हिज्राँ की हर घड़ी है सौ-सौ बरस तअब से
रोज़-ए-शुमार यारो, है किस शुमार में याँ

---

734. उमीद-ए-दिल दही–तसल्ली, दिलासा मिलने की उम्मीद। आज़ार करना–सताना, दुख देना, परेशान करना। मजलिस–महफ़िल। इक़रार–स्वीकृति। हरजाई-आवारागर्द, जिसका कोई ठिकाना न हो। ख़्वार–ज़लील, अपमानित। फ़िक्र-ए-इक़ामत–ठहरने, रहने की फ़िक्र। रख़्त बार करना–सफ़र का सामान बाँधना। बे-महर–बेरहम। तईं–को, से।

735. हलाक–मारना, क़त्ल करना। गर्मी–मेल-मुहब्बत या गर्मजोशी का रिश्ता। रश्क-ए-आफ़ताब–जिससे सूरज को भी ईर्ष्या हो, माशूक़। तपाक–गर्मजोशी। चाक–कुर्ते के गिरेबान और दामन का कटा/खुला हुआ हिस्सा। लताफ़त–ख़ूबी, नर्मी, रौनक़। जान-ए-पाक–पवित्र आत्मा, पवित्र आदमी।

736. क़फ़स–पिंजरा। याँ–यहाँ। वलेकिन–लेकिन। सोज़-ए-दरूँ–अंदरूनी जलन। कुँज-ए-मज़ार–क़ब्र का गोशा, कोना। हिज्राँ–हिज्र, जुदाई। तअब–दुख। रोज़-ए-शुमार–क़यामत का दिन। शुमार–गिनती, हिसाब।

737

आज हमारे घर आया तू क्या है याँ जो निसार करें
इल्ला खींच बग़ल में तुझको देर तलक हम प्यार करें

शेवा अपना बे-परवाई नौमीदी से ठहरा है
कुछ भी वो मग़रूर दबे तो मिन्नत हम सौ-बार करें

738

बेगाना-वज़'अ बरसों इस शहर में रहा हूँ   भागूँ हूँ दूर सबसे मैं किस का आश्ना हूँ
पूछा किए हैं मुझसे गुलबर्ग-ए-लब को तेरे   बुलबुल के हाथ जब मैं गुलज़ार में लगा हूँ
अब कार-ए-शौक़ देखूँ पहुँचे मिरा कहाँ तक   क़ासिद के पीछे मैं भी बे-ताक़त उठ चला हूँ
क्या-क्या किया तअम्मुल, इस फ़िक्र में गया घुल   समझा न आपको मैं, क्या जानिए कि क्या हूँ
होता है गर्म क्या तू ऐ आफ़ताब-ए-ख़ूबी   एक-आध दम में मैं तो शबनम नमत हुआ हूँ
पीरी से झुकते-झुकते पहुँचा हूँ ख़ाक तक मैं   वो सरकशी कहाँ है अब तो बहुत दबा हूँ

मुझको बला है वहशत ऐ 'मीर' दूर उस से
जागह से जब उठा हूँ, आशोब सा उठा हूँ

739

कूचे में तेरे 'मीर' का मुतलक़ असर नहीं   क्या जानिए किधर को गया, कुछ ख़बर नहीं
है आशिक़ी के बीच सितम देखना ही लुत्फ़   मर जाना आँखे मून्द के, ये कुछ हुनर नहीं
कब शब हुई ज़माने में, जो फिर हुआ न रोज़   क्या ऐ शब-ए-फ़िराक़, तुझी को सहर नहीं
हरचंद हमको मस्तों से सोहबत रही है, लेक   दामन हमारा अब्र के मानिन्द तर नहीं
गुलगश्त अपने तौर पे है सो तो ख़ूब याँ   शाइस्ता-ए-परीदन-ए-गुलज़ार पर नहीं
आँखें तमाम ख़ल्क़ की रहती हैं उसकी ओर   मुतलक़ किसू को हाल पे मेरे नज़र नहीं

जाकर शराब-ख़ाने में रहता नहीं तो फिर
ये क्या कि 'मीर' जुम'ए ही की रात घर नहीं

---

737. निसार–न्यौछावर। इल्ला–अलावा, सिवाय इस के। शेवा–चलन। नौमीदी–ना-उम्मीदी, निराशा। मग़रूर–घमंडी।

738. बेगाना-वज़अ–अजनबी की तरह। आश्ना–दोस्त, परिचित। गुलबर्ग-ए-लब–फूल की पंखुड़ी जैसे होंठ। कार-ए-शौक़–इश्क़ का काम। क़ासिद–पैग़ाम ले जाने वाला। तअम्मुल–सोच-विचार। गर्म होना–तपना, ग़ुस्सा होना। आफ़ताब-ए-ख़ूबी–सूरज की ख़ासियत रखने वाला, बहुत गर्म, माशूक़। शबनम नमत–ओस की तरह क्षणिक जो सूरज के गर्म होते ही ख़त्म हो जाती है। पीरी–बुढ़ापा। सरकशी–घमंड। जागह–जगह। आशोब–फ़ित्ना, हंगामा।

739. मुतलक़–बिल्कुल, क़तई, ज़रा भी। शब–रात। रोज़–दिन। शब-ए-फ़िराक़–जुदाई की रात। सहर–सुबह। हरचंद–कितना ही, कैसा ही। लेक–लेकिन। अब्र–बादल। मानिंद–तरह। गुलगश्त–बाग़ की सैर। शाइस्ता-ए-परीदन-ए-गुलज़ार–बाग़ में उड़ने का सलीक़ा रखने वाला। ख़ल्क़–दुनिया, लोग। जुम'ए–जुम्मा, शुक्रवार।

740

गो जान कर तुझे सब, ता'बीर कर रहे हैं हम लोग तेरे ऊपर, सौ जी से मर रहे हैं
खिंचता चला है अब तो, तसदीक़ को तसव्वुर हर लहज़ा उसके जलवे, पेश-ए-नज़र रहे हैं
कल देखते हमारे, बसते थे घर बराबर अब ये कहीं-कहीं जो दीवार-ओ-दर रहे हैं
क्या आज डबडबाई, देखो हो तुम ये आँखें जूँ चश्मा यूँ ही बरसों, हम चश्म तर रहे हैं
नै ग़म है हम को याँ का, नै फ़िक्र कुछ है वाँ का सदक़े जुनूँ के क्या हम बे-दर्द-ए-सर रहे हैं
क्या ये सरा-ए-फ़ानी, है जा-ए-बाश अपनी हम याँ मुसाफ़िराना आकर उतर रहे हैं
इस मयकदे में जिस जा, हुशियार चाहिए थे रहमत है हम को हम भी क्या बेख़बर रहे हैं
चल हम-नशीं बने तो, एक-आध बैत सुनिये
कहते हैं बाद-ए-मुद्दत, 'मीर' अपने घर रहे हैं

741

यूँ क़ैदियों से कब तईं, हम तंग-तर रहें जी चाहता है जा के, किसू ओर मर रहें
ऐ काश हम को सुक्र की हालत रहे मुदाम ता हाल की ख़राबी से हम बे-ख़बर रहें
रहते हैं यूँ हवास परेशाँ कि जूँ कहीं दो तीन आ के लौटे मुसाफ़िर उतर रहें
वादा तो तब हो सुब्ह का जब हम भी जाँ-बलब जैसे चराग़-ए-आख़िर-ए-शब, ता सहर रहें
आवारगी की सब हैं ये ख़ाना-ख़राबियाँ लोग आवें देखने को बहुत, हम जो घर रहें
हमने भी नज़्र की है कि फिरिए चमन के गिर्द या-रब, क़फ़स के छूटने तक बाल-ओ-पर रहें
इन दिलबरों की आँख नहीं जा-ए-ऐतमाद जब तक रहें ये चाहिए, पेश-ए-नज़र रहें
फ़र्दा की फ़िक्र आज नहीं मुक़्तज़ाए अक़्ल कल की भी देख लेवेंगे, कल हम अगर रहें
तेग़-ओ-तबर रखा न करो, पास 'मीर' के
ऐसा न हो कि आप को ज़ाए वे कर रहें

---

740. गो–हालाँकि। ता'बीर करना–बयान करना, व्याख्या करना। तसदीक़–सत्यापन। तसव्वुर-ख़याल। लहज़ा–पल, क्षण। पेश-ए-नज़र–आँखों के सामने। चश्मा–झरना। सरा-ए-फ़ानी–नश्वर संसार। जा-ए-बाश–रहने की जगह। मयकदा–शराब ख़ाना, यहाँ दुनिया की तरफ़ इशारा है। हम-नशीं–साथी, दोस्त। बैत–शे'र।

741. तंग-तर–बहुत परेशान। सुक्र–नशा, ख़ुमार, बेहोशी। मुदाम–लगातार, हमेशा। ता–ताकि। जाँ बलब–मरने के क़रीब। चराग़-ए-आख़िर-ए-शब–रात गुज़रने के क़रीब होने के समय का दिया/ चराग़ जो बुझा-बुझा सा दिखाई देता है। ता सहर–सुबह तक। ख़ाना-ख़राबी–बर्बादी, तबाही। नज़्र करना–मन्नत करना, मनौती माँगना। क़फ़स–पिंजरा। जा-ए-ऐतमाद–भरोसे के लायक़। फ़र्दा–आने वाला दिन, कल। मुक़्तज़ाए अक़्ल–अक़्ल का तक़ाज़ा। तेग़–तलवार। तबर–कुल्हाड़ी। ज़ाए करना–बर्बाद करना, ख़त्म कर देना।

742

दिल को लिखूँ हूँ आह वो क्या मुद्दआ लिखूँ — दीवाने को जो ख़त लिखूँ, बतलाओ क्या लिखूँ
क्या-क्या लक़ब हैं शौक़ के आलम में यार के — का'बा लिखूँ कि क़िब्ला उसे या ख़ुदा लिखूँ
हैराँ हो मेरे हाल में कहने लगा तबीब — इस दर्द-मंद-ए-इश्क़ की मैं क्या दवा लिखूँ
वहशत ज़दों को नामा लिखूँ हूँ न किस तरह — मजनूँ को उस के हाशिये पर मैं दुआ लिखूँ
कुछ रूबरू हुए पे जो सुलझे तो सुलझे 'मीर'
जी के उलझने का उसे क्या माजरा लिखूँ

743

क्या कहिए, आह जी को क़यामत है इंतिज़ार — आता न काश वादा-ए-दीदार दरमियाँ
रख दी है कितने रोज़ों से तलवार यार ने — कोई नहीं है ख़ूँ का सज़ावार दरमियाँ
खिंचने न पाई उसकी तो तलवार भीड़ में — मारा गया अबस ये गुनहगार दरमियाँ
अब के जुनूँ के बीच गिरेबाँ का ज़िक्र क्या — कहिए भी जो रहा हो कोई तार दरमियाँ
कितने दिनों से 'मीर' का नाला नहीं सुना
शायद नहीं है अब वो गिरफ़्तार दरमियाँ

744

इत्तिफ़ाक़ ऐसा है कुढ़ते ही सदा रहते हैं — एक आलम में हैं हम वे, प: जुदा रहते हैं
बरसे तलवार कि हाइल हो कोई सैल-ए-बला — पेश कुछ आओ हम उस कूचे में जा रहते हैं
दश्त में गर्द-ए-रह उसकी उठे है जीधर से — वहश-ओ-तैर आँखें उधर ही को लगा रहते हैं
क्यों उड़ाते हो बुलाया हमें कब-कब हम आप — जैसे गर्दान कबूतर यहीं आ रहते हैं
याद में उस के क़द-ओ-क़ामत-ए-दिलकश की 'मीर'
अपने सर एक क़यामत नई ला रहते हैं

---

742. लक़ब–पत्र के शुरू में सम्बोधन के शब्द। शौक़–मुहब्बत, अभिलाषा। आलम–लुत्फ़, सूरत, हाल, हुस्न। क़िब्ला–का'बा, इज़्ज़त के तौर पर भी सम्बोधन के रूप में प्रयोग किया जाता है। तबीब–हकीम, वैद्य। नामा–ख़त। हाशिया–किनारा।

743. दरमियाँ–दरमियान, बीच में। ख़ूँ–ख़ून, क़त्ल। सज़ावार–लायक़। अबस–बे-फ़ायदा, निरर्थक। नाला–रोने की आवाज़।

744. आलम–दुनिया। प:–लेकिन। हाइल–बीच में होना, रुकावट। सैल-ए-बला–मुसीबत का सैलाब। दश्त–जंगल। वहश-ओ-तैर–जानवर और परिंदे। गर्दान कबूतर–वो कबूतर जो अपने मालिक का घर पहचानते हैं और उसके अलावा कहीं नहीं उतरते हैं, हिले हुए कबूतर, सधा हुआ कबूतर। क़द-ओ-क़ामत-ए-दिलकश–अच्छी क़द काठी।

745

बाग़ गो सब्ज़ हुआ, अब सर-ए-गुलज़ार कहाँ   दिल कहाँ, वक़्त कहाँ, उम्र कहाँ, यार कहाँ
दम-ज़दन मस्लहत-ए-वक़्त नहीं ऐ हमदम   जी में क्या-क्या है मिरे पर लब-ए-इज़हार कहाँ
डूबा लोहू में पड़ा था हमगी पैकर-ए-'मीर'
ये न जाना कि लगी ज़ुल्म की तलवार कहाँ

746

ऐ मुझ से तुझ को सौ मिले, तुझ सा न पाया एक मैं
सौ-सौ कहीं तूने मुझे, मुँह पर न लाया एक मैं

आलम की मैंने सैर की, मुझको जो ख़ुश आया सो तू
सबसे रहा महज़ूज़ तू, तुझको न भाया एक मैं

था सबको दावा इश्क़ का लेकिन न ठहरा कोई भी
दानिस्ता अपनी जान से दिल को उठाया एक मैं

हैं तालिब-ए-सूरत सभी, मुझ पर सितम क्यूँ इस क़दर
क्या मुजरिम-ए-इश्क़-ए-बुताँ याँ हूँ ख़ुदाया एक मैं

बिजली से यूँ चमके बहुत पर बात कहते हो चुके
जूँ अब्र सारी ख़ल्क़ पर हूँ अब तो छाया एक मैं

जिन-जिन ने देखा था उसे, बे-ख़ुद हुआ, चेता भी फिर
पर 'मीर' जीते-जी ब-ख़ुद, हरगिज़ न आया एक मैं

747

अगरचे अब के हम ऐ अब्र ख़ुश्क-मिज़्गाँ हैं   प: जोश दिल में कभू आ गया तो तूफ़ाँ हैं
सनम परस्ती में ऐ राहिबाँ, न की तक़सीर   तुम अहल-ए-सौमिआ से पूछो, वे मुसलमाँ हैं

---

745. गो–यद्यपि, हालाँकि। सब्ज़–हरा-भरा। सर-ए-गुलज़ार–गुलज़ार में, बाग़ में। दम-ज़दन–दम मारना, बात करना, साँस लेना। मस्लहत-ए-वक़्त–वक़्त का तक़ाज़ा। हमदम–दोस्त। लब-ए-इज़हार–इज़हार करने की ताक़त, बोलने की ताक़त। हमगी–तमाम, सारा का सारा। पैकर-ए-'मीर'–'मीर' का बदन।

746. आलम–दुनिया। ख़ुश आना–अच्छा लगना, पसंद आना। महज़ूज़–प्रसन्न, ख़ुश। दानिस्ता–जान बूझकर। तालिब-ए-सूरत–सूरत देखने के इच्छुक। मुजरिम-ए-इश्क़-ए-बुताँ–माशूक़ों से इश्क़ करने का दोषी। जूँ अब्र–बादल की तरह। ख़ल्क़–दुनिया। बे-ख़ुद–बेसुध। ब-ख़ुद–बहाल, होश में।

747. अगरचे–यद्यपि, हालाँकि। अब्र–बादल। मिज़्गाँ ख़ुश्क होना–पलकें सूखी होना, आँखों में आँसू न होना। सनम परस्ती–मूर्ती पूजा। राहिबाँ–राहिब का बहुवचन या'नी धर्म गुरु। तक़सीर–क़ुसूर, ग़लती। सौमिआ–इबादत ख़ाना, पूजा करने की जगह। अहल-ए-सौमिआ–मज़हबी लोग।

करें उन्हों पे भला किस तरह नज़र गुस्ताख़ बुतान-ए-शहर हमारे तो दीन-ओ-ईमाँ हैं
चमन में जाके भरो तुम गुलों से जैब-ओ-कनार हम अपने दिल ही के टुकड़ों से गुल-ब-दामाँ हैं
रहे हैं देख जो तस्वीर से तिरे मुँह को हमारी आँख से ज़ाहिर है ये कि हैराँ हैं
रहा है कौन सा पर्दा तिरे सितम का शोख़ कि ज़ख़्म-ए-सीना हमारे सभी नुमायाँ हैं
शबीह-शक्ल सा है हाल, ज़ब्त-ए-इश्क़ के बीच कि रंग रूप है सब कुछ, वलेक बेजाँ हैं
बने तो इज़्ज़त-ए-उश्शाक़ में न कर तक़सीर कि ऐसे लोग प्यारे अज़ीज़ मेहमाँ हैं
जो अब्र दश्त में बरसे तो हम उड़ावें ख़ाक
वो 'मीर' आब है हम याँ के मीर-सामाँ हैं

748

जौर क्या-क्या, जफ़ाएँ क्या-क्या हैं आशिक़ी में बलाएँ क्या-क्या हैं
ख़ूब-रू ही फ़क़त नहीं वो शोख़ हुस्न क्या-क्या, अदाएँ क्या-क्या हैं
फ़िक्र-ए-तामीर-ए-दिल किसू को नहीं ऐसी वैसी बिनाएँ क्या-क्या हैं
गह नसीम-ए-सबा है, गाह समूम इस चमन में, हवाएँ क्या-क्या हैं
शोर है तर्क-ए-शैख़ का लेकिन चुपके चुपके दुआएँ क्या-क्या है
मंज़र-ए-दीदा, क़स्र-ए-दिल ऐ 'मीर'
शहर-ए-तन में भी, जाएँ क्या-क्या है

749

फ़िराक़ आँख लगने की जा ही नहीं पलक से पलक आश्ना ही नहीं
गिला इश्क़ का बद्व-ए-ख़ल्क़त से है ग़म-ए-दिल को कुछ इन्तिहा ही नहीं
मुहब्बत जहाँ की तहाँ हो चुकी कुछ इस रोग की भी दवा ही नहीं
वो क्या कुछ नहीं हुस्न के शहर में नहीं है तो रस्म-ए-वफ़ा ही नहीं

गुस्ताख़ नज़र करना–बेअदबी से देखना, गुस्से से देखना। बुतान-ए-शहर–शहर की मूर्तियाँ या'नी ख़ूबसूरत माशूक़। दीन-ओ-ईमाँ–धर्म-ईमान। जैब-ओ-कनार–गिरेबान और दामन। गुल-ब-दामाँ–फूलों से भरा दामन। हैराँ–हैरान। नुमायाँ–ज़ाहिर, स्पष्ट। शबीह-शक्ल–तस्वीर की सी शक्ल-सूरत। वलेक–लेकिन, किन्तु। बेजाँ–बे-जान, अशक्त। इज़्ज़त-ए-उश्शाक़–आशिक़ों की इज़्ज़त। तक़सीर–ग़लती। अज़ीज़–प्रिय, प्यारे। अब्र–बादल। दश्त–जंगल। आब–पानी। मीर-सामाँ–ख़ानसामाँ, अमीरों या बादशाहों के खानों को इंतज़ाम करने वाला।

748. जौर–ज़ुल्म, सितम। जफ़ा–ज़ुल्म, ज़्यादती। ख़ूब-रू–सुन्दर मुखड़े वाला। फ़क़त–सिर्फ़, केवल। शोख़–चंचल, माशूक़। फ़िक्र-ए-तामीर-ए-दिल–दिल रूपी इमारत बनाने की चिंता। बिना–नीव, बुनियाद। गह–कभी। नसीम-ए-सबा–सुहानी हवा, ठंडी हवा। गाह–कभी। समूम–लू, गर्म हवा। चमन–बाग़, दुनिया। तर्क-ए-शैख़–क़ाज़ी/मुल्ला का त्याग। मंज़र-ए-दीदा–आँखों से दिखाई देने वाला। क़स्र-ए-दिल–दिल रूपी महल। जाएँ–जगहें।

749. फ़िराक़–विरह, जुदाई। जा–जगह। आश्ना–परिचित। बद्व-ए-ख़ल्क़त–दुनिया की पैदाइश का दिन। रस्म-ए-वफ़ा–वफ़ादारी का दस्तूर।

चमन महव उस रू-ए-ख़ुश का है सब   गुल-ए-तर की अब वो हवा ही नहीं
नहीं दैर अगर 'मीर' का'बा तो है
हमारे कोई क्या, ख़ुदा ही नहीं

750

मैं जी सम्भालता हूँ, वो हँस के टालता है   याँ मुश्किलें हैं ऐसी, वाँ ये मसाहिले हैं
अंदेशा ज़ाद-ए-रह का रखिए तो है मुनासिब   चलने को याँ से अक्सर तय्यार क़ाफ़िले हैं
पाँचों हवास गुम हैं हर इक के इस समैं में
क्या 'मीर जी' ही तन्हा इन रोज़ों दह-दिले हैं

751

मुहब्बत ने खोया खपाया हमें   बहुत उन ने ढूँडा न पाया हमें
फिरा करते हैं धूप में जलते हम   हुआ है कहे तू कि साया हमें
गहे तर रहीं, गाह ख़ूँ-बस्ता थीं   इन आँखों ने क्या-क्या दिखाया हमें
बिठा उसकी ख़ातिर में नक़्श-ए-वफ़ा   नहीं तो उठा ले ख़ुदाया हमें
मले डाले है दिल कोई इश्क़ में   ये क्या रोग या-रब लगाया हमें
जवानी दिवानी सुना क्या नहीं   हसीनों का मिलना ही भाया हमें
न समझी गई दुश्मनी इश्क़ की   बहुत दोस्तों ने जताया हमें
कोई दम कल आए थे मजलिस में 'मीर'
बहुत इस ग़ज़ल पर रुलाया हमें

752

जुनूँ ने तमाशा बनाया हमें   रहा देख अपना पराया हमें
सदा हम तो खोए गए से रहे   कभू आप में तुमने पाया हमें
यही ता-दम-ए-मर्ग बेताब थे   न उस बिन तनिक सब्र आया हमें
शब आँखों से दरिया सा बहता रहा   इन्हीं ने किनारे लगाया हमें
हमारा नहीं तुमको कुछ पास-ए-रंज   ये क्या तुमने समझा है आया हमें

चमन–बाग़। महव–तल्लीन, आशिक़। रू-ए-ख़ुश–सुन्दर मुखड़ा, माशूक़। गुल-ए-तर–ताज़ा खिला फूल। दैर–मन्दिर।

750. मसाहिले–सुस्ती, ग़फ़लत। ज़ाद-ए-रह–रास्ते का ख़र्च। पाँचों हवास गुम होना–देखने, सुनने, महसूस करने आदि की शक्ति जाती रहना। समैं–समय, वक़्त। दह-दिल–दस दिल, अनिश्चित और परेशान।

751. गहे–कभी। गाह–कभी। ख़ूँ-बस्ता–ख़ून से भरी। ख़ातिर में–दिल में, स्वभाव में। नक़्श-ए-वफ़ा–वफ़ा के निशान, प्यार-मुहब्बत। मजलिस–महफ़िल।

752. जुनूँ–जुनून, दीवानगी, पागलपन। ता-दम-ए-मर्ग–मौत के वक़्त तक, आख़िरी साँस तक। पास-ए-रंज–दुखों का लिहाज़। आया–संशय का शब्द, क्या, क्यों, अफ़सोस।

लगी सर से जूँ शम्अ पा तक गई सब उस दाग़ ने आह खाया हमें
जलें पेश-ओ-पस जैसे शम्अ-ओ-पतंग जला वो भी जिन ने जलाया हमें
रहा तू तो अक्सर अलम-नाक 'मीर'
तिरा तौर कुछ ख़ुश न आया हमें

753

हम ने ये माना कि वाइज़ है मलक आदमी होना बहुत मुश्किल है मियाँ
चाहिए पेश अज़ नमाज़ आँखें खुलीं हैफ़ उस का वक़्त जो ग़ाफ़िल है मियाँ
दिल लगी इतनी जहाँ में किस लिये रहगुज़र है ये तो क्या मंज़िल है मियाँ
बरसों हम रोते फिरे हैं अब्र से
ज़ानू-ज़ानू इस गली में गिल है मियाँ

754

लज़्ज़त से दर्द की जो कोई आश्ना नहीं सौ लुत्फ़ क्यूँ न जम्अ हों उस में मज़ा नहीं
हर-आन क्या इवज़ है दुआ का बदी वले तुम क्या करो भले का ज़माना रहा नहीं
आईने पर से टुक नहीं उठती तिरी नज़र इस शौक़-कश के मुँह से तुझे कुछ हया नहीं
रंग और बू तो दिलकश-ओ-दिलचस्प हैं कमाल लेकिन हज़ार हैफ़ कि गुल में वफ़ा नहीं
तीर-ए-सितम का तेरे हदफ़ कब तलक रहूँ आख़िर जिगर है, लोहे का कोई तवा नहीं
उठते हो 'मीर' दैर से तो का'बे चल रहो
मग़्मूम काहे को हो, तुम्हारे ख़ुदा नहीं

755

क्या कहें आतिश-ए-हिज्राँ से गले जाते हैं
छातियाँ सुलगे हैं ऐसी कि जले जाते हैं
गौहर-ए-गोश किसू का नहीं जी से जाता
आँसू मोती से मिरे मुँह पे ढले जाते हैं

जूँ–जैसे। पा–पैर, पाँव। पेश-ओ-पस–आगे-पीछे। शम्अ-ओ-पतंग–शम्अ और परवाना। अलम-नाक–दुखों में फँसा, ग़मगीन। तौर–तरीक़ा, ढंग, चलन। ख़ुश आना–पसंद आना।

753. वाइज़–उपदेशक। मलक–फ़रिश्ता। पेश अज़ नमाज़–नमाज़ से पहले। हैफ़–अफ़सोस। ग़ाफ़िल–अनजान, ग़फ़लत में। अब्र–बादल। ज़ानू-ज़ानू–घुटने-घुटने। गिल–कीचड़।

754. लज़्ज़त–ज़ायक़ा, लुत्फ़। आश्ना–परिचित, वाक़िफ़। इवज़–बदला। टुक–ज़रा। शौक़-कश–आरज़ू रखने वाला, तमन्ना करने वाला, आशिक़। हज़ार हैफ़–बहुत अफ़सोस। हदफ़–निशाना। दैर–मंदिर। मग़्मूम–दुखी।

755. आतिश-ए-हिज्राँ–विरह की आग। गौहर-ए-गोश–कान का मोती।

यही मसदूद है कुछ राह-ए-वफ़ा वर्ना बहम
सब कहीं नामा-ओ-पैग़ाम चले जाते हैं

बार-ए-हिरमान-ओ-गुल-ए-दाग़ नहीं अपने साथ
शजर-ए-बाग़-ए-वफ़ा फूले फले जाते हैं

हैरत-ए-इश्क़ में तस्वीर से रफ़्ता ही रहे
ऐसे जाते हैं जो हम भी तो भले जाते हैं

पुर-ग़ुबारी-ए-जहाँ से नहीं सुध 'मीर' हमें
गर्द इतनी है कि मिट्टी में रले जाते हैं

756

मत हिनाई पाँव से चल कर कहीं जाया करो
दिल्ली है आख़िर न हंगामा कहीं बरपा हो मियाँ

757

मालूम नहीं क्या है लब-ए-सुर्ख़-ए-बुताँ में — इस आतिश-ए-ख़ामोश का है शोर जहाँ में
यक पर्चा-ए-अशआर से मुँह बांधे सभों के — जादू था मिरे ख़ामे की गोया कि ज़बाँ में
ये दिल जो शिकस्ता है सो बे-लुत्फ़ नहीं है — ठहरो कोई दम आन के इस टूटे मकाँ में
क्या क़हर हुआ दिल जो दिया लड़कों को मैंने — चर्चा है यही शहर के अब पीर-ओ-जवाँ में

वे यासमन-ए-ताज़ा-शगुफ़्ता में कहाँ 'मीर'
पाए गए लुत्फ़ उसके जो पाँव के निशाँ में

758

इतना कहा न हम से तुम ने कभू कि आओ — काहे को यूँ खड़े हो वहशी से, बैठ जाओ
ये चाँद के से टुकड़े छुपते नहीं छुपाए — हरचंद अपने मुँह को बुर्क़े में तुम छुपाओ
हो शर्म आँख में तो भारी जहाज़ से है — मत करके शोख़-चश्मी, आशोब सा उठाओ

मसदूद–बंद, रोका हुआ। बहम–साथ-साथ, आपस में। नामा-ओ-पैग़ाम–चिट्ठी-पत्री। बार-ए-हिरमान–मायूसी का बोझ। गुल-ए-दाग़–ज़ख़्म रूपी फूल। शजर-ए-बाग़-ए-वफ़ा–वफ़ा रूपी बाग़ के पेड़। रफ़्ता–बेहोश, बेसुध। पुर-ग़ुबारी-ए-जहाँ–धूल में अटा हुआ संसार, दुखों से भरी दुनिया। रलना–मिल जाना।

756. हिनाई पाँव–मेहंदी लगे पैर।

757. लब-ए-सुर्ख़-ए-बुताँ–माशूक़ों के सुर्ख़ होंठ। आतिश-ए-ख़ामोश–वो आग जिसमें लपट न हो। यक–एक। पर्चा-ए-अशआर–वो काग़ज़ जिस पर शे'र लिखे हों। ख़ामा–क़लम। गोया–जैसे। शिकस्ता–टूटा हुआ। पीर-ओ-जवाँ–बूढ़े और जवान। यासमन-ए-ताज़ा-शगुफ़्ता–ताज़ा खिला चंबेली का फूल।

758. हरचंद–कितना भी। शोख़-चश्मी करना–बेशर्मी करना, ढीठ बने रहना। आशोब–फ़साद, हलचल।

अब आते हो तो आओ, हर लहज़ा जी घटे है | फिर लुत्फ़ क्या जो आकर आधा भी तुम न पाओ
थी सिहर या निगह थी, हम आपको थे भूले | उस जादूगर को यारो फिर भी तनिक दिखाओ
बारे गए सो गुज़रे जी भर-भर आते हैं क्या
आइन्दा 'मीर साहिब' दिल मत कहीं लगाओ

759

न माइल आरसी का रह, सरापा दर्द होगा तू
न हो गुल-चीन-ए-बाग़-ए-हुस्न ज़ालिम ज़र्द होगा तू

ये पेशा इश्क़ का है, ख़ाक छनवाएगा सहरा की
हज़ार ऐ बे-वफ़ा जूँ गुल चमन-परवर्द होगा तू

ग़ुबार उठने लगेगा तेरी इस नाज़ुक तबीअ'त से
बसान-ए-गर्दबाद आख़िर बियाबाँ-गर्द होगा तू

इलाक़ा दिल का लिखवाएगा दफ़्तर हाथ से तेरे
तजर्रुद के जरीदों में क़लम सा फ़र्द होगा तू

न यक-दम सुब्ह तक भी आँख लगने देगा दिल जलना
यही फिर 'मीर' सा सरगर्म-ए-आह-ए-सर्द होगा तू

760

सब हाल से बे-ख़बर हैं याँ तो | बरहम-ज़दा शहर है जहाँ तो
उस तन पे निसार करते लेकिन | अपनी भी नज़र में ठहरे जाँ तो
क्या उसके गए है ज़िक्र दिल का | वीरान पड़ा है ये मकाँ तो
क्या उससे रखें उमीद-ए-बहबूद | फिरता है ख़राब आसमाँ तो
मत तुर्बत-ए-'मीर' को मिटाओ
रहने दो ग़रीब का निशाँ तो

लहज़ा–पल, लम्हा, वक़्त। सिहर–जादू। बारे–लेकिन, आख़िरकार।

759. माइल होना–झुका होना, आकर्षित होना। आरसी–आईना, शीशा। सरापा–सर से पाँव तक, तमाम। गुल-चीन-ए-बाग़-ए-हुस्न–हुस्न रूपी बाग़ के फूल तोड़ने वाला। ज़र्द होना–पीला पड़ना, शर्मिंदा होना। ख़ाक छानना–आवारा फिरना, बहुत तलाश करना। सहरा–जंगल, रेगिस्तान। जूँ गुल–फूल की तरह। चमन-परवर्द–बाग़ में पला हुआ यानी नाज़ का पला हुआ। बसान-ए-गर्दबाद–धूल भरी आंधी की तरह। बियाबाँ-गर्द–जंगलों में फिरने वाला। दफ़्तर–लम्बा पत्र, पोथी। तजर्रुद–अकेलापन, तन्हाई। जरीदा–अख़बार, पत्रिका। फ़र्द–अकेला, बेमिसाल। यक-दम–एक पल। आँख लगना–नींद आना, सोना। सरगर्म-ए-आह-ए-सर्द–ठंडी आह/आहें भरने में लीन।

760. बरहम-ज़दा–बिखरा हुआ, तबाह। निसार–न्योछावर। उमीद-ए-बहबूद–भलाई की उम्मीद। तुर्बत-ए-'मीर'–'मीर' की क़ब्र।

761

मुल्तफ़ित होता नहीं है गाह तू   किस क़दर मग़रूर है अल्लाह तू
मुझ से कितने जान से जाते रहे   किसकी मय्यत के गया हमराह तू
बेख़ुदी रहती है अब अक्सर मुझे   हाल से मेरे नहीं आगाह तू
जी तलक तो मुँह न मोड़ें तुझ से हम   कर जफ़ा-ओ-जौर ख़ातिर-ख़्वाह तू
'मीर' तू तो आशिक़ी में खप गया
मत किसी को चन्द रोज़ अब चाह तू

762

अब असीरी से बचें तो देखेंगे गुलशन कभू
था हमारा भी चमन में ऐ सबा मस्कन कभू

हम भी एक उम्मीद पर इस सैद-गह में हैं पड़े
कहते हैं आता है ईधर वो शिकार-अफ़्गान कभू

बंद पाया जैब में या सर से मारा तंग हो
दस्त-ए-कोतह में न आया अपने वो दामन कभू

यार की बरगश्ता मिज़्गाँ से न दिल को जम्अ रख
बद बला है फिर खड़ी होवे जो ये पलटन कभू

जान कोई क्यूँ न दो उस बे-मुरव्वत के लिए
आश्ना होता नहीं वो दोस्ती दुश्मन कभू

दिल मगर इन जामा-ज़ेबों को दिया है 'मीर' ने
इस तरह फिरते न थे वे चाक पैराहन कभू

763

गुलबर्ग से हैं नाज़ुक, ख़ूबी-ए-पा तो देखो   क्या है झमक कफ़क की, रंग-ए-हिना तो देखो
हर बात पर ख़ुशूनत, तर्ज़-ए-जफ़ा तो देखो   हर लम्हा बे-अदाई, उसकी अदा तो देखो

---

761. मुल्तफ़ित–मोहब्बत करने वाला। गाह–कभी। मग़रूर–घमंडी। बेख़ुदी–बेसुध होने की हालत। आगाह–ख़बरदार, वाक़िफ़। जफ़ा-ओ-जौर–अत्याचार। ख़ातिर-ख़्वाह–जितना दिल चाहे।

762. असीरी–क़ैद। सबा–हवा। मस्कन–घर। सैद-गह–शिकार करने की जगह। शिकार अफ़्गान–शिकारी, माशूक़। जैब–गरेबान। दस्त-ए-कोतह–पहुँच न रखने वाला हाथ, रुका हुआ हाथ। बरगश्ता मिज़्गाँ–फिरी हुई पलकें। बे-मुरव्वत–लिहाज़ न करने वाला। आश्ना–दोस्त। दोस्ती–मेरा दोस्त (फ़ारसी व्याकरण के अनुसार)। जामा-ज़ेब–ख़ूबसूरत, वो मर्द या औरत जिनके बदन पर हर तरह का लिबास अच्छा लगे। चाक पैराहन–तार-तार लिबास, फटे हुए कपड़े।

763. गुलबर्ग–फूल की पत्ती। कफ़क–हथेली, यहाँ पैर का तलवा। ख़ुशूनत–ग़ुस्सा, सख़्ती।

तन्ज़ें अबस करो हो, ग़श रहने पर हमारे दो-चार दिन किसू से, दिल को लगा तो देखो
होना पड़े है दुश्मन, हर गाम अपनी जाँ का कूचे में दोस्ती के, हर कोई आ तो देखो
पीरी में मोल ले है, मुनइम हवेलियों को ढहता फिरे है आप्ही, इस पर बिना तो देखो
है इस चमन में वो गुल, सद रंग मह्व-ए-जल्वा देखो जहाँ वही है, कुछ उस सिवा तो देखो
अशआर-ए-'मीर' पर है, अब हाए-वाए हर सू
कुछ सिह्र तो नहीं है, लेकिन हवा तो देखो

764

बद-ज़बाँ हो जैसे ख़ुश-असलूब हो क्या कहें जो कुछ कि हो तुम ख़ूब हो
बे-नक़ाबी उसकी है हम पर सितम लाइए मुँह पर तो वो महजूब हो
चाहिए है और कुछ आशिक़ को क्या जान का ख़्वाहाँ अगर महबूब हो
लोहू पीना जान खाना देखिए क्या मिज़ाज-ए-इश्क़ में मरग़ूब हो
जो कहो हो सो मुख़ालिफ़ अक़्ल के
'मीर साहिब' तुम मगर मजज़ूब हो

765

मुनअक़िद काश मजलिस-ए-मुल हो दरमियाँ तू हो, सामने गुल हो
गर्मियाँ मुत्तसिल रहें बाहम नै तसाहुल हो, नै तग़ाफ़ुल हो
अब धुआँ यूँ जिगर से उठता है जैसे पुर-पेच कोई काकुल हो
लग न चल ऐ नसीम-ए-बाग़ कि मैं रह गया हूँ चराग़ सा गुल हो
अध-जला लाला-साँ रहा तो क्या दाग़ भी हो तो कोई बिल्कुल हो
तूल रखता है दर्द-ए-दिल मेरा लिखने बैठूँ तो ख़त तरस्सुल हो
देर रहने की जा नहीं ये चमन बू-ए-गुल हो, सफ़ीर-ए-बुलबुल हो
मुझ दिवाने की मत हिला ज़ंजीर कहीं ऐसा न हो कि फिर ग़ुल हो
मुन्कशिफ़ हो रहा है हाल-ए-'मीर'
काश टुक यार को तअम्मुल हो

तंज़ करना–फ़ब्ती कसना, कटाक्ष करना। अबस–व्यर्थ में। ग़श–बेहोशी। गाम–क़दम। पीरी–बुढ़ापा। मुनइम–धनवान, मालदार। बिना–नीव, वजह। सद रंग महव-ए-जल्वा–सैकड़ों तरह से अपना जल्वा दिखाने में खोया हुआ। अशआर–शे'र का बहुवचन, शायरी। हाए-वाए–शोर-शराबा। हर सू–हर तरफ़। सिह्र–जादू।

764. ख़ुश-असलूब–अच्छे तौर तरीक़े वाला। महजूब–जो पर्दे में हो, छुपा हुआ, शर्मिन्दा। ख़्वाहाँ–चाहने वाला। मरग़ूब–पसंदीदा। मुख़ालिफ़–दुश्मन, विरोधी। मजज़ूब–मस्त, बेख़ुद।

765. मुनअक़िद–आयोजित। मजलिस-ए-मुल–शराब की महफ़िल। गर्मियाँ–गर्मजोशी, गर्मजोशियाँ। मुत्तसिल–लगातार। बाहम–आपस में। नै–न। तसाहुल–सुस्ती, लापरवाई। तग़ाफ़ुल–उपेक्षा, बेख़बरी। पुर-पेच काकुल–घुंगराले बाल। नसीम-ए-बाग़–बाग़ की हवा। गुल होना–बुझना। लाला-साँ–फूल की तरह। दाग़ होना–जलना। तूल रखना–लम्बाई रखना, लम्बा खिंचना। तरस्सुल–पत्रिका, मैगज़ीन। चमन–बाग़, दुनिया। बू-ए-गुल–फूल की ख़ुशबू। सफ़ीर-ए-बुलबुल–बुलबुल की आवाज़। ग़ुल–शोर। मुन्कशिफ़ होना–खुलना, ज़ाहिर होना। तअम्मुल–फ़िक्र।

766

न मेरे बाइस-ए-शोर-ओ-फ़ुग़ाँ हो अभी क्या जानिए याँ क्या समाँ हो
यही मशहूर-ए-आलम हैं, दो-आलम ख़ुदा जाने मिलाप उस से कहाँ हो
जहाँ सज्दे में हमने ग़श किया था वहीं शायद कि उसका आस्ताँ हो
न दिल से जा ख़ुदा की तुझ को सौगन्द ख़ुदाई में अगर ऐसा मकाँ हो
तुम ऐ नाज़ुक तनाँ हो वो कि सब के तमन्ना-ए-दिल-ओ-आराम-ए-जाँ हो
सुना है चाह का दावा तुम्हारा कहो जो कुछ कि चाहो मेहरबाँ हो
किनारा यूँ किया जाता नहीं फिर अगर पा-ए-मुहब्बत दरमियाँ हो
हुए हम पीर सो साकित हैं अब 'मीर'
तुम्हारी बात क्या है तुम जवाँ हो

767

बरसों में कभू ईधर तुम नाज़ से आते हो फिर बरसों तईं प्यारे जी से नहीं जाते हो
आते हो कभू याँ तो हम लुत्फ़ नहीं पाते सौ आफ़तें लाते हो, सौ फ़ित्ने उठाते हो
रहते हो तुम आँखों में फिरते हो तुम्हीं दिल में मुद्दत से अगरचे याँ आते हो न जाते हो
कुछ इज़्ज़त-ए-कुफ्र आख़िर ऐ दैर के बाशिंदो मुझ सहल से को क्यूँ तुम ज़ुन्नार बंधाते हो
आवारा उसे फिरते फिर बरसों गुज़रते हैं तुम जिस किसू को अपने टुक पास बिठाते हो
दिल खोल के मिल चलिए जो 'मीर' से मिलना है
आँखें भी दिखाते हो फिर मुँह भी छुपाते हो

768

हो कोई बादशाह कोई याँ वज़ीर हो अपनी बला से बैठ रहे जब फ़क़ीर हो
उसके ख़याल-ए-ख़त में किसे याँ दिमाग़-ए-हर्फ़ करती है बे-मज़ा जो क़लम की सरीर हो
यक वक़्त-ए-ख़ास हक़ में मिरे कुछ दुआ करो
तुम भी तो 'मीर साहिब-ओ-क़िब्ला' फ़क़ीर हो

---

766. बाइस-ए-शोर-ओ-फ़ुग़ाँ–रोने-धोने की वजह। समाँ–हाल। मशहूर-ए-आलम–दुनिया में प्रसिद्ध। दो-आलम–दो दुनिया, दो जहान। ग़श–बेहोशी, मूर्छा। आस्ताँ–चौखट। ख़ुदाई–दुनिया। तनाँ–तन का बहुवचन। किनारा करना–अलग हो जाना, बचना। पा-ए-मुहब्बत दरमियान होना–मुहब्बत का मामला होना। पीर–बूढ़ा। साकित–ख़ामोश, बेहरकत।

767. अगरचे–यद्यपि, हालाँकि। कुफ्र–इस्लाम को न मानना। दैर–मंदिर। सहल–सीधा। ज़ुन्नार–जनेऊ।

768. ख़याल-ए-ख़त–चेहरे पर पड़ने वाली लकीरों का ख़याल। दिमाग़-ए-हर्फ़–लिखने की इच्छा। क़लम की सरीर–लिखते वक़्त क़लम से निकलने वाली आवाज़। साहिब-ओ-क़िब्ला–सम्मान-सूचक शब्द।

769

टुक लुत्फ़ से मिला कर, गो फिर कभू-कभू हो
सो तब तलक कि मुझको हिज्राँ से तेरे ख़ू हो

क्या-क्या जवान हमने दुनिया से जाते देखे
ऐ इश्क़-ए-बे-मुहाबा दुनिया हो और तू हो

ऐसे कहोगे कुछ तो हम चुपके हो रहेंगे
हर बात पर कहाँ तक आपस में गुफ़्तगू हो

क्या है जवाब ज़ालिम, पुरसिश के रोज़ कहियो
जो रू-सियाह ये भी, वाँ आ के रूबरू हो

खोले थे बाल किन ने हंगाम-ए-सुब्ह अपने
आई है ऐ सबा तू ऐसी जो मुश्क-बू हो

मत इल्तियाम चाहे फिर दिल-शिकस्तगाँ से
मुमकिन नहीं कि शीशा टूटा हुआ रफ़ू हो

कहते हो काँपता हूँ, जूँ बैद आशिक़ी से
तुम भी तो 'मीर साहिब' कितने ख़िलाफ़ गू हो

770

रखिए गर्दन को तिरी तेग़-ए-सितम पर, हो सो हो
जी में हमने ये किया है अब मुक़र्रर, हो सो हो

क़तरा-क़तरा अश्कबारी ता-कुजा पेश-ए-सहाब
एक दिन तो टूट पड़ ऐ दीदा-ए-तर, हो सो हो

बंद में नाज़-ओ-निअम ही के रहे क्यूँकर फ़क़ीर
ये फ़ुज़ूली है फ़क़ीरी में मयस्सर हो सो हो

कब तलक फ़रियाद करते यूँ फिरें अब क़स्द है
दाद लीजे अपनी उस ज़ालिम से अड़ कर, हो सो हो

771

ज़ालिम हो मेरी जान पे, ना-आश्ना न हो
बे-रहमी इतनी ऐब नहीं, बे-वफ़ा न हो

हिज्र-ए-बुताँ में तब्अ, परागन्दा ही रही
काफ़िर भी अपने यार से या-रब जुदा न हो

आज़ार खींचने के मज़े, आशिक़ों से पूछ
क्या जाने वो कि जिसका कहीं दिल लगा न हो

खींचा है आदमी ने बहुत दूर आपको
इस पर्दे में ख़याल तो कर टुक ख़ुदा न हो

---

769. हिज्राँ–हिज्र, जुदाई। ख़ू होना–आदत पड़ना, आदी होना। बे-मुहाबा–बे-ख़ौफ़, बे-धड़क। पुरसिश–पूछताछ। रू-सियाह–गुनहगार। हंगाम-ए-सुब्ह–सुबह के समय। सबा–हवा। मुश्क-बू–ख़ुशबूदार, कस्तूरी की ख़ुशबू। इल्तियाम–ज़ख़्म भरना। दिल-शिकस्तगाँ–टूटे दिल वाले। शीशा–यहाँ दिल। बैद–एक लचकदार लकड़ी। ख़िलाफ़ गू–झूठा, ख़िलाफ़ बोलने वाला।

770. तेग़-ए-सितम–सितम की तलवार। मुक़र्रर–निश्चय करना, तय करना। अश्कबारी–आँसू बहाना। ता-कुजा–कब तक। पेश-ए-सहाब–बादलों के सामने। दीदा-ए-तर–आँसू भरी आँखें। नाज़-ओ-निअम–घमंड और ऐश। फ़ुज़ूली–बेकार। क़स्द–इरादा।

771. ना-आश्ना–ना-मेहरबान, ग़ैर, अजनबी। हिज्र-ए-बुताँ–माशूक़ों की जुदाई। तब्अ–तबीयत, मिज़ाज। परागन्दा–परेशान, उलझी हुई। आज़ार खींचना–परेशानी, दुख उठाना। दूर खींचना–घमंड करना।

रुक जाए दम गर आह न करिए जहाँ के बीच इस तंगनाए में करें क्या जो हुआ न हो
जी में तो है कि देखिए, आवारा 'मीर' को
लेकिन ख़ुदा ही जाने वो घर में हो या न हो

772

ख़ुदा करे कि बुतों से न आश्नाई हो कि फिर मुए ही बने है अगर जुदाई हो
गली में उसकी रहा जाके जो कोई सो रहा वही तो जावे है वाँ जिस किसू की आई हो
ज़माना यार नहीं अपने बख़्त से इतना कि मुद्दई से उसे एक दिन लड़ाई हो
हज़ार मौसम-ए-गुल तो गए असीरी में दिखाई दे है मुए ही पे अब रिहाई हो
चमकते दाँतों से उसके हुई है रू-कश 'मीर'
अजब नहीं है कि बिजली की जग-हँसाई हो

773

ता-चन्द इंतिज़ार, क़यामत शिताब हो वो चाँद सा जो निकले तो रफ़अ हिजाब हो
याँ आँखें मुंदते देर नहीं लगती मेरी जाँ मैं कान खोले रखता हूँ तेरे शिताब हो
याँ जुर्म गिनते उंगलियों के ख़त भी मिट गए वाँ किस तरह से देखें हमारा हिसाब हो
शान-ए-तग़ाफुल उसकी लिखी हम से कब गई जब नामा-बर हलाक हो तब कुछ जवाब हो
लुत्फ़-ए-शराब अब्र से है, सो नसीब देख जब लेवें जाम हाथ में तब आफ़ताब हो
हस्ती पर एक दम की तुम्हें जोश इस क़दर इस बहर-ए-मौज-ख़ेज़ में तुम तो हबाब हो
जी चाहता है ऐश करें एक रात हम तू होवे, चांदनी हो, गुलाबी शराब हो
आगे ज़बान-ए-यार के ख़त खींचे सब ने 'मीर'
पहली जो बात उसकी कहें तो किताब हो

774

लायक़ नहीं तुम्हें कि हमें नासज़ा कहो पर है यही हमारे किए की सज़ा, कहो
चुपके रहे भी चैन नहीं तब कहे है यूँ लब-बस्ता बैठे रहते जो हो, मुद्दआ कहो
पैग़ाम-बर तो यारो तुम्हें मैं करूँ वले क्या जानूँ जा के हक़ में मिरे उस से क्या कहो

दम रुकना–दम घुटना, दिल घबराना। तंगनाए–तंगना, तंग जगह, दुनिया।

772. बुत–मूर्ति, माशूक़। आश्नाई–जान-पहचान। मुए–मरे। आई हो–मौत आई हो। बख़्त–भाग्य। मुद्दई–दुश्मन, माशूक़। मौसम-ए-गुल–बहार का मौसम। असीरी–क़ैद। रू-कश होना–सामने होना, प्रतिद्वन्द्वी होना।

773. ता-चन्द–कब तक। शिताब–जल्दी। रफ़अ होना–उठना, छोड़ना। ख़त–रेखाएँ। शान-ए-तग़ाफुल–माशूक़ की नज़रें बचाने या अनदेखा करने की अदा। नामा-बर–पत्रवाहक। हलाक होना–मारे जाना, क़त्ल होना। अब्र–बादल। आफ़ताब–सूरज। बहर-ए-मौज-ख़ेज़–लहरे उठाने वाला दरिया/समुंदर, यानी हादसों से भरी दुनिया। हबाब–बुलबुला। ख़त खींचना–लिखना, लिखे हुए को काटना।

774. नासज़ा–नालायक़। लब-बस्ता–होंठ बंद किए, चुप। पैग़ाम-बर–ख़त ले जाने वाला। वले–लेकिन।

अब नेक-ओ-बद पे इश्क़ में मुझको नज़र नहीं इस में मुझे बुरा कहो, कोई भला कहो
सर ख़ाक-ए-आस्ताँ पे तुम्हारी रहा मुदाम इस पर भी या नसीब जो तुम बे-वफ़ा कहो
बरसों तलक तो घर में बुला गालियाँ दियाँ अब दर पे सुनके कहने लगे हैं दुआ कहो
सोहबत हमारी उसकी जो है गुफ़्तनी नहीं क्या कहिए गर कहे कोई ये माजरा कहो
यारो ख़ुसूसियत तो रहे अपनी उसके साथ मेरा कहो जो हाल तो उससे जुदा कहो
आशुफ़्ता मू, हवास परेशाँ, ख़राब-हाल देखो मुझे तो ख़ब्ती, दिवाना, सिड़ा कहो
कब शरह-ए-शौक़ हो सके, पर तो भी 'मीर जी'
ख़त तुमने जो लिखा उसे, क्या-क्या लिखा कहो

775

सोहबत आख़िर है हमारी न करो फिर अफ़सोस मुत्तसिल हो सके तो हम से मुलाक़ात करो
तुम तो तस्वीर हुए देख के कुछ आईना इतनी चुप भी नहीं है ख़ूब, कोई बात करो
बस बहुत वक़्त किया शे'र के फ़न में ज़ाया
'मीर' अब पीर हुए तर्क-ए-ख़यालात करो

776

जूँ ग़ुंचा 'मीर' इतने न बैठे रहा करो गुल फूल देखने को भी टुक उठ चला करो
सोते के सोते यूँही न रह जाएँ हम कभू आँखें इधर से मूँद न अपनी लिया करो
होते हो बे-दिमाग़ तो देखो हो टुक इधर ग़ुस्से ही हम पे काश-के अक्सर रहा करो
ये इज़्तिराब देख कि अब दुश्मनों से भी कहता हूँ उसके मिलने की कुछ तुम दुआ करो
दुश्मन हैं अपने जी के तुम्हारे लिये हुए तुम भी हुक़ूक़ दोस्ती के कुछ अदा करो
हरचंद साथ जान के है इश्क़ 'मीर' लेक
इस दर्द-ए-ला-इलाज की कुछ तो दवा करो

ख़ाक-ए-आस्ताँ–चौखट की धूल। मुदाम–हमेशा। गुफ़्तनी–कहने लायक़। ख़ुसूसियत–ख़ासियत, विशेषता। आशुफ़्ता मू–जिसके बाल बिखरे हुए हों। हवास परेशाँ–परेशान हाल, जो होश में न हो। ख़ब्ती–पागल। शरह-ए-शौक़–इच्छा, तमन्ना का स्पष्टीकरण।

775. मुत्तसिल–पास, क़रीब, लगातार। फ़न–हुनर। पीर–बूढ़ा। ज़ाया–बेकार। तर्क-ए-ख़यालात–ख़याल छोड़ना, सोच-विचार करना छोड़ना, शायरी छोड़ना। तस्वीर हो जाना–ख़ामोश हो जाना।

776. जूँ ग़ुंचा–कली की तरह, सिकुड़े हुए। टुक–ज़रा। बे-दिमाग़ होना–चिड़चिड़ा होना, ग़ुस्सा करना। इज़्तिराब–बेचैनी। हुक़ूक़–हक़ का बहुवचन, फ़र्ज़, दायित्व। हरचंद–कितना ही, बहुतेरा। लेक–लेकिन। दर्द-ए-ला-इलाज–जिस दर्द का कोई इलाज न हो।

777

फूला-फला न अब तक हरगिज़ दरख़्त-ए-ख़्वाहिश
बरसों हुए कि दूँ हूँ ख़ून-ए-दिल इस शजर को

है रोज़गार मेरा ऐसा सियह कि यारो
मुश्किल है फ़र्क़ करना टुक शाम से सहर को

हरचंद है सुख़न को तशबीह दुर से लेकिन
बातें मेरी सुनो तो तुम फेंक दो गुहर को

नज़दीक है कि जावें हम आप से अब आओ
मिलते हैं दोस्तों से जाते हुए सफ़र को

कब 'मीर' अब्र वैसा बरसावे कर अँधेरी
जैसा कि रोते हम ने देखा है चश्म-ए-तर को

778

मुत्रिब ने पढ़ी थी ग़ज़ल इक 'मीर' की शब को   मजलिस में बहुत वज्द की हालत रही सबको
क्या हमसे गुनहगार हैं ये सब जो मुए हैं   कुछ पूछो न उस शोख़ की रंजिश के सबब को

होगा किसू दीवार के साए में पड़ा 'मीर'
क्या रब्त मुहब्बत से उस आराम तलब को

779

गया कूचे से तेरे उठ के 'मीर' आशुफ़्ता-सर शायद
पड़ा देखा था मैंने रह में उसके संग-ए-बालीं को

780

क्या चेहरे ख़ुदा ने दिये इन ख़ुश-पिसरों को   देना था तनिक रहम भी बेदाद-गरों को
आँखों से हुई ख़ाना-ख़राबी-ए-दिल, ऐ काश   कर लेते तभी बंद हम इन दोनों दरों को
परवाज़-ए-गुलिस्ताँ के तो शाइस्ता न निकले   परवाना नमत आग हम अब देंगे परों को

---

777. दरख़्त-ए-ख़्वाहिश–इच्छाओं का पेड़। शजर–पेड़। रोज़गार–नसीब, वक़्त, ज़माना। सियह–काला, ख़राब। सहर–सुबह। हरचंद–कितना ही। सुख़न–बात, शायरी। तशबीह–उपमा। दुर–मोती। गुहर–मोती। अब्र–बादल। चश्म-ए-तर–आँसू भरी आँख।

778. मुत्रिब–गवैया, गाने वाला। वज्द–बेख़ुदी की हालत। मुए–मरे। शोख़–चंचल, माशूक़। रब्त–लगाव।

779. आशुफ़्ता-सर–दीवाना, पागल। रह–राह, रास्ता। संग-ए-बालीं–सिरहाने का पत्थर।

780. ख़ुश-पिसर–ख़ूबसूरत लड़के। बेदाद-गर–ज़ालिम। ख़ाना-ख़राबी-ए-दिल–दिल की बर्बादी। परवाज़-ए-गुलिस्ताँ–बाग़ की सैर। शाइस्ता–क़ाबिल, सलीक़ा सीखे हुए। परवाना नमत–पतंगे की तरह।

पैराहन-ए-सद-चाक सिलाते हैं मिरा लोग तह से नहीं मुतलक़ ख़बर इन बे-ख़बरों को
जूँ अश्क जहाँ जाते रहेंगे तो गए फिर देखा करो टुक आन के हम दीदा-तरों को
इस बाग़ के हर गुल से चिपक जाती हैं आँखें मुश्किल बनी है आन के साहिब नज़रों को
आदाब-ए-जुनूँ चाहिए हमसे कोई सीखे देखा है बहुत यारों ने आशुफ़्ता-सरों को
अंदेशे की जागह है बहुत 'मीर जी' मरना
दरपेश अजब राह है हम नौ-सफ़रों को

781

तनिक शराब ज़ईफ़-उल-दिमाग़ हूँ साक़ी दम-ए-सहर मय-ए-पुरज़ोर मत पिला मुझको
पड़ा रहे कोई मुर्दा सा कब तलक ख़ामोश हिला कहीं लब-ए-जाँ-बख़्श को, जिला मुझको
जुनूँ में सख़्त है उस ज़ुल्फ़ से इलाक़ा-ए-दिल ख़ुश आ गया है निहायत, ये सिलसिला मुझको
फ़लक की चर्ख़-ज़नी बरसों हो तो मुझ-सा हो समझ-समझ के तनिक ख़ाक में मिला मुझको
दुरुस्ती जैब की, इतनी नहीं है ऐ नासेह
बने तो सीना-ए-सद-चाक दे सिला मुझको

782

एक लहज़े ही में बल सारे निकल जाते 'मीर'
पेच उस ज़ुल्फ़ के देने थे दिखा सुम्बुल को

783

यूँ कब हुआ है प्यारे पास अपने तुम बुला लो दो बातें गर लिखूँ मैं, दिल को टुक इक लगा लो
अब जो नसीब में है सो देख लूँगा मैं भी तुम दस्त-ए-लुत्फ़ अपना सर से मिरे उठा लो
जुंबिश भी उसके आगे होंठों को हो तो कहियो यूँ अपने तौर पर तुम बातें बहुत बना लो
दो नारों ही में शब के होगा मकान हू का सुन रक्खो कान रखकर ये बात बस्ती वालो
ज़ुल्फ़ और ख़ाल-ओ-ख़त का सौदा नहीं है अच्छा यारो बने तो सर से जल्द इस बला को टालो

पैराहन-ए-सद-चाक–सैंकड़ों जगह से फटा लिबास। तह–अंदर का हिस्सा, अंदरूनी शरीर। मुतलक़–बिलकुल, क़तई। जूँ अश्क–आँसुओं की तरह। दीदा तरों–भीगी आँख वाले, रोते रहने वाले। साहिब नज़र–पारखी लोग। आदाब-ए-जुनूँ–जुनून/दीवानगी का सलीक़ा। आशुफ़्ता-सर–पागल, दीवाना। दरपेश–सामने। नौ-सफ़र–नया मुसाफ़िर।

781. ज़ईफ़-उल-दिमाग़–दिमाग़ का कमज़ोर। साक़ी–शराब पिलाने वाला। दम-ए-सहर–सुबह के समय। मए-ए-पुरज़ोर–बहुत नशा करने वाली शराब। लब-ए-जाँ-बख़्श–ज़िन्दगी देने वाले होंठ। जिलाना–ज़िंदा करना, मरने न देना। इलाक़ा-ए-दिल–दिल का रिश्ता। ख़ुश आना–रास आना। फ़लक–आसमान। चर्ख़-ज़नी–चक्कर लगाना। जैब–गिरेबान। नासेह–नसीहत करने वाला। सीना-ए-सद-चाक–सैकड़ों जगह से ज़ख़्मी सीना।

782. लहज़ा–पल। सुम्बुल–एक ख़ुशबूदार घास।

783. दस्त-ए-लुत्फ़–मेहरबानी का हाथ। जुंबिश होना–हिलना। हू का मकान–वो मकान जिसमें कोई आदमी न रहता हो और उससे ख़ौफ़ और वहशत पैदा हो। ख़ाल-ओ-ख़त–नैन-नक़्श। सौदा–इश्क़, पागलपन।

यारान-ए-रफ़्ता ऐसे क्या दूर-तर गए हैं टुक करके तेज़-गामी उस क़ाफ़िले को जा लो
बाज़ारी सारे वे ही कहते हैं राज़ बैठे जिनको हमीं कहा है तुम मुँह से मत निकालो
यूँ रफ़्ता और बे-ख़ुद कब तक रहा करोगे
तुम अब भी 'मीर साहिब' अपने तईं सम्भालो

784

ज़ालिम ये क्या निकाली, रफ़्तार रफ़्ता-रफ़्ता इस चाल पर चलेगी, तलवार रफ़्ता-रफ़्ता
हर आन हम को तुझ बिन, एक-इक बरस हुई है क्या आ गया ज़माना, ऐ यार रफ़्ता-रफ़्ता
ये ही सुलूक उसके, अक्सर चले गए तो बैठेंगे अपने घर हम, नाचार रफ़्ता-रफ़्ता
पामाल हूँ कि इस में, हूँ ख़ाक से बराबर अब हो गया है सब कुछ, हमवार रफ़्ता-रफ़्ता
चाहत में दख़्ल मत दे, ज़िन्हार आरज़ू को कर दे है दिल की ख़्वाहिश, बीमार रफ़्ता-रफ़्ता
थे एक हम वे दोनों, सो इत्तिहाद कैसा हर बात पर अब आई, तलवार रफ़्ता-रफ़्ता
गर बुतकदे में जाना ऐसा है 'मीर जी' का
तो तार-ए-सुब्हा होगा, ज़ुन्नार रफ़्ता-रफ़्ता

785

पैदा नहीं जहाँ में क़ैद-ए-जहाँ से रस्ता मानिंद-ए-बर्क़ हैं याँ, वे लोग जस्ता-जस्ता
ज़ालिम भली नहीं है बरहम-ज़नी-ए-मिज़्गाँ मर जाएगा किसू दिन यूँ कोई सीना-ख़स्ता
शहर-ए-चमन से कुछ कम दश्त-ए-जुनूँ नहीं है याँ गुल हैं रस्ता-रस्ता, वाँ दाग़ दस्ता-दस्ता
मेमार का वो लड़का पत्थर है, उसकी ख़ातिर
क्यूँ ख़ाक में मिला तू ऐ 'मीर'-ए-दिल-शिकस्ता

786

बंदे के दर्द-ए-दिल को कोई नहीं पहुँचता हर एक बे-हक़ीक़त याँ है ख़ुदा-रसीदा
साए से अपने वहशत हमको रही हमेशा जूँ आफ़ताब हम भी कैसे रहे जरीदा
ज़ौक़-ए-सुख़न हुआ है अब तो बहुत हमें भी
लिख लेंगे 'मीर जी' के, कुछ शे'र चीदा-चीदा

यारान-ए-रफ़्ता–वो दोस्त जो (दुनिया से) चले गए हैं, यानी मर गए हैं। तेज़-गामी–तेज़ क़दम, तेज़ चलना। रफ़्ता–बे-ख़ुद, बेहोश, आशिक़। बे-ख़ुद–बेसुध। तईं–को।

784. रफ़्ता-रफ़्ता–धीरे-धीरे। आन–पल, लम्हा। नाचार–मजबूर, बेबस। पामाल–पैरों तले रौंदा हुआ। हमवार–समतल, इकसार। ज़िन्हार–हरगिज़। इत्तिहाद–मिलाप, दोस्ती। बुतकदा–मूर्ति-गृह, मन्दिर। तार-ए-सुब्हा–मुसलमानों की जप-माला का धागा। ज़ुन्नार–जनेऊ।

785. मानिंद-ए-बर्क़–बिजली की तरह। जस्ता-जस्ता–कम-कम, कहीं-कहीं। बरहम-ज़नी-ए-मिज़्गाँ–पलकें झपकाना। सीना-ख़स्ता–ज़ख़्मी छाती वाला। शहर-ए-चमन–बाग़ रूपी नगर, फूलों की बस्ती। दश्त-ए-जुनूँ–जुनूँन रूपी वीराना। दस्ता-दस्ता–अत्यधिक। मेमार–राज मिस्त्री। दिल-शिकस्ता–जिस का दिल टूट गया हो।

786. बे-हक़ीक़त–तुच्छ। ख़ुदा रसीदा–ख़ुदा तक पहुँचा हुआ, भक्त, तपस्वी। आफ़ताब–सूरज। जरीदा–अकेला। ज़ौक़-ए-सुख़न–शायरी का शौक़। चीदा-चीदा–चुने हुए।

787

फिरती हैं उसकी आँखें आँखों तले हमेशा रहता है आब-ए-दीदा याँ ता गले हमेशा
तस्दी' एक-दो दिन होवे तो कोई खींचे तड़पे जिगर हमेशा, छाती जले हमेशा
कब तक वफ़ा करेगा यूँ हौसला हमारा दिल पीसे दर्द अक्सर, ग़म जी मले हमेशा
इस जिस्म-ए-ख़ाकी से हम मिट्टी में अट रहे हैं यूँ ख़ाक में कहाँ तक कोई रले हमेशा
मस्जिद में चल के मिलिए, जुम्ए के दिन बने तो
होते हैं 'मीर साहिब' वाँ दिन ढले हमेशा।

788

लुत्फ़ क्या हर किसू की चाह के साथ चाह वो है जो हो निबाह के साथ
वक़्त कुढ़ने के हाथ दिल पर रख जान जाती रहे न आह के साथ
'मीर' से तुम बुरे ही रहते हो
क्या शरारत है ख़ैर-ख़्वाह के साथ

789

हमसे क्यूँ उलझा करे है आ समझ, ऐ ना-समझ
कज-तबीयत जो मुख़ालिफ़ हैं उन्हों से जा समझ

यार की इन भोली बातों पर न जा ऐ हमनशीं
एक फ़ित्ना है वो उसको आह मत लड़का समझ

ख़ूबरू उश्शाक़ से बद-पेश आते ही सुने
गरचे ख़ुश ज़ाहिर हैं ये पर इनको मत अच्छा समझ

बाग़बाँ बेरहम, गुल बेदीद, मौसम बेवफ़ा
आशियाँ इस बाग़ में, बुलबुल ने बांधा क्या समझ

दूर से देखी जो बदहाली वहीं से टल गया
दो क़दम आगे न आया, मुझको वो मरता समझ

'मीर' की अय्यारियाँ मालूम लड़कों को नहीं
करते हैं क्या-क्या अदाऐं उसको सादा सा समझ

---

787. आब-ए-दीदा–आँखों का पानी, आँसू। तस्दी'–तकलीफ़, दुख। ख़ाक में रलना–मिट्टी में मिल जाना।

788. ख़ैर-ख़्वाह–भला चाहने वाला, हमदर्द, दोस्त।

789. कज तबीयत–दुष्ट प्रवृत्ति वाला। मुख़ालिफ़–विरोधी। हमनशीं–साथी, दोस्त। ख़ूबरू–सुन्दर चेहरे वाले, माशूक़। उश्शाक़–आशिक़ का बहुवचन। बद-पेश आना–बुरा व्यवहार करना, बदतमीज़ी करना। गरचे–यद्यपि, हालाँकि। ख़ुश ज़ाहिर–देखने में अच्छा, सुन्दर। बाग़बाँ–माली। बेदीद–बेशर्म, पत्थर-दिल, क्रूर। अय्यारी–चालाकी।

790

खींचता है दिलों को सहरा कुछ | है मिज़ाजों में अपने सौदा कुछ
शहर में हश्र क्यूँ न बरपा हो | शोर है मेरे सर में कैसा कुछ
वैसे ज़ाहिर का लुत्फ़ है छुपना | कम तमाशा नहीं ये पर्दा कुछ
ख़ल्क़ की क्या समझ में वो आया | आप से तो गया न समझा कुछ
कुछ न देखा था हमने, पर तो भी | आँख में आई ही न दुनिया कुछ
अब तो बिगड़े ही जाते हैं ख़ूबाँ | रंग-ए-सोहबत नहीं है अच्छा कुछ
कुछ कहो दूर है बहुत वो शोख़ | अपने नज़दीक तो न ठहरा कुछ

वस्ल उस का ख़ुदा नसीब करे
'मीर' दिल चाहता है क्या-क्या कुछ

791

बूद नक़्श-ओ-निगार सा है कुछ | सूरत इक एतिबार सा है कुछ
ये जो मोहलत जिसे कहें हैं उम्र | देखो तो इंतिज़ार सा है कुछ
मुंतज़िर उसकी गर्द-ए-राह के थे | आँखों में सो ग़ुबार सा है कुछ
ज़ोफ़-ए-पीरी में ज़िन्दगानी भी | दोश पर अपने बार सा है कुछ
क्या है देखो हो जो इधर हर दम | और चितवन में प्यार सा है कुछ

जैसे अन्क़ा कहाँ हैं हम ऐ 'मीर'
शहरों में इश्तिहार सा है कुछ

792

दिल तिरा आया किसू के पेच में जो सुध गई
मुत्तसिल बिखरे रहा करते हैं मुँह पर बाल कुछ

एक दिन कुँज-ए-क़फ़स में हम कहीं रह जाएँगे
बेकली गुल बिन बहुत रहती है अब के साल कुछ

क्या उस आतिश-बाज़ के लौंडे का इतना शौक़ 'मीर'
बह चली है देखकर उस को तुम्हारी राल कुछ

---

790. सहरा–वीराना। सौदा–पागलपन, जुनून। हश्र–क़यामत, हंगामा। ख़ल्क़–लोग। ख़ूबाँ–ख़ूबसूरत लोग, माशूक़। शोख़–चंचल, माशूक़। वस्ल–मिलन।

791. बूद–हस्ती, वजूद। नक़्श-ओ-निगार–बेलबूटे, साज-सज्जा। मुंतज़िर–इंतिज़ार करने वाला। गर्द-ए-राह–रास्ते की धूल। ज़ोफ़-ए-पीरी–बुढ़ापे की कमज़ोरी। दोश–कंधा। बार–बोझ। अन्क़ा–जो मौजूद न हो, अस्तित्वहीन, एक काल्पनिक पक्षी। इश्तिहार–प्रसिद्धि।

792. मुत्तसिल–लगातार, हर समय। कुँज-ए-क़फ़स–पिंजरे का कोना। बेकली–बेचैनी।

793

अब तो सबा चमन से आती नहीं इधर कुछ
हम तक नहीं पहुँचती, गुल की ख़बर इतर कुछ

ज़ौक़-ए-ख़बर में हम तो बेहोश हो गए थे
क्या जाने कब वो आया, हम को नहीं ख़बर कुछ

इन उजड़ी बस्तियों में दीवार-ओ-दर हैं क्या-क्या
आसार जिन के हैं ये, उनका नहीं असर कुछ

वाइज़ न हो मुआरिज़ नेक-ओ-बद-ए-जहाँ से
जो हो सके तो ग़ाफ़िल, अपना ही फ़िक्र कर कुछ

आँखों में मेरी आलम सारा सियाह है अब
मुझको बग़ैर उसके आता नहीं नज़र कुछ

गह शेफ़्ता हैं मू के, गह बावले हैं रू के
अहवाल 'मीर जी' का है शाम कुछ, सहर कुछ

794

हम से देखा कि मुहब्बत ने अदा क्या-क्या की
एक दिल क़तरा-ए-ख़ूँ, तिस पे जफ़ा क्या-क्या की

जान के साथ ही आख़िर मरज़-ए-इश्क़ गया
जी भला टुक न हुआ हम ने दवा क्या-क्या की

उन ने छोड़ी न तरफ़ जौर-ओ-जफ़ा की हरगिज़
हमने यूँ अपनी तरफ़ से तो वफ़ा क्या-क्या की

सज्दा इक सुब्ह तिरे दर का करूँ इस ख़ातिर
मैंने मेहराब में रातों को दुआ क्या-क्या की

आग सी फुँकती ही दिन-रात रहा की तन में
जान-ए-ग़मनाक तिरे ग़म में जला क्या-क्या की

'मीर' ने होंठों से उसके न उठाया जी को
ख़ल्क़ उस के तईं ये सुनके कहा क्या-क्या की

---

793. सबा–हवा। इतर–इत्र, ख़ुशबू। ज़ौक़-ए-ख़बर–ख़बर मिलने की आरज़ू, अभिलाषा। वाइज़–उपदेशक। मुआरिज़–झगड़ा करने वाला। मुआरिज़ होना–एतराज़ करना। नेक-ओ-बद-ए-जहाँ–दुनिया की भलाई-बुराई। ग़ाफ़िल–बेख़बर। आलम–दुनिया। गह–कभी। शेफ़्ता–आशिक़, दीवाना। मू–बाल। रू–चेहरा। अहवाल–हाल, हालत। सहर–सुबह।

794. क़तरा-ए-ख़ूँ–ख़ून की बूंद। जफ़ा–सितम, अत्याचार। टुक–ज़रा, थोड़ा सा। तरफ़–किनारा, पहलू। तरफ़ से–ओर से, हिसाब से। मेहराब–कमान नुमा गोलाकार ताक़ और दरवाज़े जो मस्जिदों की वास्तुकला का हिस्सा होते हैं, जहाँ इमाम खड़ा होता है। जान-ए-ग़मनाक–दुखों से भरा शरीर। ख़ल्क़–लोग। तईं–बारे में।

795

कुछ करो फ़िक्र मुझ दिवाने की धूम है फिर बहार आने की
दिल का उस कुंज-ए-लब से दे हैं निशाँ बात लगती तो है ठिकाने की
वो जो फिरता है मुझसे दूर ही दूर है ये तक़रीब जी के जाने की
तेज़ यूँ ही न थी शब आतिश-ए-शौक़ थी ख़बर गर्म उस के आने की

क़त्आ

किसू कम-ज़र्फ़ ने लगाई आह तुझ से मयख़ाने के जलाने की
वर्ना ऐ शैख़-ए-शहर वाजिब थी जामदारी शराब-ख़ाने की

जो है सो पाएमाल-ए-ग़म है 'मीर'
चाल बेडौल है ज़माने की

796

'मीर' दरिया है सुने शे'र ज़बानी उस की
अल्लाह-अल्लाह रे तबीअत की रवानी उस की

ख़ातिर-ए-बादिया से, देर में जावेगी बहुत
ख़ाक, मानिंद बगूले के, उड़ानी उस की

एक है अहद में अपने वो परागंदा-मिज़ाज
अपनी आँखों में न आया कोई सानी उस की

मेंह तो बौछार का देखा है बरसते, तुमने
इसी अंदाज़ से थी अश्क-फ़िशानी उस की

बात की तर्ज़ को देखो तो कोई जादू था
पर मिली ख़ाक में सब सहर बयानी उस की

कर के तावीज़ रखें उस को बहुत भाती है
वो नज़र पाँव पे, वो बात दिवानी उस की

उस का वो इज्ज़, तुम्हारा ये ग़ुरूर-ए-ख़ूबी
मिन्नतें उन ने बहुत कीं, प: न मानी उस की

---

795. कुँज-ए-लब–होंठों का किनारा। तक़रीब–सबब, कारण, तैयारी। आतिश-ए-शौक़–इश्क़ की आग। कम-ज़र्फ़–ओछा आदमी। शैख़–इस्लाम धर्म का ज्ञानी, मुल्ला, क़ाज़ी। जामदारी–साक़ी-गिरी, शराब पिलाने का काम। पाइमाल-ए-ग़म–ग़मों का रौंदा हुआ, दुखों का मारा हुआ।

796. ख़ातिर-ए-बादिया–मैदान का दिल, वीराने का स्वभाव। मानिंद–तरह। बगूला–चक्कर खाती हुई हवा, बवंडर। अहद–ज़माना, दौर, समय। परागंदा-मिज़ाज–परेशान तबीयत वाला। किसी का सानी न होना–(उस जैसा) दूसरा न होना। अश्क-फ़िशानी–आँसू बहाना। तर्ज़–तरीक़ा, ढंग। सहर बयानी–शायरी में जादू का सा अन्दाज़। इज्ज़–विनम्रता। ग़ुरूर-ए-ख़ूबी–सुन्दरता का घमंड।

सरगुज़श्त अपनी किस अंदोह से शब कहता था
सो गए तुम, न सुनी आह कहानी उस की
मर्सिये दिल के कई कह के दिये लोगों को
शहर-ए-दिल्ली में है सब पास निशानी उस की
आबले की सी तरह ठेस लगी फूट बहे
दर्द-मंदी में गई सारी जवानी उस की
अब गए उस के जुज़ अफ़सोस नहीं कुछ हासिल
हैफ़ सद हैफ़ कि कुछ क़द्र न जानी उस की

797

इस तख़्ते ने भी अब के क़यामत बहार की
की सैर हमने सीना-ए-यकसर-फ़िगार की
ख़्वाहिश है अपने जी में भी, बोस-ओ-कनार की
दरिया-ए-हुस्न-ए-यार तलातुम करे कहीं
देखूँ तो गर्द कब उठे, उस रहगुज़ार की
आँखे ग़ुबार लाईं मिरी, इन्तिज़ार में
मुँह से निकल ही जाती है इक बात प्यार की
मक़दूर तक तो ज़ब्त करूँ हूँ, प: क्या करूँ
रखता था एक जान, सो तुझ पर निसार की
अब गिर्द-ए-सर फिरूँ तिरे, हूँ मैं फ़क़ीर-ए-महज़
हम कुछ न समझे राह-ओ-रविश अपने यार की
रखता नहीं तरीक़-ए-वफ़ा में कभू क़दम
क्या जानूँ चश्म-ए-तर से उधर, दिल पे क्या हुआ
किस को ख़बर है 'मीर', समुंदर के पार की

798

जी गया उस के तीर के हमराह
थी तवाज़ो' ज़रूर मेहमाँ की
हैं लिये आबरू-ए-ख़ंजर-ओ-तेग़
तिरछी पलकें तिरी, भवें बाँकी
फोड़ डालेंगे सर ही उस दर पर
मिन्नत उठती नहीं है दरबाँ की
सर-ए-दामन से गुफ़्तगू करिए
बात बिगड़ी लब-ए-गिरेबाँ की
उस बुत-ए-शोख़ की है तीनत में
दुश्मनी मेरे दीन-ओ-ईमाँ की
आदमी से मलक को क्या निस्बत
शान अर्फ़ा है 'मीर'! इन्साँ की

सरगुज़श्त–कहानी, आप बीती। अंदोह–दुख, ग़म। शब–रात। मर्सिया–मरने वाले की तारीफ़ में की गई शायरी। आबला–छाला। जुज़–सिवाय, अलावा। हैफ़ सद हैफ़–अफ़सोस बहुत अफ़सोस।

797. सीना-ए-यकसर-फ़िगार–तमाम ज़ख़्मी सीना। तख़्ता–फूलों की क्यारी, यहाँ उस सीने की तरफ़ इशारा है जो कि ज़ख़्म रूपी फूलों से भरा हुआ है। दरिया-ए-हुस्न-ए-यार–यार की हुस्न रूपी नदी। तलातुम करना–लहरें मारना, समुंदर का तूफ़ान। बोस-ओ-कनार–चुम्बन और आलिंगन। मक़दूर–ताक़त, हौसला। ज़ब्त करना–रोकना। गिर्द-ए-सर फिरना–न्योछावर होना, निसार होना। तरीक़-ए-वफ़ा–वफ़ा की राह, रास्ता। राह-ओ-रविश–तौर-तरीक़ा। चश्म-ए-तर–भीगी आँखें।

798. तवाज़ो'–मेहमान-दारी, आव-भगत। आबरू-ए-ख़ंजर-ओ-तेग़–ख़ंजर और तलवार की धार और चमक। मिन्नत उठाना–एहसान लेना। दरबाँ–दरबान, चौकीदार। सर-ए-दामन–दामन का किनारा। लब-ए-गिरेबाँ–गिरेबान का किनारा। तीनत–आदत, तबीयत। मलक–फ़रिश्ता। निस्बत–रिश्ता। अर्फ़ा–बहुत ऊँची।

799

रक्खा गुनह वफ़ा का, तक़सीर क्या निकाली मारा ख़राब कर-कर, ताज़ीर क्या निकाली
रहती है चित चढ़ी ही दिन-रात तेरी सूरत सफ़्हे पे दिल के मैंने तस्वीर क्या निकाली
बस थी हमें तो तेरी अब्रू की एक जुम्बिश ख़ूँ-रेज़ी को हमारी शमशीर क्या निकाली
की उस तबीब-ए-जाँ ने तजवीज़ मर्ग-ए-आशिक़ आज़ार के मुनासिब तदबीर क्या निकाली
दिल बंद है हमारा मौज-ए-हवा-ए-गुल से अब के जुनूँ में हमने ज़ंजीर क्या निकाली
नामे पे लोहू रो-रो ख़त खींच डाले सारे
ये 'मीर' बैठे-बैठे तहरीर क्या निकाली

800

जी रश्क से गए जो इधर को सबा चली
क्या कहिए आज सुब्ह अजब कुछ हवा चली
क्या रंग-ओ-बू-ओ-बाद-ए-सहर सब हैं गर्म-ए-राह
क्या है जो इस चमन में है ऐसी चला-चली
तू दो क़दम जो राह चला गर्म ऐ निगार
मेहंदी कफ़क की आग दिलों में लगा चली
फ़ित्ना है उस से शहर में बरपा हज़ार जा
तलवार उसकी चाल पे क्या एक जा चली
ये जौर-ओ-जौर-कश थे कहाँ आगे इश्क़ में
तुझ से जफ़ा ओ 'मीर' से रस्म-ए-वफ़ा चली

801

आज कुछ बे-हिजाब है वो भी क्या ही मस्त-ए-शराब है वो भी
मैं ही जलता नहीं जुदा दिल से दूर मुझसे कबाब है वो भी
साइल-ए-बोसा सब गए महरूम एक हाज़िर जवाब है वो भी
कम नहीं कुछ सबा से अश्क-ए-गर्म क़ासिद-ए-पुर-शिताब है वो भी

---

799. गुनह–गुनाह, अपराध। वफ़ा–प्यार, इश्क़, मुहब्बत। तक़सीर–क़ुसूर, ग़लती। ताज़ीर–सज़ा। सफ़्हा–पृष्ठ, पन्ना। अब्रू–भौं। जुम्बिश–हिलना-डुलना। ख़ूँ-रेज़ी–ख़ून बहाना। शमशीर–तलवार। तबीब-ए-जाँ–जान बख़्शने वाला हकीम, माशूक़। तजवीज़ करना–इलाज करना, मरीज़ को इलाज सुझाना। मर्ग-ए-आशिक़–आशिक़ की मौत। आज़ार–बीमारी। तदबीर–इलाज। मौज-ए-हवा-ए-गुल–बहार की हवा की लहर। नामा–पत्र, ख़त। ख़त खींचना–लिखना, लिखे हुए को मिटाना। तहरीर–लिखावट।

800. रश्क–जलन। सबा–हवा। रंग-ओ-बू-ओ-बाद-ए-सहर–सुबह के समय की रंगत, ख़ुशबू और हवा। गर्म-ए-रह–चलने में तल्लीन। निगार–ख़ूबसूरत, माशूक़। कफ़क–हथेली, पैर का तलवा। जौर–सितम। जौर-कश–सितम उठाने वाला। जफ़ा–अत्याचार।

801. बे-हिज़ाब–बिना पर्दे के। साइल-ए-बोसा–चुम्बन माँगने वाले। महरूम–वंचित, मायूस, नाकाम। सबा–हवा। अश्क-ए-गर्म–गर्म आँसू। क़ासिद-ए-पुर-शिताब–फ़ौरन संदेश देने वाला।

हुस्न से दूद-ए-दिल नहीं ख़ाली   ज़ुल्फ़-ए-पुर-पेच-ओ-ताब है वो भी
ख़ाना-आबाद का'बे में था 'मीर'
क्या ख़ुदाई-ख़राब है वो भी

802

दुज़ दीदा निगह करना फिर आँख मिलाना भी
उस लोटते दामन को पास आ के उठाना भी

बुर्क़े को उठा देना पर आधे ही चेहरे से
क्या मुँह को छुपाना भी, कुछ झमकी दिखाना भी

देख आँखें मिरी नीची, इक मारना पत्थर भी
ज़ाहिर में सताना भी, पर्दे में जताना भी

सोहबत है ये वैसी ही, ऐ जान की आसाइश
साथ आन के सोना भी, फिर मुँह को छुपाना भी

803

यार बिन तल्ख़ ज़िन्दगानी थी   दोस्ती मुद्दई-ए-जानी थी
सर से उसके हवा गई न कभू   उम्र बर्बाद यूँ ही जानी थी
लुत्फ़ पर उसके हमनशीं मत जा   कभू हम पर भी मेहरबानी थी
हाथ आता जो तू तो क्या होता   बरसों तक हमने ख़ाक छानी थी
शैब में फ़ायदा तअम्मुल का   सोचना तब था जब जवानी थी
मेरे क़िस्से से सबकी गईं नींदें   कुछ अजब तौर की कहानी थी
आशिक़ी जी ही ले गई आख़िर   ये बला कोई नागहानी थी
उस रुख़-ए-आतिशीं की शर्म से रात   शम्अ मजलिस में पानी-पानी थी
फ़क्र पर भी था 'मीर' के इक रंग
कफ़नी पहनी सो ज़ाफ़रानी थी

दूद-ए-दिल–दिल का ग़ुबार या धुआँ। ज़ुल्फ़-ए-पुर-पेच-ओ-ताब–घुंघराले बाल, बल खाए हुए बाल। ख़ाना-आबाद–ख़ुश। ख़ुदाई-ख़राब–आवारा, ख़ाना-ख़राब।

802. दुज़ दीदा निगह करना–आँखें चुराना, चोरी-चोरी देखना। लोटता दामन–लम्बी ड्रेस का घिसटता हुआ किनारा। आसाइश–राहत, आराम।

803. तल्ख़–कड़वा, नागवार। मुद्दई-ए-जानी–जान का दुश्मन। हवा सर में होना–घमंड होना, जुनूनी होना। लुत्फ़–मेहरबानी। हमनशीं–दोस्त, साथी। ख़ाक छानना–बहुत तलाश करना, आवारा फिरना। शैब–बुढ़ापा। तअम्मुल–सब्र करना, ठहरना। नागहानी–अचानक हो जाना, आकस्मिक। रुख़-ए-आतिशीं–तमतमाता हुआ चेहरा, दहकता हुआ चेहरा। मजलिस–महफ़िल। पानी-पानी होना–बहुत शर्मिंदा होना। फ़क्र–फ़क़ीरी। कफ़नी–फ़क़ीरों का पहनावा, लिबास। ज़ाफ़रानी–गेरुआ, भगवा रंग।

804

वो राब्ता नहीं, वो मुहब्बत नहीं रही उस बेवफ़ा को हमसे कुछ उल्फ़त नहीं रही
देखा तो मिस्ल-ए-अश्क नज़र से गिरा दिया अब मेरी, उस की आँख में इज़्ज़त नहीं रही
मुनइम अमल का तूल ये किस जीने के लिए जितनी गई अब उतनी तो मुद्दत नहीं रही
दीवानगी से अपनी है अब सारी बात ख़ब्त इफ़्रात-ए-इश्तियाक़ से वो मत नहीं रही

पैदा कहाँ हैं ऐसे परागंदा तब्अ लोग
अफ़सोस तुम को 'मीर' से सोहबत नहीं रही

805

इश्क़ में ज़िल्लत हुई, ख़िफ़्फ़त हुई, तोहमत हुई
आख़िर-आख़िर जान दी यारों ने ये सोहबत हुई

खोलते ही आँखें फिर याँ मूँदनी हमको पड़ीं
दीद क्या कोई करे वो, किस क़दर मोहलत हुई

मर गया आवारा होकर, मैं तो जैसे गर्दबाद
पर जिसे ये वाक़ेआ पहुँचा उसे वहशत हुई

शाद-ओ-ख़ुश ताले' कोई होगा किसू को चाहकर
मैं तो कुल्फ़त में रहा, जब से मुझे उल्फ़त हुई

दिल का जाना आज-कल ताज़ा हुआ हो तो कहूँ
गुज़रे उस भी सानहे को, हमनशीं मुद्दत हुई

शौक़-ए-दिल हम ना-तवानों का लिखा जाता है कब
अब तलक आफ़्ही पहुँचने की अगर ताक़त हुई

क्या कफ़-ए-दस्त एक मैदाँ था बियाबाँ इश्क़ का
जान से जब इस में गुज़रे, तब हमें राहत हुई

---

804. राब्ता–लगाव, वास्ता। उल्फ़त–मुहब्बत, चाहत। मिस्ल-ए-अश्क–आँसू की तरह। नज़र से गिराना–दिल से उतारना। मुनइम–अमीर, धनवान। अमल का तूल–उम्मीद का बढ़ जाना। ख़ब्त–पागलपन। इफ़्रात-ए-इश्तियाक़–इश्क़ की अधिकता। मत–होश, समझ-बूझ। परागंदा तब्अ–हैरान, परेशान हाल। सोहबत न रहना–पास उठने बैठने का मौक़ा न मिलना।

805. ज़िल्लत–शर्मिन्दगी, तौहीन। तोहमत–इल्ज़ाम, झूठा आरोप। ख़िफ़्फ़त–सुबकी, शर्मिंदगी। सोहबत–साथ बैठना, संगत। दीद–दीदार, नज़ारा, नज़र। गर्दबाद–धूल भरी हवा, बवंडर, आँधी। शाद-ओ-ख़ुश-ताले'–ख़ुश और भाग्यशाली। कुल्फ़त–दुख, परेशानी। उल्फ़त–दोस्ती, मुहब्बत। सानेहा–हादसा। हमनशीं–साथी, दोस्त। ना-तवान–कमज़ोर। आफ़्ही–'आप ही' का संयुक्त शब्द। कफ़-ए-दस्त–चारागाह, जहाँ दूर-दूर तक पेड़-पौधे न हों। बियाबाँ–जंगल।

इस ग़ज़ल पर शाम से तो सूफ़ियों को वज्द था
फिर नहीं मालूम कुछ, मजलिस की क्या हालत हुई

कम किसू को 'मीर' की मय्यत की हाथ आई नमाज़
नाश पर उस बे-सर-ओ-पा की बला कसरत हुई

806

क़ूत को पीराना सर दिल्ली में हैरानी हुई
अब के जो आए सफ़र से, ख़ूब मेहमानी हुई

बावले से जब तलक बकते थे सब करते थे प्यार
अक़्ल की बातें कियाँ, क्या हम से नादानी हुई

लोहू पानी एक दोनों ने किया मेरा निदान
या'नी दिल लोहू हुआ सब, चश्म सब पानी हुई

आँख उठाकर टुक जो देखा घर के घर बिठला दिये
इक निगह में सैंकड़ों की ख़ाना-वीरानी हुई

मर्तबा वाजिब का समझे आदमी, मुमकिन नहीं
फ़हम सौदाई हुआ, याँ अक़्ल दीवानी हुई

चाहकर उस बेवफ़ा को आख़िर अपनी जान दी
दोस्ती उसकी हमारी दुश्मन-ए-जानी हुई

ग़ुंचा-ए-गुल है गुलाबी, फूल है जाम-ए-शराब
तोड़ते तो तोड़ी तौबा, अब पशेमानी हुई

चश्म होते-होते तर कुछ, सब भरी रहने लगी
अब हुई ख़तरे की जागह कश्ती तूफ़ानी हुई

दिल तड़पता था निहायत, जान दे तस्कीन की
बारे अपनी ऐसी मुश्किल की भी आसानी हुई

जब से देखा हमने उसको जी ढहा जाता है 'मीर'
इस ख़राबी कि ये चश्म-ए-रूसियह बानी हुई

वज्द–बेख़ुदी। मजलिस–महफ़िल। नाश–लाश, मय्यत। बे-सर-ओ-पा–बेचारा, ग़रीब। बला कसरत–बहुत ज़्यादा, भीड़।

806. क़ूत–खाने-पीने की चीज़े, ख़ुराक। पीराना-सर–बुढ़ापे का ज़माना, हैसियत, बुढ़ापे के दिन। निदान–इलाज। चश्म–आँख। ख़ाना-वीरानी–घर की तबाही, बर्बादी। मर्तबा–बात। वाजिब–ठीक, सही। फ़हम–समझ, अक़्ल। सौदाई–पागल। दुश्मन-ए-जानी–जान लेवा, जान की दुश्मन। ग़ुंचा-ए-गुल–कली। गुलाबी–शराब की बोतल। पशेमानी–शर्मिंदगी। जागह–जगह। कश्ती–नाव, आँख। तस्कीन–सब्र, तसल्ली। बारे–आख़िर-कार। चश्म-ए-रूसियह–गुनहगार आँखें। बानी–बुनियाद रखने वाला।

807

बुतों से आँख क्यूँ मैंने लड़ाई तरफ़ है मुझसे अब सारी ख़ुदाई
निरा धोका ही है दरिया-ए-हस्ती नहीं कुछ तह से तुझ को आश्नाई
बिगड़ती ही गई सूरत हमारी गए पर दिल के फिर कुछ बन न आई
न निकला एक शब इस राह वो माह बहुत की हमने तालेअ-आज़माई
न मिलिए ख़ाक में कह क्यूँके प्यारे गुज़रती है कड़ी तेरी जुदाई
गले उस मह ने लग कर एक दो रात महीनों तक मिरी छाती जलाई
जफ़ा उस की न पहुँची इन्तिहा को
दरेग़ा उम्र ने की बेवफ़ाई

808

मुत्रिब से ग़ज़ल 'मीर' की कल मैंने पढ़ाई अल्लाह रे असर सब के तईं रफ़्तगी आई
हर बहर में अशआर कहे, उम्र को खोया इस गौहर-ए-नायाब की कुछ बात न पाई
दिल और जिगर जल के मिरे दोनों हुए ख़ाक क्या पूछते हो इश्क़ ने क्या आग लगाई
फ़रियाद इन्हीं रंगों है गुलज़ार में हर सुब्ह बुलबुल ने मिरी तर्ज़-ए-सुख़न साफ़ उड़ाई
मजलिस में मिरे होते रहा करते हो चुपके ये बात मिरी ज़िद से तुम्हें किन ने बताई
गर्दिश में जो हैं 'मीर' मह-ओ-महर-ओ-सितारे
दिन रात हमें रहती है ये चश्म-नुमाई

809

तुझ कने बैठे घटा जाता है जी काहिशें क्या-क्या उठा जाता है जी
यूँ तो मुर्दे से पड़े रहते हैं हम पर वो आता है तो आ जाता है जी
हाए उसके शरबती लब से जुदा कुछ बताशा सा घुला जाता है जी
क्या कहें तुमसे कि उस शोले बग़ैर जी हमारा कुछ जला जाता है जी
इश्क़ आदम में नहीं कुछ छोड़ता होले-होले कोई खा जाता है जी
उठ चले पर उसके, ग़श करते हैं हम या'नी साथ उस के चला जाता है जी
आ नहीं फिरता वो मरते वक़्त भी हैफ़ है उस में रहा जाता है जी

---

807. तरफ़–विरोधी, दुश्मन। ख़ुदाई–दुनिया के लोग, दुनिया। दरिया-ए-हस्ती–जीवन रूपी नदी। आश्नाई–पहचान। शब–रात। माह–चाँद। तालेअ-आज़माई–क़िस्मत आज़माना, कोशिश। मह–चाँद। दरेग़ा–अफ़सोस है।

808. मुत्रिब–गाने वाला, गवैया। रफ़्तगी–बेख़ुदी, होश क़ाबू में न रहना। बहर–शे'र का वज़्न। अशआर–शे'र का बहुवचन, बहुत से शे'र। गौहर-ए-नायाब–अनमोल मोती। तर्ज़-ए-सुख़न–बात का तरीक़ा, शायरी का अन्दाज़। मजलिस–महफ़िल। गर्दिश–चक्कर। मह-ओ-महर–चाँद और सूरज। चश्म-नुमाई–धमकी, झिड़की, आँख दिखाना।

809. कने–नाज़दीक, पास। काहिश उठाना–तकलीफ़ बर्दाश्त करना। शरबती–रसीला, मीठा। बताशा सा घुलना–दुख से धीरे-धीरे दुबला होना। शोला–आग की लपट। ग़श करना–बेहोश होना। हैफ़–अफ़सोस।

रखते थे क्या-क्या बिनाएँ पेशतर   सो तो अब आप्ही ढहा जाता है जी
आसमाँ शायद वरे कुछ आ गया   रात से क्या-क्या रुका जाता है जी
काशके बुर्क़ा रहे उस रुख़ पे 'मीर'
मुँह खुले उसके, छुपा जाता है जी

810

मता'-ए-दिल इस इश्क़ ने सब जला दी   कोई दिन ही में ख़ाक सी याँ उड़ा दी
मिज़ाजों में यास आ गई है हमारे   न मरने का ग़म है न जीने की शादी
न पूछो कि छाती के जलने ने आख़िर   अजब आग दिल में जिगर में लगा दी
वफ़ा लोग आपस में करते थे आगे   ये रस्म-ए-कुहन आह तुमने उठा दी
वो नुस्ख़ा जो देखा बढ़ा रोग दिल का   तबीब-ए-मुहब्बत ने कैसी दवा दी
मिले क़स्र जन्नत में पीर-ए-मुग़ाँ को   हमें ज़ेर-ए-दीवार-ए-मयख़ाना जा दी
न हो इश्क़ का शोर ता 'मीर' हरगिज़
चले बस तो शहरों में करिए मुनादी

811

सुब्ह है कोई आह कर लीजे   आसमाँ को सियाह कर लीजे
चश्म-ए-गुल बाग़ में मुंदी जा है   जो बने इक निगाह कर लीजे
अब्र-ए-रहमत है जोश में, मय दे
या'नी साक़ी गुनाह कर लीजे

812

यक मिज़ा ऐ दम-ए-आख़िर मुझे फ़ुर्सत दीजे   चश्म-ए-बीमार के देख आने की रुख़्सत दीजे
नौ गिरफ़्तार हूँ इस बाग़ का, रहम ऐ सय्याद   मौसम-ए-गुल रहे जब तक मुझे मोहलत दीजे
ख़्वार-ओ-ख़स्ता कई पामाल तिरी राह में हैं   कीजिए रंजा क़दम, उनको भी इज़्ज़त दीजे

बिना–नींव, आधार। पेश्तर–पहले, अब से पहले। आप्ही–'आप ही' का संयुक्त शब्द। वरे–पास, नज़दीक। रुख़–चेहरा।

810. मता'-ए-दिल–दिल रूपी पूँजी। यास–निराशा, ना-उम्मीदी। शादी–ख़ुशी। रस्म-ए-कुहन–पुरानी रस्म। तबीब–हकीम। तबीब-ए-मुहब्बत–प्रेम रोग का इलाज करने वाला यानी माशूक़। क़स्र–महल। पीर-ए-मुग़ाँ–शराबख़ाने का बूढ़ा, मालिक। ज़ेर-ए-दीवार-ए-मयख़ाना–शराबख़ाने की दीवार के नीचे। मुनादी करना–आवाज़ लगाना, ढिंढोरा पीटना।

811. सियाह–काला। चश्म-ए-गुल–फूल की आँख। मुंदना–बंद होना। अब्र-ए-रहमत–रहमत का बादल। साक़ी–शराब पिलाने वाला।

812. यक मिज़ा फ़ुर्सत–पलक झपकने की मोहलत। दम-ए-आख़िर–अंतिम समय। चश्म-ए-बीमार–महबूब की अध-खुली आँखें, नशीली आँखें। नौ–नया। सय्याद–शिकारी। ख़्वार-ओ-ख़स्ता–बदनाम और ख़स्ता हाल। पामाल–कुचला हुआ, रौंदा हुआ। क़दम रंजा करना–(सम्मानसूचक) तशरीफ़ लाना।

अपने ही दिल का गुनह है जो जलाता है मुझे किसको ले मरिये मियाँ, और किसे तोहमत दीजे
छूटे हैं क़ैद-ए-क़फ़स से तो चमन तक पहुँचें इतनी ऐ ज़ोफ़-ए-मुहब्बत हमें ताक़त दीजे
मर गया 'मीर' न आया तिरे जी में ऐ शोख़
अपने मेहनत-ज़दा को भी कभी राहत दीजे

813

हरचंद बहर-ए-ख़ूबाँ सर मस्जिदों में मारे पर उन के दामनों तक दस्त-ए-दुआ न पहुँचे
बिन आह दिल का रुकना बेजा नहीं हमारा
क्या हाल होवे उसका जिसको हवा न पहुँचे

814

इक शोर हो रहा है ख़ूँ-रेज़ी में हमारे
हैरत से हम तो चुप हैं, कुछ तुम भी बोलो प्यारे

ज़ख़्म उसके हाथ के जो सीने पे हैं नुमायाँ
छाती लगे रहेंगे ज़ेर-ए-ज़मीं भी सारे

हैं बद-मिज़ाज ख़ूबाँ, पर किस क़दर हैं दिलकश
पाए कहाँ गुलों ने, ये मुखड़े प्यारे-प्यारे

बैठें हैं रोने को तो दरिया ही रो उठेंगे
जोश-ए-ख़रोश ये थे, तब हम लगे किनारे

कोई तो माह-पारा उस भी रिवाक़ में है
चश्मक-ज़नी में शब को यूँ हीं नहीं हैं तारे

बेताबी है दिनों को बे-ख़्वाबी है शबों को
आराम-ओ-सब्र दोनों, मुद्दत हुई सिधारे

जल बुझते अब तो बेहतर, मानिंद-ए-बर्क़-ए-ख़ातिफ़
जूँ अब्र किस के आगे दामन कोई पसारे

हमने तो आशिक़ी में खोया है जान को भी
सदक़े हैं 'मीर जी' के, वे ढूँढते हैं वारे

क़ैद-ए-क़फ़स–पिंजरे की क़ैद। ज़ोफ़–कमज़ोरी। ज़ोफ़-ए-मुहब्बत–मुहब्बत से होने वाली कमज़ोरी। मेहनत-ज़दा–मेहनत का मारा हुआ, परेशान।

813. हरचंद–जितना कुछ। बहर-ए-ख़ूबाँ–माशूक़ों के वास्ते, माशूक़ों को पाने के लिए। दस्त-ए-दुआ–दुआ के लिए उठे हाथ। बेजा–अनुचित।

814. ख़ूँ-रेज़ी–ख़ून बहाना, लड़ाई। नुमायाँ–प्रकट, ज़ाहिर। ज़ेर-ए-ज़मीं–ज़मीन के नीचे, क़ब्र में। ख़ूबाँ–ख़ूबसूरत माशूक़। माह-पारा–चाँद का टुकड़ा। रिवाक़–मकान का छज्जा। चश्मक-ज़नी–आँखें झपकाना, टिमटिमाना। मानिंद-ए-बर्क़-ए-ख़ातिफ़–पल भर में चमक कर ख़त्म हो जाने वाली बिजली। अब्र–बादल। वारा–फ़ायदा।

815

सैर की हम ने हर कहीं प्यारे फिर जो देखा तो कुछ नहीं प्यारे
ख़ुश्क-साल-ए-वफ़ा में इक मुद्दत पलकें लोहू में तर रहीं प्यारे
यक नज़र देखने की हसरत में आँखें तो पानी हो बहीं प्यारे
पहुँची है ज़ोफ़ से ये अब हालत जहाँ पहुँचा, रहा वहीं प्यारे
तुझ गली में रहे है 'मीर' मगर
देखें हैं जब न तब नहीं प्यारे

816

असीर-ए-ज़ुल्फ़ करे, क़ैदी-ए-कमंद करे पसंद उस की है वो जिस तरह पसंद करे
हमेशा चश्म है नमनाक, हाथ दिल पर है ख़ुदा किसू को न हम सा भी दर्द-मंद करे
सुख़न यही है जो कहते हैं शे'र-ए-'मीर' है सिह्र
ज़बान-ए-ख़ल्क़ को किस तौर कोई बंद करे

817

आह रोकूँ जाने वाले किस तरह घर के तिरे गाड़ देवें काश मुझ को बीच में दर के तिरे
लाला-ओ-गुल क्यूँ न फीके अपनी आँखों में लगें देखने वाले हैं हम तो रंग-ए-अहमर के तिरे
आज का आया तुझे क्या पावे, हम हैरान हैं ढूँढने वाले जो हैं ऐ शोख़ अक्सर के तिरे
ताज़ा-तर होते हैं नौ-गुल से भी ऐ नाज़ुक निहाल सुब्ह उठते हैं बिछे जो फूल बिस्तर के तिरे
जी में वो ताक़त कहाँ जो हिज्र में सँभले रहें अब ठहरते ही नहीं हैं पाँव टुक सर के तिरे
नूह का तूफ़ाँ हमारे कब नज़र चढ़ता है 'मीर'
जोश हम देखे हैं क्या-क्या दीदा-ए-तर के तिरे

818

बू किए कुम्हलाए जाते हो नज़ाकत हाए रे
हाथ लगते मैले होते हो लताफ़त हाए रे

---

815. ख़ुश्क-साल-ए-वफ़ा–मुहब्बत रूपी बारिश का न होना। यक–एक। ज़ोफ़–कमज़ोरी।

816. असीर-ए-ज़ुल्फ़–ज़ुल्फ़ों का क़ैदी। कमंद–जाल, फंदा। क़ैदी-ए-कमंद–फंदे का क़ैदी, लटों का क़ैदी। चश्म–आँख। सुख़न–शायरी। शे'र-ए-'मीर'–'मीर' के शे'र। सिह्र–जादू। ज़बान-ए-ख़ल्क़–लोगों का मुँह, लोगों की बातें।

817. रंग-ए-अहमर–बहुत सुर्ख़ रंग। नाज़ुक निहाल–नाज़ुक ख़ूबसूरत पौधा, महबूब। हिज्र–जुदाई। नूह का तूफ़ान–एक ज़बरदस्त तूफ़ान जो हज़रत नूह के ज़माने में आया था। दीदा-ए-तर–आँसू भरी आँखें।

818. बू करना–सूंघना। कुम्हलाना–मुरझाना। लताफ़त–नाज़ुकी, कोमलता।

यार बेपरवा-ओ-मुफ़्तर और मैं बे-इख़्तियार
पेश कुछ जाती नहीं मिन्नत समाजत हाए रे

शोर उठता है जो होते जल्वागर हो नाज़ से
खींचना क़द का बला आफ़त क़यामत हाए रे

इश्क़ में अफ़सोस-सा-अफ़सोस अपना कर चुके
ज़ेर-ए-लब कहते रहे हम, एक मुद्दत हाए रे

रीझने ही के है क़ाबिल यार की तरकीब 'मीर'
वाह-वा रे चश्म-ओ-अब्रू, क़द्द-ओ-क़ामत हाए रे

819

तुम्हारी दुश्मनी हम दोस्तों से ला-निहायत है
वगरना इन्तिहा कीने को भी है मेहरबाँ मेरे

लब-ओ-लहजा ग़ज़ल-ख़्वानी का किस को आजकल ऐसा
घड़ी-भर को हुए मुर्ग़-ए-चमन हम-दास्ताँ मेरे

कहाँ तक सर को दीवारों से यूँ मारा करे कोई
रखूँ उस दर पे पेशानी, नसीब ऐसे कहाँ मेरे

मुझे पामाल कर यक्साँ किया है ख़ाक से तो भी
वही रहता है सुब्ह-ओ-शाम दरपए आस्माँ मेरे

सुख़न क्या 'मीर' करिए हसरत-ओ-अंदोह-ओ-हिरमाँ से
बयाँ हाजत नहीं, हालात हैं सारे अयाँ मेरे

820

का'बे में जाँ-ब-लब थे हम दूरी-ए-बुताँ से
आए हैं फिर के यारो अब के ख़ुदा के हाँ से

तस्वीर के से ताइर ख़ामोश रहते हैं हम
जी कुछ उचट गया है अब नाला-ओ-फ़ुग़ाँ से

मुफ़्तर–धोखेबाज़। मिन्नत समाजत–याचना, प्रार्थना, गिड़गिड़ाना। ज़ेर-ए-लब–होंठों ही होंठों में। चश्म-ओ-अब्रू–आँख और भौं। क़द्द-ओ-क़ामत–डील-डौल, बदन।

819. ला-निहायत–असीमित। वगरना–वरना। कीना–द्वेष, रंजिश। लब-ओ-लहजा–बातचीत या शे'र कहने का अन्दाज़। ग़ज़ल-ख़्वानी–ग़ज़ल पढ़ना। मुर्ग़-ए-चमन–बाग़ के पक्षी। हम-दास्ताँ–साथ में बात करने वाला, दोस्त। हम-दास्ताँ होना–साथ-साथ अपनी कहानी सुनाना। पेशानी–माथा। पामाल करना–रौंदना। यक्साँ–समतल, बराबर। दरपए होना–पीछे पड़ना, घात में रहना। सुख़न–बात। हसरत-ओ-अंदोह-ओ-हिरमाँ–अफ़सोस, दुख और मायूसी। हाजत–ज़रूरत। अयाँ–प्रकट, ज़ाहिर।

820. जाँ-ब-लब होना–मरने के क़रीब होना। ताइर–पक्षी, परिंदा। नाला-ओ-फ़ुग़ाँ–रोना-पीटना।

जब कौंदती है बिजली, तब जानिब-ए-गुलिस्ताँ
रखती है छेड़ मेरे ख़ाशाक-ए-आशियाँ से

क्या ख़ूबी उसके मुँह की ऐ ग़ुंचा नक़्ल करिए
तू तो न बोल ज़ालिम, बू आती है वहाँ से

आँखों ही में रहे हो दिल से नहीं गए हो
हैरान हूँ ये शोख़ी आई तुम्हें कहाँ से

सब्ज़ान-ए-बाग़ सारे देखे हुए हैं अपने
दिलचस्प काहे को हैं, उस बेवफ़ा जवाँ से

की शुस्त-ओ-शू बदन की जिस दिन बहुत सी उन ने
धोए थे हाथ मैंने उस दिन ही अपनी जाँ से

ख़ामोशी ही में हमने देखी है मस्लहत अब
हर यक से हाल दिल का मुद्दत कहा ज़बाँ से

इतनी भी बद-मिज़ाजी हर लहज़ा 'मीर' तुम को
उलझाव है ज़मीं से झगड़ा है आसमाँ से

821

करता है कब सुलूक वो अहल-ए-नियाज़ से
गुफ़्तार उस की किब्र से, रफ़्तार नाज़ से

ख़ामोश रह सके न तो बढ़कर भी कुछ न कह
सर शम्अ का कटे है ज़बान-ए-दराज़ से

अब जा किसू दरख़्त के साए में बैठिए
इस तौर फिरिये कब तईं बे-बर्ग-ओ-साज़ से

मानिंद-ए-शम्अ टपके ही पड़ते हैं अब तो अश्क
कुछ जलते-जलते हो गए हैं हम गुदाज़ से

शायद कि आज रात को थे मयकदे में 'मीर'
खेले था एक मुग़बचा मुहर-ए-नमाज़ से

जानिब-ए-गुलिस्ताँ–बाग़ की तरफ़। ख़ाशाक-ए-आशियाँ–घोंसले की घास-फूस। ग़ुंचा–कली। बू–ख़ुशबू। सब्ज़ान-ए-बाग़–प्रेमरूपी बाग़ के पेड़-पौधे (यहाँ माशूक़)। शुस्त-ओ-शू–नहाना-धोना, सफ़ाई-सुथराई। जान से हाथ धोना–मर जाना। मस्लहत–भलाई, अच्छी सलाह। लहज़ा–पल, आँख की झपक।

821. सुलूक करना–मिलना, भलाई का बर्ताव करना। अहल-ए-नियाज़–आरज़ू रखने वाले, आशिक़। गुफ़्तार–बातचीत। किब्र–घमंड, ग़ुरूर। ज़बान-ए-दराज़–लम्बी ज़बान, ज़्यादा बोलना। दरख़्त–पेड़। बे-बर्ग-ओ-साज़–बे-सहारा, मोहताज, उजड़ा हुआ। मानिंद–तरह। अश्क–आँसू। गुदाज़ होना–पिघल जाना। मुग़बचा–शराब परोसने वाला लड़का। मुहर-ए-नामाज़–मिट्टी की वो चौकोर टिकिया जो शीया लोग नमाज़ के समय सज्दे के लिए सामने रखते हैं।

822

तुम छेड़ते हो बज़्म में मुझको तो हँसी से पर मुझ पे जो हो जाए है पूछो मिरे जी से
गर ठहरे मलक आगे उन्हों के तो अजब है फिरते हैं पड़े दिल्ली के लौंडे जो परी से
हमसाए मुझे रात को रोया ही करे हैं सोते नहीं बेचारे मिरी नाला-कशी से
तुमने तो इधर देखने की खाई है सौगन्द अब हम भी लड़ा बैठते हैं आँख किसी से
बे-रहम वो तुझ पास लगा बैठने जब देर
हम 'मीर' से दिल अपने उठाए थे तभी से

823

हुशियार कि है राह मुहब्बत की ख़तरनाक मारे गए हैं लोग बहुत बे-ख़बरी से
ज़ंजीर तो पाँव में लगी रहने हमारे क्या और हो रुस्वा कोई आशुफ़्ता-सरी से
जब लब तिरे याद आते हैं, आँखों से हमारी तब टुकड़े निकलते हैं अक़ीक़-ए-जिगरी से
इश्क़ आँखों के नीचे किए क्या 'मीर' छिपे है
पैदा है मुहब्बत तिरी मिज़्गाँ की तरी से

824

बरसों हुए गए हुए उस मह को बाम से काहिश मुझे जो है वही होती है शाम से
वो नाज़ से चला कहीं तो हश्र हो चुके फिर बहस आ पड़ेगी उसी के ख़िराम से
झुक-झुक सलाम करने से सरकश हुआ वो और हो बैठे ना-उमीद जवाब-ए-सलाम से
सरगर्म-ए-जल्वा बद्र हो हरचंद शब को लेक कब जी लगें हैं अपने किसू ना-तमाम से
दिल और अर्श दोनों पे गोया है उन की सैर
करते हैं बातें 'मीर जी' किस-किस मक़ाम से

825

यूँ तो दस गज़ की ज़बाँ हम भी बुताँ रखते हैं
बात को तूल नहीं देते ख़ुदा के डर से

---

822. बज़्म–महफ़िल। मलक–फ़रिश्ता। हमसाया–पड़ौसी। नाला-कश–रोने वाला, फ़रियाद करने वाला।

823. रुस्वा–अपमानित। आशुफ़्ता-सरी–दीवानापन। अक़ीक़-ए-जिगरी–जिगर के गहरे लाल टुकड़ों को सुर्ख़ क़ीमती पत्थर से उपमा दी है। मिज़्गाँ–पलकें। तरी–नमी, गीलापन।

824. मह–चाँद। बाम–छत, कोठा, अटारी। काहिश–चुभन, तकलीफ़। हश्र–क़यामत। ख़िराम–मटक चाल, नाज़-ओ-अदा से भरी चाल। सरकश–घमंडी। सरगर्म-ए-जल्वा–जल्वा दिखाने में व्यस्त। बद्र–चाँद। ना-तमाम–अधूरा, जिसमें कोई कमी हो। अर्श–आसमान। गोया–यक़ीनन, शायद। मक़ाम–ठहरने की जगह, ठिकाना।

825. बुत–मूर्ति, माशूक़। तूल देना–लम्बा करना।

826

इधर तौबा करे है 'मीर', उधर लगता है मय पीने
कहाँ तक, अब तो अपना उठ गया है ऐतमाद उस से

827

सज्दा कोई करे तो दर-ए-यार पर करे
है जा-ए-पाक शर्त, इबादत के वास्ते

828

दीवानगी में गाह हँसे, गाह रो चुके वहशत बहुत थी, ताक़त-ए-दिल हाए खो चुके
इफ़्रात-ए-इश्तियाक़ में समझे न अपना हाल देखे हैं सोच कर के तो अब हम भी हो चुके
कहता है 'मीर' साँझ ही से आज दर्द-ए-दिल
ऐसी कहानी गरचे बंधी है तो सो चुके

829

बेख़ुदी जो ये है तो हम आप में अब आ चुके क्या तुम्हीं याँ से चले जाते हो, हम भी जा चुके
अब चमन में जा निकलते हैं तो जी लगता नहीं
फूल गुल से 'मीर' उस बिन दिल बहुत बहला चुके

830

एक-एक बात ऊपर हैं पेच-ओ-ताब सौ-सौ रहते नहीं हैं सीधे ये लौंडे टेढ़े बाँके
गर्दिश से रूसियह की क्या-क्या बलाएं आईं जाने ही के हैं लच्छन सारे इस आसमाँ के
मुश्ताक़ हम जो ऐसे सो हम ही से है पर्दा जब इस तरफ़ से निकले तब मुँह को अपने ढाँके
है पुर-ग़ुबार आलम जाना ही याँ से अच्छा इस ख़ाकदाँ में रहकर क्या कोई ख़ाक फाँके
जानाँ की रह से आँखें जिस-तिस की लग रही हैं
रफ़्ता हैं लोग सारे उन पाँव के निशाँ के

---

826. ऐतमाद–भरोसा।

827. दर-ए-यार–महबूब का दरवाज़ा। जा-ए-पाक–पवित्र जगह।

828. गाह–कभी। इफ़्रात-ए-इश्तियाक़–आरज़ू, शौक़ की अधिकता। हो चुकना–जीवन पूरा कर लेना। गरचे–यद्यपि, हालाँकि।

829. बेख़ुदी–सुध-बुध खो देना। आप में आना–होश में आना।

830. गर्दिश–चक्कर। रूसियह–गुनहगार, पापी। मुश्ताक़–चाहने वाला। पुर-ग़ुबार आलम–मिट्टी से भरी दुनिया, दुखों से भरी दुनिया। ख़ाकदाँ–मिट्टी और कूड़ा-करकट डालने की जगह, दुनिया। जानाँ–महबूब, माशूक़। रह–राह, रास्ता। रफ़्ता–बेहोश, आशिक़, गया हुआ।

831

चश्मे कहीं हैं जोशाँ, जूएँ कहीं हैं जारी आसार अब तलक हैं यारों की चश्म-ए-तर के
रहने की अपने जा तो, नै दैर है न का'बा उठिए जो उसके दर से तो होजिये किधर के
इस शे'र-ओ-शाइरी पर अच्छी बंधी न हमसे महव-ए-ख़याल शाइर यूँ ही हैं उस कमर के
दुनिया में है बसेरा यारो सराए का सा ये रहरवान-ए-हस्ती आज़िम हैं सब सफ़र के
तह बेख़ुदी की अपनी क्या कुछ वरे धरी है हम बे-ख़बर हुए हैं, पहुँचे किसू ख़बर के
उस आस्ताँ की दूरी, इस दिल की ना-सबूरी क्या कहिए आह ग़म से, घर के हुए न दर के
ख़ाक ऐसी आशिक़ी में ठुकराए भी गए कल
पाँव कने से उसके पर 'मीर जी' न सरके

832

कितने रोज़ों से न सोने के हैं ने खाने के दिल जो ये है तो हम आराम नहीं पाने के
हाए किस ख़ूबी से आवारा रहा है मजनूँ हम भी दीवाने हैं उस तौर के दीवाने के
आह क्या सहल गुज़र जाते हैं जी से आशिक़ ढब कोई सीख ले इन लोगों से मर जाने के
काहे को आँख छुपाते हो, यही है गर चाल एक दो दिन में नहीं हम भी नज़र आने के
हाथ चढ़ जाइयो ऐ शैख़ किसू के न कभू लौंडे सब तेरे ख़रीदार हैं मयख़ाने के
ले भी ऐ ग़ैरत-ए-ख़ुर्शीद कहीं मुँह पे नक़ाब मुक़तज़ी दिन नहीं अब, मुँह के ये दिखलाने के
लाला-ओ-गुल ही के मसरूफ़ रहो हो शब-ओ-रोज़
तुम मगर 'मीर जी' सय्यद हो गुलिस्ताने के

833

इस बाग़-ए-बे-सबात में क्या दिल सबा लगे क्या-क्या निहाल देखते याँ पाँव आ लगे
हिर्स-ओ-हवस से बाज़ रहे दिल तो ख़ूब है है क़हर इस कली के तईं गर हवा लगे
किसको ख़बर है कश्ती-तबाहों के हाल की तख़्ता मगर किनारे कोई बह के जा लगे
बिन हड्डियों हमारी हुमा कुछ न खाएगा टुक चाशनी-ए-इश्क़ का उसको मज़ा लगे

---

831. चश्मा–झरना। जोशाँ–जोश में। जूएँ–जू (नदी) का बहुवचन, नदियाँ, नहरें। आसार–निशान। नै–न। दैर–मन्दिर। महव-ए-ख़याल–सोच में तल्लीन। रहरवान-ए-हस्ती–ज़िन्दगी का सफ़र तय करने वाले। आज़िम–इरादा करने वाला। आस्ताँ–चौखट। ना-सबूरी–बे-सब्री।

832. सहल–आसान। शैख़–मुल्ला, क़ाज़ी। ग़ैरत-ए-ख़ुर्शीद–जिसे देख सूरज भी शर्मिंदा हो जाए, रौशन चेहरे वाला। मुक़तज़ी–तक़ाज़ा करने वाला। लाला–एक सुर्ख़ रंग का फूल। लाला-ओ-गुल–यहाँ माशूक़ के अर्थ में। शब-ओ-रोज़–रात-दिन। मसरूफ़–व्यस्त। सय्यद–सरदार। गुलिस्ताना–गुलसितान, बाग़।

833. बाग़-ए-बे-सबात–ना-पायदर बाग़, नश्वर दुनिया। सबा–हवा। निहाल–पौधा। हिर्स-ओ-हवस–लालच और हवस। बाज़ रहना–दूर रहना। तख़्ता–लकड़ी का टुकड़ा, पटरा। हुमा–एक ख़याली परिंदा जिसकी ख़ुराक हड्डी है। टुक–ज़रा।

मक़सूद के ख़याल में बहुतों ने छानी ख़ाक आलम तमाम वहम है याँ हाथ क्या लगे
सब चाहते हैं देर रहे 'मीर'-ए-दिल-ज़दा
या-रब किसू तो दोस्त की उसको दुआ लगे

834

आँख हर एक की दौड़े है कफ़क पर तेरे
पाँव से लग के तिरे मेहंदी को कुछ भाग लगे

835

कब तलक अहवाल ये, जब कोई तेरा नाम ले
आशिक़-ए-बेहाल दोनों हाथ से दिल थाम ले

ना-तवानी से अगर मुझ में नहीं है जी तो क्या
इश्क़ जो चाहे तो मुर्दे से भी अपना काम ले

पहलू-ए-आशिक़ न बिस्तर से लगे तो है बजा
दिल सी आफ़त हो बग़ल में जिस के, क्या आराम ले

अब दिल-ए-नालाँ फिर उस ज़ुल्फ़-ए-सियह में जा चुका
आज ये बीमार देखें किस तरह से शाम ले

शाख़-ए-गुल तेरी तरफ़ झुकती जो है ऐ मस्त-ए-नाज़
चाहती है तू भी मेरे हाथ से इक जाम ले

इज़्ज़त ऐ पीर-ए-मुग़ाँ कुछ हाजियों की है ज़रूर
आए हैं तेरे कने हम जामा-ए-अहराम ले

क्या बला मुफ़्ती का लौंडा सर चढ़ा है इन दिनों
आवे है गोया कि मुझ पर क़ाज़ी का एलाम ले

हमनशीं कह मत बुतों की 'मीर' को तस्बीह है
काम क्या इस ज़िक्र से उनको, ख़ुदा का नाम ले

मक़सूद–मक़सद, लक्ष्य। आलम–दुनिया। 'मीर'-ए-दिल-ज़दा–दिल का मारा हुआ 'मीर', आशिक़ 'मीर'।

834. कफ़क–पैरों का तलवा। भाग लगना–इतराना, अकड़ना।

835. अहवाल–हाल, हालत। ना-तवानी–कमज़ोरी। पहलू-ए-आशिक़–आशिक़ की करवट। बजा–उचित। दिल-ए-नालाँ–रोता हुआ दिल, परेशान दिल। ज़ुल्फ़-ए-सियह–काली ज़ुल्फ़। शाख़-ए-गुल–फूल की टहनी। मस्त-ए-नाज़–नाज़ नख़रे में मस्त यानी महबूब। पीर-ए-मुग़ाँ–शराब ख़ाने का मालिक, शराब बेचने वाला। जामा-ए-अहराम–हज के समय पहने जाने वाले कपड़े, हाजियों का लिबास। मुफ़्ती–फ़तवा देने वाला। एलाम–ख़बर, तलबी का परवाना। हमनशीं–साथी, दोस्त। तस्बीह–मुसलमानों की जप-माला।

836

सख़्तियाँ खींचीं सो खींचीं फिर भी जो उठ कर चले
चलते उस कूचे से हम पर सैंकड़ों पत्थर चले

क्यूँके उनका कोई वारफ़्ता भला ठहरा रहे
जुम्बिश उन पलकों को होती है कि जूँ ख़ंजर चले

साफ़ सारा शहर उस अम्बोह-ए-ख़त में लुट गया
कुछ नहीं रहता है वाँ, जिस राह हो लश्कर चले

लाए थे जाकर अभी तो उस गली में से पुकार
चुपके-चुपके 'मीर जी' तुम उठ के फिर कीधर चले

837

या पहली वे निगाहें, जिन से कि चाह निकले — या अब की वे अदाएँ, जो दिल से आह निकले
क्यूँकर न चुपके-चुपके यूँ जान से गुज़रिये — कहिए बिथा जो उस से बातों की राह निकले
ज़र्दी-ए-रंग-ओ-रोना, दोनों दलील-ए-कुश्तन — ख़ुश-तालई से मेरी क्या-क्या गवाह निकले
याँ मेह्र थी वफ़ा थी, वाँ जौर थे सितम थे — फिर निकले भी तो मेरे ये ही गुनाह निकले

इक ख़ल्क़ 'मीर' के अब होती है आस्ताँ पर
दरवेश निकले है यूँ, जूँ बादशाह निकले

838

दीन-ओ-मज़हब आशिक़ों का क़ाबिल-ए-पुरसिश नहीं
ये उधर सज्दा करें, अब्रू जिधर उसकी हले

ये नहीं मैं जानता निस्बत है क्या आपस में लेक
आँखें हो जाती हैं ठंडी, उसके तलवों से मले

हाए किस हसरत से शबनम ने सहर रोकर कहा
ख़ुश रहो ऐ साकिनान-ए-बाग़ अब तो हम चले

---

836. सख़्ती खींचना–दुख उठाना। वारफ़्ता–निढाल, बे-ख़बर। जुम्बिश–हरकत, हिलना-डुलना। अम्बोह-ए-ख़त–चेहरे पर रुएँ का ज़्यादा होना। लश्कर–सेना, फ़ौज, यहाँ माशूक़ के अर्थ में।

837. बिथा–व्यथा। ज़र्दी-ए-रंग–रंग का पीला पड़ना, बहुत कमज़ोर हो जाना। दलील-ए-कुश्तन–मारे जाने की दलील, सुबूत। ख़ुश-तालई–ख़ुश-नसीबी, सौभाग्य। याँ–यहाँ। मेह्र–मेहरबानी। वाँ–वहाँ। जौर–ज़्यादती। ख़ल्क़–लोग, दुनिया। आस्ताँ–चौखट। दरवेश–साधु, फ़क़ीर।

838. क़ाबिल-ए-पुरसिश–पूछताछ या सवाल उठाने के क़ाबिल। अब्रू–भौं। हले–हिले। निस्बत–रिश्ता, सम्बन्ध। शबनम–ओस। सहर–सुबह। साकिनान-ए-बाग़–बाग़ के रहने वाले।

कल जो हम को याद आया बाग़ में क़द यार का
ख़ूब रोए हर निहाल-ए-सब्ज़ के साए तले

क़त्आ

गरचे सब हैंगे मुहय्या-ए-तरीक़-ए-नेस्ती
तय बहुत दुश्वार की ये रह-गुज़र हम ने वले

हर क़दम पर जी से जाना, हर दम ऊपर बे-दमी
लम्हा-लम्हा आगे थे क्या-क्या क़यामत मरहले

जलने को जलते हैं सब के अंदरूने, लेक 'मीर'
जब किसू की इस वतीरे से कहीं छाती जले

839

बे-महर-ओ-वफ़ा है वो, क्या रस्म-ए-वफ़ा जाने
उल्फ़त से, मुहब्बत से मिल बैठना क्या जाने

दिल धड़के है जाते कुछ बुत-ख़ाने से का'बे को
इस राह में पेश आवे क्या हमको ख़ुदा जाने

कुछ उस की बंधी मुट्ठी इस बाग़ में गुज़रे है
जो ज़ख़्म-ए-जिगर अपने जूँ गुंचा छुपा जाने

क्या सीने के जलने को हँस-हँस के उड़ाता हूँ
जब आग कोई घर को इस तौर लगा जाने

मैं मिट्टी भी ले जाऊँ दरवाज़े की उस के तो
इस दर्द-ए-मुहब्बत की जो कोई दवा जाने

क्या जानूँ रखो रोज़े, या दारू पियो शब को
किरदार वही अच्छा तू जिसको भला जाने

आगाह नहीं इन्साँ, ऐ 'मीर' नविश्ते से
क्या चाहिए है फिर जो तालेअ का लिखा जाने

निहाल-ए-सब्ज़–हरे पौधे, हरियाली, पेड़-पौधे। मुहय्या–उपलब्ध। तरीक़-ए-नेस्ती–मिट जाने के तरीक़े। वले–लेकिन। मरहला–पडाव। अंदरूना–शरीर के अंदर का हिस्सा। लेक–लेकिन। वतीरा–ढंग, तरीक़ा।

839. बे-महर-ओ-वफ़ा–प्यार और हमदर्दी के बिना। उल्फ़त–प्यार। बुत-ख़ाना–मूर्ति-गृह, मन्दिर। जूँ गुंचा–कली की तरह। दरवाज़े की मिट्टी ले जाना–दरवाज़े पर बार-बार आना, बार-बार फेरे लगाना। शब–रात। नविश्ता–भाग्य, लेखा। तालेअ–क़िस्मत।

840

इलाही, कहाँ मुँह छुपाया है तूने हमें खो दिया है तिरी जुस्तजू ने
जो ख़्वाहिश न होती तो काहिश न होती हमें जी से मारा तिरी आरज़ू ने
न भाईं तुझे मेरी बातें, वगरना रखी धूम शहरों में इस गुफ़्तगू ने
कुढ़ाया किसू को, खपाया किसू को बुराई ही की सब से उस ख़ूब-रू ने
वो किस्रा कि है शोर जिसका जहाँ में पड़े हैंगे उस के महल आज सूने
तिरी चाल टेढ़ी, तिरी बात रूखी
तुझे 'मीर' समझा है याँ कम किसू ने

841

क्या रफ़्तगी से मेरी तुम गुफ़्तगू करो हो खोया गया नहीं मैं ऐसा जो कोई पावे
छाती के दाग़ यकसर आँखों से खुल रहे हैं देखें अभी मुहब्बत क्या-क्या हमें दिखावे
यूँ ख़ाक मुँह पे मलकर कब तक फिरा करूँ मैं या-रब ज़मीं फटे तो ये रू-सियह समावे
ऐ काश क़िस्सा मेरा हर फ़र्द को सुना दें ता-दिल किसू से अपना कोई न याँ लगावे
आशिक़ को मर गए ही बनती है आशिक़ी में क्या जान जिसकी ख़ातिर शर्मिंदगी उठावे
जी में बिगड़ रहा है, तब 'मीर' चुप है बैठा
छेड़ो अभी तो क्या-क्या बातें बना के लावे

842

या बादा-ए-गुलगूँ की ख़ातिर से हवस जावे
या अब्र कोई आवे और आके बरस जावे

शोरिश-कदा-ए-आलम कहने ही की जागह थी
दिल क्या करे जो ऐसे हंगामे में फँस जावे

दिल है तो अबस नालाँ, यारान-ए-गुज़श्ता बिन
मुमकिन नहीं अब उन तक आवाज़-ए-जरस जावे

---

840. काहिश–कमी, घटाव। ख़ूब-रू–सुन्दर चेहरे वाला, माशूक़। किस्रा–प्राचीन काल में ईरान के बादशाह की उपाधि।

841. रफ़्तगी–बेख़ुदी, बेसुध होने की अवस्था। यकसर–एक सिरे से दूसरे सिरे तक, सारे के सारे। रू-सियह–गुनहगार। फ़र्द–आदमी, व्यक्ति।

842. बादा-ए-गुलगूँ–सुर्ख़ रंग की शराब। ख़ातिर–तबीयत, मिज़ाज। अब्र–बादल। शोरिश-कदा-ए-आलम–हंगामे से भरी दुनिया। जागह–जगह। अबस–व्यर्थ में, बिना कारण। नालाँ–रोता हुआ। यारान-ए-गुज़श्ता–दोस्त जो दुनिया से चले गए। आवाज़-ए-जरस–क़ाफ़िले के घंटे की आवाज़।

उस ज़ुल्फ़ से लग चलना इक साँप खिलाना है
ये मार-ए-सियह यारो नागाह न डस जावे

मयख़ाने में आवे तो मालूम हो कैफ़ीयत
यूँ आगे हो मस्जिद के हर रोज़ असस जावे

है 'मीर' अजब कोई दरवेश बिरिश्ता-दिल
बात उसकी सुनो तुम तो छाती भी भुलस जावे

843

दरूने को कोई आहों से यूँ कब तक हवा देवे मबादा इश्क़ की गर्मी जिगर मेरा जला देवे
कहाँ तक यूँ पड़े बिस्तर पे रहिए दूर जानाँ से कोई काश उस गली में हमको इक तकिया बना देवे

कहीं कुछ तो बुरा मानो भला इंसाफ़ तो करिए
बदी को भी निहायत है, तुम्हें नेकी ख़ुदा देवे

844

उस शोख़ सितमगर को क्या कोई भला चाहे
जो चाहने वाले का हर तौर बुरा चाहे

का'बे गए क्या कोई मक़सद को पहुँचता है
क्या सई से होता है, जब तक न ख़ुदा चाहे

सौ रंग की जब ख़ूबी पाते हो उसी गुल में
फिर उस से कोई उस बिन कुछ चाहे तो क्या चाहे

ख़त रस्म-ए-ज़माना थी, हमने भी लिखा उसको
तह दिल की लिखे क्यूँकर, आशिक़ जो लिखा चाहे

रंग-ए-गुल-ओ-बू-ए-गुल, होते हैं हवा दोनों
क्या क़ाफ़िला जाता है, जो तू भी चला चाहे

हम 'मीर' तिरा मरना, क्या चाहते थे लेकिन
रहता है हुए बिन कब, जो कुछ कि हुआ चाहे

मार-ए-सियह–काला नाग। नागाह–अचानक। कैफ़ीयत–हालत, मस्ती। असस–कोतवाल। दरवेश–फ़क़ीर। बिरिश्ता दिल–दिल जला, भुने हुए दिल वाला। भुलस जाना–जल जाना।

843. दरूना–अंदरूनी हिस्सा, दिल। मबादा–ख़ुदा न करे कि यूँ हो, कहीं ऐसा न हो। तकिया–ठिकाना। बदी–बुराई। निहायत होना–इंतिहा होना, हद होना।

844. शोख़–चंचल, माशूक़। सितमगर–सितम करने वाला, माशूक़। सई–कोशिश, दौड़-धूप। रंग-ए-गुल-ओ-बू-ए-गुल–फूल का रंग और ख़ुशबू।

845

दूरी में उसकी गोर किनारे हम आ रहे
जी रात-दिन जिन्हों के खपें, उन में क्या रहे

उस आफ़ताब-ए-हुस्न के हम दाग़-ए-शर्म हैं
ऐसे ज़हूर पर भी वो मुँह को छुपा रहे

अब जिसके हुस्न-ए-ख़ुल्क़ पे भूले फिरें हैं लोग
उस बेवफ़ा से हम भी बहुत आश्ना रहे

मजरूह हम हुए तो नमक-पाशियाँ रहीं
ऐसी मआश होवे जहाँ क्या मज़ा रहे

छाती रुकी रहे है जो करते नहीं हैं आह
याँ लुत्फ़ तब तलक ही है जब तक हवा रहे

कुश्ते हैं हम तो ज़ौक़-ए-शहीदान-ए-इश्क़ के
तेग़-ए-सितम को देर गले से लगा रहे

गाहे कराहता है, गहे चुप है, गाह सुस्त
मुमकिन नहीं मरीज़-ए-मुहब्बत भला रहे

आते कभू जो वाँ से तो याँ रहते थे उदास
आख़िर को 'मीर' उस की गली ही में जा रहे

846

यक उम्र दीदाहा-ए-सितम-दीदा तर रहे
आख़िर को फूट-फूट बहे, क़हर कर रहे

हमने भी नज़्र की है फिरेंगे चमन के गिर्द
आने तईं बहार के गर बाल-ओ-पर रहे

मुर्ग़ान-ए-बाग़ रहते हैं अब घेरे यूँ मुझे
मातम-ज़दों के हल्क़े में जूँ नोहागर रहे

आग़ोश उस से ख़ाली रही शब तो ता सहर
जैब-ओ-कनार गिरया-ए-ख़ूनीं से भर रहे

अब सब्र-ओ-होश-ओ-अक़्ल की मेरे है ये मआश
जूँ क़ाफ़िला लुटा कहीं आकर उतर रहे

आता कभू तो नाज़ से दिखलाई दे भी जा
दरवाज़े ही की ओर कहाँ तक नज़र रहे

रखना तुम्हारे पाँव का खोता है सर से होश
ये चाल है तो अपनी किसे फिर ख़बर रहे

---

845. गोर–क़ब्र। गोर किनारे आना–मरने के नज़दीक पहुँचना। आफ़ताब-ए-हुस्न–सूरज जैसी सुन्दरता रखने वाला, माशूक़। ज़हूर–ज़ाहिर होना, खुलना। हुस्न-ए-ख़ुल्क़–मिलन-सारी। आश्ना–परिचित, दोस्त। मजरूह–घायल, ज़ख़्मी। नमक-पाशी करना–नमक छिड़कना, सताना, जलाना। मआश–गुज़र-बसर। कुश्ता–मारा हुआ। ज़ौक़-ए-शहीदान-ए-इश्क़–इश्क़ में जान देने का सलीक़ा रखने वाले। तेग़-ए-सितम–सितम की तलवार। गाहे/गहे/गाह–कभी। वाँ–वहाँ। याँ–यहाँ।

846. यक–एक। दीदाहा-ए-सितम-दीदा–वे आँखें जिन्होंने ज़ुल्म सहे हैं। क़हर करना–ज़ुल्म करना, ज़्यादती करना। नज़्र करना–मन्नत मानना। गिर्द–आस-पास। मुर्ग़ान-ए-बाग़–बाग़ के पक्षी। मातम-ज़दा–मातम करने वाला, किसी की मौत पर दुख/ग़म करने वाला। हल्क़ा–घेरा, दायरा, महफ़िल। नोहागर–मातम करने वाला। आग़ोश–गोद। शब–रात। सहर–सुबह। जैब-ओ-कनार–गिरेबान और गोद। गिरया-ए-ख़ूनी–ख़ून के आँसू। मआश–गुज़र-बसर। नाज़–अदा, घमंड।

847

यॉं हम बरा-ए-बैत जो बे-ख़ानमाँ रहे सो यूँ रहे कि जैसे कोई मेहमाँ रहे
था मुल्क जिन के ज़ेर-ए-नगीं साफ़ मिट गए तुम इस ख़याल में हो कि नाम-ओ-निशाँ रहे
आँसू चले ही आने लगे मुँह पे मुत्तसिल क्या कीजे अब कि राज़-ए-मुहब्बत निहाँ रहे
ये दोनों चश्मे ख़ून से भर दूँ तो ख़ूब है सैलाब मेरी आँखों से कब तक रवाँ रहे
मक़सूद गुम किया है तब ऐसा है इज़्तिराब चक्कर में वर्ना काहे को यूँ आसमाँ रहे
क्या अपनी उन की तुमसे बयाँ कीजिए मआश कीं मुद्दतों रखा, जो तनिक मेहरबाँ रहे
गह शाम उसके मू से है, गह रू से उसके सुब्ह तुम चाहो हो कि एक सा ही याँ समाँ रहे
इस तंगनाए-दहर में तंगी नफ़स ने की जूँ सुब्ह एक दम ही रहे हम जो याँ रहे
इक क़ाफ़िले से गर्द हमारी न टुक उठी
हैरत है 'मीर' अपने तईं हम कहाँ रहे

848

मजनूँ-ओ-कोहकन को आज़ार ऐसे ही थे ये जान से गए सब, बीमार ऐसे ही थे
शम्स-ओ-क़मर के देखे जी उस में जा रहे है उस दिल-फ़रोज़ के भी रुख़्सार ऐसे ही थे
लोहू न क्यूँ रुलाए उन का गुदाज़ होना ये दिल जिगर हमारे ग़म-ख़्वार ऐसे ही थे
आज़ार-दह दिलों का जैसा कि तू है ज़ालिम अगले ज़माने में भी क्या यार ऐसे ही थे
हो जाए क्यूँ न दोज़ख़ बाग़-ए-ज़माना हम पर हम बे-हक़ीक़तों के किरदार ऐसे ही थे
दीवार से पटक सर, मैं जो मुआ तो बोला कुछ इस सितम-ज़दा के आसार ऐसे ही थे
इक हर्फ़ का भी उनको दफ़्तर है कर दिखाना
क्या कहिए 'मीर जी' के बिस्तार ऐसे ही थे

849

अब हम फ़क़ीर जी से, दिल को उठा के बैठे
उस ख़स्म-ए-जाँ के दर पर, तकिया बना के बैठे

---

847. बरा-ए-बैत–घर के लिए। बे-ख़ानमाँ–घर के सामान के बग़ैर। ज़ेर-ए-नगीं–मातहत, अधीन। मुत्तसिल–लगातार। निहाँ–छुपा। चश्मा–सोता, स्रोत। सैलाब–बाढ़। रवाँ–जारी, बहता हुआ। मक़सूद–ध्येय, मक़सद। इज़्तिराब–बेचैनी। मआश–रिश्ता, सम्बन्ध। कीं–दुश्मनी। गह–कभी। मू–बाल। रू–चेहरा। समाँ–हालत, वक़्त। तंगनाए-दहर–दुनिया रूपी तंग जगह। नफ़स–जान, हस्ती। टुक–ज़रा।

848. कोहकन–पहाड़ खोदने वाला, फ़रहाद। आज़ार–दुख, बीमारी। शम्स-ओ-क़मर–सूरज और चाँद। दिल-फ़रोज़–दिल रौशन करने वाला। रुख़्सार–गाल। गुदाज़ होना–पिघलना, घुलना। ग़म-ख़्वार–ग़म कम करने वाला, दोस्त। आज़ार-दह–सताने वाला। दोज़ख़–नरक। बाग़-ए-ज़माना–दुनिया रूपी बाग़। मुआ–मरा। सितम-ज़दा–सितम/मुसीबत का मारा। दफ़्तर–लम्बा पत्र। बिस्तार–बात को बढ़ा कर बयान करना।

849. ख़स्म-ए-जाँ–जान का दुश्मन, महबूब। तकिया–ठिकाना।

मरते हुए भी हम को, सूरत न आ दिखाई
वक़्त-ए-अख़ीर अच्छा मुँह को छुपा के बैठे

उज़्लत नशीं हुए जब, दिल दाग़ हो गया तब
या'नी कि आशिक़ी में, हम घर जला के बैठे

जो कुफ़्र जानते थे, इश्क़-ए-बुताँ को वो ही
मस्जिद के आगे आख़िर, क़श्क़ा लगा के बैठे

शोर-ए-मता-ए-ख़ूबी, उस शोख़ का बला था
बाज़ारी सब दुकानें, अपनी बढ़ा के बैठे

क्या अपनी और उस की, अब नक़्ल करिए सोहबत
मजलिस से उठ गया वो, टुक हम जो आ के बैठे

क्या जाने तेग़ उसकी, कब हो बुलन्द-ए-आशिक़
यूँ चाहिए कि सर को, हर दम झुका के बैठे

क़त्आ

फूलों की सेज पर से जो बे-दिमाग़ उट्ठे
मसनद पे नाज़ की जो त्यौरी चढ़ा के बैठे

क्या ग़म उसे ज़मीं पर, बे-बर्ग-ओ-साज़ कोई
ख़ार-ओ-ख़सक ही क्यूँ न बरसों बिछा के बैठे

वादी-ए-क़ैस से फिर आए न 'मीर साहिब'
मुर्शिद के ढेर पर वे, शायद कि जा के बैठे

850

जी डूब गए अपने अंदोह के दरिया में — वे जोश कहाँ अब हम मुद्दत होई दह बैठे
क्या रंग में शोख़ी है उसके तन-ए-नाज़ुक की — पैराहन अगर पहने तो उस पे भी तह बैठे
सर गुल ने उठाया था इस बाग़ में सो देखा — क्या नाज़ से याँ कोई कज करके कुलह बैठे
मरते हुए पर चाहत ज़ाहिर न की अगलों ने — बे-हौसला थे हम जो इस राज़ को कह बैठे
क्या जाने कि ईधर का कब क़स्द करेगा वो — पामाल हुए हम तो उस से सर-ए-रह बैठे

वक़्त-ए-अख़ीर–आख़िरी समय, मौत का समय। उज़्लत नशीं–एकांतवासी, तन्हाई में रहने वाला। दाग़ होना–सदमा होना, जलकर ज़ख़्मी होना। इश्क़-ए-बुताँ–बुत यानी महबूब का इश्क़। क़श्क़ा–तिलक, टीका। शोर-ए-मता-ए-ख़ूबी–ख़ूबसूरती की दौलत का शोर, चर्चा। मजलिस–सभा, महफ़िल। तेग़–तलवार। मसनद–गद्दी। बे-बर्ग-ओ-साज़–बिना किसी सामान वाला, ज़िन्दगी गुज़ारने के सामान के बग़ैर। ख़ार-ओ-ख़सक–काँटे और घास, कूड़ा-करकट। वादी-ए-क़ैस–मजनूँ के रहने का स्थान। मुर्शिद–पथ-प्रदर्शक, पीर।

850. अंदोह–दुख, ग़म। शोख़ी–रंग की तेज़ी, चमक। दह बैठना–हिम्मत हारना। पैराहन–कपड़े। कज कुलह–टेढ़ी टोपी, अकड़, घमंड। क़स्द करना–इरादा करना। पामाल–बर्बाद, तबाह। सर-ए-रह–रास्ते पर।

जो हाथ चढ़ा उसके दिल ख़ूँ ही किया उसका
उस पंजा-ए-रंगीं की ऐ 'मीर' न गह बैठे

851

अब समझ आई मर्तबा समझे   गुम किया ख़ुद के तईं ख़ुदा समझे
इस क़दर जी में है दग़ा उस के   कि दुआ करिए, तो दग़ा समझे
कुछ समझते नहीं हमारा हाल   तुमसे भी ऐ बुताँ! ख़ुदा समझे
ग़लत अपना कि उस जफ़ा-जू को   सादगी से हम आश्ना समझे
नुक्ता-दाँ भी ख़ुदा ने तुम को किया   पर हमारा न मुद्दआ समझे
लिक्खे दफ़्तर, किताबें कीं तसनीफ़   पर न तालेअ का हम लिखा समझे
'मीर साहिब' का हर सुख़न है रम्ज़
बे-हक़ीक़त है शैख़, क्या समझे

852

अब अपने क़द-ए-रास्त को ख़म देखते हैं हाए
हस्ती के तईं होते अदम देखते हैं हाए

सुनते थे कि जाती है तिरे देखने से जाँ
अब जान चली जाती है, हम देखते हैं हाए

क्या रोते हैं यारान-ए-गुज़श्ता के लिए हम
जब राह में कुछ नक़्श-ए-क़दम देखते हैं हाए

कुछ इश्क़ की आतिश की लपट पहुँची हमें ज़ोर
सब तन-बदन अपने को भसम देखते हैं हाए

दिल चाक है, जाँ दाग़, जिगर ख़ूँ है हमारा
इन आँखों से अनवा-ए-सितम देखते हैं हाए

मायूस न किस तौर जहाँ से रहें हम 'मीर'
अब ताब बहुत जान में कम देखते हैं हाए

पंजा-ए-रंगीं–रंगीन हाथ, ख़ून में सने हाथ। गह बैठना–तलवार की मूठ का हाथ में जम जाना।

851. मर्तबा–हैसियत, रुत्बा, पद। तईं–को। ग़लत–यहाँ ग़लती के अर्थ में प्रयुक्त हुआ है। जफ़ा-जू–जुल्म, ज़्यादती करने वाला। आश्ना–दोस्त। नुक्ता-दाँ–होशियार। दफ़्तर–लम्बा पत्र। तसनीफ़–रचना, लेखन, किताब लिखना। तालेअ–भाग्य। सुख़न–शे'र, बात। रम्ज़–भेद, पहेली। शैख़–इस्लाम धर्म का ज्ञानी, मुल्ला, क़ाज़ी।

852. क़द-ए-रास्त–सीधा क़द। ख़म–झुका हुआ। हस्ती–ज़िन्दगी, जीवन, मानव शरीर। तईं–को। अदम–न होना, विलुप्त होना। यारान-ए-गुज़श्ता–गुज़रे हुए दोस्त। नक़्श-ए-क़दम–पदचिह्न। आतिश–आग। भसम–भस्म, राख। चाक–फटा हुआ। अनवा-ए-सितम–तरह-तरह के अत्याचार। ताब–ताक़त, बल।

853

जागना था हमको, सो बेदार होते रह गए
कारवाँ जाता रहा, हम हाए सोते रह गए

बू-ए-गुल पेश अज़ सहर गुलज़ार से रुख़्सत हुई
हम सितम-कश रूबरू उसके तो सोते रह गए

जी दिये बिन वो दुर-ए-मक़सूद कब पाया गया
बे-जिगर थे 'मीर साहिब' जान खोते रह गए

854

गुल गए, बूटे गए, गुलशन हुए बरहम गए
कैसे-कैसे हाए अपने देखते मौसम गए

हँसते रहते थे जो इस गुलज़ार में शाम-ओ-सहर
दीदा-ए-तर साथ ले, वे लोग जूँ शबनम गए

गर हवा इस बाग़ की है ये, तो ऐ बुलबुल न भूल
कोई दिन में देखियो वाँ वे गए, याँ हम गए

शायद अब टुकड़ों ने दिल के, क़स्द आँखों का किया
कुछ सबब तो है जो आँसू, आते-आते थम गए

गरचे हस्ती से अदम तक, इक मुसाफ़त थी बईद
पर उठे जो हम यहाँ से, वाँ तलक इक दम गए

सब्ज़ा-ओ-गुल, ख़ुश-नशीनी इस चमन की जिन को थी
सो भी तो देखा गिरेबाँ चाक-ओ-मिज़्गाँ नम गए

रब्त साहिब-ख़ाना से मुतलक़ बहम पहुँचा न 'मीर'
मुद्दतों से हम हरम में थे, पः ना-महरम गए

---

853. बेदार–जागता हुआ। बू-ए-गुल–फूल की ख़ुशबू। पेश अज़ सहर–सुबह से पहले। सितम-कश–ज़ुल्म सहने वाला। दुर-ए-मक़सूद–दुर्लभ मोती, उद्देश्य रूपी मोती। बे-जिगर–कम हौसले वाला।

854. बरहम होना–उलट-पुलट होना, बिखर जाना। गुलज़ार–बाग़। शाम-ओ-सहर–सुबह और शाम। दीदा-ए-तर–भीगी आँखें। जूँ–जैसे। शबनम–ओस। वाँ–वहाँ। याँ–यहाँ। क़स्द–इरादा। गरचे–यद्यपि। अदम–गैर मौजूदगी, मौत। मुसाफ़त–सफ़र। बईद–दूर। सब्ज़ा-ओ-गुल–हरियाली और फूल। ख़ुश-नशीनी–रहने-बैठने का आनन्द। चाक–फटा हुआ। मिज़्गाँ–पलकें। रब्त–लगाव, चाहत, दोस्ती। साहिब-ख़ाना–घर का मालिक, मेज़बान, यहाँ ख़ुदा। मुतलक़–क़तई, बिल्कुल भी। बहम पहुँचना–हासिल होना, प्राप्त होना। हरम–का'बा और उसके आस-पास का क्षेत्र, मस्जिद। ना-महरम–अनजान, ग़ैर।

855

क्या बख़ुद रहना हमारा कुछ रखे है ऐतबार
आप में आए कभू, अब हम तो मेहमाँ से गए

जब तलक रहना बना, दिल तंग ग़ुंचे से रहे
देखिए क्या गुल कहेगा अब गुलिस्ताँ से गए

लाई आफ़त ख़ानक़ाह-ओ-मस्जिद ऊपर वो निगाह
सूफ़ियाँ दीं से गए, सब शैख़ ईमाँ से गए

दूर कर ख़त को किया चेहरा किताबी उन ने साफ़
अब क़यामत है कि सारे हर्फ़ क़ुरआँ से गए

जी तो उसकी ज़ुल्फ़ में, दिल काकुल-ए-पेचाँ में 'मीर'
जा भी निकले उस कने तो हम परेशाँ से गए

856

दिल शिताब इस बज़्म-ए-इशरत से उठाया चाहिए
एक दिन तह कर बिसात-ए-नाज़, जाया चाहिए

ख़ाना-साज़-ए-दीं जो है वाइज़, सो ये ख़ाना-ख़राब
ईंट की ख़ातिर जिसे मस्जिद को ढाया चाहिए

इत्तिक़ा पर ख़ानक़ह वाले बहुत मग़रूर हैं
मस्त-ए-नाज़ ईधर उसे यक बार लाया चाहिए

क्यारियों ही में पड़े रहिएगा साए की रविश
अपने होते अब के मौसम गुल का आया चाहिए

ये सितम ताज़ा कि अपनी नाकसी पर कर नज़र
जिन से बिगड़ा चाहिए, उन से बनाया चाहिए

जी नहीं रहता है टुक, नाचार हमको उसकी ओर
गिरते पड़ते ज़ोफ़ में भी, रोज़ जाया चाहिए

वो भी तो टुक दस्त-ओ-तेग़ अपने की जाने क़द्र 'मीर'
ज़ख़्म सारे एक दिन, उसको दिखाया चाहिए

---

855. बख़ुद रहना–होश में रहना। ग़ुंचा–कली। ख़ानक़ाह–सूफ़ियों के रहने की जगह। दीं–दीन, धर्म। ख़त दूर करना–दाढ़ी साफ़ करना। किताबी चेहरा–ख़ूबसूरत चेहरा। क़ुरआँ से हर्फ़ जाना–मान्यता है कि प्रलय के समय क़ुरआन के सारे शब्द उड़ जाएँगे। काकुल-ए-पेचाँ–बल खाई हुई ज़ुल्फ़ें, घुंगराले बाल। कने–तरफ़।

856. शिताब–जल्दी। बज़्म-ए-इशरत–भोग-विलास की महफ़िल, दुनिया। तह कर–समेट कर। बिसात-ए-नाज़–घमण्ड का बिछोना, मानव शरीर। ख़ाना-साज़-ए-दीं–धर्म के घर को आबाद करने वाला। वाइज़–उपदेशक, धार्मिक व्यक्ति। ख़ाना-ख़राब–बर्बाद, तबाह। इत्तिक़ा–सदाचारिता। ख़ानक़ह–ख़ानक़ाह, सूफ़ियों के रहने की जगह। रविश–तरीक़ा। नाकसी–लाचारी। टुक–ज़रा। ज़ोफ़–कमज़ोरी। दस्त–हाथ। तेग़–तलवार। दस्त-ओ-तेग़–हाथ और तलवार, ख़ूबसूरती, नख़रे।

857

अंखड़ियों को उसकी ख़ातिर-ख़्वाह क्यूँकर देखिए
सौ तरफ़ जब देख लीजे, तब टुक ऊधर देखिए

गरचे ज़र्दी रंग की भी हिज्र ही से है वले
मुँह मिरा देखो हो क्या, ये कोफ़्त जी पर देखिए

अब के गुल हम बे-परों की ओर चश्मक-ज़न है ज़ोर
और दिल अपना भी जलता है बहुत, पर देखिए

आते हो जब, जान याँ आँखों में आ रहती है आह
देखिए हमको तो यूँ बीमार-ओ-मुज़्तर देखिए

अश्क पर सुर्ख़ी अभी से है तो आगे हमनशीं
रंग लावे कैसे-कैसे दीदा-ए-तर देखिए

दैर-ओ-का'बे से भी टुक झपकी न चश्म-ए-शोख़-ए-यार
शौक़ की इफ़रात से ता-चन्द घर-घर देखिए

दीदनी है वज्द करना 'मीर' का बाज़ार में
ये तमाशा भी किसू दिन तो मुक़र्रर देखिए

858

गिर्दाब वार यार तिरे सदक़े जाइए — दरिया का फेर पाइए, तेरा न पाइए
सर मार-मार बैठे तलफ़ होजे कब तलक — टुक उठ के अब नसीबों को भी आज़माइए
सौ शक्ल से हम आए-गए तेरी बज़्म में — तंज़न कहा न तूने कभू यूँ कि आइए
आए हैं तंग जान से क़ैद-ए-हयात में — इस बंद से हमारे तईं अब छुड़ाइए

तासीर है दुआ को फ़क़ीरों की 'मीर जी'
टुक आप भी हमारे लिये हाथ उठाइए

---

857. अंखड़ियाँ–आँखें, माशूक़ की आँखें। ख़ातिर-ख़्वाह–ख़्वाहिश के मुताबिक़, मनचाहा। गरचे–यद्यपि। ज़र्दी–पीलापन। हिज्र–जुदाई। कोफ़्त–मलाल, दुख। चश्मक-ज़न–आँख से इशारा करने वाला, ताना मारने वाला। मुज़्तर–बेचैन, परेशान। अश्क–आँसू। हमनशीं–साथी, दोस्त। दीदा-ए-तर–आँसू भरी आँख। दैर-ओ-का'बा–मन्दिर और मस्जिद। चश्म-ए-शोख़-ए-यार–महबूब की चंचल आँख। इफ़रात–अधिकता। ता-चंद–कब तक। दीदनी–देखने लायक़। वज्द–बेख़ुदी की हालत। मुक़र्रर–ठहरकर।

858. गिर्दाब वार–भँवर की तरह चक्कर काटते हुए। तलफ़–तबाह। बज़्म–महफ़िल। तंज़न–कटाक्ष कर के, ताना मार कर। क़ैद-ए-हयात–जीवन रूपी क़ैद। बंद–क़ैद। तईं–को। तासीर होना–असर होना।

859

साकिन-ए-दैर-ओ-हरम दोनों तलाशी हैं तिरे   तू ख़ुदा जाने कहाँ है, क्योंकि तुझ को पाइए
दूर ही से होश खो देती है उसकी बू-ए-ख़ुश   आप में रहिए तो उस के पास भी टुक जाइए
दिल के वीराँ करने में बे-दाद की है तूने हाए   ख़ुश-इमारत ऐसे घर को इस तरह से ढाइए
रात-दिन रुख़्सार उसके चित चढ़े रहते हैं 'मीर'
आफ़ताब-ओ-माह से दिल कब तलक बहलाइए

860

पर नहीं जो उड़ के उस दर जाइए   ज़िन्दगानी हैफ़ है मर जाइए
कुछ नहीं तो शे'र ही की फ़िक्र कर   आए हैं जो याँ तो कुछ कर जाइए
क़स्द है का'बे का लेकिन सोच है   क्या है मुँह जो उस के दर पर जाइए
ख़ानमाँ-आबाद जो है सो ख़राब   किस के उठकर शहर में घर जाइए
बीम-ए-मुर्दन इस क़दर, ये क्या है 'मीर'
इश्क़ करिए और फिर डर जाइए

861

इन दिलबरों को देख लिया बे-वफ़ा हैं ये
बे-दीद-ओ-बे-मुरव्वत-ओ-ना-आश्ना हैं ये

हालाँकि ख़स्म-ए-जान हैं, पर देखिए जो ख़ूब
हैं आरज़ू दिलों की भी ये, मुद्दआ हैं ये

गुल फूल इस चमन के चलो सुब्ह देख लें
शबनम के रंग फिर कोई दम में हवा हैं ये

किस दिल में ख़ूब-रूयों की ख़ाली नहीं जगह
मग़रूर अपनी ख़ूबी के ऊपर बजा हैं ये

क्या जानो 'मीर साहिब-ओ-क़िब्ला' के ढब को तुम
ख़ूबी मुसल्लम उन की, वले बद-बला हैं ये

---

859. साकिन-ए-दैर-ओ-हरम–मन्दिर और मस्जिद के रहने वाले या'नी पंडित और मुल्ला। बू-ए-ख़ुश–ख़ुशबू। बेदाद–ज़ुल्म और सितम, अत्याचार। रुख़्सार–गाल। ख़ुश-इमारत–मज़बूती और अच्छी तरह से बनाया हुआ। आफ़ताब-ओ-माह–सूरज और चाँद।

860. हैफ़–अफ़सोस। क़स्द–इरादा। ख़ानमाँ-आबाद–ख़ुशहाल। बीम-ए-मुर्दन–मौत का डर।

861. बे-दीद–बेहया, बेशर्म। बे-मुरव्वत–लिहाज़ न करने वाला। ना-आश्ना–अनजान, रूखा। ख़स्म-ए-जान–जान का दुश्मन। शबनम–ओस की बूँद। ख़ूबरू–ख़ूबसूरत, सुन्दर। मग़रूर–घमंडी। मुसल्लम–माना गया, स्वीकृत। वले–लेकिन। बद-बला–बुरी बला, मुसीबत।

862

शौक़ हम को खपाए जाता है जान को कोई खाए जाता है
हर कोई इस मक़ाम में दस रोज़ अपनी नौबत बजाए जाता है
खुल गई बात थी सो इक इक पर तू वही मुँह छुपाए जाता है
रोइए क्या दिल-ओ-जिगर के तईं जी भी याँ पर तो हाए जाता है
क्या किया है फ़लक का मैं कि मुझे ख़ाक ही में मिलाए जाता है
तह जिन्हें कुछ है उनके तईं हर गाम अरक़-ए-शर्म आए जाता है
जा-ए-ग़ैरत है ख़ाक-दान-ए-जहाँ तू कहाँ मुँह उठाए जाता है
देख सैलाब इस बियाबाँ का कैसा सर को झुकाए जाता है
वो तो बिगड़े है 'मीर' से हर दम
अपनी सी ये बनाए जाता है

863

कभू 'मीर' इस तरफ़ आकर जो छाती कूट जाता है
ख़ुदा शाहिद है अपना तो कलेजा टूट जाता है

ख़राबी दिल की क्या अम्बोह-ए-दर्द-ओ-ग़म से पूछो हो
वही हालत है जैसे शहर लश्कर लूट जाता है

शिकस्त इस रंग आई बेख़ुदी-ए-इश्क़ में दिल पर
नशे में मस्त से जैसे कि शीशा फूट जाता है

864

चमन को याद कर मुर्ग़-ए-क़फ़स फ़रियाद करता है
कोई ऐसा सितम दुनिया में ऐ सय्याद करता है

हुआ ख़ाना-ख़राब आँखों का अश्कों से तो बर-जा है
रह-ए-सैलाब में कोई भी घर बुनियाद करता है

---

862. शौक़–तमन्ना, आरज़ू। मक़ाम–ठिकाना, पड़ाव, घर, ठहरने की जगह, दुनिया। नौबत बजाना–नक़्क़ारा बजाना, नगाड़ा बजाना। तईं–को। फ़लक–आसमान। तह–शर्म, पर्दा। अरक़-ए-शर्म–शर्मिंदगी का पसीना। जा-ए-ग़ैरत–शर्मिंदा होने की जगह। ख़ाक-दान-ए-जहाँ–दुनिया रूपी मिट्टी का घर।

863. शाहिद–गवाह। अम्बोह-ए-दर्द-ओ-ग़म–दुख-दर्द के अम्बार। लश्कर–फ़ौज, सेना। शिकस्त–टूट-फूट, हार। बेख़ुदी-ए-इश्क़–इश्क़ की बेसुधी। शीशा–जाम।

864. मुर्ग़-ए-क़फ़स–पिंजरे में बंद पक्षी। सय्याद–शिकारी। अश्क–आँसू। बर-जा–ठीक, उचित जगह पर। रह-ए-सैलाब–बाढ़ का रास्ता। बुनियाद करना–नींव रखना, बनाना।

865

कुछ बात है कि गुल तिरे रंगी दहाँ सा है / या रंग-ए-लाला शोख़ तिरे रंग-ए-पाँ सा है
क्या जानिए कि छाती जले है कि दाग़-ए-दिल / इक आग सी लगी है, कहीं कुछ धुआँ सा है
जो है सो अपनी फ़िक्र-ए-ख़रोबार में है याँ / सारा जहान राह में इक कारवाँ सा है
का'बे की ये बुज़ुर्गी, शरफ़ सब बजा है लेक / दिल-कश जो पूछिये तो कब उस आस्ताँ सा है
आशिक़ की गोर पर भी कभू तो चला करो / क्या ख़ाक वाँ रहा है, यही कुछ निशाँ सा है

ज़ोर-ए-तबीयत उसका सुनें, इश्तियाक़ था
आया नज़र जो 'मीर' तो कुछ नातवाँ सा है

866

तपिश से रात की जूँ-तूँ के जी सम्भाला है / नहीं है दिल, कोई दुश्मन बग़ल में पाला है
हिना से यार का पंजा नहीं है गुल के रंग / हमारे उन ने कलेजों में हाथ डाला है
रहे ख़याल न क्यूँ ऐसे माह-ए-तलअत का / अंधेरे घर का हमारे वही उजाला है
दिलों को कहते हैं होती है राह आपस में / तरीक़-ए-इश्क़ भी आलम से कुछ निराला है

हज़ार बार घड़ी भर में 'मीर' मरते हैं
उन्होंने ज़िन्दगी का ढब नया निकाला है

867

छाती जला करे है, सोज़-ए-दरूँ बला है
इक आग सी रहे है, क्या जानिए कि क्या है

मैं और तू हैं दोनों मजबूर तौर अपने
पेशा तिरा जफ़ा है, शेवा मिरा वफ़ा है

रू-ए-सुख़न है कीधर अहल-ए-जहाँ का या-रब
सब मुत्तफ़िक़ हैं इस पर, हर एक का ख़ुदा है

कुछ बे-सबब नहीं है ख़ातिर मिरी परेशाँ
दिल का अलम जुदा है, ग़म जान का जुदा है

---

865. दहाँ–मुँह। रंग-ए-लाला–फूल का रंग। शोख़–चंचल, माशूक़। रंग-ए-पाँ–पान का रंग। ख़रोबार–ख़र (गधा) सवारी और बार (सामान), सफ़र का सामान। शरफ़–इज़्ज़त। बजा–उचित। लेक–लेकिन। दिलकश–दिल लुभाने वाला। आस्ताँ–चौखट। गोर–क़ब्र। ज़ोर-ए-तबीयत–मज़ामीन और ख़यालात पैदा करने की ताक़त, सृजन-शक्ति। इश्तियाक़–चाहत, आरज़ू, तमन्ना। नातवाँ–कमज़ोर।

866. हिना–मेहंदी। माह-ए-तलअत–चमकता हुआ चाँद। राह होना–मुहब्बत होना। तरीक़-ए-इश्क़–इश्क़ का रास्ता, तरीक़ा। आलम–दुनिया।

867. सोज़-ए-दरूँ–अन्दरूनी जलन। जफ़ा–बेवफ़ाई। शेवा–तौर-तरीक़ा, ढंग। रू-ए-सुख़न–सम्बोधन, बात का रुख़। अहल-ए-जहाँ–दुनिया के लोग। मुत्तफ़िक़–एक राय, सहमत, रज़ामंद। ख़ातिर–दिल, मन। अलम–दुख।

शादी से ग़म जहाँ में दह-चन्द हमने पाया
है ईद एक दिन तो दस रोज़ याँ दहा है

है ख़स्म-ए-जान-ए-आशिक़, वो महव-ए-नाज़ लेकिन
हर लम्हा बे-अदाई, ये भी तो इक अदा है

हो जाए यास जिस में सो आशिक़ी है, वरना
हर रंज को शिफ़ा है, हर दर्द को दवा है

क़त्आ

मुशफ़िक़, मलाज़-ओ-क़िब्ला, का'बा, ख़ुदा, पयम्बर
जिस ख़त में शौक़ से मैं, क्या-क्या उसे लिखा है

तासीर-ए-इश्क़ देखो, वो नामा वाँ पहुँच कर
जूँ काग़ज़-ए-हवाई, हर सू उड़ा फिरा है

है गरचे तिफ़्ल-ए-मक्तब वो शोख़ अभी तो, लेकिन
जिस से मिला है उसका उस्ताद हो मिला है

फिरते हो 'मीर साहिब', सब से जुदे-जुदे तुम
शायद कहीं तुम्हारा दिल इन दिनों लगा है

868

दिल-ए-बेताब आफ़त है, बला है जिगर सब खा गया, अब क्या रहा है
हमारा तो है अस्ल-ए-मुद्दआ तू ख़ुदा जाने तिरा क्या मुद्दआ है
मुहब्बत-कुश्ता हैं हम, याँ किसू पास हमारे दर्द की भी कुछ दवा है
हरम से दैर उठ जाना नहीं ऐब अगर याँ है ख़ुदा, वाँ भी ख़ुदा है
नहीं मिलता सुख़न अपना किसू से हमारी गुफ़्तगू का ढब जुदा है
मरूँ मैं इस में या रह जाऊँ जीता यही शेवा मिरा मेहर-ओ-वफ़ा है
सबा ऊधर, गुल ऊधर, सर्व ऊधर उसी की बाग़ में अब तो हवा है
हज़ारों उन ने ऐसी कीं अदाएं क़यामत जैसे इक उसकी अदा है

शादी–ख़ुशी। दह-चन्द–दस गुना। दहा–मोहर्रम के महीने में ग़म के दस दिन। ख़स्म-ए-जान-ए-आशिक़–आशिक़ की जान का दुश्मन, महबूब। महव-ए-नाज़–नाज़ करने में खोया हुआ। यास–ना-उम्मीदी, निराशा। शिफ़ा–बीमारी से ठीक होना। मुशफ़िक़–मेहरबान, दोस्त। मलाज़–पनाह की जगह। क़िब्ला और का'बा–किसी को इज़्ज़त देने के लिए बोले जाते हैं, बहुत सम्मानीय। पयम्बर–पैग़म्बर, ख़ुदा की तरफ़ से संदेश लाने वाला। तासीर–असर। नामा–ख़त, पत्र। काग़ज़-ए-हवाई–पतंग, गुड्डी। हर सू–हर तरफ़। गरचे–यद्यपि। तिफ़्ल-ए-मक्तब–मदरसे का बच्चा, नौ-सिखिया, अनुभवहीन। शोख़–चंचल, महबूब।

868. मुहब्बत-कुश्ता–मुहब्बत का मारा हुआ। हरम–मस्जिद। दैर–मन्दिर। सुख़न–बात, शायरी। शेवा–तरीक़ा, ढंग। मेहर-ओ-वफ़ा–प्यार-मुहब्बत। सबा–ठण्डी हवा। सर्व–एक ख़ूबसूरत पेड़ का नाम।

क़त्‌आ

जो चुपके हूँ कहे चुपके हो क्यूँ तुम — कहो जो कुछ तुम्हारा मुद्दआ है
सुख़न करिए तो होवे हर्फ़-ज़न यूँ — बस अब मुँह मूंद ले, मैंने सुना है

क़त्‌आ

कब उस बेगाना-ख़ू को समझे आलम — अगरचे यार आलम-आश्ना है
न आलम में है, नै आलम से बाहर — ये सब आलम से आलम ही जुदा है
लगा मैं गिर्द-ए-सर फिरने तो बोला
तुम्हारा 'मीर साहिब' सर फिरा है

869

शोर मेरे जुनूँ का जिस जा है — दख़्ल-ए-अक़्ल उस मक़ाम में क्या है
दिल में फिरते हैं ख़ाल-ओ-ख़त्त-ओ-ज़ुल्फ़ — मुझको यक-सर हज़ार सौदा है
नज़र आए थे वे हिनाई पा — आज तक फ़ित्ना एक बरपा है
दिल खिंचे जाते हैं उसी की ओर — सारे आलम की वो तमन्ना है
दस्त-ओ-पा गुम किए हैं तू ने 'मीर'
पीरी बे-ताक़ती से पैदा है

870

कई बरसों जिगर का ही लहू अपना पिया है — तब दिल के तईं ख़ूगर-ए-अंदोह किया है
डर क्यूँ न मुहल्ले में रहे रोने से मेरे — सैलाब ने इस कूचे में घर मोल लिया है
काहिश है अबस तुम को मिरे जीने की ख़ातिर — बीमार भला ऐसा कोई आगे जिया है
पलकों से रफ़ू उन ने किया चाक-ए-दिल-ए-'मीर'
किस ज़ख़्म को किस नाज़ुकी के साथ सिया है

सुख़न–बात। हर्फ़-ज़न होना–एतराज़ करना। बेगाना-ख़ू–वो व्यक्ति जिसके स्वभाव में अपनापन न हो, अक्खड़। आलम–दुनिया, तौर, तरीक़ा, सूरत। अगरचे–यद्यपि। आलम-आश्ना–सब कुछ जानने वाला। नै–न। गिर्द-ए-सर फिरना–न्योछावर होना। सर फिरा होना–पागल होना, जुनून होना।

869. मक़ाम–समय, वक़्त, मौक़ा। ख़ाल-ओ-ख़त्त-ओ-ज़ुल्फ़–नैन-नक़्श और ज़ुल्फ़। यक-सर–बिलकुल, पूरी तरह से, एक सिरे से दूसरे सिरे तक। सौदा–जुनून, पागलपन। हिनाई पा–मेहंदी लगे पाँव। आलम–दुनिया। दस्त-ओ-पा गुम करना–होश गुम हो जाना, परेशान होना। पीरी–बुढ़ापा। बे-ताक़ती–कमज़ोरी।

870. तईं–को। ख़ूगर-ए-अंदोह–दुख-दर्द बर्दाश्त करने का आदी। काहिश–परेशानी। अबस–बेकार, फ़ुज़ूल, बे-वजह। चाक-ए-दिल-ए-'मीर'–'मीर' का ज़ख़्मी दिल।

871

किस ग़म में मुझ को या-रब ये मुब्तला किया है
दिल सारी रात जैसे कोई मला किया है

इन चार दिन से हूँ मैं अफ़सुर्दा कुछ वगरना
फोड़ा सा दिल बग़ल में बरसों जला किया है

दिल दाग़ कब न देखा, जी बार कब न पाया
क्या-क्या निहाल-ए-ख़्वाहिश फूला-फला किया है

तड़पा है ऐसा-ऐसा जो ग़श रहा है मुझ को
दिल इक बग़ल में जी का दुश्मन पला किया है

क्या ख़ाक में हमीं को उन ने नया मिलाया
टेढ़ी ही चाल गर्दूं अक्सर चला किया है

चलता नहीं है दिल पर कुछ उसके बस वगरना
अर्श आह-ए-आजिज़ाँ से अक्सर हिला किया है

हम गो न हों जहाँ में, आख़िर जहाँ तो होगा
तूने बदी तो की है ज़ालिम भला किया है

है मुँह पे 'मीर' के क्या गर्द-ए-मलाल ताज़ा
ये ख़ाक में हमेशा यूँ ही रला किया है

872

बारीक वो कमर है ऐसी कि बाल क्या है
दिल हाथ जो न आवे उसका ख़याल क्या है

जो बेकली है ऐसी चाहत गुलों की इतनी
क्या जाने हम-सफ़ीरो तो अब के साल क्या है

पहुँचा बहम इलाक़ा ऐ उज़लती किसू से
करना मआश अकेले इतना कमाल क्या है

---

871. मुब्तला करना–फँसाना, गिरफ़्तार करना। अफ़सुर्दा–उदास, बुझा हुआ। दाग़–दुखी, ज़ख़्म का निशान। बार–भारी, फल। निहाल-ए-ख़्वाहिश–अरमान, इच्छा रूपी पौधा। ग़श रहना–बेहोश रहना। गर्दूं–आसमान। अर्श–आसमान। आह-ए-आजिज़ाँ–बेबस लोगों की आह। गो–यद्यपि। ख़ाक में रलना–बदन पर मिट्टी चिपकना, मिट्टी में मिलना।

872. बेकली–बेचैनी। हम-सफ़ीर–वो परिंदे/पक्षी जो एक तरह की बोली बोलते हैं, साथी, दोस्त। इलाक़ा बहम पहुँचना–दिल लगना, इश्क़ होना। उज़लती–तन्हाई में रहने वाला, सूफ़ी, संत। मआश करना–गुज़र-बसर करना।

आग़ाज़ तो ये है कुछ, रोते हैं ख़ून हर दम
क्या जाने आशिक़ी का यारो मआल क्या है

पामाल-ए-राह इसके क्या-क्या अज़ीज़ देखे
आई न जब समझ में गर्दूं की चाल क्या है

सर-गर्म-ए-जल्वा उसको देखे कोई सो जाने
तर्ज़-ए-ख़िराम क्या है, हुस्न-ओ-जमाल क्या है

गह आप में नहीं हो, गह मुंतज़िर कहीं हो
कुछ 'मीर जी' तुम्हारा इन रोज़ों हाल क्या है

873

दिल मिरा मुज़्तरिब निहायत है रंज-ओ-हिर्मां की ये बदायत है
हर तरफ़ बहस तुझ से है ऐ इश्क़ शुक्र तेरा, तिरी शिकायत है
ऐसे रंज-ओ-इना में ऊधर से पुर्सिश-ए-हाल भी इनायत है
दहर का हो गिला कि शिकवा-ए-चर्ख़ उस सितमगर ही से किनायत है
कब मिले 'मीर' मुल्क-दारों से
वो गदा-ए-शह-ए-विलायत है

874

क्या जानिए कि इश्क़ में ख़ूँ हो गया कि दाग़ छाती में अब तो दिल की जगह एक दर्द है
किस से जुदा हुए हैं कि ऐसे हैं दर्दमंद
मुँह 'मीर जी' का आज निहायत ही ज़र्द है

875

हम आप से गए सो इलाही कहाँ गए मुद्दत हुई कि अपना हमें इंतज़ार है
बस वादा-ए-विसाल से कम दे मुझे फ़रेब आगे ही मुझको तेरा बहुत ऐतबार है

आग़ाज़–शुरुआत। मआल–अंजाम, अंत। पामाल-ए-राह–रास्ते में रौंदे हुए। अज़ीज़–प्रिय, प्रियजन। गर्दूं–आसमान। सर-गर्म-ए-जल्वा–जल्वा दिखाने में व्यस्त। तर्ज़-ए-ख़िराम–चलने का अन्दाज़। हुस्न-ओ-जमाल–ख़ूबी और ख़ूबसूरती। गह–कभी। मुंतज़िर–इंतिज़ार करने वाला।

873. मुज़्तरिब–बेचैन। रंज-ओ-हिर्मां–दुख और मायूसी। बदायत–शुरुआत। इना–दुख। पुर्सिश-ए-हाल–बीमार का हाल पूछना। दहर–दुनिया। शिकवा-ए-चर्ख़–आसमान की शिकायत, दुर्भाग्य की शिकायत। किनायत–मतलब, इशारा। मुल्क-दार–बादशाह, राजा। गदा-ए-शह-ए-विलायत–ख़ुदा के सबसे क़रीबी बन्दों के बादशाह यानी पैग़म्बर हज़रत मुहम्मद के दर का भिखारी।

874. ख़ूँ होना–क़त्ल होना, समाप्त हो जाना। दाग़ होना–जल जाना। दाग़–ज़ख़्म का निशान, दुख, ग़म। ज़र्द–पीला।

875. वादा-ए-विसाल–मुलाक़ात/मिलन का वादा। आगे ही–पहले ही, अब से पहले।

अब देखकर क़रार किया कर विसाल का — दिल को बग़ैर तेरे तनिक भी क़रार है
मत फ़िक्र-ए-ख़ाना-साज़ी में मुनइम हलाक हो — बुनियाद ज़िन्दगानी की ना-पाएदार है
कब तक सितम, कभू तो दिलासा भी दीजिये
बिलफ़र्ज़ 'मीर' ऐसा ही तक़सीर-वार है

876

जुनूँ का अबस मेरे मज़कूर है — जवानी दिवानी है, मशहूर है
कहो चश्म-ए-ख़ूँ-बार को चश्म तुम — ख़ुदा जाने कब का ये नासूर है
फ़लक पर जो मह है तो रौशन है ये — कि मुँह से तिरे निस्बत-ए-दूर है
गदा शाह दोनों हैं दिल-बाख़्ता — अजब इश्क़-बाज़ी का दस्तूर है
हम अब नातवानों को मरना है सिर्फ़ — नहीं वो कि जीना भी मंज़ूर है
सितम में हमारे क़सम है तुम्हें — करो सर्फ़ जितना कि मक़दूर है
नियाज़ अपना जिस मर्तबे में है याँ — उसी मर्तबे में वो मग़रूर है
हुआ हाल बंदे का गो कुछ ख़राब — ख़ुदाई अभी उस की मा'मूर है
गया शायद उस शम्अ-रू का ख़याल
कि अब 'मीर' के मुँह पे कुछ नूर है

877

मस्ती में जा-ओ-बेजा, मद्द-ए-नज़र कहाँ है — बे-ख़ुद हैं उस की आँखें, उन को ख़बर कहाँ है
शब चन्द रोज़ से मैं देखा नहीं वो चेहरा — कुछ सोच कर मुनज्जिम, बारे क़मर कहाँ है
पानी हो बह गए सब अज्ज़ा बदन के, लेकिन — यूँ भी कहा न उन ने वो चश्म-ए-तर कहाँ है
खिज्र-ओ-मसीह सब को, जीते ही मौत आई — और इस मरज़ का कोई अब चारागर कहाँ है
ले इस सिरे से यारो, उजड़ी है उस सिरे तक — इक़्लीम-ए-आशिक़ी में, आबाद घर कहाँ है

क़रार करना–वादा करना। क़रार–चैन, सुकून। फ़िक्र-ए-ख़ाना-साज़ी–घर बनाने की चिंता। मुनइम–अमीर, धनवान। हलाक होना–मर जाना। ना-पाएदार–कमज़ोर, बोदा। बिलफ़र्ज–मान लो, फ़र्ज़ कर लो। तक़सीर-वार–क़ुसूर करने वाला।

876. अबस–व्यर्थ। मज़कूर–ज़िक्र, चर्चा। चश्म-ए-ख़ूँ-बार–ख़ून बरसाने वाली आँख। चश्म–आँख। नासूर–वो ज़ख़्म जो हमेशा रिसता रहे और कभी अच्छा न हो। फ़लक–आसमान। मह–चाँद। रौशन होना–स्पष्ट होना। निस्बत-ए-दूर–दूर का रिश्ता। गदा–भिखारी। शाह–बादशाह, राजा। दिल बाख़्ता–परेशान। नातवान–कमज़ोर। सर्फ़ करना–ख़र्च करना। मक़दूर–ताक़त, हौसला। नियाज़–ज़रूरत, ख़्वाहिश। मर्तबा–दर्जा, हैसियत। मग़रूर–घमंडी। गो–यद्यपि। ख़ुदाई–दुनिया के लोग, दुनिया। मा'मूर–आबाद। शम्अ-रू–रौशन चेहरे वाला, माशूक़। नूर–चमक।

877. जा-ओ-बेजा–सही और ग़लत। बे-ख़ुद–बेहोश, बेख़बर। शब–रात। मुनज्जिम–सितारों का इल्म रखने वाला, ज्योतिषी। बारे–आख़िरकार। क़मर–चाँद, ख़ूबसूरत माशूक़। अज्ज़ा–शरीर के अंदरूनी अंग। ख़िज्र–एक पैग़म्बर जो आब-ए-हयात (अमृत) पीकर अमर हो गए। मसीह–ईसा मसीह। चारागर–इलाज करने वाला। इक़्लीम-ए-आशिक़ी–आशिक़ी की दुनिया, मुल्क।

उठने की इक हवस है, हम को क़फ़स से वरना शाइस्ता-ए-परीदन बाज़ू में पर कहाँ है
पीराना सर चले हैं, उठ कर गली से उसकी क्या पेश आवे देखें, वक़्त-ए-सफ़र कहाँ है
जाता नहीं अगर वो, मस्जिद से मयकदे को
फिर 'मीर' जुम्ए की शब, दो-दो पहर कहाँ है

878

क्या सहल गुज़रती है जुनूँ से तुहफ़ा हम लोगों का चलन है
लुत्फ़ उसके बदन का कुछ न पूछो क्या जानिए जान है कि तन है
गह दैर में हैं, गहे हरम में अपना तो यही दिवाना-पन है
हम कुश्ता-ए-इश्क़ हैं हमारा मैदान की ख़ाक ही कफ़न है
कर 'मीर' के हाल पर तरह्हुम
वो शहर-ग़रीब-ओ-बे-वतन है

879

हम मस्त हो भी देखा, आख़िर मज़ा नहीं है हुशयारी के बराबर, कोई नशा नहीं है
शौक़-ए-विसाल ही में, जी खप गया हमारा बा-आँकि एक दम वो, हम से जुदा नहीं है
हर सुब्ह उठ के तुझ से, माँगू हूँ मैं तुझी को तेरे सिवाए मेरा, कुछ मुद्दआ नहीं है
मुँह जिन ने मेरा देखा, एक आह दिल से खींची इस दर्द-ए-आशिक़ी की, आया दवा नहीं है
थीं पेश-अज़ आश्नाई, क्या आश्ना निगाहें अब आश्ना हुए पर, आँख आश्ना नहीं है
करिए जो इब्तिदा तो, ता-हश्र हाल कहिए आशिक़ की गुफ़्तगू को, कुछ इन्तिहा नहीं है
पर्दा ही हम ने देखा, चेहरे पे गाह-ओ-बेगाह इतना भी मुँह छुपाना, कुछ ख़ुशनुमा नहीं है
मैं रोऊँ तुम हँसो हो, क्या जानो 'मीर साहिब'
दिल आप का किसू से, शायद लगा नहीं है

880

क्या तन-ए-नाज़ुक है जाँ को भी हसद जिस तन पे है
क्या बदन का रंग है तह जिसकी पैराहन पे है

क़फ़स–पिंजरा। शाइस्ता-ए-परीदन–उड़ने के क़ाबिल। पीराना सर–बूढ़ों की तरह। जुम्ए–जुम्मा, शुक्रवार। शब–रात।

878. सहल–आसान। तुहफ़ा–अनोखा, अजीब। लुत्फ़–नज़ाकत। गह–कभी। दैर–मन्दिर। गहे–कभी। हरम–मस्जिद। कुश्ता-ए-इश्क़–इश्क़ के मारे हुए। तरह्हुम–रहम। शहर-ग़रीब-ओ-बे-वतन–शहर में अजनबी और परदेसी, बिना घर-बार के।

879. बा-आँकि–बावजूद इसके। आया–क्या, जैसे कि। पेश-अज़–अब से पहले। आश्नाई–दोस्ती। आश्ना निगाह–प्यार भरी निगाह। ता-हश्र–क़यामत तक। गाह-ओ-बेगाह–वक़्त-बे-वक़्त। ख़ुशनुमा–अच्छा दिखाई देने वाला, ख़ूबसूरत।

880. हसद–ईर्ष्या। पैराहन–लिबास, परिधान।

गर्द जब उठती है इक हसरत से रह जाते हैं देख
वहशियान-ए-दश्त की आँख उस शिकार-अफ़्गन पे है

सर उठाने की नहीं है हमको फ़ुर्सत इश्क़ में
हर दम इक तेग़-ए-जफ़ा-ए-ताज़ा याँ गर्दन पे है

हो चुका रहना मिरा बस्ती में, आख़िर कब तलक
नाला-ए-शब से क़यामत रोज़ मर्द-ओ-ज़न पे है

वे फिरी पलकें उलट देती हैं सफ़ इक आन में
अब लड़ाई हिंद में सब उस सियह पलटन पे है

तू तो कहता है कि मैंने उस तरफ़ देखा नहीं
ख़ून-ए-नाहक़ 'मीर' का ये किस की फिर चितवन पे है

881

ये रात हिज्र की याँ तक तो दुख दिखाती है
कि शक्ल सुब्ह मिरी सबको भूल जाती है

882

नहीं टुक बैठने देते तुम अपनी बज़्म में हमको
मुरव्वत रस्म थी मुद्दत की सो तुमने उठा दी है

तपिश से रंग उड़ा जावे, क़लक़ से जान घबरावे
दिया है दिल इलाही हम को या कोई बला दी है

कोई सूरत नहीं इस घर से अब तेरे निकलने की
क़यामत की है जिन ने आरसी तुझको दिखा दी है

मुझे मंज़ूर क्या है ज़ुल्फ़-ओ-ख़ाल-ओ-ख़त्त-ए-ख़ूबाँ से
ख़ुदा ने देखने की लत सी आँखों को लगा दी है

लगा रहता है सीने ही से, बैठा हूँ कि सोता हूँ
ग़रज़ छाती मिरी दाग़-ए-जुदाई ने जला दी है

वहशियान-ए-दश्त–जंगल में रहने वाले प्राणी। शिकार-अफ़्गन–शिकारी, माशूक़। तेग़-ए-जफ़ा-ए-ताज़ा–नए अत्याचार (रूपी) की तलवार। नाला-ए-शब–रात का रोना-पीटना। मर्द-ओ-ज़न–आदमी और औरत, सब लोग। सियह–काला। ख़ून-ए-नाहक़–बिना वजह क़त्ल।

881. हिज्र–जुदाई।

882. टुक–ज़रा। बज़्म–महफ़िल। मुरव्वत–लिहाज़। क़लक़–बेक़रारी, बे-आरामी। आरसी–आईना। ज़ुल्फ़-ओ-ख़ाल-ओ-ख़त्त-ए-ख़ूबाँ–माशूक़ों का चेहरा-मोहरा, नैन-नक़्श। दाग़-ए-जुदाई–जुदाई के ज़ख़्म/दुख।

न छूटा दिल में कुछ उसके गए पर ग़ारत-ए-ग़म से
हज़ार अफ़सोस क्या बस्ती मुहब्बत ने लुटा दी है
न कटती टुक न होती गर फ़क़ीरी साथ उल्फ़त के
हमें जब उन ने गाली दी है तब हमने दुआ दी है
हुई है दिल की महवीयत से यक्साँ याँ ग़म-ओ-फ़रहत
न मातम मरने का है 'मीर', नै जीने की शादी है

883

क्या हाल बयाँ करिए अजब तरह पड़ी है वो तब्अ तो नाज़ुक है कहानी ये बड़ी है
क्या फ़िक्र करूँ मैं कि टले आगे से गर्दूं ये गाड़ी मिरी राह में बे-डौल अड़ी है
वे दिन गए जो पहरों लगी रहती थीं आँखें अब याँ हमें मुहलत कोई पल, कोई घड़ी है
ऐसा न हुआ होगा कोई वाक़िआ आगे इक ख़्वाहिश-ए-दिल साथ मिरे जीती गड़ी है
जाते हैं चले मुत्तसिल आँसू जो हमारे हर तार-ए-निगह आँखों में मोती की लड़ी है
गुल खाए हैं इफ़्रात से मैं इश्क़ में उसके
अब हाथ मिरा देखो तो फूलों की छड़ी है

884

किस फ़ित्ना क़द की ऐसी धूम आने की पड़ी है हर शाख़-ए-गुल चमन में भैचक हुई खड़ी है
ना-दीदनी दिखावे क्यूँकर न इश्क़ हमको किस फ़ित्ना-ए-ज़माँ से आँख अपनी जा लड़ी है
वे दिन गए कि पहरों करते न ज़िक्र उस का अब नाम-ए-यार अपने लब पर घड़ी-घड़ी है
आतिश सी फुक रही है सारे बदन में मेरे दिल में अजब तरह की चिंगारी आ पड़ी है
क्या कुछ हमीं को उसकी तलवार खा गई है ऐसी ही इक जड़ी है, उस ने जहाँ जड़ी है
क्या 'मीर' सर झुकावें, हर कम-बग़ल के आगे
नाम-ए-ख़ुदा उन्हों की इज़्ज़त बहुत बड़ी है

885

आँखें नहीं याँ खुलतीं ईधर को नज़र भी है सुध अपनी नहीं हमको, कुछ तुमको ख़बर भी है
इस मंज़िल-ए-दिलकश को मंज़िल न समझिएगा ख़ातिर में रहे याँ से दरपेश सफ़र भी है
ये क्या है कि मुँह नोचे, नै चाक करे सीना
कर अर्ज़ जो कुछ तुझ में ऐ 'मीर' हुनर भी है

ग़ारत-ए-ग़म–दुखों के कारण बर्बाद/तबाह। उल्फ़त–प्यार, मुहब्बत। महवीयत–तल्लीनता। यक्साँ–एक सा। ग़म-ओ-फ़रहत–दुख और सुख। नै–न। शादी–ख़ुशी।

883. तब्अ–स्वभाव। गर्दूं–छकड़ा, गाड़ी। मुत्तसिल–लगातार। गुल खाना–माशूक़ के छल्ले को आग में तपाकर बदन पर इश्क़ जताने को दाग़ देते हैं और इसको गुल खाना कहते हैं। इफ़्रात–बहुतायत।

884. फ़ित्ना क़द–माशूक़। भैचक–हैरान। ना-दीदनी–न देखने योग्य। फ़ित्ना-ए-ज़माँ–माशूक़। आतिश–आग। कम-बग़ल–घटिया, कमीना।

885. मंज़िल–ठहरने की जगह, ठिकाना। मंज़िल-ए-दिलकश–दुनिया। दरपेश–सामने। चाक करना–फाड़ना।

886

कोफ़्त से जान लब पे आई है हमने क्या चोट दिल पे खाई है
लिखते रुक़्आ, लिखे गए दफ़्तर शौक़ ने बात क्या बढ़ाई है
आरज़ू उस बुलन्द-ओ-बाला की क्या बला मेरे सर पे लाई है
दीदनी है शिकस्तगी दिल की क्या इमारत ग़मों ने ढाई है
दिल से नज़दीक और इतना दूर किस से उसको कुछ आश्नाई है
बे-सुतूँ क्या है कोहकन कैसा इश्क़ की ज़ोर-आज़माई है
जिस मरज़ में कि जान जाती है दिलबरों ही की वो जुदाई है
याँ हुए ख़ाक से बराबर हम वाँ वही नाज़-ओ-ख़ुदनुमाई है
मर्ग-ए-मजनूँ से अक़्ल गुम है 'मीर'
क्या दिवाने ने मौत पाई है

887

उस शोख़ से हमें भी अब यारी हो गई है
शर्म अँखड़ियों में जिस की अय्यारी हो गई है

रोता फिरा हूँ बरसों लोहू चमन-चमन मैं
कूचे में उसके यकसर, गुलकारी हो गई है

जब ख़ाक के बराबर हमको किया फ़लक ने
तब्अ-ए-ख़शिन में तब कुछ, हमवारी हो गई है

मुतलक़ असर न देखा मुद्दत की आह-ओ-ज़ारी
अब नाला-ओ-फ़ुग़ाँ से, बेज़ारी हो गई है

हर बार ज़िक्र-ए-महशर, क्या यार के दर ऊपर
ऐसी तो याँ क़यामत, सौ बारी हो गई है

---

886. कोफ़्त–परेशानी। जान लबों पर आना–मरने के क़रीब होना। रुक़्आ–छोटा पत्र। दफ़्तर–लम्बा पत्र। बुलन्द-ओ-बाला–बहुत ऊँचा और बड़ा, ऊँचा स्थान रखने वाला। दीदनी–देखने लायक़। शिकस्तगी–ख़स्ता हालत। आश्नाई–दोस्ती। बे-सुतूँ–ईरान में एक पहाड़ जिस को काट कर फ़रहाद दूध की नहर निकालने गया था। कोहकन–पहाड़ खोदने वाला या'नी फ़रहाद। नाज़-ओ-ख़ुदनुमाई–घमंड और स्वयं का दिखावा। मर्ग-ए-मजनूँ–मजनूँ की मौत। अक़्ल गुम हो जाना–हैरान रह जाना।

887. शोख़–चंचल। अँखड़ी–आँख। अय्यारी–फ़रेब, धोखा, चालाकी। यकसर–तमाम, एक सिरे से दूसरे सिरे तक। गुलकारी–नक़्क़ाशी, बेल-बूटे का काम। फ़लक–आसमान, क़िस्मत। तब्अ-ए-ख़शिन–ख़राब तबीयत, नाराज़गी की फ़ितरत। हमवारी–बराबरी, एक सा होना। मुतलक़–क़तई, बिल्कुल। आह-ओ-ज़ारी–रोना-पीटना। नाला-ओ-फ़ुग़ाँ–रोना-पीटना। बेज़ारी–जी उचाट हो जाना, दिल उठना। ज़िक्र-ए-महशर–क़यामत का ज़िक्र।

अन्दाज़-ए-शोख़ी उसके आते नहीं समझ में
कुछ अपनी भी तबीयत, याँ आरी हो गई है

शाही से कम नहीं है दरवेशी अपने हाँ तो
अब ऐब कुछ जहाँ में, नादारी हो गई है

हमको तो दर्द-ए-दिल है, तुम ज़र्द क्यूँ हो ऐसे
क्या 'मीर जी' तुम्हें कुछ बीमारी हो गई है

888

छुपाईं हों आँखें ही उन ने तो कहिए वो हर बात का हमसे पर्दा करे है
जो रोना है रातों को अपना यही तो किनारा कोई दिन में दरिया करे है
ठसक उसके चलने की देखो तो जानो क़यामत ही हर गाम बरपा करे है
मरें शौक़-ए-परवाज़-ए-गुलशन में क्यूँ ना असीरों की याँ कौन परवा करे है
बनी सूरतें कैसी-कैसी बिगाड़ीं समझते नहीं हम फ़लक क्या करे है
हलाक आप को 'मीर' मत कर, दिवाने
कोई ज़ी-शऊर आह ऐसा करे है

889

क्या पूछते हो आशिक़ रातों को क्या करे है
गाहे बुका करे है गाहे दुआ करे है

दानिस्ता अपने जी पर क्यूँ तू जफ़ा करे है
इतना भी मेरे प्यारे कोई कुढ़ा करे है

हम तौर-ए-इश्क़ से तो वाक़िफ़ नहीं हैं लेकिन
सीने में जैसे कोई दिल को मला करे है

क्या कहिए दाग़ दिल है, टुकड़े जिगर है सारा
जाने वही जो कोई ज़ालिम वफ़ा करे है

आरी हो जाना–थक जाना, तंग हो जाना। दरवेशी–फ़क़ीरी। नादारी–ग़रीबी, तंगी। ज़र्द होना–पीला पड़ जाना, कमज़ोर हो जाना।

888. आँखें छुपाना–नज़र बचाना, ध्यान न देना। गाम–क़दम। शौक़-ए-परवाज़-ए-गुलशन–बाग़ में उड़ने का शौक़। असीर–बंदी। फ़लक–आसमान, क़िस्मत। हलाक–क़त्ल, तबाही, बर्बादी। ज़ी-शऊर–समझदार आदमी।

889. गाहे–कभी। बुका करना–रोना। दानिस्ता–जान-बूझकर। जफ़ा–सितम। तौर-ए-इश्क़–इश्क़ का तरीक़ा।

उस बुत की क्या शिकायत राह-ओ-रविश की करिए
पर्दे में बद-सुलूकी हमसे ख़ुदा करे है

गर्म आकर एक दिन वो सीने से लग गया था
तब से हमारी छाती हर शब जला करे है

क्या चाल ये निकाली हो कर जवान तुमने
अब जब चलो हो दिल को ठोकर लगा करे है

दुश्मन हो यार जैसा, दरपए है ख़ूँ के मेरे
है दोस्ती जहाँ वाँ यूँ ही हुआ करे है

समझा है ये कि मुझको ख़्वाहिश है ज़िन्दगी की
किस नाज़ से मुआलिज मेरी दवा करे है

हालत में ग़श की किस को ख़त लिखने की है फ़ुर्सत
अब जब न तब उधर को जी ही चला करे है

बैठे है यार आकर जिस जा पे एक साअत
हंगामा-ए-क़यामत वाँ से उठा करे है

क्या जाने क्या तमन्ना रखते हैं यार से हम
अंदोह एक जी को अक्सर रहा करे है

गुल ही की ओर हम भी आँखें लगा रखेंगे
एक-आध दिन जो मौसम अब के वफ़ा करे है

क़त्आ

गह सरगुज़श्त उन ने फ़रहाद की निकाली
मजनूँ का गाहे क़िस्सा बैठा कहा करे है

एक आफ़त-ए-ज़माँ है ये 'मीर'-ए-इश्क़-पेशा
पर्दे में सारे मतलब अपने अदा करे है

बुत–मूर्ति, माशूक़। राह-ओ-रविश–तौर-तरीक़ा। गर्म–अंगारा, ख़ूब, चंचल, यहाँ महबूब की तरफ़ इशारा है। दरपए–घात में, पीछे। ख़ूँ–ख़ून, क़त्ल। मुआलिज–इलाज करने वाला। ग़श–बेहोशी। जा–जगह। साअत–घड़ी, पल। अंदोह–दुख। गह/गाहे–कभी। सरगुज़श्त–आप बीती। आफ़त-ए-ज़माँ–दुनिया, ज़माने की आफ़त।

890

रब्त दिल को उस बुत-ए-बेमहर कीना-वर से है
क्या कहूँ मैं आह मुझ को काम किस पत्थर से है

किस को कहते हैं, नहीं मैं जानता इस्लाम-ओ-कुफ़्र
दैर हो या का'बा मतलब मुझ को तेरे दर से है

काग़ज़-ए-अबरी पे दर्द-ए-दिल उसे लिख भेजिए
वो भी तो जाने कि याँ आशोब चश्म-ए-तर से है

क्या कहें दिल कुछ खिंचे जाते हैं ऊधर हर घड़ी
काम हम बे-ताक़तों को इश्क़-ए-ज़ोर-आवर से है

रहम भी देना था थोड़ा हाए इस ख़ूबी के साथ
तुझ से क्या, कुल गुफ़्तगू ये दावर-ए-महशर से है

क्या करूँगा अब के मैं बे-पर हवस गुलज़ार की
लुत्फ़-ए-गुल-गश्त ऐ नसीम-ए-सुब्ह बाल-ओ-पर से है

मरने के असबाब पड़ते हैं बहुत आलम में लेक
रश्क उस पर है कि जिस की मौत उस ख़न्जर से है

नाज़-ओ-ख़श्म-ओ-बेदिमाग़ी उस तरफ़ से सब हैं ये
कुछ किसू भी तौर की रन्जिश भला ईधर से है

देख गुल को टुक कि हर-यक सर चढ़ा लेता है याँ
इस से पैदा है कि इज़्ज़त इस चमन में ज़र से है

काँपता हूँ मैं तो तेरे अब्रूओं के ख़म हुए
क़ुशअ'रीरा क्या मुझे तलवार के कुछ डर से है

अश्क पै-दर-पै चले आते थे चश्म-ए-ज़ार से
हर निगह का तार माना रिश्ता-ए-गौहर से है

बादिए ही में पड़ा पाते हैं जब तब तुझ को 'मीर'
क्या ख़फा ऐ ख़ानमाँ-बर्बाद कुछ तू घर से है

---

890. रब्त–मेल-मिलाप, दोस्ती, सम्बन्ध। बुत-ए-बेमहर–बेरहम महबूब। कीना-वर–द्वेष रखने वाला, कपटी। दैर–मन्दिर। काग़ज़-ए-अबरी–रंगीन काग़ज़ जो किताबों पर चढ़ाया जाता है। आशोब–हलचल, हंगामा। ज़ोर-आवर–ताक़तवर, ज़बरदस्त। दावर-ए-महशर–क़यामत के दिन इन्साफ़ करने वाला हाकिम। लुत्फ़-ए-गुल-गश्त–बाग़ की सैर का मज़ा। नसीम-ए-सुब्ह–सुबह की ठंडी हवा। असबाब–कारण, सामान। आलम–दुनिया। लेक–लेकिन। रश्क–ईर्ष्या, जलन। नाज़-ओ-ख़श्म-ओ-बेदिमाग़ी–घमण्ड, ग़ुस्सा और चिडचिड़ापन। टुक–ज़रा। हर-यक–हर एक, सभी। ज़र–सोना-चाँदी, रुपया-पैसा, फूल के अन्दर का ज़र्द ज़ीरा। अब्रू–भौं। ख़म होना–झुकना, तिरछा होना। क़ुशअ'रीरा–कँपकँपी, फुरैरी। अश्क–आँसू। पै-दर-पै–लगातार। चश्म-ए-ज़ार–वो आँखें जिनका रो-रो के बुरा हाल हो गया हो। माना–जैसे। रिश्ता-ए-गौहर–वो धागा जो मोतियों में पिरोकर माला बनाते हैं। बादिया–जंगल। ख़ानमाँ-बर्बाद–जिसका घरबार बर्बाद हो।

891

कार-ए-दिल उस मह-ए-तमाम से है	काहिश इक रोज़ मुझको शाम से है
तुम नहीं फ़ित्ना-साज़ सच साहिब	शहर पुर-शोर इस ग़ुलाम से है
बोसा लेकर सरक गया कल मैं	कुछ कहो, काम अपने काम से है
कोई तुझ सा भी काश तुझको मिले	मुद्दआ हमको इन्तिक़ाम से है
शे'र मेरे हैं सब ख़वास पसंद	पर मुझे गुफ़्तगू अवाम से है

सहल है 'मीर' का समझना क्या
हर सुख़न उस का इक मुक़ाम से है

892

जल गया दिल मगर ऐसे जूँ बला निकले है
जैसे लूँ चलती मिरे मुँह से हवा निकले है

लख़्त-ए-दिल, क़तरा-ए-ख़ूँ टुकड़े जिगर हो-हो कर
क्या कहूँ मैं कि मिरी आँखों से क्या निकले है

मैं जो हर-सू लगूँ हूँ देखने हो कर मुज़्तर
आँसू हर मेरी निगह साथ गुथा निकले है

पारसाई धरी रह जाएगी मस्जिद में शैख़
जो वो इस राह कभू मस्ती में आ निकले है

गो कि पर्दा करे जूँ माह-ए-शब-ए-अब्र वो शोख़
कब छुपा रहता है हरचंद छुपा निकले है

भीड़ें टल जाती हैं आगे से उस अबरू के हिले
सैंकड़ों में से वो तलवार चला निकले है

बनती है सामने उसके किए सज्दा ही वले
जी समझता है जो उस बुत में अदा निकले है

891. कार-ए-दिल–दिल का मतलब, काम। माह-ए-तमाम–पूरा चाँद, माशूक़ का मुखड़ा। काहिश–कमी, कमज़ोरी। फ़ित्ना साज़–उपद्रवी। पुर-शोर–शोर से भरा। बोसा–चुम्बन। इन्तिक़ाम–बदला। ख़वास–ख़ास का बहुवचन, विशिष्ट लोग। अवाम–आम लोग। सहल–आसान। सुख़न–बात, शे'र। मुक़ाम–स्तर, जगह।

892. लख़्त-ए-दिल–दिल का टुकड़ा। क़तरा-ए-ख़ूँ–ख़ून की बूँदें। हर-सू–हर तरफ़। मुज़्तर–बेचैन। पारसाई–परहेज़गारी, सदाचारिता। शैख़–इस्लाम धर्म का ज्ञानी, मुल्ला, क़ाज़ी। गो–यद्यपि, हालाँकि। माह-ए-शब-ए-अब्र– रात को बादलों से ढका चाँद। शोख़–चंचल, माशूक़। हरचंद–कितना ही। अबरू–भौं, भवें। वले–लेकिन। बुत–मूर्ति, माशूक़।

बद कहीं नाला-कशाँ हम हैं कि हम से हर रोज़
शोर-ओ-हंगामे का इक तौर नया निकले है

अज्र से ख़ाली नहीं इश्क़ में मारे जाना
दे है जो सर कोई कुछ याँ से भी पा निकले है

लग चली है मगर उस गेसू-ए-अम्बर-बू से
नाज़ करती हुई इस राह सबा निकले है

क्या है इक़बाल कि उस दुश्मन-ए-जाँ के आते
मुँह से हर एक के सौ बार दुआ निकले है

सोज़ सीने का भी दिलचस्प बला है अपना
दाग़ जो निकले है छाती से लगा निकले है

सारे देखे हुए हैं, दिल्ली के अत्तार-ओ-तबीब
दिल की बीमारी की, किस पास दवा निकले है

क्या फ़रेबिंदा है रफ़्तार है कीने की जुदा
और गुफ़्तार से कुछ प्यार जुदा निकले है

वैसा बेजा नहीं दिल 'मीर' का जो रह न सके
चलता-फिरता कभू उस पास भी जा निकले है

893

इबरत से देख जिस जा याँ कोई घर बने है
पर्दे में जिस्म ढै कर दीवार-ओ-दर बने है

हैं दिल गुदाज़ जिनके कुछ चीज़ माल वे हैं
होते हैं मुल्तफ़ित तो फिर ख़ाक ज़र बने है

शब जोश-ए-ग़म से जिस दम लगता है दिल तड़पने
हर ज़ख़्म-ए-सीना उस दम यक चश्म-ए-तर बने है

बद–बदनाम। नाला-कशाँ–रोने-पीटने वाले। अज्र–सत्कर्म का फल, सवाब। अम्बर–समुंदर में पाई जाने वाली एक ख़ुशबूदार बूटी। गेसू-ए-अम्बर-बू–अम्बर की ख़ुशबू से भरे बाल। सबा–हवा। इक़बाल–भाग्य, प्रताप। दुश्मन-ए-जाँ–जान का दुश्मन, महबूब। सोज़–जलन। अत्तार–इत्र बेचने वाला, दवा बनाने वाला। तबीब–हकीम, वैद्य। फ़रेबिंदा–फ़रेब/धोखा देने वाला। कीना–दग़ा, धोखा, द्वेष। गुफ़्तार–बातचीत। बेजा–अनुचित, बीमार।

893. इबरत–नसीहत या सीख पकड़ना। गुदाज़–संवेदनशील, नर्म, पसीजने वाला। मुल्तफ़ित–लगाव रखने वाला। ज़र–सोना-चाँदी, रुपया-पैसा। शब–रात। यक–एक। चश्म-ए-तर–आँसू भरी आँख।

निकले है सुब्ह भी याँ संदल मले जबीं को
आलम में काम किस का बे-दर्द-ए-सर बने है

हर इक से ढब जुदा है सारे ज़माने का भी
बनती है जिस किसू की यक तौर पर बने है

बरसों लगी रहे हैं जब महर-ओ-मह की आँखें
तब कोई हम-सा साहिब, साहिब-नज़र बने है

यारान-ए-दैर-ओ-का'बा, दोनों बुला रहे हैं
अब देखें 'मीर' अपना जाना किधर बने है

संदल मलना/रगड़ना–शरीर में किसी दर्द की जगह पर चंदन को घिसकर लगाना। जबीं–माथा। आलम–दुनिया। महर-ओ-मह–सूरज और चाँद। साहिब-नज़र–अक़्लमंद, दूरदृष्टि रखने वाला। यारान-ए-दैर-ओ-का'बा–मन्दिर और मस्जिद के रहने वाले।

तीसरा दीवान

894

मेरे मालिक ने मिरे हक़ मे ये एहसान किया ख़ाक-ए-नाचीज़ था मैं, सो मुझे इन्सान किया
उस सिरे दिल की ख़राबी हुई, ऐ इश्क़ दरेग़ तूने किस ख़ाना-ए-मतबू' को वीरान किया
ज़ब्त था जब तईं, चाहत न हुई थी ज़ाहिर अश्क ने बह के मिरे चेहरे पे, तूफ़ान किया
इन्तिहा शौक़ की दिल के जो सबा से पूछी इक कफ़-ए-ख़ाक को ले उन ने, परेशान किया
मुझ को शाइर न कहो 'मीर', कि साहिब मैंने
दर्द-ओ-ग़म कितने किए जम्अ, तो दीवान किया

895

दीन-ओ-दिल के ग़म को आसाँ नातवाँ मैं ले गया
या मुहब्बत कह के ये बार-ए-गिराँ मैं ले गया

ख़ाक-ओ-ख़ूँ में लोट कर, रह जाने ही का लुत्फ़ है
जान को क्या जो सलामत, नीम-जाँ मैं ले गया

सर-गुज़श्त-ए-इश्क़ की तह को न पहुँचा याँ कोई
गरचे पेश-ए-दोस्ताँ, ये दास्ताँ मैं ले गया

यक जहाँ मेहर-ओ-वफ़ा की जिंस थी मेरे कने
लेकिन उसको फेर ही लाया जहाँ मैं ले गया

रेख़्ता काहे को था, इस रुत्बा-ए-आली में 'मीर'
जो ज़मीं निकली उसे, ता-आसमाँ मैं ले गया

896

बुशरे की अपने रौनक़ ऐ 'मीर' आरिज़ी है
जब दिल को ख़ूँ किया तो चेहरे पे रंग आया

---

894. उस सिरे–उस हद तक। दरेग़–अफ़सोस। ख़ाना-ए-मतबू'–पसंदीदा घर। ज़ब्त–क़ाबू। अश्क–आँसू। सबा–हवा। कफ़-ए-ख़ाक–मुट्ठी भर मिट्टी। परेशान करना–बिखेरना। जम्अ–जमा। दीवान–ग़ज़ल संग्रह।
895. नातवाँ–कमज़ोर, परेशान, बेबस। बार-ए-गिराँ–भारी बोझ। नीम-जाँ–अधमरा। सर-गुज़श्त-ए-इश्क़–इश्क़ की कहानी। दास्ताँ–दास्तान, कहानी। गरचे–यद्यपि। पेश-ए-दोस्ताँ–दोस्तों के सामने। यक–एक। हाल–क़िस्सा। मेहर–मेहरबानी। जिंस–चीज़। कने–पास। रेख़्ता–उर्दू ग़ज़ल। रुत्बा-ए-आला–ऊँचा स्तर। ज़मीं–ग़ज़ल की रदीफ़, क़ाफ़िया और वज़्न/बहर। ता-आसमाँ–आसमान तक, बहुत ऊँचाई पर।
896. बुशरा–मुँह, चेहरा। आरिज़ी–अस्थायी। दिल ख़ून करना–बेहद मेहनत और मशक़्क़त करना।

897

दिल अगर कहता हूँ तो कहता है वो ये दिल है क्या
ऐसे नादाँ दिलरुबा के मिलने का हासिल है क्या

याँ कोई दिन रात वक़्फ़ा कर के, क़स्द आगे का कर
कारवाँ-गाह-ए-जहान-ए-रफ़्तनी मन्ज़िल है क्या

वो हक़ीक़त एक ही सारी नहीं है सब में तो
आब सा हर रंग में ये और कुछ शामिल है क्या

चोट मेरे दिल में ऐसी है कि हूँ मैं दम-ब-ख़ुद
वो कुशिन्दा यूँ ही कहता है कि तू घाइल है क्या

हम तो सौ-सौ बार मर रहते हैं एक-एक आन में
इश्क़ में उसके गुज़रना जान से मुश्किल है क्या

898

इन दिलबरों से राब्ता करना है काम क्या
कर इक सलाम पूछना साहिब का नाम क्या

हैरत है खोलें चश्म-ए-तमाशा कहाँ-कहाँ
हुस्न-ओ-जमाल वैसा है उसका ख़िराम क्या

की इक निगाह-ए-गर्म जहाँ उन से मिल गए
आशिक़ को दिलबरों से सलाम-ओ-पयाम क्या

शुक्र-ए-ख़ुदा कि सर न फ़रो लाए हम कहीं
क्या जानें सज्दा कहते हैं किसको, सलाम क्या

उस कुँज-ए-लब पे चुपके हुए, मुहँ को रख के हम
दिलचस्प इस मक़ाम में, हर्फ़-ओ-कलाम क्या

जिस जाए उसके चेहरे से करते हैं गुफ़्तगू
मिरआत-ओ-माह-ओ-गुल का है, उस जा मक़ाम क्या

---

897. वक़्फ़ा–ठहरना, अंतराल। क़स्द–इरादा। कारवाँ-गाह–कारवाँ के ठहरने की जगह, सराय। जहान-ए-रफ़्तनी–संसार से आते-जाते लोग। आब–पानी। दम-ब-ख़ुद–साँस रोक कर खड़े रहना, चुपचाप। कुशिन्दा–क़ातिल। घाइल–घायल।

898. राब्ता–तअल्लुक़, सम्पर्क। चश्म-ए-तमाशा–तमाशा देखने वाली आँख, निगाहें। हुस्न-ओ-जमाल–सौंदर्य। ख़िराम–नाज़ और अदा भरी चाल। निगाह-ए-गर्म–ग़ुस्से की निगाह। सलाम-ओ-पयाम–बातचीत, हालचाल जानना। सर फ़रो लाना–सर झुकाना, किसी के हुक्म को मानना। कुँज-ए-लब–होंठों के किनारे। हर्फ़-ओ-कलाम–बातचीत, शिकवा-शिकायत। जाए–जगह। मिरआत–आईना, शीशा। माह–चाँद। गुल–फूल। जा–जगह।

तस्बीह तक तो 'मीर' ने रक्खा कलाल के
वक़्त-ए-नमाज़ अब भी हुए थे इमाम क्या

899

जी रहे डूबते दरिया-ए-ग़म-ए-इश्क़ में लेक
बुल-हवस की सी तरह हमने किनारा न किया

ले गया मिट्टी भी दरवाज़े की उनके मैं 'मीर'
पर अतिब्बा ने मिरे दर्द का चारा न किया

900

वो जो गुलशन में जल्वा-नाक हुआ फूल ग़ैरत से जल के ख़ाक हुआ
किस क़दर था ख़बीस शैख़-ए-शहर
उसके मरने से शहर पाक हुआ

901

कहने लगा कि शब को मेरे तईं नशा था
मस्ताना 'मीर' को मैं क्या जान कर के मारा

902

गया हुस्न ख़ूबान-ए-बद-राह का हमेशा रहे नाम अल्लाह का
पशेमाँ हुआ दोस्ती करके मैं बहुत मुझको अरमान था चाह का
अदम को नहीं मिल के जाते हैं लोग ग़म उस राह में क्या है हमराह का
नज़र ख़्वाब में उसके मुँह पर पड़ी
बहुत ख़ूब है देखना माह का

तस्बीह–जपमाला। कलाल–शराब बनाने वाला। इमाम–नमाज़ पढ़ाने वाला।

899. दरिया-ए-ग़म-ए-इश्क़–इश्क़ के दुखों का सागर। लेक–लेकिन। बुल-हवस–लालची, लोभी। किनारा करना–बचना, परहेज़ करना। दरवाज़े की मिट्टी ले जाना–बार-बार फेरे लगाना, दरवाज़े पर बार-बार आना। अतिब्बा–तबीब का बहुवचन, वैद्य, हकीम। चारा–इलाज, उपाय।

900. गुलशन–बाग़। जल्वा-नाक–जल्वे से भरा हुआ, जल्वा दिखाने वाला। ग़ैरत–शर्म, शर्मिन्दगी। ख़बीस–गंदा, बहुत बड़ा धूर्त। शैख़–इस्लाम धर्म का ज्ञानी, मुल्ला, क़ाज़ी। पाक–पवित्र।

901. शब–रात। तईं–अपने आप को, को, लिये।

902. ख़ूबान-ए-बद-राह–माशूक़ जो गुमराह है या बुरे रास्ते पर चलता है। पशेमाँ–शर्मिन्दा, पछताने वाला। अदम–परलोक। माह–चाँद।

903

चश्म से ख़ूँ हज़ार निकलेगा   कोई दिल का बुख़ार निकलेगा
आंधियों से सियाह होगा चर्ख़   दिल का तब कुछ ग़ुबार निकलेगा
होए रे लाग तीर-ए-मिज़्गाँ की   किसके सीने के पार निकलेगा
नाज़-ए-ख़ुर्शीद कब तलक खींचें   घर से कब अपने यार निकलेगा
उज़्लत-ए-'मीर' इश्क़ में कब तक
हो के बे-इख़्तियार निकलेगा

904

एजाज़ मुँह तके है तिरे लब के काम का   क्या ज़िक्र याँ मसीह अलैहिस्सलाम का
रुक़्आ हमें जो आवे है सो तीर में बंधा   क्या दीजिये जवाब अजल के पयाम का
नौबत है अपनी जब से यही कूच का है शोर   बजना सुना नहीं है कभू याँ मक़ाम का
उस रू-ओ-मू के महव को क्या रोज़गार से   जल्वा ही कुछ जुदा है मिरे सुब्ह-ओ-शाम का
साहिब हो, मार डालो मुझे तुम, वगरना कुछ
जुज़ आशिक़ी गुनाह नहीं है ग़ुलाम का

905

एक रहज़न है उसकी काफ़िर ज़ुल्फ़   ग़म ही रहता है दीन-ओ-ईमाँ का
उम्र आवारगी में सब गुज़री
कुछ ठिकाना नहीं दिल-ओ-जाँ का

906

क्या पूछते हो दब के सुख़न मुँह से न निकला   कुछ देखते उसको मुझे ऐसा अदब आया
ख़ूँ होती रही दिल ही में आज़ुर्दगी मेरी   किस रोज़ गिला उसका मिरे ता-ब-लब आया
जी आँखों में आया है, जिगर मुँह तईं मेरे   क्या फ़ायदा याँ चल कर अगर यार अब आया
आते हुए उसके तो हुई बेख़ुदी तारी   वो याँ से गया उठ के, मुझे होश जब आया
जाता था चला राह अजब चाल से कल 'मीर'
देखा उसे जिस शख़्स ने उसको अजब आया

---

903. चश्म–आँख। ख़ूँ–ख़ून। चर्ख़–आसमान। होए–हाय। तीर-ए-मिज़्गाँ–पलक रूपी तीर। नाज़-ए-ख़ुर्शीद–सूरज (माशूक़) के नख़रे। नाज़ खींचना–नख़रे उठाना। उज़्लत-ए-'मीर'–मीर की तन्हाई, अकेला-पन।

904. एजाज़–चमत्कार। मसीह–ईसा मसीह। अलैहिस्सलाम–उन पर सलाम हो, दुआ के तौर पैग़म्बरों के नाम के साथ लगाया जाता है। रुक़्आ–पत्र, चिट्ठी। अजल–मौत। पयाम–संदेश। नौबत–नक़्क़ारा, नगाड़ा। मक़ाम–मंज़िल। रू-ओ-मू–चेहरा और बाल। महव–लीन, खोया हुआ। रोज़गार–दुनिया। जुज़ आशिक़ी–प्यार करने के अलावा।

905. रहज़न–लुटेरा। दीन-ओ-ईमाँ–धर्म और ईमान।

906. सुख़न–शब्द, बात। ख़ूँ होना–मारे जाना। आज़ुर्दगी–दुख, तकलीफ़, परेशानी। ता-ब-लब–होंठो तक। आँखों में जी आना–आँखों में जान अटकना। जिगर मुँह को आना–सदमा होना। बेख़ुदी–बेख़बरी, बेहोशी। तारी–छा जाना। अजब आना–आश्चर्य होना।

907

क्या काम किया हमने, दिल यूँ न लगाना था इस जान की जोखों को, इस वक़्त न जाना था
था जिस्म का तर्क औला, अय्याम में पीरी के जाता था चला हरदम जामा भी पुराना था
हर आन थी सरगोशी, या बात नहीं गाहे औक़ात है इक ये भी, इक वो भी ज़माना था
पामाली अज़ीज़ों की रखनी थी नज़र में टुक इतना भी तुम्हें आकर याँ सर न उठाना था
इक महव-ए-तमाशा हैं, इक गर्म हैं क़िस्से के याँ आज जो कुछ देखा, सो कल वो फ़साना था
क्यूँकर गली से उसकी, मैं उठ के चला जाता याँ ख़ाक में मिलना था, लोहू में नहाना था
जो तीर चला उसका, सो मेरी तरफ़ आया इस इश्क़ के मैदाँ में, मैं ही तो निशाना था
जब तूने नज़र फेरी, तब जान गई उसकी मरना तिरे आशिक़ का, मरना कि बहाना था
कहता था किसू से कुछ, तकता था किसू का मुँह कल 'मीर' खड़ा था याँ, सच है कि दिवाना था
कब और ग़ज़ल कहता मैं इस ज़मीं में लेकिन
पर्दे में मुझे अपना, अहवाल सुनाना था

908

क्या सूरतें बिगड़ी हैं मुश्ताक़ों की हिज्राँ में उस चेहरे को ऐ ख़ालिक़ ऐसा न बनाना था
मत सहल हमें समझो पहुँचे थे बहम तब हम बरसों तईं गर्दूं ने जब ख़ाक को छाना था
क्या ज़ुल्म किया बेजा, मारा जियों से उन ने कुछ ठौर भी थी उस की, कुछ उस का ठिकाना था
हो बाग़-ओ-बहार आया, गुल फूल कहीं पाया जल्वा उसे याँ अपना सद-रंग दिखाना था
कहते न थे हम वाँ से, फिर आ चुके जीते तुम
'मीर' उस गली में तुमको ज़िन्हार न जाना था

909

इस ज़िन्दगी से मारे ही जाना भला था 'मीर'
रहम उन ने मेरे हक़ में किया, क्या सितम किया

---

907. तर्क औला–वो काम जिसे छोड़ देना उचित हो। अय्याम–यौम (दिन) का बहुवचन, दिनों। पीरी–बुढ़ापा। जामा–कपड़ा, लिबास। आन–पल। सरगोशी–कान में कुछ कहना। गाहे–कभी। औक़ात–वक़्त का बहुवचन, समय। पामाली–कुचला जाना, रौंदा जाना। अज़ीज़–प्यारा। सर न उठाना–अवज्ञा न करना। महव-ए-तमाशा–तमाशा देखने में निमग्न। लोहू–लहू, ख़ून। ज़मीं–ज़मीन, ग़ज़ल की रदीफ़, क़ाफ़िया और वज़्न/बहर। अहवाल–हाल का बहुवचन, हाल।

908. मुश्ताक़–आशिक़, चाहने वाला। हिज्र–विरह, तन्हाई। ख़ालिक़–पैदा करने वाला, ख़ुदा, ईश्वर। सहल–आसान। बहम–एक साथ। बेजा–ग़लत, बिना वजह, अनुचित। गर्दूं–आसमान। सद-रंग–सैंकड़ों रंग में। ज़िन्हार–हरगिज़।

909. रहम–मेहरबानी, तरस।

910

रात से आँसू मिरी आँखों में फिर आने लगा
यक रमक़ जी था बदन में सो भी घबराने लगा

वो लड़कपन से निकल कर तेग़ चमकाने लगा
ख़ून करने का ख़याल अब कुछ उसे आने लगा

लाल-ए-जाँ-बख़्श उसके थे पोशीदा जूँ आब-ए-हयात
अब तो कोई-कोई उन होंठों पे मर जाने लगा

हैफ़ मैं उसके सुख़न पर टुक न रक्खा गोश को
यूँ तो नासेह ने कहा था दिल न दीवाने लगा

गर्म मिलना उस गुल-ए-नाज़ुक तबीअत से न हो
चाँदनी में रात बैठा था सो मुरझाने लगा

आशिक़ों की पाएमाली में उसे इसरार है
या'नी वो महशर-ख़िराम अब पाँव फैलाने लगा

चश्मक उस मह की सी दिलकश दीद में आई नहीं
गो सितारा सुब्ह का भी, आँख झपकाने लगा

क्यूँकर उस आईना-रू से 'मीर' मिलिए बे-हिजाब
वो तो अपने अक्स से भी देखो शर्माने लगा

911

देख ख़ब्ती मुझको रस्ते बंद हो जाते हैं अब
इश्क़ ने क्या कूचा-ओ-बाज़ार में रुस्वा किया

लोग दिल देते सुने थे, 'मीर' दे गुज़रा है जी
लेक अपने तौर पर उन ने भी इक सौदा किया

---

910. यक रमक़–थोड़ी सी जान। तेग़–तलवार। लाल-ए-जाँ-बख़्श–ज़िन्दगी देनें वाले सुर्ख़ होंठ, माशूक़ के होंठ। पोशीदा–छुपा हुआ। आब-ए-हयात–अमृत। हैफ़–अफ़सोस। गोश रखना–बात सुनना। नासेह–नसीहत करने वाला। गर्म मिलना–बहुत प्यार से मिलना। पाएमाली–रौंदना। इसरार–ज़िद, हठ। महशर ख़िराम–क़यामत की सी चाल वाला। चश्मक–आँख का इशारा। मह–चाँद। दिलकश–दिल लुभाने वाला, पसंदीदा। दीद–नज़र। गो–यद्यपि। आँख झपकाना–आँख मारना, आँख से इशारा करना। आईना रू–सुंदर मुखड़े वाला। बे-हिजाब–बिना पर्दे के। अक्स–परछाईं।

911. ख़ब्ती–पागल, सनकी। रुस्वा–बदनाम, अपमानित। दिल देना–आशिक़ होना। जी देना–जान देना। सौदा–दीवानापन, पागलपन।

912

सीना-कोबी है तपिश से ग़म हुआ दिल के जाने का बड़ा मातम हुआ
क्या लिखूँ रोया जो लिखते, जूँ क़लम सब मिरे नामे का काग़ज़ नम हुआ
हम जो उस बिन ख़्वार हैं हद से ज़ियाद यार याँ तक आन कर, क्या कम हुआ

जिस्म-ए-ख़ाकी का जहाँ पर्दा उठा
हम हुए वो 'मीर' सब वो हम हुआ

913

हिज्र की इक आन में दिल का ठिकाना हो गया
हर ज़माँ मिलते थे बाहम सो ज़माना हो गया

वाँ तअल्लुल ही तुझे करते गए शाम-ओ-सहर
याँ तिरे मुश्ताक़ का मरना बहाना हो गया

शैब में भी है लिबास-ए-जिस्म का ज़ाहिर क्रिमाश
पर इसे अब छोड़िये जामा पुराना हो गया

कहने तो कह बैठे मह बेहतर है रू-ए-यार से
शहर में फिर हमको मुश्किल मुँह दिखाना हो गया

सद-सुख़न आए थे लब तक, पर न कहने पाए एक
नागहाँ उसकी गली से अपना जाना हो गया

रहने के क़ाबिल तो हरगिज़ थी न ये इब्रत सराए
इत्तिफ़ाक़न इस तरफ़ अपना भी आना हो गया

सैकड़ों अफ़्सूँ दिनों को पढ़ते थे तिस पर भी 'मीर'
बैठना रातों को बाहम अब फ़साना हो गया

---

912. सीना-कोबी–छाती पीटना। जूँ क़लम–क़लम की तरह। नामा–पत्र, ख़त। ख़्वार–ज़लील, बे-इज़्ज़त। ज़ियाद–ज़्यादा। जिस्म-ए-ख़ाकी–मिट्टी का बना हुआ जिस्म, मानव शरीर।

913. हिज्र–विरह। आन–लम्हा, पल। ज़माँ–ज़माना, वक़्त। बाहम–आपस में, साथ-साथ। तअल्लुल–बहाना। मुश्ताक़–चाहने वाला, आशिक़। शैब–बुढ़ापा। क़िमाश–ढंग। जामा–लिबास। मह–चाँद। रू-ए-यार–माशूक़ का चेहरा, मुखड़ा। सद-सुख़न–सैंकड़ों बातें। नागहाँ–अचानक। इब्रत सराए–नसीहत हासिल करने का स्थान, दुनिया। इत्तिफ़ाक़न–संयोगवश। अफ़्सूँ पढ़ना–जादू के मंत्र पढ़ना। बाहम–साथ-साथ, आपस में।

914

आग खा जाती है ख़ुश्क-ओ-तर जो उसके मुँह पड़े
मैं तो जैसे शम्अ अपने ही तईं खाता रहा

मेरी तेरी चाह मुँह देखे की है जूँ आरसी
आँख फेरी जिस घड़ी फिर काहे का नाता रहा

हो गए हम मोहतसिब की बे-शऊरी से असीर
शैख़ में कुछ होश था, मयख़ाने से जाता रहा

'मीर' दीवाना है अच्छा बात क्या समझे मिरी
यूँ तो मुझसे जब मिला, मैं उसको समझाता रहा

915

मैं गुलसिताँ में आके अबस आशियाँ किया बुलबुल ने भी न तौर गुलों का बयाँ किया
गाली है हर्फ़-ए-यार, क़लम ने क़ज़ा के हाए सूरत निकाली ख़ूब वले बद-ज़बाँ किया
लड़के जहानाबाद के यक शहर करते नाज़ आ जाते हैं बग़ल में इशारा जहाँ किया
मैं मुंतज़िर जवाब का नामे के मर गया
नाचार 'मीर' जान को ऊधर रवाँ किया

916

जो ख़ूब देखो तो सारी वही हक़ीक़त है छुपाना चेहरे का उश्शाक़ से तकल्लुफ़ था
जहाँ में 'मीर' से काहे को होते हैं पैदा
सुना ये वाक़िआ जिन ने उसे तास्सुफ़ था

917

जुनूँ में, साथ था कल लड़कों का लश्कर, जहाँ मैं था
चले आते थे चारों ओर से पत्थर, जहाँ मैं था

---

914. ख़ुश्क-ओ-तर–सूखा और गीला। जूँ आरसी–आईने की तरह। मोहतसिब–हिसाब लेने वाला, पूछ-ताछ करने वाला, कोतवाल। बे-शऊरी–नादानी, अज्ञानता। असीर–क़ैदी, बंदी। शैख़–इस्लाम धर्म का ज्ञानी, मुल्ला, क़ाज़ी।

915. अबस–बे-फ़ायदा, बिना वजह। आशियाँ–घोंसला। हर्फ़-ए-यार–माशूक़ के बोल/शब्द। क़ज़ा का क़लम–जिस क़लम से भाग्य लिखा जाए। सूरत निकालना–तस्वीर बनाना। वले–लेकिन। बद-ज़बाँ–बदतमीज़। जहानाबाद–शाहजहानाबाद, दिल्ली का पुराना नाम, पुरानी दिल्ली। मुंतज़िर–इंतिज़ार करने वाला, प्रतीक्षा करने वाला। नामा–पत्र, चिट्ठी। नाचार–मजबूर, बेबस। रवाँ करना–रवाना करना, भेजना।

916. उश्शाक़–आशिक़ का बहुवचन, प्रेमी लोग। तास्सुफ़–दुख, अफ़सोस।

917. लश्कर–सेना, फ़ौज, झुंड।

गली में उसकी, मेरी रात क्या आराम से गुज़री
यही था संग बालीं, ख़ाक थी बिस्तर, जहाँ मैं था

ग़ज़ब कुछ शोर था सर में, बला बे-ताक़ती जी में
क़यामत लहज़ा-लहज़ा थी मिरे दिल पर, जहाँ मैं था

चुभें थीं जी में वे पलकें, लगें थीं दिल को वे भौवें
यही शमशीर चलती थी, यही ख़ंजर, जहाँ मैं था

अजब दिन 'मीर' थे दीवानगी में दश्त-गर्दी के
सर ऊपर साया-गुस्तर होते थे कीकर, जहाँ मैं था

918

कभू वो तवज्जो इधर कर रहेगा हमें इश्क़ है तो असर कर रहेगा
हमारा है अहवाल हैरत की जागह जो देखेगा वो भी नज़र कर रहेगा
नहीं उस तरफ़ 'मीर' जाने से रहता
रहेगा तो ऊधर ही मर कर रहेगा

919

'मीर' कल सोहबत में उसकी हर्फ़ सर कर रह गया
पेश जाते कुछ न देखी चश्म तर कर रह गया

सरगुज़श्त अपनी सबब है हैरत-ए-अहबाब की
जिस से दिल ख़ाली किया वो आह भर कर रह गया

'मीर' को कितने दिनों से रहती थी बे-ताक़ती
रात दिल तड़पा बहुत शायद कि मर कर रह गया

920

क्या कहिए दिमाग़ उसका कि गुलगश्त में कल 'मीर'
गुल शाख़ों से झुक आए थे पर मुँह न लगाया

संग–पत्थर। बालीं–सिरहाना। लहज़ा-लहज़ा–हर घड़ी, हर पल। शमशीर–तलवार। दश्त-गर्दी–जंगलों में फिरना। साया-गुस्तर–छाँव डालने वाला।

918. अहवाल–हाल, हालत।

919. हर्फ़ सर करना–बात शुरू करना। सरगुज़श्त–कहानी, आप-बीती। हैरत-ए-अहबाब–दोस्तों के लिए आश्चर्य-जनक। दिल ख़ाली करना–रो कर दिल की भड़ास निकालना।

920. गुलगश्त–बाग़ की सैर।

921

मुरीद-ए-पीर-ए-मुग़ाँ सिद्क़ से न हम होते
जो हक़-शनास कोई और भी नज़र आता
किसू हुनर से तो मिलते थे बाहम अगले लोग
हमें भी काशके ऐसा कोई हुनर आता
शराब-ख़ाने में शब मस्त हो रहा शायद
जो 'मीर' होश में होता तो अपने घर आता

922

मस्ताना साथ मेरे रोती फिरे है बुलबुल
गुल से जो दिल लगा है, अब्तर है हाल उसका
मेरी तरह झुके हैं बेख़ुद हो सर्व-ओ-गुल भी
देखा कहीं चमन में शायद जमाल उसका
क्या तुमको प्यार से वो ऐ 'मीर' मुँह लगावे
पहले ही चूमे तुम तो काटो हो गाल उसका

923

ज़ार रखा, बेहाल रखा, बेताब रखा, बीमार रखा
हाल रखा था कुछ भी हमने इश्क़ ने आख़िर मार रखा

इश्क़ भी हम में हाए तसर्रुफ़ कैसे-कैसे करता है
दिल को चाक, जिगर को ज़ख़्मी, आँखों को ख़ूँबार रखा

924

दिल ने क्या-क्या न दर्द रात दिये
जैसे पकता रहे कोई फोड़ा
दिल ही मुर्ग़-ए-चमन का टूट गया
फूल गुल-चीं ने हाए क्यूँ तोड़ा
है लब-ए-बाम आफ़ताब-ए-उम्र
करिए सो क्या है 'मीर' दिन थोड़ा

---

921. मुरीद-ए-पीर-ए-मुग़ाँ–शराब बेचने वाले बूढ़े का शिष्य। सिद्क़–सच्चाई। हक़ शनास–सच को पहचानने वाला। बाहम–आपस में। शब–रात।

922. अब्तर–बुरा। बेख़ुद–अपने आप से बेख़बर। सर्व–एक ख़ूबसूरत पेड़ जिस से माशूक़ के क़द को उपमा दी जाती है। गुल–फूल। चमन–बाग़। जमाल–सौंदर्य। मुँह लगाना–ध्यान देना, इज़्ज़त देना, मेहरबानी से पेश आना। पहले ही चूमे गाल काटना–पहली ही मुलाक़ात में दुख देना।

923. ज़ार–कमज़ोर, दुखी। तसर्रुफ़–इस्तेमाल में लेना, ख़र्च करना। चाक–फटा। ख़ूँबार–ख़ून बरसाने वाला।

924. मुर्ग़-ए-चमन–बाग़ के पक्षी। गुल-चीं–फूल तोड़ने वाला। लब-ए-बाम–छत के किनारे पर। आफ़ताब-ए-उम्र–उम्र रूपी सूरज। आफ़ताब लब-ए-बाम होना–अंतिम समय आ पहुँचना, जीवन का अंत होना।

925

है इश्क़ में सब्र नागवारा फिर सब्र बिन और क्या है चारा
यूँ बात करे है मेरे ख़ूँ से गोया नहीं उन ने मुझको मारा
देखो हो तो दूर भागते हो कुछ पास नहीं तुम्हें हमारा
था किसको दिमाग़-ए-बाग़ उस बिन बुलबुल ने बहुत मुझे पुकारा
फूली मुझे देखकर गुलों में बुलबुल का है बाग़ में इजारा
जब जी से गुज़र गए हम ऐ 'मीर'
उस कूचे में तब हुआ गुज़ारा

926

बज़्म-ए-इशरत पर जहाँ की गोश वा कर जाए चश्म
आज याँ देखा गया जो कुछ कल अफ़साना हुआ

क्या कहें हसरत लिये जैसे जहाँ से कोई जाए
यार के कूचे से अपना इस तरह जाना हुआ

927

क्या कहे हाल कहीं दिल-ज़दा जाकर अपना दिल न अपना है मुहब्बत में न दिलबर अपना
यक घड़ी साफ़ नहीं हमसे हुआ यार कभी दिल भी जूँ शीशा-ए-साअत है मुकद्दर अपना
कैसी रुस्वाई हुई इश्क़ में क्या नक़्ल करें शहर-ओ-क़स्बात में मज़कूर है घर-घर अपना
उस गुल-ए-तर की क़बा के कहीं खोले थे बंद रंगों गुलबर्ग के नाख़ुन है मुअत्तर अपना
तुझ से बे-महर के लग लगने न देते हरगिज़ ज़ोर चलता कुछ अगर चाह में दिल पर अपना
पेश कुछ आओ, यहीं हम तो हैं हर सूरत से मिस्ल-ए-आईना नहीं छोड़ते हम घर अपना
दिल बहुत खींचती है यार के कूचे की ज़मीं लोहू उस ख़ाक पे गिरना है मुक़र्रर अपना
'मीर' ख़त भेजे पर अब रंग उड़ा जाता है
कि कहाँ बैठे, किधर जावे, कबूतर अपना

---

925. नागवारा–बुरा लगना। पास–ध्यान, लिहाज़। फूलना–ख़फ़ा होना, नाराज़ होना। इजारा–एकाधिकार, ठेका।

926. बज़्म-ए-इशरत–हँसी-ख़ुशी की महफ़िल या'नी दुनिया। गोश वा करना–कान खोलना। जाए चश्म–आँख की जगह, आँख के स्थान पर।

927. दिल-ज़दा–टूटे दिलवाला। दिलबर–माशूक़, महबूब। यक–एक। साफ़ होना–सच्ची दोस्ती होना। शीशा-ए-साअत–रेत की घड़ी। मुकद्दर–गदला, गुबार से भरा। रुस्वाई–बदनामी। मज़कूर–ज़िक्र, चर्चा। गुल-ए-तर–ताज़ा फूल। क़बा–एक ख़ास प्रकार का ढीला-ढाला कोट या अचकन जिसमें बटनों के बजाए घुंडी और डोरी होती है। बंद खोलना–क़बा की डोरी खोलना। रंगों गुलबर्ग–फूल की पंखुड़ी की तरह। मुअत्तर–ख़ुशबूदार, सुगन्धित। बे-महर–निर्दयी, ज़ालिम। लग न लगने देना–पास न फटकने देना। मिस्ल-ए-आईना–आईने की तरह। मुक़र्रर–निश्चित। रंग उड़ना–ख़ौफ़ या शर्म से चेहरे का रंग पीला पड़ना, रौनक़ न रहना।

928

आख़िर को ख़्वाब-ए-मर्ग हमें जा से ले गई जी देते तक भी सर में उसी का ख़याल था
मैं जो कहा कि दिल को तो तुमने हरा दिया बोला कि ज़ौक़ अपना हमारा ही माल था
क्या मेरे रोज़गार के अहल-ए-सुख़न की बात हर नाक़िस अपने ज़ो'म में साहिब कमाल था
कहते थे हम, तबाह है अब हाल 'मीर' का
देखा न तुमने उस में भला कुछ भी हाल था

929

उन ने खींचा है मिरे हाथ से दामाँ अपना क्या करूँ, गर न करूँ चाक गिरेबाँ अपना
बारहा जाँ लब-ए-जाँ-बख़्श से दी जिन ने हमें दुश्मन-ए-जानी हुआ अब वही जानाँ अपना
ख़ल्ते याद आते हैं वे जबकि बदलते कपड़े मुझको पहनाते थे रा'नाई का सामाँ अपना
मुश्किलें सैंकड़ों चाहत में हमें आईं पेश काम हो देखिए किस तौर से आसाँ अपना
दिल फ़क़ीरी से नहीं 'मीर' किसू का ना-साज़
ख़ुश-हवा कितना है ये ख़ाना-ए-वीराँ अपना

930

दिल अजब शहर था ख़यालों का लूटा मारा है हुस्न वालों का
जी को जंजाल, दिल को है उलझाओ यार के हल्क़ा-हल्क़ा बालों का
मू-ए-दिलबर से मुश्क-बू है नसीम हाल ख़ुश उसके ख़स्ता हालों का
न कहा कुछ, न आ फिरा, न मिला क्या जवाब उन मिरे सवालों का
दम न ले उसकी ज़ुल्फ़ों का मारा
'मीर' काटा जिये न कालों का

931

अहवाल न पूछो कुछ हम ज़ुल्म-रसीदों का
क्या हाल मुहब्बत के आज़ार-कशीदों का

---

928. ख़्वाब-ए-मर्ग–मौत की नींद। जा–जगह। ज़ौक़–शौक़। रोज़गार–ज़माना, दौर। अहल-ए-सुख़न–शायर। नाक़िस–कम अक़्ल, मंदबुद्धि, मूर्ख। ज़ो'म–अभिमान, अहंकार। साहिब कमाल–गुणवान।

929. चाक करना–फाड़ना। बारहा–अक्सर। जाँ–जीवन, जान। लब-ए-जाँ-बख़्श–ज़िन्दगी देने वाले होंठ, माशूक़ के होंठ। ख़ल्ता–लम्बा कुर्ता, मेलजोल, एक साथ रहना। रा'नाई–ख़ूबसूरती। ना-साज़–ख़राब, दुखी। ख़ुश-हवा–अच्छी हवा वाला। ख़ाना-ए-वीराँ–वीरान मकान।

930. हल्क़ा-हल्क़ा बाल–घुंघराले बाल। मू-ए-दिलबर–माशूक़ के बाल। मुश्क-बू–कस्तूरी की ख़ुशबू। नसीम–ठंडी हवा। ख़स्ता-हाल–परेशान हाल। कालों का–काले बाल वालों का, काले साँप का।

931. अहवाल–हाल। ज़ुल्म-रसीदा–पीड़ित, जिस पर ज़ुल्म हुआ हो। आज़ार-कशीदा–दुखी, तकलीफ़ झेलने वाला।

नाचार गए मारे मैदान-ए-मुहब्बत में
पाया न गया चारा कुछ उसके शहीदों का

पत्ते के खड़कने से होती है हमें वहशत
क्या तौर है हम अपने साए से रमीदों का

क्या-क्या न गया उस बिन, सब्र और दिमाग़-ओ-दिल
रौनक़ गई बुशरे से, फिर नूर भी दीदों का

करते हैं पस-अज़-साले दिलशाद गले लग कर
सो 'मीर' वो मिलना भी अब तर्क है ईदों का

932

फिरता था 'मीर' ग़म-ज़दा यक-उम्र से ख़राब
अब शुक्र है कि बारे किसी दर पे जा गिरा

933

याँ शहर-शहर बस्ती ऊजड़ ही होते पाई इक़लीम-ए-आशिक़ी में बसता नगर न देखा
अब क्या करें कि आया आँखों में जी हमारा अफ़सोस पहले हमने टुक सोच कर न देखा

सूझा न चाह में कुछ, बर्बाद कर चुके दिल
'मीर' अंधे हो रहे थे, अपना भी घर न देखा

934

हमेशा इल्तिफ़ात उस का, किसू के बख़्त से होगा
नहीं शर्मिंदा मैं तो उसके लुत्फ़-ए-गाह-गाही का

ख़राब अहवाल कुछ बकता फिरे है, दैर-ओ-का'बे में
सुख़न क्या मोतबर है 'मीर' से वाही-तबाही का

रमीदा–भागने वाला। बुशरा–मुँह, चेहरा। नूर–चमक। दीदा–आँख। दीदों का नूर–आँखों की रौशनी। पस-अज़-साले–एक-एक साल के बाद। दिलशाद–प्रफुल्लित, ख़ुश। तर्क होना–छूटना।

932. ग़म-ज़दा–दुखी। यक-उम्र से–लम्बे समय से। बारे–अंततः, आख़िरकार।

933. इक़लीम-ए-आशिक़ी–मुहब्बत की दुनिया। आँखों में जी आना–दम अटकना, मरने के क़रीब होना।

934. इल्तिफ़ात–लगाव, प्यार। बख़्त–भाग्य, नसीब। लुत्फ़-ए-गाह-गाही–कभी-कभी होने वाली कृपा। अहवाल–हाल। दैर-ओ-का'बा–मन्दिर और मस्जिद। सुख़न–बात। मोतबर–विश्वस्त। 'मीर' से–'मीर' जैसे, 'मीर' जैसा। वाही-तबाही–परेशान हाल।

935

आँखों में अपनी रात को ख़ूँनाब था सो था — जी दिल के इज़्तिराब से, बेताब था सो था
आकर खड़ा हुआ था बसद-हुस्न-ए-जल्वा-नाक — अपनी नज़र में वो दुर-ए-नायाब था सो था
सावन हरे न भादों में हम सूखे अहल-ए-दर्द — सब्ज़ा हमारी पलकों का, सैराब था सो था
दरवेश कुछ घटा न बढ़ा मिल्क-ए-शाह से — ख़िरक़ा, कुलाह पास जो असबाब था सो था
क्या भारी-भारी क़ाफ़िले याँ से चले गए — तुझको वही ख़याल-ए-गिराँ-ख़्वाब था सो था
बरसों से है तिलावत-ओ-सज्जादा-ओ-नमाज़ — पर मैल-ए-दिल जो सू-ए-मए-ए-नाब था सो था

हम ख़ुश्क लब जो रोते रहे जूऐं बह चलीं
पर 'मीर' दश्त इश्क़ का बे-आब था सो था

936

मुजरिम ठहर गए हम फिरने से साथ तेरे
बेहतर है जो रखे तू इस से हमें मुआफ़ अब

937

ताक़त तअब की ग़म में तुम्हारे नहीं है अब — गोया कि जान जिस्म में सारे नहीं है अब

कल कुछ सबा हुई थी गुल-अफ़्शाँ क़फ़स में भी
वो बेकली तो जान को बारे नहीं है अब

938

बोला जो मू-परेशाँ आ निकले 'मीर साहिब' — आना हुआ कहाँ से, कहिए फ़क़ीर साहिब
हर लहज़ा इक शरारत, हर दम है यक इशारत — इस उम्र में क़यामत तुम हो शरीर साहिब

---

935. ख़ूँनाब–ख़ून और पानी मिला हुआ, ख़ून के आँसू। इज़्तिराब–बेचैनी। बसद-हुस्न-ए-जल्वा-नाक–बहुत ज़्यादा हुस्न दिखाते हुए। दुर-ए-नायाब–अप्राप्य मोती। सावन हरे न भादों में हम सूखे–(कहावत) हमेशा एक ढंग पर रहना। अहल-ए-दर्द–दुखों के मारे। सब्ज़ा–हरियाली। सैराब–पानी से भरा हुआ। दरवेश–फ़क़ीर, साधु। मिल्क-ए-शाह–बादशाह का माल, जायदाद। ख़िरक़ा–पैवंद लगा कपड़ा, गुदड़ी, दरवेश का लिबास। कुलाह–टोपी। असबाब–सामान। ख़याल-ए-गिराँ-ख़्वाब–गहरी नींद का ख़याल, ऐसा व्यक्ति जो देर तक सोता रहे, बेख़बर। तिलावत–क़ुरान शरीफ़ पढ़ना। सज्जादा–जानमाज़, कपड़ा, चटाई जिस पर नमाज़ पढ़ी जाती है। मैल-ए-दिल–दिल का झुकाव। सू-ए-मए-ए-नाब–ख़ालिस शराब की तरफ़। ख़ुश्क लब–प्यासा। जुऐं–जू का बहुवचन, चश्मा, पानी का सोता, नदियाँ। दश्त–जंगल, वीराना। बे-आब–बिना पानी के, सूखा हुआ।

936. मुआफ़–बख़्शा हुआ, छोड़ा हुआ।

937. तअब–तकलीफ़, दुख। गोया–मानो, जैसे। सबा–हवा। गुल-अफ़्शाँ–फूल बिखेरने वाली। क़फ़स–पिंजरा। बेकली–बेचैनी। बारे–ख़ैर, आख़िर-कार।

938. मू-परेशाँ–बिखरे हुए बाल वाला। लहज़ा–पल। यक–एक। इशारत–इशारा। शरीर–शरारती।

बंदे पे अब नवाज़िश कीजे तो कीजे वर्ना क्या लुत्फ़ है जो आए वक़्त-ए-अख़ीर साहिब
दिल का उलझना अपने ऐसा नहीं कि सुलझे हैं दाम-ए-ज़ुल्फ़ में हम उसके असीर साहिब
फ़िक्र-ए-जिगर रहे है उस दम ग़ुलाम को भी
जिस दम लगो हो करने तुम मश्क़-ए-तीर साहिब

939

दिल पर तो चोट थी ही, ज़ख़्मी हुआ जिगर सब
हर-दम भरी रहे है लोहू से चश्म-ए-तर सब

हैफ़ उससे हाल मेरा कहता नहीं है कोई
नालों से शब के मेरे रखते तो हैं ख़बर सब

उस माह बिन तो अपनी दुख में बसर हुई थी
कल रात आ गया तो वो दुख गया बिसर सब

क़त्आ

क्या फ़हम क्या फ़िरासत, ज़ौक़-ओ-बसर समाअत
ताब-ओ-तवान-ओ-ताक़त, ये कर गए सफ़र सब

मंज़िल को मर्ग की था, आख़िर मुझे पहुँचना
भेजा है मैंने अपना, असबाब पेशतर सब

दुनिया में हुस्न-ओ-ख़ूबी 'मीर' इक अजीब शय है
रिन्दान-ओ-पारसा याँ जिस पर रखें नज़र सब

940

शेवन में शब के टूटी ज़ंजीर 'मीर साहिब' अब क्या मिरे जुनूँ की तदबीर 'मीर साहिब'
हम सर बिखेरते तो वो तेग़ खिंच न सकती अपना गुनाह अपनी तक़्सीर 'मीर साहिब'
खिंचती नहीं कमाँ अब हमसे हवा-ए-गुल की बाद-ए-सहर लगे है जूँ तीर 'मीर साहिब'

नवाज़िश–कृपा, मेहरबानी। वक़्त-ए-अख़ीर–आख़िरी समय, मरते वक़्त। दाम-ए-ज़ुल्फ़–ज़ुल्फ़ रूपी जाल। असीर–बंदी। मश्क़-ए-तीर–तीर चलाने का अभ्यास।

939. चश्म-ए-तर–तर आँखें। हैफ़–अफ़सोस। नाला–रोना, फ़रियाद। शब–रात। माह–चाँद। बिसरना–भूलना। फ़हम–समझ। फ़िरासत–समझदारी, अक़्लमंदी। ज़ौक़–शौक़, अभिरुचि। बसर–नज़र, बीनाई। समाअत–सुनने की शक्ति। ताब-ओ-तवाँ–हौसला और ताक़त, हिम्मत। मर्ग–मौत, मृत्यु। असबाब–सामान। पेशतर–पहले ही से। शय–वस्तु, चीज़। रिन्दान-ओ-पारसा–शराबी और परहेज़गार।

940. शेवन–रोना-पीटना। तदबीर–इलाज, उपाय। सर बिखेरना–बाल बिखराना, परेशान हाल होना। तेग़–तलवार। तक़्सीर–ग़लती। हवा-ए-गुल–ख़ुशबूदार हवा। बाद-ए-सहर–सुबह की हवा।

कब हैं जवानी के से अशआर-ए-शोर-आवर   शायद कि कुछ हुए हैं अब पीर 'मीर साहिब'
तुम किस ख़याल में हो, तस्वीर से जो चुप हो
करते हैं लोग क्या-क्या तक़रीर 'मीर साहिब'

941

फिरती है उड़ी ख़ाक भी मुश्ताक़ किसू की   सर मार के करता है पहाड़ों में बसर आब
क्या करिए, उसे आग सा भड़काया है जिन ने   नज़दीक-तर अब उसको करे ग़र्क़ मगर आब
दिल में तो लगी दौं-सी, भरीं चश्मे सी आँखें   क्या अपने तईं रोऊँ इधर आग, उधर आब
किस तौर से भर आँख कोई यार को देखे   उस आतिशीं रुख़्सार से होती है नज़र आब
किस शक्ल से इक रंग पे रहना हो जहाँ का   रहती हैं कोई सूरतें, ये नक़्श हैं बर-आब
शोले जो मेरे दिल से उठें हैं सो न बैठें   बरसों तईं छिड़का करो तुम इन पे अगर आब
उस दश्त से हो 'मीर' तिरा क्यूँके गुज़ारा
ता-ज़ानू तिरे गिल है तिरी ता-ब-कमर आब

942

पड़ा है फ़र्क़ ख़ुर्द-ओ-ख़्वाब में अब   रहा है क्या दिल-ए-बेताब में अब
जुनूँ में अब के नै दामन है, नै जैब   कमी आई बहुत असबाब में अब
हुआ है ख़्वाब मिलना उससे शब का   कभू आता है वो मह ख़्वाब में अब
गदाई ली है मैंने उसके दर की   कहे क्या देखूँ मेरे बाब में अब
गले लगने बिन उसके इतना रोए   कि हम हैंगे गले तक आब में अब
कहाँ बल खाए बाल उसके, कहाँ ये   अबस सुम्बुल है पेच-ओ-ताब में अब
बला चर्चा है मेरे इश्क़ का 'मीर'
यही है ज़िक्र शैख़-ओ-शाब में अब

943

शे'र के पर्दे में मैंने ग़म सुनाया है बहुत
मर्सिये ने दिल के मेरे भी रुलाया है बहुत

अशआर-ए-शोर आवर–धूम मचाने वाले शे'र। पीर–बूढ़ा। तक़रीर करना–बात करना।

941. मुश्ताक़–चाहने वाला। आब–पानी। ग़र्क़ करना–डुबो देना। दौं लगना–इश्क़ के जोश में जलना। चश्मा–पानी का सोता। आतिशीं रुख़्सार–हल्के गुलाबी गाल वाला। आब होना–शर्मिंदा होना, पिघलना। नक़्श-बर-आब होना–पानी पर बना चित्र या'नी जल्द मिट जाने वाला, अस्थायी। दश्त–जंगल। ता-ज़ानू–घुटनों तक। गिल–कीचड़। ता-ब-कमर–कमर तक।

942. ख़ुर्द-ओ-ख़्वाब–खाना और सोना या'नी आराम, चैन। जुनूँ–जुनून, पागलपन। नै–न। जैब–गिरेबान। असबाब–सामान। शब–रात। मह–चाँद, चाँद सा मुखड़ा। गदाई–भिखारी होना। बाब में–बारे में। आब–पानी। सुम्बुल–एक ख़ुशबूदार घास। पेच-ओ-ताब–बल, बेचैनी, ग़ुस्से में होना। शैख़-ओ-शाब–बूढ़ा और जवान।

943. मर्सिया–वो कविता जो किसी की मौत पर लिखी जाए, शोक-गीत।

944

अजब नहीं है न जाने जो 'मीर' चाह की रीत
सुना नहीं है मगर ये कि जोगी किस के मीत

मत इन नमाज़ियों को ख़ाना-साज़-ए-दीं जानो
कि एक ईंट की ख़ातिर ये ढाते हैंगे मसीत

शफ़क़ से हैं दर-ओ-दीवार ज़र्द शाम-ओ-सहर
हुआ है लखनऊ इस रहगुज़र में पीलीभीत

कहा था हम ने बहुत बोलना नहीं है ख़ूब
हमारे यार को सो अब हमीं से बात न चीत

945

जब से चली चमन में तिरे रंग-ए-पाँ की बात
सुनता नहीं है कोई कली के दहाँ की बात

याँ शहर-ए-हुस्न में तो कहीं ज़िक्र भी नहीं
क्या जानिए कि मेहर-ओ-वफ़ा है कहाँ की बात

अख़्तर-शनास को भी ख़लल है दिमाग़ का
पूछो अगर ज़मीं से, कहें आसमाँ की बात

क्या लुत्फ़ जो सुनो, उसे कहते फिरा करो
यूँ चाहिए कि भूल वहीं, हो जहाँ की बात

ले शाम से जहाँ में है, ता सुब्ह एक शोर
अपनी समझ में कुछ भी नहीं आती याँ की बात

कीने से कुछ कहा ही किया ज़ेर-ए-लब मुझे
क्या पूछते हो 'मीर', मिरे मेहरबाँ की बात

946

मानिंद-ए-मुर्ग़-दोस्त न कह बार-बार दोस्त
टुक सोच भी हज़ार हैं दुश्मन, हज़ार दोस्त

सब को है रश्क, मुझ में जो तुझ में है इख़्तिलात
दुश्मन हुए हैं दोस्ती से तेरी यार-दोस्त

तुझ से हज़ार उन ने बना कर दिये बिगाड़
मत जान सादगी से कि है रोज़गार दोस्त

मुझ बे-नवा की याद रहे 'मीर' ये सदा
इस मयकदे में रहियो बहुत होशियार दोस्त

---

944. जोगी किस के मीत–(कहावत) जोगी किसी के मित्र नहीं होते, मुसाफ़िर पर क्या भरोसा। ख़ाना-साज़-ए-दीं–मस्जिद को बनाने वाला। मसीत–मस्जिद। शफ़क़–सूरज निकलने और डूबने के समय आसमान में दिखाई देने वाली लाली। ज़र्द–पीला। शाम-ओ-सहर–शाम और सुबह। पीलीभीत–पीली दीवारों का शहर।

945. रंग-ए-पाँ–पान का रंग जिससे मुँह लाल दिखाई देता है। दहाँ–मुँह। अख़्तर-शनास–सितारों की पहचान रखने वाला, ज्योतिषी। ख़लल–विकार, बिगाड़। कीना–द्वेष, दिल में दुश्मनी रखना। ज़ेर-ए-लब–होंठों ही होंठों में बात कहना, धीरे से कहना।

946. मानिंद–की तरह, जैसे। मुर्ग़-दोस्त–एक पक्षी (का नाम) जो तोते की तरह बोलता है और 'या दोस्त' कहता मालूम होता है। रश्क–ईर्ष्या, जलन। इख़्तिलात–दोस्ती, प्रेम-व्यवहार। रोज़गार–ज़माना, दुनिया। बे-नवा–दरिद्र, कंगाल। सदा–आवाज़।

947

सैर की हम ने उठ के ता-सूरत   वैसी देखी न एक जा सूरत
मुँह लगाना तो दर-किनार उन ने   ना कहा है ये आश्ना सूरत
मुँह दिखाती है आरसी हर सुब्ह   तू भी अपनी तो टुक दिखा सूरत
ख़ूब है चेहरा-ए-परी लेकिन   आगे उसके है क्या बला सूरत

क़त्आ

कब तलक कोई जैसे सूरत-बाज़   आवे प्यारी बना बना सूरत
एक दिन तो ये कह कि मिलने की   तू भी ठहरा के कोई ला सूरत
हल्क़े आँखों में पड़ गए मुँह ज़र्द
हो गई 'मीर' तेरी क्या सूरत

948

वस्ल-ए-दिलबर न टुक हुआ क़िस्मत   मर चले हिज्र में ही, या क़िस्मत
शैख़ जन्नत तुझे, मुझे दीदार   वाँ भी हर इक की है जुदा क़िस्मत
क्या अज़ल में मिला न लोगों को
थी हमारी भी 'मीर' क्या क़िस्मत

949

ज़ख़्म झेले, दाग़ भी खाए बहुत   दिल लगाकर हम तो पछताए बहुत
दैर से सू-ए-हरम आया न टुक   हम मिज़ाज अपना उधर लाए बहुत
फूल-गुल, शम्स-ओ-क़मर सारे ही थे   पर हमें उन में तुम्हीं भाए बहुत
वो जो निकला सुब्ह जैसे आफ़ताब   रश्क से गुल-फूल मुरझाए बहुत
'मीर' से पूछा जो मैं आशिक़ हो तुम
होके कुछ चुपके से शरमाए बहुत

---

947. ता-सूरत–जितना संभव हुआ। एक जा–एक जगह, कहीं भी। दर-किनार–एक तरफ़। आश्ना–परिचित। आरसी–आईना। सूरत-बाज़–चित्रकार। हल्क़ा–गड्ढा। जर्द–पीला।

948. वस्ल-ए-दिलबर–माशूक़ का मिलन। टुक–ज़रा। हिज्र–जुदाई। शैख़–इस्लाम धर्म का ज्ञानी, मुल्ला, क़ाज़ी। दीदार–दर्शन। अज़ल–वो समय जब सृष्टि की रचना हुई।

949. दैर–मन्दिर। सू-ए-हरम–मस्जिद की तरफ़। शम्स-ओ-क़मर–सूरज और चाँद। आफ़ताब–सूरज। रश्क–ईर्ष्या, जलन।

950

कोशिश अपनी थी अबस, पर की बहुत   क्या करें हम, चाहता था जी बहुत
का'बा-ए-मक़्सूद को पहुँचे न हाए   सई की ऐ शैख़ हमने भी बहुत
रुक रहा है देर से तड़पा नहीं   इश्क़ ने क्यूँ दिल को मोहलत दी बहुत
क्यूँ न हों दूरी में हम नज़दीक-ए-मर्ग   दिल को उसके साथ उल्फ़त थी बहुत
वो न चाहे जब तईं होता है क्या   जहद की मिलने में अपनी-सी बहुत
आज दरहम करते थे कुछ गुफ़्तगू
'मीर' ने शायद कि दारू पी बहुत

951

नहीं ये गुनहगार मिलने के क़ाबिल   करम करिए तो मेहरबानी इनायत
हमें इश्क़ में 'मीर' चुप लग गई है
न शुक्र-ओ-शिकायत, न हर्फ़-ओ-हिकायत

952

क्या लड़के दिल्ली के हैं अय्यार और नटखट
दिल लें हैं यूँ कि हरगिज़ होती नहीं है आहट

953

तिरी जुस्तुजू यार की है अबस   ये कोशिश गुनहगार की है अबस
तू पैदा है लेकिन हुवैदा नहीं   ये तस्दी' हमवार की है अबस
न हाथ आई ऐ 'मीर' कुछ वज्ह-ए-मय
गिरव मैंने दस्तार की है अबस

954

हाल कहने की किसे ताब इस आज़ार के बीच
हाल रहता ही नहीं इश्क़ के बीमार के बीच

---

950. अबस–निरर्थक, बे-फ़ायदा। का'बा-ए-मक़्सूद–इच्छित का'बा, मक्का में स्थित मुसलमानों का धर्म स्थल जहाँ लोग हज करने जाते हैं। सई–कोशिश, प्रयास। शैख़–इस्लाम धर्म का ज्ञानी, मुल्ला, क़ाज़ी। नज़दीक-ए-मर्ग–मृत्यु के क़रीब। उल्फ़त–लगाव। जहद–कोशिश, संघर्ष। दरहम गुफ़्तगू करना–उल्टी-सीधी बातें करना, अनाप-शनाप बकना।

951. हर्फ़-ओ-हिकायत–बातचीत।

952. अय्यार–चालाक।

953. जुस्तुजू–तलाश। अबस–निरर्थक। हुवैदा–प्रकट, ज़ाहिर। तस्दी'–सर-दर्द, दुख। हमवार–हमेशा, बराबर, सदा। वज्ह-ए-मय–शराब पीने का कारण। गिरव करना–गिरवी रखना। दस्तार–पगड़ी।

954. ताब–ताक़त। आज़ार–बीमारी।

आरज़ू-मंद है ख़ुर्शीद, मयस्सर है कहाँ
कि तनिक ठहरे तिरे साया-ए-दीवार के बीच
क्या कहें हम कि गले डाले फिरें मस्ती में
दाने सुब्हा के पिरो रिश्ता-ए-ज़ुन्नार के बीच

955

कल ले गए थे यार हमें भी चमन के बीच   उसकी सी बू न आई गुल-ओ-यासमन के बीच
कुश्ता हूँ मैं तो शीरीं-ज़बानी-ए-यार का   ऐ काश वो ज़बान हो मेरे दहन के बीच
गर दिल जला-भुना यही हम साथ ले गए   तो आग लग उठेगी हमारे कफ़न के बीच
तंगी-ए-जामा ज़ुल्म है ऐ बाइस-ए-हयात   पाते हैं लुत्फ़ जान का हम तेरे तन के बीच
नाज़ुक बहुत है तू कहीं अफ़्सुर्दगी न आए
चस्पानी-ए-लिबास से तेरे बदन के बीच

956

जाना न दिल को था तिरी ज़ुल्फ़-ए-रसा के बीच
दानिस्ता जा पड़े है कोई भी बला के बीच
फ़रहाद-ओ-क़ैस जिस से मुझे चाहो पूछ लो
मशहूर है फ़क़ीर भी अहल-ए-वफ़ा के बीच

आख़िर तो मैंने तूल दिया बहस-ए-इश्क़ को
कोताही तुम भी मत करो जौर-ओ-जफ़ा के बीच

आई जो लब पे आह तो मैं उठ खड़ा हुआ
बैठा गया न मुझ से तो ऐसी हवा के बीच

इक़बाल देख उस सितम-ओ-ज़ुल्म-ओ-जौर का
देखूँ हूँ जिसको है वो, उसी की दुआ के बीच

दिल इस चमन में बहुतों से मेरा लगा वले
बू-ए-वफ़ा न पाई किसू आश्ना के बीच

आरज़ू-मंद–इच्छा रखने वाला। ख़ुर्शीद–सूरज। सुब्हा–जपमाला, तस्बीह। रिश्ता-ए-ज़ुन्नार–जनेऊ का धागा।

955. कुश्ता–मारा हुआ। शीरीं ज़बानी–मीठा बोलना। दहन–मुँह। तंगी-ए-जामा–लिबास का चुस्त होना। बाइस-ए-हयात–ज़िन्दगी जीने की वजह, माशूक़। अफ़्सुर्दगी–मुर्झाना, सिलवटें आना। चस्पानी-ए-लिबास–चुस्त लिबास, कपड़ों का बदन से चिपकना।

956. ज़ुल्फ़-ए-रसा–लम्बे बाल जो कमर के नीचे तक हों। दानिस्ता–जान-बूझकर। फ़रहाद–शीरीं के प्रेमी का नाम। क़ैस–मजनूँ। अहल-ए-वफ़ा–वफ़ा करने वाले, आशिक़ लोग। तूल देना–बात को बढ़ाना, बात को लम्बा खींचना। कोताही–ग़फ़लत, बेपरवाई। इक़बाल–भाग्य, प्रताप, तेज। जौर–अत्याचार। वले–लेकिन। बू-ए-वफ़ा–अपनापन, वफ़ादारी। आश्ना–परिचित, दोस्त।

जोश-ओ-ख़रोश 'मीर' के जाते रहे न सब
होता है शोर चाहने की इब्तिदा के बीच

957

गिरफ़्त-ए-दिल से नाचारी है या'नी रहा हूँ बैठ मैं भी कर के घर बंद
यही औक़ात हैगी दीद की याँ रख अपनी चश्म को शाम-ओ-सहर बंद
नुचा रहता था चेहरा जिससे सो अब गिरेबाँ में है वो दस्त-ए-हुनर बंद
फ़न-ए-अशआर में हूँ पहलवाँ 'मीर'
मुझे है याद इस कुश्ती का हर बंद

958

हमारी बात को ऐ शम्-ए-बज़्म करियो याद
ज़बान-ए-सुर्ख़ सर-ए-सब्ज़ देती है बर्बाद

हमें असीर तो होना है अपना अच्छा याद
कशिश न दाम की देखी, न कोशिश-ए-सय्याद

सबात-ए-क़स्र-ओ-दर-ओ-बाम-ओ-ख़िश्त-ओ-गिल कितना
इमारत-ए-दिल-ए-दरवेश की रखो बुनियाद

नज़र न करनी तरफ़ सैद के दम-ए-बिस्मिल
ये ज़ुल्म ताज़ा हुआ उस कुशिंदे से ईजाद

चमन में यार हमें ले गए थे वा न हुए
हमारे साथ यही ग़म, यही दिल-ए-नाशाद

959

कारवाँ-दर-कारवाँ याँ से चले जाते हैं लोग
हर तरफ़ इस ख़ाकदाँ में देखते हैं गर्द-गर्द

इब्तिदा–प्रारम्भ।

957. गिरफ़्त-ए-दिल–दुखों में जकड़ा हुआ दिल, उदासी, दुख। दीद–ताँक-झाँक, दर्शन। चश्म–आँख। सहर–सुबह। दस्त-ए-हुनर–हुनरमंद हाथ। फ़न-ए-अशआर–शे'र कहने की कला। बंद–कुश्ती का दाँव।

958. शम्-ए-बज़्म–महफ़िल का चराग़। ज़बान-ए-सुर्ख़–लाल जीभ, अत्यधिक बोलना। सर-ए-सब्ज़–लहलहाती हुई, भड़कती हुई। असीर–बंदी। कशिश–आकर्षण। दाम–(शिकारी का) जाल। कोशिश-ए-सय्याद–शिकारी की कोशिश। सबात–ठहराव। क़स्र–महल। बाम–छत। ख़िश्त-ओ-गिल–ईंट और गारा। इमारत-ए-दिल-ए-दरवेश–फ़क़ीर के दिल की इमारत। सैद–शिकार। दम-ए-बिस्मिल–ज़ख़्मी के तड़पते समय। कुशिंदा–क़ातिल। ईजाद–शुरू, आविष्कार। वा होना–खुलना। दिल-ए-नाशाद–दुखी दिल।

959. ख़ाकदाँ–ख़ाकदान, कूड़ा-करकट डालने की जगह, दुनिया। गर्द–धूल।

960

गुज़रती है क्या 'मीर' दिल पर तिरे
तू होता है हर लहज़ा कुछ ज़र्द-ज़र्द

961

गर्मी से गुफ़्तगू की, कर ले क़ियास जाँ पर शोला है शम्अ-साँ याँ हर यक सुख़न ज़बाँ पर
घर बाग़ में बनाया पर हम ने ये न जाना बिजली से भी पड़ेगा फूल आके आशियाँ पर
सौदा बने जो उससे तो 'मीर' मनफ़अत है
अपनी नज़र नहीं है फिर जान के ज़ियाँ पर

962

पीस मारा दिल ग़मों ने कूट कर क्या उजाड़ा इस नगर को लूट कर
अब्र से आशोब ऐसा कब उठा ख़ूब रोए दीदा-ए-तर फूट कर
क्यूँ गिरेबाँ को फिरूँ फाड़े न 'मीर'
दामन उसका तो गया है छूट कर

963

है बे-ख़बरी मुझको तिरे देखे से साक़ी हर लहज़ा मिरी जान मुझे मेरी ख़बर कर
जिस जाए सरापा में नज़र जाती है उसके आता है मिरे जी में यहीं उम्र बसर कर
पड़ते निगह उस शोख़ की होता है वो अहवाल रह जावे है जैसे कि कोई बिजली से डर कर
माशूक़ का क्या वस्ल वरे ऐसा धरा है ता शम्अ पतंगा भी जो पहुँचे है तो मर कर
कस्ब और किया होता इवज़ रेख़्ते के काश
पछताए बहुत 'मीर' हम इस काम को कर-कर

---

960. हर लहज़ा–हर पल। ज़र्द-ज़र्द–बुझा-बुझा सा, बीमार सा।

961. क़ियास–अटकल। शम्अ साँ–आग की तरह। हर यक सुख़न–हर एक बात। फूल पड़ना–चिंगारी गिरना, आग लगना। आशियाँ–घोंसला। मनफ़अत–फ़ायदा, लाभ। ज़ियाँ–नुक़सान, हानि।

962. अब्र–बादल। आशोब–हलचल। दीदा-ए-तर–आँसू भरी आँखें।

963. लहज़ा–पल, लम्हा। सरापा–सर से पाँव तक। शोख़–चंचल, माशूक़। अहवाल–हाल। वस्ल–मिलन, मुलाक़ात। कस्ब–काम, पेशा, हुनर। इवज़–बजाए, अलावा, बदले। रेख़्ता–ग़ज़ल, शायरी।

964

जब हम-कलाम हम से होता है पान खा कर　　किस रंग से करे है बातें चबा-चबा कर

अरमान है जिन्हों को वे अब करें मुहब्बत
हम तो हुए पशेमाँ दिल के तईं लगा कर

965

पड़ती है आँख हर दम जा कर सफ़ा-ए-तन पर
सौ जी गए थे सदक़े, उस शोख़ के बदन पर

दिल जो बजा नहीं है, वहशी सा मैं फिरूँ हूँ
तुम जाइयो न हरगिज़, मेरे दिवाने-पन पर

दरकार आशिक़ों को, क्या है जवाब-नामा
इक नाम-ए-यार बस है, लिखना मिरे कफ़न पर

तब ही भले थे जब तक, हर्फ़-आश्ना न थे हम
लेने लगे लड़ाई, अब तो सुख़न-सुख़न पर

गिर्द-ए-रुख़ उसके पैदा, ख़त का ग़ुबार यूँ है
गर्द इक तनिक सी बैठे, जिस रंग यासमन पर

किस तरह 'मीर जी' का, हम तौबा करना मानें
कल तक भी दाग़-ए-मय थे, सब उनके पैरहन पर

966

सहर, गोश-ए-गुल में, कहा मैंने जा कर　　खुले बन्द मुर्ग़-ए-चमन से मिला कर
लगा कहने फ़ुर्सत है याँ इक तबस्सुम　　सो वो भी गिरेबाँ में, मुँह को छुपा कर
क़यामत रहा इज़्तिराब उसके ग़म में　　जिगर फिर गया रात, होंठो पे आकर
इसी आरज़ू में, गए हम जहाँ से　　न पूछा कभू, लुत्फ़ से टुक बुला कर
खिंची तेग़ उसकी तो याँ नीम जाँ थे　　ख़जालत से हम रह गए सर झुका कर

मुबारक तुम्हें 'मीर' हो इश्क़ करना
बहुत हम तो पछताए दिल को लगा कर

---

964. हम कलाम होना–किसी से बात करना। पशेमाँ–पछताने वाला, शर्मिंदा। तईं–को।

965. सफ़ा-ए-तन–बदन की सफ़ाई, पाकीज़गी। दिल बजा होना–दिल ठिकाने होना, होश में होना। जवाब-नामा–एक कपड़ा जिस पर शीया मुसलमान कलमा लिख कर मुर्दे के कफ़न पर रखते हैं। हर्फ़-आश्ना–नया-नया सीखने वाला। सुख़न-सुख़न पर–बात-बात पर। गिर्द-ए-रुख़–चेहरे के आस-पास। ख़त–नया-नया रुआँ। यासमन–चमेली का फूल। दाग़-ए-मय–शराब के धब्बे। पैरहन–लिबास, कपड़े।

966. सहर–सुबह। गोश-ए-गुल–फूल के कान। खुले बन्द–खुल्लम-खुल्ला, बे-धड़क। मुर्ग़-ए-चमन–बाग़ के पक्षी, परिन्दे। तबस्सुम–मुस्कुराहट। क़यामत का इज़्तिराब–बहुत ज़्यादा बेचैनी। तेग़–तलवार। नीम जाँ–अधमरा। ख़जालत–शर्म।

967

'मीर' हम तो नाज़ ही खींचा किए
क्यूँके कोई खींचे है तस्वीर-ए-यार

968

मज़हब से मेरे क्या तुझे, मेरा दयार और
मैं और, यार और, मिरा कारोबार और

चलता है काम मर्ग का ख़ूब उसके दौर में
होती है गिर्द शहर के रोज़ इक मज़ार और

बंदे को उन फ़क़ीरों में गिनिये न शहर के
साहिब ने मेरे मुझ को दिया ऐतिबार और

दर्द-ए-सर अब जो इश्क़ का है गोर तक है साथ
कुछ ये नशा ही और है, इस का ख़ुमार और

काहे को इस क़रार से था इज़्तिराब-ए-दिल
होता है हाथ रखने से दिल बे-क़रार और

किस को फ़क़ीरी में सर-ओ-दिल हर्फ़ का है 'मीर'
करते हैं इस दिमाग़ पे हम इन्किसार और

969

जैब-ओ-कनार से तो बढ़ा पानी देखिए
चश्मा हमारी चश्म का रहता है जोश पर

इक शोर है जो आलम-ए-कौन-ओ-फ़साद में
हंगामा है उसी के ये लाल-ए-ख़मोश पर

है बार-ए-दोश जिसके लिए ज़िन्दगी सो वो
रख हाथ राह टुक न चला मेरे दोश पर

---

967. नाज़ खींचना–नख़रे उठाना। तस्वीर खींचना–तस्वीर बनाना।

968. दयार–संसार, दुनिया। मर्ग–मौत, मृत्यु। गिर्द–आस-पास, तरफ़। मज़ार–क़ब्र। गोर–क़ब्र। क़रार–सुकून। इज़्तिराब-ए-दिल–दिल की बेचैनी। सर-ओ-दिल–साहस। हर्फ़ का–बातचीत का। इन्किसार–विनम्रता।

969. जैब-ओ-कनार–गिरेबान और दामन। चश्मा–सोता। चश्म–आँख। आलम-ए-कौन-ओ-फ़साद–नश्वर दुनिया जहाँ चीज़ें बनती और बिगड़ती रहती हैं। लाल-ए-ख़मोश–बंद होंठ। दोश-कन्धा। बार-ए-दोश–कन्धे का बोझ।

जो है सो मस्त-ए-बादा-ए-वहम-ओ-ख़याल है
किसको है याँ निगाह किसू दुर्द-नोश पर

मुर्ग़-ए-चमन ने क्या हक़्क़-ए-सोहबत अदा किया
ला ला के गुल बिखेरे मिरे क़ब्र-पोश पर

जब तक बहार रहती है रहता है मस्त तू
आशिक़ हैं 'मीर' हम तो तिरी अक़्ल-ओ-होश पर

970

कर बाग़बाँ हया टुक गुल को न हाथ में मल   देती है जान बुलबुल फूलों के रंग-ओ-बू पर
हसरत से देखते हैं परवाज़-ए-हम-सफ़ीराँ
शाइस्ता भी हमारे ऐसे ही थे कभू पर

971

गुल-ओ-गुलज़ार से क्या क़ैदियों को   हमें दाग़-ए-दिल-ओ-कुँज-ए-क़फ़स बस
बहुत कम देते थे बादल दिखाई   रहे हम ही तो रोते इस बरस बस
किसू महबूब की हो गोर पर गुल   हमारी ख़ाक को है ख़ार-ओ-ख़स बस
चमन के ग़म में सीना दाग़ है 'मीर'
बहुत निकली हमारी भी हवस बस

972

आप से जा के फिर न आए हम
बस हमें तो यही सफ़र है बस

973

अमीरों तक रसाई हो चुकी बस   मिरी बख़्त-आज़माई हो चुकी बस
बहार अब के भी जो गुज़री क़फ़स में   तो फिर अपनी रिहाई हो चुकी बस

मस्त-ए-बादा-ए-वहम-ओ-ख़याल–वहम और ख़याल की शराब के नशे में मस्त। दुर्द-नोश–जाम की तलछट पीने वाला। मुर्ग़-ए-चमन–बाग़ का पक्षी। हक़्क़-ए-सोहबत–दोस्ती का कर्तव्य। क़ब्र-पोश–क़ब्र पर डालने की चादर।

970. बाग़बाँ–माली। हया–शर्म। परवाज़-ए-हम-सफ़ीराँ–साथियों की उड़ान। शाइस्ता–योग्य, क़ाबिल, लायक़।

971. गुल-ओ-गुलज़ार–फूल और बाग़। दाग़-ए-दिल-ओ-कुँज-ए-क़फ़स–दिल के घाव और पिंजरे का कोना। गोर–क़ब्र। गुल–फूल। ख़ार-ओ-ख़स–घास-फूस और काँटे।

972. आप से जाना–अपनी सुध-बुध खोना, बेहोश होना।

973. रसाई–पहुँच। बख़्त-आज़माई–भाग्य आज़माना। क़फ़स–पिंजरा।

कहाँ तक उससे क़िस्सा-क़ज़िया हर शब बहुत बाहम लड़ाई हो चुकी, बस
न आया वो मिरे जाते जहाँ से यहीं तक आश्नाई हो चुकी बस
लगा है हौसला भी करने तंगी ग़मों की अब समाई हो चुकी बस
बराबर ख़ाक के तो कर दिखाया फ़लक बस बे-अदाई हो चुकी बस
दनी के पास कुछ रहती है दौलत हमारे हाथ आई, हो चुकी बस
दिखा उस बुत को फिर भी या ख़ुदाया तिरी क़ुदरत-नुमाई हो चुकी बस
शरर की-सी है चश्मक फ़ुर्सत-ए-उम्र जहाँ दी टुक दिखाई, हो चुकी बस
गले में गेरवी कफ़नी है अब 'मीर'
तुम्हारी मीरज़ाई हो चुकी बस

974

तरह ख़ुश, नाज़ ख़ुश, उस की अदा ख़ुश ख़ुशा हम जो न रक्खे हम को ना-ख़ुश
नहीं ना-साज़ फ़क्र अपना किसू का ख़राबे की हमारे है हवा ख़ुश
बुतों के ग़म में नालाँ जब न तब हूँ न राज़ी ख़ल्क मुझसे, ना ख़ुदा ख़ुश
कली रुकती है, गुल है दिल परेशाँ किसू की इस चमन में गुज़रे क्या ख़ुश
जहान-ए-तंग कुढ़ने ही की जा थी कोई दिन मैं तकल्लुफ़ से रहा ख़ुश
गया इस शहर ही से 'मीर' आख़िर
तुम्हारी तर्ज़-ए-बद से कुछ न था ख़ुश

975

क्या पतंगे को शम्अ रोए 'मीर'
उस की शब को भी है सहर दरपेश

976

शौक़ से बात बढ़ गई थी बहुत दफ़्तर उसको लिखें हैं, क्या है ख़त
साथ हम भी गए हैं दूर तलक जब उधर के तईं चला है ख़त
कुछ ख़लल राह में हुआ ऐ 'मीर'
नामाबर कब से ले गया है ख़त

क़िस्सा-क़ज़िया–लड़ाई-झगड़ा, बहस। बाहम–आपस में। आश्नाई–दोस्ती। फ़लक–आसमान, आकाश। दनी–कमीना। क़ुदरत-नुमाई–ख़ुदाई की ताक़त दिखाना, ताक़त दिखाना। शरर–चिंगारी। चश्मक–निगाह, इशारा। कफ़नी–फ़क़ीरों की चादर जो गेरुए रंग की होती है। मीरज़ाई–सरदारी, बादशाहत।

974. तरह ख़ुश–अच्छा अंदाज़। ख़ुशा–क्या ही अच्छी बात है। ना-साज़–बिगड़ा हुआ। फ़क्र–फ़क़ीरी। ख़राबा–वीराना। बुत–मूर्ति, माशूक़। नालाँ–रोता हुआ, दुखी। ख़ल्क–लोग। तर्ज़-ए-बद–बुरा अन्दाज़।

975. शब–रात। सहर–सुबह। दरपेश–सामने।

976. दफ़्तर–लम्बा-चौड़ा ख़त। तईं–को, तरफ़। ख़लल–रुकावट, बाधा। नामाबर–पत्रवाहक।

977

जो वो है तो है ज़िन्दगानी से हज़ मज़ा उम्र का है जवानी से हज़
नहीं वो तो सब कुछ ये बे-लुत्फ़ है न खाने में लज़्ज़त न पानी से हज़
कहा दर्द-ए-दिल रात क्या 'मीर' ने
उठाया बहुत उस कहानी से हज़

978

वज्द में रखता है अहल-ए-फ़हम को
मेरे शे'र-ओ-शाइरी का इस्तिमा'

979

दिल जला, आँखें जलीं, जी जल गया इश्क़ ने क्या-क्या हमें दिखलाए दाग़
दिल जिगर जल कर हुए हैं दोनों एक दरमियान आया है जब से पाए दाग़
वो नहीं अब 'मीर' जो छाती जले
खा गया सारे जिगर को हाए दाग़

980

सोहबत किसू से रखने का उसको न था दिमाग़
था 'मीर'-ए-बे-दिमाग़ को भी क्या बला दिमाग़

दो हर्फ़ ज़ेर-ए-लब कहे, फिर हो गया ख़मोश
या'नी कि बात करने का किस को रहा दिमाग़

कर फ़िक्र अपनी ताक़त-ए-फ़िक्री जो हो ज़ईफ़
अब शे'र-ओ-शाइरी की तरफ़ कब लगा दिमाग़

आतिश-ज़बानी शम्अ नमत 'मीर' की बहुत
अब चाहिए मुआफ़ रखें जल गया दिमाग़

977. हज़–आनंद, मज़ा। लज़्ज़त–मज़ा। हज़ उठाना–मज़ा उड़ाना, ख़ुशी मनाना।

978. वज्द–बेख़ुदी की हालत, आनंद विस्मृति। अहल-ए-फ़हम–समझदार लोग। इस्तिमा'–सुनना।

979. दाग़–ज़ख़्म, दुख। पाए दरमियान होना–सम्बन्ध होना।

980. 'मीर'-ए-बे-दिमाग़–नाज़ुक मिज़ाज 'मीर'। ज़ेर-ए-लब–होंठों ही होंठों में, धीरे से। ताक़त-ए-फ़िक्री–सोचने की ताक़त। ज़ईफ़–कमज़ोर, बूढ़ा। आतिश ज़बानी–वो शायर जिसका कलाम बहुत पुर असर और जोश भरने वाला हो। शम्अ नमत–शम्अ की तरह।

981

क्या पयाम-ओ-सलाम है मौक़ूफ़ रस्म-ए-ज़ाहिर तमाम है मौक़ूफ़
हैरत-ए-हुस्न-ए-यार से चुप हैं सब से हर्फ़-ओ-कलाम है मौक़ूफ़
रोज़ वादा है मिलने का लेकिन सुब्ह मौक़ूफ़, शाम है मौक़ूफ़
पेश-ए-मिज़गाँ धरे रहे ख़ंजर
आगे ज़ुल्फ़ों के दाम है मौक़ूफ़

982

क्या हक़ीक़त कहूँ कि क्या है इश्क़ हक़-शनासों के हाँ ख़ुदा है इश्क़
दिल लगा हो तो जी जहाँ से उठा मौत का नाम प्यार का है इश्क़
क्या डुबाया मुहीत में ग़म के हमने जाना था आश्ना है इश्क़
इश्क़ से जा नहीं कोई ख़ाली दिल से ले अर्श तक भरा है इश्क़
इश्क़ है इश्क़ करने वालों को कैसा-कैसा बहम किया है इश्क़
कौन मक़सद को इश्क़ बिन पहुँचा आरज़ू इश्क़, मुद्दआ है इश्क़
'मीर' मरना पड़े है ख़ूबाँ पर
इश्क़ मत कर कि बद बला है इश्क़

983

गर बादिये में तुझको सबा ले के जाए शौक़
मजनूँ को मेरी ओर से कहियो दुआ-ए-शौक़

हर चार ओर उड़ती फिरे है हमारी ख़ाक
सर से गई न जी भी गए पर हवा-ए-शौक़

दैर-ओ-हरम में हमको फिराता है देर तक
फिर भी हमारे साथ वही है अदा-ए-शौक़

क्या पूछते हो शौक़ कहाँ तक है हमको 'मीर'
मरना ही अहल-ए-दर्द का है इन्तिहा-ए-शौक़

---

981. पयाम–संदेश। मौक़ूफ़–रोका गया, स्थगित किया गया। रस्म-ए-ज़ाहिर–औपचारिकता, दिखावा। हर्फ़-ओ-कलाम–बातचीत। पेश-ए-मिज़गाँ–पलकों के सामने। दाम–जाल, फंदा।

982. हक़-शनास–सत्य को पहचानने वाला। मुहीत–समुद्र। आश्ना–दोस्त। जा–जगह। अर्श–आसमान। बहम–आपस में। बहम करना–उपलब्ध कराना, साथ करना। मुद्दआ–आरज़ू, मतलब। बद बला–बुरी बला। ख़ूबाँ–ख़ूब का बहुवचन, ख़ूबसूरत, माशूक़।

983. बादिया–जंगल। सबा–हवा। हवा-ए-शौक़–इश्क़ करने की इच्छा। दैर-ओ-हरम–मन्दिर और मस्जिद। इन्तिहा-ए-शौक़–प्रेम की पराकाष्ठा, अंजाम।

984

हरचंद सिर्फ़ ग़म हैं ले दिल जिगर से जाँ तक
लेकिन कभू शिकायत आई नहीं ज़बाँ तक

क्या कोई उसके रंगों गुल बाग़ में खिला है
शोर आज बुलबुलों का जाता है आसमाँ तक

दो-चार दिन जो हों तो रुक-रुक के कोई काटे
नाचार सब्र करना आशिक़ से हो कहाँ तक

रोए जहाँ-जहाँ हम जूँ अब्र 'मीर' उस बिन
अब आब है सरासर जावे नज़र जहाँ तक

985

रस्म-ओ-आदत है कि हर यक वक़्त का होता है ज़िक्र
'मीर' बारे याद कर रोवेंगे क्या ये दौर लोग

986

इस बियाबाँ में 'मीर' महव हुए
नातवाँ इक ग़ुबार के से रंग

987

अब के हज़ार रंग गुलिस्ताँ में आए गुल
पर उस बग़ैर अपने तो जी को न भाए गुल

बुलबुल को नाज़ क्यूँ न ख़याबान-ए-गुल पे हो
क्या जाने जिन ने छाती पे भर कर न खाए गुल

चलिए बग़ल में लेके गुलाबी किसू तरफ़
दामान-ए-दिल को खींचे है साक़ी हवा-ए-गुल

---

984. हरचंद–कितना ही, कैसा ही, बहुतेरा। नाचार–बेबस, मजबूर। अब्र–बादल। आब–पानी।

985. हर यक–हर एक। बारे–आख़िरकार।

986. बियाबाँ–वीराना, जंगल। महव होना–मिट जाना, गुम हो जाना। नातवाँ–कमज़ोर, बे-बस।

987. ख़याबान-ए-गुल–फूलों की क्यारी। गुल खाना–माशूक़ के छल्ले को आग पर लाल करके अपने हाथ या छाती पर दाग़ना, इश्क़ जताने के लिए जिस्म पर दाग़ खाना। गुलाबी–शराब की बोतल, सुराही। साक़ी–शराब पिलाने वाला।

पगड़ी में फूल रखते हैं रा'ना जवान-ए-शहर
दाग़-ए-जुनूँ ही सर पे रहा याँ बजाए गुल

बुलबुल को क्या सुने कोई उड़ जाते हैं हवास
जब दर्दमंद कहती है दम भर के हाए गुल

सोया न वो बदन की नज़ाकत से सारी रात
बिस्तर पे उसके ख़्वाब के किन ने बिछाए गुल

मसरूफ़ यार चाहिए मुर्ग़-ए-चमन-सा हो
दिल-नज़्र-ओ-दीदा-पेशकश-ओ-जाँ-फ़िदा-ए-गुल

हम तरह आशियाँ की न गुलशन में डालते
मालूम होती आगे जो हमको वफ़ा-ए-गुल

क्या समझे लुत्फ़ चेहरों के रंग-ओ-बहार का
बुलबुल ने और कुछ नहीं देखा सिवाए गुल

988

हमारा ख़ास मशरब इश्क़, इस में पयम्बर दिल है, क़िब्ला दिल, ख़ुदा दिल
सभों से 'मीर' बेगाने से रहते
जो होता उससे कुछ भी आश्ना दिल

989

सिकन्दर हो के मालिक सात इक़्लीमों का आख़िर को
गया दस्त-ए-तही ले याँ से, ये कुछ कर गया हासिल

न खींचें क्यूँके नुक़्साँ हम तो क़ैदी हैं तअय्युन के
ख़ुदी से कोई निकले तो उसे होवे ख़ुदा हासिल

इबारत ख़ूब लिक्खी, शाइरी, इंशा-तराज़ी की
वले मतलब है गुम, देखें तो कब हो मुद्दआ हासिल

रा'ना–सुंदर, ख़ूबसूरत। हवास उड़ जाना–होश उड़ जाना। मसरूफ़–व्यस्त। मुर्ग़-ए-चमन–बाग़ का पक्षी। नज़्र–तोहफ़ा। दीदा-पेशकश–आँखें बिछाना। आशियाँ–घोंसला। तरह डालना–बुनियाद डालना, नींव रखना। गुलशन–बाग़। आगे–पहले।

988. मशरब–मत, धर्म। पयम्बर–पैग़म्बर। क़िब्ला–का'बा। बेगाना–ग़ैर, अजनबी। आश्ना–परिचित।

989. सिकन्दर–यूनान के बादशाह का नाम। सात इक़्लीम–सात महाद्वीप। दस्त-ए-तही–ख़ाली हाथ। तअय्युन (सूफ़ीवाद की परिभाषा में)–अस्तित्व, वजूद। ख़ुदी–अहंकार। इबारत–लेख। इंशा-तराज़ी करना–लिखना, कोई बात पैदा करना। वले–लेकिन। मुद्दआ हासिल होना–मुराद पूरी होना।

फिरा मत 'मीर' सर अपना, गिराँ-गोशों की मजलिस में
सुने कोई तो कुछ कहिए भी, इस कहने का क्या हासिल

990

जी के तईं छुपाते नहीं यूँ तो ग़म से हम पर तंग आ गए हैं तुम्हारे सितम से हम
अपने ख़याल ही में गुज़रती है अपनी उम्र पर कुछ न पूछो, समझे नहीं जाते हम से हम
ज़ुन्नार-सा बँधा है गले अपने अब तो कुफ्र बदनाम हैं जहान में इश्क़-ए-सनम से हम
तरफ़ें रखे है एक सुख़न चार-चार 'मीर'
क्या-क्या कहा करें हैं ज़बान-ए-क़लम से हम

991

सर-ज़ेर-ए-पर हैं देर से ऐ हम-सफ़ीर हम वाक़िफ़ नहीं हवा-ए-चमन से असीर हम
क्या ज़ुल्म थे लिबास में उस तंग-पोश के दिल-तंगी से निकल गए होकर फ़क़ीर हम
देख उसको राह जाते तो बेहाल हो गए
अब देखिए बहाल कब आते हैं 'मीर' हम

992

जो रहे यूँही ग़म के मारे हम तो यही आजकल सिधारे हम
मरते रहते थे उस पे यूँ पर अब जा लगे गोर के किनारे हम
दिन गुज़रता है दम-शुमारी में शब को रहते हैं गिनते तारे हम
ज़िन्दगी बार-ए-दोश आज है याँ देखेंगे कल जो होंगे बारे हम
जा चुकी बाज़ी या'नी मरते हैं जीते तुम ये क़िमार, हारे हम
'मीर' आओगे आप में भी कभू
सख़्त मुश्ताक़ हैं तुम्हारे हम

सर फिराना–बेकार की बातें करके दिमाग़ ख़राब करना। गिराँ-गोश–बहरा, जो सुन न सके। मजलिस–महफ़िल।

990. तईं–को। ज़ुन्नार–जनेऊ। कुफ्र–एक ख़ुदा को न मानना, यहाँ मूर्तिपूजक होने का अर्थ है। तरफ़ें–पहलू, कोने। सुख़न–शे'र, बात।

991. सर-ज़ेर-ए-पर–परों में सर छुपाए हुए। हम-सफ़ीर–वो पक्षी जो एक तरह की बोली बोलते हैं, दोस्त, साथी। असीर–बंदी, क़ैदी। तंग-पोश–चुस्त कपड़े पहनने वाला। दिल-तंग–दुखी, नाख़ुश। बहाल आना–किसी का फिर से पहली हालत या दशा पर आना।

992. गोर के किनारे लगना–मरने के क़रीब होना। दम-शुमारी–साँसें गिनना। शब–रात। बार-ए-दोश–कंधों का बोझ। बारे–आख़िरकार। क़िमार–जुआ। मुश्ताक़–चाहने वाला।

993

गए इश्क़ की राह सर कर क़दम बला पर चले आए हर-हर क़दम
अजब राह-ए-पुर-ख़ौफ़-ओ-मुश्किल-गुज़र उठाया गया हमसे मर-मर क़दम
हुआ होगा ख़ाली बदन जाँ से जब चले होंगे ये राह जो भर क़दम
जो कुछ आवे सालिक के आगे है ख़ैर रखा हमने अब घर से बाहर क़दम
हमें सरकशी, सर-बुलंदी से क्या रहे ज़ोफ़ में हम तो सर-दर-क़दम
कहें क्या कफ़-ए-पा में 'मीर' आबले
चलें हम सरों पर मगर धर क़दम

994

'मीर' आज वो बद-मस्त है हुशयार रहो तुम
है बे-ख़बरी उसको, ख़बरदार रहो तुम

995

आ टुक शिताब, जाते हैं वर्ना जहाँ से हम
कुछ हो रहे हैं ग़म में तिरे नीम-जाँ से हम

हर बात के जवाब में गाली कहाँ तलक
अब जाँ-ब-लब हुए हैं तुम्हारी ज़बाँ से हम

उलझाओ दिल का जिससे है, झुँझला के उस बग़ैर
झगड़ा किया करें हैं, ज़मीं-आसमाँ से हम

लावें हमारी ख़ाक पर उस कीना-वर को भी
ये कह मरेंगे अपने हर इक मेहरबाँ से हम

दरबान-ए-संग दिल ने ख़बर वाँ तलक न की
सर मार-मार सुब्ह की उस आस्ताँ से हम

---

993. राह-ए-पुर-ख़ौफ़-ओ-मुश्किल-गुज़र–मुश्किल और डरावना रास्ता जहाँ से गुज़रना मुश्किल हो। सालिक–राह चलने वाला। सरकशी–घमंड, अवज्ञा, बात न मानना। सर-बुलंदी–इज़्ज़त, शान। ज़ोफ़–कमज़ोरी, बुढापा। सर-दर-क़दम–क़दमों में सर। कफ़-ए-पा–पाँव का तलवा। आबला–छाला।

994. बद-मस्त–नशे में, बेहोश।

995. शिताब–जल्दी। नीम-जाँ–अधमरा। जाँ-ब-लब होना–मरने के क़रीब होना। कीना-वर–किसी के प्रति हृदय में द्वेष रखने वाला, कपटी, यहाँ माशूक़ की तरफ़ इशारा है। दरबान-ए-संग दिल–पत्थर दिल चौकीदार। आस्ताँ–चौखट।

996

बीमारी-ए-दिली से ज़ार-ओ-नज़ार हैं हम
इक मुश्त-ए-उस्तुख़्वाँ हैं, पर अपने बार हैं हम

मारा, तड़पते छोड़ा, फ़ित्राक से न बाँधा
बे-चश्म-ओ-रू किसू के शायद शिकार हैं हम

हर दम जबीं-ख़राशी, हर आन सीना-कावी
हैरान-ए-इश्क़ तो हैं पर गर्म-ए-कार हैं हम

अब सैल-सैल आँसू आते हैं चश्म-ए-तर से
दीवार-ओ-दर से कह दो बे-इख़्तियार हैं हम

रोते हैं यूँ कि जैसे शिद्दत से अब्र बरसे
क्या जानिए कि कैसे दिल के बुख़ार हैं हम

अब तो गले बंधा है ज़ंजीर-ओ-तौक़ होना
इश्क़-ओ-जुनूँ के अपने नामूस-दार हैं हम

लेता है 'मीर' इब्रत जो कोई देखता है
क्या यार की गली में बे-ऐतिबार हैं हम

997

हर-हर सुख़न पे अब तो करते हो गुफ़्तगू तुम
इन बद-मिज़ाजियों को छोड़ोगे भी कभू तुम

याँ आप्ही आप आकर गुम आप में हुए हो
पैदा नहीं कि किस की करते हो जुस्तजू तुम

चाहें तो तुमको चाहें, देखें तो तुमको देखें
ख़्वाहिश दिलों की तुम हो, आँखों की आरज़ू तुम

हैरत-ज़दा किसू की ये आँख-सी लगे है
मत बैठो आरसी के हर लहज़ा रूबरू तुम

निस्बत तो हम-दिगर है, गो दूर की है निस्बत
हम हैं नवा-ए-बुलबुल, हो गुल के रंग-ओ-बू तुम

देख अश्क-ए-सुर्ख़ बोला ये रंग और लाए
हैं 'मीर' मुँह पे आँसू या रोते हो लहू तुम

---

996. बीमारी-ए-दिली–दिल की बीमारी यानी इश्क़। ज़ार-ओ-नज़ार–दुबला पतला, कमज़ोर। मुश्त-ए-उस्तुख़्वाँ–मुट्ठी भर हड्डियाँ। बार–बोझ। फ़ित्राक–शिकारियों का थैला। बे-चश्म-ओ-रू–बेशर्म। जबीं-ख़राशी–माथा रगड़ना। सीना-कावी–बहुत ज़्यादा कोशिश। गर्म-ए-कार–काम में लगा हुआ, व्यस्त। सैल-सैल–सैलाब की तरह। चश्म-ए-तर–तर आँखें। बे-इख़्तियार–आपे से बाहर। शिद्दत–अधिकता, तीव्रता। ज़ंजीर-ओ-तौक़–हथकड़ी और गले में डाली जाने वाली जंजीर। नामूस-दार–इज़्ज़त रखने वाला। इब्रत–किसी वाक़िए को देख कर मानसिक खेद होना, सबक़ हासिल करना।

997. सुख़न–बात। आप्ही–आप ही। पैदा–ज़ाहिर। जुस्तजू–तलाश, ख़्वाहिश। हैरत-ज़दा–आश्चर्य चकित। आरसी–आईना। हर लहज़ा–हर पल। रूबरू–सामने। निस्बत–सम्बन्ध, रिश्ता। हम-दिगर–आपस में। गो-यद्यपि। नवा-ए-बुलबुल–बुलबुल की आवाज़। अश्क-ए-सुर्ख़–लाल रंग के आँसू, ख़ून के आँसू।

998

ठंडी साँसें भरें हैं, जलते हैं क्या ताब में हैं
दिल के पहलू से हम, आतिश में हैं और आब में हैं

साथ अपने नहीं, असबाब-ए-मुसाइद मुतलक़
हम भी कहने के तईं आलम-ए-असबाब में हैं

ग़फ़लत-ए-दिल से सितम गुज़रें हैं सो मत पूछो
क़ाफ़िले चलने को तय्यार हैं, हम ख़्वाब में हैं

हम भी इस शहर में उन लोगों से हैं ख़ाना-ख़राब
'मीर' घर-बार जिन्हों के रह-ए-सैलाब में हैं

999

नहीं हूँ बे-अदब इतना कि गुल से मुँह लगाऊँ मैं
जिगर हो टुकड़े-टुकड़े गर चमन की ओर जाऊँ मैं

न रोऊँ हाल पर क्यूँकर, बला ना-आश्ना है वो
कहीं आँख उसकी मिलती है, जो आँखें टुक मिलाऊँ मैं

न ऐ रश्क-ए-बहार आँखें उठावे पुश्त-ए-पा से तू
हथेली पर अगर सरसों तिरे आगे जमाऊँ मैं

कहूँ क्या सोहबत उससे हर घड़ी बिगड़ी ही जाती है
जो टुक राह-ए-सुख़न निकले तो सौ बातें बनाऊँ मैं

निगाह-ए-हसरत-ए-बुत दैर से जाने की माने' है
मिज़ाज अपना बहुत चाहा कि सू-ए-का'बा लाऊँ मैं

असीर-ए-ज़ुल्फ़ को उस बुत के क्या क़ैद-ए-मुसलमानी
तमन्ना है गला ज़ुन्नार से अपना बंधाऊँ मैं

---

998. ताब–हरारत, गर्मी, बुख़ार। पहलू–गोद, किनारा। आतिश–आग। आब–पानी, चमक। असबाब-ए-मुसाइद–गुज़र-बसर का सामान। मुतलक़–बिल्कुल, ज़रा भी। आलम-ए-असबाब–भरा-पूरा संसार। ग़फ़लत–भूल, लापरवाई। ख़्वाब में–सोए हुए। उन लोगों से–उन लोगों जैसे। रह-ए-सैलाब–बाढ़ के पानी का रास्ता।

999. बला–अत्यधिक, बहुत ज़्यादा। ना-आश्ना–बे-ख़बर, अनजान। रश्क-ए-बहार–जिससे बहार का मौसम भी ईर्ष्या करे, यहाँ महबूब की तरफ़ इशारा है। पुश्त-ए-पा–पाँव के ऊपर का भाग। हथेली पर सरसों जमाना–कोई मुश्किल काम झट-पट करके दिखाना। राह-ए-सुख़न–बातचीत का बहाना। निगाह-ए-हसरत-ए-बुत–मूर्ति (माशूक़) की हसरत भरी निगाह। दैर–मन्दिर। माने'–रोकने वाला। सू-ए-का'बा–का'बे की तरफ़। असीर-ए-ज़ुल्फ़–ज़ुल्फ़ों का क़ैदी। बुत–मूर्ति, माशूक़। ज़ुन्नार–जनेऊ।

1000

इश्क़ ने ख़्वार-ओ-ज़लील किया, हम सर को बिखेरे फिरते हैं
सोज़-ओ-दर्द-ओ-दाग़-ओ-अलम सब जी को घेरे फिरते हैं

हर शब हूँ सरगश्ता-ओ-नालाँ उस बिन कूचा-ओ-बर्ज़न में
यास नहीं है अब भी देखूँ कब दिन मेरे फिरते हैं

दिल लश्कर में एक सिपाही-ज़ादे ने हम से छीन लिया
हम दरवेश, तलब में उसकी, डेरे-डेरे फिरते हैं

1001

इस जुनूँ में कहीं है सर पर ख़ाक   टुकड़े हो कर गिरा लिबास कहीं
हर तरफ़ हैं उमीदवार-ए-यार   उससे कोई नहीं निरास कहीं

अर्श तक तो ख़याल पहुँचे 'मीर'
वहम फिर है कहीं क़ियास कहीं

1002

जाएँ तो जाएँ कहाँ, जो घर रहें क्या घर रहें   यार बिन लगता नहीं जी, काशके हम मर रहें
बे-दिमाग़ी, बे-क़रारी, बे-कसी, बे ताक़ती   क्या जिये तो जिसके जी को रोग ये अक्सर रहें
मुज़्तरिब हो एक-दो दम तो तदारुक भी हो कुछ   मुत्तसिल तड़पे है कब तक हाथ ले दिल पर रहें

ज़िन्दगी दूभर हुई है 'मीर' आख़िर ता-कुजा
दिल-जिगर जलते रहें आँखें हमारी तर रहें

1003

ख़राब-ओ-ख़्वार है सुल्ताँ, शिकस्ता-हाल अमीर
किसू फ़क़ीर से शायद कि सोहबत उनको नहीं

1000. ख़्वार-ओ-ज़लील–बदनाम और बेइज़्ज़त। सर को बिखेरना–सर के बालों को बिखेरना, दीवानगी ज़ाहिर करना। सोज़-ओ-दर्द-ओ-दाग़-ओ-अलम–जलन, दर्द, ज़ख़्म और दुख। शब–रात। सरगश्ता-ओ-नालाँ–हैरान, परेशान और रोता हुआ। कूचा-ओ-बर्ज़न–गली-मोहल्ला। यास–मायूसी। लश्कर–फ़ौज, सेना। सिपाही ज़ादा–सिपाही का बेटा। दरवेश–सूफ़ी। तलब–चाह।

1001. अर्श–आसमान। क़ियास–अंदाज़ा, गुमान।

1002. बे-दिमाग़ी–चिड़चिड़ापन। बे-कसी–लाचारी। मुज़्तरिब–परेशान। तदारुक–बंदोबस्त, इलाज। मुत्तसिल–लगातार। ता-कुजा–कब तक, कहाँ तक।

1003. ख़राब-ओ-ख़्वार–परेशान और बद-हाल। सुल्ताँ–सुल्तान, बादशाह। शिकस्ता-हाल–परेशान हाल। सोहबत–संगत, साथ।

1004

कभू मिले है सो वो यूँ कि फिर मिला न करें
करे है आप्ही शिकायत कि हम गिला न करें

सुख़न के मुल्क का मैं मुस्तक़िल अमीर हूँ 'मीर'
हज़ार मुद्दई भी मुझको दह-दिला न करें

1005

शे'र कुछ मैंने कहे बालों की उसके याद में
सो ग़ज़ल पढ़ते फिरे हैं लोग फ़ैज़ाबाद में

इश्क़ की दीवानगी लाई हमें जंगल की ओर
वरना हम फिरते बगूले से न ख़ाक-ओ-बाद में

देर लगता है गले तलवार पर वो रख के हाथ
ख़ूबियाँ भी तो बहुत हैं उस सितम-ईजाद में

ये बिना रहती सी आती है नज़र कुछ याँ मुझे
अच्छी है तामीर दिल की इस ख़राब-आबाद में

'मीर' हम जब्हा-ख़राशों से किसू का ज़िक्र क्या
वे हुनर हम में हैं जो थे तेशा-ए-फ़रहाद में

1006

जब लग गए झमकने रुख़सार-ए-यार दोनों
तब मेहर-ओ-मह ने अपनी आँखें छुपा लियाँ हैं

सुब्ह-ए-चमन का जल्वा हिन्दी बुतों में देखा
संदल भरी जबीं हैं, होंठों की लालियाँ हैं

इन गुल-रुख़ों की क़ामत लहके है यूँ हवा में
जिस रंग से लचकती फूलों की डालियाँ हैं

वो दुज़्द-ए-दिल नहीं तो क्यूँ देखते ही मुझको
पलकें झुका लियाँ हैं, आँखें चुरा लियाँ हैं

उस आफ़ताब बिन याँ अंधेर हो रहा है
दिन भी सियाह अपने जूँ रातें कालियाँ हैं

1004. आप्ही–आप ही। सुख़न–शायरी। मुस्तक़िल–लगातार। अमीर–सरदार। मुद्दई–दुश्मन, दावा करने वाला। दह-दिला–हैरान, परेशान।

1005. बगूला–हवा का चक्कर, अंधड़। ख़ाक-ओ-बाद–मिट्टी और हवा, आँधी। सितम ईजाद–सितम का आविष्कार करने वाला या'नी महबूब। बिना–नीव, बुनियाद। तामीर–निर्माण, बनाना। ख़राब-आबाद–बर्बाद जगह। जब्हा-ख़राश–माथा रगड़ने वाला। तेशा-ए-फ़रहाद–फ़रहाद की कुल्हाड़ी जिस से उसने पहाड़ काट कर नहर निकाल दी थी।

1006. रुख़सार-ए-यार–महबूब के कपोल। मेहर-ओ-मह–सूरज और चाँद। सुब्ह-ए-चमन–बाग़ की सुबह। बुत–मूर्ति, माशूक़। संदल–चंदन। जबीं–माथा। गुल-रुख़–फूल जैसे चेहरे वाला, बहुत ख़ूबसूरत। क़ामत–क़द, बदन। दुज़्द-ए-दिल–दिल चुराने वाला। आफ़ताब–सूरज। सियाह–काला।

चलते हैं ये तो ठोकर लगती है 'मीर' दिल को
चालें ही दिलबरों की सबसे निरालियाँ हैं

1007

रफ़्तगाँ में जहाँ के हम भी हैं　साथ उस कारवाँ के हम भी हैं
शम्अ ही सर न दे गई बर्बाद　कुश्ता अपनी ज़बाँ के हम भी हैं
जिस चमन-ज़ार का है तू गुल-ए-तर　बुलबुल उस गुलसिताँ के हम भी हैं
नहीं मजनूँ से दिल क़वी लेकिन　यार उस नातवाँ के हम भी हैं
बोसा मत दे किसू के दर पे नसीम　ख़ाक उस आस्ताँ के हम भी हैं
गो शब उस दर से दूर पहरों फिरें　पास तो पासबाँ के हम भी हैं
वज्ह-ए-बेगानगी नहीं मालूम　तुम जहाँ के हो वाँ के हम भी हैं
मर गए, मर गए, नहीं तो नहीं　ख़ाक से मुँह को ढाँके हम भी हैं
अपना शेवा नहीं कजी यूँ तो　यार जी, टेढ़े बाँके हम भी हैं
इस सिरे की है पारसाई 'मीर'
मो'तक़िद उस जवाँ के हम भी हैं

1008

नई गर्दिश है उसकी हर ज़माँ में　ख़लल सा है दिमाग़-ए-आसमाँ में
हुआ तन ज़ोफ़ से ऐसा, कहे तू　कि अब जी ही नहीं इस नातवाँ में
कहा मैं दर्द-ए-दिल या आग उगली　फफोले पड़ गए मेरी ज़बाँ में
बहुत ना-आश्ना थे लोग याँ के
चले हम चार दिन रह कर जहाँ में

1009

तिरी पलकें चुभती नज़र में भी हैं　ये काँटे खटकते जिगर में भी हैं
रहे फिरते दरिया में गिर्दाब से　वतन में भी हैं हम सफ़र में भी हैं

1007. रफ़्तगाँ–चलाचली, किसी चीज़ में गुम होकर अपने आप में न रहना, गुज़रे हुए लोग। कारवाँ–क़ाफ़िला। सर देना–सर क़ुर्बान करना, जान पर खेलना। कुश्ता–मारा हुआ, जला हुआ। चमन-ज़ार–बाग़। गुल-ए-तर–ताज़ा फूल। क़वी दिल–बहादुर, मज़बूत। नातवाँ–कमज़ोर, बोदा। बोसा–चुम्बन। नसीम–हवा। आस्ताँ–चौखट। पासबाँ–पहरेदार, संतरी। वज्ह-ए-बेगानगी–बेरुख़ी का कारण। शेवा–तरीक़ा, अन्दाज़। कजी–बद-दिमाग़ी, टेढ़ापन। इस सिरे की–इस दर्जे की, इस हद तक। पारसाई–परहेज़गारी, साधुता। मो'तक़िद–आस्था रखने वाला, मानने वाला।

1008. गर्दिश–चक्कर, मुसीबत, आफ़त। ज़माँ–वक़्त, ज़माना। ख़लल–विकार, बिगाड़। ज़ोफ़–कमज़ोरी, बुढ़ापा। नातवाँ–कमज़ोर। ना-आश्ना–अजनबी, अनजान।

1009. गिर्दाब–भँवर।

न भूलो नज़ाकत लचक ही नहीं छुरी, ख़ंजर, उसकी कमर में भी हैं
दिल-ओ-दिल्ली दोनों अगर हैं ख़राब
प: कुछ लुत्फ़ इस उजड़े घर में भी हैं

1010

ज़बानें बदलते हैं हर-आन ख़ूबाँ ये सब कुछ हैं बिगड़े ज़माने की बातें
सही जाए गाली अगर दोस्ती हो बुरी भी भली हैं लगाने की बातें
हमें दैर-ओ-का'बे से क्या गुफ़्तगू है चली जाती हैं ये सयाने की बातें
बिगड़ भी चुके यार से हम तो यारो करो कुछ अब उस से बनाने की बातें
बहुत हर्ज़ा-गोई की याँ 'मीर साहिब'
करो वाँ के कुछ मुँह दिखाने की बातें

1011

रूबरू उसके गए ख़ामोश हो जाता हूँ कुछ
किस से अपने चुपके रहने की करूँ तक़रीर मैं

1012

कहते हैं बहार आई, गुल फूल निकलते हैं हम कुँज-ए-क़फ़स में हैं, दिल सीनों में जलते हैं
अब एक सी बेहोशी रहती नहीं है हमको कुछ दिल भी सँभलते हैं, पर देर सँभलते हैं
वो तो नहीं इक छींटा रोने का हुआ गाहे अब दीदा-ए-तर अक्सर दरिया-से उबलते हैं
गुल-फूल से भी अपने दिल तो नहीं लगते टुक जी लोगों के बे-जानाँ किस तौर बहलते हैं
ऐ गर्म-ए-सफ़र याराँ, जो है सो सर-ए-रह है
जो रह सको रह जाओ, अब 'मीर' भी चलते हैं

1013

एक दो बात कभू हमसे कहो या न कहो
क़द्र क्या अपनी हमें इसलिए तकरार नहीं

नज़ाकत–कोमलता। प:–परन्तु, लेकिन।

1010. ख़ूबाँ–सुंदर मुखड़े वाले, माशूक़। दैर-ओ-का'बा–मन्दिर और मस्जिद। हर्ज़ा-गोई–बकवास।

1011. रूबरू–सामने। तक़रीर करना–बात करना, बताना।

1012. कुँज-ए-क़फ़स–पिंजरे का कोना। गाहे–कभी। दीदा-ए-तर–आँसू भरी आँखें। बे-जानाँ–बग़ैर महबूब के। गर्म-ए-सफ़र–सफ़र के लिए तैयार। याराँ–दोस्तो। सर-ए-रह–रास्ते में।

नाज़-ओ-अंदाज़-ओ-अदा, इश्वा-ओ-इग़माज़-ओ-हया
आब-ओ-गिल में तिरे सब कुछ है यही प्यार नहीं

दिल के उलझाऊ को क्या तुझसे कहूँ ऐ नासेह
तू किसी ज़ुल्फ़ के फंदे में गिरफ़्तार नहीं

1014

भरे रहते हैं सारे फूल ही जिसके गिरेबाँ में
वो क्या जाने कि टुकड़े हैं जिगर के मेरे दामाँ में

जहाँ से देखिए इक शे'र-ए-शोर-अंगेज़ निकले है
क़यामत का-सा हंगामा है हर जा मेरे दीवाँ में

जो देखो तो नहीं ये हाल अपना हुस्न से ख़ाली
दमक अल्मास की-सी है हमारी चश्म-ए-हैराँ में

सितम के तीर उसके मेरे सीने में बहुत टूटे
किया जाता है मुश्किल फ़र्क़ अब दिल और पैकाँ में

हवा-ए-अब्र में क्या 'मीर' हँसता बाग़ में वो था
गिरी पड़ती है बिजली आज कुछ सहन-ए-गुलिस्ताँ में

1015

था शौक़ मुझे, तालिब-ए-दीदार हुआ मैं सो आईना सा सूरत-ए-दीवार हुआ मैं
जब दूर गया क़ाफ़िला तब चश्म हुई बाज़ क्या पूछते हो, देर ख़बरदार हुआ मैं
हुशयार थे सब, दाम में आए न हम-आवाज़ थी रफ़्तगी-सी मुझको, गिरफ़्तार हुआ मैं
क्या चेतने का फ़ायदा जो शैब में चेता
सोने का समाँ आया तो बेदार हुआ मैं

1013. इश्वा–हाव-भाव, अन्दाज़। इग़माज़–उपेक्षा करना, आँख चुराना। आब-ओ-गिल–पानी और मिट्टी(शाब्दिक अर्थ), स्वभाव, मिज़ाज। नासेह–नसीहत करने वाला, उपदेशक।

1014. शे'र-ए-शोर-अंगेज़–शोर करने वाला शे'र, बहुत अच्छा शे'र। दीवाँ–दीवान, ग़ज़ल संग्रह। अल्मास–हीरा। चश्म-ए-हैराँ–हैरान आँखें। पैकाँ–तीर की नोंक। हवा-ए-अब्र–बादलों की छाँव में चलने वाली ठण्डी हवा। सहन-ए-गुलिस्ताँ–बाग़ का आँगन।

1015. तालिब-ए-दीदार–दर्शन अभिलाषी। सूरत-ए-दीवार–दीवार की तरह स्थिर, हक्का-बक्का। चश्म बाज़ होना–आँख खुलना, होश में आना। दाम–शिकारी का जाल। रफ़्तगी–बेहोशी। शैब–बुढ़ापा। समाँ-समय, वक़्त, अवसर। बेदार होना–जागना।

1016

कभू ख़ुर्शीद-ओ-मह को देख रहता हूँ, कभू गुल को
मिरे अंदाज़ से ज़ाहिर है, मैं उस रू का हैराँ हूँ

बुका जब तक नहीं करता हूँ तब तक ख़ैर है वर्ना
बला हूँ, फ़ित्ना हूँ, आशोब हूँ, आफ़त हूँ, तूफ़ाँ हूँ

बहाल-ए-सग फिरा कब तक करूँ यूँ उसके कूचे में
ख़जालत खींचता हूँ 'मीर' आख़िर मैं भी इंसाँ हूँ

1017

इश्क़ वो ख़ानमाँ-ख़राब है मियाँ जिससे दिल आग ओ चश्म आब है मियाँ
तन में जब तक है जाँ, तकल्लुफ़ है हम में उस में अभी हिजाब है मियाँ
गो नहीं मैं किसू शुमार में याँ आक़िबत एक दिन हिसाब है मियाँ
ज़ुल्फ़ बल खा रही है गो उसकी दिल को अपने तो पेच-ओ-ताब है मियाँ
लुत्फ़-ओ-मेहर-ओ-वफ़ा वो क्या जाने नाज़ है, ख़श्म है, इताब है मियाँ
मुँह से कुछ बोलता नहीं क़ासिद शायद ऊधर से अब जवाब है मियाँ
दिल ही अपना नहीं फ़क़त बेचैन जी को भी ज़ोर इज़्तिराब है मियाँ
चाहिए वो कहे सो लिख रक्खें
हर सुख़न 'मीर' का किताब है मियाँ

1018

गिरफ़्ता-दिल हूँ, सर-ए-इर्तिबात मुझको नहीं
किसू से शहर में कुछ इख़्तिलात मुझको नहीं

जहाँ हो तेग़-ब-कफ़ कोई सादा, जा लगना
अब अपनी जान का कुछ एहतियात मुझको नहीं

हुआ हूँ फ़र्त-ए-अज़ीयत से मैं तो सुन्न ऐ 'मीर'
तमीज़-ए-रंज-ओ-ख़याल-ए-निशात मुझको नहीं

1016. ख़ुर्शीद-ओ-मह–सूरज और चाँद। रू–चेहरा। बुका करना–रोना। आशोब–हलचल, परेशानी। बहाल-ए-सग–कुत्ते की तरह। ख़जालत खींचना–शर्मिंदा होना।

1017. ख़ानमाँ ख़राब–तबाह, बर्बाद, जिसका घर और धन सब नष्ट हो गया हो, अभागा। चश्म–आँख। आब–पानी। हिजाब–पर्दा। गो–यद्यपि। शुमार–गिनती। आक़िबत–आख़िरकार। पेच-ओ-ताब–बल, बेचैनी, ग़ुस्से में होना। ख़श्म–ग़ुस्सा। इताब–ग़ज़ब, ग़ुस्सा। क़ासिद–पत्रवाहक। इज़्तिराब–बेचैनी। सुख़न–शे'र।

1018. गिरफ़्ता-दिल–दुखी, उदास। सर-ए-इर्तिबात–किसी से दोस्ती रखने की ताक़त/ख़याल। इख़्तिलात–मेल-जोल। तेग़-ब-कफ़–हाथ में तलवार लिए। फ़र्त-ए-अज़ीयत–दुखों की अधिकता। तमीज़-ए-रंज–दुख की पहचान। ख़याल-ए-निशात–ख़ुशी का ख़याल।

1019

जोश-ए-ग़म उठने से इक आंधी चली आती है मियाँ
ख़ाक-सी मुँह पर मिरे उस वक़्त उड़ जाती है मियाँ

पड़ गए सूराख़ दिल के ग़म में सीने कूटते
सिल तो पत्थर की नहीं, आख़िर मिरी छाती है मियाँ

मैं हया वाला हुआ रुस्वा-ए-आलम इश्क़ में
आँख मेरी इस सबब लोगों से शर्माती है मियाँ

1020

हम तू भी फ़स्ल-ए-गुल में चल टुक तो पास बैठें
सर जोड़-जोड़ कैसी कलियाँ निकलतियाँ हैं

1021

बहार आई, खिले गुल फूल शायद बाग़-ओ-सहरा में
झलक-सी मारती है कुछ सियाही दाग़-ए-सौदा में

कुआँ देखा न कोई ग़ार मैंने शौक़ के मारे
ब-ऐनिही राह अंधा-सा चला उसकी तमन्ना में

बहुत था शोर-ए-वहशत सर में मेरे, सोच ने तेरी
लिखी तस्वीर तो ज़ंजीर पहले खींच ली पा में

1022

शहरों मुल्कों में जो ये 'मीर' कहाता है मियाँ
दीदनी है, पः बहुत कम नज़र आता है मियाँ

आलम आईना है जिस का वो मुसव्विर बे-मिस्ल
हाए क्या सूरतें पर्दे में बनाता है मियाँ

क़िस्मत उस बज़्म में लाई कि जहाँ का साक़ी
दे है मय सब को हमें ज़हर पिलाता है मियाँ

1019. रुस्वा-ए-आलम–दुनिया में बदनाम। सिल–मसाला, चटनी आदि पीसने का पत्थर।

1020. फ़स्ल-ए-गुल–बहार का मौसम।

1021. सहरा–जंगल। दाग़-ए-सौदा–दीवानगी के ज़ख़्म। ग़ार–गड्ढा। ब-ऐनिही–जूँ का तूँ, हुबहू।

1022. दीदनी–देखने योग्य। पः–परन्तु, लेकिन। मुसव्विर–चित्रकार। बे-मिस्ल–बे-मिसाल, अतुल्य। बज़्म–महफ़िल। साक़ी–शराब पिलाने वाला।

होके आशिक़ तिरे, जान-ओ-दिल-ओ-दीं खो बैठे
जैसा करता है कोई वैसा ही पाता है मियाँ

हुस्न यक चीज़ है, हम होवें कि तू हो नासेह
ऐसी शय से कोई भी हाथ उठाता है मियाँ

क्या परी-ख़्वाँ है जो रातों को जगावे है 'मीर'
शाम से दिल, जिगर-ओ-जान जलाता है मियाँ

1023

जाए है जी नजात के ग़म में ऐसी जन्नत गई जहन्नम में
है बहुत जैब-चाकी ही, जूँ सुब्ह क्या किया जाए फ़ुर्सत-ए-कम में
परके थी बेकली क़फ़स में बहुत देखिए अब के गुल के मौसम में
आप में हम नहीं तो क्या है अजब दूर उससे रहा है क्या हम में
बेख़ुदी पर न 'मीर' की जाओ
तुमने देखा है और आलम में

1024

जिसका ख़ूबाँ ख़याल लेते हैं दिल कलेजा निकाल लेते हैं
क्या नज़र-गाह है कि शर्म से गुल सर गिरेबाँ में डाल लेते हैं
देख उसे हो मलक से भी लग़्ज़िश हम तो दिल को सम्भाल लेते है
खोल कर बाल सादा-रू लड़के ख़ल्क़ का क्यूँ वबाल लेते हैं
तेग़ खींचे हैं जब ये ख़ुश-ज़ाहिर माह-ओ-ख़ुर मुँह पे ढाल लेते हैं
दिलबराँ नक़्द-ए-दिल को आशिक़ के
जान कर अपना माल लेते हैं

दीं–दीन, धर्म। यक–एक। नासेह–उपदेशक। शय–चीज़, वस्तु। परी-ख़्वाँ–भूत-प्रेत उतारने वाला।

1023. नजात–छुटकारा, मोक्ष। जैब-चाकी–गिरेबान फाड़ना। परके–पिछले साल। बेकली–बेचैनी। क़फ़स–क़ैद, पिंजरा। गुल का मौसम–बहार का मौसम। आप में न होना–होश में न होना। बेख़ुदी–स्वयं को भूल जाना, बेहोशी। आलम–हाल, स्थिति।

1024. ख़ूबाँ–ख़ूबसूरत, माशूक़। नज़र-गाह–जहाँ नज़र डाली जाए, दर्शन। सर गिरेबान में डालना–शर्मिंदा होना। मलक–फ़रिश्ता। लग़्ज़िश–ग़लती, भूल। सादा-रू–जिसके अभी दाढ़ी मूँछ न निकली हो। ख़ल्क़–लोग। तेग़–तलवार। ख़ुश-ज़ाहिर–ख़ूबसूरत। माह-ओ-ख़ुर–चाँद और सूरज। दिलबराँ–दिलबर का बहुवचन, दिल ले लेने वाला। नक़्द-ए-दिल–दिल की दौलत।

1025

दूर उससे जी चुके हैं, हम इस रोज़गार में — दिन आज का भी साँझ हुआ इंतिज़ार में
दाग़ों से भर गया है मिरा सीना-ए-फ़िगार — गुल फूल ज़ोर-ज़ोर खिले इस बहार में
किस-किस अदा से रेख़्ते मैंने कहे वले — समझा न कोई मेरी ज़बाँ इस दयार में
तड़पे है मुत्तसिल वो कहाँ ऐसे रोज़-ओ-शब
है फ़र्क़ 'मीर' बर्क़-ओ-दिल-ए-बेक़रार में

1026

सावन तो अब के ऐसा बरसा नहीं जो कहिए
रोता रहा हूँ मैं ही दिन-रात इस बरस में

घबरा के यूँ लगे है सीने में दिल तड़पने
जैसे असीर-ए-ताज़ा बेताब हो क़फ़स में

ऐ अब्र हम भी बरसों रोते फिरा किए हैं
दरिया बंधे पड़े हैं वादी के ख़ार-ओ-ख़स में

क्या 'मीर' बस करे है अब ज़ारी आह शब की
दिल आ गया है उसका ज़ालिम किसू के बस में

1027

रोते हैं नाला-कश हैं या रात-दिन जले हैं — हिज्राँ में उसके हम को बहुतेरे मशग़ले हैं
जूँ दूद उम्र गुज़री सब पेच-ओ-ताब ही में — इतना सता न ज़ालिम, हम भी जले-बले हैं
मरना है, ख़ाक होना, हो ख़ाक उड़ते फिरना — इस राह में अभी तो दरपेश मरहले हैं
किस दिन चमन में या-रब होगी सबा गुल-अफ़शाँ — कितने शिकस्ता-पर हम, दीवार के तले हैं
जब याद आ गए हैं, पा-ए-हिनाई उसके — अफ़सोस से तब अपने, हम हाथ ही मले हैं
था जो मिज़ाज अपना सो तो कहाँ रहा है — पर निस्बत अगली तो भी, हम इन दिनों भले हैं
इक शोर ही रहा है दीवान-पन में अपने — ज़ंजीर से हिले हैं, गर कुछ भी हम हले हैं
पस्त-ओ-बुलंद देखें क्या 'मीर' पेश आए
इस दश्त से हम अब तो सैलाब से चले हैं

1025. रोज़गार–ज़माना, दुनिया। सीना-ए-फ़िगार–ज़ख़्मी छाती। रेख़्ता–उर्दू ग़ज़ल। दयार–शहर, इलाक़ा। मुत्तसिल–लगातार। रोज़-ओ-शब–दिन-रात। बर्क़–बिजली।

1026. असीर-ए-ताज़ा–नया क़ैदी। क़फ़स–पिंजरा। अब्र–बादल। ख़ार-ओ-ख़स–घास-फूस और काँटे। ज़ारी–रोना-धोना। शब–रात।

1027. नाला-कश–रोने वाला, आह-आह करने वाला। हिज्राँ–हिज्र, तन्हाई। मशग़ला–काम। दूद–धुआँ। पेच-ओ-ताब–बल, बेचैनी। दरपेश–सामने। मरहला–पड़ाव। सबा–हवा। गुल-अफ़शाँ–फूल बिखेरने वाली। शिकस्ता पर–टूटे हुए पर वाला पक्षी, लाचार, विवश। पा-ए-हिनाई–मेहंदी लगे पाँव। हाथ मलना–अफ़सोस करना, पछताना। निस्बत–अपेक्षा। पस्त-ओ-बुलंद–ऊँचा-नीचा। दश्त–वीराना, जंगल। सैलाब–बाढ़, पानी का चढ़ाव।

1028

शरर-से अश्क हैं अब चश्म-ए-तर में   लगी है आग इक मेरे जिगर में
बला हंगामा था कल उसके दर पर   क़यामत गुम हुई उस शोर-ओ-शर में
समाँ याँ सांझ का-सा हो न जाता   असर होता अगर आह-ए-सहर में
लचकने ही ने हमको मार रक्खा   कटारी तो न थी उसकी कमर में
रहा था देख ऊधर 'मीर' चलते
अजब इक ना-उमीदी थी नज़र में

1029

असर होता हमारी गर दुआ में   लग उठती आग सब जव्व-ए-समा में
क़ुसूर अपने ही तूल-ए-उम्र का था   न की तक़्सीर उन ने तो जफ़ा में
सुख़न मुश्ताक़ हैं बंदे के सब लोग   सर-ओ-दिल किस को है, इश्क़-ए-ख़ुदा में
कफ़न क्या इश्क़ में, मैंने ही पहना   खिंचे लोहू में, बहुतेरों के जामें
पयाम उस गुल को उसके हाथ देते   सुबुक-पाई न होती गर सबा में
जियो ख़ुश या कोई नाख़ुश हमें क्या   हम अपने महव हैं ज़ौक़-ए-फ़ना में
हमें फ़रहाद-ओ-मजनूँ जिस से चाहो   तुम आकर पूछ लो शहर-ए-वफ़ा में
सरापा ही अदा-ओ-नाज़ है यार   क़यामत आती है उसकी अदा में
ज़ईफ़-ओ-ज़ार तंगी से हैं हरचंद
वलेकिन 'मीर' उड़ते हैं हवा में

1030

ख़ुदा-साज़ था आज़र-ए-बुत तराश   हम अपने तईं आदमी तो बनाएँ
हमें बे-नियाज़ी ने बिठला दिया
कहाँ इतनी ताक़त कि मिन्नत उठाएँ

1028. शरर-से–चिंगारी जैसे। अश्क–आँसू। चश्म-ए-तर–आँसू भरी आँख। शोर-ओ-शर–हंगामा। समाँ–समय, वक़्त, मौसम। आह-ए-सहर–सुबह की आह। ना-उमीदी–निराशा।

1029. जव्व-ए-समा–आसमान का ख़ालीपन, अंतरिक्ष। क़ुसूर–भूल, चूक, कमी। तूल-ए-उम्र–लम्बी आयु। तक़्सीर–भूल, चूक। जफ़ा–बे-वफ़ाई। सुख़न मुश्ताक़–शायरी को चाहने वाला। सर-ओ-दिल–दिलचस्पी। जामा–कपड़ा, लिबास। पयाम–पत्र, संदेश। सुबुक-पाई–तेज़ चाल। सबा–हवा। महव–लीन, खोया हुआ। ज़ौक़-ए-फ़ना–मिटने/मरने का शौक़। सरापा–सर से पाँव तक। ज़ईफ़–बूढ़ा। ज़ार–कमज़ोर। हरचंद–जिस क़दर, जितना कुछ। वलेकिन–लेकिन।

1030. ख़ुदा-साज़–ख़ुदा का बनाया हुआ। आज़र-ए-बुत तराश–आज़र, एक मूर्तिकार, पैग़म्बर इब्राहीम का बाप जो मूर्ति बनाता था। तईं–को। बे-नियाज़ी–बे-परवाई, किसी चीज़ की ज़रूरत न होना।

1031

अब के माह-ए-रमज़ाँ देखा था पैमाने में — बारे सब रोज़े तो गुज़रे मुझे मयख़ाने में
जैसे बिजली के चमकने से किसू की सुध जाए — बेख़ुदी आई अचानक तिरे आ जाने में
वो तो बालीं तईं आया था हमारी लेकिन — सुध भी कुछ हमको न थी जाने के घबराने में
आज सुनते हैं कि फ़र्दा वो क़द-आरा होगा — देर कुछ इतनी क़यामत के नहीं आने में
हक़ जो चाहे तो बंधी मुट्ठी चला जाऊँ 'मीर'
मस्लहत देखी न मैं हाथ के फैलाने में

1032

सर मारते हैं संग से फ़रहाद के-से रंग — देखें तो हम भी क्या है हमारे नसीब में
जाने को सू-ए-दोस्त मुसाफ़िर हुए हैं हम — डर हर क़दम है इश्क़ की राह-ए-ग़रीब में
दिल ख़स्ता, चश्म-बस्ता-ओ-रू-ज़र्द तिस पे गर्द
हैरत है हमको 'मीर' के हाल-ए-अजीब में

1033

कहना न कुछ कभू, खड़े हसरत से देखना — हम कुश्तनी हैं वाक़ई, गर बे-गुनाह हैं
गह मेहरबाँ हों दूर से गह आँखें फेर लें
माशूक़ आफ़ताब हैं, उश्शाक़ माह हैं

1034

मुझ को दिमाग़-ए-वस्फ़-ए-गुल-ओ-यासमन नहीं
मैं जूँ नसीम बाद-फ़रोश-ए-चमन नहीं

हम को ख़िराम-ए-नाज़ से मत ख़ाक में मिला
दिल से है जिनको राह ये उनका चलन नहीं

कल जा के हमने 'मीर' के हाँ ये सुना जवाब
मुद्दत हुई कि याँ तो वो ग़ुर्बत-वतन नहीं

1031. माह-ए-रमज़ाँ–रमज़ान का चाँद। पैमाना–शराब का प्याला। बारे–आख़िरकार। बालीं–सिरहाना। तईं–को, तक। फ़र्दा–आने वाला कल, क़यामत का दिन। क़द-आरा होना–लम्बे क़द का जल्वा दिखाना (महबूब की चाल और क़द को क़यामत से उपमा दी जाती है इसलिए महबूब का आना क़यामत का आना है)। मस्लहत–भलाई, नेक सलाह, बेहतरी।

1032. संग–पत्थर। फ़रहाद के-से रंग–फ़रहाद की तरह। सू-ए-दोस्त–दोस्त की तरफ़। राह-ए-ग़रीब–अजनबी रास्ता। चश्म-बस्ता–बेख़बर, बेहोश। रू-ज़र्द–मुरझाया हुआ चेहरा।

1033. कुश्तनी–क़त्ल होने योग्य। गह–कभी। आफ़ताब–सूरज। उश्शाक़–आशिक़ का बहुवचन, चाहने वाले। माह–चाँद।

1034. दिमाग़-ए-वस्फ़-ए-गुल-ओ-यासमन–फूलों की तारीफ़ करने वाला दिल। नसीम–हवा। बाद-फ़रोश–चाटुकार, ख़ुशामदी। चमन–बाग़। बाद-फ़रोश-ए-चमन–बाग़ का चाटुकार, ख़ुशामदी। ख़िराम-ए-नाज़–नाज़-नख़रों से भरी चाल। राह–दोस्ती, मेल-जोल, प्यार। ग़ुर्बत-वतन–परदेसी।

1035

रोज़ इक ज़ुल्म नया करते हैं ये दिलबर और / रोज़ कहते हैं सितम तर्क हम अब करते हैं
तुम कभू 'मीर' को चाहो सो कि चाहें हैं तुम्हें / और हम लोग तो सब उनका अदब करते हैं
हूँ जो बेहाल उस आजूबा-ए-आलम के लिए
हाल सुन-सुन के मिरा लोग अजब करते हैं

1036

मुद्दत हुई कि कोई न आया उधर से याँ / जाती रहेगी जान, इसी रहगुज़र से याँ
वो आप चल के आवे तो, शायद कि जी रहे / होती नहीं तसल्ली-ए-दिल, अब ख़बर से याँ
पूछे कोई तो, सीना-ख़राशी दिखाइए / सो तो नहीं है हर्फ़-ओ-हिकायत हुनर से याँ
आगे तो अश्क पानी से, आ जाते थे कभू / अब आग ही निकलने लगी है, जिगर से याँ
टपका करें हैं पलकों से, बे-फ़ासला सरिश्क / बरसात की हवा है सदा, चश्म-ए-तर से याँ
राह-ओ-रविश का होवे ठिकाना, तो कुछ कहें
क्या जाने 'मीर' आ गए थे कल, किधर से याँ

1037

मिसरा कोई-कोई कभू मौज़ूँ करूँ हूँ मैं / किस ख़ुश-सलीक़गी से जिगर ख़ूँ करूँ हूँ मैं
बात अपने ढब की कोई करे वो तो कुछ कहूँ / बैठा ख़मोश सामने हूँ-हूँ करूँ हूँ मैं
उस बिन नज़र ज़मीन से सी दी है तो कहे / काहे को चश्म जानिब-ए-गर्दूं करूँ हूँ मैं
उठता है बे-दिमाग़ ही हरचंद रात को / अफ़्साना कहते सैंकड़ों अफ़्सूँ करूँ हूँ मैं
कब बे-दिमाग़ी शहर से देती है उठने 'मीर'
यूँ तो ख़याल-ए-वादी-ए-मजनूँ करूँ हूँ मैं

1035. दिलबर–दिल ले लेने वाला, महबूब। तर्क करना–छोड़ना। आजूबा-ए-आलम–दुनिया भर के लिए आश्चर्य जनक, अनोखा। अजब–आश्चर्य, अचम्भा।

1036. सीना-ख़राशी–सीने के ज़ख़्म। हर्फ़-ओ-हिकायत–बातचीत, गिला-शिकवा। आगे–पहले। अश्क–आँसू। सरिश्क-आँसू। बे-फ़ासला–लगातार। चश्म-ए-तर–आँसू भरी आँखें। राह-ओ-रविश–चाल-चलन, अंदाज़।

1037. मिसरा–शे'र की एक पंक्ति। मौज़ूँ करना–छंदबद्ध कविता कहना। ख़ुश-सलीक़गी–अच्छे तरीक़े से। जिगर ख़ून कर देना–दिली सदमा पहुँचना। नज़र ज़मीन से सी देना–निगाह जमाना, किसी चीज़ से नज़र न हटाना। चश्म–आँख। जानिब-ए-गर्दूं–आसमान की तरफ़। हरचंद–जितना कुछ, कितना ही। अफ़्सूँ–जादू। बे-दिमाग़–चिड़चिडा, नाख़ुश।

1038

ता-चन्द वो सितम करे हम दर-गुज़र करें
अब जी में है कि शहर से उसके सफ़र करें
कब तक हम इंतिज़ार में हर लहज़ा बे-क़रार
घर से निकल-निकल के गली में नज़र करें
वो तो नहीं कि देखें उस आईना-रू को सुब्ह
हम किस उमीद पर शब-ए-ग़म को सहर करें
लावें कहाँ से ख़ून-ए-दिल इतना कि 'मीर' हम
जिस वक़्त बात करने लगें चश्म तर करें

1039

मस्तों की बात क्या है जो कोई उस पे जावे
हम गुफ़्तगू नशे में दरहम किया करें हैं
कुछ चाल 'मीर जी' की आती नहीं समझ में
हम भी सुलूक उनसे अब कम किया करें हैं

1040

क़त्ल किए पर ग़ुस्सा क्या है, लाश मिरी उठवाने दो
जान से भी हम जाते रहे हैं, तुम भी आओ जाने दो

उसकी गली की ख़ाक सभों के दामन-ए-दिल को खींचे है
एक अगर जी ले भी गया तो आते हैं मर जाने दो

करते हो तुम नीची नज़रें, ये भी कोई मुरव्वत है
बरसों से फिरते हैं जुदा हम, आँख से आँख मिलाने दो

बात बनाना मुश्किल-सा है, शे'र सभी याँ कहते हैं
फ़िक्र-ए-बुलंद से यारों को एक ऐसी ग़ज़ल कह लाने दो

1041

दश्त-ओ-कोह में 'मीर' फिरो तुम, लेकिन एक अदब के साथ
कोहकन-ओ-मजनूँ भी थे, इस नाहिये में दीवाने दो

1038. ता-चन्द–कब तक। दर-गुज़र करना–भुलाना, माफ़ करना। हर लहज़ा–हर पल। आईना-रू–ख़ूबसूरत चेहरे वाला। शब-ए-ग़म–जुदाई की रात। सहर–सुबह। चश्म तर करना–आँसू बहाना।

1039. दरहम–उल्टी-सीधी। सुलूक करना–मिलना, मिलाप करना।

1040. मुरव्वत–लिहाज़, आदर-पूर्ण व्यवहार। फ़िक्र-ए-बुलंद–उच्च विचार, कल्पना।

1041. दश्त-ओ-कोह–जंगल और पहाड़। कोहकन–फ़रहाद। नाहिया–इलाक़ा, क्षेत्र।

1042

जब कभू ईधर से निकले है, तो इक हसरत के साथ
देखे है ख़ुर्शीद उसके साया-ए-दीवार को

आशिक़ी वो रोग है जिसमें कि हो जाती है यास
अच्छे होते कम सुना है 'मीर' इस आज़ार को

1043

तुम बिन चमन के गुल नहीं चढ़ते नज़र कभू ये क्या रविश है आओ चले टुक इधर कभू
दरिया-सी आँखें बहती ही रहती थीं सो कहाँ होती है कोई-कोई पलक अब तो तर कभू
मुद्दत हुई है नामा कबूतर को ले गए आ जाती है कुछ उड़ती सी हम तक ख़बर कभू
ग़म को तुम्हारे दिल के निहायत नहीं है 'मीर'
इस क़िस्से को करोगे भी तुम मुख़्तसर कभू

1044

ये सरा सोने की जागह नहीं, बेदार रहो हमने कर दी है ख़बर तुम को, ख़बरदार रहो
आप तो ऐसे बने अब कि जले जी सब का हमको कहते हैं कि तुम जी के तईं मार रहो
लाग अगर दिल को नहीं, लुत्फ़ नहीं जीने का उलझे-सुलझे किसी काकुल के गिरफ़्तार रहो
गरचे वो गौहर-ए-तर हाथ नहीं लगता, लेक दम में दम जब तईं है, उसके तलबगार रहो
सारे बाज़ार-ए-जहाँ का है यही मोल, ऐ 'मीर'
जान को बेच के भी, दिल के ख़रीदार रहो

1045

करना शिआर ख़ूब है इज्ज़-ओ-नियाज़ को बे-वक़्र जानते हैं, दिल-ए-बे-गुदाज़ को
हिज्राँ की सरगुज़श्त मिरी गुफ़्तनी नहीं क्या कहिए तुमसे क़िस्सा-ए-दूर-ओ-दराज़ को
जूँ शम्अ सर कटे है बयाँ हाल का किए लाना ज़बाँ पे ख़ूब नहीं, दिल के राज़ को

1042. ख़ुर्शीद–सूरज। यास–निराशा। आज़ार–बीमारी।

1043. नज़र चढ़ना–पसंद आना, दिल को भाना। रविश–चलन, ढंग, तरीक़ा। नामा–चिट्ठी, पत्र। निहायत–हद, अंत। मुख़्तसर–संक्षिप्त।

1044. सरा–सराय, दुनिया। बेदार–जागते हुए, जागृत। काकुल–लट, बाल। गरचे–यद्यपि। गौहर-ए-तर–चमकदार मोती, क़ीमती मोती। तईं–तक। बाज़ार-ए-जहाँ–दुनिया रूपी बाज़ार, दुनिया।

1045. शिआर–तौर, तरीक़ा, चलन। इज्ज़-ओ-नियाज़–मिन्नत समाजत। बे-वक़्र–जिस की इज़्ज़त न हो, बेकार। दिल-ए-बे-गुदाज़–दिल जो नर्म न हो, कठोर हृदय (वाला)। हिज्राँ–तन्हाई। सरगुज़श्त–कहानी, हाल। गुफ़्तनी–कहने योग्य।

हैरान हो रहोगे जो हम हो चुके कभी देखा नहीं है मरते किसू इश्क़-बाज़ को
जाँकाह-ओ-दिल-ख़राश हैं सारे तिरे सुलूक दिल हम तो देते काश किसी दिल-नवाज़ को
सूफ़ी की पारसाई की है ख़ानक़ह में धूम
ले चलिएगा कभू उधर, उस मस्त-ए-नाज़ को

1046

शब आँख मिरी लगने नहीं देती है बुलबुल
उस मुर्ग़ की बेताबी-ए-आवाज़ तो देखो

की ज़ुल्फ़-ओ-ख़त-ओ-ख़ाल ने एक और क़यामत
तस्वीर से चेहरे पे ये पर्दाज़ तो देखो

सब 'मीर' को देते हैं जगह आँखों पर अपनी
इस ख़ाक-ए-रह-ए-इश्क़ का एज़ाज़ तो देखो

1047

आरसी उसके सामने धर लो कब है वैसी, मुवाजहा कर लो
उसकी तेग़-ए-सितम बुलंद हुई जी है मरने को तो चलो मर लो
दरपए-ख़ूँ हैं मेरे ख़ुर्द-ओ-कलाँ ये वबाल अपने कोई सर पर लो
कुछ तरह हो कि बे-तरह हो हाल उम्र के दिन किसू तरह भर लो
क्या बला-ख़ेज़ जा है कूचा-ए-इश्क़
तुम भी याँ 'मीर' मोल इक घर लो

1048

खींचना रंज-ओ-तअब का दोस्ताँ आदत करो
तब किसी ना-आश्ना-ए-मेहर से उल्फ़त करो

जाँकाह–जान को घोलने वाली। दिल-ख़राश–कष्ट देने वाला। दिल-नवाज़–दिल को तसल्ली देने वाला, दोस्त। पारसाई–संयम, सदाचारिता। ख़ानक़ह–ख़ानक़ाह, दरवेशों के रहने की जगह।

1046. मुर्ग़–पक्षी, चिड़िया। ज़ुल्फ़-ओ-ख़त-ओ-ख़ाल–बाल और चेहरे का रंग-रूप, रुआँ, तिल। तस्वीर सा–बहुत सुंदर। पर्दाज़–नक़्क़ाशी, सजावट। आँखों पर जगह देना–बहुत प्यार और तपाक से स्वागत करना। ख़ाक-ए-रह-ए-इश्क़–इश्क़ के रास्ते की धूल, मिट्टी। एज़ाज़–इज़्ज़त, सम्मान, प्रतिष्ठा।

1047. आरसी–आईना। मुवाजहा–आमने-सामने होना। दरपए-ख़ूँ–जान लेने को तत्पर। ख़ुर्द-ओ-कलाँ–छोटा और बड़ा। बला-ख़ेज़–बड़ी मुसीबत। जा–जगह।

1048. रंज–दुख। तअब–तकलीफ़। ना-आश्ना-ए-मेहर–प्यार मुहब्बत से अनजान, बे-वफ़ा। उल्फ़त–प्यार, मुहब्बत।

रूठ कर मनता नहीं वो शोख़ यूँ क्यूँ न कोई
उज़्र चाहो देर तक, मुद्दत तलक मिन्नत करो

कब तक ऐ सूरत-गराँ, हैराँ फिरुँ बे-रू-ए-यार
नक़्श उसका खींच रखने की कोई सूरत करो

इश्क़ में क्या दख़्ल है नाज़ुक मिज़ाजी के तईं
कोहकन के तौर से जी तोड़ कर मेहनत करो

पहले दीवाने हुए, फिर 'मीर' आख़िर हो गए
हम न कहते थे कि साहिब, आशिक़ी तुम मत करो

1049

बहर-ए-फ़िरदौस हो आदम को अलम काहे को
वक़्फ़-ए-औलाद है वो बाग़ तो ग़म काहे को

कहते हैं आवेगा ईधर वो क़यामत-रफ़्तार
चलते-फिरते रहेंगे तब तईं हम काहे को

ये भी इक ढब है, न ईज़ा, न किसू को राहत
रहम मौक़ूफ़ किया है तो सितम काहे को

शोर ने नाम-ए-ख़ुदा उन के बला सर खींचा
'मीर'-सा है कोई आलम में अलम काहे को

1050

बारे दुनिया में रहो ग़मज़दा या शाद रहो ऐसा कुछ कर के चलो याँ कि बहुत याद रहो
'मीर' हम मिल के बहुत ख़ुश हुए तुम से प्यारे
इस ख़राबे में मेरी जान तुम आबाद रहो

शोख़–चंचल, माशूक़। उज़्र–बहाना। सूरत-गराँ–चित्रकार। बे-रू-ए-यार–माशूक़ की सूरत बग़ैर। नक़्श–तस्वीर, सूरत। कोहकन–पहाड़ तोड़ने वाला, फ़रहाद जिसने शीरीं के लिए पहाड़ तोड़कर दूध की नहर निकाली थी। आख़िर होना–मर जाना।

1049. बहर-ए-फ़िरदौस–जन्नत के लिए। अलम–दुख। वक़्फ़-ए-औलाद–वो चीज़ जो संतान के नाम कर दी जाए और उसे बेचा या ख़रीदा न जा सके। क़यामत रफ़्तार–क़यामत की चाल चलने वाला यानी महबूब। तईं–तक। ईज़ा–दुख। मौक़ूफ़ करना–रोकना। सर खींचना–सर उठाना, अवज्ञा करना। आलम–दुनिया। अलम होना–मशहूर होना, बदनाम होना।

1050. बारे–आख़िर-कार। शाद–ख़ुश। ख़राबा–वीराना।

1051

ज़ुल्फ़ों को मैं छुआ सो ग़ुस्से हुए खड़े हो   ये बात ऐसी क्या है जिस पर उलझ पड़े हो

होते हैं ख़ाक-ए-रह भी लेकिन न 'मीर' ऐसे
रस्ते में आधे धड़ तक मिट्टी में तुम गड़े हो

1052

ज़ख़्मों पे अपने लून छिड़कते रहा करो   दिल को मज़े से भी तो तनिक आश्ना करो
हरचंद इस मता' की अब क़द्र कुछ नहीं   पर जिस किसू के साथ रहो तुम वफ़ा करो
तदबीर को मिज़ाज-ए-मुहब्बत में दख़्ल क्या   जाँकाह इस मरज़ की न कोई दवा करो

बैठे हो 'मीर' हो के दर-ए-का'बा पर फ़क़ीर
इस रूसियह के बाब में भी कुछ दुआ करो

1053

सर पे आशिक़ के न ये रोज़-ए-सियह लाया करो
जी उलझता है बहुत, मत बाल सुलझाया करो

ताब-ए-मह की ताब कब है नाज़ुकी से यार को
चाँदनी में आफ़ताबी का मगर साया करो

शौक़ से दीदार के भी आँखों में खिंच आया जी
इस समैं में देखने हमको बहुत आया करो

फ़र्क़ यार-ओ-ग़ैर में भी ऐ बुताँ कुछ चाहिए
इतनी हटधर्मी भी क्या, इन्साफ़ फ़रमाया करो

कब मयस्सर उसके मुँह का देखना आता है 'मीर'
फूल गुल से अपने दिल को तुम भी बहलाया करो

1051. ख़ाक-ए-रह–रास्ते की धूल-मिट्टी।

1052. लून–नमक। आश्ना–परिचित। हरचंद–यद्यपि, हालाँकि। मता'–दौलत, पूँजी। तदबीर–इलाज, उपाय। जाँकाह–जान घोलने वाला। रूसियह–गुनहगार, काले मुँह का। बाब में–बारे में।

1053. रोज़-ए-सियह–बुरा दिन। ताब-ए-मह–चाँदनी। आफ़ताबी–बादशाहों के रथ पर लगा सोने-चाँदी का छतर। आँखों में जी खिंच आना–कमज़ोरी से मौत के नज़दीक होना, बहुत कमज़ोर हो जाना। समैं–समय। बुताँ–बुत, माशूक़, मूर्ति।

1054

ऐ ग़ाफ़िलान-ए-दहर ये कुछ राह की है बात चलने को क़ाफ़िले हैं यहाँ तुम रहे हो सो
गर्दिश में जो कोई हो, रखे उस से क्या उमीद दिन-रात आप्ही चर्ख़ में है आसमान तो
जब देखते हैं पाँव ही दाबो हो उसके 'मीर'
क्यूँ होते हो ज़लील तुम इतना तो मत दबो

1055

उड़ाया ग़म ने उनके, सूखे पत्तों की रविश हम को
इलाही सब्ज़ रखियो बाग़-ए-ख़ूबी के निहालों को

जहाँ देखो कहा करते हैं उसके इश्क़ के ग़म में
न हम दो-चार बैठे दिल-शिकस्ते अपने हालों को

कोई भी इस तरह से अपने जी पर खेल जाता है
मगर बाज़ीचा समझे 'मीर' इश्क़-ए-ख़ुर्द-सालों को

1056

रहता है पेश-ए-दीदा-ए-तर आह का सुभाओ जैसे मुसाहिब अब्र की होती है कोई बाओ
बरसेगी बर्फ़ अर्सा-ए-महशर में दश्त-दश्त गर मेरी सर्द आहों का वाँ हो गया जमाओ
हासिल कोई उमीद हुई हो तो मैं कहूँ ख़ूँ ही हुआ किए हैं मिरे दिल में सारे चाओ
आँखों के आगे रोने से मेरे मुहीत है अब्रों से जा कहे कोई पानी पियो तो आओ
रहती थी अश्क-ए-ख़ूनी में डूबी सब आस्तीं इस चश्म-ए-बहर-ए-ख़ूँ के कभू देखे हैं चढ़ाओ
इज़हार-ए-दर्द अगरचे बहुत बे-नमक है पर टुक बैठो तो दिखावें तुम्हें छातियों के घाओ
इस ही ज़मीं में 'मीर' ग़ज़ल और एक कह
गो ख़ुश न आवे सामिओं को बात का बढ़ाओ

1054. ग़ाफ़िलान-ए-दहर–दुनिया के बे-ख़बर लोग, बेसुध। गर्दिश–चक्कर, परेशानी। आप्ही–आप ही। चर्ख़ में होना–चक्कर खाते रहना, आसमान का गर्दिश में होना।

1055. रविश–तरह। सब्ज़–हरा, फलता-फूलता। बाग़-ए-ख़ूबी–ख़ूबसूरती का बाग़। निहाल–पौधा। दिल-शिकस्ता–जिसका दिल टूट गया हो, परेशान हाल। जी पर खेलना–जान पर खेलना। बाज़ीचा–खेल। इश्क़-ए-ख़ुर्द-साल–कम उम्र वाले से प्यार।

1056. पेश-ए-दीदा-ए-तर–आँसू भरी आँखों के सामने। मुसाहिब–साथी, दोस्त। अब्र–बादल। बाओ–हवा। अर्सा-ए-महशर–क़यामत के दिन इकट्ठा होने की जगह। दश्त-दश्त–जंगल-जंगल। मुहीत–समुद्र। अश्क-ए-ख़ूनी–ख़ून के आँसू। चश्म-ए-बहर-ए-ख़ूँ–समुद्र रूपी ख़ून से भरी आँख। इज़हार-ए-दर्द–दुख-दर्द बयान करना। अगरचे–यद्यपि। बे-नमक–बे-मज़ा, बुरा। ज़मीं–ज़मीन, ग़ज़ल की रदीफ़, क़ाफ़िया और वज़्न/बहर। ख़ुश आना–अच्छा लगना, पसंद आना। सामिओं–सामिईन, सुनने वाले।

1057

आँखों का झड़ बरसने से हथिया के कम नहीं
पल मारते ही पेश-ए-नज़र हाथी का डुबाओ

कश्ती-ए-चश्म डूबी रही बहर-ए-अश्क में
आई न पार होती नज़र आशिक़ों की नाओ

सीने के अपने ज़ख़्म से ख़ातिर हो जम्अ क्या
दिल ही की ओर पाते हैं सब लोहू का बहाओ

चाक-ए-क़फ़स से आँखें लगीं कब तलक रहें
इक बर्ग-ए-गुल नसीम हमारी तरफ़ भी लाओ

ज़ाहिर हैं देखने से गुनह क्यूँकि तेरे सब
छुपते हैं 'मीर' कोई दिलों के कहीं लगाओ

1058

हमको तो मारा इश्क़ ने आख़िर पर ये वसीयत याद रहे
देर जहाँ में तुम जो हो तो किसू से उल्फ़त मत करियो

मेरी तरफ़ की यारो उससे बात कोई कहते हो कहो
माने न माने वो जाने, फिर तुम भी मिन्नत मत करियो

होश नहीं अपना तो हमें टुक 'मीर' आए हैं पुर्सिश को
जाने से आगे उन को हमारे प्यारे रुख़्सत मत करियो

1059

मैं क्या कहूँ, जिगर में लहू मेरे कम है कुछ
कुछ तो अलम है दिल की जगह और ग़म है कुछ

पोशीदा तो नहीं है कि हम नातवाँ नहीं
कपड़ों में यूँ ही तुम को हमारा भरम है कुछ

क्या अपने दिल धड़कने से हूँ मैं ही दम-बख़ुद
जो देखता है मेरे तईं, सो दहम है कुछ

जब से खुली है नर्गिस-ए-मस्त उसकी ज़ुल्म है
क्या आज कल से यार को मैल-ए-सितम है कुछ

1057. हथिया–बरसात के चन्द रोज़ जिन में मूसलाधार बारिश होती है। पेश-ए-नज़र–आँखों के सामने। हाथी का डुबाओ–बहुत गहरा पानी जिसमें हाथी भी डूब जाए। कश्ती-ए-चश्म–नाव रूपी आँख। बहर-ए-अश्क–आँसुओं का समुद्र। ख़ातिर जम्अ–इत्मिनान, तसल्ली। चाक-ए-क़फ़स–पिंजरे की तीलियों के बीच का खुला भाग। बर्ग-ए-गुल–फूल की पंखुड़ी। नसीम–ठंडी हवा। गुनह–गुनाह।

1058. उल्फ़त–प्यार। मिन्नत–विनती। पुर्सिश–हाल पूछना, बीमार का हाल जानना।

1059. अलम–दुख। पोशीदा–छुपा हुआ। नातवाँ–कमज़ोर। दम-बख़ुद–साँस रोके हुए, हैरानी से चुप, हक्का-बक्का। तईं–को, तरफ़। दहम–दुखी। नर्गिस-ए-मस्त–मस्त आँख, नशीली आँख। मैल-ए-सितम–सितम करने की तरफ़ रुझान। ख़फ़गी–नाराज़गी।

बुलबुल में, गुल में क्या ख़फ़गी आ गई है 'मीर'
आमद-शुद-ए-नसीम-ए-सहर दम-ब-दम है कुछ

1060

कहते तो हैं कि हम को उसकी तलब नहीं कुछ पर जी उसी को अपना ढूंडे है ढब नहीं कुछ
इख़्लास-ओ-रब्त उससे होता तो शोर उठाते लब तिश्ना अपने तब हैं दिलबर से जब नहीं कुछ
याँ ऐतिबार करिए जो कुछ वही है ज़ाहिर ये काएनात अपनी आँखों में सब नहीं कुछ
ये हाल बे-सबब तो होता नहीं है लेकिन रोने का लम्हा-लम्हा ज़ाहिर सबब नहीं कुछ
कर इश्क़ 'मीर' उसका मारे कहीं न जावें
जल्दी मिज़ाज में है, इस से अजब नहीं कुछ

1061

हैं मुसलमान, इन बुतों से हमें इश्क़ है ला-इलाह-इल्लल्लाह
'मीर' का'बे से क़स्द-ए-दैर किया
जाओ प्यारे भला ख़ुदा हमराह

1062

क्या फ़क़त तोड़ के छाती ही गया तीर उसका
ले गया साफ़ मिरे दिल को भी पैकान के साथ

तीर उसका जो गुज़र दिल से चला, जी भी चला
रस्म-ए-ताज़ीम से हो लेते हैं मेहमान के साथ

आदमियत से तुम्हें 'मीर' हो क्यूँकर बहरा
तुमने सोहबत नहीं रक्खी किसू इन्सान के साथ

आमद-शुद-ए-नसीम-ए-सहर–सुबह की ठंडी हवा का आना-जाना। दम-ब-दम–हर घड़ी, हर पल।

1060. इख़्लास-ओ-रब्त–सच्ची दोस्ती और मेल-जोल। लब–होंठ। तिश्ना–प्यासा। लब तिश्ना–प्यासे होंठ, बहुत ज़्यादा ख़्वाहिश रखने वाला। काएनात–दुनिया। सबब–कारण।

1061. ला-इलाह-इल्लल्लाह–ईश्वर के सिवा कोई पूज्य नहीं है (मुसलमानों का धर्म-मंत्र)। क़स्द-ए-दैर–मन्दिर जाने का इरादा। हमराह–रास्ते का साथी।

1062. फ़क़त–सिर्फ़, केवल। पैकान–तीर। रस्म-ए-ताज़ीम–इज़्ज़त देने की रस्म, मेहमान को विदा करते वक़्त थोड़ी दूर साथ चलना। आदमियत–इंसानियत। बहरा–फ़ायदा।

1063

जाने दे, मत इस क़दर अब ज़ुल्फ़-ओ-ख़त्त-ओ-ख़ाल देख
हाल कुछ भी तुझ में है, ऐ 'मीर' अपना हाल देख

दामन-ए-सहरा में क्या वुसअत है जो दिल में नहीं
मूँद कर आँखें गिरेबाँ में भी टुक सर डाल देख

गरचे उस मह की जुदाई में मुझे बरसों हुए
लेकिन ऐ अख़्तर-शनास अब का है कैसा साल देख

कब नज़र मेरी पड़ेगी उसके रू-ए-ख़ूब पर
हम-नशीं टुक तू भी मुसहफ़ खोल कर तो फ़ाल देख

ठोकरें दिल को लगे हैं जब चले है राह तू
ये ख़िराम-ए-नाज़ है ज़ालिम टुक अपनी चाल देख

1064

आँखें जो हों तो ऐन है मक़्सूद हर जगह
बिज़्ज़ात है जहाँ में वो मौजूद हर जगह

वाक़िफ़ हो शान-ए-बंदगी से क़ैद-ए-क़िब्ला क्या
सर हर कहीं झुका कि है मस्जूद हर जगह

दिल्ली के लखनऊ के ख़ुश-अंदाम ख़ूब लेक
राह-ए-वफ़ा-ओ-मेहर है मस्दूद हर जगह

फिरती है अपने साथ लगी मुत्तसिल फ़ना
आब-ए-रवाँ से हम हुए नाबूद हर जगह

शोहरा रखे है तेरी ख़रीयत जहाँ में शैख़
मजलिस हो या कि दश्त उछल-कूद हर जगह

सौदा-ए-आशिक़ी में तो जी का ज़ियान है
फिरते हैं 'मीर' ढूंडते ही सूद हर जगह

1063. ख़त्त-ओ-ख़ाल–नैन-नक़्श। दामन-ए-सहरा–जंगल का दामन। वुसअत–समाई, फैलाव। गरचे–यद्यपि। अख़्तर-शनास–तारों की चाल जानने वाला, ज्योतिषी। रू-ए-ख़ूब–सुन्दर चेहरा, ख़ूबसूरत। हमनशीं–साथी, दोस्त। मुसहफ़–किताब, धार्मिक किताब। फ़ाल देखना–किसी विशेष किताब या धार्मिक ग्रंथ से अच्छे या बुरे शगुन का पता लगाना। ख़िराम-ए-नाज़–नाज़ और अदा से भरी चाल।

1064. ऐन–ज़ाहिर। मक़्सूद–मक़सद, उद्देश्य, महबूब। बिज़्ज़ात–साक्षात, अपनी हक़ीक़त से। क़ैद-ए-क़िब्ला–क़िब्ला (पवित्र मक्का जिसकी ओर मुँह करके नमाज़ पढ़ी जाती है) की पाबंदी। मस्जूद–जिसको सज्दा किया जाए, ईश्वर। ख़ुश-अंदाम–आकर्षक शरीर वाले, ख़ूबसूरत। राह-ए-वफ़ा-ओ-मेहर–मेहरबानी और वफ़ा का रास्ता। मस्दूद–बंद। मुत्तसिल–सटी हुई। फ़ना–अस्तित्व की समाप्ति, मौत। आब-ए-रवाँ से–बहते पानी की तरह। नाबूद–लुप्त, ग़ायब। शोहरा–शोहरत, प्रसिद्धि। ख़रीयत–गधापन, मूर्खता। शैख़–इस्लाम धर्म का ज्ञानी, क़ाज़ी, मुल्ला। मजलिस–महफ़िल। दश्त–जंगल। ज़ियान–नुक़सान, हानि। सूद–फ़ायदा, लाभ।

1065

रू-ब-पस यार के कूचे से जो ख़ुर्शीद गया इश्क़ था उस के मगर साया-ए-दीवार के साथ
दस्ते नर्गिस के रखें गोर पे मेरी वारिस ता ये जानें कि गया मैं ग़म-ए-दीदार के साथ
वाँ खिंची मियान से, याँ सर को झुकाया मैंने गर्दन अपनी है बंधी यार की तलवार के साथ
अब ख़ुशामद उन्हीं की आठ-पहर करते हैं
गुफ़्तगू 'मीर' को जिन लोगों से थी आर के साथ

1066

न बातें करो सरगिरानी के साथ मिरी ज़ीस्त है मेहरबानी के साथ
न उठ कर दर-ए-यार से जा सके ये कम लुत्फ़ है ना-तवानी के साथ
फ़रो दर्द आँसू पिये कुछ हुआ दवा जैसे पीते हैं पानी के साथ
कहे मैंने अशआर हर बहर में वलेकिन क़यामत रवानी के साथ
शिताबी गई इस रविश फ़स्ल-ए-गुल कि जूँ रफ़्तगी हो जवानी के साथ
बिखेरे है जूँ लख़्त-ए-दिल आह-ए-सुब्ह हवा कब है इस गुल-फ़िशानी के साथ
जला जी बहुत क़िस्सा-ए-'मीर' सुन
बला सोज़ था उस कहानी के साथ

1067

राज़-ए-मुहब्बत अपना रुस्वा न इस क़दर हो
गर हो न अश्क-अफ़्शाँ ख़ाना-ख़राब दीदा

1068

इधर मत कर निगाह-ए-तेज़ जा बैठ न तीर-ए-रू-ए-तरकश यूँ चला बैठ
असर होता तो कब का हो भी चुकता दुआ-ए-सुब्ह से अब हाथ उठा बैठ
फिरेगा हमसे कब तक दूर ज़ालिम कभू तो घर से उठकर पास आ बैठ

1065. रू-ब-पस–मुँह फेरकर, चेहरा पीछे किए हुए। ख़ुर्शीद–सूरज। नर्गिस के दस्ते–नर्गिस के फूल के गुलदस्ते। गोर–क़ब्र। मियान–तलवार की मियान, कोष। आर–शर्म।

1066. सरगिरानी–नाराज़गी, अप्रसन्नता। ज़ीस्त–ज़िन्दगी, जीवन। ना-तवानी–कमज़ोरी। फ़रो होना–कम होना। अशआर–शे'र का बहुवचन, बहुत से शे'र। शिताबी–जल्दी। रविश–तरह, प्रकार। फ़स्ल-ए-गुल–बहार का मौसम। रफ़्तगी–बेहोशी। लख़्त-ए-दिल–दिल के टुकड़े। आह-ए-सुब्ह–सुबह के समय निकलने वाली आह। गुल-फ़िशानी–फूल बिखेरना। सोज़–जलन, दर्द।

1067. अश्क-अफ़्शाँ–आँसू बरसाने वाला, रोने वाला। ख़ाना-ख़राब–तबाह, बर्बाद। दीदा–आँख।

1068. तीर-ए-रू-ए-तरकश–माशूक़ के चेहरे रूपी तरकश के तीर।

न कर दीवार का मजलिस में तकिया हमारे मोंढे से मोंढा लगा बैठ
तलाश अपनी न कम थी जो वो मिलता बहुत मैं देख कर आख़िर रहा बैठ

मुख़ालिफ़ से न मिल बैठा कर इतना
कहीं ले 'मीर साहिब' को जुदा बैठ

1069

क्या करें नीची नज़र करने से ग़ुस्सा खाए वो
और मजलिस में जो रहिए देख तो शर्माए वो

क्या सुलूक उस बे-वफ़ा के नक़्ल करिए हमनशीं
मिन्नतें करिए तो याँ तक, घर से चल कर आए वो

लुत्फ़ से लबरेज़ है उस काम-ए-जाँ का सब बदन
मुख़्तलित हो जाये हमसे जो कभू तो हाए वो

बेख़ुदी है जी चला जाता है, हूँ साहिब फ़राश
बे-ख़बर ऐ काश बालीं पर मिरी आ जाए वो

'मीर' को वाशुद नहीं है, मक़सद उसका और है
इश्क़ से लड़कों के दिल को कब तलक बहलाए वो

1070

तदबीर ग़म-ए-दिल की बस्ती में न ठहराई
जंगल में निकल आए कुछ वाँ भी न बन आई

ख़्वाहिश हो जिसे दिल की, दिल दूँ उसे और सर भी
मैंने तो इसी दिल से तस्दी' बहुत पाई

बे-पर्दा न होना था असरार-ए-मुहब्बत को
आशिक़-कुशी है जब से, है इश्क़ की रुस्वाई

घर दिल का बहुत छोटा पर जा-ए-तअज्जुब है
आलम को तमाम इस में किस तरह है गुंजाई

मजलिस–महफ़िल। तकिया–सहारा। मोंढा–कन्धा। मुख़ालिफ़–विरोधी, दुश्मन।

1069. मजलिस–महफ़िल। नक़्ल करना–जिक्र करना, बताना, बयान करना। हमनशीं–साथी, दोस्त। लबरेज़–भरा हुआ। काम-ए-जाँ–दिल की ख़्वाहिश। मुख़्तलित–मेल-जोल। साहिब फ़राश–वो बीमार जो बिस्तर से न उठ सके। बालीं–सिरहाना। वाशुद–छुटकारा।

1070. तदबीर–इलाज, चारा। सर देना–जान दे देना। तस्दी'–तकलीफ़, परेशानी। असरार-ए-मुहब्बत–प्रेम के भेद। आशिक़-कुशी–आशिक़ों का क़त्ल। रुस्वाई–अपमान, बदनामी। जा-ए-तअज्जुब–आश्चर्य की जगह। आलम–दुनिया। गुंजाई–गुंजाइश, समाई।

घर-बार लुटाया जब तब वो सही-क़द आया
मफ़्लूक हुए अब हम कर ख़र्च ये बालाई

ख़ूबी से निदान उस की सब सूरतें याँ बिगड़ीं
वो ज़ुल्फ़ बनी देखी सब बन गए सौदाई

आशिक़ की जिसे होवे कुछ क़द्र नहीं पैदा
जीता न रहा अब तक मजनूँ ही को मौत आई

आज़ार बहुत खींचे, अब 'मीर' तवक्कुल है
खींची न गई हम से हर एक की मिरज़ाई

1071

शोर किया जो उसकी गली में, रात को हैं सब जान गए
आह-ओ-फ़ुग़ाँ के तौर से मेरे लोग मुझे पहचान गए

मोहलत-ए-उम्र दो-रोज़ा कितनी, करिए फ़ुज़ूली काहे पर
आए जो हैं दुनिया में हम तो, जैसे कहीं मेहमान गए

हाथ लगा वो गौहर-ए-मक़्सद जैसा है मालूम हमें
महव-ए-तलब हो अहल-ए-तलब सब ख़ाक भी याँ की छान गए

'मीर' नज़र की दिल की तरफ़, की अर्श की जानिब फ़िक्र बहुत
थी जो तलब मतलूब की हम को, कीधर-कीधर ध्यान गए

1072

आब-ए-हसरत आँखों में उस की, नौमीदाना फिरता था
'मीर' ने शायद ख़्वाहिश दिल की आज कोई फिर रुख़्सत की

1073

शुक्र-ओ-गिला से इश्क़ के लबरेज़ है जहाँ
करिए जहाँ निगाह यही क़ाल-ओ-क़ील है

सही-क़द–अच्छे क़द वाला, माशूक़। मफ़्लूक–तबाह। बालाई ख़र्च–वो ख़र्च जो निश्चित ख़र्च से अधिक हो। निदान–आख़िरकार। सौदाई–पागल, दीवाना। आज़ार खींचना–दुख सहना। तवक्कुल–भरोसा करना, ख़ुदा पर भरोसा करना। मिरज़ाई खींचना–घमंड बर्दाश्त करना, नाज़ उठाना।

1071. आह-ओ-फ़ुग़ाँ–रोने की आवाज़, फ़रियाद। गौहर-ए-मक़्सद–उद्देश्य रूपी रत्न, जीवन का मक़्सद, उद्देश्य। महव-ए-तलब–चाहत में लीन। अहल-ए-तलब–चाहने वाले। अर्श–आसमान। मतलूब–अभीष्ट, माशूक़।

1072. आब-ए-हसरत–इच्छा रूपी पानी या'नी आँसू। नौमीदाना–मायूसी से।

1073. शुक्र-ओ-गिला–मेहरबानी और शिकायत, गिला-शिकवा। लबरेज़–लबालब, ऊपर तक भरा हुआ। क़ाल-ओ-क़ील–तकरार, वाद-विवाद, कहा-सुनी।

1074

अब तक तो निभी अच्छी, अब देखिए पीरी है
सब लोगों में हैं लागें याँ महज़ फ़क़ीरी है

ख़ूँ इश्क़ की गर्मी से सूखा जिगर-ओ-दिल में
इक बूँद थी लोहू की, अब छाती जो चीरी है

हम ताइर-ए-नौ-पर हैं, वे जिनको बहाराँ में
गुलगश्त-ए-गुलिस्ताँ का है शौक़ ओ असीरी है

उस दिलबर-ए-बद-ज़न से ख़ुश गुज़रे है आशिक़ की
नै रहम है ख़ातिर में, नै उज़्र-पज़ीरी है

हम मर्सिया दिल ही का अक्सर कहा करते हैं
अब करिए तख़ल्लुस तो शाइस्ता 'ज़मीरी' है

क्या अहल-ए-दवल से है ऐ 'मीर' मुझे निस्बत
याँ इज्ज़-ओ-फ़क़ीरी है, वाँ नाज़-ए-अमीरी है

1075

सोज़-ए-दरूँ ने आख़िर जी ही खपा दिया है — ठंडा दिल अब है ऐसा जैसे बुझा दिया है
अब नींद क्यूँके आवे गर्मी ने आशिक़ी की — दिल है जिधर वो पहलू सारा जला दिया है
हर्फ़-ए-ग़लत थे क्या हम सफ़्हे पे ज़िन्दगी के — जो साफ़ यूँ क़ज़ा ने हम को मिटा दिया है
कुढ़ते हमेशा रहना हम को बग़ैर उसके — क्या रोग दोस्ती ने जी को लगा दिया है
अचरज है ये कि है वो मेरा चराग़-ए-तुर्बत — कितनों का वर्ना ख़ूँ कर, उन ने दबा दिया है
आँखों की कुछ हया थी सो मूँद लीं इधर से — पर्दा जो रह गया था वो भी उठा दिया है
हम दिल-ज़दा रहे हैं अनवा'-ए-तल्ख़ सुनते — उन शक्करीं लबों ने हमको रिझा दिया है
जब तूल मैं दिया है नामे को शौक़ के तब — जूँ काग़ज़-ए-हवाई उन ने उड़ा दिया है
क्या बे-नमक हुआ है परवाना राख जल कर — रह-रह के हम जले तो हमको मज़ा दिया है

1074. पीरी–बुढ़ापा। ताइर-ए-नौ-पर–पक्षी जिसके नए-नए पर निकले हों। गुलगश्त-ए-गुलिस्ताँ–बाग़ की सैर। असीरी–क़ैद में होना। दिलबर-ए-बद-ज़न–शंकालु, भ्रमित, महबूब। नै–न। ख़ातिर–दिल, तबीयत, आदत। उज़्र-पज़ीरी–माफ़ करना, रहम करना। मर्सिया–शोक कविता। तख़ल्लुस–कवि का उपनाम। शाइस्ता–योग्य, लायक़। 'ज़मीरी'–फ़ारसी के एक बड़े शायर। अहल-ए-दवल–धनवान। निस्बत–रिश्ता, मतलब। इज्ज़-ओ-फ़क़ीरी–लाचारी और ग़रीबी। नाज़-ए-अमीरी–दौलत का घमंड।

1075. सोज़-ए-दरूँ–अंदरूनी जलन। हर्फ़-ए-ग़लत–वो अक्षर जो ग़लत लिखा गया हो और उसे मिटा दिया जाए क़ज़ा–मौत, क़िस्मत। चराग़-ए-तुर्बत–क़ब्र का दिया। दिल-ज़दा–दुखी। अनवा'-ए-तल्ख़–तरह-तरह की कड़वी बातें। शक्करीं लब–मधुर भाषी। तूल देना–बहुत बढ़ाना, लम्बा करना। नामा–पत्र। शौक़–प्यार। काग़ज़-ए-हवाई–पतंग, गुड्डी। बे-नमक–फीका, बे-मज़ा।

थे जूँ चराग़-ए-मुफ़्लिस, मुज़्तर न तर्क था जब बारे फ़क़ीरी ने तो आराम-सा दिया है
शहरों के तंग कूचे काहे को गौं हैं अपनी हम वहशियों के क़ाबिल रहने के बादिया है
क्या नामा-बर हमारा है साफ़ बे-मुरव्वत ख़त ना-नविश्ता हमको ऊधर से ला दिया है
आलम शिकार है वो इस सिन में 'मीर' उसको
ढब जान मारने का किन ने बता दिया है

1076

हम चमन में गए थे वा न हुए नकहत-ए-गुल से आश्ना न हुए
सर किसू से फ़रो नहीं आता हैफ़ बन्दे हुए ख़ुदा न हुए
कैसा-कैसा क़फ़स से सर मारा मौसम-ए-गुल में हम रिहा न हुए
मैं न गर्दन कटाई जब तक 'मीर'
इश्क़ के मुझ से हक़ अदा न हुए

1077

इस अर्से से गया हो कहीं कोई तो कहें चल-फिर के लोग याँ के यहीं सारे रह गए
क्या-क्या हुए हैं अहल-ए-ज़माँ ढेर ख़ाक के क्या-क्या मकान देखते नागाह ढह गए
तस्बीहें टूटीं, ख़िरक़े, मुसल्ले फटे जले
क्या जाने ख़ानक़ाह में, क्या 'मीर' कह गए

1078

'मीर' क्यूँ रहते हैं अक्सर अन-मने कर नहीं बनती किसू से जो बने
ख़ून हो कर बह गया मुद्दत हुई दिल जो ढूंडो हो सो कैसा किस कने
है तवक्कुल जब से हम दरवेश हैं कर ही चुकते हैं जो कुछ दिल में ठने
आलम-ए-ख़ाकी भी बिस्मिल-गाह है हो रहे हैं ढेर याँ सौ-सौ जने
उस शिकार-अफ़्गान के हम भी सैद हैं
ख़ाक-ओ-ख़ूँ में लोटते छाती छने

चराग़-ए-मुफ़्लिस–ग़रीब का दिया जिसमें अक्सर बहुत कम तेल होता है। मुज़्तर–परेशान, बे-चैन। तर्क–छोड़ना। बारे–अन्ततः। गौं–क़ाबिल, लायक़। बादिया–जंगल। नामा-बर–पत्रवाहक। बे-मुरव्वत–लिहाज़ न करने वाला। ख़त ना-नविश्ता–बिना लिखा पत्र। आलम शिकार–दुनिया को मारने वाला। सिन–उम्र।

1076. वा होना–खुलना। नकहत-ए-गुल–फूल की सुगन्ध। आश्ना–परिचित। सर फ़रो आना–सर झुकना। हैफ़–अफ़सोस। क़फ़स–पिंजरा। मौसम-ए-गुल–बहार का मौसम। हक़–क़र्ज़, ज़िम्मेदारी।

1077. अर्सा–मैदान, दुनिया। अहल-ए-ज़माँ–दुनिया के लोग। नागाह–अचानक। तस्बीह–जपमाला। ख़िरक़ा–गुदड़ी, चीथड़ा। मुसल्ला–वो कपड़ा जिस पर नमाज़ पढ़ी जाती है। ख़ानक़ाह–सूफ़ियों के रहने का स्थान।

1078. कने–ओर, तरफ़। तवक्कुल–भरोसा करना, ख़ुदा पर भरोसा करना। दरवेश–फ़क़ीर, सूफ़ी। आलम-ए-ख़ाकी–लोगों से भरी दुनिया, दुनिया। बिस्मिल-गाह–क़ुर्बानी की जगह। शिकार-अफ़्गान–शिकारी, माशूक़। सैद–शिकार।

1079

हम पे रहते हो क्या कमर कसते   अच्छे होते नहीं जिगर-ख़स्ते
हँसते खींचा न कीजिए तलवार   हम न मर जाएँ हँसते ही हँसते
शौक़ लिखने क़लम जो हाथ आई   लिक्खे काग़ज़ के दस्ते के दस्ते
रंग लेती है सब हवा उसका   उस से बाग़-ओ-बहार हैं रस्ते
इक निगह कर के उन ने मोल लिया   बिक गए आह, हम भी क्या सस्ते
'मीर' जंगल पड़े हैं आज जहाँ
लोग क्या-क्या नहीं थे कल बसते

1080

हुस्न, ऐ रश्क-ए-मह नहीं रहता
चार दिन की है चांदनी ये भी

1081

लड़ाई ही रही रोज़ों में बाहम बे-दिमाग़ी से
गले से उसके हम को ईद अब शायद मिला देवे

1082

गुल को सर पर रखें सभी लेकिन   अब दिमाग़ अपना कब उठाता है
अपना-अपना है ज़ायक़ा हमको   बोसा-ए-कुँज-ए-लब ही भाता है
आतिश-ए-इश्क़ जिस के दिल को लगे   शम्अ-साँ आप ही को खाता है
देखना है तो है बहम पर वो   हमसे आँखों को कब मिलाता है
मेरी तो है पलक से छोटी निगाह   और वो इस पे मुँह छुपाता है
'मीर' सन्नाअ है मिलो उससे
देखो बातें तो क्या बनाता है

1079. कमर कसना–लड़ने के लिए तैयार होना। जिगर-ख़स्ता–दुखी, आशिक़। निगह–निगाह।

1080. रश्क-ए-मह–जिससे से चाँद भी ईर्ष्या करे, बहुत ख़ूबसूरत, माशूक़।

1081. बाहम–आपस में। बे-दिमाग़ी–चिडचिड़ापन।

1082. बोसा-ए-कुँज-ए-लब–होंठों का चुम्बन। आतिश-ए-इश्क़–मुहब्बत की आग। बहम–आपस में, इकट्ठे। सन्नाअ–कारीगर।

1083

शाइस्ता-ए-ग़म-ओ-सितम-ए-यार हम हुए
आशिक़ कहाँ हुए कि गुनहगार हम हुए

जी खिंच गया असीर-ए-क़फ़स की फ़ुग़ाँ की ओर
थी चोट अपने दिल को गिरफ़्तार हम हुए

पामाल यूँ किया कि बराबर हैं ख़ाक के
क्या ज़ुल्म हो गया जो तलबगार हम हुए

वस्ल उस तबीब-ज़ादे का जी चाहता रहा
आख़िर इस आरज़ू ही में बीमार हम हुए

1084

कही मैं उन लबों की जाँ-फ़िज़ाई ये बात इक बेख़ुदी में, मुँह पर आई
तआरुफ़ क्या रहा, अहल-ए-चमन से हुई इक उम्र में अपनी रिहाई
जफ़ा उठती, वफ़ा जो उम्र करती सो की इस रफ़्तनी ने बे-वफ़ाई
गई टुकड़े हो दिल की आरसी तो हुई सद-चन्द उसकी ख़ुद-नुमाई
फ़िराक़-ए-यार को, आसाँ न समझो कि जान-ओ-तन की मुश्किल है जुदाई
फिर आना का'बे से अपना न होगा अब उसके घर की हम ने राह पाई
हुए हैं दर्द-ए-दिल से 'मीर' के तंग
फिर इस जोगी ने याँ धूनी लगाई

1085

इन दो ही सूरतों में शक्ल अब निबाह की है या सब्र हमको आवे या रहम उस को आवे
उस मह बग़ैर आलम आँखों में सब सियह है देखें तो इश्क़ क्या-क्या हमको समैं दिखावे
हम जिस ज़मीं पे आए वाँ आसमाँ यही था या-रब जो कोई जावे तो किस तरफ़ को जावे
शब सुनते हाल मेरा, लेता है मूँद आँखें
मचले से मैं कहूँ क्या, सोता हो तो जगावे

1083. शाइस्ता-ए-ग़म-ओ-सितम-ए-यार–महबूब के अत्याचार और उसके दुख सहने के क़ाबिल। असीर-ए-क़फ़स–पिंजरे का क़ैदी। फ़ुग़ाँ–रोने की आवाज़, फ़रियाद। पामाल–रौंदा हुआ। वस्ल–मिलन। तबीब-ज़ादा–हकीम का बेटा।

1084. जाँ-फ़िज़ाई–प्राण-वर्धन। बेख़ुदी–आपे से बाहर होने की अवस्था, बेहोशी। तआरुफ़–परिचय। अहल-ए-चमन–चमन वाले, दुनिया के लोग। रफ़्तनी–चली जाने वाली, उम्र। आरसी–आईना, शीशा। सद-चन्द–सैकड़ों टुकड़े। ख़ुद-नुमाई–शेख़ी-बाज़ी, आत्म प्रदर्शन। फ़िराक़-ए-यार–महबूब से दूरी, महबूब से जुदा होना। धूनी लगाना–दुनिया त्याग कर साधु बन जाना, साधुओं का आग के सामने तपस्या करना।

1085. मह–चाँद। आलम–दुनिया। सियह–सियाह, काला। आँखों में आलम सियह होना–विरह के कारण कुछ न सूझना, हर तरफ़ उदासी छा जाना। समैं–समय, वक़्त। शब–रात। मचला–घुन्ना, ढीठ।

1086

बहार आई निकालो मत मुझे अब के गुलिस्ताँ से
मिरा दामन बने तो बाँध दो गुल के गिरेबाँ से

न टुक वाशुद हुई दिल को, न जी की लाग कुछ पाई
रहे दस दिन जो अपनी उम्र के याँ हम सो मेहमाँ से

ग़म-ए-हिज्राँ ने शायद आग दी उस माह बिन दिल को
शरारे तब तो निकले हैं हमारी चश्म-ए-गिरयाँ से

सबब आशुफ़्ता तब'ई का हमारी रहते हैं दोनों
न दिल-जम'ई है उसके ख़त से, नै ज़ुल्फ़-ए-परेशाँ से

इधर ज़ंजीर के ग़ुल हैं उधर हंगामे लड़कों के
जुनूँ इस दश्त में हमने किया है कैसे सामाँ से

मुहब्बत में किसू की रंज-ओ-मेहनत से गए दोनों
रही शर्मिंदगी ही उम्र-भर मुझको दिल-ओ-जाँ से

ख़ुदा जाने कि दिल किस ख़ाना-आबादाँ को दे बैठे
खड़े थे 'मीर साहिब' घर के दरवाज़े पे हैराँ से

1087

बरसों तक जी को मार-मार रहे   रात-दिन हम उमीदवार रहे
मौसम-ए-गुल तलक रहेगा कौन   चुभते ही दिल को ख़ार-ख़ार रहे
वस्ल या हिज्र कुछ ठहर जावे   दिल को अपने अगर क़रार रहे
उसकी आँखों की मस्ती से आशिक़   चाहिए यूँ कि होशियार रहे
दिल लगे पर रहा नहीं जाता   रहिए अपना जो इख़्तियार रहे
कम है क्या लज़्ज़त-ए-हम-आग़ोशी
सब मज़े 'मीर' दर-किनार रहे

1086. वाशुद–तकलीफ़ से छुटकारा पाना, खिलना। ग़म-ए-हिज्राँ–जुदाई का दुख। माह–चाँद, माशूक़। शरारा–चिंगारी। चश्म-ए-गिरयाँ–रोती हुई आँख। आशुफ़्ता तब'ई–परेशान हाली। दिल जम'ई होना–तसल्ली होना। ख़त–चेहरे के नैन-नक़्श। ज़ुल्फ़-ए-परेशाँ–बिखरे हुए बाल। ग़ुल–शोर। दश्त–जंगल। ख़ाना-आबादाँ–घर को आबाद करने वाले।

1087. मौसम-ए-गुल–बहार का मौसम। ख़ार-ख़ार–काँटे से, बहुत ज़्यादा काँटे। वस्ल–मिलन। हिज्र–जुदाई। क़रार–आराम, चैन। इख़्तियार–क़ाबू, बस। लज़्ज़त-ए-हम-आग़ोशी–गले मिलने का आनंद, मज़ा। दर-किनार रहना–दूर रहना, जुदा रहना।

1088

जानिब-ए-मस्जिद थी वो काफ़िर निगाह   शैख़ साहिब दीन-ओ-ईमाँ से गए
पेच में आए किसू की ज़ुल्फ़ के
'मीर' इस रस्ते परेशाँ से गए

1089

हरकत दिलों की अपने मज़बूही सी रहे है   अब वो नहीं कि धड़-धड़ रहते हैं दिल धड़कते
होता था गाह-गाहे महसूस दर्द आगे   अब दिल जिगर हमारे फोड़े से हैं लपकते
याँ बात राह की तो सुनता नहीं है कोई
जाते हैं हम जरस-से इस क़ाफ़िले में बकते

1090

नाकसी से 'मीर' उस कूचे के बीच
इस तरह निकले है जैसे चोर है

1091

शब अगर दिल-ख़्वाह अपने बे-क़रारी कीजिए
ले ज़मीं से ता फ़लक फ़रियाद-ओ-ज़ारी कीजिए

एक दिन हो तो करें अहवाल-गीरी दिल की आह
मर गए हम, कब तलक तीमार-दारी कीजिए

नोचिए नाख़ुन से मुँह या चाक करिए सब जिगर
जी में है आगे तिरे कुछ दस्तकारी कीजिए

जाइए इस शहर ही से अब गिरेबाँ फाड़ कर
कीजिए क्या ग़म से यूँ मातम-गुज़ारी कीजिए

यूँ बहे कब तक कि बे लाल-ए-लब उस से हर घड़ी
चश्मा-चश्मा ख़ून-ए-दिल आँखों से जारी कीजिए

1088. शैख़–इस्लाम धर्म का ज्ञानी, मुल्ला, क़ाज़ी। शैख़ साहिब–यहाँ 'साहिब' शैख़ पर व्यंग्य करने के लिए प्रयुक्त हुआ है। दीन-ओ-ईमाँ–ईमान-धर्म। पेच में आना–फंदे में फँसना, जाल में फँसना।

1089. मज़बूही–क़त्ल किया हुआ, काटा हुआ। गाह-गाहे–कभी-कभी। जरस–क़ाफ़िले की घंटी, घंटा।

1090. नाकसी–कमीना-पन, नीचता।

1091. दिल-ख़्वाह–जितना दिल चाहे, पसंदीदा। फ़लक–आसमान। फ़रियाद-ओ-ज़ारी–रोना-पीटना। अहवाल-गीरी–हाल पूछना। चाक करना–फाड़ना, चीरना। दस्तकारी करना–हाथों का हुनर दिखाना। बे-लाल-ए-लब–बिना सुर्ख़ होंठों के। चश्मा-चश्मा–झरने की तरह।

कोह-ए-ग़म सर पर उठा लीजे न कहिए मुँह से कुछ
इश्क़ में जूँ कोहकन कुछ बुर्दबारी कीजिए

गरचे जी कब चाहता है आपका आने को याँ
पर कभू तो आईए ख़ातिर हमारी कीजिए

आश्ना हो उससे हम मर-मर गए आइन्दा 'मीर'
जीते रहिए तो किसू से अब न यारी कीजिए

1092

करती फिरी है रुस्वा सारे चमन में मुझ को गर कोई बात दिल की बुलबुल से मैं कही है
है सुब्ह का-सा अर्सा पीरी का इस में क्या हो बाक़ी है वक़्त कितना, फ़ुर्सत कहाँ रही है
आज़ार-ए-आशिक़ी में काहे की फिर तवक़्क़ो हो जाए यास जिससे सो रंज ये वही है
रोता हमें नज़र कर, रहना किए किनारा चढ़ना हमारे मुँह पे दरिया की बे-तही है
चिल्लाहट इस तरह की जुज़ 'मीर' किस से होवे
बावर न हो तो देखो, ये हो न हो वही है

1093

कल जोश-ए-ग़म में आँसू टपके न चश्म-ए-तर से अफ़सोस है कि आकर यूँ मेंह टुक न बरसे
हम-सा शिकस्ता-ख़ातिर इस बस्ती में न होगा बरसे है इश्क़ अपने दीवार और दर से
मत रंज खींच मिलकर हुशयार मर्दुमाँ से उसकी ख़बर मिलेगी इक-आध बे-ख़बर से
ऐ रश्क-ए-मह कभू तो आ चाँद-सा निकल कर
मुँह देखने को तेरा ता-चन्द कोई तरसे

1094

बर्क़-ओ-शरार-ओ-शोला-ओ-परवाना सब हैं ये
जूँ हम जला करें हैं, भला जलते कब हैं ये

कोह-ए-ग़म–दुखों का पहाड़। जूँ कोहकन–फ़रहाद की तरह। बुर्द-बारी–गम्भीरता, सब्र, सहन-शीलता। गरचे–यद्यपि। आश्ना–परिचित, दोस्त।

1092. रुस्वा–बदनाम। अर्सा–समय। पीरी–बुढ़ापा। आज़ार-ए-आशिक़ी–मुहब्बत के दुख, प्रेम की बीमारी। तवक़्क़ो–आशा, उम्मीद। यास–निराशा, ना-उम्मीदी। बे-तही–ओछापन, अनुदारिता। जुज़–सिवाय, अलावा। बावर–भरोसा, यक़ीन।

1093. चश्म-ए-तर–भीगी आँख, आँसू भरी आँख। मेंह–बारिश, वर्षा। शिकस्ता ख़ातिर–परेशान। रंज खींचना–सदमा बर्दाश्त करना। मर्दुमाँ–लोग। रश्क-ए-मह–जिससे चाँद भी ईर्ष्या करे, बहुत ख़ूबसूरत, माशूक़। ता-चन्द–कब तक।

1094. बर्क़-ओ-शरार-ओ-शोला-ओ-परवाना–बिजली, चिंगारी, आग और पतंगा।

होता है दिल का हाल अजब ग़म से उस घड़ी
कहता है जब वो तंज़ से हमको, अजब हैं ये

आती है गर्म बाद-ए-सबा उसकी ओर से
अपने जिगर के जलने के बारे सबब हैं ये

क़त्आ

फ़रहाद-ओ-क़ैस के गए कहते हैं अब ये लोग
रक्खे ख़ुदा सलामत उन्हों को कि अब हैं ये

सय्यद हैं 'मीर साहिब'-ओ-दरवेश-ओ-दर्द-मंद
सर रखिए उनके पाँव पे, जाए-अदब हैं ये

1095

ख़ुश तरह मकाँ दिल के ढाने में शिताबी की   इस इश्क़-ओ-मुहब्बत ने क्या ख़ाना-ख़राबी की
सिसके है दिल ईधर को, बहता है जिगर ऊधर   छाती हुई है मेरी, दुक्कान कबाबी की
वो नर्गिस-ए-मस्ताना बातें करे है दरहम   तुम देखो न कुछ बोलो, क्या बात शराबी की
बे-सुध हुए हम, आई इक बू जो गुलिस्ताँ से   पुरज़ोर थी मय कितनी ग़ुंचों की गुलाबी की
रोने से दिल-ए-शब के तर 'मीर' के कपड़े हैं
पर क़द्र नहीं उस को इस जामा-ए-आबी की

1096

किस से तेरी चाहिए दाद-ए-सितम   काश इंसाफ़ अपने दिल में तू करे
लोहू पानी एक कर देता है इश्क़
पानी कर दे चश्म, दिल लोहू करे

1097

दख़ील ज़ात नहीं इश्क़ में कि 'मीर' को देख
ज़लील कैसे हैं, उन की है गो कि ज़ात बड़ी

तंज़–व्यंग्य, कटाक्ष, ताना। बाद-ए-सबा–ठंडी हवा। बारे–आख़िर, अन्ततः। फ़रहाद-ओ-क़ैस–फ़रहाद और मजनूँ। सय्यद–ब्राह्मणों के समकक्ष मुसलमानों की सबसे उच्च जाति। दरवेश–फ़क़ीर। दर्द-मंद–सहानुभूति रखने वाला। जाए-अदब–सम्मान के योग्य।

1095. ख़ुश तरह–अच्छे ढंग और नमूने की इमारत। मकाँ–मकान। शिताब–जल्दी। नर्गिस-ए-मस्ताना–मस्त आँख। दरहम–बहकी हुई। पुरज़ोर–तेज़, तीव्र। ग़ुंचा–कली। दिल-ए-शब–रात का दिल या'नी आधी रात। जामा-ए-आबी–भीगे हुए कपड़े।

1096. दाद-ए-सितम-सितम का इंसाफ़। चश्म–आँख।

1097. दख़ील–दख़्ल देने वाला। ज़ात–जाति, हस्ती। ज़लील–अपमानित, बदनाम। गो–यद्यपि, हालाँकि।

1098

है तमाशा हुस्न-ओ-ख़त हैरत भी है — या'नी ख़त तो ख़ूब है, सूरत भी है
ता दम-ए-आख़िर नहीं बोले हैं हम — कुछ कहेंगे बारे अब रुख़्सत भी है
है वो फ़ित्ना हम-हरीफ़-ओ-हम-ज़रीफ़ — मार है, गाली है, फिर मिन्नत भी है
तेग़ ने उस की हमें क़िस्मत किया — ख़ुश-नसीबी है तो पर क़िस्मत भी है
वा नसीम-ए-सुब्ह से होता है गुल — तुझको ऐ मुर्ग़-ए-चमन ग़ैरत भी है
जी ही देने का नहीं कुढ़ना फ़क़त — उसके दर से जाने की हसरत भी है
दूर से बातें करे है यूँ ही यार
'मीर साहिब' से उन्हें सोहबत भी है

1099

चले हम अगर तुम को इकराह है — फ़क़ीरों की अल्लाह-अल्लाह है
चराग़ान-ए-गुल से है क्या रौशनी — गुलिस्ताँ किसू की क़दम-गाह है
मुहब्बत है दरिया में जा डूबना — कुएँ में भी गिरना यही चाह है
कली-सा है कहते हैं मुँह यार का — नहीं मोतबर कुछ ये अफ़वाह है
न की कोतही बुत-परस्ती में कुछ — ख़ुदा इस अक़ीदे से आगाह है
गया 'मीर' के जी की सुनकर वो शोख़
लगा कहने सब को यही राह है

1100

जैसे गिर्दाब है गर्दिश मिरी हर चार तरफ़
शौक़ क्या जाने लिये मुझको किधर जाता है

जोशिश-ए-अश्क में टुक ठहरे रहो पेश-ए-नज़र
अब कोई पल में ये सैलाब उतर जाता है

1098. हुस्न-ओ-ख़त–सुंदरता। ख़त–नया-नया रुआँ। ता दम-ए-आख़िर–आख़िरी समय तक। बारे–अन्तत:। फ़ित्ना–शोर, हंगामा। हम-हरीफ़-ओ-हम-ज़रीफ़–दुश्मनी और दोस्ती साथ-साथ रखने वाला। तेग़–तलवार। क़िस्मत करना–टुकड़े करना। वा होना–खुलना। नसीम-ए-सुब्ह–सुबह की ठंडी हवा। मुर्ग़-ए-चमन–बाग़ का पक्षी। ग़ैरत–शर्म। फ़क़त–सिर्फ़, केवल। सोहबत होना–निकटता/मेल-जोल होना।

1099. इकराह–नफ़रत, घिन। अल्लाह-अल्लाह–फ़क़ीर सलाम की जगह कहते हैं, वाह वाह। चराग़ान-ए-गुल–फूल रूपी चराग़, खिले फूल। क़दम-गाह–पैर रखने की जगह। मोतबर–भरोसे के क़ाबिल। कोतही–कमी, भूल। बुत-परस्ती–मूर्ति-पूजा। अक़ीदा–आस्था, मान्यता, दिली यक़ीन। शोख़–चंचल, माशूक़।

1100. गिर्दाब–भँवर। गर्दिश–चक्कर। जोशिश-ए-अश्क–आँसुओं का ज़ोर। पेश-ए-नज़र–सामने, नज़र के सामने। सैलाब उतरना–बाढ़ का पानी उतरना।

ज़र्द रुख़्सार पे क्यूँ अश्क न आवे गुल-रंग
आगे से आँखों के वो बाग़ नज़र जाता है

वाइज़-ए-शहर तुनक -आब है मानिंद-ए-हबाब
टुक हवा लगती है उसको तो अफर जाता है

आन उस दिलबर-ए-शीरीं की छुरी शहद की है
आशिक़ इक आन ही में जी से गुज़र जाता है

1101

की उम्र सर्फ़ सारी, पर गुम है मतलब अपना   मंज़िल न पहुँचे हम तो तय करके राह को भी
ख़ूँरेज़ी के तो लागो होते नहीं यकायक
पहले तो पूछते हैं ज़ालिम गुनाह को भी

1102

सुना जाता है ऐ घतिये तिरे मजलिस-नशीनों से
कि तू दारू पिये है रात को मिलकर कमीनों से

गले लग कर न यक शब काश वो मह सो गया होता
मिरी छाती जला करती है अब कितने महीनों से

बहुत मैं लख़्त-ए-दिल रोया मुझे इक ख़ल्क़ ने जाना
हुआ है पहन मेरा नाम उन रंगीं नगीनों से

ग़ज़ल ही की रदीफ़-ओ-क़ाफ़िया का रफ़्ता रहना है
निकलना 'मीर' अब मुश्किल है मेरा इन ज़मीनों से

ज़र्द रुख़्सार–पीले गाल। अश्क–आँसू। गुल-रंग–सुर्ख़ रंग का। वाइज़-ए-शहर–शहर का क़ाज़ी। तुनक-आब–(शाब्दिक) कम पानी वाला, उथला, (लाक्षणिक) बेजा/अनुचित घमंड करने वाला। मानिंद-ए-हबाब–बुलबुले की तरह। अफर जाना–फूलना। आन–शान। दिलबर-ए-शीरीं–ख़ूबसूरत महबूब, मीठी बातें करने वाला महबूब। शहद की छुरी–मीठी छुरी, ऐसा आदमी जो ज़बान का मीठा और दिल का खोटा हो। आन–पल, क्षण। जी से गुज़र जाना–मर जाना।

1101. सर्फ़ करना–ख़र्च करना, गुज़ारना। ख़ूँरेज़ी–क़त्ल करना, हत्या करना। लागो होना–(क़त्ल के लिए) पीछे पड़ना। यकायक–तुरन्त, अचानक।

1102. घतिया–वो आदमी जो घात में लगा रहे। मजलिस-नशीन–महफ़िल में बैठने वाले, यार-दोस्त। यक शब–एक रात। मह–चाँद। लख़्त-ए-दिल–दिल के टुकड़े। ख़ल्क़–दुनिया, दुनिया के लोग। नाम पहन होना–प्रसिद्ध होना। रंगीं नगीना–रंगीन मोती यहाँ सुर्ख़ रंग के आँसुओं की तरफ़ इशारा है। रदीफ़–वो शब्द जो ग़ज़ल के हर शे'र के आख़िर में बार-बार आते हैं। क़ाफ़िया–रदीफ़ से पहले ग़ज़ल में आए एक सी आवाज़ वाले शब्द। रफ़्ता रहना–खोए रहना, आशिक़ रहना। ज़मीन–ग़ज़ल की बहर, रदीफ़ और क़ाफ़िया।

1103

कुछ मैं भी अजब जिन्स हूँ बाज़ार-ए-जहाँ में सौ नाज़ मुझे लेते ख़रीदार करे है
ज़िन्हार न जा परवरिश-ए-दौर-ए-ज़माँ पर मरने के लिए लोगों को तय्यार करे है
क्यूँकर न हो तुम 'मीर' के आज़ार के दरपए
ये जुर्म है उसका कि तुम्हें प्यार करे है

1104

दुश्मनों के रूबरू दुश्नाम है ये भी कोई लुत्फ़-ए-बे-हंगाम है
इश्क़ की है राह क्या मुश्किल-गुज़र सर का जाना जिसमें हर इक गाम है
गर कहा नाकाम मिलने को कभी तो ये कहता है कि मुझको काम है
रोज़-ओ-शब फिरता हूँ उस कूचे के गिर्द क्या कहूँ क्या गर्दिश-ए-अय्याम है
चैन दिन को है न शब को ख़्वाब टुक उसकी दूरी में किसे आराम है
बज़्म में पूछा तो यूँ अंजान हो
'मीर' इन लोगों में किस का नाम है

1105

तस्कीन दर्द-मंदों को या-रब शिताब दे दिल को हमारे चैन दे, आँखों को ख़्वाब दे
उसका ग़ज़ब से नामा न लिखना तो सहल है लोगों के पूछने का कोई क्या जवाब दे
गुल है बहार तब ही जब आँखों में हो नशा जाती है फ़स्ल-ए-गुल कहीं, साक़ी शराब दे
दो-चार अलम जो होवें तो हैं बाबत-ए-बुताँ क्या दर्द-ए-बेशुमार का कोई हिसाब दे
मिज़्गान-ए-तर को यार के चेहरे पे खोल 'मीर'
इस आब-ख़स्ता सब्ज़े को टुक आफ़ताब दे

1106

जहाँ शतरंज, बाज़िन्दा फ़लक, हम तुम हैं सब मुहरे
बसान-ए-शातिर-ए-नौ, ज़ौक़ उसे मुहरों की ज़द से है

1103. जिन्स–चीज़, सामान। नाज़–नख़रा, घमंड। ज़िन्हार–कदापि, हरगिज़। परवरिश-ए-दौर-ए-ज़माँ–लोगों द्वारा बच्चों का लालन-पालन करना। आज़ार–दुख, परेशानी। दरपए होना–घात में रहना, पीछे पड़े रहना।

1104. दुश्नाम–गाली। लुत्फ़-ए-बे-हंगाम–बिना मौक़े का मज़ा। गाम–क़दम। रोज़-ओ-शब–दिन-रात। गर्दिश-ए-अय्याम–काल-चक्र, समय का उलट-फेर, बद-नसीबी। शब–रात। ख़्वाब–नींद। बज़्म–महफ़िल।

1105. तस्कीन–तसल्ली, आराम। शिताब–जल्दी। ख़्वाब–नींद। नामा–पत्र। सहल–आसान। फ़स्ल-ए-गुल–बहार का मौसम। अलम–दुख। बाबत-ए-बुताँ–बुतों के कारण, महबूब की वजह से। मिज़्गान-ए-तर–भीगी पलकें। आब-ख़स्ता–पानी से गला हुआ। सब्ज़ा–हरियाली, यहाँ भीगी पलकें। आफ़ताब देना–धूप लगाना।

1106. जहाँ शतरंज–दुनिया शतरंज की तरह है। बाज़िंदा–खिलाड़ी। फ़लक–आसमान। बसान-ए-शातिर-ए-नौ–नौ-सिखिए खिलाड़ी की तरह। ज़ौक़–शौक़, रुचि। ज़द–शतरंज के खेल में मोहरा मारना।

सुख़न करने में नस्तालीक़-गोई ही नहीं करता
पढ़ें हैं शे'र कोई हम, सो वो भी शद्द-ओ-मद से है

लिखा कब तक करें, इस सरज़मीं से आप्ही अब जावें
हमें मिलने का शौक़ उस के ज़ियाद ऐ 'मीर' हद से है

1107

जाता है कोई दश्त-ए-अरब को जो बगूला
कह दूँ हूँ दुआ मजनूँ को मैं अपनी तरफ़ से

दिल और जिगर ये तो जले आतिश-ए-ग़म में
जी क्यूँके बचाऊँ कहो इस आग की तफ़ से

शब उसके सग-ए-कू ने हमें पास बिठाया
हम अपने तईं दूर न क्यूँ खींचें शरफ़ से

छाती में भरी आग है क्या जिस से शब-ओ-रोज़
चिंगारियाँ गिरती हैं मिरी पलकों की सफ़ से

ऐ 'मीर' गदाई करूँ दरवाज़े की उसके
मांगूँ हूँ यही आठ पहर शाह-ए-नजफ़ से

1108

कहो हो ज़ेर-ए-लब क्या देख कर हम ना-तवानों को
हमारी जान में ताक़त नहीं बातें उठाने की

बरंग-ए-ताइर-ए-नौ-पर, हुए आवारा हम उठ कर
कि फिर पाई न हम ने राह अपने आशियाने की

अजब चौपड़ बिछी है हर ज़माँ, उड़ता है रंग अपना
समझ में चाल कुछ आती नहीं अपने ज़माने की

ग़ज़ल इक और भी इस गुल-ज़मीं में क़स्द है कहिए
हुई है अब तो ख़ू आख़िर हमें बातें बनाने की

सुख़न करना–बात करना, शे'र कहना। नस्तालीक़ गोई–साफ़ और सीधे तरीक़े से कहना। शद्द-ओ-मद–धूम-धाम, ज़ोर-शोर। आप्ही–आप ही। जियाद–ज़्यादा।

1107. दश्त-ए-अरब–अरब का रेगिस्तान। आतिश-ए-ग़म–दुख की आग। तफ़–तप, तपिश, आँच। सग-ए-कू–गली का कुत्ता। शरफ़–गरिमा, फ़ख़्र। शब-ओ-रोज़–रात-दिन। सफ़–क़तार, पंक्ति। गदाई–भीक माँगना। शाह-ए-नजफ़–नजफ़ का बादशाह या'नी हज़रत अली।

1108. ज़ेर-ए-लब–आहिस्ता से, धीरे से कहना। ना-तवाँ–कमज़ोर। बात उठाना–तल्ख़ बात बर्दाश्त करना। बरंग-ए-ताइर-ए-नौ-पर–नये उड़ने वाले पक्षी की तरह। आशियाना–घोंसला, घर। ज़माँ–वक़्त, ज़माना। गुल-ज़मीं–ज़मीन का वो हिस्सा जहाँ बहुत से फूल खिले हों, ज़मीन का हरा-भरा भाग। ज़मीं–ज़मीन, ग़ज़ल की बहर, रदीफ़ और क़ाफ़िया। क़स्द–इरादा। ख़ू होना–आदत होना, लत पड़ना।

1109

अज़ीज़ो कौन सी सूरत है ज़ाहिर उस के आने की
क़सम खाई हो जिस ने ख़्वाब में भी मुँह दिखाने की

किसू से आँख के मिलते ही अपनी जान दे बैठे
नई ये रस्म हम जाते हैं छोड़े दिल लगाने की

जहाँ हम आए, चेहरे पर बिखेरे बाल जा सोए
अदा करते हो तुम क्या ख़ूब हम से मुँह छुपाने की

बगूला कोई उठता है कि आँधी कोई आती है
निशान-ए-यादगारी है हमारी ख़ाक उड़ाने की

करे है दाग़ उसका ईद को सब से गले मिलना
उकत ली है नई ये मेरी छाती के जलाने की

लड़ा कर आँखें उस औबाश से इक पल में मर गुज़रा
हिकायत बुल-अजब है 'मीर जी' के मारे जाने की

1110

तिरे बीमार की बालीं पे जाकर हम बहुत रोए
बला हसरत के साथ उस की निगाह-ए-वापसीं देखी

1111

बे-ताक़ती-ए-दिल से मिरी जान है लब पर तुम ठहरो कोई दम तो मिरा जी भी ठहर जाए
पड़ते निगह-ए-यार मिरा हाल है वैसा बिजली के तड़पने से कोई जैसे कि डर जाए
जाता है जिधर मंज़िल-ए-मक़सूद नहीं वो आवारा जो हो इश्क़ का बेचारा किधर जाए
क्या ज़िक्र मिरा, मैं तो कहीं उससे मिलूँ हूँ
उन ख़ाना-ख़राबों की कहो जिनके वो घर जाए

1109. अज़ीज़–प्यारा। बगूला–हवा का चक्कर, आंधी। निशान-ए-यादगारी–याद रह जाने वाला निशान। दाग़ करना–आग लगाना, दुख पहुँचाना। उकत–नई अनोखी बात। औबाश–बदमाश। हिकायत–कहानी। बुल-अजब–हैरान करने वाली।

1110. बालीं–सिरहाना। बला हसरत–अत्यधिक निराशा। निगाह-ए-वापसीं–मरते समय की निगाह जो आख़िरी बार डाली जाए।

1111. बे-ताक़ती-ए-दिल–दिल की कमज़ोरी, दिल का बस में न होना। जान लब पर होना–मरने के क़रीब होना। मंज़िल-ए-मक़सूद–वो जगह जहाँ पहुँचने का इरादा हो, उद्देश्य। ख़ाना-ख़राब–बर्बाद, तबाह!

1112

बुतों के जुर्म-ए-उल्फ़त पर हमें ज़ज्र-ओ-मलामत है
मुसलमाँ भी ख़ुदा-लगती नहीं कहते, क़यामत है

खड़ा होता नहीं वो रहज़न-ए-दिल पास आशिक़ के
मुआफ़िक़ रस्म के इक दूर की साहब-सलामत है

निकलता है सहर ख़ुर्शीद हर रोज़ उसके घर पर से
मुक़ाबिल हो गया उस से तो उस सादा की शामत है

पिए दारू पड़े फिरते थे कल तक 'मीर' कूचों में
उन्हीं को मस्जिद-ए-जामा की देखी आज इमामत है

1113

ख़ुदा करे मिरे दिल को टुक इक क़रार आवे कि ज़िन्दगी तो करूँ, ज़ब तलक कि यार आवे
कमानें उसकी भवों की चढ़ी ही रहती हैं न जब तलक सर-ए-तीर-ए-सितम शिकार आवे
हमें तो एक घड़ी, गुल बग़ैर दूभर है ख़ुदा ही जाने कि अब कब तलक बहार आवे
उठी भी गर्द-ए-रह उसकी कहीं तो लुत्फ़ है क्या जब इंतिज़ार में आँखों ही पर ग़ुबार आवे
तुम्हारे जौरों से अब हाल, जाए-इब्रत है किसू से कहिए तो उसको न ऐतिबार आवे
नहीं है चाह भली इतनी भी, दुआ कर 'मीर'
कि अब जो देखूँ उसे मैं, बहुत न प्यार आवे

1114

जी ग़श करे है अब तो रफ़्तार देख उसकी
देखें निभे है अपनी किस तौर इस चलन से

गर उस की ओर कोई गर्मी से देखता है
इक आग लग उठे हैं अपने तो तन-बदन से

1112. बुत–मूर्ति, माशूक़। जुर्म-ए-उल्फ़त–प्यार करने का अपराध। ज़ज्र-ओ-मलामत–डाँट-फटकार, धमकी और आरोप। ख़ुदा लगती कहना–सच्ची बात कहना। क़यामत है–आश्चर्य है। रहज़न-ए-दिल–दिल लूटने वाला। मुआफ़िक़–अनुकूल, अनुसार। साहब-सलामत–दुआ-सलाम, रस्मी मुलाक़ात। सहर–सुबह। ख़ुर्शीद–सूरज। मुक़ाबिल होना–एक दूसरे के सामने होना। सादा–भोला, मूर्ख। मस्जिद-ए-जामा–जामा मस्जिद, शहर की बड़ी मस्जिद। इमामत–इमाम का नमाज़ पढ़ाने का काम, इमाम की पदवी।

1113. क़रार–सब्र, आराम। ज़िन्दगी करना–ज़िन्दगी गुज़ारना। सर-ए-तीर-ए-सितम–सितम के तीर के निशाने पर। गर्द-ए-रह–रास्ते की धूल। आँखों पर ग़ुबार आना–धुँधला दिखाई देना। जौर–सितम। जाए-इब्रत–किसी अप्रिय या दुखद बात से शिक्षा ग्रहण करने का मौक़ा।

1114. ग़श करना–बेहोश होना। गर्मी से देखना–प्यार भरी निगाहों से देखना।

रंगीं ख़िरामी क्या-क्या, लेती है खींच दिल को
क्या नक़्श-ए-पा को उसके निस्बत गुल-ओ-समन से

दिल-सोख़्ता हूँ मुझको तकलीफ़-ए-हर्फ़ मत कर
इक आग की लपट-सी निकले है हर सुख़न से

दिल का असीर होना जी 'मीर' जानता है
क्या पेच-पाच देखे उस ज़ुल्फ़-ए-पुर-शिकन से

1115

का'बे के दर पे थे हम या दैर में दर आए आवारगी तो देखो, कीधर से कीधर आए
दीवानगी है मेरी अब के कोई तमाशा रहते हैं घेरे मुझको, क्या अपने क्या पराए
आ हमनशीं बने तो आज उन कने भी चलिए
कहते हैं 'मीर साहिब' मुद्दत में कल घर आए

1116

क़स्त्र-ओ-मकान-ओ-मंज़िल एकों को सब जगह है
एकों को जा नहीं है, दुनिया अजब जगह है

उसके बदन में हर जा दिलकश है यूँ, वलेकिन
या सतह-ए-रुख़ जगह है, या कुँज-ए-लब जगह है

पस्त-ओ-बुलंदियाँ हैं अर्ज़-ओ-समा से ज़ाहिर
देखा जहाँ को हम ने, कितनी कुढब जगह है

दरवाज़े से लगे हम तस्वीर से खड़े हैं
वारफ़्तगाँ को उस के मजलिस में कब जगह है

1117

मत पड़ा रह दैर के टुकड़ों पे 'मीर'
उठ के का'बे चल, ख़ुदा रज़्ज़ाक़ है

रंगीं ख़िरामी–नाज़-ओ-अदा से चलना। नक़्श-ए-पा–पदचिह्न। निस्बत–रिश्ता, सम्बन्ध। गुल-ओ-समन–गुलाब और चमेली। दिल-सोख़्ता–दिल जला। तकलीफ़-ए-हर्फ़–बोलने का कष्ट। सुख़न–बात। असीर–बन्दी। पेच-पाच–उलझाव। ज़ुल्फ़-ए-पुर-शिकन–पेचदार बाल, घुंघराले बाल।

1115. दैर–मन्दिर। दर आना–दाख़िल होना। हमनशीं–साथी, दोस्त। कने–तरफ़, पास।

1116. क़स्त्र–महल। एकों को–किसी को। वलेकिन–लेकिन। सतह-ए-रुख़–मुखड़ा, चेहरा। कुँज-ए-लब–होंठों के किनारे। पस्त-ओ-बुलंद–नीचा और ऊँचा। अर्ज़-ओ-समा–धरती और आसमान। कुढब–बेढब, बुरी। वारफ़्तगाँ–प्रेम में खोए हुए लोग। मजलिस–सभा, महफ़िल।

1117. दैर–मन्दिर। रज़्ज़ाक–रोज़ी-रोटी देने वाला।

1118

बात क्या आदमी की बन आई आसमाँ से ज़मीन नपवाई
चर्ख़-ज़न उसके वास्ते है मुदाम हो गया दिन तमाम, रात आई
माह-ओ-ख़ुर्शीद-ओ-अब्र-ओ-बाद सभी उसकी ख़ातिर हुए हैं सौदाई
कैसे-कैसे किए तरद्दुद जब रंग-रंग उसको चीज़ पहुँचाई
उसको तरजीह सब के ऊपर दी लुत्फ़-ए-हक़ ने की इज़्ज़त-अफ़ज़ाई
हैरत आती है उसकी बातें देख ख़ुद-सरी, ख़ुद-सिताई, ख़ुद-राई
शुक्र के सज्दों में ये वाजिब था ये भी करता सदा जबीं-साई
सो तो उस की तबीअत-ए-सरकश सर न लाई फ़िरो, कि टुक लाई
'मीर' नाचीज़ मुश्त-ए-ख़ाक अल्लाह
उन ने ये किब्रिया कहाँ पाई

1119

दस्त-बस्ता काम नाख़ुन कर गए सब ख़राशों ही से जब्हे भर गए
बुत-कदे से तो चले का'बे वले दस क़दम हम दिल को कर पत्थर गए
क्या जो उड़ती-सी सुनी, आए हैं गुल हम असीरों के तो बाल-ओ-पर गए
मजलिसों की मजलिसें बरहम हुईं लोग वे पल मारते कीधर गए
ख़ानवादे हो गए क्या-क्या ख़राब ख़ाना-साज़-ए-दीन कैसे मर गए
दस्त-अफ़्शाँ पाए-कूबाँ शौक़ में
सौमिए से 'मीर' भी बाहर गए

1118. ज़मीन नपवाना–परेशान करना। चर्ख़-ज़न–घूमने या चक्कर खाने वाला यानी आसमान। मुदाम–हमेशा। माह–चाँद। ख़ुर्शीद–सूरज। अब्र–बादल। बाद–हवा। सौदाई–दीवाना, जुनूनी। तरद्दुद–सोच, फ़िक्र। तरजीह–वरीयता। लुत्फ़-ए-हक़–ख़ुदा की मेहरबानी। इज़्ज़त-अफ़ज़ाई–आदर सम्मान बढ़ाना। ख़ुद-सरी–ज़िद, घमंड। ख़ुद-सिताई–आत्म-प्रशंसा। ख़ुद-राई–मनमानी करना। जबीं-साई–माथा रगड़ना। सरकश–विद्रोही। सर फ़िरो लाना–सर झुकाना। नाचीज़–नम्रता प्रदर्शन के लिए अपने आप को कहना। मुश्त-ए-ख़ाक–मुट्ठी भर ख़ाक। किब्रिया–बुज़ुर्गी, ऊँचा दर्जा।

1119. दस्त-बंस्ता–बंधे हुए हाथ। जब्हा–माथा। बुतकदा–मूर्तियों का घर, मन्दिर। असीर–क़ैदी। बरहम–उलट-पलट। ख़ानवादा–ख़ानदान। ख़ाना-साज़-ए-दीन–धर्म स्थान को सजाने वाले। दस्त-अफ़्शाँ–नाचने वाला, नाचते हुए। पा-ए-कूबाँ–नाचते हुए। सौमिआ–गिरजा-घर, पूजा करने का स्थान।

चौथा दीवान

1120

करता हूँ अल्लाह-अल्लाह दरवेश हूँ सदा का
सरमाया-ए-तवक्कुल याँ नाम है ख़ुदा का

मैंने निकल जुनूँ से मश्क़-ए-क़लंदरी की
ज़ंजीर-ए-सर हुआ है, था सिलसिला जो पा का

या-रब हमारी जानिब ये संग क्यूँ है आइद
जी ही से मारते हैं जो नाम ले वफ़ा का

अब्र और जोश-ए-गुल है, चल ख़ानक़ह से सूफ़ी
है लुत्फ़ मयकदे में दह-चन्द इस हवा का

ये दो ही सूरतें हैं या मुन्अकिस है आलम
या आलम आईना है उस यार-ए-ख़ुदनुमा का

क्या मैं ही जाँ-ब-लब हूँ बीमारी-ए-दिली से
मारा हुआ है आलम इस दर्द-ए-बे-दवा का

ज़ुल्फ़-ए-सियाह उसकी रहती है चित चढ़ी ही
मैं मुब्तला हुआ हूँ ऐ वाए किस बला का

ग़ैरत से तंग आए, ग़ैरों से लड़ मरेंगे
आगे भी 'मीर' सय्यद करते गए हैं साका

1121

गुल फूल फ़स्ल-ए-गुल में सद-रंग हैं शगुफ़्ता
मैं दिल-ज़दा हूँ अब के रंगीनी-ए-हवा का

1122

क्यूँकर बसर करे, ग़म-ओ-गुस्से में हिज्र के ख़ूगर जो हो किसू के कोई इल्तिफ़ात का
डरता हूँ मालिकान-ए-जज़ा, छाती देख कर कहने लगें न वाह रे, ज़ख़्म उसके हात का

1120. दरवेश–फ़क़ीर, साधु। सरमाया-ए-तवक्कुल–भरोसे की पूँजी। मश्क़-ए-क़लंदरी–फ़क़ीरी का अभ्यास। ज़जीर-ए-सर–एक ज़ंजीर जो क़लंदर (सूफ़ियों का एक समूह) सिर में लटकाते हैं। सिलसिला–ज़ंजीर। संग–पत्थर। आइद–लौट कर आने वाला, पलटने वाला। अब्र–बादल। जोश-ए-गुल–फूल का खिलना। ख़ानक़ह–सूफ़ियों के रहने की जगह। दह-चन्द–दस गुना। मुन्अकिस–प्रतिबिम्ब। आलम–दुनिया। यार-ए-ख़ुदनुमा–ख़ुद को दिखाने वाला महबूब। जाँ-ब-लब–मरने के क़रीब। ज़ुल्फ़-ए-सियाह–काले बाल। मुब्तला–गिरफ़्तार, आशिक़। वाए–अफ़सोस। सय्यद–मुसलमानों की उच्चतम जाति। साका करना–कोई बड़ा काम करना, जंग करके नाम पैदा करना।

1121. फ़स्ल-ए-गुल–बहार का मौसम। सद-रंग–सैंकड़ों रंग। शगुफ़्ता–खिले हुए। दिल-ज़दा–दुखी।

1122. हिज्र–जुदाई। ख़ू-गर–आदी, लत लगना। इल्तिफ़ात–तवज्जो, मेहरबानी। मालिकान-ए-जज़ा–क़यामत के दिन हिसाब लेने वाले, क़यामत के दिन क्रियान्वयन के ज़िम्मेदार फ़रिश्ते। हात–हाथ।

वाइज़ कहे सो सच है वले, मय-फ़रोश से
हम ज़िक्र भी सुना नहीं, सौम-ओ-सलात का
भौंका करें रक़ीब पड़े, कू-ए-यार में
किसके तईं दिमाग़-ए-अफ़फ़ है सगात का
आलम किसू हकीम का बान्धा तिलिस्म है
कुछ हो तो एतिबार भी हो, काएनात का
गर यार 'मीर' अहल है, तो काम सहल है
अन्देशा तुझको यूँही है, अपनी नजात का

1123

तजाहुल, तग़ाफ़ुल, तसाहुल किया
हुआ काम मुश्किल तवक्कुल किया
नहीं ताब लाता दिल-ए-ज़ार अब
बहुत हम ने सब्र-ओ-तहम्मुल किया
ज़मीन-ए-ग़ज़ल मिल्क-सी हो गई
ये क़त्आ तसर्रुफ़ मैं बिल्कुल किया
जुनूँ था न मुझको, न चुप रह सका
कि ज़ंजीर टूटी तो मैं ग़ुल किया
हमें शौक़ ने साहिबो खो दिया
गुलामों से उसके तवस्सुल किया
हक़ीक़त न 'मीर' अपनी समझी गई
शब-ओ-रोज़ हमने तअम्मुल किया

1124

रफ़्ता-ए-इश्क़ क्या हूँ मैं अब का
जा चुका हूँ जहान से कब का
लोग जब ज़िक्र-ए-यार करते हैं
देख रहता हूँ देर मुँह सब का
मस्त रहता हूँ जब से होश आया
मैं भी आशिक़ हूँ अपने मशरब का
हम तो नाकाम ही चले याँ से
तुमको होगा वुसूल मतलब का
ज़ुल्फ़-सा पेचदार है हर शे'र
है सुख़न 'मीर' का अजब ढब का

वाइज़–धार्मिक व्यक्ति, धर्म-उपदेशक। वले–लेकिन। मय-फ़रोश–शराब बेचने वाला। सौम-ओ-सलात–रोज़ा और नमाज़। रक़ीब–आशिक़ों में से एक, एक ही व्यक्ति/वस्तु के चाहने वाले आपस में एक दूसरे के रक़ीब (विरोधी, दुश्मन) कहलाते हैं। कू-ए-यार–माशूक़ की गली। अफ़फ़–कुत्ते के भौंकने की आवाज़। सगात–कुत्ते, सग (कुत्ता) का बहुवचन, सगात शब्द 'मीर' ने स्वयं ईजाद किया है ('कुल्लियात-ए-मीर', मुंशी नवल किशोर, लखनऊ, 1941)। आलम–दुनिया, ज़माना। तिलिस्म–जादू। काएनात–दुनिया। अहल–योग्य, क़ाबिल। सहल–आसान। नजात–छुटकारा, मोक्ष।

1123. तजाहुल–जान-बूझ कर अनजान बनना। तग़ाफ़ुल–उपेक्षा, बे-परवाई। तसाहुल–नरमी बरतना। तवक्कुल–भरोसा। तवक्कुल करना–ख़ुदा के या दूसरों के भरोसे छोड़ देना। ताब–ताक़त, हिम्मत। दिल-ए-ज़ार–दुखी दिल। तहम्मुल–बर्दाश्त। ज़मीन-ए-ग़ज़ल–ग़ज़ल की बहर, रदीफ़ और क़ाफ़िया। मिल्क–मिल्कियत, सम्पत्ति। क़त्आ–टुकड़ा, हिस्सा। तसर्रुफ़–अधिकार करना, काम में लाना। ग़ुल–शोर। तवस्सुल–मेल-जोल, मेल-मिलाप। शब-ओ-रोज़–दिन-रात। तअम्मुल–सोच-विचार, फ़िक्र।

1124. रफ़्ता-ए-इश्क़–इश्क़ में बेसुध। मशरब–तरीक़ा, ढंग, धर्म। वुसूल–प्राप्ति, हासिल। पेचदार–घुमावदार, परेशान करने वाला। सुख़न–बात, शायरी।

1125

रहम किया कर, लुत्फ़ किया कर, पूछ लिया कर, आख़िर है
'मीर' अपना, ग़म-ख़्वार अपना, फिर ज़ार अपना, बीमार अपना

1126

ऐ काश मिरे सर पर इक बार वो आ जाता   ठहराओ-सा हो जाता, यूँ जी न चला जाता
इक आग लगा दी है छाती में जुदाई ने   वो मह गले लगता तो यूँ दिल न जला जाता
इस शौक़ ने दिल के भी क्या बात बढ़ाई थी   रुक़्आ उसे लिखते तो तूमार लिखा जाता
अब तो न रहा वो भी, ताक़त गई सब दिल की   जो हाल कभू अपना, मैं तुम को सुना जाता
वस्वास न करता था मर जाने से हिज्राँ में
था 'मीर' तो ऐसा भी, दिल जी से उठा जाता

1127

मस्ताना अगरचे मैं ताअत को लगा जाता
पर बाद-ए-नमाज़ उठ कर मयख़ाने चला जाता

देखा न इधर वर्ना आता न नज़र फिर मैं
जी मुफ़्त मिरा जाता, उस शोख़ का क्या जाता

शब आह-ए-शरर-अफ़्शाँ होंटों से फिरी मेरे
सर खींचता ये शोला तो मुझ को जला जाता

क्या शौक़ की बातों की तहरीर हुई मुश्किल
थे जम्आ क़लम काग़ज़, पर कुछ न लिखा जाता

आँखें मिरी खुलतीं तो उस चेहरे ही पर पड़तीं
क्या होता यकायक वो सर पर मिरे आ जाता

था 'मीर' भी दीवाना पर साथ ज़राफ़त के
हम सिलसिला-दारों की ज़ंजीर हिला जाता

1125. ग़म-ख़्वार–ग़म खाने वाला, बर्दाश्त करने वाला। ज़ार–रोने वाला।

1126. सर पर आना–सामने आना। मह–चाँद। रुक़्आ–चिट्ठी, पत्र। तूमार–लम्बा पत्र, स्क्रॉल। वस्वास–बुरा ख़याल जो दिल में आए, वहम, ख़ौफ़। हिज्र–जुदाई।

1127. अगरचे–हालाँकि, यद्यपि। ताअत–उपासना, इबादत, अनुसरण। शोख़–चंचल, माशूक़। शब–रात। आह-ए-शरर-अफ़्शाँ–चिंगारी बरसाती आह। सर खींचना–बढ़ना। तहरीर–लिखा हुआ, लिखाई। सर पर आना–क़रीब आना। ज़राफ़त–मनोरंजन, ख़ुश-मिज़ाजी। सिलसिला-दार–एक साथ बँधे हुए, ज़ंजीर से बँधा हुआ क़ैदी, ज़ंजीर हिलाने वाला।

1128

ये दिल ने क्या किया कि असीर-ए-बला किया उस ज़ुल्फ़-ए-पुर-शिकन ने मुझे मुब्तला किया
गो बेकसी से इश्क़ की आतिश में जल-बुझा मैं जूँ चराग़-ए-गोर अकेला जला किया
आया न उस तरफ़ से जवाब एक हर्फ़ का हर रोज़ ख़त्त-ए-शौक़ इधर से चला किया
बदहाल ठंडी साँसें भरा कब तलक करे
सर-गर्म-ए-मर्ग 'मीर' हुआ, तो भला किया

1129

दीवानगी में मजनूँ मेरे हुज़ूर क्या था
लड़का-सा उन दिनों था, उसको शऊर क्या था

गर्दन-कशी से अपनी मारे गए हम आख़िर
आशिक़ अगर हुए थे, नाज़-ओ-ग़ुरूर क्या था

ग़म क़ुर्ब-ओ-बो'द का था जब तक न हमने जाना
अब मर्तबा जो समझे वो इतना दूर क्या था

ऐ वाए ये न समझे मारे पड़ेंगे इस में
इज़्हार-ए-इश्क़ करना हम को ज़रूर क्या था

मरता था जिसकी ख़ातिर उस की तरफ़ न देखा
'मीर'-ए-सितम-रसीदा ज़ालिम ग़यूर क्या था

1130

दिल को गुल कहते थे, दर्द-ओ-ग़म से मुरझाया गया
जी को मेहमाँ सुनते थे, मेहमान सा आया गया

जुस्तजू में ये तअब खींचे कि आख़िर हो गए
हम तो खोए भी गए लेकिन न तू पाया गया

1128. असीर-ए-बला–मुसीबत में फँसा हुआ। ज़ुल्फ़-ए-पुर-शिकन–पूरी तरह से पेच खाए बाल, घुँघराले बाल। मुब्तला–गिरफ़्तार, फँसा हुआ। बेकसी–बेबसी, मजबूरी। आतिश–आग। चराग़-ए-गोर–क़ब्र का दिया। हर्फ़–अक्षर। ख़त्त-ए-शौक़–प्रेम-पत्र। सर-गर्म-ए-मर्ग–मौत के लिए तैयार।

1129. हुज़ूर–सामने। शऊर–तमीज़, समझ। गर्दन-कशी–विद्रोह, घमंड। क़ुर्ब-ओ-बो'द–पास और दूर। वाए–अफ़सोस। 'मीर'-ए-सितम-रसीदा–सितम सहने वाला 'मीर'। ग़यूर–स्वाभिमानी।

1130. तअब खींचना–दुख सहना। आख़िर हो जाना–मर जाना।

इक निगह करने में ग़ारत कर दिया ऐ वाए हम
दिल जो सारी उम्र का अपना था सरमाया गया

क्या तअज्जुब है जो कोई दिल-ज़दा नागह मरे
इज़्तिराब-ए-इश्क़ में जी तन से घबराया गया

1131

हम मस्त-ए-इश्क़ जिसके थे, वो रूठ कर गया   देख उसको बे-दिमाग़, नशा सब उतर गया
कहते हैं 'मीर' का'बे गया तर्क-ए-इश्क़ कर
राह-ए-दिल-ए-शिकस्ता किधर, वो किधर गया

1132

शायद जिगर हरारत-ए-इश्क़ी से जल गया   कल दर्द-ए-दिल कहा सो मिरा मुँह उबल गया
बे-यार हैफ़ बाग़ में दिल टुक बहल गया   दे गुल को आग चार तरफ़ मैं न जल गया
दिन-रात ख़ूँ किया ही किए हम जिगर को फिर   गर फूल-गुल से कोई घड़ी जी बहल गया
तेवर बदलने से तो नहीं उसके बे-हवास   अंदेशा ये है तौर ही उस का बदल गया
हरचंद मैंने शौक़ को पिन्हाँ किया वले   एक-आध हर्फ़ प्यार का मुँह से निकल गया
करते हैं नज़्र हम कि न उल्फ़त करें कहीं   गर दिल ज़ईफ़ अब के हमारा संभल गया
चलने लगे थे राह-ए-तलब पर हज़ार शुक्र   पहले क़दम ही पाँव हमारा बिचल गया
सर अब लगे झुकाने बहुत ख़ाक की तरफ़
शायद कि 'मीर जी' का दिमाग़ी ख़लल गया

1133

इश्क़-ए-रुस्वाई-तलब ने मुझ को सरगर्दां किया
क्या ख़राबी सर पे लाया सौमिआ वीराँ किया

हम से तो जुज़ मर्ग कुछ तदबीर बन आती नहीं
तुम कहो क्या तुम ने दर्द-ए-इश्क़ का दरमाँ किया

ग़ारत करना–बर्बाद करना, तबाह करना। वाए–अफ़सोस। सरमाया–दौलत, पूँजी। तअज्जुब–आश्चर्य। दिल-ज़दा–दुखी। नागह–अचानक। इज़्तिराब-ए-इश्क़–इश्क़ की बेचैनी।

1131. बे-दिमाग़–चिड़चिड़ा, नाख़ुश। तर्क-ए-इश्क़–इश्क़ त्यागना। राह-ए-दिल-ए-शिकस्ता–टूटे हुए दिल (वाले लोगों) का रास्ता।

1132. हरारत-ए-इश्क़ी–इश्क़ की गर्मी। मुँह उबलना–मुँह आना, मुँह में दाने पड़ना। हैफ़–अफ़सोस। ख़ूँ करना–मारना। बे-हवास–आपे से बाहर, दीवाना। हरचंद–कितनी ही तरह से। पिन्हाँ करना–छुपाना, दबाए रखना। वले–लेकिन। नज़्र करना–प्रतीज्ञा करना। उल्फ़त–प्यार। ज़ईफ़–कमज़ोर। राह-ए-तलब–चाहत का रास्ता। ख़लल–विकार।

1133. इश्क़-ए-रुस्वाई-तलब–बदनाम करने वाला इश्क़, बदनामी चाहने वाला इश्क़। सरगर्दां–हैरान, परेशान। सौमिआ–इबादत-ख़ाना, प्रार्थना-स्थल। जुज़–सिवाए। मर्ग–मौत। तदबीर–इलाज, उपाय। दरमाँ–इलाज।

दाख़िल-ए-दीवानगी ही थी हमारी आशिक़ी
या'नी इस सौदे में हम ने जान का नुक़्साँ किया

शुक्र क्या उस की करीमी का अदा बंदे से हो
ऐसी इक नाचीज़ मुश्त-ए-ख़ाक को इंसाँ किया

एक ही अंदाज़ ने उस काफ़िर-ए-बे-मेहर के
साकिनान-ए-का'बा को, बे-दीन-ओ-बे-ईमाँ किया

लखनऊ, दिल्ली से आया, याँ भी रहता है उदास
'मीर' को सर-गश्तगी ने, बे-दिल-ओ-हैराँ किया

1134

सोज़िश-ए-दिल के सबब मर्ग न थी आशिक़ की
अपनी ग़ैरत में वो कुछ आप्ही जला जाता था
'मीर' को वाक़िआ क्या जानिए क्या था दरपेश
कि तरफ़ दश्त के जूँ सैल चला जाता था

1135

बाद-ए-मर्ग चराग़ न लावे गोर पे वो आशिक़ की आह
जीते-जी भी दाग़ ही था मैं उसकी बे-परवाई का

1136

फिरे है वहशी-सा गुम-गश्ता इश्क़ का तेरा सभों से पाते हैं बेगाना आश्ना तेरा
जहाँ भरा है तिरे शोर-ए-हुस्न-ओ-ख़ूबी से लबों पे लोगों के है ज़िक्र जा-ब-जा तेरा
निगाह एक इधर, एक तेग़-ए-तेज़ की ओर हमारा ख़ून ही करना है मुद्दआ तेरा
नज़र किन्हों ने न की हाल-ए-'मीर' पर अफ़सोस
ग़रीब-ए-शहर-ए-वफ़ा था वो ख़ाक-ए-पा तेरा

दाख़िल-ए-दीवानगी–दीवाना कर देने वाली। करीमी–मेहरबानी। मुश्त-ए-ख़ाक–मुट्ठी भर मिट्टी। काफ़िर-ए-बे-मेहर–बे-रहम माशूक़। साकिनान-ए-का'बा–का'बे के रहने वाले, निवासी। सर-गश्तगी–आवारगी, हैरानी, परेशानी।

1134. सोज़िश-ए-दिल–दिल की जलन। मर्ग–मौत। ग़ैरत–शर्म, शर्मिंदगी। आप्ही–आप ही, स्वयं। दरपेश–सामने। दश्त–जंगल। सैल–पानी की धार, सैलाब, बाढ़।

1135. बाद-ए-मर्ग–मौत के बाद। गोर–क़ब्र। दाग़–जलने का निशान, ज़ख़्मी। दाग़ होना–जलकर ज़ख़्मी होना, रंज होना।

1136. गुम-गश्ता–खोया हुआ। बेगाना–ग़ैर,पराया। आश्ना–दोस्त, जानने वाला। शोर-ए-हुस्न-ओ-ख़ूबी–हुस्न और ख़ूबसूरती की शोहरत। जा-ब-जा–जगह-जगह। तेग़-ए-तेज़–तेज़ धार वाली तलवार। ग़रीब-ए-शहर-ए-वफ़ा–वफ़ा (मुहब्बत) के शहर का परदेसी। ख़ाक-ए-पा–पैरों की धूल।

1137

ख़ाना-आबादी हमें भी दिल की यूँ है आरज़ू　　जैसे जल्वे से तिरे घर आरसी का भर गया
'मीर' सख़्ती-कश था ग़ाफ़िल पर ख़ुदा ने ख़ैर की
हादसे का कैसा उसके सर पे से पत्थर गया

1138

मक्के गया, मदीने गया, कर्बला गया　　जैसा गया था, वैसा ही चल फिर के आ गया
देखा हो कुछ उस आमद-ओ-शुद में तो मैं कहूँ　　ख़ुद गुम हुआ हूँ, बात की तह अब जो पा गया
कपड़े गले के मेरे न हों आब-दीदा क्यूँ　　मानिंद-ए-अब्र दीदा-ए-तर अब तो छा गया
जाँ-सोज़ आह-ओ-नाला समझता नहीं हूँ मैं　　यक शोला मेरे दिल से उठा था, जला गया
बैठा तो बोरिये के तईं सर पे रख के 'मीर'
सफ़ किस अदब से हम फ़ुक़रा की उठा गया

1139

इश्क़ की है बीमारी हम को, दिल अपना सब दर्द हुआ
रंग-ए-बदन मय्यत के रंगों जीते-जी ही पे ज़र्द हुआ

1140

इश्क़ क्या-क्या आफ़तें लाता रहा　　आख़िर अब दूरी में जी जाता रहा
मेहर-ओ-मह, गुल-फूल सब थे, पर हमें　　चेहरई चेहरा ही वो भाता रहा
दिल हुआ कब इश्क़ की रह का दलील　　मैं तो ख़ुद गुम ही उसे पाता रहा
मुँह दिखाता बरसों वो ख़ुश-रू नहीं　　चाह का यूँ कब तलक नाता रहा
कुछ न मैं समझा जुनून-ओ-इश्क़ में　　देर नासेह मुझको समझाता रहा
दाग़ था जो सर पे मेरे शम्अ-साँ　　पाँव तक मुझको वही खाता रहा
कैसे-कैसे रुक गए हैं 'मीर' हम
मुद्दतों मुँह तक जिगर आता रहा

1137. ख़ाना-आबादी–घर का बसना। आरसी–आईना। सख़्ती-कश–परेशानी उठाने वाला। ग़ाफ़िल–बे-ख़बर, अंजान।

1138. आमद-ओ-शुद–आना-जाना। बात की तह पाना–असलियत समझना, बात समझना। आब दीदा–(कपड़े) जो मुद्दत तक पानी में रहे हों। आब दीदा होना–भीग जाना, बहुत रोना। मानिंद-ए-अब्र–बादल की तरह। दीदा-ए-तर–भीगी हुई आँखें। जाँ-सोज़–दिल जलाने वाला। आह-ओ-नाला–आह और फ़रियाद, रोना-धोना। यक–एक। सफ़–क़तार, पंक्ति। फ़ुक़रा–फ़क़ीर का बहुवचन।

1139. मय्यत–लाश। ज़र्द–पीला।

1140. मेहर-ओ-मह–सूरज और चाँद। चेहरई–गुलाबी, गुलाब के रंग जैसा। ख़ुश-रू–सुंदर मुखड़े वाला। नासेह–नसीहत करने वाला, उपदेशक। दाग़–ज़ख़्म, सदमा, दुख-दर्द। मुँह तक जिगर आना–जी घबराना, बहुत परेशान होना।

1141

जीते जी ये मिला न रहा सो रहा ग़रीब जो दिल-शिकस्ता साथ से उस के बिछड़ गया
गुल रंग-रंग शाख़ पे निकला बहार में आँखें सी खुल गई हैं जो मुरझा के झड़ गया
याँ हादसे की बाओ से हर इक शजर-हजर
कैसा ही पाएदार था आख़िर उखड़ गया

1142

जान अपना जो हमने मारा था कुछ हमारा इसी में वारा था
कौन लेता था नाम मजनूँ का जब कि अहद-ए-जुनूँ हमारा था
हम तो थे महव-ए-दोस्ती उस के गो कि दुश्मन जहान सारा था
लुत्फ़ से पूछता था हर कोई जब तलक लुत्फ़ कुछ तुम्हारा था
आस्ताँ की किसू के ख़ाक हुआ आसमाँ का भी क्या सितारा था
मौसम-ए-गुल में हम न छूटे हैफ़ गश्त था, दीद था, नज़ारा था
उसकी अब्रू जो टुक झुकी ईधर क़त्ल का तेग़ से इशारा था
इश्क़-बाज़ी में क्या मुए हैं 'मीर'
आगे ही जी उन्होंने हारा था

1143

ख़ूब किया जो अहल-ए-करम के जूद का कुछ न ख़याल किया
हम जो फ़क़ीर हुए तो हम ने पहले तर्क-ए-सवाल किया

रौंद के जौर से उन ने हमको पाँव हिनाई अपने किए
ख़ून हमारा बिस्मिल-गह में किन रंगों पामाल किया

दिल जो हमारा ख़ून हुआ था, रंज-ओ-अलम में गुज़री हमें
या'नी मातम इस रफ़्ता का, हम ने माह-ओ-साल किया

'मीर' सदा बेहाल रहो हो, मेहर-ओ-वफ़ा सब करते हैं
तुम ने इश्क़ किया सो साहिब, क्या ये अपना हाल किया

1141. दिल-शिकस्ता–दुखी, परेशान, आशिक़। बाओ–हवा। शजर–पेड़। हजर–पत्थर। पाएदार–मज़बूत, दृढ़, अचल।

1142. अहद-ए-जुनूँ–जुनून का ज़माना/दौर। महव-ए-दोस्ती–दोस्ती में मगन। गो कि–यद्यपि, हालाँकि। आस्ताँ–चौखट। सितारा–तारा, क़िस्मत, भाग्य। मौसम-ए-गुल–बहार का मौसम। हैफ़–अफ़सोस। गश्त–घूमना-फिरना, सैर। दीद–दर्शन, नज़ारा। अब्रू–भौं। तेग़–तलवार। मुए–मरे। जी हारना–हिम्मत हारना।

1143. अहल-ए-करम–मेहरबानी करने वाले, दानी। जूद–दानशीलता। जौर–सितम, अत्याचार। हिनाई–मेहंदी लगे हुए, लाल। बिस्मिल-गह–क़त्ल करने का स्थान। पामाल करना–रौंदना, बर्बाद करना। रंज-ओ-अलम–दुख-दर्द। रफ़्ता–जाने वाला, यहाँ दिल की तरफ़ इशारा है। माह-ओ-साल–हमेशा। मेहर-ओ-वफ़ा–मेहरबानी और वफ़ा।

1144

हम कू-ए-मुग़ाँ में थे, माह-ए-रमज़ाँ आया सद-शुक्र कि मस्ती में जाना न कहाँ आया
रस्म उठ गई दुनिया से इक बार मुरव्वत की क्या लोग ज़मीं पर हैं, कैसा ये समाँ आया
बुलबुल भी तो नालाँ थी पर सारे गुलिस्ताँ में इक आग फुँकी मैं जब, सरगर्म-ए-फ़ुग़ाँ आया
ताइर की भी रहती है फिर जान चमन ही में
गुल आए जहाँ, वो भी जूँ आब-ए-रवाँ आया

1145

आँखें लगी रहती हैं अक्सर चाक-ए-क़फ़स से असीरों की
झोंका बाद-ए-बहारी का गुल-बर्ग कोई याँ लावेगा

अब तो जवानी का ये नशा ही, बे-ख़ुद तुझको रक्खेगा
होश गया फिर आवेगा तो देर तलक पछतावेगा

देर से इस अंदेशे ने नाकाम रखा है 'मीर' हमें
पाँव छूएँगे उसके हम तो वो भी हाथ लगावेगा

1146

क़यामत को जुर्माना-ए-शाइरी पर मिरे सर से मेरा ही दीवान मारा
रिहाई है उस सैद-अफ़्गन से मुश्किल गया साँझ तो सुब्ह फिर आन मारा
लगा आतिशीं नाला शब अपने दिल को इस अंदाज़ से जैसे इक बान मारा
क़यामत का अर्सा है ऐ 'मीर' दरहम
मिरे शोर-ओ-ज़ारी ने मैदान मारा

1147

जिगर ख़ूँ किया, चश्म नम कर गया गया दिल, सो हम पर सितम कर गया
शब इक शोला दिल से हुआ था बुलंद तन-ए-ज़ार मेरा भसम कर गया

1144. कू-ए-मुग़ाँ–शराब बेचने वाले की गली। माह-ए-रमज़ाँ–रमज़ान का महीना। सद-शुक्र–सौ बार शुक्रिया। मुरव्वत–प्यार। समाँ–दौर, मौसम। नालाँ–रोती हुई, फ़रियाद करती हुई। सरगर्म-ए-फ़ुग़ाँ–फ़रियाद करता हुआ, बहुत रोता हुआ। ताइर–पक्षी। जूँ आब-ए-रवाँ–बहते हुए पानी की तरह।

1145. चाक-ए-क़फ़स–पिंजरे की झिरी। असीर–बंदी। बाद-ए-बहारी–बहार के मौसम की ठंडी हवा। गुल-बर्ग–फूल की पंखुड़ी, फूल की पत्ती। बे-ख़ुद–बे-होश, बे-सुध।

1146. सैद-अफ़्गन–शिकारी, माशूक़। आतिशीं नाला–जिस रोने-धोने में गर्मी हो। शब–रात। बान–आग उगलने वाला एक हथियार जिसका प्रयोग पुराने ज़माने में किया जाता था। अर्सा–मैदान। दरहम–उलट-पलट। शोर-ओ-ज़ारी–रोना और रोते हुए शोर मचाना। मैदान मारना–लड़ाई जीतना।

1147. जिगर ख़ूँ करना–हिम्मत हारना, सदमा पहुँचना। चश्म–आँख। शोला–आग की लपट। तन-ए-ज़ार–कमज़ोर शरीर।

मिरे मज़रअ-ए-ज़र्द पर शुक्र है कल इक अब्र आया करम कर गया
न इक बार वादा वफ़ा कर सका
बहुत बार क़ौल-ओ-क़सम कर गया

1148

यारी किए किसू का, काहे को काम निकला नाकाम इश्क़ तब तो आशिक़ का नाम निकला
हंगामे से जहाँ में हमने जुनूँ किया है
हम जिस तरफ़ से निकले, साथ इज़्दिहाम निकला

1149

ख़ुश-ज़मज़मा तुयूर ही होते हैं 'मीर' असीर
हम पर सितम ये सुब्ह की फ़रियाद से हुआ

1150

सादगी मेरी, आह न जाना, जी ही इस में जाता है
इश्क़ का उस पुरकार के मैंने लोगों में इक़रार किया

1151

मरते न थे हम इश्क़ के रफ़्ता बे-कफ़नी से या'नी 'मीर'
देर मयस्सर इस आलम में मरने का असबाब हुआ

1152

था मुहब्बत से कभू हम में, कभू ये ग़म में था
दिल का हंगामा क़यामत ख़ाक के आलम में था

क्या हुआ पहलू से दिल, क्या जानो क्या जानूँ हूँ मैं
एक क़तरा ख़ूँ झमकता सुब्ह चश्म-ए-नम में था

'मीर' गुज़रे दोनों याँ ईद-ओ-मुहर्रम एक से
या'नी दस दिन जीने के मैं अपने ही मातम में था

मज़रअ-ए-ज़र्द–सूखा खेत। अब्र–बादल। वादा वफ़ा करना–वादा निभाना। क़ौल-ओ-क़सम करना–वादा करना।

1148. इज़्दिहाम–लोगों की भीड़।

1149. ख़ुश-ज़मज़मा तुयूर–मीठी आवाज़ में बोलने वाले पक्षी। असीर–बंदी, क़ैदी।

1150. पुरकार–चालाक। इक़रार करना–स्वीकार करना।

1151. इश्क़ के रफ़्ता–आशिक़। बे-कफ़नी–कफ़न के बिना। मयस्सर–उपलब्ध। आलम–दुनिया। असबाब–सामान।

1152. आलम–दुनिया, हालत, स्थिति। क़तरा–बूँद। चश्म-ए-नम–भीगी आँख।

1153

चढ़ी त्यौरी कभू उसकी न उतरी ग़ज़ब है, क़हर है, प्यारा हमारा
गिला लब तक न आया 'मीर' हरगिज़
खपा जी ही में ग़म सारा हमारा

1154

बेकार भी दरकार हैं सरकार में साहिब आते हैं खिंचे हम कभू बेगार में साहिब
महरूम न रह जाएँ कहीं बाद-ए-फ़ना भी शुब्हा है हमें यार के दीदार में साहिब
लेती है हवा रंग सरापा से तुम्हारे मालूम नहीं होते हो गुलज़ार में साहिब
है चार तरफ़ शोर मिरी बे-ख़बरी का क्या-क्या ख़बरें आती हैं अख़बार में साहिब
गो फ़हम न हो कुफ्र की इस्लाम की निस्बत रिश्ता है अजब सुब्हा-ओ-ज़ुन्नार में साहिब
या गुफ़्तगू का मेरी न करते थे कभू ज़िक्र या हर सुख़न अब आवे है तकरार में साहिब
ये अर्ज़ मिरी याद रहे बंदगी में 'मीर'
जी बचते नहीं इश्क़ के इज़हार में साहिब

1155

दर्द सर का पहर-पहर है अब ज़िन्दगानी ही दर्द-ए-सर है अब
क्या हमें हम तो हो चले ठंडे गर्म गो यार की ख़बर है अब
क्या कहें हाल-ए-ख़ातिर-आशुफ़्ता दिल ख़ुदा जानिए किधर है अब
उज़्लती 'मीर' जूँ सबा उस बिन
ख़ाक बर-सर है, दर-बदर है अब

1156

जोश रोने का मुझे आया है अब दीदा-ए-तर अब्र-सा छाया है अब
टेढ़े बाँके सीधे सब हो जाएँगे उसके बालों ने भी बल खाया है अब
हों बख़ुद तो कोई पहुँचे मुझ तलक बेख़ुदी ने दूर पहुँचाया है अब

1153. त्यौरी–माथे की सिलवटें या बल जो ग़ुस्से से पड़ जाते हैं। जी खपना–ख़र्च या समाप्त हो जाना।

1154. दरकार–ज़रूरत, काम में। बेगार–बिना मज़दूरी के काम लेना। महरूम–वंचित। बाद-ए-फ़ना–मौत के बाद। शुब्हा–शक। दीदार–दर्शन। सरापा–सर से पाँव तलक, सारा बदन। गुलज़ार–बाग़। गो–यद्यपि, हालाँकि। फ़हम–समझ। कुफ्र–इस्लाम को न मानना। निस्बत–रिश्ता। रिश्ता–नाता, धागा। सुब्हा-ओ-ज़ुन्नार–मुसलमानों की जपमाला और हिन्दुओं का जनेऊ। गुफ़्तगू–बातचीत, बात। सुख़न–बात। अर्ज़–फ़रियाद, निवेदन। इज़हार–ज़ाहिर करना, बताना।

1155. गो–हालाँकि। हाल-ए-ख़ातिर-आशुफ़्ता–परेशान दिल वाले का हाल। उज़्लती–अकेला, तन्हा रहने वाला। जूँ सबा–हवा की तरह। ख़ाक बर-सर–सर पर मिट्टी डाले हुए। दर-बदर–एक से दूसरे दरवाज़े, दर-दर।

1156. दीदा-ए-तर–भीगी आँख। अब्र–बादल। बख़ुद होना–होश में आना। बेख़ुदी–बेहोशी, बेसुध होना।

काश के हो जाए सीना चाक-चाक रुकते-रुकते जी भी घबराया है अब
राह पर वो क्यूँके आवे मस्त-ए-नाज़ दुश्मनों ने उसको बहकाया है अब
क्या जियेंगे दाग़ होकर ख़ूँ हुआ ज़िन्दगी का दिल जो सरमाया है अब
'मीर' शायद का'बे ही में रह पड़े
दैर से तो याँ ख़ुदा लाया है अब

1157

क्या करें तदबीर-ए-दिल मक़्दूर से बाहर है अब
ना-उमीद इस ज़िन्दगानी करने से अक्सर है अब

जिन दिनों हम काफ़िरों से रब्त था वे हो चुके
वो बुत-ए-बे-मेहर अपनी ओर से पत्थर है अब

दूर तक रुस्वा हुआ हूँ शहरों-शहरों मुल्क-मुल्क
मेरे शे'र-ओ-शाइरी का तज़्किरा घर-घर है अब

वो तबीअत ही नहीं है मेरी ऐ मुशफ़िक़ तबीब
कर दवा जो तब्अ में आवे तिरी बेहतर है अब

बेख़ुद उस मस्त-ए-अदा-ओ-नाज़ बिन रहते हैं हम
आलम अपना देखिए तो आलम-ए-दीगर है अब

गुफ़्तगू इन्सान से महशर में हैं या'नी कि 'मीर'
सारा हंगामा क़यामत का मिरे सर पर है अब

1158

ख़िलाफ़-ए-वादा बहुत हुए हो, कोई तो वादा वफ़ा करो अब
मिला के आँखें दरोग़ कहना कहाँ तलक, कुछ हया करो अब

चाक-चाक–फटा हुआ, टुकड़े-टुकड़े। मस्त-ए-नाज़–अपनी अदा में मस्त, महबूब। दाग़–ज़ख़्म। सरमाया–पूँजी। दैर–मन्दिर।

1157. तदबीर-ए-दिल–दिल का इलाज। मक़्दूर–ताक़त, शक्ति। ना-उम्मीद–निराश, मायूस। रब्त–लगाव। बुत-ए-बे-मेहर–ना मेहरबान माशूक़। रुस्वा–ज़लील, बे-इज़्ज़त। तज़्किरा–जिक्र, चर्चा। मुशफ़िक़–मेहरबानी करने वाला, कृपालु। तबीब–हकीम, वैद्य। तब्अ–तबीअत, मिज़ाज। बेख़ुद–बेहोश, आपे से बाहर, बे-सुध। मस्त-ए-अदा-ओ-नाज़–अपनी अदा और सुंदरता में मगन, माशूक़। आलम–हाल। आलम-ए-दीगर–दूसरी दुनिया। महशर–क़यामत के दिन इकट्ठा होने की जगह।

1158. ख़िलाफ़-ए-वादा–वादा न निभाना। वादा वफ़ा करना–वादा निभाना। दरोग़ कहना–झूठ बोलना।

ख़याल रखिए न सरकशी का, सुनो हो साहिब कि पीरी आई
ख़मीदा-क़ामत बहुत हुआ है, झुकाए ही सर रहा करो अब

कहाँ है ताक़त जो 'मीर' का दिल सब उन बलाओं की ताब लावे
करिश्मे-ग़म्ज़े को नाज़ से टुक हमारी ख़ातिर जुदा करो अब

1159

ओहदे से निकलें किस तरह आशिक़ एक अदा उस की है हज़ार फ़रेब
इल्तिफ़ात-ए-ज़माना पर मत जा
'मीर' देता है रोज़गार फ़रेब

1160

जब से आँखें लगी हैं हमारी, नींद नहीं आती है रात
तकते राह रहे हैं दिन को, आँखों में जाती है रात

रोज़-ओ-शब की अपनी मईशत नक़्ल करें क्या तुम से 'मीर'
दिन को क़यामत जी पे रहे है, सर पे बला लाती है रात

1161

गिरया-ओ-ज़ारी से रोज़-ओ-शब की शिकवे कुछ नहीं
मुझको रोना ये है जी को उस से है उल्फ़त बहुत

क्या विदा उस यार के कूचे से हम मुश्किल हुए
ज़ार-ए-बाराँ लोग रोते थे दम-ए-रुख़्सत बहुत

बाद-ए-मर्ग आँखें खुली रहने से ये जाना गया
देखने की उसके मेरे जी में थी हसरत बहुत

आँखें जाती हैं मुंदी ज़ोफ़-ए-दिली से दम-ब-दम
इन दिनों उनको भी ईधर ही से है ग़फ़लत बहुत

सरकशी–घमंड। पीरी–बुढ़ापा। ख़मीदा-क़ामत–झुका हुआ बदन, शरीर। ताब लाना–बर्दाश्त कर सकना, झेल सकना। ग़म्ज़ा–आँख का इशारा। टुक–ज़रा।

1159. ओहदे से निकलना–फ़र्ज़ अदा करना। फ़रेब–धोखा। इल्तिफ़ात-ए-ज़माना–दुनिया की मेहरबानी। रोज़गार–ज़माना, दुनिया।

1160. आँखें लगना–इंतिज़ार होना, इश्क़ होना। आँखों में रात जाना–रात भर जागना, इंतिज़ार में रात गुज़ारना। मईशत–ज़िन्दगी, रोज़गार, रोज़ी। नक़्ल करना–बताना।

1161. गिरया-ओ-ज़ारी–रोना-धोना। रोज़-ओ-शब–दिन और रात। उल्फ़त–प्यार। ज़ार-ए-बाराँ रोना–फूट-फूट कर रोना। दम-ए-रुख़्सत–विदाई के समय। बाद-ए-मर्ग–मौत के बाद। ज़ोफ़-ए-दिली–दिल की कमज़ोरी। दम-ब-दम–हर पल, हर समय। ग़फ़लत–बेख़बरी, बेपरवाई।

दिल गए पर आजकल से चुप नहीं मुझको लगी
गुज़री इस भी बात को ऐ हम-नफ़स मुद्दत बहुत

दिल में जा करता है तौर-ए-'मीर' शायद दोस्ताँ
उनने साहिब-दिल किसू से रक्खी है सोहबत बहुत

1162

दैर-ओ-का'बे में उसके ख़्वाहिश-मंद होते फिरते हैं हम ख़राब बहुत
दिल के दिल ही में रह गए अरमान कम रहा मौसम-ए-शबाब बहुत
मारना आशिक़ों का गर है सवाब तो हुआ है तुम्हें सवाब बहुत
'मीर' बेख़ुद हैं उस जनाब से अब
चाहिए सब को इज्तिनाब बहुत

1163

क्या गुज़री है जी पे तुम्हारे, हम से तो कुछ 'मीर' कहो
आने लगी है दर्द-ओ-अलम से साहिब लब पर आह बहुत

1164

अब तो वफ़ा-ओ-मेहर का मज़कूर ही नहीं
तुम किस समैं की कहते हो, है ये कहाँ की बात

1165

नहीं गर चोट दिल पर, गिरया-ओ-ज़ारी का क्या बाइस
रुकें काहे को चश्म-ए-तर की ख़ूँ-बारी का क्या बाइस

हुए तख़्ते चमन के छातियाँ ऐ इश्क़ दाग़ों से
बहार आने से आगे ऐसी गुल-कारी का क्या बाइस

तमाशा है कि अक्सर नर्गिसी ज़न रहते हो हम पर
हमीं से पूछो तो फिर 'मीर' बीमारी का क्या बाइस

हम-नफ़स–दोस्त, साथी। जा करना–जगह बनाना। दोस्ताँ–ऐ दोस्तों। साहिब-दिल–सदाचारी।

1162. दैर-ओ-का'बा–मन्दिर और मस्जिद। ख़्वाहिश-मंद–चाहने वाला। मौसम-ए-शबाब–जवानी की अवधि। सवाब–पुण्य। बेख़ुद–बेसुध, बेख़बर। इज्तिनाब–बचाव, परहेज़।

1163. दर्द-ओ-अलम–दुख, परेशानी। लब–होंठ।

1164. मेहर–मेहरबानी। मज़कूर–जिक्र, चर्चा। समैं–समय।

1165. गिरया-ओ-ज़ारी–रोना-पीटना। बाइस–सबब, कारण। चश्म-ए-तर–तर आँखें, आँसुओं से भरी आँखें। ख़ूँ-बारी–ख़ून बरसाना, ख़ून के आँसू रोना। तख़्ता–फूलों की क्यारी। दाग़–ज़ख़्म, चोट। गुल-कारी–फूलों की सजावट। नर्गिसी ज़न–आँखों से इशारा करने वाला।

1166

लोहू रोने ने सब निचोड़ लिया अब पिये ख़ून रोज़गार अबस
हम तो आगे ही मर रहे हैं 'मीर'
तेग़ खींचे फिरे है यार अबस

1167

मुल्कों-मुल्कों, शहरों-शहरों, क़रया-ओ-क़स्बा, देह-ओ-दयार
शे'र-ओ-बैत-ओ-ग़ज़ल पर अपनी, हंगामा है घर-घर आज

1168

आगे तो रस्म दोस्ती की थी जहाँ के बीच अब कैसे लोग आए ज़मीं-आसमाँ के बीच
मैं बे-दिमाग़-ए-इश्क़ उठा सो चला गया बुलबुल पुकारती ही रही गुलसिताँ के बीच
क्या जानूँ लोग कहते हैं किसको सुरूर-ए-क़ल्ब आया नहीं ये लफ़्ज़ तो हिन्दी ज़बाँ के बीच
इतनी जबीन रगड़ी कि संग आईना हुआ आने लगा है मुँह नज़र उस आस्ताँ के बीच
ख़ूगर हुए हैं इश्क़ की गर्मी से ख़ार-ओ-ख़स
बिजली पड़ी रही है मिरे आशियाँ के बीच

1169

सूरत फिरे न यार की क्यूँ चश्म-ए-तर के बीच
तासीर हैगी अहल-ए-वफ़ा के हुनर के बीच

ख़ुश-सीरती है जिस से कि होता है ऐतिबार
है चोब-ए-ख़ुश्क, बू जो न होवे अगर के बीच

उसके समंद-ए-नाज़ का पामाल तो रहूँ
ऐ काश मेरी गोर करें रह-गुज़र के बीच

1166. रोज़गार–ज़माना, दुनिया। अबस–बिना वजह, बिना कारण। आगे–पहले, अब से पहले। तेग़–तलवार।

1167. क़रया-ओ-क़स्बा–बस्ती और क़स्बा। देह-ओ-दयार–देहात और शहर। बैत–शे'र।

1168. बे-दिमाग़–चिड़चिड़ा, नाज़ुक मिज़ाज। सुरूर-ए-क़ल्ब–मन की ख़ुशी। हिन्दी ज़बाँ–'मीर' के ज़माने तक 'उर्दू' शब्द उर्दू भाषा के लिए प्रयोग नहीं किया जाता था, उस समय तक आज की 'उर्दू' को हिन्दी, हिन्दवी के नाम से जाना जाता था। जबीन–माथा। संग–पत्थर। आस्ताँ–चौखट। ख़ूगर होना–आदी होना, लत पड़ जाना। ख़ार-ओ-ख़स–काँटे और तिनके, घास-फूस। आशियाँ–घोंसला।

1169. चश्म-ए-तर–आँसू भरी आँखें। तासीर–असर। अहल-ए-वफ़ा–वफ़ा करने वाले, आशिक़। ख़ुश-सीरती–अच्छा स्वभाव। ऐतिबार–भरोसा। चोब-ए-ख़ुश्क–सूखी लकड़ी। बू–गन्ध, ख़ुशबू। अगर–एक तरह की लकड़ी जो जलाने से ख़ुशबू देती है। समंद-ए-नाज़–नाज़ रूपी घोड़ा। पामाल–रौंदा हुआ। गोर–क़ब्र।

मुँह उसका देख रहिए कि रफ़्तार-ए-नाज़ को
सर-ता-क़दम है लुत्फ़ ही उस ख़ुश-पिसर के बीच

क्या दिल को ख़ूँ किया कि तड़पने लगा जिगर
यक्ता-ए-रोज़गार हैं हम इस हुनर के बीच

है अपने ख़ानवादे में अपना ही शोर 'मीर'
बुलबुल भी इक ही बोलता होता है घर के बीच

1170

रंज क्या-क्या हमने खींचे दोस्ती-यारी के बीच
क्या हुई तक़्सीर, उसकी नाज़-बरदारी के बीच

दोश-ओ-आग़ोश-ओ-गिरेबाँ दामन-ए-गुलचीं हुए
गुल-फ़िशानी कर रही है चश्म ख़ूँ-बारी के बीच

एक को अंदेशा-ए-कार, एक को है फ़िक्र-ए-यार
लग रहे हैं लोग सब चलने की तय्यारी के बीच

मुंतज़िर तो रहते-रहते फिर गईं आँखें निदान
वो न आया देखने हम को तो बीमारी के बीच

रोते ही गुज़री हमें तो शब-नशीनी बाग़ की
ओस सी पड़ती रही है रात हर क्यारी के बीच

जान को क़ैद-ए-अनासिर से नहीं है वारही
तंग आए हैं बहुत इस चार-दीवारी के बीच

एक होवें जो ज़बान-ओ-दिल तो कुछ निकले भी काम
यूँ असर ऐ 'मीर' क्या हो गिरया-ओ-ज़ारी के बीच

रफ़्तार-ए-नाज़–नाज़ और अदा भरी चाल। सर-ता-क़दम–सर से पाँव तक। ख़ुश-पिसर–ख़ूबसूरत लड़का। यक्ता-ए-रोज़गार–दुनिया में इकलौता, अकेला। ख़ानवादा–ख़ानदान।

1170. रंज खींचना–दुख झेलना। तक़्सीर–ग़लती। नाज़-बरदारी–नाज़ उठाना, चापलूसी। दोश-ओ-आग़ोश-ओ-गिरेबाँ–कंधा, गोद और गिरेबान। दामन-ए-गुलचीं–फूल तोड़ने वाले (माली) का दामन। गुल-फ़िशानी करना–फूल झाड़ना। चश्म–आँख। ख़ूँ-बारी–ख़ून की बारिश। अंदेशा-ए-कार–अंजाम की फ़िक्र। मुंतज़िर–इंतिज़ार में। निदान–आख़िरकार। शब-नशीनी–बैठकर रात गुज़ारना। क़ैद-ए-अनासिर–पंचतत्त्व (फ़ारसी और उर्दू में चार ही तत्त्व हैं) की चार दीवारी (क़ैद) यानी हवा, पानी, अग्नि, और मिट्टी से बना शरीर। वारही–जुदाई, छुटकारा। गिरया-ओ-ज़ारी–रोना-पीटना, विलाप।

1171

सुथराओ कर दिया है, तमन्ना-ए-वस्ल ने क्या-क्या अज़ीज़ मर गए, इस आरज़ू के बीच
बहस आ पड़े जो लब से तुम्हारे तो चुप रहो कुछ बोलना नहीं तुम्हें उस गुफ़्तगू के बीच
हम हैं क़लन्दर आकर अगर दिल से दम भरें आलम का आईना है सियह एक 'हू' के बीच
गुल की तो बू से ग़श नहीं आता किसू के तईं
है फ़र्क़ 'मीर' फूल की और उसकी बू के बीच

1172

कब से है बाग़ के पस-ए-दीवार बाश-ओ-बूद मुश्किल करें हैं जैसे गिरफ़्तार बाश-ओ-बूद
दुनिया में अपने रहने का क्या तौर हम कहें ज़िन्दाँ में जूँ करें हैं गुनहगार बाश-ओ-बूद
बे-यार किसका जीने को जी चाहता है 'मीर'
करते हैं हम सितम-ज़दा नाचार बाश-ओ-बूद

1173

जावे जुदाई का ये आज़ार, गाह बाशद अच्छा भी होवे दिल का बीमार, गाह बाशद
उम्मीदवार उसके मिलने के जैसे हैं हम आ निकले नाज़ करता याँ यार, गाह बाशद
गो क़द्र दिल की कम है पर चीज़ काम की है ले तो रखें तुम्हें हो दरकार, गाह बाशद
वहशत पे मेरी मत जा, ग़ैरत बहुत है मुझको हो बैठूँ मरने को भी तय्यार गाह बाशद
है ज़ब्त-ए-इश्क़ मुश्किल, होता नहीं किसू से
डर 'मीर' भी हो इस का इज़हार गाह बाशद

1174

शे'र दीवाँ के मेरे कर-कर याद मजनूँ कहने लगा कि हाँ उस्ताद
वहशी अब गर्द-बाद से हम हैं उम्र अफ़सोस क्या गई बर्बाद
चार-दीवारी-ए-अनासिर 'मीर'
ख़ूब जागह है, पर है बे-बुनियाद

1171. सुथराओ–सफ़ाया, क़त्ल-ए-आम, लाशों के ढेर। तमन्ना-ए-वस्ल–मिलन की इच्छा। अज़ीज़–प्यारे, प्रिय। गुफ़्तगू–बातचीत। क़लन्दर–तपस्वी, संन्यासी। आलम–दुनिया। सियह–सियाह, काला। 'हू'–मस्ती में मुँह से निकलने वाली आवाज़। ग़श–बेहोशी। बू–महक। तईं–को।

1172. पस-ए-दीवार–दीवार के पीछे। बाश-ओ-बूद–रहना-सहना। ज़िंदाँ–क़ैद-ख़ाना, जेल। सितम-ज़दा–अत्याचार का मारा। नाचार–मजबूर, विवश।

1173. आज़ार–बीमारी, रोग। गाह बाशद–शायद कभी। दरकार–ज़रूरत। इज़हार–ज़ाहिर करना, बताना।

1174. गर्द-बाद–धूल का बवंडर। अनासिर–मूल तत्त्व, पंचतत्त्व। चार-दीवारी-ए-अनासिर–पंचतत्त्व (फ़ारसी और उर्दू में चार ही तत्त्व हैं) की चार-दीवारी यानी हवा, पानी, अग्नि, और मिट्टी से बना शरीर।

1175

फिरता है क्या तू 'मीर' गुलिस्ताँ में ग़म-ज़दा
कुछ दिल-ख़राश लिख भी क़लम इक तराश कर

1176

मरते हैं हम तो आदम-ए-ख़ाकी की शान पर
अल्लाह रे दिमाग़ कि है आसमान पर
आफ़ात में है मुर्ग़-ए-चमन गुल के शौक़ से
जोखों हज़ार रंग की रहती है जान पर
उस काम-ए-जाँ के जल्वों का मैं ही नहीं हलाक
आफ़त अजब तरह की है सारे जहान पर
जाते तो हैं प: ख़्वाहिश-ए-दिल मौत है निरी
फिर भी हमें नज़र नहीं जी के ज़ियान पर
शोख़ी तो देखो आप्ही कहा आओ बैठो 'मीर'
पूछा कहाँ तो बोले कि मेरी ज़बान पर

1177

किया सब्र हमने जो उसके सितम पर
सितम-सा सितम हो गया इस में हम पर
झुके टुक जिधर झुक गए लोग ऊधर
रही दरमियाँ तेग़ अब्रू के ख़म पर
जिगर है सज़ा 'मीर' उस रंज-कश को
गया दो क़दम जो हमारे क़दम पर

1178

'मीर' न हम कहते थे तुझसे, हाल नहीं कुछ रहने का
चाह बला-ए-जान-ओ-दिल है, आ जाने दे, चाह न कर

1179

छाती जली है कैसी उड़ती जो ये सुनी है
वाँ मुर्ग़-ए-नामाबर का खाया कबाब कर कर
गिनती में तो न था मैं पर कल ख़जिल हुआ वो
कुछ दोस्ती का मेरी दिल में हिसाब कर कर
मस्ती-ओ-बेख़ुदी में आसूदगी बहुत थी
पाया न चैन मैंने तर्क-ए-शराब कर कर
क्या जानिए कि दिल पर गुज़रे है 'मीर' क्या-क्या
करता है बात कोई आँखें पुर-आब कर कर

1175. ग़म-ज़दा–ग़म का मारा हुआ। दिल-ख़राश–दिल छीलने वाला। क़लम तराश करना–लकड़ी के क़लम को चाकू से छीलकर लिखने के लिए तैयार करना।

1176. आदम-ए-ख़ाकी–आदमी, मिट्टी का आदमी। दिमाग़ आसमान पर होना–घमंड करना। आफ़ात–आफ़त का बहुवचन, परेशनियाँ। मुर्ग़-ए-चमन–बाग़ का पक्षी। जोखों–नुक़सान, डर, परेशानी। काम-ए-जाँ–दिल की मुराद, माशूक़। हलाक–क़त्ल किया हुआ, मारा हुआ। ज़ियान–नुक़सान, हानि। शोख़ी–चंचलता।

1177. तेग़–तलवार। अब्रू–भौं। ख़म–टेढ़ापन। रंज-कश–दुख उठाने वाला, दुखी।

1178. बला-ए-जान-ओ-दिल–जान और दिल की मुसीबत।

1179. वाँ–वहाँ। मुर्ग़-ए-नामाबर–पत्र/पैग़ाम ले जाने वाला पक्षी। ख़जिल–लज्जित, शर्मिन्दा। बेख़ुदी–बेख़बरी। आसूदगी–ख़ुशहाली, आराम। तर्क-ए-शराब–शराब छोड़ना। पुर-आब–आँसुओं से भरी।

1180

जुदाई-ता-जुदाई फ़र्क़ है मिलते भी हैं आकर
फ़िराक़ ऐसा नहीं होता कि फिर आते भी हैं जाकर

अगरचे चुप लगी है आशिक़ी की मुझको हैरत से
कभू अहवाल-पुर्सी तो करो दिल हाथ में लाकर

जो जानूँ तुझ में बुलबुल तह नहीं तो क्यूँ ज़बाँ देता
ज़बाँ कर बंद, सारे बाग़ में मुझको न रुस्वा कर

सबद फूलों भरे बाज़ार में आए हैं मौसम में
निकल कर गोशा-ए-मस्जिद से, तू भी 'मीर' सौदा कर

1181

इस रफ़्ता पास उसको लाए थे लोग जाकर
पर हैफ़ मैं न देखा बालीं से सर उठा कर

सुन-सुन के दर्द-ए-दिल को बोला कि जाते हैं हम
तू अपनी ये कहानी बैठा हुआ कहा कर

आगे ज़मीं की तह में हमसे बहुत थे तो भी
सर पर ज़मीं उठा ली हम बे-तहों ने आकर

जो वजह कोई हो तो कहने में भी कुछ आवे
बातें करो हो बिगड़ी, मुँह को बना-बना कर

अब तो फिरो हो बे-ग़म, तब 'मीर' जानेंगे हम
अच्छे रहोगे जब तुम, दिल को कहीं लगा कर

1182

बज़्म में मुँह उधर करें क्यूँकर — और नीची नज़र करें क्यूँकर
यूँ भी मुश्किल है, वूँ भी मुश्किल है — सर झुकाए गुज़र करें क्यूँकर
राज़-पोशी-ए-इश्क़ है मंज़ूर — आँखें रो-रो के तर करें क्यूँकर
मस्त-ओ-बेख़ुद हम उसके दर पे गए — लोग उस को ख़बर करें क्यूँकर

1180. फ़िराक़–जुदाई। अगरचे–हालाँकि। अहवाल पुर्सी–बीमार का हाल पूछना। रुस्वा–बदनाम। सबद–टोकरी। गोशा-ए-मस्जिद–मस्जिद का कोना। सौदा–जुनून, मोल-भाव। सौदा करना–व्यापार करना, दीवानगी करना।

1181. रफ़्ता–बेसुध, बेहोश। हैफ़–अफ़सोस। बालीं–सिरहाना। बे-तह–तुच्छ। बे-ग़म–बिना दुख के, ख़ुश।

1182. बज़्म–सभा, महफ़िल। राज़-पोशी-ए-इश्क़–इश्क़ का भेद छुपाना। बेख़ुद–बेसुध, बेख़बर।

सो रहा बाल मुँह पे खोल के वो   हम शब अपनी सहर करें क्यूँकर
मह फ़लक पर है वो ज़मीं पर आह   इन को ज़ेर-ओ-ज़बर करें क्यूँकर
दिल नहीं दर्द-मंद अपना 'मीर'
आह-ओ-नाले असर करें क्यूँकर

1183

उस तक पहुँचने का तो नहीं हाल कुछ वले   जाते हैं गिरते-पड़ते भी हम नातवाँ हनोज़
परवाना जल के ख़ाक हुआ फिर उड़ा किया   ऐ शम्अ तेरी रहती नहीं है ज़बाँ हनोज़
मुद्दत हुई कि ख़्वार हो गलियों में मर गए
क़िस्सा हमारे इश्क़ का है दास्ताँ हनोज़

1184

सर से गया है साया-ए-लुत्फ़ उस का देर से   आँखों ही में फिरे है मिरी वो परी हनोज़
मबहूत हो गया है जहाँ इक नज़र किए
जाती नहीं उन आँखों से जादूगरी हनोज़

1185

गरचे आते हैं गुल हज़ार हनोज़   न गया दिल से रू-ए-यार हनोज़
बे-क़रारी में सारी उम्र गई   दिल को आता नहीं क़रार हनोज़
ख़ाक-ए-मजनूँ जहाँ है सहरा में   वाँ से उठता है इक ग़ुबार हनोज़
कब से है वो ख़िलाफ़-ए-वा'दा वले   दिल को उसका है ऐतिबार हनोज़
क़ैस-ओ-फ़रहाद पर नहीं मौक़ूफ़   इश्क़ लाता है मर्द-ए-कार हनोज़
इश्क़ करते हुए थे बे-ख़ुद 'मीर'
अपना उन को है इंतिज़ार हनोज़

शब–रात। सहर–सुबह। मह–चाँद। फ़लक–आसमान। ज़ेर-ओ-ज़बर–ऊपर-नीचे। दर्द-मंद–हमदर्द। नाला–रोना-पीटना, रोने की आवाज़।

1183. वले–लेकिन। नातवाँ–कमज़ोर, बेबस। हनोज़–अभी तक। ख़्वार–बदनाम, अपमानित। दास्ताँ–कहानी।

1184. साया-ए-लुत्फ़–मेहरबानी का साया, मुहब्बत का साया। हनोज़–अभी तक। मबहूत–हैरान, हक्का-बक्का।

1185. गरचे–यद्यपि, हालाँकि। गुल–फूल। हनोज़–अभी तक, अभी। रू-ए-यार–महबूब का मुखड़ा। सहरा–जंगल, रेगिस्तान। ख़िलाफ़-ए-वा'दा–वो व्यक्ति जो अपने वादे का पूरा न हो, बे-वफ़ा। वले–लेकिन। क़ैस-ओ-फ़रहाद–मजनूँ और फ़रहाद। मौक़ूफ़–निर्भर। मर्द-ए-कार–काम का आदमी, योग्य, लायक़। बे-ख़ुद–बे-होश, खोया हुआ, अपने आप से बेख़बर ।

1186

ख़ाक हो कर उड़ें हैं यार हनोज़ — दिल का बैठा नहीं ग़ुबार हनोज़
न जिगर में है ख़ूँ न दिल में ख़ूँ — दरपए-ख़ूँ है रोज़गार हनोज़

दस्त-बर दिल हूँ मुद्दतों से 'मीर'
दिल है वैसा ही बे-क़रार हनोज़

1187

दोस्ताँ, हुस्न-ओ-ख़ूबी है क्या चीज़
ठहरी है जान-सी भी शय क्या चीज़

1188

मुद्दत-ए-हिज्र में क्या करिए बयाँ यार के पास
हाल-पुर्सी भी न की आन के बीमार के पास

दर असीरी का खुला मुँह पे हमारे क्या तंग
मर ही रहिएगा क़फ़स के दर-ओ-दीवार के पास

पाइए यार अकेला तो ग़म-ए-दिल कहिए
सो तो बैठा ही उसे पाते हैं दो-चार के पास

मैं तो तलवार तले उसके लिए बैठा 'मीर'
वो खड़ा भी न हुआ आके गुनहगार के पास

1189

अब नहीं होती चश्म तर अफ़सोस — बह गया ख़ून हो जिगर अफ़सोस
दीदनी है ये ख़स्ता-हाली लेक — ईधर उसकी नहीं नज़र अफ़सोस
ऐब ही ऐब मेरे ज़ाहिर हैं — मुझको आया न कुछ हुनर अफ़सोस

'मीर' अबतर बहुत है दिल का हाल
या'नी वीराँ पड़ा है घर अफ़सोस

1186. हनोज़–अभी तक। दरपए-ख़ूँ–क़त्ल करने पर आमादा। रोज़गार–ज़माना, दुनिया। दस्त-बर दिल–बेचैन, परेशान।

1187. दोस्ताँ–ऐ दोस्तो। हुस्न-ओ-ख़ूबी–सुन्दरता और आकर्षण। शय–वस्तु, चीज़।

1188. मुद्दत-ए-हिज्र–जुदाई का अरसा, अवधि। हाल-पुर्सी–बीमार का हाल पूछना। दर–दरवाज़ा। असीरी–क़ैद। क़फ़स–पिंजरा, क़ैद-ख़ाना।

1189. चश्म–आँख। दीदनी–देखने योग्य। अबतर–बदहाल, ख़राब, बुरा।

1190

निकले पर्दे से रू-ए-यार ऐ काश मुँह करे टुक इधर बहार ऐ काश
बर्क़-साँ हो चुकूँ तड़प कर मैं यूँही आवे मुझे क़रार ऐ काश
'मीर' जंगल तमाम बस जावे
बन पड़े हमसे रोज़गार ऐ काश

1191

उस का ख़याल आवे है अय्यार की रविश कुछ उस की हमने पाई न रफ़्तार की रविश
क्या चाल हैगी ज़हर भरी रोज़गार की सब इस गज़िन्दे की है सियह मार की रविश
वो रफ़्त-ओ-ख़ेज़-ए-गर्म तो मुद्दत से हो चुकी रहते हैं अब गिरे-पड़े बीमार की रविश
जाते हैं रंग-ओ-बू-ए-गुल-ओ-आब-जू चले आई न ख़ुश हमें तो ये गुलज़ार की रविश
ज़िन्दान में जहाँ के बहुत हैं ख़राब-हाल करते हैं हम मआश गुनहगार की रविश
यूँ सर बिखेरे इश्क़ में फिरते नहीं हैं 'मीर'
इज़हार भी करें हैं तो इज़हार की रविश

1192

रहते हैं बहुत दिल के हम आज़ार से नाख़ुश
बिस्तर पे गिरे रहते हैं बीमार-से नाख़ुश

हमवारी से हैं नर्म-ओ-ख़शिन एक से दोनों
ख़ुश हैं न गुल-ए-तर से, न हम ख़ार से नाख़ुश

सर-रिश्ता-ए-दिल बंद नहीं ज़ुल्फ़-ओ-कमर में
क्या जानिए हम किस लिए हैं यार से नाख़ुश

है इश्क़ में सोहबत मिरी ख़ूबाँ की अजब कुछ
इक़रार से बेज़ार हैं, इन्कार से नाख़ुश

1190. रू-ए-यार–महबूब का चेहरा। बर्क़-साँ–बिजली जैसा। रोज़गार–ज़माना, क़िस्मत, बात।

1191. अय्यार–चालाक, फ़रेबी। रविश–तरह, ढंग, तरीक़ा। रोज़गार–ज़माना, दुनिया। गज़िंदा–डसने वाला, काटने वाला। सियह मार–काला साँप, नाग। रफ़्त-ओ-ख़ेज़-ए-गर्म–बेचैनी और तड़प। रंग-ओ-बू-ए-गुल–फूल का रंग और ख़ुशबू। आब-जू–नदी। ख़ुश आना–पसंद आना, अच्छा लगना। गुलज़ार–बाग़, चहल-पहल और रौनक़ की जगह यानि दुनिया। ज़िंदान–क़ैदख़ाना। जहाँ–जहान, दुनिया। मआश–गुज़ारा, रहन-सहन। सर बिखेरना–बाल बिखेरना। इज़हार करना–बताना, प्रकट करना।

1192. आज़ार–बीमारी। हमवारी–इकसार, सीधा, एक-सा। नर्म-ओ-ख़शिन–मुलायम और सख़्त। गुल-ए-तर–ताज़ा फूल, खिला हुआ फूल। ख़ार–काँटा। सर-रिश्ता-ए-दिल–दिल की इच्छा। ख़ूबाँ–सुन्दर लोग, माशूक़। इक़रार–स्वीकृति, सहमति। बेज़ार–परेशान, दुखी।

ख़ुश रहते हैं अहबाब बहम रब्त किए से
रहते हो तुम्हीं एक मिरे प्यार से नाख़ुश

इक बात का भी लोगों में फप्पट उसे करना
हम हैंगे बहुत 'मीर' के बिस्तार से नाख़ुश

1193

दिल-लगी के तईं जिगर है शर्त   बे-ख़बर मत रहो, ख़बर है शर्त
इश्क़ के दो गवाह ला, या'नी
ज़र्दी-ए-रंग-ओ-चश्म-ए-तर है शर्त

1194

दिल जिगर दोनों पर जलाए दाग़   इश्क़ ने क्या हमें दिखाए दाग़
दिल-जले हम नहीं रहे बेकार   ज़ख़्म-ए-कारी उठाए, खाए दाग़
जल गए देख गर्मी-ए-अग़यार   आए उस कूचे से तो आए दाग़
एहतियातन सुराही-ए-मय से   हम ने सज्जादे के धुलाए दाग़
देखे दामन के नीचे के से दिये
'मीर' ने गर तले छुपाए दाग़

1195

मैं आगे न था दीदा-ए-पुर-आब से वाक़िफ़
पलकें न हुई थीं मिरी ख़ूँनाब से वाक़िफ़

पत्थर तो बहुत लड़कों के खाए हैं वलेकिन
हम अब भी जुनूँ के नहीं आदाब से वाक़िफ़

हम नंग-ए-ख़लाइक़, ये अजब है कि नहीं, हैं
इस आलम-ए-असबाब में असबाब से वाक़िफ़

अहबाब–दोस्त। बहम–आपस में, परस्पर। रब्त–लगाव, प्यार। फप्पट–शोर-शराबा, फ़साद। बिस्तार–विस्तार, बात को तूल देना।

1193. दिल-लगी–प्यार, मुहब्बत। ज़र्दी-ए-रंग–पीला रंग, पीलापन। चश्म-ए-तर–भीगी आँखें।

1194. दाग़–ज़ख़्म। ज़ख़्म-ए-कारी–गहरा ज़ख़्म। गर्मी-ए-अग़यार–पराए लोगों की आवभगत। एहतियातन–सावधानी से। सुराही-ए-मय–शराब की सुराही। सज्जादा–नमाज़ पढ़ते समय बिछाया जाने वाला कपड़ा। दिये–दिया (दीपक) का बहुवचन।

1195. दीदा-ए-पुर-आब–आँसू भरी आँखें। वाक़िफ़–परिचित। ख़ूँनाब–ख़ून के आँसू। वलेकिन–लेकिन, मगर। आदाब–तौर-तरीक़ा। नंग-ए-ख़लाइक़–दुनिया में बदनाम। आलम-ए-असबाब–दुनिया जहाँ हर काम की कोई वजह होती है, दुनिया। असबाब–सबब का बहुवचन, कारण।

शब आँखें खुली रहती हैं हम मुंतज़िरों की
जूँ दीदा-ए-अंजुम नहीं हैं ख़्वाब से वाक़िफ़

बल खाए उन्हीं बालों को हम जाने हैं, या 'मीर'
हैं पेच-ओ-ग़म-ओ-रंज-ओ-तब-ओ-ताब से वाक़िफ़

1196

नज़र क्या करूँ उसके घर की तरफ़ निगाहें हैं मेरी नज़र की तरफ़
छुपाते हैं मुँह अपना कामिल से सब नहीं कोई करता हुनर की तरफ़
बड़ी धूम से अब्र आए-गए न कोई हुआ चश्म-ए-तर की तरफ़
अँधाधुंद रोते हैं आँखों से ख़ून नहीं देखते हम जिगर की तरफ़
रहा बे-ख़बर गरचे हिज्राँ में 'मीर'
रहे गोश उस की ख़बर की तरफ़

1197

लोग बहुत पूछा करते हैं क्या कहिए मियाँ क्या है इश्क़
कुछ कहते हैं सिर्र-ए-इलाही, कुछ कहते हैं ख़ुदा है इश्क़

1198

जी सारे तन का खिंच कर आँखों में आ रहा है किस मर्तबे में हम भी हैं देखने के शाइक़
कल 'मीर जी' ने ज़ाया अपने तईं किया है
ये काम था न उनकी शाइस्तगी के लाइक़

1199

नज़दीक आशिक़ों के ज़मीं है क़रार-ए-इश्क़
और आसमाँ ग़ुबार-ए-सर-ए-रह-गुज़ार-ए-इश्क़

शब-रात। मुंतज़िर–इंतिज़ार करने वाला। जूँ दीदा-ए-अंजुम–आसमान के सितारों की तरह, जो हमेशा चमकते रहते हैं या'नी कभी सोते नहीं हैं। ख़्वाब–नींद। पेच-ओ-ग़म-ओ-रंज-ओ-तब-ओ-ताब–परेशानी, दुख, दर्द आदि का चक्कर, उलझाव।

1196. कामिल–निपुण, दक्ष, योग्य। अब्र–बादल। चश्म-ए-तर–आँसू भरी आँखें। गरचे–यद्यपि, हालाँकि। हिज्राँ–तन्हाई, अकेलापन। गोश–कान।

1197. सिर्र-ए-इलाही–ख़ुदा का भेद, रहस्य, राज़।

1198. मर्तबा–स्थिति, दर्जा। शाइक़–शौक़ रखने वाला, इच्छा रखने वाला। ज़ाया–बर्बाद, ख़राब, तबाह। शाइस्तगी–तहज़ीब, संस्कार, सभ्य होना। लाइक़–लायक़।

1199. ग़ुबार-ए-सर-ए-रह-गुज़ार-ए-इश्क़–इश्क़ के रास्ते की धूल।

मक़बूल-ए-शहर ही नहीं मजनूँ ज़ईफ़-ओ-ज़ार
है वहशियान-ए-दश्त में भी ऐतिबार-ए-इश्क़

घर कैसे-कैसे दीं के बुज़ुर्गों के हैं ख़राब
अलक़िस्सा है ख़राबा-ए-कुहना दयार-ए-इश्क़

गो ज़ब्त करते होवें जराहत जिगर के ज़ख़्म
रोता नहीं है खोल के दिल, राज़दार-ए-इश्क़

1200

वहशत है हमें भी वही घर-बार से अब तक
सर मारें हैं अपने दर-ओ-दीवार से अब तक

मरते ही सुना उन को जिन्हें दिल-लगी कुछ थी
अच्छा भी हुआ कोई इस आज़ार से अब तक

आया था कभू यार सो मामूल हम इस के
बिस्तर पे गिरे रहते हैं बीमार से अब तक

है क़हर-ओ-ग़ज़ब, देख तरफ़ कुश्ते के ज़ालिम!
करता है इशारत भी तू तलवार से अब तक

कुछ रंज-ए-दिली 'मीर' जवानी में खिंचा था
ज़र्दी नहीं जाती मिरे रुख़्सार से अब तक

1201

रहा फूल सा यार नुज़हत से अब तक न ऐसा खिला गुल नज़ाकत से अब तक
लबालब है वो हुस्न-ए-मानी से सारा न देखा कोई ऐसी सूरत से अब तक
हिला तू भी लब को कि ईसा के दम की चली जाए है बात मुद्दत से अब तक

मक़बूल-ए-शहर–शहर में मशहूर, प्रसिद्ध। ज़ईफ़-ओ-ज़ार–कमज़ोर और ख़स्ता, बदहाल। वहशियान-ए-दश्त–जंगल के जानवर। दीं–दीन, धर्म। अलक़िस्सा–सारांश ये कि। ख़राबा-ए-कुहना–बहुत पुराना खंडहर, वीरान जगह। दयार-ए-इश्क़–इश्क़ का इलाक़ा, घर। गो–हालाँकि। जराहत–नासूर, वो ज़ख़्म जो अच्छा न हो सके और हमेशा बहता रहे। राज़दार-ए-इश्क़–इश्क़ के भेद जानने वाला यानी आशिक़।

1200. वहशत–घबराहट। दिल-लगी–मुहब्बत। आज़ार–बीमारी। मामूल–वो चीज़ जिसकी उम्मीद हो, आस लगाए हुए। क़हर-ओ-ग़ज़ब–ज़ुल्म और सितम। कुश्ता–मारा हुआ, आशिक़। इशारत–इशारा। रंज-ए-दिली–दिल का दुख। रंज खींचना–सदमा बर्दाश्त करना। ज़र्दी–(बीमारी के कारण) पीलापन। रुख़्सार–गाल।

1201. नुज़हत–तर-ओ-ताज़गी, ख़ुशी। नज़ाकत–नाज़ुकी, कोमलता। लबालब–भरा हुआ। हुस्न-ए-मानी–अंदरूनी सुंदरता। ईसा का दम–हज़रत ईसा की फूँक जिससे मुर्दे भी जीवित हो जाते थे।

गई उम्र सारी मुझे इज्ज़ करते न मानी कोई उन ने मिन्नत से अब तक
न हो गो जुनूँ 'मीर जी' को पर उन की
तबीअत है आशुफ़्ता, वहशत से अब तक

1202

इस रंग से जो ज़र्द, ज़बूँ-ज़ार हैं हम लोग
दिल के मरज़-ए-इश्क़ से, बीमार हैं हम लोग

क्या अपने तईं पस्ती बुलंदी से जहाँ की
अब ख़ाक बराबर हुए हमवार हैं हम लोग

मक़्सूद तो हासिल है, तलब शर्त पड़ी है
वो मतलब-ए-उम्दा है, तलबगार हैं हम लोग

दिल फँस रहे हैं दाम में ज़ुल्फ़ों के किसू की
तंग अपने जियों से हैं, गिरफ़्तार हैं हम लोग

दर पर किसू के जाके खड़े हों तो खड़े हैं
हैरत-ज़दा-ए-इश्क़ हैं, दीवार हैं हम लोग

जाते हैं चले क़ाफ़िला-दर-क़ाफ़िला उस राह
चलने में तरद्दुद नहीं, तय्यार हैं हम लोग

मारे ही पड़ें कुछ कहें उश्शाक़ तो शायद
हैरत से हैं चुप, तिस पे गुनहगार हैं हम लोग

1203

क्या चले जाते हैं जहान से लोग मगर आए थे मेहमान से लोग
क़हर है, बात-बात पर गाली जाँ-ब-लब हैं तिरी ज़बान से लोग
शहर में घर ख़राब है अपना आते हैं याँ अब इस निशान से लोग
एक गर्दिश में हैं बराबर-ए-ख़ाक क्या झगड़ते हैं आसमान से लोग
शौक़ में तीर-से चले ऊधर हम ख़मीदा-क़दाँ, कमान से लोग
आदमी अब नहीं जहाँ में 'मीर'
उठ गए इस भी कारवान से लोग

इज्ज़–मिन्नत, प्रार्थना। गो–हालाँकि। जुनूँ–दीवानगी। आशुफ़्ता–परेशान, बुरे हाल में। वहशत–घबराहट।

1202. ज़र्द–पीला। ज़बूँ-ज़ार–कमजोर और ख़स्ता। पस्ती–नीचाई। बुलंदी–ऊँचाई। हमवार–इकसार, समतल। मक़्सूद–मक़सद, लक्ष्य। तलब–तलाश, चाहत। मतलब-ए-उम्दा–सही मक़सद। तलबगार–तलाश करने वाला, चाहने वाला। दाम–जाल। हैरत-ज़दा-ए-इश्क़–इश्क़ से हक्का-बक्का। तरद्दुद–अंदेशा, फ़िक्र। उश्शाक़–आशिक़ का बहुवचन, इश्क़ करने वाले।

1203. जाँ-ब-लब–मरने के क़रीब। ख़राब–खंडहर। गर्दिश–चक्कर। ख़मीदा-क़द–झुके शरीर वाला, झुका हुआ।

1204

बुलबुल ने कल कहा कि बहुत हमने खाए गुल
लेकिन हज़ार हैफ़ न ठहरी हवा-ए-गुल

रा'ना जवान शहर के रहते हैं गुल-ब-सर
सर पर हमारे दाग़ जुनूँ के हैं जा-ए-गुल

दिल टूटने पे मुर्ग़-ए-चमन के न की नज़र
बे-दर्द गुल-फ़रोश सबद भर के लाए गुल

बू-ए-गुल-ओ-नवा-ए-ख़ुश-ए-अंदलीब 'मीर'
आई, चली गई, यही कुछ थी वफ़ा-ए-गुल

1205

ग़म-ए-मज़मूँ न ख़ातिर में, न दिल में दर्द, क्या हासिल
हुआ काग़ज़ नमत, गो रंग तेरा ज़र्द क्या हासिल

हुए सैद-ए-ज़बूँ हम मुन्तज़िर ही ख़ाक जी दे कर
सवारी से किसू की गो उठी अब गर्द क्या हासिल

बला है सोज़-ए-सीना 'मीर' लूँ हो जाएगी जलकर
अगर दिल से उठी तेरे ये आह-ए-सर्द क्या हासिल

1206

दिल तो गुदाज़ सब है, किसको कोई कहे दिल
नज़दीक है कि कहिए अब हाए-हाए ऐ दिल

इस इश्क़ में निकाले मैंने भी नाम क्या-क्या
ख़ाना-ख़राब-ओ-रुस्वा, बे-दीन और बे-दिल

1204. गुल खाना–इश्क़ जताने के लिए माशूक़ के छल्ले को आग में तपाकर जिस्म पर दाग़ खाना (डालना)। हज़ार हैफ़–बहुत अफ़सोस। रा'ना जवान–ख़ूबसूरत जवान। गुल-ब-सर–सर पर फूल सजाए हुए। दाग़–निशान, ज़ख़्म। जा-ए-गुल–फूलों के स्थान पर। मुर्ग़-ए-चमन–बाग़ के पक्षी। गुल-फ़रोश–फूल बेचने वाला। सबद–टोकरा, टोकरी। बू-ए-गुल–फूल की ख़ुशबू। नवा-ए-ख़ुश-ए-अंदलीब–अच्छी (मीठी) जबान में बोलने वाली बुलबुल।

1205. ग़म-ए-मज़मूँ–लिखने के लिए विषय सामग्री पर सोच-विचार का कष्ट। ख़ातिर–मिज़ाज, दिल। काग़ज़ नमत–काग़ज़ की तरह। गो–हालाँकि। ज़र्द–पीला। सैद-ए-ज़बूँ–बेबस शिकार। मुन्तज़िर–इंतिज़ार करने वाला। सोज़-ए-सीना–सीने की जलन, अंदरूनी दुख-दर्द। लूँ–लून, चेहरे की रंगत यानी सुर्ख़ी। लूँ–लू, तेज़ गर्म हवा। आह-ए-सर्द–ठंडी साँस, वो आह जो अंदरूनी दुखों या किसी सदमे के कारण निकलती हैं।

1206. गुदाज़–पिघला हुआ। ख़ाना-ख़राब-ओ-रुस्वा–तबाह और बदनाम। बे-दीन–जिसका कोई धर्म न हो।

जूँ अब्र रोइए क्या, दिल बर्क़-सा है बेकल
रक्खे ही रहिए अक्सर हाथ उस पे जो रहे दिल

दिल गो कि दाग़-ओ-ख़ूँ है, रहती है लाग तुझसे
इन्साफ़ कर कि जाकर दिखलावें फिर किसे दिल

दिल के सबात से हम नौमीद हो रहे हैं
अब वो समाँ है ख़ूँ हो, रुख़्सार पर बहे दिल

जाता है क्या खिंचा कुछ, देख उसको नाज़ करता
आता नहीं हमें ख़ुश अंदाज़-ए-बे-तहे-दिल

हम दर्दमंद, अपना सोज़-ए-दरूँ है बेहद
या-रब हमारे ऊपर किस मर्तबे जले दिल

ऐ 'मीर' उसे है निस्बत किन हल्क़ा-हल्क़ा मू से
बेताब कुछ है गाहे, पुर-पेच है गहे दिल

1207

खिंचता है उस तरफ़ ही को बे-इख़्तियार दिल — दीवाना दिल, बला-ज़दा दिल, बे-क़रार दिल
समझा भी तू कि दिल किसे कहते हैं, दिल है क्या — आता है जो ज़बाँ पे तिरी बार-बार दिल
आज़ुर्दा-ख़ातिरी का हमारी न कर अजब — इक उम्र हम रहा किए हैं मार-मार दिल
वाशुद फ़सुर्दगी से तिरी इस चमन में है — दिल जो खिला तो जैसे गुल-ए-बे-बहार दिल

'मीर' उसके इश्तियाक़-ए-हम-आग़ोशी में न पूछ
जाता है अब तो जी ही, रहा दर-किनार दिल

1208

मत करो शोर-ओ-फ़ुग़ाँ से ताइरो आज़ार-ए-दिल
अब दिमाग़ उड़ता है बातों में कि हूँ बीमार-ए-दिल

रंज-ओ-ग़म भी खींचने के दिन तो यारो हो चुके
अब नहीं जाती उठाई कुल्फ़त-ए-बिस्यार-ए-दिल

जूँ अब्र–बादल की तरह। बर्क़-सा–बिजली सा। बेकल–बेचैन। दाग़–ज़ख़्मी। सबात–दृढ़ता, सलामती। नौमीद–निराश। समाँ–हाल, मौसम। रुख़्सार–गाल। ख़ुश आना–पसंद आना। अंदाज़-ए-बे-तहे-दिल–बे-हौसला/कमज़ोर दिल का अंदाज़। सोज़-ए-दरूँ–अन्दरूनी जलन, परेशानी। मर्तबा–दर्जा, तरह। निस्बत–लगाव, वास्ता, सम्बन्ध। हल्क़ा-हल्क़ा मू–घुंगराले बाल। गाहे/गहे–कभी। पुर-पेच–उलझा हुआ।

1207. आज़ुर्दा-ख़ातिरी–दिल का उदास होना। अजब–हैरत। वाशुद–खिलना। फ़सुर्दगी–कुम्लाहट, मुरझाना। गुल-ए-बे-बहार–बिना मौसम के खिलने वाला फूल। इश्तियाक़-ए-हम-आग़ोशी–एक दूसरे को बाँहों में लेने की तमन्ना। दर-किनार–एक तरफ़।

1208. शोर-ओ-फ़ुग़ाँ करना–रोना और फ़रियाद करना। ताइर–पक्षी। आज़ार-ए-दिल–दिल का दुख, परेशानी। कुल्फ़त-ए-बिस्यार-ए-दिल–दिल की बहुत ज़्यादा परेशानी।

1209

शोर से ताइर-ए-गुलज़ार के बेज़ार हैं हम
दिल उठाता नहीं अपना कि गिरफ़्तार हैं हम

1210

पोशाक तंग पहने बारे कहाँ चले तुम — है आज ईद, साहिब मेरे लगो गले तुम
कम-पाई इस क़दर है, मंज़िल है दूर इतनी
तय किस तरह करोगे यारो ये मरहले तुम

1211

या-रब उस महबूब को फिर इक नज़र देखेंगे हम — अपनी आँखों से उसे याँ जल्वागर देखेंगे हम
मैं कहा देखो इधर टुक तुम, तो मैं भी जान दूँ — हँस के बोले ये तिरी बातें हैं, पर देखेंगे हम
पास-ए-ज़ाहिर से उसे तो देखना दुश्वार है — जाएंगे मजलिस में तो ईधर-उधर देखेंगे हम
यूँ न देंगे दिल किसू सीमीं बदन ज़र-दोस्त को — इब्तिदा-ए-इश्क़ में अपना भी घर देखेंगे हम
काम, कहते हैं, समाजत से कभू लेते हैं लोग — एक दिन उसके कने जाकर बिफर देखेंगे हम
राह तकते-तकते अपनी आँखें भी पथरा चलीं — ये न जाना था कि सख़्ती इस क़दर देखेंगे हम
शोरिश-ए-दीवानगी उसकी नहीं जाएगी, लेक
एक-दो दिन 'मीर' को ज़ंजीर कर देखेंगे हम

1212

चुप हैं कुछ जो नहीं कहते हम, कार-ए-इश्क़ के हैराँ हैं
सोचो हाल हमारा टुक तो बात की तह को पाओ तुम

1213

ज़ुल्म हुए हैं क्या-क्या हम पर, सब्र किया है क्या-क्या हम
आन लगे हैं गोर किनारे, उसकी गली में जा-जा हम

1209. ताइर-ए-गुलज़ार–बाग़ के पक्षी, चिड़िया। बेज़ार–दुखी, परेशान। दिल उठाना–सम्बन्ध विच्छेद करना।

1210. कम-पाई–कमज़ोरी, थकान। मरहला–मंज़िल, पड़ाव।

1211. या-रब–ऐ ख़ुदा। जल्वागर–जल्वा दिखाने वाला। पास-ए-ज़ाहिर–अपनी हैसियत का लिहाज़ करना। दुश्वार–मुश्किल। मजलिस–सभा, महफ़िल। सीमीं बदन–चाँदी जैसे रंग वाला शरीर, बहुत गोरा शरीर। ज़र दोस्त–लालची। इब्तिदा-ए-इश्क़–प्यार की शुरुआत। समाजत–विनती। कने–पास। शोरिश-ए-दीवानगी–दीवानगी का हंगामा। लेक–लेकिन। ज़ंजीर करना–पाँव में ज़ंजीर डालना, क़ैद करना।

1212. कार-ए-इश्क़–इश्क़ का काम।

1213. गोर–क़ब्र। गोर किनारे लगना–मरने के क़रीब होना।

'मीर' फ़क़ीर हुए तो इक दिन क्या कहते हैं बेटे से
उम्र रही है थोड़ी, इसे अब, क्यूँकर काटें बाबा हम

1214

एक-आध दिन सुनोगे सन्ना के रह गए हम
काँपा करे है जी सो ठहरा के रह गए हम

पुर-दाग़ दिल को लेकर आख़िर किया किनारा
उस बाग़ से गली में जा-जा के रह गए हम

सोज़-ए-दरूँ ने हमको पर्दे में मार रक्खा
जूँ शम्अ आप ही को खा-खा के रह गए हम

हैरत से आशिक़ी की पूछा था दोस्तों ने
कह सकते कुछ तो कहते, शर्मा के रह गए हम

ऐ वाए दिल गए पर, जी भी गया हमारा
या'नी कि 'मीर' बरसों, पछता के रह गए हम

1215

हाल ज़ख़्म-ए-जिगर से है दरहम काश रहते किसू तरफ़ मर हम
आप को अब कहीं नहीं पाते बेख़ुदी से गए हैं कीधर हम
दैर-ओ-का'बा गए हैं, हम अक्सर या'नी ढूँडा है उसको, घर-घर हम
कह सके कौन हम को, ना-हमवार अब तो हैं ख़ाक से बराबर हम
कोफ़्त-सी कोफ़्त अपने दिल पर है छाती कूटा किए हैं अक्सर हम
अब्र करता है अब कमी सी 'मीर'
देखे हैं सू-ए-दीदा-ए-तर हम

1216

तजा है हैरत-ए-इश्क़ी से, गुफ़्तगू को हम ख़मोश देखते रहते हैं, उसके रू को हम
अगरचे वस्ल है, पर हैं तलब में सरगर्दां पः वहम-कार ही जाते हैं, जुस्तजू को हम

बाबा–बेटा।

1214. पुर-दाग़ दिल–ज़ख़्मों से भरा दिल। सोज़-ए-दरूँ–अंदरूनी जलन। वाए–अफ़सोस।

1215. दरहम–तितर-बितर, परेशान। दैर–मन्दिर। ना-हमवार–उबड़-खाबड़, जो समतल न हो। कोफ़्त–दर्द, दुख, थकन। अब्र–बादल। सू-ए-दीदा-ए-तर–आँसू भरी आँखों की तरफ़।

1216. तजना–त्यागना, छोड़ना। ख़मोश–ख़ामोश, चुप। रू–चेहरा। अगरचे–यद्यपि, हालाँकि। वस्ल–मिलन, दर्शन। सरगर्दां–परेशान। पः–परन्तु, लेकिन। वहम-कार–वहम करने वाला। जुस्तजू–तलाश, खोज।

अब अपनी जान से हैं तंग, दम रुका है बहुत मिला ही देंगे तिरी तेग़ से, गुलू को हम
जला के ख़ाक करे वो, कि रह के दाग़ करे लगा दें आग से, क्या अपनी गर्म-ख़ू को हम
मुरीद-ए-पीर-ए-ख़राबात यूँ न होते 'मीर'
समझते आरिफ़ अगर और भी किसू को हम

1217

इश्क़ तो कार-ए-ख़ूब है लेकिन 'मीर' खिंचे है रंज बहुत
काश के आलम-ए-हस्ती में बे-इश्क़-ओ-मुहब्बत आते हम

1218

हर तौर में हम हर्फ़-ओ-सुख़न लाग से दिल की क्या-क्या कहें हैं मुर्ग़-ए-चमन अपनी ज़बाँ में
ख़ुश-रंग है किस मर्तबा अनहार का पानी ख़ूँ-नाब मिरी चश्म का है आब-ए-रवाँ में
रोओ मिरे अहवाल पे जूँ अब्र बहुत 'मीर'
बे-ताक़ती बिजली की-सी है आह-ओ-फ़ुग़ाँ में

1219

दिल के गए बे-दिल कहलाए, आगे देखिए क्या-क्या हों
महज़ूँ होवें, मफ़्तूँ होवें, मजनूँ होवें, रुस्वा हों

इश्क़ की रह में पाँव रखा सो रहने लगे कुछ रफ़्ता से
आगे चल कर देखें हम अब गुम होवें या पैदा हों

ख़ार-ओ-ख़स उलझे हैं आप्ही, बहस उन्हों से क्या रक्खें
मौज-ज़न अपनी तब्अ-ए-रवाँ से, जब हम जैसे दरिया हों

कोई तरफ़ याँ ऐसी नहीं, जो ख़ाली होवे उस से 'मीर'
ये तुर्फ़ा है, शोर-ए-जरस से, चार तरफ़ हम तन्हा हों

तेग़–तलवार। गुलू–गला, गर्दन। गर्म-ख़ू–गर्म स्वभाव। मुरीद-ए-पीर-ए-ख़राबात–शराब ख़ाने के बुज़ुर्ग का चेला/भक्त। आरिफ़–वली, ख़ुदा को पहचानने वाला, ब्रह्मज्ञानी।

1217. कार-ए-ख़ूब–पसंदीदा काम। आलम-ए-हस्ती–अस्तित्व की दुनिया। रंज खींचना–सदमा बर्दाश्त करना, मुसीबत उठाना।

1218. हर्फ़-ओ-सुख़न–बात, बातचीत। मुर्ग़-ए-चमन–बाग़ के पक्षी। ख़ुश-रंग–अच्छे रंग का, लाल रंग का। मर्तबा–तरह। अनहार–नहर का बहुवचन, नहरें। ख़ूँ-नाब–ख़ून के आँसू। चश्म–आँख। आब-ए-रवाँ–बहता हुआ पानी। अहवाल–हाल, दशा। जूँ अब्र–बादल की तरह। आह-ओ-फ़ुग़ाँ–आह और रोने की आवाज़, आह और फ़रियाद।

1219. महज़ूँ–दुखी, रंजीदा। मफ़्तूँ–मोहित। रुस्वा–बदनाम। रफ़्ता–बे-होश, खोए हुए। ख़ार-ओ-ख़स–काँटे और घास-फूस। मौज-ज़न–लहरें मारने वाला। तब्अ-ए-रवाँ–बहने वाला, खुले दिल वाला। तरफ़–दिशा। तुर्फ़ा–अनोखी बात। शोर-ए-जरस–कारवाँ के घंटे की आवाज़। तन्हा–अकेला।

1220

कुछ क़द्र आफ़ियत की मालूम की न घर में अब हिज्र-ए-यार में हैं क्या दिल-ज़दा सफ़र में
हर लहज़ा बे-क़रारी, हर लम्हा आह-ओ-ज़ारी हर-दम है अश्क-बारी, नौमीदी है नज़र में
क्या राह चलने से है, ऐ 'मीर' दिल मुकद्दर
तू ही नहीं मुसाफ़िर, है उम्र भी गुज़र में

1221

भर दी थी चश्म-ए-साक़ी में या-रब कहाँ की मय
मजलिस की मजलिसें, नज़र इक करते छक गईं
क्या 'मीर' उसकी नोक-ए-पलक से सुख़न करे
सर-तेज़ छुरियाँ गड़ती, जिगर दिल तलक गईं

1222

हम से उसे निफ़ाक़ हुआ है विफ़ाक़ में कम इत्तिफ़ाक़ पड़ते हैं ये इत्तिफ़ाक़ में
शायद कि जान-ओ-तन की जुदाई भी है क़रीब जी को है इज़्तिराब बहुत अब फ़िराक़ में
आज़िम पहुँचने के थे दिल-ओ-अर्श तक वले आया क़ुसूर अपने ही कुछ इश्तियाक़ में
तहसील इल्म करने से देखा न कुछ हुसूल मैंने किताबें रक्खीं उठा घर के ताक़ में
इक नूर गर्म-ए-जल्वा फ़लक पर है हर सहर
कोई तो माह-पारा है 'मीर' उस रवाक़ में

1223

सुब्ह हुई गुलज़ार के ताइर दिल को अपने टटोलें हैं
याद में उस ख़ुद-रौ गुल-ए-तर की कैसे-कैसे बोलें हैं

1220. आफ़ियत–आराम, ख़ैरियत। हिज्र-ए-यार–माशूक़ की जुदाई। दिल-ज़दा–परेशान हाल। हर लहज़ा–हर पल। आह-ओ-ज़ारी–रोना-पीटना। अश्क-बारी–आँसू बहाना। नौमीदी–निराशा। मुकद्दर–दुखी।

1221. चश्म-ए-साक़ी–साक़ी की आँखें। या-रब–ऐ ख़ुदा। मय–शराब। मजलिस–सभा, महफ़िल। सुख़न–बात। सर-तेज़–नोकदार, बहुत पैनी।

1222. निफ़ाक़–बिगाड़। विफ़ाक़–मुहब्बत। इत्तिफ़ाक़ पड़ना–संयोग होना। इत्तिफ़ाक़–आपसी मेल-जोल, भाईचारा। इज़्तिराब–बे-चैनी। फ़िराक़–जुदाई। आज़िम–इरादा करने वाला। अर्श–आसमान। क़ुसूर–कमी, खोट। इश्तियाक़–शौक़, चाहत। तहसील–हासिल, प्राप्त। इल्म–शिक्षा, योग्यता। हुसूल–फ़ायदा, लाभ। ताक़ में उठा रखना–छोड़ना, त्यागना। नूर–रौशनी। गर्म-ए-जल्वा–जल्वा दिखाने वाला। फ़लक–आसमान। सहर–सुबह। माह-पारा–चाँद का टुकड़ा। रवाक़–छज्जा, यहाँ आसमान की तरफ़ इशारा है।

1223. ताइर–पक्षी। ख़ुद-रौ–वो फूल या पौधा जो अपने आप उग आए। गुल-ए-तर–ताज़ा फूल।

बाग़ में जो हम दीवाने-से जा निकलें हैं नाला-कुनाँ
गुंचे हो हो मुर्ग़ चमन के साथ हमारे हो लें हैं

यार हमारा आसाँ क्या कुछ सीना कुशादा हम से मिला
ख़ून करें हैं जब दिल को वे बंद क़बा के खोलें हैं

मेंह जो बरसे है शिद्दत से, देख अँधेरी क्या है ये
या'नी तंग जो हम आते हैं, दिल को खोल के रो लें हैं

वो धोबी का कम मिलता है मैल-ए-दिल ऊधर है बहुत
कोई कहे उससे मिलते में तुझ को क्या हम धो लें हैं

मर्ग का वक़्फ़ा इस रस्ते में क्या है 'मीर' समझते हो
हारे-मांदे राह के हैं हम लोग कोई दम सो लें हैं

1224

ग़ज़ल 'मीर' की कब पढ़ाई नहीं	कि हालत मुझे ग़श की आई नहीं
ज़बाँ से हमारी है सय्याद ख़ुश	हमें अब उमीद-ए-रिहाई नहीं
किताबत गई कब कि उस शोख़ ने	बना उस की गुड्डी उड़ाई नहीं
नसीम आई मेरे क़फ़स में अबस	गुलिस्ताँ से दो फूल लाई नहीं
नविश्ते की ख़ूबी लिखी कब गई	किताबत भी एक अब तक आई नहीं

क़त्आ

जुदा रहते बरसों हुए क्यूँके ये	किनाया नहीं बे-अदाई नहीं
गिला हिज्र का सुन के कहने लगा	हमारे तुम्हारे जुदाई नहीं
सियह-तालेई मेरी ज़ाहिर है अब
नहीं शब कि उस से लड़ाई नहीं

1225

जी ही जाए है 'मीर' जो अपना दैर की जानिब, क्या करिए
यूँ तो मिज़ाज तरफ़ का'बे के, बहुतेरा हम लाते हैं

नाला कुनाँ–रोते हुए। गुंचा होना–कली की तरह मुँह बन्द कर लेना, चुप हो जाना। मुर्ग़–पक्षी। सीना कुशादा–छाती खोले हुए। क़बा–लम्बा कुर्ता। मर्ग का वक़्फ़ा–मौत का अंतराल। हारे-मांदे–थके-हारे।

1224. ग़श–चक्कर, बेहोशी। सय्याद–शिकारी। किताबत–ख़त। गुड्डी–पतंग। नसीम–हवा। क़फ़स–पिंजरा। अबस–बे-फ़ायदा, बिना किसी लाभ के। नविश्ता–लिखा हुआ, ख़त। किनाया–इशारा। गिला–शिकायत। हिज्र–जुदाई। सियह-तालेई–दुर्भाग्य, बद-नसीबी। शब–रात।

1225. दैर की जानिब–मन्दिर की ओर।

1226

भला हुआ कि दिल-ए-मुज़्तरिब में ताब नहीं — बहुत ही हाल बुरा है अब इज़्तिराब नहीं
जिगर का लोहू जो पानी हो बह निकलता था — सो हो चुका कि मिरी चश्म अब पुर-आब नहीं
हिसाब पाक हो रोज़-ए-शुमार में तो अजब — गुनाह इतने हैं मेरे कि कुछ हिसाब नहीं
गुज़र है इश्क़ की बे-ताक़ती से मुश्किल आह — दिनों को चैन नहीं है, शबों को ख़्वाब नहीं
जहाँ के बाग़ का ये ऐश है कि गुल के रंग — हमारे जाम में लोहू है सब, शराब नहीं

तलाश 'मीर' की अब मयकदों में काश करें
कि मस्जिदों में तो वो ख़ानमाँ-ख़राब नहीं

1227

हम को कहने के तईं बज़्म में जा देते हैं — बैठने पाते नहीं हम कि उठा देते हैं
उन तुयूरों से हूँ मैं भी अगर आती है सबा — बाग़ के चार तरफ़ आग लगा देते हैं
उस शह-ए-हुस्न का इक़बाल कि ज़ालिम के तईं — हर तरफ़ सैकड़ों दरवेश दुआ देते हैं
दिल जिगर हो गए बेताब-ए-ग़म-ए-इश्क़ जहाँ — जी भी हम शौक़ के मारों के दग़ा देते हैं

तुर्फ़ा सन्नाअ हैं ऐ 'मीर' ये मौज़ूँ-तबआँ
बात जाती है बिगड़ भी, तो बना देते हैं

1228

शे'र-ए-'मीर' भी पढ़ता है तो और किसू का लेकर नाम
क्यूँकर कहिए उस नादाँ को नाम से मेरे नंग नहीं

1229

वो नहीं अब कि फ़रेबों से लगा लेते हैं — हम जो देखें हैं तो वे आँख छुपा लेते हैं
कुछ तफ़ावुत नहीं हस्ती-ओ-अदम में, हम भी — उठ के अब क़ाफ़िला-ए-रफ़्ता को जा लेते हैं

1226. दिल-ए-मुज़्तरिब–बेचैन दिल। ताब–ताक़त, हिम्मत। इज़्तिराब–बेचैनी। चश्म–आँख। पुर-आब–आँसुओं से भरी। रोज़-ए-शुमार–क़यामत का दिन, जब लोगों के किए हुए कामों का हिसाब होगा। शब–रात। ख़्वाब–नींद। मयकदा–शराब-ख़ाना, मदिरालय। ख़ानमाँ-ख़राब–जिस का घर बर्बाद हो गया हो।

1227. तईं–को, वास्ते। बज़्म–महफ़िल। जा देना–जगह देना। तुयूर–पक्षी, परिंदा। सबा–हवा। शह-ए-हुस्न–सबसे ज़्यादा सुंदर, ख़ूबसूरती का बादशाह। इक़बाल–प्रताप, ख़ुश-नसीबी। दरवेश–फ़क़ीर, साधु। तुर्फ़ा–अनोखा, निराला। सन्नाअ–कारीगर, कलाकार। मौज़ूँ-तबआँ–वो आदमी जो शे'र कह सकता हो, शायर।

1228. नंग–शर्म

1229. तफ़ावुत–दूरी, फ़ासला। हस्ती-ओ-अदम–होना और न होना, लोक-परलोक। क़ाफ़िला-ए-रफ़्ता–जाता हुआ क़ाफ़िला।

नाज़ुकी हाए रे ताले' की, निकोई से कभू फूल-सा हाथों में हम उसको उठा लेते हैं
सोहबत आख़िर को बिगड़ती है सुख़न-साज़ी से क्या दर-अंदाज़ भी इक बात बना लेते हैं
हम फ़क़ीरों को कुछ आज़ार तुम्हीं देते हो यूँ तो इस फ़िरक़े से सब लोग दुआ लेते हैं
चाक सीने के हमारे नहीं सीने अच्छे इन्हीं रख़्नों से दिल-ओ-जान हवा लेते हैं
'मीर' क्या सादे हैं, बीमार हुए जिस के सबब
उसी अत्तार के लड़के से दवा लेते हैं

1230

थके चारा-जोई से, अब क्या करें कहो तुम सो दिल का मुदावा करें
नहीं चाहता जी कुछ अब सेर हैं हवस दिल को हो तो तमन्ना करें
बख़ुद जुस्तजू में न उस की रहे हम आप्ही हैं गुम किस को पैदा करें
ग़ज़ब है ये अंदाज़-ए-रफ़्तार-ए-इश्क़ चले जाएँ जी, हम तमाशा करें
बला शोर है सर में हम कब तलक क़यामत का हंगामा बरपा करें
कहें दिल की मुर्ग़ान-ए-गुलशन से क्या ये बे-हौसला हम को रुस्वा करें
खपा इश्क़ का जोश दिल में भला कि बदनाम होवें जो सौदा करें
बुरे हाल उस की गली में हैं 'मीर'
जो उठ जाएँ वाँ से तो अच्छा करें

1231

हिज्र में रोता हूँ हर शब मैं तो इस सूरत से याँ
वे अँधेरी मेंह बरसे जूँ कभू शिद्दत से याँ

किस क़दर बेगाना-ख़ू हैं मर्दुमान-ए-शहर-ए-हुस्न
बात करना रस्म-ओ-आदत ही नहीं उल्फ़त से याँ

उठ गए हैं जब से हम, सूना पड़ा है बाग़ सब
शोर हंगाम-ए-सहर का, बंद है मुद्दत से याँ

ताले'–भाग्य, क़िस्मत। निकोई–नेकी। सुख़न-साज़ी–बात बनाना, शायरी करना। दर-अंदाज़–रुकावट डालने वाला। आज़ार–दुख, तकलीफ़। फ़िरक़ा–गिरोह, समुदाय। चाक–ज़ख़्म, फटा हिस्सा। रख़्ना–छेद, सूराख़। सादा–भोला-भाला। अत्तार–इत्र और दवाएँ बेचने वाला।

1230. चारा-जोई–इलाज ढूँढना। मुदावा–इलाज। सेर–तृप्त, जिसे कोई कामना न हो। बख़ुद–आपे में, होश में। मुर्ग़ान-ए-गुलशन–बाग़ के पक्षी। रुस्वा–ज़लील, बदनाम। सौदा–जुनून, पागलपन।

1231. हिज्र–जुदाई। मेंह–बारिश। शिद्दत से–बहुत ज़ोर से। बेगाना-ख़ू–अजनबी बने रहने की आदत, दूर रहने की आदत। मर्दुमान-ए-शहर-ए-हुस्न–हुस्न के शहर के लोग, महबूब। उल्फ़त–प्यार। हंगाम-ए-सहर–सुबह के समय।

सर कोई फोड़े मुहब्बत में तो बारे इस तरह
मर गया है इश्क़ में फ़रहाद जिस क़ुदरत से याँ

दिल-कशी इस बज़्म की ज़ाहिर है तुम देखो तो हो
लोग जी देते चले जाते हैं किस हसरत से याँ

सूरतों से ख़ाक-दाँ ये आलम-ए-तस्वीर है
बोलें क्या अहल-ए-नज़र ख़ामोश हैं हैरत से याँ

फ़हम हर्फ़ों के तनाफ़ुर का भी यारों को नहीं
इस पे रखते हैं तनफ़्फ़ुर सब मिरी सोहबत से याँ

पंज-रोज़ा उम्र करिए आशिक़ी या ज़ाहिदी
काम कुछ चलता नहीं, इस थोड़ी-सी मोहलत से याँ

क्या सर-ए-जंग-ओ-जदल हो बे-दिमाग़-ए-इश्क़ को
सुलह की है 'मीर' ने हफ़्ताद-ओ-दो मिल्लत से याँ

1232

चाक हुआ दिल, टुकड़े जिगर है, लोहू रोए आँखों से
इश्क़ ने क्या-क्या ज़ुल्म दिखाए दस दिन के इस जीने में

गूँध के गोया पत्ती गुल की वो तरकीब बनाई है
रंग बदन का तब देखो, जब चोली भीगे पसीने में

लोगों में इस्लाम के हो न, शौहरत इस रुस्वाई की
शैख़ को फेरा गधे चढ़ा कर मक्के और मदीने में

'मीर' ने क्या-क्या ज़ब्त किया है शौक़ में अश्क-ए-ख़ूनीं को
कहिए जो तक़्सीर हुई हो अपना लोहू पीने में

बारे–आख़िर। क़ुदरत–ताक़त, ज़ोर। दिल-कशी–दिल लुभाने की क्रिया, आकर्षण। बज़्म–महफ़िल, दुनिया। ख़ाक-दाँ–मिट्टी से भरा संसार। आलम-ए-तस्वीर–तस्वीर की सी हालत, हैरानी या स्तब्धता पैदा करने वाली हालत। अहल-ए-नज़र–संत, ज्ञानी लोग। फ़हम–समझ। हर्फ़–शब्द, बात। तनाफ़ुर–(काव्य शास्त्र में) शे'र में ऐसे अक्षरों का सम्मिश्रण जिनका उच्चारण कानों को नागवार गुज़रे, दुरच्चाय शब्द या ध्वनि। तनफ़्फ़ुर–नफ़रत करना, भेद करना। पंज-रोज़ा–पाँच दिन का। ज़ाहिदी–सदाचारिता। सर-ए-जंग-ओ-जदल–लड़ाई झगड़े का इरादा, दिलचस्पी। बे-दिमाग़-ए-इश्क़–जो आदमी इश्क़ में चिड़चिड़ा हो गया हो। हफ़्ताद-ओ-दो मिल्लत–इस्लाम के 72 फ़िर्क़े, पंथ।

1232. चाक होना–फटना, ज़ख़्मी होना। रुस्वाई–बदनामी। शैख़–इस्लाम धर्म का ज्ञानी, मुल्ला, क़ाज़ी। अश्क-ए-ख़ूनीं–ख़ून के आँसू। तक़्सीर–भूल, ग़लती।

1233

कूचा-ए-यार तो है ग़ैरत-ए-फ़िरदौस वले आदमी एक नहीं उसके हवादारों में
होके बदहाल मुहब्बत में खिंचे आख़िरकार लोग अच्छे थे बहुत यार के बीमारों में
जी गया एक दम-ए-सर्द ही के साथ अपना हम जो ख़ुश-ज़मज़मा थे उसके गिरफ़्तारों में

अब दर-ए-बाज़-ए-बियाबाँ में क़दम रखिए 'मीर'
कब तलक तंग रहें शहर की दीवारों में

1234

किस उम्मीद पे साकिन होवे कोई ग़रीब-ए-शहर उसका
लुत्फ़ नहीं, इकराम नहीं, इनआम नहीं, एहसान नहीं

हाए लताफ़त जिस्म की उसके, मर ही गया हूँ पूछो मत
जब से तन-ए-नाज़ुक वो देखा, तब से मुझ में जान नहीं

पाँव को दामन-ए-महशर में नाचारी से हम खींचेंगे
लायक़ अपनी वहशत के उस अर्से का मैदान नहीं

शोर नहीं याँ सुनता कोई 'मीर' क़फ़स के असीरों का
गोश नहीं दीवार-ए-चमन के, गुल के शायद कान नहीं

1235

यूँ नाकाम रहेंगे कब तक, जी में है इक काम करें
रुस्वा हो कर मारे जावें, उस को भी बदनाम करें

जिनको ख़ुदा देता है सब कुछ, वे ही सब कुछ देते हैं
टोपी लंगोटी पास अपने, हम इस पर क्या इनआम करें

मुँह खोले तो रोज़ है रौशन, ज़ुल्फ़ बिखेरे रात है फिर
इन तौरों से आशिक़ क्यूँकर, सुब्ह को अपनी शाम करें

1233. ग़ैरत-ए-फ़िरदौस–जिस से स्वर्ग को भी ईर्ष्या हो। वले–लेकिन। हवादार–चाहने वाला। दम-ए-सर्द–ठंडी साँस। ख़ुश-ज़मज़मा–मीठी आवाज़ में चहकने वाला। दर-ए-बाज़-ए-बियाबाँ–जंगल का खुला हुआ दरवाज़ा।

1234. साकिन होना–ठहरना, बसना। ग़रीब-ए-शहर–परदेसी। इकराम–कृपा, इज़्ज़त। लताफ़त–मृदुलता, नाज़ुकी। दामन-ए-महशर–क़यामत के दिन इकट्ठा होने का मैदान। अर्सा–क्षेत्र, फैलाव, मैदान। क़फ़स–पिंजरा। असीर–बंदी, क़ैदी। गोश–कान। दीवार-ए-चमन–बाग़ की दीवार। गुल–फूल।

1235. रुस्वा–बदनाम, अपमानित। रोज़–दिन।

1236

फिरा मैं सूरत-ए-अहवाल हर यक को दिखाता याँ
मुरव्वत क़हत है आँखें नहीं कोई मिलाता याँ

ख़राबा दिल्ली का दह-चन्द बेहतर लखनऊ से था
वहीं मैं काश मर जाता, सरासीमा न आता याँ

मुहब्बत दुश्मन-ए-जाँ है जो मैं मालूम ये करता
तो काहे को किसू से 'मीर' अपना दिल लगाता याँ

1237

शे'र हमारे आलम के हर चार तरफ़ क्या दौड़े हैं
किस वादी आबादी में, ये हर्फ़-ओ-सुख़न मशहूर नहीं

हम देखें तो देखें उसे फिर पर्दा बेहतर है, या'नी
और करें नज़्ज़ारा उसका हम को ये मंज़ूर नहीं

राह-ए-दूर-ए-अदम से आए बस्ती जान के दुनिया में
सो याँ घर उजड़े हैं सारे, इक मंज़िल मा'मूर नहीं

हिज्राँ में भी बरसों हमने 'मीर' किया है पास-ए-वफ़ा
अब जो कभू टुक पास बुला ले हमको वो तो दूर नहीं

1238

क्या-क्या झमक गए हैं रुख़्सार-ए-यार दोनों   रह-रह गए मह-ओ-ख़ुर आईना-वार दोनों
तस्वीर-ए-क़ैस-ओ-लैला टुक हाथ ले के देखो   कैसे हैं आशिक़ी के हैरान-ए-कार दोनों
दस्त-ए-जुनूँ ने अब के कपड़ों की धज्जियाँ कीं   दामान-ओ-जैब मेरे, हैं तार-तार दोनों
पर साल की-सी बारिश बरसों में फिर हुई थी   अब्र और दीदा-ए-तर रोते हैं ज़ार दोनों
दिन हैं बड़े कभू के, रातें बड़ी कभू की   रहते नहीं हैं यक्साँ, लैल-ओ-नहार दोनों

1236. सूरत-ए-अहवाल–अपना हाल, हालत। मुरव्वत–प्यार, लगाव। क़हत–दुर्लभ। ख़राबा–वीराना, उजाड़। दह-चन्द–दस गुना। सरासीमा–हैरान, परेशान।

1237. आलम–दुनिया, ज़माना। हर्फ़-ओ-सुख़न–शे'र और शायरी। राह-ए-दूर-ए-अदम–परलोक का लम्बा रास्ता। मा'मूर–आबाद, बसा हुआ। हिज्राँ–जुदाई। पास-ए-वफ़ा–वफ़ा का ख़याल, प्यार का लिहाज़।

1238. रुख़्सार-ए-यार–माशूक़ के गाल। मह-ओ-ख़ुर–चाँद और सूरज। आईना वार–आईने की तरह। तस्वीर-ए-क़ैस-ओ-लैला–लैला और मजनूँ की तस्वीर। हैरान-ए-कार–हक्का-बक्का। दस्त-ए-जुनूँ–जुनूनी आशिक़ के हाथ। दामान-ओ-जैब–दामन और गिरेबान। अब्र–बादल। दीदा-ए-तर–तर आँखें, आँसू भरी आँखें। ज़ार रोना–फूट-फूट कर रोना। यक्साँ–बराबर, एक से। लैल-ओ-नहार–रात दिन।

ख़ुश रंग अश्क-ए-ख़ूनी गिरते रहे बराबर बाग़-ओ-बहार हैं अब, जैब-ओ-कनार दोनों
चलते जो उसको देखा, जी अपने खिंच गए हैं
हम और 'मीर' याँ हैं, बे-इख़्तियार दोनों

1239

देती है तूल बुलबुल क्या शोरिश-ए-फ़ुग़ाँ को इक नाला हौसले से बस है विदा-ए-जाँ को
मैं तो नहीं पर अब तक मस्ताना गुंचे होकर कहते हैं मुर्ग़-ए-गुलशन से मेरी दास्ताँ को
नालाँ तो हैं मुझी से पर वो असर कहाँ है गो ताइर-ए-गुलिस्ताँ सीखे मिरी ज़बाँ को
क्या जानिए कि क्या कुछ, पर्दे से होवे ज़ाहिर रहते हैं देखते हम, हर सुब्ह आसमाँ को
मेरी निगाह में तो मा'दूम सब हैं वे ही मौजूद भी न जाना इस राह से जहाँ को
बाद-अज़-नमाज़ थे कल, मयख़ाने के दर ऊपर
क्या जाने 'मीर' वाँ से, फिर उठ गए कहाँ को

1240

नहीं है ताब तनिक तुम भी मत इताब करो न गर्म होके, बहुत आग होके आब करो
कहा था तुमने कि हर हर्फ़ पर है बोसा-ए-लब जो बातें कीं हैं तो अब, क़र्ज़ का हिसाब करो

क़त्आ

हुआ है अहल-ए-मसाजिद पे काम अज़-बस तंग न शब को जागते रहने का इज़्तिराब करो
ख़ुदा करीम है, उसके करम से रखकर चश्म दराज़ खींचो किसू मयकदे में ख़्वाब करो
जहाँ में देर नहीं लगती आँखें मुँदते 'मीर'
तुम्हें तो चाहिए हर काम में शिताब करो

ख़ुश रंग–अच्छे रंग का, लाल रंग का। अश्क-ए-ख़ूनी–ख़ून के आँसू। बाग़-ओ-बहार–सजा हुआ। जैब-ओ-कनार–गिरेबान और दामन। बे-इख़्तियार–आपे से बाहर।

1239. तूल देना–बढ़ाना, लम्बा खींचना। शोरिश-ए-फ़ुग़ाँ–रोने-पीटने का शोर। नाला–रोना-धोना, फ़रियाद। विदा-ए-जाँ–जान का विदा होना, मरना। ग़ुंचा–कली। मुर्ग़-ए-गुलशन–बाग़ के पक्षी। दास्ताँ–दास्तान, कहानी। नालाँ–रोते हुए। गो–यद्यपि, हालाँकि। ताइर-ए-गुलिस्ताँ–बाग़ के पंछी, पक्षी। मा'दूम होना–मिटना। बाद-अज़-नमाज़–नमाज़ के बाद। मयख़ाना–शराब ख़ाना, मदिरालय।

1240. ताब–हिम्मत, हौसला। इताब–ग़ुस्सा। गर्म होना–ख़फ़ा होना। आग होना–गुस्से में लाल-पीला होना, बहुत गुस्सा करना। आब करना–घुला देना। हर्फ़–बात। बोसा-ए-लब–होंठों का चुम्बन। अहल-ए-मसाजिद–मस्जिदों में रहने वाले, धर्म परायण लोग। अज़-बस–बहुत ज़्यादा, अत्यधिक। काम तंग होना–परेशान होना। इज़्तिराब–बे-चैनी। करीम–मेहरबान, दयालु। करम–मेहरबानी। चश्म रखना–उम्मीद रखना। दराज़ खींचना–पाँव फैला कर लेट जाना, आराम करना। ख़्वाब करना–सोना। शिताब–जल्दी।

1241

वो गुल-सा रू सराहूँ या पेचदार मू को — नर्मी भी काश देता ख़ालिक़ टुक उसकी ख़ू को
उन गेसूओं के हल्क़े हैं चश्म-ए-शौक़-ए-आशिक़ — वे आँखें देखती हैं हसरत से उसके रू को
दम की कशिश से कोशिश, मालूम तो है लेकिन — पाते नहीं हम उसकी, कुछ तर्ज़-ए-जुस्तजू को
आलूदा ख़ून-ए-दिल से, सद हर्फ़ मुँह पर आए — मुर्ग़-ए-चमन न समझा, अंदाज़-ए-गुफ़्तगू को

दिल 'मीर' दिलबरों से, चाहा करे है क्या-क्या
कुछ इंतिहा नहीं है, आशिक़ की आरज़ू को

1242

अजब गर तेरी सूरत का न कोई यार आशिक़ हो
जो सहन-ए-ख़ाना में तू हो, दर-ओ-दीवार आशिक़ हो

तुझे इक बार अगर देखे कोई, बे-जा हो दिल उसका
ख़िराम-ए-नाज़ पर तेरे लुटा घर बार, आशिक़ हो

सज़ा है इश्क़ में ज़र्द-ओ-ज़बून-ओ-ज़ार ही होना
न आशिक़ कहिए, इन रंगों न जो बीमार आशिक़ हो

पड़े साया किसू का तेरे बिस्तर पर तो तू चौंके
वही ले काम तुझसे जो कोई पुरकार आशिक़ हो

लगो हो ज़ार-बाराँ रोने चलते बात चाहत की
कहीं इन रोज़ों तुम भी 'मीर साहिब' ज़ार आशिक़ हो

1243

तू वो नहीं किसू का तह-ए-दिल से यार हो — या तुझको दिल-शिकस्तों से इख़्लास प्यार हो
मसरूफ़-ए-एहतियात रहा करते रात-दिन — देने में दिल के अपने जो कुछ इख़्तियार हो

1241. रू–चेहरा। पेचदार मू–घुंगराले बाल। ख़ालिक़–ख़ुदा। ख़ू–आदत, स्वभाव। गेसूओं के हल्क़े–बालों का घेरा, बिखरी हुई ज़ुल्फ़। चश्म-ए-शौक़-ए-आशिक़–आशिक़ की मुहब्बत भरी आँखें। रू–मुखड़ा, चेहरा। कशिश–खिंचाव, आकर्षण। तर्ज़-ए-जुस्तजू–ढूँढने का तरीक़ा। आलूदा–सना हुआ। सद हर्फ़–सैंकड़ों बातें। मुर्ग़-ए-चमन–बाग़ का पक्षी। दिलबर–दिल ले लेने वाला, माशूक़।

1242. अजब–आश्चर्य। सहन-ए-ख़ाना–घर का आँगन। ख़िराम-ए-नाज़–नाज और अदा भरी चाल। ज़र्द-ओ-ज़बून-ओ-ज़ार–पीला, कमज़ोर और ख़स्ता। पुरकार–होशियार, चालाक। ज़ार-बाराँ रोना–फूट-फूट कर रोना। ज़ार–ख़स्ता, बदहाल।

1243. तह-ए-दिल से–दिल की गहराई से, सचमुच। इख़्लास–सच्ची हमदर्दी। मसरूफ़-ए-एहतियात–चौकस होना, होशियारी से काम लेना। इख़्तियार–अधिकार।

ऐ आहुवान-ए-का'बा न ऐंडो हरम के गिर्द   खाओ किसू की तेग़, किसू के शिकार हो
मुँह से लगी गुलाबी, हुआ कुछ शगुफ़्ता तू
थोड़ी शराब और भी पी, जो बहार हो

1244

सद-रंग बहस रहती है याँ, ज़ी-शऊर से   ऐ अक़्ल-मंद, वाए कि नादाँ हुआ न तू
नज़दीक हक़्क़ के दीन तो इस्लाम बिन है कुफ़्र   ऐ बरहमन ! दरेग़, मुसलमाँ हुआ न तू
होता है 'मीर' रू-ए-सुख़न आदमी की ओर
अफ़सोस ऐ सितम-ज़दा, इंसाँ हुआ न तू

1245

मुख़्तलित तरसा-बचों से शीरा-ख़ाने में रहा
किन ने देखा मस्जिदों में 'मीर' काफ़िर केश को

1246

काम किए हैं शौक़ से ज़ाया, सब्र न आया यारों को
मार रखा बेताबी-ए-दिल ने, हम सब ग़म के मारों को

जी तो जला अहबाब का मुझ पर, इश्क़ में उस शोले के पर
रू ही नहीं है बात का हरगिज़, अपने जानिब-दारों को

1247

जी रुका, रुकने से परे कुछ तो   आसमाँ, आ गया वरे कुछ तो
जो न होवे नमाज़, करिए नियाज़   आदमी, चाहिए करे कुछ तो
ताले'-ओ-जज़्ब-ओ-ज़ारी-ओ-ज़र-ओ-ज़ोर   इश्क़ में चाहिए, अरे कुछ तो

आहुवान-ए-का'बा–का'बे के आस-पास रहने वाले हिरन जिनका शिकार करना निषेध है। हरम–का'बा और उसके आसपास का क्षेत्र जहाँ शिकार/वध की अनुमति नहीं है। तेग़–तलवार। गुलाबी–शराब की बोतल। शगुफ़्ता–खिला हुआ।

1244. सद-रंग–सौ तरह से। ज़ी-शऊर–समझदार आदमी। वाए–अफ़सोस। दीन–धर्म। दरेग़–अफ़सोस, दुख, रंज। रू-ए-सुख़न–मुख़ातिब, सामने बात करना। सितम-ज़दा–अत्याचार का मारा हुआ।

1245. मुख़्तलित रहना–मिलते-जुलते रहना, घुलना-मिलना। तरसा-बचा–शराब ख़ाने का ख़ूबसूरत लड़का जो शराब परोसता है, ईसाई लड़के। शीरा-ख़ाना–शराब ख़ाना, मदिरालय। काफ़िर केश–काफ़िरों के तौर-तरीक़े वाला।

1246. ज़ाया–ख़राब। अहबाब–हबीब (दोस्त) का बहुवचन। रू–मुँह। बात का रू न होना–बात करने का मुँह न होना। जानिब-दार–तरफ़-दार।

1247. वरे–निकट, पास। नियाज़–आरज़ू, मुहब्बत। ताले'–क़िस्मत। जज़्ब–कशिश। ज़ारी–रोना-पीटना। ज़र–धन-दौलत।

जीना क्या है जहान-ए-फ़ानी का	मरते जाते हैं कुछ, मरे कुछ तो

सहमे-सहमे नज़र पड़े हैं 'मीर'
उसके अतवार से डरे कुछ तो

1248

जी की लाग बला है कोई, दिल जीने से उठा बैठो
होके फ़क़ीर गली में किसू की, रंज उठाओ जा बैठो

1249

यार, सद हैफ़, कि बेगाना रहा अपने साथ	आश्ना-याना न की कोई अदा, अपने साथ
इत्तिहाद इतना है उस से कि हमेशा है विसाल	अपने मतलूब को है रब्त, सदा अपने साथ
अहद ये था कि न बे-वस्ल बदन से जावे	सो जुदा होता है, की जी ने दग़ा अपने साथ
रंज ने रंज बहुत खींचे, पहुँच कर हम तक	इक बला में है गिरफ़्तार-ए-बला अपने साथ
दस गुना दुखने लगा ज़ख़्म, रखे मरहम के	दर्द का काम रही करती, दवा अपने साथ

वारिद-ए-शहर हैं या दश्त में हम शौक़-तलब
हर ज़माँ फिरता है ऐ 'मीर' लगा अपने साथ

1250

गर्मी से आशिक़ी की, आख़िर को हो रहा कुछ	पानी हुआ है कुछ तो, मेरा जिगर जला कुछ
आज़ुर्दा-दिल हज़ारों मरते ही हम सुने हैं	बीमारी-ए-दिली की, शायद नहीं दवा कुछ
दिल ही के ग़म में गुज़रे, दस दिन जो उम्र के थे	अचरज है इस नगर से, जाता नहीं रहा कुछ
दिल ले फ़क़ीर का भी हाथों में दिल-दिही कर	आ जाए है जहाँ में आगे, लिया-दिया कुछ
यारों की आह-ओ-ज़ारी, होवे क़ुबूल क्यूँकर	उन की ज़बाँ में कुछ है, दिल में है कुछ, दुआ कुछ
सारी वही हक़ीक़त, मलहूज़ सब में रखिए	कहिए नुमूद होवे जो उसके मा-सिवा कुछ
हर्फ़-ओ-सुख़न की उस से, अपनी मजाल क्या है	उन ने कहा है क्या-क्या, मैंने अगर कहा कुछ

कब तक ये बद-शराबी, पीरी तो 'मीर' आई
जाने के हो मुहय्या, अब कर चलो भला कुछ

जहान-ए-फ़ानी–नश्वर दुनिया। अतवार–तौर का बहुवचन, ढंग, तरीक़ा।

1248. रंज उठाना–दुख सहन करना, परेशानी में होना।

1249. सद हैफ़–सैकड़ों बार अफ़सोस। बेगाना–पराया। आश्ना-याना–दोस्त की तरह, मोहब्बत से। इत्तिहाद–मिलाप, दोस्ती। विसाल–मुलाक़ात। मतलूब–जिसकी तलब जी को लगी हो, माशूक़। रब्त–लगाव, दोस्ती। अहद–वादा, क़ौल, क़रार। बे-वस्ल–मेल-मुलाक़ात के बिना। वारिद-ए-शहर–शहर में आने वाला। दश्त–जंगल, वीराना। शौक़-तलब–आशिक़। ज़माँ–ज़माना, वक़्त, समय।

1250. आज़ुर्दा–नाख़ुश, दुखी। दिल-दिही–तसल्ली, दिलासा। आह-ओ-ज़ारी–रोना-पीटना। मलहूज़ रखना–ख़याल रखना, नज़र के सामने रखना। नुमूद–ज़ाहिर, दृष्टि गोचर। मा-सिवा–अलावा, सिवा। हर्फ़-ओ-सुख़न–बात-चीत। बद-शराबी–वो शराबी जो पीने के बाद होश में न रहे। पीरी–बुढ़ापा। मुहय्या–तैयार।

1251

हैरत-तलब को काम नहीं है किसू के साथ   जान-ए-अज़ीज़ अभी है मिरी आबरू के साथ
यक-रंग आश्ना हैं, ख़राबात ही के लोग   सर मय-कशों के फूटते देखे सुबू के साथ
ख़ाली नहीं है ख़्वाहिश-ए-दिल से कोई बशर   जाते हैं सब जहान से यक आरज़ू के साथ
क्या इज़्तिराब-ए-इश्क़ से मैं, हर्फ़ज़न हूँ 'मीर'
मुँह तक जिगर तो आने लगा, गुफ़्तगू के साथ

1252

सर तो बहुत बिखेरा, पर फ़ायदा किया ना
उलझाओ था जो उसकी ज़ुल्फ़ों से, सो गया ना

वे ज़ुल्फ़ें उक़्दा-उक़्दा हैं आफ़त-ए-ज़माना
उक़्दा हमारे दिल का, उन से भी कुछ खुला ना

ग़ुंचे के दिल की कुछ थी वाशुद, बहार आई
अफ़सोस है कि मौसम, गुल का बहुत रहा ना

मरना हमारा उस से कह देखें यार जाकर
हाल उसका ये ख़बर भी दरहम करे है या ना

कन-रस भी हैफ़ उसको था, न कहा तो क्या-क्या
क़तआ, लतीफ़ा, बज़्ला, शे'र-ओ-ग़ज़ल, तराना

यूँ दरमियाँ चमन के ले तो गए थे हमको
पर फ़र्त-ए-बेख़ुदी से हम थे न दरमियाना

छू सकते भी नहीं हैं हम लिपटे बाल उसके
हैं शाना-गीर से जो, ये लड़के नर्म-शाना

वहशत चमन में हमको कल सुब्ह बेशतर थी
बे उसके फूल गुल से जी एक दम लगा ना

रगड़े गए हैं जब्हे, अज़-बस-कि रास्तों के
आईना हो रहा है, वो संग-ए-आस्ताना

1251. यक-रंग–एक समान, एक रंग। आश्ना–परिचित। ख़राबात–शराब-ख़ाना। मय-कश–शराबी। सुबू–शराब का घड़ा, मटका, सुराही। बशर–आदमी। यक–एक। इज़्तिराब-ए-इश्क़–मुहब्बत की बेचैनी। हर्फ़ज़न–बात करने वाला। मुँह तक जिगर आना–जी घबराना, बहुत तकलीफ़ पहुँचना।

1252. उक़्दा-उक़्दा–बलदार। दिल का उक़्दा खुलना–दिल में ख़ुशी पैदा होना, मुश्किल हल होना। वाशुद–खिलना। दरहम करना–उलट-पलट करना। कन-रस–राग-रंग का शौक़। हैफ़–अफ़सोस। क़तआ–ग़ज़ल के मतले के अलावा एक साथ कहे जाने वाले एक ही मतलब के दो या अधिक शे'र। लतीफ़ा–चुटकुला। बज़्ला–चुटकुला। फ़र्त-ए-बेख़ुदी–बेसुधी की अधिकता। दरमियाना–बीच में। शाना-गीर होना–झिड़कना, एतराज़ करना। नर्म-शाना–मुलायम और कोमल। वहशत–घबराहट, जुनून। बेशतर–अधिक, अधिकतर। जब्हा–माथा। अज़-बस–बहुत। संग-ए-आस्ताना–चौखट का पत्थर।

1253

ग़म-ए-फ़ौत से बंदे आज़ाद रह
ख़ुदा है तो क्या ग़म है, दिलशाद रह

1254

चाह में दिल पर ज़ुल्म-ओ-सितम है, जौर-ओ-जफ़ा है क्या-क्या कुछ
दर्द-ओ-अलम है, कुल्फ़त-ओ-ग़म है, रंज-ओ-बला है क्या-क्या कुछ

आशिक़ के मर जाने के असबाब बहुत रुस्वाई में
दिल भी लगा है, शर्म-ओ-हया है, मेहर-ओ-वफ़ा है क्या-क्या कुछ

इश्क़ ने दे कर आग यकायक शहर-ए-तन को फूँक दिया
दिल तो जला है, दिमाग़ जला है, और जला है क्या-क्या कुछ

क्या-क्या दीदा-दराई-सी तुम करते रहे इस आलम में
तुमसे आगे सुनो हो साहिब नहीं हुआ है क्या-क्या कुछ

हसरत-ए-वस्ल, अंदोह-ए-जुदाई, ख़्वाहिश, काविश, ज़ौक़-ओ-शौक़
यूँ तो चला हूँ अकेला लेकिन साथ चला है क्या-क्या कुछ

1255

जामा-ए-एहराम आख़िर तह कर, दिल की ओर तवज्जो की
दर पे हरम के इसलिये थे हम, कोई मिलेगा महरम भी

देख हवा को ताइर-ए-गुलशन किस हसरत से कहते थे
गुल ही चले जाते नहीं याँ से, चलने को बैठे हैं हम भी

क्या-क्या मैं बेताब रहा हूँ रंज-ओ-अलम से मुहब्बत के
है आलम कुछ और ही मेरे दिल के मरज़ का आलम भी

गर्म हवा ही होगा जौहर सैर चमन की कर लीजे
फूल बिखरते जाते हैं, कुछ आख़िर है अब मौसम भी

नाल जड़े सीने को कूटा, चेहरे नुचे पर ख़ाक मली
'मीर' किया है मैंने निहायत दिल जाने का मातम भी

1253. ग़म-ए-फ़ौत–मौत का दुख/फ़िक्र। दिलशाद–प्रसन्न।

1254. अलम–दुख। कुल्फ़त–परेशानी। असबाब–सामान। रुस्वाई–बदनामी। दीदा-दराई–दिलेरी, बे-बाकी, बे-लिहाज़ी। आलम–दुनिया। हसरत-ए-वस्ल–मिलन की इच्छा। अंदोह–दुख। काविश–कोशिश, तलाश, खोज।

1255. जामा-ए-एहराम–हज के समय पहना जाने वाला कपड़ा। हरम–का'बा, मस्जिद। महरम–राज़दार, दोस्त। ताइर-ए-गुलशन–बाग़ के पक्षी। रंज-ओ-अलम–दुख-दर्द। आलम–हाल। सीने में नाल जड़ना–घोड़े आदि के खुर में लगने वाली (या निकली) लोहे की नाल/हल्क़े से आशिक़ का अपनी छाती को दाग़ना।

1256

नक़्द-ए-दिल ग़फ़लत से खोया, राह खोटी कर गए
कारवाँ जाता रहा, हम ख़्वाब ही में मर गए

क्या कहें उन ने जो फेरा अपने दर पर से हमें
मर गए ग़ैरत से हम भी, पर न उसके घर गए

वाइज़-ए-नाकस की बातों पर कोई जाता है 'मीर'
आओ मयख़ाने चलो तुम किसके कहने पर गए

1257

ऐ काश कोई जाकर कह आवे यार से भी यँ काम जा चुका है अब इख़्तियार से भी
ता-चन्द बे-दिमाग़ी, कब तक सुख़न ख़शिन हो कोई तो बात करिए इख़्लास-ओ-प्यार से भी
क्या जैब-ओ-आस्तीं ही सैलाब-ख़ेज़ है याँ दरिया बहा करें हैं मेरे कनार से भी
बाग़-ए-वफ़ा से हमने पाया सो फल ये पाया सीने में चाक तर है दिल अब अनार से भी
राह उसकी बरसों देखी आँखें ग़ुबार लाईं निकला न काम अपना इस इंतिज़ार से भी

जान-ओ-जहाँ से गुज़रा मैं 'मीर' जिनकी ख़ातिर
बच कर निकलते हैं वे मेरे मज़ार से भी

1258

कोहकन-ओ-मजनूँ ये दोनों दश्त-ओ-कोह में सर मारें
शौक़ नहीं मिलने का हम को 'मीर' ऐसे आवारों से

1259

कुछ नहीं और देखें हैं क्या-क्या ख़्वाब का-सा है याँ का आलम भी
हरम-ए-का'बा का न पाया भेद न मिला वाँ का एक महरम भी

खप ही जाता है आदमी ऐ 'मीर'
आफ़त-ए-जाँ है इश्क़ का ग़म भी

1256. नक़्द-ए-दिल–दिल की दौलत, दिल। ग़फ़लत–लापरवाई। वाइज़-ए-नाकस–धर्म-उपदेशक जिसकी कोई अहमियत नहीं, नालायक़ धर्म-उपदेशक।

1257. इख़्तियार–अधिकार, बस, क़ाबू। ता-चन्द–कब तक। बे-दिमाग़ी–चिड़चिड़ापन, नाज़ुक मिज़ाजी। सुख़न ख़शिन–कड़वी बात। इख़्लास–निष्कपटता। जैब-ओ-आस्तीं–गिरेबान और आस्तीन। सैलाब ख़ेज़–सैलाब उठाने वाला। कनार–दामन। बाग़-ए-वफ़ा–वफ़ा (निभाऊ) रूपी बाग़, दुनिया। चाक तर–ज़्यादा फटा हुआ।

1258. कोहकन–फ़रहाद। दश्त-ओ-कोह–जंगल और पहाड़।

1259. आलम–हालत, दशा। हरम-ए-का'बा–का'बे की चार-दीवारी, का'बे की मस्जिद। महरम–राज़दार, दोस्त।

1260

बे-दिल हुए, बे-दीं हुए, बे-वक़्र हम अत गत हुए
बे-कस हुए, बे-बस हुए, बे-कल हुए, बे-गत हुए

हम इश्क़ में क्या-क्या हुए, अब आख़िर-आख़िर हो चुके
बे-मत हुए, बे-सत हुए, बे-ख़ुद हुए, मय्यत हुए

उल्फ़त जो की, कहता है जी, हालत नहीं, इज़्ज़त नहीं
हम बाबत-ए-ज़िल्लत हुए, शाइस्ता-ए-कुल्फ़त हुए

गर कोह-ए-ग़म ऐसा गिराँ हमसे उठे, पस दोस्ताँ!
सूखे से हम दीनत हुए, तिनके से हम पर्बत हुए

आँखें भर आईं जी रुँधा, कहिए सो क्या, चुपके से थे
जी चाहता मुतलक़ न था, नाचार हम रुख़्सत हुए

या मस्त दरगाहों में शब, करते थे शाहिद-बाज़ियाँ
तस्बीह लेकर हाथ में या 'मीर' अब हज़रत हुए

1261

बाग़ में सैर कभू हम भी किया करते थे रविश-ए-आब-ए-रवाँ फैले फिरा करते थे
ग़ैरत-ए-इश्क़ किसू वक़्त बला थी हमको थोड़ी आज़ुर्दगी में तर्क-ए-वफ़ा करते थे
दिल की बीमारी से ख़ातिर तो हमारी थी जमा' लोग कुछ यूँ ही मुहब्बत से दवा करते थे
जब तलक शर्म रही माने'-ए-शोख़ी उसकी तब तलक हम भी सितम-दीदा हया करते थे
माइल-ए-कुफ्र जवानी में बहुत थे हम लोग दैर में, मस्जिदों में देर रहा करते थे
आतिश-ए-इश्क़-ए-जहाँ-सोज़ की लपटें थीं क़हर दिल जिगर जान दरूने में जला करते थे
अब तो बेताबी-ए-दिल ने हमें बिठला ही दिया आगे रंज-ओ-तअब-ए-इश्क़ उठा करते थे

उठ गए पर मिरे तकिए को कहेंगे याँ 'मीर'
दर्द-ए-दिल बैठे कहानी-सी कहा करते थे

1260. बे-दीं–बिना दीन धर्म के, अधर्मी। बे-वक़्र–बे-इज़्ज़त। अत गत–बहुत ज़्यादा, हद से ज़्यादा (अति-गति का तद्भव)। बे-कस–बेचारा। बे-कल–बेचैन। बे-गत–बुरा हाल। बे-सत–शक्तिहीन। उल्फ़त–प्यार। बाबत-ए-ज़िल्लत–अपमान का कारण। शाइस्ता-ए-कुल्फ़त–तकलीफ़ के लायक़। कोह-ए-ग़म–दुख का पहाड़। गिराँ–भारी। पस–आख़िरकार, अंततः। दीनत–मोटा। मुतलक़–बिल्कुल, क़तई। शब–रात। नाचार–बेबस। शाहिद-बाज़ियाँ–हुस्न परस्ती, आशिक़ी। तस्बीह–मुसलमानों की जपमाला। हज़रत–बुज़ुर्ग, पीर।

1261. रविश-ए-आब-ए-रवाँ–बहते पानी की तरह। आज़ुर्दगी–तकलीफ़, परेशानी। तर्क-ए-वफ़ा–वफ़ा का त्याग। ख़ातिर जमा'–इत्मिनान, तसल्ली। माने'-ए-शोख़ी–चंचलता से रोकने वाली। सितम-दीदा–सताया हुआ। माइल-ए-कुफ्र–कुफ्र की तरफ़ आकृष्ट। दैर–मन्दिर। आतिश-ए-इश्क़-ए-जहाँ-सोज़–दुनिया को जला देने वाली इश्क़ की आग। दरूने में–अन्दर ही अन्दर। रंज-ओ-तअब-ए-इश्क़–इश्क़ की परेशानी और दुख। तकिया–ठिकाना।

1262

दुनिया की क़द्र क्या जो तलबगार हो कोई कुछ चीज़ माल हो तो ख़रीदार हो कोई
हम आशिक़ान-ए-ज़र्द-ओ-ज़बून-ओ-नज़ार से मत कर अदाएँ ऐसी कि बेज़ार हो कोई
चुपके हैं हम तो हैरत-ए-हालात-ए-इश्क़ से करिए बयाँ जो वाक़िफ़-ए-असरार हो कोई
यक्साँ हुए हैं ख़ाक से पामाल हो के हम क्या और उसकी राह में हमवार हो कोई
वो रह सके है दिल-ज़दा कुछ मुंतज़िर खड़ा हैरत से उसके दर पे जो दीवार हो कोई
यक नुस्ख़ा-ए-अजीब है लड़का तबीब का कुछ ग़म नहीं है उसको जो बीमार हो कोई
क्या इज़्तिराब-ए-दिल से कहे 'मीर' सिर्र-ए-इश्क़
ये हाल समझे वो जो गिरफ़्तार हो कोई

1263

उन हिनाई दस्त-ओ-पा से दिल लगी-सी है अभी मैंने नाख़ुन-बन्दी अपनी इश्क़ में की है अभी
हाथ दिल पर ज़ोर से अपने न रक्खा चाहिए चाक की छाती मिरी, जर्राह ने सी है अभी
एक दम दिखलाई देता भी तो मरते आ कहीं शौक़ से आँखों में कोई दम मिरा जी है अभी
किस तरह हों मो'तक़िद हम इत्तक़ा-ए-शैख़ के सुब्ह को रस्म-ए-सुबूही से तो मय पी है अभी
आगे कब-कब उठते थे, सन्नाहटे से बाग़ में तर्ज़ मेरे नाले की, बुलबुल ने सीखी है अभी
ज़ेर-ए-दीवार उसके, किस उम्मीद पर, तू 'मीर' है
एक-दो ने जान उस दरवाज़े पर दी है अभी

1264

मिल अहल-ए-बसीरत से कुछ वे ही दिखा देंगे ले ख़ाक की कोई चुटकी इक्सीर बना देंगे
पानी की-सी बून्दें थीं सब अश्क न मैं जाना कपड़ों पे गिरेंगे तो वे आग जला देंगे
सरगश्ता-सा फिरता है कहते हैं बियाबाँ में गर ख़िज्र मिलेगा तो हम राह बता देंगे
माशूक़ों की गर्मी भी ऐ 'मीर' क़यामत है
छाती में गले लग कर टुक आग लगा देंगे

1262. आशिक़ान-ए-ज़र्द-ओ-ज़बून-ओ-नज़ार–दुबला, कमज़ोर, बेकार, ज़लील आशिक़। बेज़ार–नाराज़, ख़फ़ा। वाक़िफ़-ए-असरार–रहस्य जानने वाला। यक्साँ–एक सा। पामाल–रौंदा हुआ। हमवार–समतल। दिल-ज़दा–दिल का मारा हुआ, आशिक़। मुंतज़िर–इन्तिज़ार करने वाला। यक–एक। तबीब–हकीम, वैद्य। इज़्तिराब-ए-दिल–दिल की बेचैनी। सिर्र-ए-इश्क़–इश्क़ का रहस्य, भेद।

1263. हिनाई–मेहंदी लगा। दस्त-ओ-पा–हाथ और पाँव। नाख़ुन-बन्दी करना–कुछ कहने का अवसर पाना, तअल्लुक़ पैदा करना, दख़्ल हासिल करना। चाक–फटा हुआ, फटी हुई। आँखों में जी होना–मौत के क़रीब होना। मो'तक़िद–आस्था रखने वाला, यक़ीन करने वाला। इत्तक़ा-ए-शैख़–शैख़ की सदाचारिता/परहेज़गारी। सुबूही–वो शराब जो सुबह को पी जाए। नाला–रोना-धोना। ज़ेर-ए-दीवार–दीवार के नीचे।

1264. अहल-ए-बसीरत–समझदार लोग, ज्ञानी (लोग)। इक्सीर–रामबाण, प्रभावकारी दवा। अश्क–आँसू। सरगश्ता–हैरान, परेशान। बियाबाँ–वीराना, जंगल। ख़िज्र–(सही) रास्ता/राह दिखाने वाले एक बुज़ुर्ग।

1265

शब सुन के शोर मेरा, कुछ की न बे-दिमाग़ी उसकी गली के सग ने, क्या आदमी-गरी की
अल्लाह रे क्या नमक है, आदम के हुस्न में भी अच्छी लगी न हमको, ख़ुश-सूरती परी की
है अपनी मेहर-वर्ज़ी, जाँकाह-ओ-दिल-गुदाज़ाँ इस रँज में नहीं है, उम्मीद, बेहतरी की
रफ़्तार-ए-नाज़ का है, पामाल एक आलम उस ख़ुद-नुमा ने कैसी, ख़ुदराई, ख़ुदसरी की
ऐ काश अब न छोड़े सय्याद, क़ैदियों को जी ही से मारती है, आज़ादी, बे-परी की
गुज़रे बसान-ए-सरसर, आलम से बे-तअम्मुल
अफ़सोस 'मीर' तुम ने, क्या सैर सरसरी की

1266

अक्सर की बे-दिमाग़ी, हर-दम की सर-गिरानी अब कब गई उठाई, है ज़ोर-ए-नातवानी
तुम दिल को देते हो तो बे-दिल समझ के हो जो हमने तो क़द्र दिल की अफ़सोस कुछ न जानी
हसरत से देख रहियो, ऐ नामाबर मुँह उसका बस और कुछ न कहियो, हरगिज़, मेरी ज़बानी
यूँ 'मीर' तो ग़म अपना, बरसों कहा करेंगे
अब रात कम है सोओ, बस हो चुकी कहानी

1267

चलो चमन में जो दिल खुले टुक, बहम ग़म-ए-दिल कहा करेंगे
तुयूर ही से बका करेंगे, गुलों के आगे बुका करेंगे

क़रार दिल से किया है अब के, कि रुक के घर में न मरिएगा यूँ
बहार आई जो अपने जीते, तो सैर करने चला करेंगे

हलाक होना मुक़र्ररी है मरज़ से दिल के, पः तुम कुढ़ो हो
मिज़ाज साहिब अगर इधर है, तो हम भी अपनी दवा करेंगे

बुरा है दिल का हमारे लगना, लगाना ग़ुस्से से आशिक़ी के
नुची जबीं से गली में उसकी, ख़राब-ओ-ख़स्ता फिरा करेंगे

1265. शब–रात। बे-दिमाग़ी–चिड़चिड़ापन, नाराज़गी। सग–कुत्ता। आदमी गरी–आदमी बनाना, तमीज़ सिखाना। ख़ुश-सूरती–ख़ूबसूरती। मेहर-वर्ज़ी–आशिक़ी। जाँकाह–जिस से जान घुल जाए। दिल-गुदाज़ाँ–दिल को पिघलाने वाले। रफ़्तार-ए-नाज़–माशूक़ की नाज़ और अदा से भरी चाल। पामाल–पैरों तले कुचला हुआ। एक आलम–सारी दुनिया। ख़ुद-नुमा–ख़ुद को दिखाने वाला, घमण्डी। ख़ुदराई–मनमानी। ख़ुदसरी–जिद, अवज्ञा। सय्याद–शिकारी। बे-परी–पंख न होना। बसान–तरह। सरसर–सर्दी के मौसम की ठिठुराने वाली तेज़ हवा। बे-तअम्मुल–बे-हिचक।

1266. बे-दिमाग़ी–चिड़चिड़ापन। सर-गिरानी–नाराज़गी। ज़ोर-ए-नातवानी–कमज़ोरी का ज़ोर। नामाबर–पत्रवाहक।

1267. बहम–आपस में। तुयूर–पक्षी, पंछी। बुका–रोना। हलाक होना–क़त्ल होना। मुक़र्ररी–लाज़मी, तय शुदा। जबीं–माथा।

विसाल-ए-ख़ूबाँ न कर तमन्ना कि ज़हर शीरीं-लबी है उनकी
ख़राब-ओ-रुस्वा जुदा करेंगे, हलाक मिलकर जुदा करेंगे

अगर वो रश्क-ए-बहार समझे कि रंग अपना भी है अब ऐसा
वरक़ ख़िज़ाँ में जो ज़र्द होंगे, ग़म-ए-दिल उन पर लिखा करेंगे

ग़म-ए-मुहब्बत में 'मीर' हमको, हमेशा जलना, हमेशा मरना
सऊबत ऐसी, दिमाग़-ए-रफ़्ता, कहाँ तलक हम वफ़ा करेंगे

1268

सुनो सर-गुज़श्त अब हमारी ज़बानी   सुनी गरचे जाती नहीं ये कहानी
गया भूल जी शैब में जो हमारा   बहुत याद आई, गई वो जवानी
तवक़्क़ो नहीं याँ तक आने की उन से   अगर लुत्फ़ मुझ पर करें, मेहरबानी
गिरी ज़ब्त-ए-गिरया से दिल की इमारत   हुई चश्म-ए-तर इस ख़राबे की बानी
मिला देती है ख़ाक में आदमी को   मुहब्बत है कोई बला आसमानी
गिरामी गुहर 'मीर जी' था हमारा
वले इश्क़ में क़द्र हमने न जानी

1269

चलते हो तो चमन को चलिए, कहते हैं कि बहाराँ है
पात हरे हैं, फूल खिले हैं, कम-कम बाद-ओ-बाराँ है

रंग हवा से यूँ टपके है, जैसे शराब चुआते हैं
आगे हो मयख़ाने के निकलो, अहद-ए-बादा-गुसाराँ है

दिल है दाग़, जिगर है टुकड़े, आँसू सारे ख़ून हुए
लोहू पानी एक करे, ये इश्क़-ए-लाला-इज़ाराँ है

कोहकन-ओ-मजनूँ की ख़ातिर, दश्त-ओ-कोह में हम न गए
इश्क़ में हमको 'मीर' निहायत पास-ए-इज़्ज़त-दाराँ है

विसाल-ए-ख़ूबाँ–ख़ूबसूरत लोगों से मुलाक़ात, हसीनों का दर्शन। शीरीं लबी–मीठे बोल बोलना। रश्क-ए-बहार–जिससे बहार का मौसम भी ईर्ष्या करे, ख़ूबसूरत महबूब। वरक़–पत्ता, पत्ते। ख़िज़ाँ–पतझड़। ज़र्द–पीला। सऊबत–मुश्किल, परेशानी। दिमाग़-ए-रफ़्ता–दीवानापन।

1268. सरगुज़श्त–आप-बीती। गरचे–हालाँकि। शैब–बुढ़ापा। तवक़्क़ो–उम्मीद, आशा। ज़ब्त-ए-गिरया–आँसू पीना, आँसू रोकना। चश्म-ए-तर–भीगी आँख। बानी–बुनियाद डालने वाला। गिरामी गुहर–बहुत इज़्ज़त वाला।

1269. बाद-ओ-बाराँ–हवा और बारिश। अहद-ए-बादा-गुसाराँ–शराब पीने वालों का ज़माना। इश्क़-ए-लाला-इज़ाराँ–फूलों की तरह सुर्ख़ गाल वालों की मुहब्बत। कोहकन–फ़रहाद। दश्त-ओ-कोह–जंगल और पहाड़। पास-ए-इज़्ज़त-दाराँ–प्रतिष्ठित लोगों का लिहाज़, मजनू और फ़रहाद की आबरू का ख़याल।

1270

बहम मेहर-वर्ज़ी के सरगर्म थे ख़ुदा जाने वो लोग कीधर गए
लहू मेरी आँखों में आता नहीं जिगर के मगर ज़ख़्म सब भर गए
रबात-ए-कुहन में नहीं 'मीर जी'
हवा जो लगी वे भी बाहर गए

1271

दूद-ए-दिल, सोज़ान-ए-मुहब्बत, महव जो हो तो अर्श पे हो
या'नी दूर बुझेगी जाकर इश्क़ की आग लगाई हुई

चितवन के अंदाज़ से ज़ालिम तर्क-ए-मुरव्वत पैदा है
अहल-ए-नज़र से छुपती नहीं है आँख किसू की छुपाई हुई

1272

मौसम है, निकले शाख़ों से पत्ते हरे-हरे
पौदे चमन में फूलों से देखे भरे-भरे

आगे किसू के क्या करें दस्त-ए-तमअ दराज़
वो हाथ सो गया है सिरहाने धरे-धरे

क्या समझे उसके रुत्बा-ए-आली को अहल-ए-ख़ाक
फिरते हैं जूँ सिपहर बहुत हम वरे-वरे

मरता था मैं तो, बाज़ रखा मरने से मुझे
ये कह के कोई ऐसा करे है अरे-अरे

गुलशन में आग लग रही थी रंग-ए-गुल से 'मीर'
बुलबुल पुकारी देख के, साहिब परे-परे

1270. बहम मेहर-वर्ज़ी–आपस में प्यार-मुहब्बत। सरगर्म–तैयार, जोश से भरा। रबात-ए-कुहन–पुरानी सराय, मुसाफ़िरों के रहने की जगह।

1271. दूद-ए-दिल–दिल से उठने वाला धुआँ। सोज़ान-ए-मुहब्बत–मुहब्बत की जलन। महव होना–मिटना, खो जाना। अर्श–आसमान। तर्क-ए-मुरव्वत–लिहाज़ छोड़ना। अहल-ए-नज़र–पारखी लोग।

1272. पौदे–पौधे। दस्त-ए-तमअ दराज़ करना–ज़रूरत के लिए हाथ फैलाना। रुत्बा-ए-आली–ऊँचा रुत्बा, शान-ओ-शौकत। अहल-ए-ख़ाक–ख़ाक में पड़े लोग या'नी फ़क़ीर। सिपहर–आसमान। बाज़ रखना–दूर रखना, बचना।

1273

गई वो नौबत-ए-मजनूँ कि नाम बाजे था — हमारा शोर-ए-जुनूँ अब है, अपनी बारी है
करें तो जा के गदायाना उस तरफ़ आवाज़ — अगर सदा कोई पहचाने शर्मसारी है
हमें ही इश्क़ में जीने का कुछ ख़याल नहीं — वगरना सब के तईं जान अपनी प्यारी है
निगाह ग़ौर से कर 'मीर' सारे आलम में
कि होवे ऐन-ए-हक़ीक़त वही तो सारी है

1274

इश्क़ में खोए जाओगे तो, बात की तह भी पाओगे
क़द्र हमारी कुछ जानोगे, दिल को कहीं जो लगाओगे

सब्र कहाँ बेताबी-ए-दिल से, चैन कहाँ बेख़्वाबी से
सौ-सौ बार गली में तकते, घर से बाहर आओगे

रंग मुहब्बत के हैं कितने, कोई तुम्हें ख़ुश आवेगा
ख़ून करोगे या दिल को, या दाग़ जिगर पे जलाओगे

चाहत 'मीर' सभी करते हैं, रंज-ओ-तअब में रहते हैं
तुम जो अभी बेताब हो ऐसे, जी से हाथ उठाओगे

1275

अब के सफ़र को हम से वो मह जुदा गया है — रुख़्सत में लग गले से छाती जला गया है
फ़रहाद-ओ-क़ैस गुज़रे, अब शोर है हमारा — हर कोई अपनी नौबत दो दिन बजा गया है
ज़ोफ़-ए-दिमाग़ से मैं, भर कर नज़र न देखा — क्या देर में पलक से मेरी उठा गया है
बेजा हुए बहुत दिल, रफ़्तार देख उसकी — उज़लत-गज़ीनों से भी, कम ही रहा गया है
रुस्वा, ख़राब-ओ-ग़मकश, दिल-बाख़्ता मुहब्बत — आशिक़ को तेरे ग़म में क्या-क्या कहा गया है

क़त्आ

ऐ 'मीर' शे'र कहना क्या है कमाल-ए-इंसाँ — ये भी ख़याल-सा कुछ, ख़ातिर में आ गया है
शाइर नहीं जो देखा, तू तो है कोई साहिर
दो-चार शे'र पढ़ कर सब को रिझा गया है

1273. नौबत-ए-मजनूँ–मजनूँ का ज़माना, दौर। गदायाना–भिखारी की तरह। सदा–आवाज़। वगरना–वरना। सब के तईं–हर किसी को। आलम–दुनिया। ऐन-ए-हक़ीक़त–असली सच्चाई।

1274. बेख़्वाबी–नींद न आना। ख़ुश आना–अच्छा लगना, पसंद आना। रंज-ओ-तअब–दुख-दर्द।

1275. मह–चाँद। क़ैस–मजनूँ। नौबत–नक़्क़ारा। ज़ोफ़-ए-दिमाग़–दिमाग़ की कमज़ोरी। उज़लत-गज़ीन–तन्हाई पसन्द करने वाला, सूफ़ी। रुस्वा–बदनाम। ग़मकश–दुख/ग़म उठाने वाला। दिल-बाख़्ता–जो इश्क़ की बाज़ी हार गया हो, परेशान, घबराया हुआ। ख़ातिर में आना–दिल में आना, ख़याल में आना। साहिर–जादूगर।

1276

सब्र कर रह जो वो इताब करे वर्ना क्या जाने क्या ख़िताब करे
इश्क़ में दिल बहुत है बे-आराम चैन देवे तो कोई ख़्वाब करे
वक़्त याँ कम है, चाहिए आदम करना जो कुछ हो सो शिताब करे
फाड़ कर ख़त को उन ने फेंक दिया नामा-बर उसका क्या जवाब करे
है तो यक क़तरा ख़ून ही लेकिन क़हर है दिल जो इज़्तिराब करे
'मीर' उठ बुत-कदे से का'बे गया
क्या करे जो ख़ुदा ख़राब करे

1277

आँखों की ख़ूँ-नाबा-फ़िशानी देखें 'मीर' कहाँ तक ये
ज़र्द हमारे रुख़्सारों पर, हर-दम ख़ून बहा जावे

1278

होती नहीं तसल्ली-ए-दिल गुलसिताँ से भी तस्कीं नहीं है जान को आब-ए-रवाँ से भी
आगे थी शोख़ी हम से किनायों में, चुप थे हम मुश्किल है अब बुरा लगे कहने ज़बाँ से भी
झुंझलाहट और ग़ुस्से में, हिज्रान-ए-यार के झगड़ा हमें रहे है, ज़मीं आसमाँ से भी
दुनिया से दर-गुज़र कि गुज़र-गह अजब है ये
दरपेश या'नी 'मीर' है, जाना जहाँ से भी

1279

इश्क़ किया है जब से हमने, दिल को कोई मलता है
अश्क की सुर्ख़ी, ज़र्दी-ए-चेहरा क्या-क्या रंग बदलता है

1276. इताब–गुस्सा। ख़िताब करना–कहना, बात करना, संबोधन। ख़्वाब करना–सोना। शिताब–जल्दी। नामा-बर–पत्रवाहक। यक क़तरा–एक बूँद। इज़्तिराब–बेचैनी। बुत-कदा–मूर्ति-गृह, मन्दिर।

1277. ख़ूँ-नाबा-फ़िशानी–ख़ून के आँसू बहाना। ज़र्द रुख़्सार–पीले गाल।

1278. तस्कीं–तस्कीन, सुकून, आराम। आब-ए-रवाँ–बहता पानी। शोख़ी–शरारत, बेअदबी। किनायों में–इशारों में। हिज्रान-ए-यार–महबूब की जुदाई। दर-गुज़र–छोड़ना, बाज़ आना। गुज़र-गह–रास्ता। दरपेश–सामने, आगे।

1279. अश्क की सुर्ख़ी–आँसुओं की लाली। ज़र्दी-ए-चेहरा–चेहरे का पीलापन।

1280

दिल की बात कही नहीं जाती, चुपके रहना ठाना है
हाल अगर है ऐसा ही तो जी से जाना जाना है

उसकी निगाह-ए-तेज़ है मेरे दोश-ओ-बर पर इन रोज़ों
या'नी दिल पहलू में मेरे तीर-ए-सितम का निशाना है

दिल जो रहे तो पाँव को भी दामन में हम खींच रखें
सुब्ह से लेकर साँझ तलक ऊधर ही जाना-आना है

सुर्ख़ कभू आँसू हैं होते, ज़र्द कभू है मुँह मेरा
क्या-क्या रंग मुहब्बत के हैं, ये भी एक ज़माना है

फ़ुर्सत है याँ कम रहने की, बात नहीं कुछ कहने की
आँखें खोल के कान जो खोलो, बज़्म-ए-जहाँ अफ़्साना है

फ़ायदा होगा क्या मुतरत्तिब, नासेह हर्ज़ा-दराई से
किस की नसीहत कौन सुने है, आशिक़ तो दीवाना है

तेग़ तले ही उसके क्यूँ न गर्दन डाल के जा बैठें
सर तो आख़िर-कार हमें भी ख़ाक की ओर झुकाना है

1281

इस रफ़्ता की जाँ-बख़्शी, टुक आते हुई उसके   रखते ही क़दम मुझ में फिर जान गई आई
था सब्र-ओ-सुकूँ जब तक रहता था मुझे ग़श-सा   बेताबी-ए-दिल सर पर एक और बला लाई

ऐ 'मीर' किसे दें हैं जब तक न नसीबा हो
कर शुक्र मिली है जो उस दर की जबीं-साई

1282

रंज की उस के जो ख़बर गुज़रे   रफ़्ता वारफ़्ता उसका मर गुज़रे
एक पल भी न उस से आँसू पुँछे   रोते मुझको पहर-पहर गुज़रे
राह-ए-जानाँ से है गुज़र मुश्किल   जान ही से कोई मगर गुज़रे

1280. दोश-ओ-बर–कन्धा और बदन। रोज़ों–दिनों। पाँव खींचना–चलना-फिरना छोड़ देना। ज़र्द–पीला। बज़्म-ए-जहाँ–दुनिया रूपी महफ़िल, दुनिया। मुतरत्तिब–ठीक, दुरुस्त, क्रमबद्ध। नासेह–नसीहत करने वाला। हर्ज़ा-दराई–बकवास, बेकार की बातें। तेग़–तलवार।

1281. रफ़्ता–खोया हुआ, आशिक़। जाँ-बख़्शी–जान बख़्श देना, जान की माफ़ी मिल जाना। ग़श–बेहोशी। जबीं-साई–माथा रगड़ना।

1282. रफ़्ता–आशिक़, खोया हुआ। वारफ़्ता–बेख़ुद, दीवाना।

मारे ग़ैरों को या मरे आशिक़ कुछ न कुछ चाहिए कि कर गुज़रे
गुंचा हो शर्म से उन आँखों की गुल-ए-नर्गिस अगर नज़र गुज़रे
सर का जाना ही हर क़दम है 'मीर'
क्या कोई उस की राह पर गुज़रे

1283

यार के दर पर ज़िक्र है क्या हंगामा-ए-रोज़-ए-महशर का
उस कूचे में क़यामत से तो 'मीर' बहुत ऊधम देखे

1284

गिर कर उसकी गली की ख़ाक में मुफ़्त अश्क की मोती की सी आब गई
बू-ए-गुल या नवा-ए-बुलबुल थी उम्र अफ़सोस क्या शिताब गई
नमक-ए-हुस्न-ए-सब्ज़ से ऐ 'मीर'
सारी कैफ़ीयत-ए-शराब गई

1285

अब तर्क कर लिबास तवक्कुल ही कर रहे जब से कुलाह सर पे रखी दर-ब-दर रहे
इस दश्त से ग़ुबार हमारा न टुक उठा हम ख़ानमाँ-ख़राब न जाना किधर रहे
आने से इस तरफ़ के तिरे मैंने ग़श किया शिकवा भी उस से कीजिए जिस को ख़बर रहे
जब तक हो ख़ून दिल में, जिगर में, मिज़ा हों नम तह कुछ भी जो न होवे तो क्या चश्म तर रहे
आशिक़ ख़राब-हाल तिरे हैं गिरे-पड़े जूँ लश्कर-ए-शिकस्ता परेशाँ उतर रहे
ऐब आदमी का है जो रहे इस दयार में
मुतलक़ जहाँ न 'मीर' रिवाज-ए-हुनर रहे

गुंचा–कली। गुल-ए-नर्गिस–नर्गिस का फूल, नर्गिस के फूल से अमूमन माशूक़ की आँखों को उपमा दी जाती है।

1283. हंगामा-ए-रोज़-ए-महशर–क़यामत के दिन उठने वाला हंगामा।

1284. अश्क–आँसू। आब–चमक, रौनक़। बू-ए-गुल–फूल की ख़ुशबू। नवा-ए-बुलबुल–बुलबुल की आवाज़। शिताब–जल्दी, शीघ्र। नमक-ए-हुस्न-ए-सब्ज़–यौवन काल के प्रारम्भ में लड़कों के गालों पर निकलने वाले रोएँ जिससे वो साँवले नज़र आते हैं। कैफ़ीयत-ए-शराब–शराब की मस्ती।

1285. तर्क कर–छोड़कर। लिबास–कपड़े, पौशाक। तवक्कुल–सिर्फ़ ख़ुदा पर भरोसा करना। कुलाह–टोपी। दर-ब-दर–मारे-मारे फिरना। दश्त–जंगल। ख़ानमाँ-ख़राब–जिसका घर-बार उजड़ गया हो, तबाह। ग़श–बेहोशी। मिज़ा–पलकें। चश्म–आँख। लश्कर-ए-शिकस्ता–हारी हुई फ़ौज, सेना। दयार–घर, दुनिया। मुतलक़–क़तई, बिल्कुल। रिवाज-ए-हुनर–हुनर की इज़्ज़त, समझदार आदमी की इज़्ज़त।

1286

आज हमें बेताबी-सी है, सब्र की दिल से रुख़्सत थी
चारों ओर निगह करने में आलम-आलम हसरत थी

बदनामी क्या इश्क़ की कहिए, रुस्वाई-सी रुस्वाई है
सहरा-सहरा वहशत भी थी, दुनिया-दुनिया तोहमत थी

राह की कोई सुनता न था याँ रस्ते में मानिंद-ए-जरस
शोर-सा करते जाते थे हम, बात की किसको ताक़त थी

अहद हमारा तेरा है ये, जिसमें गुम है मेहर-ओ-वफ़ा
अगले ज़माने में तो ये ही, लोगों की रस्म-ओ-आदत थी

ख़ाली हाथ, सियह-रू ऐसे काहे को थे गिरया-कुनाँ
जिन रोज़ों दरवेश हुए थे, पास हमारे दौलत थी

जो उठता है याँ से बगूला हम सा है आवारा कोई
इस वादी में 'मीर' मगर सरगश्ता किसू की तुर्बत थी

1286. आलम-आलम–सारी दुनिया में, हर तरफ़। रुस्वाई–बदनामी। सहरा-सहरा–जंगल-जंगल, सारे जंगल में। मानिंद-ए-जरस–कारवाँ के घंटे/घड़ियाल की तरह। अहद–समय, ज़माना। सियह-रू–बदनाम। गिरया-कुनाँ–रोने वाले। दरवेश–फ़क़ीर। बगूला–हवा का चक्कर। सरगश्ता–हैरान, परेशान, आफ़त में। तुर्बत–क़ब्र।

पाँचवा दीवान

1287

है क़िस्मत-ए-ज़मीन-ओ-फ़लक से ग़रज़ नुमूद
जल्वा वगरना सब में है उसके जमाल का

1288

कोशिश में सर मारा लेकिन दर पे किसी के जा न सका
तन पे ज़बान-ए-शुक्र है हर मू अपनी शिकस्ता-पाई का

आना सुन नादारी से हमने जी देना ठहराया है
क्या कहिए अंदेशा बड़ा था उसकी मुँह दिखलाई का

1289

दूर बहुत भागो हो हम से, सीखे तरीक़ ग़ज़ालों का
वहशत करना शेवा है क्या अच्छी आँखों वालों का

सूरतगर की परेशानी ने तूल निहायत खींचा है
हम ने क्यूँ बिस्तार किया था उस के लंबे बालों का

बहुत किया तो पत्थर में सूराख़ किए हैं दुरफ़्शों ने
छेद जिगर में कर देना, ये काम है महज़ूँ नालों का

पहले तदारुक कुछ होता तो नफ़अ भी होता सो तो 'मीर'
काम है आख़िर इश्क़ में उस के बीमारों बदहालों का

1290

रुस्वा-ए-शहर है याँ हर्फ़-ओ-सुख़न हमारा   क्या ख़ाक में मिला है अफ़सोस फ़न हमारा
मैदान-ए-इश्क़ में तो क़ीमा बदन हुआ है
तह करके ख़ाक ही में रख दें कफ़न हमारा

1287. फ़लक–आसमान। ग़रज़–मक़सद, मतलब। नुमूद–ज़ाहिर होना। जमाल–ख़ूबसूरती।

1288. मू–बाल। शिकस्ता-पाई–चलने में असमर्थता, बेबसी। नादारी–ग़रीबी, दरिद्रता।

1289. तरीक़–तरीक़ा, ढंग। ग़ज़ाल–हिरन। शेवा–तरीक़ा, काम। सूरतगर–चित्रकार। तूल–लम्बाई। बिस्तार करना–विवरण बयान करना। दुरफ़्श–सूआ, लंबी मोटी सूई। महज़ूँ–दुख भरा। नाला–रोने की आवाज़, फ़रियाद। तदारुक–इलाज। नफ़अ–फ़ायदा।

1290. रुस्वा-ए-शहर–शहर में बदनाम। हर्फ़-ओ-सुख़न–शायरी।

1291

मुँह अपना कभू वो इधर कर रहेगा   हमें इश्क़ है तो असर कर रहेगा
जो दिलबर है ऐसा तो दिल जा चुका है   किसू रोज़ आँखों में घर कर रहेगा
हर इक काम मौक़ूफ़ है वक़्त पर ही   दिल-ए-ख़ूँ-शुदा भी जिगर कर रहेगा
फ़न-ए-शे'र में 'मीर' सन्ना' है वो
दिल उसका कोई तो हुनर कर रहेगा

1292

सुख़न-मुश्ताक़ है आलम हमारा   ग़नीमत है जहाँ में दम हमारा
रहे हम आलम-ए-मस्ती में अक्सर   रहा कुछ और ही आलम हमारा
बहुत ही दूर हम से भागते हो   करो हो पास कुछ तो कम हमारा
बिखर जाते हैं कुछ गेसू तुम्हारे   हुआ है काम-ए-दिल बरहम हमारा
रखे रहते हैं दिल पर हाथ ऐ 'मीर'
यहीं शायद कि है सब ग़म हमारा

1293

इश्क़ हो हैवान का या उन्स हो इंसान का
लाग जी की जिस से हो, दुश्मन है अपनी जान का

मरना उसके इश्क़ में ख़ाली नहीं है हुस्न से
रश्क के क़ाबिल है जो कुश्ता है इस मैदान का

गिर पड़ेंगे टूट कर अक्सर सितारे चर्ख़ से
हिल गया जो सुब्ह को गौहर किसी के कान का

हर वरक़ हर सफ़्हे में एक शे'र-ए-शोर-अंगेज़ है
अर्सा-ए-महशर है, अर्सा मेरे भी दीवान का

1291. दिलबर–दिल उड़ा ले जाने वाला, माशूक़। आँखों में घर करना–किसी के दिल में अपनी जगह बनाना, आँखों में बसना। मौक़ूफ़–रोका गया, निर्भर। दिल-ए-ख़ूँ-शुदा–मारा हुआ दिल, दिल जिसे मार दिया गया है। जिगर करना–हिम्मत करना। सन्ना'–कारीगर, बनाने वाला।

1292. सुख़न-मुश्ताक़–शायरी को चाहने वाला। आलम–दुनिया। दम ग़नीमत है–ऐसे व्यक्ति के लिए बोला जाता है जो अपने माहौल और समय में जैसा भी हो औरों की तुलना में सम्मान योग्य हो। आलम-ए-मस्ती–मस्ती का हाल। आलम–हाल, दुनिया। पास करना–लिहाज़ करना। गेसू–ज़ुल्फ़। काम-ए-दिल–दिल की मुराद। बरहम होना–उलट-पलट होना, बिखर जाना।

1293. उन्स–लगाव, प्यार, मुहब्बत। रश्क–ईर्ष्या। कुश्ता–मारा हुआ। चर्ख़–आसमान। गौहर–मोती। वरक़–काग़ज़ का टुकड़ा, पन्ना। सफ़्हा–पृष्ठ, पन्ना। शे'र-ए-शोर-अंगेज़–शोर उठाने वाला शे'र, हंगामा करने वाला शे'र। अर्सा-ए-महशर–क़यामत का मैदान। अर्सा–फैलाव, क्षेत्र, मैदान।

क्या कहूँ सारा ज़माना कुश्ता-ओ-मुर्दा है 'मीर'
उसके इक अंदाज़ का, इक नाज़ का, इक आन का

1294

इश्क़ हमारे ख़याल पड़ा है, ख़्वाब गया आराम गया
जी का जाना ठहर रहा है, सुब्ह गया या शाम गया
हाए जवानी क्या-क्या कहिए शोर सरों में रखती थी
अब क्या है, वो अहद गया, वो मौसम, वो हंगाम गया

1295

वस्ल में रंग उड़ गया मेरा क्या जुदाई को मुँह दिखाऊँगा
छानता हूँ किसी गली की ख़ाक
दिल को अपने कभू तो पाऊँगा

1296

हर जा फिरा ग़ुबार हमारा उड़ा हुआ तेरी गली में लाई सबा तो बजा हुआ
आह-ए-सहर ने दिल की न खोली गिरह कभी आख़िर नसीम से भी ये ग़ुंचा न वा हुआ
वे 'मीर' असर जो शोरिश-ए-दिल में थे, हैं कहाँ
नाले किए जरस ने बहुत से, तो क्या हुआ

1297

पहलू से उठ गया है वो नाज़नीं हमारा जुज़ दर्द अब नहीं है पहलू-नशीं हमारा
हर्फ़-ओ-सुख़न थे अपने या दास्ताँ जहाँ में मज़कूर भी नहीं है या अब कहीं हमारा
क्या ख़ाक में मिलाया हम को सिपहर-ए-दूँ ने ढूँडा निशान-ए-तुर्बत पाते नहीं हमारा

कुश्ता-ओ-मुर्दा–क़त्ल किया और मारा हुआ।

1294. ख़्वाब–नींद। अहद–ज़माना। हंगाम–समय, वक़्त।

1295. वस्ल–मिलन। ख़ाक छानना–मारे-मारे फिरना, आवारा फिरना, बहुत तलाश करना।

1296. जा–जगह। ग़ुबार–धूल। सबा–हवा। बजा–ठीक, उचित। आह-ए-सहर–सुबह के समय की आह। गिरह–गाँठ। नसीम–ठंडी हवा, आहिस्ता चलने वाली ख़ुशबूदार हवा। ग़ुंचा–कली। वा होना–खुलना। शोरिश-ए-दिल–दिल से उठने वाला हंगामा, शोर-ओ-गुल। नाला करना–आह करना, रोना-पीटना। जरस–घंटा, घड़ियाल।

1297. नाज़नीं–नाज़ करने वाला, माशूक़। जुज़–सिवा, अलावा। पहलू-नशीं–पास बैठने वाला, क़रीबी दोस्त। हर्फ़-ओ-सुख़न–बातचीत। दास्ताँ–दास्तान, कहानी। मज़कूर–ज़िक्र, चर्चा। सिपहर-ए-दूँ–बुरा आसमान, मान्यता है कि जो कुछ भी आदमी के साथ बुरा होता होता है वो आसमान के घूमने की वजह से होता है। निशान-ए-तुर्बत–क़ब्र का निशान।

हालत है नज़्अ' की याँ आओ कि जाते हैं हम आँखों में मुंतज़िर है दम वापसीं हमारा

इक उम्र मेहर-वर्ज़ी जिन के सबब से की थी
पाते हैं 'मीर' उन को सरगर्म-ए-कीं हमारा

1298

आज हमारा दिल तड़पे है कोई उधर से आवेगा
या कि नविश्ता उन हाथों का क़ासिद हम तक लावेगा

रंज बहुत खींचे थे हमने, ताक़त जी की तमाम हुई
अपने किए पर याद रहे ये, वो भी बहुत पछतावेगा

आशिक़ होवे वो भी या-रब, ता कुछ उससे कहा जावे
या'नी हाल सुनेगा दिल से, दिल जो किसी से लगावेगा

आँखें मूँदे ये दिलबर जो सोते रहें तो बेहतर है
चश्मक करना एक उन्हों का सौ-सौ फ़ित्ने जगावेगा

चितवन बेढब, आँखें फिरीं हैं, पलकों से भी नज़र छूटी
इश्क़ अभी क्या जानिए हम को क्या-क्या 'मीर' दिखावेगा

1299

बाद हमारे इस फ़न का जो कोई माहिर होवेगा
दर्द-आगीं अंदाज़ की बातें, अक्सर पढ़-पढ़ रोवेगा

चश्म-ए-तमाशा वा होवे तो देखा-भाली ग़नीमत है
मत मूँदे आँखों को ग़ाफ़िल, देर तलक फिर सोवेगा

जुस्त-ओ-जू भी उसकी करिए जिसका निशाँ कुछ पैदा हो
पाना उसका 'मीर' है मुश्किल, जी तू यूँ ही खोवेगा

नज़्अ–मरने के क़रीब। मुंतज़िर–इंतिज़ार करने वाला। दम वापसीं–अंतिम साँस। मेहर-वर्ज़ी–आशिक़ी। सरगर्म-ए-कीं–दुश्मनी निभाने में व्यस्त।

1298. नविश्ता–पत्र। क़ासिद–पत्र-वाहक। रंज खींचना–दुख उठाना। ता–ताकि। चश्मक करना–आँख से इशारा करना। फ़ित्ना–हंगामा। चितवन–निगाह, नज़र। आँखें फिरना–आँखों की पुतलियाँ ऊपर चढ़ जाना, मरने के क़रीब होना।

1299. माहिर–वाक़िफ़। दर्द-आगीं अंदाज़–दर्द भरा अन्दाज़। चश्म-ए-तमाशा–दुनिया का तमाशा देखने वाली आँख। वा होना–खुलना। ग़ाफ़िल–बेख़बर। जुस्त-ओ-जू–जुस्तजू, तलाश। पैदा–ज़ाहिर।

1300

रखे था हाथ में सर-रिश्ता बहुत सीने का रह गया देखो रफ़ू चाक मिरे सीने का
'मीर' की नब्ज़ पे रख हाथ, लगा कहने तबीब
आज की रात ये बीमार नहीं जीने का

1301

ईद-ए-आइन्दा तक रहेगा गिला हो गई ईद, तू गले न मिला
अब्र जाता रहा, रहीं बूँदें
अब तो साक़ी मुझे शराब पिला

1302

नागाह जिसको इश्क़ का आज़ार हो गया सहल आगे उस के मुर्दन-ए-दुश्वार हो गया
है हुस्न क्या मताअ कि जिसको नज़र पड़ी वो जान बेच कर भी ख़रीदार हो गया
बरसों तईं जहान में क्यूँकर रहा है ख़िज़्र मैं चार दिन में जीने से बेज़ार हो गया
उसकी निगाह-ए-मस्त का खाया ही था फ़रेब पर शैख़ तर्ज़ देख के हुशियार हो गया
क्या मुत्तक़ी था 'मीर', पर आईन-ए-इश्क़ में
मुजरिम सा कुश्त-ओ-ख़ूँ का सज़ावार हो गया

1303

'मीर' न अपने दर्द-ए-दिल को मुझ से कहा कर रोज़-ओ-शब
सुब्ह जो गोश-ए-दिल से सुना था दिल में मेरे दर्द हुआ

1304

तुर्क-बचे से इश्क़ किया था, रेख़्ते क्या-क्या मैंने कहे
रफ़्ता-रफ़्ता हिंदुस्ताँ से शे'र मिरा ईरान गया

1300. सर-रिश्ता–धागे का सिरा, सम्बन्ध। चाक–फटा हिस्सा, ज़ख़्म। तबीब–हकीम, वैद्य।

1301. ईद-ए-आइन्दा–आने वाली ईद। अब्र–बादल। साक़ी–शराब पिलाने वाला।

1302. नागाह–अचानक, असमय। आज़ार–रोग, बीमारी। सहल–आसान। मुर्दन-ए-दुश्वार–मुश्किल से मरना। मताअ–दौलत, चीज़। जान बेचना–जान निछावर करना, जान को ख़तरे में डालना। जहान–दुनिया। ख़िज़्र–एक बुज़ुर्ग जिन्होंने आब-ए-हयात (अमृत) पिया और हमेशा ज़िन्दा रहेंगे। बेज़ार–विरक्त, उकताया हुआ। शैख़–इस्लाम धर्म का ज्ञानी, मुल्ला, क़ाज़ी। मुत्तक़ी–सदाचारी, गुनाहों से बचने वाला। आईन-ए-इश्क़–इश्क़ का दस्तूर, नियमावली। कुश्त-ओ-ख़ूँ–मार-धाड़, क़त्ल। सज़ावार–लायक़, हक़दार।

1303. रोज़-ओ-शब–दिन-रात। गोश-ए-दिल से सुनना–ध्यान से सुनना।

1304. तुर्क बचे–तुर्क नौजवान, महबूब। रेख़्ता–उर्दू ग़ज़ल।

1305

दिल तड़पे है, जान खपे है, हाल जिगर का क्या होगा
मजनूँ-मजनूँ लोग कहे हैं, मजनूँ क्या हम सा होगा

दीदा-ए-तर को समझ कर अपना, हमने क्या-क्या हिफ़ाज़त की
आह न जाना, रोते-रोते ये चश्मा दरिया होगा

क्या जानें आशुफ़्ता-दिलाँ कुछ उन से हम को बहस नहीं
वो जानेगा हाल हमारा जिसका दिल बे-जा होगा

जागह से बे-तह जाते हैं, दावे वे ही करते हैं
उनको ग़रूर-ओ-नाज़ न होगा जिनको कुछ आता होगा

दिल की लाग कहीं जो हो तो 'मीर' छुपाए उसको रख
या'नी इश्क़ हुआ ज़ाहिर तो लोगों में रुस्वा होगा

1306

गुल थे सौ-सौ रंग पर ऐसा शोर-ए-तुयूर बुलंद न था
उसके रंग चमन में कोई शायद फूल नज़र आया

'मीर' परेशाँ-ख़ातिर आकर रात रहा बुतख़ाने में
राह रही का'बे की ऊधर, ये सौदाई किधर आया

1307

गो लखनऊ वीराँ हुआ, हम और आबादी में जा
मक़सूम अपना लाएँगे, ख़ल्क़-ए-ख़ुदा, मुल्क-ए-ख़ुदा

1308

उसकी सी जो चले है राह तो क्या आसमाँ पर गया है माह तो क्या
दिल रहे वस्ल जो मुदाम रहे मिल गए उस से गाह-गाह तो क्या

'मीर' क्या है फ़क़ीर-ए-मुस्तग़नी
आवे उस पास बादशाह तो क्या

1305. दीदा-ए-तर–आँसू भरी आँख। चश्मा–पानी का सोता। आशुफ़्ता दिलाँ–परेशान दिल वाले, आशिक़। दिल बे-जा होना–दिल ठिकाने न होना। जागह–जगह, स्थान। बे-तह–तुच्छ। रुस्वा–बदनाम।

1306. शोर-ए-तुयूर–परिंदों का शोर। परेशाँ ख़ातिर–जिस का दिल परेशान हो। बुतख़ाना–मूर्तियों का घर, मन्दिर। सौदाई–जुनूनी, पागल।

1307. मक़सूम–क़िस्मत का लिखा, भाग्य। ख़ल्क़-ए-ख़ुदा मुल्क-ए-ख़ुदा–सूफ़ियों का एक नारा, तमाम जीव-जंतु भी ख़ुदा के हैं मुल्क भी ख़ुदा का है।

1308. माह–चाँद। दिल रहना–तसल्ली होना, आराम होना। वस्ल–मिलन। मुदाम–हमेशा। गाह-गाह–कभी-कभी। फ़क़ीर-ए-मुस्तग़नी–बेफ़िक्र, बे-परवाह फ़क़ीर।

1309

बात कहते जी का जाना हो गया   मरना आशिक़ का बहाना हो गया
जा-ए-बूदन तो न थी दुनिया-ए-दूँ   इत्तिफ़ाक़न अपना आना हो गया
माह उसको कह के सारे शहर में   मुझको मुश्किल मुँह दिखाना हो गया
उस बला से आह मैं ग़ाफ़िल रहा   यक-ब-यक दिल का लगाना हो गया
कुँज-ए-लब से यार के उचटा न टुक   अल-ग़रज़ दिल का ठिकाना हो गया
रफ़्ता-रफ़्ता उस परी के इश्क़ में
'मीर' सा दाना दिवाना हो गया

1310

चाह में जौर हम पे कम न हुआ   आशिक़ी की, तो कुछ सितम न हुआ
फ़ायदा क्या नमाज़-ए-मस्जिद का   क़द ही मिहराब सा जो ख़म न हुआ
न गया उस तरफ़ का ख़त लिखना   हाथ जब तक मिरा क़लम न हुआ
बे-दिली में है 'मीर' ख़ुश इस से
दिल के जाने का हैफ़ ग़म न हुआ

1311

गुंचा-ए-दिल वा हुआ न, बाग़ों-बाग़ों मैं फिरा
अब भी है वैसा ही जैसा पेशतर ग़मनाक था

1312

जुदा उस सीम-तन से कैसा सोना   कि मिट्टी कूड़े का अब है बिछोना
बहुत की जुस्तजू उसकी, न पाया   हमें दरपेश है अब जी का खोना
तमाशा देखने हँसता चला आ   करे है शीशा-बाज़ी मेरा रोना
जिगर के ज़ख़्म शायद हैं नमक-बंद   मज़ा कुछ आँसूओं का है सलोना
वसीयत 'मीर' ने मुझको यही की
कि सब कुछ होना तू आशिक़ न होना

1309. जा-ए-बूदन–रहने की जगह। दुनिया-ए-दूँ–घटिया, कमीनी दुनिया। माह–चाँद। ग़ाफ़िल–बे-ख़बर, अनजान। यक-ब-यक–अचानक। कुँज-ए-लब–होंठों का किनारा, गोशा। अल-ग़रज़–आख़िरकार। दाना–अक़्लमंद।

1310. जौर–सितम। मिहराब–मस्जिद में कमान की शक्ल का ताक़ या आला जहाँ खड़े होकर इमाम नमाज़ पढ़ाता है। ख़म होना–झुकना। क़लम होना–कटना। हैफ़–अफ़सोस।

1311. ग़ुंचा-ए-दिल–दिल की कली। वा होना–खुलना। पेशतर–पहले। ग़मनाक–दुखी।

1312. सीम-तन–चाँदी जैसे बदन वाला, बहुत ख़ूबसूरत। दरपेश होना–सामने होना। जी खोना–जान देना। शीशा-बाज़ी–नर्तकों की एक मंडली जो नाचते समय प्यालों में गुलाब का अरक़ भर कर अपने सर पर रखकर तमाशा करते हैं और नाचते वक़्त प्याले को सर से गिरने नहीं देते, कर्तब-बाज़ी। नमक-बंद–वो ज़ख़्म जिसको ख़ून रोकने के लिए नमक छिड़क कर बाँध दिया जाए। सलोना–नमकीन, नमक लगा हुआ।

1313

सर मारना पत्थर से या टुकड़े जिगर करना इस इश्क़ की वादी में हर नौअ बसर करना
कहते हैं इधर मुँह कर वो रात को सोता है ऐ आह-ए-सहर-गाही, टुक तू भी असर करना
दीवारों से सर मारा तब रात सहर की है
ऐ साहिब-ए-संगीं-दिल अब मेरी ख़बर करना

1314

दिल के ख़ूँ होने का ग़म क्या अब से था सीना-कोबी सख़्त मातम कब से था
उसकी मक़्तूली का हमको रश्क है दो क़दम जो कुश्ता आगे सबसे था
कौन मिल सकता है उस औबाश से इख़्तिलात उस से हमें इक ढब से था
गर्म मिलने वाले देखे यार के एक ठंडा हो गया इक तब से था
चुप सी मुझको लग गई थी तब से 'मीर'
शोर उन शीरीं-लबों का जब से था

1315

तुर्फ़ा ख़याल किया करता था इश्क़-ओ-जुनूँ में रोज़-ओ-शब
रोते-रोते हँसने लगा ये 'मीर' अजब दीवाना था

1316

बे-दिल हुए पे करते तदारुक जो रहता होश
हम आप ही में आए नहीं जब से दिल गया

1317

क्या शहर-ए-ख़ुश-इमारत-ए-दिल से है गुफ़्तगू
लश्कर ने ग़म के आन के मारा, चला गया

1313. हर नौअ–हर तरह। आह-ए-सहर-गाही–सुबह के समय की आह। सहर–सुबह। साहिब-ए-संगीं-दिल–पत्थर दिल वाला दोस्त, माशूक़।

1314. सीना-कोबी–छाती कूटना। मक़्तूली–क़त्ल होना, मारे जाना। रश्क–जलन, ईर्ष्या। कुश्ता–जिसका क़त्ल हुआ हो। औबाश–बदमाश। इख़्तिलात–मेल-जोल। गर्म मिलना–प्रेम से मिलना। ठंडा होना–मर जाना, दिल मरना। तब–तप, ताप, बुख़ार। शीरीं-लब–मिठास के साथ बात करने वाला।

1315. तुर्फ़ा–अनोखा। रोज़-ओ-शब–रात-दिन।

1316. तदारुक करना–इलाज करना। आप में आना–होश में आना।

1317. शहर-ए-ख़ुश-इमारत-ए-दिल–दिल रूपी ऐसा नगर जिसमें ख़ूबसूरत इमारतें हैं। लश्कर–फ़ौज, सेना।

1318

ग़ुर्बत है दिल-आवेज़ बहुत शहर की उसके
आया न कभू हमको ख़याल अपने वतन का

जब ज़मज़मा करती है सदा चुभती है दिल में
बुलबुल से कोई सीख ले अंदाज़ सुख़न का

1319

ये तो जुदाई जूँ तूँ कटी है मिलिएगा तो कहिएगा
पास हमारा गो न करो तुम, पास ही अब से रहिएगा

1320

दिल ख़ूँ हुआ था यकसर, पानी हुआ जिगर सब
ख़ूँ-बस्ता रहतियाँ थीं पलकें सो अब हैं तर सब

या-रब किधर गए वे जो आदमी रविश थे
ऊजड़ दिखाई दे हैं शहर-ओ-देह-ओ-नगर सब

हर्फ़-ओ-सुख़न से मुतलक़ याँ गुफ़्तगू नहीं है
प्यादे सवार हमको आए नज़र नफ़र सब

आलम के लोगों का है तस्वीर का सा आलम
ज़ाहिर खुली हैं आँखें लेकिन हैं बे-ख़बर सब

'मीर' इस ख़राबे में क्या आबाद होवे कोई
दीवार-ओ-दर गिरे हैं, वीराँ पड़े हैं घर सब

1321

इश्क़-ओ-जुनूँ की क्या अब तदबीर है मुनासिब ज़ंजीर है मुनासिब, शमशीर है मुनासिब
जल्दी न क़त्ल में कर, पछतावेगा बहुत तू ख़ूँरेज़ी में हमारी ताख़ीर है मुनासिब

1318. ग़ुर्बत–परदेसी होना। दिल-आवेज़–दिल लुभाने वाला, आकर्षक। ज़मज़मा करना–चहचहाना। सुख़न–बात।

1319. पास–ख़याल, लिहाज़। गो–भले ही।

1320. यकसर–एक सिरे से दूसरे सिरे तक, सारा का सारा। जिगर पानी होना–दिल पर गहरा असर/सदमा होना। ख़ूँ-बस्ता–ख़ून से भरी। आदमी रविश–आदमी जैसे। देह–देहात, गाँव। हर्फ़-ओ-सुख़न–बातचीत, शे'र-ओ-शायरी। मुतलक–क़तई, बिलकुल। नफ़र–नौकर, मुलाज़िम। आलम–दुनिया, हाल। ख़राबा–वीराना।

1321. तदबीर–इलाज। मुनासिब–सही, दुरुस्त, उचित। शमशीर–तलवार। ख़ूँरेज़ी–ख़ून बहाना, क़त्ल करना। ताख़ीर–देर।

रुस्वा-ए-शहर होना इज़्ज़त है आशिक़ी में अहवाल की हमारे तशहीर है मुनासिब
दिल की ख़राबी के तू दरपए है ऐ सनम क्यूँ इस ख़ाना-ए-ख़ुदा की ता'मीर है मुनासिब
रहम-आश्ना किसू को इस बस्ती में न पाया इस्लामियों की याँ के तकफ़ीर है मुनासिब
है सरगुज़श्त अपनी न-नविश्तनी ही बेहतर गुज़री सो गुज़री क्या अब तहरीर है मुनासिब
दुनिया में कोई फिर-फिर आया नहीं है साहिब
इक बार तुमको मरना ऐ 'मीर' है मुनासिब

1322

ताब-ए-इश्क़ नहीं है दिल को, जी भी बे-ताक़त है अब
या'नी सफ़र है दूर का आगे और अपनी रुख़्सत है अब

वस्ल में क्या-क्या सोहबतें रंगीं, किस-किस ऐश में दिन गुज़रे
तन्हा बैठ रहे हैं यक-सू हिज्र में ये सोहबत है अब

जब से बिना-ए-सुब्ह-ए-हस्ती दो-दम पर याँ ठहराई
क्या-क्या करिए इस मोहलत में कुछ भी हमें फ़ुर्सत है अब

चोर उचक्के, सिक्ख, मरहट्टे, शाह-ओ-गदा ज़र-ख़्वाहाँ हैं
चैन से हैं जो कुछ नहीं रखते, फ़क़्र ही इक दौलत है अब

पाँव पे सर रखने की मुझको रुख़्सत दी थी 'मीर' उन ने
क्या पूछो हो सर पर मेरे मिन्नत सी मिन्नत है अब

1323

मौसम गुल का शायद आया, दाग़ जुनूँ के सियाह हुए
दिल खिंचता है जानिब-ए-सहरा, जी नहीं लगता घर में अब

रुस्वा-ए-शहर–शहर में अपमानित, बदनाम। अहवाल–हाल, हालत। तशहीर–(सज़ा के तौर पर) किसी अपराधी का मुँह काला करके गधे की सवारी पर बाज़ार-बाज़ार फिराना। दरपए होना–पीछे पड़ना, मारने पर उतारू होना। ख़ाना-ए-ख़ुदा–ख़ुदा का घर। ता'मीर करना–बनाना, निर्माण करना। रहम-आश्ना–दयावान। तकफ़ीर–किसी को काफ़िर करना। सरगुज़श्त–आप-बीती। न-नविश्तनी–जो लिखने के लायक़ न हो। तहरीर–लिखना।

1322. ताब-ए-इश्क़–इश्क़ करने की ताक़त, सहन शक्ति, धैर्य। वस्ल–मिलन। यक-सू होना–एक तरफ़ होना, सब से अलग होना। हिज्र–जुदाई। बिना-ए-सुब्ह-ए-हस्ती–हस्ती की सुबह की बुनियाद या'नी अस्तित्व रूपी भोर की नींव। मरहट्टे–मराठे। शाह-ओ-गदा–बादशाह और भिखारी। ज़र-ख़्वाह–धन-दौलत के लालची। फ़क़्र–दरिद्रता। पाँव पर सर रखना/धरना–किसी बात पर राज़ी करने के लिए मिन्नत/ख़ुशामद करना।

1323. गुल का मौसम–बहार का मौसम। जानिब-ए-सहरा–जंगल या वीराने की तरफ़।

1324

बाहम हुई है तर्क-ए-मुलाक़ात क्या सबब   अब कम बहुत है हम पे इनायात क्या सबब
हम तो तुम्हारे हुस्न की हैरत से हैं ख़मोश   तुम हम से कोई करते नहीं बात क्या सबब

उसकी निगाह-ए-मस्त तो ऊधर नहीं पड़ी
मस्जिद जो हो गई है ख़राबात क्या सबब

1325

देखें दिन कटते हैं क्यूँकर रातें क्यूँके गुज़रती हैं
बेताबी है ज़्यादा-ज़्यादा, सब्र बहुत कम-कम है अब

इश्क़ हमारा आह न पूछो क्या-क्या रंग बदलता है
ख़ून हुआ दिल दाग़ हुआ, फिर दर्द हुआ, फिर ग़म है अब

मिलने वालो फिर मिलिएगा, है वो आलम-ए-दीगर में
'मीर' फ़क़ीर को सुक्र है या'नी मस्ती का आलम है अब

1326

दिल की तह की कही नहीं जाती, नाज़ुक है असरार बहुत
अन्छर हैं तो इश्क़ के दो ही, लेकिन है बिस्तार बहुत

काफ़िर मुस्लिम दोनों हुए पर, निस्बत उस से कुछ न हुई
बहुत लिये तस्बीह फिरे हम, पहना है ज़ुन्नार बहुत

हिज्र ने जी ही मारा हमारा, क्या कहिए क्या मुश्किल है
उस से जुदा रहना होता है जिस से हमें है प्यार बहुत

मुँह की ज़र्दी, तन की नज़ारी चश्म-ए-तर पर छाई है
इश्क़ में उसके या'नी हमने खींचे हैं आज़ार बहुत

रात से शोहरत इस बस्ती में 'मीर' के उठ जाने की है
जंगल में जो जल्द बसा जा, शायद था बीमार बहुत

1324. बाहम–साथ-साथ, आपस में। तर्क-ए-मुलाक़ात–मिलना-जुलना छोड़ देना। सबब–कारण, वजह। इनायात–इनायत का बहुवचन, मेहरबानी। ख़मोश–ख़ामोश, चुप। ख़राबात–शराब-ख़ाना।

1325. आलम-ए-दीगर में–दूसरे हाल में। सुक्र–नशा, मस्ती। आलम–हालत, हाल।

1326. असरार–भेद, रहस्य। अन्छर–अक्षर। निस्बत–रिश्ता, सम्बन्ध। तस्बीह–जपमाला। ज़ुन्नार–जनेऊ। हिज्र–जुदाई। ज़र्दी–पीलापन। नज़ारी–कमज़ोरी। चश्म-ए-तर–आँसू भरी आँखें। आज़ार खींचना–दुख उठाना, मुसीबत झेलना। उठ जाना–मर जाना।

1327

सौ ग़ैरों में हो आशिक़ तो, एक उसी से शरमावें
इस मस्ती में आँखें उसकी रहती हैं हुशियार बहुत

1328

कह के फ़साना इश्क़-ओ-वफ़ा का लोग मुहब्बत करते थे
अब वो नाज़ कहानी उनकी गोया है मुद्दत की बात

दर्द-ओ-ग़म की गिरफ़्तारी से मोहलत हो तो कुछ कहिए
हर्फ़-ज़दन, अशआर-ओ-शिआरी ये सब है फ़ुर्सत की बात

1329

चश्म रहती है अब, पुर-आब बहुत दिल को मेरे है, इज़्तिराब बहुत
देखिए रफ़्ता-रफ़्ता क्या होवे ताब-ए-दिल कम है, पेच-ओ-ताब बहुत
देर अफ़सोस करते रहिएगा उम्र जाती रही शिताब बहुत
मेहर-ओ-लुत्फ़-ओ-करम, इनायत कम नाज़-ओ-ख़श्म-ओ-जफ़ा, इताब बहुत
पुश्त-ए-पा पर है चश्म-ए-शोख़ उसकी हाए रे, हम से है हिजाब बहुत
वाँ तक अपनी दुआ पहुँचती नहीं आली रुत्बा है वो जनाब बहुत
गुल के देखे का ग़श गया ही न 'मीर'
मुँह पे छिड़का मिरे गुलाब बहुत

1330

उचटती सी लगी अपने तो वो तलवार, या क़िस्मत
हुए जिसके लगे कार-आमदा, बेकार या क़िस्मत

रहा था ज़ेर-ए-दीवार उसकी मैं बरसात में जाकर
गिरी उस मेंह में सर पर वही दीवार या क़िस्मत

1327. ग़ैर–पराया, अनजान।

1328. गोया–जैसे, मानो। हर्फ़-ज़दन–शे'र कहना। अशआर-ओ-शिआरी–शायरी करने का सलीक़ा।

1329. चश्म–आँख। पुर-आब–आँसू भरी। इज़्तिराब–बेचैनी। ताब-ए-दिल–हौसला, बर्दाश्त। पेच-ओ-ताब–बेचैनी, बेक़रारी। शिताब–जल्दी। मेहर–मेहरबानी। ख़श्म–गुस्सा। इताब–गुस्सा, नाराज़गी। पुश्त-ए-पा पर–पाँव का ऊपरी हिस्सा। चश्म-ए-शोख़–चंचल आँख। हिजाब–पर्दा। आली रुत्बा–बड़े रुत्बे वाला। ग़श–बेहोशी। गुलाब–गुलाब के फूल का अरक़, गुलाब-जल।

1330. कार-आमदा–काम में आया हुआ। ज़ेर-ए-दीवार–दीवार के नीचे। मेंह–बारिश, बरसात।

मुए हम तिश्ना-लब दीदार के, हालाँकि गिरयाँ थे
नसीब अपने कि सूखी चश्म-ए-दरिया-बार या क़िस्मत

दर-ए-मस्जिद पे होकर बे-नवा बैठे हैं या हादी!
हमीं थे वर्ना मयख़ाने के तकिया-दार या क़िस्मत

नसीबों में है जिनके ऐश वो भी 'मीर' जीते हैं
जिये हैं हम भी जो मरने को थे तय्यार या क़िस्मत

1331

दिल को उस बे-मेहर से हमने लगाया है अबस
मेहर की रखकर तवक़्क़ो जी खपाया है अबस

देखकर उसको खड़े सौ जी से हम आशिक़ हुए
बैठे-बैठे नागहाँ ये रंज उठाया है अबस

अपनी तो बिगड़ी है कोई काम की सूरत नहीं
उनने बे-लुत्फ़ी से मुँह अच्छा बनाया है अबस

तब तो ख़ाना-बाग़ से अपने न पूछी बात भी
क्या जो तुर्बत पर मिरी अब फूल लाया है अबस

रात-दिन सुनता है नाले यूँ नहीं कहता कभू
'मीर'-ए-दिल-आज़ुर्दा को किन ने सताया है अबस

1332

'मीर' हुए हो बेख़ुद कब के, आप में भी तो टुक आओ
है दरवाज़े पर अम्बोह इक, रफ़्ता-ए-शौक़ तुम्हारा आज

1333

उसका बहर-ए-हुस्न सरासर, औज-ओ-मौज-ओ-तलातुम है
शौक़ की अपने निगाह जहाँ तक जावे बोस-ओ-कनार है आज

आँखें उसकी लाल हुई हैं और चले जाते हैं सर
रात को दारू पी सोया था, उसका सुब्ह ख़ुमार है आज

मुए–मरे। तिश्ना-लब–प्यासा। गिरयाँ–रोता हुआ। चश्म-ए-दरिया-बार–आँसुओं के दरिया बहाने वाली आँखें, बहुत ज़्यादा रोने वाली आँखें। बे-नवा–चुप। या हादी–ऐ हिदायत करने वाले। तकिया-दार–ठिकाने वाला, सहारा, सूफ़ी फ़क़ीरों का घर जहाँ उनसे सब लोग आकर मिलते हैं, तकिया कहलाता है, यहाँ मयख़ाने को तकिया कह कर एक शोख़ी पैदा कर दी है।

1331. बे-मेहर–जिस के दिल में मोहब्बत न हो। अबस–अकारण, बिना फ़ायदे के। मेहर–मेहरबानी। तवक़्क़ो–उम्मीद। नागहाँ–अचानक। ख़ाना-बाग़–घर की चारदीवारी के अंदर का बाग़। तुर्बत–क़ब्र। नाला–रोना। दिल-आज़ुर्दा–दुखी दिल वाला।

1332. बेख़ुद–बेहोश। आप में आना–होश में आना। अम्बोह–(लोगों की) भीड़। रफ़्ता-ए-शौक़–इश्क़ में बेसुध।

1333. बहर-ए-हुस्न–सुन्दरता का समुन्दर। सरासर–सब-का-सब, सारा। औज-ओ-मौज-ओ-तलातुम–समन्दर की लहरों और तूफ़ान की ऊँचाई। बोस-ओ-कनार–चुम्बन और आलिंगन। सर चला जाना–सर बोझल होना, दर्द के मारे सर का गिरा पड़ना।

घर आए हो फ़क़ीरों के तो आओ बैठो लुत्फ़ करो
क्या है जान बिन अपने कने, सो इन क़दमों पे निसार है आज

क्या पूछो हो, साँझ तलक पहलू में क्या-क्या तड़पा है
कल की निस्बत दिल को हमारे, बारे कुछ तो क़रार है आज

मत चूको इस जिंस-ए-गिराँ को दिल की वहीं ले जाओ तुम
हिंदुस्तान में हिंदू-बचों की बहुत बड़ी सरकार है आज

ख़ूब जो आँखें खोल के देखा, शाख़-ए-गुल सा नज़र आया
उन रंगों फूलों में मिला कुछ महव-ए-जल्वा-ए-यार है आज

1334

रंग ये है दीदा-ए-गिरयाँ से आज लोहू टपकता है गिरेबाँ से आज
सर-ब-फ़लक होने को है किस की ख़ाक
गर्द यक उठती है बियाबाँ से आज

1335

कहूँ सो क्या कहूँ नै सब्र, नै क़रार है आज
जो इस चमन में ये इक तुर्फ़ा इन्तिशार है आज

सर अपना इश्क़ में हमने भी, यूँ तो फोड़ा था
पर इसको क्या करें, औरों का ऐतबार है आज

गया है जानिब-ए-वादी, सवार होकर यार
गुबार गिर्द फिरे है, बहुत शिकार है आज

जहाँ के लोगों में जिसकी थी कल तईं इज़्ज़त
उसी अज़ीज़ को देखा, ज़लील-ओ-ख़्वार है आज

सहर सवाद में चल, ज़ोर फूली है सरसों
हुआ है इश्क़ से कुल ज़र्द, क्या बहार है आज

निसार–क़ुर्बान, न्यौछावर। निस्बत–तुलना में। बारे–आख़िरकार। क़रार–चैन। जिंस-ए-गिराँ–महंगी चीज़, क़ीमती चीज़। शाख़-ए-गुल–फूल की टहनी। महव-ए-जल्वा-ए-यार–महबूब के जल्वे में तल्लीन।

1334. दीदा-ए-गिरयाँ–रोती हुई आँखें। सर-ब-फ़लक होना–आसमान से बातें करने वाला, बहुत ऊँचा, गगनचुम्बी। गर्द–धूल, गुबार। यक–एक। बियाबाँ–जंगल, वीराना।

1335. नै–न। तुर्फ़ा–अजीब, अनोखा। इन्तिशार–बिखराव। गिर्द फिरना–चक्कर काटना। तईं–तक। अज़ीज़–प्यारा, प्रिय। ज़लील-ओ-ख़्वार–अपमानित और बदनाम। सहर–सुबह। सवाद–शहर का बाहरी इलाक़ा, उप-नगर, ग्रामीण क्षेत्र। ज़र्द–पीला।

सवारी उसकी है, सरगर्म-ए-गश्त-दश्त मगर
कि ख़ीरा तीरा नुमूदार, यक गुबार है आज

बुख़ार दिल का निकाला था, दर्द-ए-दिल कहकर
सो दर्द-ए-सर है. बदन गर्म है, बुख़ार है आज

किसू के आने से क्या, अब कि ग़श है कल दिन से
हमें तो अपना ही ए 'मीर', इन्तिज़ार है आज

1336

आज हमें बदहाली सी है, हाल नहीं है जान के बीच
क्या आशिक़ होने का नतीजा, ये होता है जहान के बीच

वादे करो हो बरसों के तुम, दम का भरोसा हम को नहीं
कुछ का कुछ हो जाता है याँ, इक पल में, इक आन के बीच

तब'इय्यत से जो फ़ारसी की, मैंने हिन्दी शे'र कहे
सारे तुर्क-बच्चे ज़ालिम अब, पढ़ते है ईरान के बीच

बन्दे ख़ुदा-ए-पाक के हम जो 'मीर' नहीं तो ज़ेर-ए-फ़लक
फिर ये तक़द्दुस आया कहाँ से, मुश्त-ए-ख़ाक इंसान के बीच

1337

फ़स्ल-ए-गुल में असीर हुए थे मन ही की रही मन के बीच
अब ये सितम ताज़ा है हम पर, क़ैद किया है चमन के बीच

ये उलझाओ सुलझता हमको, दे है दिखाई मुश्किल सा
या'नी दिल अटका है जाकर उन बालों की शिकन के बीच

ग़म-ओ-अंदोह-ए-इश्क़ी से हर लहज़ा निकलती रहती है
जान ग़लत कर 'मीर' आह है गोया तेरे बदन के बीच

सरगर्म-ए-गश्त-ए-दश्त–जंगल में घूमने में तल्लीन। ख़ीरा–चकाचौंध, चमकता हुआ। तीरा–काला। नुमूदार–प्रकट, दिखाई देना। यक–एक। ग़श–बेहोशी।

1336. तब'इय्यत–अनुसरण, पैरवी हिंदी- मीर के ज़माने में आधुनिक उर्दू को हिंदी, हिंदवी या रेख़्ता कहा जाता था। तुर्क-बच्चे–तुर्कों के लड़के, तुर्क नौजवान। ज़ेर-ए-फ़लक–आसमान के नीचे, दुनिया में। तक़द्दुस–पवित्रता, प्रधानता। मुश्त-ए-ख़ाक–मुट्ठी भर मिट्टी, तुच्छ।

1337. फ़स्ल-ए-गुल–बहार का मौसम। असीर–बन्दी, क़ैदी। शिकन–सिलवट, (यहाँ) ज़ुल्फ़ का बल। ग़म-ओ-अंदोह-ए-इश्क़ी–इश्क़ के दुख-दर्द। हर लहज़ा–हर पल। गोया–जैसे, शायद, मानो।

1338

उसके रंग खिला है शायद कोई फूल बहार के बीच
शोर पड़ा है क़यामत का सा चार तरफ़ गुलज़ार के बीच

रहम करे वो ज़रा-ज़रा तो देखने आवे दम भर याँ
अब तो दम भी बाक़ी नहीं है उसके किसू बीमार के बीच

चैन न देगा ख़ाक के नीचे हरगिज़ इश्क़ के मारों को
दिल तो साथ ऐ काश न गाड़ें उन लोगों के मज़ार के बीच

चश्मक, ग़म्ज़ा, इश्वा, करिश्मा, आन, अंदाज़-ओ-नाज़-ओ-अदा
हुस्न सिवा-ए-हुस्न-ए-ज़ाहिर 'मीर' बहुत हैं यार के बीच

1339

ऐ बू-ए-गुल समझ के महकियो पवन के बीच ज़ख़्मी पड़े हैं मुर्ग़ हज़ारों चमन के बीच
बह भी गया है अन्दर ही अन्दर गुदाज़ हो
धोका है जूँ हबाब मिरे पैरहन के बीच

1340

घर से लिये निकलता है तलवार बे-तरह अब उन ने सज बनाई है ख़ूँख़ार बे-तरह
जी बचने की तरह नज़र आती नहीं कोई करता है मेरे ख़ून पे इसरार बे-तरह
चेहरा तो उन ने अपना बनाया है ख़ूब लेक बिगड़ा फिरे है अब वो तरहदार बे-तरह
किस तरह जाए पकड़ी ज़बाँ उसकी ख़श्म में कहता है बैठा मुत्तसिल अब यार बे-तरह
लोहू में डूबे देखियो दामान-ओ-जैब-ए-'मीर'
बिफरा है आज दीदा-ए-ख़ूँबार बे-तरह

1341

झमक से उसके बदन में हर एक जा है शोख़ बरंग-ए-बर्क़ सरापा वो ख़ुदनुमा है शोख़

1338. मज़ार–क़ब्र। चश्मक–आँख का इशारा। ग़म्ज़ा–आँख का इशारा। इश्वा–अदा। सिवा-ए-हुस्न-ए-ज़ाहिर–बाहरी हुस्न के अलावा।

1339. बू-ए-गुल–फूल की ख़ुशबू। मुर्ग़–पक्षी, परिंदा। गुदाज़ होना–पिघलना, नर्म होना। हबाब–बुलबुला। पैरहन–पोशाक, कपड़े।

1340. बे-तरह–बहुत ज़्यादा, बुरी तरह। तरह–तौर-तरीक़ा। इसरार–ज़िद, हठ, अड़। तरहदार–अच्छे अन्दाज़ वाला। ख़श्म–गुस्सा, नाराज़गी। मुत्तसिल–लगातार। जैब–गरेबान। बिफरना–बहुत जोश में आना, गुस्सा होना, झल्लाना। दीदा-ए-ख़ूँबार–वो आँखें जिन से ख़ून के आँसू बह रहे हों।

1341. हर एक जा–हर जगह। शोख़–बेबाक, चंचल। बरंग-ए-बर्क़–बिजली की तरह। सरापा–सिर से पाँव तक। ख़ुदनुमा–अपनी नुमाइश करने वाला। शोख़-चश्मी–आँखों की चंचलता, बेबाकी।

पड़े है सैंकड़ों जा राह चलने में उस की किसू की आँख तो देखे कोई बला है शोख़
नज़र पड़ी नहीं क्या उसकी शोख़-चश्मी 'मीर'
हुज़ूर यार के चश्म-ए-ग़ज़ाल क्या है शोख़

1342

कहते हो तुम कि यकसर, मुझ में वफ़ा है शायद
मतरूक रस्म-ए-जौर-ओ-ज़ुल्म-ओ-जफ़ा है शायद

कम नाज़ से है किस के, बन्दे की बे-नियाज़ी
क़ालिब में ख़ाक के याँ, पिन्हाँ ख़ुदा है शायद

याँ कुछ नहीं है बाक़ी, उसके हिसाब लेकिन
मुझ में शुमार-ए-दम से, अब कुछ रहा है शायद

क़ैद-ए-फ़िराक़ से तो छूटें जो मर रहें हम
इस दर्द-ए-बे दवा की, मरना दवा है शायद

ये इश्क़ है यक़ीनी, हाल ऐसा कम सुना है
ऐ 'मीर' दिल किसू से, तेरा लगा है शायद

1343

रखता है दिल कनार में बेचारा दर्दमन्द हर पारा उसका पाते हैं आवारा दर्दमन्द
तस्कीन अपने दिल की जो पाता नहीं कहीं जुज़ सब्र और क्या करे बेचारा दर्दमन्द
इस्लामी कुफ़्री कोई हो, है शर्त दर्द-ए-इश्क़ दोनों तरीक़ में नहीं नाकारा दर्दमन्द
क़ाबिल हुई हैं सैर के चश्मान-ए-ख़ूँ-फ़िशाँ देखें हैं आँखों लोहू का फ़व्वारा दर्दमन्द
क्या काम उसको याँ के नशेब-ओ-फ़राज़ से रखता है पाँव देख के हमवारा दर्दमन्द
इस कारवाँ सराए के हैं लोग रफ़्तनी हसरत से उनका करते हैं नज़्ज़ारा दर्दमन्द
सौ बार हौसले से अगर रंज-कश हो 'मीर'
फिर फ़र्त-ए-ग़म से मर रहे यक-बारा दर्दमन्द

हुज़ूर–सामने। चश्म-ए-ग़ज़ाल–हिरन की आँख।

1342. यकसर–तमाम, बिल्कुल। मतरूक–छोड़ा गया, तर्क किया गया। रस्म-ए-जौर-ओ-ज़ुल्म-ओ-जफ़ा–ज़ुल्म, सितम और बेवफ़ाई करने की रस्म। बे-नियाज़ी–बेपरवाई। क़ालिब–साँचा। क़ालिब-ए-ख़ाक–मिट्टी का साँचा या'नी आदमी, इन्सान। याँ–यहाँ। पिन्हाँ–छुपा हुआ। शुमार-ए-दम–बचा हुआ साँस। क़ैद-ए-फ़िराक़–जुदाई की क़ैद।

1343. कनार–बग़ल, पहलू। पारा–टुकड़ा, हिस्सा। तस्कीन–सुकून, तसल्ली। जुज़–सिवाय। इस्लामी–मुसलमान। कुफ़्री–इस्लाम को न मानने वाला। चश्मान-ए-ख़ूँ-फ़िशाँ–ख़ून बरसाने वाली आँखें। नशेब-ओ-फ़राज़–नीचाई और ऊँचाई, उतार-चढ़ाव। हमवारा–समतल, इकसार, हमेशा, लगातार। कारवाँ सराए–क़ाफ़िला रुकने की जगह (सराय), मुसाफ़िरों के रुकने की अस्थायी जगह यानी दुनिया। रफ़्तनी–जाने वाले। रंज-कश–दुख झेलने वाला, दर्द बर्दाश्त करने वाला। फ़र्त-ए-ग़म–दुखों की अधिकता, बहुत ज़्यादा दुख-दर्द। यक-बारा–एक बार।

1344

है इश्क़ का फ़साना मेरा न याँ ज़बाँ-ज़द
हर शहर में हुई है ये दास्ताँ ज़बाँ-ज़द

मज़कूर आशिक़ी का हर चार-सू है बाहम
या'नी नहीं कहानी मेरी कहाँ ज़बाँ-ज़द

फ़रहाद-ओ-क़ैस-ओ-वामिक़ हर-यक से पूछ लो तुम
शहरों में इश्क़ के हूँ मैं नातवाँ ज़बाँ-ज़द

क्या जाने 'मीर' किस के ग़म से है चुप वगरना
हर्फ़-ओ-सुख़न में क्या ही है ये जवाँ ज़बाँ-ज़द

1345

क्या कहिए हुए मम्लिकत-ए-हस्ती में वारिद बे-यार-ओ-दयार अब तो हैं इस बस्ती में वारिद
कुछ होश न था मिम्बर-ओ-मेहराब का हम को
सद शुक्र कि मस्जिद में हुए मस्ती में वारिद

1346

तू भी रबात-ए-कुहन से सूफ़ी सैर को चल टुक सब्ज़े की
अब्र-ए-सियह क़िब्ले से आकर झूम पड़ा मयख़ानों पर

1347

कई दाग़ ऐसे जलाए जिगर पर कि थे नर्गिसी-ज़न थे गुलहा-ए-तर पर
सर-ए-रह से उसके मुए ही उठेंगे ये जो जा रहा है उसी रहगुज़र पर
सर उस आस्ताँ पर रगड़ते गए हैं हुए ख़ून यारों के उस ख़ाक-ए-दर पर

1344. ज़बाँ-ज़द होना–हर एक की ज़बान पर होना, मशहूर होना। दास्ताँ–कहानी। मज़कूर–ज़िक्र, चर्चा। चार-सू–चारों तरफ़। बाहम–आपस में, लोगों के बीच। क़ैस–मजनूँ। वामिक़–एक मशहूर आशिक़ का नाम, लैला-मजनूँ की तरह वामिक़ और अज़रा की प्रेम कहानी भी मशहूर है। नातवाँ–कमज़ोर। वगरना–नहीं तो। हर्फ़-ओ-सुख़न–बातचीत, शे'र-ओ-शायरी।

1345. मम्लिकत-ए-हस्ती–ज़िन्दगी रूपी हुकूमत, मानव शरीर। वारिद होना–आना। बे-यार-ओ-दयार–बिन दोस्त और शहर। मिम्बर-ओ-मेहराब–मिम्बर और मेहराब दोनों ही मस्जिदों के आर्किटेक्चर का आधारभूत हिस्सा हैं, मिम्बर तक़रीर करने के चबूतरे को तथा मेहराब कमान की शक्ल के आले या ताक़ को कहते हैं। सद शुक्र–ख़ुदा का शुक्र है, अच्छा हुआ। मस्ती–बेहोशी, नशा।

1346. रबात-ए-कुहन–पुराना मुसाफ़िर-ख़ाना, सूफ़ियों के रहने की जगह। सब्ज़ा–हरियाली, भंग। अब्र-ए-सियह–काली घटा। क़िब्ला–का'बा। मयख़ाना–शराब-ख़ाना।

1347. नर्गिसी-ज़न–आँख से इशारा करने वाला। गुलहा-ए-तर–ताज़े फूल। सर-ए-रह–रास्ते में। मुए–मरा हुआ। रहगुज़र–रास्ता। आस्ताँ–चौखट।

हम आता उसे सुन के, जीतों में आए बिना ज़िन्दगानी की है अब ख़बर पर
उसे लुत्फ़ उसका ही लावे तो लावे नहीं वस्ल मौक़ूफ़ कुछ ज़ोर-ओ-ज़र पर
सरकते नहीं शौक़ कुश्तों के सर बिन क़यामत सा हंगामा है उसके दर पर
उतर जो गया दिल से रूकश हो उसका चढ़ा फिर न ख़ुर्शीद मेरी नज़र पर

क़त्आ

भरी थी मगर आग दिल में, दरूँ में हुए अश्क सोज़िश से उसकी, शरर पर
गया पी जो उन आँसुओं के तईं मैं सरासर हैं अब दाग़, सतह-ए-जिगर पर

क़त्आ

सर-ए-इज्ज़ हर शाम था ख़ाक पर ही तह-ए-दिल थी कैसी ही आह-ए-सहर पर
पलक उट्ठे आसार अच्छे न देखे पड़ी आँख हरगिज़ न रू-ए-असर पर
तरफ़ शाख़-ए-गुल की लचक के, न देखा नज़र 'मीर' की थी किसू की कमर पर
ग़ज़ल-दर-ग़ज़ल साहिबो ये भी देखो
नहीं ऐब करना नज़र इक हुनर पर

1348

भरोसा असीरी में था बाल-ओ-पर पर सो पर वा हुए न क़फ़स के भी दर पर
कई ज़ख़्म खा कर तड़पता रहा दिल तसल्ली थी मौक़ूफ़ ज़ख़्म-ए-दिगर पर
सुना था उसे पास लेकिन न पाया चले दूर तक हम गए इस ख़बर पर
जहाँ में न की 'मीर' इक़ामत की नीयत
कि मुशअर था आना मिरा याँ सफ़र पर

1349

इश्क़ ख़ुदाई-ख़राब है ऐसा, जिससे गए हैं घर के घर
का'बा-ओ-दैर के ऐवानों के गिरे पड़े हैं दर के दर

हज से जो कोई आदमी हो तो सारा आलम हज ही करे
मक्के से आए शैख़ जी लेकिन, वे तो वही हैं ख़र के ख़र

बिना–आधार, बुनियाद। वस्ल–मिलन। मौक़ूफ़–निर्भर। कुश्ता–जिसे क़त्ल कर दिया गया हो। रूकश होना–मुक़ाबिल होना, शर्मिन्दा होना। ख़ुर्शीद–सूरज। दरूँ–अंदरूनी हिस्सा, अंदर का हिस्सा। अश्क–आँसू। सोज़िश–जलन। शरर–चिंगारी। सतह-ए-जिगर–जिगर के ऊपर। सर-ए-इज्ज़–मिन्नत करते समय। तह-ए-दिल–दिल की गहराई से। आह-ए-सहर–सुबह के समय निकलने वाली आह। आसार–ढंग, अंदाज़, तेवर। रू-ए-असर–चेहरे की भाव-भंगिमा।

1348. असीरी–क़ैदी होना। वा होना–खुलना। क़फ़स–पिंजरा। मौक़ूफ़–निर्भर। ज़ख़्म-ए-दिगर–दूसरा ज़ख़्म, कोई और चोट। इक़ामत–ठहरना, रहना। मुशअर–ज़ाहिरी भाव जैसे देखना या सुनना, ख़बर देने वाला।

1349. ख़ुदाई-ख़राब–आवारा, आवारा गर्द, ख़ाना-ख़राब, तबाही करने वाला। दैर–मन्दिर। ऐवान–महल, भवन। आलम–दुनिया। शैख़–इस्लाम धर्म का ज्ञानी, मुल्ला, क़ाज़ी। ख़र–गधा।

1350

रोज़ों में रह सकेंगे हम बे-शराब क्यूँकर गुज़रेगा इत्तिक़ा में अहद-ए-शबाब क्यूँकर
थोड़े से पानी में भी चल निकले है अफरता बे-तह है, सर न खींचे इक दम हबाब क्यूँकर
दिल की तरफ़ का पहलू सब मुत्तसिल जले है मख़मल हो फ़र्श क्यूँ न, आवेगी ख़्वाब क्यूँकर
उजड़े नगर को दिल के, देखूँ हूँ जब, कहूँ हूँ अब फिर बसेगी ऐसी बस्ती ख़राब क्यूँकर
जुर्म-ओ-जुनूब तो हैं बेहद्द-ओ-हस्र या-रब रोज़-ए-हिसाब लेंगे, मुझ से हिसाब क्यूँकर
पेश-अज़-सहर उठे है आज उसके मुँह का पर्दा निकलेगा उस तरफ़ से अब आफ़ताब क्यूँकर
ख़त 'मीर' आवे-जावे जो निकले राह उधर की
निभता नहीं है क़ासिद, लावे जवाब क्यूँकर

1351

तड़पे है ग़म-ज़दा दिल लावेगा ताब क्यूँकर ख़ूँ-बस्ता हैंगी आँखें आवेगी ख़्वाब क्यूँकर
पुर-नातवाँ हूँ मुझ पर भारी है जी ही अपना मुझ से उठेंगे उसके, नाज़-ओ-इताब क्यूँकर
इस बहर में है मिटना शक्ल-ए-हबाब हरदम उभरा रहे हमेशा नक़्श-ए-पुर-आब क्यूँकर
आब-ए-रवाँ न था कुछ वो लुत्फ़-ए-ज़िन्दगानी जाती रही जवानी अपनी शिताब क्यूँकर
सोज़-ए-दिल-ओ-जिगर से जलता है तन-बदन सब मैं क्या, कोई हो, खींचे ऐसे अज़ाब क्यूँकर
चेहरा किताबी उसका मजमूआ 'मीर' का है
इक हर्फ़ उस दहन का होता किताब क्यूँकर

1352

है शे'र-ओ-शाइरी गो कब से शिआर अपना हर्फ़-ओ-सुख़न से करिए अब इज्तिनाब क्यूँकर
जूँ अब्र अगर न रोवें वादी-ओ-कोह पर हम तो शहरों-शहरों आवे नहरों में आब क्यूँकर
अब भी नहीं है हमको ऐ इश्क़ ना-उमीदी देखें ख़राब होवे हाल-ए-ख़राब क्यूँकर

1350. रोज़ा–व्रत। इत्तिक़ा–परहेज़, गुनाह से बचना। अहद-ए-शबाब–जवानी का दौर। अफरना–फूलना। बे-तह–बे-बुनियाद, उथला। सर खींचना–भड़कना, अकड़ना। हबाब–बुलबुला। मुत्तसिल–लगातार। ख़्वाब आना–नींद आना। जुर्म-ओ-जुनूब–जुर्म और गुनाह। बेहद्द-ओ-हस्र–असीमित। रोज़-ए-हिसाब–हिसाब का दिन, क़यामत का दिन। पेश-अज़-सहर–सुबह से पहले। आफ़ताब–सूरज। राह निकलना–कारण होना, कोई सबब बनना। क़ासिद–पत्रवाहक।

1351. ग़म-ज़दा–ग़म का मारा, दुखी। ताब लाना–बर्दाश्त करना। ख़ूँ-बस्ता–ख़ून से भरी। ख़्वाब–नींद। पुर-नातवाँ–बहुत कमज़ोर। नाज़–नख़रा, घमंड। इताब–गुस्सा। बहर–समुद्र, दरिया। शक्ल-ए-हबाब–बुलबुले की तरह। नक़्श-ए-पुर आब–पानी पर बना हुआ चित्र। आब-ए-रवाँ–बहता पानी। लुत्फ़-ए-ज़िन्दगानी–जीवन का मज़ा। शिताब–जल्दी। सोज़–जलन, कोफ़्त। अज़ाब–दुख, शिकंजा, विपदा। किताबी चेहरा–लम्बा चेहरा। मजमूआ–संकलन। दहन–मुँह।

1352. गो–यद्यपि, हालाँकि। शिआर–तरीक़ा, आदत, ढंग। हर्फ़-ओ-सुख़न–बातचीत, शे'र-ओ-शायरी। इज्तिनाब करना–बचना, दूर रहना। जूँ अब्र–बादल की तरह। कोह–पहाड़। आब–पानी।

चश्म-ए-मुहीत से जो होवे न चश्म-ए-तर के तो सैर हो हवा पर फैले सहाब क्यूँकर
अब तो तपिश ने दिल की ऊधम मचा रखा है तस्कीन पावे देखूँ, ये इज़्तिराब क्यूँकर
रू चाहिए है उसके दर पर भी बैठने को
हम तो ज़लील उसके हों 'मीर' बाब क्यूँकर

1353

सुना तुमने जो गुज़रा सानिहा हिज्राँ में यारों पर
क़यामत ग़म से हर साअत रही उल्फ़त के मारों पर

किया है इश्क़-ए-आलम-कुश ने क्या सुथराओ लोगों का
निकल चल शहर से बाहर, नज़र कर टुक मज़ारों पर

तड़प कर गर्म टुक जूँ बर्क़ ठंडे होते जाते हैं
बसान-ए-अब्र-ए-रहमत रो बहुत हम बे-क़रारों पर

बड़ी दौलत है दरवेशी जो हमराह हो क़नाअत के
कि अर्सा तंग है हिर्स-ओ-हवा से ताजदारों पर

गए फ़रहाद-ओ-मजनूँ, हो कोई तो बात भी पूछें
यकायक क्या बला आई हमारे ग़म-गुसारों पर

गई इस नातवान-ए-इश्क़ के आगे से पीरी टल
सुबुक-रूही मिरी ऐ 'मीर' भारी है हज़ारों पर

1354

इक-आध दिन निकल मत ऐ अब्र इधर से होकर बैठा हूँ मैं अभी टुक सारा जहाँ डुबो कर
कहते हैं राह पाई ज़ाहिद ने उस गली की रोता कहीं न आवे, ईमान-ओ-दीं को खोकर
है नज़्म का सलीक़ा हरचंद सब को लेकिन जब जानें कोई लावे, यूँ मोती से पिरोकर
गो तेरे होंठ ज़ालिम आब-ए-हयात हों अब क्या हम को जी की बैठे हम जी से हाथ धोकर

चश्म–आँख। मुहीत–दरिया। चश्म-ए-मुहीत–दरिया जैसे। चश्म-ए-तर–आँसू भरी आँख। सहाब–बादल। तस्कीन–आराम। इज़्तिराब–बेचैनी। रू–वजह, कारण। बाब–क़ाबिल, लायक़, मुद्दआ।

1353. सानिहा–दुर्घटना, हादसा। हिज्र–जुदाई। साअत–पल, घड़ी। उल्फ़त–प्यार, इश्क़। इश्क़-ए-आलम-कुश–दुनिया को क़त्ल करने वाला इश्क़। सुथराऊ करना–मुर्दों का ढेर लगा देना। गर्म–शोख़, शरारती, चुलबुला। जूँ बर्क़–बिजली की तरह। बसान-ए-अब्र-ए-रहमत–रहमत, ईश्वरीय कृपा के बादल की तरह। दरवेशी–फ़क़ीरी। हमराह–साथ। क़नाअत–थोड़े पर गुज़ारा करना। अर्सा तंग होना–मुसीबत में फँसना। हिर्स-ओ-हवा–लालच। ताजदार–राजा, बादशाह। यकायक–अचानक। ग़म-गुसार–हमदर्द, दोस्त। नातवान-ए-इश्क़–इश्क़ का मारा। पीरी–बुढ़ापा। सुबुक-रूही–तबीयत या स्वभाव पर बोझ न होना।

1354. अब्र–बादल। ज़ाहिद–सदाचारी, धार्मिक व्यक्ति। दीं–दीन, धर्म। नज़्म–कविता, शायरी। हरचंद–थोड़ा बहुत, जितना कुछ। गो–हालाँकि। आब-ए-हयात–अमृत। जी से हाथ धोना–ज़िन्दगी से मायूस हो जाना।

टुकड़े जिगर के मेरे मत चश्म-ए-कम से देखो   काढ़े हैं ये जवाहिर दरिया को मैं बिलो कर
अहवाल 'मीर जी' का, मुतलक़ गया न समझा
कुछ ज़ेर-ए-लब कहा भी, सो देर देर रोकर

1355

ख़ंदा बजाए गिरया-ओ-अंदोह-ओ-आह कर   मातम-कदे को दहर के तू ऐश-गाह कर
क्या देखता है हर घड़ी अपनी ही सज को शोख़   आँखों में जान आई है ईधर निगाह कर
रहमत अगर यक़ीनी है तो क्या है ज़ोहद शैख़   ऐ बेवक़ूफ़ जाए-इबादत, गुनाह कर
छोड़ अब तरीक़-ए-जौर को ऐ बेवफ़ा समझ
निभती नहीं ये चाल, किसू दिल में राह कर

1356

शोरीदा सर रखा है जब से उस आस्ताँ पर   मेरा दिमाग़ तब से है हफ़्तुम आसमाँ पर
घायल गिरा रहा है, फ़ित्राक से बँधा है   क्या-क्या सितम हुए हैं इस सैद-ए-नातवाँ पर
लुत्फ़-ए-बदन को उसके हरगिज़ पहुँच सके ना   जा पड़ती थी हमेशा अपनी निगाह जाँ पर
वो बाग़बाँ-पिसर कुछ गुल-गुल शगुफ़्ता है अब
ये और गुल खिला है इक फूलों की दुकाँ पर

1357

आया न फिर इधर वो मस्त-ए-शराब हो कर   क्या फूल मर गए हैं उस बिन ख़राब हो कर
वादा विसाल का है कहते हैं हश्र के दिन   जाना हुआ वलेकिन वाँ से शिताब हो कर
दारू पिये न साथ आ ग़ैरों के बेशतर याँ
ग़ैरत से रह गए हैं आशिक़ कबाब हो कर

चश्म-ए-कम से देखना–हय दृष्टि, बे-परवाई से देखना। जवाहिर–जवाहर, मोती। दरिया बिलोना–बहुत तलाश करना, बहुत रोना। अहवाल–हाल, हालत। मुतलक़–बिल्कुल, क़तई। ज़ेर-ए-लब–होंठों-होंठों में।

1355. ख़ंदा–हँसी। गिरया-ओ-अंदोह-ओ-आह–रोना, दुख मनाना और आह करना। मातम-कदा–दुखों का घर। दहर–दुनिया। शोख़–चंचल, महबूब। आँखों में जान आना–महबूब के दर्शन के लिए तड़पना, बेताब होना, मरने के क़रीब होना। ज़ोहद–सदाचारिता। जाए-इबादत–पूजा-पाठ/नमाज़ के स्थान पर। तरीक़-ए-जौर–सितम की राह।

1356. शोरीदा सर–दीवाना, पागल। आस्ताँ–चौखट। हफ़्तुम आसमाँ–सातवाँ आसमान। दिमाग़ आसमान पर होना–घमंडी होना, अपने आप को बहुत बड़ा समझना। फ़ित्राक–शिकारी की थैली जिसमें वह शिकार किए गए पक्षी या जानवर रखता है। सैद-ए-नातवाँ–बेबस शिकार। बाग़बाँ पिसर–माली का लड़का। गुल-गुल शगुफ़्ता होना–बहुत ख़ुश होना। गुल खिलना–कोई नई या अनोखी बात ज़ाहिर होना।

1357. विसाल–मिलन। हश्र–क़यामत, प्रलय। वलेकिन–लेकिन। शिताब–जल्दी। बेशतर–बहुत ज़्यादा। ग़ैरत–शर्म। कबाब होना–जलना, भुन जाना।

1358

अब्र-ए-सियह क़िब्ले से उठकर आया है मयख़ाने पर
बादा-कशों का झुरमुट है कुछ शीशे पर पैमाने पर

रंग हवा से टपकने लगा है सब्ज़े में कोई फूल खिला
या'नी चश्मक गुल करता है फ़स्ल-ए-बहार के आने पर

शोर-ए-जुनूँ है जवानों के सर में, पाँव में ज़ंजीरें हैं
संग-ज़नाँ लड़के फिरते हैं हर-हर सू दीवाने पर

बेताबाना शम्अ पर आया, गिर्द फिरा, फिर जल ही गया
अपना जी भी हद से ज़्यादा रात जला परवाने पर

क़द्र-ए-जान जो कुछ होवे तो सर्फ़ा भी हम 'मीर' करें
मुँह मोड़ें क्या आने से उसके अपनी जान के जाने पर

1359

कब से गया है आया नहीं नामाबर हनोज़ — राही भी कुछ सुना नहीं जाते ख़बर हनोज़
ख़ून-ए-जिगर को सूखे हुए बरसों हो गए — रहती हैं मेरी आँखें शब-ओ-रोज़ तर हनोज़
मुद्दत से लग रही हैं मिरी आँखें उसकी ओर — वो देखता नहीं है ग़लत कर इधर हनोज़
बरसों से लखनऊ में इक़ामत है मुझको लेक — याँ के चलन से रखता हूँ, अज़्म-ए-सफ़र हनोज़
तैशे से कोहकन के दिल-ए-कोह जल गया — निकले है संग-संग से अक्सर शरर हनोज़

जल-जल के हो गया है कबिद तो कबाब 'मीर'
जूँ-गुंचा ना-शगुफ़्ता है दाग़-ए-जिगर हनोज़

1360

यार हम से जुदा हुआ अफ़सोस — न, जुदा हो के, फिर मिला अफ़सोस
जब तलक आन कर रहे मुझ पास — मुझ में तब तक न कुछ रहा अफ़सोस
दिल में हसरत गिरह है रुख़्सत की — चलते उन ने न कुछ कहा अफ़सोस

1358. अब्र-ए-सियह–काला बादल। क़िब्ला–का'बा। क़िब्ले का अब्र-ए-सियाह–पश्चिम की ओर से उठने वाला बादल जो आमतौर पर बरसता है। बादा-कश–शराबी। सब्ज़ा–हरियाली। चश्मक–आँख का इशारा। फ़स्ल-ए-बहार–बहार का मौसम। संग-ज़नाँ–पत्थर मारने वाले। हर-हर सू–हर तरफ़, चारों तरफ़। बेताबाना–बेचैनी के साथ, परेशान होकर। सर्फ़ा–ख़र्च करना।

1359. नामाबर–पत्रवाहक। हनोज़–अभी तक, अब तक। शब-ओ-रोज़–रात और दिन। इक़ामत–ठहरना, रुकना। अज़्म-ए-सफ़र–यात्रा का इरादा। तैशा–लकड़ी छीलने का औज़ार, बसूला। कोहकन–पहाड़ तोड़ने वाला, शीरीं के आशिक़ फ़रहाद का लक़ब (उपनाम)। दिल-ए कोह–पहाड़ का दिल। संग–पत्थर। शरर–चिंगारी। कबिद–जिगर, कलेजा, दिल। जूँ-गुंचा–कली की तरह। ना-शगुफ़्ता–बिन खिला।

क्या तदारुक है इश्क़ में दिल का — मैं बला में हूँ मुब्तला अफ़सोस
सब से बेगानगी की, जिस के लिए — वो नहीं हमसे आश्ना अफ़सोस
रात-दिन हाथ मलते रहते हैं — दिल के जाने का है बड़ा अफ़सोस
बाछें फट फट गईं हैं घिघियाते — बे-असर हो गई दुआ अफ़सोस
मुझको करना था एहतराज़ उस से — हाए अफ़सोस, क्या किया अफ़सोस

नौश दारू है, नेश दारू 'मीर'
मुतअस्सिर नहीं दवा अफ़सोस

1361

कोई दिन करिए मईशत जा किसू कामिल के पास
नाक़िसों में रहिए क्या, रहिए तो साहिब दिल के पास

बू-ए-ख़ूँ भक-भक दिमाग़ों में चली आती है कुछ
निकली है होकर सबा शायद किसू घाइल के पास

शोर-ओ-हंगामा बहुत, दावा ज़रूरी है बहुत
काशके मुझको बुलावें हश्र में क़ातिल के पास

दिल गुदाज़-ए-इश्क़ से सब आब हो कर बह गया
मर गए पर गोर मेरी करिए तो बे-दिल के पास

मलिये क्यूँकर न कफ़-ए-अफ़सोस जी जाता है 'मीर'
डूबती है कश्ती वरते से निकल साहिल के पास

1362

क्या 'मीर' असीरों को दर-ए-बाग़ जो वा हो
है रंग-ए-हवा देखने को चाक-ए-क़फ़स बस

1360. तदारुक–गुमशुदा चीज़ को पाना, ग़लती को ठीक करना। मुब्तला होना–फँसना। बेगानगी–परायापन, अनजानपन। आश्ना–दोस्त, परिचित। हाथ मलना–पछताना। बाछें फटना–होंठों के कोनों का फटना। एहतराज होना–दूर रहना, बचना। नौश दारू–ज़हर दूर करने वाली दवा। नेश दारू–ज़हर, विष। मुतअस्सिर–कारगर, असर करने वाली, प्रभावकारी।

1361. मईशत–बसर करना, रहना। कामिल–सूफ़ी, संत, महात्मा। नाक़िस–जिसकी समझ-बूझ अधूरी हो। साहिब-ए-दिल–हमदर्द, दयालु, महात्मा। बू-ए-ख़ूँ–ख़ून की गंध। भक-भक–उड़ती हुई। सबा–हवा। घाइल–घायल। हश्र–क़यामत। गुदाज़-ए-इश्क़–इश्क़ की गर्मी। आब–पानी। गोर–क़ब्र। कफ़-ए-अफ़सोस मलना–हाथ मलना, पछताना, अफ़सोस करना। जी जाना–जान जाना, मर जाना, मरने के क़रीब होना। वरता–भँवर, पानी का चक्कर। साहिल–किनारा।

1362. असीर–क़ैदी, बंदी। दर-ए-बाग़–बाग़ का दरवाज़ा। वा होना–खुलना। चाक-ए-क़फ़स–क़ैदखाने/पिंजरे की झिरी।

1363

आँख खुलते गई बहार अफ़सोस   गुल को देखा भी न हज़ार अफ़सोस
बे-क़रारी ने यूँही जी मारा   उस से नै अहद नै क़रार अफ़सोस
न मुआरिफ़ न आश्ना कोई   हम हैं बे-यार-ओ-बे-दयार अफ़सोस
ख़ूँ हुई दिल ही में उमीद-ए-विसाल   मर रहे जी को मार मार अफ़सोस
इक ही गर्दिश में उसकी आँखों की   फिर गया हमसे रोज़गार अफ़सोस
मुंतज़िर ही हम उसके 'मीर' गए
याँ तक आया कभू न यार अफ़सोस

1364

रखते रहे बुतों से मेहर-ओ-वफ़ा क़ी ख़्वाहिश
इस आरज़ू ने मारा, ये भी ख़ुदा की ख़्वाहिश

बीमारी-ए-दिली पर मैं सब्र कर रहा हूँ
जी को नहीं है मेरे मुतलक़ दवा की ख़्वाहिश

शब वस्ल की मयस्सर आई न एक दिन भी
दिल को यही हमारे अक्सर रहा की ख़्वाहिश

चाहत बहुत किसू की ऐ हमनशीं बुरी है
सौ जान की है काहिश, इक उस अदा की ख़्वाहिश

हैरान-ए-कार-ए-उल्फ़त ऐ 'मीर' चुप हूँ मैं तो
पूछा करो हो हर-दम क्या बे-नवा की ख़्वाहिश

1365

रंज-ओ-ग़म आए बेशतर दरपेश   राह-ए-रफ़्तन है अब मगर दरपेश
यार आँखों तले ही फिरता है   मेरी मुद्दत से है नज़र दरपेश
ख़ाना रौशन, पतंगों ने न किया   है चराग़ों को भी सहर दरपेश

1363. नै–न। अहद–वादा, क़सम। मुआरिफ़–जानने वाला, दोस्त। आश्ना–दोस्त, परिचित। बे-दयार–जिसका कोई ठिकाना न हो। ख़ूँ होना–मर जाना। उमीद-ए-विसाल–मिलने की उम्मीद। जी मारना–मन मारना। गर्दिश–चक्कर। रोज़गार–ज़माना। मुंतज़िर–इंतिज़ार करने वाला।

1364. बुत–मूर्ती, माशूक़। मुतलक़–क़तई, बिलकुल। शब–रात। वस्ल–मिलन। हमनशीं–साथी, दोस्त। काहिश–कमी, घटाव। हैरान-ए-कार-ए-उल्फ़त–इश्क़ में परेशान, हैरान। बे-नवा–बिना आवाज़ वाला, चुप रहने वाला, मजबूर।

1365. बेशतर–बहुत ज़्यादा। दरपेश–सामने, निकट। राह-ए-रफ़्तन–चलने का रास्ता, मौत का रास्ता। आँखों तले फिरना–आँखों में बसना, बार-बार ख़याल आना। ख़ाना रौशन करना–मरने के क़रीब होना, मर जाना। पतंग–परवाना। सहर–सुबह।

ग़म से नज़दीक मरने के पहुँचे
दूर का 'मीर' है सफ़र दरपेश

1366

सौमऐ को इस हवा-ए-अब्र में देते हैं आग
मयकदे से बाहर आते ही नहीं ज़ी-अक़्ल-ओ-होश

कैसा ख़ुद गुम सर बिखेरे 'मीर' है बाज़ार में
ऐसा अब पैदा नहीं हंगामा-आरा दिल-फ़रोश

1367

इधर आता भी वो सवार ऐ काश उसका हो जाता दिल शिकार ऐ काश
कब तलक बेक़रार रहिएगा कुछ तो मिलने का हो क़रार ऐ काश
राह तकते तो फट गईं आँखें उसका करते न इंतिज़ार ऐ काश
फूल गुल कुछ न थे खुली जब चश्म और भी रहती इक बहार ऐ काश
अब वही 'मीर' जी खपाना है
हमको होता न उस से प्यार ऐ काश

1368

आबाद उजड़ा लखनऊ चुग़्दों से अब हुआ
मुश्किल है इस ख़राबे में आदम की बूद-ओ-बाश

उम्र-ए-अज़ीज़ यास ही में जाती है चली
उम्मीदवार उसके न हम होते 'मीर' काश

1369

शाइरी शेवा है, शिआर इख़्लास
दीन-ओ-मज़हब मिरा है प्यार इख़्लास

1366. सौमआ–इबादत/पूजा करने की जगह। हवा-ए-अब्र–बादल लाने वाली हवा। ज़ी-अक़्ल-ओ-होश–अक़्ल और होश वाले। ख़ुद गुम–बेहोश। सर बिखेरना–परेशान हाल होना, दीवानगी और वहशत होना। हंगामा-आरा–हंगामा करने वाला। दिल-फ़रोश–दिल बेचने वाला, आशिक़।

1367. क़रार–वादा, चैन। आँखें फटना–आँखों पर सदमा होना, किसी तकलीफ़ के कारण ये मालूम होना कि आँखें निकली पड़ती हैं।। चश्म–आँख। जी खपाना–जान देना, जान खोना, जान लड़ाना।

1368. चुग़्द–उल्लू, (व्यंग्यात्मक) मूर्ख। ख़राबा–उजाड़, उजड़ा हुआ। आदम–आदमी। बूद-ओ-बाश–रहना-बसना। उम्र-ए-अज़ीज़–प्यारी ज़िन्दगी। यास–ना-उम्मीदी, निराशा।

1369. शेवा–तरीक़ा, आदत। शिआर–तौर-तरीक़ा, रस्म। इख़्लास–सच्ची हमदर्दी, दोस्ती।

1370

जिसको हुआ है उस सनम-ए-बेवफ़ा से रब्त
उसको ख़ुदा ही होवे तो हो कुछ ख़ुदा से रब्त

गुल हो के बर्ग-बर्ग हुए, फिर हवा हुए
रखते हैं इस चमन के जो ग़ुंचे सबा से रब्त

शायद उसी के हाथ में दामन हो यार का
हो जिस सितम-रसीदा को दस्त-ए-दुआ से रब्त

करती है आदमी को दनी सोहबत-ए-फ़क़ीर
अच्छा नहीं है 'मीर' से बे-तह गदा से रब्त

1371

इश्क़ को जुर्रत-ओ-जिगर है शर्त ज़र्दी-ए-रंग-ओ-चश्म-ए-तर है शर्त
बे-ख़बर हाल से न रह मेरे मैं कहे रखता हूँ, ख़बर है शर्त
हज को जावे तो शैख़ को ले जा का'बे जाने को ये भी ख़र है शर्त
ख़ाम रहता है आदमी घर में पुख़्ता-कारी के तईं सफ़र है शर्त
ख़ुब्स यारों का कर फ़सानों में
ऐब करने को भी हुनर है शर्त

1372

लिए दाग़ सर पर जो आई थी शम्अ सहर तक सब उनने ही खाई थी शम्अ
पतंगे के हक़ में तो बेहतर हुई अगर गोग की भी बनाई थी शम्अ
न उस मह से रौशन थी शब बज़्म में निकाला था उस को, छुपाई थी शम्अ
वही साथ था मेरे शब-गीर में कि ताब उसके रुख़ की न लाई थी शम्अ
पतंग और वो क्यूँ न बाहम जलें कहीं से मगर इक लग आई थी शम्अ
फ़रोग़ उसके चेहरे का था पर्दा-दर हुआ क्या जो हमने बुझाई थी शम्अ
तफ़-ए-दिल से 'मीर' इक कफ़-ए-ख़ाक है
मिरी ख़ाक पर क्यूँ जलाई थी शम्अ

1370. रब्त–वास्ता, लगाव, सम्बन्ध। बर्ग-बर्ग–पत्ता-पत्ता, बिखरा हुआ। हवा होना–मिट जाना, मिट्टी में मिल जाना। ग़ुंचा–कली। सबा–हवा। सितम-रसीदा–वो व्यक्ति जिस पर ज़ुल्म/अत्याचार हुआ हो, मजबूर। दस्त-ब-दुआ होना–दुआ के लिये हाथ उठाना, दुआ माँगना। दनी–कमीना। बे-तह–तुच्छ। गदा–भिखारी।

1371. जुर्रत–दिलेरी, साहस। ज़र्दी-ए-रंग–पीलापन। चश्म-ए-तर–भीगी आँख। शैख़–मुल्ला, क़ाज़ी। ख़र–गधा। ख़ाम–कच्चा, अनुभवहीन। पुख़्ताकारी–तजुर्बाकारी, हुनरमंदी, अनुभव पाना। तईं–को, वास्ते। ख़ुब्स–बुराई। ऐब करने को हुनर चाहिए–अगर सलीक़े से कोई बुरा काम भी किया जाए तो वो ज़ाहिर नहीं होता।

1372. दाग़–ज़ख़्म। शम्अ–मोमबत्ती। सहर–सुबह। मह–चाँद। बज़्म–महफ़िल। शब-गीर–तड़के, सुबह-सुबह। ताब–चमक, रौशनी। ताब न लाना–बर्दाश्त न कर सकना, घबरा जाना। रुख़–चेहरा। पतंग–पतंगा। बाहम–एक साथ, मिलकर। फ़रोग़–चमक, रौशनी। पर्दा-दर–पर्दा फ़ाश करने वाला, राज़ खोलने वाला। तफ़-ए-दिल–दिल की गर्मी। कफ़-ए-ख़ाक–मुट्ठी भर ख़ाक।

1373

उठने देता नहीं शिकस्ता दिल   ढह गया क्या मकाँ दरेग़ दरेग़

तब खुली आँख 'मीर' अपनी जब

जा चुका कारवाँ दरेग़ दरेग़

1374

वो महबूब तो राह गया है अपनी लेकिन देर तलक

आँखें अहल-ए-नज़र की रहेंगी उसके क़दम के निशाँ की तरफ़

1375

आवारगी के महव हैं, हम ख़ानमाँ-ख़राब   मुतलक़ नहीं नज़र हमें घर-बार की तरफ़

माना है क़िब्ला का'बा ख़ुदा फ़र्त-ए-शौक़ से   जाते हैं सर रगड़ते हुए यार की तरफ़

शायद मता-ए-हुस्न खुली है किसू की आज   हंगामा हश्र का-सा है, बाज़ार की तरफ़

आशिक़ की ओर नाज़-कुनाँ जावे है कभू   जैसे तबीब जावे है, बीमार की तरफ़

हरगिज़ तरफ़ न हो सके रुख़्सार-ए-यार के   फीकी है उसके सामने गुलज़ार की तरफ़

कुछ गुल सबा का लागो नहीं इस चमन में 'मीर'

करते हैं सब ही अपने तरफ़-दार की तरफ़

1376

नज़र क्यूँ गई रू-ओ-मू की तरफ़   खिंचा जाए है दिल किसू की तरफ़

न देखो कभी मोतियों की लड़ी   जो देखो मिरी गुफ़्तगू की तरफ़

अगर आरसी में सफ़ाई है लेक   नहीं करती मुँह उसके रू की तरफ़

उसे ढूँढते 'मीर' खोए गए

कोई देखे इस जुस्तजू की तरफ़

1377

बहार-ओ-बाग़-ओ-गुल-ओ-लाला दिलरुबा बिन हैफ़

भरे हैं फूलों से जैब-ओ-कनार लेकिन हैफ़

1373. शिकस्ता दिल–टूटा हुआ दिल, दुखी दिल। दरेग़–अफ़सोस। आँख खुलना–जागना, होना आना।

1374. अहल-ए-नज़र–पारखी लोग।

1375. महव–लीन, डूबे हुए। ख़ानमाँ-ख़राब–तबाह, बर्बाद। मुतलक़–बिल्कुल, क़तई। फ़र्त-ए-शौक़–शौक़/अभिलाषा की अधिकता। मता-ए-हुस्न–सुन्दरता की पूँजी। हश्र–क़यामत। नाज़-कुनाँ–नाज़ करता हुआ, अदाऐं दिखाते हुए। तबीब–हकीम, वैद्य। तरफ़ होना–सामने आना, मुक़ाबले में आना। रुख़्सार-ए-यार–माशूक़ के गाल। गुल–फूल। सबा–हवा। लागो होना–ख़्वाहिश रखना, चाहना। तरफ़-दार–साथी, हिमायती, महबूब।

1376. रू-ओ-मू–चेहरा और बाल। गुफ़्तगू–बातचीत, शायरी। आरसी–आईना। रू–चेहरा। जुस्तजू–तलाश।

1377. लाला–फूल। दिलरुबा–माशूक़। हैफ़–अफ़सोस। जैब-ओ-कनार–गिरेबान और गोद।

1378

ऐ तुझ बग़ैर लाला-ओ-बाग़-ओ-बहार हैफ़
गुल से चमन भरे हों, न हो तू, हज़ार हैफ़

1379

इश्क़ से नज़्म-ए-कुल है या'नी इश्क़ कोई नाज़िम है ख़ूब
हर शय याँ पैदा जो हुई है, मौज़ूँ कर लाया है इश्क़

मौज-ज़नी है 'मीर' फ़लक तक हर लुज्जा है तूफ़ाँ-ज़ा
सर-ता-सर है तलातुम जिसका वो आज़म दरिया है इश्क़

1380

ज़ाहिर-ओ-बातिन, अव्वल-ओ-आख़िर, पाईं बाला इश्क़ है सब
नूर-ओ-ज़ुल्मत, मा'नी-ओ-सूरत सब कुछ आप्ही हुआ है इश्क़

1381

बेताब है दिल ग़म से, निपट ज़ार है आशिक़
क्या जाके दो-चार उससे हो, नाचार है आशिक़

वो देखने को जावे तो बेहतर है वगरना
बदहाल-ओ-सितम-दीदा-ओ-बीमार है आशिक़

रहता है खड़ा धूप में दो-दो पहर आके
बे-जुर्म सदा उसका गुनहगार है आशिक़

उठता नहीं तलवार के साए के तले से
या'नी हमा-दम मरने को तय्यार है आशिक़

1378. लाला–एक फूल जो सुर्ख़ रंग का होता है। हैफ़–अफ़सोस। हज़ार हैफ़–बहुत अफ़सोस।

1379. नज़्म-ए-कुल–दुनिया की पूर्ण व्यवस्था। नाज़िम–व्यवस्था चलाने वाला। शय–चीज़। मौज़ूँ करना–अनुकूल बनाना। मौज-ज़नी–लहरें मारना। फ़लक–आसमान। लुज्जा–थाह, भँवर। तूफ़ाँ-ज़ा–तूफ़ान पैदा करने वाला। सर-ता-सर–सारे का सारा, शुरू से आख़िर तक। तलातुम–मौजों का ज़ोर, पानी के थपेड़े। आज़म–सब से बड़ा।

1380. ज़ाहिर-ओ-बातिन–खुला और छुपा। अव्वल-ओ-आख़िर–शुरुआत और अन्त, शुरू से आख़िर तक। पाईं-बाला–नीचे-ऊपर। नूर-ओ-ज़ुल्मत–उजाला और अंधेरा। मा'नी-ओ-सूरत–अंदर और बाहर (दर्शन में प्रयुक्त)। आप्ही–आप ही, स्वयं।

1381. निपट–तमाम, बिल्कुल। ज़ार–कमज़ोर, ख़स्ता। दो-चार होना–आमना-सामना होना, मुलाक़ात होना। नाचार–बेबस, मजबूर। वगरना–नहीं तो। सितम-दीदा–वो व्यक्ति जिस पर ज़ुल्म किया गया हो, मजबूर। सदा–हमेशा, सदैव। हमा-दम–हर पल।

चस्पाँ हुए हैं 'मीर' ख़रीदार से तन्हा
क्या जिंस है माशूक़, कि बाज़ार है आशिक़

1382

अब रंज-ओ-दर्द-ओ-ग़म का पहुँचा है काम जाँ तक
पर हौसले से शिकवा आया नहीं ज़बाँ तक

अक्सर सुदाअ मुझको रहता है आशिक़ी में
तसदी' दर्द-ओ-ग़म से खींचे कोई कहाँ तक

आवारा ही हुए हम, सर मार-मार या'नी
नौ-पर निकल गए हैं अपने सब आशियाँ तक

ऐ वाए बे-नसीबी सर से भी गुज़रे लेकिन
पेशानी टुक न पहुँची उस ख़ाक-ए-आस्ताँ तक

1383

क्या हम में रहा गर्दिश-ए-अफ़्लाक से अब तक — फिरते हैं कुम्हारों के पड़े चाक से अब तक
दुश्मन हुई है जिसके लिए सारी ख़ुदाई — मरबूत हैं हम उस बुत-ए-बेबाक से अब तक
गो ख़ाक सी उड़ती है मिरे मुँह पे जुनूँ में — टपके है लहू दीदा-ए-नमनाक से अब तक
वे कपड़े तो बदले हुए 'मीर' उस को कई दिन
तन पर है शिकन तंगी-ए-पोशाक से अब तक

1384

दिल दिल लोग कहा करते हैं, तुम ने जाना क्या है दिल
चश्म-ए-बसीरत वा होवे तो अजाइब-दीद की जा है दिल

औज-ओ-मौज का आशोब उसके लेके ज़मीं से फ़लक तक है
सूरत में तो क़तरा-ए-ख़ूँ है, मा'नी में दरिया है दिल

तन्हा–अलग-थलग। चस्पाँ होना–चिपकना। जिंस–चीज़।

1382. सुदाअ–सर दर्द। तसदी' खींचना–दुख उठाना, तकलीफ़ उठाना। नौ-पर–(पक्षी) जिसके नए पर निकले हों। आशियाँ–घोंसला। ऐ वाए–हाए अफ़सोस। सर से गुज़रना–जान से गुज़रना, जान से हाथ धोना। पेशानी–माथा। ख़ाक-ए-आस्ताँ–चौखट की धूल।

1383. गर्दिश-ए-अफ़्लाक–आसमान का चक्कर, क़िस्मत का फेर। ख़ुदाई–दुनिया, दुनिया के लोग। मरबूत–बँधा हुआ, आपस में रिश्ता। बुत-ए-बेबाक–निडर माशूक़, चंचल महबूब। गो–यद्यपि, हालाँकि। ख़ाक़ उड़ना, तबाह होना, रौनक़ न रहना, परेशान नज़र आना। दीदा-ए-नमनाक–नम आँखें। शिकन–सिल्वट, झुर्री। तंगी-ए-पोशाक–चुस्त कपड़े।

1384. चश्म-ए-बसीरत–अंदरूनी निगाह, दिल की आँखें। वा होना–खुलना। अजाइब–अनोखा, अजीब। दीद–दर्शन, नज़ारा। जा–जगह। औज-ओ-मौज–शान-ओ-शौकत, धूम-धाम। आशोब–हंगामा, हलचल। फ़लक–आसमान। क़तरा-ए-ख़ूँ–ख़ून की बूँद।

सेहरा को जैसे कुशादा दामन हम तुम सुनते आते हैं
बंद कर आँखें टुक देखो तो, वैसा ही सहरा है दिल

कोहकन-ओ-मजनूँ वामिक़, तुम जिस से पूछो बता देवे
इश्क़-ओ-जुनूँ के शहरों में हर चार तरफ़ रुस्वा है दिल

हाए ग़यूरी दिल की अपने दाग़ किया है ख़ुद-सर ने
जी ही जिसके लिए जाता है उससे बे-परवा है दिल

मत पूछो क्यूँ ज़ीस्त करो हो मुर्दे से अफ़्सुर्दा तुम
हिज्र में उसके हम लोगों ने बरसों तक मारा है दिल

'मीर' परेशाँ दिल के ग़म में क्या-क्या ख़ातिर-दारी की
ख़ाक में मिलते क्यूँ न फिरें अब ख़ून हो बह भी गया है दिल

1385

हर लहज़ा है कदूरत-ए-ख़ातिर से बार-ए-दिल
आंधी सी आवे निकले कभू जो ग़ुबार-ए-दिल

तर-बंदी, ख़ुश्क-बंदी, नमक-बंदी हो चुकी
बेडौल फैलता सा चला है फ़िगार-ए-दिल

बाहर हैं हद्द-ओ-हस्र से खींचे जो ग़म अलम
क्या हो सके हिसाब-ए-ग़म-ए-बेशुमार-ए-दिल

लाखों जतन किए न बनी दिल से यार के
उसका जफ़ा शिआर, वफ़ा है शिआर-ए-दिल

उसकी गली में सुब्ह दिलों का शिकार था
निकला हज़ार नाज़ से बहर-ए-शिकार-ए-दिल

क्या 'मीर' फिर सबात से रू सू-ए-दिल करें
ऐसे नहीं गए हैं सुकून-ओ-क़रार-ए-दिल

1386

रखता नहीं है मुतलक़ ताब-ए-इताब अब दिल
जाता है कुछ ढहा ही ख़ाना-ख़राब अब दिल

सहरा–रेगिस्तान, जंगल। कुशादा दामन–फैला हुआ, चौड़ा दामन। कोहकन–पहाड़ खोदने वाला, फ़रहाद। वामिक़–एक मशहूर आशिक़ का नाम। रुस्वा–बदनाम, अपमानित। ग़यूरी–ग़ैरत, शर्म, लिहाज़। दाग़–ज़ख़्म, चोट। ख़ुद-सर–ज़िद्दी, बात न मानने वाला, माशूक़। जी जाना–जान जाना। ज़ीस्त करना–जीवन गुज़ारना। अफ़्सुर्दा–उदास, दुखी। हिज्र–जुदाई।

1385. हर लहज़ा–हर पल। कदूरत-ए-ख़ातिर–दिल की भड़ास। बार-ए-दिल–दिल का बोझ। तर-बंदी–गीली पट्टी बाँधना। ख़ुश्क-बंदी–सूखी पट्टी बाँधना। नमक-बंदी–घाव पर ख़ून रोकने के लिए नमक बाँधना। फ़िगार-ए-दिल–दिल का ज़ख़्म। हद्द-ओ-हस्र–हद और दायरा, सीमा-रेखा। अलम–दुख। हिसाब-ए-ग़म-ए-बेशुमार-ए-दिल–दिल के अनगिनत दुखों का हिसाब। जफ़ा–बेवफ़ाई, ज़ुल्म। शिआर–चलन, तरीक़ा, आदत। शिआर-ए-दिल–दिल का तौर-तरीक़ा। नाज़–अदा, घमंड। बहर-ए-शिकार-ए-दिल–दिलों के शिकार के लिए। सबात–ठहराव, क़रार। रू–मुँह, चेहरा। सू-ए-दिल–दिल की तरफ़।

1386. मुतलक़–क़तई, बिलकुल। ताब-ए-इताब–ग़ुस्सा झेलने की ताक़त। ख़ाना-ख़राब–बर्बाद, तबाह।

बेपर्दा उस की आँखें शोख़ी जो करतियाँ हैं
करता है ये भी तर्क-ए-शर्म-ओ-हिजाब अब दिल

आतिश जो इश्क़ की सब छाई है तन-बदन पर
पहलू में रह गया है होकर कबाब अब दिल

ग़म से गुदाज़ पाकर उस बिन जो बह न निकला
शर्मिंदगी से होगा ऐ 'मीर' आब अब दिल

1387

मुद्दत से अब वही है मिरा हम-कनार दिल
आज़ुर्दा-दिल, सितम-ज़दा-ओ-बेक़रार दिल

जो कहिए है फ़सुर्दा-ओ-मुर्दा, ज़ईफ़-ओ-ज़ार
नाचार देर हम रहे हैं मार मार दिल

दो-चार दिल से राज़ी नहीं होते दिलबराँ
शायद तसल्ली उनकी हो, जो लें हज़ार दिल

ख़ुद गुम है, ना-शिकेब-ओ-मुकद्दर है मुज़्तरिब
कब तक रखूँगा हाथ तले पुर-ग़ुबार दिल

है 'मीर' इश्क़-ए-हुस्न के भी जाज़्बे के तईं
खिंचता है सू-ए-यार ही बे-इख़्तियार दिल

1388

इश्क़ हमारे दरपए-जाँ है, आए घर से निकल कर हम
सर पर देखा यही फ़लक है जावें कीधर चल कर हम

शोख़ी–चंचलता, चुलबुलापन, शरारत। तर्क-ए-शर्म-ओ-हिजाब–शर्म-ओ-हया छोड़ना। आतिश–आग। गुदाज़–पिघलना। आब होना–लज्जित होना।

1387. हम-कनार–बग़ल में, बाहों में। आज़ुर्दा–परेशान। सितम-ज़दा–सितम का मारा। फ़सुर्दा–दुखी। ज़ईफ़-ओ-ज़ार–कमज़ोर और ख़स्ता। नाचार–बेबस, मजबूर। दिलबर–दिल लेने वाला, माशूक़। ना-शिकेब–बे-सब्र। मुकद्दर–परेशान। मुज़्तरिब–बेचैन। पुर-ग़ुबार–ग़ुबार से भरा, दुखों से भरा। जाज़िबा–कशिश, खींचने की ताक़त। तईं–को, लिए। सू-ए-यार–यार की तरफ़। बे-इख़्तियार–जिस पर कोई बस न चलता हो।

1388. दरपए-जाँ–जान लेने पर उतारू। फ़लक–आसमान।

1389

चाहत, आफ़त, उल्फ़त, कुल्फ़त, मेहर-ओ-वफ़ा-ओ-रंज-ओ-बला
इश्क़ ही के सब नाम हैं ये, दिल काश कहीं न लगाते तुम

शाइक़ हो मुर्ग़ान-ए-क़फ़स के, आए घर सय्यादों के
फूल इक-दो तस्कीन को उनकी, काश चमन से लाते तुम

क्या-क्या शक्लें महबूबों की पर्दा-ए-ग़ैब से निकली हैं
मुंसिफ़ हो टुक ऐ नक़्क़ाशाँ, ऐसे चेहरे बनाते तुम

बाद नमाज़ दुआएँ कीं, सो 'मीर' फ़क़ीर हुए तुम तो
ऐसी मुनाजातों से आगे काशके हाथ उठाते तुम

1390

सब्र करो, बेताब रहो, ख़ामोश फिरो, या शोर करो
किस को याँ परवा है किसू की, ठहरो, आओ, जाओ तुम

दर पे हरम के कुशूद नहीं तो दैर में जाकर काफ़िर हो
क़श्क़ा खींचो, पोथी पढ़ो, ज़ुन्नार गले से बँधाओ तुम

1391

क्या करें बेकस हैं हम, बेबस हैं हम, बे-घर हैं हम
क्यूँकर उड़ कर पहुँचें उस तक, ताइर-ए-बे-पर हैं हम

सर न बालीं से उठावें काशके बीमार-ए-इश्क़
होगा यक हंगामा बरपा फ़ित्ना ज़ेर-ए-सर हैं हम

सौ तरफ़ ले जाती है हमको परेशाँ-ख़ातिरी
याँ किसे ढूँडो हो तुम, क्या जानिए कीधर हैं हम

गर न रोएँ क्या करें, हर चार-सू है बेकसी
बेदिल-ओ-बेताक़त-ओ-बेदीन-ओ-बेदिलबर हैं हम

1389. उल्फ़त–प्यार, मुहब्बत। कुल्फ़त–दुख, तकलीफ़। शाइक़–शौक़ीन, चाहने वाला। मुर्ग़ान-ए-क़फ़स–पिंजरे में बंद पक्षी। सय्याद–शिकारी। तस्कीन–तसल्ली, सन्तोष। पर्दा-ए-ग़ैब–रहस्य का पर्दा। मुंसिफ़–न्याय करने वाला। नक़्क़ाश–चित्रकार। मुनाजात–दुआ। हाथ उठाना–दुआ माँगना छोड़ देना।

1390. हरम–मस्जिद। कुशूद–मुराद पूरी होना, कामयाबी। दैर–मन्दिर। क़श्क़ा–तिलक। ज़ुन्नार–जनेऊ।

1391. बेकस–जिसका कोई नहीं, मजबूर। ताइर-ए-बे-पर–बिना पर का पक्षी। बालीं–सिरहाना। यक–एक। ज़ेर-ए-सर–सर के नीचे, सर में। चार-सू–चारों तरफ़, हर तरफ़। बेकसी–तन्हाई। बेदीन–जो किसी धर्म को न मानता हो, अधर्मी। बेदिलबर–बिना किसी महबूब/माशूक़ के।

वो जो रश्क-ए-मह कभी, इस राह से निकला न 'मीर'
हम न रखते थे सितारा, या'नी बद-अख़्तर हैं हम

1392

उसकी गली में ग़श जो किया, आ सके न हम
फिर हो चुके वहीं कहीं, घर जा सके न हम

सोए तो ग़ुंचा हो किसू गुलख़न के आस-पास
इस तंगना में पाँव भी फैला सके न हम

हालाँकि ज़ाहिर उसके निशाँ शश-जिहत थे 'मीर'
ख़ुद गुम रहे जो फिरते बहुत पा सके न हम

1393

सब्र कहाँ जो तस्कीं होवे, बेताबी से चैन कहाँ
एक घड़ी में सौ-सौ बारी ऊधर ईधर जाओ तुम

1394

तज़ल्लुम, कि खींचे अलम पर अलम   तरह्हुम कि मत कर सितम पर सितम
जो सौ सर के हो आओ मानूँ न मैं   अबस खाते हो तुम क़सम पर क़सम
कई बार आना इधर लुत्फ़ से   अता पर अता है, करम पर करम
ख़तरनाक थी वादी-ए-इश्क़ 'मीर'
गए इस पे भी हम क़दम पर क़दम

1395

तारों की जैसे देखी हैं आँखें लड़ानियाँ
उस बे-निशाँ की ऐसी हैं चन्दीं निशानियाँ

रश्क-ए-मह–जिस से चाँद भी ईर्ष्या करे, बहुत ख़ूबसूरत, महबूब। सितारा न रखना–क़िस्मत का खोटा होना, भाग्य-हीन होना। बद-अख़्तर–बुरे सितारों वाला, बदनसीब, अभागा।

1392. ग़श करना–बेहोश होना। हो चुकना–ख़त्म हो जाना, मर जाना। ग़ुंचा–कली। ग़ुंचा होकर सोना–मुंडकरी मारना, घुटनो में सर देकर (दुख में) सोना। गुलख़न–अँगीठी, भट्ठी। तंगना–तंग जगह या'नी दुनिया। पाँव फैलाना–आराम करना। शश-जिहत–छ: दिशाऐं या'नी पूरब, पश्चिम, उत्तर, दक्षिण, ऊपर और नीचे।

1393. तस्कीं–तस्कीन, तसल्ली, आराम।

1394. तज़ल्लुम–ज़ुल्म, जफ़ा। अलम–दुख, परेशानी। तरह्हुम–रहम, तरस। अबस–फ़ुज़ूल। लुत्फ़–मेहरबानी। अता–बख़्शिश। करम–मेहरबानी। क़दम पर क़दम–क़दम-बर-क़दम, किसी के पीछे-पीछे चलना, पैरवी।

1395. चन्दीं–कितने, कितनी, इतनी।

पीरी है अब तो कहिए सो क्या कहिए हमनशीं
किस रंज-ओ-ग़म में गुज़रीं हैं अपनी जवानियाँ

ज़ुल्म-ओ-सितम से ख़ून किया, फिर दबा दिया
बर्बाद क्या गईं हैं मिरी जाँ-फ़िशानियाँ

मैं आप छेड़ छेड़ के खाता हूँ गालियाँ
ख़ुश आ गईं हैं उसकी मुझे बद-ज़बानियाँ

सुनता नहीं है शे'र भी वो हर्फ़-ए-ना-शुनो
दिल ही में ख़ूँ हुआ कीं मिरी नुक्ता-दानियाँ

मजलिस में तो ख़फ़ीफ़ हुए उसके वास्ते
फिर और हम से उठती नहीं सर-गिरानियाँ

आलम के साथ जाएँ चले किस तरह न हम
आलम तो कारवान है हम कारवानियाँ

सर-रफ़्ता सुन न 'मीर' का गर क़स्द-ए-ख़्वाब है
नींदें उचटतियाँ हैं सुने ये कहानियाँ

1396

दिरा में कहाँ शोर ऐसा धरा था किसू का मगर दिल रखा था जरस में
हमें इश्क़ में बेकसी, बेबसी है न दुश्मन भी हो दोस्ती के तो बस में
बहुत रोए पर्दे में जब दीदा-ए-तर हुई अच्छी बरसात तब इस बरस में
तन-ए-ज़र्द-ओ-लाग़र में ज़ाहिर रगें हैं भरा है मगर इश्क़ एक-एक नस में
तुम्हें रब्त लोगों से हर क़िस्म के है न खाया करो झूटी-झूटी तो क़स्में
मुहब्बत, वफ़ा, मेहर करते थे बाहम उठा दीं हैं वे तुमने अब सारी रस्में
हवा ही को देखे हैं ऐ 'मीर' असीराँ
लगा दीं मगर आँखें चाक-ए-क़फ़स में

पीरी–बुढ़ापा। हमनशीं–साथी। जाँ-फ़िशानी–मेहनत। ख़ुश आना–पसंद आना। हर्फ़-ए-ना-शुनो–बात न सुनने वाला। ख़ूँ होना–ख़ून होना, मर जाना। नुक्ता-दानी–सूक्ष्म बात जानना, काव्य मर्मज्ञता। मजलिस–महफ़िल। ख़फ़ीफ़–ज़लील, शर्मिंदा। सर-गिरानी–नाराज़गी, ख़फ़ा होना। आलम–दुनिया। सर-रफ़्ता–भाग्य का लेखा। क़स्द-ए-ख़्वाब–सोने का इरादा।

1396. दिरा–कारवाँ के साथ चलने वाला घड़ियाल। जरस–क़ाफ़िले का घंटा। बेकसी–तन्हाई, अकेलापन। दीदा-ए-तर–आँसू भरी आँखें। तन-ए-ज़र्द-ओ-लाग़र–पीला पड़ा हुआ कमज़ोर बदन। रग–नस। रब्त–लगाव। बाहम–आपस में। असीर–क़ैदी, बंदी। चाक-ए-क़फ़स–पिंजरे की झिरी।

1397

ग़म-ए-हिज्राँ में घबरा कर उठा मैं   तरफ़ गुलज़ार की आया चला मैं
किसू से दिल नहीं मिलता है या-रब   हुआ था किस घड़ी उन से जुदा मैं
तआरुफ़ हम-सफ़ीरों से नहीं कुछ   हुआ हूँ एक मुद्दत में रिहा मैं
किया सब्र आख़िर आज़ार-ए-दिली पर   बहुत करता रहा दारू दवा मैं
हुआ था 'मीर' मुश्किल इश्क़ में काम
किया पत्थर जिगर, तब की दवा मैं

1398

फ़रियाद से क्या लोग हैं दिन ही को अजब में
रहती है ख़लिश नालों से मेरे दिल-ए-शब में

उफ़्तादगी पर भी न छुआ दामन उन्हों का
कोताही न की दिलबरों के हम ने अदब में

कर ख़ौफ़ कलक-ख़ुस्प की जो सुर्ख़ हैं आँखें
जलते हैं तर-ओ-ख़ुश्क भी मिस्कीं के ग़ज़ब में

पाया न किन्हों ने उसे कोशिश की बहुत 'मीर'
सब सालिक-ओ-मज्ज़ूब गए उस की तलब में

1399

किस को दिल सा मकान देते हैं   अहल इस घर पे जान देते हैं
क्यूँके ख़ुश-ख़्वाँ न होवें अहल-ए-चमन   हम उन्हों को ज़बान देते हैं
नौ-ख़ताँ फेर लें हैं मुँह या'नी   मिलते रुख़्सत के पान देते हैं
जान क्या गौहर-ए-गिरामी है   बदले इसके जहान देते हैं

1397. ग़म-ए-हिज्राँ–जुदाई का दुख। गुलज़ार–बाग़। तआरुफ़–परिचय। हम-सफ़ीर–साथी। रिहा–आज़ाद। आज़ार-ए-दिली–दिल की बीमारी, दुख। दवा-दारू–इलाज, तीमारदारी। जिगर पत्थर करना–अत्यधिक धैर्य से काम लेना, सब्र कर लेना।

1398. ख़लिश–चुभन, खटक। नाला–फ़रियाद, रोने की आवाज़। दिल-ए-शब–रात का दिल, आधी रात। उफ़्तादगी–संकट, गिरना, पड़ना, दुख। कोताही–कमी। कलक-ख़ुस्प–ग़रीब, परेशान हाल, ऐसे व्यक्ति को कहते हैं जिसका घर न हो और जो सर्दी की रातें अलाव के सामने बैठकर गुज़ारे। तर-ओ-ख़ुश्क–गीला और सूखा। मिस्कीं–ग़रीब, बेचारा। ग़ज़ब–क़हर, गुस्सा। सालिक–राह चलने वाला, सूफ़ी, शरीयत के हिसाब से चलने वाला। मज्ज़ूब–दीवाना, पागल। तलब–तलाश, खोज, ढूँढना।

1399. अहल–निवासी, रहने वाले लोग, योग्य, मालिक। ख़ुश-ख़्वाँ–दिल को लुभाने वाली आवाज़ में गाने वाला। अहल-ए-चमन–बाग़ के लोग, पक्षी। नौ-ख़त–वो जिसके चेहरे पर नया-नया रुआँ उगा है, नौजवान, माशूक़। रुख़्सत का पान–वो पान जो चलते वक़्त दिया जाए। गौहर-ए-गिरामी–बहुत मूल्यवान, सच्चे मोती की तरह।

ये अजब, गुम हुए हैं जिसके लिए नहीं उसका निशान देते हैं
गिल-ए-ख़ूबाँ में 'मीर' मेहर नहीं
हमको ग़ैरों में सान देते हैं

1400

जब से जुदा मैं उनसे हुआ हूँ, हाल अजब है रोज़-ओ-शब
चश्म-ए-तर से टपके हैं आँसू, ख़ुश्क लबों पर आहें हैं

1401

सब्र किया है बरसों हमने रात से बे-ताक़त से हैं
और गुज़ारा कब तक होगा, कुछ अब हम रुख़्सत से हैं

1402

हरचंद मेरे हक़ में कब उसका सितम नहीं पर इस सितम से बा-मज़ा, लुत्फ़-ओ-करम नहीं
दरवेश जो हुए तो गया ऐतबार सब अब क़ाबिल एतिमाद के क़ौल-ओ-क़सम नहीं
हैरत में सक्ते से भी मिरा हाल है परे आईना रख के सामने देखा तो दम नहीं
शायद जिगर का काम तमामी को खिंच गया या लोहू रोते रहते थे, या चश्म नम नहीं
ग़म इस का कुछ नहीं हमें गो लोग कुछ्छ कहें
ये इल्तिफ़ात उन ने जो की है सो कम नहीं

1403

दिल जलते कुछ बन नहीं आती, हाल बिगड़ते जाते हैं
जैसे चराग़-ए-आख़िरी शब, हम लोग निबड़ते जाते हैं

राह अजब पेश आई हम को याँ से तन्हा जाते हैं
यार-ओ-हमदम-ओ-हमराही, हर गाम बिछड़ते जाते हैं

गिल-ए-ख़ूबाँ–माशूक़ों का स्वभाव। मेहर–रहम, प्यार, मुहब्बत। सान देना–गंदा कर देना।

1400. रोज़-ओ-शब–रात दिन। चश्म-ए-तर–भीगी आँखें। ख़ुश्क लब–सूखे होंठ।

1401. रुख़्सत से होना–मरने के क़रीब होना।

1402. हरचंद–कितना ही, जितना कुछ। बा-मज़ा–मज़ेदार। दरवेश–फ़क़ीर। एतिमाद–भरोसा। क़ौल-ओ-क़सम–वादा और क़सम। सक्ता–बीमारी का नाम जिससे मौत की सी बेहोशी छा जाती है। सक्ता होना–हैरत से जड़वत रह जाना। आईना सामने रख कर दम देखना–मरते समय किसी रोगी का साँस देखने के लिए उसके नथनों के सामने आईना रखते थे ताकि मालूम हो सके कि वो मुर्दा है या ज़िन्दा, अगर आईना धुंधला हो जाए तो ज़िन्दा, वरना मुर्दा। लोहू रोना–ख़ून के आँसू रोना। चश्म–आँख। गो–हालाँकि। इल्तिफ़ात–मेहरबानी।

1403. चराग़-ए-आख़िरी शब–रात की समाप्ति के समय का दिया/चराग़। निबड़ना–ख़र्च हो जाना, निपट जाना, बाक़ी न रहना। गाम–क़दम।

1404

कोई सबब ऐसा हो या-रब जिससे इज़्ज़त रह जावे
आलम में असबाब के हैं, पर पास अपने असबाब नहीं

रोना रोज़-ए-शुमार का मुझको आठ-पहर अब रहता है
या'नी मेरे गुनाहों को कुछ हस्र-ओ-हद्द-ओ-हिसाब नहीं

रंग शिकस्ता, दिल है शिकस्ता, सर है शिकस्ता मस्ती में
हाल किसू का अपना सा इस मयख़ाने में ख़राब नहीं

ठहरें 'मीर' किसू जागह हम दिल को क़रार जो टुक आवे
होके फ़क़ीर उस दर पर बैठें इस के भी हम बाब नहीं

1405

आँखें सफ़ेद, दिल भी जला इंतिज़ार में
क्या कुछ न हम भी देख चुके हिज्र-ए-यार में

दुनिया में एक दो नहीं करता कोई मुक़ाम
जो है रवा-रवी ही में है इस दयार में

देखी थीं एक रोज़ तिरी मस्त अँखड़ियाँ
अंगड़ाइयाँ ही लेते हैं अब तक ख़ुमार में

अख़्गार था, दिल न था मिरा जिस से तह-ए-ज़मीं
लग-लग उठी है आग कफ़न को मज़ार में

बेदम हैं दाम-गाह में इक-दम तो चल के देख
सुनते हैं दम नहीं किसी तेरे शिकार में

शोर अब चमन में मेरी ग़ज़ल-ख़्वानी का है 'मीर'
एक अंदलीब क्या है, कहूँ मैं हज़ार में

1406

वे वे जिन लोगों को फिरते, आँखों हमने देखा था
हद्द-ए-नज़र तक आज उन्हों की गिर्द-ए-शहर मज़ारें हैं

बड़े-बड़े थे घर जिनके याँ आसार उनके हैं ये अब
'मीर' शिकस्ता दरवाज़े हैं, गिरी पड़ी दीवारें हैं

1404. आलम–दुनिया। असबाब–सामान, धन-दौलत। आलम-ए-असबाब–दुनिया, क्योंकि दुनिया के तमाम काम किसी न किसी सबब (कारण) पर निर्भर हैं। रोज़-ए-शुमार–क़यामत का दिन। हस्र-ओ-हद्द-ओ-हिसाब न होना–अनगिनत/असीमित होना। रंग शिकस्ता–उड़ा हुआ रंग, फीका रंग। शिकस्ता दिल–टूटा हुआ दिल, हताश, मायूस। बाब–लायक़, योग्य।

1405. आँखें सफ़ेद होना–किसी के इन्तज़ार के कारण आँखों की रौशनी जाती रहना। हिज्र-ए-यार–महबूब की जुदाई। मुक़ाम करना–रहना, ठहरना। रवा-रवी–चला-चली। दयार–मुल्क, शहर, दुनिया। अख़्गार–चिंगारी, अंगारा। तह-ए-ज़मीं–ज़मीन के नीचे, क़ब्र में। दाम-गाह–शिकार करने की जगह। इक-दम–एक पल। ग़ज़ल-ख़्वानी–ग़ज़ल पढ़ना। अंदलीब–बुलबुल।

1406. हद्द-ए-नज़र–जहाँ तक नज़र जाए। गिर्द-ए-शहर–शहर के चारों तरफ़। आसार–निशान। शिकस्ता–टूटे हुए।

1407

हुस्न क्या जिंस है जी उस पे लगा बैठे हैं
उज़्लती शहर के बाज़ार में आ बैठे हैं

हम वे हरचंद कि हम-ख़ाना हैं दोनों लेकिन
रविश-ए-आशिक़-ओ-माशूक़ जुदा बैठे हैं

इन सितम-कुश्तों को है इश्क़ कि उठ कर यक-बार
तेग़-ए-ख़ूँख़ार तले यार की जा बैठे हैं

क्यूँके याँ उसका ख़याल आवे कि आगे ही हम
दिल सा घर आतिशीं आहों से जला बैठे हैं

पेश-ए-रू दस्त-ए-दुआ है, वही शय ख़्वाहिश है
और सब चीज़ से हम हाथ उठा बैठे हैं

सारी रात आँखों के आगे ही मिरी रहता है
गो कि वे चाँद से मुखड़े को छुपा बैठे हैं

क्या कहूँ आए खड़े घर से तो इक शोख़ी से
पाँव के नीचे मिरे हाथ दबा बैठे हैं

क़ाफ़िला-क़ाफ़िला जाते हैं चले क्या-क्या लोग
'मीर' ग़फ़लत-ज़दा हैरान से क्या बैठे हैं

1408

तदबीर कोई बतावे जो आप को सम्भालें   जीने की अपने हम भी कोई तरह निकालें
चलते हैं नाज़ से जब ठोकर लगे है दिल को   आतीं नहीं समझ में इन दिलबरों की चालें

मिन्नत हज़ार करिए, माने मने न हरगिज़
'मीर' ऐसे गुस्सा-वर को हम किस तरह मना लें

1409

मयकशी सुब्ह-ओ-शाम करता हूँ   फ़ाक़ा-मस्ती मुदाम करता हूँ

1407. जिन्स–वस्तु, चीज़। उज़्लती–तन्हाई में रहने वाला, सूफ़ी। हरचंद–कितना ही। हम-ख़ाना–साथ-साथ एक घर में। रविश–तरीक़ा। रविश-ए-आशिक़-ओ-माशूक़–आशिक़ और माशूक़ की तरह। सितम-कुश्ता–सितम का मारा। यक बार–एक बार। तेग़–तलवार। आतिशीं–आग भरी, आग के रंग की। पेश-ए-रू–चेहरे के सामने। दस्त-ए-दुआ–दुआ के लिए उठा हाथ। शय–चीज़। हाथ उठाना-त्यागना, छोड़ देना। गो कि–हालाँकि। शोख़ी–चंचलता। ग़फ़लत-ज़दा–लापरवाह।

1408. तदबीर–चारा, इलाज। तरह निकालना–नया ढंग अपनाना, नया अन्दाज़ इख़्तियार करना। दिलबर–दिल ले लेने वाला, महबूब। गुस्सा-वर–गुस्सा करने वाला।

1409. मयकशी–शराब पीना। फ़ाक़ा-मस्ती–ख़ाली पेट रहकर भी बेफ़िक्र रहना। मुदाम–हमेशा।

क़तआ

कोई नाकाम यूँ रहे कब तक मैं भी अब एक काम करता हूँ
या तो लेता हूँ दाद-ए-दिल या अब
काम अपना तमाम करता हूँ

1410

दिल खुलता है वाँ, सोहबत-ए-रिन्दाना जहाँ हो
मैं ख़ुश हूँ उसी शहर से, मयख़ाना जहाँ हो

क्यूँ जलता है हर जम्अ में, मानिन्द दिये के
उस बज़्म में जा शम्अ सा, परवाना जहाँ हो

इन उजड़ी हुई बस्तियों में, दिल नहीं लगता
है जी में वहीं जा बसें, वीराना जहाँ हो

वहशत है ख़िरद-मन्दों की सोहबत से, मुझे 'मीर'
अब जा रहूँगा वाँ, कोई दीवाना जहाँ हो

1411

अपने हुस्न-ए-रफ़्तनी पर आज मत मग़रूर हो
पास तू है जिसके वे ही कल कहेंगे दूर हो

शहर-ए-दिल की क्या ख़राबी का बयाँ बाहम करें
उसको वीराना न कहिए जो कभू मा'मूर हो

हम-बग़ल उस संग-दिल से काश-के उस दम हों जब
शीशा-ए-मय पास होवे और वो मख़मूर हो

1412

किया फ़र्ज़ हस्ती की रुख़्सत है मुझको कहीं अपने रोने से फ़ुर्सत है मुझको
फिरूँ हूँ तिरे इश्क़ में कूचा-कूचा मगर कूचा-गर्दी से उलफ़त है मुझको

काम तमाम करना–ख़त्म कर देना, मार डालना।

1410. सोहबत-ए-रिन्दाना–शराबियों की संगत। जम्अ–जमा, कुल, तमाम। शम्अ सा–शम्अ की तरह। ख़िरद-मन्द–अक़्लमंद, समझदार।

1411. हुस्न-ए-रफ़्तनी–नश्वर सुन्दरता। मग़रूर–घमण्डी। बाहम–आपस में। मा'मूर–आबाद। हम-बग़ल–बग़ल में या क़रीब बैठने वाला। संग दिल–पत्थर दिल। शीशा-ए-मय–शराब का प्याला। मख़मूर–ख़ुमार में, नशे में।

1412. फ़र्ज़ करना–मानना, तसल्ली करना। कूचा-गर्दी–गलियों में आवारा फिरना। उलफ़त–लगाव, प्यार।

कहाँ ज़िन्दगी मुद्दतुल-उम्र ज़ालिम! तिरे इश्क़ में दम ग़नीमत है मुझको
न कर शोर नासेह बहुत नातवाँ हूँ कहाँ बात उठाने की ताक़त है मुझको
हैं असबाब मरने के सब तेरे ग़म में जिया अब तलक क्यूँके, हैरत है मुझको
दिल इतना है आशुफ़्ता ख़ुर्शीद-रू का कि अपने भी साए से वहशत है मुझको
कुढ़ूँ हूँगा मन मानता 'मीर साहिब'
ग़म-ए-यार में क्या फ़राग़त है मुझको

1413

किया ग़ैरत से दिल पर तंग रंज-ओ-ग़म ने दुनिया को
बस अब तो खुल गईं हैं आँखें, देखा हमने दुनिया को

रहा है एक आलम और दुनिया-दारों में उसका
किया है बेवफ़ा मालूम सब आलम ने दुनिया को

हमेशा रोना, कुढ़ना, सीना-कोबी हर ज़माँ करना
अज़ा-ख़ाना किया दिल के मिरे मातम ने दुनिया को

सुना मैंने कि आख़िर हाथ उठाया उसने दुनिया से
अगर पाया भी मेहनत कर किसू हमदम ने दुनिया को

ज़मीं से आसमाँ तक 'मीर' है शोर-ए-जुनूँ मेरा
तह-ओ-बाला किया दोनों में इस ऊधम ने दुनिया को

1414

कहते न थे हम तुम से, दिल हाथ से मत दीजो
मत खाइयो ग़म इतना, अपना न लहू पीजो

उन पलकों की काविश से ज़ख़्मी है जिगर सारा
ले तार निगाहों के नाज़ुक सा रफ़ू कीजो

मुद्दतुल-उम्र–जीवन भर, उम्र भर। दम ग़नीमत होना–क़द्र के क़ाबिल होना, सम्मान के योग्य होना। नासेह–नसीहत करने वाला, उपदेशक। नातवाँ–कमज़ोर। बात उठाना–कड़वी बात बर्दाश्त करना। असबाब–सामान, कारण। आशुफ़्ता–परेशान। ख़ुर्शीद-रू–सूरज जैसा चेहरा, बहुत चमकता हुआ चेहरा, माशूक़। वहशत-ख़ौफ़, डर। फ़राग़त–फ़ुर्सत।

1413. ग़ैरत–शर्म। आलम–हाल, दुनिया। सीना-कोबी–छाती कूटना, मातम करना। हर ज़माँ–हर वक़्त। अज़ा-ख़ाना–मातम-घर, मातम करने की जगह। हाथ उठाना–निराश होना, मायूस होना। तह-ओ-बाला करना–उलट-पलट करना।

1414. काविश–कुरेदना, तलाश।

क्या जान लिए जिस के जानाँ से छुपाता मुँह
जीना तो कोई दिन है, तू 'मीर' बहुत जीजो

दिल-ख़स्ता, शिकस्ता-दिल, दिल-बस्ता, गिरफ़्ता-दिल
हो इनमें कोई उसका दिल हाथ में टुक लीजो

इस राह से करता है दिल कस्ब-ए-हवा गाहे
मेरे फटे सीने को ज़िन्हार न तुम सीजो

1415

बात कहूँ क्या चुपके-चुपके देखो हो आईने को
देखते हो तो देखो हमारे जलते तवे से सीने को

1416

सूफ़ियाँ ख़ुम वा हुए हैं, हाए आँखें वा करो
अब्र आया ज़ोर, ग़ैरत तुम भी टुक पैदा करो

मस्ती-ओ-दीवानगी का अहद है बाज़ार में
पा-ए-कूबाँ, दस्त-अफ़्शाँ, आन कर सौदा करो

हर जगह दिलकश है उसके बर्ग-ए-गुल से जिस्म में
एक जा तो जी लगाओ, दिल के तईं बेजा करो

है तकल्लुफ़ है तअय्युन इस क़सब-पोशी की क़ैद
ख़िर्क़ा-ए-सद-चाक पहनो, आप को रुस्वा करो

गरचे हम पर-बस्ता ताइर हैं पर ऐ गुलहा-ए-तर
कुछ हमें परवा नहीं है तुम अगर परवा करो

दिल-बस्ता–दिल लगा हुआ। कस्ब-ए-हवा–हवा खाना, साँस लेना। गाहे–कभी। ज़िन्हार–हरग़िज।

1415. सीना–छाती।

1416. सुफ़ियाँ–ऐ सूफ़ीयों। ख़ुम–शराब की मटकी। वा होना–खुलना। वा करना–खोलना। आँखें वा करना–आँखें खोलना। अब्र–बादल। ग़ैरत–शर्म। अहद–दौर। पा-ए-कूबाँ–नाचते हुए। दस्त-अफ़शाँ–हाथ नचाते हुए। सौदा–दीवानगी। सौदा करना–ख़रीदना, बेचना। बर्ग-ए-गुल–फूल की पत्तियाँ। से–जैसा, तरह। तअय्युन–मुक़र्रर, ठहराया हुआ। क़सब-पोशी–शरीर को ढकना, उम्दा लिबास पहनना। ख़िर्क़ा-ए-सद-चाक–सैंकडों जगह से फटे कपड़े। रुस्वा–बदनाम। गरचे–यद्यपि, हालाँकि। पर-बस्ता ताइर–पर बँधा पक्षी। गुलहा-ए-तर–बहुत से ताज़े फूल।

1417

मौसम-ए-गुल आया है यारो कुछ मेरी तदबीर करो
या'नी साया-ए-सर्व-ओ-गुल में अब मुझको ज़ंजीर करो

फेर दिये हैं दिल लोगों के मालिक ने कुछ मेरी तरफ़
तुम भी टुक ऐ आह-ओ-नाला क़ल्बों में तासीर करो

क्या हो महव-ए-इमारत मुनइम ऐ मे'मार ख़राबी है
बन आवे तो घर वीराँ दरवेशों के तामीर करो

शे'र किए मौज़ूँ तो ऐसे, जिन से ख़ुश हैं साहिब-ए-दिल
रोवें कुढ़ें जो याद करें, अब ऐसा तुम कुछ 'मीर' करो

1418

गुल को देख के गुलशन के दरवाज़े ही से फिर आया
क्या मिल बैठिए उस से भला, जो सोहबत ही का बाब न हो

मस्ती ख़राबी सर पर लाई, का'बे से उठ दैर गया
जिसको ख़ुदा ने ख़राब किया हो, फिर वो क्यूँके ख़राब न हो

मैंने जो कुछ कहा किया है हद्द-ओ-हिसाब से अफ़्ज़ूँ है
रोज़-ए-शुमार में या-रब मेरे, कहे किए का हिसाब न हो

1419

राहें रुके पर उस से मुलाक़ात हो तो हो
ख़ामोश उन लबों से कोई बात हो तो हो

रंज-ओ-इना कि दुश्मन-ए-जान-ए-अज़ीज़ हैं
इन से बचाव, उसकी इनायात हो तो हो

नौमीद-ए-वस्ल दिल नहीं शबहा-ए-हिज्र में
इन रातों ही में मिलने की भी बात हो तो हो

उम्मीद है कि उस से क़यामत को फिर मिलूँ
हुस्न-ए-अमल की वाँ भी मुकाफ़ात हो तो हो

साक़ी को चश्म-ए-मस्त से, ऊधर ही देखना
मस्जिद हो या कि का'बा, ख़राबात हो तो हो

1417. मौसम-ए-गुल–बाहर का मौसम। तदबीर–उपाय, इलाज। साया-ए-सर्व-ओ-गुल–वो जगह जहाँ फूल और सुन्दर पेड़ हों, बाग़। आह-ओ-नाला–रोना-पीटना। क़ल्ब–दिल। तासीर करना–असर करना। महव-ए-इमारत मुनइम–अमीर आदमी का मकान बनाने में लीन/मगन होना। मे'मार–राज-मिस्त्री। बन आवे तो–हो सके तो। दरवेश–फ़क़ीर, साधू। तामीर करना–बनाना। मौज़ूँ–वज़्न के मुताबिक़ शे'र कहना। साहिब-ए-दिल–दिल वाले, संवेदनशील लोग, आशिक़।

1418. बाब–लायक़, योग्य। दैर–मन्दिर। अफ़्ज़ूँ–बढ़कर, ज़्यादा। रोज़-ए-शुमार–क़यामत का दिन।

1419. रंज-ओ-इना–दुख-दर्द। दुश्मन-ए-जान-ए-अज़ीज़–प्यारी जान का दुश्मन या'नी महबूब। नौमीद-ए-वस्ल–मिलन से मायूस। शबहा-ए-हिज्र–जुदाई की रातें। हुस्न-ए-अमल–अच्छे काम। मुकाफ़ात–बदला। साक़ी–शराब पिलाने वाला, माशूक़। चश्म-ए-मस्त–मस्त आँखें। ख़राबात–शराब-ख़ाना, मदिरालय।

1420

हम हैं मरीज़-ए-इश्क़-ओ-जुनूँ, सख़्ती से दिल को मत तोड़ो
नर्म करें हैं हर्फ़-ओ-हिकायत, अहल-ए-ख़िरद बीमार के साथ

1421

अशआर-ए-'मीर' सबने चुन-चुन के लिख लिये हैं
रक्खेंगे याद हम भी कुछ बैतें चीदा-चीदा

1422

हम जानते तो इश्क़ न करते किसू के साथ ले जाते दिल को ख़ाक में इस आरज़ू के साथ
मस्ती में शैख़-ए-शहर से सोहबत अजब रही सर फोड़ते रहा किए अक्सर सुबू के साथ
था अक्स उसकी क़ामत-ए-दिलकश का बाग़ में आँखें चली गईं हैं लगी आब-जू के साथ
हंगामे जैसे रहते हैं उस कूचे में सदा ज़ाहिर है हश्र होगी न ऐसे ग़ुलू के साथ
मजरूह अपनी छाती को बख़िया किया बहुत
सीना गुथा है 'मीर' हमारा रफ़ू के साथ

1423

सीना ख़ाली आज पड़ा है 'मीर' तरफ़ से पहलू के
दिल भी शायद निकल गया है रोते ख़ून-ए-जिगर के साथ

1424

गुल-गुल शगुफ़्ता मय से हुआ है निगार देख
यक जुरआ हमदम और पिला, फिर बहार देख

अब वो नहीं करम कि भरन पड़ने लग गई
जूँ अब्र आगे लोगों के दामन पसार देख

1420. नर्म करना–धीमे करना, मुलायम करना। हर्फ़-ओ-हिकायत–बातचीत। अहल-ए-ख़िरद–समझदार लोग।

1421. अशआर-ए-'मीर'–'मीर' के शे'र। बैत–शे'र। चीदा-चीदा–चुने हुए।

1422. शैख़-ए-शहर–शहर का सबसे बड़ा मुस्लिम धर्म गुरु। सुबू–शराब की मटकी/घड़िया। अक्स–साया। क़ामत-ए-दिलकश–दिल को लुभाने वाला बदन। आब-जू–छोटी नहर। हश्र–क़यामत। ग़ुलू–शोर। मजरूह–घायल, ज़ख़्मी। बख़िया करना–सीना, टाँका लगाना।

1423. पहलू–करवट।

1424. गुल-गुल शगुफ़्ता–बहुत ख़ुश, हँसता हुआ। निगार–महबूब। यक जुरआ–एक घूंट। भरन–जल-थल कर देने वाली तेज़ बारिश। जूँ अब्र–बादल की तरह। दामन पसारना–माँगना, भीख माँगना।

मोहताज-ए-गुल नहीं है गिरेबान-ए-ग़म-कशाँ
गुलज़ार अश्क-ए-ख़ूनीं से जैब-ओ-कनार देख
आँखें इधर से मूँद लीं हैं, अब तो शर्त है
फिर देखियो न मेरी तरफ़ एक बार देख
ख़ाली पड़ा है ख़ाना-ए-दौलत वज़ीर का
बावर नहीं तो आसिफ़-आसिफ़ पुकार देख
ख़्वाहिश न होवे दिल की जो हासिल तो मौत है
अहवाल-ए-'मीर' देख, नहीं जी तू मार देख

1425

बंदा है या ख़ुदा नहीं उस दिलरुबा के साथ
दैर-ओ-हरम में हो, कहीं हो, है ख़ुदा के साथ
मिलता रहा कुशादा-जबीं ख़ूब-ओ-ज़िश्त से
क्या आईना करे है बसर याँ, हया के साथ
क्या जानूँ मैं चमन को, वलेकिन क़फ़स पे 'मीर'
आता है बर्ग-ए-गुल कभू कोई, सबा के साथ

1426

बिठला दिया फ़लक ने हमें नक़्श-ए-पा के रंग   उठना हमारा ख़ाक से है अब ख़ुदा के हाथ
देख उसको मुझको यारों ने हैरान हो कहा
किस ढब से लग गया है ये गौहर गदा के हाथ

1427

दूद-ए-दिल, सोज़ान-ए-मुहब्बत महव जो हो तो अर्श पे हो
दूर बुझेगी या'नी जाकर इश्क़ की आग लगाई हुई
कहना जो कुछ जिस से होगा, सामने 'मीर' कहा होगा
बात न दिल में फिर गई होगी, मुँह पर मेरे आई हुई

मोहताज-ए-गुल–फूल का ज़रूरतमंद। गिरेबान-ए-ग़म-कशाँ–दुख झेलने वालों का गिरेबान। गुलज़ार–बाग़। अश्क-ए-ख़ूनीं–ख़ून के आँसू। जैब-ओ-कनार–गिरेबान और दामन। दौलतख़ाना–बड़े आदमियों का घर। बावर–यक़ीन। आसिफ़–लखनऊ के नवाब आसिफ़-उद्दौला (1747-1797) जिनका देहान्त 'मीर' के सामने हो गया था और वो उस समय लखनऊ ही में रहते थे। अहवाल-ए-'मीर'–'मीर' की हालत।

1425. दिलरुबा–दिल लुभाने वाला, दिल को ले जाने वाला, माशूक़। दैर-ओ-हरम–मन्दिर-मस्जिद। कुशादा-जबीं–चौड़े माथे वाला, हँसमुख। ख़ूब-ओ-ज़िश्त–अच्छा-बुरा। हया–शर्म, लिहाज़। वलेकिन–लेकिन। क़फ़स–पिंजरा। बर्ग-ए-गुल–फूल की पंखुड़ी। सबा–हवा।

1426. फ़लक–आसमान। नक़्श-ए-पा–पदचिन्ह। गौहर–मोती। गदा–भिखारी।

1427. दूद-ए-दिल–दिल का धुआँ। सोज़ान-ए-मुहब्बत–मुहब्बत की जलन। महव होना–गुम होना, मिटना। अर्श–सब से ऊँचा, आसमान।

1428

आँखों की तरफ़ गोश की दरपर्दा नज़र है
कुछ यार के आने की मगर गर्म ख़बर है

क्या फैल पड़ी मुद्दत-ए-हिज्राँ को न पूछो
मह साल हुआ एक घड़ी हम को पहर है

शब शोर-ओ-फ़ुग़ाँ करते गई मुझको तो अब तो
दमकश हो टुक ऐ मुर्ग़-ए-चमन, वक़्त-ए-सहर है

सोचे थे कि सौदा-ए-मोहब्बत में है कुछ सूद
अब देखते हैं इस में तो जी ही का ज़रर है

कर काम किसू दिल में, गई अर्श पे तो क्या
ऐ आह-ए-सहर-गाह अगर तुझ में असर है

हर बैत में क्या 'मीर' तिरी बातें गुथी हैं
कुछ और सुख़न कर कि ग़ज़ल सिल्क-ए-गुहर है

1429

क्या ख़ाना-ख़राबी का हमें ख़ौफ़-ओ-ख़तर है
घर है किसू गोशे में तो मकड़ी का सा घर है

मैलान न आईने का उस को है न गुल का
क्या जानिए अब रू-ए-दिल-ए-यार किधर है

ऐ शम्अ इक़ामत-कदा इस बज़्म को मत जान
रौशन है तिरे चेहरे से, तू गर्म-ए-सफ़र है

क्या आग की चिन्गारियाँ सीने में भरी हैं
जो आँसू मिरी आँख से गिरता है, शरर है

डर जान का जिस जा है वहीं घर भी है अपना
हम ख़ाना-ख़राबों को तो याँ घर है न दर है

1428. गोश–कान। दरपर्दा–छुपा हुआ, पर्दे के पीछे से। मुद्दत-ए-हिज्राँ–जुदाई की अवधि। मह–महीना। शब–रात। शोर-ओ-फ़ुग़ाँ–रोना-धोना। दमकश–दम साधे हुए, चुप। मुर्ग़-ए-चमन–बाग़ के पक्षी। वक़्त-ए-सहर–सुबह का समय। सौदा-ए-मुहब्बत–इश्क़ की दीवानगी/पागलपन। सूद–फ़ायदा। ज़रर–नुक़सान, हानि। अर्श–आसमान। आह-ए-सहर-गाह–सुबह के समय निकलने वाली आह। बैत–शे'र। सुख़न–बात, शायरी। सिल्क-ए-गुहर–मोतियों की माला, लड़ी।

1429. ख़ाना-ख़राबी–बर्बादी, तबाही। गोशा–कोना। मैलान–रुझान। रू-ए-दिल-ए-यार–यार के दिल का रुख़/झुकाव। इक़ामत कदा–ठहरने की जगह। गर्म-ए-सफ़र–सफ़र में लगा हुआ। शरर–चिंगारी।

क्या पुरसिश-ए-अहवाल किया करते हो अक्सर
ज़ाहिर है कि बीमार-ए-अजल रोज़ बतर है

रहती हैं अलम-नाक ही वे आँखें जो अच्छी
बद-चश्म किसू शख़्स की शायद कि नज़र है

दीदार के मुश्ताक़ हैं सब जिस के अब उसकी
कुछ शोरिश-ए-हंगामा-ए-महशर में ख़बर है

सब चाहते हैं रुश्द मिरा यूँ तो पर ऐ 'मीर'
शायद यही इक ऐब है माने' कि हुनर है

1430

जूँ अब्र बेकसाना रोते उठे हैं घर से
बरसे है इश्क़ अपने दीवार और दर से

जम्हूर राह उसकी देखा करे है अक्सर
महफ़ूज़ रख इलाही उसको नज़र गुज़र से

शायद कि वस्ल उसका होवे तो जी भी ठहरे
होती नहीं है अब तो तस्कीन-ए-दिल ख़बर से

मुद्दत से चश्म-बस्ता बैठा रहा हूँ लेकिन
वो रू-ए-ख़ूब हरगिज़, जाता नहीं नज़र से

गुलशन से ले क़फ़स तक आवाज़ एक सी है
क्या ताइर-ए-गुलिस्ताँ हैं नाला-कश असर से

ये आशिक़ी है कैसी, ऐसे जियोगे कब तक
तर्क-ए-वफ़ा करो हो मरने के 'मीर' डर से

1431

बुतान-ए-दैर से ऐसी नहीं लाग
ख़ुदा ही हो तो का'बे 'मीर' जावे

1432

क्या ख़त लिखूँ मैं रोने से फ़ुर्सत नहीं रही
लिखता हूँ तो फिरे है किताबत बही बही

पुरसिश-ए-अहवाल–हालचाल पूछना। बीमार-ए-अजल–मौत का बीमार, मृत्यु रोगी। बतर–बुरा, बदतर। अलम-नाक–दुख-भरी। बद-चश्म–बुरी नज़र वाला। मुश्ताक़–चाहने वाला। शोरिश-ए-हंगामा-ए-महशर–क़यामत के दिन होने वाला हंगामा। रुश्द–मार्ग-दर्शन, हिदायत। माने'–रोकने वाला, मना करने वाला।

1430. अब्र–बादल। बेकसाना–लाचारों की तरह। जम्हूर–भीड़, आम लोग। महफ़ूज़–सुरक्षित। नज़र गुज़र–बुरी नज़र। वस्ल–मुलाक़ात। जी ठहरना–बेचैनी दूर होना, मन की शान्ति मिलना। तस्कीन-ए-दिल–दिल का सुकून, सब्र। चश्म-बस्ता–आँखें बंद किए। रू-ए-ख़ूब–सुन्दर, ख़ूबसूरत चेहरा। क़फ़स–पिंजरा। ताइर-ए-गुलिस्ताँ–बाग़ के पक्षी। नाला-कश–आह-आह करने वाला। तर्क-ए-वफ़ा–इश्क़ छोड़ना।

1431. बुतान-ए-दैर–मन्दिर की मूर्तियाँ, माशूक़। लाग–लगाव, इश्क़। का'बा–मक्का स्थित का'बा ख़ुदा का पहला घर माना जाता है।

1432. किताबत–लिखावट।

मैदान-ए-ग़म में क़त्ल हुई आरज़ू-ए-वस्ल
थी अपने ख़ानदान-ए-तमन्ना में इक यही

अपना लिखा है याद मुझे, मेरी बात भूल
क़ासिद ने जा के यार से कुछ और ही कही

शब शोर करने में जो समाजत की, तंग हो
कहने लगा कि मारो इसे, ये तो है वही

मत बह नमक हराम तू दाग़ों से साज़ कर
ऐ ज़ख़्म-ए-कुहना 'मीर' की ख़ातिर ही यूँ सही

1433

न बक शैख़ इतना भी वाही तबाही कहाँ रहमत-ए-हक़, कहाँ बे-गुनाही
मिलूँ क्यूँके हम-रंग हो तुझ से ऐ गुल तिरा रंग शोला, मिरा रंग काही
मुझे 'मीर' ता-गोर कांधा दिया था
तमन्ना-ए-दिल ने तो याँ तक निबाही

1434

ख़बर है शर्त इतना मत बरस ऐ अब्र-ए-बारिन्दा
हमें भी आज रोना दर्द-ए-दिल-पर्दाज़ आता है

उठे है गर्द माशूक़ाना उस तुर्बत से आशिक़ की
कभू टुक जिसके ऊपर वो सरापा नाज़ आता है

अजब रंग-ए-हिना ताइर है दस्त-आमोज़ ख़ूबाँ का
उड़े है तो भी हाथों ही में कर परवाज़ आता है

वही नाज़ाँ ख़िरामाँ कब्क सा आया मिरी जानिब
कोई मग़रूर वो शोख़ी से अपनी बाज़ आता है

रिहाई अपनी है दुश्वार कब सय्याद छोड़े है
असीर-ए-दाम हो ताइर जो ख़ुश आवाज़ आता है

आरज़ू-ए-वस्ल–मुलाक़ात की इच्छा। क़ासिद–पत्रवाहक। शब–रात। समाजत–मिन्नत, ख़ुशामद। साज़ करना–निबाहना, बना के रखना, सम्बन्ध रखना। ज़ख़्म-ए-कुहना–पुराना ज़ख़्म।

1433. शैख़–इस्लाम धर्म का ज्ञानी, मुल्ला, क़ाज़ी। रहमत-ए-हक़–ख़ुदा की कृपा, मेहरबानी। काही–लगभग काला हरा रंग, यहाँ इश्क़ में दिल के जलने के रंग की तरफ़ इशारा है। ता-गोर–क़ब्र तक। याँ–यहाँ।

1434. अब्र-ए-बारिन्दा–बरसने वाला बादल। दर्द-ए-दिल-पर्दाज़–दिल को सँवारने वाला दर्द। तुर्बत–क़ब्र। सरापा नाज़–सिर से पाँव तक नाज़ से भरा। रंग-ए-हिना–मेहंदी का रंग। ताइर–परिन्दा। दस्त-आमोज़–हिला हुआ, पालतू। ख़ूबाँ–माशूक़। परवाज़ करना–उड़ना। ख़िरामाँ–धीमी चाल से। कब्क–चकोर, जिसकी चाल से माशूक़ की चाल को उपमा देते हैं। सय्याद–शिकारी। असीर-ए-दाम–शिकारी के जाल में फँसा हुआ।

अगर मस्जिद से आऊँ 'मीर' तो भी लोग कहते हैं
कि मयख़ाने से फिर देखो वो शाहिद-बाज़ आता है

1435

उसके रंग चमन में शायद और खिला है फूल कोई
शोर-ए-तुयूर उठता है ऐसा जैसे उठे है बूल कोई

यूँ फिरता हूँ दश्त-ओ-दर में दूर उससे मैं सरगश्ता
ग़म का मारा, आवारा, जूँ राह गया हो भूल कोई

मस्ती, हुस्न-परस्ती, रिंदी यही अमल हैं मुद्दत से
पीर कबीर हुए तो क्या है छूटे है मा'मूल कोई

1436

पत्ता पत्ता, बूटा बूटा, हाल हमारा जाने है
जाने न जाने, गुल ही न जाने, बाग़ तो सारा जाने है

आगे उस मुतकब्बिर के हम ख़ुदा ख़ुदा क्या करते हैं
कब मौजूद ख़ुदा को वो मग़रूर-ए-ख़ुद-आरा जाने है

आशिक़ सा तो सादा कोई और न होगा दुनिया में
जी के ज़ियाँ को इश्क़ में उसके अपना वारा जाने है

चारागरी बीमारी-ए-दिल की, रस्म-ए-शहर-ए-हुस्न नहीं
वरना दिलबर-ए-नादाँ भी, इस दर्द का चारा जाने है

मेहर-ओ-वफ़ा-ओ-लुत्फ़-ओ-इनायत, एक से वाक़िफ़ इन में नहीं
और तो सब कुछ तंज़-ओ-किनाया, रम्ज़ ओ इशारा जाने है

क्या क्या फ़ित्ने, सर पर उसके, लाता है माशूक़ अपना
जिस बे-दिल, बे-ताब-ओ-तवाँ को इश्क़ का मारा जाने है

शाहिद-बाज़–रूप-सौंदर्य पर मोहित।

1435. शोर-ए-तुयूर–पक्षियों का शोर। बूल–बोल, यहाँ 'बूल' शब्द का प्रयोग क़ाफ़िया बाँधने के लिए 'बोल' के स्थान पर हुआ है। दश्त-ओ-दर–जंगल और बस्ती। सरगश्ता–परेशान। हुस्न-परस्ती–हुस्न की पूजा करना, आशिक़ी। रिंदी–आवारगी, शराबख़ोरी। अमल–चाल-चलन। पीर–बुज़ुर्ग, बूढ़ा। कबीर–बड़ा बुज़ुर्ग। मा'मूल–लत, आदत।

1436. मुतकब्बिर–घमण्डी। मग़रूर-ए-ख़ुद-आरा–सज-संवर कर रहने वाला घमण्डी। ज़ियाँ–नुक़सान। वारा–फ़ायदा, लाभ। चारागरी–इलाज। रस्म-ए-शहर-ए-हुस्न–हुस्न के शहर की रस्म। दिलबर-ए-नादाँ–नादान महबूब। चारा–इलाज, उपाय। मेहर–मुहब्बत। तंज़–व्यंग्य। किनाया–इशारों में बात कहना। रम्ज़–इशारा। फ़ित्ना–दंगा, फ़साद। बे-ताब-ओ-तवाँ–कमज़ोर।

1437

सद-रंग बहाराँ में अब के जो खिले हैं गुल ये लुत्फ़ न हो ऐसी रंगीनी हवा की है
मरने को रहे हाज़िर, सो मारे गए आख़िर गो उन ने जफ़ा की है, हमने तो वफ़ा की है
मायूस ही रहते हैं बीमार मुहब्बत के इस दर्द की मुद्दत तक हमने भी दवा की है
आना इधर उस बुत का क्या मेरी कशिश से है हो मोम जो पत्थर तो, ताईद ख़ुदा की है
दामान-ए-दराज़ उसका जो सुब्ह नहीं खींचा
ऐ 'मीर' ये कोताही शब दस्त-ए-दुआ की है

1438

मिलो इन दिनों हम से इक रात जानी कहाँ हम, कहाँ तुम, कहाँ फिर जवानी
शिकायत करूँ हूँ तो सोने लगे है मेरी सर-गुज़श्त अब हुई है कहानी
अदा खींच सकता है बहज़ाद उसकी खिंचे सूरत ऐसी तो ये हम ने मानी
मुलाक़ात होती है तो कशमकश से यही हम से है जब न तब ईंचा-तानी
बसन्ती क़बा पर तिरी मर गया है
क़फ़न 'मीर' को दीजियो ज़ाफ़रानी

1439

दामन बहुत वसी'अ है आँखों का ऐ सहाब लाज़िम है तुझको इन ही का पानी भरा करे
आकर बिखेरे फूल मिरी मुश्त-ए-ख़ाक पर मुर्ग़-ए-चमन अगर, हक़्क़-ए-सोहबत अदा करे
पत्थर की छाती चाहिए है 'मीर' इश्क़ में
जी जानता है उसका, जो कोई वफ़ा करे

1440

आलम आलम इश्क़-ओ-जुनूँ है, दुनिया दुनिया तोहमत है
दरिया दरिया रोता हूँ मैं, सहरा सहरा वहशत है

ख़ाक से आदम करके उठाया जिसको दस्त-ए-क़ुदरत ने
क़द्र नहीं कुछ उस बन्दे की, ये भी ख़ुदा की क़ुदरत है

1437. सद-रंग–सौ रंग। गो–हालाँकि। कशिश–खिंचाव, आकर्षण, खींचने की ताक़त। ताईद–अनुमोदन। दामान-ए-दराज़–लम्बा दामन। कोताही–कमी, ग़लती। शब दस्त-ए-दुआ–रात भर दुआ के लिए उठे हाथ।

1438. सर-गुज़श्त–आपबीती। बहज़ाद–ईरान का एक मशहूर चित्रकार, 'मानी' भी ईरान के एक चित्रकार का नाम है। ईंचा-तानी–खींचा-तानी। बसन्ती–पीले रंग की। क़बा–आगे से खुला लिबास या अचकन। ज़ाफ़रानी–केसरिया रंग का।

1439. वसी'अ–विस्तृत। सहाब–बादल। मुश्त-ए-ख़ाक–मुट्ठी भर मिट्टी, क़ब्र। मुर्ग़-ए-चमन–बाग़ का पक्षी।

1440. आलम आलम–पूरी दुनिया में, हर तरफ़। दुनिया दुनिया–दुनिया भर में। तोहमत–इल्ज़ाम, झूठा आरोप। दरिया दरिया–बहुत ज़्यादा, कई दरियाओं के बराबर। सहरा सहरा–रेगिस्तान में उड़ने वाली रेत की तरह बहुत ज़्यादा। दस्त-ए-क़ुदरत–ख़ुदा का हाथ।

क्या दिलकश है बज़्म जहाँ की, जाते याँ से जिसे देखो
वो ग़म-दीदा, रंज-कशीदा, आह सरापा हसरत है

सुब्ह से आँसू नौमीदाना जैसे विदाई आता था
आज किसी ख़्वाहिश की शायद दिल से हमारे रुख़्सत है

1441

अब तो निढाल पड़े रहते हैं, ज़ोफ़ ही अक्सर रहता है
आए गए उसके कूचे में जब तक जी में ताक़त थी

आँसू हो कर ख़ून जिगर का बेताबाना आया था
शायद रात शिकेबाई की जल्द बहुत कुछ रुख़्सत थी

1442

बाग़ में शब जो रोता फिरा हूँ, उस बिन मैं सो सुब्ह तलक
दाना-ए-अश्क रविश शबनम के, गुल पर हर क्यारी में है

1443

इश्क़-ओ-मुहब्बत क्या जानूँ मैं लेकिन इतना जानूँ हूँ
अन्दर ही सीने में मेरे दिल को कोई खाता है

आशिक़ अपना जान लिया है उन ने शायद 'मीर' हमें
देख भरी मजलिस में अपनी, हम ही से शर्माता है

1444

अव्वल तो आते ही नहीं हो और कभू जो आते हो
नीची आँखें किए फिरते हो मजलिस में शर्माए से

झगड़ा नाज़-ओ-नियाज़ का सुनकर बे-मज़ा हम से तुम तो हुए
'मीर' सुख़न को तूल न दो बस, बात बढ़े है बढ़ाए से

बज़्म–महफ़िल। जहाँ–जहान, दुनिया। ग़म-दीदा–दुखी, दुखों का मारा। रंज-कशीदा–दुख झेलने वाला। सरापा–सर से पाँव तक, पूरी तरह से। हसरत–अभिलाषा। सरापा हसरत–सिर से पाँव तक इच्छाओं से भरा। नौमीदाना–मायूसी से भरा। विदाई–विदा से सम्बन्धित, विदा होने वाला।

1441. ज़ोफ़–कमज़ोरी। बेताबाना–बेताबी से। शिकेबाई–सब्र।

1442. दाना-ए-अश्क–आँसू की बूँदें। रविश शबनम के–ओस की बूँद की तरह।

1443. मजलिस–महफ़िल।

1444. अव्वल तो–पहले तो। मजलिस–महफ़िल। नाज़-ओ-नियाज़–घमंड होना, फ़ख़्र होना। सुख़न को तूल देना–बात बढ़ाना।

1445

गर्दिश दिनों की कम न हुई, कुछ कड़े हुए रोज़े रखे ग़रीबों ने, तो दिन बड़े हुए
नर्मी से कू-ए-यार में जावे तो जा नसीम ऐसा न हो कि उखड़ें कहीं, दिल गड़े हुए
आहन-दिलों ने मारा है जी, ग़म में उनके हम फिरते हैं नाल सीनों पर अपने जड़े हुए
आए हो बाद-ए-सुलह कभू नाज़ से तो याँ मुँह फेर इधर से बैठो हो जैसे लड़े हुए
बीमार, उमीदवार से बिस्तर पे अपने हम दरवाज़े ही की ओर तकें हैं पड़े हुए
बार उसकी बज़्म में नहीं, नाचार दर पे हम रहते हैं जैसे सूरत-ए-दीवार अड़े हुए
हम ज़ेर-ए-तेग़ बैठे थे पर वक़्त-ए-क़त्ल 'मीर'
वे टुक हमारे पास न आकर खड़े हुए

1446

दक्खन, उत्तर, पूरब, पच्छिम हंगामा है सब जागह
ऊधम मेरे हर्फ़-ओ-सुख़न ने चारों ओर मचाया है

ढूँढ निकाला था जो उसे सो आपको भी हम खो बैठे
जैसा निहाल लगाया हमने वैसा ही फल पाया है

1447

कोई नाम उसका न लो जब्र है कि बेताब दिल की बिना सब्र है
न सोज़-ए-जिगर ख़ाक में भी गड़ा मुए पर पुर-आतिश मिरी क़ब्र है
गुलिस्ताँ के हैं दोनो पल्ले भरे बहार उस तरफ़, इस तरफ़ अब्र है
दर-ए-का'बा पर कुफ़्र बकता है 'मीर'
मुसलमाँ नहीं वो कुहन-गब्र है

1448

जीते जी मय्यत के रंगों इश्क़ में उसके हो बैठा
बाद मिरे नक़्क़ाश से शायद सूरत मेरी ज़र्द खिंचे

1445. गर्दिश–चक्कर, मुसीबत, आफ़त। ग़रीब ने रोज़े रखे तो दिन बड़े हुए (कहावत)–निर्धन या असमर्थ व्यक्ति जो काम करता है, उस में नुक़सान होता है या मुसीबत में फँसता है। कू-ए-यार–महबूब की गली। नसीम–हवा। आहन-दिल–लोहे जैसा दिल, पत्थर दिल। सीने पर नाल जड़ना–घोड़े आदि के खुर में लगाए जाने वाले लोहे के हल्के/घेरे से आशिक़ का अपनी छाती को दाग़ना। बाद-ए-सुलह–सुलह के बाद। बार–पहुँच, हाज़री की इजाज़त। नाचार–बेबस, मजबूर। बज़्म–महफ़िल, सभा। ज़ेर-ए-तेग़–तलवार के नीचे।

1446. हर्फ़-ओ-सुख़न–शे'र-ओ-शायरी। आप को खोना–ख़ुद को मिटाना। निहाल–पौधा।

1447. जब्र–सख़्ती, ज़्यादती, बे-रहमी। बिना–नीव, आधार। सोज़-ए-जिगर–दिल की जलन, दुख-दर्द। मुए–मरे। पुर-आतिश–आग से भरी। अब्र–बादल। कुफ़्र–ग़ैर इस्लामिक बातें। कुहन–पुराना। गब्र–अग्नि-पूजक।

1448. नक़्क़ाश–चित्रकार। ज़र्द–पीला, पीली। सूरत खींचना–तस्वीर बनाना।

1449

हम पे ख़श्म-ओ-ख़िताब है सो है वो ही नाज़-ओ-इताब है सो है
गरचे घबरा के लब पे आई वले जान को इज़्तिराब है सो है
बस गई जाँ ख़राब मुद्दत की हाल अपना ख़राब है सो है
ख़ुश्की-ए-लब की है तरी कैसी चश्म लेकिन पुर-आब है सो है
ख़ाक जल कर बदन हुआ है सब दिल ज़ला सा कबाब है सो है
याँ तो रुस्वा हैं, कैसा पर्दा-ए-शर्म उस को हम से हिजाब है सो है
दुश्मन-ए-जाँ तो है दिलों में बहम दोस्ती का हिसाब है सो है
ज़ुल्फ़ें उसकी हुआ करें बरहम हम को भी पेच-ओ-ताब है सो है
ख़ाक में मिल के पस्त हैं हम तो उनकी आली जनाब है सो है
शहर में दर-ब-दर फिरे है अज़ीज़
'मीर' ज़िल्लत का बाब है सो है

1450

चलते हुए तसल्ली को कुछ यार कह गए
उस क़ाफ़िले में हम भी थे, अफ़सोस रह गए

क्या-क्या मकान शाह-नशीं थे वज़ीर के
वो उठ गया तो ये भी गिरे, बैठे, ढह गए

उस कज-रविश से मिलना ख़राबात में न था
बे-तौर हम भी जाके मिले, बे-जगह गए

वे ज़ोर-वर जवाँ जिन्हें कहिए पहाड़ थे
जब आई मौज-ए-हादिसा, तिनके से बह गए

वो यार तो न था तह-ए-दिल से किसू का 'मीर'
नाचार उसके जौर-ओ-सितम हम भी सह गए

1449. ख़श्म-ओ-ख़िताब–गुस्सा और ताने। नाज़-ओ-इताब–गुस्सा और नख़रे। गरचे–भले ही। वले–लेकिन। इज़्तिराब–बेचैनी। ख़ुश्की-ए-लब–होंठों की प्यास। चश्म–आँख। पुर-आब–पानी से भरी। रुस्वा–ज़लील, बदनाम, अपमानित। हिजाब–पर्दा। दुश्मन-ए-जाँ–जान का दुश्मन, महबूब। बहम–साथ में। बरहम–उलझी हुई, बिखरी हुई। पेच-ओ-ताब–बेचैनी, बेक़रारी। आली जनाब–बड़ा आदमी, ऊँची चौखट। दर-ब-दर फिरना–मारे-मारे फिरना। अज़ीज़–प्यारा। ज़िल्लत–अपमान। बाब–लायक़, कारण।

1450. शाह-नशीं–बादशाहों के बैठने की जगह, वो बरामदा जो आगे निकला हुआ हो, जिस पर अक्सर बादशाह बैठ कर लोगों को दर्शन दिया करते थे। वज़ीर–यहाँ लखनऊ के नवाब आसिफ़-उद्दौला (1747-1797) की तरफ़ इशारा है जिनका देहान्त 'मीर' के सामने हो गया था और वो उस समय लखनऊ ही में रहते थे। उठ जाना–मर जाना। कज-रविश–टेढ़ी चाल वाला। ख़राबात–शराब-ख़ाना। ज़ोर-वर–ताक़तवर। मौज-ए-हादिसा–हादसे की लहर। तह-ए-दिल–सच्चे दिल से। नाचार–मजबूर।

1551

चाहत रोग बुरा है जी का 'मीर' इस से परहेज़ भला
अगले लोग सुना है हमने दिल न किसू से लगाते थे

1452

ईदें आईं बारहा लेकिन न वे आकर मिले रहते हैं उनके गले लगने के बरसों से गिले
'मीर' तय होगा बियाबान-ए-मुहब्बत किस तरह
राह है पुर-ख़ार, मेरे पाँव में हैं आबले

1453

गए रोज़े अब दीद-वादीद है गले से हमारे लगो ईद है
जो आवें बुताँ जज़्ब से याँ, तो ये ख़ुदा की तरफ़ ही की ताईद है
लपेटा है मैं बोरिया-ए-नमाज़
यही 'मीर' जाने की तमहीद है

1454

हिज्र में ख़ूँ हुआ था सब ग़म से दिल ने पहलू तही किया हम से
आलम-ए-हुस्न है अजब आलम चाहिए इश्क़ इस भी आलम से
तरह छुरियों की पलकों से डाली निकली तलवार अब्रू के ख़म से
निस्बत उन बालों की दुरुस्त हुई देर में मेरे हाल-ए-दरहम से
दरपए ख़ून-ए-'मीर' के न रहो
हो भी जाता है जुर्म आदम से

1455

अपनी नियाज़ तुम से अब तक बुताँ वही है
तुम हो ख़ुदा-ए-बातिल हम बंदे हैं तुम्हारे

1451. अगले–पहले के, पिछले ज़माने के।

1452. बारहा–अक्सर, कई बार। बियाबान-ए-मुहब्बत–इश्क़ का वीराना। पुर ख़ार–काँटों से भरा हुआ। आबला–छाला।

1453. दीद-वादीद–मुलाक़ात, एक दूसरे की मुलाक़ात के लिए जाना। बुताँ–बहुत से बुत/माशूक़। जज़्ब–कशिश, जज़्बा। ताईद–अनुमोदन, मदद, सहमति। तमहीद–शुरुआत, प्रस्तावना।

1454. हिज्र–जुदाई। ख़ूँ–ख़ून। पहलू तही करना–कतराना, किनारा करना। आलम–दुनिया। तरह डालना–बुनियाद डालना। अब्रू–भौं। ख़म–टेढ़ा। निस्बत–रिश्ता। हाल-ए-दरहम–बुरा हाल, तितर-बितर होना। दरपए–घात में। आदम–आदमी।

1455. नियाज़–तमन्ना, ज़रूरत। बुताँ–ऐ बुतो, ऐ माशूक़ो। ख़ुदा-ए-बातिल–झूठा ख़ुदा, फ़र्ज़ी ख़ुदा।

कल मैं जो सैर में था, क्या फूल फूल बैठी
बुलबुल लिये है गोया, गुलज़ार सब इजारे

ऐ काश ग़ौर से वो देखे कभू टुक आकर
सीने के ज़ख़्म अब तो ग़ाइर हुए हैं सारे

चुपका चला गया मैं आज़ुर्दा-दिल चमन से
किस को दिमाग़ इतना, बुलबुल को जो पुकारे

जो मर रहे हैं उस पर, उनका नहीं ठिकाना
क्या जानिए कहाँ वे फिरते हैं मारे मारे

क्या बर्छियाँ चलाईं आहों ने नीम-शब की
रख़्ने हैं आसमाँ में सारे नहीं सितारे

होती है सुब्ह जो याँ, है शाम से भी बदतर
क्या कहिए 'मीर' ख़ूबी अय्याम की हमारे

1456

क्या कहिए वैसी सूरत गाहे नज़र न आई ऐसे गए कि उनकी फिर कुछ ख़बर न आई
ताले' का मक्स देखो आई सबा जो वाँ से चारों तरफ़ फिरा की लेकिन इधर न आई

क्या रात-दिन कटे हैं हिज्राँ की बेख़ुदी में
सुध अपनी 'मीर' उस बिन दो-दो पहर न आई

1457

दाद फ़रियाद जा-बजा करिए शायद उसके भी दिल में जा करिए
अब सुलगने लगी है छाती भी या'नी मुद्दत पड़े जला करिए
देखें कब तक रहे है ये सोहबत गालियाँ खाइए, दुआ करिए
कुछ कहें तो कहे है, ये न कहो क्यूँकर, इज़्हार-ए-मुद्दआ करिए
इत्तिफ़ाक़ इनका मारे डाले है नाज़-ओ-अन्दाज़ को जुदा करिए
ईद ही काश के रहे हर रोज़ सुब्ह उसके गले लगा करिए
राह तकने को भी निहायत है मुन्तज़िर कब तलक रहा करिए

गोया–जैसे। इजारा–ठेका, किराया। ग़ाइर–गहरे। आज़ुर्दा-दिल–दुखी दिल वाला। नीम-शब–आधी रात। रख़्ना–छेद। अय्याम–यौम (दिन) का बहुवचन, दिनों।

1456. गाहे–कभी। ताले'–भाग्य। मक्स–रोक, ढील, देर। सबा–हवा। हिज्राँ–हिज्र, जुदाई। बेख़ुदी–बेहोशी।

1457. जा-बजा–हर जगह। दिल में जा करना–दिल में जगह बनाना। इज़्हार-ए-मुद्दआ–इच्छा की अभिव्यक्ति। इत्तिफ़ाक़–मिलाप, एक राय होना। निहायत–सीमा, अति, अन्त। मुन्तज़िर–इन्तिज़ार करने वाला।

वो नहीं सरगुज़श्त सुनता 'मीर'
यूँ कहानी सी क्या कहा करिए

1458

कलियाँ झड़ी हैं कच्ची, बिखरे हैं फूल सारे   पाईज़ ने चमन में क्या-क्या बहार लूटी
सैर-ए-चमन में कुछ तो जी से हवस निकलती
मौसम में गुल के बुलबुल, अफ़सोस है न छूटी

1459

क्या कहिए अपने अहद में जितने अमीर थे   टुकड़े पे जान देते थे, सारे फ़क़ीर थे
दिल में गिरह हवस रही परवाज़-ए-बाग़ की   मौसम गुलों का जब तईं था हम असीर थे
आँखों में हम किसू की न आए जहान में
अज़-बस कि 'मीर' इश्क़ से ख़ुश्क-ओ-हक़ीर थे

1460

जो कोई ख़स्ता-जिगर इश्क़ का आज़ारी है
जी चुका वो कि ये बे-तरह की बीमारी है

कारवाँ-गाह-ए-जहाँ में नहीं रहता कोई
जिसके हाँ देखते हैं चलने की तय्यारी है

चीज़-ओ-नाचीज़ का, आगाह को रहता है लिहाज़
सारे आलम में हक़ीक़त तो वही सारी है

आईना रूबरू रखने को भी अब जाए नहीं
सूरतों से उसे हम लोगों की बेज़ारी है

मर गए इश्क़ में नाज़ुक बदनों के आख़िर
जान का देना मुहब्बत की गुनहगारी है

बेक़रारी में न दिलबर से उठा हरगिज़ हाथ
इश्क़ करने के तईं शर्त जिगर-दारी है

सरगुज़श्त–आप बीती।

1458. पाईज़–पतझड़। गुल का मौसम–बहार का मौसम।

1459. अहद–ज़माना, समय। गिरह रहना–पास रहना, छाती तले रहना, इच्छा पूरी न होना। परवाज़-ए-बाग़–बाग़ में उड़ना। तईं–तक, तलक। असीर–बन्दी, क़ैदी। आँखों में आना–नज़रों में समाना, जँचना। अज़-बस–बहुत। ख़ुश्क-ओ-हक़ीर–कमज़ोर और तुच्छ।

1460. ख़स्ता-जिगर–परेशान हाल, दुखी, कमज़ोर हौसले वाला। आज़ारी–बीमारी, तकलीफ़। बे-तरह–अजीब। कारवाँ-गाह-ए-जहाँ–कारवाँ जैसी दुनिया, जो अस्थाई ठिकाना हैं। चीज़-ओ-नाचीज़–अच्छा-बुरा। आगाह–समझदार, चौकस, अक़्लमन्द। आलम–दुनिया। जाए–जगह। बेज़ारी–विरक्ति। तईं–को, वास्ते। जिगर-दारी–हिम्मत की बात।

वाए वो ताइर-ए-बेबाल-ए-हवस-नाक जिसे
शौक़-ए-गुलगश्त-ए-गुलिस्ताँ में गिरफ़्तारी है

जुर्म बे-जुर्म खिंची रहती है जिसकी शमशीर
उस सितमगार जफ़ा-जू से हमें यारी है

आँख मस्ती में किसू पर नहीं पड़ती उसकी
ये भी उस सादा-ओ-पुरकार की हुशयारी है

वाँ से जुज़ नाज़-ओ-तबख़्तुर नहीं कुछ, याँ से 'मीर'
इज्ज़ है, दोस्ती है, इश्क़ है, ग़म-ख़्वारी है

1461

दर्द-ओ-ग़म से दिल कभू फ़ुर्सत न पाए ये सऊबत कब तलक कोई उठाए
ज़ार रोना चश्म का कब देखते देखें हैं लेकिन ख़ुदा जो कुछ दिखाए
कब तलक चाक-ए-क़फ़स से झाँकिए बर्ग-ए-गुल याँ भी सबा कोई तो लाए
उसकी अपनी बनती ही हरगिज़ नहीं बिगड़ी सोहबत ऐसी क्या कोई बनाए
जो लिखी क़िस्मत में ज़िल्लत हो सो हो ख़त्त-ए-पेशानी कोई क्यूँकर मिटाए
'मीर' अक्सर उम्र के अफ़सोस में
ज़ेर-ए-लब, बाला-ए-लब है हाए वाए

1462

ननविश्ता-नामा आया ये कुछ हमें लिखा है उस सादा रू के जी में क्या जानिए कि क्या है
काफ़िर का भी रवय्या होता नहीं है ऐसा ठोकर लगा के चलना किस दीन में रवा है
दुनिया में देर रहना होता नहीं किसी का ये तो सराए फ़ानी इक कारवाँ-सरा है
बंदे का दिल बजा है, जाता हूँ शाद हर जा जब से सुना है मैंने, क्या ग़म है जो ख़ुदा है

वाए–अफ़सोस। ताइर-ए-बे-बाल हवस-नाक–बिना बाल वाला पक्षी जो उड़ने की बहुत चाहत रखता है। शौक़-ए-गुलगश्त-ए-गुलिस्ताँ–बाग़ में सैर का शौक़। शमशीर–तलवार। जफ़ा-जू–ज़ुल्म करने वाला। सादा-ओ-पुरकार–जो देखने में भोला भाला हो लेकिन वास्तव में चालाक हो। वाँ–वहाँ। जुज़–अलावा, सिवा। नाज़-ओ-तबख़्तुर–घमण्ड और अकड़। याँ–यहाँ। इज्ज़–लाचारी। ग़म-ख़्वारी–दुख में साथ देना।

1461. सऊबत–सख़्ती, मुश्किल। ज़ार रोना–फूट-फूट कर रोना। चश्म–आँख। चाक-ए-क़फ़स–पिंजरे की झिरी। बर्ग-ए-गुल–फूल की पत्ती। सबा–हवा। ज़िल्लत–बदनामी। ख़त्त-ए-पेशानी–माथे की लकीरें, भाग्य का लिखा। ज़ेर-ए-लब–मुँह ही मुँह में। बाला-ए-लब–होंठों पर। हाए वाए–ये शब्द अफ़सोस ज़ाहिर करने के लिए बोले जाते हैं।

1462. ननविश्ता-नामा–बिना लिखा पत्र। सादा रू–साफ़ चेहरे वाला, माशूक़। दीन–धर्म। रवा–वैध, उचित, जायज़। सराए फ़ानी–नश्वर संसार। कारवाँ-सरा–मुसाफ़िरों के रुकने की जगह, सराय। बजा–ठीक, उचित, ठिकाने से। शाद–ख़ुश।

पा-ए-सबात किसका ठहरा है उसके देखे — है नाज़ इक क़यामत, अंदाज़ इक बला है
हर जा बदन में उसके इफ़रात से है दिलकश — मैं क्या दिल-ए-मलक भी अटके अगर बजा है
मरना तो एक दम है, आशिक़ मरे है हर-दम — वो जानता है जिसको पास-ए-दिल-ए-वफ़ा है
ख़त उसको लिख के ग़म से बेख़ुद हुआ हूँ या'नी — क़ासिद के बदले याँ से जी ही मिरा चला है
शोख़ी से उसकी दरहम बरहम जहाँ है सारा — हंगामा-ए-क़यामत, उस की कोई अदा है
उम्र-ए-अज़ीज़ गुज़री सबसे बुराई करते — अब कर चलो भला कुछ, शायद यही भला है

जो है सो 'मीर' उसको, मेरा ख़ुदा कहे है
क्या ख़ास निस्बत उस से हर फ़र्द को जुदा है

1463

दिल पहलू में नातवाँ बहुत है — बीमार मिरा गिराँ बहुत है
हर आन शिकेब में कमी है — बेताबी ज़माँ-ज़माँ बहुत है
मक़सूद को देखें पहुँचे कब तक — गर्दिश में तो आसमाँ बहुत है
जाँ-बख़्शी-ए-ग़ैर ही किया कर — मुझको यही नीम-जाँ बहुत है

अक्सर पूछे है, जीते हैं 'मीर'
अब तो कुछ मेहरबाँ बहुत है

1464

साहिब हो तुम हमारे, बंदे हैं हम तुम्हारे
मौक़ूफ़ रहम पर हैं दुश्वार काम सारे
हो मुल्तफ़ित कि हम भी जीतों में आवें चन्दे
ये इश्क़-ए-बे-मुहाबा ता-चन्द जान मारे
आशोब-ए-बहर-ए-हस्ती क्या जानिए है कब से
मौज-ओ-हबाब उठकर लग जाते हैं किनारे

पा-ए-सबात–दृढ़ता, साबित क़दमी। इफ़रात–अधिकता। दिल-ए-मलक–फ़रिश्तों का दिल। पास-ए-दिल-ए-वफ़ा–मुहब्बत भरे दिल का ख़याल। बेख़ुद–बेसुध, आपे से बाहर। क़ासिद–पैग़ाम ले जाने वाला, पत्रवाहक। शोख़ी–चंचलता। दरहम-बरहम–तितर-बितर, अस्त-व्यस्त। उम्र-ए-अज़ीज़–प्यारी ज़िन्दगी। निस्बत–रिश्ता, सम्बन्ध। फ़र्द–आदमी।

1463. पहलू–बग़ल। नातवाँ–कमज़ोर, बोदा। बीमार गिराँ होना–रोगी की हालत नाज़ुक होना, मरने के क़रीब होना। आन–पल। शिकेब–धैर्य, सब्र। ज़माँ-ज़माँ–हर पल, हर वक़्त। मक़सूद–ध्येय, मक़सद। गर्दिश–चक्कर। जाँ-बख़्शी-ए-ग़ैर–ग़ैर/पराए की जान बख़्शना। नीम-जाँ–अधमरा।

1464. मौक़ूफ़–रुका हुआ, निर्भर। दुश्वार–मुश्किल। मुल्तफ़ित–तवज्जो करने वाला, ध्यान देने वाला। चन्दे–थोड़ी देर। इश्क़-ए-बे-मुहाबा–बेख़ौफ़ इश्क़, निडर प्यार। ता-चन्द–कब तक। आशोब-ए-बहर-ए-हस्ती–ज़िन्दगी रूपी समुन्दर की हलचल। मौज-ओ-हबाब–लहरें और बुलबुले।

कोई तो था तरफ़ पर आवाज़ दी न हमको
हम बेक़रार हो कर चारों तरफ़ पुकारे

बे-ताक़ती से क्यूँकर सर मारते रहें न
सब्र-ओ-क़रार दोनों यक-बारगी सिधारे

कोई तो माह-पारा उस भी रवाक़ में है
चश्मक करें हैं हर शब उसकी तरफ़ सितारे

दुनिया में 'मीर' आकर खोला है बार हमने
इस रह-गुज़र में देखें क्या पेश आवे बारे

1465

नाला जब गर्म-ए-कार होता है दिल कलेजे के पार होता है
मार रहता है उसको आख़िर कार इश्क़ को जिस से प्यार होता है
सब मज़े दर-किनार आलम के यार जब हम-किनार होता है
बेक़रारी हो क्यूँ न चाहत में हम-दिगर कुछ क़रार होता है
जब्र है, क़हर है, क़यामत है दिल जो बे-इख़्तियार होता है
शाख़-ए-गुल लचके है तो जानूँ हूँ जल्वागर यूँ हीं यार होता है
किसको पूछे है कोई दुनिया में देर याँ ऐतबार होता है
आह किस जाए बार खोला 'मीर'
याँ तो जीना भी बार होता है

1466

सख़्त बेरहम आह क़ातिल है मेरी ख़ूँ-रेज़ी ही का माइल है
दौर मजनूँ का हो गया आख़िर याँ जुनूँ का अभी अवाइल है
मिस्ल-ए-सूरत हैं जल्वे के हैराँ हाए क्या शक्ल, क्या शमाइल है
सच है राहत तो बाद मरने के पर बड़ा वाक़िया ये हाइल है

तरफ़–पास, नज़दीक। यक–एक। माह-पारा–चाँद का टुकड़ा। रवाक़–छज्जा, ऊपरी कमरा। चश्मक–आँख का इशारा। शब–रात। बार–सामान। बारे–आख़िरकार, लेकिन।

1465. नाला–रोने की आवाज़। गर्म-ए-कार होना–काम में लगा हुआ, तैयार होना। दर-किनार–एक तरफ़। आलम–दुनिया। हम-किनार होना–गले लगना। हम-दिगर–आपस में, साथ-साथ। जब्र–ज़बरदस्ती। जाए–जगह। बार खोलना–ठहरना, रुकना। बार होना–मुश्किल होना, दूभर होना।

1466. ख़ूँ-रेज़ी–ख़ून गिराना, क़त्ल करना। माइल होना–झुकाव होना, ध्यान होना। अवाइल–शुरुआत। मिस्ल-ए-सूरत–सूरत की तरह, यहाँ 'सूरत' शब्द तस्वीर के अर्थ में इस्तेमाल हुआ है। शमाइल–सूरत, हाव-भाव। हाइल–भयंकर, डरावना।

हाल हम डूबतों का क्या जाने   जिस को दरिया पे सैर-ए-साहिल है

'मीर' कब तक बहाल-ए-मर्ग जिएँ
कुछ भी इस ज़िन्दगी का हासिल है

1467

बेकसान-ए-इश्क़ थे हम ग़म में खप सारे गए
बाज़-ख़्वाह-ए-ख़ूँ न था, मारे गए, मारे गए

बार कल तक नातवानों को न था उस बज़्म में
गिरते पड़ते हम भी आजिज़ आज वाँ बारे गए

बख़्त जागे ही न टुक, जो हो ख़बर घर में उसे
सुब्ह तक हम रात दीवारों से सर मारे गए

'मीर' क़ैस-ओ-कोहकन नाचार गुज़रे जान से
दो-जहाँ हसरत लिए हमराह बेचारे गए

1468

क्या तंग मुख़व्विफ़ है इस नीस्ती का रस्ता   तन्हा पड़ा है जाना हमराह नहीं कोई
मौहूम है हस्ती तो क्या मोअतबरी इसकी   है गाह अगर कोई, तो गाह नहीं कोई
फ़रहाद को मजनूँ को मौत आ गई है आगे   किस से कहें दर्द-ए-दिल अब आह नहीं कोई

'मीर' इतनी समाजत जो बंदों से तू करता है
दुनिया में मगर तेरा अल्लाह नहीं कोई

1469

दीदा-ए-गिरयाँ हमारा नहर है   दिल ख़राबा जैसे दिल्ली शहर है
आँधी आई हो गया आलम सियाह   शोर नालों का बला-ए-दहर है

सैर-ए-साहिल–किनारे की सैर, किनारे-किनारे घूमना। बहाल-ए-मर्ग–मुर्दे की तरह।

1467. बेकसान-ए-इश्क़–ऐसे आशिक़ जिनका कोई हाल पूछने वाला न हो। बाज़-ख़्वाह-ए-ख़ूँ–क़त्ल का बदला चाहने वाला। बार–हाज़िरी, पेशी। बज़्म–महफ़िल। आजिज़–नाचार, बेबस। बारे–किसी तरह, एक बार। बख़्त जागना–क़िस्मत खुलना। क़ैस-ओ-कोहकन–मजनूँ और फ़रहाद। नाचार–बेबस, मजबूर। दो जहाँ–लोक परलोक। हमराह–अपने साथ, साथ।

1468. मुख़व्विफ़–डरावना। नीस्ती–मौत। मौहूम–भ्रमात्मक। मोअतबरी–ऐतबार, भरोसा। गाह–कभी। आगे–पहले। समाजत–मिन्नत, ख़ुशामद।

1469. दीदा-ए-गिरयाँ–रोती हुई आँख। ख़राबा–वीराना। आलम–दुनिया। नाला–रोना-पीटना। बला-ए-दहर–दुनिया की मुसीबत।

दिल जो लगता है तड़पने हर ज़माँ　　इक क़यामत है, ग़ज़ब है, क़हर है
बह नहीं होता है ज़ख़्म उसका लगा　　आब-ए-तेग़-ए-यार यकसर ज़हर है
याद-ए-ज़ुल्फ़-ए-यार जी मारे है 'मीर'
साँप के काटे की सी ये लहर है

1470

तू ही कर इन्साफ़ सबा टुक, बाग़ों-बाग़ों फिरे है तू
रू-ए-गुल उसका सा रू है, सर्व का ऐसा क़ामत है

सुब्ह को ख़ुर्शीद उसके घर पर ताले' हो कर आता है
देख लिया जो उनने कभू तो उस सादा की शामत है

1471

जूँ जूँ बुढ़ापा आता है जाते हैं ऐंठते　　किस मिट्टी का न जानिए अपना ख़मीर है
उस ख़ूबसूरती से न सूरत नज़र पड़ी　　'सूरत' तलक तो सैर की, वो बेनज़ीर है
फ़रियाद शब की सुनके कहा बे-दिमाग़ हो
देखो तो इस बला को ये शायद कि 'मीर' है

1472

इन बलाओं से कब रिहाई है　　इश्क़ है, फ़क्र है, जुदाई है
देखिए रफ़्ता रफ़्ता क्या होवे　　हम भी चलने को हैं, कि आई है
उस्तुख़्वाँ काँप-काँप जलते हैं　　इश्क़ ने आग ये लगाई है
दिल को खींचे है चश्मक-ए-अन्जुम　　आँख हम ने कहाँ लड़ाई है
उस सनाऐ का, उस बदाए का　　कुछ तअज्जुब नहीं ख़ुदाई है
है तसन्नो' कि उसके लब हैं लाल　　सब ने इक बात ये बनाई है
मैं न आता था बाग़ में उस बिन　　मुझको बुलबुल पुकार लाई है
आई उस जंगजू की गर शब-ए-वस्ल　　शाम से सुब्ह तक लड़ाई है

बह होना–अच्छा होना। हर ज़माँ–हर पल, हर वक़्त। आब-ए-तेग़-ए-यार–महबूब की तलवार की धार। यकसर–बिल्कुल, सारा। साँप के काटे की लहर–हुड़क, किसी रोग या ज़हर का दौरा।

1470. सबा–हवा। रू-ए-गुल–फूल का मुखड़ा। रू–मुखड़ा, चेहरा। सर्व–एक ख़ूबसूरत लम्बा पेड़ जिससे महबूब के क़द को उपमा दी जाती है। क़ामत–क़द। ख़ुर्शीद–सूरज। ताले' होना–निकलना, उदय होना।

1471. ख़मीर–तबीयत, स्वभाव। बेनज़ीर–बे-मिसाल, अद्वितीय। शब–रात। बे-दिमाग़–चिड़चिड़ा।

1472. फ़क्र–ग़रीबी, दरिद्रता। आई–मौत। उस्तुख़्वाँ–हड्डियाँ। चश्मक-ए-अन्जुम–तारों का टिमटिमाना। सनाए–अलंकरण। बदाए–उर्दू शयरी में प्रयुक्त अलंकारों को 'सनाऐ' और 'बदाऐ' कहते हैं। तसन्नो'–बनावटी, बनाऊ-सिंगार। लाल–क़ीमती लाल पत्थर जिससे होंठों को उपमा दी जाती है। जंगजू–लड़ाका। शब-ए-वस्ल–मिलन की रात।

और कुछ मशग़ला नहीं है हमें गाह-ओ-बेगह ग़ज़ल सराई है
तोड़ कर आईना न जाना ये
कि हमें सूरत आश्नाई है

1473

गुल क़फ़स तक नसीम लाई है बू कि फिर कर बहार आई है
इश्क़ दरिया है एक लंगरदार तह किसू ने भी इस की पाई है
वो न शर्मावे कब तलक आख़िर दोस्ती, यारी, आश्नाई है
कज-रवी यार की नहीं जाती यही बे-तौर, बे-अदाई है
आने कहता है फिर नहीं आता यही बद-अहदी, बे-वफ़ाई है
कर चलो नेकी अब तो जिस तिस से शायद इस ही में कुछ भलाई है
बरसों में 'मीर' से मिले तो कहा
इस से पूछो कि ये कुजाई है

1474

ख़ामोश रहें कब तक ज़िन्दान-ए-जहाँ में हम हंगामा क़यामत का शोरिश से उठा जावे
कहिए जहाँ करता हो तासीर सुख़न कुछ भी वो बात नहीं सुनता, क्या उस से कहा जावे
यूँ ख़त की सियाही है, गिर्द उस रुख़-ए-रौशन के हर चार तरफ़ गाहे जूँ बद्र घिरा जावे
है हौसला तेरा ही जो तंग नहीं आता
किस से ये सितम वरना ऐ 'मीर' सहा जावे

1475

तिरे बन्दे हम हैं, ख़ुदा जानता है ख़ुदा जाने तू हमको क्या जानता है
नहीं इश्क़ का दर्द, लज़्ज़त से ख़ाली जिसे ज़ौक़ है वो मज़ा जानता है
हमेशा दिल अपना जो बेजा है उस बिन मिरे क़त्ल को वो बजा जानता है

मशग़ला–काम। गाह-ओ-बेगह–समय-असमय। ग़ज़ल सराई–ग़ज़ल पढ़ना। आश्नाई–जान-पहचान।

1473. क़फ़स–पिंजरा, कै़द। नसीम–हवा। बू–गंध। लंगरदार दरिया–वो दरिया जिसका पानी ठहरा हुआ हो। आश्नाई–मुहब्बत। कज-रवी–टेढ़ी चाल चलना, ज़ुल्म। बद-अहदी–बे-वफ़ाई, दग़ाबाज़ी, वादा न निभाना। कुजाई–किस जगह का।

1474. ज़िन्दान-ए-जहाँ–दुनिया रूपी क़ैद। शोरिश–ऊधम, शोर-शराबा। तासीर–असर। सुख़न–बात, शायरी। ख़त की सियाही–नौजवान के चेहरे के ऊपर उगने वाला रुआँ। गिर्द–घेरे में, चारों ओर। रुख़-ए-रौशन–चमकता चेहरा। गाहे–कभी। बद्र–पूर्णिमा का चाँद, पूरा चाँद।

1475. लज़्ज़त–मज़ा। ज़ौक़–शौक़। बेजा–जो दुरुस्त न हो, अनुचित, परेशान। बजा–उचित, सही।

गहे ज़ेर-ए-बुर्क़ा, गहे गेसुओं में ग़रज़ ख़ूब वो मुँह छुपा जानता है
मुझे जाने है आप सा ही फ़रेबी दुआ को भी मेरी, दग़ा जानता है
जफ़ा उस पे करता है, हद से ज़ियादा जिन्हें यार अहल-ए-वफ़ा जानता है
बला शोर-अंगेज़ है चाल उसकी इसी तर्ज़ को, ख़ुशनुमा जानता है
न गर्मी जलाती थी ऐसी न सर्दी मुझे यार जैसा जला जानता है
मिरे दिल में रहता है तू ही तभी तो जो कुछ दिल का है मुद्दआ, जानता है
जहाँ 'मीर' आशिक़ हुआ, ख़्वार ही था
ये सौदाई कब दिल लगा जानता है

1476

यही इश्क़ है जी खपा जानता है कि जानाँ से भी जी मिला जानता है
बदी में भी कुछ ख़ूबी होवेगी तब तो बुरा करने को वो भला जानता है
मिरा शे'र अच्छा भी दानिस्ता ज़िद से किसू और ही का कहा जानता है
ज़माने के अक्सर सितमगार देखे वही ख़ूब तर्ज़-ए-जफ़ा जानता है
नहीं जानता हर्फ़-ए-ख़त क्या हैं लिक्खे लिखे को हमारे मिटा जानता है
नहीं इत्तिहाद-ए-तन-ओ-जाँ से वाक़िफ़
हमें यार से जो जुदा जानता है

गहे–कभी। ज़ेर-ए-बुर्क़ा–बुर्क़े के नीचे। गेसू–बाल, ज़ुल्फ़। अहल-ए-वफ़ा–वफ़ादार लोग, आशिक़। बला–अत्याधिक। शोर-अंगेज़–शोर उठाने वाली। तर्ज़–तरीक़ा, चलन। ख़ुशनुमा–अच्छा, ख़ूबसूरत। ख़्वार–बदनाम, परेशान। सौदाई–दीवाना, पागल।

1476. जानाँ–महबूब। दानिस्ता–जान-बूझकर। तर्ज़-ए-जफ़ा–सितम करने का तरीक़ा। हर्फ़-ए-ख़त–पत्र में लिखे शब्द/बात। इत्तिहाद-ए-तन-ओ-जाँ–जान और तन का मिलाप।

छठा दीवान

1477

फ़लक ने पीस कर सुरमा बनाया नज़र में उस की मैं, तो भी न आया
ज़माने में मिरे शोर-ए-जुनूँ ने क़यामत का सा हंगामा उठाया
तमामी उम्र जिसकी जुस्तजू की उसे पास अपने इक दम भी न पाया
न थी बेगानगी मालूम उसकी न समझे हम, उसी से दिल लगाया
क़रीब-ए-दैर ख़िज़्र आया था लेकिन हमें रस्ता न का'बे का बताया
हक़्‌-ए-सोहबत न तैरों को रहा याद कोई दो फूल असीरों तक न लाया
ग़ुरूर-ए-हुस्न उस का दस गुना है हमारा इश्क़ उसे किन ने जताया
अजब नक़्शा है नक़्क़ाश-ए-अज़ल ने कोई ऐसा न चेहरा फिर बनाया
इलाक़ा 'मीर' था ख़ंजर से उस के
निदान अपना गला हम ने कटाया

1478

अपने होते तो बा-इताब रहा बे-दिमाग़ी से बा-ख़िताब रहा
न उठा लुत्फ़ कुछ जवानी का कम बहुत मौसम-ए-शबाब रहा
कारवाँ, हाए! सुब्ह होते गया मैं सितम-दीदा महव-ए-ख़्वाब रहा
हिज्र में जी ढहा, गिरे ही रहे ज़ोफ़ से हाल-ए-दिल ख़राब रहा
घर से आए गली में सौ बारी यार बिन देर इज़्तिराब रहा
हमसे सुलझे न उसके उलझे बाल जान को अपनी पेच-ओ-ताब रहा
पर्दे में काम याँ हुआ आख़िर वाँ सदा चेहरे पर नक़ाब रहा
सोज़िश-ए-सीना साथ अपने गई ख़ाक में भी हमें अज़ाब रहा
हैफ़ है 'मीर' की जनाब से मियाँ
हमको अन-समझे इज्तिनाब रहा

1479

बे-ताक़ती ने दिल की गिरफ़्तार कर दिया
अन्दोह-ओ-दर्द-ए-इश्क़ ने बीमार कर दिया

1477. फ़लक–आसमान। बेगानगी–परायापन। क़रीब-ए-दैर–मन्दिर के पास। ख़िज़्र–राह दिखाने वाले एक बुज़ुर्ग। तैरों–परिंदे, बहुत से पक्षी। असीर–क़ैदी, बंदी। नक़्शा–शक्ल-सूरत। नक़्क़ाश-ए-अज़ल–दुनिया बनाने वाला ईश्वर। इलाक़ा–सम्बन्ध, रिश्ता। निदान–अन्ततः, आख़िरकार।

1478. बा-इताब–गुस्से से भरा। बे-दिमाग़ी–चिड़चिड़ापन। बा-ख़िताब–बात करते हुए। मौसम-ए-शबाब–जवानी के दिन। सितम-दीदा–सताया हुआ। महव-ए-ख़्वाब–नींद में गुम। हिज्र–जुदाई। ज़ोफ़–कमज़ोरी। इज़्तिराब–बेचैनी। पेच-ओ-ताब–कश्मकश। सोज़िश-ए-सीना–सीने की जलन। अज़ाब–दुख, मुसीबत। हैफ़–अफ़सोस। इज्तिनाब–बचना, दूरी।

1479. अन्दोह-ओ-दर्द-ए-इश्क़–इश्क़ के दुख-दर्द।

दरवाज़े पर खड़ा हूँ, कई दिन से यार के
हैरत ने हुस्न की मुझे दीवार कर दिया

साए को उसके देख के वहशत बला हुई
दीवाना मुझको जैसे परीदार कर दिया

निस्बत हुई गुनाहों की अज़-बस मिरी तरफ़
बे-जुर्म उन ने मुझको गुनहगार कर दिया

दिन रात उसको ढूँढे है दिल, शौक़ ने मुझे
नायाब किस गुहर का तलबगार कर दिया

ख़ूबी से बख़्त-ए-बद की, उसे इश्क़ से मिरे
यारों ने रफ़्ता-रफ़्ता ख़बरदार कर दिया

जिसके लगाई जी में, न उसके हवस रही
या'नी कि एक वार ही में, पार कर दिया

क्या जानूँ इश्क़ जान से क्या चाहता है 'मीर'
ख़ूँ-रेज़ी का मुझे तो, सज़ावार कर दिया

1480

मुए हम जिसकी ख़ातिर बे-वफ़ा था
न जाना उन ने तो यूँ भी कि क्या था

मुआलिज की नहीं तक़सीर हरगिज़
मरज़ ही आशिक़ी का ला-दवा था

न ख़ुदसर क्यूँके हम हों, यार अपना
ख़ुद-आरा, ख़ुद-पसंद-ओ-ख़ुद-सिता था

रखा था मुँह कभू उस कुँज-ए-लब पर
हमारे ज़ौक़ में अब तक मज़ा था

न मिलियो चाहने वाले से अपने
न जाना तुझ से ये किन ने कहा था

परेशाँ कर गई फ़रियाद-ए-बुलबुल
किसू से दिल हमारा फिर लगा था

मिले बरसों वही बेगानगी थी
हमारे ज़ो'म में वो आश्ना था

न दीवाने थे हम से क़ैस-ओ-फ़रहाद
हमारा तौर-ए-इश्क़ उनसे जुदा था

सनम-ख़ाने से उठ का'बे गए हम
कोई आख़िर हमारा भी ख़ुदा था

बदन में उसके है हर जाए दिलकश
जहाँ अटका किसू का दिल, बजा था

दीवार करना–सकते में डाल देना। परीदार–जिस पर परी का साया हो। निस्बत–रिश्ता, ताल्लुक़। अज़-बस–बहुत ज़्यादा। शौक़–इश्क़, ख़्वाहिश। नायाब–बहुत क़ीमती, दुर्लभ। गुहर–मोती। बख़्त-ए-बद–दुर्भाग्य, बद-नसीबी। ख़ूँ-रेज़ी–ख़ून बहाना। सज़ावार–हक़दार।

1480. मुए–मरे। मुआलिज–इलाज करने वाला, हकीम। तक़सीर–ग़लती। ला-दवा मरज़–जिस बीमारी की कोई दवा न हो। ख़ुदसर–घमंडी। ख़ुद-आरा–अपने आप को सँवारने वाला, घमंडी। ख़ुद-पसंद–अपने आप को चाहने वाला। ख़ुद-सिता–अपनी तारीफ़ आप करने वाला। कुँज-ए-लब–होंठों का किनारा। ज़ौक़–ज़ायक़ा। बेगानगी–दूरी, पराया-पन। ज़ो'म–गुमान, घमण्ड। आश्ना–दोस्त, पहचान वाला। क़ैस–मजनूँ। सनम-ख़ाना–मूर्ति-गृह, मन्दिर। जाए–जगह। दिलकश–मनमोहक, आकर्षक। बजा–उचित, ठीक।

1481

सोज़-ए-दरूँ से मुझ पे सितम बरमला हुआ
टुकड़ा जिगर का आँखों से निकला जला हुआ
बदहाल होके चाह में मरने का लुत्फ़ क्या
दिल लगते जो मुआ कोई आशिक़ भला हुआ
निकला गया न दाम से पुर-पेच ज़ुल्फ़ के
ऐ वाए ये बला-ज़दा दिल मुब्तला हुआ
क्या और लिखिए कैसी ख़जालत मुझे हुई
सर को झुकाए आया जो क़ासिद चला हुआ
रहता नहीं तड़पने से टुक हाथ के तले
क्या जानूँ 'मीर' दिल को मिरे क्या बला हुआ

1482

गो परेशाँ हो गए गेसू-ए-यार
हाल ही अपना तो दरहम हो गया
क्या कहूँ क्या तरह बदली यार ने
चाओ था दिल में सो अब ग़म हो गया
क्या लिखूँ मुश्किल हुई तहरीर-ए-हाल
ख़त का काग़ज़ रोने से नम हो गया
बाग़ जैसे राग़ वहशत-गाह है
याँ से शायद गुल का मौसम हो गया
क्या नमाज़ ऐ 'मीर' उस औक़ात की
जब कि क़द महराब सा ख़म हो गया

1483

वो देखने हमें टुक बीमारी में न आया
सौ बार आँखें खोलीं बालीं से सर उठाया

गुलशन के ताइरों ने क्या बे-मुरव्वती की
यक बर्ग-ए-गुल क़फ़स में हम तक न कोई लाया

बे-हेच उस का ग़ुस्सा यारो बला-ए-जाँ है
हरगिज़ मना न हम से बहुतेरा ही मनाया

क़द्द-ए-बुलंद अगरचे बे-लुत्फ़ भी नहीं है
सर्व-ए-चमन में लेकिन अंदाज़ वो न पाया

1481. सोज़-ए-दरूँ–अंदरूनी जलन। बरमला–सब के सामने, खुल्लम-खुल्ला। मुआ–मरा। दाम–जाल। पुर-पेच ज़ुल्फ़–घुंघराले बाल। ऐ वाए–हाए अफ़सोस। बला-ज़दा–मुसीबत का मारा। मुब्तला होना–गिरफ़्तार होना, फँसना। ख़जालत–शर्मिंदगी। क़ासिद–पत्रवाहक। टुक–ज़रा, थोड़ा सा भी।

1482. गो–हालाँकि। परेशाँ होना–बिखर जाना, फैल जाना। गेसू-ए-यार–यार की ज़ुल्फ़ें। दरहम–तितर-बितर, अस्त-व्यस्त। तरह बदलना–तरीक़ा बदलना, अन्दाज़ बदलना। तहरीर-ए-हाल–हाल का लिखना। राग़–जंगल। वहशत-गाह–डरावनी जगह। औक़ात–वक़्त, ज़माना। महराब–कमान की शक्ल का ताक़ या दरवाज़ा। क़द ख़म होना–पीठ झुक जाना।

1483. बालीं–सिरहाना, तकिया। ताइर–पक्षी, परिंदा। बे-मुरव्वती–लिहाज़ न करना, बेशर्मी करना। यक-एक। बर्ग-ए-गुल–फूल की पंखुड़ी। क़फ़स–पिंजरा। बे-हेच–बिना वजह। बला-ए-जाँ–जान की मुसीबत। क़द्द-ए-बुलंद–ऊँचा क़द। अगरचे–यद्यपि, हालाँकि। सर्व–एक ख़ूबसूरत लम्बा पेड़ जिससे महबूब के क़द को उपमा दी जाती है।

नक़्शा अजब है उसका, नक़्क़ाश ने अज़ल के
मतबू' ऐसा चेहरा कोई न फिर बनाया

शब को नशे में बाहम थी गुफ़्तुगू-ए-दरहम
उस मस्त ने झँकाया या'नी बहुत छकाया

आशिक़ जहाँ हुआ है बे-ढंगियाँ ही कीं हैं
इस 'मीर'-ए-बे-ख़िरद ने कब ढब से दिल लगाया

1484

बातें हमारी याद रहें, फिर बातें ऐसी न सुनिएगा
पढ़ते किसू को सुनिएगा, तो देर तलक सर धुनिएगा

गर्म अशआर-ए-'मीर' दरूना, दाग़ों से ये भर देंगे
ज़र्द-रू शहर में फिरिएगा, गलियों में नै गुल चुनिएगा

1485

मैं रंज-ए-इश्क़ खींचे बहुत नातवाँ हुआ
मरना तमाम हो न सका नीम-जाँ हुआ

बिस्तर से अपने उठ न सका शब हज़ार हैफ़
बीमार-ए-इश्क़ चार ही दिन में गिराँ हुआ

शायद कि दिल तड़पने से ज़ख़्म-ए-दरूँ फटा
ख़ूँनाब मेरी आँखों से मुँह पर रवाँ हुआ

ग़ैर-अज़-ख़ुदा की ज़ात मिरे घर में कुछ नहीं
या'नी, कि अब मकान मिरा ला-मकाँ हुआ

साए में ताक के मुझे रक्खा असीर कर
सय्याद के करम से क़फ़स आशियाँ हुआ

नक़्शा–शक्ल-सूरत, चेहरा-मोहरा। नक़्क़ाश–चित्रकार अर्थात् ईश्वर। अज़ल–अनादि काल, दुनिया की शुरुआत का दिन। मतबू'–पसंदीदा, ख़ूबसूरत। शब–रात। बाहम–आपस में। गुफ़्तुगू-ए-दरहम–उलटी-सीधी बातचीत। 'मीर'-ए-बे-ख़िरद–नासमझ 'मीर'।

1484. गर्म अशआर-ए-'मीर'–'मीर' के फड़कते हुए शे'र। दरूना–अंदरूनी हिस्सा, दिल। दाग़–ज़ख़्म। ज़र्द-रू–पीला चेहरा, थका-हारा। नै–न।

1485. रंज खींचना–तकलीफ़ उठाना। नातवाँ–कमज़ोर। नीम-जाँ–अधमरा। शब–रात। हैफ़–अफ़सोस। गिराँ–भारी। गिराँ होना–दूभर होना, परेशान होना। ज़ख़्म-ए-दरूँ–अंदरूनी ज़ख़्म। ख़ूँनाब–ख़ून के आँसू। ग़ैर-अज़-ख़ुदा–ख़ुदा के सिवा। ज़ात–अस्तित्व। ला-मकाँ–जो देशकाल से परे हो, जहाँ ख़ुदा रहता है। ताक–अंगूर की बेल। असीर–बंदी। सय्याद–शिकारी। करम–मेहरबानी। क़फ़स–पिंजरा। आशियाँ–घोंसला।

वे तो खड़े-खड़े मिरे घर आके फिर गए
मैं बे-दयार-ओ-बे-दिल-ओ-बे-ख़ानमाँ हुआ

दो फूल ला के फेंक दिये मेरी गोर पर
यूँ ख़ाक में मिला के मुझे मेहरबाँ हुआ

कहते हैं 'मीर' से कहीं औबाश लड़ गए
हंगामा उन से ऐसा इलाही कहाँ हुआ

1486

जिस रफ़्तनी को इश्क़ का आज़ार हो गया
दो-चार दिन में बरसों का बीमार हो गया

हैरत-ज़दा मैं इश्क़ के कामों का यार के
दरवाज़े पर खड़े-खड़े दीवार हो गया

फैले शिगाफ़ सीने के अतराफ़ दर्द से
कूचा हर एक ज़ख़्म का बाज़ार हो गया

बाज़ार में जहान के है हुस्न क्या मताअ
सौ जी से जिसने देखा, ख़रीदार हो गया

दिल लेके मेरी जान का दुश्मन हुआ निदान
जिस बेवफ़ा से अपने तईं प्यार हो गया

क्या जुर्म था किसू पे न मालूम कुछ हुआ
जो 'मीर' कुश्त-ओ-ख़ूँ का सज़ावार हो गया

1487

करना वफ़ा नहीं है आसान आशिक़ी में
पत्थर किया जिगर को तब चाह को निबाहा

कहते तो थे न देखो उस से लगे न जाओ
समझे न दीदा-ओ-दिल अब क्या कहूँ इलाहा

बे-दयार–बे-घर-बार। बे-ख़ानमाँ–बेघर। गोर–क़ब्र। औबाश–गुण्डे, बदमाश।

1486. रफ़्तनी–जाने वाला, जाने के लिए तैयार। आज़ार–बीमारी, रोग। हैरत-ज़दा–हैरानी का मारा, भौंचक्का। शिगाफ़–फटा हिस्सा, ज़ख़्म। अतराफ़–चारों तरफ़। मताअ–पूँजी, दौलत। निदान–अंतत:, आख़िरकार। कुश्त-ओ-ख़ूँ–क़त्ल और ख़ून। सज़ावार–लायक़, मुजरिम।

1487. जिगर पत्थर करना–सब्र करना। दीदा–आँखें। इलाहा–इलाही, ऐ ख़ुदा।

1488

बुलबुल का शोर सुन के न मुझसे रहा गया
मैं बे-दिमाग़ बाग़ से उठकर चला गया

लोगों ने पाई राख की ढेरी मिरी जगह
इक शोला मेरे दिल से उठा था, जला गया

चेहरे पे बाल बिखरे रहे सब शब-ए-विसाल
या'नी कि बे-मुरव्वती से मुँह छुपा गया

चलना हुआ तो, क़ाफ़िला-ए-रोज़गार से
मैं जूँ सदा जरस की, अकेला जुदा गया

क्या बात रह गई है मिरे इश्तियाक़ से
रुक़्क़ए के लिखते लिखते तरस्सुल लिखा गया

सब ज़ख़्म-ए-सद्र उन ने नमक-बंद ख़ुद किए
सोहबत जो बिगड़ी अपने में सारा मज़ा गया

सारे हवास मेरे परेशाँ हैं इश्क़ में
इस राह में ये क़ाफ़िला सारा लुटा गया

बादल गरज गरज के सुनाता है या'नी याँ
नौबत से अपनी हर कोई नौबत बजा गया

वे महव-ए-नाज़ ही रहे आए न इस तरफ़
मैं मुंतज़िर तो जी से गया, उनका क्या गया

दिल देके, जान 'मीर' ने पायान-ए-कार दी
ये सादा-लौह, तरह नई दिल लगा गया

1489

ख़ून करके टुक न दिल उन ने लिया कुश्ता-ओ-मुर्दा हूँ इस इसरार का
घर से वो मे'मार का जो उठ गया हाल अबतर हो गया घर-बार का

1488. बे-दिमाग़–चिड़चिड़ा। शोला–आग की लपट। शोला उठना–आग भड़कना, आग लगना। शब-ए-विसाल–मिलन की रात। बे-मुरव्वती–मेहरबानी न करना। क़ाफ़िला-ए-रोज़गार–दुनिया का क़ाफ़िला। सदा–आवाज़। जरस–क़ाफ़िले की घंटी, घंटा। इश्तियाक़–शौक़, आरज़ू। रुक़्क़आ–पर्चा, पत्र, ख़त। तरस्सुल–लम्बा-चौड़ा ख़त। ज़ख़्म-ए-सद्र–छाती के ज़ख़्म। नमक-बन्द–वो ज़ख़्म जिसको नमक भरकर बाँध दिया जाए। हवास–अक़्ल, समझ, होश, वहम, ख़याल, बोलना, सुनना, देखना आदि। नौबत से–बारी से। नौबत बजाना–नक़्क़ारा बजाना, ढोल बजाना। महव-ए-नाज़–नाज़, घमंड से भरा। मुंतज़िर–इंतिज़ार करने वाला। पायान-ए-कार–जान-बूझकर। सादा-लौह–नादान, नासमझ।

1489. कुश्ता–जिसका क़त्ल हुआ हो। इसरार–ज़िद करना। मे'मार का–राजमिस्त्री का लड़का। अबतर–ख़राब।

नक़्ल उसकी बे-वफ़ाई की है अस्ल   कब वफ़ादारी है शेवा यार का
सर जो दे दे मारते घर में फिरे   रंग दीगर है दर-ओ-दीवार का
इश्क़ का मारा है, क्या पनपेगा 'मीर'
हाल है बदहाल उस बीमार का

1490

जो तू ही सनम हम से बेज़ार होगा   तो जीना हमें अपना दुश्वार होगा
ग़म-ए-हिज्र रक्खेगा बेताब दिल को   हमें कुढ़ते-कुढ़ते कुछ आज़ार होगा
जो इफ़रात-ए-उल्फ़त है ऐसा, तो आशिक़   कोई दिन में बरसों का बीमार होगा
उचटती मुलाक़ात कब तक रहेगी   कभू तो तह-ए-दिल से भी यार होगा
तुझे देखकर लग गया दिल, न जाना   कि इस संग-दिल से हमें प्यार होगा
लगा करने हिज्रान, सख़्ती सी सख़्ती   ख़ुदा जाने क्या आख़िर-ए-कार होगा
यही होगा, क्या होगा, 'मीर' ही न होंगे
जो तू होगा बे-यार-ओ-ग़म-ख़्वार होगा

1491

देर बद-अहद वो जो यार आया   दूर से देखते ही प्यार आया
बेक़रारी ने मार रक्खा हमें   अब तो उसके तईं क़रार आया
गर्द-ए-रह उसकी अब उठो न उठो   मेरी आँखों ही पर ग़ुबार आया
इक ख़िज़ाँ में न तैर भी बोला   मैं चमन में बहुत पुकार आया
ताइर-ए-उम्र को नज़र में रख   ग़ैब से हाथ ये शिकार आया
मौसम आया तो नख़्ल-ए-दार में 'मीर'
सर-ए-मंसूर ही का बार आया

शेवा–तरीक़ा, ढंग। दीगर–अलग, जुदा।

1490. बेज़ार–विरक्त, उकताया हुआ। ग़म-ए-हिज्र–जुदाई का ग़म। आज़ार–बीमारी, तकलीफ़। इफ़रात-ए-उल्फ़त–प्यार की अधिकता। संग-दिल–पत्थर दिल। हिज्रान–जुदाई। बे-यार-ओ-ग़म-ख़्वार–बिना दोस्त और हमदर्द।

1491. बद-अहद–वादे को न निभाने वाला। गर्द-ए-रह–रास्ते की धूल-मिट्टी। ख़िज़ाँ–पतझड़। तैर–परिंदा, पक्षी। ताइर-ए-उम्र–उम्र रूपी पक्षी। ग़ैब–दिखाई न देने वाली जगह, अदृश्य, परलोक। नख़्ल-ए-दार–वो पेड़ जिस से लटका कर फाँसी दी जाती थी, फाँसी का तख़्ता। सर-ए-मंसूर–मंसूर का सर, मंसूर एक सूफ़ी फ़क़ीर थे जिन्हें सच बोलने की वजह से फाँसी दे दी गई थी। बार–फल।

1492

ज़माना हिज्र का आसान क्या बसर आया हज़ार मर्तबा मुँह तक मिरे, जिगर आया
रहीं जो मुंतज़िर आँखें ग़ुबार लाईं वले वो इंतिज़ार-कशों को न टुक नज़र आया
हज़ार तरह से आवे घड़ी जुदाई में मिलाप जिस से हो ऐसा न यक हुनर आया
ये लहर आई गई ज़ोर काले पानी तक मुहीत इस मिरे रोने को देख तर आया
निसार क्या करें हम ख़ानमाँ-ख़राब उस पर
कि घर लुटा चुके जब यार अपने घर आया

1493

हो कोई उस बेवफ़ा दिलदार से क्या आश्ना
आश्ना रह बरसों जो इक-दम में हो ना-आश्ना

क़द्र जानो कुछ हमारी वर्ना पछताओगे तुम
फिर नहीं मिलने का तुम को कोई हम सा आश्ना

बाग़ को बे लाला-ओ-गुल देख कहते थे तुयूर
झड़ गए पतझड़ में अब के हाए क्या-क्या आश्ना

अब जो हाथ आए हैं हम मत मुफ़्त खो दीजो हमें
फिर न होगा तुम को ऐसा, कोई पैदा आश्ना

1494

दिमाग़ अपना तो अपनी फ़िक्र ही में हो चुका यकसर
ख़याल अब किस को है ऐ हमनशीं नाज़ुक ख़याली का

1495

बिस्तर-ए-ख़्वाब से जो उस के उठा गुल-ए-तर सूख-सूख ख़ार हुआ
मुझ से लेने लगे हैं इबरत लोग आशिक़ी में ये ऐतबार हुआ
रोज़-ओ-शब रोते कुढ़ते गुज़रे है अब यही अपना रोज़गार हुआ
रोऊँ क्या अपनी सादगी को 'मीर'
मैंने जाना कि मुझ से यार हुआ

1492. हिज्र–जुदाई। मर्तबा–बार, दफ़ा। मुँह तक जिगर आना–जी घबराना, तबीयत का बहुत परेशान होना। मुंतज़िर–इंतिज़ार करने वाला। वले–लेकिन। इंतिज़ार-कश–इंतिज़ार करने वाला। काला पानी–समुन्दर का पानी (जो रात को काले रंग का दिखाई देता है)। मुहीत–समुन्दर। तर आना–लज्जित होना, शर्मिंदा होना। ख़ानमाँ-ख़राब–जिस का घर बर्बाद हो गया हो।

1493. आश्ना–दोस्त, महबूब। ना-आश्ना–अजनबी, ग़ैर। लाला–एक फूल का नाम। तुयूर–पक्षी, परिंदे।

1494. यकसर–बराबर। हमनशीं–साथी, दोस्त।

1495. बिस्तर-ए-ख़्वाब–सोने का बिस्तर। गुल-ए-तर–ताज़ा फूल। ख़ार–काँटा। इबरत–नसीहत। रोज़गार–काम।

1496

जिस सितम-दीदा को इस इश्क़ का आज़ार हुआ
इक दो दिन ही में वो ज़ार-ओ-ज़ुबूँ ख़्वार हुआ

रोज़ बाज़ार में आलम के अजब शय है हुस्न
बिक गया आप ही जो उसका ख़रीदार हुआ

धूप में आगे खड़ा उस के जला करता हूँ
चाह कर उसके तईं मैं तो गुनहगार हुआ

होश कुछ जिन के सरों में था शिताबी चेते
हैफ़-सद-हैफ़ कि मैं देर ख़बर-दार हुआ

हो ब-ख़ुद तो किसू को ढूँड निकाले कोई
वही ख़ुद गुम हुआ जो उसका तलबगार हुआ

मुर्ग़-ए-दिल की है रिहाई से मिरा दिल अब जम्अ
पुर-शिकन बालों में वो उसके गिरफ़्तार हुआ

प्यार की देखी जो चितवन किसू की मैं जाना
कि ये अब सादा-ओ-पुरकार मिरा यार हुआ

तकिया इस पर जो किया था सो गिरा बिस्तर पर
या'नी मैं शौक़ की इफ़रात से बीमार हुआ

क्यूँके सब उम्र सऊबत में कटी तेरी 'मीर'
अपना जीना तो कोई दिन हमें दुश्वार हुआ

1497

अब यार दोपहर को खड़ा टुक जो याँ रहा
हैरत से आफ़ताब जहाँ का तहाँ रहा

जो क़ाफ़िले गए थे उन्हों की उठी भी गर्द
क्या जानिए ग़ुबार हमारा कहाँ रहा

1496. सितम-दीदा–सितम का मारा हुआ। आज़ार–बीमारी, तकलीफ़। ज़ार-ओ-ज़ुबूँ–ख़स्ता और बदहाल। ख़्वार–बदनाम। आलम–दुनिया, ज़माना। शय–चीज़, वस्तु। शिताबी–जल्दी। हैफ़-सद-हैफ़–अफ़सोस बहुत अफ़सोस। ब-ख़ुद होना–होश में होना। मुर्ग़-ए-दिल–दिल रूपी पक्षी। दिल जम्अ होना–संतुष्ट होना। पुर-शिकन–पेचदार, घुँघराले। चितवन–निगाह। सादा-ओ-पुरकार–चालाक, माशूक़। शौक़–इश्क़, अभिलाषा। इफ़रात–अधिकता। सऊबत–दुख, परेशानी।

1497. आफ़ताब–सूरज।

सूखी पड़ी हैं आँखें मिरी देर से जो अब
सैलाब इन ही रख़्नों से मुद्दत रवाँ रहा

आज़ा गुदाज़-ए-इश्क़ से एक-एक बह गए
अब क्या रहा है मुझ में जो मैं नीम-जाँ रहा

उसके फ़रेब-ए-लुत्फ़ पे मत जा कि हमनशीं
वो देर मेरे हाल पे भी मेहरबाँ रहा

अब दर पे उसके घर के गिरा हूँ वगरना मैं
मुद्दत ख़राबा-गर्द ही, बे-ख़ानमाँ रहा

है जान तो जहान है, मशहूर है मसल
क्या है गए पे जान के गो फिर जहाँ रहा

तर्क-ए-शराब-ख़ाना है पीरी में, वर्ना 'मीर'
तरसा-बचों ही में रहा, जब तक जवाँ रहा

1498

सुख़न मुश्ताक़ है आलम हमारा बहुत आलम करेगा ग़म हमारा
पढ़ेंगे शे'र रो-रो लोग बैठे रहेगा देर तक मातम हमारा
नहीं है मरजअ-ए-आदम अगर ख़ाक किधर जाता है क़द्द-ए-ख़म हमारा
ज़मीन-ओ-आसमाँ ज़ेर-ओ-ज़बर है नहीं कम हश्र से ऊधम हमारा
किसू के बाल दरहम देखते 'मीर'
हुआ है काम-ए-दिल बरहम हमारा

सैलाब–बाढ़। रख़्ना–छेद, भट। आज़ा–शरीर के अंग। गुदाज़-ए-इश्क़–इश्क़ में घुलना, पिघलना। नीम-जाँ–अधमरा। हमनशीं–साथी, दोस्त। ख़राबा-गर्द–बियाबानों में फिरने/भटकने वाला। बे-ख़ानमाँ–बिना घर-बार वाला। मसल–कहावत, मिसाल। तर्क-ए-शराब-ख़ाना–शराब ख़ाने जाना छोड़ना। पीरी–बुढ़ापा। तरसा-बचे–शराब परोसने वाले पारसी या ईसाई लड़के, वे लड़के जो शराबख़ानों में साक़ी का काम करते हैं।

1498. सुख़न मुश्ताक़–शायरी का चाहने वाला। आलम–दुनिया, ज़माना। मरजअ-ए-आदम–आदमी का ठिकाना, लौटने की जगह। क़द्द-ए-ख़म–झुका हुआ शरीर, बदन। ज़ेर-ओ-ज़बर–नीचे-ऊपर। हश्र–क़यामत। दरहम–तितर-बितर। काम-ए-दिल–दिल की मुराद, दिल का मुद्दआ। बरहम–उलट-पलट, ख़राब।

1499

है इश्क़ में जो हाल बतर, तो है क्या अजब
मर जाए कोई ख़स्ता-जिगर, तो है क्या अजब
ले जाके नामे कितने कबूतर हुए हैं ज़िब्ह
उड़ती सी हमको आवे ख़बर, तो है क्या अजब
जाती है चश्म-ए-शौक़ किसू की हज़ार जा
आवे इधर भी उसकी नज़र, तो है क्या अजब
तर्क-ए-वतन किया है अज़ीज़ों ने चाह में
कर जाए कोई रफ़्ता सफ़र, तो है क्या अजब
बरसों से हाथ मारते हैं सर पे उस बग़ैर
होवे भी हम से दस्त ब-सर, तो है क्या अजब
घर-बार मैं लुटा के गया घर से भी निकल
अब आवे वो कभू मिरे घर, तो है क्या अजब
मिलती नहीं है आँख उस आईना-रू की 'मीर'
वो दिल जो लेके जावे मुकर, तो है क्या अजब

1500

आया है शैब सर पे, गया है शबाब अब
करना जो कुछ हो तुमको सो कर लो शिताब अब

बिगड़ा बना हूँ इश्क़ से सौ-बार आक़िबत
पाया क़रार ये कि रहूँ मैं ख़राब अब

ख़ूँरेज़ी आशिक़ों की है ज़ालिम अगर सवाब
तो तो हुआ है तुझको बहुत सा सवाब अब

भड़की दरूँ में आतिश-ए-सोज़िन्दा इश्क़ की
दिल रह गया है पहलू में, होकर कबाब अब

क़ासिद जो आया चुप है, निशाँ ख़त का कुछ नहीं
देखें जो लावे बाद कोई क्या जवाब अब

क्या रंज-ओ-ग़म को आगे तिरे मैं करूँ शुमार
याँ ख़ुद-हिसाबी मेरी तो है बे-हिसाब अब

झपकी हैं आँखें और झुकी आती हैं बहुत
नज़दीक शायद आया है हंगाम-ए-ख़्वाब अब

1499. बतर–ख़राब। नामा–ख़त। ज़िब्ह होना–गला कटना, क़त्ल होना। चश्म-ए-शौक़–प्यार भरी निगाह। तर्क-ए-वतन करना–देश छोड़ना। अज़ीज़–प्यारा। रफ़्ता–बेहोश, आशिक़। दस्त ब-सर होना–अफ़सोस में सर पर हाथ मारना, हैरान होना। आईना-रू–आईने की तरह रौशन चेहरे वाला, बहुत ख़ूबसूरत।

1500. शैब–बुढ़ापा। शबाब–जवानी। शिताब–जल्दी। आक़िबत–आख़िरकार, अन्ततः। ख़ूँरेज़ी–ख़ून बहाना, क़त्ल करना। सवाब–पुण्य। दरूँ–अंदरूनी हिस्सा, यहाँ दिल। आतिश-ए-सोज़िंदा–जलाने वाली आग। क़ासिद–पत्र-वाहक। बाद–हवा। हंगाम-ए-ख़्वाब–नींद का समय।

आराम करिए, मेरी कहानी भी हो चुकी
करने लगोगे वरना इताब-ओ-ख़िताब अब

जाना सभों ने ये कि तू माशूक़-ए-'मीर' है
ख़लउल-इज़ार से ये किया है हिजाब अब

1501

मुँह धोते उसके आता तो है अक्सर आफ़ताब
खावेगा आफ़ताबा कोई ख़ुदसर आफ़ताब

सर सदक़े तेरे होने की ख़ातिर बहुत है गर्म
मारा करे है शाम-ओ-सहर चक्कर आफ़ताब

हर ख़ाना क्यूँ न सुब्ह जहाँ में हो पुर फ़रोग़
फिरता है झाँकता उसी को घर-घर आफ़ताब

नाज़ुक-मिज़ाज है तू कहीं घर से मत निकल
होता है दोपहर के तईं सर पर आफ़ताब

पैदा है रोज़ मशरिक़-ए-नौ की नुमूद सी
आए है कू-ए-यार से बच-बच कर आफ़ताब

हो पस्त उसके नूर का ज़ेर-ए-ज़मीं गया
हरचंद सब सितारों से था बरतर आफ़ताब

उस रुख़ की रौशनी में न मालूम कुछ हुआ
मह गुम किधर हुआ है, गया कीधर आफ़ताब

रौशन है ये कि ख़ौफ़ है उस ग़ुस्सा-वर का 'मीर'
निकले है सुब्ह काँपता, जो थर-थर आफ़ताब

इताब-ओ-ख़िताब–उल्टी-सीधी सुनाना। ख़लउल-इज़ार–खुला चेहरा, बिना पर्दे के। हिजाब-पर्दा।

1501. आफ़ताब–सूरज। आफ़ताबा खाना–काला पड़ जाना, शर्मिंदा होना। ख़ुदसर–घमंडी। सहर–सुबह। ख़ाना–घर। पुर फ़रोग़–रौशनी से भरा। मशरिक़-ए-नौ की नुमूद सी–हर रोज़ एक पूरब पैदा होता लगता है। कू-ए-यार–महबूब की गली। नूर–चमक, रौशनी। ज़ेर-ए-ज़मीं–ज़मीन के नीचे। हरचंद–जितना कुछ, जिस हद तक। बरतर–बढ़कर। रुख़–चेहरा। मह–चाँद। रौशन होना–स्पष्ट होना, ज़ाहिर होना। ग़ुस्सा-वर–ग़ुस्सा करने वाला, माशूक़।

1502

क्यूँके दुनिया दुनिया रुस्वाई मिरी मौक़ूफ़ हो
आलम आलम मुझ पे उसके इश्क़ की तोहमत है अब

अश्क-ए-नोमीदाना फिरते हैं मिरी आँखों के बीच
'मीर' ये दे है दिखाई, जान की रुख़्सत है अब

1503

मारे ही डाले है जिसका ज़िन्दगी में इज़्तिराब
साथ मेरे दिल गड़ा तो आ चुका मरने का ख़्वाब

देखना मुँह यार का इस वजह से होता नहीं
या इलाही दे ज़माने से उठा रस्म-ए-नक़ाब

जोफ़ है उसके मरज़ और उसके ग़म से अलग़रज़
दिल बदन में आदमी के, एक है ख़ाना-ख़राब

सूरत-ए-दीवार से मुद्दत खड़े दर पर रहे
पर कभू सोहबत में उसकी हम हुए न बारयाब

मय से तौबा करते ही माक़ूल अगर हम जानते
हम पे शैख़-ए-शहर बरसों से करे है एहतिसाब

जमअ थे ख़ूबाँ बहुत लेकिन पसंद उसको किया
क्या ग़लत मैंने किया ऐ 'मीर' वक़्त-ए-इंतिख़ाब

1504

लग नहीं पड़ते हैं लेकर हाथ में शमशीर तेज़
बेकसों के क़त्ल में इतना नहीं इसरार ख़ूब

आख़िर उन ख़ूबाँ ने आशिक़ जान कर मारा मुझे
चाह का अपनी न करना उनसे था इज़हार ख़ूब

1502. रुस्वाई–बदनामी। मौक़ूफ़ होना–रुक जाना, बंद होना। आलम आलम–हर जगह, जगह-जगह। अश्क-ए-नोमीदाना–मायूसी के आँसू।

1503. इज़्तिराब–बेचैनी, परेशानी। जोफ़–कमज़ोरी। अलग़रज़–आख़िरकार, अंततः। सूरत-ए-दीवार–दीवार की तरह स्थिर, भौंचक्का। बारयाब होना–पेश होना, हाज़िर होना। माक़ूल–सही, ठीक। शैख़-ए-शहर–शहर का सबसे बड़ा मुस्लिम धर्म-गुरु। एहतिसाब–हिसाब, आकलन। वक़्त-ए-इंतिख़ाब–चुनाव के समय, पसन्द करते वक़्त।

1504. शमशीर–तलवार। बेकस–असहाय। इसरार–ज़िद। ख़ूब–अच्छा, बेहतर। ख़ूबाँ–ख़ूबसूरत औरतें, माशूक़।

आजकल से मुझको बेताबी-ओ-बदहाली है क्या
मुझ मरीज़-ए-इश्क़ के कब से न थे आसार ख़ूब

क्या करीमी उसकी कहिए जन्नत-ए-दर-बस्ता दी
वर्ना मुफ़्लिस ग़म-ज़दों के कुछ न थे किरदार ख़ूब

क्या किसू से आश्नाई की रखे कोई उमीद
कम पहुँचता है बहम, दुनिया में यारो, यार ख़ूब

कहते थे अफ़ई के से ऐ 'मीर' मत खा पेच-ओ-ताब
आख़िर उस कूचे में जा खाई न तूने मार ख़ूब

1505

जो कोई उस बेवफ़ा से दिल लगाता है बहुत
वो सितम-गर उस सितम-कश को सताता है बहुत

उसके सोने से बदन से किस क़दर चस्पाँ है हाए
जामा किबरीती किसू का जी जलाता है बहुत

चाह में भी बेशतर जाने से कम होता है वक़्र
इसलिए जाता हूँ तब, जब वो बुलाता है बहुत

गरचे कम जाता हूँ पर, दिल पर नहीं कुछ इख़्तियार
वो कजी से सीधियाँ मुझको सुनाता है बहुत

भूल जावेगा सुख़न-पर्दाज़ी उसके सामने
शाइरी से जो कोई बातें बनाता है बहुत

बा-मज़ा माशूक़ क्या कम हैं, पर इसको क्या करूँ
नाज़-ओ-अंदाज़ उस ही का जो मुझको भाता है बहुत

वो नहीं हिज्राँ में उस बिन ख़्वाब ख़ुश आवे मुझे
अब ख़याल उसकी तरफ़, हर लहज़ा जाता है बहुत

क्या करूँ कहने लगा ईधर न आने पाए वो
बद कहीं हंगामा-आरा 'मीर' आता है बहुत

करीमी–मेहरबानी। जन्नत-ए-दर-बस्ता–पूरी जन्नत। मुफ़्लिस–ग़रीब। ग़म-ज़दा–ग़म का मारा, दुखी। किरदार–काम, ढंग, चरित्र। आश्नाई–दोस्ती। बहम–साथ में। अफ़ई–ज़हरीला साँप। पेच-ओ-ताब खाना–बल खाना।

1505. सितम-गर–सितम करने वाला। सितम-कश–सितम सहने वाला। चस्पाँ–चिपका हुआ। जामा किबरीती–सुनहरे रंग की पोशाक। बेशतर–बहुत ज़्यादा। वक़्र–इज़्ज़त। गरचे–यद्यपि, हालाँकि। इख़्तियार–अधिकार, क़ाबू, बस। कजी–टेढ़ापन। सीधी सुनाना–खरी-खरी कहना। सुख़न-पर्दाज़ी–शायरी, बात कहना। हिज्राँ–जुदाई। ख़्वाब ख़ुश आना–अच्छी नींद आना। लहज़ा–पल। बद–बुरा। हंगामा-आरा–हंगामा करने वाला।

1506

मुँह पे रखता है वो नक़ाब बहुत हमसे करता है अब हिजाब बहुत
चश्मक-ए-गुल का लुत्फ़ भी न उठा कम रहा मौसम-ए-शबाब बहुत
देर भी कुछ लगी न मरते हमें उम्र जाती रही शिताब बहुत
ढूँडते उसको कूचे कूचे फिरे दिल ने हमको किया ख़राब बहुत
चलना अपना क़रीब है शायद जाँ करे है अब इज़्तिराब बहुत
तौबा मय से बहार में न करूँ गो करे शैख़ एहतिसाब बहुत
उस ग़ुसैले से क्या किसू की निभे मेहरबानी है कम, इताब बहुत
देर तक का'बे में थे शब बेहोश
पी गए 'मीर जी' शराब बहुत

1507

क्या कहें, है हाल-ए-दिल दरहम बहुत कुढ़ते हैं दिन रात इस पर हम बहुत
रहता है हिज्राँ में ग़म-गुस्से से काम और वे भी सुन के हैं बरहम बहुत
इज़्तिराब इसका नहीं होता है कम हाथ भी रखते हैं दिल पर हम बहुत
उस गली से जी उचटता टुक नहीं दिल जिगर करते हैं पत्थर हम बहुत
'मीर' की बदहाली, शब मज़कूर थी
कुढ़ गए ये हाल सुनकर हम बहुत

1508

दावा आशिक़ बेचारे का कौन सुनेगा महशर में
ख़ैल-ए-मलाइक़ वाँ भी होंगे उसके ख़ातिरदार बहुत

ख़ुश्की लब की, ज़र्दी रुख़ की, नमनाकी दो आँखों की
जो देखे है, कहे है इनने, खींचा है आज़ार बहुत

जिस्म की हालत, जी की ताक़त, नब्ज़ से कर मालूम तबीब
कहने लगा जाँ-बर क्या होगा, ये तो है बीमार बहुत

1506. हिजाब–पर्दा। चश्मक-ए-गुल–फूल का इशारा, फूल का कुछ समय के लिए खिलना। मौसम-ए-शबाब–जवानी का वक़्त। शिताब–जल्दी। इज़्तिराब–बेचैनी। गो–हालाँकि। एहतिसाब–हिसाब, जाँच। गुसैला–गुस्सा करने वाला। इताब–गुस्सा। का'बा–मक्का स्थित का'बा ख़ुदा का पहला घर माना जाता है।

1507. दरहम–परेशान। हिज्राँ–जुदाई। बरहम–नाराज़। इज़्तिराब–बेचैनी। टुक–ज़रा। शब–रात। मज़कूर–ज़िक्र।

1508. महशर–क़यामत के दिन इकट्ठा होने की जगह, प्रलय। ख़ैल-ए-मलाइक–फ़रिश्तों के झुण्ड। ज़र्दी रुख़ की–चेहरे का पीलापन। नमनाकी–गीलापन, आँसू। आज़ार–दुख। तबीब–हकीम, वैद्य। जाँ-बर होना–मरते मरते बच जाना, सेहतमंद होना।

किसको दिमाग़-ए-सैर-ए-चमन है क्या हिज्राँ में वाशुद हो
कम गुलज़ार में उस बिन जाकर आता हूँ बेज़ार बहुत

'मीर' दुआ कर हक़ में मेरे, तू भी फ़क़ीर है मुद्दत से
अब जो कभू देखूँ उसको तो, मुझको न आवे प्यार बहुत

1509

लुत्फ़ जैसे हैं उसकी चाह के बीच   रंज वैसे ही हैं निबाह के बीच
कब मज़ा है नमाज़-ए-सुब्ह में वो   जो सबूही के है गुनाह के बीच
उस गुसैले की सुर्ख़ आँखें देख   उट्ठे आशोब ख़ानक़ाह के बीच
जान-ओ-दिल दोनों कर गए थे ग़श   देख उस रश्क-ए-मह को राह के बीच
उसकी चश्म-ए-सियह है वो जिस ने   कितने जी मारे, इक निगाह के बीच
क्या रहें जौर से बुतों के हम   रख ले अपनी ख़ुदा, पनाह के बीच

'मीर' बीमार है कि फ़र्क़ नहीं
मुत्तसिल उसके आह आह के बीच

1510

वामिक़-ओ-फ़रहाद-ओ-मजनूँ कौन है यारों के बीच
जो कहूँ मैं कोई है, मेरे भी ग़म-ख़्वारों के बीच

जो जफ़ा आशिक़ पे है सो और लोगों पर नहीं
इस से पैदा है कि मैं ही हूँ गुनहगारों के बीच

रोना कुढ़ना इश्क़ में देखा मिरा जिन ने, कहा
क्या जिएगा ये सितम-दीदा, इन आज़ारों के बीच

मुंतज़िर बरसों रहे, अफ़सोस आख़िर मर गए
दीदनी थे लोग उस ज़ालिम के बीमारों के बीच

दिमाग़-ए-सैर-ए-चमन–बाग़ की सैर का ख़याल। हिज्र–जुदाई। वाशुद–तकलीफ़ दूर होना। बेज़ार–नाख़ुश, परेशान।

1509. सबूही–वो शराब जी सुबह को पी जाए। आशोब–हंगामा। ख़ानक़ाह–सूफ़ियों के रहने की जगह। ग़श–बेहोशी। रश्क-ए-मह–जिस से चाँद भी ईर्ष्या करे, बहुत ख़ूबसूरत। चश्म-ए-सियह–काली आँखें। जौर–सितम। बुत–मूर्ति, माशूक़। मुत्तसिल-लगातार।

1510. वामिक़–मजनूँ की तरह एक आशिक़ जिसके महबूब का नाम अज़रा था। ग़म-ख़्वार–हमदर्द, दोस्त। सितम-दीदा–जिस पर सितम किया गया हो। आज़ार–दुख, बीमारी। मुंतज़िर–इंतिज़ार करने वाला। दीदनी–देखने के क़ाबिल।

ख़ाक-ए-तुर्बत क्यूँ न अपनी दिलबराना उठ चले
हम भी थे उस नाज़नीं के नाज़-बरदारों के बीच

साफ़ मैदाँ लामकाँ सा हो तो मेरा दिल खुले
तंग हूँ मामूरा-ए-दुनिया की दीवारों के बीच

बाग़ में थे शब, गुल-ए-महताब मेरे आस-पास
यार बिन या'नी रहा मैं 'मीर' अंगारों के बीच

1511

दिल यही है जिसको दिल कहते हैं इस आलम के बीच
काश ये आफ़त न होती क़ालिब-ए-आदम के बीच

छाती कुटती संग ही से दिल के जाने में नहीं
ना'ल सीनों पर जड़े जाते हैं इस मातम के बीच

नक़्शा उसका मर्दुम-ए-दीदा में मेरे नक़्श है
या'नी सूरत उस ही की फिरती है चश्म-ए-नम के बीच

शाद वे जो अब जवाँ ताज़ा हुए हैं शहर में
दिल-ज़दा हम शैब में रहते हैं अपने ग़म के बीच

हद से अफ़्ज़ूँ इस गली में शोर है उश्शाक़ का
कौन सुनता है किसू की बात इस ऊधम के बीच

रौनक़-ए-आबादी-ए-मुल्क-ए-सुख़न है उस तलक
हों हज़ारों दम इलाही 'मीर' के इक दम के बीच

ख़ाक-ए-तुर्बत–क़ब्र की मिट्टी, धूल। दिलबराना–माशूक़ की तरह आकर्षक अंदाज़ में। नाज़नीं–नाज़ नख़रे दिखाने वाला, माशूक़। नाज़-बरदार–नाज़ उठाने वाला। मैदाँ–मैदान। लामकाँ–ऐसी जगह जिसका इस दुनिया में वजूद न हो, ख़ुदा के रहने की जगह। मामूरा-ए-दुनिया–दुनिया रूपी बस्ती, लोगों से भरा-पुरा, आबाद। शब–रात। गुल-ए-महताब–एक फूल जो चाँदनी रात में खिलता है।

1511. आलम–दुनिया। क़ालिब-ए-आदम–आदमी का शरीर, बदन। संग–पत्थर। सीने पर नाल जड़ना–घोड़े आदि के खुर में लगाए जाने वाले लोहे के हल्क़े/घेरे से आशिक़ का अपनी छाती को दाग़ना। नक़्शा–चेहरा। मर्दुम-ए-दीदा–आँख की पुतली। नक़्श–तस्वीर। चश्म-ए-नम–भीगी आँखें। शाद–ख़ुश, सुखी। दिल-ज़दा–दिल का मारा हुआ। शैब–बुढ़ापा। अफ़्ज़ूँ–बढ़कर, ज़्यादा। उश्शाक़–आशिक़ का बहुवचन। रौनक़-ए-आबादी-ए-मुल्क-ए-सुख़न–शे'र-ओ-शायरी के देश के रहने वालों की रौनक़। दम–जादू। दम में दम होना–ज़िन्दगी होना।

1512

दिल गए आफ़त आई जानों पर ये फ़साना रहा ज़बानों पर
इश्क़ में होश-ओ-सब्र सुनते थे रख गए हाथ सो तो कानों पर
गरचे इन्सान हैं ज़मीनी वले हैं दिमाग़ उनके आसमानों पर
शहर के शोख़ सादा-रू लड़के ज़ुल्म करते हैं क्या जवानों पर
अर्श-ओ-दिल दोनों का है पाया बुलंद सैर रहती है इन मकानों पर
जब से बाज़ार में है तुझ सी मताअ भीड़ ही रहती है दुकानों पर
लोग सर देते जाते हैं कैसे यार के पाँव के निशानों पर
कोई बोला न क़त्ल में मेरे मुहर की थी मगर दहानों पर
ग़म-ओ-ग़ुस्सा है हिस्से में मेरे अब मईशत है इन ही खानों पर
क़िस्से दुनिया में 'मीर' बहुत सुने
न रखो गोश इन फ़सानों पर

1513

आए हो घर से उठकर मेरे मकाँ के ऊपर
की तुमने मेहरबानी बे-ख़ानमाँ के ऊपर

फूलों से उठ निगाहें मुखड़े पे उसके ठहरीं
वो गुलफ़रोश का जो आया दुकाँ के ऊपर

बरसात अब के गुज़री ख़ौफ़-ओ-ख़तर में सारी
चश्मक-ज़नाँ रही है बर्क़ आशियाँ के ऊपर

रुख़्सार सा किसू के काहे को है फ़रोज़ाँ
हरचंद माह-ए-ताबाँ है आसमाँ के ऊपर

बे-सुध पड़ा रहूँ हूँ, बिस्तर पे रात-दिन मैं
क्या आफ़त आ गई है, इस नीम-जाँ के ऊपर

इश्क़-ओ-हवस में कुछ तो, आख़िर तमीज़ होगी
आई तबीअत उसकी, गर इम्तिहाँ के ऊपर

1512. गरचे–हालाँकि। वले–लेकिन। शोख़–चंचल। सादा-रू–वो जवान लड़के जिनके चेहरे पर अभी रुआँ आया है यानी दाढ़ी-मूँछ नहीं आई है, माशूक़। अर्श–आसमान। पाया बुलंद होना–अत्यधिक रुत्बा होना। मताअ–माल, पूँजी। सर देना–सिर क़ुर्बान करना, जान पर खेलना। मुँह पर मुहर लगाना–चुप्पी साध लेना। दहान–मुँह। मईशत–गुज़ारा, निर्वाह। गोश रखना–सुनना।

1513. बे-ख़ानमाँ–जिसका घर ख़ाली हो। गुलफ़रोश–फूल बेचने वाला। चश्मक-ज़नाँ–इशारा करने वाली, ताना मारने वाली। बर्क़–बिजली। आशियाँ–घर, घोंसला। रुख़्सार–गाल। फ़रोज़ाँ–चमकता हुआ, रौशन। हरचंद–जितना कि, जिस क़दर। माह-ए-ताबाँ–चमकता हुआ चाँद। नीम-जाँ–अधमरा। तमीज़–फ़र्क़, अन्तर।

महव-ए-दुआ था अक्सर ग़ैरत से लेक गाहे
आया न नाम उसका मेरी ज़बाँ के ऊपर

वो जान-ओ-दिल की ख़्वाहिश आया नहीं जहाँ में
आई है इक क़यामत अहल-ए-जहाँ के ऊपर

क्या लोग हैं मुहिब्बाँ, सौदा-ए-आशिक़ी में
इग़माज़ करते हैं सब, जी के ज़ियाँ के ऊपर

हैरत से उसके रू की चुप लग गई है ऐसी
गोया कि मुहर की है मेरे दहाँ के ऊपर

जो राह-ए-दोस्ती में ऐ 'मीर' मर गए हैं
सर देंगे लोग उनके, पा के निशाँ के ऊपर

1514

आया जो अपने घर से, वो शोख़ पान खाकर
की बात उन ने कोई, सो क्या चबा-चबा कर

शायद कि मुँह फिरा है, बंदों से कुछ ख़ुदा का
निकले है काम अपना कोई ख़ुदा-ख़ुदा कर

कान इस तरफ़ न रक्खे, उस हर्फ़-नाशनो ने
कहते रहे बहुत हम उसको सुना-सुना कर

कहते थे हम कि उसको देखा करो न इतना
दिल ख़ूँ किया न अपना आँखें लड़ा-लड़ा कर

आगे ही मर रहे हैं, हम इश्क़ में बुताँ के
तलवार खींचते हो, हमको दिखा-दिखा कर

वो बे-वफ़ा न आया बालीं पे वक़्त-ए-रफ़्तन
सौ बार हमने देखा सर को उठा-उठा कर

जलते थे होले होले हम यूँ तो आशिक़ी में
पर उन ने जी ही मारा आख़िर जला-जला कर

महव-ए-दुआ–दुआ में तल्लीन। ग़ैरत–शर्मिंदगी। लेक–लेकिन। गाहे–कभी, कभी-कभी। अहल-ए-जहाँ–दुनिया के लोग। मुहिब्बाँ–मुहब्बत करने वाले। इग़माज़–आँखें बंद कर लेना, नज़रअंदाज़ करना। ज़ियाँ–नुक़सान, हानि। रू–चेहरा, मुखड़ा। गोया–जैसे कि। दहाँ–मुँह। सर देना–सिर क़ुर्बान करना, जान पर खेलना। मुहर करना–सिर बाँधना (जिससे आदमी बोल न सके)। पा–पाँव।

1514. शोख़–चंचल, माशूक़। कान रखना–सुनना, ध्यान देना। हर्फ़-नाशनो–बात न सुनने वाला। बुताँ–माशूक़। बालीं–सिरहाना, तकिया। वक़्त-ए-रफ़्तन–जाने के वक़्त, मरने के समय।

सोते न लग चल उस से ऐ बाद तूने ज़ालिम
बहुतेरों को सुलाया उसको जगा-जगा कर

मुद्दत हुई हमें है, वाँ से जवाब-ए-मुतलक़
दफ़्तर किए रवाना, लिख लिख, लिखा लिखा कर

क्या दूर 'मीर' मंज़िल मक़्सूद की है अपने
अब थक गए हैं ऊधर क़ासिद चला-चला कर

1515

आया है अब्र-ए-क़िब्ला चला ख़ानक़ाह पर सूफ़ी हवा को देख के, काश आवे राह पर
बिलफ़र्ज़ चाहता है गुनह, लेक मेरी जाँ वाजिब है ख़ून करना कहाँ इस गुनाह पर
हम जाँ-ब-लब पतंगों की सुध लीजियो शिताब मौक़ूफ़ अपना जाना है अब एक आह पर
कहते तो हैं कि हम भी तुम्हें चाहते हैं 'मीर'
पर एतिमाद किसको है ख़ूबाँ की चाह पर

1516

मैलान-ए-दिलरुबा हो क्यूँकर वफ़ा के ऊपर देता है जान आलम उसकी जफ़ा के ऊपर
मेहंदी लगा के हरगिज़ घर से तू मत निकलियो होते हैं ख़ून तेरे रंग-ए-हिना के ऊपर
हूँ कू-ब-कू सबा सा, पर कुछ नहीं है हासिल शायद बरात अपनी लिक्खी हवा के ऊपर
बंदों से काम तेरा ऐ 'मीर' कुछ न निकला
मौक़ूफ़ मतलब अपना, अब रख ख़ुदा के ऊपर

1517

ज़ानू पे सर है अक्सर, मत फ़िक्र इस क़दर कर
दिल कोई ले गया है तो 'मीर' टुक जिगर कर

बाद–हवा। जवाब-ए-मुतलक़–साफ़ जवाब। दफ़्तर–लम्बा पत्र, पोथी। मक़्सूद–इरादा किया हुआ। क़ासिद–पैग़ाम ले जाने वाला।

1515. अब्र-ए-क़िब्ला–पश्चिम दिशा (का'बे) से उठने वाला बादल जो अमूमन बरसता है। ख़ानक़ाह–सूफ़ियों के रहने की जगह। बिलफ़र्ज़–मान लेना, फ़र्ज़ करना। लेक–लेकिन। वाजिब–सही, उचित। जाँ-ब-लब–लबों पर जान, या'नी मरने के क़रीब। शिताब–जल्दी। मौक़ूफ़–निर्भर, तय। एतिमाद–भरोसा। ख़ूबाँ–ख़ूबसूरत, माशूक़।

1516. मैलान-ए-दिलरुबा–माशूक़ का रुझान, झुकाव। आलम–दुनिया, ज़माना। जफ़ा–सितम, अत्याचार। रंग-ए-हिना–मेहंदी का रंग। कू-ब-कू–गली गली। सबा–हवा। बरात–तक़दीर, भाग्य। मौक़ूफ़–किसी के ज़िम्मे छोड़ना, निर्भर होना।

1517. ज़ानू–घुटना। जिगर करना–हिम्मत करना।

ख़ुर्शीद-ओ-माह दोनों आख़िर न दिल से निकले
आँखों में फिर न आए जी से मिरे उतर कर

ऐ हमनशीं ग़शी है, मैं होश में नहीं हूँ
मुझको मिरी ज़बानी, सौ-बार अब ख़बर कर

क्या हाल-ए-ज़ार-ए-आशिक़ करिए बयाँ, न पूछो
करता है बात कोई दिल की तो चश्म तर कर

देते नहीं हैं सोने टुक आह-ओ-नाले उसके
या-रब, शब-ए-जुदाई आशिक़ की भी सहर कर

इतना ही मुँह छुपाया शोख़ उसके महरमों ने
जो बिछ गई हैं ज़ुल्फ़ें, उस चेहरे पर बिखर कर

बिन देखे तेरे मैं तो बीमार हो गया हूँ
हाल-ए-तबह में मेरे तू भी तो टुक नज़र कर

रख़्ने किए जो तूने पत्थर की सिल में तो क्या
ऐ आह उस सनम के दिल में भी टुक असर कर

मारे से, ग़ुल किए से, जाता नहीं है हरगिज़
निकलेगा इस गली से, शायद कि 'मीर' मर कर

1518

इक़रार में कहाँ है इन्कार की सी ख़ूबी
होता है शौक़ ग़ालिब, उसकी नहीं नहीं पर

कुँज-ए-क़फ़स में जूँ तूँ काटेंगे हम असीराँ
सैर-ए-चमन के शायाँ अपने रहे नहीं पर

आख़िर को है ख़ुदा भी तो ऐ मियाँ जहाँ में
बंदे के काम कुछ क्या मौक़ूफ़ हैं तुम्हीं पर

थे चश्म-ए-ख़ूँ-फ़िशाँ पर शायद कि दस्त-ओ-दामन
हैं 'मीर' दाग़ ख़ूँ के पैराहन, आस्तीं पर

ख़ुर्शीद-ओ-माह–सूरज और चाँद। हमनशीं–साथी, दोस्त। ग़शी–बेहोशी। हाल-ए-ज़ार-ए-आशिक़–आशिक़ की ख़स्ता हालत, बुरा हाल। चश्म–आँख। आह-ओ-नाला–आह और रोने की आवाज़। शब-ए-जुदाई–जुदाई की रात। सहर–सुबह। शोख़–चंचल। महरम–क़रीबी दोस्त, राज़दाँ। हाल-ए-तबह–बर्बाद हाल/अवस्था। रख़्ने–छेद। सिल–मसाला पीसने का चौड़ा पत्थर। ग़ुल करना–शोर मचाना।

1518. इक़रार–स्वीकृति, हामी भरना। ग़ालिब होना–अधिक होना, बढ़ जाना। कुँज-ए-क़फ़स–पिंजरे का कोना। असीर–बन्दी, क़ैदी। शायाँ–लायक़, योग्य। मौक़ूफ़–निर्भर। चश्म-ए-ख़ूँ-फ़िशाँ–ख़ून बहाती आँखें। दस्त-ओ-दामन–हाथ और दामन। पैराहन–लिबास, पहने हुए कपड़े।

1519

यांँ चलते देर कुछ नहीं लगती है मेरी जाँ
रख़्त-ए-सफ़र को अपने शिताबी से बार कर

मैं बेक़रार ख़ाक में कब तक मिला करूँ
कुछ मिलने का, न मिलने का, तू भी क़रार कर

मैं रफ़्ता 'मीर' मजलिस-ए-तस्वीर का गया
तू बैठा मेरा हश्र तक अब इंतिज़ार कर

1520

रहे है ग़श-ओ-दर्द दो-दो पहर तक
सर-ए-ज़ख़्म पहुँचा है शायद जिगर तक

हुए हैं हवास और होश-ओ-ख़िरद गुम
ख़बर कुछ तो आई है, इस बे-ख़बर तक

क़यामत है मुश्ताक़ लोगों की कसरत
पहुँचना है मुश्किल हमें उसके घर तक

बहार आई पर एक पत्ती भी गुल की
न आई असीरान-ए-बे-बाल-ओ-पर तक

बहुत 'मीर' बरहम जहाँ में रहेंगे
अगर रह गए आज शब की सहर तक

1521

वो तो नहीं कि ऊधम रहता था आशियाँ तक
आशोब-ए-नाला अब तो पहुँचा है आसमाँ तक

लबरेज़-ए-जल्वा उसका सारा जहाँ है, या'नी
सारी है वो हक़ीक़त, जावे नज़र जहाँ तक

हिज्राँ की सख़्तियों से, पत्थर दिल-ओ-जिगर हैं
सब्र उसकी आशिक़ी में, कोई करे कहाँ तक

दीवारों से भी मारा, पथरों से फोड़ डाला
पहुँचा न सर हमारा, हैफ़ उसके आस्ताँ तक

इन जलती हड्डियों पर हरगिज़ हुमा न बैठे
पहुँची है इश्क़ की तब, ऐ 'मीर' उस्तुख़्वाँ तक

1519. रख़्त-ए-सफ़र–सफ़र का सामान। शिताबी–जल्दी। बार करना–लादना। क़रार करना–ठहराना, ठानना। रफ़्ता–बेहोश, बेसुध। मजलिस-ए-तस्वीर–चित्रों की नुमाइश की जगह, दुनिया। हश्र–क़यामत।

1520. ग़श–चक्कर। हवास गुम होना–होश में न होना। ख़िरद–समझ। मुश्ताक़–चाहने वाला, प्रेमी। कसरत–मेहनत, भीड़। असीरान-ए-बे-बाल-ओ-पर–बिना बाल और पर के क़ैदी, लाचार, बेबस। बरहम–परेशान। शब–रात। सहर–सुबह।

1521. आशियाँ–घोंसला। आशोब-ए-नाला–रोने से उठने वाला हंगामा। लबरेज़-ए-जल्वा–जल्वे से भरा हुआ। जहाँ–दुनिया। हिज्राँ–जुदाई। हैफ़–अफ़सोस। आस्ताँ–चौखट। हुमा–एक ख़याली परिंदा जो हड्डी खाता है। तब–तप, गर्मी। उस्तुख़्वाँ–हड्डी।

1522

उसकी रहेगी गर्मी-ए-बाज़ार कब तलक
वो बेचता रहेगा ख़रीदार कब तलक

अहद-ओ-वईद-ए-हश्र-ए-क़यामत है देखिए
जीते रहेंगे तालिब-ए-दीदार कब तलक

दिल का, जिगर का लोहू तो ग़म ने सुखा दिया
आँखें रहेंगी देखिए, ख़ूँबार कब तलक

निस्बत बहुत गुनाहों की करता है, इस तरफ़
बे-जुर्म हम रहेंगे, गुनहगार कब तलक

उसकी निगाह-ए-मस्त है अक्सर सू-ए-रबात
सूफ़ी रहेंगे हाल से हुशियार कब तलक

मेहमान कोई दिन का है, वारफ़्ता इश्क़ का
ज़ाहिर है हाल से कि ये बीमार कब तलक

तरसा के मारने में अज़ाब-ए-शदीद हैं
इक खींच कर न मारोगे, तलवार कब तलक

सय्याद असीर करके जिसे उठ गया हो 'मीर'
वो दाम की शिकन में गिरफ़्तार कब तलक

1523

चुप रह अब नालों से ऐ बुलबुल न कर आज़ार-ए-दिल
कम-दिमाग़ी है बहुत मुझको कि हूँ बीमार-ए-दिल

इब्तिदा-ए-ख़ब्त में होता तदारुक कुछ तो था
अब कोई सँभले है मुझ से वहशत-ए-बिसयार-ए-दिल

1522. गर्मी-ए-बाज़ार–बाज़ार की रौनक़। अहद-ओ-वईद-ए-हश्र-ए-क़यामत–क़यामत के दिन मिलने या दीदार का वादा। तालिब-ए-दीदार–महबूब को देखने की इच्छा रखने वाले, आशिक़। ख़ूँबार–लहू बरसाने वाली। निस्बत–लगाव, संबंध। सू-ए-रबात–सराय की तरफ़। वारफ़्ता–बेख़बर, निढाल। अज़ाब-ए-शदीद–बहुत सख़्त सज़ा या तकलीफ़। सय्याद–शिकारी। असीर–बंदी, क़ैदी। दाम–फंदा, जाल। शिकन–झोल, बल, पेच।

1523. नाला–रोने की आवाज़, रोना-पीटना। आज़ार-ए-दिल–दिल के दुख, दिल की परेशानी। इब्तिदा-ए-ख़ब्त–जुनून/पागलपन की शुरुआत। तदारुक–रोकथाम, इंतिज़ाम। वहशत-ए-बिसयार-ए-दिल–दिल का बहुत ज़्यादा घबराना।

बाग़ से ले दश्त तक रखते हैं इक शोर-ए-अजब
हम असीरान-ए-क़फ़स के नालहा-ए-ज़ार-ए-दिल

इस सुबुक-रूही पे जूँ बाद-ए-सहर दर-दर फिरे
ज़िन्दगी अब यार बिन अपनी हुई है बार-ए-दिल

तंगी-ओ-वुसअत से इसकी ऐ इबारत-साज़ फ़हम
'मीर' कुछ समझे गए न मा'नी-ए-असरार-ए-दिल

1524

ज़िन्हार गुलसिताँ में न कर मुँह को सू-ए-गुल चढ़ जाए मग़ज़ में न कहीं गर्द-ए-बू-ए-गुल
मौसम गए निशाँ भी कहीं पत्ते का न था की शौक़ कुश्तगाँ ने अबस जुस्तजू-ए-गुल
तड़पे ख़िज़ाँ में इतने कि मर-मर गए तुयूर जावेगी साथ जी के मगर आरज़ू-ए-गुल
आए नज़र बहार में, पाईज़ में गए है बे-वफ़ाई करने की हर साल ख़ू-ए-गुल
मुद्दत हुई कि देखा था सैर-ए-चमन में 'मीर'
फिरता है अब तलक मिरी आँखों में रू-ए-गुल

1525

तरीक़-ए-इश्क़ में है रहनुमा दिल पयम्बर दिल है, क़िब्ला दिल, ख़ुदा दिल
क़यामत था मुरव्वत आश्ना दिल मुए पर भी मिरा उस में रहा दिल
रुका इतना, ख़फ़ा इतना हुआ था कि आख़िर ख़ून हो हो कर बहा दिल
जिसे मारा उसे फिर कर न देखा हमारा तुर्फ़ा ज़ालिम से लगा दिल
बदन में उसके थी हर जाए दिलकश बजा, बेजा हुआ है जा-बजा दिल
गए वहशत से बाग़-ओ-राग़ में थे कहीं ठहरा न दुनिया से उठा दिल

दश्त–जंगल, वीराना। असीरान-ए-क़फ़स–पिंजरे के बंदी। नालहा-ए-ज़ार-ए-दिल–ग़मगीन (बदहाल) दिल का ऊँची आवाज़ में रोना। सुबुक-रूही–तबीयत की नाज़ुकी। बाद-ए-सहर–सुबह की ठंडी हवा। बार-ए-दिल–दिल का बोझ। तंगी-ओ-वुसअत–सँकरापन और फैलाव। इबारत साज़–मज़मून गढ़ने वाला, रचनाकार। फ़हम–समझ। मा'नी-ए-असरार-ए-दिल–दिल में छिपे भेदों का अर्थ।

1524. ज़िन्हार–हरगिज़। गुलसिताँ–बाग़। सू-ए-गुल–फूल की तरफ़। मग़ज़–भेजा, दिमाग़। गर्द-ए-बू-गुल–फूल की ख़ुशबू का ग़ुबार। शौक़ कुश्तगाँ–शौक़ (प्रेम) के मारे हुए। अबस–बे-वजह, फ़ुज़ूल। जुस्तजू-ए-गुल–फूलों की तलाश। ख़िज़ाँ–पतझड़ का मौसम। तुयूर–पक्षी, परिंदे। आरज़ू-ए-गुल–फूल की आरज़ू। पाईज़–पतझड़ का मौसम। ख़ू-ए-गुल–फूल की आदत। रू-ए-गुल–फूल का चेहरा।

1525. रहनुमा–मार्गदर्शक, राह दिखाने वाला। पयम्बर–पैग़म्बर। क़िब्ला–का'बा, जिस तरफ़ मुँह करके नमाज़ पढ़ते हैं। मुरव्वत आश्ना–जिस में इंसानियत हो, वफ़ादार। मुए–मरे। तुर्फ़ा ज़ालिम–अजीब तरह से ज़ुल्म करने वाला। बजा–उचित, ठीक। बेजा–ख़राब। जा-बजा–जगह-जगह, हर जगह। राग़–जंगल।

असीरी में तो कुछ वाशुद कभू थी रहा ग़मगीं, हुआ जब से रिहा दिल
हमा तन में अलम था सो न जाना गिरह ये दर्द है पहलू में या दिल
ख़मोशी मुझको हैरत से है वर्ना भरे हैं लब से लेकर शिकवे ता दिल
न पूछा उन ने जिस बिन ख़ूँ हुआ सब न समझा उसके कीने की अदा दिल
हुआ पज़मुर्दा-ओ-बेसब्र-ओ-बेताब करेगा इस तरह कब तक वफ़ा दिल
हुई परवा न वाँ दिलबर को, याँ 'मीर'
उठा कर हो चुका जौर-ओ-जफ़ा दिल

1526

खा गई याँ की फ़िक्र सो मौहूम वाँ गए क्या हो, कुछ नहीं मालूम
जब ग़ुबार अपने दिल का निकले है देर रहती है आँधी की सी धूम
साहिब अपना है बंदा-परवर 'मीर'
हम जहाँ से न जाएँगे महरूम

1527

इश्क़ किया है उस गुल का या आफ़त लाए सर पर हम
झाँकते उसको साथ सबा के सुब्ह फिरें हैं घर-घर हम

रोज़-ओ-शब को अपने या-रब क्यूँकि करेंगे रोज़-ओ-शब
हाथ रखे रहते हैं दिल पर बेताबी में अक्सर हम

पूछते राह शिकस्ता-दिल की जा निकले थे का'बे में
सोच वहाँ तो गुज़रा जी में, आए किधर से कीधर हम

अब तो हमारी तरफ़ से इतना दिल को पत्थर मत करियो
सख़्ती से अय्याम की अब तक, जीते रहे हैं मर-मर हम

शोला एक उठा था दिल से आह-ए-आलम-सोज़ का 'मीर'
ढेरी हुई है ख़ाकिस्तर की जिसकी लपट में जल कर हम

असीरी–क़ैद में होना। वाशुद–खिलावट, सुख। ग़मगीं–ग़मगीन, दुखी। हमा तन–सारा तन, सारा का सारा। अलम–दुख-दर्द। कीना–द्वेष। पज़मुर्दा–मुरझाया हुआ। दिलबर–दिल लेने वाला, माशूक़। हो चुकना–ख़त्म हो जाना, मर जाना। जौर-ओ-जफ़ा–सितम और बेवफ़ाई।

1526. मौहूम–वहम किया हुआ। दिल का ग़ुबार निकलना–भड़ास निकलना। बंदा-परवर–मेहरबान, अन्नदाता। महरूम–वंचित।

1527. सबा–हवा। रोज़-ओ-शब–दिन रात। शिकस्ता–हारा हुआ, टूटा हुआ। दिल को पत्थर करना–बेरहमी इख़्तियार करना। अय्याम–दिन का बहुवचन, ज़माना। शोला–आग की लपट। आह-ए-आलम-सोज़–दुनिया को जला देनी वाली आह। ख़ाकिस्तर–राख।

1528

कुढ़ते जो रहे हिज्र में बीमार हुए हम — बिस्तर पे गिरे रहते हैं, नाचार हुए हम
बहलाने को दिल बाग़ में आए थे, सो बुलबुल — चिल्लाने लगी ऐसे कि बेज़ार हुए हम
जलते हैं खड़े धूप में जब जाते हैं ऊधर — आशिक़ न हुए उसके गुनहगार हुए हम
इक उम्र दुआ करते रहे यार को दिन-रात — दुश्नाम के अब उसके सज़ावार हुए हम
हम-दाम बहुत वहशी तबीअत थे उठे सब — थी चोट जो दिल पर सो गिरफ़्तार हुए हम
जीते हुए लोगों की भली या बुरी गुज़री — अफ़सोस, बहुत देर ख़बरदार हुए हम

घुट-घुट के जहाँ में रहे जब 'मीर' से मरते
तब याँ के कुछ इक वाक़िफ़-ए-असरार हुए हम

1529

वे हम हैं जिनको कहिए आज़ार-दीदा मर्दुम
उल्फ़त-गज़ीदा मर्दुम, कुल्फ़त-कशीदा मर्दुम

है हाल अपना दरहम तिस पर है इश्क़ का ग़म
रहते हैं दम-ब-ख़ुद हम आफ़त-रसीदा मर्दुम

वो देखे हमको आकर जिनने न देखे होवें
आज़ुर्दा, दिल-शिकस्ता, ख़ातिर-कबीदा मर्दुम

जो है सो लहव माइल, बे-तौर और जाहिल
अहल-ए-जहाँ हैं सारे सोहबत-नदीदा मर्दुम

जाते हैं उसकी जानिब मानिंद-ए-तीर सीधे
मिस्ल-ए-कमान-ए-हल्क़ा क़ामत-ख़मीदा मर्दुम

औबाश भी हमारा कितना है टेढ़ा बाँका
देख उसको हो गए हैं क्या क्या कशीदा मर्दुम

1528. हिज्र–जुदाई। नाचार–बेबस, मजबूर। बेज़ार–उकताया हुआ, विरक्त। दुश्नाम–गाली, बुरा-भला। सज़ावार–लायक़, योग्य। हम-दाम–एक ही जाल में क़ैद। वहशी तबीयत–जानवर जैसे स्वभाव वाला। याँ के–यहाँ के, दुनिया के। वाक़िफ़-ए-असरार–रहस्य/भेद जानने वाला।

1529. आज़ार-दीदा–दुख देखने/झेलने वाला। मर्दुम–आदमी। उल्फ़त-गज़ीदा–मुहब्बत का डसा हुआ। कुल्फ़त-कशीदा–दुख, तकलीफ़ झेलने वाला। दरहम–तितर-बितर। दम-ब-ख़ुद–साँस रोके हुए, हैरान। आफ़त-रसीदा–जिस पर आफ़त आई हो। आज़ुर्दा–दुखी, सताया हुआ। दिल-शिकस्ता–जिसका दिल टूट गया हो, मायूस, दुखी। ख़ातिर-कबीदा–दुखी प्रकृति वाला व्यक्ति। लहव माइल–बेकार की बातों की तरफ़ रुझान रखने वाला। अहल-ए-जहाँ–दुनिया के लोग। सोहबत-नदीदा–जिसने किसी की संगत न देखी हो, किसी के साथ न रहा हो। मानिंद-ए-तीर–तीर की तरह। मिस्ल-ए-कमान-ए-हल्क़ा–कमान के दायरे की तरह। क़ामत-ख़मीदा–जिसकी कमर झुकी हो। औबाश–बदमाश, लुच्चा, माशूक़। कशीदा–खिंचा हुआ।

मत ख़ाक-ए-आशिक़ाँ पर फिर आब-ए-ज़िन्दगी सा
जागें कहीं न सोते ये आरमीदा मर्दुम

ले-ले के मुँह में तिनका मिलते हैं आजिज़ाना
मग़रूर से हमारे बर-ख़ेश-चीदा मर्दुम

थे दस्त-बस्ता हाज़िर ख़िदमत में 'मीर' गोया
सीमीं तनों के आशिक़ हैं ज़र-ख़रीदा मर्दुम

1530

क्या ज़माना था कि थे दिलदार के यारों में हम
शोहरा-ए-आलम थे उसके नाज़-बरदारों में हम

उजड़ी-उजड़ी बस्ती में दुनिया की जी लगता नहीं
तंग आए हैं बहुत इन चार-दीवारों में हम

शायद आवे हाल-पुर्सी करने, इस उम्मीद पर
कब से हैं दारुश्शिफ़ा में उसके बीमारों में हम

धूप में जलते हैं पहरों आगे उसके 'मीर जी'
रफ़्तगी से दिल की ठहरे हैं गुनहगारों में हग

1531

सर से ऐसी लगी है अब कि जले जाते हैं मुत्तसिल शम्अ से रोते हैं, गले जाते हैं
फिर बख़ुद आए न बदहाली में बेख़ुद जो हुए आप से जाते हैं हम भी, तो भले जाते हैं

गर्म हैं उसकी तरफ़ जाने को हम लेकिन 'मीर'
हर क़दम ज़ोफ़-ए-मुहब्बत से ढले जाते हैं

ख़ाक-ए-आशिक़ाँ–आशिक़ों की ख़ाक, क़ब्र। आब-ए-ज़िन्दगी–अमृत। आरमीदा–आराम पाए हुए, सोए हुए। मुँह में तिनका लेना–हार मानना, विनती प्रकट करना। आजिज़ाना–बेबसी से। मग़रूर–घमण्डी। बर-ख़ेश-चीदा–जिसने ख़ुद को ही चुन रखा हो, घमण्डी। दस्त-बस्ता–हाथ बाँधे हुए। गोया–जैसे। सीमीं तन–चाँदी जैसे बदन वाला, बहुत ख़ूबसूरत। ज़र-ख़रीदा–जिसे पैसे से ख़रीदा गया हो, ग़ुलाम।

1530. शोहरा-ए-आलम–दुनिया में मशहूर। नाज़-बरदार–नाज़, नख़रे उठाने वाला। हाल-पुर्सी–बीमार का हाल मालूम करना। दारुश्शिफ़ा–अस्पताल। रफ़्तगी–बेहोशी, बिना सुध-बुध के।

1531. सर से लगना–सर से आग शुरू होना, जल जाना, नागवार गुज़रना। मुत्तसिल–मिला हुआ, लगातार। बख़ुद आना–होश में आना। बेख़ुद–बेसुध। आप से जाना–बेहोश होना, सुध न रहना। गर्म होना–तपना, जलना, जोश होना। ज़ोफ़-ए-मुहब्बत–इश्क़ में घुलकर कमज़ोर होना। ढलना–लुढ़कना।

1532

दैर से 'मीर' उठ के का'बे गए
कहिए क्या निकले जा कहीं के कहीं

1533

राब्ता बाहम है कोई दिन का याँ फिर ज़माने में कहाँ तुम, हम कहाँ
गुम हुआ हूँ याँ से जाकर मैं जहाँ कुछ नहीं पैदा कहीं मेरा निशाँ
तू कहे वाँ नागहाँ बिजली गिरी वो निगाह-ए-तुंद करता है जहाँ
भूले भी मैं यक नज़र देखा नहीं इस पे है वो बे-दिमाग़-ओ-बद-गुमाँ
काम कुछ आई न दिल की भी कशिश खिंच रहा है हम से वो अब्रू कमाँ
क्या छुपी हैं बातें मेरे इश्क़ की दास्ताँ दर दास्ताँ है दास्ताँ
इश्क़ में क्यूँकर बसर करिएगा उम्र दिल लगा है जिस से, सो ना-मेहरबाँ
जो ज़मीं पा-लग़्ज़ थी शायद कि 'मीर'
हो वहीं मस्जूद उसका आस्ताँ

1534

उस से घबरा के जो कुछ कहने को आ जाता हूँ
दिल की फिर दिल में लिये चुपका चला जाता हूँ

मजलिस-ए-यार में तो बार नहीं पाता मैं
दर-ओ-दीवार को अहवाल सुना जाता हूँ

गाह बाशद कि समझ जाए मुझे रफ़्ता-ए-इश्क़
दूर से रंग-ए-शिकस्ता को दिखा जाता हूँ

गर्मी-ए-इश्क़ है हल्की अभी हमदम दिल में
रोज़-ओ-शब, शाम-ओ-सहर मैं तो जला जाता हूँ

1532. दैर–मन्दिर।

1533. राब्ता–रिश्ता। बाहम–आपसी, आपस में। वाँ–वहाँ। नागहाँ–अचानक, बिना किसी कारण के। निगाह-ए-तुंद–गुस्से से भरी निगाह। यक–एक। बे-दिमाग़-ओ-बद-गुमाँ–चिड़चिड़ा और शक्की। अब्रू कमाँ–कमान जैसी टेढ़ी भौं। दास्ताँ–दास्तान, क़िस्सा, कहानी। पा-लग़्ज़–पाँव फिसलने की जगह। मस्जूद–जिसे सज्दा किया जाए। आस्ताँ–चौखट।

1534. मजलिस-ए-यार–महबूब की महफ़िल। बार पाना–इजाजत पाना, हाज़िर होना। अहवाल–हाल। गाह बाशद–शायद कि, शायद कभी। रफ़्ता-ए-इश्क़–इश्क़ का मारा, इश्क़ में बेसुध। रंग-ए-शिकस्ता–उड़ा हुआ रंग। हमदम–हर समय का साथी, दोस्त। रोज़-ओ-शब–दिन रात। शाम-ओ-सहर–सुबह शाम।

1535

न समझो मुझे बे-ख़बर इस क़दर तह-ए-दिल से लोगों के आगाह हूँ
मिरी कजरवी सादगी से है 'मीर'
बहुत इस रवय्ये पे गुमराह हूँ

1536

बहार आई, मिज़ाजों की सभी तदबीर करते हैं
जवानों को, इन्हीं अय्याम में ज़ंजीर करते हैं

बरहमन-ज़ादगान-ए-हिंद क्या पुरकार सादे हैं
मुसलमानों की याराने ही में तकफ़ीर करते हैं

मुए पर और भी कुछ बढ़ गई रुस्वाई आशिक़ की
कि उसकी नाश को अब शहर में तशहीर करते हैं

हमारी हैरत-ए-इश्क़ी से चुप रह जाने की उस से
मुख़ालिफ़, मुद्दई किस-किस तरह तक़रीर करते हैं

तमाशा देखना मंज़ूर हो तो मिल फ़क़ीरों से
कि चुटकी ख़ाक को ले हाथ में इक्सीर करते हैं

न लिखते थे कभू यक हर्फ़ उसे जो हाथ से अपने
सो काग़ज़ दस्ते के दस्ते हम अब तहरीर करते हैं

दर-ओ-दीवार-ए-उफ़्तादा को भी काश इक नज़र देखें
इमारत-साज़ मर्दुम घर जो अब ता'मीर करते हैं

उसे इसरार ख़ूँ-रेज़ी पे है, नाचार हैं इस में
वगरना इज्ज़-ताबी तो बहुत सी 'मीर' करते हैं

1535. तह-ए-दिल–दिल में छुपा हुआ। आगाह–अवगत। कजरवी–टेढ़ापन।

1536. मिज़ाज–हाल, तबीअत। तदबीर–इलाज, उपाय। अय्याम–दिन का बहुवचन, ज़माना, समय। बरहमन ज़ादगान-ए-हिंद–हिंदुस्तान के ब्राह्मणों के लड़के। पुरकार सादा–देखने में सीधे लेकिन वास्तव में चालाक। तकफ़ीर करना–काफ़िर बनाना। मुए–मरे। रुस्वाई–बदनामी। नाश–लाश। तशहीर करना–बदनाम करना। मुख़ालिफ़–दुश्मन। मुद्दई–दावा करने वाला, दुश्मन। तक़रीर करना–भाषण देना, उपदेश देना। इक्सीर–ज़रूरी असर करने वाली दवा। यक–एक। तहरीर करना–लिखना। दर-ओ-दीवार-ए-उफ़्तादा–टूटे-फूटे दरवाज़े और दीवार, खंडर मकान। इमारत-साज़ मर्दुम–इमारत, मकान बनाने वाले आदमी। ता'मीर करना–बनाना, इमारत बनाना। इसरार–ज़िद। ख़ूँ-रेज़ी–क़त्ल करना, ख़ून बहाना। नाचार–बेबस, मजबूर। वगरना–वर्ना। इज्ज़-ताबी–मिन्नत, विनती।

1537

अब देखें आह क्या हो, हम वे जुदा हुए है
बे-यार-ओ-बे-दयार-ओ-बे-आश्ना हुए हैं

ग़ैरत से नाम उसका, आया नहीं ज़बाँ पर
आगे ख़ुदा के जब हम, महव-ए-दुआ हुए हैं

अहल-ए-चमन से क्यूँकर, अपनी हो रू-शनासी
बरसों असीर रहकर, अब हम रिहा हुए हैं

बे-इश्क़-ए-ख़ूबरूयाँ, अपनी नहीं गुज़रती
ऐ वाए किस बला में, हम मुब्तला हुए हैं

जाना कि तन में हर जा, नाज़ुक है और दिलकश
हम रफ़्ता-ए-सरापा, उसके बजा हुए हैं

ख़ामोश उसके दर पर, होकर फ़क़ीर बैठे
या'नी कि आशिक़ी में, हम बे-नवा हुए हैं

अहद-ए-शबाब गुज़रा, शुर्ब-ए-मुदाम ही में
हम कुहना-साल होकर, अब पारसा हुए हैं

1538

असरार दिल के कहते हैं पीर-ओ-जवान में
मुतलक़ नहीं है बंद हमारी ज़बान में

रंगीनी-ए-ज़माना से ख़ातिर न जम'अ रख
सौ रंग बदले जाते हैं याँ एक आन में

शायद बहार आई है दीवाना है जवान
ज़ंजीर की सी आती है झंकार कान में

चेहरा ही यार का रहे है चित चढ़ा सदा
ख़ुर्शीद-ओ-माह आते हैं कब मेरे ध्यान में

अब मेरे उसके अहद में शायद कि उठ गई
आगे जो रस्म दोस्ती की थी जहान में

तारे तो ये नहीं, मिरी आहों से रात की
सूराख़ पड़ गए हैं तमाम आसमान में

अब्रू की तरह उसकी चढ़ी ही रहे है 'मीर'
निकली है शाख़ क्या कोई ताज़ा कमान में

1537. बे-दयार–बिना ठिकाने के। बे-आश्ना–अजनबी। महव-ए-दुआ–दुआ मांगने में तल्लीन। अहल-ए-चमन–बाग़ के रहने वाले, ख़ूबसूरत लोग। रूशनासी–जान-पहचान। असीर–क़ैदी। ख़ूबरूयाँ–हसीन, ख़ूबसूरत लोग। ऐ वाए–हाय अफ़सोस। मुब्तला–गिरफ़्तार। रफ़्ता–बेख़ुद, बेसुध। रफ़्ता-ए-सरापा–पूरी तरह से बेहोश/बेसुध। बजा–ठीक, दुरुस्त। बे-नवा–बेबस, मजबूर। अहद-ए-शबाब–जवानी का दौर। शुर्ब-ए-मुदाम–निरंतर (शराब) पीते रहना। कुहना साल–बूढ़ा। पारसा–सदाचारी।

1538. असरार–भेद। पीर–बूढ़ा। मुतलक़–क़तई, बिल्कुल। ख़ातिर जम'अ रखना–तसल्ली रखना, सब्र करना। ख़ुर्शीद-ओ-माह–सूरज और चाँद। अहद–ज़माना। अब्रू–भौं, भवें। शाख़ निकलना–दोष निकलना, शर्मिंदगी उठाना।

1539

आए हैं 'मीर' काफ़िर होकर ख़ुदा के घर में
पेशानी पर है क़श्क़ा, ज़ुन्नार है कमर में

नाज़ुक बदन है कितना वो शोख़-चश्म दिलबर
जान उसके तन के आगे आती नहीं नज़र में

सीने में तीर उसके, टूटे हैं बे-निहायत
सूराख़ पड़ गए हैं सारे मिरे जिगर में

बेसुध पड़ा रहूँ हूँ उस मस्त-ए-नाज़ बिन मैं
आता है होश मुझको, अब तो पहर-पहर में

सीरत से गुफ़्तगू है, क्या मोअतबर है सूरत
है एक सूखी लकड़ी, जो बू न हो अगर में

अब सुब्ह-ओ-शाम शायद गिरये पे रंग आवे
रहता है कुछ झमकता ख़ूनाब चश्म-ए-तर में

आलम में आब-ओ-गिल के क्यूँकर निबाह होगा
असबाब गिर पड़ा है, सारा मिरा सफ़र में

1540

तुरफ़ा ख़ुश-रू दम-ए-ख़ूँ-रेज़ अदा करते हैं
वार जब करते हैं, मुँह फेर लिया करते हैं

आग का लाइहा ज़ाहिर नहीं कुछ लेकिन हम
शम्ए तस्वीर से दिन रात जला करते हैं

दिल को जाना था गया, रह गया है अफ़्साना
रोज़-ओ-शब हम भी कहानी सी कहा करते हैं

वाँ से यक हर्फ़-ओ-हिकायत भी नहीं लाया कोई
याँ से तूमार के तूमार चला करते हैं

हौसला चाहिए जो इश्क़ के आज़ार खिंचें
हर सितम, ज़ुल्म पे हम सब्र किया करते हैं

'मीर' क्या जाने किसे कहते हैं वाशुद, वे तो
ग़ुंचा ख़ातिर ही गुलिस्ताँ में रहा करते हैं

1539. पेशानी–माथा। क़श्क़ा–तिलक, टीका। ज़ुन्नार–जनेऊ। शोख़-चश्म–चंचल आँखों वाला। सीरत–स्वभाव, चरित्र। मोअतबर–विश्वसनीय। बू–ख़ुशबू। अगर–एक लकड़ी जो जलने पर ख़ुशबू देती है। गिरया–रोना, आँसू। ख़ूनाब–ख़ून मिले आँसू। चश्म-ए-तर–तर आँखें। आलम–दुनिया। आब-ओ-गिल–पानी और मिट्टी। असबाब–सामान।

1540. तुरफ़ा–अनोखा, अनोखी। ख़ुश-रू–बहुत सुंदर चेहरे वाला, ख़ूबसूरत। दम-ए-ख़ूँ-रेज़–क़त्ल करते समय। लाइहा–लपट, शोला। शम्ए तस्वीर–चित्र में बनी शम्अ/मोमबत्ती जो कभी नहीं बुझती। रोज़-ओ-शब–दिन-रात। हर्फ़-ओ-हिकायत–बात, बातचीत, यहाँ दो शब्द। तूमार–लम्बी कहानी, ख़तों का गट्ठर। आज़ार–परेशानी, तकलीफ़। वाशुद–खिलना, मुस्कुराना। ग़ुंचा ख़ातिर–कली की तरह बन्द, उदास।

1541

ना-आश्ना के अपने जैसे हम आश्ना हैं
इस तौर इस तरह के ऐसे कम आश्ना हैं

बाहम जो यारियाँ हैं और आश्नाइयाँ हैं
सब हैं नज़र में अपनी हम आलम-आश्ना हैं

मातम-कदा है तकिया क्या ताज़ा कुछ हमारा
यक-जा फ़क़ीर कब से हम सब ग़म-आश्ना हैं

तहरीर राज़-ए-दिल की मुश्किल है क्यूँके करिए
काग़ज़ क़लम हमारे कब महरम-आश्ना हैं

यारी जहानियों की क्या 'मीर' मो'तबर है
ना-आश्ना हैं यक-दम ये इक-दम आश्ना हैं

1542

गर रोज़गार है यही हिज्रान-ए-यार में
तो क्या रहेंगे जीते हम इस रोज़गार में

कुछ डर नहीं जो दाग़-ए-जुनूँ हो गए सियाह
डर दिल के इज़्तिराब का है इस बहार में

क्या बे-क़रार दिल की तसल्ली करे कोई
कुछ भी सबात है तिरे अहद-ओ-क़रार में

बेताब दिल न दफ़्न हो ऐ काश मेरे साथ
रहने न देगा लाश कोई दिन मज़ार में

वो संग-दिल न आया, बहुत देखी उसकी राह
पथरा चली हैं आँखें मिरी इंतिज़ार में

1541. ना-आश्ना–अपरिचित, अनजान। आश्ना–परिचित, दोस्त। बाहम–आपस में। आश्नाई–दोस्ती, जान पहचान। आलम-आश्ना–दुनिया को पहचानने वाला, पारखी। मातम-कदा–मातम का घर। तकिया–फ़क़ीरों का घर। यक-जा–एक जगह, इकट्ठे, मिले-जुले। ग़म आश्ना–दुख से परिचित। तहरीर–लिखना। राज़-ए-दिल–दिल का भेद। महरम-आश्ना–मेहरबानी करने वाला/वाले। जहानियों–दुनिया के लोग। मो'तबर–भरोसे के क़ाबिल, सही। यक-दम–एक पल।

1542. रोज़गार–काम, ज़माना। दाग़-ए-जुनूँ–दीवानगी में खाए ज़ख़्म। सियाह–काला। हिज्रान-ए-यार–माशूक़ से जुदाई। इज़्तिराब–बेचैनी, परेशानी। सबात–पायदारी, मज़बूती। अहद-ओ-क़रार–क़सम और वादा। मज़ार–क़ब्र। संग-दिल–पत्थर दिल। आँखें पथराना–लगातार एक ही तरफ़ देखते-देखते आँखों के आगे अँधेरा छा जाना।

मरबूत कैसे-कैसे कहे रेख़्ते वले
समझा न कोई मेरी ज़बाँ इस दयार में

थी बज़्म-ए-शे'र रात को, शाइर बहुत थे जमअ
दो बातें हमने ऐसे, न कीं चार-चार में

क़त्आ

मुँह चाहिए जो कोई किसू से हिसाब ले
ना-कस की गुफ़्तगू नहीं रोज़-ए-शुमार में

गिनती के लोगों की वहाँ सफ़ होवेगी खड़ी
तू 'मीर' किस शुमार में है, किस क़तार में

1543

गो कि बुतख़ाने जा रहा हूँ मैं   ब-ख़ुदा बा-ख़ुदा रहा हूँ मैं
सब गए दिल, दिमाग़, ताब-ओ-तवाँ   मैं रहा हूँ, सो क्या रहा हूँ मैं
बर्क़ तो मैं न था कि जल बुझता   अब्र-ए-तर हूँ कि छा रहा हूँ मैं
उसकी बेगाना वज़्ई है मालूम   बरसों तक आश्ना रहा हूँ मैं
उसकी गर्द-ए-समंद का मुश्ताक़   आँखें हर सू लगा रहा हूँ मैं
गुझ को बदहाल रहने दें ऐ काश   बे-दवा कुछ भला रहा हूँ मैं
कुछ रहा ही नहीं है मुझ में 'मीर'
जब से उस से जुदा रहा हूँ मैं

1544

ज़माने ने दुश्मन किया यार को   सुलाया मिरे ख़ूँ में, तलवार को
खुली रहती है चश्म आईना साँ   कहाँ ख़्वाब मुश्ताक़-ए-दीदार को
मुझे इश्क़ उस पास यूँ ले गया   कोई लावे जैसे, गुनहगार को
मुहब्बत में दुश्वार देनी है जाँ   न जाते सुना सहल आज़ार को

मरबूत–बँधा हुआ, व्यवस्थित। रेख़्ता–उर्दू ग़ज़ल। वले–लेकिन। दयार–शहर, इलाक़ा, मुल्क। बज़्म-ए-शे'र–मुशायरा। ना-कस–नालायक़, अयोग्य। रोज़-ए-शुमार–क़यामत का दिन, हिसाब होने का दिन। सफ़–क़तार, लाइन। शुमार–गिनती।

1543. बुतख़ाना–मूर्ति-गृह, मन्दिर। ब-ख़ुदा–ख़ुदा की क़सम। बाख़ुदा–सदाचारी। ताब-ओ-तवाँ–ताक़त। बर्क़–बिजली। अब्र-ए-तर–बरसने वाला बादल। बेगाना वज़्ई–अनजान बनना। आश्ना–दोस्त, परिचित। गर्द-ए-समंद–घोड़े के भागते समय उड़ने वाली धूल। मुश्ताक़–चाहने वाला। हर सू–हर तरफ़।

1544. ख़ूँ–ख़ून। चश्म–आँख। आईना साँ–आईने की तरह। ख़्वाब–नींद। मुश्ताक़-ए-दीदार–दर्शन को लालायित। दुश्वार–मुश्किल। सहल–आसानी से। आज़ार–रोग, बीमारी।

कोई दिन करे ज़िन्दगी इश्क़ में　　जो दम लेने दें दिल के बीमार को
बिका मैं तो बाज़ार-ए-ख़ूबी में जा　　कि वाँ बेचते थे ख़रीदार को
मिरे मुँह पे रक्खा है रंग अब तलक　　हज़ार आफ़रीं चश्म-ए-ख़ूँबार को
करो मत दरंग उठते इस पैंठ में
चलो मोल लो 'मीर' बाज़ार को

1545

हम बे-ख़ुदान-ए-मजलिस-ए-तस्वीर, अब गए
तुम बैठे, इंतिज़ार हमारा किया करो

दिल जाने का फ़साना ज़बानों पे रह गया
अब बैठे दूर से ये कहानी कहा करो

1546

क्यूँके नीचे हाथ के रक्खा दिल-ए-बेताब को
वो जो तड़पा ले गया आसूदगी-ओ-ख़्वाब को

कम नहीं है सेहर से ये भी तसर्रुफ़ इश्क़ का
पानी कर आँखों में लाया दिल के ख़ून-ए-नाब को

था यही सरमाया-ए-बहर-ए-बला पिछले दिनों
चश्म-ए-कम से देखो मत इस दीदा-ए-पुर-आब को

तू कहे थी बर्क़-ए-ख़ातिफ़ ना-गहाँ आकर गिरी
इक निगह से मार रक्खा उन ने शैख़-ओ-शाब को

क्या सफ़ेदी देखी उसकी आस्तीं के चाक से
जिसके आगे रू न था कुछ परतव-ए-महताब को

बाज़ार-ए-ख़ूबी--हुस्न का बाज़ार। आफ़रीं–शाबाश। चश्म-ए-ख़ूँबार–ख़ून बरसाती आँखें। दरंग–ढील, देर। पैंठ–साप्ताहिक बाज़ार।

1545. बे-ख़ुदान-ए-मजलिस-ए-तस्वीर–तस्वीरी महफ़िल के लोगों की तरह बेजान। फ़साना–क़िस्सा, कहानी।

1546. आसूदगी-ओ-ख़्वाब–आराम और नींद। सेहर–जादू। तसर्रुफ़–कुछ का कुछ कर देना, चमत्कार। ख़ून-ए-नाब–ख़ालिस ख़ून, वो ख़ून जो ग़म/दुख से आँसू होकर या पसीना बन कर टपके। सरमाया-ए-बहर-ए-बला–बहुत तेज़ी से बहती नदी रूपी दौलत या'नी बहती हुई आँखें। चश्म-ए-कम से देखना–हिक़ारत से देखना, तुच्छ समझना। दीदा-ए-पुर-आब–आँसू भरी आँखें। बर्क़-ए-ख़ातिफ़–आँखों को झपका देने वाली चमक/बिजली। ना-गहाँ–अचानक। शैख़-ओ-शाब–बूढ़े और जवान। आस्तीं–आस्तीन। चाक–फटा हिस्सा। रू–मुँह, चेहरा। परतव-ए-महताब–चाँदनी।

चाहता है जब मुसब्बब आप्ही होता है सबब
दख़्ल इस आलम में क्या है आलम-ए-असबाब को

दम-ब-ख़ुद रहता हूँ अक्सर सर रखे ज़ानू पे 'मीर'
हाल कह कर क्या करूँ आज़ुर्दा और अहबाब को

1547

छोड़ा जुनूँ के दौर में रस्म-ओ-रह-ए-इस्लाम को
तह कर सनम-ख़ाने चला हूँ, जामा-ए-एहराम को

मरता मरो, जीता जियो, आओ कोई, जाओ कोई
है काम हम लोगों से क्या, उस दिलबर-ए-ख़ुदकाम को

जिस ख़ुदनुमा तक जाऊँ हूँ उस से सुनूँ हूँ, दूर-दूर
क्या मुहँ लगावे अब कोई इस रू-सियह बदनाम को

बेचैन बिस्तर पर रहा, बे-ख़्वाब ख़ाकिस्तर पे हूँ
सब्र-ओ-सुकूँ जब से गए पाया नहीं आराम को

आसाइश-ओ-राहत से जो पूछे कोई तो क्या कहूँ
मैं उम्र भर खींचा किया, रंज-ओ-ग़म-ओ-आलाम को

'मीर', अब भला क्या इब्तिदा-ए-इश्क़ को रोता है तू
कर फ़िक्र जो पावे भी इस आग़ाज़ के अंजाम को

1548

अगले सब चाहते थे हम से वफ़ादारों को — कुछ तुम्हीं प्यार नहीं करते जफ़ा-मारों को
शहर तो इश्क़ में है उसके, शिफ़ाख़ाना तमाम — वो नहीं आता कभू देखने बीमारों को
मस्ती में ख़ूब गुज़रती है कि ग़फ़लत है हमें — मुश्किल इस मस्तबे में काम है हुशियारों को
फ़िक्र से अपनी गुज़रता है ज़मीं-कावी में दिन — रात जाती है हमें गिनते हुए तारों को

ज़िन्दगी करते हैं मरने के लिए अहल-ए-जहाँ
वाक़िआ 'मीर' है दरपेश अजब यारों को

मुसब्बब–कारण का परिणाम, होनी। आप्ही–आप ही, स्वयं। आलम–दुनिया। आलम-ए-असबाब–दुनिया। दम-ब-ख़ुद रहता–ख़ामोश रहना, चुप रहना। ज़ानू–घुटना, जाँघ। आज़ुर्दा–रंजीदा, दुखी। अहबाब–हबीब (दोस्त) का बहुवचन।

1547. रस्म-ओ-रह-ए-इस्लाम–इस्लाम धर्म के तौर-तरीक़े। सनम-ख़ाना–मंदिर, प्रियतम का घर। जामा-ए-एहराम–हज के वक़्त पहना जाने वाला सफ़ेद लिबास। दिलबर-ए-ख़ुदकाम–घमंडी माशूक़। ख़ुदनुमा–ख़ुद की नुमाइश करने वाला, घमंडी। रू-सियह–काले मुँह वाला, बदनाम। बे-ख़्वाब–बिना नींद के। ख़ाकिस्तर–राख, भभूत। आसाइश–सुख, चैन, आराम। आलाम–अलम का बहुवचन, दुख। आग़ाज़–आरंभ। अंजाम–अंत।

1548. जफ़ा मारा–सितम का मारा हुआ, आशिक़। शिफ़ाख़ाना–अस्पताल। मस्तबा–शराब-ख़ाना। ज़मीं-कावी–ज़मींन कुरेदना। अहल-ए-जहाँ–दुनिया के लोग। वाक़िआ–घटना, हादसा। दरपेश–सामने।

1549

हाथ बे-सुब्हा टुक रहा न कभू   दिल का मनका वले फिरा न कभू
क्यूँके इरफ़ान हो गया सब को   अपने ढब पर तो वो चढ़ा न कभू
रोज़ दफ़्तर लिखे गए याँ से   उन ने यक हर्फ़ भी लिखा न कभू
गो शगुफ़्ता चमन-चमन थे गुल   गुंचा-ए-दिल तो वा हुआ न कभू
ग़ैरत अपनी थी ये कि बाद-ए-नमाज़   उसका ले नाम, की दुआ न कभू
इब्तिदा ही में मर गए सब यार
इश्क़ की पाई इन्तिहा न कभू

1550

टुक नक़ाब उल्टो, मत इताब करो   खोलो मुँह को कि फिर ख़िताब करो
आँखें ग़ुस्से में हो गई हैं लाल   सर को छाती पे रख के ख़्वाब करो
फ़ुर्सत-ए-बूद-ओ-बाश याँ कम है   काम जो कुछ करो शिताब करो
महव-ए-सूरत न आरसी में रहो   अहल-ए-मा'नी से टुक हिजाब करो
झूट उसका निशाँ न दो यारो   हम ख़राबों को मत ख़राब करो
मुँह खुले उसके चाँदनी छिटकी   दोस्तो! सैर-ए-माहताब करो
'मीर जी' राज़-ए-इश्क़ होगा फ़ाश
चश्म हर लहज़ा मत पुर-आब करो

1551

बहार आई गुल फूल सर जोड़े निकले
रहें बाग़ में काश इस रंग हम-तू

1552

चाहत में ख़ूब-रूयों की क्या जाने क्या न हो   बेताब दिल का मर्ग कहीं मुद्दआ न हो
बे-लाग इश्क़-बाज़ी में मुफ़्लिस का है ज़रर   क्या खेले वो जुआ जिसे कुछ आसरा न हो

1549. बे-सुब्हा–जपमाला के बिना। मनका फिरना–माला जपते समय उँगलियों से मोतियों को आगे बढ़ाना, दिल साफ़ होना। इरफ़ान–ख़ुदा को पहचानना। दफ़्तर–लम्बा ख़त। यक–एक। शगुफ़्ता–खिला हुआ। गुंचा-ए-दिल वा होना–दिल की कली खिलना। बाद-ए-नमाज़–नमाज़ के बाद। इब्तिदा–शुरुआत।

1550. इताब–ग़ुस्सा। ख़िताब करना–बात करना। ख़्वाब करना–सोना। फ़ुर्सत-ए-बूद-ओ-बाश–रहने ठहरने का समय। शिताब–जल्दी। महव-ए-सूरत–सूरत देखने में तल्लीन। आरसी–शीशा, आईना। अहल-ए-मा'नी–समझदार लोग। हिजाब–पर्दा। सैर-ए-माहताब–चाँद की सैर। राज़ फ़ाश होना–भेद खुलना। हर लहज़ा–हर पल। चश्म पुर-आब–आँसुओं से भरी आँखें। हर लहज़ा–हर पल।

1551. गुल–फूल। इस रंग–इस तरह।

1552. ख़ूब-रू–सुन्दर चेहरे वाला। मर्ग–मौत। बे-लाग–बिना झिझक। मुफ़्लिस–ग़रीब। ज़रर–नुक़सान, हानि।

करते दुआ मुझे, वो दग़ाबाज़ देखकर
बोला कि इस फ़क़ीर के दिल में दग़ा न हो

आहों के मेरी दूद से घर भर गया है सब
सुध हमनशीं ले दिल की, कहीं वो जला न हो

हम गर जिगर निकाल रखें उसके ज़ेर-ए-पा
बे-दीद की उधर से नज़र आश्ना न हो

रहते हैं 'मीर' बेख़ुद-ओ-वारफ़्ता इन दिनों
पूछो किनायतन किसू से दिल लगा न हो

1553

हरचंद जज़्ब-ए-इश्क़ से तशरीफ़ याँ भी लाए वो
पर ख़ुद गुम ऐसा मैं नहीं जो सहल मुझको पाए वो

ख़ूबी-ओ-रा'नाई उधर, बदहाली-ओ-ख़्वारी इधर
ऐ वाए हम, ऐ वाए हम, ऐ हाए वो, ऐ हाए वो

मारा हुआ चाहत का जो आवारा घर से अपने हो
हैराँ परेशाँ फिर के फिर क्या जाने कीधर जाए वो

उल्फ़त नहीं मुझसे उसे, कुल्फ़त का मेरी ग़म नहीं
पाए ग़रज़ हो दरमियाँ तो चल के याँ भी आए वो

आशिक़ का कितना हौसला, ये मो'जिज़ा है इश्क़ का
जो ख़स्ता-जाँ, पारा जिगर, सौ दाग़ दिल पर खाए वो

मुश्किल अजाइब 'मीर' है दीदार-जोई यार की
देखे कोई क्या उस को जो आँखें लड़े शर्माए वो

1554

अब दिल ख़िज़ाँ में रहता है जी की रुकन के साथ
जाना ही था हमें भी बहार-ए-चमन के साथ

कब तक ख़राब शहर में उसके फिरा करें
अब जावें याँ से कोई ग़रीबुल-वतन के साथ

लुकनत से क्या निकलती नहीं उसके मुँह से बात
चिपका है हर्फ़ यार के शीरीं दहन के साथ

दूद–धुआँ। हमनशीं–दोस्त, साथी। ज़ेर-ए-पा–पाँव के नीचे। बे-दीद–अक्खड़, बेवफ़ा। आश्ना–झुकाव, (किसी चीज़ को) छूता हुआ। बेख़ुद-ओ-वारफ़्ता–सुध-बुध खोए हुए। किनायतन–इशारे में।

1553. हरचंद–कितना ही, कैसा ही। जज़्ब-ए-इश्क़–इश्क़ का जज़्बा। सहल–आसान। रा'नाई–ख़ूबसूरती। ख़्वारी–बदनामी। ऐ वाए–हाय अफ़सोस। उल्फ़त–प्यार। कुल्फ़त–परेशानी, दुख। ग़रज़–मतलब। पाए ग़रज़ दरमियाँ होना–स्वार्थ, निजहित बीच में होना। मो'जिज़ा–चमत्कार। पारा जिगर–टुकड़े-टुकड़े जिगर। दाग़–ज़ख़्म। अजाइब–अजीब का बहुवचन। दीदार-जोई–महबूब का दीदार ढूँढना।

1554. ख़िज़ाँ–पतझड़ का मौसम। ग़रीबुल-वतन–परदेसी, मुसाफ़िर। लुकनत–हकलाहट। शीरीं दहन–मीठा मुँह।

हम बाग़ से ख़िज़ाँ में गए पर हज़ार हैफ़
जाना बना न अपना गुल-ओ-यासमन के साथ

जी ख़्वाब मर्ग ले गई हसरत ही में निदान
इक शब न सोए हम किसू गुल-पैरहन के साथ

जी फट गया है रश्क से चस्पाँ लिबास के
क्या तंग जामा लिपटा है उसके बदन के साथ

क्या जानें लोग इश्क़ का राज़-ओ-नियाज़ 'मीर'
इक बात उससे हो गई दो-दो बचन के साथ

1555

मरते हैं हम तो उस सनम-ए-ख़ुदनुमा के साथ
जीते हैं वे ही लोग जो थे कुछ ख़ुदा के साथ

ऐ काश फ़स्ल-ए-गुल में गई होती अपनी जान
मिल जाती ये हवा कोई दिन उस हवा के साथ

मुद्दत हुई गए हुए हमको पर अब तलक
उड़ती फिरे है ख़ाक हमारी सबा के साथ

कैफ़ीयत आश्ना नहीं उस मस्त-ए-नाज़ की
माशूक़ वर्ना कौन है अब इस अदा के साथ

मुँह अपना उनने अक्स से अपने छुपा लिया
देखा न कोई आईना-रू इस हया के साथ

ठहरा है रोना आठ-पहर का मिरा इलाज
तस्कीन-ए-दिल है या'नी कुछ अब इस दवा के साथ

था जज़्ब आगे इश्क़ से जो हर नफ़स में 'मीर'
अब वो कशिश नहीं है सहर की दुआ के साथ

गुल-ओ-यासमन–फूल और चमेली, यानी बहार का मौसम। हैफ़–अफ़सोस। ख़्वाब–नींद। मर्ग–मौत। निदान–आख़िरकार। गुल-पैरहन–फूलों जैसे कपड़े पहनने वाला, बहुत ख़ूबसूरत। रश्क–जलन। चस्पाँ लिबास–बदन से चिपके हुए कपड़े, चुस्त कपड़े। तंग जामा–चुस्त कपड़ा। राज़-ओ-नियाज़–प्रेमियों की राज़ की बातें, प्यार-मुहब्बत की बातें, प्रेमालाप।

1555. सनम-ए-ख़ुदनुमा–अपने आप को दिखाने वाला माशूक़, घमण्डी माशूक़। फ़स्ल-ए-गुल–बहार का मौसम। सबा–हवा। कैफ़ीयत–हालत, मस्ती। आश्ना–दोस्त, परिचित। मस्त-ए-नाज़–नख़रे करने में मस्त। अक्स–परछाईं, साया। आईना-रू–आईने जैसे चेहरे वाला, बहुत ख़ूबसूरत। तस्कीन-ए-दिल–दिल की तसल्ली, दिल का आराम। आगे–पहले। जज़्ब–खिंचाव, कशिश। नफ़स–साँस। कशिश–खिंचाव। सहर–सुबह।

1556

नज़र आया था सुब्ह दूर से वो फिर छुपा ख़ुर सा अपने नूर से वो
क्या तसव्वुर में फेरे है सूरत कि सरकता नहीं हुज़ूर से वो
ख़ूबी उस ख़ूबी सी बशर में कहाँ ख़ूब-तर है परी-ओ-हूर से वो
ख़ुश हैं दीवानगी-ए-'मीर' से सब
क्या जुनूँ कर गया शऊर से वो

1557

आज़ार-कश को उसके आज़ार है हमेशा
आज़ुर्दा दिल किसू का बीमार है हमेशा

कब सहल आशिक़ी में औक़ात गुज़रे है याँ
काम अपना उस परी बिन दुशवार है हमेशा

मिलना न मिलना ठहरे तो दिल भी अपना ठहरे
इक़रार है हमेशा, इन्कार है हमेशा

आमादा-ए-फ़ना कुछ क्या 'मीर' अब हुआ है
जी मुफ़्त देने को वो तय्यार है हमेशा

1558

गो मसीहा-मिज़ाज आवे तबीब
इश्क़ में मर्ग बिन नहीं चारा

1559

जो शोहरा नामवर थे या-रब कहाँ गए वे
आबाद कम रहा है याँ कोई ख़ानवादा

1556. ख़ुर–सूरज। नूर–चमक, रौशनी। तसव्वुर–सोच, ख़याल। हुज़ूर–सामने। बशर–आदमी। ख़ूब-तर–अच्छे से अच्छा। शऊर–तमीज़, सलीक़ा।

1557. आज़ार कश–दुख खींचने वाला, परेशानी उठाने वाला। आज़ार–बीमारी, दुख। आज़ुर्दा–सताया हुआ, दुखी। सहल–आसान। औक़ात–वक़्त, समय। इक़रार–हामी, स्वीकृति। आमादा-ए-फ़ना–मरने पर उतारू, मरने को तैयार।

1558. गो–यद्यपि, हालाँकि। मसीहा-मिज़ाज–मसीहा जैसा, मसीहा बनकर। तबीब–हकीम, वैद्य। मर्ग–मौत।

1559. शोहरा नामवर–मशहूर नाम वाला। ख़ानवादा–ख़ानदान।

1560

कहते हैं मरने वाले याँ से गए   सब यहीं रह गए, कहाँ से गए
दम में दम जब तलक था सोच रहा   साँस के साथ सारे साँसे गए
आँख खुलते ही घर गए वे तो   हम सितम-दीदा, ख़ानमाँ से गए
वाँ गए करते वे ख़िराम-ए-नाज़   याँ जवाँ कैसे-कैसे जाँ से गए
उस गली से जो उठ गए बेसब्र
'मीर' गोया कि वे जहाँ से गए

1561

इश्क़ में हमने जाँ-कनी की है   क्या मुहब्बत ने दुश्मनी की है
क़ाफ़िला लुट गया जो आँसू का
इश्क़ ने 'मीर' रहज़नी की है

1562

जो जुनून-ओ-इश्क़ की तदबीर है   सो न याँ शमशीर, नै ज़ंजीर है
देख रहता है जो देखे है उसे   दिलरुबा आईना-रू, तस्वीर है
सैद के तन पर हैं सब गुलहा-ए-ज़ख़्म   किस क़दर ख़ुश-कार उसका तीर है
रख नज़र में भी ख़राब आबादियाँ   ऐ कि तुझको कुछ ग़म-ए-ता'मीर है
सख़्त काफ़िर हैं बरहमन-ज़ाद-गाँ   मुस्लिमों की उनके हाँ तकफ़ीर है
गुफ़्तगू में रहते थे आगे ख़मोश   हर सुख़न की अब मिरे तक़रीर है
नज़्म 'मोहसिन' की रही सर-मश्क़ देर   इस मिरे भी शे'र में तासीर है
'मीर' को है क्या जवानी में सलाह
अब तो सारे मयकदे का पीर है

1560. साँसा–फ़िक्र, डर, अंदेशा, ख़याल। सितम-दीदा–सितम का मारा। ख़ानमाँ–घर का सामान। ख़िराम-ए-नाज़–नाज़ और अदा भरी चाल। गोया–जैसे, मानो।

1561. जाँ-कनी–जान निकलने की हालत, बहुत मेहनत करना। रहज़नी करना–रास्ते में लूट लेना।

1562. तदबीर–इलाज। शमशीर–तलवार। नै–न। आईना-रू–आईने की तरह चेहरा रखने वाला, बहुत ख़ूबसूरत। सैद–शिकार। गुलहा-ए-ज़ख़्म–ज़ख़्म रूपी फूल। ख़ुश-कार–अच्छा काम करने वाला, सटीक निशाने वाला। ग़म-ए-ता'मीर–इमारत बनाने की फ़िक्र, निर्माण कार्य की चिन्ता। बरहमन-ज़ाद-गाँ–ब्राह्मणों के लड़के। तकफ़ीर–काफ़िर बनाना। सुख़न–बात। तक़रीर–बात कहना, बयान। नज़्म–ग़ज़ल, कविता, शायरी। 'मोहसिन'–'मोहसिन' फ़ारसी के एक मशहूर शायर हुए हैं। सर-मश्क़–अभ्यास पुस्तिका, इस शे'र का यह अर्थ है कि 'मीर' ने 'मोहसिन' की शायरी का अनुसरण किया है। तासीर–असर। पीर–बूढ़ा, सरदार।

1563

दिल ग़म से ख़ूँ हुआ तो बस अब ज़िन्दगी हुई
जान-ए-उमीदवार से शर्मिंदगी हुई

ख़िदमत में उस सनम के गई उम्र, पर हमें
गोया कि रोज़ उससे नई बंदगी हुई

1564

यार ने हम से बे-अदाई की — वस्ल की रात में लड़ाई की
बाल-ओ-पर भी गए बहार के साथ — अब तवक़्क़ो नहीं रिहाई की
कुल्फ़त-ए-रंज-ए-इश्क़ कम न हुई — मैं दवा की बहुत शिफ़ाई की
तुर्फ़ा रफ़्तार के हैं रफ़्ता सब — धूम है उसकी रह-गिराई की
ख़ंदा-ए-यार से तरफ़ हो कर — बर्क़ ने अपनी जग-हँसाई की
कुछ मुरव्वत न थी उन आँखों में — देखकर क्या ये आश्नाई की
वस्ल के दिन को कार-ए-जाँ न खिंचा — शब न आख़िर हुई जुदाई की
मुँह लगाया न दुख़्तर-ए-रज़ को — मैं जवानी में पारसाई की
जौर उस संग-दिल के सब न खिंचे — उम्र ने सख़्त बे-वफ़ाई की
कोहकन क्या पहाड़ तोड़ेगा — इश्क़ ने ज़ोर-आज़गाई की
चुपके उसकी गली में फिरते रहे — देर वाँ हमने बे-नवाई की
इक निगह में हज़ारों जी मारे — साहिरी की, कि दिलरुबाई की
निस्बत उस आस्ताँ से कुछ न हुई — बरसों तक हमने जब्हा-साई की

'मीर' की बंदगी में जाँ बाज़ी
सैर सी हो गई ख़ुदाई की

1563. ख़ूँ होना–ज़ख़्मी होना, दुखी होना, क़त्ल होना। सनम–मूर्ति, माशूक़। गोया–जैसे, मानो। बंदगी–पूजा, सलाम, ग़ुलामी।

1664. बे-अदाई–बुरा सुलूक। वस्ल–मिलन। तवक़्क़ो–उम्मीद। कुल्फ़त-ए-रंज-ए-इश्क़–इश्क़ के दुखों से हुई परेशानी। शिफ़ाई–इलाज। तुर्फ़ा रफ़्तार–अनोखी चाल, माशूक़ की चाल। रफ़्ता–आशिक़। रह-गिराई–चलना। ख़ंदा-ए-यार–महबूब की हँसी। तरफ़ होना–मुक़ाबिल होना, किसी की सी कहना, किसी की नक़ल करना। बर्क़–आसमान में चमकने वाली बिजली। मुरव्वत–लिहाज़, पास। आश्नाई–दोस्ती। वस्ल–मिलन। कार-ए-जाँ–दिल का मक़सद, दिल का काम। शब–रात। दुख़्तर-ए-रज़–अँगूर की बेटी या'नी शराब। पारसाई–धर्मनिष्ठा, सदाचारिता। जौर–सितम। संग-दिल–पत्थर दिल। कोहकन–फ़रहाद। बे-नवाई–ख़ामोशी, चुप रहना। साहिरी–जादूगरी। दिलरुबाई–दिल लुभाना। निस्बत–रिश्ता, लगाव। आस्ताँ–चौखट। जब्हा-साई–माथा रगड़ना। बंदगी–इबादत, पूजा, ग़ुलामी। जाँ बाज़ी–जान पर खेलना, जान को दाँव पर लगाना। ख़ुदाई–दुनिया।

1565

ज़मीं और है आसमाँ और है तब आनन-फ़-आनन समाँ और है
न वे लोग हैं अब न इजमा' वो जहाँ वो नहीं, ये जहाँ और है
न इन लोगों की बात समझी गई ये ख़ल्क़ और उनकी ज़बाँ और है
तुझे गो कि सद-रंग हो मुझसे कीं मिरी ओर इक मेहरबाँ और है
हवा रंग बदले है हर आन 'मीर'
ज़मीन-ओ-ज़माँ हर ज़माँ और है

1566

कहो तो कब तईं यूँ साथ तेरे प्यार रहे
कि देखा जब तुझे तब जी को मार मार रहे

अदा-ओ-नाज़ से दिल ले चला तो हँस के कहा
कि मेरे पास तुम्हारा भी यादगार रहे

हम आप से जो गए हैं, गए हैं मुद्दत के
इलाही अपना हमें कब तक इंतिज़ार रहे

हवस असीरों के टुक दिल की निकले कुछ शायद
कोई दिन और अगर मौसम-ए-बहार रहे

उठा जो बाग़ से मैं बे-दिमाग़ तो न फिरा
हज़ार मुर्ग़-ए-गुलिस्ताँ मुझे पुकार रहे

विसाल, हिज्र ठहर जावे कुछ न कुछ आख़िर
जो बे-क़रार मिरे दिल को भी क़रार रहे

तकूँ हूँ एक सा मैं गर्द-ए-राह को उसकी
न क्यूँके दोनों मिरी आँखों में ग़ुबार रहे

न करिए गिरया-ए-बे-इख़्तियार हरगिज़ 'मीर'
जो इश्क़ करने में दिल पर कुछ इख़्तियार रहे

1565. आनन-फ़-आनन–आनन-फ़ानन, फ़ौरन, दम भर में। समाँ–हालत, वक़्त, ज़माना। इजमा'–इकट्ठा होना, एक राय होना। ख़ल्क़–लोग। गो–हालाँकि। सद-रंग–सौ तरह से। कीं–द्वेष, बैर। ज़मीन-ओ-ज़माँ–सारी दुनिया, सारा ज़माना। ज़माँ–वक़्त, ज़माना।

1566. असीर–बंदी, क़ैदी। बे-दिमाग़–चिड़चिड़ा, नाराज़। मुर्ग़-ए-गुलिस्ताँ–बाग़ के पक्षी। विसाल–मिलन। हिज्र–जुदाई। गर्द-ए-राह–रास्ते की धूल। गिरया-ए-बे-इख़्तियार–बेबस होकर रोना, अनायास रो पड़ना। इख़्तियार–बस, अधिकार।

1567

बे लुत्फ़-ए-यार हमको कुछ आसरा नहीं है सो कोई दिन जो है तो फिर सालहा नहीं है
जिस आँख से दिया था उनने फ़रेब दिल को उस आँख को जो देखो अब आश्ना नहीं है
जब देखो आईने को तब रूबरू है उसके बे-चश्म-ओ-रू उसे कुछ शर्म-ओ-हया नहीं है
आज़ा गुदाज़ हो कर सब बह गए हैं मेरे हिज्राँ में उस के मुझ में अब कुछ रहा नहीं है
दिल ख़ूँ, जिगर के टुकड़े जब 'मीर' देखता हूँ
अब तक ज़बाँ से अपनी मैं कुछ कहा नहीं है

1568

लाखों फ़लक की आँखें सब मुँद गईं इधर से
निकले न ना-उमीदी क्यूँकर मिरी नज़र से

बरसे है इश्क़ याँ तो दीवार और दर से
रोता गया है हर इक जूँ अब्र मेरे घर से

जो लोग चलते फिरते याँ छोड़कर गए थे
देखा न उनको अब के आए जो हम सफ़र से

क़ासिद किसू ने मारा, ख़त राह में से पाया
जब से सुना है हमने वहशत है इस ख़बर से

सौ बार हम तो तुम बिन घर छोड़-छोड़ निकले
तुम एक बार याँ तक आए न अपने घर से

छाती के जलने से ही शायद कि आग सुलगी
उठने लगा धुआँ अब मेरे दिल-ओ-जिगर से

झड़ बाँधने का हम भी देंगे दिखा तमाशा
टुक अब्र-ए-क़िब्ला आकर आगे हमारे बरसे

अपना वसूल-ए-मतलब और ही किसू से होगा
मंज़िल पहुँच रहेंगे हम ऐसे रह-गुज़र से

सर दे-दे मारते हैं हिज्राँ में 'मीर साहिब'
या-रब छुड़ा तो उन को चाहत के दर्द-ए-सर से

1567. सालहा–बरसों। फ़रेब–धोका। आश्ना–दोस्त, परिचित। रूबरू–सामने। बे-चश्म-ओ-रू–बेशर्म। आज़ा–शरीर के अंग। गुदाज़ हो कर–पिघल कर। हिज्राँ–जुदाई।

1568. फ़लक–आसमान। ना-उमीदी–मायूसी। जूँ अब्र–बादल की तरह। क़ासिद–पैग़ाम या पत्र ले जाने वाला। झड़–लगातार बारिश, झड़ी। अब्र-ए-क़िब्ला–पश्चिम दिशा (का'बे) से उठने वाला बादल जो अमूमन बरसता है। वसूल-ए-मतलब–उद्देश्य प्राप्ति। हिज्राँ–हिज्र, जुदाई।

1569

काफ़िर बुतों से मिल के मुसलमान क्या रहे
हो मुख़्तलित जो उन से तो ईमान क्या रहे

शमशीर उस की हिस्सा बराबर करे है दो
ऐसी लगी है एक तो अरमान क्या रहे

है सर के साथ माल-ओ-मनाल आदमी का सब
जाता रहे जो सर ही तो सामान क्या रहे

वीरानी-ए-बदन से मिरा जी भी है उदास
मंज़िल ख़राब होवे तो मेहमान क्या रहे

अहल-ए-चमन में मैंने न जाना किसू के तईं
मुद्दत में हो मिलाप तो पहचान क्या रहे

हाल-ए-ख़राब-ए-जिस्म है जी जाने की दलील
जब तन में हाल कुछ न रहे, जान क्या रहे

जब से जहाँ है तब से ख़राबी यही है 'मीर'
तुम देखकर ज़माने को हैरान क्या रहे

1570

वो अब हुआ है इतना कि जौर-ओ-जफ़ा करे
अफ़सोस है जो उम्र न मेरी वफ़ा करे

हिज्रान-ए-यार एक मुसीबत है हमनशीं
मरने के हाल से कोई कब तक जिया करे

सूरत हो ऐसी कोई तो कुछ मेरी क़द्र हो
मुश्ताक़ यार को भी किसू का ख़ुदा करे

मस्ती शराब की ही सी है आमद-ए-शबाब
ऐसा न हो कि तुमको जवानी नशा करे

1569. मुख़्तलित–मिलने वाला, मेल-जोल रखने वाला। शमशीर–तलवार। माल-ओ-मनाल–सामान और सम्पत्ति। अहल-ए-चमन–बाग़ के पक्षी, दुनिया के लोग। तईं–को। हाल-ए-ख़राब-ए-जिस्म–शरीर का बुरा हाल। दलील–निशानी।

1570. जौर-ओ-जफ़ा–ज़ुल्म और सितम। हिज्रान-ए-यार–महबूब की जुदाई। हमनशीं–साथी, दोस्त। मुश्ताक़–चाहने वाला, आशिक़। आमद-ए-शबाब–जवानी का आरंभ।

या-रब नसीम-ए-लुत्फ़ से तेरे कहीं खिले
दिल इस चमन में ग़ुंचा सा कब तक रहा करे

रुकने से मेरे रात के सारा जहाँ रुका
आए नसीम-ए-सुब्ह कि इक दम हवा करे

बरसों किया करे मिरी तुर्बत को गुल-फ़िशाँ
मुर्ग़-ए-चमन अगर हक़्क़-ए-सोहबत अदा करे

आरिफ़ है 'मीर', उस से मिला बेशतर करो
शायद कि वक़्त-ए-ख़ास में तुम को दुआ करे

1571

मुद्दत से तो दिलों की मुलाक़ात भी गई   ज़ाहिर का पास था सो मुदारात भी गई
कितने दिनों में आई थी उसकी शब-ए-विसाल   बाहम रही लड़ाई, सो वो रात भी गई
कुछ कहते आके हम तो सुना करते वे ख़मोश   अब हर सुख़न पे बहस है, वो बात भी गई
अम्मामा, जा-नमाज़ गए लेके मुग़बचे   वाइज़ की अब लिबासी करामात भी गई

फिरते हैं 'मीर' ख़्वार कोई पूछता नहीं
इस आशिक़ी में इज़्ज़त-ए-सादात भी गई

1572

गुल ने बहुत कहा कि चमन से न जाइए   गुल-गश्त को जो आईए, आँखों पे आइए
मैं बे-दिमाग़ करके तग़ाफ़ुल चला गया   वो दिल कहाँ कि नाज़ किसू के उठाइए
सोहबत अजब तरह की पड़ी इत्तिफ़ाक़ हाए   खो बैठिए जो आपको तो उसको पाइए
रंजीदगी हमारी तो पुर सहल है वले   आज़ुर्दा-दिल किसू को न इतना सताइए
ख़ातिर ही के इलाक़े की सब हैं ख़राबियाँ   अपना हो बस तो दिल न किसू से लगाइए
ऐ हमदम इब्तिदा से है आदम-कुशी में इश्क़   तब'-ए-शरीफ़ अपनी न ईधर को लाइए

नसीम-ए-लुत्फ़–लुत्फ़ भरी हवा, मेहरबानी रूपी बयार। ग़ुंचा–कली। नसीम-ए-सुब्ह–सुबह की ठंडी हवा। तुर्बत–क़ब्र। गुल-फ़िशाँ–फूल बिखेरना। मुर्ग़-ए-चमन–बाग़ का पक्षी। हक़्क़-ए-सोहबत-दोस्ती का कर्तव्य। आरिफ़–पहुँचा हुआ, ब्रह्मज्ञानी, संत। बेशतर–अक्सर।

1571. पास–ख़याल, लिहाज़। मुदारात–आव-भगत, अच्छा बर्ताव। शब-ए-विसाल–मिलन की रात। बाहम–आपस में। सुख़न–बात। अम्मामा–पगड़ी। जा-नमाज़–वो कपड़ा जिसे बिछा कर नमाज़ पढ़ी जाती है। मुग़बचा–शराब-ख़ाने का लड़का। वाइज़–उपदेशक। लिबासी करामात–दूसरों को प्रभावित करने वाला लिबास, कपड़े। ख़्वार–बे-इज़्ज़त, ज़लील। इज़्ज़त-ए-सादात–सय्यद (मुसलमानों की उच्चतम जाति) होने की वजह से मिलने वाली इज़्ज़त।

1572. गुल-गश्त–बाग़ की सैर। आँखों पे आना–तशरीफ़ लाना, पधारना। बे-दिमाग़–चिड़चिड़ा। तग़ाफ़ुल–बे-परवाई। रंजीदगी–दुखी रहना। पुर सहल–बहुत आसान। वले–लेकिन। आज़ुर्दा-दिल–परेशान दिल। ख़ातिर–दिल। इब्तिदा–शुरुआत। आदम-कुशी–मानव हत्या। तब'-ए-शरीफ़–शरीफ़ तबीयत।

इतनी भी क्या है दीदा-दराई कि ग़ैर से आँखें लड़ाइए, हमें आँखें दिखाइए
मचला है वो तो देख के लेता है आँखें मूँद सोता पड़ा हो कोई तो उसको जगाइए
जान-ए-ग़यूर पर है सितम सा सितम कि 'मीर'
बिगड़ा जिन्हों से चाहिए उनसे बनाइए

1573

ले इश्क़ में गए दिल-ए-पुर अपनी जान से ख़ाली हुआ जहाँ जो गए हम जहान से
दिल में मुसव्वदे थे बहुत पर हुज़ूर-ए-यार निकला न एक हर्फ़ भी मेरी ज़बान से
टुक दिल से आओ आँखों में है दीद की जगह बेहतर नहीं मकान कोई इस मकान से
तासीर क्या करे सुख़न-ए-'मीर' यार में
जब देखो लग रहा है कोई उस के कान से

1574

सर-ए-राह चन्द इंतिज़ारी रहे भला कब तलक बे-क़रारी रहे
रहा ही किए आँसू पलकों पे शब कहाँ तक सितारा शुमारी रहे
कहा बोसा देकर, सफ़र जब चला कि मेरी भी ये यादगारी रहे
कहीं ख़ुश्क हो चश्मा-ए-चश्म भी लहू मुँह पे ता-चन्द जारी रहे
बस अब रह चुकी जान-ए-ग़मनाक भी जो ऐसी ही तन की नज़ारी रहे
शब-ए-वस्ल थी या शब-ए-तेग़ थी कि लड़ते ही वे रात सारी रहे
करें ख़्वाब हमसाये क्यूँकर कि याँ बला शोर-ओ-फ़रियाद-ओ-ज़ारी रहे
फिरा करते हैं ख़्वार गलियों में हम
कहाँ तक ये बे-ऐतबारी रहे

1575

क्या मुँह लगे गुलों के, शगुफ़्ता दिमाग़ है
फूला फिरे है मुर्ग़-ए-चमन बाग़-बाग़ है

दीदा-दराई–बेबाकी, बे-लिहाज़ी। आँखें लड़ाना–इश्क़ करना, मुहब्बत करना। आँखें दिखाना–ग़ुस्से से घूरना, गुस्सा करना। जान-ए-ग़यूर–स्वाभिमानी की जान या दिल।

1573. दिल-ए-पुर–(इच्छाओं से) भरा हुआ दिल। मुसव्वदा–मुद्दआ, इरादा। हुज़ूर-ए-यार–यार (महबूब) के सामने। दीद–देखना। तासीर–असर। सुख़न-ए-'मीर'–'मीर' की शायरी/बात। कान से लगना–काना-फूसी करना, पास रहना।

1574. सर-ए-राह–रास्ते में। चन्द–कितना, कुछ। इंतिज़ारी–इंतिज़ार करने वाला। शब–रात। सितारा-शुमारी–तारे गिनना। बोसा–चुम्बन। चश्मा-ए-चश्म–आँखों का सोता। ता-चंद–कब तक। जान-ए-ग़मनाक–दुख भरा दिल। नज़ारी–कमज़ोरी। शब-ए-वस्ल–मिलन की रात। शब-ए-तेग़–तलवार (झगड़े) की रात। ख़्वाब करना–सोना। हमसाया–पड़ोसी। ज़ारी–रोना। ख़्वार–ज़लील, बदनाम। बे-ऐतबारी–भरोसा न होना।

1575. शगुफ़्ता–खिला हुआ, ख़ुश। मुर्ग़-ए-चमन–बाग़ का पक्षी। बाग़-बाग़ होना–ख़ुश होना।

वो दिल नहीं रहा है, न अब वो दिमाग़ है
जी तन में अपने बुझता सा कोई चराग़ है

या-रब रखेंगे पुम्बा-ओ-मरहम कहाँ-कहाँ
सोज़-ए-दरूँ से हाए बदन दाग़-दाग़ है

मुद्दत हुई कि ज़ानू से उठता नहीं है सर
कुढ़ने से रात-दिन के हमें कब फ़राग़ है

घर-घर फिरे है झाँकती हर सुब्ह जो नसीम
पर्दे में कोई है कि ये उसका सुराग़ है

लग निकली है किसू की मगर बिखरी ज़ुल्फ़ से
आने में बाद-ए-सुब्ह के याँ इक दिमाग़ है

1576

तबीअत ने अजब कल ये अदा की कि सारी रात वहशत ही रहा की
नुमाइश दाग़-ए-सौदा की है सर से बहार अब है जुनूँ की इब्तिदा की
न हो गुलशन हमारा क्यूँके बुलबुल हमें गुलज़ार में मुद्दत सुना की
मुझी को मिलने का ढब कुछ न आया नहीं तक़्सीर उस ना-आश्ना की
हुआ तालेअ जहाँ ख़ुर्शीद, दिन है तरद्दुद क्या है हस्ती में ख़ुदा की
जफ़ाएँ सहिएगा कहते थे अक्सर हमारी उम्र ने फिर गर वफ़ा की

क़त्आ

गया था रात दरवाज़े पर उसके फ़क़ीराना दुआ कर जो सदा की
लगा कहने कि ये तो हमनशीनाँ
सदा है दिल-ख़राश उस ही गदा की

1577

हम रो-रो के दर्द-ए-दिल-ए-दीवाना कहेंगे
जी में है कहूँ हाल-ए-ग़रीबाना कहेंगे

पुम्बा–रुई। सोज़-ए-दरूँ–अंदरूनी जलन। ज़ानू से–घुटनों से। फ़राग़–आराम, फ़ुर्सत। नसीम–हवा। बाद-ए-सुब्ह–सुबह को चलने वाली हवा। दिमाग़ होना–घमण्ड होना।

1576. दाग़-ए-सौदा–जुनून, पागलपन से उभरे ज़ख़्म। इब्तिदा–शुरुआत। तक़्सीर–क़ुसूर, ग़लती। ना-आश्ना–अजनबी। तालेअ–निकलने वाला, उदय होने वाला। ख़ुर्शीद–सूरज। तरद्दुद–शक, हिचक, सोच, विचार। फ़क़ीराना–फ़क़ीर की तरह। सदा–आवाज़। हमनशीनाँ–हमनशीन का बहुवचन, दोस्त, साथी। सदा–आवाज़, पुकार। दिल-ख़राश–दिल छीलने वाली। गदा–भिखारी, फ़क़ीर।

सौदाई-ओ-रुस्वा-ओ-शिकस्ता-दिल-ओ-ख़स्ता
अब लोग हमें इश्क़ में क्या-क्या न कहेंगे

देखे सो कहे कोई नहीं जुर्म किसू का
कहते हैं बजा लोग भी बेजा न कहेंगे

हूँ दर-ब-दर-ओ-ख़ाक-बसर, चाक गिरेबाँ
इस तौर से क्यूँकर मुझे रुस्वा न कहेंगे

वीराने को मुद्दत के कोई क्या करे ता'मीर
उजड़ी हुई आबादी को वीराना कहेंगे

मैं रोया कुढ़ा करता हूँ दिन रात जो दरवेश
मिम-बाद मिरे तकिए को ग़म-ख़ाना कहेंगे

मौक़ूफ़ ग़म-ए-'मीर' कि शब हो चुकी हमदम
कल रात को फिर बाक़ी ये अफ़साना कहेंगे

1578

नंग-ए-ख़ल्क़ किया है हमको आख़िर दस्त-ए-ख़ाली ने
आलम में असबाब के है क्या शोरिश बे-असबाबी की

1579

ख़म हुआ क़द कमाँ सा, पीर हुए — सो हम उसके निशान-ए-तीर हुए
अब न हसरत रहेगी मरने तक — मौसम-ए-गुल में हम असीर हुए
मैं ही दरवेश ख़्वार-ओ-ज़ार नहीं — इश्क़ में बादशह फ़क़ीर हुए
घर को उसके ख़राब ही देखा — जिसके ये चश्म-ओ-दिल मुशीर हुए
न हुए हम 'नज़ीरी' से यूँ तो — शे'र के फ़न में बे-नज़ीर हुए

बात का हमसे उनको कब है दिमाग़
'मीर' दरवेशी में अमीर हुए

1577. सौदाई–पागल, जुनूनी। रुस्वा–बदनाम। शिकस्ता-दिल–मायूस, परेशान। दर-ब-दर–एक दरवाज़े से दूसरे दरवाज़े, आवारा। ख़ाक-बसर–मिट्टी में सना हुआ, परेशान हाल। चाक गिरेबाँ–जिसका गरेबान फटा हुआ हो। ता'मीर करना–बनाना, निर्माण करना। दरवेश–फ़क़ीर, साधु। मिम-बाद–अब के बाद, आगे को। तकिया–ठिकाना, सहारा, सूफ़ी फ़क़ीरों का घर जहाँ उनसे सब लोग आकर मिलते हैं तकिया कहलाता है। ग़म-ख़ाना–दुखों का घर। मौक़ूफ़–रोका गया, ठहराया गया। शब–रात।

1578. नंग-ए-ख़ल्क़ –लोगों में बदनाम। दस्त-ए-ख़ाली–ख़ाली हाथ, ग़रीबी। आलम–दुनिया। असबाब–सामान। शोरिश–ऊधम, शोर। बे-असबाबी–बिना सामान के, बिना धन-दौलत के।

1579. क़द ख़म होना–पीठ झुक जाना। कमाँ–कमान। पीर–बूढ़ा। मौसम-ए-गुल–बहार का मौसम। असीर–बंदी, क़ैदी। दरवेश–फ़क़ीर, साधु। ख़्वार-ओ-ज़ार–ज़लील और बदहाल। मुशीर–सलाहकार। 'नज़ीरी'–मुहम्मद हुसैन 'नज़ीरी', फ़ारसी के एक बड़े शायर का नाम। बे-नज़ीर–अद्वितीय, असाधारण। दरवेशी–फ़क़ीरी।

1580

आओ कभू तो पास हमारे भी नाज़ से करना सुलूक ख़ूब है अहल-ए-नियाज़ से
मानिंद-ए-सुब्हा उक़दे न दिल के कभू खुले जी अपना क्योंके उचटे न रोज़े-नमाज़ से
करता है छेद-छेद हमारा जिगर तमाम वो देखना तिरा मिज़ा-ए-नीम-बाज़ से
दिल पर हो इख़्तियार तो हरगिज़ न करिए इश्क़ परहेज़ करिए इस मरज़-ए-जाँ-गुदाज़ से
शायद शराब-ख़ाने में शब को रहे थे 'मीर'
खेले था एक मुग़बचा मुहर-ए-नमाज़ से

1581

तुम करो शाद ज़िन्दगी कि मुझे दिल के ख़ूँ होने का बहुत ग़म है
कुछ तो निस्बत है उसके बालों से
यूँही क्या हाल-ए-'मीर' दरहम है

1582

जो लोग आसमाँ ने याँ ख़ाक कर उड़ाए
बे-इबरतों ने लेकर ख़ाक उनकी घर बनाए
रहने की कोई जागह शायद न थी उन्हों की
जो याँ से उठ गए हैं वे फिर कभू न आए

क़त्‌आ

लड़के बरहमनों के संदल भरी जबीनें
हिंदोस्ताँ में देखे, सो उनसे दिल लगाए
हर इक सनम-कदा क्या काफ़िर जगह है हमने
क़श्क़े भी याँ खिंचाए, ज़ुन्नार भी बँधाए
पामाल लोग क्या-क्या आगे हुए हैं तुम से
इस पर भी तुम जो आए, याँ तुमने सर उठाए
आह-ए-शरर-फ़िशाँ जो निकले है मुँह से हर दम
रौशन है 'मीर' ग़म ने क़ल्ब-ओ-कबिद जलाए

1580. अहल-ए-नियाज़–चाहने वाले, आशिक़। मानिंद-ए-सुब्हा–तस्बीह या जपमाला की तरह। उक़दा खुलना–गुत्थी खुलना। मिज़ा-ए-नीम-बाज़–अधखुली पलकें। इख़्तियार–अधिकार। मरज़-ए-जाँ-गुदाज़–जान घोल देने वाली बीमारी। शब–रात। मुग़बचा–आतिश-परस्त का बेटा, शराब-दार का लड़का। मुहर-ए-नमाज़–मिट्टी की टिकिया जिस पर शीया लोग सज्दा करते हैं।

1581. शाद–ख़ुश, सुख-पूर्वक। निस्बत–रिश्ता, सम्बन्ध। दरहम–तितर-बितर, परेशान।

1582. बे-इबरत–सबक़ न लेने वाला, मूर्ख। संदल–चंदन। जबीन–माथा। सनम-कदा–मन्दिर। क़श्क़ा–तिलक। ज़ुन्नार–जनेऊ। पामाल–रौंदा हुआ। तुम से–तुम्हारे जैसे। सर उठाना–घमंड करना, फ़साद करना। आह-ए-शरर-फ़िशाँ–चिंगारी बरसाती आहें। रौशन होना–ज़ाहिर होना, स्पष्ट होना। क़ल्ब-ओ-कबिद–दिल और जिगर।

1583

हम कभू ग़म से आह करते थे   आसमाँ तक सियाह करते थे
ऐ ख़ुशा हाल उसका, जिसका वे   हाल अमदन तबाह करते थे
बरसों रहते थे राह में उसकी   तब कुछ इक उससे राह करते थे
नीची आँखें हम उसको देखा किए   कभू ऊँची निगाह करते थे
है जवानी कि मौसम-ए-गुल में   जा-ए-ताअत गुनाह करते थे
क्या ज़माना था वो जो गुज़रा 'मीर'
हम-दिगर लोग चाह करते थे

1584

अच्छा होता नहीं मरीज़-ए-इश्क़   साथ जी के है दिल की बीमारी
क्यूँ न अब्र-ए-बहार पर हो रंग   बरसों देखी है मेरी ख़ूँ-बारी
चले जाते हैं रात-दिन आँसू   दीदा-ए-तर की ख़ैर है जारी
मर रहें इस में या रहें जीते   शेवा अपना तो है वफ़ादारी
क्यूँकि राह-ए-फ़ना में बैठिएगा   जुर्म-ए-बेहद से है गिराँ-बारी
वाँ से चश्म-ओ-ख़िताब-ओ-नाज़-ओ-इताब   याँ से इख़्लास-ओ-दोस्ती, यारी
'मीर' चलने से क्यूँ हो ग़ाफ़िल तुम
सब के हाँ हो रही है तय्यारी

1585

बे-इख़्तियार शायद आह उस से खिंच गई हो
जब सूरत ऐसी तेरी नक़्क़ाश ने निकाली

इतनी सुडौल देही देखी न हम सुनी है
तरकीब उसकी गोया साँचे में गई है ढाली

वस्ल-ओ-फ़िराक़ दोनों बेहाली ही में गुज़रे
अब तक मिज़ाज की मैं पाता नहीं बहाली

1583. अमदन–जान-बूझकर। राह करना–दोस्ती बढ़ाना, मुलाक़ात बढ़ाना। मौसम-ए-गुल–बहार का मौसम। जा-ए-ताअत–बन्दगी/इबादत करने की बजाए। हम-दिगर–आपस में।

1584. अब्र-ए-बहार–बहार के मौसम का बादल। ख़ूँ-बारी–ख़ून के आँसू बहाना। दीदा-ए-तर–तर आँखें। ख़ैर–नेकी, भलाई। शेवा–तरीक़ा, ढंग, चलन। राह-ए-फ़ना–मौत का रास्ता। गिराँ-बारी–बोझ, सामान का भारी होना। चश्म-ओ-ख़िताब-ओ-नाज़-ओ-इताब–घूरना, डांट-फटकार, नख़रे और गुस्सा। इख़्लास–प्यार, मुहब्बत। ग़ाफ़िल–बेख़बर, बेपरवा। हाँ–यहाँ।

1585. बे-इख़्तियार–अपने आप, स्वयं। नक़्क़ाश–चित्रकार। वस्ल-ओ-फ़िराक़–मिलन और जुदाई। मिज़ाज–तबीयत।

मैं ख़ाकसार, उन तक पहुँची दुआ न मेरी
वे हफ़्तुम आसमाँ पर, उनका दिमाग़ आली

कल फ़िल्ने ज़ेर-ए-सर थे जो लोग, कट गए सब
फिर भी ज़मीन सर पर, यारों ने आज उठा ली

मा'क़ूल अगर समझते तो 'मीर' भी न करते
लड़कों से इश्क़-बाज़ी, हंगाम-ए-कुहना-साली

1586

दोस्ती ने तो हमारी जाँ-गुदाज़ी ख़ूब की
आह उस दुश्मन ने ये आशिक़-नवाज़ी ख़ूब की

आशिक़ों की ख़स्तगी, बदहाली की परवा नहीं
ऐ सरापा-नाज़ तू ने बे-नियाज़ी ख़ूब की

छोड़कर मा'मूरा-ए-दुनिया को जंगल जा बसे
हम जहान-ए-आब-ओ-गिल में ख़ाना-साज़ी ख़ूब की

खेल लड़कों का समझ कर चाह को आख़िर गए
'मीर' पीरी में तो तुम ने इश्क़-बाज़ी ख़ूब की

1587

ऐ इश्क़-ए-बे-मुहाबा तूने तो जान मारे
टुक हुस्न की तरफ़ हो क्या-क्या जवान मारे

1588

ताइर फ़रेब कितना है वो शिकार पेशा
मुर्ग़ान-ए-बाग़ सारे गोया हैं उसके मारे

ख़ाकसार–ख़ाकी, ख़ाक से बना हुआ (आदमी), तुच्छ, निम्न। हफ़्तुम आसमाँ–सातवाँ आसमान। आली–बुलंद, ऊँचा। आली दिमाग़–अक़्लमंद। फ़िल्ना ज़ेर-ए-सर होना–हंगामा करना, फ़साद करना। ज़मीन सर पर उठाना–हंगामा करना। मा'क़ूल–ठीक, उचित। हंगाम-ए-कुहना-साली–बुढ़ापे के दिनों में।

1586. जाँ-गुदाज़ी–जान घुलना। आशिक़-नवाज़ी–आशिक़ की आव-भगत। सरापा-नाज़–सर से पाँव तक नाज़ से भरा हुआ। बे-नियाज़ी–ध्यान न देना, उपेक्षा, बे-परवाई। मा'मूरा-ए-दुनिया–दुनिया की आबादी, बस्ती। जहान-ए-आब-ओ-गिल–मिट्टी और पानी की दुनिया। ख़ाना-साज़ी–घर सजाना, घर बसाना। पीरी–बुढ़ापा।

1587. बे-मुहाबा–बेख़ौफ़, बे-धड़क। टुक–ज़रा।

1588. ताइर फ़रेब–पक्षियों को धोखा देने वाला। मुर्ग़ान-ए-बाग़–बाग़ के पक्षी। गोया–शायद।

1589

उस सुख़न-रस से अगर शब की मुलाक़ात रहे
बात रह जाए, न ये दिन रहें नै रात रहे

फ़ख़्र से हम तो कुलह अपनी फ़लक पर फेंकें
उसके सग से जो मुलाक़ात मुसावात रहे

मुग़बचे ले गए सज्जादा-ओ-अम्मामा उचक
शैख़ की मयकदे में क्यूँके करामात रहे

ख़ाक का पुतला है आदम जो कोई अच्छी कहे
आलम-ए-ख़ाक में बरसों तईं वो बात रहे

तंग हूँ 'मीर जी' बे-ताक़ती-ए-दिल से बहुत
क्यूँ के ये हाथ तले क़िब्ला-ए-हाजात रहे

1590

क्या इश्क़ बे-मुहाबा सुथराओ कर रहा है
मैदाँ बज़न-गहों के कुश्तों से भर रहा है

ख़ूँरेज़ नातवाँ मैं इतना न कोई बोला
क्या मारता है इसको, ये आप्ही मर रहा है

पाईज़ कब करे है अफ़्सुर्दा, ख़स्ता इतना
तू भी जुदा किसू से ऐ गुल मगर रहा है

ख़जलत से आजकल क्या उन ने किया किनारा
दरिया हमेशा मेरे गिरये से तर रहा है

रहता नहीं है रक्खे, थमता नहीं थमाए
दिल अब तड़प-तड़प कर इक ज़ुल्म कर रहा है

1589. सुख़न-रस–बात समझने वाला। शब–रात। नै–न। कुलह–टोपी। फ़लक–आसमान। फ़लक पर कुलह फेंकना–ख़ुशी मनाना। फ़लक–आसमान। सग–कुत्ता। मुसावात–बराबरी। मुग़बचा–आतिश-परस्त का बेटा, शराब ख़ाने का लड़का। सज्जादा–नमाज़ का कपड़ा। अम्मामा–पगड़ी। उचक ले जाना–उड़ा ले जाना, झपट कर ले जाना। शैख़–इस्लाम धर्म का ज्ञानी, मुल्ला, क़ाज़ी। आलम-ए-ख़ाक–ख़ाक की दुनिया। क़िब्ला-ए-हाजात–लोगों की ज़रूरतों को पूरा करने वाला।

1590. बे-मुहाबा–बे-ख़ौफ़, निडर। सुथराओ–मार कर बिछा देना, मुर्दों का ढेर लगा देना। मैदाँ–मैदान। बज़न-गाह–क़त्ल-गाह। कुश्ता–क़त्ल किया हुआ, आशिक़। ख़ूँरेज़ नातवाँ–जिसका ख़ून बहाया गया हो, मारा हुआ। आप्ही–आप ही, स्वयं। पाईज़–पतझड़ का मौसम। अफ़्सुर्दा–उदास, दुखी। ख़जलत–शर्मिंदगी। किनारा करना–अलग हो जाना, बचना। गिरया–रोना, आँसू।

ये कारवाँ सरा तो रहने की गों न निकली
हर सुब्ह याँ से हमको अज़्म-ए-सफ़र रहा है

बाद-अज़-नमाज़ सज्दा इस शुक्र का करूँ हूँ
रोज़ों का चाँद पैदा सब बे-ख़बर रहा है

क्या फिर नज़र चढ़ा है ऐ 'मीर' कोई ख़ुश-रू
ये ज़र्द-ज़र्द चेहरा तेरा उतर रहा है

1591

घर में जी लगता नहीं उस बिन तो हम हो कर उदास
दूर जाते हैं निकल हिज्राँ से घबराए हुए

दुश्मनी से साया-ए-आशिक़ को जो मारे है तीर
उस कमाँ-अब्रू के जाकर 'मीर' हमसाए हुए

1592

चर्ख़ पर अपना मदार देखिए कब तक रहे
ऐसी तरह रोज़गार देखिए कब तक रहे

सेहरे कहाँ तक पड़ें आँसुओं के चेहरे पर
गिरया गले ही का हार देखिए कब तक रहे

लब पे मिरे आन कर बारहा फिर-फिर गई
जान को ये इज़्तिरार देखिए कब तक रहे

उस से तो अहद-ओ-क़रार कुछ भी नहीं दरमियाँ
दिल है मिरा बेक़रार, देखिए कब तक रहे

इस सिरे से उस सिरे, दाग़ ही हैं सद्र में
इन भी गुलों की बहार देखिए कब तक रहे

कारवाँ सरा–मुसाफ़िरों के ठहरने की जगह या'नी दुनिया। गों–लायक़, क़ाबिल। अज़्म-ए-सफ़र–सफ़र का इरादा। बाद-अज़-नमाज़–नमाज़ के बाद। ख़ुश-रू–ख़ूबसूरत चेहरे वाला। ज़र्द–पीला।

1591. हिज्राँ–अकेला-पन, जुदाई। कमाँ-अब्रू–कमान जैसी भौं वाला। हमसाया–पड़ौसी।

1592. चर्ख़–आसमान। मदार–ग्रह-पथ, निर्भरता। रोज़गार–भाग्य, क़िस्मत, कारोबार। सेहरा–वो फूलों या मोतियों की लड़ी जो दुल्हा-दुल्हन के सिर पर से मुँह पर लटकाई जाती है। गिरया–आँसू। बारहा–बहुत बार, अक्सर। इज़्तिरार–बेचैनी, बेबसी। अहद-ओ-क़रार–सौगंध, क़सम। सद्र–छाती, सीना।

आँखें तो पथरा गईं तकते हुए उसकी राह
शाम-ओ-सहर इन्तिज़ार देखिए कब तक रहे

आँख मिलाता नहीं इन दिनों वो शोख़ टुक
बेमज़ा है हमसे यार, देखिए कब तक रहे

रूए-सुख़न सब का है मेरी ग़ज़ल की तरफ़
शे'र ही मेरा शिआर, देखिए कब तक रहे

गेसू-ओ-रुख़्सार-ए-यार आँखों ही में फिरते हैं
'मीर' ये लैल-ओ-नहार देखिए कब तक रहे

1593

गए उन क़ाफ़िलों से भी उठी गर्द हमारी ख़ाक क्या जानें कहाँ है
बहुत ना-मेहरबाँ रहता है या'नी हमारे हाल पर कुछ मेहरबाँ है
हमें जिस जाए कल ग़श आ गया था वहीं शायद कि उसका आस्ताँ है
चली जाती है धड़कों ही में जाँ भी यहीं से कहते हैं जाँ को रवाँ है
उसी का दम भरा करते रहेंगे बदन में अपने जब तक नीम-जाँ है
पड़ा है फूल घर में काहे को 'मीर'
झमक है गुल की, बर्क़-ए-आशियाँ है

1594

हम रहन-ए-बादा जामा-ए-एहराम कर चुके
मस्ती की दैर में क़सम अक़साम कर चुके

जामा ही वज्ह-ए-मय में हमारा नहीं गया
दस्तार-ओ-रख़्त सब, गिरव-ए-जाम कर चुके

ज़ुन्नार पहना, सुब्हा के रिश्ते के तार तोड़
तर्क-ए-नमाज़-ओ-रोज़ा-ओ-इस्लाम कर चुके

सहर–सुबह। शोख़–चंचल, महबूब। रूए-सुख़न–जिस को सम्बोधित कर के बात की जाए। शिआर–चलन, तरीक़ा। गेसू-ओ-रुख़्सार-ए-यार–महबूब के बाल और गाल। लैल-ओ-नहार–रात-दिन।

1593. गर्द–धूल। ना-मेहरबाँ–दयाहीन, बेरहम। जाए–जगह। आस्ताँ–चौखट। रवाँ–चलता हुआ, जारी, एक अर्थ रूह/आत्मा भी है। नीम-जाँ–आधी जान, ज़रा सी जान। फूल जाना–ख़फ़ा हो जाना, नाराज़ हो जाना। बर्क़-ए-आशियाँ–घर पर गिरी बिजली।

1594. रहन-ए-बादा–शराब के लिए गिरवी। जामा-ए-एहराम–हज के दौरान पहना जाने वाला लिबास। दैर–मंदिर। अक़साम–क़सम का बहुवचन, क़सम। जामा–कपड़ा। वज्ह-ए-मय–शराब के कारण, शराब के लिए। दस्तार–पगड़ी। रख़्त–सामान। गिरव-ए-जाम–शराब के लिए गिरवी। ज़ुन्नार–जनेऊ। सुब्हा–जपमाला। रिश्ता–धागा, डोर। तर्क करना–छोड़ना।

जप करने बैठे माला लिये पेश-रू-ए-बुत
कुफ़्र इख़्तियार करने में इब्राम कर चुके

सन्दल के क़श्क़े देख बरहमन-बचों के सुब्ह
आशिक़ हुए सो आप को बदनाम कर चुके

वासोख़्ता हो दैर से का'बे को फिर गए
सौ बार इज़्तिराब से पैग़ाम कर चुके

शुक्र-ओ-गिला सनम-कदे का हर्फ़-हर्फ़ 'मीर'
का'बे के रहने वा़लों को इरक़ाम कर चुके

1595

इश्क़ क्या कोई इख़्तियार करे वही जी मारे जिसको प्यार करे
ग़ुंचा है सर पे दाग़-ए-सौदा का देखें कब तक ये गुल बहार करे
आँखें पथराईं छाती पत्थर है वो ही जाने जो इन्तिज़ार करे
सहल वो आश्ना नहीं होता देर में उसको कोई यार करे
कभू सच्चे भी हो, कोई कब तक झूटे वादों को ऐतबार करे

फूल क्या 'मीर' जिस को वो महबूब
सर चढ़ावे गले का हार करे

1596

सब काम सौंप उस को जो कुछ काम भी चले
जप नाम उस का सुब्ह को, ता नाम भी चले

ख़त निकले पर भी यार न लिखता था कोई हर्फ़
सो उसको अब तो लोगों के पैग़ाम भी चले

साया सी उसके पीछे लगी फिरती है परी
वो क्या जो आगे यार के दो गाम भी चले

अब वो नहीं कि थामे थमे इज़्तिरार से
इक उम्र हम तो हाथ से दिल थाम भी चले

ये राह-ए-दूर-ए-इश्क़ नहीं होती 'मीर' तय
हम सुब्ह भी चले गए हैं, शाम भी चले

इब्राम–किसी काम को दृढ़ता से करना। सन्दल–चन्दन। क़श्क़ा–माथे का लम्बा टीका, तिलक। बचों–बच्चों। वासोख़्ता–जला हुआ, परेशान। दैर–मन्दिर। इज़्तिराब–बेचैनी। सनम-कदा–मन्दिर। इरक़ाम–लिखना।

1595. ग़ुंचा–कली। दाग़-ए-सौदा–दीवानगी में खाए ज़ख़्म। सहल–आसान, आसानी से। आश्ना–दोस्त।

1596. दो गाम–दो क़दम। इज़्तिरार–बेचैनी, विवशता। राह-ए-दूर-ए-इश्क़–इश्क़ का लम्बा रास्ता।

1597

अब दश्त-ए-इश्क़ में हैं बतंग आए जान से
आँखें हमारी लग रही हैं आसमान से

पड़ता है फूल बर्क़ से गुलज़ार की तरफ़
धड़के है जी क़फ़स में ग़म-ए-आशियान से

यक-दस्त जूँ सदा-ए-जरस बेकसी के साथ
मैं हर तरफ़ गया हूँ जुदा कारवान से

तुमको तो इल्तिफ़ात नहीं हाल-ए-ज़ार पर
अब हम मिलेंगे और किसू मेहरबान से

जाते हैं उसकी ओर तो उश्शाक़ तीर से
क़ामत ख़मीदा उन के अगर हैं कमान से

आँखों में आके दिल से न ठहरा तू एक दम
जाता है कोई दीद के ऐसे मकान से

दीं गालियाँ उन्हीं ने, वही बे-दिमाग़ हैं
मैं 'मीर' कुछ कहा नहीं अपनी ज़बान से

1598

गुलबर्ग सी ज़बाँ से, बुलबुल ने क्या फ़ुग़ाँ की
सब जैसे उड़ गई है, रंगीनी गुलसिताँ की

मतलूब गुम किया है तब और भी फिरे है
बे-वज्ह कुछ नहीं है गर्दिश ये आसमाँ की

माइल सितम के होना, जौर-ओ-जफ़ा भी करना
इन्साफ़ से ये कहना, ये रस्म है कहाँ की

1597. दश्त-ए-इश्क़–इश्क़ का जंगल, बियाबान। बतंग–परेशान। आँखें आसमान से लगी होना–अत्यधिक निराश होना, दुखी होकर मौत की दुआ करना। फूल पड़ना–चिंगारी गिरना, आग लगना, जलना। बर्क़–बिजली। क़फ़स–पिंजरा। ग़म-ए-आशियान–घर की फ़िक्र। यक-दस्त–बराबर, पूरा, समूचा। जूँ सदा-ए-जरस–क़ाफ़िले की घंटे की आवाज़ की तरह। बेकसी–बेबसी। इल्तिफ़ात–ध्यान देना, मेहरबानी करना। हाल-ए-ज़ार–ख़स्ता हालत। उश्शाक़–चाहने वाले, आशिक़ का बहुवचन। क़ामत ख़मीदा–झुका हुआ क़द। दीद–दीदार, नज़ारा। बे-दिमाग़–चिड़चिड़ा, बदतमीज़।

1598. गुलबर्ग–फूल की पत्ती। फ़ुग़ाँ–शोर, फ़रियाद। मतलूब–ईष्ट, जिसकी चाहत हो, माशूक़। गर्दिश–चक्कर। माइल–रुझान, झुकाव। जौर-ओ-जफ़ा–ज़ुल्म और सितम।

सोम-ओ-सलात यक्सू, मयख़ाने में जो थे हम
आवाज़ भी न आई, कानों में याँ अज़ाँ की

मैं घर जहाँ में अपने, लड़कों के से बनाए
जब चाहा तब मिटाया, बुनियाद क्या जहाँ की

देखें तो 'मीर' क्यूँकर, हिज्राँ में हम जिये हैं
है इज़्तिराब दिल का, बे-ताक़ती है जाँ की

●●●

सोम-ओ-सलात–रोज़ा और नमाज़। यक्सू–एक तरफ़। अज़ाँ–अज़ान, नमाज़ के लिए बुलावा। हिज्राँ–हिज्र, जुदाई। इज़्तिराब–बेचैनी।

ज़मीमा

(परिशिष्ट)

मीर के क़सीदों, मस्नवियों और शिकारनामों आदि से ली गई ग़ज़लें

1

क़सीदा दर मदह बादशाह-ए-जमजाह, ख़ावर सिपाह, शाह आलम बादशाह

(शाह आलम बादशाह की तारीफ़ में क़सीदा)

जो पहुँची क़यामत तो आह-ओ-फ़ुग़ाँ है — मिरे हाथ में दामन-ए-आसमाँ है
कोई आज से है फ़लक मुद्दई क्या — हमेशा मिरे हाल पर मेहरबाँ है
कदूरत बयाँ क्या करूँ मैं कहे तू — ये दिल गर्द-ए-कुलफ़त का यक कारवाँ है
जो रोता भी हूँ मैं ग़ुबार-ए-दिली से — तो आँसू का सैलाब, रेग-ए-रवाँ है
जो दिल में है, आता है कहने में भी वो — ज़बाँ मेरी, दिल की, मगर तर्जुमाँ है
इस अहवाल का रंग-ए-रू बस है शाहिद — जो दिल में है मेरे, सो मुँह पर अयाँ है

ग़ज़ल लुत्फ़ कर 'मीर साहिब' की कोई
कि उन की ज़बाँ बीच, सिहर-ए-बयाँ है

2

क़सीदा दर मदह बादशाह-ए-जमजाह, ख़ावर सिपाह, शाह आलम बादशाह

(शाह आलम बादशाह की तारीफ़ में क़सीदा)

न पूछ इस तिलिस्मात-ए-आलम की सनअत
कि इस आशकारा में क्या-क्या निहाँ है

है बस शाहिद-ए-हाल रंग-ए-शिकस्ता
जो दिल में है मेरे सो मुँह पर अयाँ है

न कह, ख़ानवादे थे याँ कैसे-कैसे
ख़राबा ही है, जब तलक ये जहाँ है

यही शग़्ल हैं ख़ूब पेश-ए-फ़क़ीराँ
कि ज़िक्र-ए-ख़ुदा है, कि वस्फ़-ए-बुताँ है

ख़त-ओ-ज़ुल्फ़-ओ-काकुल में दिल जा के उलझा
न समझा ये नादाँ कि हिन्दोस्ताँ है

---

1. आह-ओ-फ़ुग़ाँ–रोने-धोने का शोर। फ़लक–आसमान। मुद्दई–प्रतिद्वंदी, दुश्मन। कदूरत–पेरशानी, दुख। गर्द-ए-कुलफ़त–दुख, तकलीफ़ रूपी धूल। यक–एक। ग़ुबार-ए-दिली–दिल का दुख। रेग-ए-रवाँ–रेगिस्तान में उड़ती हुई रेत। तर्जुमाँ–प्रतिनिधि, द्योतक। अहवाल–हाल, हालत। रंग-ए-रू–चेहरे का रंग। शाहिद–गवाह। अयाँ–ज़ाहिर, प्रकट। लुत्फ़–ख़ूबी, मज़ा, मेहरबानी। लुत्फ़ करना–मेहरबानी करना। सिहर-ए-बयाँ–बयान का जादू।
2. तिलिस्मात-ए-आलम–जादू भरी दुनिया। सनअत–कारीगरी। आशकारा–ज़ाहिर, खुला हुआ। निहाँ–छुपा हुआ। शाहिद-ए-हाल–स्थिति का साक्षी, हालात का गवाह। रंग-ए-शिकस्ता–उड़ा हुआ रंग। अयाँ–ज़ाहिर। ख़ानवादे–ख़ानदान। ख़राबा–वीराना, उजाड़। शग़्ल–काम-धन्धा। पेश-ए-फ़क़ीराँ–फ़क़ीरों के सामने। वस्फ़-ए-बुताँ–महबूबों का गुणगान। ख़त–चेहरे पर नौजवानी में दिखाई देने वाला रुआँ, लकीर। काकुल–लटें।

कि यक रंग याँ का नहीं है क़रारी
बहार आई ईधर, कि फ़स्ल-ए-ख़िज़ाँ है

ख़याल और मत कर कि मुझ में नहीं कुछ
मिरी जाँ तिरा वहम है या गुमाँ है

ख़त-ए-कुंज-ए-लब, गोशा-ए-चश्म-ओ-काकुल
रहे शाद वो ग़म-ज़दा दिल, जहाँ है

बहुत हर्ज़ा-ख़्वाँ हैगा ऐ 'मीर' तू भी
वज़ीफ़ा तिरा क्या ये ज़िक्र-ए-बुताँ है

3

क़सीदा दर मदह आसिफ़ुद्दौला बहादुर

समझ के ज़ुल्फ़ के कूचे में पाँव रखियो नसीम
कि निकली है यहीं से राह-ए-ख़ाना-ए-ज़ंजीर

जहाँ में अहल-ए-जहाँ को हो कशमकश बिन क्या
कि एक तंग क़फ़स और जिस में इतने असीर

4

दर बयान कद-ख़ुदाई आसिफ़ुद्दौला बहादुर

(आसिफ़ुद्दौला की शादी के बयान में)

मौसम-ए-अब्र हो सुबू भी हो गुल हो, गुलशन हो और तू भी हो
कब तक आईने का ये हुस्न-ए-क़ुबूल मुँह तिरा इस तरफ़ कभू भी हो
है ग़रज़ इश्क़ सिर्फ़ है लेकिन शर्त ये है कि जुस्तजू भी हो
सरकशी गुल की ख़ुश नहीं आती नाज़ करने को वैसा रू भी हो
किसको बुलबुल है दमकशी का दिमाग़ हो तो गुल ही की गुफ़्तगू भी हो

दिल तमन्ना-कदा तो है पर 'मीर'
हो तो उसकी ही आरज़ू भी हो

यक–एक। क़रारी–स्थायी, ठहरने वाला। फ़स्ल-ए-ख़िज़ाँ–पतझड़ का मौसम। ख़त-ए-कुन्ज-ए-लब–होंठो के किनारे का रुआँ। गोशा-ए-चश्म-ओ-काकुल–आँख और ज़ुल्फ़ों का किनारा/सिरा। शाद–सुखी, ख़ुश। हर्ज़ा-ख़्वाँ–बेहूदा बातें करने वाला, बक़वास करने वाला। वज़ीफ़ा–हर दिन की रट।

3. राह-ए-ख़ाना-ए-ज़ंजीर–घुँघराले बालों का रास्ता। अहल-ए-जहाँ–दुनिया के लोग। क़फ़स–पिंजरा। असीर–बंदी, क़ैदी।

4. मौसम-ए-अब्र–बादलों का छा जाना। सुबू–शराब का मटका/घड़ा। हुस्न-ए-क़ुबूल–अच्छी तरह क़ुबूल करना। सरकशी–घमंड, विद्रोह। ख़ुश आना–अच्छा लगना, पसंद होना। रू–चेहरा। दमकशी–गाने-बजाने में दूसरे से आवाज़ मिलाना, सुर से सुर मिलाना। तमन्ना-कदा–इच्छाओं का घर।

5

साक़ी-नामा

शब वो जो पिये शराब निकला जाना ये कि आफ़ताब निकला
क़ुर्बान प्याला-ए-मए-नाब जिससे कि तिरा हिजाब निकला
तुझ बिन जो पिया था क़ुर्त मय का आँखों से हो ख़ून-ए-नाब निकला
मस्ती में शराब की जो देखा आलम ये तमाम ख़्वाब निकला
शैख़ आते तो मयकदे में आया पर होके बहुत ख़राब निकला
यक जुरआ शराब ही में वाइज़ हर मसख़रगी का बाब निकला
था ग़ैरत-ए-बादा अक्स-ए-गुल से
जिस जू-ए-चमन से आब निकला

6

साक़ी-नामा

क्या 'मीर' शराब तूने पी है
बेहूदा ये गुफ़्तगू जो की है

7

पहला शिकार-नामा

हम वहशियों पे कुछ हो, काहे को यार है तू
ऐ तुर्क-ए-सैद-पेशा किस का शिकार है तू

पहुँची क़रीब शायद नख़चीर-गाह उसकी
जूँ सैद-ए-ख़ूँ-गिरफ़्ता दिल बेक़रार है तू

दिल तुझ तलक रसाई मुश्किल है चश्म-ए-तर से
उस्बुल-उबूर कैसे, दरिया के पार है तू

---

5. शब–रात। आफ़ताब–सूरज। प्याला-ए-मए-नाब–ख़ालिस शराब का प्याला। हिजाब–पर्दा, शर्म। क़ुर्त–घूँट। ख़ून-ए-नाब–ख़ालिस ख़ून। आलम–दुनिया। शैख़–इस्लाम धर्म का ज्ञानी, मुल्ला, क़ाज़ी। यक जुरआ–एक घूँट। वाइज़–धर्म-उपदेशक। मसख़रगी–मसख़रा पन, ठिठोल पन। ग़ैरत-ए-बादा–जिस से शराब भी शर्माए। अक्स-ए-गुल–फूल का प्रतिबिम्ब। जू-ए-चमन–बाग़ में बहने वाली नदी। आब–पानी।

6. गुफ़्तगू–बातचीत।

7. तुर्क-ए-सैद-पेशा–तुर्क लड़का जिसका काम दिलों का शिकार करना है। नख़चीर-गाह–शिकार-गाह। जूँ सैद-ए-ख़ूँ-गिरफ़्ता–उस शिकार की तरह जिस से ख़ून टपक रहा हो। रसाई होना–पहुँच होना। उस्बुल-उबूर–जिसे मुश्किल से पार किया जाए।

शहरी हैं उसकी आँखें, क्या तुझको उनसे निस्बत
ऐ आहू-ए-बियाबाँ अच्छा गँवार है तू

क्या सुब्ह जल्वागर हो ख़ूबी के आगे तेरी
ऐ गुल दम-ए-तबस्सुम, बाग़-ओ-बहार है तू

याँ दो क़दम भी चलना बिन सर दिये न होवे
ऐ राह-ए-इश्क़ कितनी मुश्किल गुज़ार है तू

लेता है तुझ से इबरत, जो कोई देखता है
क्या 'मीर' इस गली में बे-ऐतबार है तू

8

पहला शिकार-नामा

वो दिल-शिकार आन जो निकला शिकार को
अंदाज़-ए-यक-निगाह से मारा हज़ार को

चलना पड़े है रख के क़दम तेग़-ए-तेज़ पर
किस ढब से काटें इस रह-ए-मुश्किल-गुज़ार को

उड़ने लगे है बाद में तो जाँ-गुज़ा है फिर
ख़जलत ही उसकी ज़ुल्फ़ से है तीर-ए-मार को

सौ-बार मुँह चिढ़ाते हो कुछ बोलते नहीं
ये बात क्या चिढ़ो हो कहे अपनी बार को

आता नहीं नज़र कि हुसूल-ए-उमीद हो
क्या थाम-थाम रखिये दिल-ए-बेक़रार को

जीते रहे तो उस से हम-आग़ोश होंगे हम
लबरेज़ गुल से देखेंगे जैब-ओ-कनार को

निस्बत–सम्बन्ध, मतलब। आहू-ए-बियाबाँ–जंगल का हिरन। जल्वागर होना–ज़ाहिर होना, अपने आप को दिखाना। दम-ए-तबस्सुम–मुस्कुराते समय। सर देना–सर क़ुर्बान करना, जान पर खेलना। इबरत–किसी की दशा से सीख लेना। बे-ऐतबार–जिस पर भरोसा न हो।

8. दिल-शिकार–दिलों का शिकार करने वाला, महबूब। यक–एक। तेग़-ए-तेज़–तेज़ धार वाली तलवार। रह-ए-मुश्किल-गुज़ार–वो रास्ता जहाँ से गुज़रना मुश्किल हो। बाद–हवा। जाँ-गुज़ा–जान घटाने वाला, तकलीफ़ देह। ख़जलत–शर्म। तीर-ए-मार–साँप रूपी तीर। हुसूल-ए-उमीद–उम्मीद पूरी होना। हम-आग़ोश–एक दूसरे के गले लगना। लबरेज़–भरा हुआ, लबालब। जैब-ओ-कनार–गिरेबान और पहलू।

क्या समझे ख़ूबी मेरी ख़राश-ए-जबीं की तू
इस काम को दिखा किसी उस्ताद-ए-कार को

ऐसे सितम किये कि गया जी से मैं निदान
टुक मुंसफ़ी से देखो फिर इंसाफ़-ए-यार को

बोला कि मुझको करती है बदनाम गोर-ए-'मीर'
है ख़ूब अगर मिटावे कोई इस मज़ार को

9

पहला शिकार-नामा

हैफ़ उस शिकार-पेशा को हम से ख़बर नहीं
हम हैं शिकार-ए-ख़स्ता हमारे जिगर नहीं

हम ख़ाक मुँह से मल के फिरे जैसे आरसी
अफ़सोस है कि रू-ए-दिल-ए-यार इधर नहीं

आँखें निकाल उसके क़दम के तले रखें
तो भी हमारे हाल पे उसको नज़र नहीं

क्या कीजे जो न कीजिये अंदाज़ दाम का
गुलज़ार के तो क़ाबिल-ए-परवाज़ पर नहीं

निकली पड़े है म्यान से काहे को हर घड़ी
लाग उसकी तेग़-ए-तेज़ को हमसे अगर नहीं

सर रख के उसकी तेग़ तले मर चुको शिताब
याँ पाँव पीट-पीट के मरना हुनर नहीं

आँखें हैं उसकी राह पे जूँ नक़्श-ए-पा हज़ार
पर 'मीर' उसको कुछ सर-ए-सैर-ओ-सफ़र नही

ख़राश-ए-जबीं–माथे के ज़ख़्म। उस्ताद-ए-कार–माहिर उस्ताद। मुंसिफ़ी–इंसाफ़ करना। गोर-ए-'मीर'–'मीर' की क़ब्र।

9. हैफ़–अफ़सोस। शिकार-पेशा–शिकार करने वाला, शिकारी। शिकार-ए-ख़स्ता–कमज़ोर शिकार। आरसी–आईना। रू-ए-दिल-ए-यार–यार के दिल का रुख़। दाम–फंदा, जाल। क़ाबिल-ए-परवाज़–उड़ने के लायक़। तेग़-ए-तेज़–तेज़ धार वाली तलवार। शिताब–जल्दी। नक़्श-ए-पा–पाँव के निशान, पदचिह्न। सर-ए-सैर-ओ-सफ़र–सैर और सफ़र का ख़याल।

10

पहला शिकार-नामा

वो कमाँ-अब्रू अगर दरपे हुआ है 'मीर' के
तरकश उन पलकों का है बाला-ए-तरकश तीर के

यूँ तो कहता है गले का तू मिरे तावीज़ है
पर नहीं आसार ज़ाहिर यार की तसख़ीर के

मैं भी ज़ंजीरी रहा हूँ देर गुलशन के क़रीब
पहुँचे होंगे दूर तक नाले मिरी ज़ंजीर के

ख़ून ही दस्त-ए-हिनाई से किया करते हो तुम
लो कभू टुक हाथ में दिल को किसू दिलगीर के

बंदा-ओ-साहिब में निस्बत है वले नाज़ुक बहुत
मोतरिफ़ रहते हैं आशिक़ अपनी ही तक़्सीर के

और भी वो रश्क-ए-ख़ुर कुछ अब ख़ुनक मिलने लगा
मोतक़िद हम क्या हों आह-ए-सुब्ह की तासीर के

रू-ए-दिलकश वो ख़ुदा जाने कि किस से खिंच गया
'मीर' हम आशिक़ रहे हैं ऐसी ही तस्वीर के

11

पहला शिकार-नामा

नहीं ख़ूँ-बस्तगी से चश्म-ए-तर बंद जराहत ने किए हैं चश्म पर बंद
गया है वो सो दिल खुलता नहीं है पड़ा है एक मुद्दत से ये घर बंद
करें हैं शौक़-ए-गुल ख़ूँ दिल में नाचार असीरान-ए-शिकस्ता-बाल-ओ-पर-बंद
गए दिन टकटकी के बाँधने के अब आँखें रहती हैं दो-दो पहर बंद

---

10. कमाँ-अब्रू–कमान जैसी भवों वाला। दरपे होना–पीछे पड़ना, घात में होना। बाला-ए-तरकश–तरकश के ऊपर। तसख़ीर–क़ाबू करना, जीतना, नियंत्रण पाना। दस्त-ए-हिनाई–मेहँदी लगे हाथ। दिलगीर–दुखी, आशिक़। बंदा-ओ-साहिब–गुलाम और आक़ा। मोतरिफ़–मानने वाला। तक़्सीर–ग़लती, ख़ता। रश्क-ए-ख़ुर–जिस से सूरज भी ईर्ष्या करे, बहुत सुंदर, माशूक़। ख़ुनक–ठंडा/सर्द होकर। मोतक़िद–आस्थावान। आह-ए-सुब्ह–सुबह के वक़्त की आह। रू-ए-दिलकश–दिल लुभाने वाला चेहरा, ख़ूबसूरत चेहरा।
11. ख़ूँ-बस्तगी–ख़ून से चिपक कर बंद हो जाना। चश्म-ए-तर–भीगी आँखें। जराहत ने–ज़ख़्मों ने। शौक़ ख़ून करना–चाहत को दिल में दबा लेना। असीरान-ए-शिकस्ता-बाल-ओ-पर-बंद–ऐसे क़ैदी (परिंदे) जिनके पर टूट गए हैं।

बहुत है यार का कम बोलना भी
सभों से आरसी के मिस्ल वा हो
हमारे हाथ ख़ंजर से करो क़त्अ
रुके है यार आँखें ही दिखा कर
न ख़त आता है ऊधर से न क़ासिद

नहीं चंदाँ हम इन बातों के दरबंद
किसू के मुँह पे दरवाज़ा न कर बंद
न खुलवाया कभू उसका कमरबंद
हम उसके इन दिनों में हैं नज़रबंद
लिखूँ क्या मुद्दतों से है ख़बर बंद

ग़ज़ल का क़ाफ़िया तग़ईर कर 'मीर'
हुनर कुछ इस ज़मीं में 'मीर' कर बंद

12

दूसरा शिकार-नामा

सब्ज़ा है आब-जू है फ़स्ल-ए-बहार भी है
सरगर्म-ए-जल्वा देखो पहलू में यार भी है

ये तो नहीं कि हम पर हर-दम है बे-दिमाग़ी
आँखें दिखाते हैं तो चितवन में प्यार भी है

गुल हमकनार होगा हँसकर कभू चमन में
पर कम बग़ल है बुलबुल, उस को क़रार भी है

हूँ वादा-गाह में तो पर मैं ही जानता हूँ
कुछ इज़्तिराब भी है, कुछ इंतिज़ार भी है

जूँ मौज हम-बग़ल हूँ नायाब उस गुहर से
दरिया की सैर भी है, बोस-ओ-कनार भी है

हम जबरियों से क्या हो, बे-दस्त-ओ-पा-ओ-आजिज़
कहने को कहते हैं तो, कुछ इख़्तियार भी है

कौन इस भभूके सा है, देखो न टुक भी तो वो
शम्अ-ओ-चराग़-ओ-शोला, बर्क़-ओ-शरार भी है

चंदाँ–कुछ, इस क़दर। दरबंद–क़ैदी। आरसी–आईना। मिस्ल–तरह, जैसे। वा होना–खुलना। क़त्अ करना–काटना। क़ासिद–पत्रवाहक। तग़ईर करना–बदलना। ज़मीं–ज़मीन, ग़ज़ल का वज़्न, क़ाफ़िया और रदीफ़।

12. सब्ज़ा–हरियाली। आब-जू–नहर, छोटी नदी। फ़स्ल-ए-बहार–बहार का मौसम। सरगर्म-ए-जल्वा–जल्वा दिखाने में लगा हुआ। हमकनार होना–आलिंगनबद्ध होना। कम बग़ल होना–बग़ल तंग होना अर्थात आलिंगन में लेने का जोश कम होना। वादा-गाह–वो जगह जहाँ मिलने का वादा किया गया है। इज़्तिराब–बेचैनी। बोस-ओ-कनार–चुम्बन और आलिंगन। जबरियों–मजबूरों। बे-दस्त-ओ-पा-ओ-आजिज़–मजबूर और परेशान। बर्क़-ओ-शरार–बिजली और चिंगारी।

जाना मुसल्लम आया इस ख़ाक-दाँ से गो फिर
मुश्किल गुज़र है रस्ता, गर्द-ओ-ग़ुबार भी है

दिल तंग 'मीर' क्यूँ है हमरह वज़ीर के तू
दरिया, फ़ज़ा, हवा है, सैर-ओ-शिकार भी है

13

दूसरा शिकार-नामा

थी बाद भी आने की चमन में न रवादार
पर कीजिये क्या गुल की सबा भी है हवादार

शाइस्तन-ए-दीदन है मिरे यार की सोहबत
वो साहिब-ए-नाख़्वाह है, बंदा है वफ़ादार

क्या ख़ूब हो क्या ज़िश्त हो, रो देवे है सबको
इस अर्से में आईने को देखा है हवादार

किस तौर से यक-रंग हों ये आशिक़-ओ-माशूक़
है गुल कने ज़र, बुलबुल-ए-बे-बर्ग है नादार

क्या बेकसी से 'मीर' ने रहलत की जहाँ से
रोया न कोई उस पे, न कोई है अज़ादार

14

दूसरा शिकार-नामा

बुलबुल के बोलने से आज़ार दिल ने पाया
क्या कह गई कि हमको सुनते ही ग़श सा आया

मेहर-ओ-वफ़ा-ओ-उल्फ़त करते थे लोग बाहम
रहमत ख़ुदा की तुमने इस रस्म को उठाया

मुसल्लम–मानी हुई बात, स्वीकृत। ख़ाक-दाँ–मिट्टी से बनी हुई जगह यानी दुनिया। गर्द-ओ-ग़ुबार–धूल और मिट्टी। हमरह–साथ में। वज़ीर–लखनऊ के नवाब आसिफ़ुद्दौला (की पदवी)।

13. बाद–हवा। रवादार–जायज़ रखने वाला। सबा–हवा। हवादार–दोस्त। शाइस्तन-ए-दीदन–देखने के लायक़। साहिब-ए-नाख़्वाह–जो किसी को न चाहता हो। ख़ूब- ख़ूबसूरत। ज़िश्त–बदसूरत। यक-रंग–एक रंग वाला। ज़र–पैसा, धागे जो फूल के बीच में होते हैं। बुलबुल-ए-बे-बर्ग–बेबस बुलबुल। नादार–जिस के पास कुछ न हो, निर्धन। रहलत करना–कूच करना, मर जाना। अज़ादार–ग़म करने वाला, मातम करने वाला।

14. आज़ार–दुख, तकलीफ़। ग़श आना–बेहोश होना। बाहम–आपस में।

सर मारे तो परी को ऐसी रविश न आए
किस नाज़ से ज़मीं पर पड़ता है उसका साया

ग़ैरत से आशिक़ी के जाता नहीं हूँ मैं तो
वो ख़ुद-बख़ुद ही आवे काश इस तरफ़ ख़ुदाया

माशूक़ तो है पर वो औबाश कज-रविश है
क्या कहिये 'मीर जी' से दिल को कहाँ लगाया

15

दूसरा शिकार-नामा

कुछ और शय है ख़ूब जो देखो रुख़-ए-निगार हरचंद गुल भी ताज़ा खिला इतना बद नहीं
सौ बार मस्त का'बे में पकड़े गए हैं हम रुस्वाई के तरीक़ के कुछ ना-बलद नहीं
बे-सोज़-ए-दिल किन्हों ने कहा रेख़्ता तो क्या गुफ़्तार-ए-ख़ाम पेश-ए-अज़ीज़ाँ सनद नहीं
लुत्फ़-ए-सुख़न भी पीरी में रहता नहीं है 'मीर'
अब शे'र हम पढ़ें हैं तो वो शद्द-ओ-मद नहीं

16

दूसरा शिकार-नामा

जो जो ज़ुल्म किये हैं तुमने सो सो हमने उठाए हैं
दाग़ जिगर पे जलाए हैं, छाती पे जराहत खाए हैं

शौक़-ए-ग़म में बेसब्री है, आह किसू को क्या कहिये
अच्छे अपने जी को हमने आप-ही रोग लगाए हैं

महव-ए-सुख़न हम फ़िक्र-ए-सुख़न में रफ़्ता ही बैठे रहते हैं
आप को जब खोया है हमने तब ये गौहर पाए हैं

तब थे सिपाही, अब हैं जोगी आह जवानी यूँ काटी
ऐसी थोड़ी रात में हमने क्या-क्या स्वांग बनाए हैं

रविश–तौर, तरीक़ा, अंदाज़। औबाश- बुरा, आवारा। कज-रविश–टेढ़ी चाल वाला।

15. रुख़-ए-निगार–ख़ूबसूरत माशूक़ का चेहरा। हरचंद–कितना ही, कैसा ही, हालाँकि। बद–बुरा। ना-बलद–अनजान, अनभिज्ञ। बे-सोज़-ए-दिल–दिल में दर्द के बग़ैर। रेख़्ता–ग़ज़ल, उर्दू शायरी। गुफ़्तार-ए-ख़ाम–बेकार की गुफ़्तगू, वो बात जिसमें कोई ऐब हो। पेश-ए-अज़ीज़ाँ–दोस्तों के सामने। सनद–प्रामाणिक, भरोसे के लायक़। लुत्फ़-ए-सुख़न–शायरी का मज़ा। पीरी–बुढ़ापा। शद्द-ओ-मद्द–ज़ोर-शोर, धूम-धाम।

16. जराहत–ज़ख़्म। महव-ए-सुख़न–शायरी में तल्लीन। फ़िक्र-ए-सुख़न–शे'र कहने में विचार मग्न। रफ़्ता–खोए हुए। आप को–स्वयं को, ख़ुद को। गौहर–मोती, क़ीमती पत्थर।

किसको ऐसी बे-ख़बरी थी जिसके बोले तू चौंका
सो ठोकर ने उन पलकों की कितने फ़ित्ने जगाए हैं

कौन वो ऐसा ज़ालिम था उस्ताद फ़न-ए-अय्यारी का
इतने सिन में जिन ने तुझको ऐसे फ़रेब सिखाए हैं

'मीर' मुक़द्दस आदमी हैं, थे सुब्हा-ब-कफ़ मयख़ाने में
सुब्ह जो हम भी जा निकले तो देख के क्या शरमाए हैं

17

दूसरा शिकार-नामा

आशुफ़्ता-सर हैं सर्व ओ गिरेबाँ-दरीदा गुल
बैठा कहाँ चमन में कि फ़ित्ना उठा गया

ख़त भेज के भी शौक़ की बातें चली गईं
क़ासिद के पीछे दूर तलक मैं लगा गया

रोता हूँ यूँ कि बरसे है शिद्दत से जैसे मेंह
जूँ अब्र मेरे दिल पे ग़म-ए-इश्क़ छा गया

दाग़-ए-दिल-ए-ख़राब शबों को जले है 'मीर'
इश्क़ इस ख़राबे में भी चराग़ इक जला गया

18

दूसरा शिकार-नामा

कर लुत्फ़, आरिज़ मत छुपा आशिक़ से ऐ यार इस क़दर
यक जान को ये आरिज़े, यक दिल को अफ़्कार इस क़दर

जो कुछ है सो दिल के सबब ग़म गुस्सा-ओ-रंज-ओ-त'अब
थे चाहने से पेशतर काहे को बीमार इस क़दर

फ़न-ए-अय्यारी–धोका देने की कला। सिन–उम्र, साल। जिन ने–जिस ने। मुक़द्दस–पवित्र। सुब्हा-ब-कफ़–हाथ में जपमाला लिए।

17. आशुफ़्ता-सर–दीवाना। सर्व–एक ख़ूबसूरत पेड़। गिरेबाँ-दरीदा गुल–गिरेबान फटा फूल। क़ासिद–पत्रवाहक। जूँ अब्र–बादल की तरह। शब–रात।

18. लुत्फ़ करना–मेहरबानी करना। आरिज़–गाल। आरिज़ा–रोग, मर्ज़। यक–एक। अफ़्कार–चिन्ता, सोच-विचार, उलझन। त'अब–दुख, तकलीफ़, थकावट। पेशतर–पहले।

हर-दम जो उसके अबरुवाँ जुंबिश में हैं, काँपे है जाँ
यानी हैं आँखें छुपतियाँ, चलती है तलवार इस क़दर

वे दिल-ज़दे हैं ख़स्ता-जाँ, मर जाते हैं जो नागहाँ
वर्ना क़ज़ा किस शख़्स की पहुँची है यकबार इस क़दर

उल्फ़त कहाँ कुल्फ़त है याँ, ये भी अजब सोहबत मियाँ
बेज़ार वो इस मर्तबा जिस से हमें प्यार इस क़दर

आँखें खुली हैं 'मीर' की जब देखो तब आईना साँ
आदम नहीं होते कहीं मुश्ताक़-ए-दीदार इस क़दर

19

दूसरा शिकार-नामा

न दिमाग़ है कि किसू से हम करें गुफ़्तगू ग़म-ए-यार में
न फ़राग़ है कि फ़क़ीरों से मिलें जाके दिल्ली दयार में

न चमन में जाते रहा है दिल, न बनों में फिरने लगा है दिल
वही बे-कली रही जान को, रहे सैर में न शिकार में

कहे कौन सैद-ए-रमीदा से कि इधर भी फिर के नज़र करे
कि निक़ाब उल्टे सवार है तिरे पीछे कोई ग़ुबार में

तिरे शाम ख़त के क़रीब की जो सफ़ा में देखी मैं ख़ूबियाँ
न समैं ये गुल में नज़र पड़े न ये रंग सुब्ह-ए-बहार में

कोई शो'ला है कि शरारा है, कि हवा है ये कि सितारा है
यही दिल जो ले के गड़ेंगे हम तो लगेगी आग मज़ार में

मिरे एक दिल में जो ग़म ये है सो फुज़ूँ है मेरे शुमार से
न तो दस में ये न पचास में, न तो सौ में ये न हज़ार में

अबरुवाँ–भौं, भंवें। जुंबिश–हिलना। दिल-ज़दा–दिल का मारा हुआ, आशिक़। ख़स्ता-जाँ–कमज़ोर। नागहाँ–अचानक। क़ज़ा–मौत। यकबार–एक बार। कुल्फ़त–परेशानी। बेज़ार–ख़फ़ा, नाराज़। मुश्ताक़-ए-दीदार–देखने के इच्छुक।

19. फ़राग़–फ़ुर्सत। दयार–जगह, मक़ाम। बे-कली–बेचैनी। सैद-ए-रमीदा–भागा हुआ शिकार। ख़त–लकीर, निशान। सफ़ा–पवित्रता, सुथरापन, तेज। समैं–मौसम, ऋतु, वक़्त, समय। शरारा–आग का पतंगा, चिंगारी। मज़ार–क़ब्र। फुज़ूँ–ज़्यादा। शुमार–गिनती।

20

दूसरा शिकार-नामा

हैगी तलब शर्त याँ कुछ तो किया चाहिए
बैठे नहीं बनती मियाँ, कुछ तो किया चाहिए

इश्क़ में ऐ हमरहाँ, कुछ तो किया चाहिए
गिरया-ओ-शोर-ओ-फ़ुग़ाँ, कुछ तो किया चाहिए

हाथ रखे हाथ पर, बैठे हो क्या बे-ख़बर
चलने को है कारवाँ, कुछ तो किया चाहिए

मैं जो कहा तंग हूँ, मार मरूँ क्या करूँ
वो भी लगा कहने हाँ, कुछ तो किया चाहिए

काम अब अपना है याँ, कंदन-ए-जाँ हर ज़माँ
क्या करें हम नातवाँ, कुछ तो किया चाहिए

क्या करूँ दिल ख़ूँ करूँ, शे'र ही मौज़ूँ करूँ
चलती है अब तक ज़बाँ, कुछ तो किया चाहिए

हो न सके गर नमाज़, दिल की तरफ़ कर नियाज़
वक़्त गया फिर कहाँ, कुछ तो किया चाहिए

चाहूँ किसू से दुआ, दिल की करूँ अब दवा
नफ़्अ हो फिर या ज़ियाँ, कुछ तो किया चाहिए

उम्र गई लग़्व सब, वक़्त बहुत कम है अब
कुछ न किया हाय मियाँ, कुछ तो किया चाहिए

ये तो नहीं दोस्ती, हम से जो तुम को रही
पास-ए-दिल-ए-दोस्ताँ, कुछ तो किया चाहिए

तूने कमाँ की है ज़ेह, पर न हूँ यूँ सैद मैं
मेरी भी ख़ातिर निशाँ, कुछ तो किया चाहिए

---

20. हमरहाँ–(हमराही का बहुवचन) साथ चलने वाला, साथी, दोस्त। गिरया-ओ-शोर-ओ-फ़ुग़ां–रोना-धोना और चीख़ना-चिल्लाना। कंदन-ए-जाँ–जान खोदना अर्थात मुसीबत उठाना। हर ज़माँ–हर वक़्त। नातवाँ–कमज़ोर। शे'र मौज़ूँ करना–शे'र छंदबद्ध करना। ज़ियाँ–नुक़सान। लग़्व–बेकार। पास-ए-दिल-ए-दोस्ताँ–दोस्तों के दिल का लिहाज़। कमान ज़ेह करना–कमान पर डोरी चढ़ाना। सैद–शिकार। ख़ातिर निशाँ–दिल में बैठना।

'मीर' नहीं पीर तुम, काहिली अल्लाह रे
नाम-ए-ख़ुदा हो जवाँ, कुछ तो किया चाहिए

21

दूसरा शिकार-नामा

करो तअम्मुल कि हाल हम में रहा नहीं है ग़मों के मारे
जो कुछ भरोसा जिन्हों पे था सो, शिकेब-ओ-ताब-ओ-तवाँ सिधारे

हमारी आँखें बही हैं इतनी कि अब है दरिया मुहीत-ए-आलम
कहीं-कहीं जो रहे हैं मर्दुम सो बैठे हैं वे किये किनारे

करें तहम्मुल सो काहे पर हम, मुदाम बेख़ुद हमेशा ग़श है
गई है ताक़त दिलों से शायद, नहीं है आया जिगर हमारे

भरी थी आतिश कहाँ की या-रब, दिल-ओ-जिगर में कि निस्फ़-शब को
लगा जो रोने तो जाए आँसू मिरी मिज़्ह से गिरे शरारे

क़ुबूल-ए-इश्क़-ओ-मुहब्बत इतना हुआ है ऐ 'मीर' सैर क़ाबिल
मुदाम जाते दिखाई दूँ हूँ कभू न उन ने कहा कि आ रे

काहिली–सुस्ती, आराम-तल्बी।

21. तअम्मुल–रुकना, सोच-विचार। शिकेब-ओ-ताब-ओ तवाँ–सब्र और ताक़त। मुहीत-ए-आलम–दुनिया को अपने दायरे में लेने वाला। मर्दुम–लोग, आम लोग। तहम्मुल–बर्दाश्त। मुदाम–हमेशा। ग़श–बेहोशी। आतिश–आग। निस्फ़-शब–आधी रात। मिज़्ह–मिज़ा, पलकें। शरारा–चिंगारी। मुदाम–हमेशा।

रुबाइयाँ

1

दिल जान जिगर आह जलाए क्या-क्या
दर्द-ओ-ग़म-ओ-आज़ार खिंचाए क्या-क्या
उन आँखों ने की है तर्क मर्दुमदारी
देखें तो हमें इश्क़ दिखाए क्या-क्या

2

हैरत है कि हो रक़ीब महरम तेरा
हमज़ाद-ओ-अनीस-ए-वक़्त-ओ-हमदम तेरा
जूँ अक्स तिरे सामने अक्सर वो हो
जूँ आईना मुँह तका करें हम तेरा

3

महशर में अगर ये आतिशीं-दम होगा
हंगामा सब इक लपट में बरहम होगा
तकलीफ़-ए-बहिश्त काश मुझको न करें
वर्ना वो बाग़ भी जहन्नम होगा

4

हर-रोज़ नया एक तमाशा देखा
हर कूचे में सौ जवान-ए-रा'ना देखा
दिल्ली थी तिलिस्मात कि हर जागह 'मीर'
इन आँखों से हमने आह क्या-क्या देखा

---

1. तर्क करना–छोड़ देना। आज़ार- दुख, तकलीफ़। मर्दुमदारी–इंसानों से मेल-जोल।
2. रक़ीब–महबूब से मुहब्बत करने वाला दूसरा शख़्स, दुश्मन। महरम–राज़दार। हमज़ाद–जो साथ पैदा हुआ हो, साया। अनीस-ए-वक़्त–वर्तमान में साथ रहने वाला। हमदम–दोस्त। अक्स–प्रतिबिम्ब।
3. महशर–क़यामत का दिन। आतिशीं-दम–आग की तरह जला देने वाला साँस। बरहम–अस्त-व्यस्त। तकलीफ़-ए-बहिश्त–जन्नत में ले जाने की तकलीफ़।
4. जवान-ए-रा'ना–ख़ूबसूरत नौजवान। तिलिस्मात–जादू।

5

मस्जिद में तो शैख़ को ख़रोशाँ देखा
मयख़ाने में जोश-ए-बादा-नौशाँ देखा
इक गोशा-ए-आफ़ीयत जहाँ में हमने
देखा तो महल्ला-ए-ख़मोशाँ देखा

6

दिल जिन के बजा हैं उनको आती है ख़्वाब
आराम ख़ुश आता है, सुहाती है ख़्वाब
मैं ग़म-ज़दा क्या अपने दिनों को रोऊँ
मेरी तो जहां शब हुई जाती है ख़्वाब

7

दिल-ख़ूँ है जिगर दाग़ है रुख़्सार है ज़र्द
हसरत से गले लगने की छाती में है दर्द
तन्हाई-ओ-बेकसी-ओ-सहरा-गर्दी
आँखों में तमाम आब, मुँह पर सब गर्द

8

ताअत में, जवाँ होते तो करते तक़सीर
वो सर में नशा नहीं, हुए हैं अब पीर
अब के रोज़ों में, ये सुना है हमने
मैख़ाने में बैठे, मोतकिफ़ हो कर 'मीर'

---

5. ख़रोशाँ–शोर मचाने वाला। जोश-ए-बादा-नौशाँ–शराब पीने वालों का जोश और हंगामा। गोशा-ए-आफ़ीयत–सलामती की जगह, दुनिया के हंगामों से बचने की जगह। महल्ला-ए-ख़मोशाँ–ख़ामोश लोगों का मोहल्ला यानी क़ब्रिस्तान।

6. बजा–ठिकाने से, अपनी जगह पर। ख़्वाब–नींद। ख़ुश आना–रास आना। ग़म-ज़दा–ग़म का मारा, दुखी।

7. रुख़्सार–गाल। ज़र्द–पीला। बेकसी-ओ-सहरा-गर्दी–लाचारी और जंगल में घूमना। आब–पानी। गर्द–मिट्टी।

8. ताअत–इबादत, बन्दगी, आज्ञाकारिता। तक़सीर–गुनाह, ग़लती। पीर–बूढ़ा। मोतकिफ़–रमज़ान के आख़िरी दस दिनों में रात भर तन्हाई में इबादत करने को ऐत्काफ़ कहते हैं और ऐत्काफ़ करने वाला मोतकिफ़ कहलाता है।

9

रोए कोई क्या, गई जवानी क्यूँ कर
जाती है नसीम-ओ-गुल की नकहत जूँ कर
पीरी आंधी सी 'मीर' नागह आई
हम बर्ग-ए-ख़िज़ाँ से इस में ठहरे क्यूँ कर

10

हम 'मीर' से कहते हैं न तू रोया कर
हँस खेल के टुक चैन से भी सोया कर
पाया नहीं जाने का वो दुर्र-ए-नायाब
कुढ़-कुढ़ के अबस जान को मत खोया कर

11

हरचंद कि ताअत में हुआ है तू पीर
पर बात मिरी सुन कि नहीं बे-तासीर
तस्बीह-ब-कफ़ फिरने से क्या काम चले
मनके की तरह दिल न फिरे जब तक 'मीर'

12

हिज्राँ में किया सबने कनारा आख़िर
असबाब गया जीने का सारा आख़िर
नै ताब रही, न सब्र-ओ-यारा आख़िर
आख़िर को हुआ काम हमारा आख़िर

---

9. नसीम-ओ-गुल–ख़ुशबूदार हवा और फूल। जूँ कर–जिस तरह। नकहत–ख़ुशबू। पीरी–बुढ़ापा। नागह–अचानक। बर्ग-ए-ख़िज़ाँ–पतझड़ के पत्ते की तरह।
10. दुर्र-ए-नायाब–दुर्लभ मोती। अबस–बेकार में।
11. ताअत–बात मानना, धर्म का पालन करना। पीर–बूढ़ा। बे-तासीर–असर न करने वाला। तस्बीह-ब-कफ़–हाथ में जपमाला लिए। मनका फिरना–माला जपते समय मोतियों को उँगलियों से आगे बढ़ाना।
12. हिज्राँ–जुदाई। असबाब–साज़-ओ-सामान। नै–न। ताब–ताक़त। सब्र-ओ-यारा–सब्र और हिम्मत।

13

की हुस्न ने तुझ से बेवफ़ाई आख़िर
ख़ूबी न रही न मीरज़ाई आख़िर
रौनक़ न रही गुबार-ए-ख़त से मुँह पर
इस सब्ज़-क़दम ने ख़ाक उड़ाई आख़िर

14

जानाँ ने हमें कभू न जाना अफ़सोस
जो हमने कहा सो वो न माना अफ़सोस
तब आने में देर की क़यामत अब सो
आया नज़दीक जी का जाना अफ़सोस

15

पूछो न कुछ उस बे-सर-ओ-पा की ख़्वाहिश
रखती नहीं हद अहल-ए-वफ़ा की ख़्वाहिश
जाते हैं चले जी ही बुतों की ख़ातिर
मालूम नहीं क्या है ख़ुदा की ख़्वाहिश

16

दिन फ़िक्र-ए-दहन में उसके जाता है हमें
कब आप में आगे कोई पाता है हमें
हरगिज़ वो कमर वहम में गुज़री न कभू
रह-रह के यही ख़याल आता है हमें

---

13. मीरज़ाई–सरदारी, उच्च वर्ग/जाति के होने का घमंड। गुबार-ए-ख़त–दाढ़ी की अधिकता। सब्ज़-क़दम–अभागा, बदनसीब।
14. जी का जाना–जान का जाना, मर जाना, मरने के क़रीब होना।
15. बे-सर-ओ-पा–आधारहीन। अहल-ए-वफ़ा–वफ़ादार लोग, आशिक़। बुत–मूर्ति, माशूक़।
16. फ़िक्र-ए-दहन–(माशूक़ के) मुखड़े का ख़याल।

17

अंदोह खपे इश्क़ के सारे दिल में
अब दर्द लगा रहने हमारे दिल में
कुछ हाल नहीं रहा है दिल में अपने
क्या जानिये वो क्या है तुम्हारे दिल में

18

क्या-क्या हैं सलूक-ए-बद फ़क़त ग़म ही नहीं
फिर हमसे जुनूँ में ज़ोफ़ से दम ही नहीं
इक उम्र चली गई जफ़ा-ए-शब-ओ-रोज़
अब वो तो नहीं शाम-ओ-सहर हम ही नहीं

19

औक़ात लड़कपन के गए ग़फ़लत में
अय्याम जवानी के कटे इशरत में
पीरी में जुज़ अफ़सोस किया क्या जाए
यकबारा कमी ही आ गई ताक़त में

20

आब-ए-हैवाँ नहीं गवारा हमको
किस घाट मुहब्बत ने उतारा हमको
दरिया दरिया था शौक़-ए-बोसा लेकिन
जाँ-बख़्श लब-ए-यार ने मारा हमको

---

17. अंदोह–दुख-दर्द।

18. सलूक-ए-बद–बुरा बर्ताव। ज़ोफ़–कमज़ोरी। जफ़ा-ए-शब-ओ-रोज़–रात दिन का सितम।

19. औक़ात–वक़्त का बहुवचन, दौर, समय। ग़फ़लत–लापरवाही, अनभिज्ञता। अय्याम–यौम का बहुवचन, दिन, ज़माना। इशरत–ख़ुशी, मौज-मस्ती। पीरी–बुढ़ापा। जुज़–सिवाए। यकबारा–एक बार ही।

20. आब-ए-हैवाँ–अमृत। शौक़-ए-बोसा–चुम्बन का शौक़। जाँ-बख़्श लब-ए-यार–महबूब के ज़िन्दगी देने वाले होंठ।

21

'मीर' उस से मिले कि जो मिला भी न कभू
जी यूँ ही गया वो आ फिरा भी न कभू
चुप जिसके लिए लग गई ऐसी उनको
उनने कुछ ज़ेर-ए-लब कहा भी न कभू

22

ऐसा न हुआ कि हम ने शादी की हो
या सैर-ए-बहार-ओ-बाग़-ओ-वादी की हो
पज़मुर्दा कली के रंग इस गुलशन में
ग़ालिब है यही कि ना-मुरादी की हो

23

चुपके रहना न 'मीर' दिल में ठानो
बोलो-चालो कहा हमारा मानो
यक हर्फ़ न कह सकोगे वक़्त-ए-रफ़्तन
चलने को ज़बान के ग़नीमत जानो

24

बुतख़ाने से दिल अपने उठाए न गए
का'बे की तरफ़ मिज़ाज लाए न गए
तौर-ए-मस्जिद को ब्रहमन क्या जाने
याँ मुद्दत-ए-उम्र में हम आए न गए

---

21. ज़ेर-ए-लब–होंठों ही होंठों में।

22. शादी करना–ख़ुशी मनाना, ख़ुश होना। सैर-ए-बाग़-ओ-वादी–घाटी और बाग़ की सैर करना। पज़मुर्दा–मुरझाई हुई। ग़ालिब–अधिक संभावना। ना-मुरादी–बदनसीबी।

23. यक हर्फ़–एक शब्द। वक़्त-ए-रफ़्तन–जाते वक़्त।

24. बुतख़ाना–मूर्तिघर, मंदिर। तौर-ए-मस्जिद–मस्जिद के तौर-तरीक़े।

25

चुपका चुपका फिरा न कर तू ग़म से
क्या हर्फ़-ओ-सुख़न ऐब है कुछ महरम से
आख़िर को रुके रहते जुनूँ होता है
ऐ 'मीर' कोई बात किया कर हम से

26

क्या कहिये अदा बुतों से क्या होती है
जो दिल-ज़दगाँ पर ये जफ़ा होती है
ये क्या कि सुजूद में न देखा, बिगड़े
इक वक़्त नमाज़ भी क़ज़ा होती है

27

हर लहज़ा रुलाता है, कुढ़ाता है मुझे
हर-आन सताता है, खपाता है मुझे
कल मैं जो कहा रंज से हासिल मेरे
बोला तिरा आज़ार ख़ुश आता है मुझे

28

ऐ 'मीर' कहाँ दिल को लगाया तूने
शक्ल अपनी बिगाड़ कर कुढ़ाया तूने
जी में न तिरे हाल, न मुँह पर कुछ रंग
अपना ये हाल क्या बनाया तूने

29

क्या 'मीर' तुझे जान हुई थी भारी
जो उस बुत-ए-संग-दिल से की थी यारी
बीमार भला क्या कोई होवे उसका
परहेज़ करे जिस से ख़ुदाई सारी

---

25. हर्फ़-ओ-सुख़न–बातचीत। महरम- क़रीबी दोस्त।
26. दिल-ज़दगाँ–जिनके दिलों पर चोट पहुँची हो, आशिक़। सुजूद–सजदे का बहुवचन। नमाज़ क़ज़ा होना–नमाज़ वक़्त पर अदा न करना।
27. आज़ार–दुख, ग़म। ख़ुश आना–अच्छा लगना।
29. बुत-ए-संग-दिल–पत्थर दिल महबूब।

30

कुछ ख़्वाब सी है 'मीर' ये सोहबतदारी
उठ जाएँगे ये बैठे हुए यकबारी
क्या आँखों को खोला है तनिक कानों को खोल
अफ़साना है पल मारते मजलिस सारी

31

तुम तो ऐ मेहरबाँ अनूठे निकले
जब आन के पास बैठे रूठे निकले
क्या कहिये वफ़ा एक भी वादा न किया
सच ये है कि तुम बहुत ही झूठे निकले

32

मिलिए उस शख़्स से जो आदम होवे
नाज़ उस को कमाल पर बहुत कम होवे
हो गर्म-ए-सुख़न तो गिर्द आवे यक ख़ल्क़
ख़ामोश रहे तो एक आलम होवे

33

हर सुब्ह ग़मों में शाम की है हमने
ख़ूँनाबा-कशी मुदाम की है हमने
ये मोहलत-ए-कम कि जिसको कहते हैं उम्र
मर-मर के ग़रज़ तमाम की है हमने

---

30. ख़्वाब–सपना। सोहबतदारी–साथ में उठना-बैठना। यकबारी–एकाएक, अचानक। मजलिस–महफ़िल, दुनिया।
31. वादा वफ़ा करना–वादा निभाना।
32. गर्म-ए-सुख़न–बात करते वक़्त। गिर्द–पास, नज़दीक। यक ख़ल्क–एक दुनिया, बहुत से लोग। आलम–तरीक़ा, ढंग, लुत्फ़, दुनिया।
33. ख़ूँनाबा-कशी–ख़ून के आँसू पीना। मुदाम–निरन्तर।

34

यारों को कदूरतें हैं अब तो हम से
जिस रोज़ कि हम जाएँगे इस आलम से
उस रोज़ खुलेगी साफ़ सब पर ये बात
इस बज़्म की रौनक़ थी हमारे दम से

35

हैं क़ैद-ए-क़फ़स में तंग यूँ तो कब के
रहते थे गिले हज़ार नीचे लब के
इस मौसम-ए-गुल में 'मीर' देखें क्या हो
है जान को बे-कली निहायत अब के

36

रंजिश की कोई उसकी रिवायत न सुनी
बेसर्फ़ा किसू वक़्त हिकायत न सुनी
था 'मीर' अजब फ़क़ीर साबिर शाकिर
हमने उस से कभू शिकायत न सुनी

37

तूफ़ान ऐ 'मीर' शब उठाए तूने
आशोब-ए-बला आँखों दिखाए तूने
रोने से तिरे रौ सी चली आई एक
ये दो दरिया कहाँ से पाए तूने

●●●

---

34. कदूरत–द्वेष।
35. क़ैद-ए-क़फ़स–पिंजरे की क़ैद। मौसम-ए-गुल–बहार का मौसम। बे-कली–बेचैनी।
36. बेसर्फ़ा–बेफ़ायदा। हिकायत–कहानी। साबिर–सब्र करने वाला। शाकिर–शुक्र करने वाला।
37. आशोब-ए-बला–बेहद हंगामे। रौ–लकीर, धार। दो दरिया–यहाँ दो आँखें